Die

Rechtsverhältnisse

bei

verschiedenen Völkern der Erde.

Ein Beitrag zur vergleichenden Ethnologie

von

Prof. Dr. Bastian.

Berlin.
Druck und Verlag von Georg Reimer.
1872.

Der Königlichen Bibliothek

in Berlin,

der unerschöpflichen Quelle reichster Wissensschätze,

dankbar zugeeignet.

Einleitung.

Der Organismus des Menschen, in dem Character eines Zoon politikon, gliedert sich in seinen staatlichen Einrichtungen, die als der gesetzliche Ausdruck einheitlicher Existenz überall unter denselben Grundzügen zu Tage treten müssen, ausser soweit Abweichungen aus der Verschiedenheit der ethnologischen Provinzen in den dadurch bedingten Varietäten hervorgerufen werden. Ebenso ist die physische Organisation des Menschen, als auf einheitlicher Art begründet, in allen lebenswichtigen Organen eine durchgehends gleichartige, obwol nach der Spielweite der anthropologischen Provinzen und ihres Milieu in mannigfaltigen Variationen erscheinend; und die dadurch realisirten Differenzen bieten in ihrer vor der Beobachtung ausgebreiteten Formenmanigfaltigkeit den eigentlichen und einzigen Anhaltspunct der inductiven Forschungsmethode, um in die auf dem Absoluten wurzelnde Wesenheit einzudringen, die nur von den in ihr selbst verschlungenen Relationen her zugänglich sein kann. Das Hülfsmittel comparativer Behandlung, das auf alle Zweige der Naturwissenschaft so unerwartete Lichtströme ausgegossen hat, hat von der Geschichte bisher nicht verwerthet werden können, da sie auf die Beobachtung eines einzelnen Entwickelungszweiges beschränkt war, und zwar desjenigen, mit dem wir selbst verwachsen sind, also des für objective Beobachtung ungeeignetsten. In Folge dieser Einengung hat sich indess das historische Studium desto mehr in Durchforschung des Detail, in kritische Sichtung vertieft, und es bleibt von unschätzbarem Werth, diesen festen Halt gewonnen zu haben bei Untersuchungen, die beständig ein weites Areal zu durchlaufen haben, und zunächst für Aufsammlung der Vergleichungspuncte nur an der Oberfläche hinschweifen können. Für systematische Begründung darf einer vorläufigen Umfassung des Ganzen nicht entrathen werden, sie kann zunächst allerdings nur eine cursorische sein, aber sie hat überall auf den einzelnen Forschungsfeldern die Richtungsposten aufzustellen, nach denen sich der allmählig und sorgsam fortschreitende Gang der Specialforschung für gegenseitiges Zusammentreffen orientiren mag. „Die Rechtsgeschichte, um wahrhaft pragmatisch zu werden, muss die Gesetzgebungen aller alten und neueren Völker umfassen" (Thibaut). La loi, en général, est la raison humaine, en tant qu'elle gouverne tous les peuples de la terre, et les loix politiques et civiles de chaque nation ne doivent être que les cas particuliers ou s'applique cette raison humaine (Montesquieu). Wie Chateaubriand schon bemerkt, findet sich bei wilden Stämmen jede Art der Staatsverfassung in allen Formen wieder, und wenn so, müssen sie sich unter diesen einfacheren Verhältnissen leichter bis auf den Grund durchschauen, also in ihren Eigenthümlichkeiten erkennen lassen. Diese niederen Gattungen ethnischer Schöpfungen analysirend wird der Geschichtsforscher dieselben Aufklärungen gewinnen, wie sie sich dem Botaniker aus dem mikroskopischen Studium der Kryptogamen und der dort durchsichtigern Processe des Zellenlebens und ihrer Gesetze ergeben haben.

Hatte sich aus verschiedenen Familien die grössere Gemeinsamkeit eines Stammes gebildet, so lag die Autorität zunächst in den einzelnen Familienhäuptern, die als Hausväter ihren Untergebenen (Frauen und Kindern mit hinzugewonnenen Sklaven) geboten, und es bildete sich die ursprüngliche Verfassung der Kru, in der die vollkräftigen Männer den Ritter-Adel (der Krieger oder Sedibo) bildeten, die jüngeren die Kedibo oder Knappen, bis sie mit der Wehrhaftmachung unter jene aufgenommen wurden. Die priesterlichen Functionen des Patriarchen, die dieser innerhalb der eigenen Familie geübt hatte, aber nur für die hier geltenden sacra verstand, mussten bald bei Staatsangelegenheiten Eigenthum einer bestimmten Klasse werden (der Deyabo), die sich mit den Heiligthümern der Gesammtheit vertraut gemacht hatte, und nun für Mittheilung ihrer Geheimwissenschaft sich geeignete Zöglinge heranbildete.

Rechte und Pflichten waren nicht näher definirt, und mit Ausbreitung der Familien, mit vermehrter Zahl der Familiengründer, floss allmählig ein Gros des Volkes zusammen, über dessen gleichmässiges Niveau sich immer nur diejenigen wieder (wie bei den Dinka) durch ihr Ansehen erheben, denen solches überwiegenden Reichthums oder Tüchtigkeit wegen gezollt wurde.

Treten kriegerische Verhältnisse ein, die ein festes Zusammenschliessen erfordern, dann wird der dux ex virtute auf den Schild (der Caninefaten) erhoben und als Führer an die Spitze gestellt, wie in Neu-Guinea. Gesetzlich soll seine Würde mit dem Feldzuge enden, in pace nullus est communis magistratus (s. Caesar), aber ehrgeizigen Persönlichkeiten war es von jeher und überall eine harte Anforderung sich der zeitweis genossenen Macht wieder zu entäussern. Für richtige Leitung der Auspicien im Kriege, für Tragen der Mexira bei den Moluas, für die Wappen (aztekischer) Stammeszeichen (denn εἶχε δὲ ἑκάστη φυλὴ ἱερά τε οἴκοθεν τὰ πάτρια bei Eunap.) wird, wie auf der zur Entdeckung Neuseelands führenden Wikingerfahrt, ein Priester mitgenommen, der hier die Rolle des sacerdos civitatis (des Pahan der Kol) im Frieden spielt. Streitigkeiten werden überall in Afrika und Amerika zur richterlichen Entscheidung den Stammeshäuptern (den erweiterten Familienhäuptern) oder den Principes vorgelegt, und daneben findet sich das concilium oder (nach Dahn) die Bezirksversammlung (der Germanen), dem Picho der Bechuanen entsprechend (oder sonstigen Palaver). De minoribus rebus principes consultant, de majoribus omnes (Tacit.).

Als Vertreter des Volkstammes gelten bei den Amakosa und übrigen Kaffern die Inkosi oder Häuptlinge, die bei manchen Berichterstattern auch als reges (gleich anderen afrikanischen „Kings“) bezeichnet werden, indessen in ungenauer Weise, da über ihnen noch ein König stehen kann, der Ukumkani. Dieser Titel, wenn nicht durch eine solch dominirende und (in Folge seiner factisch durch Eroberungen begründeten Macht) keinen Widerspruch duldende Persönlichkeit (wie etwa Chaka bei den Zulus) in Anspruch genommen, bleibt leicht ein schwankender und usurpirter oder ambitionirter, so dass z. B. auch Ungqika die Bezeichnung eines Ukumkani (statt Inkosi) für sich in Anspruch nahm (s. Döhne), während Hinza's Königthum. Dieses letztere begründete sich auf Hinza's Abstammung von seinem grossen Vorfahren U-Palo, dem Stammherren seines Geschlechts. So lange das Andenken an frühere Grösse lebendig bleibt und der daraus herabstrahlende Glanz durch die Erneuerung der Genealogien bis auf spätere Nachkommen reflectirt wird, mögen diese, (selbst wenn politische Revolutionen ihren Thron gebrochen und sie jeder Gewalt beraubt haben) von den meist gegen Steuerzahlung mit einem Wanderungsrecht in dem (dann von ihnen gewaltsam in Besitz genommenen) Lande belehnten Eroberungsvölkern einen Scheintribut erheben (wie so vielfach in Senegambien oder Hinter-Indien). Feindliche Besetzung eines Landes, sei es durch plötzlichen Einbruch einer Kriegerschaar, sei es, wenn anfänglich unter Erlaubniss wandernde (und vielleicht auch königliche Heerden weidende) Hirten (wie die Fulahs) sich im geeigneten Momente zu Herren der Ansässigen erklären, wird immer eine Graduirung im Range der Bevölkerung zur Folge haben müssen, aber die eigentliche Nobilitas pflegt nur bei den Vornehmen der Eroberer zu verbleiben, da die grosse Masse derselben früher oder später mit der allgemeinen des unterworfenen Volkes zusammenschmilzt (wie die Umgestaltung mittelalterlicher Feudalverhältnisse in allen ihren Formen beweisen). In solch geschichtlich bewegten Zeiten muss dann nothwendig die Bedeutung geistlicher und weltlicher Herrschaft, der Character des Adels, der Kriegsobersten, der Richter, des Königs schärfer formulirt werden, um überhaupt einen dauernden Bestand wahren zu können, und wo höher civilisirte Völker mit halbwilden in Berührung kommen, ist es stets das Bestreben jener, die politischen Repräsentanten dieser (mit denen sie Verträge abschliessen und von denen sie Garantien für dieselben verlangen) möglichst zu kräftigen, und wie von den Römern die germanischen Reges gestützt wurden, wollen die Ikcewicasta keine Erblichkeit ihrer Häuptlinge vor der englischen Ansiedelung gekannt haben. Die Begründung eines eigentlichen Königthums im Unterschiede von der durch die Natur der Sache gegebenen Häuptlingswürde hängt davon ab, ob das persönliche Ansehen, wodurch der Einzelne zum primus inter pares aufgestiegen ist, einen des Vaters würdigen Sohn gefunden hat, so dass der vielleicht durch Heerdenausleihung (wie sie Moheshh den Heirathslustigen anzubieten pflegte) gesammelte, oder der wegen gewohnten Raubglückes mit besonderer Vorliebe der von dem indianischen Kriegshelden erhobenen Standarte (consurgunt ii, qui et causam et hominem probant) folgende Comitatus (in pace decus, in bello praesidium) auch um den Sohn geschaart blieb. Erhielt sich erbliche Tüchtigkeit für 1—2 Generationen, so war sie nach dem Gewöhnungsprincip auch für ferner gesichert, nicht zwar immer in directer Erbfolge von Vater auf Sohn oder im Neffenrecht (aus Fijiischen Vasu vom avunculus her), aber doch der königlichen Familie als solcher, innerhalb welcher in Westafrika die Neuwahl getroffen wird. „Weder war die Erblichkeit ohne Bestätigung, noch die Wahl ohne alle Rücksicht auf das Geschlecht“ (bei den Germanen). Reges habent ex genere antiquo, quorum tamen vis pendet in populi sentencia (Ad. Br.)

Die Kriegsführung ist an sich Sache des Dux, nicht die des Königs, dem sie Wittmann auch bei den Germanen bestreitet, obwol sich im Basileus (schon im griechischen Heroenthum) beide Seiten vereinigen mögen. Gemeiner unterscheidet von dem später aus der Herzogswürde entstandenen Königthum (der Germanen) ein priesterliches[1]) als das ältere, aber nicht supra libertatem (s. Köpke). Die Analogien ergeben sich aus ethnologischer Vergleichung überall. Wie durch grösseren Reichthum oder Tapferkeit kann ein präponderirendes Ansehen auch durch umfassendere Weisheit (besonders den Greisen aus längerer Lebenserfahrung eigen) oder durch verschlagenere Klugheit erworben werden, und diese wird sich vornehmlich in solchen Puncten geltend machen, die auf den gedeihlichen Wohlstand des Gemeinwesens Einfluss haben, im Schutz gegen Feinde, sichtbare oder unsichtbare, in Herstellung feindlicher und freundlicher Beziehungen mit der Umgebung. Das menschliche Dasein ist überall von Gefahren umringt, von dämonischen dunklen Mächten, deren Hass das Leben des Einzelnen mit Krankheiten bedroht, die Gesammtheit mit Dürre oder Hungersnoth schlägt. Die zunächst zum Kampfe mit diesen finsteren Gewalten berufenen Zauberpriester, die mit den Krankheitsteufeln zu ringen und sich zur Vollziehung der ihnen gewordenen Aufträge bis in die Behausung der bösen Geister hineinzuwagen haben, werden der Volksansicht indess bald verdächtig, und obwol man sich gezwungen sieht, sie um Heilarzneien anzusprechen, fürchtet man doch auch eben sie wieder, als solche, die durch ihre Geheimmittel, durch ihre in Vertrautheit mit schwarzer Magie erlangten Hexenkünste, das Uebel selbst verschuldet haben mögen. Diese überall in den verschiedenen Continenten deutlich erkennbare Klasse der Amaqira wird man desshalb auch selten politische Bedeutung erlangen sehen, da sie im Gegentheil durchgehends mit argwöhnischen Augen betrachtet und eher verachtet werden. Höhere Achtung geniesst der mit der höchsten Gottheit (nicht mit den untergeordneten, wie der Wong-tchä) communicirende Priester, der als Wulomo (in Accra) mit ihr schlafende, als Osafo ihr dienende, der bei den Eweern an ihrem Munde sitzende Mawu-nunola, der auch den Karen bekannte Seher, der sich als Watos (Vates druidischer *Οὐάτεις*) bei den Gallas von dem Luba (oder Haruspex) und den gefürchteten Kalidscha unterscheidet. Solche Propheten figurirten in den Kafferkriegen ebensowohl, wie in den indianischen Tekumseh's. Das Wohl und Wehe eines nationalen Vereins, besonders eines durch Ackerbau an bestimmte Localität gefesselten, hängt zunächst von der Witterung ab, die die ersten Lebensbedürfnisse der Nahrung gewährt oder entzieht, und in jenen dürren Gegenden, wo sich für die Bechuana alles Wünschenswerthe und Herrliche in dem Worte Plu (Regen) concentrirt, ist der wichtigste Mann im Staate desshalb der Regenmacher oder Abanisi-bemoula (bei den Amakosa). Ein solcher Regenmacher (Bunuk-ti-kudu) war bei den Bari (s. Kotschy) der alte Nigilla, der freilich der Gefahr seines Amtes (dem Bauchaufschlitzen, um den von Vritra zurückgehaltenen Regen zu ergiessen) so wenig entgehen konnte, wie die für Missernte verbrannten Könige Schwedens oder die auf brennendem Ochsenwagen in die Wüste gesandten Magier der Scythen. Bei den Bari findet sich indess häufig der Bonit oder Zauberpriester (im Gegensatz zum Demanit oder Hexenmeister) und Matat (proceres, die Döderlein als durch Vermögen und Geburt hervorragend von den principes scheidet) in derselben Person, und wenn erst für einige Generationen mit Glück bewahrt, tritt in Afrika die Würde der Priesterkönige, die, gleich Salmoneus, zu blitzen und donnern verstehen, in unnahbarer Heiligkeit zurück, oft den profanen Blicken des Vulgus durch unverständliches

Ceremoniell ganz und gar entrückt. Dann mögen sie jedoch wieder an einer neuen Klippe scheitern, indem der Roi fainéant, der im Umkreis seines Pallastes abgeschlossene Mikado, der auf heiliger Insel isolirte Tuitonga nach Aussen hin durch einen Kronfeldherrn repräsentirt wird, der, wenn es ihm nicht länger gefällt, sich mit leeren Titulaturen zu begnügen, die reelle Macht hinzunimmt. Auch ohne eine solche in der Geschichte des Landes stets einen Wendepunct kennzeichnende Katastrophe, bildet sich leicht eine Adelsherrschaft, die unabhängig (wie bei den Cassaugas) kriegerische Operationen beschliessen oder eine silvam Herculi sacram für ihre Zusammenkünfte wählen mag, von dem aus sie durch das Vehmgericht eines Purrah- oder Semobundes das Land beherrscht. Eine andere Gestaltung des Königthums wird vorbereitet, wenn im Cultus bestimmter Gottheiten ein geschlossener Priesterstand (der Magier oder Chaldaeer) zur Ausbildung kommt, und nun entweder durch directe Aussendung (buddhistischer) Missionäre oder durch Ausstreuen seiner (von reisenden Kaufleuten bis Kasson) verbreiteten Ideen die Hierarchie auch anderswo zur Geltung bringt. So dominiren die Gangas in den Reichen des Muatayambo und Cazembe über scheinbar in ihren Tyranneien unbeschränkte Despoten, und so können (gleich den Druiden Galliens) unter den (nach Pagi zerstreuten) Guarani und Tupi die Paje im gewissen Sinne als Leiter der Staatsangelegenheiten betrachtet werden. Hier (wenn ein Regnum vorhanden ist) liegt es im Vortheil der Priester, den Respect vor dem Fürsten, der als willenloses Werkzeug in ihre Hände gefallen ist, möglichst zu erhöhen, da dann die ihnen selbst gezollte Ehrfurcht entsprechend wächst, und der erste Schritt pflegt zu sein die Verknüpfung des fürstlichen Stammbaums mit einem halbgöttlichen (bis auf Hermes oder Wodan zurück) und die Einpflanzung der Ansicht: ἐκ δὲ Διὸς βασιλῆες. Mitunter allerdings bedarf es erst eines längeren Vorbereitungscursus, wie bei den aus Sudra-Blut geborenen Rajahs, deren Umwandlung in Kshatrya nur nach vorheriger Wiedergeburt aus goldener Kuh von den Brahmanen bewerkstelligt werden kann. Als weitere Phase mag dann wieder in der Staatsgeschichte der Augenblick ercheinen, in dem sich der König, wie in Meroë, Cochin, Dahomey u. s. w. von priesterlicher Bevormundung losmacht, um Kirche und Staat zu trennen.

Wo das Königthum aus dem Patriarchat entwickelt ist, wird sich die dem Ahn aus kindlicher Liebe gezollte Ehrfurcht bei dem König, als allgemeinem Oberhaupt, in eine Verehrung seiner auch die Natur beherrschenden Kräfte verwandeln, weshalb er als Regengeber (und in den Seen-Regionen den Donner in seinem Hause bewahrend) um gute Ernten gebeten, aber auch (am weissen Nil) dafür verantwortlich gemacht wird, und beim Misslingen unter dem Banjar seine Prügel erhält, wie der böhmische Heilige in effigie. Die Preussen fielen vor dem König Maso niedei und stiessen ihr Angesicht auf die Erde, ihm ihre Knaben als Gabe bringend, unter der Bitte, dass er ihnen doch ja nicht die Sonne vorenthalten möge (nach Grunau). Indem der König den alten Patriarchen repräsentirt, fühlen sich die Unterthanen ihm gegenüber als Kinder, und suchen vor ihm ihre bösen Anschläge zu verbergen, wie bei den Cassangas die Kriegsberathungen, um den Tapfersten als Führer zu bestimmen, insgeheim gehalten werden, ohne Wissen des Königs, der, als heiliger Priesterkönig[2]), von solchen Feldzügen nichts erfahren darf. Die Rolle des Patriarchen spielend, hat der König dessen Character auch in soweit aufrecht zu halten, dass er den Jüngeren nicht zu lange als überlebter Alter zur Last falle, und desshalb (wenn nicht aus eigenem Antrieb, wie die ihre Söhne zum Begräbniss auffordernden Väter in Fiji) folgsam sich zum Schlummer niederlegt, wenn ihm am Cuango angedeutet wird, dass die Regierungssorgen ihn ermüdet haben müssten, oder bei den Eyeos die Papageyfedern statt der Schnur übersandt werden. Der dem Matyamvo bestimmte Tod soll dagegen durch blutigen Kampf im Schlachtgetümmel geweiht werden, dem ein noch blutigeres Gemetzel folgt. Als von einem Patriarchen (mit dem unbedingten Recht des Hausvaters über die im Sklavenstand geborenen Glieder seiner Familie) ausgehend, werden die königlichen Befehle unverzügliche Ausführung finden, wenn überhaupt die Vierzahl der grossen Würdenträger (Mehu, Minghu, Talonu, Combade in Dahomey), die als Odin in Yoruba den König umgeben, ein selbstständiges Mitreden dieses erlaubt und derselbe neben den drei Feldherrn eine Einwirkung auf die kriegerischen Unternehmungen bewahrt. Findet dies dagegen statt, so ist damit der unbedingte Despotismus proclamirt, wie in Dahomey und in Ashantie, obwohl im letzteren Lande die hohe Aristokratie (bei den Batlapi vor Molehabangue's Kriegen) noch immer die Handlungen am Hofe zu controliren vermag. In Yoruba steht neben dem Rath (nechirouga) noch der der Alten (Akamore), die in den republikanischen Verfassungen der Kru allein regieren, wie unter den Fantie die Stadtverordneten. Es geschieht leicht, dass ein derartiger Schattenkönig allmählig ganz zurücktritt und dann der aristokratische Geheimbund in dem Namen eines unsichtbaren Mandi-mansa herrscht, von dem Niemand weiss, wo im Innern des Buschlandes er weilt, oder dass an der Spitze des Ganzen nur die unbestimmte Wesenheit eines Idem Efik schwebt, der gottartiger Natur noch seine Repräsentention in dem in den Wäldern Bamba's verborgenen Grossfetisch finden mag, einem Kriwe (Kryê) oder Verhüllten, dessen heiliger Hain in Romowe oder Rykajot kein Uneingeweihter, sondern nur etwa die gefürsteten Reiks nahen durften (wie dem der

Semnonen), wenn er durch den Mund der Priester seine Aussprüche verkünden liess. Auf gleichem Boden entstand dann (im Anschluss an westliche Vehmgerichte) der geschworene Eidechsenbund, wie sich im Spiritismus der heutigen Nordamerikaner der Dämonencult der von ihnen verdrängten Indianer reflectirt. Als Symbol der Regierungsgewalt gilt (in Ostafrika) das Muansa oder die Trommel Errahim, die zu El Banes verehrt wird (s. Krapf). Unter den Maravi zahlten die Herrscher ihren Tribut einem unsichtbaren Oberhaupte, Chissimpe genannt, und die allgemeinen Angelegenheiten wurden von den Gangas oder Priestern geleitet, wie bei den Galliern von den Semnotheoi, wie Suevorum Semnones (Tac.) in silvam auguriis patrum et prisca formidine sacram (für barbari ritus horrenda primordia coeunt). Fides antiquitatis religione firmatur. Die mit priesterlicher Function verbundene Achtung der Semnonen unter den Sueven genoss der Stamm Çammeraygal unter den Australiern bei Port Jackson oder der Stamm Abel Ibrahim e Schiuch unter den Tenuaidjio (der Merebetin). Das Ansehen der Matal oder Häuptlinge (bei den Bari) „hängt blos von der Zahl ihrer Heerden und Frauen ab", wie früher das des gallischen Ritters oder Adligen, quisque est genere copiisque amplisimus, zugleich von der Tapferkeit[3]). Doch mochte er sich aus den Clientes oder Comites das Kriegsgefolge der Ambacti bilden, da er über ϑεράποντας ἐλευϑέρους unter seinen familiares (zu denen noch verschuldete Obaerati und Sklaven oder Servi gehörten) gebot. Bei den Wa-Ngindo (Mu-Niune) schliessen sich die mannbaren Jünglinge einem der Vana-Mambua (petits rois) als Knappen oder Uniai (Muniai oder Soldat) an und siedeln sich neben seinem Wohnsitz an, s'engageant moyennant salaire et jusqu'au jour de leur mariage à faire la guerre sous ses ordres et à travailler la terre pour son compte. Ebenso erwerben sich die Häuptlinge der Kafir kriegerische Mannschaft durch Vorschuss aus ihrem Reichthum an Heerden,[4]) ohne welche der Arme nicht ein Leben beginnen und noch weniger an Heirathskauf denken kann. Friedlicher Charakter der eigenen und kriegerischer einer benachbarten Nation veranlasst dann leicht die Verwendung von Söldnerschaaren, die in der Geschichte Asiens eine so gewichtige Rolle spielen, auf Fiji durch Tonganer, in Mexico durch Chichemeken, in Süd-Afrika durch Tamahas geliefert wurden. C'est au proportion du nombre des Fouls établis sur son territoire que le chef d'un village mandingue doit la force, le pouvoir, la richesse, la considération, dont il jouit. Die Usurpation lag dann nahe und wird überall durch die jetzigen Dynastien der Foulahs bekundet. Die Vermuthung auszusprechen, dass der König isst und trinkt, gilt in verschiedenen Negerstaaten für ein todeswürdiges Verbrechen, und wenn man ihm diese Schwäche erlaubt, muss es wenigstens, wie in Loango, hinter einem

Vorhang geschehen, der auch zugleich gegen den, besonders bei Oeffnen des Mundes, gefährlichen Augenstich dient, wenn nicht als Gegenzauber das überall bekannte Rachenbild des Medusenkopfes aufgestellt wird. Der König von Baiab musste die erste Zeit nach der Krönung in seinem Hause verborgen bleiben (wie der der Mosynoiken) und alle seine Lebensbedürfnisse waren von jenseits des Grenzflusses zu beziehen. Par là, invisible sur le territoire de Baiab, ne se servant que des choses qui venaient du territoire de la Casamance, il prend possession des deux royaumes (Bocandé). Solche dem Sehkreis entrückte Potentaten bedurften dann nicht der umständlichen, und immer wieder erst der lästigen Zwischenzeit eines Embryonalzustandes, wie bei den Chubilghanen, benöthigenden Wiedergeburt für ihre Erhaltung, da sie an sich fortbestanden, gleich dem Buia (Ahnenvater) der Bari (von Ku-Niamanda), qui avait la faculté de vivre sans manger et de se rajeunir à volonté (Froberville). Sein Wohnsitz war gefeit und wurde (gleich dem polynesischer Zauberpriester) auf Umwegen gemieden, weil von Leoparden und Schlangen bewacht (les serviteurs du Magicien), er konnte desshalb auch (gleich dem Hain der Diana Aricina) als Asyl für Verbrecher dienen, wie das Dorf Bandim bei den Bissao oder (bei den Papel) Pantoufa, wo der gefürchtete Geist Hiran sein Wesen trieb. Solcher (palästinensischer) Asylstätten gab es in Hawaii ebensowohl wie unter den Indianern der südlichen Unionstaaten. Die Freien unter den maurischen Stämmen nehmen (gleich alten Franken) das Privilegium des vollen Haarwuchses (guffa) für sich allein in Anspruch, während die Senagha nur einen Kamm auf dem Scheitel stehen lassen. Unter den Geknechteten neben den friedlich Freien oder Suaie und den kriegerisch Freien (Arab oder Ilhasor) zahlen die Uelad Bille (unter den Choddeman) nur die Medarie, nicht die Kerama. Die Harratin (Mischlinge) bestehen aus den Abkömmlingen befreiter Leibeigener. Die (mit Moshesh Erlaubniss) unter den Basutu siedelnden Barolong gaben das Pego oder Rindergeschenk (zur Anerkennung des Territorialbesitzes), wodurch sie zum Kriegsdienste verpflichtet sind, aber auch das Recht, in der Versammlung zu sprechen erwerben, nicht jedoch des Eigenthums, das stets das des Stammes bleibt, so dass ihm das (nie verkaufte) Land beim Fortzuge wieder zufällt. Auch Hottentotten-Häuptlinge (wie Peter Davids und Carolus Batje) lebten als Gäste in Moshesh Reich.

Der rechtliche[5]) Zustand jedes Volkes ist ein Resultat seiner (zugleich durch die geographische Umgebung bedingten) Geschichte, und wird durch die herrschende Religion mit der davon mehr oder weniger abhängigen Ethik innerhalb des Rahmens der als Reflex seiner Geistesverfassung gegebenen Weltanschauung modificirt werden. Das Eingreifen der Staatsgewalt pflegt sich in den tieferen Abstufungen der

Naturvölker auf ein Minimum zu beschränkeu, wenn überhaupt vorhanden und nicht etwa durch priesterliche Vertretung ersetzt. Dagegen stellt traditionelle Sitte überall unverbrüchliche Gesetze auf, die sich in dem Bereiche der Ethik ebenso geltend machen, wie in dem des Ceremonials und der Etiquette. Die Eigenthumsverhältnisse gliedern sich verschieden, nach dem jedesmaligen Uebergangszustand von Familie zu Stamm, und erhalten die Abschätzung ihres (nach der Regierungsverfassung verschiedenen) Werthes besonders durch die zur Arbeit zwingende oder davon dispensirende Umgebung des Klima. In den politischen Wechselbeziehungen der aus Stämmen emporwachsenden Völker richtet sich das Staatsgebäude ein, in dessen Ordnung für die verschiedenen Bedürfnisse Raum geschaffen wird, sowie für die Verkehrswege nach Aussen, um in Gegentausch zu treten oder feindlichen Angriff abzuwehren. Für Kriegserklärung stecken die Miranhas einen Speer an der Grenze auf und im friedlichen Handel sah Martius von den Mundrucus Federschmuck für rothe Bogen und Guarana-Paste erhandelnde Mauhés. Eigenthumsrecht[6]) wird durch Umgebung mit einem Baumwollenfaden symbolisch verwahrt, und um sein unbestrittenes Haus und Schutzrecht zu bekunden, gebraucht der brasilianische Wilde das Symbol[7]) „dass der Herr einer Hütte, und wenn sie von mehreren bewohnt wird, diese Alle, den Fremden in der Hängematte liegend empfangen“ (v. Martius). Die Krieger der Mundrucus verpflichteten sich zu einem Kriegszuge durch eine Kerbe, die sie in ein, von dem Oberbefehlshaber von Hütte zu Hütte gesendetes Kerbholz einschneiden (wie die Irokesen). Wie die nordamerikanischen Indianer, (die beim Friedensschluss das Kriegsbeil vergraben) aus der Calumet oder Friedenspfeife, rauchen die brasilianischen aus einer grossen Cigarre, die als Symbol des Friedens und Vertrauens herumgereicht wird (v. Martius). Der Araber darf den nach gewährtem Gastrecht[8]) entlassenen Fremden nicht verfolgen, so lange die unter seinem Zelte genossene Speise noch im Magen sich findet. Nach dem mongolischen Gesetzbuch wird derjenige um neun Stück Vieh gestraft, der einem Reisenden kein Nachtlager gewährt und ihn erfrieren lässt, oder, wenn der Reisende nicht stirbt, um ein zweijähriges Oechslein. Wenn dem Reisenden zwar ein Nachtlager gewährt, aber sein Habe und Vieh entwendet ist, so ist der Wirth zum Ersatz gezwungen (Hyacinth). „Alles, was der Hausvater hinterlässt, geht zu gleichen Theilen und Nutzungsrechten auf die Familie über. Wenn seine Waffen und sein Schmuck nicht auf das Grab gelegt oder mit der Leiche begraben werden, so fallen sie den Söhnen zu. Trennen sich die Söhne, indem Jeder seinen eigenen Hausstand bildet, so bleibt derjenige Besitzer der Hütte, der zuerst ein Weib nimmt“ (unter den brasilianischen Indianern). Bei den Tartaren geht die Hütte auf den darin zurückgebliebenen Jüngsten über während die Aelteren schon durch Fortziehen mit ihrem Heerden-Antheil selbstständig geworden sind, und das in einzelnen Districten Englands (als Borough English), und Deutschlands, bekannte Recht findet sich (nach Lewyn) auch bei den Mrus (in den Arrawak-Hügeln) und auf Neuseeland (nach Brown).[9]) Bei den Basutos tritt das Recht des Erstgeburt schon während Lebzeiten des Vaters in Kraft (Casalis). „Söhne, Enkel, Brüder, Bruderskinder, Töchter, Töchterssöhne, Vettern und Adoptiv-Söhne erben in solcher Reihenfolge (in Coorg). Bei mangelnder Nachkommenschaft geht das Eigenthum an die Wittwe über, die dasselbe auch für einen unmündigen Sohn verwaltet. Hinterlässt der Sterbende weder Frau noch Söhne, aber Enkel und Brüder oder Bruderssöhne, wird das Eigenthum getheilt, wenn die Familie zusammenlebt, während sonst dem Enkel das Ganze zufällt. Hat der Verstorbene weder Frau, noch Kinder, noch Enkel hinterlassen, erben Brüder und Bruderssöhne. Hat er weder Frau noch Söhne oder Brüder hinterlassen, aber eine unverheirathete Tochter, wird diese von den Verwandten in Besitz des Vermögens gesetzt und verheirathet, worauf bei ihrem Tode ihr Gatte oder ihr Sohn erben. Bleibt eine unverheirathete Tochter zurück und ein Bruderssohn oder Enkel, wird bei zusammenlebender Familie das Vermögen getheilt. Fehlen solche Erben, so geht das Eigenthum, nach Richterspruch, auf die Vettern über oder nicht. Für einen Unmündigen ohne Verwandten bestellt der Staat einen Vormund. Ist der Verstorbene kinderlos, adoptirt die Wittwe Kinder ihrer Verwandten oder doch ihres Stammes" (s. Richter). „Das Vermögen geht durch Erbschaft vom Vater auf die engere Familie über, mit Bevorzugung des Aeltesten und mit völligem Ausschluss der weiblichen Kinder. In erster Linie erbt der Erstgeborene, und die übrigen Söhne, in zweiter der Vater, in dritter die Brüder, in vierter die Bruderssöhne, in fünfter des Vaters Brüder u. s. w. (bei den Bogos). Zum erblichen Vermögen gehören: Land und Haus, Geräthschaften, eiserne Werkzeuge, Getreide und Geld, Kühe, Ziegen, Esel, Pferde, Waffen, Sklaven und die Frau (Munzinger). In Australien theilt der Vater schon während des Lebens das Land unter seine Söhne und beim Mangel solcher beerben die Söhne der Töchter den Grossvater (Eyre). In Tahiti wurden (nach Ellis) testamentarische[10]) Bestimmungen vor Zengen erlassen. Jedermann hat (bei den Beni Amer) das Recht, über sein Vermögen nach Belieben zu verfügen, aber er darf nicht ein Testament machen (s. Munzinger). Steht der Tigré (bei den Marea) allein, so erbt sein Herr. Ueber den vierten Mann hinaus kann Niemand erben, denn das fünfte Glied[11]) ist die Grenze (in Schweden). Das Erbe der Descendenten heisst Brusterbe (Bryst Arf), und so lange irgend Jemand von den Brusterben da ist, kommt Keiner von den anderen Erben heran (Gans). Nach jütischem Recht geht die Collateral-Erbschaft bis ins siebente Glied. Wenn nach dem Tode eines jenseits der Grenze wohnenden Mongolen, der keinen Nachfolger hat, ein Adoptivsohn nachbleibt, welcher noch bei seinen Lebzeiten aus seiner eigenen Familie angenommen wurde, und, nach einer dem eigenen Fürsten gemachten schriftlichen Anzeige, als leiblicher Sohn erzogen wird, so ist solchem Adoptiv-Sohne erlaubt, das Vermögen zu erben. Ist der Pflegling ein untergeschobenes Kind oder der Sohn eines Sklaven einer anderen Familie, so wird solchem nicht erlaubt, das Vermögen zu erben. Hat Jemand bei seinen Lebzeiten keinen Pflegling zur Erbfolge gehabt, so geht das von ihm hinterlassene Vermögen auf die anderen männlichen Glieder der Familie oder auf die entfernten Verwandten über. Wenn er aus dem Grunde, weil die anderen männlichen Glieder der Familie keine Söhne haben, noch bei seinen Lebzeiten, nach vorgängiger dem Fürsten gemachter Anzeige einen Pflegesohn aus anderer Familie als leiblichen Sohn auferzogeu hat, so ist dem Pflegling erlaubt, die Erbschaft anzutreten. Wenn nach irgend Jemands Ableben sich Glieder derselboen Familie finden, seine Gattinn aber einen Pflegesohn aus einer andern Familie auferzieht, so soll derselbe nicht als Erbe anerkannt werden. Wenn Jemand einen von einer Beischläferin Geborenen als Sohn erzieht, so kann er diejenige, die den Sohn geboren, weder verkaufen noch verheirathen, wenn er aber sie verkauft oder verheirathet, so soll derjenige, den er erzieht, nicht als Sohn anerkannt werden. Wenn aber keine ganz nahe männlichen Verwandten vòrhanden[12]) sind, und kein Pflegesohn aus einer anderen Famile nachbleibt, so soll das Vermögen der ausgestorbenen Familien dem regierenden Fürsten oder Taizsi zufallen (Hyacinth) nach dem mongolischen Gesetzbuch. Das Kind einer Negersklavin, die als von ihrem Herren geschwängert, zur Oum-el-ouled (Mutter des Kindes) geworden ist, erbt[13]) von dem Vater bei den Musulmanen.

Bei den Barea werden Grundstücke selten veräussert, der benöthigte Besitzer giebt sein Land dem Käufer meist nur als Schuldpfand her, das er gegen den erlegten Preis jederzeit wieder an sich bringen kann; es wird deswegen beim Verkauf besonders stipulirt, ‹ ob der Acker für immer verkauft sei, oder ob der Herr sich das Recht vorbehalte, ihn später wieder an sich zu bringen (Munzinger). Nach altslavischen Gesetzen war die Bebauung des Landes,[14]) und somit das Eigenthumsrecht daran, den Gemeinden gemeinsam, wie (zu Zeiten) bei Germanen und (nach Diod. Sic.) bei Celtiberern.

Das Gesetz der Selbsthilfe ist das natürliche in einfachen Gesellschaftsverhältnissen, aber der civilisatorische Fortschritt markirt sich überall durch das Streben des Gesetzgebers die Blutrache durch Aus-gleich zu mildern, wie es in Montenegro nur durch das priesterliche Ansehen möglich ist. Die Sühnung[15]) des Wergeldes führt weiter zur Versklävung der Zahlungsunfähigen, wenn nicht etwa der Körper zur Verwundung exponirt[16]) wird, wie in Australien, wo auch die Duelle in abwechselnden Keulenschlägen auf den in bequemer Schlagweite hingehaltenen Kopf bestehen.

Diebstahl heisst die Verletzung des Eigenthums innerhalb des Gaues, er ist kein Verbrechen;[17]) ist er bewiesen, wird das gestohlene Gut einfach als Schuld angesehen (bei den Barca[18])). Raub heisst die Verletzung des Eigenthums ausserhalb des Gaues, dem Fremden und Feinde zum Schaden; die Räuber bilden eine engere Klasse des Volkes mit eigenen Kriegsgesetzen (s. Munzinger). Wenn Silber, Zobel- und Otterfelle, Leinwand und Esswaaren gestohlen werden, so ist dafür nach der Anzahl zu zahlen. Kosteten die gestohlenen Sachen ein zweijähriges Ochskalb, so soll um drei Mal neun Stück Vieh, kosteten sie soviel wie ein Schöps, um neun Stück Vieh, kosteten sie nicht soviel, wie ein Schöps, um ein dreijähriges Oechslein gestraft werden (nach dem mongolischen Gesetzbuch). Ein Beamter oder ein gemeiner Mann, der unvorsätzlich einen Menschen erschlagen hat, soll, wenn er einen Augenzeugen für diese That hat, keinen Eid ablegen, jedoch um drei Mal neun Stück Vieh gestraft werden; hat er keinen Zeugen und das Vergehen ist zweifelhaft, so ist in der Fahne des (unvorsätzlichen) Mörders ein Mann zu wählen, der den Eid ablege. Legt er den Eid ab, so soll man um drei Mal neun Stück Vieh strafen, leistet er aber den Eid nicht, so ist der Mörder nach der Einkerkerung zu erdrosseln. Wer Jemandem die Augen aussticht, der soll um drei Mal neun, wer Jemandem die Hand oder den Fuss zerbricht, der soll um neun Stück Vieh gestraft werden. Wenn hieraus keine weitere Verstümmelung entsteht, so ist der Schuldige um Pferde zu strafen (s. Hyacinth). Wie der Busch-Neger in Surimam eine steinerne Schildwacht vor die verlassene Hütte stellt,[19]) legt der Grönländer einen Stein neben ein Stück Treibholz, um sein Eigenthum zu sichern, und beansprucht auch den entflohenen Walfisch, wenn durch seine Harpune verwundet, ausser wenn die Leine gerissen. If several hunters strike a reindeer together, it belongs to the one, whose arrow is nearest the heart (s. Lubbock), the arrows being all marked.

Aus den ethnischen Verhältnissen bilden sich nach Einfluss mitwirkender Bedingungen verschiedene Stammesgenossenschaften mit wechselnden Namen, wie durch den Conton[20]) der Mandingo oder in den Preisnamen (bei den Bechuanas) von Matlu (Elephant) für die Borolong, Makabo (Meerkatze) für die Makaalla, Majeni (Pavian) für die Mahurutzi u. s. w. (s. Wahlberg). Ein solcher Preisname war der von Tschingiskhan gegebene der Mongolen.

Die Wilden geniessen keineswegs die Freiheit, die man ihnen zuzuschreiben geneigt ist (wie Grey bemerkt), sie unterliegen (in Australien) einem tyrannischen Codex (s. Lang), the slaves of law, rule and precedent (in Neuseeland), sowie dem Despotismus der Moden,[21]) der Kopfentstellung, Zahnausbrechen, Nasen- oder Lippendurchbohrung, Hautzerfetzung oder andere Torturen fordert. Mariner beschreibt das umständliche Ceremoniel der Tongaer, Eyre der Australier, El-Tounsy der Tibbu, Burton der Egboes, und eigenthümliche Vorschriften im täglichen Leben, wie den Mongolen in Temudschin's Yassi gegeben, wiederholen sich in Australien,[22]) in Kamtschatka (s. Steller), bei Algonkin (s. Tanner), bei den Sioux u. s. w. Die Barea und Bazen (bei deren völliger Gleichheit kein eigentlicher Sklavenstand besteht) nennen sich selbst alle Sklaven, (s. Munzinger), indem der Mensch, natürlich frei, seine Freiheit nie verlieren kann. „Jeder fühlt sich dem andern gleich und frei, keiner will besser als der andere werden. Wir sind alle Sklaven, sagen sie freimüthig, und das ist ein stolzes Wort.“ An der Goldküste dagegen, wo (wie Cunningham bemerkt) Jeder als Sklave geboren wird, geben sich die Fantih den Namen der Freien oder Franken, und ebenso die Thai (Freie) Siam's, wo jeder mit der Geburt als Sklave des Königs einrollirt ist.

Für Statthaben communaler[23]) Ehen ist es erklärlich, dass, wie die Kinder überhaupt, so besonders die Mädchen im Sklavenstande geboren wurden, da ihnen die vom männlichen Geschlecht später bei der Mannhaft-Erklärung gewonnene Emancipation abgeht. Den als Eigenthum des ganzen Stammes geltenden Frauen geborenen Kindern lag es nahe, den Muttersbruder,[24]) als den allein in sicherer Beziehung auffindbaren Mannesvertreter zum (adoptiven) Vater zu setzen, und daraus ergab sich dann das Neffenrecht, das von Fiji bis nach Congo, durch Asien und Amerika in Kraft stand. Durch Kriegsgewalt konnte ein Privatrecht auf eine weibliche Sklavin erworben werden, und so raubt der Australier[25]) seine Frauen womöglich in einem dem seinigen feindlichen Stamme. Soll unter friedlichen Verhältnissen eine alleiniges Privilegium gewährende Ehe geschlossen werden, so bedarf es einer Mehrheit legaler Fictionen, im gegenseitigen Unbekanntthun aller Betheiligten, wie in Darfur,[26]) während sich meistens (bei Kaffern, Kalmücken, Abiponen u. s. w.) in der verschwägerten Verwandtschaft nur Eltern und Kinder, (sei es beider Seite, sei es einer, sei es in Kreuzung) vermeiden.

Die Polyandrie[27]) ist eine natürliche Folge laxer Verhältnisse, wenn freier Verkehr mit den sonst durch Schleier oder Riegel abgeschlossenen Frauen um die schönsten Blumen den zahlreichsten Schmetterlingsschwarm heranzieht, der sich entweder (wie bei den Nairs) in die

Ehe theilt, oder (in Wadai) ihren Abschluss hinausschiebt. Von Darfur erzählt Zain-el-Abudin: „Ein schönes und von Vielen angebetetes Mädchen erhält, sie mag wollen oder nicht, so viele Besuche von ihren Liebhabern, welche auf alle Weise, der Eine durch die Thür, der Andere über die Mauer, zu ihr dringen, dass ihr Vater sich nicht anders zu retten weiss, als indem er seiner Tochter eine besondere Wohnung anweist oder selbst aus dem Hause läuft.“ Die ostasiatischen Traditionen erzählen von dem einsäuligen Pallastthurm,[28]) in dem früher (wie in dem der Mongolen) die älteste Tochter der Herrscher isolirt wurde. Die Polygamie wird durch Bestehen der Sklaverei begünstigt, und in manchen Fällen dadurch allein ermöglicht, bald wie bei den Negern, die Frauen statt Sklavinnen verwendend und so mit ihrem Kauf die Landbewirthschaftung ausdehnend, bald (im Orient) die zu Frauen erhobenen Sklavinnen im üppigen Nichtsthun erhaltend durch Umgebung mit zugleich als Concubinen dienenden Sklavinnen. Wie überhaupt durch die Vermögensverhältnisse des Kaufenden bedingt, hält sich die Polygamie[29]) bei rechtlich geschlossenen Ehecontracten von selbst in engeren Schranken, und regelt sich hauptsächlich mit Hinblick auf die Nachkommenschaft,[30]) oder sanitätlichen Rücksichten. Bei Naturvölkern vieler Theile Afrikas und Amerikas findet sich das (physiologisch sehr wohl begründete) Verbot, die Frau während der Schwangerschaft[31]) zu berühren, und da der Mann sich ihr auch in der (oft auf mehrern Jahre ausgedehnten) Säugezeit nicht zu nahen pflegt, so wird aus der männlichen Geschlechtseigenthümlichkeit, besonders in heissblütigen (nicht gerade immer klimatisch wärmsten, so wenig, wie kalten) Ländern der Rechtfertigungsgrund für die Vielweiberei entnommen. Die Veddalis in Ceylon (s. Emmerson Tennent) fühlten sich deshalb auch ganz entsetzt, als sie hörten, dass die Europäer nur eine Frau zur Ehe nähmen, sich also beständig mit derselben abgäben. Ein solch unmoralisches Treiben käme nur bei Affen vor, wäre aber (ihren Ansichten nach) des Menschen unwürdig. Das Recht des Stärkeren ruft ferner solch eigenthümliche Verhältnisse hervor, wie sie der (auch den Chibchas) bekannte Knabengatte der Reddies[32]) oder die Reihenehen der Todas[33]) zeigen. Der älteste Sohn vermählt sich mit einem Mädchen, überlässt sie aber dem aufwachsenden Bruder, um die nächst jüngere Schwester zur Frau zu nehmen, und so weiter fort, sich ständige Flitterwochen verschaffend, während die Ehe des endlich auch seinerseits zur Mannbarkeit gelangten Jüngsten mit der ältesten Schwester trübseliger ausfallen muss. Im Orient wird für das Weib den Angehörigen derselben ein Preis bezahlt. In Griechenland tritt zuerst mit der Freiheit[34]) des Weibes die Dos auf, indem die Weiber für den Verlust ihrer Jungfrauschaft eine Morgengabe erhalten (s. Gans). Eine mulier indotata ist nicht geehrt. Bei der Gemeinsamkeit der Ehen, sowie auch in der Polyandrie, konnte sich eine Art Mutterrecht geltend machen, insofern in beiden Fällen die Feststellung des Vaters Schwierigkeiten haben mochte, und besondere Privilegien erwarben die Frauen, wenn bedrängte Flüchtlinge bei einem einheimischen Stamme Aufnahme fanden und vielleicht ihrer edlen Abkunft wegen mit Frauen beglückt wurden, denen sie dann, als Töchtern ihrer Herren, mit derjenigen Achtung begegnen mussten, wie sie die Princessinnen von Loango zu empfangen gewohnt sind. Im Reiche des Benomotapa wurden die Frauen[35]) so geehrt, dass selbst der Kaiserssohn ihnen den Weg räumte (nach de Barros), und so bei den Manganja. Unter den Limbus bleiben die Töchter bei der Mutter, aber der vom Vater abgekaufte Knabe tritt in dessen Stamm (Campbell). Bei den Sonthal wird alle Jahre einmal geheirathet und für sechs Tage leben die Candidaten gemeinsam.[36]) Das Extrem eifersüchtiger Wahrung der Frau bildet die Vernähung oder die nach stattgehabter Excision eingeleitete Verheilung in den oberen Nilländern, wo sie selbst nach Oeffnung für Schwängerung und erfolgter Geburt wiederholt werden mag. Andererseits versetzt die Eifersucht die Bedienung der Frau in den Eunuchenstand, wenn nicht den Frauen selbst die Bedienung (mitunter auch die kriegerische Hut) übertragen wird. Die männliche Beschneidung[37]) ist bei vielen auch nicht mahomedanischen Völkern die nothwendige Vorbedingung zur Eheabschliessung.

Eintheilungen sollen übersichtliche Gruppirung der Beobachtungsobjecte herstellen, also das Zusammengehörige mit- und nebeneinander in Ordnungen bringen. Das leitende Princip wird nach dem Gesichtspunkte wechseln, und ebenso der jedesmalig angelegte Maasstab verschiedene Differenzungsweise nöthig machen. Eine Eintheilung der Thiere nach den Medien, in denen sie leben, würde an sich ebenso gut ihre Berechtigung haben, wie Eintheilung nach der inneren Organisation (wodurch Luft- oder Wasserthiere mit Erdthieren in dieselben Klassen gestellt werden mögen), da indess diese letztere Eintheilungsweise sich für physiologische Weiterfolgerungen fruchtbarer gezeigt hat, hat man sie mit vollem Recht zu alleiniger Geltung gebracht, und zwar bei den Thieren nicht nur, sondern auch bei den Pflanzen. Da sich nun in diesen beiden Reichen der organischen Natur innerhalb der aus relativen Vergleichungen als solchen constitutirten Specien zeugende Fortpflanzung findet, hat man sich allmählig unvermerkt durch unklare Begriffsauffassung verleiten lassen, solche Fortpflanzungsfähigkeit als wirkungskräftig für die Gesammtreihe organischer Wesen in ihren Uebergängen in einander anzunehmen, und so durch diese neuen Bestimmungen die früheren der Species illusorisch oder vielmehr mit sich selbst widerspruchsvoll zu setzen.

Theoretische Auffassungen betreffen nicht weiter das Wesen der Dinge. Ob die Ikhwahnu-s Safa Zinn, Blei, Silber als ineinander wandelbaren Stufen desselben Metalls ansehen, oder ein Berzelius sie von einander getrennte Grundstoffe nennt, verändert weder ihre Natur, noch ihre Verwendungsmöglichkeit für praktische Zwecke, da indess die Förderung solcher sich bei der letzteren Auffassungsweise leichter gezeigt hat, bleiben wir dabei stehen, und können dann folgerichtig, ihnen als Elemente gegenüber, die drei Formen des Schwefels und als Agregatzustände desselben Metalles betrachten. So sind die durch künstliche Züchtung hergestellten Varietäten den als unveränderlich betrachteten Species gegenüber aufzufassen, und obwohl neu hinzutretende Entdeckungen in den Umgrenzungen oder Anordnung derselben mancherlei Modificationen bedingen mögen, darf doch eine inductiv auf Thatsachen-Vergleichung begründete Wissenschaft nicht in ihr einmal gültiges System (so lange es als solches anerkannt werden soll) ein zerstörendes Element einführen, das durch keine factische Beobachtung, sondern nur durch die subjectiven Idiosynkrasien einzelner Vertreter gerechtfertigt wird. Alle organischen Wesen sind fortpflanzungsfähig, aber eben innerhalb der grade im Hinblick auf die Eigenschaften aufgestellten Arten, und wer über diese Grenzen hinaus noch eine allgemeine Fortpflanzungsmöglichkeit a priori zu proclamiren unternimmt, mag seine Prätensionen vor einem philosophischen oder naturphilosophischen Forum rechtfertigen, gehört aber nicht in den Kreis der exacten Zoologen oder Botaniker. Wenn von der Chemie[38]) getrennt gehaltene Körper in der Gemeinsamkeit physikalischer Eigenschaften (Ausdehnbarkeit, Theilbarkeit, Schwere u. s. w.) zusammentreffen, so sind doch die einst mit Enthusiasmus begrüssten Versuche, aus dieser Gemeinsamkeit die Gemeinsamkeit des Ursprungs herzuleiten, längst in das Gebiet zeitraubender Träumereien verwiesen, und die Biologen sollten sich solche Erfahrungen zu Nutze machen, um ihrer Wissenschaft das auch hier drohende Zwischenstadium der Phantastereien zu ersparen. Grade die Fortpflanzungsfähigkeit, als gemeinsame Eigenschaft der organischen Species, wirkt verführerisch für weitere Generationen, da in das Denken allerdings das logische Postulat gelegt ist, das Vielfache und Zusammengesetzte durch Zurückführung auf Einfacheres aufzuklären und mit dem so gewonnenen Durchblicke innerlicher zu verstehen. Diese Vereinfachung gilt indess nur innerhalb der relativen Beziehungen des Denkens, d. h. innerhalb der inductorisch verständlichen Welt, wo von einem Mehr oder Minder geredet werden kann. Sobald die Speculation über das gekreuzte Fundament des gegenseitig controlirten Wissens hinausschweift, um in der Unendlichkeit das Absolute zu suchen, verliert sich, wie jedes Mass und jede Zahl, auch der Unterschied des Vielfachen und Einfachen, so dass es dann völlig denselben Sinn hat, ob man von einem Anfang, von 2 oder 3, oder von hunderttausenden redet, und mit der geringeren Zahl der Urpaare, worauf sich die Descendenzler so viel zu Gute thun, kein Titelchen positiver Kenntniss gewonnen, dagegen unendlich viel[39]) verloren sein würde.

Eine Eintheilung des Menschengeschlechts kann sich nur auf Definirung der Varietäten, nicht von Species (im zoologischen Sinn) beziehen, da das Kriterium dieser, die Fortpflanzungsfähigkeit sich bei allen Raçenkreuzungen, soweit Beobachtungen vorliegen, in mehr oder minderem Grade constatiren lässt. Ob aus dieser systematisch festzuhaltenden Einheit Einheit der Abstammung folge, ist eine inductiver Betrachtung entrückte Frage, da sie sich an die weder experimentell noch comparativ zugänglichen Zustände des Seins in seinen Anfängen knüpft. Wir finden bei Pflanzen und Thieren die Species in verschiedenen Verbreitungssphären, und unter klimatisch verschiedenen Centren dieselben Species in entsprechend verschiedenen Varietäten auftreten. Wird eine Raçen-Varietät aus ihrer heimischen Provinz in eine fremde versetzt, so ist sie entweder gänzlich fortexistirungsunfähig und geht zu Grunde, oder sie acclimatisirt unter bald eingreifenden, bald nebensächlichen Accommodationen, und immer deutlich getrennt von der dort einheimischen Varietät ihrer eigenen Species, sobald jede Kreuzung (und bei den Pflanzen die Befruchtung durch fortgetragene Körner) sorgsam ausgeschlossen gehalten wird. Aus diesen Verhältnissen geht eher eine Selbstständigkeit der den geographischen Provinzen eigenthümlichen Producte hervor, und die geringe Zahl der unbewohnt angetroffenen (also einer Einwanderung harrenden) Erdräume zeigt, wenn nicht gänzliche Unfähigkeit für Entwickelung terrestrisch-animalischen Lebens, doch meistens eine geringe Disposition für dasselbe, häufig aber auch in zurückgebliebenen Resten eine der temporären Vereinsamung bereits vorangegangene Bewohnung. Beim Thiere finden sich die klimatischen Repräsentanten der Species räumlich getrennt, wogegen der gesellig wandernde und die Feindseligkeit der Natur durch Kunst besiegende Mensch die gesammte Erd-Oberfläche in ununterbrochenen Zwischenstufen bedeckte und die Zahl derselben durch neue Mischungen oder Fortbildungen beständig vermehrt, andererseits auch ältere ausfallen lässt.

Innerhalb der über den Erdball hin und wieder fluthenden Menschenmengen bilden sich kleinere oder grössere Kreisungen, die sich als unabhängige Ganze hervorheben, bald in zerstreuter Isolirtheit einzelner Stämme, bald als weit gebietende Geschichtsvölker. Als ursächlich bedingend für diese Gestaltungen ist zunächst das geographische Areal zu betrachten, auf dem sie vor sichgehen. So weit sich eine geographische Provinz in botanischer oder zoologischer

Hinsicht markirt, so weit wird auch eine anthropologische zu supponiren sein, obwohl sich die Peripherielinien dieser drei Cirkel nie (oder selten) genau zudecken, sondern in verschiedentlicher Excentricität über einander zu schieben pflegen. Bei dem Menschen ist hier nun sogleich die den Thieren (ausser im beschränkten Maasse den domesticirten) fehlende Bildungsfähigkeit ins Auge zu fassen. Derselbe Menschentypus wird desshalb bald in drei weit differirenden Zweigen auseinander gehen, ob auf weiten Steppen wandernd (wo einzelne hinzugeträufelte Fremd-Elemente rasch verwischt oder assimilirt werden), ob in abgelegenen Bergthälern umschlossen (wo die scharf sich ausprägende Individualität auch jedes einfallende Fremd-Element nach sich umprägen wird) oder ob an dem beweglich durch Flüsse oder über Meere strömenden Wasser sesshaft, das aus allen Seiten fremde Elemente herbeiführend aus ihren zusammentreffenden Reizen Neuschöpfungen hervorarbeiten wird. In der Hauptsache constituiren sich die Nationalitäten auf der Unterlage physikalischer Begrenzung, wobei die Absorption der ethnologischen Wurzeln, die unter Gemeinsamkeit der Interessen zu einem Volksstamm zusammenwachsen, bald in weitere Ferne reicht, bald sich auf nächste Umgebung beschränkt. Dieser Anschluss an den geographischen Boden zeigt sich besonders bei dem orographisch und hydrographisch so scharf gegliederten Continent Europa-Asien, in beschränktem Maasse in Amerika, und noch mangelhafter in der unbehülflichen Masse Afrikas. Im libyschen Afrika fehlen die von der Natur für die Entstehung eines dominirenden Volkes prädestinirten Bezirke, die in den partiellen Annalen und in der universalen Geschichte Europas und Asiens (sowie Amerikas) eine maassgebende Rolle spielen und zur Consolidirung ihres Vaterlandes deutlich sich bewusster Nationalitäten beitrugen. In Afrika (wie in Australien) begleiten die Bergketten die Küste, während die weite Ausdehnung des Innern jener geographisch deutlichen Physiognomien entbehrt, die sich wieder in denen des Volkscharacters spiegeln könnten. Staaten, wie Ghana's, Haussa's, Sonrhay's, Kanem's u. s. w. springen auf und verfallen, ohne ihre Marken characteristisch umschrieben, ohne desshalb auch einen perennirenden Nationalbaum gepflanzt zu haben, und in unbekannten Oeden organisiren sich hier oder dort unstäte Horden, die in ihren Verheerungen die Namen der Jaga, Galla, Zulu u. s. w. gefürchtet machen, und auch die am Küstengürtel oder in den Bergketten aufblühenden Gemeinwesen niedertreten mögen. Bei den in Afrika auftauchenden Völkern ist desshalb der nationale Keim autochthoner Typusgestaltung nur wenig merklich, und während die Gestaltungskraft des heimischen Bodens zurücktritt, gewinnt der (sonst eher nebensächliche) Einfluss von Aussen her aufgenommener Eindrücke (besonders im Gewande der Religion) um so nachhaltigere Bedeutung. Nur aus Berücksichtigung dieser Umstände lässt sich z. B. die Stellung der Mandingoe in Afrika erklären, zu der in Asien nur die Kastenverhältnisse Indiens einige Parallelen liefern könnten. Es wäre umsonst, nach einer Heimath zu suchen (gewiss nicht in Manding), der physische Habitus ist kein einheitlicher und der linguistische Zusammenhang nicht weiter, als der Name. Die Negerstämme Senegambiens schmiegten sich bald der arabischen Bildung an, die die Marabuten mitbrachten, und (gleich den Balantes) ils ne veulent plus être regardées comme des Balantes (de la famille de Mané), ils se disent Mandingues.[40]) Der Einfluss der durch ihre Pilgerschaft mit der Würde des Hadji bekleideten Takrurin im Osten blieb beschränkter, weil zwischen den bereits bestehenden Culturen Aegyptens und Abyssiniens eingeklemmt. Als Länder der Wangarawas (Sing. Wangara) oder Dhiuli (Wakore oder Mande) werden genannt Segu (Bambara), Kaarta, Beledugu, Mandin, Wassulu (Minjana), Bambuk, Bondu, Uli, Kantora, Badibu, Bar u. s. w., die Mande-Sprache wird ausserdem gesprochen von den Torong und Dschallung (in Futatorro und Futa-djallon), den Vei, Mana, Susu u. s. w., und die Mandingo werden noch genannt auf den Kong-Bergen (Musardu's) und östlich über Katsena hinaus, als wandernde Kaufleute, bis sie sich mit den früher in Wadai herrschenden Tündjurs Dongola's berühren mögen. Geschichtlich werden die 1150 p. d. (von Edrisi) als Wangara oder Wakore erwähnten Mandingo auf den Sieg der Mallinke in Melle (1235 p. d.) über die seit 1203 p. d. in Ghanata (der von den Genagha verdrängten Soninkie oder Serracolet) herrschenden Susus zurückgeführt und lassen sich in den Marabut an die Erhebung der Almoraviden oder Molathemin anknüpfen (Anfang des XI. Jahrh. p. d.). Die von dem nördlichsten Punkte des Senegal zum nördlichsten des Niger gezogenen Linie zeigt in ihrer mittleren Einbuchtung das Herabdrängen des mauretanischen Elementes, das durch die Wüstenhorden das Ferment der Geschichtsbewegung abgegeben hat. Als Ghana's Herrscher wird eine weisse Dynastie genannt, und die als Eroberer eindringenden Susu erinnern durch ihren Namen an die Grenzprovinz (Sus) des mittleren Atlas, (Susalaksa), wo unter anderen Bewegungen auch die der Almohaden ihren Ausgang nahm, um die berberischen Machtverhältnisse zu formiren. Der Fanatismus der Almoraviden mochte schon früh begeisterte Prediger in das Negerland senden, und als die um diese Marabuten in Melli zusammengeschlossenen Gläubigen die bereits verwandten Susu (beim Sinken der Ssenhadja-Macht) unterwarfen, mochte sich deren Name in Trümmern des Reiches erhalten oder bis in die Berge der Sierra-Leone-Küste (an den Rio Pongas) versprengt werden. Hier mag sich die Verbreitung der Mandingo-Dialecte bis zum Cap Palmas anschliessen, obwohl die Kru weniger davon berührt wurden, als die mit ihnen zum Mani-Stamm (der Minjana) gerechneten Vey. Die dort wie überall nach der Küste gerichteten Wanderungen haben von den Dörfern der Dey nur ärmliche Reste übergelassen unter der aufstrebenden Herrschaft Boporu's, der auch die Pessey und Boonsie unterworfen sind, während die von dem Plateau der Kongberge ihre Handelsbeziehungen unterhaltenden Mandingoe Musardu's bereits den Druck der Peul zu fühlen begannen, wie alle ihre Brüder in Senegambien.

Das Melli-Reich erstieg die Höhe seiner Macht unter Manssa Mussa († 1331 p. d.), der Baghena, Timbuktu, Tekrur oder Sagha und Sonrhay[41]) (mit der Hauptstadt Gogo) unterworfen haben soll, und schon früher scheint Abba Manko das goldreiche Bambuk besetzt zu haben, während der Zug Amari-Sonko's bis zur Mündung des Gambia (und die Gründung des Staates Kantora an seinem linken Ufer) in eine spätere Zeit fällt. Nördlich vom Gambia erstreckten sich dann die Mandingo von Uli und Niani bis in das Bereich der Joloff, durch Bar an die diesen verwandten Serer stossend. Als Cadamosto an der Küste erschien, stand Melle noch in Blüthe und übernahm von den portugiesischen Stationen aus die in weitem Umfange eingeleiteten Handelsbeziehungen über Timbuctu nach Tauat und Wadan und bis Aegypten. Als nun Ssonni-Ali († 1492 p. d.) die Hegemonie an Sonrhay brachte und die Macht Melle's brach, erhielten sich die Comptoire der Mandingoe sowohl, wie ihre Herrschaft über diejenigen eingeborenen Völker des Westens, wohin die Feldzüge der Sonrhay-Könige nicht reichten, und neue Stärke erlangten sie aus dem späteren Vordringen der Bamanaos, die von Segu aus ihre Dynastie in Kaarta begründeten.

Mit dem Verlust ihrer politischen Bedeutung wurden die bereits des Handels beflissenen Mandingoe jetzt noch entschiedener aus Krieger in Kaufleute verwandelt (wie die gegenwärtig Asien durchziehenden Kshatrya), und ihre commerciellen Beziehungen liessen bei ihnen (den einst bigotten Sendlingen der Almoraviden) jenen Indifferentismus in Sachen der Religion hervortreten, den der Gründer der Almohaden seinen Gegnern zum Vorwurf machte. In Senegambien suchten die ihren irreligiösen Landsleuten den Rücken kehrenden Marabuten (wenn sie nicht als Lehrer unter eingeborenen Stämmen verblieben) ihre Kirche unter dem wandernden Hirtenstamm der Fula zu begründen, worauf dann jene Bewegung hervorgerufen wurde, die überall in den Quellenländern des Delta die Almamy auf die Throne setzte und schliesslich Danfodio's Banner bis nach Haussa führte. In den Foulah oder den (schon bei Nahum in Verbindung mit Aegypten genannten) Phut wird einer der von der Küste des Mittelmeers in die Wüste geworfenen Wanderstämme zu erkennen sein, der später vor den halb-semitischen Berbern in das El-Hodj und dann (ausser den in der Negermischung der Joloff veredelnd, wie jetzt in den Haussa Ländern, Verschwindenden) auf die Hochebenen zurückwich, wie dieser wieder vor Arabern (und Mauren im Westen). In Bornu[42]) werden die Foulah zuerst unter dem König Abd Allah († 1570 p. d.) genannt, sie stehen aber auch schon mit den von Ssonni-Ali unterworfenen, und damals ungefähr, als die Portugiesen (bei de Barros) vom Rey dos Fullos reden, werden die Foulah (von der Mandingo-Dynastie der Delianke geführt) unter den Soce auf den Trümmern des Joloff-Reiches von Walalde (in Morfil) das Reich Futa gegründet haben, wo Koli als Erster der Siratik (Saltingue) oder Siratik herrschte unter dem aufwachsenden Mischvolk der Torodo. Die Bekehrung zum Islam und die Ersetzung des Siratik durch den Almamy fällt (1700 p. d.) um dieselbe Zeit, als die social-religiöse Beziehung der (auf Fuladugu als Ausgangspunkt zurückgeleiteten) Foulah die Staaten in Khasson, Bondu, das mächtige Futa-Djallon und in Massina stiftete. Der Sieg des Damel (von Cayor) über Abdel ul Kader, († 1770 p. d.) als Almamy von Fouta rettete die Reste der Joloff-Nationalität (in Cayor, Walo, Joloff und die von ihr abhängigen Sererer in Baol, Salum, Djeguem und Sin) und die Soninkie oder Serracolet (mit den vorgefundenen Joloff die Serawulli bildend) bewahrten sich nur durch ihre in Bedrängniss auf die Mauren gestützte Politik von Gangora aus am rechten Ufer des Senegal (Guay und Kamera gegenüber).

Die vorbereitende Grundlage zu der Mandingo[43]) genannten Nationalität mag zunächst in der Stiftung des Melle-Reichs gesucht werden. Welcherlei der umwohnenden Stämme es waren, die sich damals zusammenschlossen, immer lieferten sie die Elemente aus denen im Laufe von 3—4 Jahrhunderten ein in einem kenntlichen Typus abgeschlossenes Volk erwuchs und eine Sprache ausgebildet wurde, die, obwohl sie im Osten vor neuen Rivalen Terrain verloren hat, im Westen eher noch ferneres gewann, und als Verkehrssprache der Kaufleute um so leichter Eingang fand. Der eigentliche Typus dieser Mallinke wird sich, als den oberen Klassen im alten Melli-Reiche angehörig, am treffendsten in den als Kaufleute im Osten (bis auf den nach Nubien führenden Wegen), als Marabuten im Nordosten erscheinenden Mandingo erhalten haben, während in Massina die grosse Masse des Volkes auch unter fremden Herren die im Melli-Reiche herrschende Sprache bewahrte, und diese auch bei Ausbreitung der Bambara-Macht von Segu nach Kaarta gebraucht wurde. In Bambouk und Kantora sind es die (vielleicht einigermaassen mit Mandingo-Blut gemischten) Eingeborenen, die die Mandingo-Sprache reden, in Futa-Djallon herrschten die Mandingo über eine unterworfene Bevölkerung, die theils ihre Sprache angenommen (theils verdrängt oder geflüchtet war), ehe sie selbst vor den Foulah fielen, und das von diesem Quellenknoten nach Süden und Westen streichende Kong-Gebirge wird von den Mandingo begleitet, bis es von den Ashantee (aus Inta[44])) und (am Zusammentreffen mit den Makhi-Bergen) von den Dahomeern durchbrochen ist, während in Yoruba die centrale Geschichtsbewegung (wie im senegambischen Delta im Norden) bis an die Küste reicht.

Als die Mandingo von Osten her (aus dem Niger-Gebiet jenseits der Sundumali-Kette, die bei Sierra Leone das Meer erreicht) Senegambien betraten, waren die eingeborenen Stämme des Tieflandes von den (beim Aufblühen des Melle-Reiches westlich getriebenen) Susus (die sich im Anschluss an die Solimanas der Rokelle-Quelle auf dem Gebirge bei Sierra Leone festsetzten) beherrscht, und bei den Mandingo von Woolli (mit der Residenz des Mansa in Medina) bilden noch die (die Marabuten verachtenden) Susus (Soce) oder Saussayes die Kriegerkaste, während bei den Serracolet[45]) von Galam (den durch Mischung mit Sererer und Joloff veränderten Mandingo oder Serrawoolli) der Name Soninkie als Volksbezeichnung geblieben ist (Raffenel). Die in Bambuk gegründeten Republiken der Mandingoe bewahrten dagegen den eigentlichen Namen der Malinkie oder Freien. Die Joloff gelten für die mit den Negern vermischten Nachkommen der Sanhadja[46]) an dem von diesen genannten Flusse Senegal, und die Peulh, in deren Begleitung sie von Norden gekommen (in den als weisse und schwarze geschiedenen Stämmen) haben durch das in eigene Familien isolirende Wanderleben die hellere Farbe bewahrt, die bei ihrem Ansässigwerden im eroberten Haussa rasch unter der dunkleren Haut ihrer Unterthanen verschwindet. Unter dem Namen der Folgier erschienen sie am St. Pauls-Fluss, wo Dapper ihre wohlklingende Sprache — die von der Gebbischen[47]) verschiedene Mendisko- (Mande-) oder Herrensprache — rühmt, und von der Provinz der Karuer (den zur Kornküste[48]) vorgeschobenen Kru) begann die Begründung des Quoja-Reiches, nach Siegen über die Vey[49]) (in Vey-Berkoma auf älterer Grundlage der Gale), die Puy oder Puy-manou (1671) und andere Stämme in den jetzt von den Trümmern der Dey bewohntem Lande oder im Niederlande[50]) Sierra Leone's. Die Folgier erkannten sich wieder als abhängig von den Manuern,[51]) dem Herrenvolk oder Mendu-Manu (Mendi oder Herr) an den Quellen des St. Pauls und von hier setzt sich der Fürstentitel Mani[52]) bis Nieder-Guinea fort, wo sich auch die (in Benin) herrschenden Benais in dem zu Madrogan (nach Blanck) residirenden Bena-Muetapa[53]) oder Bana-Matapa Monomatapa's (des Mueni oder Mani) reduplicirend wiederholen, während im Muata (Muata-Yanvo an der Stelle des Grossen Makoko) reducirt. Das Königreich Mataman (Klimbele) oder Zimbelas, das sich bis zum Cabo negro erstreckt, war durch den Bagamadiri-Fluss von Monomotapa geschieden, während Dapper das Königreich Monemuegi oder Nimeamaje (der Nyam Nyam) von Monomotapa im Süden bis nördlich an die Abyssinische Grenze erstreckt, und es von den auch zur Westküste (Congos) vorgedrungenen und in den wilden Anziko erneuerten Jagern durchstreifen lässt, die im Osten als Gallas wiedererscheinen. An der Küste lässt Makrizi die sieben Staaten des Zeyla-Reiches[54]) durch colonisirende Araber gründen, und während arabische Nomaden wieder in die Bezeichnung unterdrückter Changallas mithineinfallen, beginnen im Innern die Bewegungen, die durch Wadai[55]) über Baghirmi und Bornu zu der in Handelsverbindungen von jenseits der Sahara her verknüpften Barbarei hinüberführen, sowie längs des Nil aus monarchisch geeinigten Schilluk oder in patriarchalischer Zersplitterung durch die Nuehr bedrängten Dinka die Fundj sich vorschieben bis in nubische Länder der Berber, wo sich schon früh die Cultur Meroe's mit der des alten Aegypten berührte. Das (bei Monteiro) von dem der Munhaes (unter dem Monomotapa) unterschiedene Reich der Muravi wurde von den auf ihren verwüstenden Streifzügen auch Quiloa (1588 p. d.) bedrohenden Mazimbas oder Muzimbas gestiftet, und der in Fuga residirende König oder Zumbe von Usambara (von wo die Wanika der Wüste oder Nyika nach der Küste gezogen) führt den Titel Wazimba. Auf die den Wanika (von dem Dschagga-Gebirge herabgezogen) zwischensiedelnden Wakamba (aus Ukambani mit dem Schneegipfel Kenia) folgten von dem Schneeberg Doenga-Engai (südwestlich von dem Dschagga-Gebirge mit dem Gipfel Kilimandscharo, wo die Sonne als Eruva verehrt wird) die Masai und Wakuafi, die jetzt durch den Schrecken ihrer Verheerungen herrschen. Indem sich die wilden Schaaren der Zimbas auch durch Unyamoezi oder Mono-moezi (damals zu den Mucaranga des Benomotapa gehörig) verbreiteten, bewirkten sie (bis zum Nyassa) dessen Abfall (im Kampf mit der als Amazonen aufgefassten Weibergarde des Benomotapa) und kamen als Jaga (von den Rangunterschiede beobachtenden Dschagga) mit den Staaten der Westküste in feindliche Berührung. Bei dem weiter (von Cavazzi) bis zur Südspitze ausgedehntem Zuge der Jagas oder Zimbas[56]) mögen jene Zimboe oder Pallastburgen gebaut sein, in denen der Quiteve sowohl (1560), wie der Monomotapa residirten. Die von Befruchtung einer Frau durch ein Chamäleon oder (eigener Tradition nach) von dem Araber Ammar (Sohn des Yacir) hergeleiteten Fulan oder Dhomant wanderten als Berorodzi (Viehzüchter) umher (die Heerden der Negerkönige weidend, und dadurch unverletzlich), bis sie (1380) Walo angriffen und sich mit der Familie des Brack verschwägerten (südlich und nordwestlich von Sonrhay durch Ahmed Baba erwähnt 1492). Bei Barros heisst Temala oder Damel (am Senegal, mit dem Mansa der Mandingo kämpfend) ein König der Foulah (deren

Verwandtschaft die Joloff beanspruchen) an der Quelle des Rio Grande und 1534 erfolgte die Besetzung Fouta's durch eindringende Eroberer-Horden, die das Reich des Siratik stifteten (und in Bornu nach abgelegter Huldigung 1570 siedelten). Die aus Mischung der Fullan mit den eingeborenen Toro's (Fouta-Toros) hervorgegangenen Torodos oder Tuculeurs (Takrurers) vertrieben (als schwarze Foulah) die rothen Stammherrn, die (mit Ausnahme der zurückbleibenden Zigeunerbanden der Laobe) sich (als Sissibes von Galam in Boudu angesiedelt unter dem späteren Almamy von Yalami) in die Weidestrecken der Negerländer zurückzogen, bis sie (beim Beginn der religiösen Bewegungen, die an die Stelle des noch 1698 von Labat erwähnten Siratik den Almamy Abdulghader oder Abdelkader oder Emir-al-Moumenin setzten) aufs Neue für religiöse Bekehrungskriege hergerufen wurden, und (von Massina kommend) 1690 die Djallonke in Fouta-Djallon (mit Hülfe der bis 1764 verbündeten Solimanas) unterwarfen, wo der Siratik (1770 p. d.) vor dem Almamy (Ibrahim Seuris) zurücktrat. Das auch hier zunehmende Uebergewicht des eingeborenen Elementes erzwang die rechtliche Gleichstellung der mit Sklavinnen erzeugten Kinder, und in Fouta-Bondou ist selbst die Sprache der Herren vor der der Mandingo zurückgetreten, wie die heidnischen Fullan[57]) im Fulhadagou (oder Fulhadu) Malinke reden, ähnlich den Fullan in Kasson (nach Raffenel). Der damals angefachte Fanatismus führte zur Gründung der Fullan-Herrschaft in Massina unter Ahmadu Amat Labbo, und dann brach Danfodio aus Ader hervor, eine Stadt in Ghober und (nach deren Zertörung) Sokoto (in Ader) bauend, von wo Kano und weiter Ghober mit den übrigen Haoussa-Staaten unterworfen wurden. Als Bello (1816) seinem Vater Danfodio gefolgt war (unter seinem Neffen Adallah) wurde Nyffe (1825) besetzt (bis Rabba) und in Yarriba das durch entlaufene Sklaven bevölkerte Alorie gegründet, sowie Adamaua (unter Kriegen mit Bornu) dem Reiche zugefügt.

In Europa und Asien müssen gleichfalls (auch ohne strenge Durchführung der Kastenscheidungen) die in Folge geschichtlicher Bewegung (und Eindringen der Reitervölker in die Culturstaaten) gegründeten Reiche verschiedene Physiognomien in den über- oder nebeneinander geordneten Gesellschaftsklassen zeigen, aber bei stabilem Verharren auf demselben Areal wirkt die Gleichartigkeit der geographischen Umgebung nicht nur, sondern vor allem die der historischen, die Gemeinsamkeit der Interessen und Bildungsrichtungen, auf eine Verähnlichung der Characterzüge hin, so dass, obwohl das mit den Einzelheiten vertraute Auge vielfache Nüancirungen in den jedesmaligen Standesgenossen entdecken wird, diese dem nur die allgemeinen Umrisse auffassenden Ausländer vor dem Bilde des zusammengehörigen Volkes entgehen werden. Wo immer uns beim Ueberblick über den Globus eine zusammenhängende Völker-Gruppe grösserer oder geringerer Ausdehnung entgegentritt, da muss sie characterisirt und analysirt werden, characterisirt im natürlichen System nach den besonders hervortretenden Eigenschaften (sei es physischen, linguistischen oder sonst psychischen), analysirt auf der geographischen Grundlage und in klimatischer[58]) Umgebung nach den in Folge der geschichtlichen Bewegung eingegangenen und aufgenommenen Stammeselementen. Am auffälligsten schattiren sich die Farben[59]) ab, die dadurch Varna genannte Kasten bilden.

In Asien finden wir, so lange das Licht der Geschichte darauf fällt, in der Hauptsache dieselbe Vertheilung der Culturvölker und uncivilisirter Stämme, als durch die geographische Configuration bedingt, wenn auch die Linien der politischen Grenzen mehrfach gewechselt haben. Europa dagegen wurde gleichsam allmählig colonisirt (wie Sibirien von Russland aus, oder Canada, das Sibirien Amerikas, mit auf neuem Boden gekräftigten Bevölkerungen), indem die zuerst in den milderen Ländern des Mittelmeeres siedelnden Einwanderer von dort aus die Bewohner des Nordens, nicht etwa vernichteten oder vertrieben, sondern zu neuen Schöpfungen anregten. Ehe der kosmopolitische Ueberblick über den Globus durch unsere Gegenwart gewonnen war, konnte vielfach auf demselben Boden Culturzustand und Barbarei wechseln,[60]) ohne dass sich von jenen nach der Ueberschwemmung eine Kunde rettete. Erst nach längerer Berührung mit den wilden Stämmen Sibiriens führten schwache Andeutungen, die sich leicht ganz hätten verwischen lassen, auf Schlüsse früherer Civilisation in den von chinesischen Einflüssen durchstrichenen Strecken, und die Goldgier der Conquistadores schenkte der peruanischen und mexikanischen Bildung nur so beiläufige Aufmerksamkeit, dass die losen Notizblätter darüber vielleicht als ernstlicher Beachtung unwerthe Träumereien verweht sein würden, wenn nicht damals schon die Buchdruckerkunst solche Aufzeichnungen fixirt und so späteren Generationen zum Studium hinterlassen hätte. Obwohl in diesem Falle allerdings auch die Stein-Monumente, gleich den in Kambodia später aufgefundenen, ihr Zeugniss abgelegt haben würden, mag doch ein verhältnissmässig hoher Culturgrad ohne solche, wie im indischen Alterthum, erreicht werden, und wie Holzbauten gänzlich im Feuer verschwinden, mag auch nachgiebiges Material, gleich assyrischen Luftziegeln, sich völlig, oder doch für lange Zeit, der Beobachtung entziehen.

Die mit Steingeräthen zusammen gefundenen Moa-Knochen auf den Maniototo-Ebenen Neuseelands[61]) (s. Murison) bezeugen die Epoche, wann die Eingeborenen mit diesen unbehülflichen Riesenvögeln in Berührung kamen, die dann ihrer Vernichtung so wenig entgehen konnten, wie die Riesen-Sauren der Vorzeit. In den amerikanischen Fossilien finden sich Vertreter solcher Thiere, die erst wieder aus Europa der zur Zeit der Conquista ärmeren Fauna zugeführt wurden, und in den Monumenten der Naturvölker finden sich nach Osten und Westen deutende Spuren aus wechselnden Beziehungen des jüngsten Continentes mit den übrigen, die im Norden durch Japan und Island[62]) nahe gerückt waren, während die am Saume des atlantischen Meeres isolirte Küste Afrikas in Yoruba ägyptische Erinnerungen bewahrt, neben den von Hanno's Nachfolgern oder Cadomosto's Vorgängern[63]) zurückgelassenen Spuren. Die (nach Plinius) bis zum Niger (von der Südgrenze Mauritaniens) hin erstreckten Gaetulier (von Milch und Fleisch ihrer Heerden lebend) mischten sich dort als Melanogetuler mit den Negern, und bei der semitischen Einwanderung in Nordafrika zogen sie sich als Fulah ganz nach Libyen zurück, während ihre früheren Wohnsitze in der Sahara (westlich von den Garamanten) durch die Mazyes[64]) (Herodot's) oder Masiker (bei Ptol.) eingenommen wurden (als Amazigh oder Tuarick).

Der erste Contact der Europäer mit wilden Stämmen, die seit dem Zeitalter der Entdeckungen in entfernten Gegenden aufgefunden wurden, hat meist ungünstig[65]) gewirkt, und eine rasche Verminderung derselben bewirkt, die mitunter in völliges Aussterben, wie in Vandiemansland und den Antillen (obwohl sich im Innern Puerto-Rico's einheimisches Blut in den Mischungen erhalten haben mag, wie auf den Canarien) übergegangen ist. Ausser mitwirkenden Nebenursachen, dem Branntwein und verheerenden Krankheiten (Pocken, Lungenschwindsucht, Syphilis) ist der Grund, besonders in dem plötzlich unvermittelten Zusammensturz der bisherigen Weltanschauung, in dem Unterminiren der socialen Verhätnisse, dem Verlorengehen aller ethischen Prinzipien ohne Wiedergewinnung neuer, zu suchen, und Sproat[66]) beobachtete unter den Ahts die Wirkungsweise dieser psychischen Agentien, wie in den einzelnen Dörfern,neben denen sich Europäer niedergelassen hatten, das bisherige Ceremoniell der Stände zerrüttet wurde, die bisher klugen Leute, die Weisen und Greise, sich einer für sie unergründlichen Weisheit gegen über als Kinder fühlten, der Arm der Helden den bisher unerprobten Zerstörungswaffen gegenüber erlahmte, und mit dem Verlust jeglicher Selbstachtung eine trübe und dumpfe Atmosphäre der Grabesstille sich um den Gesichtskreis lagerte, der früher mit wechselnden und bunten Bildern gefüllt war. Völker, die in dem Stolze eigener Kastengliederungen, [67]) in dem Zurückziehen nach einem Gran Chaco, um dort die durch beginnende Ansiedlungen beengte Lebensweise freien Schweifens fortzusetzen, im Anschluss an eine frühere Geschichte oder in der dichtern Massen-Bevölkerung (wie in Mexico und Peru) Resistenzpuncte zu finden vermögen, werden zwar auch, wenn der erste Anprall ein allzu rauher war, darunter leiden, aber nach längeren oder kürzeren Oscillirungen ein neues Schwercentrum gewinnen, das ihnen theils neben den Fremden, theils unter und in denselben fortzubestehen[68]) erlaubt.

Obwohl beim Menschen dieselben Gesetze der Wahlverwandtschaft, (wie sonst in der Natur), regieren, dass congeniale Geschlechtsdifferenzen die erfolgreichsten Verbindungen geben und desshalb bei geschichtlich (und also meist auch geographisch) schon länger in Contact stehenden Völkern die vollkommeneren Mischungen erfolgen, so ist im Allgemeinen fruchtbare Fortsetzung zwischen allen Raçen vorauszusetzen, und selbst aus einer Ehe so schroff getrennter Gegensätze, wie sie zwischen Anglosachsen und Tasmaniern bestehen, mögen Kinder geboren werden, die wegen überraschender Schönheit gerühmt werden, die im eigenen Kreise erlöschende, auch vielleicht durch Kindermord[69]) oder Fruchtabtreibung reducirte Lebensfähigkeit,[70]) mag durch Einträufelung von fremdem Blut aufgefrischt werden, und in einer anderen Existenzsphäre einen neu geschaffenen Typus pflanzen.

Das Problem europäischer Einwirkung auf die Naturvölker kann nicht durch allgemeine Vermuthungen, sondern nur durch genaueste Detail-Erforschung jedes einzelnen Falles gelöst werden. Welchen Unterschied bereits die europäische Nationalität[71]) macht, zeigt die portugiesische Nachkommenschaft in Ostindien verglichen mit den Eusariern, und ebenso wird die Zukunft eines Landes sich anders gestalten, wenn es von den nachgiebigeren Indianern Brasiliens oder den unbeugsam zurückweichenden der Union bewohnt ist. Auf polynesischen Inseln, wo nur vorübergehende Schiffe ankerten, um den Abschaum der Civilisation in menschlichen Repräsentanten oder deren Laster abzusetzen, mussten die zum Verderben ausgesäeten Keime Verderben bringend weiter wuchern, ward dagegen eine bleibende Colonie im Lande begründet, so war damit der Ansatz zu ethnischen Neu-Crystallisirungen gegeben, und dieselben mochten mit ihren Strahlungen weite Areale durchschiessen, wie Massilia die Staaten Galliens, Olbia die Sitze späterer Slaven[72]), oder Capstadt[73]) und Quebec[74]) ihre Umgebungen. Bald nach der Conquista betonten die spanischen Gesetze die Eheverbindungen mit Indianerinnen, die besonders in den La Plata-Ländern begünstigt wurden, und man unterschied bald den Werth der Mischungen in Cafusos, Mamluken, Zambos, wie der Sklavenhalter des Nordens und Südens bei der Mulattenzüchtung[75]) darauf Acht hatte. Aus den Rumbos oder Sklavendörfern[76]) Afrikas mögen neue Bevölkerungen hervorwachsen und solche Sklavenvölker spielen im Alterthum eine wichtigere Rolle, als man ihnen bis jetzt zugestanden hat. Nicht die schroffen Stämme primitiver Bildung, die das Fremde zurückstossen oder unter seiner Wucht zerbrechen, erweitern sich zu Geschichtsvölkern, sondern diese wachsen unter der Assimilation mannigfaltiger Elemente hervor, die während des Laufes der Ereignisse in sich einen Schwerpunct der Einigung[77]) finden. Dabei mögen allerlei Zufälligkeiten in der Benennung mitwirken, die beliebten Farben der Kleidung[78]) als characteristisch gelten, religiöse[79]) Verhältnisse vorwiegend influenciren, die Lebensweisen[80]) besonders in das Auge fallender Neigungen eitle Vorliebe[81]) bedingen, oder politische[82]) Theilungen andere hervorrufen, die bei einzelnem Ueberblick des Zusammenhanges ethnologische simuliren würden, wenn sie wieder in Folge der Milieu-Wirkung[83]) sich merkbar machen mögen. Die Sprache mag dabei die mannigfachsten Wechsel[84]) erfahren, bald in entfernten Colonien[85]) sich zäh erhalten, bald verloren gehen, bald in ihrem Kauderwelsch für arabische Ohren den Stempel der (berberischen) Barbaren oder Tataren[86]) (und Hottentotten) aufdrücken, bald wie das Neupersisch (aus Iranischem und Semitischem) sich zu einem neuen Medium der Literatur gestalten. Ausser den gewaltsamen im Kriege kommen auch ohne den Gegensatz der Hirten- und Ackerbau-Völker allmählige Wechsel vor, wie fortdauernd in Afrika, und auf den Berührungslinien tritt dann ein nothwendiges Changiren des Typus ein, der später entweder wieder in eine der ursprünglichen Grundlagen zurückfällt oder sich als selbstständig neuer stabil fixirt. Ausser den unter bestimmten Intervallen und Zeitpuncten statthabenden, aber auch hier oft fast unbemerkten[87]) Einwanderungen finden sich die langsam ununterbrochenen Verschiebungen, die allein so manche Phasen in slavischer Vorgeschichte zu erklären vermögen. Slavische Colonisten wurden zugleich als Vorplänkler der Hauptmasse in entfernte Gegenden berufen, wo sie (zu Sturm's Zeit als Handelsleute auftretend) später zerstreut erscheinen, und gewannen auch Land[88]) durch Benutzung politischer Conjuncturen; als dann aber später umgekehrt die germanische Colonisation[89]) nach Osten einsetzte und mit schwerem Pfluge das Land umbrach, erlagen sie vor dem Stärkeren im Kampfe ums Leben, und obwohl noch länger neben den neuen Einwanderern fortbestehend, sahen sie sich bald verjagt[90]) oder durch Verachtung[91]) bedrückt, wenn nicht in einen letzten Schlupfwinkel zurückgezogen. Die in der Mehrzahl nach längerem Zusammenleben[92]) mit den zugewiesenen Nachbarn Statt findende Assimilation durchzog die germanischen Rechtsverhältnisse[93]) mit slavischen Streifungen, die sich noch länger auf dem hinzugewonnenen Terrain erkennen liessen. Kleine Enclaven verlieren sich rasch, besonders wenn schon verwandschaftliche[94]) Simmung im Blut vorhanden ist. Grössere Unterschiede sind erst in Abstufungen[95]) zu überwinden, unter dem Geschiller vielfacher Farbennüancirungen[96]), doch gewinnt sich oft die Selbstständigkeit eines neu abgeglichenen Ganzen[97]) das dann als solches fortbesteht. Die Sprachen untergehen fortdauernden Veränderungen,[98]) wie sich beim Vordringen des Hinduismus unter die Bergstämme aus dem bereits als Lingua franca dienenden Hindustani die Dorfsprachen (Gowalli) in mancherlei Jargon herausbilden.

Religion im weitesten Sinne wächst hervor aus denjenigen Anschauungen, durch die sich der in Folge der sinnlichen Eindrücke der Aussenwelt zum Denken erwachte Mensch seinen geistigen Horizont zur Einheit completirt. In der menschlichen Hirnorganisation liegt die aufmerksame Concentration begründet, die sich nicht, wie bei den Thieren, mit dem Hören und Sehen des Gegenstandes begnügt, sondern aus der Sinnesempfindung und mit derselben ein Weiterdenken erweckt. Das Denken schreitet vor im Differenziren und neuer Vereinigung der Gleichungen, es wird sich also beständig eigene Objecte seiner inneren Schöpfungen bilden, und diese bei ihrer Projection nach Aussen als höhere Wesenheit, jenseits der Sinnenwelt, anerkennend, sich von ihnen um so mächtiger bewegt fühlen, weil sie in der unklaren Mythik des noch nicht zu Assimilationsfähigkeit zersetzten Verständnisses eine nur durch Ahnungen annahbare Welt des Wunderbaren verschleiern. In den unlösbaren Räthselfragen des Seins und des Ich wurzelt das religiöse Gefühl, das je nach dem Culturzustande eines Volkes zum mehr oder weniger deutlichem Verständniss kommt. In den meisten Geschichtsphasen fällt die Religion mit der Theologie zusammen, indem das Supplement sinnlich fassbar im Bilde einer Gottheit personificirt wird, die je nach dem kosmologischen Ausbau eine verschiedene Localisirung erhält, während in manchen Stadien der Cultur die Vorstellung eines allgemein waltenden Gesetzes an die Stelle getreten ist. In beiden Fällen wird die Civilisation auf dieses Letzte und Höchste die Beantwortung ihrer socialen Lebensfragen zurückführen, und in der Ethik moralische Dogmen aufstellen, die durch eine Offenbarung oder durch das Naturgesetz dictirt sind. Die Concepcion des letzteren wechselt mit dem Bildungszustand, da sie sich stets durch einen unabgerissenen Faden mit dem gemeinplätzlichen Denken verknüpfen muss, eine nur in den begünstigten Momenten der Inspiration erkannte Gottheit dagegen verlangt, damit auch der gewöhnliche Mensch im alltäglichen Treiben mit ihr in Communication zu treten vermöge, die symbolischen Cultushandlungen, die oft für das characteristische Zeichen der Religion angesehen werden, aber nur in Betreff der theologischen Religion als ein solches gelten dürfen.

Ihrem vollen Umfange nach kann die Religion, sei es die theologische oder eine philosophische, erst in einem fortgeschrittenen Culturstadium zum Bewustsein kommen, und es bedarf daher einer methodisch vergleichenden Analyse, um ihre Aequivalente unter den Degradationen des Uncultur aufzufinden. Der Wilde mag seinen Gott bei allen Gelegenheiten schaffen und ihn je nach der subjectiven Stimmung mit den umgebenden Erscheinungen verbinden. Sein stumpfer Sinn ist nicht zum Grübeln[99]) geneigt, so oft aber in Folge, bald einer besonders heftigen Affection, bald eines besonders ungewöhnlichen Eindrucks von Aussen ein Warum in seinem Geiste auftauchen sollte, wird er dieses, eben der bestehenden Unkenntniss wegen, nur in unklarer Mystik beantworten können und aus dem Unbekannten die Fetischgötter hervorwuchern sehen. Ihre sinnfälligen Gestaltungen verbinden sich folgerichtig um so leichter, je mächtiger der Eindruck wirkt — mit dem des Donners (Tupa) oder Sturms (Huracan), mit dem quälender Krankheiten oder der im Tode entschwebenden Seele. Der Wilde ist schon längst von dämonischen Existenzen umgeben, noch ehe er mit sich selbst darüber zur Klarheit kommt, und, an die Enden seines Universums gelangt, sich ein mythologisches System construirt, an dessen Stelle eine mit den Attributen des Schaffens versehene Götterhoheit gestellt wird. Seine auf alte Traditionen basirten Adat und Gebräuche mögen im socialen Leben noch längere Zeit sich getrennt erhalten, allmählig werden aber auch sie dem Allbegriffe eingearbeitet werden, schon nach dem dem Denken an sich einwohnenden Streben nach einheitlicher Auffassung, zugleich aber auch mittelst der Bemühungen der als Dienerschaft und Organ jener übersinnlichen Entitäten selbstconstituirten oder berufenen Priester. Sie bilden zugleich ursprünglich die Gelehrten, die Kaste, in der Wissenschaft und Künste gehütet und gepflegt werden, zeigen sich indess leider (durch mehr dem mystischen Glauben, als klarem Wissen zugewandte Strebungen auf abstruse[100]) Irrwege geführt) stets nur allzu geneigt, die gewaltige Macht, die ihnen ihr hierarchischer Character über die Geister verleiht, zur Verfolgung eigennütziger oder fanatischer Zwecke zu benutzen, und im Wiederstreit derselben gegen die politischen Interessen des Gemeinwesen den Saamen von Streit und Unfrieden zu säen. Die religiöse Bewegung pflegt als Träger der Cultur, in Förderung von Intelligenz und Moral, betrachtet zu werden, und sie hat diese historische Aufgabe erfüllt, unter blutigen Kämpfen, aus deren Zerstörung neue Saaten einer vollendeteren Entwickelung hervorsprossten. Ethnologisch instructiv sind vereinzelte Fälle, wo sich abgelegene Erdenwinkel von priesterlichem Eindringen frei hielten, und so bei oberflächlicher Betrachtung ohne Religion[101]) zu sein schienen, oder, bei deistisch beschränkter Definition der Religion, auch thatsächlich ohne solche waren. Grade hier zeigt sich nun jener Unschuldszustand, der so oft bei den Naturvölkern gesucht, aber durchschnittlich nie gefunden ist, und grade hier überrascht eine im reinsten Glanze strahlende Moral, die freilich beim Mangel fester Principien vor jeder fremden Erschütterung, wie leicht vorauszusehen, zu erbleichen droht. Den Arafuras der versteckten Aru-Inseln wird mit den bestimmtesten und unzweideutigsten Worten jede Religion in irgend einer Form abgesprochen, also jedenfalls Alles das, was die europäischen Berichterstatter darunter verstanden, der Glaube an eine Gottheit, die Hoffnung auf eine Unsterblichkeit. Glaube und Hoffnung sind individuell und man wünscht sie dem Individuum einzupflanzen, damit sie sich entfalten zu der social bedeutungsvollen Tugend, zur Liebe. Jenen einfachen Insulanern fehlte Glaube und Hoffnung, aber sie übten die Liebe[102]) in edelster und reinster Weise, „Frieden und brüderliche Liebe", wie der holländische Seemann sagte. Sie zeigten sich geschickt in vielen Dingen, und zeigten einen Antrieb zu rühriger Thätigkeit, um Reichthümer zu erwerben, dies war ihr Ehrgeiz, und dieser Ehrgeiz spornte sie desshalb an, damit sie den Armen ihres Dorfes Erleichterung verschaffen und deren Schulden bezahlen könnten. Dieses kleine Inselparadies, ohne Religion wie es heisst, liegt inmitten jenes Archipelago, wo von jeher die blutigsten Kriege gewüthet, von Insel gegen Insel und Stamm gegen Stamm, wo der Islam mit Feuer und Schwert die Tempel der Heiden verheerte, wo das Kreuz dem Halbmond entgegengetragen wurde, wo sich unter dem Kreuze die Spanier und Portugiesen Ternate's und Tidor's, protestantische Holländer und Engländer Amboina's, auf das rachsüchtigste massacrirten. Alle Inseln der Molukken sind jetzt von Lehren des Christenthums oder des Mahomedanismus, oder von beiden Religionen zugleich besetzt, die Aru-Insel fast allein bildeten 1826 eine Ausnahme, und gerade sie zeigten eine Idylle, in der vielleicht der persische König das anderswo umsonst gesuchte Hemd des Glücklichen hätte finden können.

Noch an einem anderen Puncte der Erde, wo sich die beiden letzten Religionen der Culturgeschichte, Christenthum und Islam, berühren, findet sich eine Enclave eingeschlossen, der ein geübter und scharfblickender Reisender geneigt ist, Religion (also im Sinne europäischer Auffassung derselben) abzusprechen, das Bergland der Barea und Kunama auf abyssinisch-ägyptischer Grenze. „Die Barea und Bazen haben keine Götter noch Götzen, es fehlen ihnen die Kirchen und der Gottesdienst, sie haben keine Festtage, und es fehlt das Gebet und die Offenbarung. Selbst der Begriff der Unsterblichkeit findet sich nur undeutlich" (Munzinger) „todt sei todt!" Aber dennoch, obwohl keine Verehrung, weder adorativ noch venerativ, fand sich doch eine Religion, und ihre Religion bestand in der Ehrfurcht gegen die Eltern, in der höchsten Ehrerbietung für alle Alten, Schwachen und Blinden. „Die eigentliche Religion der Barea und Kunáma (Bazen) besteht in einer ausserordentlichen Ehrfurcht vor dem Alter, was alt, schwach, greis oder blind ist, gebietet bei diesen Völkern allein Achtung. Vater und Mutter sind äusserst hoch gehalten. Es gilt als einen unheilbringenden Fluch, seine Eltern zu misshandeln" (Munzinger). Munzinger macht zugleich eine Bemerkung, die den Kern jeder socialen Frage trifft: „Je reicher und fetter ein Barca wird, um so besser, liberaler und genügsamer wird er. Der Hunger macht ihn zum Dieb und Räuber.“ Den durch die Noth des Lebens hervorgerufenen Lastern mag durch eine gesunde Staatsheilkunst vorgebeugt werden, wogegen die Kur durch die von den Missionen gelieferten Arzneimittel stets eine bedenkliche und oft selbst gefährliche[103]) bleibt. Diese Beispiele liessen sich leicht vermehren, doch genüge, es noch auf die Pelew-Inseln[104]) aufmerksam zu machen, wo die schiffbrüchigen Engländer eine so gastliche Aufnahme fanden und bei ihrem längeren Aufenthalt Gelegenheit zur Beobachtung hatten. Nach Kant scheint es der Reinigkeit der Sitten gemässer zusein, die Erwartung der künftigen Welt auf die Empfindungen einer wohlgeordneten Seele, als umgekehrt ihr Wohlverhalten auf die Hoffnung der andern Welt zu gründen. Religion ist Furcht vor den unsichtbaren Mächten, die der Staat anerkennt, andere Furcht ist Aberglaube (nach Hobbes).

Man hat lange an der Vorstellung gehaftet, dass die Religion die Moral des Volkes schaffe, wogegen das Volk selbst, je nach seinem mehr oder weniger moralischen Character, sich die eigene Religion bildet oder eine fremde umgestaltet. Die fremde Einführung geht durchschnittlich von höherer Civilisation aus und wirkt somit günstig, ob (wie in Senegambien) der Islam oder das Christenthum eingeführt wird, obwohl häufig genug die Polynesier Ursache gehabt haben, die Missionäre zu fragen, wesshalb alle die schönen Lehren, die sie ihnen brächten, auf die eigenen Landsleute keinen Eindruck machten. Die aus dem gesellschaftlichen Leben als solche sich ergebenden Moralgebiete sind unter schwachen Localfärbungen in der Hauptsache überall dieselben. Ein Volk von Verbrechern giebt es nicht, und oft sind gerade die wegen Barbarei verrufenen Völker von den Reisenden bei genauer Bekanntschaft als besonders achtungswürdig gefunden. Die gebildeten Klassen haben die Religion mit ihrer wissenschaftlichen Weltanschauung in Einklang zu bringen, wenn sie mit sich selbst in Harmonie bleiben wollen, die Ungebildeten sind möglichst bald der Bildung zugänglich zu machen, und vorher ist die Form der Religion ziemlich gleichgültig, wenn sie nicht etwa, wie es einzeln bei fanatischen Sectirern oder geilen Muckern vorkommen mag (und hier nur, so lange der enge Kreis sich im Dunkelen hält) positiv Schlechtes lehrt. Das Christenthum ist durch die aufblühende Civilisation der Völker, durch die es getragen wurde, in reiner Form bewahrt, aber die Quintessenz desselben liegt bei der grossen Masse des Volk in Italien und Spanien in Processionen und Tänzen, wie in Indien; in Russland und Rumänien in Fastengeboten, wie sie die westafrikanischen Neger sich auflegen und scrupulös erfüllen. In den Carpathen sind die Bewohner durch die lange Reihe der Fasttage oft so ausgemergelt, dass die Reisenden sie selbst nicht als Führer benutzen konnten (s. v. Sydow), aber Versuche, ihnen kräftigere Speisen einzuflössen, wurden mit Indignation zurückgewiesen (s. Schmidt). In Mexico (wie in den Apeninnen) ist der Bandit oder Raubmörder sich seiner Seeligkeit gewiss, wenn er nur am Freitag sich des Fleisches enthalten und entsprechenden Ablass gekauft hat. Diese Vorstellungen, die hier besonders crass hervortreten, aber durch die ganze Breite des Volkes hindurchgehen, würden eher zu Verbrechen verführen, da die Absolution so leicht zu erlangen ist, doch ist die eher zum Guten neigende Indifferenz immer das Normale, welcher Art die Religion auch sei. Bei der Gefährlichkeit der Wechsel muss die vorhandene Religion durch innere Regeneration nach dem Geist der Zeit umgestaltet werden, denn die neue Religion der Zukunft, die verlangt wird, ist die Wissenschaft, und die von eigenem Studium durch Abneigung oder sonstige Beschäftigung fern bleibenden Klassen bedürfen bestimmter Cultusformen zur raschen Orientirung in zweifelnden Fragen.

Die Wissenschaft dogmatisch zu behandeln, wäre schlimmer, als gut, da ihr Leben eben im steten Fortschritt liegt, und sie kann desshalb die religiösen Bedürfnisse nur bei denen ergänzen, die thätig an ihr mitarbeiten. Im übrigen müssen die Morallehren in irgend eine Religionsform eingekleidet werden, und also am besten im Anschluss an die bereits bestehende, unter entsprechender Ummodellirung den Zeitideen gemäss. Dies ist schon desshalb gefordert, damit die zur Apostelschaft des Humanismus berufenen Völker Europas nicht länger in ihren Missionen mit einer Religion debutiren, deren kurzsichtige Auslegung [105]) bei indianischen und australischen Wilden stumpfes, abergläubisches Staunen oder theophagisches Grinsen, bei Indiern und Chinesen häufig genug Verachtung weckt. Die Moral der Chinesen mag ihre Schwächen haben, doch wenn wir gegen Kindaussetzen und raffinirte Tortur bei ihnen predigen, so geschieht dies vom Standpunct unserer Civilisation, nicht von dem des Christenthums allein, denn in Zeiten des grössten Ansehens dieses standen die mittelalterlichen Torturen nicht viel gegen die chinesischen zurück, und auch der lutherische Reformator hatte gegen das Ertränken der Kielkröpfe nichts einzuwenden. Im anderen Puncte können wir unsererseits gar mancherlei aus dem Moralcodex der Chinesen oder mancher anderer Völker lernen. Die Rolle des Christenthums in der Geschichte hat ihm für immer ein ehrenvolles Ansehen gesichert, aber an den Wundern, die ihm kirchlich befangene Historiker zugeschrieben, ist es unschuldig. Es mochte ein aufrichtiger Glaubenseifer in den frühen Sectirern Kleinasiens leben, doch schon vor Ablauf von 200 Jahren war das Christenthum mit den verwerflichsten

Ketzereien gefüllt, und bald wurden jene Concilien abgehalten, die eine Schmach ihrer Zeit und der dadurch gezeugten Creaturen bleiben. Das römische Reich ging aus natürlichen Ursachen zu Grunde, nicht durch das Christenthum, sondern trotz desselben, denn die letzten Kaiser bekannten sich schon zu ihm, obwohl die sittliche Fäulniss am Hofe fortdauerte, wie zuvor. Das Christenthum fand rasche Verbreitung durch seine schon damals ausgefundene Erleichterung, oder doch Vergebung, der Fehler, wesshalb sich Konstantin ihm zuwandte, als von den Mysterien zurückgewiesen. Die Neuzeit war ein Werk des germanischen Geistes, der auf den Trümmern des Romanismus seinen Staat erbaute, und wenn diese kriegerischen Söhne des Mars oder Gaut dann zugleich dem Kreuze sich beugten, so milderte nicht dieses ihre Sitten, wie es die ältesten Söhne der Kirche im merovingischen Reiche gezeigt haben, in jener scheusslichsten Zeit der Verbrechen und Schandthaten, wie sie vielleicht jemals die Erde gesehen. Auch auf die Künste war die Rückwirkung des Christenthums keine günstige. Wenn ein Raphael die heilige Madonna darstellt, so entzückt sie als Typus edelster Weiblichkeit, wogegen der Nebengedanke an sie als Mutter Gottes, nur unklaren Nebel zwischenschiebt. Jene widerlichen Bilder der Kreuzesabnahme oder der Martern mögen durch den Pinsel des Künstlers, wie Alles was derselbe berührt, in gewisser Vollendung dargestellt werden, lassen aber dann nur die unangemessene Verwendung des Talentes bedauern, zumal wenn nun der Geist gezwungen werden soll, die sinnlos unnatürliche Anknüpfung der Gottesidee in ihnen zu suchen.

Religion ist dasjenige, was die Menschen specifisch vom Thiere unterscheidet, als die nothwendige Completion der über die Sinnesempfindungen hinaus denkenden Geistesthätigkeit. Ein Jeder, der nicht in den psychischen Eindrücken der Aussenwelt eingebannt bleibt, durch seine Gedanken weitergeführt ist, wird sich von religiösen Mysterien umgeben fühlen, wird Religion besitzen, ob er an einen Gott glaubt oder nicht. Dieser Gottesglaube kann immer nur soweit ein aufrichtiger sein, wo sich durch ihn auf dem jedesmaligen Standpunct des logischen Denkens die Geheimnisse der Schöpfung rationalistisch lösen lassen. Tritt ein solcher Glaube in einen Gegensatz zu den Vernunftlehren (deren relativer Maassstab mit dem Kenntnissvorrath wechselt), so wird er zur Lüge, und es bleibt dann immer eine bedenkliche Aushülfe ihn als Nothlüge entschuldigen zu wollen.

Unter Glauben versteht man, Etwas als wahr annehmen, was wahrscheinlich ist. Man mag mancherlei Dinge glauben, die im Grunde gleichgültig sind, und die man als glaubhaft gelten lässt, weil sie so angeboten werden. Kein Vernünftiger wird sich aber schon in den gewöhnlichsten Lebensangelegenheiten mit dem Glauben begnügen, sobald seine Interessen dadurch materiell berührt werden. Dann nützt es nicht, zu glauben, sondern zu wissen, ob so oder so. Ein Kaufmann mag bisher geglaubt haben, dass eine gewisse Bank sicher und zuverlässig sei, weil er es so sagen hörte. Hat er jetzt selbst Geschäfte mit ihr zu machen, so wird ihm dieser vorige Glaube nicht mehr genügen, er wird Informationen einziehen, um genau zu wissen, wie es sich verhält, und er wird sich noch nicht mit ihr einlassen, so lange er an ihre Solidität nur glaubt, sondern erst, wenn er diese zu wissen glaubt, d. h. wenn sie ihm für seine Ueberzeugung gewiss ist, wobei das Irren menschlich bleibt. Auf guten Glauben wird er die Versicherung der Solidität nur hinnehmen, wenn sie von einer ihm (ob mit Recht oder Unrecht) als zuverlässig bekannten Autorität herkommt, und dann glaubt er nicht mehr in der früher indifferenten Weise an die Solidität der Bank, sondern er ist davon in sich überzeugt, weil ihm der Ausspruch seines Freundes als ein wahrer gilt und er denselben als solchen in sich aufnimmt. Das Wort „glauben“ wird in der täglichen Sprechweise oft in unbestimmter Fassung des Ausdruckes verwandt, das Specifische desselben ist ein unklares Wissen, das man also bei allen wichtigen Lebensangelegenheiten erst deutlich d. h. znm Wissen, zu machen sucht. Jeder religiöse Glaube wird also die Probe schärfster Sichtung und Kritik zu bestehen fähig sein müssen, wenn er Anspruch darauf macht, für das wichtigste aller Lebensverhältnisse, für Leben und Tod, maassgebend zu sein.

Seiner ersten Formulirung nach wird jedes Religionssystem die Wahrheit aussprechen, da es sich unter den Zeitideen bildet, und den Bedürfnissen dieser Abhülfe zu schaffen sucht, also den herrschenden Vorstellungen gemäss seine eigenen bildet, weil es sonst von vornherein als falsch verworfen werden würde. Dem Musulman ist seine Religion ebenso wahr, wie dem Buddhisten die seinige. Die 7 Himmel des ersteren, oder die 23 des letzteren mögen, dem Gesichtskreis entrückt, im Weltall existiren, es ist ihm bei dem unausgebildeten Zustand der Astronomie jede Möglichkeit abgeschnitten, darüber zu weiterer Gewissheit zu kommen, er nimmt die Ueberlieferung des kosmischen Systems auf die in seinen Augen hin zuverlässigen Autoritäten an, wie die Griechen ihrer Zeit das ptolemaische, wie wir Laien das copernikanische. Dass in diesen sieben Himmeln oder über denselben ein Wesen existiren möge, dessen Einfluss bis auf die Erde herabreicht, ist ein ebenso nahe liegender Gedanke, wie der oft wiederholte, die Sterne zu bevölkern oder ihren Constellationen magische Einflüsse zuzuschreiben, und wie der Himmel als gewölbtes Dach der Erde gilt, erscheinen auch seine Bewohner in den vergrösserten Umrissen menschlicher Form. Das einzige Dogma, an das der Mohamedaner zu glauben hat, ist die Sendung seines Propheten Mahomet, d. h. dass die bei ihm, wie mit geringen Modificationen gleichartig in allen Gesellschaftskreisen (weil durch die Natur der Sache als solche geboten) adoptirten Morallehren von einem besonders bevorzugten Manne seines Stammes ausgegangen, der in dieser Bevorzugung (wie das immer im Gedankengange zu geschehen pflegt) an die Spitze der menschlichen Natur oder über dieselbe hinausgerückt, und so mit der darüber schwebenden Gottheit in Beziehung gesetzt wird. Mit Alledem glaubt der Musulman immer nur ein thatsächliches Verhalten, in dem er durch weiteres Nachdenken keine Schwierigkeiten, sondern Bestätigungen finden wird. Seine Bildung, seine ganze Geschichte leitet in Wirklichkeit auf Mahomed zurück, der eben wie jede weltgeschichtliche und weltbewegende Persönlichkeit über dem gewöhnlichen Niveau der Menschen erhaben dasteht, der sich dadurch mit dem Uebermenschlichen, also Göttlichen, wenn einmal so genannt, berührt, und diese Gottheit hat ihre Wohnung in dem Himmel aufgeschlagen, den man, der eigenen Constructionfähigkeit als Werk eines Einzelnen mit Recht misstrauend, am besten der allgemeinen Tradition gemäss hinnimmt, weil jeder Weg zu weiterer Erörterung mit dem Mangel der Hülfsmittel abgeschnitten ist.

Die christliche Religion bot gleichfalls ihren Bekennern für lange Zeit ein wohl abgerundetes System. Ihr zu den reinsten der bekannten gehöriges Moralsystem wurde auf einen Verkünder zurückgeführt, der mit den Zügen edelster Humanität geschmückt war und so schon in eine leibliche Beziehung zur Gottheit, als ihr Sohn, gestellt wurde, nach einer dem hellenischen Alterthum geläufigen Vorstellungsweise. Dieser Gott, der vor 6000 Jahren die Welt erschaffen, sie 2000 Jahre nachher durch eine Fluth vorübergehend zerstörte, der sich den Juden als ein launiger, oft rachsüchtiger und blutgieriger Herr bewiesen, der beim Uebergang zum Christenthum sehr mystisch-mythische Ansichten von sühnenden Menschenopfern hervorkehrte, und der sich dann zum Kreuz der Philosophen und Mathematiker in Drei spalten liess, ohne doch die Einheit zu vermehren, dieser Gott wohnte jenseits des über die Erde gewölbten Firmaments im Himmel über den Wassern und unter einer Krystallglocke.

Alle diese Vorstellungen mochten sich eine Zeitlang glaublich oder unglaublich genug erweisen. Die Welt war da, also musste sie erschaffen sein, und warum nicht vor 6000 Jahren? Launen hatte jeder Tyrann, wie das arme Volk genugsam wusste, und von denselben zu sehr gequält war, um sich an sacramentalen Mysterien oder der Dreieinigkeit den Kopf zu zerbrechen. Man nahm sie lieber auf Treu und Glauben hin, zumal das Ganze in einem Buche auseinandergesetzt und erklärt war, dessen dickleibiges Aussehen schon Ehrfurcht einflösste, besonders dem Laien, der, wenn er auch zu lesen, oder die

Sprache verstand, doch erst später Zutritt erhielt. Bei einem allzu complicirt aufgebauten Gebäude ist es immer gefährlich, wenn irgend wo ein Pfeiler wankt, da man nicht weiss, wieviel nachstürzen mag. Das Rechnen-Exempel Drei gleich Eins erregte schon früh Anstoss, doch blieb das Sache der Philosophen. Das Volk mochte sich damit beruhigen, dass die Schullehrer im Himmel die Arithmetik nach einem anderen Elementarbuch zu lehren pflegten. Ueber die Zornausbrüche des Judengottes und deren Folgen schüttelte mancher Ehrenmann den Kopf, und der durch Adam versündigte Kreuzestod wurde in einer so ungeheuerlichen Logik erklärt, dass wer um seinen gesunden Verstand besorgt war, sich lieber nicht weiter damit abgab. Die auch nach der Geburt erhaltene Jungfrauschaft war eine Nuss für die Aerzte, aber für coelibatische Kirchenväter ein beliebtes Thema und ihnen durchaus verständlich.

Alle diese Einwendungen wurden in geschicktester Weise umgangen, und so viele Breschen im Laufe der Jahrhunderte auch in die Orthodoxie geschossen waren, man wusste sie immer wieder auszustopfen und noch allerlei Entstellungen hinzuzustopfen. Im Ganzen wurde ein unverändertes Christenthum simulirt. Seit der allgemeinen Annahme des kopernikanischen Systems in der gebildeten Welt ist ihm indess die Basis selbst, worauf es ruht, für immer entzogen, und die damalige römische Opposition war durch ein richtiges Vorgefühl einzugeben. Im Christenthum, das sich seit seinem Beginn mit jüdischen Volkstraditionen eng liirte, ist die Kosmogonie unauflöslich mit dem ganzen System verwachsen, so dass die neuerdings versuchte Abtrennung sich als eine lebensgefährliche Operation erweisen wird. Im Buddhismus würde das z. B. nicht nothwendig der Fall sein, die Himmel dienen dort nur, um die verschiedenen Arten der abgeschiedenen Seelen zu localisiren, und wenn man ihnen die Unterlage des Berges Meru nimmt, können sie nach den Sternen oder sonst wohin versetzt werden. Das Lehrsystem bleibt davon unberührt, denn das in Dharma ausgedrückte Göttliche steht von vornherein ausser allem Contact mit Materiellem, und die Weltentstehung geht aus dem natürlichen Wirken der Naturgesetze hervor. Eine Religion dagegen, die ihren persönlich gedachten Gott nicht nur die Welt bilden und die Menschen (wie Manitu die Rothhäute) aus Thon kneten lässt, sondern ihn selbst in fleischliche Vermischung auf die Erde herabzieht, bedarf unumgänglich irgend eines Punctes, wohin sie ihn stellt. Fehlt dieser, so wird alles andere gleich so vage und verworren, dass sich auch der Glaubenskräftigste, wenn er nur seine fünf Sinne zusammen hat, nach anderen Beweisen umsehen wird. Und wie nun, wenn dieses Forschen beginnt, wenn, je weiter man mit den Hilfsmitteln der astronomischen, physikalischen, geologischen Wissenschaften vordringt, ein Argument nach dem andern unter den Händen zerfliesst? und wenn dann auch noch die letzte Stütze (die Stütze eines Strohhalms, nach der nur der schon Verzweifelnde greifen wird), die Autorität des Buches durch die historische Kritik unterminirt und zerfetzt wird? Was heisst, wenn man dann noch, trotz alledem und dennoch, von glauben spricht? Dann ist glauben ein auf der Zunge modulirtes Lautgebilde, dem in einem gesunden Hirn, wenn dasselbe ernstlich mit sich selbst zu Rathe gegangen, nie ein Gedanke als Unterlage gedient haben kann, es mag dann ein hervorgepresster Gefühlsschrei sein, aber gewiss kein mit Verständniss gesprochenes Wort.

Die religiösen Gebräuche der Völker gehen darauf hinaus, sinnlich nicht assimilirbare Vorgänge geistig zu bemeistern. Auf eine Frage[106]), die durch den Augenschein nicht gelöst werden kann, findet der Gedanke eine Antwort, und seine Erklärungsweisen lehnen sich nothwendig an Analogien in der Körperwelt an. So wird die Krankheit einem verwundenden Feind, das Fliessen des Wassers, das Auflodern des Feuers, die Bewegung der Sonne einem meist in menschlicher Form gedachten Urheber zugeschrieben. Sobald ein solches Geisterreich geschaffen ist, wird sich der Mensch in gesetzliche Beziehung zu demselben zu setzen suchen, einen Bund mit ihm abschliesen, so dass die Religion das die socialen Verhältnisse regelnde Recht wiederholt, ein kosmisches[107]) darstellt neben dem internationalen. Mitunter mag es durch priesterliche Künste geschehen, einige dieser Wesen in Dienste zu ziehen, im Allgemeinen aber wird der Mensch seine Untergeordnetheit ihnen gegenüber anerkennen, da von ihrer Gunst sein Wohl oder Wehe in den wichtigsten Lebensereignissen abhängt und er es schwierig fühlt, sich gegen ihre Angriffe zu schützen. Man wird also ihnen zu gefallen suchen, und wo sie Gebote aus Lieblingsneigungen gestellt zu haben scheinen, gehorchen. Es lassen sich auch im Bereiche des Wirklichen mancherlei Sachen unter ihre Hut stellen, die sie (durch das Tabu) besser und sicherer bewachen, als unzuverlässige Trabanten, und bei der engen Verbindung, worin mit dieser unsichtbaren Welt schon bald die abgeschiedenen Seelen zu treten pflegen, mag der den Lebenden und seinen Bestimmungen gezollte Gehorsam sich auch nach dem Tode in Kraft erhalten. Es wird sich vor Allem eine wirksame Stütze für diejenigen gesetzlichen Normen ergeben, die sich, da ohne sie keine Gesellschaft bestehen kann, in jeder entwickeln müssen, und deren Einrichtung sich dann mit dem Namen eines gefeierten Culturheros verknüpft, ob einst realer oder überhaupt ganz mysthischer Natur. Die Unterwürfigkeit unter dieselben wird um so vollständiger sein, da sich der Strafe nicht entlaufen lässt, die, wenn nicht im Leben, doch sicher nach dem Tode ereilt. So spinnt sich allmählig ein System zusammen, das das Wissen vom Diesseits und Jenseits in sich vereinigt, und durch den Mund eines Propheten verkündigt, dem Volke seine Religion offenbart, deren Lehren durch den Hintergrund der aus Vielheiten vereinfachten Gottheit gedeckt wird. Nach der Norm seiner Religion gestaltet sich das Leben jedes Volkes, in welchem sich das Bedingende und das Bedingte im spiralig fortbildungsfähigem Kreisschluss durchdringen, so dass die Religion ebensowohl als Product des Volksgeistes gelten kann, wo sich dieser durch jene impräginirt zeigt. Die Religion bringt die für jedes Gesellschaftsleben nothwendigen Moralmaximen zur Geltung, und sie befestigt sie tiefer in der menschlichen Eigenthümlichkeit, als das legale Gesetz, weil ihr die Herzen durchschauender Richter sich nicht mit äusserlicher Beobachtung genügt, sondern neben dem thatsächlich schaugestellten Verbrechen auch die heimlich in Gedanken verborgene Sünde bestraft. So weckt die Religion das Bewusstsein eines aus den Fäden des Weltgeheimnisses im Menschen geschlungenen Knotens, veredelnd und bessernd, wobei es gleichgültig bleibt, ob als Grundursache sich in der Religion ein persönlicher Gott (so lange derselbe noch in Einklang mit der übrigen Weltanschauung denkbar ist) reflectirt, oder (wie im Buddhismus) das Dharma, dessen das Objective und Subjective durchwebendem Netz der Frevler noch weit weniger entrinnen kann, als einem erst durch Opferdampf und Glockenlang herbeizurufenden und desshalb auch vielleicht durch Kunstgriff meidbarem Gott. In der moralischen Entwickelung des Menschen bildet das Böse die an sich unvollkommenen und leicht krankhaft abgeleiteten Uebergangszustände, wie sie jeder Entwickelungsprocess durchlaufen muss, und sie sind durch naturgemässe Erziehung (unter etwaiger Verwendung religiöser Arzneien) zum Guten, im Zustande normaler Gesundheit, zu klären. Wird von diesem causalen Zusammenhange abgesehen, nach einer Ursache des gewaltsam herausgerissenen Bösen geforscht, so erheben sich jene kopfzerbrechenden Theorien, die manche Religion mit gefährlicher Entstellung durch absurde Cultushandlungen bedrohen.

Vor ihrer Trennung von der Wissenschaft stellt die Religion eines Volkes das durch die Eigenthümlichkeit seines Typus gefärbte Bestreben dar, für das Uebersinnliche in der Natur, ein (wenn nicht klar begreifliches, so doch im Gefühl ahnungsvolles) Verständniss zu gewinnen, für die ringsum gestellten Räthselfragen eine, wenigstens vorläufig befriedigende, Antwort zu finden. Der Mensch, wie jedes organische Geschöpf, liegt seiner Wesenheit nach im Kampfe mit der Aussenwelt, er hat sich in einem, je nach der mehr oder weniger ungünstigen Umgebung, erschwertem Streite zur Selbstständigkeit, wenn auch selten zur vollen Freiheit, emporzuringen, die äussere Natur tritt ihm desshalb überall als feindlich entgegen, und seine eigene, als durch die Eingriffe jener bedrängt, wird als eine leidende aufgefasst.

Es bildeten sich so die Vorstellungen schadender Dämone, die besonders in den den, Körper quälenden, Krankheiten merkbar werden, und der mit dem Nachdenken darüber gefüllte Geist sieht auf einsamen Wanderungen oder im Halbdunkel der Nacht schreckhafte Gespenster, deren schwankende Gestalten sich dann am leichtesten wieder mit der Erinnerung an die abgeschiedenen Seelen einst in Fülle der Kraft gekannter Gefährten verknüpfen. Der in Noth und Gefahr Bedrohte sucht nach Rettung, und wo sich ein Bedürfniss fühlbar macht, wird dahin gestrebt, Abhülfe für dasselbe zu finden. Hierbei tritt nun die individuelle Verschiedenheit in der geistigen Constitution ebenso maassgebend auf, wie in der körperlichen; der Stärkere wird in beiden Fällen über die Schwächeren herrschen, und wie der physisch Unterliegende zu einem Mächtigeren flieht, so der psychisch in Angst gesetzte. Der geistig Stärkere wird sich seinen subjectiven Phantasmen weniger nachgiebig hingeben, er wird ihnen zu widerstehen suchen und sich oft des stolzen Selbstgefühls freuen, sie überwunden zu haben. Von diesen Siegen mag er sich dann geneigt finden, auch seine Nebenmenschen, auf deren Bitten oder Belohnungen, Vortheil ziehen zu lassen. Er hat keine Veranlassung, die Realität solcher Phantasmen zu läugnen, sie besitzen in dem (die Uebergänge verwischenden) Traumleben des Wilden dieselbe reale Existenz, wie rein sinnliche Empfindungen, (und sollte er in sich selbst zu Zweifeln darüber kommen, würden die Gegenversicherungen aller übrigen solche bald beseitigen), dennoch aber bleibt ihm die Gewissheit, dass sie unbeschadet an ihm vorübergegangen sind, und er schreibt sich also die Fähigkeit zu, sie zu zerstreuen und zu verjagen. Diese Ansicht gewinnt eine besondere Stütze in solchen Persönlichkeiten, deren Nervensystem (in Folge constitutioneller oder pathologischer Ursachen) sich im Zustande abnormer Reizbarkeit findet und die ursprünglich allerdings eben desshalb um so empfänglicher für die unbekannten Schrecken des Naturgeheimnisses sind, die aber grade durch die Gewöhnung an häufig wiederkehrende Phänomene dadurch mit diesen vertraut und gegen sie gleichgültig werden. Was immer aus dem Kreise der gewöhnlichen Erscheinungen hinaustritt, wird als scheinbar unerklärlich übernatürlicher Ursächlichkeit zugeschrieben. Jede ungewöhnliche Form in Felsen, Steinen, Pflanzen, Thieren weckt die Aufmerksamkeit der Wilden und hebt sie aus dem normalen Durchschnitt heraus. Auch der durch seine Geschicklichkeit besonders glückliche Jäger, der in der Schlacht der Uebermacht der Feinde unverwundet entkommene Krieger mag mit wunderbaren Eigenschaften bedacht werden, mehr noch aber als in körperlicher Superiorität (deren Warum sich im gewöhnlichen Denken bei einiger Ausdauer leicht ermitteln lässt), liegt Eindrucksfähigkeit in geistiger, in psychischen Künsten, besonders wenn sie sich in den Bahnen des spinalen Nervensystems mit denjenigen Reflexactionen combiniren, zu denen sich der Gesunde in keiner Weise befähigt fühlt, und die bis in die höchsten Civilsationszustände beständigen Anlass zu mystischem Grübeln oder zu somnambulisirenden Faseleien gegeben haben.

Aus den so gegebenen Elementen construirt sich nun die primimitive Religionsanschauung des Wilden. Das über thierische Stumpfheit hinaus weiter denkende Menschenhirn findet in der Naturumgebung übersinnliche Agentien, die sich in ihm anthropomorphisch gestalten, und die durch den geselligen Austausch der Sprache ihren formalen Ausdruck gewinnen, und so eine unabhängige Entität, ehe sie in der Ideenjagd des Traumlebens wieder verschwommen sind. So werden in das Rechnen des Denkens, neben den sinnlichen Eindrücken, neue Factoren eingeführt, die ihre Beachtung und Honorirung verlangen. Sie sind desshalb die Ursachen aller sonst unerklärlichen Einflüsse von Aussen, der vielerlei bösen sowohl, wie der einzelnen guten, die hier und da bei überstandener Gefahr anerkannt werden und die bei der zugegebenen Verbindung mit seelischen Wesenheiten die Schatten der Ahnen oder befreundeter Verwandten von solchen unterscheiden lassen, die sich schon auf Erden als Gegner bewiesen. Wie manche körperliche That, wenn wider Erwarten gelungen, eine unverhoffte Errettung, einem Beistande aus dem Jenseits zugeschrieben wird, so wird der zu Meditationen Geneigte die vor seinem Geist aufsteigenden Gedanken, wenn neue Wahrheiten enthüllend, einer gleichen Quelle entsprungen wähnen und sich in engeren Connex mit den geistigen Potenzen zu setzen suchen. Am deutlichsten, weil auch dem äusseren Auge erkennbar, werden sich solche in denjenigen manifestiren, die von unwillkührlichen Krämpfen, sich selbst unbewusst, ergriffen werden, und die diese, obwohl sich die Zuschauer vor ihnen entsetzen, mit Gleichmuth allmälig zu ertragen lernen, vielleicht selbst in ihnen eine therapeutische Erleichterung verspüren, als heilsame Krisen.

Indem die beiden Principien des Wohlwollenden und des Schädlichen, des Guten und Bösen gegeben waren, folgte aus ihrem Gegensatz von selbst das Bemühen, sie in Wechselbeziehung zu setzen und sich der Zuneigung des ersteren als Schutz gegen das letztere zu bedienen. Die feindlichen Einflüsse des Ueberirdischen liessen sich nicht (oder nur im beschränktem Maasse) mit irdischen Waffen bekämpfen, sondern erst durch gleichfalls aus jenem erlangte. Der gewöhnliche Mensch fühlte sich jedoch zu den dafür benöthigten Communicationen mit dem Jenseits wenig befähigt, und wandte sich desshalb an diejenigen, die geübter darin schienen. Solchen Anliegen wurde gern gewillfahrt, eigenen und fremden Vortheils wegen. In exstatischen Momenten wurde eine übersinnliche Action am lebhaftesten empfunden, und wenn sich nicht im unwillkührlichen Krampfzustande das Bewusstsein von selbst aufhob, wurde es durch die Meditationsübungen mystischer Exstase unterdrückt. Die willkührliche Herbeiführung solcher Zustände (durch die Hülfsmittel des Rausches, Tanzes, Schwatzens u. s. w.) war für priesterliche Zwecke die entsprechendste, um dem jedesmaligen Anliegen des Augenblickes gerecht zu werden, und die wieder Willen bewusstlosen Attaquen zur Beute Fallenden, wurden (weil auch meist geistig geschwächt und inferior) als dem Bösen verfallen angesehen, und von den Priestern (den Propheten der berechtigten Seite) gern als Beispiel genommen, um ihre eigene Ueberlegenheit im Kampf mit der unsichtbaren Welt ad oculos zu demonstriren, sei es, dass sie im Epileptischen den Teufel selbst bekämpften, und auf seine Träger, als schwarze Zauberer, die Rache der von ihm Geschädigten hinzogen, sei es, dass sie mitleidiger nur den Körper der Besessenen durchgerbten, um die Dämone auszutreiben, die denselben wider deren eigenen Willen in Besitz genommen hatten.

Aus diesen Beschäftigungen mit einer dämonischen Welt folgten weiter Gedankenconstructionen, die hier in das Reich des Unsichtbaren die Antworten auf alle diejenigen Fragen hineinzeichneten, die den Menschen beschäftigen mochten, ohne in der wirklichen Natur ihre Lösung zu finden, zunächst also die interessantesten des Anfangs und Endes, des Woher und Wohin, der Weltschöpfung, der Seelenzukunft. Das Vergangene hatte ein mehr secundäres Interesse, und so blieben oftmals die Mythen über Entstehung dem poetischen Geschmacke für weitere Ausbildung überlassen. Die einstige Heimath der Seele kennen zu lernen, reizte dagegen nicht die Neugier allein, sondern auch die Besorgniss an eigener Wohlfahrt. Die mit der anderen Welt in so vielfachem und genauem Austausch stehenden Priester konnten darüber den directesten Austausch geben, und es ergab sich daraus, dass im Himmel diejenigen am Besten führen, die sich auf Erden den Priestern gehorsam und ehrerbietig gezeigt, die ihren Vorschriften nachgekommen und den von ihnen empfohlenen Gottheiten die angenehmen Opfer gebracht hätten. Die priesterlichen Gebote zeigen sich vielfach als etwas eigenthümliche, weil aus allerlei Idiosynkrasien hervorgewuchert, zunächst aber fallen sie anfänglich in der Hauptsache mit denen des Staates zusammen, in welchem die in der Gesellschaft dominirenden Personen des priesterlichen Standes eben desshalb gleichfalls eine einflussreiche Rolle spielen werden. Die Moralgebote, jene primitiven Gesetze, ohne welche der sociale Organismus haltlos auseinander fallen würde, erhielten die priesterliche, und somit die religiöse, Weihe. Die gesammte Vermittelung zwischen hier und dort, zwischen Himmel und Erde, zwischen Sinnlichem und Unsinnlichem geschieht in den frühesten Gesellschaftszuständen durch die Priester, die Vermittler des ganzen Wissens, und so Alles dessen, wessen man in den Rechnungen der Gedankenoperationen gewiss zu sein glaubt, auch ohne die Controle des sinnlich Gesicherten. Allmählig geht hier Glauben und Wissen Hand in Hand. Auf der Domäne des Geistigen lassen sich einige Axiome so unwiderleglich beweisen, dass man sie als gewusst einregistriren kann; anderen kommt nur eine Wahrscheinlichkeit zu, um ihnen Glauben zu schenken, einen Glauben, der sich innerhalb des Wissenssystems selbst, zwischen Wahrem und Wahrscheinlichem, bewegt, und der sich mit Erweiterung des festen Wissens entsprechend zurückzieht. Die Priester sind an sich die Träger des Wissens (auch jedes positiven Inhalts desselben) und es liegt in ihrem eigenem, wie in eines Jeden Interesse, das eigentliche Wissen, aus dem sich nützliche Anwendungen im practischen Leben gewinnen lassen, auf Kosten des schwankenden Glaubens möglichst zu vermehren.

Eine Spaltung beginnt erst einzutreten, wenn verschiedene Priesterschaften in Folge von Völkerverschiebungen durch Einwanderung und Eroberung, oder durch Aussendung von Missionären mit einander in Collision gekommen sind. Soweit sich ihre Systeme in der Grenzperipherie des exacten Wissens bewegen, werden sie mit einander in wesentlichen Puncten übereinstimmen oder sich rasch gegenseitig corrigiren, aber darüber hinaus, wo dieselbe Thatsache verschiedener Erklärungen fähig ist, müssen ihre weiteren Argumentationen vielfachst von einander abweichen. Dadurch sehen sie sich gezwungen, ihre Glaubensprincipien dogmatisch zu formuliren und zu fixiren, der Glaube bleibt nicht mehr jene nachgiebige und schmiegsame Hülle des Wissenskernes, die mit der Erweiterung dieses immer weiter in eine ergründungslose Unendlichkeit zurückweicht, der Glaube, weil starr geworden, stellt Grenzpfosten auf, die dem in Lebenskraft schwellendem Wissen eine Schranke bilden sollen, die es zurückstossen und zu hemmen suchen. Mit solchem Anprall bricht dann Glauben und Wissen für immer auseinander. Für den Augenblick mag noch eine der religiösen Schulen sich ziemlich auf der Höhe der Wissenschaft halten, diejenige nämlich, deren Glaubensrichtung unter den variirenden Secten momentan am meisten im Einklang mit den Wissensresultaten war. Da diese indess nicht stationär bleiben, sondern in ununterbrochener Fortentwickelung eben ihre Lebensbedingung finden, die Glaubensdogmen dagegen, nachdem sie als Schiboleth den Heterodoxen gegenüber aufgestellt und normirt sind, keine weiteren Veränderungen durchgreifender Art erfahren dürfen, so bleibt das Bündniss zwischen Glauben und Wissen, selbst wenn es künstlich hier und da erneuert werden sollte, ohne dauernden Bestand, und die Glaubensbekenner, die Priester, haben fortan einen anderen Weg zu gehen, als die Lehrer der Wissenschaft.

Auf sich selbst und eine religiöse Weltanschauung hingewiesen werden nun die Priester dahin streben, die für ihr System vorliegenden Materialien, soweit es geht, geschmackvoll zusammen zu ordnen. Sie werden es durch Erwecken begeisterter Propheten gelegentlich zu erzwingen suchen und so neue Religionen gründen oder bestehende reformiren.

Im Laufe der Zeit muss die Religion mehr und mehr ihre Verbindung mit den magischen Zauber-Ceremonien, die sie anfangs allein beschäftigten, abstreifen und den Character einer Sittenlehre annehmen. Die sympathischen Curen werden durch eine rationelle Medicin ersetzt, zur Brauung der Elementarkräfte zeigt sich der chemische Schmelztiegel zuverlässiger, als der Hexenschlüssel, und die Induction vertreibt den illusorischen Nebel der Magie, mit Ausnahme derjenigen Reste weisser Theurgie, die in einigen (bald unverständlichen) Cultushandlungen verknöchern mögen. An dem grossen Stufenbau, den das Wissen zur Durchforschung der Welt und ihrer Gesetze im unablässigen Schaffen aufrichtet, vermag sich die Religion eine Mitarbeit nur an den auch schon früher von ihr mit Vorliebe regierten Puncten des Anfangs und Endes zu reserviren, da diese über den deutlichen Gesichtspunct des Wissens hinausliegen. Die Theorien der Weltschöpfung sowohl, wie die über Himmel und Hölle bleiben noch lange unbestrittenes Eigenthum der Religion. An den ersteren mag hier und da gerüttelt werden, und vielleicht, wenn wiederholt Zeugen aus den Tiefen der Erde entgegentreten, kann die Religion sie freiwillig theilweise fallen lassen, aber um so fester wird sie sich an die Eschatologie anklammern, an die Lehre von den letzten Dingen, da schon die für die Moral übernommene Verantwortung es zu verlangen scheint. Die Keime des Sittengesetzes liegen in der menschlichen Natur, indem diese zur Geselligkeit prädisponirt ist, und der Gesellschaftskörper im Ankrystallisiren auf dem Achsenkreuz der Sitte ruht. Das Sittengesetz wohnt der Gesellschaft ebenso unzertrennlich ein, wie die Lebensthätigkeit dem pflanzlichen oder thierischen Organismus, der erst durch sie ins Dasein tritt, aber die dem Gesellschaftsorganismus als solchem, weil seine Existenz überhaupt erst bedingend, inhärirende Sitte kann in den ihn zusammensetzenden Theilstücken der Individuen verschieden variirende Färbungen der Auffassung und des Verständnisses erhalten. Es bedurfte desshalb für vorhandene Differenzen eines normalen Maassstabes, und diesen schien es wünschenswerth, der wechselnden Tagesmeinung zu entheben, um ihn, damit er unverrückbar bleibe, in eine möglichst unnahbare Ferne hineinzuschieben. So wurde dieser Hort überall der Religion zur Hut anvertraut, also in dasjenige Territorium der Weltauffassung versetzt, das als dem Wissen noch entzogen, nur von dem Glauben erreicht werden kann.

Bei der ursprünglichen Einheit von Glauben und Wissen konnte Nichts Verständigeres geschehen. Unberührt von den stetigen Wechseln des fortschaffenden Wissens, ohne Contact mit den oft unbefriedigenden oder unumgänglichen Uebergangszuständen, die durch jene veranlasst wurden, ruhte die Sitte in dem vor den heranbrandenden Wogen zurücktretenden Glauben, leuchtete sie gleich ewigen Polarsternen aus dem dunkeln Grunde des Himmelsfirmaments hervor, aus einer Unendlichkeit, die keine Eroberungen der Wissenschaft zu verkleinern vermögen, da sie sich mit denselben, weil eine grössere Masse des Erforschten deckend, gegentheils erweitert. Anders freilich seitdem Wissenschaft und Religion in Zwiespalt getreten sind, denn dadurch ist die Moral oft zu einer Allianz mit der Theologie gezwungen, in die Angriffe hineingezogen werden, durch welche die Wissenschaft ihre Gegner bekämpfte.

Eine einheitliche Weltanschauung ist die erste Grundbedingung gesundheitsmässer Entwickelung, und wenn es im Widerstreit zwischen Glauben und Wissen zum offenen Bruch gekommen ist, so kann bei Entscheidung für die eine oder andere Seite schon vom practischen Gesichtspuncte aus die Wahl nur auf das Wissen fallen. Es wird sich nun fragen, wie das Wissen jene letzten Fragen, die, weil ihm eben unzugänglich, für den Glauben reservirt waren, zu lösen hätte oder wie es sich damit abzufinden haben würde. Da unser auf gegenseitigen Wechselbeziehungen von Relationen ruhendes Denken weder Anfang noch Ende kennen kann noch darf, hat es von dieser Constructionsbasis der Religion von vornherein abzusehen, und einen anderen Ausgangspunct zu nehmen, der nur in der Berührungsschicht des Makro- und Mikrokosmus in der (durch den methodischen Fortgang der Naturwissenschaft bereits erreichten) Psychologie gegeben werden kann, und hier durch vergleichende Behandlung auch die bisher nur gläubig verehrte Moral in das Verständniss eines klaren Wissens überführen und so erst in ihrem vollen Werthe entstrahlen lassen wird, gegenüber der durch die Religion verlangten Befolgung der Morallehren, weil von einer ausserweltlichen Gottheit das Gebot ergangen sei. Die Aufgabe der ethnologisch-psychologischen Wissenschaft wird es sein, in der Tugendübung den allein naturgemässen Weg zu zeigen, um die sociale Gesundheit des Staates und die geistige jedes Einzelnen zu erhalten. Wie es trotz aller Vervollkommnungen der Medicin Kranke zu geben fortfährt, wird es auch immer Uebertreter der Gesetze geben, ob man ihnen mit Höllenflammen droht, die sie verlachen mögen, ob mit geistiger Verkrüppelung und innerer Zerrissenheit, aber die Moral wird erst dann gegen alle Fährlichkeiten gesichert sein, wenn sie in den Lebensbaum des Wissens eingepflanzt mit diesem organisch fortwächst. Die Gefahr, der die Moral in ihrer Verbindung mit der in Gegensatz zum Wissen getretenen Religion gegenwärtig ausgesetzt ist, wird durch die ungeheuerlichen Erklärungsweisen eines, der Erbsünde wegen, vicarirende Gottesopfer vorbereitender Incarnationen bedürfenden Glaubens vermehrt, während die naturgemässe Auffassung der Moral sie ebenso klar und deutlich aus der gesellschaftlichen Natur des Menschen entwickeln wird, wie die Physiologie die Zellennährungsprocesse aus seiner körperlichen.

Wie der Organismus des Individuums durch physiologische Gesetze in seinem Leben erhalten und geregelt wird, so der Organismus der Gesellschaft, in dem sich die menschlichen Persönlichkeiten zu staatlicher Einheit verbinden, durch das als Recht aufgefasste Gesetz. Die philosophischen Definitionen des Rechts sind, gleich den früheren der Lebenskraft, nach der exacten Forschungsmethode (sobald die Naturwissenschaft zur Aufnahme der Psychologie fortgeschritten sein und somit die Mitwirkung des Kosmischen im Tellurischen anerkannt haben wird) auf die Basis vergleichender Thatsachen zurückzuführen und aus ihrer Prüfung zu reconstruiren. Die Betrachtung der Rechtsverhältnisse unter ihren einfachsten Formen, wie sie sich bei wilden Stämmen zeigen, gewährt einen Einblick in durchsichtige Bildungsprocesse, die für ein Verständniss der complicirten Erscheinungen unter den Culturvölkern in ähnlicher Weise nutzbar gemacht werden mögen, wie die Botanik ihre Pflanzenphysiologie auf den aus Betrachtung einfachster Zellbildungen gewonnenen Aufschlüssen aufgebaut hat. Mehr noch als die nach subjectiven Stimmungen in daraus gefärbten Wechseln sich wandelnde Religion bekundet das Recht, als der normal gleichartige Ausdruck der Gesellschaftsverhältnisse, das Dasein eines Gesetzes, das, aus terrestrischen Agentien nicht erklärbar, die Persönlichkeit in eine höhere Umgebung stellt, die innerhalb der Natur verbleiben würde, wenn deren Begriff mit dem statthabenden Fortschritt entsprechend erweitert wird, und nur bei seiner Beschränkung auf den terrestrischen Horizont, als ausserhalb desselben fallend, eine metaphysische zu nennen wäre. Die Persönlichkeit des Menschen basirt allerdings auf jenen Nervenregungen, die jeden animalischen Körper durchwallen, sie ist jedoch nicht als eine einfach directe Fortentwickelung derselben zu betrachten, sondern als das secundäre Product socialer Bedingungen, als die Schöpfung jenes Gesellschaftszustandes, der für die menschliche Wesenheit ein naturnothwendiger ist. Denn hier hat die psychologische Betrachtung ihren Ausgangspunct zu nehmen, und hier allein ist in den Naturwissenschaften ein Anfang gegeben, bei dem sich aus den, ein selbstständig neues Ganze zeugenden, Relationen auf ein Prius zurückgreifen lässt und der aus Wechselwirkungen geschürzte Knoten in seinen Ursächlichkeiten auflösbar sein mag.

In unserer Gegenwart pulsirt ein Leben, wie es keine Vergangenheit gekannt hat, nicht nur qualitativ in der Mächtigkeit der Strömungen verschieden, sondern auch quantitativ in seinen Kräften und Eigenschaften. Wie der pflanzliche Stamm jahrelang in gleichmässig ruhigem Zellleben fortwächst, seine Holzschichten neben einander ansetzt, Blätter treibt, hier und da einen mächtigen Seitenzweig, dann aber, wenn der Zeitpunct des Blühens gekommen, zur Knospe anschwillt, im rascheren Säftezufluss, in Zeugung neuer und complicirterer Verbindungsstoffe, — so hat sich jetzt im Menschheitsorganismus der Entwickelungsknoten geschlungen, der sich bald zur Wunderpracht der Blüthe entfalten wird, im Verständniss seiner selbst und im Ueberblick all der mannigfaltigen Gestaltungen, aus denen sich seine Eigenthümlichkeit zusammensetzt. Wir sehen sie jetzt sämmtlich vor uns, alle die bunten Wandlungen, in denen der Mensch auf seinem Planeten erschienen ist. Unser Blick ist nicht länger beschränkt auf jene einzelne Entwickelung des arisch-semitischen Stammes, sie, die zwar die höchste bildet, aber die für objective Studien der Inductionsmethode ungeeignetste, weil unsere eigene Geschichte in Europa als integrirender Theil in sie hineingehört, so dass wir bei ihr, weil mit den Wellen treibend, eines unpartheiischen Beobachtungsstandpunctes entbehren, weil wir zwischen den Bäumen des Waldes stehend zwar die Bäume (und diese genauer) sehen, aber nicht den Wald. Um das Menschengeschlecht, seine Bestimmung und seine Zwecke zu begreifen, die Bildungsprocesse, die in ihm leben und weben, die Factoren, die hier bewegen, um die dunklen Gefühle und Ahnungen der Menschheit im Selbstbewusstsein zu klären, bedarf es einer Entäusserung der Subjectivität, einer naturwissenschaftlichen Betrachtung aller Vorgänge, Thatsachen und Beweisstücke, die die Natur vor uns ausgebreitet, unsern Studien zur Aufgabe gestellt hat. Europa und westliches Asien bietet ein sorgsam und genau durchgearbeitetes Kapitel unserer Culturgeschichte, aber dieses Kapitel selbst bildet nur einen einzelnen Abschnitt im grossen Buche der Naturgeschichte. Auch der Osten Asiens stellt seine Ansprüche mit den Völkern einer uralten Civilisation, mit Chinesen, Japanern, Tibetern, auch das mittlere Asien und die Heimath mongolischer, turanischer, iranischer Züge. Aus dem durch Dampfeskraft näher gerückten, durch electrische Telegraphenblitze unsern Augen aufgehellten und bereits vertrauteren Indien hallten einst geheimnissvoll Mythen, die über jene weite Wasserfläche verklangen, wo auf lieblichen Oasen-Inseln ein anderer Typus unserer Menschenfamilie weilt, die im Westen bis an die Küste des von Osten her entdeckten Continents schlagen, auf dem ein dem Untergang geweihtes Geschlecht noch unentzifferte Monumente längst verflossener Zeiten der Pracht oder Herrlichkeit zurückgelassen hat. Auf dem schwarzen

Continente Afrikas lagert noch eine finstere Nacht des Nichtwissens, wo jedoch die am Horizonte emporsteigende Sonne der Forschung ihre frühesten Strahlen zu zerstreuen beginnt, da schimmert überall, schon in diesem Zwielicht, ein wundersam vielgestaltiges Völkerleben hindurch, das zwar nur im engen Kreise verlaufen, aber eben desshalb für ein Detailstudium um so geeigneter ist und in der Vielheit seiner Bahnen unerschöpfliches Material für vergleichende Behandlung zu liefern verspricht. Diese vergleichende Behandlung der Menschengeschichte bildet die grosse Aufgabe der Ethnologie. Wohl kennen wir die Gesetze, die unsere staatlichen und rechtlichen Institutionen regieren, wir haben uns mit unserm religiösen Glauben in der einen oder andern Weise abgefunden, wir haben ästhetisch gebilligte Muster aufgestellt, den Werth des Schönen zu bemessen und den Geschmack zu bilden, und wir haben im mühsamen Kampfe der Jahrhunderte, die sich von hellenischer zu germanischer Weltanschauung emporgerungen, Prinzipien gewonnen, die sich in den das All durchwaltenden Harmonien als richtige und wahre beweisen müssen, da die edelsten Völker des Globus, die vollendetsten Sprossen des Menschensystems an ihnen mitgearbeitet haben. Noch aber fehlt uns ein Einblick in das genetische Entstehen, noch ist uns der Besitz unseres wohlerworbenen Eigenthums nicht gesichert, weil wir noch nicht im Sein das Werden, aus dem Werden das Sein noch nicht erkannten. An dieses Ziel vermag kein anderer Weg zu führen, als der der Ethnologie, das Studium der vergleichenden Psychologie, das Studium des in der geistigen Schöpfung der ethnischen Gesellschaftsgruppen reflectirten und dort allein nach den Anforderungen einer exacten Inductionsmethode definirbaren Menschheitsgedankens. Bitter sind die Klagen, dass dem Geiste seine Ideale verloren gehen, dass die Bestrebungen verlaufen auf dem flachen Niveau des Realismus. Keine Klagen halten die Wasser zurück, die aus erhabenen, aber kahlen Höhen, abwärts fliessen nach den Tiefen fruchtbare Niederungen. Und wenn wir diesen realistisch fruchtbaren Boden in rechter Weise bebauen und beackern, wenn wir ihn tief genug anschlagen, bis auf die psychischen Adern, die im Völkerleben quellen, dann wird ihm bald ein reicher Blumenschmuck entsteigen, herrlich und prangend, gleich jenen idealistischen Schaublumen, aber fasslicher zugleich und realistisch.

---

1) Majorum haec erat consuetudo, ut rex esset etiam sacerdos et pontifex (Servius). Das Königthum gilt als göttliche Stiftung, Zeus hat die Könige (von den Göttern stammend) selbst eingesetzt (als *διοτρεφέες, διογενέες*), aber neben dem Könige giebt es in jedem Staate eine Anzahl anderer Häuptlinge, denen der Name *βασιλῆες* ebenfalls zukommt (Schoemann). Die Häupter der edlen Häuser bilden des Königs Rath (*βουλή*), als *βουληφόροι* oder *βουλευταί* (auch *γέροντες*), neben den Versammlungen des zur

Berathung berufenen Volkes (in der Ilias). The position of a Majave chief is one of honour and dignity, but carries little authority with it, unless his views happen to coincide with those of a majority of the tribes (J. Ives). In Aicalan wurde (zu Cortez Zeit) der reichste Kaufmann zum Könige gewählt. Rex Anius, rex idem hominum Phoebique sacerdos (Virg.).

2) L'empire et le sacerdoce étaient un, et le rituel était la base du trône (bei den Tolteken seit Nauhyotzin). Neben dem Mico (als Repräsentation des grossen Geistes) an der Spitze des Oberhäupter-Rathes steht (bei den Muscolgees) der Kriegsanführer (s. Bartram). Die Häuptlinge hiessen Oghee-ma (die Höheren) bei den Algonquin (s. Brinton). Sternschnuppen in der Nacht des neunten Jahres verkündeten den Ephoren die Schuld der dann bis zum Orakelspruch Delphi's suspendirten Könige Spartas (nach Plutarch). Among the Caloosas (in Florida) the king was considered of divinen ature and believed to have the power to grant or withhold season favorable to the crops and fortune in the chase (s. Brinton). The kings of Rome were all likewise priests (Barker), wie Comosicus (b. Jord.).

3) Le plus courageux, celui qui a pris le plus des scalps à la guerre, ou qui a tué le plus de buffles, celui qui a fait quelque action d'éclat, celui qui parle avec une grande éloquence, tous ceux-là ont des droits pour être chefs (Simonin) chez les Peaux-Rouges. Bei den Comanches ist (nach Burnet) das Ansehen des Häuptlings rein persönlicher Art, wogegen die Pawhatamies (unter ihrem Könige) paulo jam adductius, quam ceterae regiert wurden.

4) Moshesch, der auf Motlumi (1815) folgte, lieh von seinen reichen Heerden den Heirathslustigen, die sich dann Frauen (des Moshesch) kauften und später die Schuld zurückzahlten.

5) Das Recht erscheint (in ältester Anschauung der Griechen) als eine ewige göttliche Satzung (Themis), als ein Princip, welches Göttern und Menschen das ihnen Zukommende giebt und welches getragen von der frommen Scheu (αἰδώς) vor dem Göttlichen und den sittlichen Schranken, jede Ueberhebung (ὕβρις) als ein Herausgehen aus der wohlgefügten Ordnung abwehrt, Alles im rechten Masse und in Mässigung (σωφροσύνη) erhält, Allen nach Verdienst und Schuld abwägt und zutheilt (Ahrens). Naturrecht ist (nach Grotius), was durch die Vernunft als übereinstimmend mit der vernünftigen und geselligen Natur erkannt wird (nicht jus quod natura omnia animalia docuit). Mit dem Unterschied von Sitten- und Rechtsgesetz fehlte den Griechen der Ausdruck für den Begriff des Rechts (s. Hildenbrand). Das Recht ist eine Norm, welche den Freiheitsgebrauch in Angemessenheit zu den menschlichen Lebens- und Güterverhältnissen regelt (Ahrens).

6) Die Jagdgebiete sind in Brasilien definirt und so in Australien, wie die Wanderungsbezirke der Nomaden, und bei den Mongolen hemmen schon den Hirten die den Ackerbauer später enger umschliessenden Fesseln der Leibeigenschaft. Wenn Jemand über die Grenzlinien einer fremden Besitzung hinüberwandert und dort abgesondert nomadisirt, so sollen über Fahnen gebietende und nicht gebietende Fürsten, Böila, Böisa, Hunen, Taizsis und Tabunanen dafür um den Jahresgehalt, oder solche Taizsi und Tabunanen, die keinen Gehalt beziehen, um 50 Pferde gestraft werden, wenn aber Gemeine dies thun, so ist sowohl dem Schuldigen, als denen, die darum wussten, alles Vieh wegzunehmen und dem Landesgebieter zu übergeben (Hyacinth). War der Landsitz ausgewählt, so umpflügte man mit einem weiss-schwarzen Joch Ochsen die Grenzen des Dorfes, welche Umpflügung (bei den Slaven) Sagon hiess, das gesetzmässige Territorium der Niederlassung bezeichnend, denn ausserhalb desselben war Alles fremd oder cudzo. Jedes unabhängige Dorf hiess Swoboda oder Slobada (Freiheit), und dazu gehörte der geheiligte Wald (Roki), aus dem abgeschnittene Gerten (Wicie) als Zeichen der Vereinigung umher gesandt wurden (Mickiewicz). Die Grenzlinien (wie sie Moschesh gegen die Mantetees vorschlug)

bestehen bei den Bechuanas aus neutralem Gebiet (in No-mans Land, wie an der Kaffergrenze) mit Jagdgrund.

7) Ein Symbol, das man bei den meisten rohen Völkern findet, ist das Sichniederwerfen der Gefangenen, indem sie den Fuss ihres neuen Herrn auf ihr Haupt setzen, bei den Juris auch den der Frau des besiegenden Hauptlings (s. v. Martius). Nach einem Vertrage werden die niedergelegten Waffen im Tact aufgenommen von dem Brasilier, der sich beim Schwur mit der Hand in die Haare fahrt oder sie uber den Kopf halt (zur Betheuerung die Spitze der Waffen beruhrend, wie der Kalmükke). Der Takue schwört, indem er das Grab eines Kinderlosen betritt (Munzinger). Der Eskimo beleckt das Geschenk als Zeichen des erworbenen Eigenthumsrechts (nach Franklin) und (in Neuseeland) der Geber (nach Dieffenbach).

8) The Abban or protector of the Somali country is the Mogasa of the Gallas, the Akh of El Hejaz, the Ghafir of the Sinaitic Peninsula and the Rabia of Eastern Arabia (Burton). The Abban is master of the life and property of his client.

9) The law of primogeniture has been abolished, lands descending to all children, male and female, in equal shares (in Canada).

10) Mayne points out, that the essence of a will (as now understood) is firstly, that it should take effect at death, secondly that it may be secret, and thirdly that it is revocable. Yet in Roman laws wills acquired there characteristics but slowly and gradually and in the earlier stages of civilization wills were generally unknown. In Athens the power of willing was introduced by Solon, only however in cases when a person died childless (s. Lubbock). The Hindoos were entire strangers to the will, „the instant a son is born he acquires a vested right in his father's property“ (in the Russian village communities or Mirs children have a right to their share as soon as they are born). The same feeling, which induced a Roman to emancipate his sons, compelled him also to make a will, for if he did not, emancipation involved disinsheritance (Lubbock). A la mort d'un chef de famille (chez les Touaregs) tous les biens légitimes (ceux acquis par le travail individuel et dont la possession est sacréee) sont divisés, par parts égales, d'entre tous les enfants, sans distinction de primogéniture ou de sexe. Quant à ceux biens d'injustice ou éhéré-n-bóutelma (ceux conquis les armes à la main), apanage exclusif de la noblesse, ils reviennent, par droit d'aînesse, sans division ni partage, au fils aîné de la soeur aînée (Duveyrier). Ueberall, wo Erbgut in Theilung ist, werden die es haben, die dazu geboren sind, die anderen aber die fahrende Habe (in Island). Nicht das Kind, sondern das eigenthümliche Kind (suus), nicht der Verwandte, sondern lediglich der nächste durch Männer verbundene (agnatus proximus) folgen in das Vermögen des Verstorbenen (s. Gans) nach der Intestatserbfolge (im Gegensatz zu testamentarischer Willkühr). In Feejeean the word Tamanngu (Tama-my, the suffix ungu meaning „my“) is applied not only to a father, but to a fathers brother (s. Lubbock). Bei Barea und Bazen sind die eigenen Kinder von der Erbschaft ausgeschlossen. Dagegen erbt (s. Munzinger) in erster Linie der Bruder von gleicher Mutter, in zweiter Linie der älteste Sohn seiner ältesten Schwester, in dritter Linie der zweite Sohn seiner ältesten Schwester, in vierter Linie der Sohn der jüngeren Schwester, in fünfter Linie die Schwester des Erblassers, in sechster Linie ihr Schwesterkind. Der Erbe übernimmt auch die Schulden, haftet aber bei Zahlungsunfähigkeit keineswegs mit seiner Person, wogegen bei den Bogos die Kinder für des Vaters Schuld leibeigen werden. Damit kein Streit entsteht, vertheilt der Vater noch vor dem Tode die Habe unter seine Söhne und bei dem Erstgeborenen bleiben die Weiber und Töchter (unter den Dinka). Die Frau erbt nicht, sondern wird vererbt und finden sich nur Töchter, fällt die Habe den nächsten Verwandten zu (s. Kaufmann). Bei den Bari läuft der Erbe (nach dem Tode) seine Waffen schwingend,

um das Haus, um die Dämone zu verscheuchen *Μοναρχεῖται γὰρ πᾶς οἶκος* (Arist.) In Toulouse wird zwischen consanguineis und uterinis so getheilt, dass jenen das von väterlicher Seite kommende, diesen das von der mütterlichen Seite erworbene Gut gegeben wird (s. Gans). Die Coutume von Paris unterscheidet zwischen propres naissans und anciens propres.

11) Im wallisischen Recht sind neun Grade von Verwandten genöthigt, Busse zu geben, und wiederum berechtigt, welche zu empfangen (s. Gans). Quot sunt generationes, tot sunt gradus inter personas de quorum cognatione quaeritur. Bei den Franken nahmen die Verwandten bis zum sechsten Grade am Wehrgeld Theil (Wiarda). Gleich der Doppeltheilung des indischen Rechts in Sapindas, die mit dem sechsten Grad, und in Samanodacas, die erst mit dem gleichen Familiennamen aufhören, ist auch in China eine Dichotomie zu finden, in Verwandte bis zum vierten Grade, und in solche, die den gleichen Familiennamen tragen (s. Gans). Im attischen Erbrecht werden die Verwandten in absteigender Linie, als *ἔκγονοι*, *ἐγγονοι* und *ἀπόγονοι* bezeichnet (gewöhnlich nur entferntere Descendenten über den Grad eines *υἱός*, einer *θυγάτηρ*, eines *υἱδοῦς* einer *υἱδῆ* hinaus). Die Verwandten in aufsteigender Linie sind entweder der Vater und die Mutter (*πατήρ*, *μήτηρ*) oder der Grossvater und die Grossmutter (*πάππος*, *τήθη*). Die moslemitische Erbfolge zerfällt in die Lehre von den Theilnehmern und in die von den Erben, welch letztere wieder in doppelter Gestalt auftreten, als Residuarien und als entfernte Verwandte (s. Gans). Geschwister erben nicht mit den Ascendenten, wohl aber Geschwisterkinder zugleich mit den Onkeln und Tanten (in Spanien). Sind keine Descendenten vorhanden, so kommen die Ascendenten, die zugleich Agnaten sind, zur Succession, so dass der dem Grade nach nähere immer den entfernteren ausschliesst. Mit den Ascendenten folgen Consanguinei und die männliche Descendenz verstorbener Consanguinei in stirpes. Sind Brüder des Verstorbenen und deren Descendenten nicht vorhanden, so folgen die Consanguineae und zwar succedirt schon die schwangere Schwester des Erblassers zugleich mit den Töchtern des verstorbenen Bruders in stirpes. Der proavus wird von den Consanguineis und deren männlichen Descendenten ausgeschlossen, nicht so von den Schwestern und ihrer Descendenz (s. Gans) im Stadtrecht Pisa's. Die Hellenen lassen den Vater, Bruder, Grossvater, väterlichen Oheim, Urgrossvater, Grossoheim vorausgehen, die Mütter dann erst nach der Descendenz dieser unter Beschränkungen eintreten. Plato lässt folgen Bruder (*ἀδελφὸς ὁμοπάτωρ*), dann *ὁμομήτριος*, dann Brudersohn, Schwestersohn, Vaters Bruder, Vaters Brudersohn, Vaters Schwestersohn *κατ' ἀγχιστείαν* (s. Stark).

12) „Wenn keine Descendenten da sind, so kommen, da das attische Recht kein Erbrecht der Ascendenten kennt, die Collateralen an die Reihe.“ Das Gut und die Schulden des Vaters erben die Kinder, die vor seinem Tode noch nicht ausgesteuert waren, und die Frau des Verstorbenen, jede Person zu gleichen Theilen, der Erstgeborene hat keinen Vorzug; der Vater hat aber das Recht, zu testiren (s. Munzinger) bei den Sarae (in Abyssinien). Ist für das Axovarium (Mitgift und Geschenke neben der Dos des Mannes) oder (im Castilischen) Axuar eine Hereditas gegeben worden, so durfen weder Mann noch Frau dieselbe verkaufen, ehe sie Kinder haben (ausser bei Bürgschaft). In Beziehung auf den gemeinsamen Erwerb (gananciales) finden in Arragonien dieselben Bestimmungen Statt, wie in Castilien (s. Gans). On explique la transmission du bonnet (et les capitales alternatives) en disant (chez les Mandingues) que le chef de la famille royale, ayant laissé plusieurs enfants, a assigné à chacun un village pour résidence et pour gouvernement. Ne voulant pas diviser son royaume, ni exclure aucune branche de sa postérité, afin d'empêcher les guerres civiles et les usurpations, il a conservé des droits égaux à chacune, qui vient régner à son tour. C'est ainsi que les neveux héritent de leur aieul, et que

les enfants n'héritent pas de leur père. Bei den Californiern gehören manchmal die Töchter zugleich mit ihrer Mutter demselben Stamme an (Farnham). Auf der Küste wurde die Frau nach Belieben gewechselt (s. Kostromitonow). In Alt-Californien lebte (nach Bagert) jeder Mann ununterschiedlich mit jeder Frau.

13) Le Medabber (celui à qui la liberté a été promise à la mort de son maître) ne peut être vendu ni mis en gage, en un mot séparé de son maître et celui-ci ne peut retirer sa promesse. Les fils de medabber et de medabbera profitent des droits de leurs parents si ceux-ci meurent avant le maitre Si au moment de la mort du maître, la medabbera est enceinte, l'enfant a droit au tadbir (Cheikh Ben Soliman). Ben el-jassem a dit: Si le maître fait son esclave medabber (celui auquel on a promis le tadbir ou la mise en liberté à la mort de son maître), il lui donne par là même une sorte de procuration pour être son fondé de pouvoir, il est nécessaire que l'acte du tadbir explique jusqu'ou vas l'intention du maître (Daumas). Les Papels (de Basserel) ou les Manjagos ne connaissent au roi de Basserel des droits sur les terres de chaque village, il les afferme à vie et au plus offrant. Celui qui les a achetées devient le chef du village. Les jeunes gens de Basserel et de Boboc, afin d'acquérir des richesses pour satisfaire le roi de Basserel se mettent au service de toutes les nations qui font le commerce sur les côtes occidentales d'Afrique. Ils servent comme des matelots dans toutes les embarcations d'abord employées par les Portugais, ils apprennent leur langue, ce qui les fait considérer comme Portugais dans les colonies françaises et anglaises (s. Bocandé). Le fils ainé de celui qui est le premier de sa race, ou le seul resté de sa famille, hérite de son père, de préférence à ses frères, mais il n'est, en quelque sorte, que l'administrateur des biens qui appartiennent à tous. Ses enfants, ses frères, ses neveux travailleront à augmenter le patrimoine. Quand il meurt, les enfants n'héritent pas, c'est le frère puiné. Ainsi dans ce cas l'oncle hérite, après lui un autre frère s'il y en a, après le dernier des frères, un neveu, fils du frère aîné, puis un cousin de celui-ci. Ainsi il faut que le patrimoine, sans être jamais divisé, et sans exclusion pour aucune branche de la famille, se transmette à tous succesivement, continuant à s'augmenter par le travail de tous (chez les Papels de Basserel). La femme (achetée par les biens de la communauté) doit revenir à la communauté. Omnis parentela usque in septimum geniculum memoretur (nach Rotharis' longobardischem Gesetz). Die Parentel ist nichts anders als die Sibbschaft oder ein Aggregat mehrerer Personen, welche durch die Propinquitas naturae oder die Gemeinschaft des Blutes unter sich verbunden sind (Majer).

14) La propriété (chez les Bicharieh) n'est point personnelle, quant à la terre, elle est divisée comme partout ailleurs, mais entre tribus, entre familles seulement, ce sont des groupes et non des individualités qui possèdent (Linant de Bellefonds). All landed tenures in India (previous to English rule) were practically not transferable by sale and only certain classes of the better defined claims were to some extent transferable by mortgage (Campbell). The farmers (of Munzerabad) are for the most part landed proprietors.

15) The Romans (on the contrary) based any claim on the existence of „culpa", and hence laid down that where there had been no culpa, no action for reparation could he (Lubbock). The rights of retaliation had almost a legal force (in the South-Sea islands).

16) The part, which is to be pierced by a spear is fixed for all common crimes, and a native, who has incurred this penalty sometimes quietly holds out his leg for the injured party to thrust his spear through (Grey), mit der Warnung Shylock's weder zu tief, noch an einem verkehrten Platz zu stossen. Bei den Germanen wird die Fehde ein gemeinschaftliches Rechtsverhältniss und beschränkt sich nicht auf die Familie (s. Gemeiner).

17) Robbery constitutes an honourable man, murder makes the hero (among the Somals). Honor consists in taking human life (Burton).

18) Die Greise haben gewisse gesetzgebende Gewalt, aber im Allgemeinen gilt die Tradition früherer Rechtssprüche, die unter dem Namen Butha mit Gesetzeskraft citirt werden (Munzinger) bei den Barea und Kunama.

19) Who enters the house of a neighbour during his absence, is sentenced to pay the fine Pakul Dende in the Arru-islands (Kolff). La principale vertu d'un Balante est de savoir voler. Celui qui a volé un chien gardien de la maison, sans que le maître s'en aperçoive, a donné la meilleure preuve de son talent et trouvera facilement à se marier dans son pays (Bocandé).

20) Le nom de famille d'un chef fondateur a été souvent adopté par ceux qui l'ont accompagné (en Sénégambie meridionale). Ainsi tout le pays mandingue de Pakao sur la rive droite de la Casamance, depuis le territoire du Bouié, sur lequel est Seyou, jusqu'au Teridou, est occupé par la famille Manjan, le village seul de Manduar, où réside le roi, est de lafamille Sounkouïab. C'est ce que les Mandingues appellent le conton saluer, remercier, c'est donner le conton. Les Portugais de la Guinée le nomment le mantenha (Bocandé). The southern Gallas are divided into Toibes (officers), the Ghaba (adult warriors), who wear four Gutu or pigtails, and the Ari (cadets or aspirants) with only two. The Wakwafi have the El Moran or warriors (young men, who live with their fathers), the Ekieko (married men) and the Elkijaro or Elkimirisho (elders). The Wanyika split into the Nyere (young), Khambi (middle a ged) and Mfaya (old). Each degree has its different initiation and ceremonies (Burton). In Mexico wurden Joaltacctli und Joalticitl als Wiegengötter, Ometeuctli und Omecchuatl als Geschlechtsgötter, Tlacotecolotl als Gott des Greisenalters verehrt.

21) Das Schwarzfärben der Zähne auf Pelew dauerte fünf Tage, während welcher Zeit jeden Morgen die Mischung (s. Seneçon) auf die Zähne gelegt wurde, worauf ein beständiges Saliviren folgte, und der auf dem Lager bleibende Patient erst am Abend essen durfte. In Darien besorgen die Frauen das Bemalen des Körpers oder (in einzelnen Fällen) das Einritzen von Figuren in die Haut durch Dornen (Wafer). Die Nubier tragen ihre Ringe, um sie nicht zu zerbrechen oder zu verlieren, an der Nase, statt an den Fingern der zum Arbeiten bestimmten Hände (Churi). In Darien wurde als Zierrath ein Blech über dem Mund getragen oder von den Frauen ein Nasenring (1681). Die Frauen des Königs Barraw oder Peter hatten Figuren mit heissem Eisen in den Unterleib eingebrannt, am Rio Sestro (s. Barbot) 1687.

22) The Australian never broil fish at night, because they think the wind will blow a contrary way to what they want it. They will not whistle under a rock, having a tradition that some of the natives did, while feasting under one, and it fell from a great height and crushed them to death (Barrington). It is a sin (for the Bulgarian of the greek church) to give a child a spoon to play with, to give away or sell a loaf bread without breaking a piece from it, to sell flour before making a loaf of it, to wash a child before he has come to the age of reason, to allow a dog to sleep on the roof of the house etc. (St. Croix). Un targui, quel qu'il soit, croirait manquer aux convenances en se dévoilant devant quelqu'un, à moins que ce ne soit dans l'extrême intimité ou pour satisfaire à la demande d'un médicin (Duveyrier). Les femmes ne portent pas le voile. Chez les Azdjer (des Touaregs) presque toutes les femmes savent lire et écrire, tandis qu'un tiers des hommes à peine est arrivé à ce degré d'instruction (Duveyrier). Chez les Bendeh (dans le Soudan idolâtre) l'habitude est de se limer les dents, excepté les molaires, et de leur donner la forme de mamelon. Les Kara ont pour signe les deux lèvres percées. Les

Châla (Schâla) se pratiquent tout le long du pavillon de l'oreille, une rangée de trous, qui se suivent en ligne arquée, et dont chacun recevrait au moins une plume à écrire. Les femmes des tribus des Châla se distinguent par des milliers de taillades, qu'elles se font pratiquer sur le ventre et qui y laissent une foule de petites hachures, dessinant des anneaux, des carrés etc., ces dessins sont une sorte de parure, car ces femmes ne portent pour tout vêtement qu'un pagne très-léger et très-étroit Les Routou se percent la lèvre supérieure. Les Djénâkhéras, situés au-delà du sud du Bâguirmeh, se reconnaissent aux traces de trois rangs de mouchetures pratiquées, de chaque côté de la face, sur les pommettes. Les Choulouk pour se distinguer s'arrachent les dents incisives inferieurs (El-Tounsy).

23) In China communal marriage is stated to have prevailed down to the time of Fouhi and in Greece to that of Cecrops. The Massagetae and Auses had (according to Herodotus) no mariage: Strabo and Solinus make the same statement as regards the Garamantes. In California (according to Begaert) the sexes met without formality (s. Lubbock). The Teehurs of Oude „live together almost indiscriminately in large communities, and even when two people are regarded as married, the tie is but nominal.“

24) Lorsque la gorge d'une jeune Forienne commence à s'arrondir, on assigne à cette fille une hutte à part où elle couche seule, celui qui s'est pris d'amour pour elle vient la voir quand il le veut, et passer la nuit avec elle. Plusieurs filles deviennent ainsi enceintes, en cela il n'y a ni honte ni déshonneur, même s'il y a eu inceste. Les enfants, garçons ou filles, nés de ces relations sont mis sur le compte d'un oncle maternel. La fille qui en provient est mariée plus tard par cet oncle, qui profite alors du douaire que paye l'époux (El-Tounsy).

25) In obtaining a female partner, the first step they take, is to fix on some female of a tribe at enmity with their own (stealing the unsuspecting woman and stupefying her by blows). The woman (dragged away) and violated becomes the wife of the ravisher and is admitted in her husbands tribe (in Australia). The tribe of the female (by retaliation) redress this outrage, but the female herself seems contented (Barrington). Nach einem allgemeinen Kampfe zwischen zwei Stämmen eignen sich die älteren Männer die Mädchen unter den Kriegsgefangenen zu, während die alten Frauen den Jünglingen überlassen werden, so dass diese lieber sich für einen selbstständigen Brautgang aufmachen. In der Hudson-Bay wird um den Besitz der Frauen gerungen (nach Hearne) und ebenso kann bei den Kupfer-Indianern Jeder den andern für eine Frau zum Ringen herausfordern, um als Stärkerer den Preis davon zu tragen. Les Touaregs distinguent les tribus qui suivent l'ordre de succession maternelle, par le nom de Beni-Oummia, de celles qui, exceptionnellement, et depuis l'introduction de l'islamisme, ont adopté la succession paternelle, et qu'ils appellent Ebna-Sid (Duveyrier). In Tondimana folgt die Tochter (als Rannie), mit einem Polygar vermählt (dann ihre Tochter) dem Vater.

26) Lorsqu'une demande (du mariage) est fait, et que le fiancé est agrée, les parents des deux parties ne se voient plus (en Dar-For). Chacun des deux fiancés doit aussi éviter le père et la mère de l'autre et ceux-ci doivent également fuir les fiancés reciproquement. Cette contrainte cesse après la cérémonie (El-Tounsy). Die Beni Amer haben eine doppelte Ehe, die Ehe durch Kauf (indem der Mann dem Vater der Frau den Nackenpreis oder Segad und den Verwandten der Frau ein Geschenk oder Dekran entrichtet) und die Ehe mit Gütergemeindschaft, die (ausser Segad und Dekran) das Metlo (zu dem beide Theile beitragen) verlangt, sowie ein Opferthier seitens des Bräutigams (s. Munzinger). Was die Eheleute als ledige Leute bisher besessen, wird nicht zusammengeworfen, sondern Eigenthum jedes Einzelnen. Was der Mann nun als Diener oder sonst wie erwirbt, ist sein Eigen, ohne Betheiligung der Frau. Die von der Frau gewobenen Matten

sind aber Gemeingut, da der Mann die Palmäste dafür schneidet und gewöhnlich den Verkauf besorgt. Was ihr der Mann in der Zeit der Ehe schenkt (Efin), wird ihr besonderes Eigenthum. On first entering the nuptial hut, the bridegroom draws forth his horsewhip and inflicts memorable chastisement upon the fair person of his bride, with the view of taming any lurking propensity to threwishness (among the Somali). The old Muscovites began married life with a sound flogging (s. Burton). After the first child, the hips swell (in the Venus Kallipyga order of beauty).

27) Oekonomische Grundsätze begünstigten die Polyandrie, wenn, wie bei den Pandu, nach tibetischer Sitte, die Brüder derselben Familie sich mit einer Frau als Wirthschafterin und umschichtiger Bettgenossin begnügen. Im System der Levirats-Ehe heirathet immer der nächste Bruder die Wittwe des Aelteren.

28) Die Tradition der Beni Amer lässt die Hadendoa von der Tochter des Königs abstammen, die auf der Burg von Suakin bewahrt, dort von einem Djinn besucht wurde (in der Tatarei von Wölfen). Die Bischarin stammen von der durch türkische Piraten geschwängerten Frau ihres Ahnherrn Conca.

29) Quoique les Moxes admettent la polygamie, il est rare qu'ils aient plus d'une femme, leur indigence ne leur permettant pas d'en entretenir plusieurs. Ebenso in Nordamerika (nach Robertson). Der Sänger Saboi (im Siege Tschestimirs) regt die Böhmen auf gegen die (christlichen) Fremden, die nur ein Weib erlauben wollen. In den Missionen fällt das Verbot der Vielweiberei für die Bekehrten schwer auf die Verstossenen.

30) A second wife is only taken, or nearly always so, when the first proves, after some years trial, to be unfruitful (in Mysore); the natives do not care to have more than one wife, and the quarrels arising, when there are more, than one, are a sufficient reason for this (Elliot). Auf den Andamanen bleiben Mann und Frau zusammen, bis das Kind entwöhnt ist, um sich dann zu verlassen. Die Basutos, unter denen sich nicht (wie im Norden) Balalas (Sklavenstämme) finden, kaufen mehrere Frauen, die zugleich Dienste verrichten. Bei den Aleuten fand sich Dyandrie in Folge des Zusammenlebens der Frau (neben ihrem eigenen Manne) mit einem Jagd- oder Handelsreisenden (in Halbpartnerschaft) auf den Inseln (s. Erman).

31) Quand une femme etait grosse, elle ne couchait jamais avec son mari (sur les îles des Pelew). Ein Mann beschläft seine Frau, die in den Sechswochen gelegen, eher nicht, als bis das Kind laufen kann (Dapper) in Benin. Auf Seiten der Frau wird der Ehebruch in der ganzen Horde (bei den Hottentotten) bestraft, einem Manne aber ist es erlaubt, einem Mädchen beizuwohnen, wenn seine Frau eine Wöchnerin ist (s. Damberg) 1784. Die Beetjuanen vertheidigten die Polygamie, weil der Weiber zu viele wären, und die Zahl der Männer sich durch die Kriege stets verringern (Lichtenstein). The mother is separated from her husband for a period of three years, that she may give undivided attention to her offspring (Valdez) in Guinea and the Cape Verde islands. Les hommes ne s'approchent point de leurs femmes, tant qu'elles sont grosses ou qu'elles sont nourrices (alaitant leurs enfans jusqu'á ce qu'ils courent), étant persuadez que cela ferait mourir l'enfant (de la Croix) chez les Jalofes. No marry'd woman, after they are brought to bed, lie with their husbands till three years are expired, if the child lives so long, at which time they wean their children and go to bed to their husbands. They say that if a woman lies with her husband during the times he has a child sucking at her breast, it spoils the child's milk and makes it liable to a great many distempers (on the Gambia) 1732 (s. F. Moore).

32) A young woman of 16 — 20 years of age may be married to a boy of 5 — 6 years. She however lives with some other adult male (perhaps a maternal oncle or cousin), but is not allowed to form a connection

with the father's relatives, occasionally it may be the boy-husband's father himself, that is the woman's father-in-law. Should there be children from these liaison, they are fathered on the boy-husband. When the boy grows up the wife is either to old or past child-bearing, when he in his turn takes up with some other boy's wife and procreates children for the boy-husband (Shortt). Aehnliches in Russland, wo Wichelhausen Frauen ihren kunftigen Gemahl auf den Armen tragen sah.

33) Among the Todas of the Neilgherry hills, when a man marries a girl, she becomes the wife of all his brothers, as they successively reach manhood and they also become the husbands of all her sisters as they become old enough to marry.

34) Nuptiae sunt conjunctio maris et feminae et consortium omnis vitae, divini et humani juris communicatio (Modestinus). Die Ehe beginnt (im norwegischen Recht) mit einem Mundi, das der Mann für die Frau bezahlt, damit die Kinder, welche aus derselben geboren werden, das Erbe nehmen können (Gans). In many cases the exclusive possession of a wife could only be legally acquired by a temporary recognition of the pre-existing communal rights (s. Lubbock), wie bei Babyloniern (Herodot), Armeniern (Strabo), Balearen (Diod. Sic), Nasamonen, Sonthal, Naudowesier u. s. w. Dem König von Lovango wird durch das Oberhaupt der Reichsräthe eine Mutter zugeordnet (die Aelteste aus dem Makonda-Geschlecht), die viele Freiheiten hat (indem der König ihr gehorchen muss) und soviel Männer bei sich schlafen lässt als ihr beliebt. Eben dasselbe ist auch des Königs eigener Mutter und Schwestern, soweit Allen aus königlichem Blut, vergönnt (Dapper). Im Heirathen schlagen sie keine Achtung auf die Blutsfreundschaft, denn der Sohn darf wohl seine Mutter zur Ehe nehmen und der Vater seine Tochter (am Gabun) 1688. Bei den Tottiyar (in Indien) sind die Frauen den Brüdern, Onkeln und Neffen gemeinsam. Ist ein Mädchen von einem Vornehmen geschwängert, so sieht man sie nicht mit Verachtung an, sondern bringt sie mit mehr Ehren unter die Haube, als ob sie nie vorher von Fremden erkannt gewesen (Buchanan) auf den Hebriden (1790). The bride is in some tribes of the Ghonds selected from among first cousins by preference (Forsyth).

35) Dans le Cabou (de la Sénégambie méridionale) il y a une caste à part, un sang privilégié, qui transmis par les femmes se perd dans les mâles à la troisième génération (Bocandé). A Brim les femmes ont droit de représentation (dans la Sénégambie meridionale). A Jami les assemblées des femmes non seulement font des lois générales, mais prononcent sur les cas particuliers qui'on apporte à leur tribunal. La plupart (des femmes dans l'ile de Lancerotte) ont trois époux et servent par mois, et celui qui la doit avoir après, la sert tout le mois que l'autre la tient, et font toujours ainsi à leur tour (Bontier). Wegen Mangels an Milch wurden die Kinder mit Ziegen aufgefüttert. Die Brüder einer Familie besitzen eine gemeinsame Frau (nach Cunningham) bei den Bodpa (in Ladak).

36) La polygamie et la polyandrie paraissent universelles (chez les Eskimaux). Il est de règle que ceux qui rendent le plus de services à la communauté soient le mieux partagés, aussi les plus habiles chasseurs et les pêcheurs les plus adroits obtiennent-ils constamment de préférence aux autres hommes l'avantage de prétendre et de plaire aux femmes, qui sont en excédant. De même la femme, qui à son tour, est reconnue comme méritant le meilleur lot mâle, soit par l'énergie de son caractère, soit par ses grâces et sa beauté, obtient un second mari du vivant du premier (Montémont). L'époux troque son épouse contre celle d'un voisin. The Jolah (on the Island of St. Mary) possess their women in common (Hewett). Quando havian de casar alguna doncella ponianla, despues de concertado el matrimonio ciertos dias en vicio à engordar i salia de alli i desposavanlos i venian alli los cavalleros e hidalgos del pueblo ante ella e havia

de dormir con ella uno dellos primero antes quel desposado, qual ella quisiere i si quedava preñada de este cavallero, el hijo que nacia era cavallero (Quesada) in Canaria. Y primera que se entregase la doncella à in esposo, la noche antes se le daba y entragaba al Guanateme para que le llevase la flor de su virginidad, y si le parecia bien llevarlo la flor y si no entregabala at Fuycasó al mas privado, como fuese noble (Galindo). Bei den Peulh hat jede Frau einen Geliebten (Kele) mit Wissen des Ehemannes und das Cicisbeo-Verhältniss ist nur eine Milderung communaler Ehen. Die Ainos leben untereinander (nach dem Wa-Kan-San-Sai-Dzou-Yé), die Brüder heirathen die Schwester, der Vater die Tochter und so andere Verwandte in nächsten Graden. In den ältesten Zeiten hatte in Preussen eine Frau nicht ihren besonderen Ehemann, sondern die Mannspersonen gebrauchten die Frauenspersonen ohne Unterschied, wie es ihnen beliebte (Lepner). Die Tapyren pflegten verheirathete Frauen (nachdem sie 2 — 3 Kinder von ihnen gehabt) anderen Männern zu überlassen, wie Cato die Marcia dem Hortensius abtrat (bei Strabo). The relationship of Pinalua (in Hawaii) arose from the fact, that two or more brothers with their wives, or two and more sisters with their husbands, were inclined to possess each other in common (Andrews), the several brothers, who thus cohabited with each other wives, living in polyandria and the several sisters, who thus cohabited with each other husbands living in polyandria. Wi-sten-ki-ya, to be bashful or reserved, to he ashamed of, as a Dakota man is of some of his wife's relations, especially the females and a woman of her husbands relations, especially the males (not being permitted to mention the names of there connexions, nor to look them in the face or to communicate directly with them), gleich dem Ukohlonipa-Brauch der Kaffir.

37) Les peuples de la Guinée (quoique de religions differentes) pratiquent la circoncision à la manière des mahométans. Les Bissagots seuls et les Floups du Fogni font seulement des incisions sur les corps. Les femmes mandingues, bagnouns, cassangues, balantes et biafades pratiquent l'excision (Bocandé).

38) Lavoisier considérait cette branche de la science (l'affinité) comme trop élevée pour être à la portée des chimistes de son temps, et il leur conseillait, avant de s'en occuper, d'asseoir sur une base solide les éléments de la chimie, de même, dit-il, qu'on fixe avec certitude les principes de la géométrie élémentaire avant d'aborder les difficultés de la géométrie supérieure (Dumas).

39) Lavoisier stellt sich im Gegensatz „des chimistes systematiques, toujours prêts à accompagner les faits d'un appareil de raisonnement, qui fait perdre de vue le fait en lui même, et entre les mains desquels la science devient un édifice élevé par leur imagination."

40) Les Mandingues mahométans sont venus demeurer à Mone (bei den Balantes Roukougne mit Goudas), ils vont jusque chez les Balantes bravos acheter des produits qu'ils portent dans les factoreries de la Casamanze, ils auront une grande influence sur les moeurs du pays, comme d'autres Mandingues à Jilacunda, chez les Floups du Fogni. Ils prennent des femmes du pays, les habillent à la manière des Mandingues, les autres femmes veulent imiter celles-ci, et bientôt des changements importants s'opèrent dans les moeurs générales (Bocandé) 1849.

41) On parle le Sungay dans la Guinée intérieure, dans Gualata, Tombut, Melli et Gago, une autre langue appelée Guber dans le royaume de même nom, dans Cano, Cassene, Zegzeg et Gangara (s. de la Croix) 1688. Les peuples du royaume de Gualata ou Benais (parlant la langue de Zungay et adorant le feu) ont accoutumé de se couvrir le visage (de la Croix) 1688. Der König von Guinée oder Gheneoa wurde von den Lumptuna unter Yzchia (Sohn des Soni-Heli) in Gaoga unterworfen. Le royaume Guangara est au Sud-Est de celuy de Zanfara (de la Croix). Le prince

du royaume de Gago (au couchant de celui de Guber) a été tributaire du roy de Maroc, depuis que Muley Hanef se saisit de la vile de Gago. Die Sprache der zwischen Timbuktu und Agades zerstreuten Songhai-Stämme hat (nach Barth) einige Verwandschaft mit dem Haussa, während das um Agades herum gesprochene Idiom (das Emgedesi) stark mit berberischen Worten versetzt ist, da Berber in jener Gegend vor dem Eindringen der Songhai ihre Stammsitze hatten. Nach Hanoteau wird in Haussa in Folge der Handelsverbindung der Tuareg das Temaschek neben der eigentlichen Landessprache geredet (s. Sierakowski). Le peuple (du royaume Gualata) s'entretient de je ne say quelle lignée, qu'on nomme Sungai, qui est de gens noirs et vils, mais fort plaisans, mémement à l'endroit des étrangers (Léon). Le royaume (Ghinée) fut jadis gouverné par une famille extraite de l'origine du peuple de Libye, toutefois le seigneur de ce pais devint tributaire de Soni Heli, lequel fut puis expulsé de son royaume par Izchia. Du Ponant le royaume Melli se termine avec aucuns boys sauvages, qui s'etendent jusques sur la mer Oceane. Das Königreich Gago liegt westlich von Tombut, das Königreich Gaoga zwischen Borno und Nubien. Guangara grenzt im Westen an Barno. Zegzeg und Cassena wurden von Cano unterworfen.

42) Die Sou bildeten einst die mächtigste Völkerschaft Bornu's, wo Kanuri (Leute des Lichts) den östlichen Ursprung der Herrscherfamilie (und des Volks aus Temissa) zeigt (s. Nachtigal). Auf die Wilderniss Seth lässt Dapper die Wilderniss Seu folgen (südlich von Bornu).

43) Le mot Manding est le nom d'un état, habité par les Malinké (hommes du pays de Mali ou Melle) entre le Bambouk et le Ouassoulou (Faidherbe). Les Malinko ou Socé parlent des dialectes de la langue des Bambara, mit der die Sprache der Soninké (homme du pays de Soni) oder Serrakholet verwandt ist. Delanoise identificirt die Foul mit den Phout, die (bei Nahum) als Landesgenossen der Aegypter auftreten. Nach Herodot waren die östlichen Aethiopier schlichthaarig (ἰθύτριχες). Ausser den Poul, die mit den Malinke (Mandingo) die Delianke, mit den Joloff die Torodo (sowie die verachtete Fischerkaste der Tiouballo) gebildet haben, finden sich (in Fouta) noch die wandernden Hirtenstämme der Poul als Odabé (Disnar), Diaobe (bei Boumba), Dialloube in Damga u. s. w. (s. Faidherbe). Mandara und das südwestliche Karowa wurde früher durch einen Sultan beherrscht, bis Mandara von den Felatahs erobert wurde, aber der Sohn des Sultans von Karowa eroberte Mandara zurück und ging (unter den Kerdys) zum Islam über (Denham). Die Ssissilbe oder Soyllebaua (vom Stamm der Wakore oder Wangaraua, zu dem auch die Ssussu und die Mandingo oder Mellinke gehören), haben, mit den Fulbe gemischt, die Sprache dieser in Haussa, sowie die einheimische Haussa-Sprache angenommen (Barth). Der Marktplatz Ssudo-melle (in Gurma) ist eine Niederlassung der Wangara oder Wangara-Melle (Barth). Der Mandingo- oder Wangara-Häuptling Yergaua residirte in Yirnaba (zwischen Belussa und Kulfela). Der Tukse (Fürst) von Chachundala (Chach-Wandala) ist Bornu tributpflichtig. Die Gam-erghu (in Bornu) sind den unabhängigen Mandaraua der Ur-Wandala (mit der Haupstadt Mora) verwandt. Die (den Logonesern verwandten) Mussgu oder Musseku sind eine Abtheilung des Volksstammes der Ma-ssa, der den Kotoko (mit Ngala), die Bewohner von Logon oder Logone, die Mandara oder Ar-Wadala (mit den Gam-erghu), sowie der Stamm der Battas und auch der der Mbana. Von dem durch Soliman-Solönj (Solönj oder Beduine) zum Islam bekehrten Dar-fur durch eine Sandwüste getrennt, wurde Dar-Ssulai von dem die Tundjur besiegendem Abd-el-Keraim nach seinem Grossvater Woda Wadai genannt. Les peuplades madjous (idolâtres ou non-musulmanes), qui habitent les espaces situés au delà du Kordofal, au sud, sont designées par le nom général de Terjâouy ou Terdjâouy, c'est-à dire Tourôudjien ou individu du Dar-

Tourôudj (Perron). Les idolâtres répandus ou delà des confins meridionaux du Baguirmeh et du Bornou, à la suite du Mandarah, ont reçu les nom de Kirdâouy ou habitants du Dar-Kirdy (neben den des Dardzenakherah und Dar-Fertit). Au de-là du Sennaar, au sud, sont les Noubah (El-Tounsy). Die Fertyt decken sich nur mit Blattern. Kadama war Hauptstadt der aus Dongola gekommenen Tündjur, die (die Dadjo in Darfur besiegend) bis Baghirmi vordrangen (in der Stadt Mando in Yagore wohnend), bis in Darfur durch Kuso, in Mobba oder Wadai durch Abd-el-kerim besiegt (unter Einführung des Islam). Der Billama des von Fulbe bewohnten Dorfes Wangara (in der Niederung des Tsad) war ein (von Mondo ausgewanderter) Tundjurani (zu Barths Zeit). Der heidnische Häupttling Ssugur wohnte in den südlich von Chachundala (Mandara oder Wandala) gelegenen Bergen. Fast alle einheimischen (nicht arabischen) Kaufleute in Katsena sind Wangarana oder östliche Mandingo (Barth). Nach Sultan Bello war das Wakoro oder Wakore die ursprüngliche Sprache der (mit den Sissilbe oder Wangarana verwandten) Torode, die (aus Djolof-Mischung) den Fulbe assimilirt, in den von diesen eroberten Staaten den edelsten Theil der Bevölkerung bilden (s. Barth). Die Wangarana besuchen den Markt von Dore. Le royaume de Tecort (Tycarte) ou Tecurt (près de Tegorarin) est conté par les Turcs entre les provinces intérieures du royaume d'Alger (de la Croix). Man versteht unter Takruri jeden schwarzen Pilger aus dem tiefsten Innern Afrika's, z. B. aus den Ländern Tombuktu, Dahr-Fuhr, Bornuh, Barkranni, u. s. w. (Brehm). Mansa-Mouza, König von Tekrur (bei Makrizi) ist (bei Ibe-Chaldun) Kunkar-Musa, König von Melli (s. Ralfs). Da die Handelstadt Takrur (im Westen des nördlichen Sudan) zuerst den mahomedanischen Kaufleuten bekannt wurde, erhielt der ganze Sudan den Namen Takrur. Den (im XVI. Jahrhundert an der Grenze Massina's wohnenden) Djauambe (Soghoran) oder Soromaua, die von den Fellani (in Haussa und Kebbi) zu der Beschäftigung von Mäklern herabgedrückt sind, entspricht (im Senegal) der Stamm der Laube, die nebst anderen herabgedrückten Stämmen (wie die Mabube oder Weber, Gergassabe oder Schuster, Wailube oder Schneider, Wambaibe oder Sänger, Waulube oder Bettler) den Fulbe den Character einer Kasten-Eintheilung gaben (mit gemeinsamer Zurückführung auf den Stammvater Sso), wie sich auch bei den Djolof diese erniedrigten Familien finden (s. Barth). Ahmed-Baba rechnet die Djolof zu den Fullan (als schwarze und weisse unterschieden). The Vey language is used for general communication (among Vey, Golah, Mambomah, Mandingo, Pessy, Boozie, Boondee, Hurrah) in Boporu. The mosque is attended solely by the Mandingoes, selling amulets to the Kaffris (of the other tribes). The slaves are purchased chiefly from the Pessy, Boozie etc. Matthews erklärt die mit den Dialecten der Timmaneh und umwohnender Völker gleiche Sprache. der Susu von der der Mandingo verschieden. The four Farim or rulers of the Mandingo (the Farim Cabo on the Gambia, Farim-braço at Bafeta, Farim-Coculim near the Nallus and Farim Landima on the Rio Grande) pay homage to the emperor Mandimansa (s. Valdez).

44) Inta stösst nach Mittag zum Akani (südlich an Dahoe Atti und Abramboe grenzend), gegen Abend und Mitternacht an ein unbekanntes Land, gegen Morgen an Ahim und Akam (Dapper). Das von Braffo (Häuptlingen) beherrschte Dorf Meine gehörte früher zur Hälfte dem König von Guaffo, zur anderen dem König von Fetu. An das Königreich Sabu grenzte Fantin im Osten, Fetu im Westen. Kormantin ist Hauptort von Fantin. Der König von Akara lässt nicht zu, dass andere Völker, die landeinwärts liegen, aus Ackwenboe und Akimmera durch sein Land ziehen mögen, mit den Holländern am Strande zu handeln (Dapper).

45) Faidherbe rechnet die Sprache der Serracolet oder Serrawulli zur Mandenga. In Solima (mit der Hauptstadt Fulaba) wird Susu gesprochen

(nach Koelle). Die Sempreh oder Bakiri (unter den Soninkie) vertrieben (vom Niger kommend) die Mandingoe aus Galam (nach Mage) XV. Jahrhundert (als nach Todtung der Schlange die Durre Auswanderung erzwang). Der Untergang des machtigen Reiches ward dem Luxus der Soni oder Soninkie zugeschrieben (beim Fall der Sonihay). Die Dhelianke unter Kalli, Sohn des (von Mohamed Askia besiegten) Allain, fliehen nach Fouta und regen die Empörung des Damil unter den Joloff an (1512). In den Republicken zu Manding wurde jede Stadt von einem Mansa oder Hauptling regiert (nach Park) Die vier Farim der Mandingo (s. Valdez) stehen unter dem unsichtbaren Kaiser Mandimansa. Koelle rechnet zur Sprachfamilie des Mande: die Bambara, die Mandenga (mit Djallon), die Vei, die Susu, die Kono, Tene, Gbandi, Landoro, Mende, Gbese, Toma, Mano

46) La capitale du royaume de Zenega, où le grand Jalof tient sa cour, s'appelle Tubacatum (de la Croix) 1688. Dem Konigreich Zenega oder des grossen Jalof sind die Konigreiche Baool, Kajor, Juala und Ale unterworfen (Dapper) Marmol rechnet unter die Gelofer die am Flusse Zenega wohnenden Volker der Barbaziner oder (nach Jarrick) Berbeziner, Tukuroner, Karagoler, Baganoser, Mani-jager, Mosser u. s w. Sous le règne de Zuchali, roy de Zenega, (1455), un certain Budomel ou Burdomel était gouverneur des côtes du Cap-verd, après sa mort les rois de Cayor ou du Cap-verd prirent son nom, l'ajoutant à leur nom propre comme un titre d'honneur, comme les Empereurs Romains (de la Croix). Après les états du Brac, on trouve ceux de Cheyratick (des Foules) en montant sont les pais de Fargots et d'Enguelland (Le Maire) 1682. Jain est le nom de dignité du roi des Serreres (à Portugady), près des Geloffes (et des Barbecins ou Joualle). Die Azoaghen oder Araber unterwarfen unter einem Marabu die Staaten des Amel und des Cheyratick (1677). Les habitants du royaume de Barra s'appellent Mandingues (Le Maire).

47) Die Gebbe-morou (Volk von Gebbe) wohnten am Vorgebirge Mesurado (Dapper). Das Land am Kornstrand (Krau, Gruwai, Gross-Setter u. s. w.) wird von dem Tabo Seile geheissenen Konig beherrscht. Die Susos bewohnen Bena (bei Sierra Leone). Die Bewohner von Gualata heissen Benais (Dapper).

48) De aqui solian traer los mercaderes de Berberia, antes que los Portugueses descubriessen esta navegacion, la Malaguetta (granos de Parayso), los quales atravesando por tierra la gran region de Mani-Inga y todo lo que llaman Guinea, y los desiertos de Libia, le llevaban al puerto Mundibarca (Marmol).

49) Kia Famba and Fabula (coming with an army from the Mandingoe country) took in succession Kroo, Basa, Maba, Durukoro (Liberia), Moro (little Cape Mount), Wakoro, and settled round the latter place, in what was called the Vey country (Koelle). Anderson erwahnt (neben Berkoma) ein half-town, als abhangig, und so wird Vey (halb) von Dapper erklart (in Galli-Vey u. s. w.)

50) Die Länder an der Nordseite des Sierra-Leone-Flusses heissen Bolm oder Bolan (niedriges Land oder Bolmberre), die Südländer Timna (Dapper). Die Kapes bei Sierra Leone wurden (1515 p. d.) durch den Einfall der Kumbasser oder Manes unterworfen (s. Dapper). Der König belehnt die (maskirten) Troen oder Rathsleute (Solatekis) durch einen Stuhl Die durch Ochlokratie und dann Chirokratie verthierte Demokratie verfällt wieder auf den Naturzustand, um sich einen neuen Kreislauf aus der Basileia durch Aristokratie mit Oligarchie zur Democratie zu erheben (bei Polybius).

51) Wie die Quojer unter den Folgiern, stehen diese unter den Manuern, die Mendu-Manu oder Herrenvolk genannt werden (s. Dapper). Unter der Namen Folgier scheinen die Fulah bis zur Zahnküste vorgedrungen zu sein (s. C. Ritter). Die Galas an den Grenzen von Hondo und Manoe waren dem Könige der Mano-vey unterworfen (nach Dapper). Der König der

Mandinga oder Mandimença (am Gambia) residirt in Sango. Die aus Massina kommenden Eroberer gründeten nach Unterwerfung der Djallonke (Bewohner von Djallon) den Staat Fouta-Djallon. Fouladou (Dou oder Land im Mandingo) liegt östlich von Fouta-Bondou. Die Sprache der Fouraoui (in Darfur) ähnelt dem Foulah (s. Eichthal). Nach Bello stammten die Fellatah aus einer Mischung der Araber unter Omar ben El Kattab mit den Towroud (Toro's) in Mali. Nahum nennt Phout und Loubim (die Libyer) Hülfsvölker Thebens (No-Amons) mit Koush und Mizraim.

52) Los pueblos principales que caen a la parte del rio Gambea son los de Ful y de Mani-Inga (cuya ciudad principal es Songo). Los Mosses son muy celebrados entre las naciones de negros y tan poderosos, que jamas pudo el rey de Tumbuto averiguarse con ellos ni con su rey (Marmol). Toda la tierra que entre estos rios (Zenega y Gambea) se estiende hazia Oriente llaman Gelofe. Der Gelofen-König Borbiram (Vater Bemoys) war Mahomedaner, aviendo sido instruydo por unos alfaquis Zenegas. Die Portugiesen schickten Gesandte (1487) an die (in Mani-Inga mit Songo als Hauptstadt) mit Temala, König der Fulos (in Futa) kämpfenden Könige Mani-Manse und Uli-Manse) sowie an die Mossos. Nachdem sie das Fort San Jorge de la Mina im Gebiet des Königs Casa-Manse gegründet, hatten die Portugiesen mit den Negros de Benii (die von König Ogane im Innern erzählten) zu kämpfen (Marmol). Nach der Erzählung eines guaraguischen Priesters soll es in Sendschero Sitte sein, dass nach dem Tode des Königs die Grossen des Reichs sich ausserhalb der Stadt im freien Felde versammeln und warten, bis sich ein Geier oder ein Insect auf einen der Anwesenden setzt (s. Krapf) [Hottentotten].

53) Benomotaxa é la citta e luogo principal, non sol di questo paese di Butua (Toroa, regione di Cefala), ma di tutta l'imperio di Benomotapa é molto fra terra, presso al edificio di Simbace (Liv. Sanuto). Butuapa lag an der Küste Zanzebar (bei Mombas) 1588. In der Landschaft Toroka (Butua oder Buttua) oder Torea (in Monomotapa), bis an den Heiligen Geistfluss erstreckt (am Cabo das Correntas mit Sofala grenzend) liegt das Gebäude Simbaoe (mit Buchstaben) 1688. Sofala grenzt im Süden an Butua. Zimbo (auf der Ilha de Marne) liegt oberhalb Tete (nach Botelho). Abutua ist Hauptstadt von Xinganıira (mit reichen Goldminen, deren Ertrag nach Zumbo ausgeführt wird). Das Gold aus dem Gebiete des Monomotapa wird nach Manica gebracht. O Reino de Quiteve (que pega com Sofala) se estende até Xingamira (Botelho). As terras que ficão ao norte dellas (as aguas do Zambeze), pertenecem aos Regulos Maraues. Die portugiesische Besitzung Sena ist dem Reich des Monomotapa benachbart. Die Portugallier handeln nicht nur mit den Einwohnern des Königreichs Fungeno, sondern auch mit denen aus dem Königreich Nimeamaje, südlich vom Königreich Makoko (s. Dapper). Der König der Metiker (in Makoko) residirt in Monsal (mit den nördlichen Mujako kämpfend). Oestlich von Makoko (und etwas südlich) liegt das Königreich Monemugo (oder Nimeamaje) bis zu den Grenzen von Mombas und Sofala. To the southward of Mapoota there exists a tribe of warlike Kaffers, called Zoolos, but by the Portuguese Vatwas, being the same as the ancient term Batwa or Butwah [Wak-Wak], the people of Delagoa call them Ilollontontes, a corruption from Hottots (Owen). O, Cafres senhores do terreno aonde se establecen os bares, não tocão oiro por haverem que he morte certa se o tocarem Mantem os Régulos esta supersticaõ (Botelho). Die Bontangas bearbeiteten die Goldminen von Manica in Matuca. Bei den Minen von Tarao oder Butua fand sich die Festung Symbaoe (nach de Barros). Von den wilden Mongas angegriffen, schenkte der Kaiser von Monomotapa die Goldminen den Portugiesen, die ihm Hülfe leisteten (1607). Die Mombas erobernden Wasimba, die Andre de Sanjago (Commandant von Sena) besiegte (1592), kamen vom Kuama oder Zambesi (nach Norden ziehend) [Landeens].

54) Zayla heisst eine Niederlassung der Berber (ein Volk des Sudan) der Shafia-Secte (bei Ibe Batuta) als Berberah (Hafen im Somali-Lande).

55) Als die Tataren die Abbassiden in Bagdad entthronten, flüchtete das Khalifat nach Aegypten und dann vor den Turken und ihren Mamluken (zur Zeit der Fateniiden) nach dem Hedjaz, von wo Saleh (Stammvater des Sultan von Waday) Kaufleute aus Sennaar nach ihrem Lande begleitete, und sich von dort nach dem Gebirge Ab-Senoun (in Waday) begab, die Götzendiener zum Islam bekehrend (El-Tounsy). Seit dem alten Vertrage zwischen Darfur und Waday ist die Grenze durch Eisenstangen bezeichnet. A Ouarah il y a la division de tonrtalou (côté gauche) et celle de tourlatou (côté droit). Les Maçâlît du Dârfour sont dans une espèce de fratern té et de similitude de moeurs avec les Maçâlît de l'est du Ouaday, et dans les deux états les uns et les autres s'unissent entre eux par alliances conjugales (El-Tounsy). Die Massalit wurden gewaltsam aus For eingeführt und in Wadai (von den Sultanen Charut, Arus und Dzoda) colonisirt (Nachtigal), ebenso Gimir und Tama.

56) Unter den (den Wanyamezi verwandten) Wazinza gründeten Häuptlinge der Wahuma Fürstenthumer. Die von einem höheren Grade der Kultur herabgesunkenen Wanyika wurden in die Wuste (Nyika) von Mombas gedrängt. Die Wakuafi (dem Kenia opfernd) streifen nördlich vom Kilimandscharo und die ihnen feindlichen Masai im Suden und Sudwesten von Dschaga. In dem von den Macarongo oder Mucaranga am Nyassa-See (zu dem die ihre Sklavenzüge über Tanganyika und Nyanza ausdehnenden Wanyamwezi in Kazeh gehoren), bildete sich beim Zerfall der als (Nyetewe oder) Oberhaupt verehrten Quiteve in Sofala (von denen sich die Königsfamilie in Milinda herleitete), der des Chicunga bei Manica (wo die Batonga oder Batoka die Goldminen bearbeiteten), der des Sedanda am Sabia (von dem die Ova-Herero nach Westen zogen) und des (zu Barro's Zeit) mächtigsten und (in Folge siegreicher Kriege mit den Mucaranga) die Souveranetat behauptenden Monomotapa, aus dem Stamme der zu den Banyai (zwischen Zambesi und Limpopo, in Zimboe residirend) gehörigen Bambiri (wie in Usambara die Provinz Bumburri von dem Kronprinz oder Sebuke beherrscht wird). Das Reich des Monomotapa wurde als ostliches (1560 p d) unterschieden von dem gleichfalls im Westen beherrschten der Mocaranga (mit Muyanomoezi). Bei Masudi führt der Konig der Zendj in Sofala den Titel Oukliman, als Sohn des Höchsten (Tamkalandjalou) und führt ein Heer von Ochsenreitern (mit dem Beni oder Sohn als Erbprinz oder Benomotapa des Mani-Muata). Die Beziehung des Quiteve zu Melinda deutet auf indischen Einfluss in vor-arabischer Zeit. Zu den Mucaranga am Nyassa-See gehören die Moviza, die durch die Moluanes aus dem Kazembe-Reich (an dessen Südgrenze sie wohnten) in das Land der Chevas (westlich von den Maravi) getrieben. Die (mit den Monomoezi) zu den Mucamango (von Dos Santos) gehörigen Muiza oder Moviza waren mit den Balonda oder Messira (sowie entfernter mit den Muembas oder Moluas) gleichsprachig. Bei den Maravi (am linken Ufer des Zambesi) werden alle Unternehmungen von den Gagas oder Gangas geleitet, wie bei den Jagas (in Angola). Die Maravi erscheinen im Westen (unter den Moluas) als Muropue (wie im Titel des Monomotapa, als Muene-Muota-pa). Verschieden von Cabinde bezeichnet (an der Grenze Congo's unter dem Muani Congo) Cannecattim das Königreich Cacongo, als das Reich der Munhagas, verbunden mit den Miluas, die dem Muana Macacu (Gallo dos Reis oder Senhor Eterno) oder dem (in Monsol residirenden) König der Ansico (mit der Bomba-Sprache) Tribut zahlten.

57) Die Fullan in Haoussa zerfallen (nach de Polignac) in die Taurenkawa (Herren in der Hauptstadt), Souloubawa (schwarze Soldaten) und Sourowamah (schwarze Bürger).

58) L'union des filles de la race africaine avec les individus de la race

blanche en a produit une troisième qui tient tout à la fois de celle-ci et de celle-là. Ce mélange continuant jusqu'á la septiéme génération, la couleur noire disparait, et la blanche revient ce qu'elle était originairement (dans l'ile de Bourbon). Les unions mélangées des blancs avec les négresses produisent une caste de métis diversement colorés (Azéma). Der Einfluss, den die Umgebung auf die Veränderlichkeit des Organismus hat, ist durch Darwin in Zuziehung der Erblichkeit über die bestehende Generation hinausgeführt und so erweitert worden, ohne dass sie aber desshalb die Grenzen der Gesetzlichkeit, innerhalb welcher sich die Schwankungen abzugleichen haben, überschreiten darf. Ebenso wenig kann paläontologische Vermehrung der Formen, wenn sich z. B. zwischen den Palaeotherium und den jetzigen Equiden neue Mittelstufen auffinden lassen, dazu berechtigen, diese theoretisch bis zu der unendlichen Mannigfaltigkeit zu vermehren, wie sie Uebergänge in einander erfordern würden, so lange diese nicht in jedem einzelnen Falle innerhalb erlaubter Grenzen zulässig sind. Die Monogenisten werden durch die Oligonisten zu den Polygonisten zurückgeführt.

59) Le Gentil sah (1717) auf Bourbon eine Familie, wovon die Urahnin (108 Jahr alt) eine Schwarze den Negern von Madagascar gleich, ihre Tochter eine Mulattin, Enkelin eine Mestize, Grossenkelin eine Quarteron und Urgrossenkelin eine Engländerin an Weisse. Les mélanges les plus beaux, au point de vue de la beauté, sont ceux qui sont formés par l'hymen des blancs et des noirs (Gobineau). Oyibo or Oibo (people beyond the waters) are white men (Oyibo funfun) and natives (in Yoruba), who have adopted their customs (Oyibo-dudu) von dudu, schwarz und funfun, weiss (s. Crowther). The descendants of the Portuguese in Guinea can seldom be distinguished from the negroes (Reade). One of the daughters of Raimundo Pareira de Barros (as Matire of the king of Quiteve) was married to a white man of Sofala, but owing to the promiscuous intercourse of their descendants, they have so degenerated as to be known only by the name of Muzembo (white man) being negroes in colour, hair, religion and habits (Ferão). Das erste Zeichen der Mischung des ligurischen mit germanischem Blute (in Würtemberg) ist ein mehr oder weniger ausgesprochenes, oft absatzförmiges Hervortreten des Hinterhauptes, Höherwerden der Stirn, Abflachung der hinteren Randes des Hochbeines und Zurücktretten seiner Wangenplatte (s. Hölder). Among the Felupes, Banhuns and Cassangas, (being in general symmetrical, robust and agile) the parents destroy all children, who are born deformed under the impression, that if permitted to live, they would necessarily become sorcerers (Valdez).

60) Nothing can present a more striking picture of the pervading sloth and misery, than the hardly credible fact, that, on this extensive line of coast (of Karamania or the southern shore of Asia Minor), which stretches along a sea abounding with fish, the inhabitants do not posses a single boat (Beaufort).

61) Der polynesische Hund (der auf Hawaii für einheimisch gilt) spielt schon in alten Sagen, und der durch einen Sturm von Manaya getrennte Häuptling Turi (auf der Fahrt nach Neuseeland) opferte als Kostbarstes den Hund, Tonga-Kakarriki genannt (nach S. Grey).

62) Blefkenius traf in Island (1563) einen blinden Mönch, „war bürtig aus Grönland, ein schwartzlichter Mensch mit breitem Gesicht" (s. Megiserus), der 1546 dort durch den Bischof von Grönland hingeschickt war (aus dem Kloster St. Thomas, das durch Erdbrunnen erwärmt wurde). Shell trumpets (if such they be) made from shells of the Gulf of Mexico, have been found in ancient graves in Canada (Chester). Nicolaus Zeno aus Venedig wurde (1380) nach der Insel Frissland (unter dem König Zichmni, der sich von Norwegen unabhängig gemacht, und die isländischen Inseln, sowie Schottland angriff) verschlagen. Das durch heisses Wasser erwärmte Kloster St. Thomas in Grönland wurde (zu Zeno's Zeit) durch viele Schiffe (be-

sonders aus Drontheim) besucht. Nach Besetzung der Shetland-Inseln (Jetland oder Hialtland), vertrieben die Normannen die Peti oder Papa aus den Orkney, die mit dem normannischen Fürstenthum in Cathness verbunden wurden. Als Long-Island werden (auf den Hebriden) Lewis, Harris, beide Uists, Barray und andere kleinere Inseln begriffen Die (893 p. d.) eroberten Hebuden (Hebriden) der Suder-Eyar (mit dem Konigreich Man verbunden) blieben norwegisch bis 1266 p. d. Nachdem die Scandinavier nach den Faröer verschlagen worden (861 p. d.) wurde Island entdeckt (Grönland 986 bevolkert). Kaiser Claudian fuhrte den orcadischen Konig Ganus nach Rom. Nach Antonius Zeno, (Bruder des zum Fürsten Zichmni von Frissland verschlagenen Nicolaus Zeno aus Venedig) waren Fischer nach den volkreichen Inseln Estotiland (im Westen) verschlagen, wo sie durch einen fruher dahin verschlagenen Auslander von dem Konig (der ihnen unverständliche Bucher lateinischer Sprache in seiner Bibliothek hatte) ausgefragt wurden. „Sie haben gar eine sondere Sprache, und sonderbare Buchstaben, haben allerlei Metall, furnemlich Gold, sie handeln in Gronland“ (s. Megiserus) mit grossen Stadten im Süden und dann den Menschenfressern (mit Bogen und Holzspiessen) in Drogio. In Folge dessen unternahm Zichmni (durch ruckkehrenden Fischer benachrichtigt) eine Fahrt nach Westen und kam nach den Icaria genannten Inseln, (unter den Icari [Cariben der Scyri] genannten Konigen, die vom Sohn des schottischen Königs Daedalus stammten), und baute (am Landen verhindert) beim Weiterfahren auf einer unbewohnten Insel eine Stadt (1380 p. d.) [Zamma]. Nach Petrus Bembus fand ein französisches Schiff auf dem Meere in der Nahe Britanniens ein aus Bast und Baumrinden mit Flechtbanden verfertigtes Schiffchen, worin sich sieben Menschen mit breitem Gesicht (durch Narben gezeichnet) und Kleidung von Fischhauten (im Halmenkranz die Haare eingeflochten) fanden. Die Schiffsleute Blefkenius' fanden in Grönland neben einem Schifflein (mit Fischblasen) ein bartiges Männlein (mit krummer Angel aus Fischbein) 1564. Aus Danemark und Norwegen wurde mit der Stadt Alba (in Grönland) gehandelt (Megiserus). Zwischen Island und Grönland liegt der Fels Huitsark (Megiserus). In Island darf keiner von wegen des Wasserabschlagens von Tisch aufstehen, sondern es ist hierzu die Haustochter oder sonst ein Mägdelein bestellt, die steht immerzu beim Tisch, und so ihr einer winkt, halt sie ihm die Kachel unter den Tisch (Megiserus). Bei der Nacht harnen sie alle in einen grossen Scherben, aus demselben waschen sie am Morgen das Gesicht, Mund, Zahne und Hände (nach Diethmar, Blefkenius) 1563. Mit denselben Einzelheiten werden von Ibn Fozlan die Russen an der Wolga geschildert. Die durch die Pest geschwächte Colonie Gronlands wurde (1418 p. d.) durch eine feindliche Flotte zerstört. Auf Carl Heinrich (der den schottischen König nach Frankreich begleiten sollte) folgte (in den Orkney) sein Sohn William (1420), unter dem die Orkney-Insel von Dänemark an Schottland verpfändet wurde (1468). Henry St. Clair built the castle of Kirkwall, where he ruled like a king, but his son Henry II., who succeeded him, excelled even his father in the brilliancy of his court, at which many of the best Scottish nobles attended. Duae tantum habitationes in extremis quasi septentrionis, in Groenlandia videlicet, notae sunt, Alba et S. Thomae coenobium (Mercator). According to the treaty of Perth (1335) the dominion of the Isles (under John, father of Donald and John) was not only enlarged and strenghtened, but its independence aknowledged (Macculloch). Die Inseln (Orkney, Shetland etc.) wurden (1408) an Schottland abgetreten.

63) Nach Usodimare (1455) kam eine der genuesischen Galeeren (1281) bis znr Stadt Mena bei Marma am Flusse Zion. Die letzte Nachricht kam von Gozora (bei Cafaro) oder (nach Pertz) Guzula. Et le jour venu que la foire se doit ouvrir, ils font trèves entre eux (in Guzzula), so dass die Kaufleute aus dem Negerlande dort für grosse Geschäfte sich versammeln

(J. Leon) 1556. Goree war holländisch als gute Rhede benannt. Méramer est une cité édifié par les Gots loing d'Azafi, prinse par les Portugalois (Leon) 1556. Die 1839 aufgekaufte Glocke, die die Neuseeländer unter einem vom Sturm umgeworfenen Baum gefunden und zum Kochen benutzt hatten, war mit Zeichen umschrieben, die Taylor fur chinesische oder japanesische hielt. Tous les Touaregs, dès que leur âge leur permet de prendre les armes, portent au bras droit, entre le ventre du biceps et l'attache inférieure du deltoıde, un anneau en pierre, qui une fois en place, n'est jamais enlevé (Duveyrier). In den Pelew-Inseln die Rupak, und (nach Lichtenstein) die Kaffern. Bien que les Portugais s'attribuent l'avantage d'être les premiers Européens, qui ont découvert la Guinée, environ l'an 1417, il est tiès-constant que cette gloire est due à des vaisseaux marchands de la ville de Diepe qui les reconnurent et y firent le trafic en 1364 sous le règne de Charles V. (de la Croix) 1688.

64) Castiglione identificirt die Amazig mit den Mazyes (bei Herodot) oder (nach Hecataios) *Μαζύες* (Mazices bei Amm.). Ptol. setzt die *Μάζικες* an den Fluss Zalacus in Mauretania Caesariensis und die *Μάσικες* in Mauretania Tingitana. Nach Polybius wurde in Mauretania und Numidia die punische Sprache geredet. Die Gaetulier (westlich von den Garamanten) wohnten zwischen Mauritanien und Libyen bis zum Niger (nach Plinius), die Melanogaetuloi (s. Agathem.) mit den Negern gemischt. Förster identificirt Zichmni, Fürst von Porlanda und dem Schottland gegenuber liegenden Sorano (der den norwegischen König von Frieslanda besiegt hatte), mit Henri Sinclair, Graf der Orcaden, von Zeno (1388 p. d.) bei der Eroberung Frieslandas begleitet. Nachdem sein Bruder Antonio sich mit ihm vereinigt (1391), eroberte Nicolo Zeno die Insel Estlanda, wurde aber von den Norwegern nach dem unbewohnten Grisland getrieben, und begab sich (da Zichmni das vertheidigte Island nicht angreifen konnte) nach Engraveland, wo er das durch heisse Quellen geheizte Kloster des St. Thomas fand. Nach Westen vertriebene Fischer (Frieslanda's) erzählten von der (mit Engraveland handelnden) Insel Estotiland, nördlich von Drogio und nach dem Tode Nicolo's (1395 p. d.) begleitete Antonio die Flotte Zichmni's nach Westen, von Icaria nach Trinn gelangend, und dann von Frislanda nach Venedig zurückkehrend († 1405 p. d.). Nach Sanuto wurde Nicolas Zeno (Bruder des Admirals Carl Zeno) vom Senat Venedigs nach Marseille gesandt, um den Papst mit seinem Hof nach Rom zurückzubegleiten. Forster erklärt Frisland von Fara (North Fara, South Fara), Porland als Far-ver oder Farland und Sorany als Soderoe (in den Hebriden). Columbus besuchte Island, als Friesland. Eggers identificirt Grolandia (auf der Karte der Zeni) mit Groenland und Engroneland mit Baffinsbay. Estotiland gilt (nach Zurla) fur Labrador oder (nach Maltebrun) fur Neufoundland. Sometimes about this country are seen these men they call Finn-men. In the year 1682 one was seen in his boat, at the South end of the Isle of Eda (of the Orkneys), the boats being made of fish skins and the shirt fastened to the boat (s. Wallace). One of their boats (catched in Orkney) was sent to Edinburgh and is to be seen (1700 p. d).

65) Social contact with whites, without any barrier between them, and the inferior races, is not, in a moral point of view, a very desirable thing in any part of the world (R. H. Elliot).

66) The despondency and discouragement produced in the minds of the Indians by the presence of a superior race beschleunigte das Untergehn der Aht.

67) For savages or for people in a low state of civilisation, it is of the greatest importance that they should have points of difference, which may not only keep them socially apart, but which may enable them to maintain some feeling of superiority when coming in contact with high-civilised races. Nor is it necessary that the feeling of superiority should be well founded.

An imaginary superiority (as in indian cast-distinctions) will answer the purpose equally well (Elliot).

68) It is absolutely a fact, if the provincial statisties are to be depended upon, that the Indians of the old Canadas have been increasing slightly in numbers during the past twenty five years (Marshall). In a report to the United States Congress for the year 1870 it is said: It is now an established fact that the Indians of Canada have passed through the most critical era of transition from barbarism to civilization, and the assimilation of their habits to those of the white race is so for from threatening their gradual exstinction that it is producing results dirctly opposite.

69) In Australien finden sich jetzt selten mehr wie zwei bis drei Kinder, wenn noch diese aufgezogen werden, wogegen die besondere Namen für jedes hinzugeborene Kind bis zum neunten bewahrende Sprache auf die früher vorkommende Zahl deutet.

70) Under such ungenial circumstances, the Hottentot has little inducement to engage in marriage, and the progeny of those, who do are seldom above two or three in number, and many of the women are barren. On the contrary when a Hottentot woman is connected with a white man, the result of such an alliance is not only in general numerous, but they are beings of very different nature, the children, if males, often become men of six feet high and stout in proportion, if females, they are generally well made, active and smart. The Bastaards generally marry with each other or with persons of colour, but very seldom with the native Hottentot, so that it is probable this mixed bree d in a short time will supplant the original stock in the female line (Barrington) 1801.

71) Schroff entgegenstehende Gegensätze vermengen sich schwer und das Product ist hinfallig, wie der Mulatte der nördlichen Staaten in der Union verglichen mit dem sudlichen. So bemerkt El-Tounsy: Lorsqu'un Forien prend une Arabe pour femme ou lorsqu'un Arabe se marie avec une Forienne, il arrive, que les enfants métis sont faibles et débiles. Durch Mittelstufen wird dagegen in den spateren Graden ein lebensfahiges Product hergestellt, und in der ganzen Ausdehnung des ostlichen Sudan, als so vielerlei fremdartigen Einwirkungen ausgesetzt, lassen sich nur wenige reine Typen auffinden, aber desto mehr Mischungen von Sennaar bis Bornou. La plupart des peuplades de l'intérieur sont mêlées de familles nées dans le Dârfour, de parents étrangers et intrus. Ces individus sont appelés par les Foriens les Dârâouyeh ou habitants nés au Dâr (El-Tounsy).

72) L'activité du prince George Dolgorouki russifia le vaste pays finnois ou tchoude, depuis les bords de l'Oka et du Volga, et au delà de ces fleuves, jusqu'à la mer blanche (André Bogolubski de Souzdal étant le second transformateur des Finnois en Slaves, après la ruine de Kiiov 1169 p. d.) Ivan I. Kalita établit (1328) la capitale de l'empire dans la ville de Moscou, fondée (1141 p. d.) par George Dolgorouki (sur le corps de Koutchko de Souzdal). Die treibende Kraft in allen Nationalitätsbestrebungen muss stets ein gemeinsames Culturbewustsein und Culturstreben sein (Ahrens).

73) The Bastaards (in the Cape Colony) or the Griquas (beyond the Gariep or Orange river) are sprung from on intercourse between Europaeans (Dutch) and Hottentots, (s. Appleyard). The dutch language is universally used by all classes of the people, though there are many to be found among them, who still retain the Hottentot in their ordinary conversation with each other (the physical appearance betraying a closer propinquity to the Hottentot, than to the Europaean). The language of the Hottentots proper (disappearing in the Cape Colony) is nearly extinct, being superseded, in the case of those, who have sprung from an intercourse between Europaeans and Hottentots (as Bastaard) by the Dutch, and in that of those, who have sprung from an intercourse between Kafirs and Hottentots (as Gonaquas) by the Kafir. Von der Nederduitsche Taal in Zuid-Afrika giebt Changuion Proben.

74) Die Abstammung der 400 Seelen zählenden Franzosen, die sich 1671 nach Kanada begaben, wird auf circa 700000 Seelen berechnet (1871). Takue zahlt seit 13 Generationen 4000 Nachkommen (nach Munzinger). Carteia (von Bastuli Poeni aus Mischung der Iberer und Phoenicier bewohnt) wurde (als Colonia libertorum Romanorum) Aufenthaltsort von 4000 Nachkommen römischer Soldaten mit spanischen Frauen, die bei ihrer Manumissio vom Praetor L. Canulejus nicht im connubium vereinigt waren (171 a. d.). Les membres de la famille formaient un tout, un être moral, ils jouissaient de tous les droits, et étaient soumis à toutes les obligations. Une pareille reúnion, basée sur cette double condition est appelée chez les Germains Frith, Frieden, paix, (et chez les Russes **Мсръ**), et selon q'uil se rapporte à la famille, au Mark ou au Gau, on l'appelle Haus, Mark ou Gaufrieden. On nommait freo, freho, fro, c'est-à-dire frei et chez les Russes **Мірянинъ**, l'individu libre, jouissant de tous les droits du Frieden, et freo-th ou freiheit, liberté, l'état d'un tel individu (s. Koutorga.) Les membres du Frieden s'appellent en anglo-saxon gegyldan, c'est-à-dire, professant le même culte (Cette expression répond à *'Οργεῶνες* des anciens Grees). Pendant les grands sacrifices solennisés par le peuple entier, les différents familles se rassemblaient autour de leurs autels et goutaient ensembles aux offrandes (Suthnautar ou Siedegenossen, prénant part à la coction. dans les sacrifices).

75) Der Schech Mussa en Hauathi stellte seine Sklavinnen zur Disposition, weil die Mauolet (Nachkommen von einer dunklen und einer weissen Haut) mehr Verstand besassen und daher höheren Werth hatten (Werne). Les nègres Créols heissen Bossal, als getauft, im Gegensatz zu den von Afrika gekommenen Negern (Cheveaux) in Domingo. In Darfur werden die Mougeddek oder acclimatisirten Sklaven (die sich an die Sitten gewöhnt haben) von den Foutyr oder Neukömmlingen unterschieden (El-Tounsy). Die Mowolled (im Lande geborenen Sklaven) werden (in Kordofan) selten verkauft. Bei den Beni Amer kann sich der im Lande geborene Sklave mit den Unterworfenen (Woreza) verschwägern. Versäumt der Tigré oder Hömeg (bei den Takue) seine Pflicht (der Abgabe), so wird er zum Dade gemacht (mit seiner Nachkommenschaft für immer an seinen Herren gekettet), unveräusserlich, und dann als Leibeigener (s. Munzinger).

76) Ein grosser Theil der Schukurie stammt von Sklavinnen ab, die frei werden, sobald sie einem freien Araber Kinder gebären, während diese dem Vater folgen (Werne). Sadderath wurde durch die Hallenga (in Fakenda) mit Sklavenkindern bevölkert. Les autres Bicharieh traitent les membres de la tribus des Aderba (à Sawakin) comme des citadins, des Gelabs, et non comme des Bedouins, des hommes indépendants. Cela tient aux occupations de commerce, auxquelles les Adareb ont été conduits à se livrer (Linant de Bellefonds). Ils ont un langage recherché qui est toujours le Bedjah, mais qui affecte des termes inusités par la masse, un langage qui dénote une ancienne aristocratie (1868). Seit Dokono's Macht gefallen und die Belou (die Soldaten des Naib) ihres Soldes verlustig gegangen sind, haben sie meist das Land verlassen und sich des Handels zwischen dem Meer und Nil bemächtigt; sie sind in allen Stämmen Nordabyssiniens zerstreut angesiedelt und treiben einen lebhaften Handel mit der Küste, man findet sie selbst in Südabyssinien unter den Galla, ja unter den Bazen (s. Munzinger), als Ashker (Soldaten) [Kshatrya]. Ist der Knecht (bei den Beni Amer) mit seinem bisherigen Herren unzufrieden, so kann er sich zum Knecht eines anderen Vornehmen (als Platzherrn oder Bal fera) erklären, indem er für jedes Glied seiner Familie ein Ohr von der Kuh des neuen Herrn mit der Lanze spaltet (Munzinger) [Senegambien].

77) The renown of the Coorgs lies certainly not in the purity and antiquity of their genealogy, but in the union and strenght of so many discordant elements into one compact body or clan, that bravely fought on every

occasion of danger for the honour and safety of their adopted country (Richter). Depuis l'invasion des armées de Trajan, vainqueurs et vaincus, conquérants et conquis, Daces, Romains, Goths, Vandales, Slaves, Huns et Coumans, toutes ces races d'hommes et tant d'autres encore, se fondèrent en une seule et constituèrent le peuple Moldo-Valaque. Die Kosaken vom Ural und Orenburg (ein Gemisch von Tataren, Turken, Baschkiren, Tungusen, Kirgisen, Turkomanen, Kalmucken und einigen Moskowitern) sprechen (seit der Taufe) russisch (s. Lapinski). Hesychius erklärt die Veneter als die Siegreichen. Die Bassianer (Tschegem und Balkar oder Malkar) waren ein Zusammenfluss von Bulgadaren und Griechen, zu denen sich später Kumyken, Nogaier und Kalmucken gesellten (Pallas). Il y a (à partir de Ouarab jusqu'aux limites méridionales des Dar-Seleih) plusieurs peuplades et des territoires ou subdivisions territoriales étendues, dont les habitants se mêlent par alliances, de sorte que dans une circonscription ou trouve deux, trois et quatre variétés d'individus et plus. Cela a lieu surtout chez les Birguid (El Tounsy). Noch sind keine 300 Jahre verflossen, und man findet schon einen auffallenden Unterschied zwischen den europäischen und paraguayischen Hauskatzen (Rengger) ausser in Asuncion, wo stete Vermischung mit frischen Ankömmlingen Statt fand. Aguilar, der nach einem Schiffbruch acht Jahre in Yucatan zurückgehalten war, konnte durch Cortez nicht von den Indianern unterschieden werden.

78) Nous laissons les Ak-Ulaques, aux chevaux blancs, à la blanch cuciula, et au blanc gaban de futaine, et nous prenons les Cara-Ulaques aux chevaux bais, à la cuciula noire et à la saie brune. Cette différence de couleur dans les habits des postillons et dans la robe de leurs chevaux est le seul signe, auquel on peut reconnaître que l'on passe d'une principauté à l'autre (Vaillant) beim Uebergang von der Walachei in die Moldau. Die Kara-Nogaier (der Wolga-Inseln) sind von schwarzlicher Farbe, was Arab heisst (s. Schlatter). Die Marea theilen sich in schwarze (tsellam) und rothe (qaih). Les Tuaregs à figure blanche (les nobles en particulier) ont adopté exclusivement le voile noir, au contraire les hommes de race inférieure, ceux chez lesquels le sang du nègre se manifeste, ont donné la préférence au voile blanc (Duveyrier). Les Arabes disent quelquefois Touâregs blancs pour Touâregs serfs et Touâregs noirs pour Touâregs nobles.

79) Die eingeborenen Mohamedaner nennen sich selbst pravi Turci (echte Türken), und heissen mit den Griechen vereint die Katholiken Latinci (Lateiner) oder Krisciani (weil Jesu Krist sagend), während die Anhänger der römischen Kirche mit den Mohamedanern die Griechen Vlachi (Walachen) oder Krisciani (weil Jesus Christus sagend) nennen (Roskiewicz). Caeterum intra urbem Toom et arcem Narmiscoy et Sibiriam, quam plurimae deteguntur gentes, quae se Ostacki nominant et cum Tartaris, Samojedis et Russis in unum jam corpus coaluere, amice inter se negotiantes, auro variisque mercium generibus (Isaac Massa Haerlem). Der Volksstamm (in Massaua) hat durch die vielfachen Rassenveranderungen an Schönheit gewonnen (Munzinger).

80) In Vorderasien heisst Alles Türke oder vielmehr Osmane, was sich zur sunnitischen Secte des Islam bekannt und feste Wohnsitze hat, Jürük dagegen die wandernden Stämme dieses Glaubens (Koch). Wer von Griechen, Armeniern, Grusiern zum Islam übertritt erhält (in der Türkei) die Namen Osmanli oder Tatar (in Russland). Bei den Völkern am Flussgebiet des Anseba reicht der Stammbaum selten über 15 Generationen hinaus, weil er, je weiter er zurückgeht, um so weniger politische Bedeutung hat, denn über sieben Grade hinaus reicht die eigentliche Blutsverwandtschaft nicht, die noch weiter liegende Verwandschaft begründet zwar ein Gefühl der Zusammenhörigkeit, entbehrt aber aller politischen oder rechtlichen Folgen (Munzinger). Die Kabylen unterscheiden sich von den Arabern, dass sie bei Hersagung des Glaubensbekenntnisses vor Mohamed

das „Herr" weglassen (Schumann). Au Nicaragua tout ce qui habite la partie sauvage et y vit en sauvage s'appelle caraibe (Lévy).

81) Den (wegen voracitas und superbia gehassten) Burgundern (sowie den Griechen) gegenuber, schliesst Liudprand seine longobardische Nationalität an die römische an. Obwohl sich ihres weissen Blutes rühmend, sind die Portugiesen Ceylons schwarz, wie die Eingeborenen (nach Tennent). Les Tangos-Maos (du royaume de Biguba) sont issus des Portugais qui s'allièrent avec les Nègres (de la Croix). Gleichwohl leben sie jetzt nicht weniger barbarisch als die Schwarzen selbst. Ja sie gehen an etlichen Orten ganz nackt und kerben ihre Haut nach des Landes Weise (Dapper). Auf Bourbon und Mauritius bildet sich (nach Froberville) eine kleine Rasse, in den (von den Sterling unterschiedenen) Currency Australiens eine lange (s. Cunningham). Feingebildete Hände und Füsse zeigen die Creolen der Antillen, wo das Gesicht des Negers (nach de Reiset) mit der zweiten Generation perd le caractère de museau. Blendender Teint zeichnet die Dänen Grönlands, gelber die Guineas (nach Monrad), grauer die canadischen Franzosen (nach Pavie); Reclus meint in den Yankee den Uebergang zum Indianer zu sehen, Livingstone in den Frauen der Boer am Cap die hottentottische Steatopygie. Wie sich die tatarische Physiognomie im Kaukasus, in Kasan, in Delhi verlor, so zeigen auch Ungarn und Osmanen veränderten Typus. The Indians paint their bodies with (red) pigment (seeds of the bixa) in Archidona (on the Napo). The people are child-like and docile, (but the bishop confessed there was no intellectual advance). The governor was the only portly person among these children of the forest (Orton). Nemterequetaba zeichnete den Webstuhl auf den Hügel von Cota. Fo (Fuchs) war Gott der Goldschmiede und Weber. Deabo lehrte Getreidepflanzung und Minenbau in Turdetania. Habis war von wilden Thieren auferzogen.

82) Les villages rappellent la simplicité des temps bibliques in Bosnien, wohin arabische Gebräuche durch die Türken gelangt sind, während die sprachlich und physisch gleichen Dalmaten Oestreichs in Folge der politischen Trennung sich scharf unterscheiden (s. Chopin). Es lässt sich bei den peruanischen Indianern viel weniger als bei anderen eine bestimmte Nationalphysiognomie aufstellen, da die Gesichtsbildung beinahe in jeder Provinz auffallende Abänderungen zeigt, und auch hier wieder sich nur sehr schwer auf typische Züge zurückführen lässt (s. Tschudi). Der Bruder des chinesischen Monarchen pflegt ein Fürst ersten Grades zu sein, sein Sohn wird bei Ererbung der väterlichen Würde um einen Grad herabgesetzt, sein Enkel wird Böila, sein Urenkel Böisa, sein Ur-Urenkel Hun. Die letzte Würde bleibt unverändert, d. h. ohne weitere Erniederung (s. Hyacinth). Ein solches (aristocratische Kastenabscheidung verhinderndes) Zurückfallen in das Volk findet sich noch consequenter in Siam.

83) Im Norden (Russland, Polen u. s. w.) zeigen die Juden aufgeworfene Stumpfnasen, kleine graue Augen, gedrungenen Körperbau, rundes Gesicht, breite Backenknochen (in Aehnlichkeit mit slavischer Bevölkerung), wogegen in Portugal, am Mittelmeer oder im Orient ein orientalischer Typus hervortritt. „Das heisse Tiefland macht (die Nubier) hell, die Bergluft dunkel" (Munzinger). Die Bewohner der Provinz Tigre sind schwärzer als die Habab und die Beduinen des Samhar, gleichmässiger Hitze und der Meerluft ausgesetzt. D'après Lefebvre les habitants du pays noircissent sur les plateaux élevés et blanchissent lorsqu'ils descendent dans les plaines plus chaudes (en Abbyssinie). „Dass das Klima nichts mit der Schwärze der Haut zu thun haben kann, beweist, dass die Yafi, die ein kühles Bergland bewohnen, ebenso schwarz sind, wie die Beduinen im heissen Tiefland, während die Scherife, Nachkommen des Propheten, obgleich ihre Familien schon seit Jahrhunderten dort wohnen, in Folge des centralarabischen Blutes in ihren Adern sich durch eine viel hellfarbigere Haut unterscheiden" (v. Maltzan).

84) In the Bulgarian language (a mixture of Turkish and Persian with Slavonic, containing many words of Italian and Greek origin and from other Europaean languages) not only Turkish adjectives and substantives are used, but also verbs, and the Turkish inflections of tense, mood etc. are used with verbs of purely slavonic origin (St. Croix). Der Bedui (besonders Habab) ist durch seine Farbe Afrikaner, durch seine Physiognomie Kaukasier, durch seine Sprache Semite (Munzinger). Trotz ihrer athiopischen Abstammung finden sich die Takue im Gebrauch des Belen, weil ihre Stammväter, als sie noch weniger waren, sich an ein Belen redendes Volk anlehnen mussten, und jetzt sind sie auf dem Punkte, diese Sprache gegen das Tigré zu vertauschen, weil sie von Tigré redenden Volkern umringt sind (Munzinger) 1861. Die Half-breeds, Kinder der englischen Angestellten bei Bellevue (am Missouri) und Indianerinnen, hatten dunkelbraunes Haar und angenehme Zuge von heller Farbe (Neuwied). Die Torodos sprechen Poul mit einigen Wolof-Worten gemischt, mais physiquement parlant ces tribus ont plus du ouolof que du poul (nach Faidherbe). Die Bastard-Hottentotten, die sich nordlich vom Olifant-Fluss (sowie in Onderbokkeveld und Roggeveld) unter den hollandischen Colonisten gebildet hatten, wurden allmahlig mit Besetzung des Landes nördlich getrieben bis zum Orangefluss, wo sich ihnen (neben entlaufenen Sklaven) Namaqua- und Grootriviershottentottem anschlossen (Lichtenstein). Die Bewohner des Thales von Simbura (in Ecuador) scheinen (nach Tschudi) Abkommlinge reiner Spanier (die sich wahrend der Burgerkriege dorthin zuruckgezogen) zu sein, aber fast vollig in Barbarei verwildert (und ohne eine Spur von Tradition). Seit dem Frieden verahnlichen sich die Konzas den Osagen (nach Long).

85) Die bootischen (oder euboischen) Kolonien, die (von Xerxes) nach Kelonae gefuhrt wurden, redeten (zu Alexanders M. Zeit) die Sprache der neuen Heimath neben einem griechischen Jargon. Die von Darius nach Susa gefuhrten Eretrier sprachen (zu Herodot's Zeit) noch ihre Muttersprache (von Apollonius im Kissischen Lande gefunden). Die Westgothen autorisirten die Heirathen der Herren mit Hispano-Romanen. Die Annahme, dass vor der Ausbreitung der Arier finnische Volker ganz Europa besessen, ist ein Ausspruch aufs Gerathewohl (s. Schott). Die finnischen Urbewohner Scandinaviens sind nicht unmittelbar Vorganger der heutigen Finnen (nach Koskiner).

86) Zaza (Koords of Diarbekr) means stuttering or speaking unintelligibily (Rich) von Lenz mit dem arabisch-persischen tâtâ, als haesitantia linguae, (Vullers) zusammengestellt, wie tateren oder stottern (Grimm) und Zazo oder schwatzhaft (Graff). Die Mischungen des Kurdischen mit Persischem, Turkischem, Arabischem etc. produce the most discordant jargons (Porter). Rich rechnet die Bakthiari, Luren, Leki u. s. w. zu den Kurden. Die Kishendoa (ein Sklavenstamm eingeborener Leibeigener) nehmen ein eigenes Zeltlager ein und können sich (unter eigenen Häuptlingen) mit den Woreza verheirathen (s. Munzinger). Bei den Beni Amer ist der Unterworfene ein Lehnsmann. Bei Verurtheilung des Tigré zum Dade (Leibeigenen) trifft die Strafe nicht nur den Schuldigen, sondern sein ganzes Fera oder seine Familie auf zwei Grade hinaus (Munzinger) unter den Marea (Phara). Eine Sklavin (Wasifit) heisst Ambaret in Harrar (s. Burton).

87) Das Auftauchen der Berggemeinden (der Sette Commune zwischen Brenta und Etsch) fallt in die Zeit, als die bedrängten Deutschen um Pergine (1166 p. d.) bei Vicenza Schutz suchten und fanden (gegen den Zwingvogt Gundebald in Bayern), als Hirten und Holzarbeiter siedelnd. Wie still und unbemerkt solche Einwanderungen geschehen, zeigen die Silvier am Monte Rosa, die Walser in Davos und Vorarlberg und die von Deutschen gegrundeten Sporaden in Ungarn (Bergmann). Aus den wenigen Hirten in Appenzell, das im Jahre 1061 p. d. vom Abt zu St. Gallen seine erste Kirche erhielt, und aus denen im Bregenzerwalde, den (im XIII.

Jahrhundert) die Mönche der Mehreran und ihre Gotteshausleute auszuroden begannen, erwuchs eine zahlreiche Bevölkerung. Marzagaglia (XIV. Jahrhundert p. d) erklärt die Sette-Communi für cimbrischer Herkunft. In der Volkszählung vom XIV. Jahrhundert waren nach den St. Gallischen Stiftsrödeln in Innerrhoden nur 414 Hausväter, bis 1532 stieg die Bevölkerung des ganzen Ländchens auf 6652 Menschen. Gegenwärtig zähl. der Kanton über 50000 Menschen (Bergmannn). Der Bregenzerwald zählt in seinem weiten Umfange an 18900 Einwohner (1848). Zur Zeit, als die Länder ihre Freiheit erstritten und ihre Bünde schlossen, bildeten sie bereits feste Genossenschaften (universitates) oder Landesgemeinden, die in Uri aus dem das ganze Thal (vallis Uraniae) umfassenden Vogtding, in Schwyz und Unterwalden durch freie Vereinigungen entstanden, deren Kern die Ortsgemeinden (communitates) Schwyz, Stans, Sarnen bildeten (Pfaff).

88) Der von den Warnern bewohnte Landstrich kam allmälig unter die Botmässigkeit der Wenden, die bei den Kämpfen der Sachsen mit den Franken als Verbündete dieser erscheinen (s. Fabricius). Ihre letzte Erwerbung machten die Obotriten (804 p. d.), als Karl M. einen Theil der transalbinischen Sachsengaue einräumte. Von den Döringen oder Sachsen (aus der Landgrafschaft Döringen) unterscheidet die Glosse (des Sachsenspiegels) die Nothdöringen oder Wenden, „welche die Sachsen Nothdöringen, das ist north Dörichte genannt haben, darumb das sie streittoll und thoricht waren.“ Tempore illo, quo Alboinus in Italiam ingressus est, Chlothacharius et Sigibertus Suavos (Slavos) et alias gentes in loco illo posuerunt (Greg. Tur.), als Nordschwaben (Suevi transbadani). Chlotarius et Sigisbertus reges Francorum Suavos aliasque gentes in locis, de quibus iidem Saxones exierant, posuerunt (Paul. Diac.) Im Land der Varini oder Warner (mit Angeln oder Thüringern) findet Lazius die Reste der Heruler oder Werculer (bei Werle). Les autres peuples italiens vivaient épars dans les bourgades (vicatim), les Etrusques eurent toujours des villes murées (Duruy), wie die Marabuten unter sporadischen Sporoi in Senegambien.

89) Graf Heinrich von Ratzeburg führt eine Menge Volk aus Westphalen herbei, damit sie das Land der Polaken anbauten und theilte ihnen das Land mit dem Messseile zu (nach Helmold). Von Colbu bei Stendal heisst es im Landbuch: ibi non sunt mansi, sed Slavi nutriuntur de piscatura. Deutsche Colonnen wurden (1210 p. d.) nach der Insel Poel verpflanzt, weil die wendische Bevölkerung zum Ackerbau nicht hinreichte (Balck). Fürst Heinrich von Mecklenburg schenkte dem Kloster Doberan die wendischen Dörfer Stulow und Hohenfelde (1315), jurisdictio debet fieri jure slavicali, prout antiquitus Slavi usi fuerunt. Beim Wiederaufbau von Ilow und Rostock wendete Pribislaw (nach Helmold) Slaven an. Die letzten Reste der Slaven (aus der deutschen Grafschaft Schwerin und dem deutschen Bisthum Ratzeburg) flüchteten (1163) zu Pommern und Dänen, von denen sie verkauft wurden (nach Helmold) Bei den Wenden (Mecklenburgs) herrschte Leibeigenschaft (servi, homines proprii juris). Durch die Reversalen von 1621 wurde den ritterschaftlichen Bauern (in Mecklenburg) die Rechtsbasis der unvordenklichen Verjährung zwecks Nachweises der Dinglichkeit und Erblichkeit des Rechts an ihrer Hufe entzogen (Wiggers). Nach der deutschen Einwanderung (1720 und 30) folgte die unter Friedrich dem Grossen (1778 und 80), der besonders Süddeutsche (Würtemberger, Badenser, Hessen) in den Kreis Inowraslaw berief (Wilamowitz-Möllendorff).

90) Als Graf Helmold von Schwerin das Dorf Lositz bei Melitz an das Kloster Rheinfelden verkaufte (1285 p. d.), machte er sich anheischig: „alle Wenden und Bauern, die jetzt das Dorf bewohnen, daraus zu vertreiben“ (s. Boll). Guncelin, Graf von Schwerin, befahl, alle auf Nebenwegen oder an einsamen Orten angetroffenen Slaven aufzuknüpfen, wegen ihrer Einfälle, und der mit Pribislav's Tode ausbrechende Aufstand der 1179 p. d. Doberan zerstörenden Slaven wurde unterdrückt. Die Wenden hiessen (bei

den Sachsen) Nortdoringe, dat is also vele gespraken alse nortdulinge (Joh. von Buch). Dat weren Wende, de het man de nort doringhe, yt weren auer neine rechte Doringhe (1516). Parte quoque agrorum cum amicis auxiliariis vel manumissis distributa, reliquiae pulsae gentis (Thuringorum) tributis condemnavere, unde usque hodie gens Saxonum triformi genere ac lege praeter conditionem servilem dividitur (s. Witechind). Do leten se de bure sitten ungeschlagen (daraf quemen de late) Die Sachsen (wie die Danen und Normannen) in Hadulaun landend (aus Alexanders Heer).

91) Noch in der 1463 p. d. errichteten Zunftrolle des Wollweberamts zu Robel wurde es als eine conditio sine qua non festgestellt, dass der in das Amt Aufzunehmende kein Wende sein durfe (Boll). In der Jabelheide zwischen der Sude und Rögnitz finden sich noch im XVI. Jahrhundert Spuren der Slaven (Boll) Schon im XIII und XIV. Jahrhundert gelang es Burgern slavischer Herkunft, sich in der Stadtgemeinde ein solches Ansehen zu erwerben, dass man sie selbst in den altesten Stadten der Markgrafschaft zu obrigkeitlichen Aemtern zuliess (Riedel). Die in Folge der englischen Kriege (1641 — 1689) in die Flews-Berge (aus der Grafschaft Armagh und Down), sowie nach Leitrim, Sligo und Mayo (in Connaugh) getriebenen Irlander zeigten (in Folge des Milieu) einen dauernden Unterschied von ihren Landsleuten in Meath und den ubrigen Grafschaften, durch den geöffneten und vorstehenden Mund, die herausdringenden Zahne, vorgedrangtes Zahnfleisch, vorspringende Kinnladen und eingedruckte Nase (s. Hall).

92) Der Bischof Isfried von Hagenow kam mit Graf Heinrich von Danneberg uberein, (1200 p. d.), dass, so lange Slaven das Land bauten, der ratzeburger Bischof unverkurzt uber alle Slaven seines slavischen Rechts geniesse (nach den Privilegien), dass aber, wenn deutsche Colonisten einzögen und den Zehnten gaben, der Graf seines Lehens geniessen und den Zehnten empfangen soll (Boll). Da die Insel Pule wegen Armuth und geringer Zahl der sie bewohnenden Slaven nicht bebaut werden konnte, berief Heinrich von Mecklenburg deutsche Colonisten (1210 p. d.). Die Abgabe der Slaven, die vor den die Aecker bebauenden Deutschen zurückgewichen sind, heisst Biskoponitza (1221 p. d.) im Lande Tribsees. Das fur Anbauer bestimmte Land, aus dem die Slaven vertrieben waren (beim Dorfe Bobelin) wurde dem Kloster Sonnenkamp verliehen (1236). Unter den 125 Ortschaften des Landes Ratzeburg werden nur vier als von Slaven bewohnte aufgeführt, in denen der Bischof kein Lehn zu vergeben habe (1230 p. d.). Slavi seu Solani ponendi sunt, ubi nunc positi sunt, et non tenentur agris uti, sed tantum lignis et pascuis, et plures Slavi seu Solani in eadem villa (Sarnkewitz) non sunt locandi, quam locati sunt (1256) unter Fürst Jaromar II. Dominus episcopus de collectura Slavorum, qui Biscopounitzha dicitur, illorum videlicet qui Theutonicis agros illos colentibus cesserunt ex alia parte castri Tribuzes, tertiam partem decime pheodali jure concessit. Illorum autem qui adhuc cum Theutonicis resident, tota decima in usus cedet domini episcopi memorati (1221) im Land Tribsees. Wenn Jemand sterben sollte, dessen Söhne bei Lebzeiten des Vaters ihre Guter nicht empfangen haben, so sollen ihnen die Güter gewährt werden, die ihre Väter von der Heidenzeit und dem Waldbau her besessen (heisst es in dem Stiftungsbrief der Stadt Parchim) 1218. Gens permixta Saxonica et Slavonica deserviens ritibus paganorum (s. Dobner) wohnte in Brandenhurg, als der letzte Slavenherrscher sich zum Christenthum bekehrte.

93) Die Bedrückungen der (nicht gesessenen) Sonderleute durch die Sonderherren fassten besonders Wurzel in den deutschen Provinzen, wo früher slavische Volksstämme gesessen (s. Gessner). Der Bauer diente seinem Herrn entweder mit seinem Geschirr oder nur mit Handarbeit, daher die erste und älteste Eintheilung der Frohnen in Spann- und Handdienste (Ebel). Sonderleute (homines singulares oder solwagi) bezeichnete ursprünglich nur die Ledigen, die ausserhalb dem väterlichen Hause lebten,

später diejenigen Leute, welche in keinem Hofverbande mehr standen (Kindlinger). Die am Kreuzzuge Theil nehmenden Bauern wurden vom Papste fur frei erklart. Mit der Periode des dreissigjahrigen Krieges verlor sich (in Deutschland) der alte Begriff des Eigenthums (nach Möser). In der Hohe des Lehnswesens duldeten die Ritter keinen ganz freien Mann (ausser den Stadten) und jeder musste (zu Schutz) seinen Herrn wahlen, dem er folgte Zur Schatzung eines Markgrafen ware er (nach Otto IV.) auf einen Streithengst zu setzen, mit aufgerichteter Lanze und mit Silber und Gold zu uberdecken (1278) [Westgothen].

94) The Scotchmen at Murray Bay (in Canada) have become so identified with the French, among whom they settled, as even to have forgotten their own language (Marshall).

95) In the third generation, the nut-brown skin the black eye and raven hair disappears (Thomson) bei der Mischung von Neuseelandern mit Europaern By mixture of blood and the agency of teachers and missionaries, the Indian tribes are slowly approximating to the condition of the white races (s. Marshall) in Kanada or Kanata (the place of huts).

96) The royal family (of the Funge) were originally Negroes, and remain so still, when their mothers have been black like themselves, but when the king has happened to marry an Arab woman, as he often does, the black colour of the father cedes to the white of the mother and the child is white. Such was the case of Baady, therefore named Achmer (Bruce). Bei den in Haoussa erobernden Fulah verschwindet bald die weisse Farbe der Herrscher in der schwarzen der Unterthanen. Im Gegensatz zu den heidnischen Sklaven haben die freien Schwarzen seit dem Islam ihren Negertypus, durch Mischung mit den Arabern verändert (nach Burckhardt) in den Landern des oberen Nil A glance suffices them (the half breeds of the Red-River-Country) to recognise all the horses of a large herd, which do not belong to them. Tout l'empire de Cyrus, de Darius et de Xerxes eut un sacerdoce organisé monarchiquement, il eut à sa tête un chef, et au dessous de ce chef, des prêtres de differents degrès, il eut une doctrine où le roi fut presenté comme une sorte d'incarnation ou de vicaire de dieu sur la terre (E Burnouf)

97) In colour and in type of feature the Hurons of La Jeune Lorrette (near Quebec) have become significantly like the whites, among whom they live. The Huron language has fallen into disuse, young and old alike speak French (Marshall) They will have to prove their Indian descent by the baptismal register or the genealogical record of the tribe (Wilson). Those who have a mixture of dutch blood in their veins are called Anak Compania (children of the Company) dans l'île de Moa (Kolff).

98) The Malay language is the Lingua franca of the entire Indian Archipelago, but it is only generally understood in those places, which enjoy some commerce. The natives, who reside in the mountains, and those who have no communication with strangers, speak only a dialect of their own (Earle) The Indians (in Canada) learn the English or French language and in many instances forget their own. The Indian blood becomes largely mixed with white (Marshall) 1870 Les Oulad-Ba-Hammou (Touaregel-biodh ou Touaregs blancs) sont d'origine arabe, ils parlent l'arabe et vivent de la vie des nomades, mais, depuis longtemps, ils ont adopté toutes les contumes des Touareg (s. Duveyrier) 1864.

99) Our knowledge does not urge us to search out the roots of it, we do not try to see them, if any one thinks ever so little, he soon gives it up, and passes on to what he sees with his eyes, and he does not understand the real state of even what he sees, hörte Callaway von den Zulus.

100) Like the half-crazy Fakihs of the Sahara in Northen Africa, the Widad or priest (of the Somali) is generally unfitted for the affairs of this world and the Hafiz or Koran-reciter is almost idiotic (Burton). Die

Peruaner verfertigten ihre Amuletbilder nach den als Orakel befragten Blödsinnigen oder Opas.

101) „No Arafura has ever returned to as after death, therefore are know nothing of a future state" (in the Arru-islands), Mati sudach (when you are dead there is an end of you). Neither have they any notion of the creation of the world. „None of us are aware of this, we have never heard any thing about it, and therefore do not know who has done it all." Als Bik (dessen Gott in seiner Arrakflasche vermuthet wurde) sie fragte, wen sie in Sturm und Seegefahr um Hulfe anriefen, erklarten sie nach Berathung, dies nicht zu wissen, und baten um den Namen eines solchen Helfers (1824). The Esquimaux cannot be said to have any religion worthy of the name, yet there is perhaps no more moral people on the face of the earth, none among whom there is less crime (Lubbock). So in den Aleuten, die, wie russische Missionare meinten, durch Bekehrung nur verdorben werden könnten. Da man über religiose Dinge doch nicht zu Uebereinstimmung kommen kann, würde es (nach den Creek) am Besten sei, „Jeden seinen Kahn auf seine eigene Weise rudern zu lassen."

102) The Arafuras (on the Arru-islands) without hope of reward or fear of punishment after death live in peace and brotherly love with one another, and they recognize the right of property in the fullest sense of the word, without there being any authority among them than the decisions of their elders, according to the customs of their forefathers (Kolff). They have a very excusable ambition to gain the name of rich men, by paying the debts of their poorer fellow villagers (1826).

103) In places where schools have most abounded and for the longest time, a considerable number of pupils have rejected heathenism without embracing christianity, and are now conceited infidels, worse to deal with than the natives (Tennent) in Ceylon, und ahnliche Klagen hörte man von den Sandwich-Inseln. Am Abend eines in Indien den Missionsarbeiten gewidmeten Lebens legte der beste Kenner dieses Landes, Abbé Dubois, das Geständniss ab, dass Keiner der Bekehrten von selbstsuchtigen Motiven unbeeinflusst gewesen sei, dass die meisten wieder abgefallen waren, und dass die im Christenthum Gebliebenen den verdorbensten Theil seiner Gemeinde bildeten. Morality and religion have nothing to fear from analysis, though it be a more searching one, than the present (Sh. H. Hodgson). The great aim of all philosophy, an aim which in its ethical justification as the pursuit of a life, is to give unity of conception to all branches of knowledge, as the basis of unity of action. Notre siècle ne recule pas devant l'extraordinaire, moins encore devant le divin, mais il recule devant l'impossible (E. Burnouf).

104) Les Anglais pendant leur séjour à Pelew n'aperçurent parmi les naturels aucune cérémonie particulière, aucun indice d'un culte public (1783). Les peuples (des îles Pelew) ont un sentiment profond et invariable des grands devoirs de l'homme. Ce sentiment paraissait diriger leur conduite, briller dans toutes leurs actions, et embellir leur existence (s. Wilson).

105) Welche Art Seelsorger von Spanien nach seinen Colonien geschickt wurden, ist bei Gage ergotzlich zu lesen, und wie es dort jetzt aussieht, erzahlen die Reisebeschreibungen genugsam La jeune Tegahkomta, la vierge Iroquoise (la bonne Catherine) wirkt (im Sault St. Louis bei Montreal) viele Wunder (den Abbé de la Colombière von Diarrhoe und den Capitain de Luth von Podagra heilend), und der Pfarrer von La Chine, der trotz der Warnungen seiner Gemeinde ihr Verehrung versagte, fiel in schwere Krankheit, bis er sich bekehrte (s. Halkett). Die Indianer in Sonora, denen der Priester gegen das Nackendgehen gepredigt, zogen dem Christus im Ecce-Homo-Bilde bei der Procession Hosen an (Pfefferkorn). Als der Missionar Rehds in Californien zur Abschreckung ein Bild der Hölle, wo Seelen im Feuer von Schlangen gebissen wurden, aufstellen liess, freuten

sich die Indianer über einen Ort, wo sie Feuer fänden zum Wärmen in den kalten Nächten und Schlangen zum Essen. Moxos geisselten sich in Processionen während der heiligen Woche (nach Eguiluz). Einem Indianer fiel beim Hutabnehmen ein halber Real heraus, und als er denselben in Branntwein verthan hatte, ein zweiter, dann ein dritter, den er in sein Scalpularium um den Hals legte, und ihn dort zu einem Dollar gewachsen fand mit dem Bild der Jungfrau schwitzend, als er wegen eines Meuchelmordes gehangen werden sollte und der Striek riss (in Caracas). Nach der Kirche St. Paul gebracht, wurde fortan ein Bild unserer Lieben Frau von Copa Cobana für Regen verehrt (ebenso ist unsere liebe Frau von Soledad ein Gegenstand der Verehrung, da ihr in Spanien bestelltes Bild mit der Adresse auf der Kiste an den Strand getrieben war, als während eines Sturms über Bord geworfen). Das Sehen, wie die Beobachtungen an operirten Blinden und beim lernen der Kinder zeigen, ist ein complicirter Process, indem aus den Eindrücken der Sinnesorgane das geistige Bild zusammengesetzt wird, und wenn dieses unrichtig geschieht, sei es in Folge vorübergehender oder krankhafter Störung, täuscht die Illusion. Bei der Hallucination findet ein Uebergreifen normal getrennter Sphären in einander Statt, ähnlich wie bei der Hypochondrie, wo das im gesunden Zustande durch die Ganglien in seinen Reflexactionen getrennte Sympathicus-System durch das Einsenken des cerebralen Nervensystems (das nach den Beweisen in Verletzungen zwar immer in einer Beziehung zu den nutritiven Nerven steht, aber dies nicht zum Bewustsein bringt) in Unordnung geräth. Die Vorstellungen wachsen aus den Sinnesempfindungen her, denn nihil est in intellectu, quod non antea fuit in sensu, aber der Geist empfängt nicht das sinnliche Bild als solches, sondern sein abgeschwächtes Bild, das es dann für weitere Abstractionen verflüchtigt. Findet hier ein abnormes Einsenken in das körperliche Gesichts- (oder Gehörs-) Bild Statt (wie immer beim Schlaf des Bewustseins im Traum), so tritt das Bild mit derjenigen Lebhaftigkeit vor den Geist, die es auf der Retina selbst besitzt, und wird dann demgemäss durch die Vorstellung in die Aussenwelt projicirt. als eine wirklich aufgefasste Hallucination.

106) In ihr spiegelt sich desshalb die nationale Geisteseigenthümlichkeit umfassender als in der Sprache, die ihrer Einseitigkeit wegen nur für den Nothbehelf eines künstlichen Systems dienen kann, und diesen Zweck in den meisten Fällen unvollkommner erfüllt, als die Craniologie, die wenigstens bei den Naturvölkern eine weit sicherere Stütze, (und oft genug eine solche, wie sie durch Nichts anderes zu ersetzen ist) gewährt.

107) Si quaeras, cur sol certa lege oriatur et occidat, quis pisces in aquis condiderit, reponent solemne suum ratirabaino, quasi dicas: rei cujusvis natura hoc ita fert, bemerkt Eder von den Moxos.

Erstes Kapitel.

Der Mensch, dem hülflos, wie kein anderes Thier geboren, nicht von Natur die Mittel zur Fristung seiner Existenz mit auf die Welt gegeben sind, ist von vornherein auf die Kunst hingewiesen, auf die erfindende Thätigkeit seines Geistes, um den Kampf mit der Umgebung zu bestehen. Er verfertigt sich Waffen, zur Jagd und zum Fischfang, und er wird dieses von ihm selbst geschaffene Product als zu seinem Selbst gehörig ansehen, also sein Eigen nennen. Diese Werkzeuge sind jedoch erst dann von Bedeutung, wenn Wild oder Fische da sind, die damit erlangt werden könnten. Aus dem Besitz der Waffen als solcher leitet sich deshalb ein unwillkührliches Recht ab, auf die Jagd, den Fischfang, sowie die Thiere, die denselben ermöglichen.

Auf den (wegen des in der geologischen Unterlage nur spärlich verstreuten Wassers) für Steppenvegetation allein geeigneten Theilen der Erde (die die an den Boden gefesselte Pflanze nicht durchgängig, wohl aber das bewegliche, und deshalb sein Wasser suchende, Thier bewohnen kann), schweift der Mensch unter der reichen Thierwelt der Prairien oder Karoo als Jäger umher, bis er die ihm anfangs furchtbaren Gegner genügend vermindert hat, und nun, wo ihr Verschwinden droht, den Rest als Hausthiere zähmt. Dieses von ihm selbst erworbene Eigenthum wird ihm als unbestreitbares gelten, und ebenso das durch Lichtung [1]) der Waldungen und Urbarmachung des bewässerten Bodens erworbene des Ackerbaues.

In allen diesen Verhältnissen handelt der Mensch indess nicht als isolirtes Individuum, sondern stets als Gesellschaftswesen, als integrirender Theil eines Kreises, der sich je nach seiner Ausdehnung als Familie, Stamm oder Volk auffassen lässt. Wie sich das Bewusstsein

1) Wer todtes Land lebendig macht, dem gehört es (nach der Sunna). Unbebautes Land wurde (in der Altenhaslauer Mark) zur gemeinen Mark gezogen, wenn das darauf gewachsene Gesträuch hoch genug war, um zwei Ochsen darin zu verbergen (L. von Maurer).

des persönlichen Einzelwesens überhaupt nur secundär aus dem socialen [1]) sprachlichen Wechselverkehr herleiten lässt, so wird auch der Eigenthumsbegriff zunächst gesellschaftlich generalisirt sein, und sich erst später [2]) in die individuellen Scheidungen zersplittern. Würde es verlangt, den Besitztitel nachzuweisen, so muss man sich mit den unklarsten Vorstellungen behelfen, wie es sich bei den englischen Landkäufen [3]) in Neuseeland herausstellte. Der Rechtsbegriff ist eben

---

1) „Durch mehrjährigen Anbau werden das Grundstück und dessen Erzeugniss Eigenthum der Familie. Die Nachbarn erkennen die Rechtmässigkeit des Besitzes an beiden factisch an, indem sie das Grundstück weder für sich selbst ansprechen, noch es benutzen, wenn die Früchte abgeerndtet sind. So fern das Land ohne Production dort im Ueberfluss und ganz werthlos ist, liesse sich sagen, dem Indianer sei Privateigenthum fremd, und er pflege nur von seinen Stammesgenossen und Miteigenthümern des gesammten Landgebietes ein untergeordnetes Proprietäts- und Nutzungsrecht durch theilweise Urbarmachung des Waldes für sich zu erwerben. Es ergäbe sich somit die erste Anlage zu einem Ober- und einem nutzbaren Eigenthum (Dominium divinum, directum et utile). Die Erwerbung des nutzbaren Eigenthums geschieht mittelbar durch ursprüngliche Besitznahme und nachdem es von Anderen verlassen ist (in Brasilien). Die Immobilien erscheinen als Eigenthum der ganzen Familie oder mehrerer Familien, die in einer Hütte beisammen wohnen (v. Martius).

2) So weit die Familien einer Horde oder eines Stammes über einen grossen Landstrich verbreitet wohnen, wird dieses Gebiet von jedem Einzelnen als Eigenthum der Gesammtheit betrachtet. Klar und lebendig ist in der Seele des Indianers dieser Begriff. Dabei aber denkt er sich das Stammeigenthum als ein ungetheiltes, keinen Einzelnen stückweis angehörendes Gemeingut (von Martius) in Brasilien. „Die erste Cultivirung des Landes (bei den Germanen) ist (nicht von Einzelnen, sondern) von ganzen Geschlechtern und Stämmen ausgegangen, wie in Irland von grösseren Gesellschaften, die Frändalid und Skulldalid (Freundschaften und Genossenschaften) genannt worden sind.“ The individual, who on first redeeming a Mouzah from waste obtained the first Pottah, was considered the sole proprietor thereof (Batten) in Gurhwal. „Erblich war sonst bei den Amakosa das Grundeigenthum nur in den Familien der Häuptlinge. Jetzt ist dies allgemein der Fall, unbebaute Ländereien gehören dem, der sie occupirt.“

3) The nature of the different titles, of the different claimants were various (on the settler offering to purchase land). One man said his ancestors had killed of the first owners, another his ancestors had driven of the first party, another declared, that his ancestor had been the first possessor of all, and that this ancestor was a huge lizard (living in the cave). Besides there were an immense number of secondary claims, a sort of latent equities (which had lain dormant, till it was known the Pakeha had his eye on the land). One man required payment because his ancestors had exercised the right of catching rats on it, another, because his grandfather had been murdered on the land, another, because his grandfather had committed the murder, then half the country claimed payment on account of a certain wahi-tapu or ancient burying ground, which was on the land, and in which almost every one had relations or ancestors (the bones of others being removed to a torere in the mountains) in New-Zealand (s. Gorst). When a father dies his personal property descend to the youngest child, male or female (in New-Zealand), but landed property is shared equally amongst all the children male or female (W. Brown).

kein angeborener, sondern, wie alle abstracten Begriffe überhaupt, nur als das gereifte Product einer aus unbewussten Wurzeln hervorwachsenden Denkthätigkeit anzusehen. Er besitzt deshalb gerade im vollsten Maasse die Heiligkeit, die man ihm vindicirt hat (und unbegründeterweise durch die veränderte Anschauung gefährdet glaubte), da er sich als der Ausdruck nothwendiger Naturgesetze ergiebt, die sich durch ihre Rectificirung auf der gesammten Basis des Völkerlebens von den Schöpfungen relativ willkührlicher Launen abscheiden.

Das an den Einzelnen bereits ertheilte Eigenthum wird eine theoretisch angenommene Gleichmässigkeit practisch nie zeigen können, da überall Unterschiede bestehen, zunächst schon der durch die Altersstufen gegebene innerhalb der Familie, und dann nach Erweiterung [1]) der Familia zur Gens die Graduirungen der verschiedenen Clienten zu ihren Patronen. Es werden sich deshalb bald die mannigfaltigsten Abstufungsverhältnisse bilden, die bald (unter civilrechtlichen Verhältnissen, wie im römischen Kaiserreich) in der Form des Colonats hervortreten, bal d (bei umwälzenden Staatengründungen, wie zur Zeit der germanischen Eroberung) mehr in denen des Feudalismus, denen aber nirgends ein als solcher isolirbarer Character anklebt, da sie überall nur eine aus gleicher Grundlage hervorwachsende Phase

---

1) Die römischen Gentes wurden als erweiterte Familien aufgefasst, von einem pater familias abstammend (Lange), die gentes als agnationes und die gentiles als patricii. In der schottischen Clanverfassung, die 1745 aufgehoben wurde, betrachteten sich alle Untergebenen als von demselben Ahn, wie ihr Oberhaupt und ihm verwandt (durch die Patriarchen). The tribe may be defined as the intermediate degree in the social scale between the family and the nation. When a family extend itself beyond the limits of consanguinity, embracing a relatively wider sphere, it is naturally transformed into a tribe. The ties of affection and habit, which cement union between the members of the same family get weakened with the extension of the family circle and are then replaced by the ties of tradition, of worship and of common interest. Thus the numerons members of the widely spread family form a mass, which receives the denomination of a tribe (s. Mellingen). Les familles (encore rapprochées par les liens du sang) qui composaient la sabhâ (sibja ou Sippe), s'établissaient naturellement dans le voisinage les uns des autres, et formaient une petite communauté, un clan, un village, viç (s. Pictet). Ausser der wirklichen Zeugung entstand eine Agnation auch in den Fällen, wo Einer zu einem Anderen auf künstliche Art in das Verhältniss eines von ihm gezeugten Kindes kam (bei den Römern). Ein freigelassener Knecht konnte weder nach oben noch nach der Seite hin kraft wirklicher Zeugung Agnaten haben (wegen des Civilrechtlichen in der Agnation). Mit der Freiheit oder Civität gingen die Familien und das Agnationsrecht verloren (und ebenso konnte die Familie verändert werden, durch Eintreten in fremde Gewalt). Anfangs gingen alle an dem Deminuirten hängenden civilrechtlichen Verhältnisse unter, später aber schadete die Verminderung des Caput den Erbrechten nicht (Walter). Neben der civilrechtlichen Agnation wurden auch die Bande der Blutfreundschaft (in der Cognation, bis auf 6 Zeugungen reichend) in der Sitte und dem Recht berücksichtigt (Walter).

derselben Entwicklungsthätigkeit sind, die sich den Verhältnissen entsprechend anschmiegt. Verlangt es der Zweck der jedesmaligen Untersuchung, die bestehenden und entstehenden Producte mit scharfen Lupen mikroskopisch zu analysiren, so würde sich allerdings zeigen, dass eine völlig genau deckende Identität nirgends existirt und überhaupt nicht erwartet werden darf, indem jede locale Eigenthümlichkeit, die gegeben ist, sich auch in ihrer rechtlichen Bearbeitung local eigenthümlich ausprägen muss. Handelt es sich aber um die philosophische Behandlung des Gegenstandes, um die Frage nach der Ursache, dem Warum und Woher, so darf man nicht mit willkührlich herausgerissenen, und so in ihrer Construction verknöcherten Entitäten rechnen wollen, sondern muss die organischen Gesetze des in der Psychologie lebendigen Entwicklungsganges in ihrer Prüfung auf ethnologische Thatsachen bauen. Bei der Entwicklung selbst ist vor allem ihre Verstümmelung zu einem einmaligen Geschehen zurückzuweisen, da dasselbe Leben überall in der buntesten Mannichfaltigkeit seiner Formen hervortritt, in steter Erneuerung verjüngt, und den abgelaufenen Kreislauf wiederum auf höheren Spiralen beginnend. Das Herabsinken der Vollfreien zu Hörigen und Leibeigenen [1]), das Aufsteigen derselben durch Freigelassene zu Freien, die erneute Verknechtung dieser und folgende Befreiung lässt sich oft genug innerhalb desselben Volkes im Cyclus weniger Jahrhunderte verfolgen, besonders wenn wir die

1) Une fois que le serf est devenu mainmortable qu'il possède sa terre à titre héreditaire, et qu'il ne peut plus en être séparé, il est facile de comprendre comment cette obligation qui l'enchaînait au sol s'est changée en de simples redevances, comment (en un mot) s'est créée la commune du moyen âge, et par elle, la liberté moderne. Ainsi on voit l'esclave passer de la servitude au servage, du servage à la mainmorte, et de la mainmorte à la liberté (Littré). Im Salbuche des Amtes Blankenstein (1587) berichten die Einhaber der Güter: das ire Voreltern solche Güter allein zum dritten Theil vor unseres gn. Fürsten und Herrn eigenthümblich, die übrigen zwei dritten Theil aber vor ire Erb- und Aigengüter verhalten, die auch andere verkaufft, verpfendet, vertauscht und in andere Wege vereussert haben, welches inen nunmehr verpotten und die Stücke alle beyeinander onzerrissen zu behalten, und von seiner fürstlichen Gnaden hienkünfftig von 8 Jahren zu 8 Jahren zu entpfangen, ufferlegt und bevohlen worden ist. Als Gustav Adolf die Kronländereien unter seine Offiziere austheilte, kamen die meisten der schwedischen Gemeinden (in Esthland) in die Gewalt einzelner Gutsbesitzer, die sich zuerst nur Abgaben (Gerechtigkeit) zahlen liessen, aber nach und nach selbst die Bewirthschaftung der Güter übernahmen und nun oft mit ihren privilegirten Bauern in Streit geriethen. Seit Carl XI. fiel derselbe meist zum Nachtheil der Bauern aus. Ihre freiwillig geleistete Hülfsarbeit wurde nun in erhöhte Frohnarbeit verwandelt und (in Oesel) das allgemein gewordene Hörigkeitsverhältniss auch auf sie ausgedehnt, so dass Manche ganz wie esthnische Bauern betrachtet wurden, und seit der Einführung der Bauerverfassung steht der Schwede zuweilen in ungünstigeren Verhältnissen als der Esthe, der allein davon betroffen wurde (s. Russwurm).

rascher ihren temporären Kreislauf erfüllenden Organismen der Naturvölker in Betrachtung ziehen, während sich allerdings bei den perennirenden Culturpflanzen der mächtigen Geschichtsvölker, die einzelnen Stadien durch längere Distanzen von einander trennen und deshalb schwieriger im Gesammtüberblick zusammenzufassen sind.

Sonderbarerweise hat man selbst so späten Abstractionen, wie dem überall unter ursächlich deutlich gegebenen Verhältnissen abgeleiteten Eigenthumsrecht [1]) des Staates eine Realität beilegen wollen und die Rechtstheorien demgemäss entworfen. Es bleibt allerdings in absoluto eine müssige Frage, ob die Henne früher war, als das Ei, es kann indess innerhalb unserer auf Relativitäten basirten Gedankenanordnung nicht gut ein Zweifel obwalten, dass das Ei sich zur Henne entwickelt, nicht aber diese zum Ei, sondern höchstens als Ei.

Das Verhältniss des Gutsherrn (dominus, possessor) zu den Colonen wurde in Ermangelung eines eigenen Kunstausdruckes mit dem Namen Patronus bezeichnet (Savigny) und der Colonus wiederholte auch durchaus (soweit eine Gleichheit unter den veränderten Umgebungsbedingungen möglich war) das Verhältniss des Clienten in der Patricierzeit nicht etwa, weil sich das Colonat aus der Clientela entwickelt habe (was durch die dazwischen eingebrochene Sklavenzeit ausgeschlossen bleibt), aber auf dem durch die Fluth, in der die Clientela untergegangen war, umgebrochenen Boden kommt dann eine neue Pflanze, die, weil ähnliche Verhältnisse zu decken waren, (weil sie also unter

---

1) On the conquest of the islands (save Kauai), king Kamehameha proceeded on the maxim that all the lands were his, and he apportioned them among his followers according to their rank and deserts, which he did on the feudal tenure of rendering military service and a proportion of the revenues. Heirs were to inherit, though this depended on the will of the sovereign, whose authority was absolute (s. Anderson) on the Hawaiian islands. In England the crown is still in legal language the owner of the soil, and the highest title a subject can claim, is that of tenant of the fee, and the termes of his tenancy made originally the only difference in the extent of interests in estates (Ihne). The law of property was entirely changed by Che-hwang-te (Tsin-Che-hwang-te), who assumed the proprietorship of the whole empire (s. Thornton). Anciently the emperors and kings never looked upon the empire as their property, any more than the vassal princes regarded the fiefs as their patrimony. When the Tsins had extinguished the six kingdoms, they became masters of the whole empire, which they distributed into keun and hëen, then the emperor considered each foot of ground and each individual as his property" (Matuanlin). König Harald gab das Gesetz (setti þann rett), überall, wo er ein Land sich unterwarf, dass er alle Liegenschaften sich aneignete, und Grundzins von allen Eigenthümern zahlen liess (Haralds Saga). The whole soil of the Society Islands belongs to the Sovereign, he portions out among the nobles and makes and resumes grants at his pleasure (Mathison). In dem Vertrag von Waitangi cedirten die föderirten Häuptlinge (Neuseeland's) die Souveränetät ihres Landes der brittischen Krone (1842).

ähnlichen Aspecten aufsprosste), auch die jener ähnliche Form des Colonats annahm.

Der Beherrscher der Gläubigen [1]) ist (nach dem Koran) Eigenthümer, überträgt das Recht aber ganz oder zum Theil (in Steuergütern oder Lehngütern). Das Lehenrecht (Kanuni Timar) ordnet die Verhältnisse des Lehnsherrn zum Lehnsmann (Sipahi) sowie die dieses zum Unterthan (Raaja). Mit zunehmender Schwäche der türkischen

1) Dans les pays musulmans il n'y a pas de propriété véritable, mais un simple droit de possession payé chaque année par une redevance. Tout le sol destiné à la culture, à l'exception des jardins et des vergers, appartient à un être abstrait, représentant la communauté musulmane et représenté lui-même par le souverain. Celui-ci, n'étant en quelque sorte qu'un tuteur, dispose du sol dans l'intérêt de la société qu'il personnifie, mais il ne peut l'aliéner par une vente à perpétuité. Il ne peut jamais faire que des concessions temporaires en échange d'une redevance annuelle ou d'un service à rendre. The ryots, who are the husbandmen or peasantry, held directly of the prince, by immemorial usage, as perpetual tenants in capite (s. Grant) in Hindostan. The tenants, who held in capite of the princes in Europe, were exclusively military tenants (Patton), there being always a risk in applying the technical phraseology of one country to the peculiar institutions of another. Der König erhebt durch die ganze Weite seines Gebietes die Einnahmen durch Beamte (s. Menu). Nach Menu leisteten Handwerker und Künstler dem König Frohndienste (einen Tag im Monat). Le bénéfice de dénaturalisation, droit que possédait tout vassal du roi de sortir librement du royaume, en renonçant à sa naturalité, à sa qualité de Castillan (desnaturalizandose), rendait le roi maître des biens de son sujet, lui ôtant toute espèce de droit sur sa personne (s. Viardot). No man is in (English) law the absolute owner of the land. He can only hold an estate in them (Williams). When military tenure was extinguished on the Restoration, the legislature (instead of abolishing the condition of tenure altogether) converted it into the civil tenure of socage (Leslie). It was not until the last century that the courts, exercising, as they have often beneficially done, their power of indirect legislation in opposition to the old common law, decided that buildings ond other fixtures for the purposes of trade or manufacture should, without any special agreement, become the property of the tenant, if erected by him (Leslie) 1870. Sous le nom de Boue-Raatira (mit den Tavanas, als Landeshäuptlingen) on désignait les propriétairs et les cultivateurs d'une certaine portion du sol. Leurs propriétés leur appartenaient à titre d'héritage de leurs ancêtres (et non point en vertu d'une concession du souverain, comme cela avait lieu aux îles Haouai), de sorte qu'ils formaient une corporation riche, puissante et par conséquent indépendante (neben der königlichen Familie der Houi-arii, aus der die Priester und Fürsten stammten, göttlichen Ursprungs). On donnait le nom de manahoune au bas peuple, dépourvue de toute propriété de sol. Les pêcheurs, les artisans (sauf les constructeurs de pirogues et de cases, placés dans la classe supérieure), les suivants des chefs composaient en entier cette classe. Les Titi et les teou-teou, les esclaves et les serviteurs, formaient le dernier échelon des Manahoune. Les premiers avaient perdu leur liberté dans les combats ou à la suite des chefs, auxquels ils étaient soumis (in Tahiti). La transmission de la proprieté ne s'operait pas seulement par voie de succession dans les lignes directes ou collatérales, mais encore par concession, du vivant des possesseurs, ou à titre d'héritage en dehors de toute relation de parenté (Dumoulin). La propriété territoriale était frappée au profit du chef supréme et des chefs particuliers d'un tribut.

Macht bildete sich die Vorstellung eines wahren und vollen Grundeigenthums nach Gewohnheitsrecht. Der König ist bei den Sakalaven und bei den Hovas alleiniger Eigenthümer des Landes, das an seine Vasallen [1]) (und von diesen wieder an die einzelnen Familien) abge-

---

1) In Bondu besteht eine absolute Monarchie in Verbindung mit feudalen Einrichtungen (Waitz). Alle Landkäufe waren in Neu-England ursprünglich von der Zustimmung des Sachem abhängig. Jedes Dorf der Creek hatte ein gemeinschaftlich eingehegtes Feld, das in abgegrenzte Stücke für die einzelnen Familien getheilt war (Bartram). Dem (neben dem erblichen Adel) herrschenden König in Palau gehörte das Land (auf den Karolinen). In Shoa, as in Usambara, all property of the people is subject to the king, Gieta in Ambarie, Bana in Suahili, for he is the soul of the whole country (Krapf). All rights (in Siam) are held on sufferance. As regards the soil, a title is however created by the fact of a party having cleared it and brought it into cultivation, the produce being subject to the tax payable upon it. Authority must be obtained for clearing the land, and it becomes alienable and heritable. According to the Bali Meelent a claim is given to the cultivator on the Sovereign of land for sowing, on the condition of paying a fourth of the gross revenue (s. Bowring). Property is disposable by will or gifts, but in case of intestacy, escheats to the king. A wife may be pawned by her husband as secursity for a debt (in Siam). Sieben Arten von Sklaven wurden unterschieden. Das Eigenthumsrecht über Land wurde von den Birmanen im Krieg anerkannt (nach Symes). Princes of blood, high officers of state and provincial governors receive grants of provinces, cities, villages and farms, to support their dignity and as a remuneration of their services, (the rent of these assignments being collected for their own benefit). They are called slaves to the king and, in turn, their vassals are denominated slaves to them. It is the characteristik of all the aboriginal tribes of India, to consider themselves the rightful owners of their ancient territory (cf. Briggs) Bhagra dhani Raj ho, Bhumra dhani maj ho (The Rajah or Hindu landholder is the owner of his share, but Jam the owner of the soil) according to the proverb (s. Hunter). Omnia sunt imperatoris, res scilicet, jumenta et homines (bei den Mongolen). Idem dominium habent duces per omnia super homines suos, divisi enim sunt homines, Tartari videlicet et alii, inter duces (Carpin). Quidquid Imperator et duces volunt, et quantum volunt, de rebus eorum accipiunt. De personis etiam eorum disponunt per omnia, secundum beneplacitum suum. Outre le titre de louman-aghâsy (réunissant sous ses ordres les mynk-aghâsyai ou colonels) ou toumanyq, qui désignait les commandants de dix mille soldats, les officiers généraux avaient aussi (d'après Quatremère) celui de Nouyân (d'Avezac). The revenue of the princes and other proprietors is derived almost solely from their landed estates. The greatest landowners are the princes and the crown. Some of the former are possessed of immense estates, their annual income being sufficiently large to give them great power (in Japan). All payments are made in rice. A landed proprietor calculates his income by kokus (100 Pfd. in measure), his retainers and attendants are again paid in rice. Each estate is surveyed once or twice a year, when a approximate value is placed on the crop, and at the time of harvest each tenant pays six parts in ten, of whatever the valuation was. The crown tenants, it is said, do not pay so much as those of other proprietors (Alcock). Nach der Vaish genannten Landvertheilung der im XIII. Jahrh. nach Kabul und dann nach Peschawer kommenden Yuzuf-Zais (unter den Afghanen) werden die Ländereien in bestimmten, aber bei den einzelnen Stammesabtheilungen verschiedenen Zeiträumen nach dem

geben wird (Noel). Radama vertheilte die Insel in Provinzen unter Gouverneuren.

Die einfach patriarchalischen Verhältnisse isolirter Ansiedlungen, wie die der Sereres [1] (die gleich den Slaven nachträglich wüst gelegtes Land betraten) mit ihren Dorfältesten [2] oder (esthnischen) Königlein [3] (kings an der afrikanischen Westküste), werden immer bald durch äussere Einwirkungen verwischt, und die Eroberer mögen dann das complicirte Ceremoniell am Hofe des Burk Iolof einführen. Vielfache Verwicklungen ruft der Uebergang aus dem nomadisirenden Leben in das sesshafte (ein meist erzwungener [4]) wegen des für Weide mangelnden Landes, wenn nicht die Sieger ihre geknechteten Unterthanen das Feld beackern lassen) hervor, und im Uebergangsstadium vom Stamm zum Volk spiegelt sich überhaupt die ganze Unbestimmtheit der dann im Gemeinwesen geltenden Bestimmungen auch in den den Häuptlingen zuertheilten Würden.

Dem göttlich verehrten Häuptling steht göttliche Gewalt [5]) und

---

Loose unter der Bevölkerung vertheilt und von den Faqir (den landlosen Einwohnern) bebaut.

1) Les Sérères, n'ayant aucune résistance à vaincre pour fonder leurs établissements, se groupérent, comme tous les peuples primitifs, par familles dans les zones les plus favorables aux cultures, séparés par conséquent les uns des autres par d'epaisses fôrets. C'est dans ces conditions que les trouvèrent les Ouolofs, quand ils s'avancèrent vers le Sud (Pinet-Laprade). On trouve aujourd'hui dans le Baol des villages ouolofs, des villages sérères et des villages ouolofs-sérères, dont les habitants portent le nom de Mbalonguiafènes (1865).

2) The king (Oga) is but the chief of a dozen or more aged patriarchs (in Southern Guinea) partly hereditary (of one particular family) partly elective. Among the Grebos the number of families is twelve (kept distinct from time immemorial). Connected with each is a head-man (generally the oldest member). The property (with the exception of a few articles of little value) is held as a common stock (of the family). Mehrere Sippen unter den Aeltesten (Starost oder Wladyke) vereinigten sich zu einem Stamm unter den Stammesältesten (Woiwode der Leche), gemeinsam als Anführer, Richter und Priester (s. Schlesinger) bei den Tschechen. Jeder Hausvater war der Wannem (Aeltere) auf Oesel oder (nach Luce) Insel (Oe) des Siebe's.

3) Die Sczupas oder Zupani (preusische Adlige) wurden (in dem Orden) Reguli genannt. Reges bei Bartenstein (1322 p. d.).

4) Die Bayeye (Männer) am Ngami-See (durch Verlust der Heerden zum Ackerbau und zur Jagd gezwungen) wurden von den Eroberern (Batoanas) Bakoba (Leibeigene) genannt. Nach Strabo hatten die Gallier früher eine nomadische Lebensart geführt, wie die Germanen. Nach Polybius schätzten die Gallier (Italiens) nur Heerden (und Gold). Den Vaisya war die Hut der Heerden, wie den Brahmanen und Kschatriya die der Menschen anvertraut (nach Menu). Brahmanen und Kschatriya (zur Lebensweise eines Vaisya genöthigt), müssen sich als Hirten erhalten und nicht durch den Ackerbau, wodurch lebende Wesen, wie Ochsen, geschädigt werden. Die östlichen Mongolen haben den Ackerbau angenommen in Wohnungen ähnlich den chinesischen (Gulick).

5) Bei der Erwählung schwur der König (in Mexico), dass er die Sonne gehen, die Flüsse laufen machen und für die Fruchtbarkeit der Erde sorgen

Anspruch auf göttliche Ehren [1]) zu, obwol daraus freilich zugleich eine bedenkliche Verantwortung [2]) fliesst, die wenn nicht zu Gewaltmaassregeln (von denen auch der Götze der Wilden so wenig verschont wird, wie der Heilige der Catholiken), doch zu den Bussübungen führt, die sich der Kaiser China's, als Sohn des Himmels, bei den das Volk betreffenden Unglücksfällen aufzulegen verpflichtet ist.

Die Heiligkeit ist oft so gross, dass selbst der Name des Königs nicht genannt werden darf, oder dass (wie in Annam) alle dem des Königs ähnliche [3]) Eigennamen seiner Unterthanen oder auf Tahiti (nach dem Tode des Königs) selbst alle in der Sprache ähnlich klingenden Worte (im Tepi-Gebrauch) zu verändern waren. Man fürchtet vor Allem die magische Sympathie für Zauberei, die mit dem Laut des Namens (in römischer Kaiserzeit auch mit dem geschriebenen) ebenso gefährlich operiren kann, wie mit Körperabfällen oder mit Stücken der Kleidung, selbst mit dem angetroffenen Eindruck der Fusstapfen, und obwohl die Priesterkönige gewöhnlich selbst gewaltige Zauberer [4]), oft, wie der Cazembe, mit der Kraft derselben so gela-

---

wolle (s. Gomara). Bei den Antaymours (auf Madagascar) wird der (fast göttlich verehrte) König für das Gedeihen der Früchte und Unglück, von dem das Volk sich betroffen sieht, verantwortlich gemacht (d'Unienville). Der Herrscher in Futatoro ist zugleich der oberste und heiligste Marabut. Der Sultan von Wadai gilt als Heiliger und inspirirter Seher, und wer einen ihm ähnlichen Namen führt, muss ihn ändern (Mohammed el T.) Bossa Ahadi, König von Dahomey, liess bei seiner Thronbesteigung Alle tödten, die den Namen Bossa führten (Norris). Der König von Idda stellt sich Gott gleich (s. Allen). On observe chez ces peuples (les Bechouanas etc.) un respect presque superstitieux pour leurs souverains (Casalis). Die Priester und Konige von George-Sound (in Australien) gelten als Zauberer (Mulgarradock), die Gewitter, Regen, Krankheiten erzeugen und vertreiben.

1) The highest rank at the Tonga islands was formed by the Tooitenga, Veachi and the priests. Tooitanga and Veachi are both aknowledged descendants of chief gods, who formerly visited the islands of Tonga. From the residence of the Tooitanga (chief of Tonga) the island Tonga-taboo was called Tonga-taboo (sacred Tonga). The king paid respect to him by sitting down (as the people do in presence of the Egi or chiefs). At the yearly ceremony of Inachi the first fruits were offered to the Tooitanga, and a peculiar speech was used in regard to him. The Veachi was next in rank.

2) Bei den Banjar wird der König bei schlechtem Wetter geprügelt. Am weissen Nil ist der König (nach Proyart) für Wind und Wetter verantwortlich, und wird bei schlechtem Wetter getödtet.

3) Der König der Hova ist zugleich Priester (s. Lewis) und die an seinen Namen anklingenden Worte fallen bei der Sprache des Volkes aus. In Australien schafft man neue Worte, um den Gleichklang mit dem Namen eines Verstorbenen zu meiden. Die Amambalu-Kaffern gebrauchen Isota für Sonne statt Ilanga, weil ihr erster Häuptling Ulanga hiess (Appleyard), im Ukuhlonipa Gebrauch.

4) Der Matiamvo oder Muata-ya-nvo (östlich von Lolua residirend) ras't im periodischen Wahnsinn durch die Stadt und enthauptet die Begegnenden, da die Zahl der Menschen vermindert werden müsste. Um Zauber-

den [1]) sind, um den Nahekommenden electrische Schläge zu versetzen, fürchten sie dennoch etwa einem stärkeren Schwarzkünstler zu begegnen, weshalb sich Livingstone und andere Reisende mehrfach den Entzauberungsceremonien zu unterwerfen hatten (auch schon Rubruquis und seine Reisegefährten), ehe sie zur Audienz zugelassen wurden.

Erst später theilt sich die geistliche und weltliche Gewalt, während wir aus den Göttern alter Genealogien Priesterkönige erstehen sehen, die nachher wieder ihre theocratische [2]) Macht durch Ernennung eines Major domus schwächten. Nach Aristoteles gehört die Darbringung von Opfern zu den Functionen eines homerischen Königs, und auch in den Vedas opfern [3]) mitunter die Könige ohne ihre Purohiten. Wenn unruhige Zeiten einbrechen, vertraute der königliche Priester gern seinen Schutz dem tapferen Schwerte eines weltlichen Fürsten an, und aus diesem anfangs Untergebenen entwickelte sich dann leicht ein prätorianischer Tyrann, wie unter den türkischen Leibwachen an den Höfen der Khalifen. Unter den feudalen Grossen in Japan schwang sich der gegen die Ainos-Länder bestellte Markgraf zum ersten Range auf, als Shiogoon (indem die Grenzfürsten durch ihre stete Kriegsbereitschaft überall die Pares in den Schatten zu drängen pflegen), ver-

---

mittel von gewissen Körpertheilen zu erhalten, werden Menschen geopfert und bei dem Tode des Hauptlings schlachtet man Sklaven. Matiamvo ist der erbliche Titel (Mutua, Herr oder Häuptling). Weisse Kinder werden in Sofala durch Beschluss des Teufels geboren, weshalb man die Frauen in den Häusern hält. Wenn in British-Columbia der Indianerhäuptling nach dem Fasten aus der Einsamkeit und Verzückung zurückkehrt, fällt er mit Bissen über dieBegegnenden her oder die Bewohner des durch das Dach betretenen Hauses. Kehrt der Herr (Tay) von Nutka aus der (auch vom Häuptling der Ballabolla aufgesuchten) Einsamkeit zurück, beisst er die Begegnenden (Dunn).

1) Niemand kann den Muata berühren, ohne durch sein Zaubermittel zu sterben. Geschah es unfreiwillig, so streckt der Muata die Hand gegen den Kommenden aus, um Handrücken gegen Handrücken zu drücken, Daumen und Zeigefinger knipsend. Der Nachfolger des Cazembe streift den mit Schlangenhaut überzogenen Armring über (wie auf den Pelew-Inseln den Knochenring). Le Céréméniel fini, le Roi met la main ou le pied sur la boîte, où est la couleuvre (Vaudoux des nègres Aradas en St. Domingue) et bientôt il est ému. Cette impression, il la communique à la Reine et par elle la commotion gagne circulairement et chacun éprouve des mouvemens dans lesquels la partie supérieure du corps, la tête et les épaules semblent se disloquer. La reine surtout est en proie aux plus violentes agitations (Saint-Méry). Un nègre du Petit-Goave führte (1768) den „Danse à Don Pèdre“ ein, mit noch heftigeren Bewegungen, als beim Vaudoux, so dass die Neger selbst todt blieben (auf Domingo).

2) In Guatemala war der Herrscher oft zugleich Oberpriester. Die Eingeborenen von Nayar (bei Cinaloa) erwiesen ihren Herrschern göttliche Ehre. Als Stellvertreter der Gottheit nennt sich der aztekische Herrscher ihre Flöte, der sie ihren Hauch einblasen möge.

3) Die Sacra des Familienwesens wurden vom Hausvater versehen (wie die Fornacalien, Palilien, Laralien, Reinigungen bei der Todtenfeier), als privata.

blieb aber dennoch der gehorsame Lehnsträger des Mikado, und damit der Kirche, wie der Markgraf Otto von Brandenburg den Schutzheiligen Magdeburg's (St. Mauritius) als Patron anerkannte und sich als Schirmherr oder Advocatus dem Erzbisthum von Magdeburg ergab (oder der Kurfürst von der Pfalz als Advocatus der Abtei von Esseln fungirte). Die Ministeriales des Erzbisthums von Cöln nannten sich de familia St. Petri (geistliche sowohl, wie weltliche).

Die Macht des Mikado (von Göttern stammend) ging allmählig auf ihre Minister (Fandjiwara) über, und als die bürgerliche Regierung (kong-hue) den Kriegshäusern (Beukbe) die Heeresleitung gegen die Rebellen übertrug, brach der Kampf aus zwischen den Fechis im Westen und (im Osten) den Guendjis, unter deren siegreichen Schutz sich der Mikado stellte. Die dann errichtete Würde des Shiogun [1]) ging der Dynastie der Tokongawa mit den Taikunen (von dem Ahn Gonguen

1) Hojio Yasu toki was Sikken, a title which was afterwards changed to Kwan rei or minister to the Shiogoon at Kamakura, and began to assume a similar position towards the Shiogoon that the latter held towards the Emperor (XIII century p. d.). The power of the Hojio family († 1263) had become so great at Kamakura, that they retained in their own hands the appointment of emperor. At the death of the Sikken (1282 p. d.) his son (14 years of age) succeeded, so that the country was governed by the assistant of a boy, the deputy of a commander of chief under the reigning emperor. Le Mikado Shiou-Djine-Sène-Hoo († 30 a. d.) créa pour la première fois quatre Shiogounes, qui devaient se partager le commandement militaire. Dans la seconde moitié du XII. siècle le noble Yori-Tomo fut créé Shiogoune (1181) par le Mikado Taka-Koura, dont il absorba le domaine particulier. A la fin du XVI. siècle trois Shiogounes de Nabounaga, Hide-Yoshi, Heas se servirent de leur charge pour prendre rang, au détriment des Mikados, parmi les grands princes indépendants. Um die Empörungen zu unterdrücken, bekleidete der Mikado (1558) den Fürsten Nobounaga mit dem Titel des Shiogoun und dieser setzte den vom Bauersohn zum Condottieri aufgestiegenen Tokitshi oder Hidé-Yoshi als Daimio Hakshiba in Sounomata ein (1564 p. d.). Als Nobounaga durch seinen General ermordet ward (1582), versicherte Hidé-Yoshi die Nachfolge seinem Enkel und erhielt vom Mikado den Titel Kwampakau, sowie (1591 p. d.) Taikosama. Nach dem Tode des Taikosama (Taikun oder Shiogoun) verlor sein Sohn Hidé-Yori (1600 p. d.) die Schlacht bei Sekigahara gegen seinen aufständischen Minister (Daïfousama) Héas (un daimio de l'antique souche Guénedji, Tokougaoua Minomato no Héas, alors bouio de Kwanto), und dieser nahm dann seine Residenz in Yeddo, als Fürst von Kwanto. Tokitschi (geb. 1536 p. d.) wird in der Figur eines Affen beschrieben. In ancient times the title of commander in chief was Mono nobe in Japan. The Micado rules over Japan as Shin-koku, Kami no Kooni or Kingdom of spirits, (s. Dickson). The son of the Tai-jui (Rioo ay or green tent) or great tree (Shiogoon) is called Takke cheoo (a bamboo shoot of a thousand years) till to the ceremony (gembuku) of assuming the toga virilis. Der Shiogun war vom Mikado zum Se-i (Bezähmer der Barbaren) ernannt. Kami (in den Titeln) ist übersetzt durch das Chinesische Shau (Beauftragter), Tau (Haupt), Tuh (Führer), Ching (Verwalter). The Hiaku mio kumi no kashira were originally Yamabooshi priests, called Negoro or Nengoro (Negroes). Für den Mikado regierten die Minister (Sessi).

Sama stammend) vorher, die durch den (von ihnen wieder geehrten) Mikado mit Macht über die anderen Daimio bekleidet wurden. Nach dem Siege bei Sequigaarah (1630) nahm Heas seinen Sitz in Yeddo, (wo alle Daimio Palläste haben mussten) und liess sich (ausserhalb seines eigentlichen Gebietes) verschiedene Hafenplätze cediren. Der theocratisch regierende Häuptling[1]) von Iraca stammte vom Heros Nemterequetaba. Sein Heerführer war der in Hunsa residirende Zaque, bis sich mit Saguanmachica (Grossvater des Thisquezuza) die Würde des Zipa erhob. Zur Zeit der Entdeckung war der Priesterkönig (Tuitonga) Pulaho[2]) der Tonga-Inseln (auf Tonga) beschränkt durch die Familie Tubo, die die Würde der Tuihatakalawa (Tui kanakabolo) usurpirte unter Mariwagi (Onkel des Mumui) als Veachi (König).

Mitunter geschieht es, dass im Wettstreit[3]) der weltlichen und

1) The chief and priest of Iraca or Sugamuxi (the disappeared) was alternately elected from the people of the towns of Tobaza and Firibitoba, by the neighbouring chiefs, (Gameza, Busbanza, Pesca and Toca), so ordained by Nemterequetaba (Xue or Idacanza) or Chuizapagua (the envoy of God), the instructor of the Chibchas, who (coming from the east) disappeared at Sogomoso (purposely hiding his death from the people, so that his words might have a holy sanction). — At an early period the Chibcha territory was subject to the Zaque of Hunsa, who (to prevent civil war) nominated Hunsahua, the pontif of Iraca, to be the great chief. He was succeeded by his descendants to Thomagata [Thomas und Gautama], a great wizard, known under the name of the great tailed chief [Affenzahn in Ceylon], because he dragged a tail under his dress and said he had the power of changing men into animals [Seelenwanderung]. Having no children, he was succeeded by his brother Tutama (Bollaert).

2) Als Pulaho's Sohn Fatafehi folgte (1790), herrschte Mumui (Vater des Tuguaho) † 1797. Die Macht des Tuitonga wiederherzustellen, verband sich Fatafehi II, mit Finau, Fürst von Hapai, der Tuguaho tödtete 1799. Mit Hülfe aus Viti besiegte Finau die Häuptlinge von Tonga, kehrte aber nach Hapai zurück und eroberte Vavao mit umliegenden Inseln, worauf Fatafehi zu Finau floh. Die Häuptlinge (Egi) in Tonga erhoben Tubotoa (Sohn des Tuguaho) zum Tui kanakobo, und dann dessen Bruder Tubomalohi, ohne Bestätigung durch den Tuitonga. Als durch Ueberfall des Schiffes Port-au-prince Finnow sich (1806) mit Schiessbedarf versehen hatte, eroberte er Nuikalofa und nahm seine Residenz in Vavai, (als mächtigster der einheimischen Fürsten gefürchtet) während Hapai durch Tubotoa verwaltet wurde. Finau II. (Moegnognongo) folgte 1809 (bei Tubotoa's Unabhängigkeit und schaffte die Würde des Tuitonga) mit Fatafehi's Bruders Tode und den an dem Inachifest zu zahlenden Tribut ab. Auf seinen Nachfolger Finau III. (1810) folgte Finau IV., und dann Finau Ulukalala († 1833), der 1832 getauft wurde, seit sich Wesleyische Missionäre aus Sidney (1822) niedergelassen hatte. Auch Taufaahau (Sohn des Tubotoa's) in Hapai wurde (1831) getauft (mit dem Namen George).

3) Futadjallon war früher eine Art theokratischer Republik, der oberste Rath der Dreizehn, der aus der Zahl der Häuptlinge von diesen und dem Volke zusammen gewählt wurde, verwaltete die politischen und religiösen Angelegenheiten des Staates. Dieser aus Marabuten zusammengesetzte Staatsrath hatte seinen Sitz in Fukumba, bis mit dem Sturze der Oligarchie (durch Ibrahim Seuris) Timbo Regierungssitz wurde, wo die Versammlung noch als Beirath des Almami fungirt (s. Waitz). Nach Hockins fand sich

geistlichen Macht der Sieg dauernd oder doch zeitweis der letzteren verbleibt, besonders wenn mit Ausbreitung einer neuen oder einer reformirten Religion eine auswärtige Chaldäer- oder Priesterkaste Ansehen erlangt, und dann in Meroe oder (bis 378 p. d.) in Cheramon die Dauer der Regierungszeit [1]) vorschreibt, die auch bei den Tolteken fixirt war und von dem neu erwählten Fürsten der Chazaren während eines drohenden Erstickungstodes selbst weissagend angegeben werden musste. Bei einem nachgiebigeren Herrscher, als jener Dahomeische König, der dem die Huldigung verlangenden Gross-Fetischmann des von ihm eroberten Landes den Kopf abschlug [2]), mag die päpstliche Gewalt eines Dalai-Lama, der mysteriöse Zurückgezogenheit [3]) zu bewahren versteht, länger fortdauern, mitunter kann aber auch der kriegerische Sinn der, im Mittelalter gleichfalls Schwert und Lanze führenden, Bischöfe der geistlichen Macht ganz das Heft in die Hand geben und umgekehrt wieder den weltlichen Herrscher als Roi faineant zurückdrängen. Auch hier geht unter Umständen die Beiseiteschiebung [4]) fort, so dass sich noch ein dritter Stellvertreter voranstellen mag.

Der Begriff der Freiheit ist schwer, oder vielmehr unmöglich zu definiren, da er seinem eigentlichen Wortsinn nach niemals bestehen kann, denn seiner Natur als Zoon politikon gemäss, wird der Mensch

---

neben dem weltlichen Oberhaupt der Palaus auch ein. geistliches (auf den westlichen Karolinen). Neben dem weltlichen Oberhaupt (Tschipu) fand sich (auf den östlichen Karolinen) ein geistliches Oberhaupt (Nanagin), als Hoherpriester (s. Hale).

1) Werden dem Herrscher Eyeos Papageieneier übersendet, mit der Botschaft, dass er der Regierungssorgen müde, nun zu schlafen wünschen werde, so erdrosseln ihn seine Weiber (s. Novus)

2) Als der Gross-Fetisch oder Gross-Woodnoss des heiligen Baumes in Elamina sich mit Ahaldy (König der Dahomeer) gleich stellen und selbst höher stellen wollte, hieb ihm dieser den Kopf ab, um zu versuchen, ob er durch die Götter unverwundbar gemacht wäre. Der König von Dahomey wäscht die Füsse in dem Blute der Opfer, die den Manen seines Vaters geopfert sind (s. Labarthe).

3) Dem priesterlichen Oberhaupt Chissumpe (für unsichtbar geltend) huldigt der König (Unde) der Maravi, neben dem (auf den Schwestersohn und dann den Bruder erblich) ein Rath der Aeltesten steht, dann die Gouverneure der Provinzen und unter diesen die Häuptlinge der einzelnen Dörfer (Monteiro).

4) Der Peischwa oder Vezier, mit dessen Würde (1710) Bajirow (aus den Brahmanen Wissaji Punt's seiner Kastengenossen zu Aemtern erhoben) betraut wurde, war als Oberhaupt der (von dem Reiterfürst Sevaji gegründeten) Mahratten (deren Maharaja in seinem Bergschloss mit Weibern und Günstlingen beschäftigt wurde), ein unmündiger Prinz (Madha Row Naraim), über dessen Vormundschaft die Grossen stritten (s. Sprengel) 1786 p. d. Während der Jugend Madurow's (als erblichen Peischwa) herrschte eine Zeitlang sein Oheim Ragoba, der dann selbst die Peischwa-Würde erhielt, aber sie an das seit 1774 von den Brahmanen untergeschobene Kind verlor.

stets in gewissen Abhängigkeitsverhältnissen stehen, die seine volle Freiheit [1]) beschränken müssen.

---

1) *'Ελευθέρους ἀφῆκε πάντας θεός, οὐδένα δοῦλον ἡ φύσις πεποίηκεν* (Alcidamas). Amo-sharh bedeutet einen Freien im Gegensatz zu den Amri (Geknechteten) unter den Tuareg. Noch im XIII. und XIV. Jahrhundert und später werden nicht nur in Deutschland, sondern auch in Frankreich franci homines, in England fraunks homes und fraunks del hundred genannt, allein darunter versteht man nicht mehr ein besonderes Volk, sondern alle vollfreien Leute (s. C. von Maurer). Von den ersten Ansiedlern auf Island nahmen die Vornehmeren weite Strecken Landes (durch Bemarkung der Grenzen und heiligende Feuerumtragung) in Besitz (um ihren Gefährten davon mittheilen zu können), als Harald Harf. das Maximum des Maasses bestimmte (Maurer). Nur selbstständig in Besitz genommene Ansiedlungen (landnam) galten den Vornehmen für würdig, aber den Gefährten wurden abhängige Ansiedlungen angewiesen und ebenso den (nach Besetzung des offenen Landes) später Eingewanderten, wenn sie nicht durch den Zweikampf den früheren Eigenthumer besiegten (in Island). Die Landgaben (gefaland) an Freigelassene oder Geringe bedingten Pachtbesitz (in Island), den Unfreien wurde das Land nur zur Verwaltung (varodveita landit) überlassen. Erling theilt seinen Sklaven die Tagesarbeit aus, sowie Land für sich zu bebauen, um das Geld zum Loskauf zu verdienen (Heimskringla). Geschenke von einem mächtigen Herrn, wurden als der Selbstständigkeit des Eigenthümers gefährlich (weil ihn verpflichtend) betrachtet, so dass man geschenktes Land (obwohl zum vollen Eigenthum) nicht gerne annahm (in Island). Die vom Grundherrn abhängigen Leute (Landsassen oder Landsets) machen wieder auf seinen Schutz Anspruch (traust) in Island. In Iceland an aristocratic republic was at first established and in Normandy and Northumberland all that was aristocratic in Norway found an outlet (in Harald Harfagr reducing the district-kings, as godars). The lendermen or tacksmen of the kings farms were temporary functionaries, not hereditary nobles (in Norway). The title of Earls or Iarls appears to have been altogether personal (Laing). The Earls of Orkney appear to have been the only family of hereditary nobles ander the Norwegian crown, exercising a kind of feudal power. The Earls of Môre appear to have been only functionaries of lendermen collecting the kings taxes and managing the royal lands (retaining part for their renumerations). The Earls of Orkney hewers (of the first line) appear to have grown independant and to have paid only military service (till 1129 p. d). The kings kept a herd or court with herdmen or paidmen-at-arms (s. Laing). The udal land could not be alienated by sale, gift to the church, eshcat to a superior, forfeiture, or by any other casaulty from the kindred, who were udalborn to it (in Scandinavia). In social influence the landowners have no class, like the aristocracy of feudal countries, above them (in Norway). They alone conferred the crown at their Things (Laing). Each Thing (whether a general Thing, a House-Thing or Herd-Thing) had its peculiar call in the warhorn (in Norway). Magnus schaffte (XII. Jahrhundert) die Sklaverei ab. Viele vollfreie Leute suchten sich von dem unmittelbaren Kriegsdienst und anderen öffentlichen Leistungen (functiones publicae und functiones regales) dadurch zu befreien, dass sie ihr freies Besitzthum der Kirche oder einem weltlichen Grundherrn hingaben, um es als Zinsgut wieder zurück zu erhalten und als freie Colonen oder als Hörige der Kirche oder eines weltlichen Grund- und Schutzherrn zu bauen. Durch diese Verwandlung ihres freien Besitzes in grundherrlichen Boden und durch das Wohnen auf diesem grundherrlichen Boden erhielten auch diese Colonen die Immunität von der öffentlichen Gewalt mit allen damit verbundenen Freiheiten (s. L. von Maurer). Die Immunitäts-

Nehmen wir, um eine möglichst reine Beobachtung zu gewinnen, die nach Island ausgewanderten Norweger, so zeigt sich, dass die Vornehmen der zuerst Anlangenden von dem herrenlosen Lande allerdings nach Belieben in Besitz nahmen, dass sie sich aber schon bald selbst gegenseitige Beschränkungen auferlegen mussten, das Maass des von einem Einzelnen Occupirbaren auf bestimmte Grenzen (nach Umtragung des Feuers) zurückzuführen, und die Nachkommenden mussten dann bereits von ihnen Land in Hörigkeit nehmen, oder sich wenigstens durch die Obligation eines Geschenkes verpflichten lassen (wenn nicht der Zweikampf entscheiden sollte). Bei den freien Kurden ist nur der Starke frei und bei den Arabern erhielt sich die ungebundene Freiheit jedes Beduinen einzig durch die Bedürfnisslosigkeit derselben in dem der Blutwärme congenialen Klima, obwol auch dann der Ehrgeiz, Gastfreundschaft [1]) üben zu können, zum Erwerb von Gut und die für Erreichung solchen Zweckes selten umgehbare Unterthänigkeit veranlasst. Unter den Fantee ist jeder als Sklave geboren, aber „the term of free people is applied to such as never have served a master out of their own family" (Cunningham). Die Siamesen sind alle (selbst gezeichnete) Sklaven [2]) ihres Königs, nennen sich aber dennoch Thai (die Freien oder Franken).

Die hohen Adligen hielten es lange für entwürdigend, ein Lehen entgegen zu nehmen, „aber allmählig bildete sich die Idee, der Waffenstand, den der Freie anfangs als Knechtschaft verachtete, sei ehrenvoller als der Stand eines blossen Franken, und um an diesen grösseren Ehren (sowie an dem näheren Schutze gegen unbillige Gewalt) Theil zu nehmen, begannen die freien Grundeigenthümer, ihr Allod an den König oder an die Kirche (oder nur den Baronen) zu übertragen, um es als Lehen, auch wohl mit einer Zulage, zurück zu erhalten (feuda oblata) besonders seit der Erblichkeit" (s. Paetz).

Zwischen den Freien [3]), die zu Hörigen herabgesunken waren und den Sklaven, die zu Freigelassenen [4]) aufstiegen, bildeten sich auf

---

privilegien bestanden in einer mehr oder weniger grossen Freiheit von der öffentlichen Gewalt und in dem damit zusammenhängenden Verbote des Zutrittes der öffentlichen Beamten.

1) Die Ausdauer der Beduinen, Ungemach aller Art ertragen, ist exemplarisch (Burckhardt). Wenn der Araber es möglich machen kann, Gastfreundschaft zu üben, so fühlt er sich dem Reichsten gleichgesetzt.

2) Die Unterthanen des Königs der Djagga sind Sklaven, die nur mit seiner Erlaubniss heirathen dürfen. Bei den Mpongwe liegt die Feldarbeit Weibern und Sklaven ob, während die Männer Handelsgeschäfte treiben. Bei den Mandingoes und Fulahs finden sich Sklavendörfer zur Feldarbeit (Caillié). In Usambara sind alle Sklaven des Königs (Zumbe).

3) Ausser der freiwilligen Hingabe (vollfreier oder zinspflichtiger Leute) oder Empfehlung konnte die Schutzhörigkeit auch noch durch Freilassung und durch Annahme eines precarium oblatum entstehen (L. von Maurer).

4) Die Freilassung an sich (ohne Aufnahme in eine Familie) hatte nach

den Gehöften eine Menge [1]) variirender Nuancirungen, die das Gesetzbuch in bestimmten Intervallen dann immer wieder nöthig fand, in

den Scandinavischen Gesetzen ebenso wenig eine volle Wirkung, als nach den Longobardischen, und der Herr musste für den, welchen er als Amund von sich entlassen wollte, eine andere Bürgschaft suchen, wenn dieser die Rechte eines Gemeinfreien erlangen sollte (s. Sachse). Die Pauperiones (in den fränkischen Capitularien) hiessen Bargilden (Birgelden und Pfleghafte). Die Wargilden (im sächsischen Capitulare) und das (fränkische) Contubernium entsprachen dem (angelsächsischen) Friborg in den durch den Klufheid (Kionseid oder Slachteid) verbundenen Kluppslüde der Echten (oder Gehegten). Die Pfleghaften (im plegium liberale) sind in die Schutzgenossenschaft aufgenommen durch Bürgschaft (pledge). Bar (in Birgilden) ist frei.

1) Antérieurement les terres libres étaient données à des libres et les terres serves à des serfs. Mais au temps de Charlemagne des terres libres sont occupées par des serfs et des terres serviles par des libres. Alors les redevances et les services, qui jadis n'étaient imposées qu'à des esclaves, le sont à des hommes libres, et réciproquement des charges réservées anciennement aux hommes libres sont supportées par des esclaves (Littré). Les terres domaniales (de l'abbaye Saint-Germain) sont administrées, par les moines ou par leurs officiers et les terres tributaires sont possédées par des colons, des lides, des serfs et quelquefois même par des hommes libres, qui les ont reçues et les tiennent de l'abbaye (Littré). Si l'on entend par liberté l'état des personnes qui n'étaient ni des vassaux ni des colons ni des serfs, les hommes libres, qui dans ce cas ne sont autres que les hommes indépendants, furent toujours de moins en moins nombreux et finirent par disparaître á peu prés entièrement au X. siècle. Alors presque tout ce qui habitait en France était homme de quelqu'un, quoique à des conditions très différentes. Mais si l'on entend généralement par libres tous ceux qui n'étaient pas serfs, la classe des hommes libres se grossit continuellement sous l'influence et la protection de la religion chrétienne (Guérard). Indem die Geringfreien (wegen Lästigkeit des Kriegsdienstes) sich durch einen angesehenen Guts- oder Hofbesitzer vertreten lassen mussten und reiche Dynasten (durch weggegebene Theile ihres Grundeigenthums) die Zahl ihrer Lehnsmannen zu vergrössern suchten, bildete sich, ausser dem Unterschied zwischen unmittelbaren und mittelbaren Vasallen, der zwischen freien Mannen oder Lehnsleuten (milites, liberi vasalli) und Dienstmannen oder Ministerialen (servientes, ministeriales), nach Lehnrecht und nach Hofrecht beurtheilt (s. Paetz). Als freie Lehnleute und Ministerialen sich näher rückten (indem das Innungen zugestandene Erbrecht auch von diesen erworben wurde), fielen beide unter die gemeinsamen Benennung „Mannen". Während schon früh die Wachszinsigen (cerarii) mit den Tabularien, Chartularien und anderen Freigelassenen zusammengestellt wurden (als tributarii), findet man auf der anderen Seite ebenso früh die Freigelassenen auf gleicher Linie mit den Liten und Aldionen, die Tabularien mit den homines Regii und homines ecclesiastici, die Chartularien und Amund aber mit übrigen Schutzhörigen, welche in manu und in mundio des Königs sind, zusammengestellt, und auch die Römer, obwohl sie cives Romani genannt werden, auf gleicher Linie mit den homines Regii und ecclesiastiei. Die Folge einer solchen Zusammen- und Gleichstellung war zunächst eine Verwechselung der Freigelassenen mit den Liten und Lazzen, mit den Aldionen, und mit den Frilazen in dem bairischen Volksrecht, sowie der verschiedenen Arten von Freigelassenen unter sich selbst, und sodann eine völlige Vermengung und Vermischung derselben mit den übrigen Arten von Schutzhörigen, wodurch es begreiflich wird, wie aus diesen verschiedenartigen Bestandthei-

den Formeln verdeutlichender Kunstausdrücke zu fassen. Der kleine[1]) Freie wurde überall leicht von dem durch einen Mächtigen gedeckten und gut geschobenen Hörigen, wenn sich dieser strebsam um die Concurrenz bemühte, in den Hintergrund gedrängt, und hatte sich derselbe trotz aller Anerbietungen nicht freiwillig entschliessen können, dem Namen eines Freien [2]) zu entsagen, so verfällt er schliesslich durch seine Schulden [3]) um so gewaltsamer den Händen der Gläubiger. Die Regulirung des Schuldwesens war Solon's [4]) Aufgabe in Athen

---

len nach und nach eine einzige Klasse von Menschen, der im späteren Mittelalter ebenso zahlreiche, als weit verbreitete grundhörige Bauernstand hervorgehen konnte (L. von Maurer). Bereits im XII. Jahrhundert sassen im Kloster Fulda neben einander (mit fast ganz gleichen Verbindlichkeiten) zinspflichtige Freien (liberi, liberi pleni, liberi dimidii, franci, liberi slavi) und dienst- und zinspflichtige Horige (liti, liti pleni, liti dimidii censuales, tributarii, servitores, servitores cottidiani, servitores triduani, cottidiani, triduani, quattriduani, sclavi und servitores sclavi, coloni, coloni triduani u. s. w). Dann bildeten sich die drei Klassen der Unfreien, Hörigen und Schutzpflichtigen (s. Maurer).

1) Where blacks work all work become servile and (in all such land) there is a class known in the Southern Union as mean whites and in the Brazil called Vadios or Cappadocios (idlers, vagabonds). — If the Americans had a word to express the class of small landholders in their old settled states, who live on their little properties, have the highest social influence in the country and are its highest class and allthough without family aggrandisement by primogeniture succession, retain family distinction ad descent, and even family pride, but divide their properities on the udal principle among their children, it would express more justly what the bonder class (in Norway) were than the words landholder, yeoman, stateman, peasant-proprietor or peasant (in England). The bondi held their little estates by a for more independant tenure than the feudal nobility of other countries (Laing). Im Alterthum war der Stand der niederen Arbeiter meistentheils auch persönlich unfrei, es waren Leibeigene oder (in den meisten Staaten) Kaufsklaven, und wenn auch angegeben wird, dass man sich in einigen Landschaften, wo es keine Leibeigene gab, wie in Phokis und Locris, vor Alters auch ohne Sklaven beholfen habe, so scheint doch diese Angabe sich vorzüglich nur auf die zur persönlichen Bedienung und Aufwartung bestimmten Sklaven zu beziehen, wie überhaupt wol nur für frühe Zeiten geltend (Schoemann).

2) The principal sources of feudal retainers has arisen from the necessity of obtaining a protector (Cruikshank) on the Gold coast.

3) Knechte waren entweder durch eine Schuld Knechte geworden, oder durch Kriegsgefangenschaft, oder sie waren als Knechte geboren und gehörten gewissermaassen zu der Familie (auf Island). Gäste, die über Winter blieben, wurden zu den dauernden Hausgenossen gerechnet und mussten bei der Arbeit helfen (Leo). Thorfiner war Merkis-madr (vexillus) des Thorolf (nach den Landnamabok), als Hofbeamteter. Der Armadr in den Gefolgschaften des isländischen Adels entspricht dem villicus auf fränkischen Höfen (nach Leo).

4) Nachdem Solon die Pfandsäulen von den Grundstücken entfernt hatte, ordnete er an, dass in Zukunft Verpfändung der Person des Schuldners nicht mehr Statt finden konnte. Publius Servilius versprach den wegen Schuldbedrückungen Aufständigen (in Rom) Sicherheit während des Krieges (492 a. d.). Durch die Fiducia (als Sicherheitsbestellung durch Pfändung

und in Rom die stete Forderung der Plebejer. An der Goldküste [1]) bildet das verwickelte Schuldgesetz [2]) noch heutzutage die reichste Quelle des Sklavenmarkts [3]) und so war es sonst anderswo. Im Laufe

---

neben Faustpfand und Hypothek) wurde das quiritarische Eigenthum bis zur Wiedereinlösung innerhalb der festgesetzten Frist auf den Creditor übertragen. Ausser den zum Tode, zu Bergbau oder Thierkämpfen Verurtheilten kann kein Freier seine Freiheit verlieren, weder durch Privatübereinkunft, noch durch Verjahrung. Selbst eine dazu gekommene Manumission hob die Ingenuität nicht auf (s. Walter). Der das Volk zu Hülfe rufende Schuldgefangene (493 a. d.) war von dem Gläubiger nicht in die Knechtschaft, sondern in den Sklavenzwinger geführt (s. Livius). Durch das stete Zahlen der Zinsen auf das Gebühren kommt der Mahratte gleichsam in Leibeigenschaft des Mahwaree-Kaufmann, der indess in mancher Weise den Fortschritt Indien's fordert (s. Watson).

1) To obtain a loan or a pay a debt, a master does not hesitate to place one or more of his family or slaves in temporary bondage to another. The terms of this contract are, that the pawn shall serve his new master, until such time as the person pawning him shall make good the sum lent, with 50% interest, the services of the pawn counting for nothing in the liquidation of the debt (on the gold coast). The death of the pawn does not cancel the debt (paid or a substituted pawned). The master of the pawn is not responsible (like the master of a slave) for his pawn's debts, which recoil upon the head of the person pawing her (Cruikshank). An Soolima contracting a debt which he is unable to pay and being cited before the king becomes the slave of his creditor (Laing).

2) Für Schulden haftete die ganze Familie in Yucatan (Herrera). In Gross-Bassam unterstützen die Verwandten in der Familie einander (Hecquard). Auf der Elfenbeinkuste (bei Cap Lahu) ist die Familie haftbar. Der Zahlungsunfähige, dessen Schuld bis zum Preise eines Sklaven angewachsen ist, wird Schuldsklave (pandeling) oder verpfändet bis zur Abarbeitung der Geldschuld, wobei die solidarisch haftbare Familie mit hineingezogen wird. Der von der Familie Ausgestossene hat (wenn er nicht fortwandert) in den Dienst des Panghulu zu treten (bei den Malayen). When the slaves (in Madagascar) have endeavoured to fly and get bewildered in the woods and unknown ways, or hurt themselves by a fall, they think the demon Fermonner has done it and confounded them and dazzled their eyes, (Drury). So wurden die flüchtigen Sklaven in Rom durch die Vestalinnen festgebetet.

3) War die zur Erfüllung dem Verurtheilten gesetzte Frist verstrichen, so konnte der Gegner die Legis actio durch Handanlegung anstellen, und wurde er (wenn Niemand einstand) gebunden fortgeführt. War der Namensaufruf mit dem Betrag der Schuld an den Markttagen erfolglos, so wird er getödtet oder in die Fremde verkauft (nach dem Gesetz der zwölf Tafeln) bei Geldschulden sowohl, wie bei anderen Urtheilen. Unter den Kaisern konnten nach Ablauf der Frist einzelne Vermögensstücke des verurtheilten Schuldners von Gerichtsdienern in Beschlag genommen werden (im Executionsverfahren). Neben der gegen das Vermögen gerichteten Execution blieb auch der persönliche Zwang durch Addiction in die Schuldknechtschaft zulässig (noch unter den Kaisern), die adjudicirten Schuldner wurden jedoch nicht mehr wirkliche Knechte, sondern nur gezwungene Arbeiter zur Abverdienung der Schuld mit Vorbehalt der Rechte der Ingenuität. Auch war die Einsperrung in Privatkerkern, sowie die Ausdehnung des Arbeitszwanges auf die Kinder untersagt. Seit der Lex Julia war dem Schuldner eine freiwillige Cession seines Vermögens an den Gläubiger gestattet. Obwohl der Schuldner nicht unbedingt frei wurde, blieb er doch

der Zeit sonderte sich dann überall die persönliche [1]) Freiheit ab, vom Grundbesitz (und Eigenthum überhaupt) getrennt.

Während das in isolirter Abgelegenheit gekräftigte Clanswesen [2]) in regerem Staatsleben sich zu verwischen pflegt, so mögen doch immer wieder neue Clientelverhältnisse [3]) in der einen oder anderen Weise hervortre ten.

---

von persönlichen Zwangsmitteln und von der Infamie befreit. Diese ursprunglich nur den Bürgern gegebene Rechtswohlthat wurde durch kaiserliche Constitutionen auch auf die Provinzen ausgedehnt (s. Walter).

1) The Cumberland statesmen (holding small farms on a tenure) which besides an annual quit rent, involves personal service on the lord's land during a specified number of days in the year, are free from all obligations as soon as they quit their farms (Ihne). In the metayer system of Western Europe (as differing from the serfdom of Eastern Europe and the ryot tenure of Asia) the cultivator has a more precarious tenure, being a tenant at will, but his personal liberty is not exposed to encroachments on the part of his landlord, and his rent is fixed, as a produce-rent (s. Ihne). The Plebejans were (not freeholders, but) tenants of the Patricians, enjoying indeed a hereditary right of possession of their respective holdings, but no full ownership, and bound to certain annual payments, which being exacted rigorously and arbitrarily, plurged them into debt, rendered their social position most precarious and placed them constantly more or less at the mercy of their creditors.

2) Der Name der Clansglieder (Sgalag oder Scallag) bedeutet (wie ahd. scalco oder scalho) Diener (in Hochschottland). Das seit David I. eingeführte Feudalsystem behielt den Clanscharacter bei (s. Dieffenbach). In serbischen Dörfern war das Familienoberhaupt (Stareshina) durch die Wahl der Mitglieder (in der Zadrooga) erwählt. Most of the Cula (races) are divided into numerous branches (sacha) and these subdivided into gotra (clans) in Rajputana. Each nation (of the Red-Indians) is subdivided into a number a tribes or clans, called toodaims, each tribe being distinguished by certain animals or things (Peter Jones). Orgetorix ad iudicium omnem suam familiam undique coegit et omnes clientes obaeratosque suos eodem conduxit (Caesar).

3) Der Bauer oder Bondi Erling Scialsson (mit einer Schwester des Königs Olaf Trygvässon vermählt), der stets in seinem Hause 90—200 Freigeborene hatte, verwandte seine Sklaven oder Thraell (aus Kriegsgefangenen und Geraubten) zu seinen Arbeiten. He also gave them land to sow and gave them the benefit of their own crops and he put upon them a certain value, so that they could redeem thenselves from slavery (in the first, second or third year). With this money, he bought new slaves and he settled those who had thus obtained their freedom on his newly cleared land (nach den Sagas). The slaves, who have thus obtained their freedom belonged to the class of unfree men (between slaves and bonders). The class of the unfree included all the cottors on the land paying a rent in work upon the farm to the peasant, who was udal-born proprietor, (and under the name of housemen, this class of labourers in husbandny still exists on every farm in Norway). It would include also the house-earls or freeborn endoor-men (Laing), as body guard or garnison. The clientship connects a man personally with an individual Patrician (as patron), in a hereditary connection and imposing duties on the clients (as tenants, belonging to the Plebejans). By degrees an independant plebs could be formed, by every cause that separated a man from his plot land created an independant Plebejan, whether it was prosperity or misfortune, that drafted him from the country into

Die Rangklassen bildeten sich, wie anfangs in den Altersstufen[1]),

---

the growing town there to subsist on his handiwork or trade. A great many clients would for a long time side with the Patricians (as tenants and tradesmen vote on the side of their landlords ad employers), but they sympathised with Plebejans and often reinforced them (s. Ihne). Das Patronatsverhältniss beruhte auf dem Grundsatz, dass der Freigelassene seinem ehemaligen Herrn für erhaltene unschätzbare Wohlthat zur innigsten Dankbarkeit verpflichtet sei. Er betrachtete ihn als seinen Vater und Beschützer, nahm, wie ein Sohn, dessen Namen an und blieb dem Hause eng verbunden. In Beziehung auf den Patricier betrachtet, bildete das Verhältniss einen Bestandtheil der alten Clientel, indem nicht nur der Freigelassene selbst, sondern auch seine Nachkommen und Freigelassenen als Clienten der Familie des Herrn und dessen Gens verbunden blieben. Ausser den nach den Gesetzen zustehenden Rechten konnte sich der Patron besondere Rechte versprechen lassen, wie Vorbehalt von regelmässigen Geschenken und von Diensten. Gründete sich die Freilassung auf ein directes Vermächtniss, so galt der Verstorbene als der Patron, die Patronatsrechte lebten also in seiner Familie fort. Das Patronatsrecht erlosch, wenn der Freigelassene durch Restitution die Rechte der Ingenuität, nicht aber wenn er blos die Rechte der goldenen Ringe erhielt (s. Walter). Von Justinian wurde das Patronatsverhältniss fast ganz aufgehoben. Die Gewaltverhältnisse über Freie gründeten sich entweder auf die väterliche Gewalt oder auf die eheherrliche Gewalt oder darauf, dass Einer in das Mancipium gekommen war (in Rom). Im öffentlichen Recht galt der Sohn als völlig frei und selbstständig, im Privatrecht dagegen stand er unter der väterlichen Gewalt. Verschieden vom Knecht, stand ein mancipirter Freigeborener nicht im Eigenthum oder Besitz, er konnte wegen schlechter Behandlung durch den Gewalthaber die gemeine Injurienklage anstellen, die Rechte der Ingenuität waren nicht verloren, sondern nur suspendirt (in Rom). Mit gleichem Recht, wie der Hausvater sein Kind, konnte der Eheherr auch die Frau, die er an der Hand hatte, mancipiren. Freie gelangten in einen dem Mancipirten ähnlichen Zustand, wenn ein insolventer Schuldner seinem Gläubiger adjudicirt wurde. Dieser musste die Schuld in dessen Hause abverdienen, konnte aber, wenn sie bezahlt war, die Freiheit erlangen und erhielt dann seine Tribus zurück (Walter). Die Aeneze treten nie in eine Geschlechtsverbindung mit ihren weiblichen Sklaven, geben ihnen aber nach einigen Jahren die Freiheit und verheirathen sie mit ihren männlichen Sklaven oder deren Nachkommen. Die männlichen Sklaven werden in Gegenwart von Zeugen freigesprochen und dürfen sich zum Zeichen der Emancipation die Köpfe scheeren. Ibn Esmeyr hat über 50 Zelte, die Personen gehören, welche einst seine Sklaven waren und ihr Wohlbefinden gänzlich der Freigebigkeit dieses Scheykhs verdanken. Er kann jetzt von ihnen keinen Tribut verlangen, da sie für freie Araber gelten, aber er verlangt ihre Töchter zur Ehe für seine neu gekauften und emancipirten Sklaven, und wenn zur Kriegszeit diese Schwarzen beträchtliche Beute machen sollten, so kann der Scheykh von ihnen ein schönes Cameel verlangen, das sie nie abschlagen. Obgleich diese Sklaven frei gegeben sind, verlöscht doch nie der servile Ursprung, und sie dürfen kein weisses Mädchen heirathen. Die Abkömmlinge der Sklaven verheirathen sich unter einander und mit denjenigen der Handwerker (szona), welche sich im Stamme niedergelassen haben. Allmählig geht etwas vom Aussehen des Negers verloren (Burckhardt). Die reichen Araber werden oft von arabischen Dienstboten bedient. Die Richtersprüche der Araber erkennen immer Geldbussen.

1) Die Kru unterscheiden die Kasten der Gnekbade oder Alten unter dem Bodio (Priester) und Worabant (König), die Sedibo oder Soldaten (oder Männer, die sich eingekauft haben) und die Kedibo oder Jünglinge

so dauernder nach dem schwereren Gewicht der Begüterten [1]) und hatten sich schon bestimmte Ehren höherem Ansehen verknüpft, so

---

(Knappen) neben den Deyabo oder Aerzten. Die Gnekbade (die weisen Greise oder Gerontes) bildeten so einen eigentlichen Senat. Der Ausdruck seniores und juniores patrum (Livius) geht auf die Senatoren und die Patricier, denn unter jenen waren nur Senioren, und unter diesen die Junioren wenigstens überwiegend. In der Verfassung des Servius bildete (nach Niebuhr) das 45. Jahr die Grenze. Häufiger bezieht sich aber jener Ausdruck nicht nur auf das Alter, sondern auf den Unterschied der älteren und neueren Geschlechter (Walter). Der Unterschied von majores oder *πρεσβύτεροι* und minores oder *νεώτεροι* wurde von den spateren Geschichtsschreibern auf das Alter bezogen, auf die Senioren und Junioren, nicht auf den Vorrang der Geschlechter, geht aber auf die majores und minores gentes. Die Senatoren der alteren Geschlechter hatten schon vor Tarq. Priscus ohne Unterschied der Stamme gleiche Rechte, die Abgeordneten der von diesem König geschaffenen jüngeren Geschlechter standen ihnen aber wesentlich nach. Bei den Mandan begriffen die Meniss-Ochka-Ochatä (thörichte Hunde) die jungen Leute (von 10—15 Jahren), als Banden mit Signalpfeife. Die Krähenbande (Hachderucha-Ochata) begriff die durch Rabenfedern ausgezeichneten Manner zwischen 20—25 Jahren, die Charak-Ochatä die Soldaten (Stangen mit Otterfell tragend). Die Berock-Ochatä (Bisonstiere) waren mit der Kopfhaut eines Bison bekleidet, die Schumpi-Ochatä (schwarzschwänzige Hirsche) mit einem Kranz aus Barenklauen (die Alten über 50 Jahr begreifend). Die Meniss-Ochatä hatten bei bestimmten Ceremonien rohes Fleisch zu fressen (wie Hunde). Die zu den Charak-Ochatä gehörigen Kaua-karakaccha erlernten einen besonderen Tanz. Der Candidat bei Aufnahme unter die Ischoha-Kakoschochatä hatte seine Frau Preis zu geben. Wenty (de la dynastie Souy) divisa le peuple en plusieures classes, comme Hoang (petits enfants), Siao 3—10 ans, Tchong 10—17 ans, Teng 20 ans, passible du service personnel jusqu'á 60 ans. Sous le Tang, on divisa: Hoang 1—4 ans, Siao 1—6 ans, Tchong (7—13 ans), Ting (13—60 ans) et 25—55 (763 p. d.).

1) In Folge des für die Freiheit nöthigen Grundeigenthums werden die Namen Rachinburgen oder Gutmannen (boni homines, als Reiche oder Begüterte) gleichbedeutend gebraucht für Schöffenbare (die als Scabini zu Eideshelfern oder Zeugen ernannt werden konnten) oder Ingenui, als Ceorls (bei Angelsachsen) und Böndur (bei Scandinaviern). Im Zustande der Biesterfreiheit oder bösen Freiheit (der Freien, die zu keiner schöffenbaren Familie gehörten) fanden sich oft Kriegsgefangene, sowie Fremde und Jeder, der sich von seiner Familie losgesagt hatte (und für staatsbürgerliche Rechte den Schutz Schöffenbarer suchen musste, als Schutzpflichtige unter einem Schutzherrn). Die Hörigen (Liti oder Colonen) oder (bei den Scandinaviern) Bryti mussten den Schutz eines Vertreters (für den Schutz des Volksrechtes) suchen und hatten (obwol persönlich frei) ihre Freiheit oft durch die besonderen Verträge mit dem Herrn oder durch das Hofrecht desselben zu beschränken. Auch die Leibeigenen (obwol zu den Rechtlosen gezählt) fanden einen ähnlichen Schutz bei ihren Herren. Nach der Höhe des Grundbesitzes unterschied Solon die Klassen der Pentakosiomedimnen, Ritter, Zeugiten und Theten (in Athen). In der Waldmark zu Dornstetten wurden die freien Grundeigenthümer wegen des vogteilichen Verhältnisses arme Leute genannt oder (im Kinzigthal) Biederleute (s. Maurer). Die Zahl der Demen (in Attika) stieg bis auf 174, doch erinnerte an die ursprüngliche Anzahl fortwährend der Name der 100 Heroen, mit dem man die Eponymen der Demen bezeichnet. Zu den Staatssklaven Athens gehörte das Corps der Skythen oder Bogenschützen (Speusinier).

konnten diese auch bei etwaigem Verlust des Vermögens eine patricische Würde forterhalten. In kriegerischen Zeiten trug der aus tapferen Thaten geerntete Ruhm [1]) zur Erhebung bei und der Empfang an der Tafel des Königs (als convivae [2]) regis), oder auch der Dienst in seiner Umgebung [3]) galt gleich ehrenvoll für Theraponten zur Zeit Homers oder fränkische Antrustionen. Brachen die alten Traditionen zusammen, so mochte sich, wie die Verschmelzung des patricischen und plebejischen Standes, ein neuer Adel, die Nobilität, erheben, der als Amts- und Verdienstadel (s. Lange) den Geburtsadel der Patricier überwog. Ob so oder aus den Gefolgeschaften entstanden, immer gewann der Adel mit fortschreitendem Alter an würdevollem Ansehen [4]),

1) Im Krieg unterwerfen sich die Lesghier einem Anführer (Belled), den sie auf Hoffnung des Gewinns begleiten und Gehorsam leisten, nachdem sie mit einem Stück vermoderten Holzbrand zu ihm getreten sind; die Fürsten, die Hülfsvölker bedürfen, schicken Herolde in die Berge, um diejenigen aufzurufen, die folgen wollen (Reineggs). Die gewaffnete Genossenschaft (Drujing) slavischer Helden legte sich aus Nachahmung der Tataren den Nationalnamen Kosaki (Kosaken) bei (Skalkowsky). Wer sich im Kampfe hervorthue, solle aus einem Sklaven ein Freier, aus einem Gemeinen ein Edler, aus einem Edlen ein Iarl oder Herse werden (nach den Gesetzen Frode's VII. von Lethra). Bei den Bassutos werden die gleichzeitig geborenen Knaben mit dem Sohn des Fürsten zusammen erzogen und bilden (nach gemeinsamer Beschneidung) dann eine ihm gehorchende Corporation (Zweig oder Taka). Die Unbeschnittenen heissen verächtlich Bashimane (Bushmäner), ehe sie zu Männern gemacht sind. On va construire dans un lieu retiré les huttes qui doivent abriter (pendant 6 ou 8 mois) la corporation nouvelle. Ces cabanes portent le nom de Mapato (mystère). Die Krieger üben die Knaben in Gebrauch der Waffen, geisseln sie (unter der Aufforderung sich zu bessern), zwingen sie Kälte zu ertragen und zu fasten (Gesänge lehrend), Frauen und Kinder dürfen sich dem Mapato nicht nähern. Dans cette école champêtre on s'occupe des principaux phénomènes de la nature apprenant à l'adolescent, que le soleil est un homme et la lune une femme. On compare les éclats de la foudre aux battements d'ailes d'un oiseau gigantesque. Lès solstices reçoivent les noms de maison d'été et de maison d'hiver, parceque le luminaire paraît s'y reposer quelques jours. La terre est assimilée à un animal prodigieux, sur lequel s'ébattent des êtres infiniment plus petits. Les roches sont la charpente osseuse du monstre, la terre végétale ses chairs, les cours d'eau son sang. Die Knaben kehren dann mit einem neuen Namen nach dem Dorfe zurück und leben dort zusammen, bis sie sich verheirathen, in strenger Ordnung (Casalis). Die Mädchen werden bei der Pubertät von Matronen nach einem Fluss geführt (bei den Bechuanas) und dort (mit Lehm beschmiert) in den Windungen versteckt (um den Besuch einer grossen Schlange zu erwarten). Nach Ueben in den Feldarbeiten, vielfachen Peinigungen und Schlägen, sowie dem Erlernen von Tänzen ist das Ceremoniel beendet (s. Casalis).

2) Die Gallier setzten sich beim Fest an eine runde Tafel, mit dem Tapfersten in der Mitte (nach Posidonius). Die Druiden lehrten Naturphilosophie.

3) Die niederen Barone geben ihre Söhne in Dienste der höheren Barone, um dadurch in Hofdienste zu gelangen (in der Moldau). Die Würden der Barone (Bojaren) wurden von Alexander I. (von Johannes Paläologus als Despot gekrönt) festgestellt.

4) The aristocracy (in Hawaii) might have appeared as a distinct race. The monopoly they enjoyed, of good gifts of providence, with the greater

da sich die Ahnenreihe [1]) verlängerte, die auch polynesische Herren und indianische Häuptlinge herzuzählen wissen.

Viele von fürstlichem Geblüt entsprossene Saissane sind es durch's Erbrecht und können ihren Aimak (in dem sie die Gerichtsbarkeit

exercise of their mental faculties served every generation to increase the distinction between the two classes (Jarves).

1) Fur die Ahnenprobe (bei Turnieren, Stiften und Orden u. s. w.) sind in Deutschland meistens 4, 8 oder 16 Ahnen bestimmt (1793). Aristoteles definirt den Adel, als auf Abstammung von ausgezeichneten und reichen Vorfahren beruhend, oder in ererbtem Ansehen und Reichthum bestehend. In manchen Oligarchien Griechenlands schwuren (nach den Inschriften) die Mitglieder einen Eid, das Volk zu hassen und ihm alles mögliche Uebel zuzufügen (noch zur Zeit des Aristoteles). Dieu quand il eut créé le monde, y plaça trois espèces d'hommes, les nobles, les ecclésiastiques et les vilains, il donna les terres aux premiers, les décimes et les aumônes aux seconds, et condamna les derniers à travailler toute leur vie pour les uns et pour les autres (nach den Troubadours). Aussi Dieu hait-il les vilains et les vilaines, c'est pourquoi il les a chargés de toutes les peines (Diex het vilains, Diex het vilaines). Certes il n'a jamais convenu à Jésus-Christ, que les vilains logeassent avec lui dans le ciel (dieu ne donne pas place en paradis à cette gent vilaine). En Perse, on prend le titre de Mirza (gentleman), lorsque, possédant une certaine somme de connaissances littèraires, on se considère et on veut être considéré comme un homme au dessus du vulgaire (une famille de mirzas rarement passant deux générations dans l'opulence). Après les mirzas, ce sont les marchands (héréditant d'une fortune considérable). Les Corporations (des métiers) ou Esnáfs ont leurs officiers (élus). Les rentiers, qui (sans fonctions publiques et sans profession vivent de leurs revenus) se font (généralement) domestiques de personnes qui peuvent les protéger, et au lieu d'en recevoir des gages, ils leurs payent une contribution (Gobineau). La propriété de villages est un bon placement (de l'argent). C'est un reste de l'ancienne constitution féodale du pays, dans l'état actuel des choses, le paysant est libre et s'administre par lui-même au moyen du ketkhoda ou ryschséfyd, qui est le maire, mais il paye deux espèces d'impôts, l'un à l'État, l'autre, sous forme de rente perpétuelle, au personnage qu'on nomme le propriétaire du village et qui n'a d'autre droit, que celui de percevoir cette rente (le protecteur-né des paysans contre les exigences du fisc en Perse (Gobineau). Le négociant (excepté le loyer de sa boutique pour le propriétaire du bazar) et les métiers ne payent rien au gouvermnent (en Perse). Par les gentlemen, proprement dits, on entend toutes les personnes, qui ont quelque éducation, qui ne sont employés ni au travail de la terre, ni aux ouvrages de mécanique grossière (Mirabeau). Bei den Awaren (Uar kan oder Uoar) oder Oar (im Kaukasus) hat sich die Gewohnheit erhalten, dass der Bey, der ächte aus wahrem Fürstenblute abstammende Adel, den Fürsten seinen Herrn mit entblösstem Haupte grüssen muss, den Kopf gegen links gebeugt, die Tschenk-ah (zum Regieren Unfähigen), als von nicht fürstlicher Mutter geboren, müssen vor jedem Bey das Haupt entblössen, um ihn zu grüssen, und die Hand küssen, vor dem regierenden Fürsten aber fallen sie mit entblösstem Haupte nieder und küssen ihn auf den Obertheil des Vorderfusses. Das gemeine Volk grüsst und ehrt weder Bey noch Tschenk-ah, sondern alle den Fürsten, vor dem es niederfällt, mit dem blossen Kopfe erst die Erde berührt, und darauf seine Fusssohle küsst (Reineggs). Bei der Aufnahme unter die Höcheri oder Adligen, die einen entstellten Dialect reden, wurde (bei den Abiponen) der Name gewechselt (s. Dobrizhofer).

besitzen) unter ihre Kinder theilen. Sonst kann der Fürst auch Gemeine, wegen ihrer Verdienste, zu Saissanen [1]) ernennen und wirkliche

---

1) Der herangewachsene Jüngling kann sich mit dem geforderten Theil seiner Heerden vom Vater trennen, um unmittelbar des rechtmässigen Fürsten Unterthan zu werden (nach den Zaatschin Bitschik) bei den Mongolen. Von den chinesischen Titeln, die den Tajidshi (mongolischen Fürsten) ertheilt werden, ist Wang der höchste. Durch weisse Knochen drücken die Kalmükken und Mongolen die fürstliche Herkunft väterlicher Seits aus und die mütterliche Herkunft wird gleichnissweise das Fleisch genannt. Leute von gemeiner Abkunft heissen schwarze Menschen (Chara Köön), von schwarzen Knochen stammend. Die Choschotischen Fürsten sind allein (unter den kalmükkischen Geschlechtern) aus der Verwandtschaft des Tschingis Khan entsprossen und setzen als Stammvater dessen zweiten Bruder Chabutu-Chassar. Die fürstliche Linie der Choit leitet sich her von dem tapferen Jaboghon-Mergenn, der drei Glieder vor Tschingis Khan lebte (s. Pallas). Das Lehn ist der rittere solt, der yn zcu gefugit ist von des Riches gute adir von der herrin eygin (nach dem Glossar zum sächsischen Lehnrecht). Vulkomen an lenrechte bedeutet lehnsfähig (in der Fähigkeit zum Genuss des Lehnrechts). Das allgemeine Erforderniss zur Lehnsfähigkeit ist der Schild (clypeus regalis oder Heerschild); der Heerschild gebürt zunächst solchen, die wirklich den Schild tragen dürfen, den Ritterbürtigen. De heft den herscilt des vaders unde eldervader van riddersart geboren is (sächs. Lehnsrecht). Um das Gut zum Lehn zu machen, bedarf es einer feierlichen Handlung (der Lenunge). Der Manscap folgt das Hulde sveren (der Eid des Mannes). Im Gegensatz des Burgmanns scheidet sich der Dienst des Lehnsmanns (mit dem Schwur, dem Herrn treu und hold zu sein, als fidelis) in Hervart (Waffendienst) und Hofvart (an das Hoflager des Herrn ziehend zum Rath und als Gefolge). Unter dem Einflusse theils des jährlichen Wechsels der Magistratur theils der Parteigruppirung während des Ständekampfes bereitete sich die Entstehung der Nobilität vor, d. h. des Kreises der tüchtigsten Familien patricischen und plebejischen Standes, deren Mitglieder durch das Verdienst, welches sie und ihre Vorfahren in der Bekleidung der curulischen Magistraturen um den Staat sich erworben hatten, über die Menge der Cives hervorragten und neben, ja thatsächlich über dem Geburtsadel der Patricier einen Amts- oder Verdienstadel bildeten (mit der Regierung des Staats factisch in den Hände). Aeusserlich gab sich die Nobilität als in sich zusammengehöriger, von den anderen Bürgern abgeschlossener Stand zu erkennen durch das jus imaginum (s. Lange). Seit dem Consulat des L. Sextus Lateranus bewahrten die Nobiles die Ahnenbilder (imagines) der Familie auf. Die Durchgangsstufe aus den Reihen der Ignobiles in den Kreis der Nobilitas war die Novitas. Previous to the settlement of Clotharius II. (confirming the treaty of Andely) nobility was personal in France and only existed (as it is described by Tacitus) among whom it had its origin, being conferred by taking the oath of fidelity to the Prince. But after this hereditary and permanent distinction had taken place in society, which depended solely upon birth, and not upon merit, nor the will of the prince, the other became only secondary, and soon sunk into total insignificance, so that it conferred no degree of distinction whatever, and was at last indiscriminately taken by all the orders of the society under the form of the oath of allegiance. Immediately upon this change taking place, those proprietors of land, who were not possessed of beneficia, found themselves degraded from the rank they had formerly held in the community, by the pre-eminence that was now attached to the possession of hereditary beneficia, and to attain this pre-eminence and rise to the level of those, whom they had formerly considered as their

wieder absetzen. Die vornehmsten Saissane erhalten den Titel Darchan. Wenn ein fürstlicher Knecht an Heerden und Vermögen so reich ist, dass er 25 Sklaven die Freiheit geben und zu seinen Knechten machen kann, so trachtet er gemeiniglich dahin Edelmann [1]) zu werden (in

---

equals, they had recourse to the extraordinary expedient of having their real property or allodia, converted into beneficia by surrendering it to the king, to be restored again to them in this new form (Patton) Eos ex Atheniensibus qui nobilitate ceteris praestabant nannte Theseus (nach Plutarch) Eupatrides (bei der Theilung in εὐπατρίδας, γεωμόρους, δημιουργούς). Bei den Indianern in Darien wurde der im Kriege Verwundete adelig mit dem Titel Cavra (Herrera).

1) Jeder Edelmann ist zwar von dem Hause seines erblichen Fürsten abhangig, allein der Furst kann über dessen Sklaven, Knechte oder Vermögen nichts gebieten. Ebenso wenig darf der Edelmann das Vermögen seines Knechtes oder dessen Sklaven, Heerden, Hornvieh oder Pferde antasten, noch sich darüber eigenes Recht anmaassen. Der Fürst und Edelmann können von ihren eigenen Knechten Nichts als den Zehnten fordern, und kein Knecht kann in seiner Freiheit, sein Vermögen zu vergrössern, gehindert werden, vielweniger verkauft, geschlagen oder gemisshandelt. Mit dem Sklaven hängt es freilich von dem Willen seines Herrn ab (Reineggs). Die Tscherkassen unterscheiden sich in Fürsten (Bej), Edelleute (Usdenn) und Knechte (Kull). Die Apachen und Navajos haben nur im Kriege Hauptlinge, während im Frieden nur die Armen in einem gewissen Verhältniss der Abhangigkeit oder Hörigkeit zu den Reichen stehen (Pfefferkorn). Bei den Koloschen ist der Adel erblich, die Sklaven sind theils kriegsgefangen, theils gekauft. Die Autorität der Häuptlinge bei den Selisch ist rein persönlich (nach Hale). Der Adel der Abiponen war durch Tapferkeit erworben. Wenn die Häuptlinge der Patagonier altern, geht ihre Würde auf den Nachfolger über. Von den Häuptlingen (der Araucaner) führt der Toqui eine Axt, die Apo-Ulmeni und Ulmeni Stöcke mit silbernem Knopf. Die Häuptlingswürde ging bei den Mannacicas auf den ältesten Sohn über, sobald derselbe erwachsen war. Bei den Chiquitos sind die Hauptlinge zugleich Aerzte und heilen durch Saugen. L'organisation strictement nobiliaire des tribus, fondée sur les droits de la naissance et l'éclat des généalogies, crée une hierarchie de gentilshommes extrêmement vains de leur origine, mais qui n'en retirent guères d'avantages sérieux, autant qu'ils vivent dans le désert et sous les tentes. Aussitôt qu'ils ont franchi la pente d'une ville, tout le prestige s'évanouit (le nom de leur famille ne comptant plus que lorsque la courtoisie le veut bien) in Persien (Gobineau). Diejenigen Veteranen, die mehrere Kinder hatten, mussten eine dem Vermögen entsprechende Zahl zum Kriegsdienst stellen. Unter den Reichen wurden die Hohen und Kräftigen in die Vexillationes comitatenses (Hoftruppen) eingeschrieben, die anderen unter die Gränzmiliz (Militia Ripariensis). unter die Hülfstruppen. Die Familien, in denen der Kriegsdienst erblich (gegen Vergünstigungen) war, bildeten das militärische Geschlecht (gallischer Ritter). Als Eigenthümer mussten die Pagenses (Veteranen oder cives) frei sein, und bei dem Eintritt der gleichgestellten Franken (als Soldaten in Gallien) wurden die Worte frei und frank vermischt (wie Burgunder und Bürger). Alle Freien der Franken (ausser Knechten) stellten sich dem einheimischen Adel gleich (als Edelleute). — Der allgemeine Name der Adligen war Eupatriden, wogegen die ihnen beigeordneten Unadligen (politisch ohne Bedeutung ausser gelegentlicher Berufung zu den Volksversammlungen) theils Geomoren oder Landbesitzer (Eigenthümer kleiner Grundstücke, sowie Pächter oder Zinsbauern), theils Demiurgen (Handarbeiter) genannt wurde (s. Schoemann) in Attika. Der Adel (der

steter Begleitung des Fürsten). Er überredet dann eine Mutter aus fürstlichem Stamm, den Raub ihres Sohnes (vor 7 Edelleuten als Zeugen) zuzugeben. Nach der Erziehung stellt ihn der Pflegevater (völlig bewaffnet) der Familie vor. Aus Dankbarkeit schenkt ihm der fürstliche Stamm die Würde eines Edelmanns (Reineggs). Doch kann kein Edelmann jemals in den fürstlichen Stamm erhoben werden, weil der Fürst nur geboren wird (bei den Tscherkessen).

Aehnlich wie in Peru [1]), wurde im alten China der neunte Theil

---

Kimbunda) zerfällt in die (erbliche) Klasse der Erombe ya Soma (aus den Sprösslingen des fürstlichen Geschlechts) und in die gewählte Erombe ya Sekulu oder die Aeltesten des Volkes (Magyar). Die Quimbanda sind die Wahrsager. In Brasilien richtete der Hauptling unter Zuziehung des Paje oder Zauberpriesters (s. von Martius).

1) Das Land war in drei Theile getheilt, von denen einer dem Volke gehörte, die anderen beiden (der des Sonnentempels und der der Incas) durch eine dreimonatliche Frohnarbeit bestellt wurden. Die Bebauung fand in Reihenfolge statt, die des Volksantheils zuletzt, und hier wurde das fur den Unterhalt von Kranken, Wittwen und Soldaten bestimmte Land früher in Arbeit genommen, als das allgemeine. Alljährlich fand eine neue Vertheilung Statt nach Zahl der Kinder. Für unfruchtbare Jahre dienten Staatsmagazine (wie in China). Le dénombrement des Souy fut destiné à reporter l'impôt sur les terres cultivables des propriétés particulières, et même sur celles qui étaient incultes, faute de propriétaires et qui furent louées par le gouvernment sous le nom de champ de rosée aux individus en âge valide. Ceci était un usage des Wey, des Heou-tcheou, et il fut continué par les Souy (Biot). Le Kong-tien (le champ de l'état) formait du dixième au neuvième de l'étendue totale du terrain cultivé (s. Biot) en Chine. La répartition des terres tching nie tien (champs du parfait devoir) se fit par tête d'individu mâle (ting, complet ou moyen) sous la dynastie Souy (s. Biot). L'usage de donner des champs à cultiver aux individus ting (dans l'âge du travail) et de les retirer, quand ces individus ont atteint l'âge du repos, se trouve encore sous les Petsy, qui succedèrent aux Heou-wey. Landed property is held in clans or families as much as possible, but it is not entailed, nor are overgrown estates frequent. The land is held as a freehold as long as the sovereign receives his rent, which is estimated at about one tenth of the produce, and the proprietors record their names in the district magistrates office as responsible for the tax, feeling themselves secure in the possession while that is paid. The paternal estate and the houses upon it descend to the eldest son, but his brothers can remain upon it, with their families and devise their portion in perpetuo to their children, or an amicable composition can be made, daughters never inherit, nor can an adopted son of another clan succeed. A mortgage must actually enter into possession of the property and make himself personally responsible for the payment of the taxes, before his mortgage is valid, unless explicitly stated, the land can be redeemed any time within thirty years on payment of the original sum (Williams) in China. Der chinesische Boden, als Eigenthum der Gesammtheit, wurde anfangs vom Kaiser vertheilt, der ihn zu seinem unmittelbaren Besitz bestimmte oder (an Familienglieder und Staatsmänner) als erbliches Majorat ertheilte (mit weiterer Belehnung an Afterlehnsleute aus den Seitenzweigen der Familie), wobei ein jeder Li an Oberfläche in neun Theile getheilt und von 8 Familien bewohnt, der in der Mitte liegende Theil für den Fürsten (oder bei Kronländereien für den Kaiser) bearbeitet wurde. Später wurde Jedem erlaubt, so viel Boden zu be-

(des Saalhofes oder der curtis dominica) von je acht Familien gemeinsam bearbeitet (in Kronländereien für den Kaiser). Als aber (221 a. d.) aus dem Staatseigenthum des Bodens Grundeigenthum geworden, folgten aus der Zunahme der Bevölkerung und der Zerstückelung die schroffen Unterschiede zwischen Herrn und Knecht, indem (wie bei der Latifundienwirthschaft in römischer Kaiserzeit) die wachsenden Gütercomplexe der Reichen die der Geringeren verschlangen und sie selbst in den Sklavenstand überführten, bis dann unter der Tang-Dynastie eine neue Ordnung mit Bekräftigung des Besitzes eintrat.

Das Lehen hat seinen Ursprung bei den Römern (im Beneficium der Veteranen). Der Vasall (ein Lehnstand aus den germanischen Clienten oder Gesellen) war seines Herrn Diener (im persönlichen Dienst). Allmählig führte sich der Brauch ein, dass man Jemandes Beneficiarius zu werden, anfangen müsse, dessen Vasall zu sein (Buat). Die Ministerialen [1]) machten eine Abtheilung des Adels aus, die weit

arbeiten, als er Gelegenheit fand und das in Besitz genommene Land zu seinem Grundeigenthum zu machen, so dass aus dem Staatseigenthum des Bodens ein Grundeigenthum wurde (221 a. d). Da die zunehmende Bevölkerung und Zerstuckelung des Reiches einerseits Verarmung, andererseits Entstehung grosser Güter in den Handen der Reichen zu Folge hatte (und viele frühere Besitzer Pächter wurden, die dann aus Durftigkeit sich und die Ihrigen in die Sklaverei geben mussten, wahrend einzelne Reiche grosse Landereien besassen, die sie bearbeiten liessen), so traf die Dynastie Tang (620—709 p. d.) die Abhulfe, jedem Hausstand ein Stück Land zu immerwährendem Besitz (und jeder rustigen Person ausserdem ein Stück zu zeitweiligem Besitz für Anlage von Baumgarten) zu geben, wobei den verschiedenen Ständen verschieden grosse Stücke zuertheilt wurden, mit dem Beding, dass Niemand seinen Antheil verkaufen, verpfänden oder von einem Anderen bearbeiten lassen sollte (doch folgte aus der freien Verfügung, die dem Besitzer gelassen war, bald wieder Ungleichheit des Grundeigenthums). So lange der Pächter richtig zahlt, kann er nicht entfernt werden. Grundeigenthum lässt sich durch Ankauf, Erbschaft und Urbarmachung (auch unter Vorschuss der Regierung) erwerben. Ausser den Kronländereien finden sich in der Nähe der Hauptstadt Heerländereien, die bei der Eroberung dem Heere (in erblichen Besitz) überlassen waren.

1) Die freien Leute und die Aftervasallen wurden unter der allgemeinen Bezeichnung der Getreuen (die den Eid der Treue geschworen) begriffen. Die Aehnlichkeit der grösseren Allodien (deren Eigenthümer Vorrechte erlangten) mit den Ritterlehnen gab Veranlassung, sie unter dem Namen der Sonnen- oder Gotteslehnen als unabhängig von jeder wahren Lehnsverbindung zu bezeichnen (s. Sachse). Libanius bittet den Kaiser um Abstellung des Missbrauchs, der mit den Patrocinia getrieben wurde (im IV. Jahrhundert p. d.). In grösseren Dörfern, welche mehreren Eigenthümern gehörten, erkauften sich die Bauern den Schutz der dort stationirten Soldaten (für Straflosigkeit), und widersetzten sich mit Gewalt jeder Steuerzahlung. In anderen Dörfern, die einem einzigen Herrn untergeben waren, suchten die Bauern den Schutz militärischer Befehlshaber, hauptsächlich, um sich ihren Gutsherrn widersetzen zu können. Gegen Juden, der sich der Unterstützung eines Dux versichert, verlor Libanius seinen Prozess, da der Richter mächtige Leute nicht reizen wollte. Dass sich theils ganze Dörfer, theils einzelne Bewohner derselben und zwar sowol Colonen als Eigenthümer unter

unter dem Adel der freien Leute und der freien Vasallen stand (Buat). Ein Herr gab seinem Hausdiener niemals ein Allodium, das er, ohne dienstpflichtig zu sein, hätte besitzen können. Bis das Wort feudum gewöhnlich wurde (XIII. Jahrhundert), bildet im Mittelalter (seit dem VIII. Jahrhundert) Beneficium die ausschliessliche Bezeichnung für Mannlehen, Ritterlehen, also ein nach den Grundsätzen des Lehnrechts verliehenes Gut, von dem Lehndienst zu leisten ist (s. Roth). In der carolingischen Zeit wurden mit Beneficien [1]) alle Verleihungen

---

den Schutz (patrocinium, clientela, defensio) aller Arten von Militär- und Civil-Beamten begaben, um sich der Steuerpflicht zu entziehen (wobei der Schutz durch Abtretung des Bauernhofes erkauft wurde) belegte Theodosius als ungesetzlich mit Strafen. Tradunt se ad tuendum protegendumque majoribus, dedititios se divitum faciunt, et quasi in jus eorum ditionemque transcendunt (Salvianus). Die nöthige Kriegsmunition, bestehend hauptsächlich in Steinen, und das übrige Kriegsgeräth (ferramenta quod in hostem ducunt), zumal Schilde, Lanzen, Köcher und Bogen, waren dem Heere nachzuführen. Auf den Wagen sollten tüchtige Schützen stehen (illos homines qui exinde bene sciant jactare), theils zur Vertheidigung jener Wagen, theils auch, um von den Wagen herab zu streiten, wie dies die sog. Wagenreiter des späteren Mittelalters zu thun pflegten (s. L. v. Maurer). Bei den Sachsen sollten bei entfernteren Heerzügen immer Fünf den Sechsten und bei weniger fernen Zwei den Dritten ausrüsten, bei den Friesen stets Sechs den Siebenten. Nur zur Vertheidigung des Vaterlandes sollten Alle marschiren. Ressemblance of fiefs (as in the relation of patron and client in Rome) may be found in the Zemindars of Hindusthan and the Timariots of Turkey. The clans of Highlanders and frish followed their chieftain in to the field, but their tie was that of imagined kindred and birth, not the spontaneous compact of vassalage (Hallam). Von den einer Verschwörung gegen Brunehilde angeklagten Staatsbeamten, erzählt Greg. T., dass sie ihre Beneficialländereien (res, quas a fisco meruerant) zur Strafe verloren, das Alode (quod habere proprium videbantur) in ihrem Besitz blieben (Gaupp). Der Name der Cherusker wird von heru oder cheru (Schwert) hergeleitet. Wenn Frau Holla (Wuotan's Gemahlin) ihr Bett macht, so schneit es auf Erden (Luft voll Federn bei Herodot). In Ostfriesland bringen die von alten Weibern ausgeschütteten Bettfedern den Schnee. In Friesland konnte die Einrichtung des Lehnswesens oder Feudalismus keine Wurzel schlagen (s. Klopp). Graf Adolf II. lud viele Holländer und Friesen ein, sich zwischen seine Holsaten in dem ehemalig slavischen Lande niederzulassen und den fruchtbaren Boden zu bebauen. Als ihr Feldzeichen den Hut auf eine Stange erhebend, zogen die Stedinger zur Zerstörung des Schlosses Lichtenberg (1180). Centralasien, aus dem die Flüsse (wenn nicht nach Innen in Binnenseen endigend) nach allen Richtungen fortgehen, ist (nach indischem Bilde) wie eine auf der Wasserfläche schwimmende Schildkröte, die ihre Füsse nach allen Seiten hinstreckt. Humboldt vermuthet, dass die Feuerhöhle östlich von Tsang-ling in den Meridianen von Khotan und Keria (die der Lage des Vulkan Peschan im Thianschang entsprechen) angehöre [Prometheus]. Huc sah im Kin-Scha-Kiang (Goldsandfluss) 50 wilde Rinder im Eise incrustirt, die beim Ueberschwimmen eingefroren waren. Die Quellen des Hoangho heissen wegen der Seen Hotu-nnor (Sternen-Meer).

1) Verschieden von den Beneficien (als ethische Verbindung) waren die gewöhnlichen Precarien (vertragsmässigen Charakters) meist auf fünf Jahre beschränkt. Die Stellung, die bei Verleihung von Kirchengut die

unterschieden, mit denen eine Commendation verbunden gewesen (nach Waitz). Als seit Gründung neuer germanischer Staaten [1]) in

precaria einnimmt, hat bei Verleihung des Fiscalguts die lebenslängliche proprietas (Roth). Wo das Beneficium mit vasallitischer Verpflichtung zusammentraf, war die Erfüllung der darin liegenden Verbindlichkeit die Voraussetzung und ihre Versäumniss hatte Einziehung zur Folge (Roth). Im Mittelalter bildete die Vasallität ein durchgehendes Criterium der Freiheit, nur Vollfreie können Vasallen sein (mit dinglicher Abhängigkeit). Mit dem häufigen Besitzwechsel (seit Carolus M.) fanden sich nicht nur Mansi ingenuiles im Besitz von Liten und Mansi lidiles im Besitz von freien Colonen, sondern häufig auch schon Mansi serviles in den Händen von Liten und noch häufiger Mansi serviles in den Händen von freien Colonen, und Mansi ingenuiles selbst schon in Besitz von unfreien Leuten (servi), während die Unfreien meistens noch Mansi serviles inne hatten (s. L. v. Maurer). Die römischen Colonen hatten einen jährlichen in Früchten oder Geld bestehenden Canon zu entrichten (s. Maurer). Bei der von Römern erbetenen Tuitio, werden von Theoderich M. die waffenkundigen und der gothischen Nationalität angehörigen Sajonen zugetheilt, um die von ihren Stammgenossen drohenden Angriffe abzuwenden. Durchgängig unterscheidet man noch im IX. Jahrhundert bei allen grösseren Gütern den Haupthof (mansus indominicatus) und die damit in Verbindung stehenden Bauernhöfe, die nach den ihnen auferlegten Abgaben als mansi ingenuiles, lidiles und serviles bezeichnet werden (wie die Unterscheidung zwischen Hoffeld und Bauernfeld sich noch in Holstein, Mecklenburg u. s. w. findet). In jedem grösseren Testament (IX. Jahrhundert) werden coloni accolani oder homines commanentes erwähnt, die auf dem Grund des Herrn sich finden und denselben bebauen. Während kirchliche Beneficien (wie Beneficien überhaupt) regelmässig nur auf die Lebenszeit des Verleihers und Beliehenen constituirt wurden, und daher mit dem Tode des Verleihers heimfielen, wenn nicht eine neue Verleihung erfolgte, tritt für Precarien ganz bestimmt das Gegentheil hervor. Nach der ursprünglichen Einrichtung wurden sie auf bestimmte Zeit der Lebenszeit des Inhabers ausgestellt, und alle fünf Jahre erneuert. Durch diese letztere Bestimmung ist die Anwendung des Thronfalles von selbst ausgeschlossen (Roth). Jeder Inhaber eines Bauerngutes (mansus), war und hiess ein Colone oder ein Bauer (mansuarius), gleichviel ob ein Unfreier, Höriger, Freigelassener oder Freier (ingenuus oder homo liber). Wer aber kein Bauerngut, sondern nur ein sog. leeres Häuschen (casa) erhalten, den nannte man einen Kossaten (cosatus oder casatus), späterhin einen Köthen (s. L. v. Maurer). Die bisher dingliche Abhängigkeit der freien Colonen wurde (VII.—VIII. Jahrhundert) auch eine persönliche. Das blosse Wohnen auf grundherrlichem Boden, auch ohne ausdrückliche Unterwerfung (commendatio) reichte hin, den freien Colonen zu einem Hörigen (homo) des Grundherrn (dominus vel patronus) zu machen. Nachdem gewählt war, durfte weder der Hiredman seinen Hlaford, noch dieser jenen verlassen (im angels. Recht). Wie andere Grenzsoldaten, hatten die Laeten in den ihnen überlassenen Ländereien (terrae laeticae) ein erbliches (vielleicht selbst schon ein dingliches) Recht (s. v. Maurer). Die von Liten besessenen Mansen nannte man mansi lidorum, mansi lidi, oder auch hubae lidorum (mansi lidiles oder lediles). Die von Lazzen, Barschalken, Aldionen und von den freien Colonen und Fiscalinen besessenen Mansen und Huben hiessen auch hubae lazes (lazeshubae), hubae parschaliorum, terrae aldionum, mansi fiscalinorum. Die Mansen und Huben der Unfreien heissen dagegen mansi servorum (hubae serviles).

1) From the nucleus of Norwegian settlement in the Isles and Ireland, numbers of warriors have poured over to the coast of Cumberland, until

ehemaligen römischen Provinzen Gefolgewesen durch die Austheilung von Beneficien an die einzelnen Leudes eine dingliche Basis erhielt, bildete es sich zum Lehnswesen aus (in Verleihung von Beneficien). Nach Roth kannte die merowingische [1]) Monarchie neben den gewöhn-

---

al last they met with their danish brethern (s. Mundt). Les facultés se développent plus facilement partoùt où l'homme, fixé sur un sol moins fertile, et forcé de lutter contre les obstacles que lui oppose la nature, ne succombe pas à cette lutte prolongée (Humboldt). Die ἔγκτησις oder das Recht des Grundbesitzes war in der Regel den Nichtbürgern versagt (in den griechischen Staaten). Tandis que Dubouchet, appuyé sur l'autorité et sur les notes de Duchesne faisait remonter les Capétiens, par Ansbert et Blithilde, jusqu'aux préfets du prétoire de la famille gallo-romaine de Tonantius Ferreolus, et que Chantereau-Lefèvre, s'arrêtant à mi-chemin, se contenait de les faire descendre de Saint-Arnulf, l'ancêtre officiel des Carolingiens, d'un autre côté Chifflet, l'implacable adversaire de la loi salique, leur donnait pour auteur un cadet de la maison des Welf de Bavière, réservant les honneurs du droit de primogéniture pour la maison de Habsbourg, qui descendait de l'ainé (Rabanis). Man suchte die Capetinger mit den Carolingern und diese mit den Merovingern zu verbinden. Vandregisilus wird homo ligius genannt in der Bestimmung über das Kloster Alaen 1832. Arnoldus (fils du comte Aymon de Perigueux) tenait le duché de Gascogne en qualité de neveu et d'héritier de Sanche - Sancion (Sancius-Sancii ou Sanche, fils de Sanche). Sancius-Sancii (frère d'Aynar ou Asinarius) ou Sanctius-Sanctii (in d. Annal. v. Metz) garda le gouvernement de la province de l'Espagne citerieure (citerioris Hispaniae), malgré l'opposition de Pépin II., roi d'Aquitaine (836) [Sancus]. Nach der Chronik von Tolosa (bei Bertrandi) besiegte der Herzog Totilus, der über den Stamm der Vasconen oder Vacceer herrschte, die plündernden Normannen an der Garonne. Pendant les ravages des Danois (Daphni) dans l'Aquitaine, la Vasconie était pillée par le tyran Totilus (s. Rabanis). *Βανδίλοι δὲ ἀμφὶ τὴν Μαιῶτιν ᾠκημένοι λίμνην, ἐπιδὴ λιμῷ ἐπιέζοντο, ἐς Γερμανούς τε, οἳ νῦν Φράγγοι καλοῦνται καὶ ποταμὸν Ῥῆνον ἐχώρουν, Ἀλανοὺς ἑταιρισάμενοι, Γοτθικὸν ἔθνος, εἶτα ἐνθένδε, ἡγουμένου αὐτοῖς Γοθιγιόκλου ἐν Ἰσπανίᾳ ἱδρύσαντο* (Procop). Subversis memerata plagarum grassatione Hispaniae provinciis, barbari ad pacem ineundam, domino miserante, conversi, sorte ad habitandam sibi proviciam dividunt regiones. Gallaeciam Wandali occupant et Suevi, sitam in extremitate Oceani maris occidua, Alani Lusitaniam et Carthaginienses provincias, et Wandali, cognomine Silingi, Baeticam sortiuntur. Hispani per civitates et castella residui a plagis, barbarorum per provincias dominantium se subjiciunt servituti (Idatius). Die tarraconensische Provinz (mit mancher der bedeutenderen Städte) blieb noch unter römischer Herrschaft.

1) In der merovingischen und carolingischen Monarchie sind mit Ausnahme von Sachsen alle Freien sich ebenbürtig, nur insofern sie Grundbesitz haben oder nicht, wird ein Unterschied unter ihnen gemacht (Rachimburgi, boni homines), der sich zunächst auf gerichtliche Verhältnisse (Besitzer, Zeugen) beschränkt (P. Roth). Les compagnons (comites) du chef (dux), choisi pour commander l'expédition, reçurent de lui des portions du territoire conquis, sous la condition d'hommage et de service militaire. Ces leudes ou fidèles, devenus grands vassaux du roi, cédèrent à d'arrière-vassaux, sous des conditions semblables, des parties de ces vastes domaines. Ils furent aussi seigneurs suzerains dans leurs fiefs, ils eurent des Tenanciers, à charge du vasselage, qui parurent s'en créer à leur tour en subdivisant leurs portions (et ainsi se ferma la chaîne féodale). Unusquisque liber homo post mortem domini sui licentiam habeat, se commendandi inter

lichen Unterthanen nur Antrustionen (kein Institut der Leudes) und ist die Verleihung von Beneficien, sowie die in Folge des Seniorats erfolgende Uebertragung obrigkeitlicher Rechte eine carolingische Neurung aus dem VIII. Jahrhundert. Die Hörigen des Königs waren (als Denarialen) über die übrigen Hörigen bevorzugt (nur wenig von den Gemeinfreien verschieden) und ähnliche Rechte nahm die Kirche für ihre Hörigen in Anspruch, deren Zahl dadurch sich mehrte, dass

---

haec tria regna ad quemcunque voluerit. Similiter et ille qui nondum alicui commendatus est (Capit) 806 p. d By private persons the voluntary contract (of commendatio with payments of salvamenta) was frequently changed by the stronger party into a perfect feudal dependance (Hallam). Ermin-fried (on a war breaking out) renewed the ceremony (of homage) to Count Burchard (being desirous to give assistance), since it is not nor has been the practice in France for any man to be concerned in war, except in the presence and by the command of his lord. Conrad II. machte das Lehen erblich (1037 p. d.) durch das Edict von Mayland. Friedrich Barbarossa bestimmte, dass in jedem einem Heern geleisteten Feudal-Eid die Unterwürfigkeit gegen die Kirche gewahrt sein sollte. Vor einem Krieg mit dem Fürsten, musste der Vasall seine Lehnspflicht absagen (um nicht Verrath zu üben). A vassal (in many places) was bound to reside upon his fief or not to quit it, without the lord's consent (remanentia). Forty days was the usual term, during which the tenant of a knights fee was bound to be in the field at his own expense (Hallam). According to the custom of Beauvoisis the vassal was not bound to go beyond the lord's territory. Relief (relevium) was due from every one of full age, taking a fief by descent. Frèrage wurde beschränkt unter Philipp August. In the species of fief (called grand serjeanty) lands were hold for services performed to the king (s. Littleton). According to Muratori the commonest mechanical arts were carried on in the houses of the great by persons receiving lands upon those conditions. The Anglo-Saxon thanes decided civil and criminal suits in their own county-courts (which constitution survived the conquest). In einer alten Handschrift der goldenen Bulle wird der Titel Barone durch Landesherr interpretirt (s. Schilter). Die Freiherren oder Dynasten von Wanberg besassen ihre Herrschaft als „uralt Eigenthum", welches sie von Niemanden, als von „Gott und der Sonne" zu Lehen nahmen. Von den Thuliten (zu denen die jagenden Scrith-Finni gehörten) nahmen die Gauth die Heruler auf (nach Procop). Nach Warnefrid nannten sich die Scrith-Fins Springer. Scri-Finnien erstreckte sich (nach Olaus) zwischen Biarmien und Finn-Markien. Von den Pezinaten getrieben, drangen die Ungarn (889 p. d.) aus Scythien aus den Sümpfen des Tanais hervor (nach Rhegino), als Pfeilschutzen (die Haare rasirend). Das (nach Besiegung der Avaren) von Slaven und Baiern besetzte Land wurde durch die Ungarn eingenommen. Die den Mazari (Madgiaren) und Uzen benachbarten Türken des Westens bewohnten (zwischen Don und Dnieper) Lebedia (den Chazaren unterworfen), als Sabaertasphal. Von den Patzinaciten verdrängt, theilten sich die westlichen Türken in einen westlich nach Atel-Cazu oder Patzinacien abziehenden Theil und einen (unter dem Namen Sabartaesphal) nach Osten sich an den Grenzen Persiens niederlassenden (Const. Porph). Die Ugren oder Madjaren kamen über den Tanais nach Europa (Aventinus). Juhrien oder Ugrien war (nach Otrococksi) das Vaterland der Saraguri, Ugori, Unogori, Hunugari, Uiguri, Uturguri, Cuturguri. Der Gesandte Sandil's (König der Uturguren) brachte eine mündliche Botschaft nach Konstantinopel (in erster Person redend).

das Schutzrecht über jeden (von wem immer) freigelassenen Leibeigenen der Kirche zufiel. Die Könige mehrten die Zahl ihrer Hörigen durch die in den fränkischen Capitularien (und angelsächsischen Gesetzen) ausgesprochene Erklärung, alle Freien in ihren Schutz nehmen zu wollen, die weder Antheil am freien Grundeigenthum hätten (also keine Berechtigung zu staatsbürgerlicher Selbstständigkeit), noch aus eigener Wahl einen Schutzherrn. Die Ausdehnung des königlichen Schutzes über das ganze Staatsgebiet (alle Einwanderer und Fremde einbegreifend) veranlasste die Entstehung der niederen Staatsbürgerklasse, die als freie Landsassen bezeichnet wurden (indem Solche, die nicht in weiter specielles Verhältniss zu einem königlichen Schutzherrn [1])

[1]) In den longobardischen Gesetzen hiess der Adoptirte (dem volle Freiheit zukam, wie dem Ingenuus) vollfrei, während für die Adoption in den skandinavischen Gesetzen der Name Attleiding (Aufnahme in die Verwandtschaft) gebräuchlich war. Wenn Jemand seine Leibeigenen am Altare freilässt, so sei er volkfrei (folcfry), heisst es in den angelsächsischen Gesetzen. In den skandinavischen Gesetzen finden sich die Hörigen des Königs und der Kirche den Ingenuis gleichgestellt. Eliguntur in concilio principes, qui jura per pagos vicosque reddant (nobiles oder Höfdingiar). Insignis nobilitas aut magna patrum merita principis dignationem etiam adolescentulis adsignant (Tacitus) bei den Germanen. In Folge wiederholter Empörungen mussten die fränkischen Könige Viele ihrer Anstructionen durch den Vertrag von Andlo (584 p. d.) und durch den von Paris (615 p. d.) ihres Dienstes entlassen, ohne jedoch ihre Beneficien einziehen zu können, so dass die Entlassenen nun einen privilegirten Stand bildeten, bei dem von Beneficialnexus so wenig mehr die Rede war, dass er vielmehr seine Rechte eigenthümlich besass und kraft Geblütsrechts auf seine Nachkommen vererbte (s. Sachse). Als die Provinzialkönige der Angeln und Sachsen den Königen von Mercia und Wessex (und dann auch Mercia und Wessex) erlagen, verloren viele der Gefolgschaften ihre bisherigen Herrn und zogen sich (den Dienst des neuen Königs verschmähend) nach ihren Beneficien zurück (die sie jetzt als freies Eigenthum besassen) in fortdauerndem Genusse der bisherigen Privilegien (obwohl im Heerbann dienend), als Erbadel (dessen Vorrechte dann auch auf andere in gleichem Dienst übergingen). Nachdem ein Theil des Grundeigenthums bei der Eroberung abgetreten war, wurden die übrigen Besitzungen des Thans (durch den Verlust des bisherigen Besitzers) in freies Grundeigenthum verwandelt. Als ohne Lehnsverhältnisse frei, sank indess der (bald unterdrückte) Adel der Angelsachsen (neben dem normannischen Lehnsadel), indem sich zugleich (statt untheilbarer Lehen) der Reichthum in wenigen Generationen unter den Erben zersplitterte, zu der Klasse der Freeholders hinab, in der die königlichen Thans mit den früher andere Thans verschmolzen. Der Rang eines Königs-Thans, dem nun die Gefolgschaften des Oberkönigs zukam, wurde (nach Befreiung von der Oberherrschaft des Königs von Kent) auch auf die Thans der anderen Könige übertragen. — Der Inbegriff der staatsbürgerlichen und vorzüglich derjenigen Rechte, durch die Jemand zum Mitgliede eines besonderen Standes wird, hiess in der altdeutschen Rechtssprache Freiheit. Je nachdem also die Freiheit Jemands von grösserem oder geringerem Umfange war, gehörte er einem höheren oder niederen Stande an (Sachse). Vriheit de is aver drierhande, scepenbare lüde, die der biscope senet süken solen, plechhaften, der dumproveste, lantseten, der ercepriestere (sächsiches Landrecht). Der Ausdruck liber ist oft von allgemeinerer Be-

treten, als eine Classe freier Staatsbürger betrachtet wurden). Unter den Hörigen auf den königlichen Domainen entwickelte sich (ähnlich wie früher der Adel aus dem Lehnsverhältniss) der begüterte Stand der Ministerialen, die (mit dem für Kriegsdienste im Heere vom König Belehnten) den niederen Adel bildeten (s. Sachse). Wie Liten und Lazen stammten die freien Colonen oder Mansuarii (neben unfreien Colonen oder Homines und Servientes) meistens von unterworfenen freien Völkerschaften oder auch von solchen Colonen her, denen Fronländeren in früheren oder späteren Zeiten zur Bebauung [1]) gegeben

deutung, indem er zugleich für Leute gebraucht wird, die eine volle staatsbürgerliche Freiheit nicht besassen. Bezeichnender für vollkommen Freie ist dagegen ingenuus, obwohl auch die Bedeutung dieses Worts später mitunter schwankend ist (s. Sachse). Als die carolingischen Könige an die Stelle der älteren Beneficien die Lehen setzten, musste der ältere Adel (der sich aus dem fränkischen Antrustionenstand entwickelt) bald ganz vor ihren Vasallen zurückweichen, in deren Hände alle Aemter fielen. Alii quidem dicuntur simpliciter Barones, alii Semperbarones. Semperbaro is est, ut nulli ad fidelitatis adstringatur juramemtum (Petrus de Andlo). Semper von altn. Zeitwort at semina oder Frieden wirken (befrieden) mit altn. Hauptwort semia (Friede oder Vertrag) und der angehängten Silbe sam im Deutschen. In Frankreich und England unterschied man zwei Arten des Lehnseides, indem der serment de fidélité von denen geleistet wurde, die nur persönlich, nicht aber in Rücksicht auf bestimmte Güter, dem Lehnsherrn sich verpflichteten, während das Homage eine Güterverleihung voraussetzte (s. Sachse). In Deutschland wurde unter homagium der Unterthaneneid verstanden. Celui qui rend la foi et homage ligement, doit être sans éperons, à genoux, les mains jointes dans celles du seigneur. Celui qui rend l'homage simple, a son épée de côté, se tient debout et a la main libre, sans s'obliger à servir envers et contre tous (Capefigue). Ligium von ligatis manibus. Die Vasalli ligii standen in einem strengeren Abhängigkeitsverhältniss, weshalb für die non ligii der Name Vasalli liberi, für die ligii dagegen Vasalli solidi oder absoluti gebräuchlich war (s. Sachse).

1) Die Hospites (fremde Ansiedler) bebauten gastweise (nach dem Sachsenspiegel) fremden Grund (gegen Pachtzins). Die advenae oder (Baluz) Albani (aubains oder adventitii), die keine Colonen (also keine hospites) geworden waren, mussten sich in den Schutz eines Herrn (senior) begeben (und waren sonst vogelfrei). Sie konnten freie Leute (Franken, Burgunder, Alemannen, Baiern, Sachsen, Friesen oder auch Römer) sein (als fremde Abkömmlinge), aber auch Hörige (homines). Auch die von den Normannen und anderen feindlichen Völkerschaften Vertriebenen, welche sich im fränkischen Reiche einem Schutzherrn unterworfen hatten, wurden advenae oder adventitii genannt (s. L. von Maurer). Frige landsazen, geburen, di frie sint (im Schwabenspiegel). Die unter den Söhnen Carl Martell's hervortretende Säcularisation (als allgemeine Theilung zwischen Kirche und Staat) steht mit der im VIII. Jahrhundert eintretenden Verfassungsänderung (der Entstehung des Senoriats und der ausgedehnten Beneficienverleihung) in Verbindung und ist dadurch veranlasst (Roth). Nach Waitz erscheint die divisio (nicht als eine Verschlechterung, sondern) als eine Verbesserung in der Lage der Kirche, da das Abkommen schon als ein Zurückgeben (reddere) betrachtet wurde, gegenüber dem Zustande unter Carl Martell, wo die Kirchen und ihre Güter ganz in die Hände der Weltgeistlichen übergegangen waren. Nach Roth wird die divisio (nicht als ein Arrangement oder eine Verbesserung der Lage, sondern) als ein schweres

waren. Als freie Leute waren sie waffenfähig (exercitales) und konnten selbst wieder Unfreie (servi) besitzen. Als nicht vollfreie hatten sie einen Herren (dominus) und gehörten (obwol liberi oder ingenüi) zum Grund und Boden (s. L. v. Maurer). Besser als die eigentlichen mancipia, servi waren gestellt die originarii, coloni, glebae adscripti. Sie durften nach römischem Recht nicht ohne die Scholle veräussert werden, von Theoderich aber wurde hierin das bisherige Recht geändert (und zwar in Geiste des ältesten germanischen Rechts), indem er sie den servis gleichstellt, so dass sie fortan zu famuli urbani gemacht oder auf ein anderes Grundstück des Herrn versetzt oder ohne die Scholle [1]) verkauft werden können (Dahn). Die Grossen, die (unter

Unglück charakterisirt. Die divisio bestand in einer theilweisen Einziehung des Kirchengutes im ganzen Reich. Das eingezogene Kirchengut, das von dem König an die einzelnen Inhaber als Beneficium verliehen wurde, bildete mit dem Reichsgut die materielle Grundlage der mittelalterlichen Staatseinrichtungen (s. Roth). Die Verleihung als Beneficium bot für das Bestreben, die Rechte der Kirche an dem eingezogenen Gut zu conserviren, einen passenden Anhaltspunkt (als vorübergehende zu betrachten, die, wenn kein Bedürfniss mehr vorhanden, ihre Wirksamkeit verlieren solle). Indem das eingezogene Kirchengut als königliches Beneficium vergeben wird, mehren sich (mit dem IX. Jahrhundert) die Beneficienverleihungen. Die Schutzhörigen (homines oder leudes oder Vogtleute) waren (wie Liten und Freigelassene) gar nicht vollfrei, aber doch persönlich frei (als tabularii). Wenn ärmere Freie, welche nichts zu leben hatten, für Kost und Kleidung und lebenslänglich in die Dienste des Schutzherrn traten, konnte die Ingenuität vorbehalten werden, und sie konnten (gegen Zurücklassung alles dessen, was sie von ihrem Schutzherrn erhalten) dessen Dienst wieder verlassen und sich einem anderen Herrn unterwerfen (s. L. v. Maurer). Noch im IX. oder X. Jahrhundert haben sich freie Gutsbesitzer zu Wolen in der Schweiz mit ihrem Grundbesitz in den Schutz eines reichen Gutsbesitzers (Guntramnus) begeben und sind dessen zinspflichtige Leute geworden. Die Amund (a-mund) waren aus dem Mundium entlassen (bei den Longobarden). The peers were called Barones majores, the gentry Barones minores, and all who were possessed of a certain portion of land, holding of the crown and erected into a barony were of that last class and were also called free Barons. Indem der Vater sein Land unter die Söhne in kleine Besitzungen vertheilt, aber sie unter ein gewisses Verpflichtungsverhältniss zu dem ältesten Bruder bindet, bildet sich das Familienverhältniss der Clangenossen. Patronus (nach Festus) war Pater, als Vater der Clienten (wie dieser der Kinder). Der von den zwölf Edelsten aus den vier Tetrarchiis zum Richter Erkorene „ist ihr aller Oberster gewesen, der sich aber königliches Namen nicht gebrauchen dürffen, wenn aber Kriegssachen vorgefallen, dass man einen Zug thun müssen, oder sich anderer Völker wehren, so erwehleten sie alsdann aus den zwelff Edelen Vierfürsten Einen zum König (nach der Mansfeldischen Chronik).

1) Theoderich verbot die Unsitte, die Namen von Vornehmen, als angeblichen Eigenthümern, an Häuser anzuheften, was nur der Fiscus darf. No land can be sold except by the chief, to whom it is by a sort of legal fiction supposed to belong, and even he cannot sell it to any except a native Araucanian, under penalty of death. „Upon the division of the conquered lands among the German tribes, the shares of all the freemen would be alike and that portion which was the allotment of each would

den Germanen) kleine Völker beherrschten, veränderten ihre Unabhängigkeit [1]) sie als gehorsame Gesellen (socii morigeri) eines mächtigen

---

afterwards be regarded as the distinguishing mark of a freeman, and the requisite qualification of a member of the national assembly, or (among the Anglosaxons) the wittenagemote" (s. Patton). Bei Abtretung der Sabaudia wurde den Burgundern das Land zur Theilung mit den Eingebornen angewiesen (nach Prosper Tiro). Gothi sedes in Aquitania acceperunt (Idat.) per Constantium revocati. Die mit Grundstücken durch königliche Munificenz Beliehenen heissen Leudes, Fideles regis (nach dem westgothischen Gesetzbuch) Die gothische Sors (in Spanien) war frei von Grundsteuer, die romische Tertia aber grundsteuerpflichtig, auch wenn in die Hande eines Gothen gelangend (s. Gaupp). Wahrend der Vasall das Gut wegen seines Dienstes (mochte derselbe bereits vor der Ertheilung des Guts geleistet sein oder erst nachher zu erwarten stehen) erhielt, bildete das dem Villicus gegebene Gut den Gegenstand, hinsichtlich dessen derselbe den Dienst auszuüben hatte (Wippermann), unter den bona officialia. Die Villici waren einestheils Verwalter fremden Gutes, anderntheils Rentbeamte. Ihrem Stande nach waren die Villici Hörige (doch wurden auch Freie Villici). Die Villici wurden aus Gutsverwaltern Pachter der Güter, die sie in jener Eigenschaft bisher inne gehabt (Wippermann). Urkunden aus dem XIII. Jahrhundert nehmen villicatio und Meierhof für identisch. Im schwäbischen Lehnrecht, im jus feudale alemannicum wird „gud daz man umb zins libet" und „gut to tinse" mit bona emphiteutica übersetzt (Zinslehn oder Emphyteusis). Die über die landwirthschaftliche Benutzung der den Meiern verliehenen Güter geltenden Bestimmungen bildeten sich (XV. Jahrhundert) als Meier- oder Colonatsrecht aus (s. Wippermann). In Norwegen hiess der oberste Gefolgsmann des Königs (ebensowohl wie der Knecht eines jeden Bauers) Hauskerl oder huskarl (huskarlar) oder später Hirdhmenn (Hofleute). Die Antrustionen bildeten die Vertrauten (Trût oder Drudi) und Hausgenossen (convivae oder commensales) des Königs. Bei Westgothen und Vandalen nannte man die Haus- und Hofdiener (domestici oder aulici) Gardingi (gardingi regis oder seniores palatii atque gardingi) von gardung und garda (gardianus oder gardien). Die Sindmanne (in Baiern) gehörten zum Hausgesind (s. Maurer). Schon in der Merovingerzeit hatten alle Angesessenen dem König einen Eid der Treue zu leisten, so dass sie alle seine Fideles oder Leudes waren. Carl Martell liess sich als Kaiser (802 p. d.) nochmals den Unterthaneneid leisten. An der Spitze der christlichen Gemeinden stand ein Collegium von πρεσβύτεροι (Seniores) oder ἐπίσκοποι mit einer Anzahl διάκονοι (Diener), die mit jenen die christliche Obrigkeit (κλῆρος oder ordo) bildeten im Gegensatz zu den Laien (λαός). Seit der Reformation constituirte sich die Kirche in das Zusammenwirken des Lehr-, Nähr- und Wehrstandes (status theologicus, oeconomicus und politicus). Das Servitium des Lehndienstes ist der als Mann (homo) seines Senior zu leistende Kriegsdienst (zu Pferde).

1) Die Bayern machten einen Bund (foedus) mit den Franken, wonach sie einen Herzog wählen sollten, der ohne Königstitel seine Würde von dem König der Franken erhielt (Aventinus). Wer ein Lehen wollte, musste sich demjenigen empfohlen haben, von dem es abhing (Aimoin) bei den Franken. Auf der Versammlung zu Compiegne (Pipin's) empfahl sich Tassilo mit seinen eigenen Händen in die Hände des Königs, als sein Vasall (nach der Franken Weise). Wer Treue versprach, wurde vom König (zum Beistand, auxilio) in die Zahl der Antrustionen (in die Truste des Königs) aufgenommen. Nur die Leute des Königs (homines regis) empfahlen sich demselben, während alle Eigenthümer dem König den Eid der Treue leisteten (s. Buat). In den Afterlehnen wurde die Treue dem König angelobt und die Lehns-

Königs geworden. Das Eigenthum an Grund und Boden ist gegenwärtig das des römischen Rechts, die germanische Grundherrlichkeit mit allen ihren Folgen hat in der neuesten Zeit ganz aufgehört, selbst bei den Rittergütern. Das dingliche Besitzrecht des Erbbeständers und beim Falllehen ist, oft gegen eine dem dominus directus gemachte Vergütung, in volles Eigenthum umgewandelt worden. Auf gleiche Weise wurde fast überall die Umwandlung des nutzbaren Eigenthums

---

pflicht dem Lehnsherrn zugleich mit der Treue geleistet. Fiefs (beneficia) are called feuda, in opposition to allodia (estates gained by lot). The fief is distinguished from allodial possessions by the circumstance, that it cannot be alienated without the consent of the feudal lord, by the services usually due from a vassal and by a peculiar kind of inheritance. Seit Conrad II. (1256) erbten die Lehen von Vater auf Sohn. Die Kaiser zogen eine feudale Armee der nationalen vor, die kürzere Zeit und nur im Lande diente. In Italien unterschied man principes, capitanei, valvasores majores, valvasores minores, valvasini, soldati, in Spanien Granden (ricos hombres), escuderos, hidalgos, in Frankreich Pairs, Baronen, Ecuyers und Valvasseurs, in England Lords, Esquires und Freeholders, in Deutschland die Klassen 1) des Königs, 2) der geistlichen Fürsten, 3) der Laienfürsten, 4) der Barone, ohne Lehnpflicht, aber wegen geringen Besitz Vasallen des Kaisers, 5) der Freien, als Vasallen eines Fürsten ohne Lehnspflicht, 6) Vasallen und Fürstendiener, 7) Besitzer kleiner Lehen. Hilken maktik Koning Karelo's ik, tin fanken Oddo, Pana of Thousand, forsaki ten krotten Woudana-belta up Artisparko, so all min Godmanni (boni homines oder Schöffenbare) ok Krisknecti (Gefolgsleute) to Kerstene, schwört der Sachse. Mit Conrad I. wurde das deutsche Reich ein Wahlreich. Nach dem Fall der Hohenstaufen constituirten sich (1245—1256) die sieben Kurfürsten, die 1256 Richard von Cornwall erwählten, und obwohl die anderen Fürsten protestirten, wurden sie (1338 p. d.) durch Ludwig den Bayer bestätigt. Als mit Ludwig (Sohn Arnulf's) die carolingische Rasse ausstarb, folgten die sächsischen Kaiser mit Heinrich I. Otto (Herzog von Sachsen), der wegen seines hohen Alters die Krone ablehnte, bewirkte die Erwählung Conrad's I. (Herzogs von Franken). Conrad II. führte mit der Reorganisation des Feudalsystems den Gottesfrieden ein († 1039). Auf Heinrich I. (Sohn des sächsischen Herzogs Otto, der die Krone 912 p. d. abgelehnt), der 919 p. d. in Fritzlar zum Kaiser gewählt wurde, folgte (936 p. d.) sein Sohn Otto I. Die Gemeinde Flirns gab sich selbst Gesetze über Erbfall und Käufer (1457—1498) und die eilf Gerichte einigten sich für den ganzen Umfang ihres Gebietes zu dem Eniklibrief (1469), wodurch das Erbrecht derjenigen, deren Eltern gestorben, auf das Vermögen ihrer Grosseltern bestimmt wurde (Moor). Der Stamm von feodum, feudum ist Neutrum faihu (Goth) fihu, fiho, feho, feo (Althochd.) pecus, pecunia (s. Homeyer). Dem Lehnsmann wird zugeschrieben das gud und die gewere des gudes (proprietas et possessio feudi). Der Herr muss den Mann gegen Dritte vertheidigen (nach dem Lehnsrecht). Von der Gerichtsbarkeit, die der Inhaber eines Gerichtslehns als Beliehener übt, ist die mit der Lehnsherrlichkeit verbundene Gerichtsgewalt über den Mann und das Lehn zu scheiden (s. Homeyer). Die Gerichtsbarkeit kann nur derjenige Lehnsherr üben, der tome herscilde geboren is also ho, dat he lenrecht dun mach. Dem französischen Satze, nulle terre sans seigneur (wie der ähnlichen englischen Voraussetzung) steht das deutsche Wesen durch die Bedeutung entgegen, die es dem Eigen neben dem Lene, allgemein dem Landrecht neben dem Lehnrecht einräumte (Homeyer).

des Vasallen oder Dienstmanns in volles Eigenthum (Alodificirung der Lehen) bewerkstelligt (s. Warnkönig) 1853. Das Zinsbuch von Lorsch kennt (gleich den alten Gesetzbüchern) vier Arten von Höfen, die zu Gilten verpflichtet sind, solche, welche von gemeinen Hörigen, solche, welche von Lazzen, Frilazzen [1]) oder Freigelassenen, solche, welche

1) Die Freigüter (deren Inhaber dienstfreie Besitzer waren mit vollem Erbrecht und wirklichem Eigenthum an ihren Gütern) und Freizinsen (Erfurt's) hingen mit der niederländischen Ansiedlung (XII. Jahrhundert unter Adelbert X.) zusammen (Michelsen). Nach den Lorscher Schenkungen (im VIII. Jahrhundert p. d.) lagen Gärten und Weinberge innerhalb der Mauern Mainz. Kaufmann und Friese galt fur gleichbedeutend (unter den Karolingern). Optima pars Moguntiae war (886 p. d.) von Friesen (als wohlhabendsten Kaufleuten) bewohnt (s. Gförer). Vor den Dänen flüchteten (863) die friesischen Kaufleute (nach Hincmar), nach dem Emporium quod Dorestatus dicitur. Als Sturmi (der erste Abt) von Herzfeld aus, an der Fulda hinauf in die Wildniss eindrang, um einen passenden Platz für den beabsichtigten Bau eines Klosters zu suchen, kam er auf die Handelsstrasse, quae a Turingorum regione mercandi causa ad Moguntiam pergentes ducit und fand im Flusse badende Slaven mit einem deutschen Dollmetscher (Eigil) im VIII. Jahrhundert p. d. Aus der früher an das Volk ergehenden Mahnung (mannitio) zur Theilnahme an einem Feldzug, entwickelte sich (VIII. Jahrhundert) der eigentliche Heerbann (heribannus). Nur die Landgemeinde konnte die gemeine Nutzung beschränken oder auch gänzlich verbieten (in Schwiz), wie sie die Nutzung des Wassers regelte. Ebenso waren viele Waldungen in Bann gelegt und dadurch für die gemeine Nutzung, insbesondere auch fur die Jagd und das Roden, geschlossen. Die gebannten Wälder wurden Landwehren (Landweri oder Landwerini) genannt. Auch die gezweigten Aepfel- und Birnbäume (alle gezweyt stöck von opfelbömen unnd birnbömen) überhaupt alle Fruchtbaume (alle bärende böm), insbesondere auch die Nuss- und Kirschbäume (alle Nussböm, alle Krynssböm) waren verbannt. Sie durften daher von Niemand gehauen oder auch nur beschädigt werden [als tabuirt] (Maurer). Die Markverfassung bildete den Uebergang vom Nomadenleben zum Ackerbau treibenden, wie in ungarischen Ortschaften, bei denen die oft 10—12 Quadratmeilen grosse Feldmark in der Nähe unter den Pflug genommen, in den entfernteren Theilen aber zur Nomaden-Wirthschaft benutzt wird (s. L. v. Maurer). Roth unterscheidet in der carolingischen Periode die in Abhängigkeit zu Unterthanen stehenden Freien in Vasallen und freie Hintersassen. Im Mittelalter bilden die freien Landsassen den überwiegenden Theil der Bevölkerung. Aus der Mischung von Römern und Germanen ist allmählich das Volk hervorgegangen, in Churrätien das aus Römern und Alemannen bestehende Volk (omnis populus de Curuwala), im Thurgau das aus Alemannen und Römern bestehende Volk, und zwar aus der Mischung von nicht rittermässigen Römern und Germanen das nicht rittermässige Volk (populus) oder Pöbel (le peuple). In einem öffentlichen Landgericht von Churrätien finden Römer und Alemannen das Urtheil (920 p. d.), in einem öffentlichen Gericht zu Ausonne (918) römische, gothische, salische Richter und Schöffen, zu Ravenna (967) Römer, Franken, Longobarden, Sachsen und Alemannen (s. L. von Maurer). Im VIII. Jahrhundert hatten der Herzog von Baiern und die bairischen freien Grundherren (liberi Baioarii) viele Römer (Romani et eorum mansos tributales, Romani tributarii und Romani tributales homines) unter sich und verfügten darüber, wie über Hörige. Die Patriani oder Romani homines (populus patriae) waren theils Freie (ingenui oder liberi), theils Freigelassene (liberti), theils Unfreie (servi) in Churrätien (IX. Jahrhundert). Plures comites Alemannia habet, qui de comitatu quopiam non

von Liten und endlich solche, welche von freien Pächtern bewirthschaftet wurden, als hubae serviles, lazeshubae, hubae litorum, mansi ingenuiles. Jeder freie Looseigene hatte mit seinem Loosgut in der Feldmark auch einen Herrenhof (Fronhof oder curtis dominica) in dem Dorfe, mit gleichen Rechten (bei den Germanen), bis durch die Ländertheilung bei Eroberung der Römerprovinzen [1]) der Grund zu grösse-

sunt investiti, sed a castellis privatis, quae possident, titulos suae dominationis conduxerunt (Petrus de Andlo).

1) Die (seit III. Jahrhundert) von den barbarischen Völkerschaften durch die Römer (zur Sicherung der Grenzen) ausgehobenen Mannschaften heissen gentiles oder (wenn Germanen, Kelten, Gallier) Laeti (λέτοι) oder Leti (s. L. von Maurer), die für die Lätengüter (terrae laeticae) Kriegsdienste verrichteten, als Hörige (Liten oder Lazzen). Theoderich's Edict ändert das bestehende Recht, nach welchem coloni, originarii nicht ohne ihren Fundus veräussert, ja nicht von demselben entfernt werden durften; sie galten als unzertrennliche Zubehör der Güter, praediis, non capitibus adscribuntur, und wenn ein Herr mehrere Güter hatte, durfte er (seit Valent.) den originarius von einem aufs andere versetzen (s. Dahn). Als Wilhelm von Champlitte Morea unter seine Ritter vertheilte, wurde im Vertrage bestimmt, dass die Söhne derjenigen Archontenfamilien (Ἀρχοντόπουλα), die bisher Privilegien und Freiheit genossen, im Besitz derselben nach Maassgabe ihres Vermögens an liegenden Gütern bleiben sollten. A partir de la fin du IX. siècle, le colon et le lide deviennent de plus en plus rares dans les documens qui concernent la France et ces deux classes de personnes ne tardèrent guère à disparaître; d'un autre côté, la condition des esclaves subissait une modification favorable, et les diverses classes de personnes non libres tendant à se confondre, les colons, les lides et les esclaves cédaient la place à une seule classe de personnes, aux hommes de pôté (homines potestatis), aux vilains, aux mainmortables, à tel point qu'au commencement du X. siècle la mainmorte avait succédé en France à toutes les classes enfermées dans l'ancienne servitude. De cette uniformité de la population et du changement de sa condition résulta la possibilité de l'affranchissement des communes (Guérard). Die Gebauren, so auf Zinsgut sitzen, haben viererley sonderlich Recht (im Sachsenspiegel). Auf die Aufzählung der coloni und servi, welche mansi ingenui besitzen, folgt die der servi mit mansi serviles (in Polypt. de l'Abbaye de St. Germain). In Norwegen sind Tempel- und Krongut (als Uppsala-audr) dem Salgut entsprechend (s. Landau). Die Supangüter (des Supan oder slavischen Schultheissen) erhielten sich in Meissen als Saupengüter. Der Salhof (als Gerichtshof) bildet die Ausstattung des Dorfrichteramts. Schon die merovingischen Könige pflegten Salhöfe mit den an sie geknüpften Aemtern als Beneficien zu vergeben. Hunen (in Ripuarien) bildeten den Titel des Ortsvorstandes. Unter den Verhältnissen der Bevölkerung tritt (in Augsburg) besonders der Clerus hervor, innerhalb dieses Kreises wieder die Domgeistlichkeit und die Congregation der Geistlichen von St. Afra. Im Laienstande unterscheiden sich die Genossenschaften der Hofhörigen der Kirche und die bischöflichen Vasallen, von Bürgern (cives) ist nur vorübergehend die Rede (X. Jahrhundert). Zu Friedrich I. Zeit haben sich die Bürger (urbani, civitatenses) zu einem bestimmt abgeschlossenen Kreise zusammengeschlossen. Wer in denselben eintreten will, muss das jus civitatis erwerben (s. Hegel). Die Eintheilung der Freien in Hunderte (mit den Centenarii genannten Beamten unter den Grafen) wurde von Clotar und Childebert (Söhnen des Clodwig) eingeführt, um jeden Districtgenossen für die in ihnen begangenen Räubereien verantwortlich zu machen.

ren Herrschaften gelegt wurde (Maurer). Die mit Grund und Boden versehenen Unfreien (servi casati) gehörten zu dem unbeweglichen Vermögen ihres Herrn, und die übrigen (die mancipia non casata) zu dessen beweglichem Vermögen. Bald fanden sich nur terra salica (curtis dominicata) und mansi serviles gegenübergestellt, bald aber auf Höfen noch andere Klassen von Bauern, und darunter auch freie Grundeigenthümer (ingenuiles). Im Register [1]) der Abtei Prüm stellte

---

1) Ausser mit deutschen Laten waren die Hufen des Klosters Corvei zur Sertisleve theils mit Tuiurden (Smurden oder slavischen Leibeigenen) theils mit slavischen Kriegsleuten (slavonici milites) besetzt (s. Landau). Curtis dominica, que dicitur Froneguth (s. Bodmann). Curtis que Francorum lingua Selehof dicitur (s. Günther). Als Sieger waren die (salischen) Franken die Salherren (in Steigerung des Begriffes, der schon in Franken liegt). Die Ritter, die sich (unter Landgraf Wilhelm IV. von Hessen) der fürstlichen Hoheit zu entziehen suchten, wollten „freie Franken“ sein. Mainmorte: État de ceux, que ne peuvent pas rendre les devoirs ou les services auxquels les fiefs obligent et dont les biens ne sont pas sujets à mutation, tels que les gens d'église. Les communautés, les hôpitaux etc. sont gens de mainmorte. Das Weisthum von Tettingen gestattete eine sofortige Entfernung des Meiers, denn es bezeichnet als Recht, den Meier täglich ein- und abzusetzen (Landau). Unter Eduard den Bekenner (1041) trugen die Theowe (Sklaven) und Ceorl (Leibeigenen) ein metallenes Halsband mit dem Namen des Besitzers, in England. Nach Lehmann sind Semperfreie (freiherrliche und gräfliche Häuser) sendbarfrei (weil zum Reichstag beschickt). Die erste Veranlassung zu den Gilden hatte in den dreimal jährlichen Opferfesten des Volkes gelegen, indem die Unbemittelten sich in Gilden vereinigten, um auf gemeinsame Kosten den Aufwand der Reicheren (beim Minnioel oder Bragafull) nachzuahmen. Die unter dem Namen Odins und der Asen dem Teufel huldigenden Gilden wurden deshalb verboten, wenn sie sich nicht unter den Schutz christlicher Heiliger (oder der Bischöfe und Aebte) stellte, die fränkischen Capitularien verboten die Gilden, da man den Schutz nicht durch Verbindung mit seinen Genossen suchen sollte, sondern dadurch, dass man einem Vasallen des Königs den Eid der Treue schwöre. Als die Städte, in denen die alte Volksfreiheit ihren letzten Zufluchtsort und Schutz gegen die Lehnsaristokratie gefunden hatte, allmählig aufblühten und dort ein grösserer Zusammenfluss der arbeitenden und weniger bemittelten Klassen das festere Aneinanderschliessen bei Verfolgung gemeinsamer Zwecke täglich mehr zum Bedürfniss machte, da traten die bisher verbotenen und unterdrückten Gilden wieder hervor, wenn auch in veränderter Gestalt (s. Sachse). Die Gewerbsgilden der Kaufleute und Handwerker hatten ihre besonderen Trinkstuben für die Zechgelage. Das den Pfleghaften nöthige Hülfsmittel (um dem Staate das an ihrer Bürgschaft zu ersetzen, was ihr Grundeigenthum selbst nur unvollkommen gewährte) war geboten in den Gilden (freien Pflegen oder plegia liberalia) oder Friborgen (Borge oder Bürgschaft) mit den Mitgliedern, als Gegyldán (Gildonen) oder Congildonen. Nach den angelsächsischen Gesetzen hat Niemand auf die Rechte eines Ingenuus Anspruch, als derjenige, welcher als Theilhaber von Liegenschaften (Herdfest) oder als Gildgenosse (Folger) aufgenommen sei. Wer von Geburts wegen zu einer Familie gehörte, die unmittelbar durch ihr Familiengut in der Decanie verbürgt war, der bedurfte wegen seines Antheils an diesem Grundbesitz nicht erst des Friborg, um eine Bürgschaft für sich zu gewinnen. Wem hingegen eine solche Familie fehlte, der musste Genosse eines Friborg werden (und sonach war die Ver-

der Hörige jährlich 3 Morgen herrschaftliches Land aus und diente wöchentlich 3 Tage, fuhr 5 Modien Frucht von Honlar zum Kloster, that 15 Nachtwachen, bereitete das Heu und verrichtete Frohndienste, d. h. bestellte das Salland (im Curvade-Dienst). Da die herrenlosen Leute keiner Genossenschaft und keiner Schutzherrschaft angehörten, so nannte man sie, wie die Ausländer, Fremde, albani, aubains und ellende Leute, und aus demselben Grunde auch die herrenlosen Felder (z. B. in Dachau), ellende Aecker und (in der Wetterau) Eldern (inculti squalidique agri volgariter Eldern nuncupati), soviel als gamlose Aecker oder Weiseläcker (L. von Maurer) im droit d'aubaine (jus albinagii) [zu vergleichen den Maioten am Pontus und in Schottland, Tatern in Schweden vom Osten, Lapen in Illyrien und im Norden, Albanen und Elfen, ghost und gast, Ellerfolk, Alp, als Helfer im Türkischen]. Ali-lanti (Fremde des Ausland) oder Eli-lente [1]) (ahd.) mit

---

bindlichkeit eine alternative). Zunächst gehörten zur Decanie und Centen nur diejenigen Freien mit ihren Familien, die das zur Schöffenbarkeit erforderliche Grundeigenthum besassen. Vermittelst des Friborg war jedoch diese Bürgschaft auch auf solche ausgedehnt, denen die nöthigen Besitzungen fehlten, als die Aermeren oder Inhaber kleinerer Güter (s. Sachse). Zu Zeiten Karl Martells heissen noch die gemeinen Hofbesitzer liberi homines, obwohl viele unter ihnen arm waren (Kindlinger).

1) Fremde Ansiedler heissen (nach sächsischem Recht) Gäste (gasti). Die angehörigen Leute ausser dem Sallande (terra salaritia) waren mancipia und serviles (auf dem Hof zu Lewa). Die nämliche Ursache, die die Bewohner der Provinz Venetia auf die unwirthlichen Inseln des adriatischen Meeres, die Bürger dalmatinischer Städte auf das Felsenriff von Ragusa zu fliehen nöthigte, hatte (bei der Verödung Morea's durch die Slaven) die Peloponnesier des alten Epidaurus Limera und der umliegenden Küste auf das verlassene Eiland Monembasia getrieben (Fallmerayer). Nachdem Wilhelm von Champlitte die Lehnsgüter des eroberten Peloponnes vertheilt, wurde (unter seinem Stellvertreter Gottfried von Ville-Harduin) bestimmt, dass jeder Grundeigenthümer von den 12 Monaten des Jahres ablösungsweise vier Monate auf dem Allarm- oder allgemeinen Waffenplatz, den der oberste Militärchef und Souverän des Landes Morea jedes Jahr nach Belieben und Umständen bezeichnete, schlagfertig und auf eigene Kosten präsent sein musste (s. Fallmerayer). Als nach Ludwig dem Frommen die carolingische Monarchie zunächst in eine Anzahl Königreiche, dann in kleinere, jedoch durch den Lehnsverband noch geeinigte Staaten zerfiel, machte (1087) Conrad die Reichslehen erblich und geistliche Fürsten (1220) und weltliche (1232) durch kaiserliche Bestätigung ihrer Regierungsrechte zu wirklichen Landesherren, wie die goldene Bulle Carl's IV, die Landesherrlichkeit der sieben Kurfürsten für untheilbar erklärte (so dass sie den Königen gleichstanden). Frankreich wurde unter Ludwig VI. (nach dem Auseinanderfalle) wieder ein Einheitsstaat. Der (deutsche) Kaiser war Schirmherr der ganzen Christenheit (dominus mundi), konnte indess wegen Verletzung des christlichen Rechts mit Kirchenbusse belegt und gebannt werden. Durch die Erbgerechtigkeit (in Frankreich früher, als Deutschland) erhielten die Lehen zum Theil die Natur von Eigenthum. Im Augenblicke, da der Fürst starb, wurden alle seine Vasallen frei, gleichwie aber ihr Ansehen über ihre Vasallen und Clienten nicht sogleich nach dem Tode des Königs aufhörte, indem solches Ansehen, vermöge eines Capitularii von der Vor-

$\acute{\alpha}\lambda\lambda o\varsigma$ und alius zusammengestellt (s. Curtius). Zwischen den freien Landsassen (vrie lantsaezen, die sint gebure und sitzent uf dem lande) und dem Herrenstand setzt der Schwabenspiegel die Mittelfreien (mittel vrien daz sint die ander vrien man sint). Der Vasall der Mittelfreien (Mannen der freien Herren) im fünften Heerschild stand gleich den Ministerialen der Fürsten im sechsten Heerschild. Neben den Freien, als Mannen (in Lehnsverbindung stehend) unterscheidet der Sachsenspiegel die Schöffenbarfreien (die noch so viel Eigen besassen, um zum persönlichen Reichsdienst verpflichtet zu sein, auf drei Hufen oder mansi), die Pfleghaften (Pflege oder Leistung von Zins oder Dienst) oder Biergelden (bargildon), die von ihrem geringen Grundbesitz für gewährten Landesschutz Zins oder Dienste verrichteten, und die freien Landsassen ohne Eigen. Im Gegensatz zu den Schöffenbarfreien und Biergelden sagt der Sachsenspiegel von den Landsassen: Andre vri lüde sint lantseten geheten, unde komet unde varet gastes wise, unde ne hebbet nen egen in 'me lande (liberi homines incolae, qui nullam habent proprietatem, sed veluti advenae et peregrini adveniunt et recedunt), wohinzu die Glosse fügt: Dies sind Hofleute oder Meier, welchen man ein Gut austhut oder lässt, diese mag man jederzeit wieder davon weisen, denn sie sind auf dem Gut gleich Gäste nach des Erbherrn Willen oder Geheiss. Landsassen sind die, die auch Biergelten heissen. Diese sitzen auf gemiethetem Lassgut, da man sie abweisen mag, wenn man will (Gaupp). [Die von den Sachsen in Thüringen übriggelassenen Laten gaben Veranlassung zum Namen der Letten oder Litthauer aus alter Bezeichnung, obwohl diese dann später selbst erobernd auftraten. So könnten die Sachsen oder Sassen auf den Zustand der Besiegten in ihrem eigenen Lande, durch nördliche Nachbarn, hindeuten, worauf sie selbst zu Eroberungen nach Thüringen zogen und früher schon die Barden oder Longabarden, so dass im Unterschied die Bargilden sich wieder eine weitere Stufe erhoben hatten. Dann Ligyer als homes liges]. Um den financiellen Nach-

---

sehung und Gesetzen herrührte, so war das ganze Königreich in ihren Händen (s. Buat). Nach der Wahl war die Herrschaft des Königs (bei den Franken) nur dann gesichert, wenn sich jeder Vasall ihm anempfohlen hatte. Unter Theodosius II. und Valentinian III. (wann das litus Saxonicum den Küstendistrict von Granville bis Marcq begriff) erwähnt die Notitia einen comes litoris Saxonici per Britanniam. Saxones Baiacassini (Greg. T.) bei Bayeux. Die an der Mündung der Loire für Seeraub angesiedelten Sachsen (von Odoacrius besiegt) heissen (bei Venantius Fort.) Cherusker. Als Caracalla die aufgestandenen Allemannen (im Schwarzwald) besiegt, legte er Festungen an. Die von Proculus besiegten Allemannen wurden (nach Vopiscus) noch Germanen genannt. Obwohl durch Probus zurückgedrängt, belagerten die Allemannen (unter Einfällen) Constantius in Langres. Kaiser Heinrich VI. wollte hinsichtlich der bisher nach Lehnrecht ausgethanen Güter ein Erbrecht einführen, nach welchem nicht nur die Söhne, sondern auch die Töchter succediren sollten (1196 p. d.).

theil aus dem häufigen Wechsel der Bebauer eines Grundstücks zu vermeiden, erfolgten Verleihungen von Gütern zur Bebauung gegen gewisse Zinsen und Dienste häufig (besonders bei Kirchen und Klöstern) zu bleibend erblichem Rechte (in Hospites). Hospites ecclesiae et coloni werden von servi ecclesiae unterschieden (in der Urkunde Ludwig VII.), als Freie. Das (im Sachsenspiegel) vorübergehende Landsassenverhältniss wurde oft in ein erbliches Landsiedelrecht verwandelt. Die unfreien Colonen, die mit oder ohne erbliches Recht auf nicht eigenthümlich gehörigen Gütern sassen, wurden oft als Hospites mit den freien Gästen zusammenbegriffen. Auch in flandrischen Urkunden kommen hospites mit der Verpflichtung zum Besthaupt vor (als Zeichen der Leibeigenschaft). Ausserdem werden unfreie hospites oder gasti auch in wendisch-deutschen Ländern erwähnt. Servi, qui gasti nuncupantur (bei der Kirche von Meissen) 1286. Die meisten deutschen Colonisten (Franken, Flamänder, Holländer, Sachsen u. s. w.), die (seit dem XII. Jahrhundert) in Ortschaften wendisch-deutscher Länder (sowie in Ungarn, Siebenbürgen u. s. w.) als Hospites (Fremde oder Ausländer) angesiedelt wurden (nach deutschem Recht), waren persönlich freie Leute, die ihre Ländereien erb und eigenthümlich als Erbzinsgüter ausgeliehen erhielten, mit dem Rechte, dieselben bei Genehmigung des Grundherrn zu verkaufen und zu verpfänden (zuweilen mit einigen privatrechtlichen Lasten und unbedeutenden Frohndiensten). Die niedere Gerichtsbarkeit stand dem Grundherrn zu (die höhere dem Fürsten). In Bezug zum Fürsten des Landes mussten diese Teutonici [1]) regelmässig die Verpflichtung zum Kriegsdienste

1) Nach dem Privileg Heinrich's von Schlesien (1214) waren die teutonischen Hospites der Klosterdörfer (bei Breslau) frei von den angariae (que fieri solent Polonis secundum consuetudinem terre). Pannonien hat Vandalen auf deren Bitte von Constantinopel erhalten, ibique Imperatorum decretis ut incolae famularunt (Jornandes). Die Vandalen unter Thrasamund († 523 p. d.) wurden durch Kabaon (Fürsten der tripolitanischen Mauren) besiegt. Geiserich sah über dem gefangenen Marcian (als er in der Sonne schlief) einen Adler schweben, als Vorzeichen des späteren Kaiserthums. Die dem in Rom belagerten Belisar als Hülfstruppen zugeschickten Hunnen waren wegen geschickter Führung des Bogens gefürchtet, der den nur in Lanze und Schwert geübten Gothen fehlte. Die während des Kampfes zwischen Belisar und Vitiges in Norditalien einfallenden Franken (unter Theodebert von Austrasien) trugen Schleuderbeile. Nachdem Uraias die Wahl zum Gothenkönig abgelehnt und Ildibald vorgeschlagen, begegnete die Gemahlin des Uraias (aus dem Bade zurückkehrend) der Gemahlin des Ildibald mit Stolz und Härte, so dass diese weinend ihrem Gatten klagte, der Uraias ermorden liess, dann aber selbst getödtet wurde (541 p. d.). Wie Narses seinen Griechen sagte, führte die gothische Reiterei Speere, deren Spitzen meist in Feuer gehärtet waren (also sich abhauen liessen). Leutharis' Allemannen, die Tejas zu Hülfe zogen (gegen Narses) trugen mit Eisen beschlagene Wurfspiesse (Angonen). Durch Justinian's sanctio pragmatica (nach Besiegung der Ostgothen) behielten die Städte (Italiens) ihre Municipalverwaltung, doch waren die Einwohner

(auch wohl zum Burgbau und gewissen Kriegsfuhren) übernehmen. Der Verkauf der Burgundiones sortes wurde erschwert, und jedenfalls sollen die römischen Hospites ein Verkaufsrecht haben. Indem die Sortes der Germanen [1]) immer wieder unter die Kinder vertheilt wurden,

in scholae (Compagnien), meist nach den Gewerken oder nach der Herkunft getheilt, in scholae negotiatorum, piscatorum, caligariorum, graecorum u. s. w. Igitur intromissis in insulam barbaris (Sachsen, Angeln und Jüten) veluti militibus, et magna pro bonis discrimina hospitibus subituris, impetrant sibi anonas dari. Quae multo tempore impertitae clauserunt (ut dixerunt) canis faucem. Item queruntur non affluenter sibi epimeria (Monatsproviant) contribui, occasiones de industria colorantes et nisi profusior eis munificentia cumularetur, testantur se cuncta insulae rupto foedere depopulaturos (Gildas). Nach Gaupp wurden die Sachsen in Britannien zuerst wie einquartierte Truppen im romischen Reich behandelt. Susceperunt ergo qui advenerant, donantibus Britannis, locum habitationis inter eos, ea conditione, ut hi pro patriae pace et salute contra adversarios militarent, illi militantibus debita stipendia conferrent, sagt Beda von den nachfolgenden Sachsen, die, als es später zum Kriege kam, König Vortiger tödteten, und Landabtretungen (als Eastsexae, Suthsexae und Midelsexe) verlangten. In fünf Sprachen (als linguae „Anglorum, Britonum, Scotorum, Pictorum et Latinorum") wurde von den Völkern der britannischen Inseln der Inhalt des göttlichen Gesetzes erforscht und Bekenntniss desselben abgelegt.

1) Als die Ostgothen vor dem Andrang der Hunnen (inusitatum antehac hominum genus nach Amm. Marcell.) zurückweichen mussten, überschritten die Westgothen die Donau. Christiani ritus presbyter (ut ipsi appellant) wurde von den Westgothen (unter Fridiger) als Gesandter an Kaiser Valens geschickt. Noch in den fränkischen Zeiten wird ein Landstrich des südwestlichen Gallien lange als Gothia bezeichnet. Euricus ergo Wesegotharum rex crebram mutationem Romanorum principum cernens, Gallias suo jure nisus est occupare (Jornandes). Euarix res Gothorum quod limitem regni sui rupto dissolutoque foedere antiquo, vel tutatur armorum jure vel permovet (s. Sidonius). Selbst die Scythen wandten sich an den westgothischen König Eurich um Frieden und die Römer boten ihm Gruss (nach Sidonius Appollinaris). In Bordeaux sah man den blauäugigen Sachsen, den Sigambrer mit geschorenem Haupt [lockige Könige], den fast meerfarbenen Heruler, den sieben Fuss hohen Burgunder um Frieden bittend. Nec de duabus partibus Gothi aliquid sibi Romanus praesumat aut vindicet, aut de tertia Romani Gothus sibi aliquid audeat usurpare aut vindicare, nisi quod de nostra forsitan ei fuerit largitate donatum (nach dem Gesetz der Westgothen). Die Concilien, die nach der Stadt Toledo benannt werden, waren ebenso gut Reichstage, wie umgekehrt die fränkischen Reichstage auch als Concilien anzusehen sind (indem in Spanien das kirchliche Element hervortritt, bei Franken das weltliche). Vom linken Ufer der Niederelbe (im Lüneburgischen) zog ein Theil der Langobardi (Bardi) zur Theilnahme am Markomannenkrieg nach Pannonien und im V. Jahrhundert erscheinen Langobardi [Angli-Bardi] an der Nordseite der Donau in Oberungarn. Die in der Heimath Zurückgebliebenen wurden zum Volk der Sachsen [Asken oder Saxones], als Stamm der Bardi, die mit den tres populi Nordalbingorum (Sturmarii, Holzati, Thetmarzi) gemeinsam genannt werden [Barden, als Priester vom Wodan begünstigt, und so das Volk, wie Birmanen von Bramanen]. Certum est autem, tunc Alboin multos secum ex diversis, quas vel alii reges vel ipse ceperat, gentibus ad Italiam adduxisse, unde usque hodie eorum in quibus habitant vicos, Gepidos, Bulgares, Sarmatas, Pannonios, Suavos, Noricos sive aliis hujuscemodi nominibus appellamus (Paul. Diac.). Die aldii (der Longobarden) sind die alten,

musste sich allmählich eine Klasse nachgeborener Söhne ohne Besitz bilden, die (wenn nicht in das Gefolge eintretend) in colonenartige Verhältnisse auf den Grundstücken der Mächtigen eintraten. Bei Grundstücken, die zwischen Burgundern und Römern getheilt waren, durften Processe (über Grenzstreitigkeiten) nur von den Römern geführt werden, die burgundischen Hospites sollten sich dabei ganz passiv verhalten, aber das ergangene Urtheil auch gegen sich gelten lassen (Gaupp). Als die meisten alten Grafgerichte landesherrlich wurden, erhielten sich die Schöffenbarfreien [1]) als kaiserliche Frei-

schon seit längerer Zeit in Italien sesshaft gewordenen Germanen, die antiqui barbari (b. Cassiod.), ähnlich den antiqui Saxones gegenüber den Saxones transmarini oder den prisci Latini (s. Gaupp). Als die Longobarden in das Mauringa bezeichnete Land kamen, vermehrten sie die Zahl ihrer Krieger, indem sie eine Anzahl von Knechten freiliessen (nach Paul. Diac.). Sächsische Anklänge im Recht der Longobarden. Coloni tertiatores (in Italien) tertiam fructuum agri domino pensitant (du Cange). Die freien Herren führen den vierten Heerschild, die Mittelfreien den fünften (nach dem Schwabenspiegel). That patriotism, which catching its inspirations from the immortal God and leaving it an immeasurable distance below all lesser, gravelling, personal interest and feelings, animates and prompts to deeds of self-sacrifice, of valor, of devotion and of death itself, that is public virtue that is the noblest, the sublimest of all public virtues (nach H. Clay's Rede (1841). Without Union our independance and liberty would never have been achieved, without Union they can never be maintained (Jackson). The great desiderata are a free representation and mutual checks. When these are obtained all our apprehensions of the extent of powers are unjust and imaginary (A. Hamilton). Whenever one sect degrades another an account of religion, such degradation is the tyranny of a sect (Grattan). No sea, but what is vexed of their fisheries. No climate that is no witness to their toils. Neither the perseverance of Holland, nor the activity of France, nor the dexterous and firm sagacity of English enterprise, ever carried this perilous mode of hardy industry to the extent to which it has been pushed by this recent people, a people who are still, as it were, but in the gristle and not yet hardened into the bone, of manhood, bemerkt (1775) Burke v. d. American Colonists. The age of chivalry is gone, that of sophisters, economists and calculators has succeeded and the glory of Europe is extinguished forever (Burke). This J know: a successful resistance is a revolution, not a rebellion. Rebellion indeed appears on the back of a flying enemy, but revolution flames on the breastplate of the victorious warrior, nach John Wilke's Rede (1775).

1) Ut illi qui in hostem pergere non potuerint, juxta antiquam et aliarum gentium consuetudinem ad civitates novas et pontes ac transitus paludium operentur, et in civitate atque in marcha wactas faciant (nach dem Edict Karl des Kahlen) 864. Bei dem Ausgehen der Schöffenbarfreien in einer Grafschaft sollten (nach dem Sachsenspiegel) Reichsdienstmannen von dem Könige mit Urtheilen frei gelassen und zu Schöffen gemacht werden, damit daselbst Gericht unter Königsbann gehalten werden könnte. Placet, quod sicut iidem Theutonici sunt de Boemis natione diversi, sic etiam a Boemis eorumque lege vel consuetudine sint diversi (Edict. Sobeslaw. II.) 1173. Bei Ludwig von Ungarn klagten (1358) die Deutschen im Zipser Lande, dass sie (obwohl ihre zur Ansiedlung berufenen Vorfahren nur zur Heeresfolge verpflichtet gewesen), von den Liptauer Grafen wie Bauern behandelt (eosdem hospites tanquam rusticos conservarent) und zu bäuerlichen Diensten

schöffen unter Freigrafen (in den Fehmgerichten Westphalens), welche unmittelbar vom Kaiser oder seinem Stellvertreter mit dem Blutbann beliehen wurden (s. Gaupp). In Wales war es den Leibeigenen verboten, die drei Wissenschaften der Gottesgelahrtheit, Poesie und Schmiedekunst zu lernen, und ein Herr, der einem Sklaven die Erlernung erlaubt hatte, musste ihn freilassen. Die Berggeister (in

---

gezwungen wurden (servitia rusticalia) in Missachtung ihrer Freiheit. Als Hermanfried von Thuringen den austrasischen Theoderich zur Theilnahme am Kriege gegen seinen Bruder Roderich (der uber einen Theil des thuringischen Volkes herrschte) aufgefordert, aber nach dem Siege die Landtheilung verweigert, brach zwischen ihnen der Streit aus, der zum Untergang Hermanfried's fuhrte (nach Greg. Tur.). Noch im Mittelalter lebten die fränkischen Gemeinden in Thuringen (bis in die Saalgegenden) nach eigenem Recht und Gewohnheit. Saxones in Sinitfelde congregati a Karolo subacti sunt, et tercius ex eis homo translatus (nach den Fuldischen Annalen) 794 p. d. Der Friede wurde indess (nach dem Poeta Saxo) auf Grund einer freien Vereinigung der (zum Christenthum übertretenden) Sachsen (ohne Verlust des Grundeigenthums) mit dem frankischen Reiche abgeschlossen, ohne censum Francorum regibus ullum neque tributum. Viele der besitzlosen Freien (als ursprunglich in den romischen Provinzen oder als nachgeborene Sohne bei den Germanen) wurden durch Noth und Bedürfniss dahin gebracht, in eine Art dingliche Horigkeit einzutreten, indem sie sich als Meier zu Landessiedel oder Colonen Recht auf den Gütern grösserer Grundbesitzer einsetzen liessen. Im Laufe der Zeit kamen zu dieser dinglichen Hörigkeit oft auch Lasten personlicher Unfreiheit hinzu (s. Gaupp). Die in Schlesien eingewanderten Deutschen waren vorwiegend Franken oder Flamänder, in Mark Brandenburg, Mecklenburg, Pommern dagegen Sachsen. La loi salique fut publiée vers l'an 420 p. d., lorsque les Francs occupaient encore la rive droite du Rhin, les bords du Weser et de l'Elbe. Afin de mettre de l'uniformité dans la jurisprudence de ces temps antiques Wisogast, Radogast, Salagast et Windogast, quatre chefs de la nation francique, firent un extrait des décisions, qui avaient été portées dans les assemblées générales (Mall ou Mallberg). S'étant réunis à Salaheim, à Bodaheim et à Widoheim, ils publièrent en leur langue, ce recueil (s. Gley). Tunc habere leges coeperunt, quas eorum priores gentiles tractaverunt, his nominibus, Uisovvastus, Uisogastus, Arogastus, Salegastus. In villabus, quae ultra Rhenum sunt, Uibothagia, Salechagin et Uuidachagin (Gestae Francorum). Wer bei den Tschetschenzen ein Pferdezeichen fälscht, verfällt der Blutrache. Sagibarones in singulis mallobergiis, id est ubi plebs ad unum mallum convenire solet, plus quam tres esse non debent (nach dem salischen Gesetz). Als Anhang zum ripuarischen Gesetz wurde von Carl M. (803) ein besonderes Capitular gegeben. Unter den Carolingern, die die Merowinger verdrängten, siegten die rein germanisch gebliebenen Ripuarier über die romanisirten Salier. Nach Ludwig dem Frommen lebte die karolingische Familie nach ripuarischem Recht (juxta Ribuariam legem). Zu den Ostfranken (mit Ripuarier und Salier) gehörten die Hessen (s. Gaupp). Die Judicia Wlemari wurden dem thüringischen Gesetz unter Carl M. zugefügt. Ce ne fut que lorsque le régime municipal tomba en décadence, qu'aux duumvirs furent substitués les principales et que l'indépendance des curies fut restreinte (in den römischen Colonien Germaniens). Die Hermunduren trieben den Pelzhandel mit den römischen Colonisten und kamen (nach Tacitus) bis Augsburg. Die römischen Heerstrassen folgten den Höhen und vermieden möglichst die Thäler oder waren, wenn sie nothwendig in eine Schlucht hinabsteigen mussten, dort befestigt [wie in Peru].

Wales)[1]) verkünden die Erze enthaltenden Berge den Menschen durch Klopfen. In alemannischen Urkunden wird beim Centesimalsysten in

1) Die Jumpers in Wales wurden durch die Rede des Geistlichen aufgeregt. Die Lebenserscheinungen hängen in Wirklichkeit von den kleinsten Theilen ab, aus denen jedes Gewebe zusammengesetzt ist, indem die Organe und Gewebe in Wirklichkeit nur Verbindungen von freien Moleculen sind. Nur die Kenntniss der Eigenthümlichkeiten eines jeden Einzelnen kann uns die Kenntniss des Ganzen verschaffen (nach Bennet). Der Stamm der Sigambri, gegen den Caesar über den Rhein eine Brücke schlug, wurde von Tiberius getrennt und zum Theil in Gallien angesiedelt. Der germanische Stamm der Bastarnae oder Basternae (*Βαστάρναι* oder *Βαστέρναι*) in Sarmatia Europaea, der in den Peucinii die Donau nach der Mündung hinabzog, sandte Hülfstruppen an Perseus, König von Macedonien. Basta, Stadt in Calabrien. Bastetani (Bastuli) Volk in Hisp. Baetica. Die (mit Marrucini, Peligni und Vestini verbundenen) Marsi in Central-Italien sollten von Marsyas in Lydien stammen. Marsigni an der Ober-Elbe (bei Tacitus). Marsonia in Pannonien. Die Marsi an der Ruhr nahmen am Kampfe gegen Varus Theil. Vascones in Hisp. Tarr. Die nach Scandinavien zurückkehrenden Heruler fanden (812 p. d.) das westliche Küstenland an der Ostsee, das ihr Volk einige Zeit vorher in Besitz hatte, von den Dänen besetzt (nach Procop). Die in den Gau der Hattuarier einfallenden Dänen wurden durch die Franken unter Theodebert zurückgeschlagen (515 p. d.). Die *Γαυτοί* des Procop sind die *Γαυται* des Ptolem. im südlichen Scandinavien, die kriegerischen Gautigoth des Jornandes, die seekundigen Geatas des Beowulfliedes, die Gautar Snorris' (im Lande Gautland), von der Südostspitze quer über das Land bis an die Westküste und bis an den Wenersee wohnend, zu beiden Seiten des Wettersee, der sie in östliche (Ostrogothä) und westliche schied (s. Pfahler). Die Suethans oder (nach Tacitus) Suiones waren schlanken Wuchses (nach Jornandes). In Diensten Alfred's untersuchte Other die Küste Nordmannalands (über das Nordcap bis Permien). Dänen und Normannen fielen (787 p. d.) in das Gebiet der Westsachsen ein, 793 p. d. in Northumberland. Die plündernden Normannen (Marcomanni oder Dänen) oder Asco-manni (asc oder Esche zum Schiffsbau) nannten sich Vikingar (vik oder Meerbusen) und ihr Treiben herja. Die in Constantinopel als Leibwache dienenden Russen wurden *Βαράγγοι* (Vaeringjar) genannt. Um Schrecken im Lande zu verbreiten, liess Tarik das Fleisch Erschlagener kochen, als nährten sich die Muhamedaner davon. Ass (Asa, deus), Assörva, Asa sagittifer, Ullus, qui et boga-ass dicitur, knörr örva ass, navis Ulli, clypeus (Ha.) Asa drottning, Freya. Bogi (arcus), boga ass, deus arcitenens, Uller Asa (Se.). Vandill, gigas (Se.). „Vandils ve asylum Vandilis putatur fuisse, regio Cimbriae borealis (Hund.).“ Vandill, regulus maritimus. Van: amnis. Vaur (vanus). Vana-heimr, regio Vanorum (Vanir). Vaur: expers. Vin: fluvius deorum regiones interluens (Grm.). Vina: fluvius (Dvina). Vindler (Vindhlaer), nomen Heimdali. Vindr (Vindir), Vendi, Sclavi incolae orae maris Baltici (Fornmanna Sögur). In dem späteren Gebrauche des Wortes Comes (womit Tacitus die Gefolgsleute bezeichnet) liegt ein Zeugniss für die Entstehung des Adels aus den Gefolgen (nach Gaupp). Verstentag nennt das Idol of Tuysco (on Tuesday) the most ancient and peculiar god of all the Germans, in his garment of skin. — The name Woden signifies fires or furious, and in like sense we yet retain saying, when one is in a great rage, that he is Wood, or taketh on as if he were Wood (s. Verstentag). The idol Thor was not only served and sacrificed unto of the ancient Paejan Saxons, but of all the teutonick people of the septentrionall regions, yea even of the people that dwelt beyond Thule or Island, for in Greenland he was known (Verstentag).

Huntari, als Bezeichnung einer Landschaft erwähnt (mit dem altnordischen Hundaro und angelsächsischen Hundred übereinstimmend). Nach den Rugiern [1]), die beim Tode Attila's in Noricum herrschten,

---

Wormius erklärt Dienstag, Thisa oder Desa (Frau Thors), als Göttin der Gerechtigkeit. Im Hochdeutschen heisst Dienstag Erechtag oder Kriegers-Tag. Die Sonne galt für die Frau Tiusco's und durch Shakespeare und Milton wurde (nach Tooke) ihr Geschlecht (in Folge classischer Kenntniss) verändert.

1) Nachdem Odoacer in Italien König geworden, besiegte er die Rugier, um Noricum wieder mit dem romischen Reich zu vereinigen, worauf der rugische Fürst Friderich zu den Ostgothen floh. Aonolf, Odoacer's Bruder, wurde beauftragt, eine Auswanderung aller Römer aus Noricum nach Italien zu bewerkstelligen. Aonolfus vero praecepto fratris admonitus universos jussit ad Italiam migrare Romanos. Tunc omnes incolae tanquam de domo servitutis Aegyptiae, ita de cottidiana barbarie frequentissimae depraedationis educti, S. Severini oracula cognoverunt. Cunctis nobiscum comprovincialibus idem iter agentibus, qui oppidis sub ripam Danubii derelictis, per diversas Italiae regiones, varios suae permigrationis sortiti sunt fundos (Eugippius). Colunt discreti ac diversi ut fons, ut campus, ut nemus placuit, sagt Tacitus von den Germanen. Omnium horum gentium virtute praecipue Batavi, non multum ex ripa, ad insulam Rheni amnis incolunt, Chattorum quondam populus, et seditione domestica in eas sedes transgressus, in quibus pars Romani imperii fierent (Tacitus). Unter den in die Franken (die alten Istävonen) übergegangenen Völkern ragen ausser den Sigambrern als Hauptstamm die Chatten hervor (s. Gaupp). Bructerus, ulvosa vel quem Nicer abluit unda, prorumpit Francus (Sidon. Apoll.). Confinalis praenominatae Daniae est patria quae nominatur Saxonia, quae antiquitus et ipsa ex Dania pertinere dicebatur (Chororographus Raven.). Bajocassinos Saxones juxta ritum Britannorum tonsos atque cum cultu vestimenti compositos (Greg. Tar.) [Volk im Gegensatz zu bärtigen Longobarden, wie Normannen. Auch im Norden, wie in Japan ging bärtige Bevölkerung den glatten Einwanderern vorher, die den Agrippaern und Kalmükken glichen]. Die Sachsen in Deutschland heissen Altsaxones (antiqui Saxones) im Gegensatz zu denen von Britannien (Saxonia transmarina). Aliis arbitrantibus de Danis Nortmannisque originem duxisse Saxones (Wittekind). Sachsen (von seax oder seat, als Sitz der Erde) werden (von Witichind) von Sahs (cultellus) abgeleitet, und (von Alcuin) von saxum. Nach der Glosse des Sachsenspiegels hatten die Sachsen bei Asia in Cilicia (silex oder Cilex) gesessen. Alboin vero ad Italiam cum Longobardis profecturus, ab amicis suis vetulis Saxonibus auxilium petit, quatenus spatioram Italiam cum pluribus possessuris intraret (Paul. Diac.). Igitur non modo Cherusci sociique eorum, vetus Arminii miles, sumsere bellum, sed e regno etiam Narabodui Suevae gentes, Semnones ac Longobardi defecere ad eum (Tacitus). Winilorum [Finnae] oder Finni], hoc est Longobardorum gens, quae postea Italia feliciter regnavit, a Germanorum populis originem ducens, ab insula quae Scandinavia dicitur, adventavit (Paul. Diac.). Chamavi qui et Franci (Peutinger'sche Tafel). Ptolemäus kennt suevische Angeln am Westufer der Elbe zwischen Longobarden und Semnonen. *Φαροδηνοί* (bei Ptol.) an der Travemündung, *Οὐιρουνοι* nördlich von der Havel-Mündung. Die Varini am Fluss Warne in Mecklenburg (Pferde nach Thüringen bringend). Der zum Bündniss gegen Chlodwig rathende Brief ist überschrieben: Herulorum, Guarnorum, Thoringorum Regibus Theodoricus rex (b. Cassiod). In der fränkischen Staatssprache waren die Namen Angli et Varini eine Zeitlang mit Thüringer gleichbedeutend. Wo einst Chatten und Cherusker, stiessen später Hessen und Thüringer auf einander (s. Gaupp). Um die

setzten sich östlich von den Schwaben die Bojoarier fest nach Ueberschreitung der Donau (508). Die Adalingi (der Thüringer [1]) entsprechen

Reise nach Jerusalem jedem Ordensritter möglich zu machen, legte man in Preussen und Livland bei jeder wichtigen Ordensburg einen Ort an, wo ein nachgemachtes Grab mit einer Kapelle unter darum gepflanzten Bäumen stand, und der Jerusalem genannt wurde, hieher wallfahrteten die Ritter nach jedem Mittagsessen und dachten damit eine heilige Pflicht erfüllt zu haben (s. Rutenberg). Die von Herodot erwähnten Krowyzen werdén mit den Kriwizen oder Kriwicen (in Russland) identificirt. Auf Bitten der Sarmatae limigantes unternahm Constantin einen Kriegszug gegen die Gothen (332). Ein Theil der Slaven zog (610—641) unter fünf Brüdern und zwei Schwestern aus dem nördlichen Kroatien nach Dalmatien hinab, und besetzte den Landstrich von dem Cettina-Fluss bis über Istrien hinaus. Ostwärts von diesen Kroaten nahmen die Serben, von Norden eingewandert, ihre Wohnsitze. In Böhmen, Mähren, Schlesien und Lausitz treten die Cechowé, Morawané, Slezáni, Luzicáné auf (Schafarik).

1) Nach Besiegung der Thüringer (unter Hermanfried) heisst es bei Witichind: Saxones igitur possessa terra summa pace quieverunt, societate Francorum atque amicitia usi. Parte quoque agrorum cum amicis auxiliariis vel manumissis distributa, reliquias pulsae gentis tributis condemnavere, unde usque hodie gens Saxonica triformi genere ac lege praeter conditionem servilem dividitur. Unter den conjuratae gentes, von denen der ostgothische Theoderich in dem Briefe zur Verhütung des Krieges zwischen Alarich II. und Chlodwig spricht, ist (nach Gaupp) eine Stammverbrüderung zu verstehen. Im burgundischen Gesetzbuche spielen Schläge gegen Knechte eine grosse Rolle. Ebenso im westgothischen, wo auch Freie in vielen Fällen denselben unterworfen werden [Mongolen]. Die Campiones, die gerichtliche Zweikämpfe übernahmen, hatten kein oder nur sehr geringes Wehrgeld. It was chiefly on the full enjoyment of their property, that those who associated (in clans) proposed by confederation to be maintained (in den Mountainous parts of Scotland). The relation created between the owner of an estate and those who inhabit it under him, binds them to each other. (Among the different possessors of any grounds, the person who would commonly be allowed, on a competition, to have a preferable pretension to the supreme command, is the proprietor, to whom the lands belong). A landholder would be exhibited to those, who occupied his estate, invested with a double charater, of their judge in peace and of their leader in war. Feudal grants either were originally little different from perpetual leases or sprang out of them (in Scotland). A landlord, who, at disposing in that manner of a part of his estate, was desirous to retain the purchaser and his successors attached to his family, and who on this account stipulated from them performance of duties, which might effectually bind them both to his heirs and to himself, had a claim to the rent and to the services promised to him, and this right was perpetual (Wallace). Enaumdars were holders of the charitable or religions donations of ayma, mudded mash etc. either in lands or money like the jagheerdars, but free of service. Altumgahdars were the possessors of heritable gifts of land or perpetual alienations of rent, in very small allotments, sometimes conferred by the emperor himself on favoured individuals, exempting them from every kind of public incumbrance. The jagheerdar's sunnud issued from the dufter or office of the Bukhshi or commander-in-chief of the imperial troops. The other two were ascertained by special royal firmans, under the sign manual. The Bundobusty sunnud (with the counter-signature of the capaishr to the Hist-bundy settlement) was substituted (1777) to the dewanny-sunnud (in Bengal.). Gegensatz von Alode (sors) und Lehn (beneficium) im Grund-

im salischen und ripuarischen Gesetz den Ingenui in truste (Antrustiones, Convivae regis), bei den fränkischen Geschichtsschreibern Leudes, Meliores natu, Majores natu, in den übrigen Volksgesetzen meist Nobiles, Primores, Optimates u. s. w. Während Eigenthumsschenkungen auch in officiellen Documenten als Eigenthum des Erwerbers aufgeführt werden, heisst das zu Beneficium Verliehene in der Hand von Beneficiaren befindliche Krongut immer Eigenthum des Königs (Roth). Die merovingischen [1]) munera werden immer Eigenthum des Erwerbers genannt,

besitz. Porro Robertus Normannus dux securitatem omnibus gentibus in sua terra manere cupientibus fecit, illam terram suis fidelibus funiculo divisit universamque diu desertam reaedificavit, atque de suis militibus advenisque gentibus refertam restruxit (Wilhelmus Gemit.). Alanus und Berengarius (Fürsten der Bretagne) wurden dem Rollo (Vasallen des Königs) als Vasallen gegeben (Aftervasalle des Königs in Frankreich). Die Normandie wurde in Lehen vertheilt. Das agilolfingische Geschlecht mit vierfacher Busse und Wergeld und der Herzog selbst mit sechsfacher Busse lassen sich (bei den Baiern) als Primi bezeichnen. Ausserdem werden vier Familien mit doppeltem Wergeld und Busse aufgeführt (s. Gaupp). Das westgothische Gesetzbuch kennt bereits den Namen der königlichen Beneficien (regia beneficia) mit Beziehung auf die Classe der Leudes. Die classischen Monumente fesseln durch ihre Schonheit, durch den Genius ihres Künstlers, wie Humboldt bemerkt, die ethnologischen durch ihre Bedeutung für die Geschichtsphilosophie (l'étude philosophique de l'histoire).

1) In der merovingischen Zeit wurde Krongut nur zu Eigenthum verliehen (nach Roth). So wie Alles, was den König umgab, besonders geehrt war, wie sein Stier und sein Knecht höher gebüsst werden, als die anderer Leute, so waren alle in naherer Verbindung mit dem König Stehenden durch Erhöhung des Wergeldes ausgezeichnet. So wird die Verletzung Hülfsbedurftiger, die unter Königsschutz gestellt sind, in merovingischer und carolingischer Periode höher gebüsst und alle im Auftrage des Königs handelnden Personen, namentlich auch die Missi, haben in beiden ein erhöhtes Wergeld (s. Roth), auch Schutzjuden. Eine willkührliche Veräusserung ihrer Grundstücke war den Decurionen nicht gestattet (siehe Gaupp). Im engern Sinn werden (zur Zeit des Honorius) Honorati, Curiales und Possessores unterschieden, während im weitern Sinne Possessores die Grundbesitzer bilden, die Ordines eingeschlossen. Vassus oder Vasallus ist im IX. Jahrhundert regelmässig ein Freier (ebenso Gasindus). Ursprünglich bedeutet Vassus den unfreien Diener (s. Roth), einen für Reinigung des Hauses angestellten Knecht. Das Wort seniscalcus (ursprünglich der älteste Knecht) bezeichnet später eine hohe Hofcharge (ebenso Marscalcus). In der Weise, wie er im IX. Jahrhundert völlig ausgebildet war, hat sich der Kriegsdienst der Geistlichen durch das ganze Mittelalter erhalten (s. Roth). Die den Senioren eingeräumten militärischen Rechte sind (nach Roth) als eine Neuerung zu betrachten. Dem Senior kommt eine gewisse Cognition in den Angelegenheiten seiner Vasallen und eine gerichtliche Vertretung derselben zu. Die Kirchenleute, obwohl sie durch die Immunität sonst gegen die unmittelbare Berührung mit den öffentlichen Beamten geschützt waren, wurde bei Zahlung des Heerbannes von dem exactor heribanni direct herbeigezogen. Gemeinden, die nicht aussterben oder ausgehen, heissen gens de main-morte. Nach der Inschrift (1439 p. d.) wurde der Schwanenthurm zu Cleve von Julius Caesar erbaut. The maxime: Nulle terre sans seigneur (cf. Chanzeller Duprat) was so far from being universally received in France, that in almost all the southern provinces or pays

die carolingischen Beneficien heissen immer Eigenthum des Königs. Die im salischen Gesetze vorkommende Classe der Romani possessores steht hinsichtlich des Wergeldes zwischen den Romani convivae regis und Romani tributarii. In Folge der Auflage des König Chilperich fanden (nach Greg. T.) Auswanderungen Statt. Burgunder (später von Römern angesiedelt) und Westgothen kamen auf einmal als zusammenhängende Volksmassen, von ihrem heimathlichen Boden [1])

du droit écrit lands were presumed to be alodial, unless the contrary was shewn or as it was called, franc-aleux sous titre (s. Hallam). Die Semper-Barones (verschieden von den Barones) hielten Allodien. Wenn ein auf dem Gute handelnder Fremder nicht innerhalb Jahresfrist sich empfahl, konnte er geknechtet werden (zur Zeit St. Louis'). Homagium per peragium (von den normannischen Herzögen den Königen von Frankreich, und ihnen selbst von den Grafen von Britannien geleistet) was unaccompanied by any feudal obligation, whereas homagium ligeum carried with it an obligation of fidelity. Each Burgundian was quartered as guest upon one of the former tenants, the Vandals seized all the best lands. The Lombards took a third part of the produce. Eckard wurde Herzog von Thüringen totius populi consensu (Ditmar). Die Herzogthümer von Spoleto und Benevento wurden früh erblich (Giannone). The fideles (leudes) or Antrustiones (of the german chiefs) took an oath of fidelity to the king on admission to their rank at the court, as vassals (gwas or servant in Celtic). Als bei Vertheilung der gallischen Beute Chlodwig ein Gefäss aus Rheims für sich wünschte, wollten ihm fremde Soldaten nichts zugestehen, als was ihm durch das Loos gehören würde. Karl M. suchte das Herzogthum ausgehen zu lassen, und er gab nur selten mehrere Grafschaften zusammen, indem er zugleich auf seine Wanderrichter der Gerichtsbarkeit übertrug, aber unter den folgenden Unruhen maassten sich die Mächtigen überall den Titel ihrer Besitzungen an, der dann forterbte.

1) Die Landtheilung fand bei salischen Franken zur Zeit des Königs Chlojo und seiner Nachfolger (bis Chlodwig) Statt. Die ripuarischen Franken treten als Hülfsvölker der Römer gegen Attila auf. Superatis per Aëtium in certamine Francis et in pace susceptis, Censorius Comes legatus mittitur ad Suevos (Idatius). Den romanisch gewordenen Merovingern (salischen Stamms) folgten die germanisch gebliebenen Karolinger ripuarischen Ursprungs (s. Gaupp). Bei der vandalischen Besetzung Spaniens wurde von Honorius ausbedungen, dass die 30jährige Verjährung nicht eintreten sollte. Egressa gens Gotharum de insula Scandiae, quae nunc dicitur Gothia septentrionalis, Sicambros, qui ex Trojanis reliquiis juxta Danubii ostia sedebant, adorsi bello, regem eorum Anthenorem occiderunt. Sein Sohn Marcomirus bat die von Troja her verwandten Sachsen um Land zur Ansiedlung und zog 436 a. d. nach Germanien (Trithem.). Nachdem Marcomirus, den Rhein überschreitend, die cisrhenanischen Gallier bekämpft hatte, Sicambri, qui postea Franci sunt dicti, ab infestatione Galliae nunquam cessarunt. Zur Bekämpfung der Sicambri (*Σύγαμβροι*) baute Caesar die Rheinbrücke. Drusus verpflanzte nach Besiegung der Sicambri (am Sieg-Fluss) eine Colonie von Sicambri und Suevi nach Gallien zwischen Rhein und Mosel. Velleda, Prophetin der (später mit den Franken verbundenen) Bructerer, bewohnte einen Thurm am Ufer der Lupia. Hujus in diebus ob restaurationem regni (nach dem Zwischenreich der 35 Herzöge unter Autharis, Sohn des Kleph, der auf Alboin gefolgt), duces, qui tunc erant, omnem substantiarum suarum medietatem regalibus usibus tribuunt, ut esse possit, unde rex ipse sive qui ei adhaererent ejusque obsequiis per diversa officia

losgerissen, während die in verschiedenen Niederlassungen getrennt von einander handelnden Franken sich nie von ihrem heimathlichen Boden (am Nieder- und Mittel-Rhein) abschieden. Ehen mit den (als Peregrini) auf römischem[1]) Boden angesiedelten Barbaren wurden in

dediti, alerentur, populi tamen aggravati per Longobardos hospites partiuntur. Erat sane hoc mirabile in regno Longobardorum, nulla erat violentia, nullae struebantur insidiae, nemo aliquem injuste angariabat, nemo spoliabat, non erant furta, non latrocinia, unus quisque, quo libebat, securus sine timore pergebat (s. Paul. Diac.). In den drei Ständen des mittelalterlichen Italiens (capitanei, valvasores und plebs), sind die Capitanei ursprünglich die grossen Reichsbeamten, aber sunt et alii, qui ab istis feuda accipiunt, qui proprie regis vel regni valvasores dicuntur, sed hodie capitanei appellantur, qui et ipsi feuda dare possunt. Ipsi vero, qui ab eis accipiunt feudum, minores valvasores dicuntur. Si qui inter Afros nobilitate et opibus florebant, eos ipsorumque latifundia ac rem omnem familiarem cum onere servitutis addixit filiis suis (Honorico atque Genzoni): Agros ceteris ademit Afris, plurimos sane et optimos, ac Vandalorum sortes (κλῆροι Βανδίλων) etiamnum vocantur. Redactis ad summam inopiam veteribus praediorum dominis, retenta libertate, integrum erat quo luberet concedere (Procop). Auctoritatibus enim cunctis populis fecimus innotesci, ut in sortibus Vandalorum nullos conventus Omousiani sacerdotes assumerent, nec aliquid mysterium, quae magis polluunt, sibi vindicarent (nach dem Edict des Königs Hunerich, Sohn des Geiserich 477 Odoacer genere Rugus (Jornandes). Die Landloose seines Heeres werden herulische genannt. Ausserdem finden sich Thurcilinger, Scirer, Alanen unter den Schaaren.

1) Die Plebejer errangen zuerst die Volkstribunen, als Vertreter, dann Selbstständigkeit der Comitia tributa und gleichzeitig das Staatsgrundgesetz der 12 Tafeln. Die lex Canuleja hob das Eheverbot zwischen beiden Ständen auf, die Magistraturen wurden nach einander erstritten und dann (300 a. d.) die Augur- und Pontifexwürde, womit der Kampf endete. Die ripuarischen Franken, die von Aetius in die Germania secunda aufgenommen wurden (V. Jahrhundert), nahmen am Kriege gegen die Hunnen Theil. Die Allemannen nahmen den grössten Theil der Germania prima ein. Die bei Hunderten aus den einzelnen Gauen zu Gefolgschaften des Gaufürsten bei den Germanen gewählten Jünglinge gaben (nach Tacitus) Anlass zur Benennung (Hundredum oder Honnschaft [Hunnen]). Barbari execrati gladios suos ad aratra conversi sunt, residuosque Romanos ut socios modo et amicos fovent, ut inveniantur jam inter eos quidem Romani, qui malint inter barbaros pauperem libertatem, quam inter Romanos tributariam sollicitudinem sustinere (Orosius). Schon seit dem III. Jahrhundert wurden fränkische Volkshaufen von römischen Kaisern hier und da auf Provinzialboden verpflanzt (als Laeti). Nach Besiegung Batavia's verpflanzte Constantius die Franken unter die Römer (nach Eumenius). Childebert bedrohte (554 p. d.) denjenigen mit Strafen, der auf den Aeckern aufgestellte Götzenbilder nicht fortschaffte, oder die beauftragten Priester an der Zerstörung hinderte. Inter Romanos negotia causarum Romanis legibus praecipimus terminari (nach der Constitution Chlotar's) 560. Cives Romothagenses et praesertim seniores loci illius Franci (Greg. Tur.). Nach Greg. T. verloren zwei Reichsbeamte, einer Verschwörung gegen Brunehilde angeklagt, ihre Beneficial-Ländereien (res quas a fisco meruerant) zur Strafe, während das Alode (quod habere proprium videbantur) in ihrem Besitze verblieb. Porro in unum Vandalorum nomen Alani caeterique Barbari sua vocabula confuderunt, exceptis Mauris (Procop). Et quis post haec non admiretur populos Vandalorum, qui ingressi urbes opulentissimas, ita delitias corruptorum hominum indepti sunt, quod corruptelas morum repudiarunt, et usum bonarum rerum possident malarum

dem Gesetz der Kaiser Valentinian und Valens den Römern verboten (365 p. d.). Das Gemeindeland (agri occupatorii) wurde von den Patriciern unter gewissen rechtlichen Bedingungen in Besitz genommen, während das Eigenthum dem Staat verblieb. Mit diesem so entstandenen Verhältniss einer blossen possessio hingen dann die späteren agrarischen Gesetze zusammen (s. Gaupp) [Republikanisches Feudalwesen]. Vellej. Patercul. unterscheidet die coloniae [1]) jussu senatus

inquinamenta vitantes (Salvianus). Disponens quoque singulas quasque provincias, sibi Byzacenam, Abaritanam atque Getuliam, et partem Numidiae reservavit, exercitui vero Zeugitanam vel Proconsularem funiculo hereditatis divisit, Valentiniano adhuc imperatore reliquas licet jam exterminatas provincias defendente, post cujus mortem totius Africae ambitum obtinuit (Victor Vitensis). Cum Genserico autem a Valentiniano Augusto pax confirmata, et certis spatiis Africa utrumque divisa est (Cassiodor). Die Longobarden betrachteten die Städte (in Italien) nur als grosse Burgen (für Kriege) und verhielten sich gegen die municipale Verfassung im Allgemeinen indifferent. Propriis legibus (eos) vivere fecit, quos usque nunc conscriptas Bellagines vocant, sagt Jordanes von Diceneus, Gesetzgeber der Gothen. Sub hoc rege (Eurico) Gothi legum instituta scriptis habere coeperunt, antea tantum moribus et consuetudine tenebantur (Isidor). Nach germanischer Idee war als Hauptsache jede Verjährung der Verlust eines Rechts auf Seiten des Berechtigten zu betrachten ist, während in der Theorie des römischen Rechts der Erwerb eines neuen Rechtes hervortritt [allgemein bevorzugt von Einzelnen, im factischen Bestehen]. Zama Hiberiam proprio stylo ad vectigalia inferenda describit. Praedia et manualia, vel quidquid illud est, quod olim praedabiliter indivisum redemptabat in Hispania gens omnis Arabica, sorte sociis dividendo, partem reliquit militibus dividendam, partem ex omni re mobili et immobili fisco associat (Isidorus Pacensis). Et miramur si terrae vel Aquitanorum, vel nostrorum omnium a deo barbaris datae sunt, cum eas, quas Romani polluerant fornicatione, nunc mundent barbari (Gothi) castitate (Salvianus).

1) Coloniae quasi effigies parvae simulacraque esse quaedam (populi Romani) videntur (Aul. Gell.). In Antium wurden die Aecker der Colonen gegen einen Theil des Ertrages von den alten Einwohnern mit angebaut (Dionys.). Coloniae autem dictae sunt, quod populi Romani in ea municipia miserint colonos, vel ad ipsos priores municipiorum populos coercendos, vel ad hostium incursus repellendos (Siculus Flaccus). Statt der früheren Unterschiede von Cives, Latini und Peregrini erhob Antoninus Caracalla († 217 p. d.) alle Bewohner des römischen Reiches zu römischen Bürgern, so dass der Name Römer von Rom gemeinschaftlich wurde. Durch Moses liess Gott den Israeliten befehlen, wenn sie über den Jordan gegangen, alle Säulen, Bilder und Höhen der Moabiter zu vernichten [im ostasiatischen Monotheismus des Jao, wie auch der semitische noch zu beschränkt war für Dschingiz, der das Anbeten in den Moscheen und die Pilgerfahrt nach Mekka verwarf]. Coloniarum vero, quae est deducta a Graecis in Asiam, Thraciam, Italiam, Siciliam, Africam, praeter unam Magnesiam, quam unda non adluat. Ita barbarorum agris quasi adtexta quaedam videtur ora esse Graeciae (Cicero). Quid sibi volunt in mediis barbarorum regionibus Graecae urbes? quid inter Indos Persasque Macedonicus sermo? Scythia et totus ille ferarum indomitarumque gentium tractus civitates Achajae Ponticis impositas litoribus ostentat (Seneca). Sicuti coelum diis, ita terras generi mortalium datas, quaeque vacuas, eas publicas esse, sagt (bei Tacitus) der Ansibarier Fürst Bojocalus. Die bei Minden (Ascalingium) wohnenden Ansibarier wurden von den Chaucen vertrieben. Hostis apud majores nostros

deductae und die militares. Unfahrende Habe, auch Eigen genannt, (jede im vollen Eigenthum [1]) befindliche Sache) wird dem Lehen

---

is dicebatur, quem nunc peregrinum dicimus (Cicero). Legatos, quod nomen ad omnes nationes sanctum inviolatumque semper fuisset (Caesar). Durch das Fetialrecht (von den Aequicolern und Ardeaten entlehnt) wurde das Völkerrecht gewissermaassen in einen Theil des eigenen jus sacrum verwandelt (Gaupp). So lange das nationale Dasein hauptsachlich noch auf dem personlichen Stammverein beruht, erscheint das Band zwischen dem Volke und einem bestimmten Lande ziemlich lose. Daher sind Völkerwanderungen haufig, denn die Hauptsache, auf der das Volk als solches beruht, die Stammgenossenschaft, geht auch durch die Wanderung nicht verloren. An diese aber knüpft sich entweder Untergang der Wegzüglinge oder Sieg und Eroberung und Austheilung des eingenommenen Landes oder eines Stückes desselben an den Sieger (Gaupp) [So lange der Mensch in Beziehung zur Thierwelt steht, als Jager oder Hirte, fehlt im Wandern die Beziehung zum Boden, den der Ackerbauer durch Arbeit als sein Eigenthum erwirbt, aber anfangs noch die Felder wechselnd, wie bei Germanen und Kuren]. Aegimius, Sohn des Dorus, trat dem Herakles, als Preis seiner Hülfe gegen die Lapithen, ein Drittheil des Landes ab. Der Volksstamm der Fosi an der Fuse (bei Hildesheim) war den Cheruskern unterworfen. Ptolem. setzt die Teutonen an die Ostsee bei Laciburgium (Lübeck oder Ratzeburg). Ptolemäos rechnet die Phundusii (in Fünen) zu den Cheruskern auf der Landspitze Cartris (Halbinsel Jütland). Bei Wegnahme eines Theils des feindlichen Gebietes, womit fur die Besiegten Verlust ihres Privat-Eigenthums verbunden war, scheinen Drittheilungen sehr gewöhnlich gewesen zu sein (s. Gaupp). Entweder wurden die Aecker verkauft (agri quaestorii) oder gegen einen Grundzins verpachtet oder das Land wurde als Gemeinweide (pascua publica) benutzt. Cum Hernicis foedus ictum; agri partes duae ademtae (Livius). *Ῥωμαῖοι τὴν Ἰταλίαν πολέμῳ κατὰ μέρη χειρούμενοι, γῆς μέρος ἐλάμβανον* (Appian). Ager viritim divisus (Livius) bei Vertheilung der Eroberungen unter die Bürger. Occupatorii dicunter agri, quos quidem arcifinales vocant (Siculus Flaccus).

1) Von dem bedeutenden Grundeigenthum, das in Frankreich als Allod dem Könige zufiel, verlehnten diese Stücke an tapfere Kriegsleute, theils als Belohnung, theils für deren Hülfe in ihren Privatfehden (se commandare in vassaticum). Grotius leitet feuda von fe-od (Sold-Gut). Besonders seit Karl M. wurde der Gebrauch der Kriegsbeneficien unter den Longobarden häufig. Nach Hunibald berichtet Tritheim über die Urgeschichte der Franken: De Francorum vere regibus B. Hieronymus, qui jam olim fuerunt, scripsit, quod prius Virgilii poetae narrat historia. Priamum primum [Birmus oder Brama] habuisse regem, cum Troja fraude Ulixis caperetur (Fredeg. Scholast.). [Aus der alten Jul-Verehrung fanden die Römer das Asciburg des Ulysses an der Rhein-Mündung und als die Franken später die dortigen Gegenden besetzten, knüpften sie an den für die Römer edleren Ursprung des feindlichen Gegensatzes in Troja an]. Die Franken, bei denen sich das Geleitswesen (und die Lehnsverfassung des Gefolges) vorzuglich ausbreitete, heissen bei den Byzantinischen Schriftstellern vorzugsweise Germani [als Ueberbleibsel der alten] und werden unter diesem Namen anderen deutschen Völkern (der neuen Bünde, die mit den Sueven von Osten oder mit Sachsen von Norden kamen) gegenüber gestellt [das fränkische Recht schlissst sich mehr an celtische Sprache an, während die Gothen das eigentlich Deutsche vertraten]. In den römischen Heeren wurden die germanischen Hülfstruppen besonders aus der Mitte solcher Völkerschaften genommen (Batavi, Salii, Sigambri, Mattiaci u. s. w.), die später in dem Namen der Franken mitbegriffen sind (s. Gaupp). Als zur katho-

(Gedinge) entgegengesetzt (im altprager Stadtrecht) XIV. Jahrhundert (s. Rössler). Die Mannen eines Herrn als solche heissen Husgenoten (familiares oder contectales) als verschieden von Tinsgenoten (s. Homeyer). Die Mita (eine Verloosung von Indianern zum Zwecke öffentlicher Arbeiten [1])) bestand (nach Funes) in einer gezwungenen Ver-

---

lischen Kirche gehörig, verschmolzen die Franken rascher mit den römischen Provinzialen, als arinische Westgothen oder Burgunder. Multi jam tunc ex Galliis habere Francos dominos summo desiderio cupiebant (Greg. Turon.). Adam Brem. kennt (XI. Jahrhundert) Bardi (Driades, Sicambri, Hunni, Wandali u. s. w.) in Pannonien. Karl M. Angriff auf die Longobarden (773) reizte die stammverwandten Sachsen zum Aufstand (774). Burgundionum quoque novorum hostium coepit novum nomen, qui plus quam octoginta millia armatorum ripae Rheni fluminis insederunt. Hos quondam subacta interiore Germania a Druso et Tiberio, adoptivis filiis Caesaris, per castra dispositos ajunt in magnam coaluisse gentem. Atque etiam nomen ex opere praesumsisse, quia crebra per limitem habitacula constituta burgos vulgo vocant (Orosius). [Wie der Name der Bardi oder Longobardi hing der der Burgunder auf Bornholm mit dem der Buri oder Bauern von Bor oder Bur zusammen und gab später im Anschluss der von den Römern gelernten Festen den Anlass zum Worte Burgerreich]. Vegetius Renatus rühmt (IV. Jahrhundert) neben den burgundischen Pferden auch die thüringischen (toringos equos). Thuringi equis utuntur eximiis. Von den gallischen Franken verjagt, suchte Childerich, Sohn des Meroweus, Schutz am Hofe des thüringischen Königs Basianus. Die die Clienten (ὑπήκοοι) bildenden Völker waren mit den Cheruskern zu einem Bunde vereinigt. Die Silva Bacenis trennt (bei Caesar) Cherusker und Chatten (die sich oft bekämpften). Caesar rechnet die Chatten zu den Sueven. Markomannen waren die an die östlichen Nichtsueven angrenzenden Sueven (s. Gaupp). Die Cherusker waren Vorkämpfer gegen die Sueven (mit Marbod), wie später die Thüringer gegen die Slaven. Die zu den Sueven gehörigen Semnonen und Longobarden gingen zu den Cheruskern über. Septimus gradus (in scala) at cum ipse intellectualis mundus evaseris ulterius amore boni concitus ex statu intellectuali transformeris in bonum superius et intellectu (nach Plotin). In den Gesetzen Luitprand's wird die Ehe zwischen einem Römer und einer Longobardin als etwas durchaus Zulässiges erwähnt. Intera venerunt tres Chiulae a Germanis in exilio pulsae, in quibus erant Hors et Hengist (Neminus). Nach Beda waren die Sachsen von den Briten zu Hülfe gegen Picten und Scoten gerufen. Beda kennt eine natio Jutarum in provincia occidentalium Saxonum. Indem die Briten die Gebirge von Wales und Cornwales gegen die Angelsachsen behaupteten, erneut sich auf kleinem Raum der alte Gegensatz von Walenthum und Germanenthum, wie einst auf dem Festlande (s. Gaupp).

1) According to Menu, the ryots or husbandmen are represented as employing servants under them. In the ordinances of the Pundits (from the moderation of the government rent) land was sometimes let by the possessory owner or ryot to a sub-tenant and in this case, the private rent was generally the same, which the owner paid to government (Patton). The situation of ryots (simular to that of respectable yeomanry in Europe) would be better or worse (according to the capacity and industry of the individual) in Hindostan, but they never could become great land proprietors, because their portions of land seem to have been limited, since it required a particular grant from government to hold a possessory property, involving the allotments of many ryots which formed what has been called a talookdarry. Besides cultivating their own lands, the ryots employed servants, as culti-

miethung derselben zur Arbeit, hauptsächlich an Privatpersonen von Seiten ihrer Häuptlinge und Herren. In Peru wurden die Mitayos

vators of land (according to Menu). Nach der Dara (Tudor Mull's) wurde (die Tacsim oder Jummah ordnend) nach Abzug des königlichen Antheils das Uebrige den Ryots überlassen. Prior to the irruptions of the Mahomedans the Rajahs, who held their residence at Delhi and possessed the sovereignty of Hindostan, deputed officers to collect their revenue (Kheraje), who were called (collectors) choudries (s. Rouse) and were controlled (since Akbar) by another set of officers, called canongoes or controllers (the choudries being the same set of officers, who afterwards were called Zemindars). In compliance with the habits of the Hindoos, the appointments of Zemindars (paid by the government, either by a salary or by a portion of land exempted from the payment of rent) became hereditary (under the Mogul government), the land (annexed to the office) creating a species of hereditary property. The Mogul government reserved to itself the power of conferring the office or sunnud (Zemindarry sunnud of the Zemindars) to itself, but it became the common practice to adhere, generally, to the family or hereditary succession (Patton) All the institutions of the Mahomedans, made by and conferred upon, Mahomedans, are personal, all the institutions of the Hindoos appear to have been hereditary (and when adopted by the Mahomedan governemt). — To reduce all his subjects to the same level of poverty and cut of all emolument of office, Sultan Alla-ul-deen introduced rules for making the collections (both from the poor and opulent ryots), so that the authority, which the mocuddims (collectors or zemindars) and choudries (substitutes of zemindars) exercised over the inferior ryots, might be abolished. He therefore ordered, that one-half of the produce should be confiscated, ascertained by measurement, and reduced the mocuddims and choudries to the level of the mass of ryots, so that the opulent might not throw the burden from themselves on their poorer neightbours, and the fees, previously collected by the mocuddims, for their own behoof, were now received into the exchequer (according te Ferishta). Whereas the mocuddims and choudries formerly rode on horseback, clad in armour or clothed in rich dresses and amused themselves in hunting, like the nobility, their wives were now obliged to hire themselves out as servants (s. Patton). In later times the mocuddims were agents of the Zemindars and the choudries were subordinate collectors of mall districts under the Zemindars. Als viele Bauern wegen der hohen Taxen in die Wälder flohen (ihre Häuser verbrennend) ernannte Sultan Mahummud (Sohn des Yeas-ul-deen Tuglik) zur Regulirung des Ackerbaues einen Amier-kohi genannten Aufseher, unter dem die Districte von den Sheikdars beaufsichtigt wurden. The immediate labourers of the soil were (not the degraded slaves, as among Anglo-Saxons, Anglo-Normans etc. but) the most favoured subjects of government, being the only permanent possessors of land, which they held by perpetual hereditary tenures in small allotments or farms, immediately and directly under the authority of the prince, with only the intervention of the officer, through whom the rents were paid to government (Patton). There are a set of feudal vassals in India, who actually hold land or draw the rents of it, by the tenure of military service under the denomination of jagheerdars, but these tenures (like the beneficia or fiefs of Charlemagne) were but temporary or liferent assignments, of Mahomedan institution, and not hereditary possessions (like all the institutions of the Hindoos). When one of the chiefs (of the Mahratta), that held employments, or jagheers etc. dies, his son (though of inferior abilities or an infant) succeeds immediately to the employment, the business of which is conducted by a deputy till the becomes of age and the monthly stipend or jagheer etc. is given to his family and relations (Chambers).

besonders zum Bergbau verwandt. In islamitischen Staaten zerfallen die Ländereien in die Zehentgründe (Ersi-aschrije), die bei der Eroberung in den Besitz von Moslim kamen und nie den Zehnten bezahlen, und in die Steuergründe (Ersi charadschije), die zur Zeit der Eroberung den nichtmohamedanischen Besitzern mit Bestätigung ihres Besitzes dagegen zugestanden wurden, dass sie ausser der Kopf- und Personalsteuer noch eine doppelt dingliche Steuer (Charadseh) entrichten sollten, eine Grundsteuer (Charadschi muwasat) und eine Ertragsteuer (Charadschi mukasseme). Auch diese letzteren sind indess das wahre und wirkliche Eigenthum (Mülk) ihrer Besitzer. Wenn Moslimen dieselben nach der Hand kaufen, sind sie ebenfalls zur Entrichtung der zur Zeit der Eroberung darauf haftenden Steuern verpflichtet (wie in Sewad ol Trak). Ausser diesen beiden gesetzlichen Classen giebt es noch eine dritte, die Lehengründe (Ersi Memleket oder Gründe des Landes, sowie Ersi Miri oder Gründe des Fiscus) sind (wie im osmanischen Reich). Man fand nämlich, dass durch Vertheilung an mehrere Erben die Eintreibung der Steuern bei den Steuergründen erschwert werde und beschloss daher, das Grundeigenthum des Bodens als Stammgut dem Staate vorzubehalten und den Unterthanen nur den einstweiligen lebenslänglichen Besitz derselben gegen Entrichtung der vorgeschriebenen Grund- und Ertragsteuern [1]) zu lassen. Diese Güter erben auf die männlichen Erben fort und werden beim Aussterben auf's Neue verliehen. Sie können weder verkauft noch verschenkt werden. Die Verzeichnisse (Defter) der Ländereien zur Ordnung des Steuerwesens werden von dem Defterdar geführt. In Folge einer Fiction des islamitischen Rechtes war durch die Eroberung der gesammte Grund und Boden [2]) Eigenthum

1) Wie die Steuern sind die Russumi scherye die gesetzmässigen Abgaben (Kopfsteuer und Zehnte), die Tekalif ursige die willkührlichen Auflagen (des Divans). Die Raaja oder Rajet (Heerde) sind die steuerbaren Unterthanen. Der Musulman zählt sein Vermögen nicht, damit der Himmel nicht den Stolz bestraft.

2) Tithes (Dimes or Aashr) is a tax of one-tenth on all agricultur all produce raised in the country and constitutes the most considerable item in the revenue of Turkey (Farley). Nach dem Kanun können nur die Söhne der Sipahi Lehen besitzen (für Waffendienste). Die Beglerbege können kein Berat (Lehnsdiplom noch Teskere) Lehnsschein ertheilen (wenn nicht auf Befehl der Pforte), sondern nur die Lehen ohne Schein (Teskeressis). Verschieden von dem Aufgebotslehen (Eschkin Timare) ziehen bei dem Wechsellehen (Benobet Timari) die Besitzer wechselweise in's Feld (in Anatolien). In Rumelien sind die Wechsellehen erblich (wie die Temlik- oder Dschebeli-Lehen in Anatolien). Die Lehnsbesitzer sind entweder zu Kriegsdiensten verpflichtet (wie die Wechsel und die Aufgebotslehen) oder Tschausche (Staatsboten) und Muteferrika (Hofcuriere) in der Türkei. Wenn ein Unterthan aus Krankheit oder Armuth sein Feld unbestellt und den Hof verfallen lässt, soll der Besitzer von ihm statt der Hufenabgaben (Resmi Tschift) den Nebak (weniger als Halbhufen) nehmen und das Grundstück

des Staates geworden. Die Masse dieses fingirten Staatseigenthums wurde dann in drei Klassen gesondert, von denen die erste den Moscheen zufiel (um die Hospitäler und Schulen, Geistlichkeit und Gottesdienst zu bestreiten), die zweite als Privatbesitz theils den siegreichen Muselmanen überwiesen, theils den unterworfenen Rajahs gelassen wurde, während die dritte Staatsdomäne (als brachliegende Ländereien, die Domänen der Staatskasse, die Privatdomänen des Sultans und Apanagen der Prinzen, sowie die mit Staats- und Hofämtern verbundenen Lehen, und die Ziamet und Timar genannten Lehen, die den Spahis mit der Verpflichtung zum persönlichen Kriegsdienst übertragen wurden) wurde (s. Eichmann).

Indem der Stamm sich als die erweiterte Familie ergiebt, so folgt die Herrschergewalt aus den natürlich gegebenen Verhältnissen. Wie im Familienverbande der Vater an der Spitze steht, weil kräftiger als seine weibliche [1]) Hälfte, kräftiger als die aufwachsenden Kin-

---

einem Anderen zum Bebauen geben. In Folge der durch Omar nach Syrien geschickten Verbannten, der dortigen Erwerbung von Grundbesitz seit Moawijah, sowie des Abfalls der arabischen Stamme vom Christenthum, verbreitete sich rasch das arabische Element mit dem Islam in Syrien. Lehen, Siamet und Timare sind Schlachtgut (Mali Mukatele), das dem Heere zur Belohnung der im Felde geleisteten Dienste von dem Grunde des eroberten Landes ausgetheilt wird. Die Lehnbesitzer (Sipahi oder Ritter) stehen unter Begen (Fürsten), die (mit Fahne und Trommel belehnt) Alaibeg (Schaarfürsten) heissen. Unter ihnen stehen die Dscheribaschi (Feldhauptleute), Dscherisüridschi (Feldanführer) und Subaschi (Sergeanten), die sich im Dienst zugleich mit den Alaibeg beim Sandschakbeg (Fürsten der Fahne) einzufinden haben. Der nie in seinem Timare (sondern vom anderen Sandschak) lebende Sipahi verliert sein Lehen. Ein erledigtes Timar (Mahlul) kann einem abgesetzten Lehnsmann (Masul) cedirt werden. Ein dienstunfähiger Sipahi kann im Alter seinen Unterhalt dem Sohne abtreten, der damit belehnt wird. Den Unterthanen (Raaja) ist es verboten, einen Säbel umzugürten und ein Pferd zu besteigen, aber tapfere Jünglinge erhalten Lehnsunterhalt an den Grenzen und werden zu Joldasch (Waffenbrüder) der Sandschak und Beglerbege ernannt (nach dem Kanunname Aïni's) unter Ahmed I. (s. Hammer). The Zemindar was the amila (agent) of the government. The emperor held propriety land (zemîn memluk) to be sacred, and even assisted the proprietor (mâlik) in the preservation of it (in Hindostan). The rents from the Khalsah or exchequer lands were paid in the royal treasury (Patton). The rents of the jagheer lands were assigned by the sovereing to an individual, during pleasure, in the manner of fiefs. When in consequence of the Norman conquest, eorldoms, by becoming fiefs, were made hereditary, the official lands came to the blended with the family property, and their officionary nature was soon obliterated (as in the naukarlands of the Zemindars). The only legal tax, to which a Moslem was by law subjected was the sadakah (alms), as the tithe of the products of the land, the payment of one out of forty (from cattie) sheep etc., a toll levied on good (as merchandize). Zakah (azaque) means that part of his property which every true believer offers to God.

1) Eine Umkehrung dieses Verhältnisses, die dann die in den Amazonensagen spielenden Verhältnisse hervorruft, ist seltener. Anna Shinga in Angola (1640) kleidete sich wie ein Mann und liess ihre Buhlen Weiber-

der [1]) (bis er im verachteten Alter [2]) vor diesen zurücktritt), so begründet der Häuptling seine Macht auf das Recht des Stärkeren [3]) und bewahrt sie so lange, bis ihm in dem zur Mannheit erstarkenden Sohne, als in einem herausfordernden Gegner, ein Stärkerer ersteht. Wenn ansässiges Leben einen gleichartig ruhigeren Zustand herbeigeführt hat, und die körperliche [4]) Superiorität nicht mehr bei jeder Gelegenheit in Frage kommt, lässt man aus träg beharrender Gewohnheit den einmal erhobenen Häuptling in seiner Würde bis zum Tode [5]), man erkennt dann bald die Vortheile, die gerade in der mit hohem Alter verknüpften Weisheit, als aus längerer [6]) Lebenserfahrung geschöpft, liegen müssen, und wenn man schon aus Tradition mehrere Generationen hindurch bei derselben Häuptlingsfamilie beharrt hat, umgiebt dieselbe dann bald der Heiligenschein des Besonderen und Ausser-

---

kleidung anziehen, jedem eine beliebige Zahl Frauen gestattend, mit der Bedingung die Kinder zu tödten.

1) Der junge Mann emancipirt sich vor der Autorität seines Vaters, sobald es nur seine Kräfte zulassen (bei den Beduinen).

2) Noch bei den Beduinen suchen die Grauköpfe, wenn sie ihre Lebensfrische ermatten fühlen, zuvor im Kampfe den Tod, um den im Greisenalter drohenden Zurücksetzungen zu entgehen.

3) Die Unterordnung der Schwächeren, Feigeren, Trägeren unter ein Individuum, das es den Uebrigen an körperlicher und geistiger Kraft zuvorthut, liegt tief in der menschlichen Natur, und lediglich hierauf ist die Würde und Stellung eines Häuptlings unter den brasilianischen Ureinwohnern begründet. Nur persönliche Eigenschaften erheben zum Anführer oder Vorstand der Horde, des Stammes (von Martius), als Tupixaba (Tuxaua) bei den Tupis. Die Caraiben der Antillen und der Guiana ertheilten die Würde der Hauptleute nur nach vielfachen Beweisen von Standhaftigkeit und Ausdauer in Ertragung von Schmerzen und körperlichen Anstrengungen.

4) The leadership of the kraal belongs to the strongest, and he only holds it until some one stronger than himself dispossesses him (Wood) bei den Saqua (Khuai) der Kalahari.

5) The tribes (in equatorial Africa) are divided into clans, each clan inhabits a separate village or group of villages and at the head of each is a patriarch, rich and aged (Reade). Der (Dougou-tigui genannte) Häuptling der Kankan entscheidet nichts ohne einen Rath der Alten (siehe Caillié).

6) Der Mann erhält bei den Fulah den Ehrentitel Pa (Vater), die Frau Ma (Mutter). Die ehrenvolle Anrede der Susus ist Kammay foree (alter Mann) oder mehr noch Tannum foree (alter Grossvater). Unter den Odi richten (bei den Yebus) die Olaya (Dorfälteste). There are three distinct classes or social gradations observed (amongst the Aborigines of Australia). These are attained through age and fidelity to the tribe, but it is only the last or third class, consisting commonly of the aged few, which is initiated into the details of the religious mysteries and which possess the occult power of regulating the affairs of the tribe. Great secrecy is usually maintained in the ceremonies of admitting the youth to the first class and in raising those of the first to the second, but the secrecy is most rigidly observd whenever an initiation into the third class takes place (Strzelecki). In antiquis est sapientia et in multo tempore prudentia.

gewöhnlichen, man sieht in dem Herrscher, dessen Genealogie [1]) in ein (weil den Blicken entschwindend) graues Alterthum zurückweicht, eine göttliche Repräsentation, und man wendet sich dann bald an ihn für übernatürliche Hülfen [2]), macht ihn freilich dann auch folgerichtig für etwaige Leiden, die das Volk betreffen, verantwortlich, weshalb der König von Loango, wenn von ihm Regen verlangt wird, lieber seine Minister damit beauftragt, und später solche, wegen möglichen Fehlschlagens, gefährliche Operationen lieber den Gangas, Quimbunda, Paje überlassen oder anderen Klassen von Zauberpriestern, die bei verlockender Aussicht auf reichen Gewinn im günstigen Falle, das Risico eines martervollen Todes (der ihnen wie bei den Scythen, bei den Patagoniern und Kaffern als falschen Propheten droht) nicht

---

1) Die Macht des Häuptlings an der Goldküste hängt von seiner Persönlichkeit ab, da er scheinbar absolute Macht besitzt, aber immer von seinen feudalen Vasallen abhängt. Die Abstammung mag einige Generationen zurückgerechnet werden, bald aber wird der Stuhlinhaber mit einem mysteriösen Ursprung von einem Habicht, Löwen, Tiger oder Wolf verknüpft. Personal qualities of the individual first led to his distinction. Der Einfluss des Häuptlings (neben welchem jedes Dorf einen Kriegshäuptling hat) bei den Dacotas beruht immer mehr auf seinen persönlichen Talenten und seiner Fähigkeit, als auf seiner Abstammung (Eastman). Jeder arabische Stamm hat seinen obersten Scheikh und jedes Lager hat einen Scheikh oder wenigstens einen Angesehenen an seiner Spitze, aber der Scheikh kann nur durch seine persönlichen Eigenschaften Einfluss erlangen (ohne sonstige Autorität), nicht befehlend, sondern rathend. Die eigentliche Regierung der Araber besteht in der abgesonderten Stärke ihrer verschiedenen Familien, die gewissermaassen ebenso viele bewaffnete Corps bilden (Burckhardt). Ohne Einkommen ist der Scheikh zu Aufwand verpflichtet, den er aus dem von den syrischen Dörfern erhobenen Tribut bestreitet (Burckhardt). Those only are regarded as chiefs, who have been shown themselves worthy of being followed (as sirdar or header in a chuppow or raid), or who have accumulated great riches and those only are looked up to as ak-sakâls or elders, whose wisdom has gained them the confidence of the tribe and whose numerous descendants and connexions give them a powerful influence in the obah (s. Fraser) among the Turkomans.

2) In the eleventh month, Kami ari tski or the spirit month (Kami nashi tski or the month without spirits) in Idzumo (at the temple of Oyashiri), the emperor goes to the meeting of the Kami (to arrange the sublunary and mundane business of Japan for the subsequent eleven months). During this month no prayers are offered, as the spirits are engaged, and none of those ceremonies, in which their assistance must be invoked (marriages, adoptions etc.) take place. At this meeting they arrange all the marriages, which are to take place during the ensuing year, knotting together the yeng or thread of existence (s. Dickson). Mit Zinmu, dem die 5 irdischen und 7 himmlischen Geschlechter in der Herrschaft vorhergingen, beginnt die historische Zeit. The emperor is supposed to be above all the Kami or spirits, in as much as he can confer honours on the dead, but he is not looked upon as above the Tento-sama or lord of heaven (in Japan). The religion of the natives at Cape Mezurado (living in large houses) consists in reverencing and obeying their king and the governor set over them (W. Smith) 1745.

scheuen. Durch mysteriöses Zurückziehen [1]), durch Verhüllung, als Mokanna, mit dem Schleier des Kalifen, durch Abschliessen in einen Thurm (wie bei Sabaern und Mosynöken) wird das Ansehen erhöht, aber thatkräftig selbstständiges Eingreifen erschwert. Wie so dem eine Zeitlang geistliche und weltliche Macht [2]) vereinigenden Erbfürsten die erstere durch die neben ihm thätige und in Folge kühner Wagnisse mehr und mehr hervortretende Hierarchie der Magier entzogen wird, so zeigt sich auch bald sein im Alter gelähmter Arm nicht mehr kräftig genug, das Kriegsschwert zu führen, und indem man bei drohender Feindesgefahr einen jugendlicheren Führer an die Spitze stellt, wächst neben ihm die weltliche [3]) Macht des Kronfeld-

1) The king (of Benin) appears publickly, but once a year, at the Coral-feast (W. Smith). Das geistliche Oberhaupt des unsichtbaren und unsterblichen Chissumpe wird (bei den Maraves) durch den Fumo-a-Chissumpe (Vertrauten des Chissumpe) mit erblicher Würde personificirt, in dessen Ansiedlung unverehelichte Frauen leben, die im Falle der Entbindung mit dem Verführer verbrannt werden.

2) The Rana of Mewar mingles spiritual duties with. Hose of rayalty and when he attends the temple of the tutelary decty of his race, he performs himself all the offices of the high priest for that day (Tod). Der Jaga von Kinandischi ist Fürst und Oberpriester in einer Person (Magyar). Zu den Functionen des (homerischen) Königthums gehörte (nach Aristoteles) die Verrichtung von Staatsopfern. The king (of Bokhara) ahrays reads the Khootbeh himself acling as Peish-Imaum at the grande mosque (Fraser). Unter solchen Verhältnissen steht ihm auch die Macht zu, in's Jenseit hinüberzugreifen und dort seine Bestimmungen (und die nach Art der Popen den Seelen mitgegebenen Pässe) zur Ausführung zu bringen, wie es der Kaiser von China kraft himmlischer Sohnschaft vermag, und je nach Bedürfniss die Geister abgeschiedener Mandarinen mit Hut der Ueberschwemmung drohenden Flüsse und gefährdeter Grenzen betraut, oder sie in nachträglicher Bestrafung in ihren himmlischen Würden degradirt, wenn das schlechte Benehmen ihrer Kinder auf Mangel an Erziehung hinweist. B. Pater Norbertus inter conscriptos coeli patres a temporibus Innocentii adlectus est (Hugo).

3) Der Präfect der Leibwache (als Emir-al-umera oder Fürst der Fürsten) erwuchs zum unumschränkten Maggiordomo, so dass die Macht des Wesir Null und die Würde des Chalifen sofort nur ein leerer Name war (Hammer). Chalif Radhi berief (gegen die übermächtigen Eunuchen) den Raik, den Befehlshaber der Truppen von Wasil, nach Bagdad, als Sultan oder Emir-al-umera, der, erst Majordomus des Chalifats, dann unumschränkt regierte. Der Oberste der Polizeiwache (Ssahibesch-schorta) nahm den Titel Sultan an, der später mit dem des Emir-al-umera vertauscht ward (s. Abulfeda). Le Saurea (souren ou chef en arabe), le chef de la cavalerie n'était pas autre chose que le grand maréchal des diètes en Pologne (commandant à toute la noblesse parthe). Neben der Würde des Scheikh pflegt die des Achid (der im Frieden bedeutungslos, im Kriege seine Macht erhält) in der Familie erblich zu sein. Geschieht es öfter, dass (wegen Unglück in der Führung) der Scheich durch Erwählung eines neuen ersetzt wird, so bildet sich aus den Nachkommen der abgesetzten Scheichs eine Art Adel, da sie alle ihren Stamm auf frühere Oberhäupter zurückführen. Die mit Sklaven erzeugten Mischlinge bleiben, als Freigelassene, stets von den Beduinen gesondert (ohne Zwischenheirathen). Die als Fedani (Schützen) angesiedelten Neger kämpfen in den ersten Reihen der Araber.

herrn [1]) empor, während er selbst jetzt, geistlichen sowol, wie weltlichen Einflusses beraubt, und eigentlich also überflüssig, in die Rolle eines Roi fainéant zurücktritt, auch hinter einem Schleier, oder (wie bei Mosynöken und Sabäern) in einem Thurm [2]) verborgen gehalten wird, und in diesen abgeschlossenen Verhältnissen, wie auf den japanischen Inseln oder den Bergthälern der Chiapa, lange Zeit unthätig verharren mag, in politisch erregten Perioden aber gewöhnlich rasch beseitigt wird, wie der Tuitonga durch Finno. Gewöhnlich hat schon die Priestergewalt darauf hingearbeitet, den machtlosen [3]) Monarchen durch Beschränkung der Regierungszeit oder durch frühzeitige Abdankung, wie auf Tahiti [4]) und Japan [5]), wenn nicht durch frühzeitigen Tod (wie in Urga) ganz in ihre Gewalt zu bringen, wenn sie nicht den Widerstand eines Perimaul (oder in Meroë des Ergamenes) antrifft. Mitunter gelingt es den Magiern oder Chaldäern die Macht völlig zu usurpiren und sie herrschen dann entweder in der Würde

1) In Japan wurde dann der Shiogun (der Stellvertreter des Mikado) von dem Sikke zurückgedrängt, und bei den Muyscas der fur den Idacanzas herrschende Zippa durch den Zaque. In Kotah and Jessulmeer the power of the ministers is suprême (among the Rajputs). Like those of the Merovingian race, these puppets of royalty in the East were brought forth to the Champs de Mars once a year at the great military festival, the Dusrewa (Tod). Als Pipin (nach der Schlacht bei Testri) statt des Titels des Majordomus den eines Dux (Francorum) angenommen, setzte er neben den Schattenkönigen (Chlodwig III., Childebert III., Dagobert III.) unbrauchbare Hausmeier (Norbert, Grimoald) ein. C'était mettre un fantôme sur un fantôme (Montesquieu).

2) When the throne of Kyvah became vacant, a boy was taken from some family among the Kuzak (Cossacks), that inhabit the country to the north of Khaurezm (believed descendants of Chengiz Khan). He was carried to Ourgunge and shut up in the ark or citadel, where allowance was given for his support and a wife provided for him, but he was neither permitted to go out nor to be seen. The chief uttalugs of the Oozbecks held the real authority (s. Fraser). Die Macamecraus in Nordgoyaz wurden neben dem erblichen Häuptling durch sieben Kriegsoberhäupter regiert (Martius). Bei den Guaycorus wird für einen Feldzug der jungste Häuptling zum Befehlshaber erhoben, den die älteren als Räthe begleiten.

3) Les Mauthaban ou sédentaires furent les rois, qui ne suivaient pas les armées en temps de guerre. Le nom de Tobba était l'appellation réservée uniquement aux rois. Die Könige fuhren (bei den Yebus) den Titel Obba unter dem Rath der vier Odi. Die Bischöfe wurden in Leon (unter Alonso V.) als Vasallen des Königs (wie die Grafen) betrachtet, und konnten (ohne dass ein Concil oder der Papst befragt sei) ein- und abgesetzt werden, indem der päpstliche Primat erst kurz vor Gregor's VII. Zeit in Spanien allgemein anerkannt wurde.

4) Bei der Geburt eines Sohnes huldigt der König (Arii Rahi) demselben, als Otou (Vincendon-Dumoulin et Desgraz) in Tahiti.

5) The abdication of the emperors after very short reigns (in consequence of the introduction of Buddhism) led to the successive appointments of mere children as emperors (s. Dickson) unter Regierung der Fundjiwara oder Minister.

eines verehrten Patriarchen oder eines geistlichen [1]) Führers, eines Pir und Guru (wenn nicht als brahmanische Kaste), oder durch den Schrecken der Fetische [2]) (die bei gleichzeitig geduldeten Königen von diesen an afrikanischer Westküste als Polizei [3]) verwendet werden) oder indem sie die Furcht vor den Geheimbünden [4]) (die unter ordnungs-

---

1) In Damer (am Südufer des Tacazze oder Mogren) war (nach Burckhardt) die (erbliche) Herrschaft in den Händen eines Oberpriesters (Faky el Kebir), der zugleich Magistrat und Orakelgeber war (als Einsiedler neben der Kapelle lebend). In den Schulen studiren Jünglinge aus Darfur, Sennaar und Sudan den Koran und das Gesetz. Die benachbarten Bischaries haben Ehrfurcht vor den Faky's (da sie ihnen den Regen verderben können) und beleidigen deshalb niemals Leute aus Damer. Karawanen, die nach Dongola, Chandi und Suakim gehen, werden von zwei Faky (die unbewaffnet vorangehen) durch die räuberischen Völkerschaften mit Sicherheit geleitet. D'après le principe de la théocratie, tout émanait de Dieu, il était le chef invisible du gouvernement, comme le maitre de toutes les propriétés, le sol même, que les juifs cultivaient lui appartenait, ils ne se pouvaient s'en considérer que comme les usufruitiers (s. Reynier). Nehemie (et Zorobabel à la tête de la nation) n'a pas tardé à rétablir la théocratie (du souverain pontife), les successeurs de ce grand prêtre croyant ajouter à leur puissance, en joignant la dignité royale à celle du chef du sacerdoce.

2) There are certain customs and usages of long standing, which are tantamount to laws and form the basis upon which all litigated questions are settled (in Southern Guinea). Fetishes are set up to punish offenders in certain cases where there is an intention to make a law specially binding (Wilson).

3) The chiefs have no power enough, to procure respect for the laws, and therefore put in the mouth of the dreamer (the hysterical woman), what she is to announce to the people as revelations of a Koma (spirit) among the Wanika. Die Ernte zu schützen, werden (bei den Maravern) geweihte Amulette (Hörner u. s. w.) aufgesteckt. Die Fetische tödten den Dieb (am Rio Volta), wenn darum beschworen. Les Caziques (en Puerto Rico ó la Isla de Borinquen) imponian las cargas y destinaban sus subditos á la caza, pesca y ocupaciones que occurrian á su arbitrio y sus mandatos se anunciaban como dimanados de un oraculo ó de su Cemi, á quien hacian hablar lo que querian por medio de los Agoreros ó Medicos que exercian las funciones de ministros del Idolo y les llamaban Buhitis (Sotomayor). Die Indianer bemalten sich die Körper mit Thierfiguren. Agueynaba beherrschte (zur Zeit der Entdeckung) die Caziken auf Puerto Rico. Als Laing's Diener die verlangte Busse für Entehrung eines Grabes zu zahlen verweigerte, opferte der Kläger vor seinem Haus Greegree mit Huhn und Palmwein, seinen Tod erbittend. If he eats make his food choke him, if he walk, make the thorns cut him, if he bathes, make the alligators eat him, if he goes into a canoe, make it sink with him, but never, never let him return to Sierra Leone (unter den Timmanies). „Aus der Druidenzeit opfert man in Wales noch seinen Feinden. Man geht in eine Kirche, die einem berühmten Heiligen geweiht ist, knieet auf den nackten Knieen nieder und opfert dem Heiligen ein Geldstück, während die grässlichsten Flüche und Verwünschungen gegen den Feind ausgestossen werden."

4) The head quarters of the Purrah are in enclosures situated in the woods, any men (not a Purrah) approaching them, is instantly apprehended and rarely ever heard of again (or immediately made Purrah men themselves). The Purrahs frequently make an irruption into towns in the night time and plunder (the inhabitants remaining shut up in their houses). There are various

losen Socialverhältnissen hervorgerufenen Vehmgerichte [1]) der Vigilance committee in San Francisco, der amis de l'ordre u. s. w. hier günstig [2]), dort, wie der Ku-Klux-Kau ungünstig wirkend), bald durch dämonische Künste (im Purrah- oder Semo-Orden [3]), bei freimaurischen Egbo u.s.w.) bald durch religiöse Zauber [4]), wie weiland bei dem Alten vom

---

gradations of rank among them. Purrah men sometimes quit their retirement and associate with the towns people, following employment of various kinds, but no chief or headman dare bring a Palaver against a Purrahman for fear of a retributive visit from the whole body. At stated periods they hold conventions (the country being in alarm). A notice from the headman of the Purrah, communicated by signs hung up at different places, is a summons to meet at an appointed place. Palavers of great weight (such as are disputes between rival towns or great offences, calling for capital punishments always settled by the Purrah (Laing) unter den Timmanih. Die Semo bei den Susus haben sich eine besondere Sprache gebildet. The outward distinguishing marks of the Purrah are two parallel tattoved lines round the middle of the body, inclining upwards in front, towards the breast and meeting in the pit of the stomach (mit den Timmanees). To ensure safety (in travelling) one Purrah man is sufficient, who while leading the party blows a small reed whistle, In Australien weiht der Ton des Witarna.

1) Nachdem der Candidat in die Geheimnisse der Vehm eingeweiht und die Erkennungszeichen erhalten hatte, wurde er ein Wissender, während des Faustrechts (jus manuarium). Nach der letzten Sitzung des Vehmgerichts zu Gehmen (1811 p. d.) wurden die Geheimnisse von Engelhardt († 1835) bewahrt. Die Verfolger aus drei Dörfern wählen den Go-Grafen, der nach altem Brauch das Gericht hegt (Stüve). The lynch-law était un effet des moeurs germaniques aussi bien que de la nécessité des temps (Véron-Réville).

2) Durch den Geheimbund der Pakassero beseitigten die (XVI. Jahrhundert) aus Moropu nach Westen (zum Luando) gewanderten Kimbunda die Menschenfresserei der Jaga und die für solchen Zweck geführten Kriege (über den Coanza auswandernd). Wer den Muansa oder Brummer (ein hohles Stück Holz, das umhergetragen wird, an einem Seile hinten zum Tönen gezogen) anzusehen wagt, ausser dem Häuptlinge, der das Geheimniss kennt, wird bestraft (bei den Wanika). Weiber, Kinder und Sklaven schliessen sich in die Hütten ein (wie beim Umzug des Egbo).

3) Die äusseren Zeichen des Pakassero-Vereins (wo nach Ablegung des Schwurs, die geheimen mitgetheilt werden) sind ein Kopfstreifen aus dem Schweife des Pakassa-Thiers und Ringe aus den Eingeweiden des Pakassa, an Arm und Beinen getragen (s. Magyar). Der dem Purrah-Bunde Angehörige zeigt jenen Streifen auf der Brust. Die Eingeweihten im Belli-Paato erkennen sich durch die Tanzart. Ausser den Arnuat (Amuletten) dient den Grönländern (nach Rink) zur Hexerei (Kuminek) ein durch Kunst geschaffenes Thier (Tupilek), wie in den Meda-Ceremonien der Indianer (als lappisches Saivo-Thier).

4) In Futatoro und bei den Mauren besteht eine Art von Freimäurerei bei der der Einzuweihende (in eine Hütte eingeschlossen) durch maskirte Menschen auf die Probe gestellt wird. Die Eingeweihten (Almusseri) behaupten, dass ihnen in diesem Augenblicke alle Königreiche der Welt gezeigt werden, dass die Zukunft nicht mehr verborgen sei und sodann der Himmel sich willig zeige, alle ihre Wünsche zu erfüllen (Mollien). „The fire will never die out“ sings the Ngembi, instructing the Igonji or novice (on the Gaboon). The male candidates hear terrible sound (in the fetiche-house) emanating from the spirit Ukuk (Reade). Unter Erlöschen alles Feuers

Berge [1]), erhöhen. Auch wissen sie sich stets unerschrockene Krieger zu verschaffen, sei es, dass sie dieselben durch die Passauer [2])-Kunst der Mitbras-Ceremonien unverwundbar machten, mit dem geweihten Pfeil [3]) des Oberpriesters von Teotshuacan die Chichimeken als unüberwindlich (zu Teo-Chichimeken, gleich den Divi Pelasgi Dodona's) weihten, oder durch Unsterblichkeitslehren des Zamolxis, durch keltische Seelenwanderung, die Kadlubeck auch bei (preussischen) Geten kennt, und die Wunderstehung des im Feuer brennenden Kriwe, Unerschrockenheit [4]) im Herzen der Krieger entflammten. Die Seelen der auf dem Schlachtfeld Gefallenen, die im Igorsliede in Vögelgestalt umherflattern, kehrten (in Amerika) als fertig in buntem Gefieder glänzende Colibri zurück und die Azteken hatten für sie einen besonderen Himmel [5]) reservirt, indem sie sich in Gesellschaft der im Kindbette gestorbenen

---

wurde Ariemba (das Gespenst) vom Wege vertrieben, damit der König (bei den Camma) ihn überschreite (du Chaillu).

1) Every chief of a tribe or of a district has at his disposal a band of assassins, of which he and his nearest relations are members. This band serves to settle accounts with any one, with whom the chief has a difference. Speedy work follows the orders of the chief and the booty is divided in shares of various magnitudes, according to the importance of each member of the band (Mellingen) unter den Kurden.

2) Die (unverwundbaren) Gangas (der Maraves) deuten (bei Unglücksfälle) die Hexen und Hexenmeister (Fite oder Muroi) an, die ihre Unschuld durch das Muave beweisen müssen. Bäume und Thiere auf dem Begräbnissplatz dürfen nicht verletzt werden, als Muzimo (Seelen) enthaltend. Als Arungos oder Hausgötter füttern die Maraves die Inhamezarumba Schlangen in Körben. Mit den Amuletten (Muancuaras oder Magono) geben die (durch Muzimbo inspirirten) Ganga gewisse Vorschriften, ohne deren Beobachtung jene ihre Kraft verlieren. Vor einer Reise kauft der Marave ein solches mit Wurzeln und Kräutern gefülltes und mit Ricinusöl beschmiertes Hörnchen (Magona). Kein Mambo oder Fumo zieht in den Krieg ohne einen von einer Jungfrau zum Fegen der Kreuzwege (Pambanno) getragenen Kriegsschwanz oder Mexira, den (unsichtbar und unverwundbar machenden) Schwanz von einem Khumbo (Antilope Gorgon), mit Ziegenhörnern, die mit Kohlen, Knochen, Schlangenwirbeln, sodann Krallen, Vogelschnäbeln u. s. w. angefüllt sind, zusammenbefestigt.

3) Die mit dem Bogen und Pfeil des Fetisches bewaffneten Pagen des Königs dürfen (in Ashantee) behalten, was sie ungesehen erwischen können (Bowdich) und so in Lhassa. Aus der von unsterblichen Fetischmännern bewohnten Grube bei Nanampong (Nanan oder Grossvater) in Braffooland (bei Mankassim) wird orakelt. Beim Todtenfest werden Menschenopfer gebracht.

4) Von der Vernichtung der sterblichen Seele wurden in Ardrah die der im Kriege Gefallenen ausgenommen, da deren Seelen nach zwei Tagen wieder auferständen, aber mit unkenntlichen Zügen (1798). Der im Glaubenskampfe Gefallenen warteten die Houris, wie die Walkyrien der scandinavischen Helden (und so bei Azteken).

5) Nach den Loango war der Aufenthaltsort der Frommen dort, wo Sambeau Pongo (Gott) weilt, während die Hölle sich oben in der Luft fand. Die in's Jenseits zu schickende Botschaft lässt der König von Dahomey dem Schlachtopfer mittheilen, das dann todt geschlagen wird, wie bei den Scythen (nach Herodot) gespiesst. Die Druiden besorgten es durch Briefe.

Frauen ergötzten, wie diese bei den Eskimos den auf der Wallrossjagd Verunglückten Gesellschaft leisteten.

Bei freier Königswahl liess man sich gerne durch göttliche Inspiration [1]) (oder durch ihre priesterlichen Ausleger in den Augurien) leiten, und da im König der Himmelssohn bei den seine weite Umwölbung als Jupiter verehrenden Nomadenvölkern der Hiongnu (und ihren in China herrschenden Dynastien) erscheint, so empfing man gerne die aus der Ferne herbeigezogenen Tengrisöhne in tibetischen Bergen, oder an skandinavischer Küste den auf Garben anwogenden Sceaf, ein Symbol des auf triptolemischen Drachenwagen verbreiteten Ackerbaus, wie Hiawatha's Mondemin bei den Irokeresen. Dem Herrscher werden dann im Yams-Custom der Ashantie, beim Erntefest (der Inachi-Ceremonien) Tongas die Erstlinge [2]) dargebracht, vor welcher Zeit auch die Bechuanas nicht von den neuen Naturgaben essen dürfen, und oft schliessen sich Orgien alter Classicität an, wie beim Kanyefest der Kimbunda. In sieggekrönten Helden, von Halbgöttern stammenden [3]) Heroen, den die Kaffern in ihren Schlachten unterstützenden

1) It was the custom in Senjero after the death of a king for the chief men of the kingdom to assemble outside of the city in an open field and wait till a vulture or an insect [Hottentotten] settled on one of the assembly, and he to whom this happened was unanimously elected king (s. Krapf). In Senjero, wo König Amo auf dem Hügel Anger residirt, werden Menschenopfer gebracht (südöstlich von Enarea).

2) Lorsque le siège du gouvernement (des Egyptiens) a été transféré de Thèbes à Memphis, l'époque de la fête (des juifs ou l'offrande des prémices de la récolte naissante) n'a plus répondu à la maturité des champs voisins de cette dernière ville, et on a fait venir de la Thebaide les épis d'orge qui devaient y figurer (s. Reynier), wie Hyperboràer nach Delos. Während der Yamsfeier (bei der Reife) sind weder Diebstahl, noch Liebeshändel, noch thätliche Beleidigungen strafbar (in Ashantee), wie bei den Saturnalien und in Persien (beim Pflugfest in Siam).

3) In a tradition of the origin of the Amasikakana, the tribe descended from the Umkulunkula Uzimase, they are said to have come up from below, but to have first revealed themselves to some women, whilst still in the water. In another tradition (of the Zulus) we hear of a heaven-descended Umkulunkula and there is a belief in the existence of heavenly men (abantu bezulu) and of a king of heaven (the creator of lightning, thunder and rain). In the lower regions the departed dead are visited, as abapansi or subterraneans (or underground) people (s. Callaway). The people believe, that aided by some mysterious and evil influence bad persons may enter into league with wolves, baboons, jackals and particularly with an imaginary amphibious creature, mostly abiding in the deep portions of the rivers, and called by the Border Kafirs Utikoloshe (Shaw). It is said that all the women (of the Amakxosa) have usually her own Utikoloshe, a little husband which is subject to her husband. And when a woman goes to fetch firewood, she returns with the Utikoloshe carrying the firewood. The men of those parts kill these animals which are called Otikoloshe. It is said, the women love them more than their husbands (s. Callaway). Nach den Sagen der Akwapim war früher Nyankupon (das hohe Dorf oder die Stadt des Nyame, als Himmel oder Gott) dem Erdboden näher, als jetzt. Wenn Je-

Inkosi (oder den aus ihren Tempeln herbeieilenden [1]) Chao der Siamesen) erkannte man gern den Kriegsgott [2]), wie in Alexander (Iskander), in Kartikeya (Skandipuras), oder Vihnu's Avatara in Rama, und hielt fortan an der bewährt [3]) gefundenen Familie fest. Auch ohne solche Apotheose in der Deification, oder vor derselben, kann der Kopf als passendes Schwurobject [4]) dienen, wie bei römischen Imperatoren,

---

mand Fische wünschte, stiess er mit einem Stock hinauf und sie fielen, wie Regentropfen, herab. Aber auf den Wunsch eines Fufu stossenden Weibes zog er sich zurück. Nachdem Odomankama die Menschen geschaffen, ging er zum Himmel zurück und die Fetische kamen aus der See und von den Gebirgen. Die Vorfahren der Akwapim-Neger suchten auf den Fufu-Mörsern in den Himmel zu steigen.

1) Bei den Amakosi kämpfen die Geister der Abgeschiedenen in der vordersten Schlachtlinie und die Lokrer liessen für den Eintritt Ajax's eine Lücke. Im Kriege kämpfen auch die Fetische der beiden Völker (am Rio Volta) und schliessen Frieden, wie diese. Die Verstorbenen werden zu Geistern (Jannah), die die Verhältnisse ihrer Verwandten kennen und von diesen klagend angerufen werden (bei den Quojah). Die Maraves, deren König (Unde) in Muzinda residirt, glauben an die Seelenwanderung und an Muzimos (Seelen der Verstorbenen), denen Alles Gute und Böse zugeschrieben wird. Die guten Seelen wandern in die Körper der Inhamazarumbo (Psammophis moniliger) genannten Schlangen, die bösen entweder in die Candue (Canis adustus) oder in die Körper von Tica oder Quizumba (Hyaena crocuta).

2) Emperor Osin or Hatchimang (god of war), son of the empress Jingu Kogu (who after the death of her husband in the conquest of Korea by her aged minister Take ootsi delayed her accouchement with a stone till her return to Japan) was deified as Hatchimang-dai Bosats (incarnation of the Buddha of the eight banners).

3) Die sieben magyarischen Stämme wählten als gemeinsames Oberhaupt (dux) Almus, Vater des *Βοεβόδος* (Const) Arpad, mit der Verpflichtung aus seinem Geschlecht (generatio) künftig den Herzog zu wählen, neben welchem der Gylasz (der Berufer der Volksversammlungen) und der Karchan (als Stellvertreter des Heerführers) standen [Tarchan]. Harald Harfagr ertheilte in Norwegen dem Mannsstamme seiner Nachkommen die Königswürde über die Provinzen des Reiches, dem Weiberstamme dagegen die Iarlswürde (s. Sachse). Die Länsmänner (Lendarmanna) zählten ihre Abkunft auf die Könige und Iarle zurück (Olafs Helga Saga). Les Thamaminah (les Octaves) étaient huit grandes familles en possession du droit de succession au trône (de Himiar), c'était parmi elles qu'on élisait un nouveau roi, lorsque le chef de l'état mourait sans héritier direct (Perron). Chaque famille, dont se composait la tribu (arabe), était représentée par son chef, qui descendait du fils aîné du fondateur de cette branche, mais le cheik était toujours choisi dans la famille, qui descendait de l'aîné des fils du premier fondateur, ainsi on devait le considérer comme le père des pères ou le patriarche de la tribu (s. Reynier).

4) One of Suikee's first acts after his succession (to the kingdom of Amanahea), was to consecrate his hiding place in the bush (when fighting with Suiquah), making it death or a heavy fine, for any one to swear by Suikee's bush and not to keep the oath (Bowdich). If a man swears on the kings head that another must kill him, the other forfeits his whole property or his life if not doing (as invoking the kings death) in Ashantee (done to be revenged). Die Fanteh schworen bei Macarthey's Mittwoch, als dem Tage seiner Niederlage, und die Ashantih bei dem Sonnabend der

und so bei den Ashantie. Je mehr sich das Volk seiner Rechte bewusst war und sie in den Pitschos der Bechuanas oder den Things, den beim Feuer in Amerika und am Altai abgehaltenen Volksversammlungen [1]), zu wahren verstand, desto eifersüchtiger pflegte es auch seine usurpirten oder gegebenen Rechte zu hüten, die (in Ceylon den Todten vorbehaltene) Schmähung am Gabun [2]), noch ehe die Krönung den Erwählten geweiht hatte, oder in dem Verlangen solcher Sicherheit, wie sie Tyr im Rachen des Wolfes abzulegen [3]) bereit war. Bei durch Einwanderung occupirtem Land knüpfte sich daran das Zurückgehen auf das Recht der Eingeborenen, in Kärnthen und bei

---

ihrigen (Memmereda Cormatin). Beim Belli-Paaro (dem göttlichen Rechte oder Gottes Rache) wird mit dem Worte Hucquonono Hucquo, „die den Belli eigentlich angehen und anders in der Sprache (der Quoja) nicht üblich sind" geschworen, und Meineid prüft das Bollimo Wasser. Die undeutliche Sprache der Fetische wird von den Priestern verstanden (in Akwapim). Bei der Verehrung des Kopfes (in Dahomey) berührt die Fetischfrau den Kopf des Verehrers mit Wasser und dem geopferten Huhn.

1) Kindling the council fire is called the uncovering of the slumbering embers of former councils and the closing of a council is called the covering of the council fire (Peter John) among the Ojebway. Zufolge des ungarischen Axioms (Vota sunt ponderanda, sed non numeranda) hatte der Vorsitzende den Beschluss nach dem Ausspruche der Vota saniora (der Notabilitäten) und nicht nach dem der Vota majora zu fassen. Auf dem Allheriar-Ting in Schweden hatte Jeder das Recht zu sprechen und seine Stimme abzugeben (Björnstierna). Von den Germanen erzählt Tacitus, dass sie eine der Berathungen im Rausche abhielten, damit der Wein die Zunge bewege und das Herz öffne, die anderen dann in ruhiger Ueberlegung. Toman (los Záparos) un bejuco llamado Aya. huasca (bejuco de muerte ó almas), del cual hacen un lijero cocimiento y lo bebe el indio que debe dar las respuestas ó arreglar los planes y muchas veces lo beben todos los indios que forman el congreso (Villavicencio). Los Ilváros toman todas las mañanas gagua tibia terciada con la infusion de hojas de Guayusa para provocar el vómito, y tener el estomago limpio y cel cuerpo espedito para la caceria. Auch die nordamerikanischen Indianer bereiten sich durch Brech- und Laxirmittel für Jagd- oder Kriegsoperationen vor, und die Antillenos reizten sich in den Tempeln vor ihren Götzen zum Vomiren, um vor ihnen ihr Inneres rein auszukehren. Die Angelegenheiten der Mandingoes werden im Palaver entschieden.

2) When a king (on the Gabun) dies, a sister or some other near family relative must occupy the throne day and night until a successor is chosen. When the day of inauguration arrives, the people go en masse to the house of the king elect. Here and on the way to the palace every man, woman, child and slave has a right to say just what he pleases to him. He may be cursed, insulted, reproached or lectured on the subject of his future duties (Wilson).

3) According to Meredith, when the Fantees resisted the authority and fled out of the dominions of Ashantee, they proceeded to elect an individual to act as governor among them. But as they were afraid, that, for a reward, or on a promise of favour, he might be induced to betray them to their old masters, they resolved to prove his devotedness to the their interests by a severe test, and required from the successful candidate for the government (as Braffo or captain), that the should lose his right hand (the cane-bearer offering himself instead of his master).

den Bhil [1]), wie man sich auch gern die Billigung des Genius [2]) loci oder (in Siam) des Chao thi verschaffte.

Wenn in einfachen Verhältnissen sich die Kastengliederungen an die Altersstufen anschliessen, so wird auch die Häuptlingswürde mitunter erst gradweise [3]) erworben, und das natürliche Uebergewicht liegt dann im höheren Alter, wenn nicht etwa das Gewicht materiellen Besitzes den Schwerpunkt auf sich zieht und den Reichsten zum Vornehmsten erhebt. Von Cambodia bis Scandinavien schloss der Name des Edeln die Bedeutung des Begüterten ein und aus den Gütern entwickelte sich die Bezeichnung für das moralisch Gute. Der mit Glücksgütern Gesegnete zeigt diese Begünstigung bald auch in seiner äusseren Erscheinung. Fett [4]) wie der handeltreibende Banyane in Indien musste auf polynesischen Inseln der Häuptling sein, und das Auge hatte sich bald so sehr an dieses äussere Merkmal gewöhnt, dass es als ein wesentliches Kennzeichen verlangt wurde, und (wie an der Westküste Afrikas) mästeten die alten Mosynöken die Kinder der Adligen. Bequemlichkeit suchende Korpulenz macht es auch erklärlich, weshalb, wie in Europa, auch in Afrika die Stuhlhalter besondere Ehre genossen und nach dem vorgetragenen Stuhl [5]) die

---

1) Der unstät in den ihm allein übrig gebliebenen Wäldern schweifende Bhil, als ursprünglicher Eigenthümer des Bodens, entnahm seiner Fusszehe das Blut, um dem stolzen Rana der Rajputen die Tika der Majestät auf die Stirn zu drücken. Before the arrival of Serif Alli (the first Mahometan prince, who came from Mecca to Magindano, the latter had kings of her own. For the towns of Magindano, Selangan, Catibtuan and Semayanan had the right of taking from the banks of the Dano that portion of earth on which the sovereign were to be consecrated (Forrest). In einigen Theilen des Kafferlandes wird einem Buschmanne, der an einer Jagd Theil nimmt, das beste Stück des erlegten Wildes gegeben (selbst von dem Kafferhäuptling), weil die Buschmänner die ursprünglichen Bewohner des Landes waren.

2) Damit durch die Kilulu (Dämone) gefährdete Plätze bewohnbar werden, weiht der Kimbunda durch das Impemba-Zeichen auf Stirn, Brust und Armen (Magyar).

3) Vor der Eroberung durch Axayacatl standen in Matlazinco drei Männer von abgestufter Macht (die einander der Reihe nach succedirten) an der Spitze des Staats (Zurita). Die Wakamba stehen unter Dorfhäuptlingen. In New-Hampshire und Maine standen alle Sachem unter dem Baschaba als gemeinsamem Oberhaupt. Der König (Tschipu) auf Ponapi (den östlichen Karolinen) muss alle die vorhergehenden Rangstufen der Häuptlinge (Iros) durchgemacht haben. Wealth, which consists partly in the number of slaves and partly in gold, is the surest qualification for power (on the Gold coast). Bei den Itzaern in Acalcan wurde der reichste Kaufmann zum Fürsten gewählt. The succession to the highest authority did not appear to belong to any one as a matter of right (in Kooranko), but sometimes the richest, sometimes the oldest man in the country, according to his influence, is chosen by the people (Laing).

4) Only chiefs are fat in Kaffirland (Wood).

5) Das höchste Ehrenzeichen bei den Lampong bildet eine viereckige Bank mit künstlich geschnitzter Rücklehne. Wer einen mächtigen Stuhl,

Würde des Eigenthümers (in Ashanti, Dahomey, am weissen Nil u. s. w.) bezeichnet wird.

---

gemacht für zwei Manner ausfüllte, wurde von den Gauten zum König gewählt (Weinhold) und als kein Einheimischer genügte, fand sich der fremde Thorir Hundsfuss. In Dahomey (wo Stuhle uber 6 Zoll hoch nur nach Verleihung von Königen benutzt werden durfen) wird den Vornehmen als Zeichen ihrer Würde ein Stuhl vorangetragen, niedriger oder höher, und auch der Konig von Ashantie verleiht oder entzieht den Stuhl. Die Wontse oder Fetizero (bei den Ashantie) bannen die den Besessenen ausgetriebenen Geister in einen Stuhl (wie der Schmidt von Juterbogk). Celui qui doit recevoir l'investiture d'une charge ou d'un fief, reçoit (se prosternant devant le roi) les marques de sa dignité, qui sont un bonnet blanc (selon la dignité), on lui met un cimeterre au côté, un étendart à la main droite, un fauteuil et un tapis avec la permission d'en servir dans certains occasions (Labat) en Congo. Wahrend die, mit hohlen Rohren Takt schlagenden Namaqua tanzten, sass König Akembie (on the Oliphant river) upon his stool, usually carried, wherever they go (1661).

Zweites Kapitel.

Die Begründung feudaler [1]) Verhältnisse ist eine natürliche Folge der Eroberung, und sie werden besonders dann hervortreten, wo die

1) Le prince chichimeque accorda (aux chefs des Acolhuas-Tepanèques) avec la main de ses filles, les vastes seigneuries où ils régnèrent dès lors, ainsi que leurs descendants en qualité de tributaires et de vassaux du royaume de Tenayocan (s. Brasseur). Mit Beschränkung der den Vasallenherrn zustehenden Gerichtsbarkeit suchte Techotlala den Feudalismus zu brechen, unter Vermehrung der Hofwürden. Sesostris wurde von seinem Vater mit den gleichaltrigen Söhnen der Vornehmen erzogen und ehe er auf seine Eroberungen auszog, vertheilte er das fruchtbarste Land Egyptens unter seine Krieger, damit ihre Familien Unterhalt hätten (Diod. Sic.). Darius partagea ses États en vingt gouvernements. Il ne détruisit pas les fiefs ni les souverainetés locales, il laissa subsister avec leurs législations spéciales les différentes nationalités rangées sous son sceptre, mais administrativement il réunit des peuples que rien d'ailleurs ne rapprochait (Gobineau). Les intendants de Darius furent les satrapes. Zu Domitian's Zeit entsetzte man die alten Besitzer zu Gunsten der Veteranen, die die Güter zu Lehen erhielten (Sueton) durch Praeceptum. Den Veteranen wurde erlaubt die Güter Landesflüchtiger und anderer zu wählen unter Befreiung (364 p. d.). Franci, als liberi homines (in der Urkunde Karl's des Kahlen). Die freigeborenen Franken waren dem öffentlichen Tribunal nicht unterworfen. Severus ertheilte den Soldaten die Ländereien nur gegen Kriegsdienste (Lampridius). Die Gentilen erhielten die agros limitrophos gegen Vertheidigung (nach dem Theodosianischen Codex). Privatpersonen, die Schlossgüter in Besitz genommen hatten, wurden aufgefordert, sie vor Schlosssoldaten zu räumen (im Theodosianischen Codex). Die Terrae limitrophae waren Mannslehen. Die Stationssoldaten erhielten in den Standquartieren die Stationes agrarias. Seitdem der Chalife Radhi den Raik (Befehlshaber der Truppen von Wasit) nach Bagdad berief, war die Gewalt und Herrschaft ganz in den Händen des Emir-al-umera oder Sultans, um welche höchste Würde sich die Familie Raik's mit der Familie Hamdan und Buje stritt, bis dieselbe in dem Hause der letzteren bis zur Erlöschung derselben und dem Beginn der Seldschukken erblich verblieben. Der Chalif Taililah installirte den Scherfeddewlet, Sohn Adhadeddewlet's, mit zwei Fahnen und dem Titel Schehinshah (König der Könige), den jetzt der Sultan der Osmanen führt, wie den Titel Emir-al-umera die Statthalter Beglerbege des Reichs mit zwei Rossschweifen, den Titel Wesir die Statthalter oder Paschas

Fürsten eine Gefolgschaft [1]) umgiebt, die auf Belohnungen Anspruch macht, sowie überhaupt, so oft ein vorher wanderndes Volk sich in

---

mit drei Rossschweifen (s. Hammer) 1835. Nach Vernichtung der Mamluken wurde der Feudalismus beseitigt (in Egypten). Der Pascha confiscirte nicht nur die Erblehen und Familiengüter und die fur wohlthatige Zwecke bestimmten Güter, sondern nahm auch die zahlreichen, von ihren Bebauern verlassenen Gründe fur sich in Anspruch. Es entstanden so die Tschifliks oder Privatguter des Pascha und seiner Familienglieder, welche allmahlich eine ungemeine Ausdehnung erlangten und durch einen eigenen Divan verwaltet wurden. Ihre Cultur erfolgte durch Frohnarbeiten der Landbevölkerung. Waren Dörfer und Districte der Art verarmt, dass sie ihre Steuern nicht mehr zahlen konnten, so wurden die Grunde wohlhabenden Leuten in Lehen gegeben, welche die Bezahlung der fälligen Steuern ubernahmen und sich dafür nach und nach von den Steuerpflichtigen, die sie durch ihre Lieferung von Werkzeugen unterstützten, bezahlt machten. Solche Lehngüter heissen Uhdeh, in Eigenthum gegebene Brachgründe Ibadijeh (Miri). Alle almohadischen Prinzen führten den Ehrentitel Cid (Herr). Unter sie wurden die Statthalterschaften vertheilt. Zur Seite standen die Unter-Statthalter (Naib) und Veziere (mit meist erblichen Aemtern) Die Emirschaften der Statthalterschaften waren in Bezirke oder Taas getheilt (unter Vorstehern oder Cadi). Nach Verhältniss der Bevölkerung und des Flachenraums der Provinzen (mit Rücksicht auf Erzeugnisse und Ergiebigkeit) wurden die Steuern bezahlt. La terre recommandée, soit qu'elle fut l'héritage du vassal, ou un bénéfice à lui concédé par le seigneur, portait en breton le nom de Kémen (commendatio) ou (chez les Armoricains) Kemenet (s. de Courson). Le mot breton gwas ou was signifie jeune homme (serviteur) ou vassal. Der Uchelwr erhielt das Wergeld für den in seinem Dienst getödteten Bonnedig (ingenuus) bei den Bretonen. Enaid fadden, reus capitis. Ma-twan-lin refers to the meeting held by Yaou on the Thoo-mountain as the origin of the intitution of fiefs (Thornton).

1) C'est principalement parmi les Kovdais Daimios, que le prince de Kwanto choisit ses ministres. De commandants de places, ils peuvent devenir Oshosia (preposés à la garde directe du souverain dans ses residences et ses voyages). A la suite des fonctions d'Oshosia, le Kovdai peut être promu au grade de Kioto-Shoshidai (ambassadeur) du prince auprès du Mikado, ou il peut être nommé Wakadashiori (directeur immédiat des grands fonctionnaires). Ces grades conduisent au ministère. Tous les hommes qui suivent ces Kovdai peuvent aussi s'élever aux plus hautes fonctions, dont chacun embrasse confusément toutes sortes d'attributions civiles et militaires. La hierarchie se compose de trois classes: Gokanine, Hattamatto, Daimio (chacune comptant plusieurs dégrés). Du grade inférieure, accessible à tous (aux plus humbles), les échelons montent sans interruption jusqu'au ministére (Montblanc). La noblesse n'étant pas exclusive et restreinte à la naissance, chacun a le droit d'y prétendre en s'élevant par son mérite (Montblanc) in Japan. Sudliche Stämme pilgerten nach dem gemeinsamen Heiligthum Chalasah. Osman (Mohamed's Schwiegersohn), der der Aristokratie Mekka's angehörte (gegenüber der hierarchischen Parthei von Medina), setzte in den wichtigsten Statthalterposten seine Günstlinge aus der omajjidischen Familie ein (und erlaubte seinem Vetter, dem syrischen Statthalter Moawijah, mit den herrenlosen Gütern belehnt zu werden). The physical circumstance of wanting the building material of which the feudal castles of other countries were constructed, and by which structures the feudal system itself was mainly supported, had its social as well as political influences on the people (living in wooden structures) in Norway (Laing). After the abdication of the Shiogoon Yoshihisa (1867) the damios restored

den neu gewonnenen Sitzen unter den früheren Einwohnern festsetz t. Land ist hier das gesuchte Ziel und in Land werden die Dienste bezahlt, während die Annexionen in Folge der durch diplomatische Verwicklungen zwischen bereits fest begründeten Staaten ausbrechenden Kriege, an dem privaten Besitzzustande des Einzelnen (ungeachtet der Aenderung in der öffentlichen Verwaltung) wenig zu ändern pflegen, ausser wenn etwa Nothzustände auf der einen oder Ueberfluss brachliegenden Bodens auf der anderen Seite Aussendung von Colonien [1]) veranlassen

---

their fiefs in the hands of the emperor (1869). Koudai-Daimios sind die Feudalherren in Kwanto. Shimadzu yoshi hissa, a relative of the prince of Satsumo, set out with a force to bring the king of the Lioo kwo islands more completely under the power of Japan and (succeeding) received the islands, he had conquered as a gift from the hands of Iyeyas (1609). In den mit den ihren Festungen übergebenden Archonten schloss Wilhelm von Champlitte besondere Verträge (im Peloponnes), ohne dass sie in die Lehnsverfassung eintraten. Over every one of the dependent states an Ashantee chief is placed, who is held responsible by the king for the conduct of the native ruler. This superior chief generally resides at Coomassie and seldom visits his province except to receive the tribute (Beecham). Den die verschiedenen Stämme in Peru regierenden Curacas wurde bei der Eroberung ein Grosser des Reichs aus der Familie der Incas als Governador Inca (de la Vega) beigegeben. The zemindars succeeded to their zemindaries by right of hereditance, but until they consented to the payment of the Peshaish or fine of investiture to the emperor, and a proportional nuzzerannah or present to the nazim (provincial governor) neither the imperial firmaun of confirmation was granted them, nor were they permitted to substitute their own signature to the public accounts, in lieu of their predecessor (s. Bode Mull). The jagheers (under Tamerlan) were allotments of land for the subsistence of an existing army. Since his time, they have taken more completely the form of Europaean fiefs, but upon the footing, in which fiefs were granted under the name of beneficia, by Charlemagne, forming the strenght and support of his government, because they were personal and not hereditary (whereas the conditional grants of land under Charles Martel appear to have been hereditary). The successors of Charlemagne surrendered up this advantage to the nobility, who were the vassals of the crown, by making them hereditary in their families and thereby creating the indepence of the great land proprietors, whose combined power very soon supplanted that of the monarchy. Die Iharejas (ein Zweig der Rao von Kutch) gründeten in Kattiwar eine Art Feudalsystem.

1) Le Mitimaes était une colonie (de 10—12000 hommes), qui se transportait sur le territoire nouveau, s'y établissait et façonnait le pays conquis à la soumission, aux habitudes de travail et au culte de l'Inca (Arcos). Das Loos der früheren Besitzer in (griechischen) Colonien war verschieden. „Zuweilen mussten sie auswandern (wie Potidäaten und Aegineten), zuweilen blieben sie im Lande, als Pächter (oder Lohnarbeiter) oder Peleaten (Hörige), zuweilen wurden alle erwachsenen Männer getödtet, die Weiber und Kinder aber zu Sklaven gemacht (wie bei Skionäern und Meliern im peloponnesischen Krieg)." Bei den Mytilenäern wurde die Bebauung der Aecker den früheren Landbesitzern überlassen, die aber von jedem Kleros dem neuen Eigenthümer Abgaben entrichten mussten. Wenn eine Art bürgerlichen Gemeinwesens fortbestand, so war es in strengster Abhängigkeit von Athen und in der Art, dass sie eine minderberechtigte Classe gegen die in ihrem Lande wohnenden athenischen Kleruchen bildeten, die (obwohl eine

oder die Sicherstellung der Grenzen das Institut militärischer Lehen

---

Local-Gemeinde ausmachend) doch athenische Bürger blieben." — Ausser dem Stammgut (den für den Unterhalt der Familie des Kriegspflichtigen nöthigen Landereien) unterschied man (in der östreichischen Militargranze) das Ueberland, dessen Entäusserung erlaubt war. „Seit dem Licinischen Gesetz waren zwar von Zeit zu Zeit Aecker unter die Bürger vertheilt worden, aber von dem übrigen Gemeinlande, das in grossen Massen durch ganz Italien zerstreut lag, hatten wieder die Reichen, und darunter auch Italiker aus den umliegenden Colonien und Municipien die Benutzung an sich gezogen, und selbst allmalig durch Ankauf oder Unterdruckung die Feldstücke der ärmeren Nachbarn dazu erworben, so dass sie nicht mehr blosse Landgüter, sondern weite Landschaften besassen, die sie durch ihre Sklaven in Ruhe bauen liessen, während der freie Bauernstand in ganz Italien durch Kriegsdienst erdrückt und durch Geldnoth von seinem Erbe vertrieben, unterging. Nach den beschränkenden Beschlüssen des T. Gracchus, brachte C. Gracchus einen neuen Antrag auf Ackervertheilung, doch wurde bald wieder die Veräusserung des Besitzes erlaubt (Walter). Das nach Beendigung des Aufstandes allen Italikern ertheilte Bürgerrecht wurde dann auch Nicht-Italikern angeboten, die in eine föderirte Stadt eingeschrieben und damals in Italien domicilirt waren, und als bald darauf alle Municipien zur Civität erhoben wurden, so umfasst diese von selbst auch die ihnen adscribirten Ausländer. Nach dem Julischen Gesetz gab es in Italien keine latinischen Colonien mehr, indem diese jetzt ebenfalls Municipien geworden waren. Das cisalpinische Gallien war damals noch nicht in Italien begriffen, sondern wurde als Provinz regiert (durch Prätoren) und durch viele Colonen im Zaum gehalten. Bald erhielten jedoch die Städte des cispadanischen Gallien mit den ihnen zugetheilten Völkerschaften die Civität mit Suffragium (wurden also Municipien), die des transpadanischen Gallien aber erst von Pompejus Strabo die Latinität und von J. Caesar die Civität (so dass das cisalpinische Gallien zu Italien gerechnet wurde. Der (deutsche) Colonist (in Chile) beschäftigt auf seinen Ländereien sog. Inquilinos (Arbeiter) meist Chiloten, als Tagelöhner, Viehhirten und gewöhnlich als Holzhauer, die aus dem Vorrath bezahlt werden (Martin). The feudal principle, that the whole country belonged exclusively to the king, regulated the disposal and tenure of lands and necessarily placed the common orders of the community in a condition of serfdom (on Tonga). The king's power was frequently delegated to the governors of the various groups of islands or great districts, and from them to inferior chiefs. Land were held in fief. The great landlords derived them by hereditary right, in conjunction with their chieftainships, but held them nevertheless at the will of the supreme ruler. These in turn subdivided them among their families and followers. It was on the great chiefs, that the king depended for military support (as the title, by which they retained their possessions). Through them also the king received a general tribute of the people. The chiefs also, in their order claimed the service or property of their retainers (at any moment any portion of the goods of the lower order might be demanded by an imperious chief and appropriated for his own purposes). Besides the general right of the chiefs to despoil their inferiors, the king or his immediate representative could assess labour upon the entire community, when and how he pleased (West). The baronial fiefs (in England) were held under an actual derivation from the crown. The great vassals of France had usurped their dominions before the accession of Hugh Capet, and barely submitted to his nominal sovereignty. But the conqueror and his successors imposed what conditions they would upon the set of barons who owed all to their grants (Hallam). Omnibus civibus Romanis lege Julia ager dividebatur, qui, quo quisque deducendus esset, sortiebantur. Ex horum numero lege Campana

hervorruft [1]), die in römischer Kaiserzeit den Uebergang zum germanischen Feudalstaat bildeten. In den Befestigungen an den Grenzen

excipiebantur ii qui ternos pluresve liberos alerent, quibus extra sortem, id est, ita ut non sortirentur cum caeteris, ager Campanus assignabatur. Ipsi tamen illi, quid cuique agri Campani dandum esset, rursus inter se sortiebantur, denique adjecta erat etiam huic legi execratio senatus, candidatorum, magistratuum (Zumpt). The feudal system is professedly treated in an institute of the Scotch law which bears in its preface to have been compiled by order of David I. (Wallace) 1124 p. d. Degree and title were the only points on which Dukes, Marquisses, Earls, Lords (in Scotland) differed (before 1587) from those commoners, who were Barons (as Lairds).

1) Die Colonien wurden von den Partheihäuptern nur als Ansiedlungen für ihre Soldaten eingerichtet und Militärcolonien genannt. So beging Sulla als Dictator die Gewaltthätigkeit, dass er ganze Municipien, die ihm feindlich gewesen, mit den zugehörigen Ländereien einzog und grösstentheils unter seine Legionen vertheilte, die die Einwohner mit Gewalt austrieben. Aehnliches geschah von Caesar, der auch die Sullanischen Assignationen bestätigte, von Antonius und von Octavian, der während des Triumvirats 18 blühende Städte Italiens zu Militärcolonien machte. Später gründete er noch 28 Colonien in Italien und auch viele in den Provinzen, entschädigte jedoch die bisherigen Besitzer in Geld oder durch Verpflanzung in andere Städte (Walter). Selten und nur aus besonderer Begünstigung wurden Grundstücke (fundi excepti) von der Vermessung (bei den Militärcolonien) ausgenommen oder nach der Vermessung dem Eigenthümer zurückgegeben oder ihm dafür andere von gleichem Werth assignirt, sondern meistens konnten die bisherigen Einwohner nur als Pächter sitzen bleiben. In den Militärcolonien der Provinzen hatten nur die Colonen das römische Bürgerrecht. Doch wurden Einzelne aus den alten Einwohnern mit aufgenommen und zuweilen ihnen allen die Civität ertheilt, wie in Emporiae (auch in Cölln hatten die Einwohner mit den römischen Colonen Connubium). Die in der Umgegend der Soldatenstädte (in 7 Klassen getheilt nach der Grösse) angesiedelten Soldaten erhielten Land für ihren Unterhalt (Grosier) in China. Als Grenzprovinzen zur Vertheidigung verpflichtet waren Derbend und Mawereinnehr von Kopf- und Grundsteuer (Dschisije und Charadsch) befreit. Die Einrichtung der militärischen Lehen (der Dienstmänner des Timare und Siamet, die für bestimmte Einkünfte an Land und Gut Kriegsdienste leisten) bestand schon in dem persischen Reiche und kam durch die Familie Seldschuk auf die Osmanen (Hammer). Das Lehnssystem und die in demselben eingeführte Hierarchie von Begen und Beglerbegen gab den Grund zur Eintheilung der gesammten Länder des osmanischen Reichs her, dessen einzelne Statthalterschaften als ebenso viele Abtheilungen des grossen militärischen Heerbannes betrachtet werden. The chiefs of the transplanted tribes (of the Koords) held their lands (in the district of Khorasan bordering on the desent from a point near Chinnaran to Astrabad) upon the condition of repelling the incursions of the Turkomans (Fraser) under the Eelkaneh. Merve was the residence of the Seljook-princes. Aus Räubern (den Uskoken oder bosnisch-serbischen Ueberläufern bildete die östreichische Regierung tapfere und treue Grenzer (s. Czoernig). Alle diese Räubernamen sind türkischen Ursprungs, Haiduk (Haidudi), Kasak, sowohl der Wurzel wie der Bedeutung nach dasselbe mit Uskok, Akindschi (Renner und Brenner), dann Martolos (s. Hammer). A circle of posts was distributed, within which the quotas of the chiefs attended, under the Foujdar of the Sima (commander of the border), this lord of the frontier being appointed from court and always accompanied by a portion of the royal insignia (in Mewar). The Khalisa (fiscal) land amounted to one-fourth

waren eigene Grenzsoldaten, die zugleich die ihnen dort verliehenen öffentlichen Ländereien bauten, zum Theil aus Provinzialen bestehend, jedoch in immer zunehmendem Verhältnisse auch aus Barbaren, welche freiwillig oder als Besiegte auf das römische Gebiet aufgenommen und unter die Legionen [1]) gemischt, oder als Hülfsvölker von föderirten

---

of those distributed to the chiefs. The chiefs (of Rajputana) were divided into distinct grades (nach den Klassen des Besitzthums) bis zum holder of a chursa or hide of land (neben den Babas der Ranafamilie). Wladislaw II. verbot den Haiduken, als Viehhirten (bubulci vulgo Hajdones) das Tragen von Waffen. Ferdinand I. unterscheidet die fur Lohn in den Grenzfestungen befindlichen von den freien Hajduken (liberi hajdones) [Lonin] Das Halten von freien Hajduken wurde verboten (1613 p. d.). Der siebenburgische Furst Bocskay ertheilte den Hajduken einen gemeinsamen Adelsbrief (s. Czoernig). In den (persischen) Grenzprovinzen erhielten die Satrapen, die Cyrus (nach Xenophon) neben den militärischen Befehlshabern zur Erhebung des Tributes durch Aufseher (ὕπαρχοι) eingesetzt hatte, zugleich die militarische Gewalt (Heeren). Die Annamiten besitzen in den Don-dien Militar-Colonisten.

1) Die Veteranen (deren Söhne dienstpflichtig waren) erhielten einen schriftlichen Abschied und mancherlei Begünstigungen, namentlich Landereien im Innern und an den Grenzen. Die Colonen waren Freie und konnten daher wahre Ehen eingehen, allein durch ihre Abhängigkeit von Grund und Boden wurden sie in vielen Stücken den Knechten ahnlich (im römischen Recht). Das Colonat entstand durch Geburt, durch Verjährung und durch freiwilligen Eintritt. Sola quae de hostibus capta sunt, limitaneis ducibus et militibus donavit, ita ut eorum ita essent, si heredes eorum militent (Lampridius) unter Alex. Sev. und (nach Vopiscus) unter Probus (in den Ländereien der Grenzsoldaten). Wenn die Römer ein Volk völlig besiegt hatten und unter ihrer Herrschaft behalten wollten, so wurden in dem Lande zwar Legionen zur militärischen Besatzung gelassen, diese jedoch auf den Friedensfuss eingerichtet, und dem Befehlshaber zugleich die nöthige bürgerliche Verwaltung übertragen (in der so entstandenen Provinz). Obwohl tief in die Landesverfassung eingreifende Bestimmungen enthaltend, liess eine solche Anordnung doch den Besiegten ein eigenthümlich nationales Dasein. Ausser der eigentlichen prätorianischen Cohorte, die seit P. Scipio bei den Legionen die Leibwache des Feldherrn bildete und welche auch die Prätoren in den Provinzen beibehielten, hatten diese noch ein anderes ansehnliches Gefolge, welches theils aus ihren Freunden und Bekannten, die sich freiwillig an sie anschlossen, theils aus den ihnen beigegebenen Schreibern (aus den Decurien durch das Loos gezogen), Dollmetschern, Aerzten, Weissagern, Herolden und anderen Dienern bestand (als die prätorianische Cohorte). Die Provinz begriff eigentlich nur die Stadte, die unterthänig und zinspflichtig gemacht waren. Selbst in diesen erhalten aber zuweilen einzelne Personen (wie die Nachkommen des Thimositheus und einige Bürger von Clazomene und Milet) für sich und ihr Geschlecht vom Senat Freiheit und Immunitat und wurden in das Journal der Freunde des römischen Volkes eingetragen (Walter). Von dem Grund und Boden (in römischen Provinzen) wurde das, was zu einer nach Kriegsrecht behandelten Stadt oder zu den königlichen Tafelgütern gehört hatte, als Gemeinland des römischen Volkes eingezogen und von den Censoren wie gewöhnlich, verpachtet oder auch den früheren Besitzern gegen eine Abgabe, deren Erhebung ebenfalls an Speculanten verpachtet wurde, zur Benutzung zurückgegeben. Alles übrige Land blieb im Privatrecht derer, die es bis dahin gehabt.

Nationen geschickt worden waren. Auch den Laeti oder freiwillig aufgenommenen Stämmen wurden an der Grenze oder im Innern Ländereien angewiesen. Uebrigens werden im Nothfall alle Einwohner und selbst Knechte zu den Waffen gerufen (Walter). Die mehr oder weniger complicirten Verhältnisse, die sich bei den nach Ansässigkeit strebenden Eroberungen zwischen den Herren [1]) und ihren Unterge-

Jedoch fand an dem Provinzialboden kein quiritarisches, sondern nur ein natürliches Eigenthum (possessio) Statt, und er konnte anders wie beim italischen Boden unbeschadet des Eigenthums mit Grundsteuern beschwert werden. Auch stand er nicht unter dem Schutz der römischen Gottheiten. Dennoch fanden es die römischen Ritter für vortheilhaft, ihre Speculationen in den Provinzen auch zum Erwerbe grosser zusammenhängender Ländereien zu benutzen, die sie zum Nachtheil der freien Bevölkerung und der Sitten durch ihre Sklaven in Ketten bebauen liessen (Walter). Die Gesammtheit der römischen Bürger, die sich (für Geld- oder Korngeschäfte, als Handelsleute in Markt- und Messorten negotiatores und als mercatores oder als Publicanen) in den Provinzen aufhielten und zu einem bestimmten Landtag gehörten, bildete einen eigenen Convent (conventus civium Romanorum), der mit dem Prätor an der Spitze gewissermaassen das römische Gemeinwesen darstellte, wovon jener die Jurisdiction der beiden Prätoren zu Rom, der Quästor die der Aedilen handhabte. Agri publici et privati in den Provinzen (C. Cicero). Die Legionen sollten nach dem alten Grundsatz nur aus Bürgern bestehen, allein schon unter der Republik wurden sie in Nothfallen aus der Provinz, wo sie standen ergänzt, und während der bürgerlichen Kriege hob man aus, wo man rüstige Leute fand. Unter den Kaisern endlich wurden sie fast nur aus den Provinzen recrutirt, und die Italiker verlernten das Kriegshandwerk gänzlich. Die Hülfsvölker bildeten neben den Legionen sehr bedeutende Massen, die nationenweise in Cohorten eingetheilt waren, und so auch ihre besonderen Plätze im Lager hatten. Beide, die Legionen und die Auxilien, wurden in den Provinzen nach dem Bedürfniss vertheilt und dort wie Besatzungen in die Städte und auf das Land gelegt. Ebenso waren in den verschiedenen Meeren Flotten stationirt. Eine besondere Sorgfalt wurde schon seit Octavian auf die Befestigung der Grenzen verwendet und Alex. Severus erfand die Einrichtung, die dort eroberten Ländereien den Grenzsoldaten selbst oder Veteranen unter der Bedingung zu verleihen, dass sie und ihre Nachkommen dafür Kriegsdienste thun sollten (Walter). Verheirathete Soldaten waren selten, weil sie ihre Weiber nicht mitführen durften, bis Alex. Severus dies erlaubte. Schon seit Marcus Aurelius nahm man eben besiegte Barbaren in römische Kriegsdienste auf. Von Probus wurden solche sogar bei den Legionen untergesteckt. Seit Aushebung in den Provinzen wurden die Legionen miles peregrinus et externus oder militia provincialis genannt. Knechte waren bei Todesstrafe vom Kriegsdienst ausgeschlossen. Les légions changeaient rarement de cantonnement, surtout les légions de Germanie, et le soldat, envoyé à vingt ans sur les bords du Rhin, n'avait guère que la perspective d'y mourir, ou d'obtenir, au temps de sa vétérance, un champ sur cette même terre, une place dans ces mêmes villes, ou sa jeunesse s'était écoulée (Thierry).

1) Das Lehnsystem China's begann mit Yu, der das Land zur Belohnung unter die Grossen vertheilte, die ihn bei den Arbeiten zur Ableitung der Wasser unterstützt hatten. Später vertheilte Woowang (der sich gegen die Shangdynastie erhob, weil die Beamtenstellen erblich gemacht wurden, statt nach Verdienst vertheilt) Ländereien unter die Grossen, die ihn in dem siegreichen Aufstande (und Gründung der Chow-Dynastie) unterstützt

benen herausbildeten, mochten aber ein Vorbild finden, wenn unter friedlichen Verhältnissen Abhängigkeitsverhältnisse[1]) eingeführt wurden, oder wiederholt werden, nachdem auf's Neue ein Friedszustand[2]) hergestellt war. So lange noch das eingedrungene Erobervolk um seine Existenz kämpfte, bildeten die Kriegsdienste den prägnantesten Characterzug der Feudalverhältnisse[3]), die sich dadurch mit den Würden

---

hatten. Als rechtmässige Landbesitzer hatten die von den Rajputen (IX. Jahrhundert p. d.) unterjochten Chawra ihre geringen Landereien (Grassias) an Untergebene (Khowas oder Hausdiener) verliehen (in Kutch) unter den Tilat oder Häuptlingen.

1) The principal source of feudal retainers has arisen from the necessity of obtaining a protector. Families and whole tribes to avoid extirpation by war, have placed themselves under the wing of some powerful chief, who perhaps supported them in famine and shielded them in battle (on the goldcoast). There are also instances of whole towns undergoing this vassalage, in return for money advanced to help them out of difficulties (Cruikshank). In the coast towns a species of municipal council has supplanted the power of the superior (as free towns). In addition to the king and cabboceers both the council and judgment-seat are composed of the representatives of the people (head of the companies or town-divisions and the hereditary Pynins). Jeder mag das Palaver besuchen.

2) Ausser dem militärischen Besitzthum gab es im byzantinischen Reich die Landereien der δυνατοί und die Ländereien der πένητες und Romanus Lec. verbietet dem δυνατός die Lander des πένης zu erwerben. Der Sohn sollte dem Stande des Vaters folgen (nach dem Cod. Theod.) und Umsiedlungen aus einem Thema in andere wurden möglichst verhindert. Während die στρατιῶται Kriegsdienste leisteten, zahlte die Civilklasse der πολῖται Abgaben. Li gentilhomme grec qui tenoient fiés et terres et les casaux dy pays, eust cescum et tenist selonc sa qualité (livre de la Conqueste) in Morea. Les Grees qualifiés par les Français de gentilshommes, n'hésitent pas à appliquer aux nobles français l'honorable dénomination de στρατιῶται et de Καββαλλαριοί, et le Maréchal de la noblesse d'Achaie leur semble tout simplement une manière de Πρωτοστρὸτωρ (Rambaud). On appelle penty (en Cornouailles) le journalier locataire d'un fermier et qui habite à l'extrémité de la métairie (s. de Courson), pen-ty, tête (extrémité de la maison). Chateauneuf findet (in der Bretagne) le partage du pauvre comme du riche. Pise (ayant vaineu Musal, roi des Maures en Sardaigne) donna des fiefs aux principaux confédérés, et concéda aux Génois des possessions importantes à Alghero et au cap septentrional, se réservant pour elle la suzeraineté sur ces grands vassaux et la souveraineté immédiate sur le reste de l'Ile (s. Mimault 1050 p. d.). Lehuerau sieht in der Feudalität die Erweiterung der Familie auf grösserer Scala (die germanische Familie, als cognationes hominum, entspricht dem bretonischen Clan). La famille germanique se compose de trois divisions: 1) le père avec sa femme et ses enfants; 2) la domesticité libre ou le cortége de vassaux qui le suivent et qui lui ont engagé leur foi; 3) les nombreuses subdivisions de personnes qui sont plus ou moins engagées dans la servitude, soit à raison de leur personne, soit à raison de leurs terres et que l'on designe par les dénominations différentes de servi, de coloni, de mansionarii etc. (d'après Lehuèrou).

3) The feudal tenure of lands had been previously an acknowledged principle throughout the (Hawaiian) islands, but Kamehameha, by virtue of his recent conquests, was able to reduce the theory to very practical conclusions, and he claimed the entire and absolute ownership of the land, which he divided among his followers on the tenure of their paying him a

des Adelsstandes, seinen ritterlichen Ehren und Ehrenpunkten [1]) der Ritterlichkeit, verquickten.

---

portion of its revenue and rendering him military service (Hopkins). Alle Mahummed (having driven the Hindoo rajahs out of Rohilcund) gave to his (patan) officers of state the government of different districts, which they respectively swore, to hold in trust for his children. The whole were, upon every emergency to consult together for the good of the general state, and in case of necessity, each was to lead his proportion of forces into the field and to pay a quota into the grand treasury under the Buxy for the disbursement of contingencies (Hamilton). In that portion of the Protected Sikh Territories, which Sikhs from the Lahore country had occupied as conquerors, there was a perfect feudal system. The chief of a tribe, as General, had a large appanage, smaller chiefs owed him allegiance and service for their smaller domains, and under-holders under them again (all holding on a permanent hereditary tenure) till to the tenure of a single horseman. These latter again have come to be divided under the operation of the rules of inheritance (Campbell). In locating his principal officers in Ireland Henry II. in pursuance of the system (prevailing in Europe) granted estates to those settlers and their heirs, in consideration of homage, fealty and military or honorary services, to be rendered to himself and his heirs (Lynch). Military command seems to have been the sole prerogative of Sai Tootoo, his judicial and legislative power being controlled by the chiefs or aristocracy (much more than at present). The Ashantee government concentred the mass of its original force and making the chiefs resident in Coomassie and the few towns they built in its neighbourhood, with titular dignities, conciliated those, whom they subdued by continuing them in their governments (Bowditch). Sai Tootoo defeated the Akims and Assins, subjected the Tufel country and subdued many small states in the neighbourhood. Dans la principauté de Yedo (Kwanto, comprenant aussi Nagasaki el Hakodode) existe un morcellement féodal, qui ne se retrouve pas dans les autres États rémontant à l'origine même de la principauté, née 1600 p. d. à la suite de la bataille de Sekigahara, qui consacra la trahison de Tokougaoua-Minomato no Héas. Après le combat le fondateur de la dynastie actuelle des Hokshis de Kwanto (résidant à Yedo) s'empressa de reconnaître les services de ses partisans par le partage des États, qu'il avait conquis avec eux (créant 344 Kovdai Daimios ou nobles vassaux, auxquels il donna des fiefs héréditaires, et 80000 Hattamattos ou guerriers nobles). Shidé-Tada (fils et successeur de Héas) continua l'oeuvre de dissolution (Montblanc). Les Kovdais (chefs militaires, transmettant leur pouvoir à leurs descendants) ont reçu dans l'origine les fiefs, sur lesquels ils résident, mais ils peuvent être mobilisés avec les hommes qu'ils commandent (en Japon). Osmanbeg wurde 1289 p. d. mit Rossschweif und Kaftan, mit Schwert und Pferd, mit Pauke und Fahne und dem Herrschaftsdiplom von Alaeddin, letztem Sultan der Seldschukken in Iconium belehnt (wie oft Fürsten im Namen der Chalifen mit unumschränkter Herrschergewalt ausser des Vorbehalts eines öffentlichen Gebetes am Freitag). Sein Nachfolger Orchan schlug selbstständig Münzen.

1) Verrath wurde geübt, si omme violast la compaigne le roy, ou leigné file le roy nient marié, ou la compaigne leigné fitz et heire le roy (unter Edward III). The restriction to the person of the eldest daughter is analogous to many feudal customs (Hallam). Das seit dem XI. Jahrhundert in Spanien (wohin das Lehnwesen aus dem fränkischen Reich durch die navarresischen Kriege gelangte) erbliche Lehen (beneficium) hatte seinen Ursprung im Amt (honor), vom Fürsten ertheilt und genommen. Die Timare oder Lehen werden mit (arabisch) faid (Ueberschuss) verknüpft, als Emanation. Fidelity to the chief (Swam Dherma) is the climax of all the

In Folge siegreicher Eroberung wird das (ursprünglich vielleicht aus Abentheurern gebildete) Gefolge des Fürsten zu adligen Würden emporsteigen, und die höchsten Ehren werden der eigenen Verwandtschaft des Fürsten gezollt werden, dessen Mitglieder leicht in den erhabenen Stand japanischer Kungi übersteigen, aber dort bei Mangel kriegerischer Befähigung auch ebenso leicht aus wirklicher Macht verdrängt werden, wie bei Tschengis Tode der Flügel linker Hand des ältesten Sohnes von dem rechten, so dass in den Jerlighen der Name des Uluses Orda's, als des ältesten, vor dem des Uluses Batu, als des jüngeren geschrieben stand (s. Hammer).

Neben dem hohem Adel der Achimeneys (Abkömmlinge des Königs) unterschieden die Ganches einen niederen Adel (Sigoños), der den Gerichtshof [1]) (Tagaror) bildete und durch Volksmajorität entschied

---

virtues (in Rajputana). Nach Conrad's Edict (in Italien 1037) sollte Lehen von den Sohnen und deren Kindern geerbt werden, wenn feuda paterna (vom Vater her). Der erhaltende Grundsatz der ungarischen Verfassung war das Homagium, das Princip der Treue gegen den mit allen Souveränetatsrechten ausgestatteten und nur in der Ausübung gewisser Rechte beschränkten Landesfürsten (Czoernig). Le mot fevum (feodum ou fief) est employé dans une charte de Marmoutiers. Il se lit aussi dans les testaments du comte Adhemar (930 p. d.) et de Raymond-Pons, comte de Toulouse (de Courson), statt beneficium. In der Bretagne wird das Wort feodum zuerst zur Zeit des zweiten Kreuzzuges gebraucht, obwohl auch dann in der Nieder-Bretagne das Wort kemenet fortdauert.

1) Die Indunas (Beamte) der Amapakato (Edlen) bilden den Rath des Inkosi (Häuptlings) bei den Kaffern. Nach Wachsmuth hatten die athenischen Eupatriden, als die Genossen des ersten Geschlechts, sich vorzugsweise den Namen Genneten zugeeignet (wie die römischen Patricier die Gentilitat). γεννῆται, οἱ ἐκ τοῦ αὐτοῦ καὶ πρώτου γένους τῶν τριάκοντα γενῶν (Suidas). Solon vermittelte den Streit zwischen Pediaer (der Ebenen), Diacrier (der Berge) und Partalier (der Küsten). Parfois dans les poèmes des trouvères du moyen-âge, les jeunes gentilshommes (varlets ou valets) sont désignés sous le titre de bacheliers. En Bretagne ce mot s'appliquait au propriétaire d'une bachelerie, c'est-à-dire d'une terre qui devait fournir un chevalier, un demi-chevalier, un tiers ou un quart de chevalier d'ost. Alljährlich berichtet jeder Gouverneur einer Provinz nach Peking über den betriebsamsten Ackerbauer, der dann zum Range eines Mandarinen erhoben wird (Girard). Viele Kosaken haben sich von der Dorfgemeinde (der Stanizen) getrennt, bewohnen isolirte Fermen (Chutor) und leben (nachdem sie den Offiziersgrad erlangt haben) ganz für sich, eine Art Aristokratie bildend. Diese herrschaftlichen Sitze, welche ihre Entstehung sowie die Nutzniessung des betreffenden Grundes und Bodens nur den Dorfern verdankten, von denen sie sich abzweigten, sind die Veranlassung geworden, dass die Dörfer selbst nach und nach an Land zu kurz kamen und verarmten (Petzholdt). Die (wie die Kriegsmannen oder Vasallen nach Lehnrecht) nach Hofrecht lebenden Ministeriales unterscheiden sich als Majores von den Minores (Knechten oder Leibeigenen). Die Viri ministeriales bekleideten die Hofämter. Bei den Westgothen wurde die Dienstpflicht der Geistlichen durch ein Gesetz des Königs Wamba eingeführt. Den Semperfreien (Herrenstand), Mittelfreien (Schöffenbarfreien) und Gemeinfreien (Landsassen) in Deutschland entsprechen in Frankreich die Grossvasallen, Barone und gens de poëste (homines de potestate). Die Langobarden hatten eine Freilassung

(Achicaina). Die Sklaven leisteten Feld- und Hirtendienste. Die gallischen Krieger speis'ten an runder [1]) Tafel (nach Posidonius). Der moldauische [2]) Adel (aus römischen Legionären, vor den Türken ge-

zu vollem Recht durch garathinx, der Freigelassene hiess amund oder witribora (den Freigeborenen ebenbürtig). In der Freilassung zu geringerem Recht wurde der Freigelassene fulfreae und blieb im mundium des Herrn. Der Aldio war an den Boden gebunden (bei den Longobarden). Aistulph bestimmte, dass sich der Freilasser bei Freilassungen durch garathinx gültig die lebenslängliche Abhängigkeit des Freigelassenen ausbedingen könne. Der javanische Adel wird auf die höhere Kaste der eingewanderten Indier zurückgeführt oder (nach Keyzer) auf die Mohamedaner im Titel Wali. In Schotland estates are said to have become hereditary even prior to the age of Malcolm II. (1004 p. d.). They were certainly so under Malcolm III. (1093). The greather barons (in Scotland) were the nobility, the lesser were an order of men between the nobles and the people, whose privileges, estates and number rendered them respectable and powerful (attending the great councils of the nation). The order of Baronet was founded (1611) by James I. (Douglas). Der im XIV. Jahrhundert unter den Galoisiren in Languedoc gebildete Ritterorden schrieb den Rittern und Damen vor, sich im Sommer in Pelze zu hüllen, im Winter leicht gekleidet zu gehen, um allen Anfällen der Witterung zu trotzen. Um einen Ritter zu beschimpfen, durchschnitt ein Wappenherold das Tischtuch, um ihn von der Tafelgenossenschaft auszuschliessen. Bei den Germanen wurde der Adel durch grosse Thaten der Ahnen oder eigene erworben. Die Familie Chlodowig's war (nach Gregor T.) deshalb die vornehmste, weil dieser Fürst so grosse Thaten gethan. Die von altberühmten Familien stammenden Franken hiessen nobilissimi, der geringere Adel (mit den freien Gutsinhabern oder Pagenses) mediocres, und wer keine Ehre hatte, wurde unter die Minores gesetzt (und konnte körperlich gestraft werden). Aus den Beneficia der Veteranen gingen Eigenthümer hervor.

1) In dem Trimarcisia genannten Rittercorps ersetzten die drei Herren (von ihren je zwei Gefährten begleitet) einander beim Tode (Pausanias). Mit Ausnahme der Aeduer wurden die gallischen Völker durch je zwei Könige regiert. In den gallischen Städten Italiens herrschten Duumviri. In Gallien führte der Civilbeamte oder (nach Strabo) der Gouverneur den Titel Vergobret, der Feldherr den Brenin oder Brennus. Ex nobilitate reges, ex virtute duces (Tacitus) bei Germanen. Beim Tode der Chane war es (mongolischer) Brauch, die Schaafe zu scheeren und Niemand durfte sich von der Stelle bewegen (Reschideddin) [Congo]. Tradition says they knew no chiefs until the white people began to make distinctions. The first Sioux that was ever made chief among the Dacotas was Wah-ba-schaw, and this was done by the British. Since that time, chieftainship has been hereditary. There are small bands existing that have no recognized chiefs (s. Ph. Prescott). Among the Daimios and Hattamoto (of Jyeyas) are recognized the class Koku shiu or province lords (those whose ancestors had been in possession of large territories), Kamong (relatives of his family) To sama (who sided with Jyeyas) and Fudai or Putai (officers). The kokay (high families) includes the male representative lines of some of the families of distinction in ancient times, such as Nobunanga, Ashikanga, Yoritomo, Arima etc. (employed as ambassadors).

2) Die wahren Moldauer (mit Griechen, Albaniern, Serviern und Bulgaren, die handelten, Deutschen, Polaken und Kosaken, die als Soldaten dienten, Armeniern, die als Bürger und Kaufleute Tribut zahlten, wie die Juden, leibeigenen Russen und Ungarn, handelnden Türken, wandernden Zigeunern) sind Bürger (der Städte) oder Bauern (der Dörfer). Da Dragosch das von Be-

flüchteten Griechen, gefangenen Tataren, eingewanderten Polen, tscherkassischen und awarischen Sklaven der von Constantinopel geschickten

---

wohnern entblösste Land unter seine Anhänger vertheilt (und ein Edelmann nicht dem anderen zum Arbeiter gegeben werden konnte), so wurden aus den an die Dienstbarkeit der Bauern gewöhnten Landern Leute auf die Güter gezogen (als Wetschin oder Nachbaru). Wer zeigen kann, dass seine Vorfahren entweder ein Landgut besessen (wenn auch verloren) oder dass sie unter die Calaraschen, Curtener, Aproder aufgenommen waren, wird (wenn von einem Baron als Unterthan reclamirt) vor Gericht frei erklärt (in der Moldau). Der Baron kann einen moldauischen Unterthan nicht ausser dem Dorfe, in dem er geboren ist, verkaufen, wohl aber das ganze Gut nebst den Bauern. The mere rent payers and imprivileged classes of Erinn (the Aitheach Tuatha or Attacots) rose up against their lords (I century), destroying the greater part of the nobility (with the monarch Fiacha) and placing on the throne their leader Cairbré Cinn Cait, till subdued in the battle of Acaill by Tuathal Teachtmar (on of Fiacha), laying the Boromean tribut (of cows or bo) on Leinster. Unter Ladislaus von Ungarn wurden die (zum Christenthum verpflichteten) Kumanen oder Kunen, die vorher in Adlige (nobiles) und Bauern (rustici) zerfielen, Alle für adlig erklärt (zum Aufgeben ihrer nomadischen Lebensweise veranlasst). Jedem Stuhl der Jazygen und Kumanen (die gleich den übrigen Adligen die Pflicht zu insurgiren, d. h. im Falle des Krieges Felddienste zu leisten hatten) war eine Anzahl Herbergen mit ihren Hauptleuten untergeordnet. Bei der Bestätigung der Freiheiten in den Bezirken Jazygien, Gross- und Klein-Kumanien wurde denselben (ausser anderen Privilegien) auch das jus gladii verliehen (1745 p. d.). Die die Kinder der Adligen (wie an der Westküste Afrikas) mästenden Mosynoeki, die Etagenthürme (Mosyni) bewohnten (bei Trapezus an der Küste des Pontus Euxinus), erlaubten dem Könige nicht, den überwachenden Thurm zu verlassen (nach Appollonius), wie die Negerkönige wegen des Fetisches nicht bestimmte Orte überschreiten dürfen. Wurde der König der Sabaeer ausserhalb des Hauses getroffen, so konnte er gesteinigt werden (nach Dio Cassius). Die Sirian genannten Sabäer verehren (nach Ben Schohnah) die Pyramide, unter der Sabi, Sohn des Edris oder Enoch (ihres mit Seth oder Scheith verbundenen Patriarchen) begraben liegt, Die Leukosyri Kappadociens verbreiteten sich auch über die westlichen Theile des Pontus. In der Genesis findet sich neben den von Seba (Sohn des Cush) stammenden Sabäern, die Sabäer des Jokshan (Sohn Abraham's mit den Keturah) und die Sabäer Sheba's, Sohn des Raamah. Die persischen Geographen erwähnen die Stadt Sirrin (im Lande der Sabäer) in Yemen (s. Herbelot). Abraham war Sohn des Azes (Feuer) oder Therach. Den Juden wurden die gestatteten Adelsprivilegien wieder entzogen (1764) in Polen. In allen Städten Italiens gab es einen Senat und einen Unterschied der Edlen (oft von Heroen hergeleitet) und Gemeinen (Walter). Rom war ursprünglich eine Niederlassung der Siculer, die von den Sacranern oder Cascern überwältigt wurde (1000 Familien in 10 Curien) unter Zutritt der Sabiner und Etrusker. Die Ignavi (bei Tacitus) sind solche, die nicht im ehrenhaften Kampfe, sondern für schimpfliches Miethgeld der Waffen führten (die Kaempen im sächsischen Landrecht), die imbelles sind die Spellude oder Lautenspieler (s. Sachse). Die aristokratische Verfassung, die den meisten Handelsstaaten eigen zu sein pflegt, in welchen nicht nur Volksgunst, Geburt und persönliches Verdienst, sondern auch Reichthum zu den höchsten Staatsämtern erhebt, war in Carthago bis zur Zerstörung der Stadt die herrschende und die einzelnen Versuche, welche von Malchus, Hanno und Bomilkar dagegen gemacht wurden, blieben erfolglos (Bötticher). Die Staatseinkünfte Carthagos bestanden in

Beamten) begreift in der ersten Klasse die Barone (Staatsgeschäfte versehend), zweitens die Curteni oder Hofleute (mit ererbten Dörfern) und drittens die Ritter oder Calaraschi, die für die von den Fürsten geschenkten Landgüter Kriegsdienste leisten. Dann folgen die Rezeschi, die (in Dörfern beisammen wohnend) ihre Länder selbst oder durch gedungene Knechte bebauen. In den nach dem Tode des Ashikanga ausbrechenden Kriegen erhob sich Nobunanga (Sohn des Nobu hide), der (1572) den Shiogun (aus der Familie Ashikanga) einkerkerte (im Triumvirat mit Hideyoshi und Iyeyas) und die Buddhisten verfolgte (die portugiesischen Christen begünstigend). Als Nobunanga in einem Aufstande getödtet war (1582), bemächtigte sich sein Offizier Taikosama (Hideyoshi) der Herrschaft (vom Kaiser den Titel Kwanbakku erhaltend) und (die Christen verfolgend) eroberte in Korea (1592), in Oasaka residirend. Iyeyas [1]), der in Yedo eine halbe Unabhängigkeit bewahrt hatte, erlangte die Gewalt nach dem Tode des (ihn um Stütze seines Sohnes ersuchenden) Taikosama (1598) und erhielt, über den Bund der Fürsten (1600) siegreich, den erblichen

---

den Tributen der afrikanischen und auswärtigen Provinzen, in Zöllen und Bergwerken. Neben den Soldtruppen bildeten die Bürger die heilige Schaar im carthagischen Heere. Aristoteles hält es für den Staat nachtheilig, den Banausos (der sich nur mit niedrigen Arbeiten beschäftigt) zum Bürger zu machen. Nur die Edlen dürfen sich tättowiren (in Neuseeland) und jede Familie besitzt ihr Wappenzeichen oder Moko.

1) Nach der Christenverfolgung 1615 (die in Folge der Hofintriguen des Fürsten von Arima 1612 begann) wurden die Holländer auf Desima beschränkt (1639) und deren Feind Coxinga bittet Hülfe gegen China 1647. Die Entdeckung der Bonin-Inseln wird 1683 p. d. berichtet. Nach vergeblichen Versuchen der Engländer 1806, 1813 (von Java aus), Eingang in Japan zu gewinnen, wurden die Verträge 1858 abgeschlossen, nachdem Perry 1853 gelandet war. Bei der an Handel zunehmenden Bedeutung wurde Nagasaki (dem Fürsten von Omura gehörig) vom Taikosama annectirt (1590), der Krieg in Korea (1592) unter Don Austin (Konishi) führte. Nach Taikosama († 1598) befestigte Iyeyas seine Macht durch Sieg über den Fürstenbund (von Jiboono-sho und Don Austin befehligt) bei Sekingaharra (1600 p. d.) und erhält (1603) die erbliche Macht des Shiogoon. Sein Sohn Hidetada folgte. Gekräftigt durch die gegen Rebellen ausgehobenen Truppen, wurde unter der Kaiserin (aus dem Clan Minnamoto) Yoshi-iye (aus dem Clan Minnamoto) der Hatschi-mangtaro (Sohn des Kriegsgottes) als Befehlshaber in der Provinz Mootz eingesetzt (1008) und eroberte ganz Kwanto. Als indess Kio-mori (Sohn des mit der Insel Tsussima beschenkten Taira tada-mori) zum Präsidenten des Richter-Collegiums ernannt war, brach der Krieg zwischen der He- oder Taira-Familie (zu der Kio-mori gehörte) und der mächtigen Familie Minnamoto oder Gen aus, die (nach dem Tode des jungen Kaisers Kon-ge-no-in) den rechtmässigen Erben stützte, als der abgedankte Kaiser Toba gestorben war (1141 p. d.). In Verbindung mit Yoshi-tomo (aus dem Minnamota-Stamm) und Tada-mitsi besiegte Kio-mori die feindlichen Glieder des Minnamota-Stamms unter Tame-tomo, der dann auf Wikingerzügen die Lieukieu-Inseln eroberte und als er nach Japan zurückkehrend, einen Aufstand erheben wollte, getödtet wurde. Gegen die Anmassungen Kio-mori's (der Yoshi-tomo getödtet hatte) wandte sich der Kaiser

Titel Sei dai shiogoon vom Kaiser (1603 p. d.). Das Abzei-

---

an den geflüchteten Yoritomo, und dieser, in Verbindung mit seinem Bruder Yoshitzune (der mit Goldkaufleuten nach der Provinz Dewa gewandert war) vereinigte die Anhänger seiner Minnamota-Familie, und (obwohl bei Ishi basho hatto besiegt) besiegte (nach dem Tode Kio-mori's 1181 p d.) seine Gegner, seine Residenz in Kamakura nehmend, als Yosbitzune und Nori Yori die Hauptmacht der Heji (1184) besiegt hatten. Yoritomo wurde zum Sei dai Shiogoon ernannt, aber unter seinen Nachfolgern gelangte die Hojio-Familie zur Macht, als Minister (Sikken oder Kwanrey) des Shioguun und (nach Besiegung der Mongolen 1281) leitete sie die Ernennung der Kaiser. Um sich ihrem Einfluss zu entziehen, wandte sich der Kaiser (durch die Buddhisten gestutzt) an den Befehlshaber Koosinoki in Kawadsi, und dann begann der Krieg zwischen dem nordlichen und sudlichen Kaiser (Hokkocho und Nan-cho), den (mit Beitretung des sudlichen Kaisers in Miako) der Shiogun Ashikanga (zum Kubosama ernannt) zu Gunsten des nördlichen Kaisers entschied. Die Wurde des Shiogun wurde in der Familie des Ashikanga († 1408) erblich According to the Shoku-gen-sho formerly all Japan belonged to the emperor Zin-mu, who was (before becoming emperor) a god (Kami yoh). He came from Miazaki in Fiuga, and at the time Japan was wild and barbarous. Fighting his way to Yamato, he made his capital Kashiwara The tenth emperor Shiu-jin (sending embassies to all the separate princes of Japan)), appointed four generals (of the north, south, west and east) and war ensuing, he conquered all Japan. The thirteenth emperor Say-mu (150 p d) appointed rulers over the country, as Kooni-nomiatsako (Koku-shiu or Kami-to-yu), dividing the empire into provinces (s. Dickson). In Ten-shio-dai-jin's time, the title of the commander-in-chief was Fudzu nushino Kami (Kashima Mio jin in Hitatsi province). The title of Shiogoon (Tsiang kuin) was first used by the emperor Shiu jin (50 a. d.). In the emperors Kei-ko's time, his son Yamato taki no mikato was dai Shiogoon (and there were two others, Sa and Oo shiogoon), overrunning all Japan and the island of Yezo, also the three countries of Sinra, Corea and Haxai or Hiakusai (putting into them Japanese officers and offices). After that commenced Goonfoo or military offices (a standing army). Yamato take no mikoto was the first called Tai-shiogoon (Se i dai Shiogoon or tranquilliser of barbarians). Sei was a title first given to Bunga no wata maro for bringing all the wild northern part of Japan under rule, as Tycoon (s. Dickson). Als nach Abdankung des Kaisers Sho-Taku, Sohnes des (1123) abgedankten Toba, sein Nachfolger Ko-ge-no seinen Halbbruder zum Erben einsetzte, erhob der rechtmassige seinen Anspruch, unterstützt von vielen Gliedern der Minnamoto, gegen Kio-mori (aus den Taira, als Oberrichter), dem sich Yoshi-tomo (Sohn des Yoshi-iye) aus den Minnamoto anschloss. Die Genji (Minnamoto) unter dem Bogenschützen Tametomo (Bruder des Yoshi-tomo) wurden besiegt. In Awalitat ward Yoshitomo (1159) von Kio-mori getödtet Tame-tomo (nach Eroberung der Liukiu) fiel bei der Ruckkehr nach Japan (im Aufstand). Kaiser Autokii (gegen die Tyrannei der Kio-mori) schickt heimlich Briefe an Yori-tomo (Sohn des Yoshi-tomo). Yori-tomo (anfangs besiegt) siegte seit Kio-mori's Tod (1181) über die He ji (Taira) 1184 p. d. mit Hulfe seines Bruders Yoshitzune. Yoritomo, als Sei dai Shiogoon in Kamakura († 1193 p. d.). Unter seinem (unmündigen) Enkel Sannetomo hob sich die Macht der Hojio-Familie (Hojio Yasu toki, als Sikken) die Mongolen wurden besiegt 1281. Unter Aufständen ging die Hojio-Familie zu Grunde (1332) und folgte der Krieg zwischen Hokko-cho und Nan-cho, bis der südliche Kaiser („Nancho) dem nördlichen nachgab, und der in den Kriegen ausgezeichnete Ashikanga als (erblicher) Shiogoon den Titel Kubosama († 1408) erhielt (Nippon-wo als König von Japan) mit Kwanrei (Minister). Im Triumvirat mit Hideyoshi

chen [1]) des Grossfürsten bei den (von China abhängigen) Mongolen (des Djingis) waren eiserne Steigbügel (nach Dschuweini). Nakatomi-Kamatori-Ko (Minister der Kaiserin Kwo-Kogoo gilt als japanesischer [2])

und Iyeyas herrscht Nobunanga (1082) über ganz Japan (der besiegte Satsuma musste sein Land als Lehen nehmen). Iyeyas verlegte die Residenz nach dem Fort Nishi maro (neben Odiwarra), als Yeddo.

1) All daimios and Hattamotos, who adhered to Iyeyas up to the time of the war at Osaki are to be Fudai. Those who since that time have given in their adhesion and have remained steadfast are Tozamma or outside lords (in Japan). Of the four employements (in Japan), the Samurai (two-sworded gentlemen), the Hyakscho (farmer), Shokonini (artisan) and Akindo (merchant) the Samurai is first in rank. The people of Japan are divided into Nikon sashishto, as Samurai (Koongays or Miako nobility), Daimios or Yeddo nobility, Hattamoto or lower Daimio class, Hiaksho (farmers and landed proprietors without rank or title) and Matshishto (Shokonin or Artisans, carpenters etc., Akindo or merchants, Kweiamono or actors, beggars etc., Yayta or tanners, shoemakers, leather-workers, skinners). Beneath are prostitutes and those considered on a level with beasts. In opposition to the name of Koongay (Kung-kia or exalted house) the nobility of Miako, the daimios and afficers of the Shiogoun court are called Jee-ngay (Ti hia) or persons low (on a level with the ground), the latter not being recognised by the emperor as feudal lords, further than as servants of his servant Tokungawa or the Shiogoon. The officers honoured with titles by the emperor (on the imperial court) are divided into six ranks, as Itchii, Ni-i, San-mi, Shi-i, Go-i and Roko-i, each being subdivided (according to the Chinese classification) into two, the shio and the jiu (ching and tsung). All below Shi-i are known as Sho-dai-boo. The higher classes at court wear distinguishing dresses and colours. Few of the daimios are higher than the first subdivision (jio and gay) of the fourth rank. The Shiogoon rises sometimes to the first subdivision of the second class.

2) The great bulk of the servile population are adscripti glebae. Some are domestic slaves (in Japan). A source of servitude is found in a law, which required every freeman beneath the rank of a thane, to be either the recognised follower of some lord, or the member of a family or guild or burgh who would be responsible for him. Even wealthy traders, to buy the privilege of wearing are or two swords, and also the protection of a powerful daimio, will often pay a large sum for the privilege of being rated as one of his retainers and wearing his cognisance. Thus if there are any freemen in the proper sense of the term, the oppression, to which they are exposed by the armed classes, often induces them to surrender their liberty into the hands of some superior who is capable of affording them protection (Alcock). A confederation of Princes and territorial Seigneurs possess the land (in Japan) with jurisdiction). Der Tschua herrschte für den im Pallast zurückgezogenen Bua (in Tonkin). All Japan is divided into two classes, those, who have a right to wear two swords, Nihon sashi shto or two-sworded man (Yashiki shto or castle man) and those, who have no such right, as Matchi shto or street man (Chonin), comprising merchants, artisans, workmen etc. (who work at some trade, but possess no ground) and also Hiaksho, farmers, who do not trade, but farm or rent ground. The two-sworded class (paying no rent and no taxes, because not allowed to trade like the swordless man) is called Samurai (gentlemen), including the Koongays, the daimios, the Jiki-sang (in the services of the Shiogoon), the By-shing (in the service of daimios), and such Chonin as are doing duty as officers in some large town (such as Osaka or Miako). The term Samurai is applied more particularly to all below the 5th, rank, military or civilians,

Gesetzgeber (VII. Jahrhundert p. d.), canonised as Kassunga dai mio jin (in the temple near Narra). Fusiwara († 720 p. d.) vollendete das Gesetzbuch (Ritz Rio). Die (in Fulbe aufgegangenen) Torode (Torobe oder Torunkaue) bilden (in Futa und Sokoto) die herrschende Aristokratie, während die (im XVI. Jahrhundert) südöstlich des oberen Niger angesiedelten und die marokkanische Ruma gegen Sonrhay unterstützenden Djauambe (Soromaua oder Soghoran) von Fellani verdrängt oder (in Haoussa und Kebbi) zu Mäklern [1]) herabgedrückt sind. Ebenso

---

who are not merchants or artisans. There are others, who have the right to wear two swords, such as Goshi, large farmers or landed proprietors, whose ancestors were daimios (strougest in the provinces of Kahi, Etsjiu and Dewa). The Samurai, who have the right to wear two swords (with its privileges), assume the right of giving two swords to their attendants (called Ronin, of quitting their master or daimio). The custom of wearing two swords was introduced in the XVI century, but not adopted by the old Miako nobility, civilian Koongays wearing no sword, and military only one as of old (Dickson). The holder of titles conferred by the emperor are known as Kio-Kwang (Kin Kwan) or imperial officers, while the Daimios are known from their territorial appellations as Kooni-kami (Kwoh-shau) or keepers of the provinces. Die Koku-shiu sind die Statthalter der Provinzen.

1) Mit den Laobe wurden die Mabube (Weber), Gergassabe (Schuster), Wailube (Schneider), Wambaibe (Sanger), Waulube (Bettler) unterdrückt, im Stammbaum des Pullo-Geschlechts auf den gemeinsamen Stammvater Soo zurückgefuhrt. Im XIII. Jahrhundert kamen die Fulbe-Häuptlinge zur Huldigung nach Bornu und unter König Dala begannen Ansiedlungen der Fulbe (1570 p. d.). Die Ssissilbe (Ssylbebaua) sind aus Fulah und Melinke (Mandingo) gemischt. Die finnische Sprache unterscheidet Wapa (freier Mann) und Brya (paloelya) oder Sklave (Diener). Norr drang von Osten her, über die Grenzgebirge der Lappmarken vor und liess sich am Drondheimsfiörd nieder (Rafn Fornaldar Sögur). Man setzte vier indrondheimische und ebensoviel ausserdrondheimische Provinzen einander entgegen, die alle durch Provinzialkönige regiert wurden (Sachse). Knut liess sich in Drondheim zum König wählen, um auf ganz Norwegen einen Anspruch zu erlangen. Mahananda (descendant of the conqueror Sehesnag from Sehesnagdesa, who ascended the Pandu throne) carried on an exterminating warfare against the ancient Rajpoot princes of pure blood, the Purans declaring that since the dynasty of Sehesnag the princes were Soodras. A fourth dynasty commenced with Chandragoopta Mori, of the same Takshac race (Tod). Hrolf funiculo divisit die Ländereien der Normandie an seine Genossen, nach dem Vertrage von Saint-Clair-sur-Epte (s. Dudon). Ausser den besiegten und so unterworfenen Völkern wurden andere durch das Verhältniss der Clientel (mit gleichen Freunden und Fremden) verbunden, gleichmächtige dagegen Bruder (fratres consanguinei) in Gallien. Les indigènes de Hérat, de Kaboul et de Kandahar appartiennent de droit à la population inférieure, qui porte le nom de Berber ou Barbare, et ne fournit que des sujets et vassaux de la noblesse afghane, designés sous le nom de Hemsayeh ou voisins. Le gentilhomme afghan doit protection à ses Hemsayeh (s. Gobineau). Pagi dicti a fontibus quod eadem aqua uterentur (von πηγή, Quelle). Aquae, lingua Dorica, παγαί appellantur (s. Festus). Seit Probus wurden die germanischen Kriegsgefangenen zum Anbau des wüsten Landes verwandt. Die alten Bewohner Leburiens zerfielen nach dem Vertrage (des Aregis) in Sclaven, (liburiani servi) und Tertiatoren. Die Sondersclaven (neben den communes) konnte der Longobarde ganz wie sein eigen behandeln, nicht aber der Nea-

wurden die (früher einen eigenen Stamm bildenden) Laobe am Senegal erniedrigt (als Tischler).

Auf ihren mehrfachen Zügen nach den Fiji-Inseln (um Sandelholz zu holen) mischten sich die Tonganer als Freibeuter in die dortigen Kriege und lernten von den Eingeborenen den Gebrauch stärkerer Bogen und Pfeile, während früher die ihrigen nur zum Spielen gedient. Nach dem Besuch Cooks rüstete der Häuptling Tui Hala Fatai eine grössere Expedition aus, die eine Zeitlang den verschiedenen Partheien auf den Fiji Hülfe gewährte, bald aber auf eigene Hand Krieg führte. Bei ihrer Rückkehr nach den Freundschaftsinseln unterstützten sie Finnow (den Häuptling von Hapai), der (auf Anstiftung seines Bruders Toobo Nuha) den König Tugu Ahu ermordet hatte, allmählig sämmtliche Inseln [1]) durch Eroberung unter seiner Herrschaft

politaner (s. Bluhme). Entering the house that pleases him best, the Tongan warrior installs himself in the best place with the simple words: „This part of the house is mine“ (in Fiji, where a party of Tongans remained since the victory 1855 p. d.). The Fijian warrior fighting on his own account, each man separately, while the Tongan act in unison, the Fijians compare them to the gods, against whom it is useless to struggle (s. Wood). The Tongan appear to have borrowed the first knowledge of weapons and warfare from the Fiji. Finow learned (from Mariner) a new system of warfare (pressing forward at all risks). Tschaka introduced discipline among the Zulus (large bodies of men acting in concert). — The Poligars (like the northern zemindars) were originally military adventurers or leaders of banditti or revenue or police officers employed under former governments and who availing themselves of times of weakness or distress or the absence of a controlling force, establised themselves in their respective districts. Each Polygar, in proportion to the extent of his jurisdiction and power, had forts and military retainers (Rickards) in the Pollams.

1) Strongbow and his confederate nobles and knights conquered Ireland (without much aid from Henry II). Für den König der Russen, in hohem Pallast auf seinem Throne sitzend, führt der Stellvertreter die Kriege (Ibn Fodhlan). Guallea, Sohn des 13. Scyri Antachi Duchicela (1370), wurde durch seinen Bruder Hualcopo Duchicela (1430) ersetzt, der sich vor den Eroberungen des Inca Tapa Yupanqui (1450) nach Liuibamba in der Provinz Puruhuas zurückzog (wo sein Bruder Epiclachima im Kampfe fiel). Huayna Capac heirathete Paccha, Tochter des Cacha (Sohn des Hualcopo), der (aus Quito fliehend) in der Schlacht fiel. Nach den Peruanern kam Con-Titi-Viracocha aus dem See Collasuyo's, Sonne und Licht schaffend (Garcia) und (Sahagun) verwandelte im Zorn das fruchtbare Küstenland Peru's in Wüste. Der Villac-Uma oder Oberpriester opferte (in Peru). Con zog sich zurück, als der (im Tempel zu Uma verehrte) Pachacamac von Süden kam (die Menschen in Tigerkatzen verwandelnd und neue schaffend). Nach den Peruviern und Quitos war der Schöpfer Con (der weder Fleisch noch Knochen, wie andere Menschen hatte) vom Norden Amerikas gekommen (Velasco). Nachdem Con die Menschen im Zorn in Katzen verwandelt, schuf sie sein Sohn Pachacamac von Neuem (Velasco). Pachacamac oder der Beleber (Pacha) der Welt (Camac), dem Menschen geopfert wurden, hatte (nach Geronima de Ore) von Anfang der Welt existirt. Die Puruhas opferten (nach der Taufe) die Erstgeborenen (bis die Scyri diesen Brauch abschafften). Von den Küstenbewohnern Quito's (nach dem Häuptling Quitu genannt) rissen sich die Guanca-Villcas zwei obere Vorderzähne aus.

zu vereinigen (zur Zeit Mariner's), indem er nach dem Tode des Tuitonga zugleich die Inachi genannte Ceremonie abschaffte (1805). Die früheren Völker der Antillen hiessen Ineri (Igneri oder Ygneri) oder sesshafte Eingeborene bei den Caraiben. Die auf den kleinen Antillen und Porto Rico vor den Caraiben in die unzugänglichen Gegenden [1])

Nach dem Untergang der Riesen, die sich bei Vernichtung der Eingeborenen in Manta festgesetzt hatten, wurde das Land neu bevölkert. Die (unter Caran) bei Cara landenden Fremden drangen nach Quito hinauf (600 p. d.) und errichteten (nach dem Tode des Königs Quito) das Reich der Caran-Scyri (Scyri oder Herr). Die Söhne der Schwester folgten dem Scyri. In Quito wurde ein Tempel der Sonne gebaut und des Mondes. Während die Quitus die Todten begruben, setzten die Cara die ihrigen auf eine Erhöhung (mit ihren Waffen) aus und errichteten darüber einen Hügel (Tola) nach der Ueberwölbung. Zur Rechnung dienten Thonstückchen in Feldern von Holztafeln. Als die (vom 4. Scyri eroberte) Provinz Ymbaya (Corangui) nach der Empörung wieder unterworfen war, wurde sie neu bevölkert. Der 8. Scyri erobert Mocha und schloss einen Vertrag mit den Puruhuas. Mit dem 11. Scyri erlosch der Mannsstamm der Cara (1300 p. d.) und seine Tochter (Toa) vermählte sich mit Duchicela (als 12. Scyri), Sohn Condorazo's (König der Puruhuas), der (um nicht Vasall seines Sohnes zu werden) sich in das Gebirge von Collares zurückzog und auf dem höchsten Gipfel lebendig begraben liess, um unsterblich zu werden. Les premiers hommes abordèrent à Caracas, d'où ils se multiplièrent et se répandirent dans tout le Perou (selon Catari). Quelques uns s'établirent à la pointe de Sampu (St. Hélène) sous le cacique Tumbe ou Tumba (Cervantes). Von seinen Söhnen (um vorangegangene Auswanderer zu suchen) verliess Quitombe (dessen Frau Llira den Sohn Guayanay oder Schwalbe gebar, den Vorfahren der Incas) und streifte bis zum Rimac, während Otoya in Sumba blieb. Bei den Purus im Amazonengebiet ist das Wurfbrett im Gebrauch. Als Quitumbe in der von ihm gegründeten Stadt Tumbez von dem Einfall der auf Flössen angelangten Giganten in das Reich seines Bruders Otoya hörte, zog er sich (nach Erbauung eines Tempels des Pachacamac in Rimac) nach Quito zurück, während seine verlassene Gemahlin um Rache zu Pachacamac flehte und ihren Sohn Guayanay auf einem Scheiterhaufen opfern wollte. Derselbe wurde durch einen Adler nach einer Insel getragen, von der er später nach den Bergen des Festlandes auf einem Flosse schiffte und mit Ciguar, Tochter des Caciken der Wilden (die ihn gefangen gesetzt hatten) nach der Insel zurückflüchtete, wo später sein Sohn Atau durch den (wegen eines Aufstands aus Quito geflüchteten) Thome (Sohn des Quitumbe) von dem grossen Continente hörte und seinen Sohn Manco dorthin sandte, der am Rimac ausschiffend, über Ica nach dem See Titicaca zog, und aus der Höhle Capac-Toco (worin er sich verborgen), hervorkommend, wo sein Gefährte für den Sohn der Sonne erklärt wurde, Cuzco baute (Anello Oliva).

1) Nach Herrera hatten auch die Bewohner Florida's zur Hordenmischung im Archipel beigetragen. Nach Peter Martyr hatten die Antillener ein Orakel über die Ankunft bekleideter Männer, die ihre Sitten und ihre Freiheit enden würden. Die Tupi verbreiteten sich von den Landschaften in Cochabamba und Chuquisaca (wo noch das Guarani gehört wird) aus. Die Guarani erzählen von der vulcanischen Entstehung des See Opabussu (nach Weddell). In dem eroberten Land der Eleuther (bis zur kleinen Bucharei mit anderen mohamedanischen Staaten) vermietheten die chinesischen Beamten das Land den Rebellen zum Anbau, um dem Kaiser die Hälfte der Einkünfte zu zahlen (1759). Die von dem Stromgebiet des Rio Parana längs der Küste nach

des Inneren geflüchteten Einwohner wurden von den Männern (der Caraiben) Cavres, von den Weibern Eyeri (Mann in der caraibischen Weibersprache) genannt. Auf dem Festlande setzten sich die Caraiben den Cavres (Waldmännern) entgegen. Einzelne Stämme im Innern [1]), wie die Wandurabo, Elkonono, Wamaw, stehen im Sklaven-

---

Norden vordringenden Tupis rieben die dortigen Indianer auf, oder trieben sie in die Gebirge. Von den 16 Stämmen der Tupis waren zur Zeit der Portugiesen die Tupinambaults oder Tupinambaus die mächtigsten, von welchen die Tapuyas nach Norden getrieben wurden (unter Kriegen zwischen Tupinaus und Tupinambaus unter den Tupis). Cabral traf an der Küste von Porto Seguro die Tupiniquin (unter den Tupi), während Abkömmlinge der vertriebenen Tapuyas die Gebirge bewohnten (als Aimores, Abatyras, Guerens u. s. w.) unter Resten der von den stammverwandten Tupinambaus besiegten Tupinaus (als Malalis, Machacalis, Macunis und Patachos). Die Gebirgsindianer drangen dann gegen die durch die portugiesische Halbcivilisation entnervten Küstenindianer vor und (obwohl von Mende de Sa, Gouverneur von Bahia, zurückgeworfen) vertrieben (zweite Halfte des XVII. Jahrhunderts) die Aimores nach der Küste zu (portugiesische Ortschaften zerstörend), verbunden mit den (sonst friedlichen) Tribus der Tupinaus und Tupinambaus. Vor dem dann für die Gebirgsindianer auftauchenden Namen der Botocudos verschwinden die früheren Bezeichnungen der Aimores, Abatyras u. s. w. (s. Tschudi). Lukeni, Sohn des Königs Eminia in Corimba (am Zaire) eroberte die Provinz Npembacassi oder Congo und vertrieb Mahambolo, den Mani-Pangala (König von Pangala). Nachdem Lukeni (von dessen mütterlichem Grossvater Nsacu-clan die Grossherzoge von Batta stammen) dem Land Gesetze gegeben, eroberte er das (später portugiesische) Angola und Matamba (das nachher von den Nemdatemba erobert wurde). Der Herzog von Batta erhielt bei der Belehnung seiner Staaten den Titel Niacon-Diamene oder Grossvater des Königs von Congo. Lukeni nahm seine Residenz auf dem Berge des späteren San-Salvador (Banja Congo oder Ambos Congo). Ngola oder Angola (der Schmied Massuri) machte sich als Ineve (Grossfürst) in Dongo (Angola) von Congo unabhängig (mit Hülfe der Portugiesen). Ὀρνέαι (from Orneus, son of Erechtheus) retained its ancient Cynurian inhabitants, when Argos was conquered by the Dorians independent of Argos, till the Argives removed the Orneatae to their own city). Die Cynurier wurden dorisirt durch die Argiver und durch die Zeit, als Orneatae und Perioeci (nach Herodot). Nach Aristoteles unterwarfen sich die Asiaten (im Gegensatz zu den Völkern des Nordens) ohne Widerstreben der Dienstbarkeit bei den zur Freiheit geschickten Griechen. Das eigentliche Gebiet Carthago's war von den unterjochten Libyern und den altphönizischen Colonisten bewohnt, während die Nomadenvölker zwischen den Syrten zinspflichtig waren. Roturier a ruptura terrae veut proprement dire paysan, attaché à la glèbe.

1) Die Wahuma oder Galla, deren Dynasten in Karague den Titel Wahindu, in Ungoro den Wahitu führen, erheben Zoll (Hong) von den unterworfenen Negern. Alexandre S. distribua aux officiers et aux soldats qui avaient fait leur temps de service les terres limitrophes barbares, et il garnit ces terres de bestiaux et de tout le matériel nécessaire pour les mettre en valeur. Il voulait qu'elles ne passassent des pères aux enfants que sous la clause expresse que ceux-ci serviraient dans les troupes. Plusieurs ont vu dans cet établissement l'origine des fiefs dont la condition essentielle était le service militaire (Lamarre). Alle südlich von Abai kommenden Sklaven heissen Habesch oder Abyssinier bei den Arabern (Beke). Die beschnittenen Mädchen werden später vermählt (in Abyssinien). Durch

verhältniss zu den Masai und Wakuafi (für die sie Elephanten jagen und Werkzeuge verfertigen), wie die Dahalo zu den Galla. Muley Abrahim Ben Albi befiehlt Aadelkum el Chbir (in Sicilien), den in seinen Diensten verstümmelten Leuten soviel Land zu geben, als sie in einer Stunde umgehen können, den gesunden das in einer halben Stunde, mit der Verpflichtung (ausser den Naturalabgaben) das ganze

---

die Dedition hörte ein Volk als solches auf zu bestehen, und wurde mit Allem, was es besass, der Gewalt des römischen Volkes, wie ein Knecht seinem Herrn, unterthan (Walter). Die Kinder, die von Römern mit den Weibern eines solchen Volkes erzeugt wurden, waren Knechte nach dem Stande der Mutter, und mussten, um frei zu werden, von einer Obrigkeit manumittirt werden. In Sicilien erliess P. Rutilius nach Beendigung des ersten Sklavenkrieges ein umfassendes Decret. Asien erhielt viele Gesetze von Lucullus, und Pompejus gab den meisten Nationen dort eigene Landrechte und Verfassungen (bis III. Jahrhundert p. d. im Gebrauch). Macedonien behielt auch als Provinz die von P. Aemilius erlassenen Gesetze. Fur Cypern gab Lentulus und Cicero Verordnungen. In Achaja wurde die Verfassung durch Mummius völlig geändert, unbeschadet der dortigen Landrechte (s. Walter). Die Westgothen besassen zwei Drittheile des Landes, ihr Antheil hiess sors Gothica, der römische sors Romana (s. Aschbach) in Spanien. Die Ostgothen uberliessen den Römern zwei Drittel, wahrend sie selbst nur ein Drittel besassen (s. Manso). Nach Vertreibung der Truppen des Constantin Mon. theilten die Normannen das eroberte Apulien zwischen Rainulf, Wilhelm, Drogon, Arnolin, Hugo, Peter, Gaitier, Rodulf, Tristan, Hervey, Asclittin, Rainfredus, während Melfi gemeinsam blieb und Wilhelm Eisenarm den Vorsitz in der aristokratischen Republik erhielt. Dès que les Normands désiraient un cheval, une femme, un jardin, ils ne manquaient pas de s'en emparer (Bréholles). All the ancient estates and farms of the people of Ireland were declared to belong to the adventurers and the army of England (1653), and it was announced, that the Parliament had assigned Connaught for the habitation of the Irish nation, wither they must transplant (s. Sendergast). The ploughmen, labourers and others of the lower order of poor people were excepted (as useful to the English). Das Wort Esthe und Bauer sind in Esthland gleichbedeutend, weil weder Deutsche noch Russen sich mit der Bearbeitung des Landes beschäftigen. Während die früheren Uebersiedlungen der Slaven nach Mösien und Thracien in abgesonderten Trupps (ohne allgemeine Leitung) geschehen waren, betraten die Kroaten und Serben das Land jenseits der Donau in Kriegskolonnen, die von Fürsten geleitet wurden und bei Einrichtung der Druzyna (Kriegsgefolge) zu geregelter Staatsverfassung führten (s. Helferding). Jeder Gau (zupy) bewahrte bei den Serben und Kroaten (sowie bei den Zechen) seine Selbstständigkeit und bildete mit den anderen eine Föderation unter einem gemeinsamen Bundes-Oberhaupt oder Gross-Zupan. Gegenüber den Machthabern oder Sebern (den Freien) hiessen die (eingeborenen) Leibeigenen Nerophen oder Meropchen bei den Serben, denen von Heraclius das von den (durch die Kroaten in Dalmatien bekämpften) Avaren geräumte Illyricum eingeräumt worden war. Die Guaycurus tödteten meistens ihre männlichen Kriegsgefangenen, aber aus den weggeführten Frauen und Kindern wuchs dann ein Sklavenstand auf, der (ungeschmückt und tättowirt) keine Waffen tragen (und nur unter einander heirathen) durfte. Ausserdem unterscheiden sich die Edlen (Capitaes und Donnas), die sich durch Untereinanderheirathen rein erhalten (als die mächtigeren Familien, (von der freien Kriegerkaste (s. Martius). Riga hiess von Rias (den Getreidehäusern) der Livonier.

Jahr ein Pferd oder Lastthier bereit zu halten und damit Befehle auszurichten. Die Statthalter [1]) erhalten das in vier Stunden umgangene Land, die drei Ober-Statthalter (in Zanklah, Giargenta und Geluna) alles leer gebliebene Land (mit der Verpflichtung, stets 5000 Mann bereit zu halten). Alle Generäle, die leer gebliebenes Land erhalten haben, dürfen dasselbe (ohne Erlaubniss) nicht verkaufen, da es bei

1) Aadelkum el Chbir schickte mit den Statthaltern eine Anzahl seiner Krieger in die verschiedenen Städte und Dörfer, wo ihnen die Ländereien und Häuser der vertriebenen Griechen angewiesen, die sicilianischen aber nicht berührt wurden. Da indessen manche Land in Besitz genommen hatten, das den Griechen gehörte, so wurde eine Verordnung erlassen, dass alle Sicilianer jedes Districtes ihr Eigenthumsrecht auf das, was sie in Besitz behalten wollten, zu beweisen haben würden. Als Kaiser Friedrich von Sicilien das Reich Marcuald's an sich gerissen, verlangte er in der Magna Curia zu Capua (de resignandis privilegiis), dass die Besitzer ihre Titel aufzeigten. Gel bedeutet im Dialect von Gelan einen Bauer oder Unterthan (Spiegel). Prenant le droit de conquête pour principe de leurs institutions, les successeurs d'Hayreddin (in Algei) mirent à la disposition des janissaires toutes les places auxquelles étaient attachées la considération, la confiance et l'argent (Shaler), une république militaire gouvernée par un chef électif, nommé à vie. Aaldelkum el Chbir wies den Invaliden (mit ihren Familien) Ländereien im Innern Siciliens an, den gesunden Kriegern an der Seeseite. Der Kady erhielt die Hälfte des Feldes, als der Statthalter (vom Emir abhängig) und der Eschi (der aus seinem Einkommen genug bezieht) nur Gartenland hinter der Moschee. Zama (719 p. d.) Hiberiam proprio stylo ad vectigalia inferenda describit. Praedia et manualia, vel quidquid illud est, quod olim praedabiliter indivisum retemptabat in Hispania gens omnis Arabica, sorte sociis dividendo partem reliquit militibus dividendam, partem ex omni re mobili et immobili fisco associat (Isidorus Pacensis). Wo die Eusofzyes (die die Kafern in Raubzügen nach Kabul führen) Besitz von dem Gebirgsland genommen, haben sie die älteren Einwohner zu Knechten (Sklaven) gemacht, die für sie das Feld bauen und Heerden hüten (s. Elphinstone). Von den durch die Bulgaren unterworfenen Sabirern wird in den serbischen Gesetzbüchern der gewöhnliche untergebene Mann (plebejus, rusticus) stets Sebr genannt (Schaffarik). Bei den Kurden bilden die Viehzucht (keinen Ackerbau) treibenden Assireta die Kriegerkaste und bedrücken die Ackerbau treibenden Guranen, die nie Krieger werden können. Zu den Stämmen oder Geschlechtern der Assireta steht stets eine Abtheilung Guranen im Verhältniss. Nach Eroberung von Melfi erwählten die Normannen zwölf Comites. Die Mongolen bestellten (in Ungarn) Knese (Cenesios) als Landvögte (Balivi). Caenez unter den Proceres (1157 p. d.). In Bosnien bezeichnete Knez (Knesius) einen Princeps (1236), in Kroatien einen Grafen, in Rascien einen Officialen (s. Czoernig). Knesius totius Serviae (XV. Jahrhundert). In Siebenbürgen waren Knesen Dorfrichter. Knesen (Richter) standen walachischen Colonien vor. Die Knesen (in Bezirken königlicher Burgen) wurden in den Adelstand erhoben und erhielten die Walachen als Unterthanen. Die übrigen Knesen auf den Gründen von Adligen blieben sammt den untergebenen Walachen Unterthanen des Adels (auf dessen Besitzungen sie waren), aber der Name Kenez trat (XVII. Jahrhundert) zurück vor dem eines Dominalrichters (s. Kemény). Nach Ibn Fodhlan schenkt der Russe (mit einem Vermögen von 10000 Denaren) seiner Gemahlin ein goldenes Halsband und fügt mit jedem Zehntausend ein weiteres hinzu. Die Bedscha (in Nushetol-Kolub) beten ihren König an und geben dem Tahtah Steuern (s. Aaschik).

ihrem Tode zurückfällt, ausser fünf Stunden Landes, die sie im Voraus für ihre Kinder auswählen können und diesen hinterlassen. Bei der Vertheilung der Felder darf das Feld nicht berührt werden, in dessen Besitz sich das sicilianische Volk befindet. Wer kein Haus hat, und auch keine Ochsen und Kühe, der soll einen Tag in jedem Monat arbeiten, wohin sein Statthalter ihn bestimmen wird (s. Hausleutner) 830 p. d. Aus Dankbarkeit verlieh Humayum (gegen die Landesgesetze) dem Fakir Chircha (Sheer Shah) ein Lehen, in erblicher Nachfolge, und seine Abkömmlinge sind die einzigen Mohamedaner (in Indien), die ein Gut besitzen, oder Eigenthum in Land und Boden beanspruchen können (nach Manouchi), als erblich (altumgha). Akbar [1]) wechselte die Statthalter der Provinzen alle drei Jahre, damit

1) Tudor Mull (unter Akbar) bestrafte die Bedrückungen des (Zemindar) Crorie (nach Abul Khader Bedowni). Sheer Shah (zum Musnud erhoben) vertheilte Bengalen unter unabhängige Omrahs, unter der Aufsicht Kazi Fazzilit's. Riowal (Riwallus) distribua aux insulaires (britanniques) qu'il amenait avec lui tout le territoire (de l'Amorique), dont les Frisons s'étaient naguère emparés. Cette nouvelle population fut divisée en propriétaires d'hommes d'épée et en cultivateurs (s. de Courson) du domaine congéable (VI. Jahrhundert p. d.). The constitution of feuds hat its original from the military policy of the northern or Celtic nations (Blackstone). The exchange of allodia for fiefs happened after the reign of Charles the Bald († 877). The aristocracy (originally formed of the peers and associates of Sai Tootoo the founder of the monarchy, who owed his elevation not to his superior rank, but to his superior endowments and address) have been gradually retrenched, since Sai Cudjo. The aristocracy was retrenched and conciliated by Sai Cudjo, who raised his favourite captains to the vacant stools, uniting three or four in one and swearing that their lives should be equally sacred, to anticipate any doubts of his fidelity to the constitution (Bowditch). Sai Cudjo, defeating the Warsaws and Assins more decisively than his predecessors first compelled them to aknowledge their fealty to Ashantee. Die Balantes haben erbliche, die Manjagos-Papel nicht erbliche Lehnsherren. Befor the Ashantee-conquest, the government (on the Gold coast) was not a despotism, nor a constitutional monarchy, nor an oligarchy, nor a republic, but partook something of the qualities of each of there different forms and depended much upon the individual character and riches of the chief. It was moreover, greatly modified by traditionary customs and precedents, which appear to define the extent of the chiefs authority, as well as the privileges of the people, and to be equally binding on both (Cruikshank). The authority, which the chiefs of Wassaw (on the Goldcoast) exercise, is merely that of feudal chieftains (Cruikshank). The feudal system prevails among the Denkeras under Cudjoe Cheboo, the Assins under Cheboo Coomah and Gabil, the Abrahs under Ottoo, among the Akims, Aquapims etc. Amongst the Kaffers the Hollanders found a fine sturdy race of men, partly agricultural, partly pastoral, living under a rude feudal form of government (s. Sutherland). Nach Th. Moore bestand das Feudalsystem seit alten Zeiten in Irland und Britannia und wurde von den Burgundern (nach Montesquieu) bereits vorgefunden. Shuijiu (X. Kaiser) ernannte 4 Markgrafen, und Say-mu (180 p. d.) vertheilte die Provinzen unter Statthalter. Unter den Beukhe oder Kriegshäusern bekämpften sich die Familien Fusiwara, Sungawara, Minnamoto, Tashibanna und (1008 p. d.) herrschte die Kaiserin aus dem Hause Minnamoto. Ritz-Rio verfasste (720 p. d.) das

sie nicht zu grossen Einfluss erwürben. Bei Musa's Eroberung (in Spanien) nahmen die Mohamedaner nur die Güter der geflohenen oder gefallenen Christen in Besitz, die für ihr Eigenthum und Religion die Kopfsteuer zahlten. Mit der neuen Steuereintheilung vertheilte Zama (719) die Güter und alle bewegliche Habe, die die Mohamedaner noch von der Eroberung des Landes her in Besitz hatten, in der Art, dass jeder Araber ein Loos erhielt, doch wurden Ländereien sowohl für die Belohnungen derer, die Kriegsdienste [1]) geleistet, als

---

Gesetzbuch (Fusiwara's). Miako wurde (unter Kwan-mu) zur Hauptstadt erhoben 794 p. d. In den muselmannischen Staaten im Negergebiet giebt es (nach d'Escayrac) überall eine Art Lehnswesen, die Unterkönige (Mek) sind verpflichtet, dem Oberherrn zu huldigen, die Treue zu bewahren und Geschenke darzubringen, wofür sie Schutz und Gunst erlangen (s. Waitz).

1) Dem Wali der Provinz lag die Truppenaushebung ob und er befehligte sie als General in der Schlacht. Die Cadi waren die Unteranführer (unter den Ommayaden in Spanien). The illegitimate sons of the Rana are called das (slave), they have no rank, though liberally provided for. Bussee signifies acquired slavery, in contradistinction to gola, an hereditary slave (Tod) in Rajpootano. Die Handelsabgeordneten der Portugiesen (Passadors) werden aus den Günstlingen des Königs (von Benin) genommen. Chaque famille (des Béchuanas) est censée se trouver sous l'influence directe et la sauvegarde de ses aïeux, mais la tribu prise dans son ensemble reconnaît pour ses dieux nationaux les ancêtres du souverain qui la gouverne. Ainsi les Bassoutos addressent leurs prières à Monaheng et à Motloumi dont leurs chefs descendent. Les Baharoutsis et les Barolongs invoquent Tobégé et sa femme Mampa, qui fait connaître les volontés de son époux (par „Oré", il a dit) [Oro]. On distingue entre les dieux anciens et récents (inférieurs, mais plus accessibles). „Dieux nouveaux priez pour nous les dieux anciens" (Casalis). Die nordlich von Namaqualand wohnenden Damara sprechen einen Dialect der Betschuana. Los reyes eran mirados como unadivinidad i gozaban de un poder absolute (en la isla de Pascua) El que conseguia al primer huevo que pusieran los aves marinas, era de hecho elejido jefe. And for as much as by due examination of witchcraft and witches in Scotland it hath lately beene founde that the Divell dooth generally marke them with a privie marke, by reason the witches have confessed themselves, that the Divell doth licke them with his tong in some privie part of their bodie, before hee dooth receive them to bee his servauntes, which marke commonlie is given them under the haire in some part of their bodie (1590). Septem praecepta, ut traditur in Gemara Sanh. omnes gentes observare tenentur, quae iccirco vocata sunt septem praecepta filiorum Noachi (Manassah Ben Israel Judaeus). Tradita sunt decem praecepta Israelitis, quorum septem imperata fuerant Noachidis (Seder olam Rabba). Nuncupari simul omnia ad genus humanum attinentia praecepta Noachidarum (Selden). Bei den Ceremonien der Bona Dea oder Fatua wurde ein Weinfass auf den Altar gesetzt (nach Lactantius), weil dieses Vorbild einer treuen und musterhaften Gattin durch ihren Gatten bis auf den Tod geschlagen war, weil sie, wie er durch den Kuss entdeckte, von aufgefundenem Wein getrunken. [Der Wein repräsentirte die uneingeschränkten Ausschweifungen, die den Frauen in diesem Geheimbunde, wie den Negern in den ihrigen, zugestanden waren]. Die tonkinesischen Hirten im Hafen Kua-Tschiwa, die bei einem zufällig reichen Fischfang einen grossen Holzklotz treiben sahen, vergötterten ihn im Tempel, als die in's Meer gestürzte Tochter des chinesischen Kaisers (Tissanier). Die Studenten opfern

auch für die Einkünfte des Staats zurückbehalten (s. Aschbach). Das Lehnrecht des deutschen Mittelalters, das die Vasallen wie einen geschlossenen Stand betrachtet, erklärte nur die von Rittersart Gebornen des Lehnerwerbes (im Ritterlehen im Unterschied von Bürgerlehen) fähig. Nach der Dauer der Infeudation wurden Taglehen (für einen bestimmten Zeitraum), Personallehen (für Lebenszeit) oder Gnadenlehen (willkührlichen Widerrufes) unterschieden. Die Verletzung [1])

---

den vor Hunger Gestorbenen Reis, da der Geist der Fastenden sich besser fur die Wissenschaft eignen soll, als der des plenus venter (in Tonquin).

1) Mehrere durch gleichen Eid verbundene Vasallen (pares curiae) constituiren einen Lehnhof und nur mit Zuziehung eines so componirten Mannengerichts lasst der Vasall vom Lehnsherrn sich Recht sprechen. Bei geistlichen oder Kirchenlehen in objectiver Hinsicht (krummstabliche Lehen oder Stiftslehen) gehort das Obereigenthum der Kirche. Mit Aufhoren des militärischen Zweckes (bei Aufkommen der Soldner-Miliz) sank das Feudalinstitut aus einer Staatsanstalt zu einem besonders modificirten System von Eigenthum herab (s. Paetz). In England the feudal dignities are and have been (for nearly 200 years) inheritable by heirs male and female in the line of representation (the male heir however being always preferred to the heir female of equal consanguinity). In Scotland unless admitted by the patent, females are excluded from dignities, while in Ireland those ancient honours have been hitherto only inheritable by heirs male (Lynch) 1830 Les dons que les fils de Clovis avaient faits de quelques portions de leurs domaines, n'étaient que de purs dons (n'imposant aucun devoir particulier et ne conférant aucune qualité distinctive). Les bénéfices de Charles Martel furent, au contraire, ce qu'on appela depuis des fiefs, c'est-à-dire des dons faits à la charge de rendre au bienfaiteur, conjointement au séparement, des services militaires et domestiques (de Mably). The word fief was never applied to the beneficia of the first race, nor even to those of the second (which were fiefs) until after the reign of Charles the Simple († 929). The grants of Charles Martell first constituted vassalage in France (s. Patton). The first beneficia were temporary grants (pensions rather than donations), die die Könige erliessen, um durch die Begüterten auf den Versammlungen des Märzfeldes zu dominiren. Karl Martell verlangte persönliche Dienste (um öffentlichen das Gegengewicht zu halten) von seinen Vasallen. During many centuries ofter the Pictish empire had been subjugated by Kenneth Macalpin even one supreme legislature was not universally acknowledged, or not fermly established, in Scotland. The inferior autorities, the judicative and the executive, more impotent than the legislative, could scarcely reach all over the kingdom. The country was rather subdivided into a vast number of small states, not easily accessible either to the general declarations, or to the particular interpositions, of national equity (Wallace). The feudal system is professedly treated in an institute of the Scotch laws, which bears in its preface to have been compiled by order of David I. C'est precisément ce mot de recommendation, en breton Kemenet, qui sert à désigner le fief dans la plupart des chartes des XI. et XII. siècles (de Courson). Aulaces: Aamarare; ministri: ambaht in Glossen des VIII. Jahrhunderts p. d. (s. Graff). Die Investitur (der Colonen) geschah oft mit „ein Vass Erden mit dem Wasser (s. Grimm). The rich man (whose household may consist of blood relations, of slaves bought with a money price, and of dependents who have thrown themselves upon him for protection) reeks (if threatened with the hostilety of a neighbouring chief whose power he dreads) the protection of some powerful chief, in return for which he becomes his vassal and, without being degraded to the condition of a slave, pays him such

der Lehnstreue ist Felonie. Durch besonderen Vertrag begründete Ausnahmen ergeben ein feudum non ligium. Als die Reichstitel der königlichen Autorität mit dem fränkischen Reiche untergegangen waren, hielten die sächsischen Kaiser Deutschland (das in die Volksstämme wieder zu zerfallen drohte) durch das Lehnrecht [1]) zusammen, indem sie (eine königliche Souveränität neu herstellend) die herzogliche Würde, das gräfliche Amt zu Lehen gaben (s. Kühns).

Der König von Loango wurde (nach Battel) als Gott [2]) verehrt,

---

homage and service, as the feudal barons of Europe in the middle ages rendered to their liege lords (without at all impairing his rights over his own slaves and dependants) accompanying his superior to war or swelling his train with his retainers on all occasions of ceremony (Cruikshank). The cruel exactions of the oppressors (after the Ashantee conquest) made it often difficult for the chiefs themselves to maintain their position and not a few of them were so impoverished, that they sank to the condition of slaves (among the Fantee).

1) Der unfreie Stand stieg (im Lehnswesen) vermöge rittermässiger Lebensweise über den freigeborenen Bauern hinweg und machte sich zum Theilnehmer adliger Standesehren (und höhere Ehren, weil vom Herren mehr begünstigt wegen grösserer Zuverlässigkeit und engeren Verkehrs). Mit dem Lehen wurde auch die ritterliche Lebensweise erblich. Die Anführer (principes) versammelten um sich die Gefolgschaften (nach Tacitus) bei den Germanen. In den fränkischen Eroberungen gingen die Privatgefolgschaften in die Gefolgschaft (antrustiones) des Königs über (s. Kühns). Statt der erblichen Eigenthumsübertragungen (unter den Merowingern) beschränkte das carolingische Beneficialwesen das Land auf lebenslänglichen Besitz gegen Kriegsdienste (an Vassi oder vasalli), auch für Eroberungszüge jenseits der Grenzen (wohin der Heerbann schwer folgt). Wie der König begannen dann auch die mächtigen Gefolgsleute Lehen zu verleihen, um dafür eine zu Kriegsdienste bereite Schaar um sich zu sammeln. Durch Betrauung der königlichen Gefolgsleute mit Aemtern erwuchsen dieselben zu einem bevorzugten Stande, aber die herrschaftlichen Besitzer (seniores), die auf ihrem Lehen oder alodialem Gut weitere Aftervasallen hatten, suchten die königliche Jurisdiction davon auszuschliessen. In den Amtslehen (Ambachtslehen) wurde das Lehnswesen auf die rechtliche Grundlage der Reichsverwaltung gestellt. Die deutschen Kaiser waren nicht im Stande gegen den lastenden Druck der Lehnsformen erfolgreich anzukämpfen, und erst mit der Erschütterung aller Machtverhältnisse (im XVII. Jahrhundert) bildete sich, nicht im Reich, sondern in den landesherrlichen Territorien der Keim einer inneren, zunächst nur landesherrlichen Souveränität. Stehende, geworbene Heere ersetzten das Vasallenaufgebot, es entstand ein umfassendes Befehlsrecht der Landesherren gestützt auf die militärische Basis, aus der der absolute Staat (des XVIII. Jahrhunderts) in Deutschland aufsteigen sollte (s. Kühns). Der privatrechtliche Charakter des dem Vasallen zustehenden dinglichen Nutzungsrechtes besteht hauptsächlich darin, dass die Veräusserung des Lehngutes im Allgemeinen von der Einwilligung des Lehnsherrn und der übrigen zu Succession in das Lehen eventuell berufenen Personen abhängig ist, dass ferner die Vererbung an eine bestimmte, namentlich die männliche kriegsfähige Verwandtschaft begünstigende Folgeordnung gebunden ist, dass endlich bei Erwerb, wie Verlust des Lehnrechts eigenthümliche, mit der kriegerischen Bedeutung der Vasallität zusammenhängende Grundsätze und Formen eingreifen (s. Kühns).

2) The sovereign of the Kaffers (Mumbos and Muzimbas) styled himself

so dass ihn Niemand essen und trinken sehen durfte. In Natal wurde den Herrschern göttlich gehuldigt (nach Casalis). Der Khan der Mongolen liess (nach Ascelin) Bayoth Noy seine eigenen Ehren bezeugen. Die Scinghili oder Zauberer (in Congo) standen unter einem Ganga Chitorne (Herr der Erde) benannten Haupt (nach Merolla), das nicht natürlich sterben konnte und sich deshalb (im Alter) erdrosseln liess, im letzten Athemzug den Nachfolger nennend, der fortan die Erde vor Dürre zu bewahren habe. Die Kathaei wählten den Schönsten zum König (nach Strabo). Sophites zeichnete sich unter den Barbaren durch seine Schönheit aus (nach Curtius). Der Brahmanenknabe [1])

---

lord of heaven and earth (according to Santos). Whenever it does not rain or rains too much he is in danger. The Matiamvo has to die in war or by violent death. Wenn die Vasallenfürsten seinen Tod wunschen, beginnen sie einen Krieg unter seiner Fuhrung, und verlassen ihn, wenn er nicht in der Schlacht fallt. Einen Thron aufschlagend, nimmt der Matiamvo Platz und tödtet erst seine Mutter, dann seine Familie, worauf die feindlichen Hauptlinge (Caniquinha und Canica) einen Beamten schicken, der erst Arme und Beine, dann den Kopf abschlägt. Der Vasallenfürst Challo hat zu beobachten, wo Arme und Beine fallen und den Körper zu bestatten, unter Opfern von Sklaven. Dann wird der neue Matiamoo ausgerufen (Valdez). Principes (ἱεροθύτης) standen (in Akragas) an der Spitze des Staats (s. Schubring). At the head of the (Pokanet-) Bashabory, the Bashaba ruled both civil and priestly chiefs. Some islands (of the Ellice group) have one king exercising despotic authority, in one there is a king and a council of chiefs, in another there are two kings upon an equal footing, and in one there is a king and a chief, the chief being nominally inferior to the king, but really possessing superior power owing to his greater force of character (Whitmee). On Peru-island the chiefs are priests (communicating the will of God to the people). Asdingorum e stirpe quae inter eos eminet genusque indicat bellicosissimum (bei den Vandalen). Das Königshaus, das edelste Geschlecht des Stammes, das Urgeschlecht desselben, hiess das Geschlecht κατ' ἐξοχήν, ebenso wie altnord. Konungr, ahd. chuninc aus altn. Kour, nobilis ahd. chunni, genus (Dahn). Autrefois dans quelques unes de ces isles (Philipines) les hommes se marquaient des figures sur tout le corps, d'où vient le nom de Espagnol Pintados, cette opération se faisait dans la fleur de leur âge, après avoir fait quelque action signalée (s. Thévenot) 1630. Die drei Angriffswaffen (Schwert, Lanze und Bogen mit Pfeilen) durften bei den (Britten) nur dem Freien oder dem Colonen (aillt) anvertraut werden (in Hoel's Gesetzen).

1) It was the custom of the Seljukian Sultans to commit the care and education of their children, residing in different parts of their empire, to their great Ameers or Lords, styled Attabegs (Brydges) found in Syria and Anatolia, as well as in Persia (the Attabegs of Shiraz having for their chief the Turkoman Selgher). Attila or Atalık (assuming the government on the death of his uncle) was originally considered as regent for his predecessors children. The dynasties of the Atabeks in Persia arose in the same manner from the usurpation of the regents, Atabek meaning (in Turki) father of the Prince (Erskine). Als die Himmelsjungfrau Fekula beim Baden von dem Kirschenbaum gegessen, konnte sie nicht (wie ihre Schwestern Angela und Changela) zurückkehren, sondern gebar (in Japan) den von Fischern erzogenen Pussa-Sohn (Montanus). Die Brasilier (Tupan und seinen Diener Giropary verehrend) nennen die guten Geister Apoïauene und die bösen Geister Ouaioupia (d'Évreux). Giropary und seine Gefährten

(der Munda) wurde wegen seiner Schönheit König der Kol. In Aegypten (wo Bibar die Staatsformen [1]) Tschingis-Chan's einführte) wurden

---

schreien als unsichtbare Thiere (Soo Giropary). Der mongolische Regenstein Ussun-schil (Chas oder In) oder Dschade zieht bei feuchter Luft Wasser an. Die grosse Scolopendra morsitans ist (nach den Tupi) der Kamm (Jurupari kibaba) des Teufels. Jurupari (jerubiar-pari oder der stolze Hinkende). Auf Corea wird der Jager Toranga verehrt, der acht japanische Tyrannen vertilgte (Montanus). Maria gebar (nach den Hadramiten) beim Essen von der Dattel des Baumes, unter dem sie ruhte. Ad poenam quoque pertinet et haereticorum odium, quod fides illis data servanda non est (Simancas). Nach Vanini war die Seele des Averroes in Pomponatius († 1524) übergegangen. Alkamba (of the Wakamba) had travelled to Albellete and then to the Wabilikima or pigmies (s. Krapf). In contradistinction to Koongay or noble families (the nobility of the emperors court) the Daimios (feudal lords or Chu haou) or Ta-meng (of the Shiogoon) are called Jee-ngay or Ti hia (low, on a level with the earth). The Shiogoon himself is Jee-ngay until he has been enobled by the emperor (s. Dickson). The holder of titles conferred by the emperor are known as Kio Kwang (imperial officers), while the Daimio are known from their territorial appellations as Kooni Kami or keepers of the provinces. Holding the imperial title of Shuri no dai bu, Satsuma (a Koku shiu and a Kooni Kami with the title of Ohosumi or Satsuma no Kami) is known by this added to his family name Shimadzu, Shuri no dai bu (head of the ecclesiastical carpenters office).

1) Les empereurs Mogols rougissent leur main et l'impriment en lieu de sceau sur les patentes (de la Croix) in den Altemgha (lettres patentes scellées du sceau de la main rougie). Nach Hammer wird in den osmanischen Geschichten bei Gelegenheit des Tughra von einem Handabdruck gesprochen. Die rothe Hand findet sich in den Felsen Neumexico's und den schwarzen Schilden der Australier ist eine weisse Hand aufgezeichnet. It is the privilege of king and whites to be conveyed in macos (hammocks) in Dahomey (Valdez). Nähere Freunde umgeben (bei Homer) den König, als Theraponten, das Gespann lenkend und Dienste thuend, wie die Herolde. Die Könige (διοτρεφέες, διογενέες) stehen als Erste an der Spitze der (gleichfalls βασιλῆες) genannten Adligen (mit den Geronten berathend), dem δῆμος (den Gemeinen im Gegensatz zum Herrenstand) gegenüber. Auch (verachtete) Beisassen (μετανάστης) werden erwähnt. Die Unfreien hiessen δμῶες, οἰκῆες, δοῦλοι (bei Homer). Freie Leute niederer Classe, die einem Anderen um Lohn dienen (das Feld bebauend), heissen ϑῆτες. The king (adjusting the standard of prices on the market) is kept in ignorance of the time and cause of the wars (on the Casamanza), a general („the brave") being elected (Valdez) Der Jambacoz regiert durch das Zauberwasser. Weil die jura negativa der Adligen zugleich singularia sind, so heissen sie auch Immunitäten. Le Japon est une confédération d'États souverains, dont les chefs sont groupés autour du Mikado (Téneshi). Le titre daimios désigne la haute noblesse en général, et s'applique à des personnages très-differents, ainsi les chefs d'États indépendants sont des daimios, et leurs officiers supérieurs partagent avec eux cette même appellation. Le titre distinctif des chefs d'État est kokoushi, kokshi ou taishiou, pour ceux de premier ordre et touzama pour ceux, que leur territoire moins étendu oblige à se grouper autour d'un centre plus puissant. Ces princes remontent directement, par leurs aïeux, à des époques très-reculées dans l'histoire. Les premiers descendent, la plupart de fils cadets de mikado et ceux-ci créèrent, à leur tour les États des Tauzamas, au profit des enfants, qu'ils voulurent favoriser (Montblanc). Le Shiogoune ou Tai-koune est le général comman-

die Hochwürdenträger, als Steigbügelhalter oder Rikjabdar, Tassenhalter (mit der Tasse als Wappen) als Mundschenk (Taschtdar), Waffenträger (mit dem Bogen) oder Silihdar (Emir Silah), Tintenzeughalter (mit dem Tintenfass) oder Staatssecretär (Dewadar), Kleideraufseher (mit einem Kleiderbündel) oder Dschamdar, Stallmeister (mit dem Hufeisen) oder Emiri Achor, Hofmarschall (Tschauschbaschi) als Könige betitulirt (s. Hammer). Nach den Tuzuc (Institutionen) Tamerlan's sollten die Einkünfte [1]) der Eroberungen in grössere und kleinere Loose vertheilt

---

dant les troupes fictives du Mikado, et sous son autorité fictive (depuis l'époque des Shiogouns) régnent les 19 Kokoushis ou Taishious et les Touzamas. Ces souverains possedènt dans leurs États une complète indépendance (gouvernant par les ministres Rodjos ou Karos). Les Kokoushis ont sous leurs ordres des capitaines, qui comptent parmi la principale noblesse (tenant garnison sur les domaines de leur seigneur et l'entourant dans ses voyages). Les Touzamas (maîtres sur un petit territoire) remontent généralement à des frères cadets de Kokoushis en faveur des quels ses fiefs ont été créés. The forefathers of the Koongay (mostly descendants of younger sons and cadets of the imperial family, branching of at former periods) came over to Japan at the time of the invasion by Zinmu and (the soil about the centre of the empire being divided among them) became the nobility of the court of the emperor (the tract of country to the north and north east of Yeddo being called the obscure and unpenetrated way till the XV cents). The dissensions and struggles for power between the two poverful families of Heji and Genji gave rise to a nearly continual state of civil war. During the Onin war families were destroyed, territories lost (s. Dickson). The Koongay class includes all the illustrious families of Japan (the daimios being far below, although rich and powerful), filling the higher offices of state (but only the five assisting families or Go-sek-kay being eligible to fill the highest), of the families of the Koongay (receiving an annual salary). Jimio-in teaches writing, Sijio dono the art of dressing dinners and cookery, Takakura the etiquette, Tsutchi Mikado divines by astrology, the daughters acting as governesses in the houses of the daimios etc. The functions of the king's soldiers (on the Casamanza) are hereditary descending from uncles to nephews (Valdez).

1) Tamerlan befahl die Bestätigung der alten Abgaben (jumma Kedim), wenn die Unterthanen damit zufrieden wären. Wer Land urbar machte, sollte im ersten Jahre Nichts, im zweiten nach Belieben, im dritten die regelmässigen Abgaben zahlen (nach Timur's Gesetzen). Unbebautes Land verfiel der Krone. Nach dem Aufstande der mozarabischen Christen (um Alonso I. von Aragon zu unterstützen) liess der almoravidische Chalif fast die sämmtliche Bevölkerung der Christen aus Andalusien nach Afrika bringen. Von den Arabern unterworfen, erlangte Fars unter den Herrschern aus der Familie der Biye seine Selbstständigkeit wieder. Die bisher persischen Diplome wurden unter Ahmed Ben Ismail (aus den Beni Saman) zuerst arabisch ausgefertigt (in Chorasan). Merdawidsch stiftete die Dynastie der Beni Siad (in Dilem, Taberistan, Dschordschan und Derbend). Die Kreise (Gjuran) der Mongolen (zu je 1000 Krieger von dem Stamme) wurden von dem Befehlshaber im Mittelpunkt (Gjurgjan) befehligt [curia der Centurien oder Hundred]. Quelques blancs que soient les Kosts d'un descendant des Khans, si, par sa fortune et par son esprit, il ne s'est pas attaché un grand nombre de partisans, sa voix n'a aucune prépondérance dans les assemblées du peuple (Levchine) bei den Kirghiz-Kazaken. Pan is the Kashmir term for „old“ (Cunningham). Wer zur Theilnahme an

werden und jeder Offizier (Amir) ein solches Loos zuertheilt erhalten (als Lehen oder Jagheer), um die Abgaben von den Ryat (Unterthanen) zu erheben (s. Davy). Als Belohnung sollte einem tapferen Ounbaushi der Oberbefehl einer Stadt, einem Eusbaushi einer Provinz und einem Mingbaushi eines Fürstenthums gegeben werden.

In den Stämmen der Naturvölker herrschen die Aeltesten der jedesmaligen Generation und nur unter kriegerischen Verhältnissen wird Anlass gegeben zu dauernder Befestigung einer Häuptlingsmacht, die dann in einer königlichen Familie erblich werden mag, in Association mit den priesterlichen Functionen. Wie Bodio und Worabant in den Dörfern der Kru, Munda und Pahan in denen der Kol, stehen Bruteno und Widawut an der Spitze der Preussen, und erst bei Uebernahme des Priesteramtes durch eine Kaste oder Klasse und Verbreitung derselben durch die Schichten des Volks verbleibt die Executivgewalt in den Händen des Monarchen. Die Sioux wollen keine Häuptlinge gekannt haben, ehe sie ihren Rex in Wabashaw von den Engländern erhalten und der in Brisbane (Australien) durch den Medaille zum Häuptling Bestallte musste sein Amt niederlegen bei Rückkehr zu seinen Stammesgenossen, da unter diesen unwillige Opposition ausbrach, als sie hörten, durch die Engländer Einem unter sich als Sklaven übergeben zu sein. Aus der Umgebung des Königs geht der Adel hervor, der sich in der Nachkommenschaft der zur königlichen

Rache am Feind auffordern will, beobachtet (schwarz bemalt) unter Fasten seine Träume und veranstaltet ein Hundemahl, und die daran Theilnehmenden verpflichten sich durch gemeinsamen Kriegsgesang und Kriegstanz zum Mitgehen, durch Austausch von Todtenzeichen und gemeinsames Rauchen. Wer wieder zurücktrat, verlor sein Eigenthum oder wurde (bei den Huronen) getödtet. Bei den Dakota gab es durch Tänze und Fasten geweihte Kriegerbündnisse, gemeinsam den Gefahren zu trotzen. Die adligen Helden (pnieses in Neu-England), die man mit den Geistern im Bunde (und dadurch unverwundbar geschützt) glaubte, erzogen ihre Kinder unter harten Uebungen. Die Leibwachen wurden (bei den Mongolen) Kardschi genannt, in welcher Bedeutung sich das Wort am persischen Hofe, in Constantinopel in der von Waldübergehern erhalten hat (Hammer). In Folge ihrer Kämpfe bei den Einfällen in Mexico gaben sich die Apachen le nom de Cuhen, qui signifie sauvage et impitoyable, als ahpa-chita (mauvais chien) in der Sprache der Mayos (in Sonora). Aus der Begleitung des Seldschukken Iseddin (dessen Sohn Constantin das Christenthum annahm) wurden die Türken seiner Leibwache (in Constantinopel) den Turkopolen (des Kaisers) einverleibt. Nach den Ollamh stand (in Irland) der Cli oder Anstruth, so called from an (good) and sruth (Knowing). To the Seanachaidh or Seanachies (sean or old) were submitted the registration of events and preservation of family history (in Scotland) [Sinistus]. Le chef des Natchés dispose des biens de ses sujets et les fait travailler (s. Montesquieu). Lorsque l'héritier présomtif vient à naître, on lui donne tous les enfants à la mamelle pour lui servir pendant sa vie (c'est Sésostris). The Roman emperors regarded themselves as the disposers of the Armenian crown and entitled to a kind of feudal aknowledgement of supremacy by the rulers of that country (Lindsay).

Familie gehörigen Mitglieder erneuert, und beim Hervortreten thatkräftiger Feldherren entweder die Rolle des Roi fainéant theilt und einen kriegerischen Fürstenstand neben und über sich aufwachsen sieht, oder sich selbst mit dem Schwerte diese Bahn eröffnet. — Die erweiterte Familie (mit vollkommener Gleichheit der Rechte unter dem Vater oder dem erstgeborenen Bruder als Haupt) ist die russische Gemeinde. Auf den Grund und Boden (der Familie oder Gemeinde gehörig) hat der Einzelne nur Nutzungsrecht, und zwar auch in der Gemeinde, Jeder, der geboren wird, ganz gleich mit allen übrigen Gemeindegliedern. Der Grund und Boden wird daher unter alle Lebenden gleichmässig zu jeweiliger Nutzung getheilt (ohne Erbrecht der Kinder auf den Antheil des Vaters, indem die Söhne aus eignem Recht als Gemeindeglieder ihren Antheil fordern). Auch die Gemeinde [1])

1) Die Feldmark, die der freien Gemeinde als Eigenthümerin, der Krongemeinde als Besitzerin, der leibeigenen Gemeinde als Inhaberin gehört, wird durch die Agrimensoren der Gemeinde mit alten Vermessungsstaben ausgemessen (in Russland). In England darf der Boden so wenig wie möglich getheilt werden und sich ihm nur die unumganglich nothigen Hände widmen (woraus gute Wirthschaft oder Proletariat folgt). In Frankreich ist der Ackerbau frei, aller Grund und Boden deshalb theilbar (so dass sich viele Besitzungen finden ohne genugend zu ernahren). Die Dörfer (Asbar oder Okolotsch) der Tscheremissen, die, als sie vom Nomadenleben (zu Heberstein's Zeit) zum Ackerbau ubergingen, die russische Gemeindetheilung annahmen, traten in Gemeinden oder Keremeth (Opferplatz) zusammen. Die Dorfvorsteher der Tartaren bei Kasan (die die russische Landtheilung angenommen haben) heissen Wuiborne (der Gewahlte). Als die Bevolkerung, stieg fuhrten die deutschen Colonien an der Wolga die russische Ackertheilung bei sich ein (Haxthausen). Die zum Schutz der Grenze angesiedelten Odnodworzen (bei Lipezk) gingen spater in die Kronbauern über. Die Tataren (bei Mussalin) sind Jessachnie Tatare (zum Kriegsdienst verpflichtete), indem der tatarische Mursa Jaruslan das von Peter M. gegebene Land unter seine Krieger (nach ihrer verschiedenen Militarpflicht) vertheilt, als erbliches Privateigenthum, auf die Sohne übergehend, die (beim Tode des Vaters) um Haus und Landtheilung loosten (Haxthausen). Die runden Dörfer der Roskolnik (die nicht das Land, sondern die Ernte theilten) im Nishnei-Nowgorod-Gouvernement heissen Skiti (nach Sresniowski). Die in den Städten wohnenden Edelleute (im Gouvernement Orell) lassen meist durch Bauern (Starosten) ihr Land verwalten (selten durch gelernte Verwalter). Die Kosaken (bei denen das ganze Territorium der Kosakengemeinde gehört) sind (statt Abgaben) zu Kriegsdiensten verpflichtet. Bei der neuen Ansiedlungsart der Militärcolonien (um Soldaten und Landvolk zu verschmelzen) sollten jedem Bauer 1—2 Soldaten in das Haus gegeben werden, die er gegen Befreiung von allen anderen Lasten und sonstige Begünstigungen bei sich zu verpflegen hatten, wogegen der Soldat ihm in der Wirthschaft beizustehen haben würde (1816) in Russland (s. Pidoll). Verschieden von den Katorschniki (schweren Verbrechern, die in Bergwerken verwandt werden) und den Loslannyje (Verwiesenen, die eine Zeitlang zu öffentlichen Arbeiten verwandt werden) werden (in Sibirien) die Loslannyje na poselenye in den Gehöften der Dörfer (als glebae adscripti), unter einem Soldaten (meist einen Kosak) als ersten Vorstand, verwandt, während in der zweiten Generation die gewählte Starostenleitung eintritt (Haxthausen). Bei den Vortheilen des Ackerbaus werden manche Nogaier (statt Viehzüchter)

hat ihren fingirten Vater, einen Starost, Starchina (der Alte) oder Starost (s. Haxthausen). Peter M. hat einen Verdienstadel (Tschinownikadel) geschaffen, der den alten Erbadel fast verdrängt hat. Das Eigenthum eines Gutes gab Gerichtsbarkeit über Alle, die es bewohnten (unter den Franken [1]). Jedes Eigenthum verband zum Kriegs-

ansässig (s. Haxthausen). In der Sprache der Gesetze ist der Mir (Gemeinde oder Welt in der Anschauungsweise des russischen Volks) identisch dem Begriff nach mit der französischen Commune (dem Complexus der zufällig an einem Orte zusammenwohnenden Menschen, dem Polizeibezirk einer Stadt, Fleckens, Dorf). Als Zaar Gudunow die Freizügigkeit aufhob, wurde das Pachtverhältniss (Chalap oder Kabalah) oder Vertragsverhältniss (der Contracte auf Lebensdauer mit erblicher Fortdauer) in ein Hörigkeitsverhältniss verwandelt, das durch die Revisionstabelle Peter's I. in die Leibeigenschaft überging. By Magna Charta reliefs were settled at rates proportionate to the dignity of the holder. In France the relief was fixed by the customary laws at one year's revenue. This last has long been the settled amount of Nuzzerana or fine of relief, in Méwar (Tod). There are two classes of Rajpoot landholders in Méwar, the grasya thacoor or lord (holding by grant of the prince, for whom he performs service) with specified quotas at home and abroad) and the Bhoomia, holding on prescriptive possession and succeeding without any fine, but paying an annual quit-rent and called upon for local service in his district. To such an extent has Rekwalee (salvamenta in Rajputana) been carried, when protection was desired, that whole communities have ventured their liberty and become, if not slaves, yet nearly approaching the condition of slaves to the protector (s. Tod).

1) Diejenigen Grossen, die Chlodwig bei der Taufe nachahmten, erhielten Eigenthum (ohne Lehndienst), und weiter wurde von den Königen von den ihnen zugehörigen Ländereien (ohne Beziehungen zum Kriegsdienst) verschenkt (in den sors, aprisio). Oede Güter der abgetheilten Stücke ihrer Domänen wurden von dem König als Erbgüter oder Aprisionen (Allodia und dann, als zum Lehn geworden, Frei-Allodium oder Franc-Alen) verliehen. Durch die Empfehlung war der Vasall (verschieden vom Eigenthümer) persönlich seinen Herrn verpflichtet. In der Reichsversammlung zu Mersein (857 p. d.) wurde allen freien Leuten auferlegt, sich einen Herrn zu wählen, sei es den König oder einen seiner Vasallen. Die Allodia solcher, die keinen Herrn gewählt hatten, wurden (883 p d.) von Karl dem Kahlen eingezogen. Alle Grundstücke in den Provinzen zahlten Grundsteuer aus der Verpflichtung im Obereigenthum des römischen Volks oder Kaisers, quia in eo solo dominium populi Romani est vel Caesaris (Gajus), neben der Kopfsteuer. Italien (durch jus italicum) war frei von Grund- und Kopfsteuer. Bei der Theilung des Reichs unter Diocletian wurden in Italien (unter Maximian) die Provinzialsteuern eingeführt. Zu Ulpian's Zeit wurde das Kataster alle 10 Jahre erneuert (später 15). Die Bargilden waren frei (bar) von aller Zahlung (Gild), in Bayern (die Parschalken bezahlten Zins für den genossenen Schutz). Syrf (mancipium im Angelsächsischen) von Srb. Die Deutschen führten Sklavenhandel mit gefangenen Slaven bis in den Orient (s. Schafarik). Σκλαβοῦν (slavisiren oder zum Sklaven machen) bei Const. Porph. Le mot de main-morte peut être tiré de ce que les Romains tenaient les serfs comme morts quant aux fonctions publiques et civiles, ou bien parceque le seigneur met en sa main les biens du serf décédé sans hoirs connus (Coquille). Il y avait trois espèces de droits et de devoirs fort distinctes (à l'établissement des Français en Grèce), droits des nobles de l'armée conquérante entre eux et envers leur seigneur supé-

dienst. Im Gegensatz zum zinspflichtigen Lande (tir cyllidus) wird das Eigenthum von Privaten das vererbliche [1]) Land (tir gwelyawg)

---

rieur, droits des hommes non nobles de cette armée, étrangère aux pays, sur lequel elle avait été implantée, et devoirs des habitants du pays dans leur rapports avec leurs nouveaux maîtres (Bouchon). Coloni partiarii sicut qui partem fructuum domino conferunt, reliquam sibi retinent (Cujas). Sous les noms de Casarii, Vicani les colons propriétaires, en se réunissant dans les villages, formaient bien une sorte d'association (Leymarie). D'après Godefroy l'inquilin désignait le Romain qui cultivait à ce titre le fonds d'un autre, tandisque l'expression de colon s'appliquait plus spécialement aux agriculteurs barbares incorporés au sol Castrum Bagaudarum vocavit, nomine sumpto a custodibus, quos ibi deputavit (Jul. Caesar). Sarus musste von den Bagauden der Alpen den Durchzug nach Italien (durch sein Gepäck) erkaufen. Mainié (domestique, vieux français) signifiait autrefois demeure, habitation, famille, enfants, serviteurs, comme le mot latin familia (s. Jouve). Pa lè tête-dée, par la tête de Dieu (en patois des Vosges). Oncla (vénërable, vieux, père), oncle est un terme de vénération, qui ne s'adresse qu'aux vieillards et ne rappelle pas une idée de parenté, oncliot (patois franc-comtois) et le mot anglais uncle s'emploient dans le même sens. La langue a passé ensuite de l'idée de parenté à l'idée de vénération. Par un raisonnement inverse, le patois vosgien a donné à un terme de respect un sens de parenté, il désigne l'oncle par le mot Nonnon (Jouve).

1) Sobald ein Sohn 14 Jahre alt war, musste ihn der Vater (ob Freier oder Höriger) dem König commendiren (gorchymyn) in Wales (s. Walter). Le mot Kymro est relativement moderne (nach de Courson), les triades galloises appellant les Armoricains, les Galls de Lyddaw) Gaulois d'Armorique. Les domaniers marchent immédiatement après les propriétaires (paysans propriétaires en Brétagne). Le troisième rang appartient aux fermiers (merour), le quatrième aux pen-ty (ou sous-fermiers), occupant à loyer quelque dépendance de la ferme et une petite portion de terrain insuffisante pour qu'ils puissent y trouver l'entretien et la subsistance de leur famille (de Courson). Von Kuren (Kur, electio) kommt (latino-barbara) choremanni, judices ad civium lites dirimendas electi (Diecmann.), cyne, arbitrium (anglosaxonica). Aillt, sic nativi tenentes dicebantur (s. Davies) bei den Britten (und ähnlich taeogs). Le Mab-aillt (fils de l'aillt) doit être sous la volonté (wrth) et sous le bon plaisir (cennad) d'autrui, jusqu'à ce qu'il ait atteint à la descendance et au rang d'un kymro cynwynawl, ce qui n'a lieu qu'à la quatrième génération par mariage légitime avec une Kymraes cynwynawl (de Courson) in dem wallisischen Gesetze. Three original privilege of every native kymro, and also under the name of kymro is included the female, the grant and fruition of five years erws under the privilege of his origine as an innate Kymro, and the issue of an aillt and stranger obtain this in the fourth person by legitimate marriages, that is the degree of seisor (Goresgynnydd), the privilege of bearing defensive arms, with their emblems, for that is not allowed but to an innate Kymro [Iranier] (Kymro cynwynawl) of warranted descent, and the privilege of raith under the protection of his chief of kindred (pencenedl), and at the age of growth of beard they are bestowed upon a Cymro and upon a Cymraes, when she shall mary (Owen). Plebs paene servorum habetur loco (in Gallia). Plerique enim aere alieno premuntur, aut magnitudine tributorum, aut injuria potentiorum, sese in servitudinem dicant nobilibus (s. Caesar). Suos (ex plebe) quisque opprimi et circumveniri non patitur (contra potentiorem). Ambiorix (König der Eburonen) erklärte die Multitudo als gleichmächtig. Bei den Galliern wurde jährlich vom Volk ein Civil- und ein Militärbeamter gewählt (nach Strabo). Durch die Recommendation traten die Germanen

genannt (in Wales). Die Servi (Egene Lüde oder Leibeigene [1]) heissen (bei den Scandinaviern) Annödugh oder coacti (im annödugh Stand

in Schutzverhältniss. Tradunt se ad tuendum protegendumque majoribus, dedititios se divitum faciunt (Salvianus) in Gallien. Les expressions, qu'emploient César et Polybius pour peindre la condition des soldurii, des ambacti et des clients gaulois, semblent avoir été reproduites par Tacite, lorsqu'il parle des comites germains (de Courson). L'engagement des devots gaulois était un quasi-servage (Le Hueron). Omnibus in vita commodis cum his fruuntur, quorum se amicitiae dederint (Soldures) in Gallia (Caesar). Vor die helvetischeu Richter brachte Orgetorix familiam suam (den Clan oder Ceneld) et omnes clientes obaeratosque suos eodem conduxit (Caesar). Le titre de Penceneld (chef de race) n'était pas héréditaire [Pan oder Kuni]. Un homme libre devenait esclave par une convention volontaire (bei Marculf). Lorsqu'on vendait un domaine cum ingenuis, servis etc., on vendait seulement le droit de percevoir les redevances, de jouir des bénéfices, des charges imposées etc. (de Courson). Harthoc (transmarinus) se ipsum commendavit regi (Britonum, Gradlono) atque omnia sua (Catulaire de Landévénec) V. siècle p. d. (s. de Courson). Dicunt etiam quod, quicumque proprium suum episcopo, abbati vel comiti aut judici dare noluerit, occasiones quaerunt supra illum pauperem, quomodo eum condemnare possint, et illum semper in hostem faciant ire, usque dum, pauper factus volens nolens suum proprium tradat aut vendat (Capitul. 811), als Klagen der Heriman oder Ariman (denen die Liten noch an Freiheit nachstanden). Per se nihil audet (plebs) in Gallien (Caesar). Meyer identificirt die Ambacten (in Gallien) mit (german.) Comites. Le mot ambact vient de am (autour) et de pact (lier) [Φράγγοι als Foederati in Amphictyonen]. Si vir ingenuus qui fundum possidet, se ipsum pro servo dedat filio-nobilis (mabuchelwr) et maneat cum illo ad quoddam tempus, et ex eo tempore cum fuerit servus istius (mabuchelwr), filio-nobilis pro compensatione caedis ejus debentur tres boves, alii libri dicunt sex boves pro eo deberi. Isti autem abire a filio-nobilis licebit, quando velit, tantummodo solvere tenebitur filionobilis quodcumque debitum erit illi, juxta leges Hoeli. Et hic vocatur carllawedrawg (s. Wotton).

1) Statt des Wehrgeldes hatten die Leibeigenen einen Preis, wie Thiere (Lex Fris.), durch Widrigeld (redemtio corii) losgekauft. Die in den Volks- und Gemeindeversammlungen Schöffenbaren hiessen (im Kriegsdienst) Arimanni (Wehrmannen oder Heermannen). Den Bryten (neben den Flatföring im jütischen Lowbuch) werden (Skanelagh lib.) als Innismen diejenigen Hörigen gleichgestellt, die in Deutschland Husgenoten, inquilini hiessen (im Gegensatz zu Leibeigenen oder Träl). Servis non in nostrum morem, descriptis per familiam ministeriis utuntur. Suam quisque sedem, suos penates regit. Frumenti modum dominus, aut pecoris, aut vestis, ut colono, injungit, et servus hactenus paret, cetera domus officia uxor ac liberi exsequuntur. Verberare servum ac vinculis et opere coercere rarum, occidere solent non disciplina et severitate, sed impetu et ira ut inimicum, nisi quod impune est. Liberti non multum supra servos sunt, raro aliquod momentum in domo, nunquam in civitate, impares libertini libertatis argumentum sunt (Tacitus) bei den Germanen. Wenn die Leibeigenschaft Jemandem noch von seinen vier Ahnen oder Grosseltern her anhaftet, so hat er noch keine volle Rechtsfähigkeit, die erst dem zu Theil wird, der acht freie Ahnen erweisen kann (nach dem Capitularia Franc.). Coeunt, nisi quid fortuitum et subitum incidit, certis diebus, quum aut inchoatur luna aut impletur (Tacitus) die Germanen. „Im Gegensatz zur Bannitio (der aussergewohnlichen Zusammenberufung durch Anzündung von Feuerzeichen oder durch den Kriegspfeil) bezeichnete Mannitio (Manitio) die Gerichtszeit an gesetzlichen

oder Heemhion), im Einzelnen Träle oder Traellar (leibeigene Frauen als Ambut oder Ambat). Die Urkunde (1065 p. d.) unterscheidet

---

Tagen des Mondes (Mani oder Mane) oder Hermane. Im Altn. heisst manadr der Monat, aber auch ein Aufgerufener, Aufgebotener, von dem Zeitwort at mana (provocare) und ebenso klingt das danische Mand (Mann) an deutsches Mond." Die Gefolgsleute der Principes der Beamten heissen Hirdmenn (in Scandinavien). Nach alterem Rechte konnte man eine Theilung der Familiengüter nicht fordern, ohne sich von der Familie selbst und seinen Pflichten gemeinhin loszusagen (s. Sachse). Si quis de parentilla tollere se voluerit (nach der Lex Salica), als foris familiare (s. Glanvilla). Die (frankischen) Beneficien wurden die Fideles als Eigenthum (jure proprietario) bestatigt (bei Marculf) 615 p. d. Wilhelmus commilitonibus suis Normanis terras Anglorum et possessiones contulit, illudque parum, quod remanserat, sub jugo posuit perpetuae servitutis (Matthaeus Par.). Noch in den Gesetzen Heinrich I. († 1135) werden die Thans der Angelsachsen erwahnt. Sunt inter illos, qui Ethelinge, sunt qui Frilinge, sunt qui Lazzi eorum lingua dicuntur, latina vero lingua hoc sunt nobiles, ingenui atque serviles (Nithard) bei den Sachsen. Um sich in seinen Kriegen der Sachsen zu versichern, versprach Kaiser Lothar nobilibus quibusdam libertatem. Die im Hause geborenen Leibeigenen galten als bevorzugte Klasse (bei den Germanen), wie die Vernae oder eingeborenen Sklaven bei den Römern (Fostre in Scandinavien). Im Hofrechte (der Kurie ihres Herrn) handelten die Hörigen so selbstständig, wie die Schöffenbaren im Volksgericht. Villans (villani) are contrasted in doomsday-book with freemen and villan land with free land and they are treated as a despiceable race, the dregs of the people and unfit, though not unqualified, to appear as witnesses against the respectable landholders of a county. In the law of Henry I. they are jointly with the cocseti and pardingi, denominated hujus modi viles vel inopes personae, declared to be disqualified to be reckoned among judges, excluded from bringing any civil suits in the county or hundred-courts, and referred, for the redress of injuries to the courts of their own lords. They were, annexed to the land on which they lived and could remove neither themselves nor families, but were conveyed and transferred from hand to hand with it. But the condition of villans, however abject, might still be free, nor could their rank in life be affected by the nature of their tenure, for thanes or knights might hold villan land and upon the basest services without being degraded by so doing. The inability of the villain to remove himself from the jurisdiction of his lord, also, did not necessarily lead to the conclusion that he was of servile condition, for even thane-land might be held by thanes upon similar terms. And freeland (terra libera) might retain its appellation and be contrasted with villan-land, altough it was held under most of the servile incidents of the latter (s. Heywood). No man could leave the shire to which he belonged without the permission of the alderman (Leges Alfredi). No man could be without a lord, on whom he depended, though he might quit his present patron, it was under the condition of engaging himself to another. If he failed in this, his kindred were bound to present him in the country-court and to name a lord for him themselves. Unless this were done, he might be seized by any one who met him, as a robber (Leges Athelstani). The laws of Canute declare the necessity of belonging to some hundred and tything, as well as of providing securities. The law of frankpledge (or mutual responsibility of the members of a tything for each other's abiding the course of justice has been attributed to Alfred. The Irish custom bound the head of a sept to bring forward every one of his kindred who should be charged with any heinous crime. Sithcundman, on inferior thane (genth).

zwischen den servi adscripticii und liberi der an das Kloster Mogilno geschenkten Dörfer (in Polen). Durch Schenkung fürstlicher Güter an hervorragende Krieger und die Kirche werden zugleich die zinsgesessenen Landbauern (ausgeschlossen von den Geschlechtsverbänden mit höherem Wehrgeld) mit übergeben. Der Stand der Hintersassen (kmetones, incolae, rustici, coloni, inquilini) erscheint (XIII. Jahrhundert) bereits an die Scholle gebunden, und steuert, während die Kriegsdienstverpflichtung zum Kriegsdienstrecht wird, da der Reiterdienst nur wenigen möglich ist. Im XIV. Jahrhundert steht der Kmete [1])

1) Der bereits geltenden Gewohnheit gemäss wurden (1454 p. d.) alle Kmetensöhne an die Scholle gebunden. Durch die Constitution 1503 p. d. verlor sich auch das Erbrecht an die Hufe der Familie. Jeder konnte einen herrenlosen Bauer zur Arbeit zwingen (1496) in Polen. Alle Bauernsöhne galten als adcripticii (1511), alle königlichen Bauern als Staatssklaven (1519). Sämmtliche Kmeten in universo regno sollten mindestens einen Tag in der Woche frohnen (1520). Durch die Conföderation von 1573 erhielten sämmtliche Grundherren unumschränkte Gewalt über die Bauern (Hüppe) in Polen. Zamojski verwandelte 1760 seine Frohnbauern in Zinsgesessene. Brytii in leg. Sueonum dicuntur servi glebae adscripti (du Fresne). La plus grande partie des terres tributaires (de l'abbaye de Saint-Germain) sont distribuées en petites fermes (appelées manses). Outre les terres de leur tenure, les familles (qui occupent les manses) avaient à cultiver celles des manses seigneuriaux (aux differentes saisons rassemblées). Le manse était héréditaire (ne pouvait être morcelé) les charges imposées étaient fixes, mais les terres qui n'étaient point amansées (les hospices) étaient susceptibles d'être ou réunies ou divisées à la volonté du maître (s. Littré). On reconnaît dans le polyptyque d'Irminon, quatre classes de personnes, les hommes libres (jouissant le droit d'aller où ils veulent sans empêchement et sans pouvoir être légalement réclamé par aucun maître), les colons (attachés à la culture d'un fonds étranger, en faisant les fruits siens moyennant une redevance fixe, qu'ils payaient au propriétaire), les lides (attachés comme le colon à la terre, ayant une part plus considérable de service à accomplir auprès du maître), les serfs ou esclaves (pouvant être vendus et aliénés comme une chose). La nature des redevances (non l'état des personnes) faisait la condition des terres libres et des terres serves (s. Littré). The estates possessed by the Franks, as their property, were termed alodia (with inheritance), subject to no burthen, except that of public defence (Hallam). Of the alodial possessions there was a particular species, denominated Salic, from which females, were expressly excluded. During the X and XI centuries it appears, that alodial lands in France had chiefly become feudal, that is that they had been surrendered by their proprietors and received back again upon the feudal conditions, or more frequently, perhaps, the owner had been compelled to acknowledge himself the man or vassal of a suzerain, and thus to confess an original grant which had never existed (Hallam). The county of Cominges (between Pyreenees, Toulouse and Bigorre) was alodial till 1244, when it was put under the feudal protection of the count of Toulouse. Alle Leute, welche sich ohne ein Hofgut oder auch nur eine Kote vom Hofherren erhalten zu haben und ohne selbst in den Hofverband aufgenommen worden zu sein, in einer Hofmark angesiedelt hatten oder sich darin aufhielten, wurden Fremde (Gäste oder hospites) oder Aussiedler (Ussidelinge) genannt (s. Maurer). Albanen, oder aubain (Fremdlinge). Karl M. (nach Eroberung Aquitaniens) ordinavit per totam Aquitaniam comites, abbates necnon alios plurimos, quos vassos vocant, ex gente Fran-

(nicht unter dem Gericht des Königs, ausser auf königlichen Gütern, sondern) unter dem Gericht des Grundherrn. Im Statut von Wislica ist der Bauer allgemein an die Scholle gefesselt (Adler). Der Kmete (chlop) oder Poddang (Unterthan) tritt in seinen Stand durch Geburt (vom Vater her). Seit 1588 hat der Herr das Recht, ihn in einen höheren Stand zu erheben, also frei zu lassen. Seit dem XVI. Jahrhundert fanden sich (neben deutschen Bauern auf den Haulanden) viele polnische Bauern, die auf Zins oder ermässigte Frohnden angesetzt sind, als Schulzen (scholteti oder soltysi). Bei zunehmender Wichtigkeit des Reiterdienstes im XII. Jahrhundert surrogirten die davon befreiten Landsassen durch Geld- oder Naturalabgaben den für den Reiterdienst sorgenden Grundherrn (in Polen [1])). Die auf dem Frohnhofe selbst

---

corum, quorum prudentiae et fortitudini nulli calliditate nulli vi obviare fuerit tutum, eisque commisit curam regni, finum tutamen, villarumque regiarum ruralem provisionem. Dans les provinces méridionales de la France, on appelle bordes une partie des fermes, et la coutume du Nivernois montre la tenure en bordelage sous une forme primitive, celle d'une communauté agricole, dont les membres vivaient ensemble et se partageaient également le produit de l'exploitation (s. Moke). On retrouve l'ancien canton sous le nom de Boel (en Scandinave), analogue au Hemrick ou territoire commun chez les Frisons. Habeo unum clericionem quem mihi nutrivi de servis meis propriis aut beneficialibus sive pagensibus, sagte der fränkische Gutsherr zum Bischof, der ihn zum Pfarrer weihen soll (Agobard) 826 p. d.

1) Boleslaus änderte die agricole Grundlage des polnischen Staats und stellte als wichtigsten Anspruch an ihn den der Wehrhaftigkeit (Adler). Hortus ist ursprünglich jeder eingehegte Platz (s. Mommsen) [Gorod, Gard, Hort]. Als das Land Delbrück sich und seinen Grundbesitz einem auswärtigen Schutzherrn unterwerfen musste, wurden die bisher freien Bauern Alterhörige des Stiftes Paderborn, als dessen zins- und dienstpflichtige Meiern (oder Hausgenossen), ohne jedoch ihre persönliche Freiheit zu verlieren (s. L. von Maurer). Neben den stiftischen Voll- und Halbmeiern, die allein vollberechtigt waren (und allein den Landesrath bildeten), siedelten sich theils auf neu gerodeten Waldgründen, theils auf den Besitzungen im Lande angesessener (jedoch auswärts wohnender) Guts- oder Eigenthumsherren noch andere blosse Kotter, sodann Viertelmeier (Bardenhauer), ferner alte und neue Colonisten (Zuläger), endlich auf den Besitzungen der Meiern selbst noch Heuerlinge an (als Angehörige der Landgemeinde). Bei dem Conflicte mit dem in die Höhe strebenden Landesherrn wurden die (1505 p. d.) für ihre Freiheiten kämpfenden Bauern häufig Rebellen genannt, und seit die ganze Gerichtsbarkeit in den Händen des Gografen und seines Landschreibers lag, erklärte das Reichskammergericht die für die Wahrung der alten grossen Freiheiten fortbeobachteten Formen für „eitles Vergnügen" und muthwillige Anmaassung (Ende des XVIII. Jahrhundert). Die Vereinigung der grundherrlichen mit der theilweisen oder vollständigen öffentlichen Gewalt wirkte nachtheilig auf die Feldgenossenschaft zurück. Aus der Vereinigung und Vermengung der Emunitätsrechte mit den erblich gewordenen gaugräflichen Rechten ging die Landeshoheit hervor. Indem die Freigüter (die Fronhöfe oder Sadelhöfe) ihre althergebrachten Rechte bewahrten, so erschienen diese als Vorrechte, weil die übrigen alten Freien Hörige oder Leibeigene geworden waren und dadurch diese Rechte verloren hatten, welche sie auch vordem gehabt (in der Pfalz). Erst in den Rechtbüchern wird das Verbot Karl des Kahlen, ohne seine Erlaubniss

Wohnenden (als die innere Familie des Hofherrn oder familia intus) bildeten diejenige Klasse von Hörigen, die in Russland im Gegensatz zu den leibeigenen Bauern (mansuarii) die Hofleute (Dovrovye) genannt werden. Die zur Landwirthschaft verwendeten Knechte, Mägde und andere unfreien oder hörigen Leute, die um den Fronhof herum wohnten und zum Theil schon selbstständige Zinsleute [1])) waren,

---

keine Burgen (castella et firmitates et haias) anzulegen, auf die Bergfesten (und Ritterschlösser) angewendet (s. L. v. Maurer). Die auf dem Gemeinland angesiedelten Zinsbauern in Schweden werden Almendbauern (almänningsböndr) genannt. Nicht als Zinsgüter verliehene, sondern auf eigene Rechnung oder auch frouweis gebaute Ländereien hiessen, wegen ihres unmittelbaren Verbandes mit dem Fronhofe, terrae salicae (terrae dominicales oder indominicatae) oder bona dominicalia. In Deutscland folgten die freien Edlen dem Panier des Königs oder ihres Herzoges, die Lehnsleute (Vasallen) aber dem Banner ihres Lehnsherren. In Ungarn unterstanden die Adligen (nobiles) oder Nemes (von nem, genus) zwar in Rechtssachen dem Komitatsgrafen, im Kriege aber folgten sie als königliche Ritter (milites, servientes regales) nicht seinem Panier, sondern der königlichen Fahne. Ihr Oberanführer (Föhadnagy) war entweder der König selbst oder der Palatin oder ein von ersterem bestellter Feldherr (dux). Dagegen folgten die Jobbagiones castri (Vasallen des Komitat) oder Nobiles castri (Milites castrenses) dem Burgvogt (Castellanus oder Hadnagy) unter der Komitatsfahne (s. Czoernig).

1) Laukinikis (lauks, Feld) leman (Lehnsmann) im deutsch-preussischen Vocabularium (Neumann's). Neben den Ingenui, die die Volksversammlungen besuchten, waren die Libertini (bei Tacitus) an den Boden gebunden, und die Knechte persönliches Eigenthum des Herren (bei Germanen). Die Gemeinde (der Gaue) zerfielen in Familien (mit dem Aeltesten) und Geschlechter. Zum Heerbann waren alle Freie, die Waffen trugen, beim Angriffskriege verpflichtet. Ausserdem forderten Männer aus edlen Geschlechtern (um Kriegszüge zu unternehmen) zum Geleit auf (bei den Germanen). Gefangene Franken (Freibeuter) plünderten auf Schiffen (von Pontus aus) Asien und Europa, landeten an libyscher Küste und eroberten Sicilien (unter Probus) durch den Ocean (als Seeräuber) nach der Heimath zurückkehrend (Eumenius). Die von Probus (neben Bastarner) angesiedelten Gepiden, Gautunnen und Vandalen schweiften plündernd herum (Vopiscus). Probus besiegte die Franken in Gallien. Sed privati ac separati agri apud eos nihil est, neque longius anno remanere uno in loco incolendi causa licet (bei den Germanen). Neque quisquam agri modum certum aut fines habet proprios, sed magistratus ac principes in annos singulos gentibus cognationibusque hominum qui una coierint, quantum, et quo loco visum est, agri attribuunt, atque anno post alio loco transire cogunt (Caesar). Agri pro numero cultorum ab universis per vices occupantur, quos mox inter se secundum dignationem partiuntur, facilitatem partiendi camporum spatia praestant. Arva per annos mutant et superest ager (Tacit.) bei den Germanen (als Dreifelderwirthschaft mit dem Charakter eines durch die Gemeindeverfassung geregelten Nutzungsrechts). Gau dem griech. γέα verwandt (Eichhorn). Vicos locant, non (in nostrum morem) connexis et cohaerentibus aedificiis, suam quisque domum spatio circumdat (Tacitus) die Germanen (wie in Westphalen). Colunt discreti ac diversi, ut fons, ut campus, ut nemus placuit (Tacitus) die Friesen (in Germanien). Nullas Germanorum populis urbes habitari, satis notum est, ne pati quidem inter se junctas sedes (Tacit.) Burgen werden (in den Annalen) erwähnt (Eichhorn). Adel, Adal bedeutet genus, prosapia, mit

nannte man die äussere Familie der Grundherrschaft (familia foris). Die Herrenländereien heissen terrae salicae (s. Maurer). „Die älteste Form der Frohndenwirthschaft (und die, womit man in Russland meist anfing, wenn man, weil die Bauern den Obrok oder die Geldabgabe nicht mehr aufbringen konnten, eine engere Gutswirthschaft anlegte) war so, dass man einen Theil der Feldmark ($^1/_4$—$^1/_3$ des Ackerbodens) ausscheidet und für gutsherrliches Land erklärt [Salhof], das durch Frohndienste (3 Tage in der Woche) zu bestellen ist, von jedem Taiglo (Familien-Ehepaar [1]), indem der bei Obrok gleiche Antheil jedes

dem Nebensinn nobilitas (Grimm). Baltharum (post Amalos) secunda nobilitas (bei Gothen) ob audaciam virtutis (Jorn.). Ceteris servis (ausser den freiwillig in Unfreiheit Getretenen) non in nostrum morem, descriptis per familiam ministeriis, utuntur. Suam quisque sedem, suos penates regit. Frumenti modum dominus aut pecoris aut vestis, ut colono, injungit, et servus hactenus paret (Tacit.) bei den Germanen.

1) Wichelhaus sah Knaben von erwachsenen Weibern, denen sie angetraut waren, auf den Armen tragen (in Moskau) und meist lebten dann die Schwiegervàter mit den Schwiegertöchtern in Concubinat (Haxthausen). Der Grund und Boden sind ein Annexum der Leibeigenen, die gleichsam in Servitut des Grundes und Bodens sind, die zu ihrer Ernährung dienen mussen (in Russland). Im Gouvernement Wologda besitzen die (als Beamte fluctuirenden) Adligen und eine Anzahl von Bürgern in den Stadten grosse Landstrecken (auch Dörfer), nicht mit russischen Adelsrechten (sie durch Leibeigene bebauen zu lassen), sondern nur nach dem Polownikirechte (der Halbbauern) oder nur mit dem Rechte, sie (in der Weise italienischer und südfranzösischer Metairienwirthschaft) an russische Bauernpachter gegen die Hälfte oder einen Theil der Ernte (also in Naturalpacht) auszuthun (Haxthausen). The class of Bussee (between the Ghola or slave of the Hindu-chief's household and the free Rajpoot) approximates (in Rajputana) closely to the tributarii and coloni, perhaps to the servi of the Salic Franks (cultivators of the earth and subject to residence upon their masters estate, though not destitute of property or civil rights). Precisely the condition of the cultivator in Harouti, who now tills for a task master the fields he formerly owned, degraded to the name of Hallee or ploughman (s. Tod). Bussee signifies acquired slavery in contradistinction to Gola, an hereditary slave (in Rajputana). The Bussee (bussna, to settle) can redeem his liberty (s. Tod). Oomiah organisirte die Ramoossy fur ihre Räubereien. In addition to the king and cabboceers, both the council and judgment-seat are composed of the representatives of the people. The (coast) towns are invariably divided into departments or wards, and those residing within these divisions are formed into companies, who have each their distinctive flags, drums and other equipments (on the gold coast). To the headmen of companies are added the Pynins (official representatives of the town) in hereditary office. Neben den Vollfreien und Vollberechtigten (in Polen) besteht eine Mittelschicht von Hörigen und eine Klasse völliger Sklaven, als liberi, kmetones (coloni oder laeti) und servi (XI. Jahrhundert p. d.). Im XV. Jahrhundert unterscheiden sich Adel, Bauern, Städter, Geistliche und Juden. Bauer (unfrei) war jeder Bewohner Polens, der nicht nachweisen konnte, einem der privilegirten Stände anzugehören (Hüppe). Der Fürst, dem nach altslavischer Vorstellung alles Land gehört, vermag die Klasse persönlich freier, aber dinglich unfreier Leute sehr zu vermehren. Im Adalbertslied steht Kmeto (Kmieć) als ehrendes Prädicat. Hos cum Suevi (multis saepe bellis experti) finibus expellere non potuissent, tamen vectigales sibi fece-

männlichen Kopfes sich soweit modificirt, weil die Alten und Knaben nicht arbeiten können"). Die Smerdi (Kothsassen) wurden seit der Mongolenzeit [1]) verächtlich Chrestjane (Christen) genannt (in Russland).

---

runt (Caesar) die Ubier. Quod Ariovistus in eorum finibus consedisset, tertiamque partem agri Sequani, qui esset optimus totius Galliae, occupavisset, et nunc de altera parte tertia Sequanos decedere jubet (Caesar). Vastatisque indigenis et ad internecionem pene deletis terram eorum juxta pollicitationem suam victoribus (den sächsischen Hülfstruppen) delegavit (Thiotricus). Qui eam sorte dividentes, cum multi ex illis in bello cecidissent, et pro raritate eorum tota ab eis occupari non potuit, partem illius, et eam quam maxime quae respicit orientem, colonis tradebant, singuli (per) sorte sua, sub tributo exercendam. Cetera vero loca ipsi possederunt (T. S. A.) bei der sächsischen Eroberung Nordthüringens. Der Verkauf christlicher Leibeigener an Heiden ward verboten (in den Capitularien).

1) Der Tartarenwall (an der Grenze des moskowitischen Grossfürstenthums (bei Wisgegarat ist (nach der jetzigen Sage) von einem alten Czar gegen die Tscherkessen angelegt (Haxthausen) 1847. Erst seitdem die schöffenbar Freien sich zur Ritterschaft zu erheben begannen, die ärmeren Freien aber zu ihrer Vertretung eines Vogts bedurften, fingen die schöffenbar Freien an, die ärmeren Freien, wenn sie auch Eigen besassen, und die zinspflichtigen Grundbesitzer nicht mehr für ebenbürtig, die Ehe eines Biergelden oder freien Landsassen mit einem schöffenbar Freien als nicht mehr für standesgemäss zu betrachten, und sich von den Schultheissengerichten, ebensowohl, wie von den Cent- und Go-Gerichten zurückzuziehen. Aus demselben Grunde zogen sich aber auch die ärmeren und zinspflichtigen Freien, welche Eigen besassen, von den übrigen freien Landsassen zurück (s. Maurer). Les iqtaat des émirs et des djundi étaient de plusieurs sortes, il y avait des provinces où le feudatoire (mouqti) avait la jouissance du revenu de la terre (iastaghillou) comme il l'entendait, d'autres où c'était une valeur en numéraire, à lui assignée sur telle ou telle localité, et dont il opérait le recouvrement. Cet état de choses fut modifié par Qalâoun (des Mamlouks), supprimant les impôts dits mokous et étendant le système de l'iqta à tout le pays (Belin). Au decés d'un militaire, son fief était donné à l'un de ses fils, à defaut, à l'un de ses anciens esclaves (ghoulam) et faute de ceux-ci, à un homme choisi dans (par) la centurie (sous Ghazân-Khan). Le revenu des provinces était inégalement divisé en lots (sous Timur), chaque émir et ming-bachi en tirait un, si la somme excédait la chiffre de son paye, cet excédant passait à un autre, si elle était insuffisante on la complétait par un autre lot. Die Koten (Leerhäusler oder Seldner) oder Kossaten (von einzelnen Wohnungen, als Katen oder casae) gehörten (wenn sie selbst Hofhörige waren) zu den nicht vollberechtigten Hofgenossen, wenn sie nicht in dem Hofverband standen, zu den Sonderleuten (auf den Kotgütern oder Kotterguid). *σκηνή* (Zelt) oder (litth.) sze-tra gilt für verwandt mit casa (sca-sa). Neben die Attali latrones, Arabum gens, setzt Plinius die (nomadischen) Scenitae oder (nach Bochart) Saracenen. Zu den Arab (Arabi der Wüste) gehören (in Syrien) die Turkmanen (neben semitischen Bedui). Die Hoden oder Echte, an welche die Necessairfreien (Nothfreie oder Zwangechte) als Zwangmündige gebunden waren, hiessen Zwang-Hoden (s. Möser). Unter den Hörigen Parscalken finden sich (Cod. t. Ebersp.) auch Abkömmlinge der alten römischen Ansiedler (Romani proseliti quos nos parscalcos nominamus). Die Wutzschken genannten Lassen in slavischen Gegenden (wie bei Leipzig) trugen zum Zeichen ihrer Freiheit eine Schnur um den Hals (s. Maurer). Die Ussidelinge waren vorübergehende Ansiedler. Wer von dem hörigen Dienstgefolge (den Ministerialen) hinreichendes Eigenthum oder Beneficium besass, der erhob sich zur hörigen

Viele verkauften ihre Kinder als Leibeigene an die Edelleute, sich zu ernähren (s. Karamsin). In der Mongolenzeit verwandelte sich die Druschina (der Waräger) in die Dworjane (des Dwor oder Hof). Land wurde gegen Kriegsdienste verliehen. Der (aus Beirath der Warjagerfürsten erbliche) Titel der Bojaren wurde von den Fürsten verliehen (mit ihren Nachkommen als Djeti Bojarski der Bojarenkinder). Die Knäs stammten meist von den Theilfürsten. Der Dienstadel (unter den Romanow) theilte sich in den mosquaischen oder Hofdienstadel, Dworjane, im Innern, den Stadtadel. In den Ranglisten wurde die Abkunft vom alten Adel nicht beachtet. Peter I. führte das Tschinwesen (eine Beamtenhierarchie mit adligen Rechten) ein (mit corporativen Vorrechten unter Catharina II.). Die Wahlberechtigung wurde bei den Adligen auf grösseren Besitz beschränkt. Der ganz kleine Besitz entsteht theils durch den Grundsatz der gleichen Erbtheilungen, theils durch das Eindringen des Tschinofnikadels, der sich überall meist mit geringen Mitteln ankauft (Haxthausen). Der gemeine Russe (Muschik) hat den grössten Respect vor dem Kasiomne (Kronsgut oder Zaarengut [1])). „Kasiomne stirbt nicht, verbrennt nicht im

Ritterschaft (den Namen der Ministerialen bewahrend), während die nicht rittermässigen Ministerialen zu (eigentlichen) Hörigen hinabsanken (s. Maurer). Wer nicht von ritterlicher Art war, der war auch nicht lehensfähig und hatte keinen Heerschild (weshalb die Bilder zum siebten im Sachsenspiegel noch frei gelassen werden). Seit das Dienstrecht nach Analogie des freien Land- und Lehnrechts weiter ausgebildet und (durch Anwendung des longobardischen Lehnrechts) das Hof- und Lehnrecht verschmolzen war, verschwand der Unterschied zwischen freien und hörigen Rittern. Schon früh werden die Possessores (Grundeigenthümer) als eigener achtbarer Stand neben den Decurionen erwähnt. Auch werden sie als eine der vier Classen genannt, woraus (nach der Verordnung des Honorius) der Landtag zu Arles gebildet werden sollte. Ebenso erwähnt sie Cassiodor als ausgezeichneten Stand (neben anderen Ständen). Wie die Colonen waren sämmtliche Sklaven der Kopfsteuer unterworfen. Der Plebs urbana war (seit Licinius) von der Kopfsteuer befreit. Valentinian hob die Kopfsteuer für Illyricum auf. Nach Hyginus war das steuerbare Land (ager vectigalis in den Provinzen) anders zu vermessen, als das steuerfreie Land der Colonien. Seit Marc Aurel war (durch Augustus Katastrirung vorbereitet) die Grundsteuer allgemein geworden (s. Savigny).

1) Wir Leibeigene gehören dem Herrn, aber das Land gehört unser (in Russland). In Masovien nehmen die Wlodyken eine Mittelstellung ein zwischen Szlachta und Kmetones. Omnes agri coluntur hominibus servis aut liberis aut utrisque. Liberis, aut cum ipsi colunt, ut plerique pauperculi cum sua progenie, aut mercenariis, cum conducticiis liberorum operis res majores, ut vindemias ac foenificia administrant, iique quos obaerarios nostri vocitarunt, et etiam nunc in Asia, in Aegypto, et in Illyrio complures (Varro). Die deutsche Hörigkeit fällt mit der ursprünglichen Bildung der Standesverhältnisse in der Nation zusammen, und hat dadurch den wichtigsten Einfluss auf Verfassung und Privatrecht erhalten, in welcher Rücksicht ihr die alte Clientel weit mehr zu vergleichen war, als das Colonat, obwohl sie mit diesem letzten der Zeit nach unmittelbar zusammentraf (Savigny). Oleg erhielt von den (mit den Radimitschern) unterworfenen

Feuer, ertrinkt nicht im Wasser" sagt ein russisches Sprüchwort [main-morte]. Nach dem Falle des Hauses Dschung-chu (Szanbi), das sich (II. Jahrhundert a. C.) der unter der Herrschaft der Hiung-nu stehenden Mongolen bemeistert hatte, erscheinen die Mujun und die Toba als die mächtigsten Stämme unter den östlichen Mongolen. Der erstere liess sich an den Grenzen China's nieder, nördlich von der Stadt Gitscheng. Die Toba [1]) dagegen, die von den Chinesen

Seweranern den (bisher an die Korsaren) vom Pfluge bezahlten Tribut (885 p. d.). Die Könige der Lombarden (Nogbarden) führen den Titel Arenguisse (von Ariguise, Herzog von Benevent). In Mulnhusun (Mühlhausen) et Remnidi (Remda) et Rudolfestatt hube VII et sclavi manent in illis, heisst es bei den von Karl M. erworbenen Gütern (in dem Verzeichniss der Dotalgüter der Abtei Hersfeld). Verschieden von den Liti oder Coloni waren die Servi pleni in der ganzen Macht des Herrn (bei den Franken). Wie in anderen Villicationen wurde auch in Barkhausen (mit dem Fronhof Sanct Liborii zu Barkhausen) der alte Villicus später ein Amtmann, die Villication also ein Amt, welches zu St. Liborii im alten Fronhof seinen Sitz hatte, und die Hofhörigen wurden amtshörige Leute. Seit der alte Fron- oder Amtshof veräussert und die Hofverfassung aufgelöst worden war, wurde das ehemalige Amt ein freies Amt und die ehemaligen Amtshörigen freie Amtsleute oder Freiamtsleute (Freiamtsmeier, als freie Meier). Wie jede andere Dorfgemeinde mit Markgemeinschaft hatte auch dies Freiamt seinen Vorstand und die Gemeinde bildete eine abgeschlossene Dorfmarkgenossenschaft, aus der Niemand ohne Zustimmung der Gemeinheit austreten, und in welche Niemand ohne deren Consens aufgenommen werden durfte. Da indessen die freie Gemeinde aus einer Hofgemeinde hervorgegangen war, so führte auch der Vorsteher des Freiamts den alten (an die Hofhörigkeit erinnernden) Namen eines geschwornen Fronen des Freiamts. Und die Aufnahme in das Freiamt, wie die Entlassung aus demselben, geschah noch in den alten Formen der Hofverfassung (s. L. von Maurer). Conmor signifie en breton le grand chef ou comte (con, conan), chez les Germains koning (mor, maur en breton: grand). Les chefs ou Conans des diverses tribus, établies dans l'Amorique, guerroyaient sans cesse contre leurs voisins (de Courson) VI. Jahrhundert p. d. Mit Anwendung des römischen Rechts wurde die rechtliche Natur der eigenen und hörigen Leute, so wie der deutschen Bauerngüter völlig verändert, denn es wurden nicht nur die römischen Emphyteusen auch in Deutschland eingeführt, sondern auch noch viele ächt deutsche Bauerngüter als römische Emphyteusen behandelt, z. B. die Erbrechts- und Bauernrechtsgüter in Baiern, die Erbrechtsgüter und Erbzinsgüter in der Schweiz. Andere Bauerngüter, z. B. die Erbbestandsgüter in der Rheinpfalz, die Erbleihen im Solmsischen und die Verleihungen zu rechtem Erbe im Hessischen, in Fulda und Strassburg wurden wenigstens Emphyteusen genannt, oder wie die Leibgedinge, Neustifts- und Herrengunstgüter in Baiern als irreguläre Emphyteusen behandelt. Die hörigen Leute selbst wurden aber als Leibeigene betrachtet (s. L. von Maurer). Alles tyern oder Machtyern (in Bretagne) hatte den Werth oder Befehl (urtho bret., mundium germ.) des Conon (Königs) zu folgen (s. de Courson). Nominoe vereinigte als Penteyrn (Oberkönig) die Herrschaften in Bretagne (IX. Jahrhundert p. d.). Les mots lis ou les signifient cour (aula), dans tous les dialectes bretanniques.

1) Bei ihrer späteren Vermehrung dachten die Toba an die Rückkehr in die alte Heimath und dehnten sich auf den Weideplätzen der Hiongun aus. Im Jahr 312 p. C. schlug Chan Toba-Llu die südlichen Hiongun

bezopfte Leute (weil sie ihre Haare in einem Zopf trugen) genannt wurden, zogen weiter nordwärts und wählten am Onon ihren Wohnsitz, wo ihr Oberhaupt in dem Thal von Mangut einen Granitfelsen zum Tempel aushauen liess, um darin seinen Vorfahren zu opfern. Aus Hawaiki geschieht die Einwanderung nach Neuseeland. Hine-tuahoango (der Besitzer des Steines Whaiapu) treibt Ngahue (Besitzer des Steines Poutini) nach Aotearea, von wo er über Whangaparra nach Hawaiki zurückkehrt, von der Entdeckung berichtend. In Folge des Krieges begleiten ihn (mit dem Kahn [1]) Arawa, der zuerst gebaut), 6 Kähne (Frauen entführend). Tamata-kappa lockt den Priester auf das Boot. Bevor die Sandwichinseln von Menschen bewohnt waren, herrschte über sie der mächtige Geist Etua Rono. Da er Menschen wünschte, aber keine hervorbringen konnte, vergoss er auf dem Berge Mounaroa Ströme von Thränen. Seine Gattin Opuna suchte vergebens, ihn zu trösten. Da erhörte ihn das Schicksal. Auf der Südspitze von Owaihi strandeten zwei Böte mit einigen Familien, die Schweine, Hühner, Hunde und essbare Wurzeln mitbrachten (abgedrückte Fusstapfen der zuerst an's Land gestiegenen Menschen). Da Rono abwesend war, wollte sie der grimmige Feuergott verjagen, obwol sie ihm ein Schwein opferten. Rono, den Geruch bemerkend, kehrte nach Owahi [2]) zurück, sagte ihnen seinen Schutz zu und jagte den

---

und 386 verlegte Toba-Kui seinen Hof nach Tscheng-lo und gab seinem Hause den Namen Wei. Im Jahre 396 p. C. unterwarf er das Reich der Mujun im nördlichen China und machte Ping-tsching zu seiner Residenz, als der erste Kaiser vom Hause Toba oder Wei. Der Kaiser Thai-wu liess durch seinen Würdenträger Litschang ein Gebet in die Felsenwand des Tempels (der verewigte Herrscher vom Hause Wei) bei Ulochen aushauen und dort opfern.

1) Beim Landen zu Whanga Paraoa auf Aotea vertheilen sich die Böte in Streit um den Wallfisch. Krieg zwischen der Sippschaft von Arawa und Tainui. Die an Manaia verheirathete Schwester des ausgewanderten Häuptlings Ngatoro-i-rangi wird (wegen schlechten Kahnes beim Fest) von ihrem Mann geschlagen, der ihren Bruder verflucht, und sendet (nachdem die angerufenen Götter Wind gegeben) ihre Tochter (mit Gefährtinnen) nach Neuseeland, um Götter zu führen (während das erste Canoe nur süsse Patatoes und Fische gebracht). Vom Oheim unterrichtet, fährt er zur Rache nach Hawaiki zurück. Turi, dessen Pflegesohn, weil stolpernd, von dem Priester (das Omen abzuwenden) gegessen, fährt (nach dem Morde des Priesters) über Rangitua nach Aotea (Hunde mitbringend), wo Fusstapfen gesehen werden. Als sein Stamm im Kriege mit den Tuperu geschwächt, fährt Manaia (Ahn des Ngati-awa-Stammes) nach Aotea, sich an der Waitara-Mündung niederlassend) wo Eingeborene vertilgt werden. In der Karte Tupaia's (Ministers der Königin Oberea) waren alle Theile Polynesiens, mit Einschluss der Fiji, angegeben, ausser den Sandwich-Inseln und Neuseeland (bei Cook).

2) Die anderen Inseln wurden von Owahi bevölkert. Die Menschen lebten glücklich, bis Rono, der aus Eifersucht seine Gattin Opuna an dem Felsen zerschmetterte, mit seinem Fahrzeuge nach einem fernen Lande segelte (versprechend, mit beglückenden Geschenken wieder zu kommen). Dann

Feuergott in den Krater Kairuo. Nachdem der König von Ashantie sich mit der Aristokratie im Geheimen berathen hat, ruft er die General-Versammlung der Caboceers oder Hauptleute (die als Beamte in den Bezirken der unterworfenen Fantih [1]) regieren) zusammen, um

begannen Streitigkeiten und Menschenopfer. Nach langer Zeit erschien ein Boot mit fünf weissen Männern in Karakakuabay, nahe am Morai der Opuna. Da sie sogleich nach dem Morai gingen, in dessen heiliger Umgebung sie geschützt waren, wurden sie für Abgesandte Rono's gehalten, von Priestern mit Bedürfnissen versehen und auch später verehrt, als man durch ihre Vermischung mit Frauen erkannte, dass sie nur durch die Farbe verschiedene Menschen seien. Ihre Nachkommen (Jeris) zeichneten sich durch weissere Farbe aus. Von dem weissen Könige bis Tammeamea, dem Nachfolger Terraiopu's (der 1773 herrschte, als Cook die Sandwich-Inseln entdeckte) herrschten sieben Könige, unter denen zweimal Fahrzeuge an der Nordseite von Owahi strandeten (eiserne Anker). Jede Insel hatte ihren eigenen König (Jeri-rahi), der Macht über Leben und Tod besass und Tribut erhielt. Auf Terraiopu folgte Tammeamea (Kameameha), der seinen (ihm an Macht überlegenen) Mitregenten Kawarao im Zweikampf besiegte (1781) und 1817 die letzte Insel des Archipelago eroberte. Viele Insulaner lernten Englisch, aber Tammeamea blieb bei der Religion seiner Väter, indem er die Statuen seines Morai umfasste und sagte: Diese sind unsere Götter, die ich anbete. Ob ich recht oder unrecht thue, weiss ich nicht, aber ich folge meinem Glauben, der nicht schlecht sein kann, da er mir vorschreibt, keine Ungerechtigkeit zu begehen. Ihm folgte (nachdem seine Knochen unter seine Verwandten und Diener vertheilt waren) Liolio (1819), als Tammeamea II. Nach Dämpfung der Empörungen (durch Karemaku) beschloss er die Religion seines Landes, die ihm Schranken auferlegte, umzustossen, indem er Weiber zu einem Gastmahl der Männer (mit Schweinefleisch) einlud, und als keine Strafe erfolgte, die Morais zerstörte. Mehrere Eris bildeten eine Parthei zur Vertheidigung der Religion (ihren Kriegsgott mit sich führend), wurden aber durch Karemaku (Oberbefehlshaber) besiegt (der, da er sah, dass das Volk ohne Religion nicht bestehen könne) sich 1819 katholisch (durch Capt. Freycinet) taufen liess (obwol er an der Zerstörung der Morais keinen Antheil genommen und vorher abgerathen hatte). Die amerikanischen Missionäre (1820) bekehrten bald den König und viele Eris, als aber Tammeamea II. (1824) nach England reiste, brachen überall Empörungen der alten Religionsparthei aus. Nach seinem Tode (1827 in England), folgte ihm Kinkiuli, der sich aber den Missionären widersetzte, weil ihr Religions-Unterricht das gemeine Volk abhalte, die Ländereien der Eris zu bestellen. Seit 1836 nahmen die Missionsbekehrungen zu.

1) Aus den durch Gott belebten Gegenständen wählt sich der Fantih seinen Schutzgott oder Souman, als Individuum. Dem Boosmun (Gott der Dörfer oder Familien) administrirt ein Priester oder Sofo, der Fragen beantwortet (Cruikshank). The Braffo-Fetishmen (the fathers of the Fetish of the Fautee-country) at Mankassim, lead blindfolded in the dark recesses of the forest (with their temple, resounding in noises). Although the Fantees have no writhen law, tradition had handed down to them a general code of regulations. Die Ashantee wanderten aus Juta unter Sai Tootoo (Gründer Coomassie's), auf den Sai Apokoo (1720) folgte. Mit den Ashantee wanderten die Völker der Warsaw, Fantee, Akim, Assin, Aquamboes, die zwölf Stämme der Abrotoo (Kornhalm), Abbraddi (Pisangfeige), Essonna (wilde Katze), Annona oder Papagei (zu welcher Familie der Krieg-Ashantie gehört), Yoko (rothe Erde), Intchwa (Hund), Appiadie (Diener), Tschweedam (Panther), Agoona (Palmölsammlung), Doomina, Etschwee (Panther), Aquonna (Büffelochse) aus. Die Aquonna, Essonna, Intchwa und Tschwee-

seinem Willen Ausdruck zu geben. Der (angelsächsische) König (an Zustimmung des Witenagemot gebunden) war Klaford und Mundbora des ganzen Volks (Führer der Kriegsmacht und Bewahrer des Friedens). Die Gauen [1]), unter Comites und Vice-Comites (Ealdormans

dam sind die vier Patriarchen, die den Vorsitz über die jüngeren Zweige führten. Das Vaterrecht erwarb sich ein Kloster (der Cisterzienser) über ein anderes durch Aussendung eines Mönchsconvents, der ausser dem Abt aus mindestens zwölf Mönchen bestehen musste (Winter). Seitdem das königliche Dienstgefolge an die Spitze des Reiches gekommen, das königliche Haus gewissermaassen das Reich selbst geworden war, seitdem sind auch die königlichen Hausobersten von Regenten des königlichen Hauses (des Palatium, als majores domus) zu Regenten des Reiches (rectores totius regni oder tutores regni) und zu königlichen Stellvertretern oder Unterkönigen (subreguli oder quasi reges) in allen Hof- und Reichsangelegenheiten geworden, mit Uebertragung des besonderen Königsschutzes (mundeburdium vel defensio) und bei den königlichen Hofgerichten den Vorsitz führend (s. L. von Maurer). In Aegypten waren die Mamelukken (deren Hauptmacht in Cairo blieb) durch das Land vertheilt, um den Tribut zu erheben (Volney). Die Ländereien sind fast ganz in den Händen der Bey, der Mamelukken und Gesetzeskundigen. Ausserdem ist die Zahl der Eigenthümer sehr klein. Ohne Erblichkeit fällt Alles an die Regierung zurück, von der es wieder zu kaufen ist. Die Bauern sind nur gemiethete Arbeiter. Conditae sunt a Caesare coloniae (in Gallia) Narbo (Martius), Forum Julii (Octavanorum), Arelate (Sextanorum), Beterrae (Septimanorum), Arausio (Secundanorum), colonia Equestris. Lases for Lares in the Carmen Arvale. Lasa oder Mean als Göttin des Schicksals (bei Etruskern).

1) In process of time, the title of eorl, as applied to the presiding officer of a shire or a county, wholly superseded that of Ealdormann, and the latter appellation was conferred only upon the holders of inferior offices in hundreds, cities and burghs (Heywood). Before the arrival of the Saxons the word comes, which afterwards became the Latin name for an ealdorman, had been known (in Britain). Thane (thegen, to serve) was rendered into Latin by the word minister (minister regis, cyninges, theng). Die Steuer-Einnehmer Kujuk's und Batu's (in Russland), die von drei Kindern Eins nahmen, führten alle unverheiratheten Männer und Frauen, die die Kopfsteuer (der Felle) nicht entrichten konnten, in die Sklaverei (s. Hammer). Þegen (plat. dut. ger. degen, a sword, but seldom a soldier, old. germ. degen, thegan, servus, dominus, miles), a servant, an attendant (a disciple, scholar) a soldier, knight, a military honour (nobleman, baron). There was an inferior Thane in the Conqueror's time, called a knight, who attended the king's Thane or Baron. The rank of a Thane (as well as the other titles of dignity among the Anglosaxons) was not inherited, but personally (Rosworth). Thanus autem fiebat, qui habuit quinque hidas terrae, ecclesiam et culinam, turrim sacram et atrii sedem ac officium distintum in aula regis (L. Lund.). Thane, an old title of honour, altengl., altschott. than, ags. tên, tegn, tegen, alts. thegan, altn. tegn, ahd. degan, mnhd. degen, Held, Knecht und Kind (nach Grimm) mit τέκνον, das sich zu τίκτω verhält, wie degen zu dîhen, gedeihen, heranwachsen, so dass die ursprüngliche Bedeutung das Erzeugte, der Knabe, Filius ist (E. Müller) Dan (don) master, sir (dominus). The king's thanes, whether they derived that title from their attendance upon the king or his court, or from being his delegates in the administration of justice, were dispersed allover the kingdom. In their body was comprehended most of the great landholders enjoying their extensive possessions chiefly under grants from the crown, but some by descent from their ancestors, or by mortgage, gift or purchase

und Scirgerefa's) stehend, heissen Grafschaften oder Shiregemeinden, die in eine unbestimmte Zahl von Hundertschaftsgemeinden und diese in Zehntschaften mit Vorständen zerfielen (s. Warnkönig). Die Adelsgleichheit wird (1768) als Cardinalrecht aufgestellt, ohne Unterscheidung zwischen höheren und geringeren (des eques Polonus). Alle Edelleute erhielten deshalb (nach Zamojski's Antrag) die Befugniss zur persönlichen Wahl des Königs und Gornicki hebt die (republikanische) Freiheit hervor, wo der (ärmste) Edelmann in seiner Sippe dem Wojwoden gleichstehe (ob 1 Dorf oder 1000 besitzend). Später wurden fremde Titel adoptirt. Die Grösse des Landbesitzes sollte keine Vorrechte gewähren, wer aber ganz ohne Land war, genoss die gleichen Rechte des Adels [1]) nicht mit (trotz Abstammung von ange-

(Heywood). The distinction between king's thanes and ordinary ones was marked in the treaty between Aelfred and Guthrun. A thane might be a homo or vassal of the king, the queen, an eorl or thane. The might hold manors, or be the caput manerio under any of these. He might hold land without the eoc, or only in commeudatione, or might have berewites, he might pay rent to the sheriff of the county, as in the farm of the king, or in lieu of rent, do services of the stewart of the manor (Heywood). There was a race of freemen, recognized and protected by the law, who were not the owners of any land themselves, but cultivated that of the others (among the Saxons in England). Ceorl was the usual designation of a husbandmen (any the Saxons). All the freemen of England below eorls were divided into three classes, the twelfhinds, sixhinds and twihinds or ceorls (s. Heywood). The law of Henry I. declares that, by the custom of West-Saxony, the head of the kingdom and the laws, the were of a twihind, that is a villan (twyhindi i. villani), is 4 pounds, of a twelfhind, that is a thane, 25 pounds, and in other parts of the laws villans are ranked ceorls and twihinds. If rithcundmen and sixhinds were the same, the consequence must be, that a ceorl possessing five hydes of land belonged to neither of these descriptions, for he was elevated above them, and it appears that the inferior rithcundmen (gerithe or companion) only that is to say such as had less than five hydes of land, or none at all, made up the class of sixhinds. In the laws of Ina a Welshmann or stranger possessed of 5 hydes of land was a sixhind, but his were and the fines he were to pay, were not regulated by the same rules as those of an Englishman.

1) Das Wislicer Statut schätzt den miles famosus (den altbürtigen Ritter) für höher als den scartabellus und miles a kmetone (in Polen). Nicht der Neugeadelte hatte die volle Berechtigung des Freien, sondern erst sein Urenkel (s. Hüppe). Viele Helden schreiben traditionell ihren Ursprung einer Heldenthat zu, für welche der Ahn durch den Fürsten zum vollfreien miles erklärt sei (in Polen). Im Kriege mit Iwan dem Schrecklichen adelte Stephan einen Bauern. Licet conditione videantur ingenui, servi tamen terrae ipsius, cui nati sunt, existimentur (die Colonen im Gegensatz zu den Sklaven). In den Rechtsquellen findet sich das Colonat (in Gallien und Italien, dann in Palästina, Thracien, Illyrien u. s. w.) von Constantin an (s. Savigny). Zwischen der Clientel (den Clienten der ältesten römischen Verfassung, als Bauern ohne Eigenthum und in einer erblichen Abhängigkeit lebend) und dem Colonat liegen mehrere Jahrhunderte, in welchen das einfache, strenge Sklavenverhältniss an die Stelle fast aller anderen Arten persönlicher Abhängigkeit getreten war (s. Savigny). Omnes agri coluntur hominibus servis aut liberis aut utrisque. Liberis, aut cum ipsi colunt, ut plerique pauperculi

sehener Sippe). Der Besitzlose oder Impossessionatus (golota oder Habenichts) wird in den Gesetzen von dem Possessionatus (bene natus) geschieden. Während in Westeuropa (1000 p. d.) der miles (der zum Wehrstand gehörige Mann) die Pflicht und das Recht der Waffen durch Belehnung übt, findet sich gleichzeitig die polnische Heeresmacht aus freien Landbesitzern hervorgehend. Die Güter des Adels (der Gesammtheit der Vollfreien, als polnischer Stamm oder narod) sind allod (volles und erbliches Eigenthum) im Geschlecht (mit den Geschlechtskindern oder szlachcic). Nach Sippen (Herb oder Erbe) war die Ansiedlung in Polen erfolgt, und so bestand (wie bei den Serben) nur Sippen [1])-Eigenthum (zwischen Magen oder Sippengenossen), wes-

---

cum sua progenie, aut mercenariis, cum conducticiis liberorum operis res majores, ut vindemias ac foenificia administrant, iique quos obaerarios nostri vocitarunt, et etiam nunc sunt in Asia et Aegypto et in Illyria complures (Varro). Der Kopfsteuer (der Plebejer, im Gegensatz zu den Possessores oder Grundeigenthümern) waren unterworfen die freien Einwohner der Städte (ohne Rang und Grundeigenthum, wie Handwerker und Tagelöhner), die Colonen auf dem Lande und die Sklaven (in den Städten und auf dem Lande). Als die Franken die Herrschaft von Gallien erlangt hatten, blieb für die römischen Unterthanen (wie convivae regis, possessores und tributarii) die Steuerverfassung und der darauf gegründete Unterschied der Stände unverändert, alles Land aber, das in die Hände fränkischer Eigenthümer kam, wurde steuerfrei (s. Savigny). Neben potentiores possessores und minores possessores erwähnen die römischen Gesetze der agricolae vel vicani terras possidentes. Wenn Bewohner des platten Landes (oder ganze Gemeinden) sich Mächtigere (besonders hochgestellte Reichsbeamte) zum Patron wählten (wie es im IV. Jahrhundert verboten wurde), so behielt der Besitzer während der Lebzeit sein Gütchen, das nach dem Tode auf den Beschützer überging. Aermere, die zur eigenen Sicherstellung den Ausweg wählten, Colonen der Reichen zu werden, wurden auf den Grundstücken der Reichen oft wie Sklaven gehalten (obwohl von Geburt freie Leute). Dediticios se divitum faciunt (Salv.), die Aermeren der Römer flohen oft in die von Barbaren besetzten Länder, da sie sich unter den dortigen Gesetzen besser befanden (nach Salvian), aber die armeren Grundbesitzer mussten bleiben, quia transferre illuc resculas atque habitatiunculas suas familiasque non poterant (V. Jahrhundert) in Gallien. In omni Gallia eorum hominum, qui aliquo sunt numero atque honore, genera sunt duo, nam plebes paene servorum habetur loco, quae per se nihil audet et nullo adhibetur concilio, sed de his duobus generibus alterum est Druidum, alterum equitum (Caesar). Die Klienten (in Gallien) wurden (bis kurz vor Caesar) am Grabe ihrer Herren getödtet. Der (germanische) servus, der mit eigenem Haushalt ein vom Herren angewiesenes Land gegen gewisse Abgaben bebaute, war mehr dem römischen Colonus vergleichbar (s. Dahn). Den liberti (libertini oder Freigelassenen) wird bei den monarchischen Stämmen (der Germanen) gesagt, ibi et super ingenuos et super nobiles ascendunt (Tacit,), indem durch Gunst des Königs die Freigelassenen (oder Unfreie) bis über die Gemeinfreien aufsteigen mögen, als Antrustiones der comites. Inguiomerus geht zu Marbod über cum manu clientium. Plebes bilden die grosse Masse, den proceres und sacerdotes gegenüber. Vulgus Batavorum den proceres (primores) gegenüber. Die nobiles adolescentes bilden das Gefolge.

1) Die Annahme der Wappen (als Kennzeichen des Adels) war (XIV. Jahrhundert) nicht nach Familien, sondern nach Sippen erfolgt, und da die

halb die Töchter (durch Verheirathung in andere Sippen übertretend) ausgeschlossen waren. Die Sippe vertheilt unter sich das Wehrgeld eines erschlagenen Mitgliedes und steht für Verbrechen ein. Nach Kõng Waldemar's Jordebog oder Erdbuch (1231 p. d.) mussten alle Bauern (freie Grundbesitzer oder Landbobönder) eine nach dem Werthe [1]) ihrer Grund-

---

Anzahl der als polnisch anerkannten Wappen sich bald nach 1500 p. d. schloss, so blieb das Wappen der Sippe Merkmal des Adels (in Polen). Wappenadel (szlachta herbowa) bezeichnete echte Ritterbürtigkeit. Lehnsertheilungen des Fürsten kamen (in Polen) nur vereinzelt vor (beim Princip allgemeiner Gleichheit im patriarchalen System). Bei den Unionen mit Lithauen und Preussen werden vielmehr alle Landgüter für allodial erklärt. Das Mitglied einer hochbürtigen Familie, aus der sich die Räthe des Königs recrutirten, hiess Pan (in Polen) als optimates im Gegensatz zu nobilitas (aber nicht abgeschlossen, wie der Herrenstand in Böhmen und die Magnatentafel in Ungarn). Sunt (in Saxonum gente) qui illorum lingua edlingi, sunt qui frilingi, sunt qui lassi dicuntur, quod in Latina sonat lingua, nobiles, ingenuiles atque serviles (V. S. Lebuini). Für die Unfreiheit, mit welcher selbst politische Rechte in einem gewissen Umfange vereinbar waren, ist ein sehr alter Ausdruck Lassen (Lazzi, Laten), mit welchem der ebenso alte Liten (liti, litones) wahrscheinlich in der Grundbedeutung übereinstimmt (Eichhorn), als Hörige. Haec dignitas hae vires, magno semper electorum juvenum globo circumdari, in pace decus, in bello praesidium (Tacit.) Principes pro victoria pugnant, comites pro principe (bei den Germanen). Fortissimus quisque et bellicosissimus nihil agens, delegata domus et penatum et agrorum cura feminis senibusque et infirmissimo cuique ex familia (Tacit.) bei den Germanen. Marcomanuis Quadisque usque ad nostram memoriam reges manserunt ex gente ipsorum nobili Marabodui et Tudrigenui (Tacitus). Als freie Grundbesitzer hiessen die Stadtmarkgenossen (Semperleute oder nobiles cives) auch gute Leute oder boni homines (in Köln und Strassburg) und boni viri (in Goslar) oder (wegen der Markgemeinschaft, in welcher sie lebten) gute Gemeinder (gudea gimeinunnius oder boni concives) oder seniores (freie Grundherren) und domini (s. Maurer). Jeder Freie (unter den Markgenossen) war ein Hüfner oder Hübener, und da er Alles hatte, was zum Leben gehörte, so hiessen die Hüfner oder Freien von diesem Gut auch „gute Leute", in dem Sinne des Wortes, wie vom Kaufmann gebraucht (K. F. Klöden). Die Bürger führten über die geschützten Handwerker die Hode (von höden oder hüthen). Die Mitglieder der Gilde (Gülte) hiessen Congildones oder Biergilden [Birkarler Fir-bolg]. Sismondi voit dans les arimans des paysans libres qui, outre leurs propres terres, tenaient celles des grands à bail emphytéotique. Comme dans le choix du successeur on avait égard, non seulement à la valeur personnelle du nouveau chef, mais encore à sa parenté avec celui qui venait de mourir, la dignité du chef devenait par cela même royale, le mot allemand Koenig indiquant la persistance dans la même famille (du mot cyn ou race). Als Reichsbauern (des Reiches Arme Leute oder Richs Armann) oder freie Reichsleute standen die guten Leute (gude Lude) und die anderen auf freiem Eigen oder Erbe in Griesheim, in Bockenheim und in anderen Königsdörfern, in der Grafschaft zum Bornheimer Berg angesessenen freien Hubener unter dem königlichen Amtmann und unter dem kaiserlichen Landvogt der Wetterau (s. Maurer). Serbi, Aldiones, Livellarii, antiqui vel illi noviter facti (Karol. M. Capitul. Longob.) 803 p. d.

1) Nach dem Litier-Census besassen viele Mannen eigene Güter (in Esthland), die sie nicht vom Könige zu Lehen empfangen hatten. Die Lehnsmannen mussten nach einem Thronwechsel innerhalb drei Jahren nach

stücke verhältnissmässige Mannschaft in's Feld stellen (Skyld genannt und Landgilde). Die weniger besassen, hatten keine Mannschaft zu stellen und blieben zu Hause, als Indebönder (nur Geld zur Unter-

---

Dänemark fahren, um dort neu zu huldigen. Chez les Gallois le mot de Breyr, homme d'assemblée, est synonyme de Gurda et d'Uchelwur, franc tenancier, homme de rang (Moke). Als man in Uppland horte, dass die Drondheimer in Hakon einen Eingewaltskönig über ganz Norwegen gewählt, zogen viele Grundsassen hin, ihn zu begrussen oder sendeten ihre Mannen, Alle aber in der Absicht, seine Mannen zu werden (enn allir til þess, at hans menn villdo geraz). In der Volksversammlung zu Drondheim ward Olaf Trygvanon über alles Land, was Harald Harfagr besessen, zum König erwählt. Im sudlichen Theile Norwegen's entstand das uppländische Reich, seitdem das Ynglingische Königshaus, nach der Ermordung Ingialds Illrada, sich aus Schweden nach Norwegen flüchtete. Da zwei der Fylkis-Könige (als der Oberkönig seinen Sitz von Sigtuna nach Upsal verlegte) in Abhängigkeit kamen, werden oft nur drei Folklande erwähnt (in den schwedischen Upplanden). Die Blüthe der schwedischen Bergwerke, die den Grund zur Cultur Dalekariens legte, datirt seit 1282 p. d. Nur durch wirthschaftliche Veränderungen gelangte (1000 p. d.) Ceorl, ursprünglich ebenso vollfrei, wie der Than, in das gleiche Verhaltniss, wie die Masse der polnischen Bauern im XIV. Jahrhundert. Ausser den freien Hofbeamteten der Aemter, welche besondere Dienste gegen den Hofbesitzer (Höfding) auferlegten, aber auch besonderes Ansehen im Herad gewährten, kommen auch freie Arbeitsleute vor, die, weil sie sich nicht selbst nahren können (wegen ihres kleinen Gutes) gegen Kost und Erhaltung für Andere arbeiten (auf Island). Die zahlreichste Klasse der Hausgenossen bildeten in den ansehnlichen Familien die unfreien Diener oder Thraelor (Hyi oder Haussklave). Ein freier (oder mindestens weniger streng oder als Knecht gehaltener) Hausarbeiter (Vinnumanna oder Arbeiter) heisst gridmadr (und eine solche Frau gridkona). Knechte, die gewöhnlich um den Herrn waren und ihm persönliche Dienste leisteten, heissen (wie freigeborene Jünglinge) Sveinar. Freilassung wurde als bedeutende Belohnung für geleistete Dienste gewährt (s. Leo). On donnait aux hommes attachés à la culture du sol le nom de coutumiers (consuetudinarii), surtout lorsqu'il s'agissait de tenanciers libres (Leymarie). Les colliberts étaient des hommes (cf. Muley), qui n'étaient ni serfs ni affranchis, dont la condition était entre l'homme libre et l'esclave, ähnlich den accolae (nach Guérard). Homme de poté (potestas) ne puet avair franchise et ne doit et ne se puet appeler franc, se il n'a de son seigneur lettres et privilèges (Coutumes de Champagne). Patricios Cincius ait eos appellari solitos, qui nunc ingenui vocentur (Festus). Dass die (als Peregrini in den römischen Staat aufgenommenen) Plebejer (die privatim dieselben Götter mit den Patriciern verehren) als Priester von Staatswegen den Göttern opfern könnten, erscheint den Patriciern als ein Nefas. Das Minimum politischer Rechte (das jus suffragii) erhielt die Plebs erst durch Servius Tullius. Noch bei der ersten Secession steht die Plebs als fremdes Volk dem patricischen Populus gegenüber und schliesst mit demselben in den völkerrechtlichen Formen des Fetialrechtes einen Vertrag, als künftigen Rechtsboden (s. Lange). Die zwischen Tiber und Anio gelegenen Städte Tellene, Medullia, Politorium erobernd, vereinigte Ancus Martius ihre Bevölkerung mit dem römischen Staat und nahm sie in die römische Bürgerschaft (civitas) auf. Roms plebejische Bevölkerung wurde (nach Livius) besonders durch Advenae und Transfugae gebildet. Seit das ogulnische Gesetz den letzten Grund der Eifersucht der plebejischen Nobiles auf die patricischen beseitigt, befestigte sich die Nobilität mehr und mehr.

haltung der königlichen Tafel zahlend). Die Edelleute, die Grundstücke besassen, stellten keine Kriegsleute, weil persönlich zur Heeresfolge verpflichtet (s. Knüpffer). Die Pagenses (Franken, Römer, Barbaren) erhielten nicht nur gegen Kriegsdienste (wie die Veteranen) Länder an den Grenzen (zur Vertheidigung), sondern (wenn Bezahlung mangelte) auch im Inneren der Länder (als terras leticas). Ausserdem entstanden Lehen, indem die fränkischen Könige ihren Günstlingen [1])

1) Um persönliche Freiheit Jemandem, der sie nicht hatte, zu ertheilen, gab man den Titel eines obrigkeitlichen Amtes oder Kriegsstelle (als honor), und da Lehen nur dem durch Dienste Verdienstlichen ertheilt werden durfte, war mit Ertheilung von Lehen oft die Ertheilung von honor verknüpft. Pipin theilte die Knechte, die einen Eid schwören müssen, in diejenigen, die Lehen mit Ehren besitzen und diejenigen, die durch den Vasallenstand geehrt sind (Capitul.). De Sacy erklärt Kschatrapan (Satrap) als Kschetrban (custos provinciae). Il y avait deux espèces d'hommes de corps, d'abord les hommes de corps libres (tenanciers payant, avec la taille personnelle, des cens, rentes et dîmes, faisant des charrois et des corvées, soumis aux banalités seigneuriales, mais n'étant pas sujets aux redevances vexatoires de formariage et de mainmorte), puis les hommes de corps de servile condition (comme soumis à ce double impôt). Ces derniers étaient les serfs dans l'acceptation étroite du mot, ceux qui se rachetaient de l'opprobre de la servitude (commes disent eux-mêmes les seigneurs dans leur chartes de manumission), et que l'on désigna généralement plus tard par les mots de main-mortables, hommes de main-morte ou mortaillables (Leymarie). In order to give him the full rank of a thane it was necessary not only, that the ceorl should possess land (five hydes), but that he should be honoured with a seat in the king's hall. The great mass of the freemen of England below the rank of eorls were divided, according to the value of their respective weres, into twelfhinds, sixhinds and twihinds. *Σάτρας* pro *σατράπας* dictum fuisse tradit Photius (Hegh). Satrapae, sapientes judices, vel reges, vel duces, et praefecti provinciarum (Glossae Bibl.). Accersitis, qui tunc forte aderant, episcopis et Satrapis (Charta Hugonis, reg. Franc.). Satrapa, pro quovis ministro seu satellite (s. Ducange) bei Lambertus Ardensis apud Ludewig. Satrapizare, divinare, augurari (s. Beda) satrapizarent et per astrorum scientiam nuntiarent. Many points of the Magna Charta Libertatum were pointed against the abuses of power of the king, as lord paramount, the tyrannical exercises of the provisions for the first laws was checked and many grievances incident to feudal tenures were mitigated or abolished. But besides these provisions, it contains many for the benefit of the people at large (1215). No scutage or aid shall be raised in our kingdom (except in three given cases), but by the general council of the kingdom (Magna Charta). Let no freeman (nullus liber homo) be imprisoned or disseized or outlawed or in any manner injured or proceeded against by us, otherwise than by the legal judgement of his peers or by the law of the land. In almost every county there were a few left, who still enjoyed (after the conquest) the estates which they held under Edward the Confessor, free from any superiority but that of the crown (as king's thanes). Some of the native proprietors held their lands or vassals of Norman lords. The native orthography of the word, which the Greeks wrote *σατράπης* (bei Herodot im persischen Reich) is Khshatrapa (in the Behistan inscription), as Khshatram-pa or one, who upholds the crown (Rawlinson). Satrapa, a title applied by Beda to a Saxon chief, who had the government of a district confided to him, is translated by king Aelfred: „an ealdorman" (eldest or ealdor). The appellation Ealdorman was applied to the four

Ländereien aus ihren Domänen (Fiscos oder Beneficia) zum Niessbrauch gaben. Freie, die Geistliche geworden, wurden, wenn sie auf ihrem Lande wohnen wollten, zum Kriegsdienst [1]) herbeigezogen (bei den

thanes, who were appointed by Cnute to govern his forests and administer justice, and under each of them were four inferior officers, called „young men", to take care of the vert and venison (Heywood) Upon the Continent, the distinction between majores and juniores was well known (Laws of the Alamanni). Though the title of Aetheling was originally given to private subjects and the appellation extended to nobles in general (optimates), yet in process of time it was applied exclusively to members of the royal family (s. Heywood). The rank of an ealdorman was next to the aetheling.

1) Die anfangs vom Kriegsdienst (bei den Westgothen) ausgeschlossenen Romanen sind im Gesetz Wamba's († 680) bereits dienstpflichtig. Die persönliche Verpflichtung aller Freien (ohne Rücksicht auf Grundbesitz) bildete die Grundlage der fränkischen Heerverfassung (Roth). Der Dienst der abhängigen Leute geistlicher und weltlicher Grossen ruhte an sich auf keinem anderen Grunde, als der der Angehörigen des Reichs uberhaupt (bei den Franken). Die Dienste (der Handwerkerdienst und Verrichtungen, deren man zu öffentlichen Anstalten, namentlich zu den Spenden bedurfte) waren auf bestimmte Corporationen in der Art gelegt, dass sich die Dienstpflicht vom Vater auf den Sohn forterbte und wie eine öffentliche Last unveräusserlich sowol an der Person, wie an den Grundstücken der Zunftgenossen hing. Dafür hatten sie aber auch mancherlei Vortheile, Ehrenrechte und Privilegien (in Rom zur Kaiserzeit). Eigenthümliche Landrechte hatten die Provinzen (zur Kaiserzeit) nicht mehr, sondern allenthalben galt das römische Recht (ausser bei einigen Barbaren an den Grenzen). William the Conqueror distributed his kingdom into about 60000 parcels of nearly equal value from each of which the service of a solder was due. The knight's fee was fixed in England at the annual value of 20 Lst. Every estate supposed to be of this value and entered as such in the rolls of the Exchequer was bound to contribute the service of a soldier or to pay an escuage to the amount assessed upon knight's fees (Hallam). In the commencement of his administration William (claiming the crown by the pronuse of Edward) was tolerably equitable. Though many confiscations took place in order to gratify the Norman army yet the mass of property was left in the hands of its former possessors. But after the repetition of risings the English were excluded from political rights (almost the whole soil of England being divided among foreigners). In the Anglo-saxon monarchy were but two denominations of persons above the class of servitude, thanes and Ceorls (the gentry and inferior people), the owners and cultivators of land. If the ceorl possessed five hydes of land (600 acres), he was entitled to the name and rights of a (lesser) thane (with half the weregild of a royal thane). Earl (noble, as opposed to the ceorl) was (XI centy) title of office (synonymous to alderman, as governor) and superseded the ancient title after the conquest. The laws of Henry I. mention the twyhinder or villein (villani) as a freeholder. The socmen (ceorls with freeholds) are the root of the free socage tenure or English yeomanry (Hallam). A Welshman (Briton), who held five hydes, was raised, like a ceorl, to the dignity of thane. In the composition, however, for their lives (and consequently in their rank in society) they were inferior to the meanest Saxon freeman. The slaves may be persumed (at least in early times) to have been part of the conquered Britons. Um Partheiungen (in der Kaiserzeit) zu verhüten, sollte Niemand Präses, Assessor oder Beamter in der (römischen) Provinz sein, woraus er abstammte. Lands were divided among te Anglo-Saxons into bocland and folkland (freehold and copyhold). The former was held

Franken). Die Dorfhäuptlinge in Doreh stehen unter dem Sultan von Tidore. Nur wer mehrere Köpfe abgehauen, kann zum Range eines Mambris oder Vorfechters erhoben werden. Diebstahl gilt als grösstes Verbrechen, wogegen Menschenraub erlaubt ist. Die Wöchnerin wird (auf Timor) an's Feuer (wie in Siam) gelegt. Bei dem Begräbniss eines Kriegers bringen die Papuas [1]) das hölzerne Götzenbild (Korwars)

---

in full propriety and might be conveyed by boc or written grant, the latter was occupied by the common people, yielding rent or other service, and perhaps without any estate in the land, but at the pleasure of the owner. Bocland (devisable by will) was equalled shared among the children (forfeited to the crown in case of treacherous or cowardly desertion from the army). The dependence, in which free and even noble tenants held their estates of other subjects, and upon the privileges of territorial jurisdiction, show (in the Anglo-Saxon Monarchy) much of the intrinsic character of the feudal relation, though in a less mature and systematic shape than it assumed after the Norman conquest (Hallam). The word thane corresponds on its derivation to vassal.

1) Die Papuas weihen Todtenköpfe zu Hausgötzen (Korwars), die sie um Rath fragen [head hunting]. The feudal system prevails among the (Boralong.) tribes. There are two grades, the rich, who are hereditary chiefs, and the poor (Moffat). A poor man (among the Batlapis) attaches himself to the Kotla (fireplace) of a rich one and is considered a child of the latter (Liwingstone). Rank is measured in Tonga by relationship to the Tooi-tonga or Veachi (next to him). The king (How) may meet a poor man of scarcely any power, and yet so high in rank above him, that he must sit down, till his superior has passed. The Egis or nobles are relations of the Tooi-tonga, the Veachi or the king (rank descending through the female line). The Matabooles (councillors) are the companions and advisers of the chiefs (taking their rank from them). All the sons of Matabooles are Mooas (acting or assistants) and the eldest son takes his father's place (having no rank, until his father dies). The sons of Mooas are considered as Tooas or plebejans, but the eldest son of a Mooa assumes the rank of his father (s. Wood). The Tooi-tonga is supposed to be a direct descendant of a chief god, who was accustomed to visit the islands (his female ancestors being either a goddess or a native of earth). Die Allobroger standen in Clientel der Fabier (als Patron). Durch Vereinigung mit einer sabinischen Niederlassung wurde Rom ein zusammengesetzter Staat, in dem zwei Völker (die Römer und Quiriten) mit gleichen Rechten verbunden waren. Die Assignation konnte nur quiritarisches Eigenthum geben. Nach Vereinigung Roms mit dem latinischen Bunde wurden neben Bürgercolonien auch Bundescolonien ausgesandt. Les titulaires des Mâlikiâné, ziâmet et timâr, dénommés sâhibi-erz (maîtres du sol) ont le droit de prélever le revenu (hâcyl) du tapou avec la dîme de la terre, ceux des tchiftlikât ont, soit la location (idjâré), soit le droit de la terre, en participation, mais ils n'ont aucun droit sur les paysans, et souvent les cultivateurs (tchiftdji) ont cité devant le cadi, pour y être jugés, soit le sâhibi-erz, soit l'aga du tchiftlik. Il n'y avait pour ceux-ci, en droit du moins, ni délégation, ni substitution, en leur faveur, de tout ou partie de la souveraineté sur le territoire à eux assigné, ni hommage-lige envers le souverain, la jouissance du fief, ou mieux de tel ou tel revenu du territoire à eux concédé temporairement et pour un terme limité, leur était attribuée par un diplôme souverain, lequel ne donnait cette concession qu'à titre de solde et à la charge, pour le concessionaire, de se tenir prêt à entrer en campagne au premier signal (selon Djevdet pacha) en Turquie (s. Belin). In Sachsen

herbei und überhäufen es mit Vorwürfen, dass es den Tod dieses Tapferen zuliess. Zu Consules (Statthalter oder Herzog über eine ganze Provinz) wählte man (unter Alonso VI.) meist einen Grafen (Comes) oder den Vasall, der einen District oder Gau zum Lehen hatte (und unter ihm waren die niederen Lehnsmänner, als die Barones oder die begüterten Mannen). Im Felde trat der Consul als Princeps militiae (Feldherr) an die Spitze des Provinzialheeres, der Comes befehligte als Dux seine Kriegsschaar, deren Hauptstärke die Barones genannten Milites oder Ritter (als der niedere Adel, der Pferd und Rüstung halten konnte) ausmachten. Dem Dux untergeordnet waren die Thiuphoden oder Millenarii (Vicarii oder Vicecomites), als Anführer. Das Fussvolk (pedites) bestand in den den Baronen Untergebenen oder den Leibeigenen der Grafen und Consuln (s. Aschbach). Die grösseren Gutsbesitzer oder Vasallen (Seniores [1])) überliessen den

erhielten die vereinigten Prälaten, Ritterschaft und Stände das Recht (1438), sich (ohne von dem Landesherrn berufen zu sein) versammeln und widersetzen zu dürfen, wenn er ungewöhnliche Steuern ausschreiben oder sonstige Neuerungen vornehmen sollte (s. Maurer). In den ersten Vereinigungen der verschiedenen Stande zum gemeinsamen Widerstand gegen die landesherrlichen Uebergriffe liegen die ersten Keime zu den spateren Landständen (wozu die Bauern, wenn ferner erhalten in der landesherrlichen Vogtei oder nur der Reichsvogtei unterworfen, als vierter Stand treten). Ueber die neuen Steuern begann in Baiern (unter Albrecht IV.) ein langjähriger Kampf (mit grossen landständischen Freiheiten endend) mit der Ritterschaft (der auch zur Bildung der ritterlichen Gesellschaft vom Löwen führte im Lowlerbunde). Gardr: (agger) murus vel sepes domum vel arcem vel palatium ambiens (Egilsson). Nicht in einem Hofverbande stehende freie oder unfreie Leute und Güter hiessen „unhörige“ oder „ungehörige“ Personen und Guter (s. Maurer).

1) Boleslaw III. theilte das Reich unter seine Söhne, mit der Oberherrschaft des Aeltesten in Krakau (jure feudi). Les chefs civils des Mozarabes (chrétiens sous la domination musulmane) conservant les appellations latines de ducs et de comtes, n'avaient à leur autorité qu'un limite, les condamnations à mort ne pouvant s'exécuter qu'avec le consentement des walis arabes (s. Viardot) en Espagne. Les commandemens militaires, les emplois civils, les dignités sacerdotales furent d'abord et longtemps le privilége exclusif des Arabes (Musulmans en Espagne). Les Mores (composant la masse du peuple musulman) formaient comme un intermédiaire entre les tribus conquérantes et les tribus conquises (en Espapne). Bei den Angelsachsen werden neben den Eorls die Shiregerefas genannt, als Inhaber der Civilgewalt. Ziemann erklärt Ambaht-man als Gerichtsvorstand. Die feuda ambacta wurden für die Verwaltung der vier obersten Hofämter am Hofe des Lehnsherrn verliehen. The investiture of privileges, which the Zumeendars had not originally possessed, and which the government had not a legal right to bestow, coupled with the confusion necessarily resulting from the abolition of all previously recognised interests and customs by the introduction of a code professedly based upon the principles of the feudal system and of the common law of England, for the government of a people to whom the anomalies of the one and the monstrous absurdities of the other, had been hitherto unknown, generated all the evils, which in the present day embarrass the revenue authorities in the permanently assessed provinces

niederen Freien (Juniores) einen Theil des Landes zur Bebauung. Wurde nach dem Tode des Landbauers das Erbe getheilt, so musste jeder Sohn denselben Zins, wie ihn Alonso VI. als jährlich für den Lehnsherrn festgesetzt hatte, zahlen. Den Sklaven konnte nur, wenn sie sich taufen liessen, die Freiheit geschenkt werden. Auf den Ranchos steht der Caporal den Vaqueros vor (in Tamaulipas). Die Peones der Haciendas müssen aus dem Laden des Besitzers ihre Bedürfnisse auf Credit entnehmen, dürfen aber kein Feld bebauen, da der Boden den Landeigenthümern gehört. Die Arrimados, denen der Hacendado oder Ranchero bisweilen ein Stück Acker zur Bebauung[1])

(since Lord Cornwallis' code) 1832. Nach Voigt änderte sich mit dem Beginn der Kaiserherrschaft die staatsrechtliche Stellung der liberae civitates, die innerhalb des Reiches nun nicht mehr als formell souveräne, sondern nur noch als reichsunmittelbare Städte galten. The Hindoo system existimated the rates at a sixth and eight or twelvth of the crop, according to the quality of the soil, and the expense and labour of tilling it, in extreme cases a fourth might be demanded, but pending the existence of the necessity which legalizes the enhanced demand. Under the Mahomedan system (as established by Akbar) one-fourth of the gross produce or one-third of the net produce was declared the maximum of the Hissa-i-Hakim, or the share, in kind, of the ruling authority and to this time impropriators of the land revenue, under royal grants in the Western Provinces (1832). In Gothia (Asturien, Gallizien, Leon und Castilien) hiess (unter Alfonso V. mit den fuero de Leon) die Gesammtheit der Grossen am Hof (Curia oder Comites Palatii bei den Westgothen) Corte oder Cohorte. Die Grafen (Herzoge bei den Gothen) in den Provinzen hatten die Grenze zu verwalten. Den niederen Adel bildeten die Ritter (jeder freie Gothe, der mit Ross und Waffen im Kriege erschien), die übrigen freien Männer in den Städten und auf dem Lande konnten sogleich zur Ritterwürde gelangen, sobald sie in den Krieg zogen und sich und ihre Rosse selbst verköstigen konnten (neben dem dritten oder freien Bürgerstand). Der Ackerbau und fast alle Gewerbe wurden meist von den Kriegsgefangenen betrieben, die oft auch (arabische) Lehrer ihrer Herren waren (s. Aschbach).

1) Den Ansiedlern in Euboea's Wäldern wurde erlaubt, *ἔχειν ἰδιόκτητον καὶ ἀτελῆ τὴν διακαθαρθεῖσαν γῆν* (nach Eratosth.). An den Bürgercolonien hatten die Plebejer auch noch eine Zeitlang unter der Republik keinen Theil, weil es widersprechend war, dass sie, die in Rom keinen Zutritt zu den öffentlichen Aemtern und kein Connubium mit den Patriciern besassen, in der Colonie mit ihnen ein rathsfähiges Geschlecht gebildet hätten, sondern sie wurden mit anderen Landassignationen abgefunden. Seit dem IV. Jahrhundert sind aber die Colonien regelmässig als plebejische zu betrachten. Die Zahl der Colonen hat nun zu den Curien keine Beziehung mehr, statt deren wurde aber jetzt der Bestand der Legion zum Maassstab genommen, da die Colonen aus den ausgedienten Soldaten gezogen wurden (s Walter). Die (griechischen) Colonien bewahrten den Heroencult des Oikistes, der sie aus der Mutterstadt fortgeführt. Die Aufforderung zur Gründung einer Colonie wurde zuweilen nur an bestimmte Classen gerichtet (wie in Athen bei Aussendung einer Colonie nach Brea in Thracien im perikleischen Zeitalter nur an die Theten und Zeugiten), zuweilen wurde aus jedem Haus, wo mehrere Söhne waren, Einer durch das Loos herausgezogen (s. Schoemann). Wo der Römer erobert, da wohnt er (nach Seneca), colonisirend. Mauri, Levatae appellati, wohnten in der

mit ihrer Familie überlässt, können nach Belieben des Herren wieder vertrieben werden. Um ihre unumschränkte Gewalt nicht zu verlieren, achten die Besitzer der Haciendas darauf, dass die Bevölkerung nicht 2000 Köpfe übersteigt, weil sich die Bewohner sonst zu einem Pueblo erklären und eine Corporation bilden können, an welche gegen eine Vergütung ein bestimmtes Stück Land abgegeben werden muss (s. Uhde). Columbus legte anfangs den besiegten Caziken (in Hispaniola) einen Tribut auf und ertheilte ihnen dagegen (als Quittung) ein am Halse zu tragendes Messingblech. Später vertheilte er Ländereien und einige Sklaven zum Zwecke des Anbaues an einzelne Spanier mit der Anweisung auf die von den Eingeborenen als Frohndienst zu leistenden Feldarbeit (in den Repartimientos [1])). Trotz der königlichen Befehle

---

Nahe von Leptis magna (nach Procop). Die Höhle der Lamia war an der Sudspitze des Golfes der Syrte. The „ampia depressione", which is stated by della Cella to exist between the bottom of the gulf and the great desert, is interrupted by a chain of hills (Beechey). In Peutingeriana tabula vestusta hae arae sunt fere ad minorem Syrtim (Cellarius). Automala wurde an den innersten Theil des Golfes gesetzt, als Braiga. Nach Marinus wurde Diogenes (auf der indischen Reise) durch einen nordlichen Wind vom aromatischen Vorgebirge langs der Küste Azanie's nach Rhaptum getrieben. Xerxes ist Assuerus, als Meder (im Buch Tobias). Belgas in Hiberniam pervenisse, non solum ex historicis Hibernorum fabulis patet, in quibus multa de populo Fir-Bolgs, ex Britannia adventanti, referuntur, sed praesertim ex Ptolemaeo, qui Menapios, quos Belgicum populum fuisse constat, ex oriente in occidentem migrasse narrat (s. Schiern). Die Alfen (Alfar) bewohnten das südliche Norwegen und die Insel Hlesey (Laesso), unter dem Meereskönig Iller (Mear oder Meer im Gadhelischen). Heroicus faber Velandus (Völundr) Alforum dominus vocatur.

1) Repartimiento bezeichnet die Vertheilung zur Arbeit, encomienda die geschehene Vertheilung an den spanischen encomendero oder den zugefallenen Theil, der von ihm auf einen anderen übergehen kann (s. Helps). Die Holländer brachten nach dem Lande Jerichow die Kunst des Backsteinbaues mit (die Klosterkirche bauend). Wiggers vernichtete das Bild des dreiköpfigen Triglaw in Brandenburg (1139 p. d.). Das Bestreben der Prämostratenser war darauf gerichtet, den Heiden eine christliche Mustercolonie vor die Augen zu führen (s. Winter). Die Colonen dienten den Römern zur Besetzung in unterworfenen Ländern. Coloniae autem dictae sunt, quod populi Romani in ea muncipia miserint colonos, vel ad ipsos priores municipiorum populos coercendos, vel ad hostium incursus repellendos (Siculus Flaccus). Das für die Colonen eingezogene Land betrug in der alteren Zeit (Roms) regelmässig ein Drittheil der Gemarkung (s. Dionys.). Das Uebrige wurde den alten Einwohnern zurückgegeben und beide bestellten nun ihre Felder neben einander. Doch vereinigten sie sich zuweilen so, dass die Letzteren ausser den zurückerhaltenen eigenen Aeckern auch die der Colonen gegen einen Theil des Ertrages bauten (Walter). Für die festgesetzte Zahl der Colonen suchte man zunächst Freiwillige zu gewinnen, reichten diese nicht hin, so machte der Consul eine Aushebung durch das Loos. Colonien (der Provinzen) wurden in das cisalpinische Gallien bereits seit Ende des V. Jahrhunderts (a. d.) deducirt, römische und latinische (von den italischen nicht verschieden). Ueber die Halbinsel hinaus ging man nicht, sondern wenn eine Stadt Colonen brauchte, so wurden diese aus anderen Provinzialstädten gezogen (wie bei Agrigent). Eine An-

(die die Eingeborenen als tributpflichtige Vasallen der Krone von gezwungenen Diensten befreien wollten) fuhr der Gouverneur Ovando fort, repartimientos oder encomiendas einzuführen und die Indianer zur Minenarbeit zu verwenden.

---

näherung entstand, als in Spanien mit den von römischen Soldaten und hispanischen Weibern erzeugten Kindern eine Colonie nach latinischem Recht, aber als von Freigelassenen gegründet wurde. Endlich seit C. Gracchus wurden wirkliche Colonien, und zwar sowohl latinische, wie römische, aus Italien in die Provinzen deducirt (zuerst bei Carthago, dann Narbonne, sowie Mariana und Aleria in Corsica). Solche Colonien bildeten ein Gemeinwesen ganz in den italischen Formen, hatten ihren eigenen Census und erhielten das assignirte Land zum quiritarischen Eigenthum, frei von Grundsteuer, während die ungetheilten, zur Weide bestimmten Plätze, sowie die Grundstücke der übrigen Einwohner abgabenpflichtig blieben. Eine Uebertragung der Latinität in die Provinzen entstand auch dadurch, dass häufig eine Stadt, ohne dass eine Colonie dahin deducirt wurde, das latinische Recht als Privilegium erhielt (Walter). Am Ende des VII. Jahrhunderts sind in den Provinzen die föderirten, freien, exemten und unterthänigen Städte (civitates foederatae, liberae, immunes, stipendiariae), die römischen und latinischen Colonien und die mit der künstlichen Latinität begabten Orte zu unterscheiden. · Zwischen den Römern und Provinzialen knüpften sich noch besondere Verbindungen dadurch, dass sich oft nach alter Sitte eine Stadt in die Clientel oder das Hospitium einer vornehmen Römerfamilie (gewöhnlich der, deren Ahn die Eroberung gemacht hatte) begab, und umgekehrt einem Römer bei sich das Hospitium ertheilte. Tame tomo of the Genji (famous for his power in drawing a bow) was (as a rover over the Southern seas) the first historical occupier of the islands to the south of Japan, Hatchi jo and its chain, linked on to the south-eastern promontory, and the Liookioo islands, with the chain joined by links to the south-western promontory of the mainland (XII. Jahrhundert p. d.). Les Kirghiz sibériens appartiennent à la catégorie des Inorodtsi, gens qui sont d'un race différente, sujets de la Russie sans être Russes, sans être confondus dans la population générale de l'empire, colons constituant une colonie particulière avec ses statuts particuliers. Ce sont des peuplades à demi-sauvages appelées par l'empire aux avantages de sa protection (s. Levchine). In den Legenden der spanischen Klostergründungen wird fast immer ein Ritter durch ein wildes Schwein zu der Stelle geführt (Aschbach), und so oft in Ostasien. Hirsche und Wölfe leiten zu Ansiedlungen, wie ebenso Pferde oder Ochsen, die auch die Grabstelle (des St. Emeran, St. Sebaldus u. s. w.) bestimmen.

Drittes Kapitel.

Die Sicherung der Grenzen wurde schon früh priesterlicher Hut übertragen, und in Brasilien reguliren die Pajé die Jagdgebiete der indianischen Stämme durch Trommel-Ceremonien und Aufhängen von Markzeichen. Der Eroberer nimmt Besitz durch die symbolischen Handlungen der Weisthümer und in Mexico schiesst Nopaltjin, Sohn des Amacui, Pfeile nach den vier Punkten, wohin auch Feuer aus dem angezündeten Kreise verstreut wurde. Im Hinblick auf das früher besitzende Volk der Eingeborenen lässt man diesen ehrende Ceremonien, wie den Bheel oder den Bahurutsi [1]), und concentrirt sich die allgemeine Verehrung in dem König, als göttlichen Repräsentanten, so wird dieser der Eigenthümer des Ganzen, als die Seele des Landes, wie er in Shoa und Usambara heisst. So lange des Landes genug ist, wirthschaften Familien und Dörfer gemeinsam [2]), bis die unter

1) The other tribes will not begin to eat the early pumpkins of a new crop, until they hear that the Bahurutse have bitten it, and there is a public ceremony on the occasion, the son of the chief being the first to taste of the new harwest (Livingstone). L'almamy de Bondou entoure son cou d'une pagne et exécute, revêtu de cet insigne (emblême de subalternité ou de captivité) une danse du pays. Le Tounka et les principaux habitans du Galam sont assis, les représentants du Bondou sont debout. Lorsque le Tounka juge que l'almamy a fait suffisamment acte de deférence, il se lève et détache la pagne (s. Raffenel), indem die Familie Sinibes (des Almamy) aus Fouta nach Galam kommend, vom (jetzt reducirten) Tunka das Land für das mächtige Reich Bondu erhielten. Aehnlich bei den Bhil und Rhajputen, in Kärnthen u. s. w.

2) Der Kabarder besitzt keinen dem Einzelnen zugehörigen Grundbesitz. Ein Jeder macht sich die das Dorf umgebenden Ländereien zu Nutze und bebaut das Land, insoweit es noch von keinem Anderen bereits genommen worden ist (eine Einrichtung, die die Quelle häufiger Streitigkeiten wird). Der Wald ist ebenfalls das gemeinsame Eigenthum aller Kabarder, zur Benutzung Jedes, doch muss bei Verkauf des Holzes eine bestimmte Summe an die Gemeindecasse abgeliefert werden (Petzoldt). Das Eigenthum (das Recht unbeschränkter Verfügung über Güter) wird erst durch den Staat

weiterer Zunahme der nachwachsenden Kinder sich verkleinernden Theile eine Repartition nothwendig machen. Die Papuas in New-Guinea gestatten fast Jedem, sich aus den Sagowäldern mit seinen Bedürfnissen zu versehen, bis die den Dörfern näheren Parthien ausgehauen werden, und nur auf die Bäume Eigenthumsrechte geltend gemacht werden, um seine Pflanzungen zu erhalten und fortzuziehen. Die Besitzenden sind dann die Reichen, und somit die Guten [1]).

Das früheste Geldwerthzeichen pflegt das Vieh zu sein, das pecus der pecunia, wie noch jetzt bei den Kaffern, wo die Braut für 10—70 Stück Vieh [2]) gekauft wird, oder bei den Kru. Später traten dann

ein gesichertes Recht (Wirth). Alles, was der Eigenthümer des Bodens als Rente desselben empfängt, ist nicht minder ein Erzeugniss der Arbeit, als dasjenige, was der Handarbeiter unter der Benennung Arbeitslohn zu seiner freien Verfügung behält (Hoffmann). Les Tatars transcaucasiens s'occupent principalement de l'élevage du bétail et de l'agriculture. On doit les regarder comme l'élement producteur le plus important et le plus laborieux de la Transcaucasie (Petzholdt).

1) Die freien Grundbesitzer (die sich in einigen Städten erhielten) hiessen auch in den französischen Städten gute Leute (boni viri), homines bonarum villarum und bourgeois et habitans des bonnes villes. Die von solchen freien Grundbesitzern bewohnten Städte wurden deshalb gute Städte (bonae villae oder bonnes villes) genannt (s. Maurer). Les ricos hombres ou riches hommes d'Arragon et les goede mannen ou bons hommes de plusieurs États germaniques répondent exactement au gurda ou homme bon (riche) des lois galloises, et au romanus homo possessor des lois franques (Moke). In Strassburg hiessen (XIV. Jahrhundert p. d.) die Bürger boni homines (gute Leute) neben Bauern und Handwerkern (antwerkes).

2) Les Athéniens, n'ayant point l'usage des métaux, se servirent de boeufs et les Romains de brebis (Montesquieu). La loi (des Saxons) déclare la valeur du sou en bétail. César permit aux débiteurs de donner en paiement à leurs créanciers des fonds de terre au prix qu'ils valaient avant la guerre civile (Montesquieu). In England konnte das Land nicht für Schulden beansprucht werden, wenn sich anderes Vermögen fand. Durch verhinderte Ausfuhr des (zur Zeit der amerikanischen Entdeckungen) nach Spanien strömenden Geldes stiegen dort die Preise und also auch die Arbeitslöhne, so dass die vorher blühende Industrie des Landes nicht länger mit der Italiens, Englands, Frankreichs und der Niederlande concurriren konnte. Kaiser Friedrich II. gab während der Belagerung Parmas Ledergeld aus, das später eingelöst wurde. Shells constitute a kind of currency (Emmons) in Oregon. A beaver or an otter was called a plue (the French for furs), in the accounts (of the Dacotahs), kept in skins (s. Prescott). Small copper money (macuta) was sent (1694) from Lisbon to Angola as substitute for the libongos (square cloths or mats), zimbos, small stones etc. Le macute des noirs (en Afrique) est un signe purement idéal, fondé sur le degré qu'ils mettent dans leur esprit à chaque marchandise, à proportion du besoin qu'ils en ont (s. Montesquieu). Temgha ist (nach Ferheng Schuuri) das auf Gold und Silber geprägte, den Heerden (der Mongolen) eingebrannte Zeichen und der Wegezoll (Badsch) von den Waaren (s. Hammer). La plus grande marque d'argent des Usbecks s'appellent Tanga [Tamgha als Heerdenzeichen der Kirgisen]. Im Dschagataischen heisst Danik Altun eine (sechs Körner wiegende) Münze (Dengi im Russischen). Das Temgha (auch in Indien) findet sich auf den Münzen der Bulgaren der goldenen Horde und der Chane der Krimm (s. Hammer) [Denar]. Les brebis et les

verschiedentlich andere Aequivalente an die Stelle und schliesslich allgemein die Metalle. — „Vor der Mitte des III. Jahrhundert a. d. war der Kaiser (in China) der einzige Grundherr im Reich und vertheilte in den ältesten Zeiten Grund und Boden unter die Privaten dergestalt, dass sie von einem bestimmten Ackermaass Theile zum eigenen Vortheil bebauten und den zehnten für den Kaiser. Später wurden die Provinzen im Ganzen an die Gouverneure auf eine feudale Weise überlassen, und von diesen unter die Landbauern so vertheilt, dass sie einen Theil für sich, einen anderen für die Provinzialvorsteher (und einen für den Kaiser) zu bebauen hatten. Erst später veräusserten die Kaiser den grössten Theil von Grund und Boden zu bleibendem, vererblichem und veräusserlichem Privateigenthum an Einzelne, legten ihnen aber eine Zehntpflicht auf, sowie Frohndienste. Ein Theil blieb Krondomäne, ein anderer wurde Lehen oder Dotation der Provinzialgouverneure." Das Grundeigenthum der Krone und der Provinzialgouverneure ist in Pacht gegeben, und deshalb sind deren Bebauer mehr belastet, als die, welche wirkliches Eigenthum an Grund und Boden haben (in China). Unbebautes Land kann der König dem Eigenthümer [1]) entziehen (in Indien). Der König und die Brahmanen

---

moutons tiennent lieu des monnaies (chez les Kirghiz-Kaizaks). Für jede Art von Körnern wurden (durch Chan Ghasan) besondere Kile bestimmt mit den Namen (als Korn, Gerste, Reis, Erbsen, Bohnen). Die Kile der Käufer und Verkäufer mussten vom Marktvogt so cimentirt sein (s. Hammer). Kilardschi (Aidadschi) waren die Hüter der Speisekammer (bei Persern und Türken). The Indian currency (set up by the Hudson's Bay Company) is conducted by means of proportionate values to a single standard, being a large beaver-skin and called a skin (s. Hooper). Als das Papiergeld (Dschaw) zu Tebris in Umlauf kam (1293 p. d.), begann man sogleich mit Speisen und Waaren niedrigen Handel und Wandel (nach Wassaf).

1) Rückständige Zinsen durften in Indien (und in Aegypten) die Summe des Capitals nicht übersteigen. The least profitable lands in cultivation are taxed at a rate little more than nominal, and all others are supposed to pay the assessment on them from the surplus profit (Green) in the Deccan. Sous les Song les Tschu étaient les familles propriétaires de la terre, les Ke étaient les familles qui cultivaient les terres des Tschu, à titre de métayers (hôte, qu'on reçoit) l'esclavage était aboli (après les guerres civiles) nach dem Wenhiantongkao (Matuanlin's). Jusqu'au III. siècle, l'état était propriétaire de toutes les terres et les divisait en Tsing, partagés entre neuf familles, cultivant la dixième partie pour le compte de l'état. Cette charge s'appela successivement Kong, Tsou, Tsching. En outre chaque famille devait fournir un nombre determiné d'individus pour le service de force (Ly iu), travaillant chaque année un nombre fixe de jours. Enfin, une certaine quantité de familles réunies devait fournir le service militaire. Sous les Tsins on abolit l'ancienne méthode de Tsing. Au lieu de faire cultiver par corvées le champ de l'état, on frappa toutes les terres cultivées d'un impôt égal au dixième du rendement brut (tian-chou). Die vermehrten Frohnden konnten abgekauft werden, wie die Kriegsdienste. Han Kao-tsou (des Han) établit l'impôt par capitation (souan-fou), payé en monnaie (tsien). Les recensements ne portent que sur les hommes libres (leang-jin), sous

hatten ächtes Eigenthum. In Sierra Leone und Fernando Po wird die Bearbeitung der Felder von ganzen Dörfern gemeinsam [1]) ausgeführt und später die Ernte nach Kopfzahl der Familien vertheilt Dasselbe geschieht bei den Jolofs und sonst auf der Goldküste. Die ackerbauenden Nubier zahlen nach den Schöpfrädern. In Fezzan werden die Dattelbäume besteuert. Die Emphyteusis (zu vererblicher Benutzung an Bauern gegen Jahresabgabe oder Canon gegebenen Wüsteneien) galten (den byzantinischen Fürsten) für weniger als Eigenthum [2]), aber mehr als nur persönliches Verhältniss aus einem

Chan-ty aussi sur les esclaves. Sous la dynastie Souy on établit la taxe territoriale (s. Biot). Indépendamment de la tribu d'or (famille impériale), il existe en Chine une seconde classe de privilégiés, composée des citoyens illustres qui ont mérité par des services rendus à l'État ou par l'éclat de quelque brillante qualité d'être placés en quelque sorte en dehors de la loi commune (Girard). Réunie à la première classe, la seconde constitue ce que les Chinois appellent pa-i (les huit règles ou priviléges). When a slave gets hard treatment from his master, he slips of to another village and chooses for himself a new master (among the Apingi), laying his hands on the chief's head (s. du Chaillu). This ceremony is called Bongo. Der armenische König Leon war zugleich an die Egypter und an die Mongolen steuerpflichtig (1306).

1) The Irish having never undergone a feudal conquest and plantation (like the rest of Europe) considered the territory as the common property and patrimony of the clans or nations, not held from any one, not liable to forfeiture, which indeed was impossible, as it was owned and occupied by them jointly or in common. The chief families had contrived contrary to the general principle, to appropriate some portions to themselves, divisible however at the death of the father among all the sons, legitimate and illegitimate alike. The inferior members of the tribe yielded to the chiefs milk and honey and even money for the grazing of their cows and were bound to maintain their lords, with their wives, sons and daughters, their dogs and dogboys for a number of meats or days in their houses, when they went coshering among their dependents (Prendergast). To introduce the feudal system the Irish were denied (as mere Irish, not of free blood) the right of bringing actions in any of the English courts in Ireland for tres passes on their lands. The tenures (in the District of Cawnpore) are classed under the heads of Zumendaree (the land held and managed in common), Putteedaree (with division), imperfect Putteedaree and Bhyachara-Tenures (R. Montgomery). Ausser dem abgesonderten Eigenthum benutzen die Nachkommen der 1671 auf der Insel Nantucket Angesiedelten das Uebrige als gemeinschaftliches Eigenthum zur Schafweide (s. Meiners). Wer von den Knaben (in Callander) am Beltan-Tag (Baltein) das schwarze Loos zieht, wird (für ein fruchtbares Jahr) dem Baal geopfert und muss dreimal durch das Feuer springen (nach Robertson) 1794.

2) In England bestimmte das Statut de Tallagio non concedendo, dass keine Steuern ohne Bewilligung des Clerus, der Barone, Bürger und übrigen Freien des Reiches erhoben werden durften. Das quiritarische Eigenthum (neben dem bonitarischen) sicherte besonders den Besitz von Boden und Vieh, die Uebertragung durch umständliche Formeln erschwerend. Kupferschmiede der Baharutse von Kurrechare arbeiten mit den Barolong (Moffat). Among the Celtic population of Ireland, when any one gets a fall, he springs up, and turning three times to the right, digs or hole in the ground with his knife and cuts out a turf, there being a spirit in the earth (s. Cam-

Zeitpachtvertrag (Braun). Die Grundsteuer wurde von allen Grundeigenthümern (possessores) entrichtet, die Kopfsteuer von denjenigen, die kein Grundeigenthum hatten, insofern sie weder durch Rang befreit waren (wie die Plebeji), noch durch eine besondere Exemtion. Die Grundsteuer des Bauernhofes war also Last des Gutsherrn, und da der Colonus kein Eigenthum am Boden hatte (denselben nicht veräussern konnte) zahlte er (als Plebejer) Kopfsteuer. Abgesehen von dem dem Gutsherrn [1]) zu zahlenden Canon waren die Coloni dann Tribu-

den). These minute portions of untilled land (gudeman's croft) in Scotland (s. Leslie) are an offering to the spirit of evil, in order that he might abstain from ever blighting or damaging the rest of the farm (Simpson) 1861. Da Neri (in Nerich) von König Gautrich (von Gothland) einen Landstrich erhielt, soll er König Gothrich's Iarl gewesen sein (Gautrecks Saga). Wem der Grundbesitz fehlt, ist ein Ceorl, habe er auch Helm und Harnisch, sowie ein goldverziertes Schwert (nach den Gesetzen der Allemannen). In Nicaragua musste der Auswandernde seinen Besitz seinen Verwandten zurücklassen.

1) Et possit (dominus) servum cum peculio manumittere, et adscriptitium cum terra dominio suo expellere. Obwohl die Colonen in Thracien steuerfrei waren, konnte sie der Gutsherr dennoch mit ihrem Peculium vindiciren. Verjährung trat ein, wenn der Colone als Freier gelebt (bis zu Justinian) oder durch Verweilen in fremden Besitz. Das Colonat findet sich (seit Constantin) als Gegenstand der Gesetzgebung (durch das ganze Reich). Durch den Druck der Grundsteuer (auf den Armen, denen die Erleichterung der Reichen fehlte, lastend) begaben sich einige in den Schutz der Reichen, überliessen (als Pachter) diesen ihre Grundstücke (dann aber durch hohes Pachtgeld gedrückt). Andere verliessen ganz ihr eigenes Gut und wurden Colonen auf den Gütern der Reichen (fundos majorum expetunt et coloni divitum fiunt). Andere erfuhren das härteste Schicksal (quos esse constat ingenuos, vertuntur in servos), als freie Fremdlinge aufgenommen, zu wirklichen Sklaven gemacht zu werden (Salvian) V. Jahrhundert p. d. Neben den eigentlichen servis gab es bei den Römern (zur gothischen Zeit) günstiger gestellte Halbfreie, als coloni originarii, die den Vorzug hatten, nicht von der Scholle entfernt, weder ohne dieselbe veräussert, noch auch nur auf ein anderes Landgut oder in das Stadthaus ihrer Herren versetzt werden zu dürfen (s. Dahn). Nach dem Aussterben des älteren römischen Adels hatte sich ein neuer römischer Adel gebildet aus jenen Geschlechtern, welche seit Jahrhunderten durch Reichthum und Bildung ausgezeichnet, sich einen gleichsam erblichen Besitz der höheren Staatsämter erhielten (im Gothenstaat mit dem gothischen Adel verbunden). Unter den Amalern erhielt sich der nationale Ehrenname der capillati für die gemeinfreien Gothen (in Italien). Die Peregrinen, welche wirkliche Völker bildeten, heiratheten, contrahirten, manumittirten und testirten nach ihrem Landrechte, wonach in solchem Falle auch von der römischen Obrigkeit entschieden wurde (in der römischen Kaiserzeit). Die freigeborenen Peregrinen waren theils die Provinzialen, theils solche, die zur Strafe ihrer Civität beraubt und unter die Peregrinen versetzt waren. Die freigelassenen Peregrinen entstanden regelmässig durch Manumission von den Freigeborenen (Walter). In den russischen Mirs oder communalen Dörfern besitzt der Einzelne nur Privateigenthum, während das Land gemeinsam ist (Faucher). Die Celtiberer vertheilten (nach Diod.) das Land jährlich. Die geringeren Possessoren und freien Colonen, die die Schwere der Grundsteuer, die Menge der Naturallieferungen, der Requisitionen, der Kriegsleistungen, Truppendurchzüge,

tarii (Censiti oder Censibus abnoxii) oder Adscriptitii (Adscriptitiae conditionis) oder Censibus adscripti (weil in die Steuerrolle eingetragen). Sultan Selim bestimmte (im Defter oder Register) die Miri (Abgabe von Land [1])) für jedes Dorf. Unter den fünf Paschaliks in Syrien [2]) waren in dem von Aleppo dem Pascha ein, Mohassel genannter, Beamte beigegeben, um die Landtaxe zu erheben (s. Volney). Die dem Tribut unterworfenen Ungläubigen unterliegen der Kopfsteuer und sind nicht fähig [3]), wahres Eigenthum an Grund und Boden zu haben.

Einquartierungen und aller anderen Lasten nicht mehr ertragen konnten, gaben ihre Scholle in den Besitz eines reichen Gutsnachbarn, dessen tief verfallene Schuldner sie ohnedies meist geworden (Richter). Ammonios klagt (bei Plutarch), dass ganz Griechenland kaum 3000 Hopliten (Schwerbewaffnete) aufbringen könnte (welche Zahl die einzige Stadt Megara allein bei Plataea gestellt), indem die Zahl der freien Grundeigenthümer (in Folge der Latifundien mit Sklavenwirthschaft und Viehzucht) abgenommen (s. Hertzberg). Latifundia perdidere Italiam, jam et provincias (Plinius). Aratra in terram validam Romanica bona erunt, in terram pullam Campanica, juga Romanica optima erunt. Vomis indutilis optimus erit (Cato). Inspectionis quoque formula nobis a majoribus tradita est agri pinguis ac laeti (Columellier). Die Latifundienwirthschaft förderte die Weidewirthschaft (in dem zur Römerzeit verwüsteten Griechenland). Nach Lucian hiessen die Freien, die Bauern Achtfüsser (ὀκτάποδες), weil sie zwei Ochsen und einen Wagen besassen. Die Latifundien der Reichen absorbirten in den späteren Zeiten der römischen Republik den kleinen Besitz von Italien. In Sicilien war den Sklaven das Führen der Waffen durch die Edicte der Prätoren verboten (s. Cicero). Bei Streitigkeiten zwischen Besitzern von Zehntackern und Decumanen wurde (auf Sicilien) nach den Einrichtungen des Königs Hiero entschieden.

1) Die drei Districte im Lande der Ansayrier sind bei den Mokaddamim genannten Offizieren gepachtet, die die Abgabe an Tripolis zahlen (Volney). Der Tribut unter den Maroniten wird hervorragenden Scheichs jährlich vermiethet. Als Amurath III. die Drusen unterwarf, bestellte er ihnen einen für Erhebung des Tributes verantwortlichen Häuptling (als Hakim oder Emir).

2) Die Iktaa oder auf Güterpacht angewiesenen Ländereien waren schon im Chalifat seit Osman's Zeit üblich gewesen, unter den mongolischen Herrschern aber erst durch Ghasan-Chan eingeführt (s. Hammer). In Brasilien werden Grenzmarkungen durch den Paje geweiht mit der Maraca (Klapperbüchse). When a prince calls the Ryot or occupant, who has the hereditary, transferable, but conditional property of the land, for the purpose of cultivation and the production of rent, the „owner", he by no means renounces his own proprietary rights, by which he claims, and on the failure, of which he may, as the absolute proprietor, transfer the possessory property thus forfeited to another (Patton) in India. The British government in Bengal (having divested itself of the character of landlord and conferred the property of the soil upon the zemindars) receives now no rent, but a real tax, a land-tax from the newly created landlords. As to the soil, the ryot and the sovereign were the only real proprietors (Moore) in India.

3) Der Repräsentant des Blutes, der bei unvorsätzlicher Tödtung nur ein Wehrgeld (Dieh) fordern kann, ist der nächste männliche Verwandte, mit dem Recht der Blutrache (als Wali). Tapu (von τόπος) ist der Grundzins, der zur Anerkennung der Hoheit des Lehnsbesitzes vom Unterthan

Ihr bisheriges Grundeigenthum geht an den Staat über, der es ihnen als willkührlich besteuerbaren Tributbesitz zu überlassen pflegt (im Islam). Die Aristocratie der Mamluken in Egypten [1]) wurde durch Selim (1517) auf eine Oligarchie zurückgeführt, indem 24 Beys der Mamluken die Districte durch ihre Stellvertreter (Cachef) verwalteten und die von den Fellahs (unter Aufsicht der Copten) bezahlten Abgaben dem Sheik-al-belad genannten Haupt ihres Diwan einlieferten, in Cairo residirend neben dem Pascha, als Repräsentanten der Pforte. Nachdem Nurschirwan die Landvermessung (Kobads) zu Ende geführt, und die Abgaben des Bodenertrages bestimmt, wurden alle Einwohner Iraks fremder Religion (Juden und Christen) und alle, die keine bestimmte Erwerbsteuer entrichteten, mit der Kopfsteuer [2]) belegt (Nikbi

---

nicht bei jeder Veränderung und Uebertragung, wie vom Vater auf den Sohn, sondern nur dann entrichtet wird, wenn das Grundstück erledigt oder als neu verliehen geachtet wird (in der Turkei). Munioma, König von Munio (in Bornu) muss vor der Thronbesteigung in einer Höhle verweilen (Barth).

1) Die Hälfte des Tributes ging (als miri) an den Sultan, the other half was left under the denomination of feyz, bounty in life-rent property, to individual members of the government, whether in the capacity of beys or cachefs, ulemas (doctors of the law or religion) and zayms or timariots (officers of the feudal militia). Später wurde den Fellahs noch die Mouzaif (Erhöhung) auferlegt (s. Patton). The revenues of the Persian kings consisted partly in monies imposed upon the people and partly in their being furnished with several of the products of the earth in kind (Rollin) seit Cyrus. Smerdis befreite seine Unterthanen für drei Jahre von Tribut und Kriegsdienst (Herodot). Cyrus theilte das Land (wie später Darius) in Satrapien, woruber er Verwalter einsetzte. Die neben den Landabgaben erhobene Kopfsteuer oder Kheraj (und Haussteuer) wurde von Timur abgeschafft.

2) The greater part of the country is subject to measurement, as far as the Zems are (Ebn Haukal). The great tax is the tax of Shiraz, because Zoheir spoke to Haroun Arrasheid on the subject. The tribute of Istakhar is not so considerable (s. Ouseley). Salomo legte den israelitischen Stämmen Steuern auf (nach dem Buch der Könige). Das Jobeljahr (siebenmal siebentes Sabbathjahr) sollte ausser der Ruhe des Ackerbaues, auch dadurch bezeichnet werden, dass alle veräusserten Güter sammt Gebäuden und Zubehör dem vorigen Eigenthümer oder dessen Erben wieder zufielen. Nach dem Deuteronomion trat immer ein Erlass ein. Während das ältere Gesetzbuch verbot, Zinsen von Armen zu nehmen, erlaubte sie das jungere überhaupt nur von den Darlehen an Fremde. The revenue collected by the Aksukaul (white beard) or Elder consists of the Deh-yek or tithe of the produce of the land (collected upon all private freeholds), the zikhaut or fortieth of flocks and money and the customs (Fraser). Of the land, called Khasigee (royal property) one third of the produce is taken (in Bokhara). Die (türkischen) Lehen (Kilidsch oder Säbel mit Mali Mukatele oder Kampfpreis, als Ertrag) zerfallen in (grössere) Siamet (als Idschmalli Siamet, die nur durch Theilung vermindert werden können, und Hissali Siamet) und (kleinere) Timare (als Teskereli Timar mit einem in Konstantinopel ausgefertigten Diplom und Teskeressis Timar, die jeder Statthalter direct verleihen kann). Die erblichen Lehen in Asien heissen Hukumat. In Rumili sind auch einige der Wechsellehen (Benobet Timari) erblich (Hammer). Shujah-ul-Dowlah made it a point of continuing the

Ben Messud). Früher hatten nur Naturallieferungen und Kopfsteuer bestanden. Die (persische) Reiterei bestand aus Lehnsmännern, die mit Ländereien des Staates belehnt, die Verbindlichkeit hatten, bewaffnet zu dienen (unter Nurschirwan). Diese Lehen heissen Timar (τιμάριον) und waren schon den Byzantinern bekannt. Die persischen Abgaben wurden entweder (in den Erblanden oder Khalsah) durch Steuerbeamte (Tahsildar) erhoben oder (in den militärischen Verwaltungen der Tyoul oder Jagheer) durch zeitliche Verleihungen zum Besten der Civil-, Militär- [1]) und Hausbeamten des Königs. Einige

---

zemindarry in the family, provided there was no particular objection to the next in succession (Harper). The proprietor or lord of the soil is the emperor. Zemindars and choudries are written as officers and depend, conditionally, on the carriying on of the improvement and cultivation and discharging the revenue of government (Maharajah Rajabullub). On the Malabar coast, Munro found (1799), that the peasantry were the only proprietors of land. The desmooks or official zemindars had been deposed by Tippo Saib (in Mysore), when the English took possession (according to Reade). Puttles, as mocuddims or chief ryots. Makrisi bemerkt, das unter den Statthaltern der Chalifen Ommeije und Abbas die Emire der Truppen von den Einkünften des Staatsschatzes ihren Sold (Ata) erhielten (in Aegypten), und dass die Einrichtung militärischer Dotation zuerst von Nisam-ol-mülk (dem Wesir Nisamschah's) sich herschreibt. Es gab damals noch keine Fellah (leibeigene Bauern des mit dem Gute Belehnten). Die Ländereien (nicht erblich vom Vater auf den Sohn fortgegeben) wurden nur in Pacht (Kabalet) gegeben, unter vierjähriger Versteigerung (Hammer). Das Colonatsverhältniss (der Coloni, Originarii, Adscriptitii, Inquilini, Tributarii, Censiti) entstand durch Geburt (bei Originarius), durch Verjährung (wenn ein Freier 30 Jahre als Colonus gelebt), oder durch vertragsmässige Erklärung (unter Valentinian III.). War die Mutter Sklavin (der Vater Colone), so folgte das Kind der Mutter, war die Mutter frei, so folgte (vor Justinian) das Kind der ärgeren Hand. Waren beide Eltern Colonen, so das Kind gleichfalls. Licet conditione videantur ingenui, servi tamen terrae ipsius, cui nati sunt, existimantur, die Colonen, die indess bei Entweichung nach Art der Sklaven behandelt wurden (sonst war eine eigentliche Ehe möglich). Das Verhältniss des Gutsherrn (dominus, possessor) zu den Colonen wurde in Ermangelung eines eigenen Kunstausdrucks mit dem Namen Patronus bezeichnet (Savigny). Der Verband des Colonen zum Boden (glebis inhaerere) konnte weder durch ihn noch durch den Herren gelöst werden. Colone und Gut musste zusammen veräussert werden (die Versetzung bei mehreren Gütern blieb unveränderlich) wegen des öffentlichen Interesses an der Landescultur (und des Steuerinteresses). Der Gutsherr konnte indess die Colonen als Recruten stellen (was der Staat wegen des Heerinteresses erlaubte). Der jährliche Canon, den die Colonen für den bewohnten Bauernhof (in Frucht) entrichteten, durfte vom Gutsherrn nicht gegen das bisherige Herkommen erhöht werden. Wie bei den Sklaven hiess das Vermögen Peculium und die Vindicatio des Herrn ging nicht nur auf die Person, sondern auch auf das Eigenthum (insofern es nicht selbstständig veräussert werden durfte).

1) Wie die Subahdarries oder Militär-Verwaltungen (jagheer Länder) waren (in Hindostan) die Khalsah durch alle Provinzen zerstreut (in Persien auf Ghilan, Mazenderan, Iran, Medien, Theil Chaldaea's und eigentliches Persien beschränkt). In Hindostan wurden bevorzugte Schenkungen (Khas-Talook) in der Nähe der Städte, als Freigüter (Enaumaut) gemacht.

der Besitzungen (nach 99 Jahren zu erneuern) waren mit einer niedrigen Pacht belegt, andere frei (Chardin) 1677. Der Boden (in Bo-

---

Let the lord of ten towns (appointed by the king) enjoy the produce of two plough-lands, the lord of twenty that of five plough-lands, the lords of a hundred, that of a village, the lord of a thousand, that of a town (according to Menu). Mit dem zum Markungsumgang präparirten Bündel hält der Hirt (in Preussen) seinen Umgang und legt in jeden Grenzhugel drei Stuck, so dass die Weide gefeit ist und das Vieh sich uber die Marke wagt (Frischbier). When land was given by the king to a learned brahmin, it was the lordship, or the „absolute property" involving the rents, and every other advantage the king himself enjoyed, that was given, not the possessory property, which could only be rested in the Vaisya-tribe, whose hereditary right it was, and who alone could constitutionally hold it, except when individuals of the two superior tribes, chaytriya (military) or brahmin (priests) were reduced by the necessity, for immediate support, to perform the functions of the vaisya tribe, in which case, they became in reality husbandmen, performing the duties, and paying the rent due from that class. In like manner the brahmin might, for support, assume the military character, but no inferior tribe (according to Menu) could assume the situation and functions of one that was superior (Patton). It was not in the power of a brahmin or chaytriya to be at once the absolute lord and the possessory proprietor (the landlord and the tenant of the same land). Although a man of a lower class is, in general, restricted from the acts of a higher class, the Sudra is expressly permitted to become a trader or a husbandman (Colebrooke). The pensioner villages are placed as a sort of cordon round Auckland, to protect it from the large tribes to the south and west (Fox). It is not the custom of the country, that landed estates (jagheers) should belong to any one (in Hindostan), on whomsoever the king confer a jagheer, with him it remains. The custom of the sultans has ever been to cause the wealth of deceased persons to be divided among their children, in conformity with the Mahomedan law, but to confer authority only a those capable of exercising it wisely (according to Ferishta). No one seizes on an estate as an inheritance, it is only acquired by the point of the sword (s. Dow). Mahomedans might acquire the hereditary possessions of land upon the pottah-tenures of the Hindoos, by purchasing them from the ryots, with the permission of government or its agents, in which case, they, in fact, became (in respect to the government) ryots or husbandmen accountable for the landrent due to the sovereign, or by acquiring a larger extent of the same species of hereditary possession, they became Talookdars (Patton). The choudries (in distrits) and mocuddims (in villages), under the principal zemindars are often called head ryots of a district or village (being themselves ryots). The Putwary is employed on the part of the husbandman to keep an account of his receipts and his disbursements. Sages, who know former times, consider this earth (Prithivi) as the wife of king Prithu, and thus they pronounce cultivated land to be the property of him, who cut away the wood or who cleared and tilled it, and the antolope of the first hunter, who mortally wounded it (s. Halhed) in den Munnoo Smrita. Der Lappe zeichnet seine Harpune, um das getroffene Thier, wenn später todt gefunden, als sein Eigenthum erklären zu können. In the letter written by Aboo Eusoof to Haroon Al Rasheed it is specified, that the land is his, who brought it into life (cultivated it), and the Imam may not disposess him, but he (the owner) is liable for the land-tax upon it. Jageers were assignements of the revenue of certain tracts of country to particular persons, for the purposes specified in the deeds, that is to say, for the maintenance of troops, for the support of civil establishments, or reli-

khara) gehört dem Emir (und damit dem Staat). Der Privatmann kann offenes Land bebauen, wird aber dadurch zur Zahlung der Tanape (Grundpacht) oder (bei Reis- und Baumwollen-Land) des Kheragge (von der Ernte erhoben) verpflichtet. Die im Niessbrauch besessenen Länder hiessen Milkh-Khaïr-Khourr (Eigenthum, dessen Früchte man geniesst gegen Zinszahlung). Die Gemeinden (Jemaliate) theilen in jedem Frühling [1]) die freien Ländereien (s. Adamoli). Während früher ein vom Lande erhobener Zehnten die Bedürfnisse des mongolischen Heeres bestritt, wies Ghasan zuerst Getreide für die Soldaten an, und ertheilte dann (nach dem Beispiel türkischer und persischer Regierungen) Ländereien und militärische Lehen (1303). In seinem Lehengesetz (nach welchem der osmanische Kanun oder Lehen [2]) unter

---

gious or charitable endowments, they were liable to be recalled at the will of the granter.

1) Werner Elmer erhält seinen Antheil an der Alp Silbern (in Glarus) von dem östreichischen Herzog zu Lehen (1318 p. d.). Meier Rudolf von Glarus erhält das Meieramt im Thale Glarus als Lehen von der Aebtissin zu Seckingen (1029 p. d.). C'était un principe de droit, de tout temps admis en Bretagne, que le seigneur était propriétaire du choeur de l'église, mais qu'au peuple en appartenait la nef (de Courson). Um die stets niederfallenden Mauern Prayaga's (bei Ackbar's Bau) zu festigen, erbot sich der Brahmane Prag oder Prayaga zum einmauern. If the sea throw any things upon the land they belong to the king, for the sea is a pack-horse to the king (leg. Wall.). Die ἐμπυασάντες waren über das Eigenthum und das Einkommen der spartanischen Könige gesetzt (Raoul-Rochette). Nach der Bavarica mussten die Zinsbauern (im Flachsbau) Lein auf den Herrenhof liefern, der von den hörigen Weibern in den Gynäceen (pusae oder pisetes) versponnen und gewoben wurde. Italien verlor seine Steuerfreiheit, als es (bei der Theilung des Reiches unter Diocletian) mit Afrika an Maximian fiel.

2) Statt die Grundherrschaften zu verkaufen oder als Lehen hinzugeben (in Folge der schlechten Verwaltung der Fronhöfe), zogen die Grundherren es oft vor, den Meiern, Schultheissen und Amtleuten die ganze Villication gegen gewisse jährliche Leistungen und Dienste zur Nutzniessung zu überlassen, was die Verwaltung nach Schultenrecht (jure schulteti) oder an des Villicus Statt (loco villici) oder an Meier Statt (in Meygerstaid) oder nach Amtmanns- oder Amtsweise genannt wurde (s. Maurer), solche ächt türkische Provinzialverwaltung dauerte in sämmtlichen deutschen Territorien des XIV.—XV. Jahrhundert hindurch. The Kolies (Coolies), inhabiting the hills of the Syadry range, are cultivators, but at the same time robbers (of a more pure race, than the Kolies in the Attaveessy). Those settled around the Poorundar hills are of the same class as those found scattered over the Dekhan, and employed as the village Koley (one of the Balottah institution), who supplies the inhabitants, and travellers with water etc. The boatmen and fishermen on the coast around Bombay are Kolies (Solesey) and many of them are common labourers (s. Mackintosh). C'était une coutume du royaume que, quand les aînés avaient donné des partages à leurs cadets, ceux-ci en faisaient hommage à l'aîné, de manière que le seigneur dominant ne les tenait plus qu'en arrière-fief. Philippe-Auguste, le duc de Bourgogne, les comtes de Nevers, de Boulogne, de Saint-Paul, de Dampierre et autres seigneurs, déclarèrent que dorénavant, soit que le fief fût divisé par succession ou autrement, le tout releverait toujours du même seigneur, sans aucun seigneur moyen (Montesquieu).

Suleiman geformt wurde) war es verboten, das Lehen während der Lebenszeit an ältere oder jüngere Brüder (Aka oder Ini) oder an eidverbündete Waffengenossen abzutreten; nach dem Tode geht es auf einen der Söhne des Besitzers und in deren Ermangelung auf einen seiner Sklaven über (Hammer). Sesostris übergab bei der Vertheilung der Ländereien in Egypten Jedem sein Grundstück, von dem die jährlichen Abgaben zu zahlen waren, und durch Ueberschwemmungen des Nil [1]) beschädigte Felder erhalten Ausgleichung (nach Herodot). Jeder

---

1) Joseph rieth Pharao, in den sieben fruchtbaren Jahren Beamte einzusetzen, nur den fünften Theil des Einkommens zu erheben und Magazine zu errichten, aus denen bei Misswachs das ganze Land für den Fürsten gekauft wurde (aber gegen Pacht zurückgegeben). Nach Diodor war das Land Egyptens in drei Theile getheilt, für die Priester, den König und die Krieger, die im Heere dienten. Die Ackerbauer (in Egypten) pachteten das Land (gegen Abgabe) vom König, den Priestern und den Kriegern (Diod. Sic.). Die Kaffern begaben sich zeitweis zum Inkosi, um dort beim Arbeiten (Melken, Herstellung von Zäunen u. s. w.) zu helfen. Die Reichen (Amakapati) werden dazu selten herbeigezogen, müssen aber bei Verheirathung an die Söhne des Inkosi zur Aussteuer beitragen und erhalten dafur Gelegenheit zu grösserem Beuteantheil. In Siam sind die keine Abgaben zahlenden Chinesen zu aussergewöhnlichen Leistungen verpflichtet. Under the Mahratta-system of management the lands under cultivation (in the district of Chikodee) were classed as chalee (subject to the payment of all the cesses), Khutgoota (paying the Einatee or standard rate and the Mamool Puttee), Khundmukta (paying a fixed rate, according to previous agreement with the holder) and cowls (granted, when the land had been long waste and securing its enjoyement for a certain number a years rent free). A ryot refusing to cultivate his chalee land was liable to be deprived of the privilege of grazing his cattle on the common waste land and of cultivating the lands of Enamdars (s. Wingate). The Kote farms the lands at the government assessment and lets them out to the best advantage to the Reiyuts (Townsend) in the Rutnagherry Collectorate. It is stated in the historic annals of Rajputana that the ancient clans prior to Sanga Rana (at the time of Sultan Baber) had ceased, on the rising greatness of the subsequent new division of clans, to hold the higher grades of rank, and had, in fact, merged into the general military landed proprietors under the name of Bhoomia (importing absolute identity wirth the soil). From the beginning of the Anglo-saxon government the land was divided into hides, each comprehending what could be cultivated by a single plough. Four hides constituted one knight's fee (about 40 acres). The Chursa (hide, about sufficient to furnish an equipped cavalier) equals (28—30 beegas) about 10 acres (Saxon hide) in Rajputana (s. Tod). The Bhut of the Bhyad is the portion of the frerage Grants (puttas) renewed. The Rajah is entitled to the rent of only half of the land in each village (according to the Koles), the remainder being Bhuimharree or rent-free (s. Dalton). In Kheraj-mowezzeff (rent paid in money), if the proprietor of land, for want of means of providing the implements of husbandry has been unable to cultivate it or has deserted leaving the land incultivated, the aumils shall either give the land in farm or allow another to cultivate it (on account of the proprietor) or they shall appoint a person to succeed to the proprietor, who shall cultivate the land, and after paying the tribute, whatever remains he (the substituted farmer) shall apply to his own use. When the proprietors of the land shall again have the ability to cultivate them, they shall be resto-

Edelmann [1]) (Usdenn) ist zwar von dem Fürsten (Bej) abhängig, allein dieser kann über dessen Knechte (Kull), Sklaven oder Vermögen Nichts gebieten. Ebenso wenig darf der Edelmann das Vermögen seines Knechtes oder dessen Sklaven oder Heerden antasten (während es mit dem Sklaven vom Willen des Herrn abhängt) bei den Tscherkessen (Reineggs). Die Familie der Fürsten hat sich in die Linien Hädoghschughae und Tschampulad getheilt, aus denen abwechselnd gewählt wird (1796). In Palembang (wo die Bevölkerung in die Klassen der Matagawes und Aloengaus zerfiel) zahlten solche Ländereien [2]) (sindang) des Adels, wofür Kriegsdienste geleistet wurden,

---

red to them (under Aurungzeb). If the proprietor (of uncultivated ground) is not known and the soil is not promising, the aumils (agents) shall (according to the best of their judgment) give it to any one they shall think capable of managing it, and if such an one do properly cultivate it, they shall consider him the proprietor. Land let in farm (or by contract, and not regularly possessed by the ryot or owner under pottah tenure) was called comar-land (1769). Comar-lands, having no native tenants, are cultivated by contract (in India). Die Jagd auf wilde Thiere ist gemeinsam (in Brasilien). Das grösste Stück der Beute fällt indess demjenigen zu, der das Pfeilgift geliefert hat, bei den Diebstählen der Ramoouies demjenigen, der seinen Turban für die Fackel hergegeben hat.

1) The heads of families are the nominal owners, the whole family are the actual occupiers (in Fiji). The families of a tribe maintain the chief (Pritchard). Ket oder Kede ist das deutsche Gaden, das sich noch häufiger als Kend oder (englisch) Kent (Samarcand, Barkent u. s. w.) in dem Namen turkestanischer Städte (Isbaniket, Besket, Ferteket, Homanket u. s. w.) findet (s. Hammer). In Hindostan the occupiers of the land were denominated and held their possessions by a grant which was called a pottah, conferring upon them a right (on condition of paying the stipulated and regulated rent to government), that was hereditary and transferable, and therefore to all intents and purposes property (Patton). By accumulation of many of these possessions into one grant (attained through an application to the dewan or the Emperor himself), the person, who had acquired it, appears to have been placed in a situation independent of the zemindar's authority, holding his possessory grant immediately under the Dewan, and being accountable himself directly to government for the whole rent of his talookdary (or talookdar). The lands called ryotty are possessed by tenants resident on the spot, who by their grants, ought to be continued as long as they paid their rents (Verelst). The talooks are either bestowed on some favourite or underling of the government, (or purchased by one individual from another (Verelst). The Zemindar (in office) enjoyed naukar allowance (for his trouble and responsability), which the talookdar had no claim to. The huzoory (paying their rents immediately into the Khalsa shereefa were confined to the Chucklehs of Moorshedabad and Hoogly (among the talookdars).

2) Der Besitz eines Grundeigenthums wurde (in Peru) durch Vermessung gesichert (unter dem Inca Pachacutec). The Makolo were as much afraid of the Matabele (of keeping the highlands), as the black conquered tribes (in the Barotse valley) were of the Makololo (1860). An description found in Deogaon shows, that in the middle of the XII century the Pergunnah (of Chuklah Azimgurh) was included in the dominions of the King of Canouje (Thomason). The invasions of the Rajpoots (coming over from the West) are the foundation of the present existing proprietary right in the

keine Abgaben, wogegen auf anderen die Verpflichtung zu bestimmten Herrendiensten oder Lieferungen ruhte. Alles übrige Land, als Domäne des Fürsten für diesen verwaltet, zerfiel in Bezirke (Margas) unter Depati (den Proatin vorgesetzt). Im Reiche von Malakka gilt das Land als Eigenthum des Herrschers, der den Zehnten erhält. Das Land (in Peru) war in drei Theilen dem Tempel der Sonne, dem Volk und dem Inca als Eigenthum zugewiesen (in solcher Reihenfolge bestellt). Jedem Familienvater wurde ein entsprechendes Stück Land (aber nicht als Privateigenthum) zuertheilt, das zu seinem Unterhalt diente, sich aber nicht vererbte, da jährlich eine neue Vertheilung Statt fand. Auf den Feldern des Tempels und des Inca wurden Frohnden geleistet (statt Tribut). In unfruchtbaren Jahren wurde das Volk aus den Magazinen des Staats gespeist. Das Gebiet einer jeden Gemeinde [1]) wurde durch Grenzsteine bezeichnet. Zum Gewinn der Wolle wurden Treibjagen veranstaltet und wurden aus den Ablieferungen Kleider angefertigt. Wer in Nicaragua seinen Aufenthalt veränderte, konnte nicht vollkommen frei über seinen Grundbesitz disponiren, sondern musste ihn dem zurückbleibenden nächsten Verwandten [2])

---

land. The ancestors of many of the Rajpoot communities were possessed of large tracts of land, containing many villages. As their descendants multiplied this tract of land was subdivided and formed into separate mehals. This subdivision sometimes was effected, so as to assign whole mouzahs to different branches of the family (Thomason) 1837. Under the Amanee or trust system, a Nazim was appointed over a portion of the Province, who was bound to remit to the Royal Treasury whatever he could collect without any stipulated amount being given (Kay). In Cumana werden Felder mit Baumwollenfäden eingehegt (wie von Prinzessin Chriemhild der Rosengarten mit Seidenfäden).

1) Die Gemeindeglieder wurden durch die Beamten verheirathet. Arbeit gab es für Alle von fünf Jahren bis zum Greisenalter. Die nach einer Eroberung Uebergesiedelten hiessen Mitimaes (in Peru). Die Bhumeas, deren Ländereien in der Nähe der Khalsa zu liegen, sind (in Nueyur) verpflichtet, die Ueberfälle der Khosas (Raubstämme aus den Wüsten) zurückzutreiben, folgen aber dem Raja (von Ihoudpur) nicht in den Krieg. In den Territorien der Rhatore-Chefs (königlichen Vasallen) ist Jurisdiction über Leben und Tod herkömmlich. The establishment of the Talooks and the division of the Guraseeas' wanta or free estates are supposed *to* have taken place during the time of the Moosulmans (in the portion of the Dhoolka Purgunna situated in the Ahmenabad collectorate). The Talooka villages (in the portion of the Dholka Pergunna situated in the Kaira Collectorate) are held on hereditary leases. In the Kachaee-village (of the Mehemoodabad Purgunna in the Kaira Collectorate) the Fatachas system is somewhat modified, the three castes of Rajpoots, Koonbees and Kolees paying different rates (s. Cruikshank). Of the Senja villages several are Khatabundee, that is, the assessment is levied by Khatas or distinct estates (in the Nureead Purgunna).

2) Das Odels-Recht (nach welchem der älteste Sohn und auf Bornholm der jüngste den väterlichen Hof allein erbt) veranlasste (in den skandinavischen Reichen) Auswanderung der übrigen Brüder, während die Zurückbleibenden mehrere Weiber nahmen (s. Suhm). All lands except those for

überlassen (Gomara). Die in Besitz genommenen Ländereien wurden von den Eusofzyes durch das Loos (Waisch) [1]) vertheilt. Das Volk spaltet sich (unter Partheikämpfen) in kleine Republiken. Innerhalb derselben bilden sich wieder kleinere Brüderschaften (Sodalitia oder Corporationen) oder Gunders zwischen ganzen Stämmen, wie zwischen Einzelnen, die ein engeres Band knüpfen, als das Blut zwischen Brüder (s. Elphinstone). In Spanien wurde eine jährliche feste [2]) Abgabe, in Asien eine jährlich abgeschätzte erhoben, in Sicilien (nach den Anordnungen der alten Könige) der Zehnten (nach Cicero), wie in

---

religious grants are held on pootradik tenures (the grantee and his direct male descendants retaining possession as long as they pay the stipulated rent). On failure of sons or grandsons the Raja resumes the land. In consequence of the feudal service formerly exacted by the Raja having become nominal, there is a stipulation in most of the pottas for the payment of abwabs (Depree) in Chota Nagpoor. Adolf von Holstein siedelte die Holzaten an der Trave, die Westfalen im Dorgunerland, die Holländer am Utiner, die Friesen in Susle an. Oldenburg und Sutilenburg mit den Küstengegenden gab er den Slaven als tributpflichtig (Helmold) XII. Jahrhundert (die Slaven zogen sich zurück).

1) Burgundiones partem Galliae occupaverunt terrasque cum Gallicis senatoribus diviserunt (Marius). Die Faramanni oder (nach Zoepf) fahrenden Leute haben novam nunc et superfluam compositionem et calumpinam bezüglich von Rodland gegen die possessores erhoben, deren unrechtmässige Beschwerung und daraus entstandene Ursache der (burgundische) Gesetzgeber zu beseitigen sucht (s. Binding). It being seen, that the tenure of land as it existed was very embarassing, a division of land was amicably effected between the king and his konohikis, and the tenure was much simplified. The king set apart a certain number of lands (estates or domaines) to be the property of the chiefs and people, reserving to himself a portion of the lands as his own private property, to descend to his heirs in perpetuity (1848). Under the former tenure all lands, to whomsoever donated, were revocable at will, no man's possession (even that of the highest chief) was secure (in Hawaii). To afford further protection, the resolutions of the king would give to industrious cultivators of the soil an allodial title to the portions they occupied, and would facilitate the acquisition of land in fee simple, by others inclined to be industrious (s. Hopkins).

2) Having ascertained, by as near a computation as could be made without actual admeasurement, the extent and the value of the lands seized from the former proprietors in each of the three provinces on this side of the Shannon, a general council of officers next apportioned the amount of arrears to be satisfied in each province. They then proceeded (like the adventurers), to draw the first or grand lot, to ascertain in which province each regiment of horse, foot and dragoons was to be satisfied its arrears (Pendergast) 1654. Alle 50 Jahre fielen die Güter (bei den Juden) an die Eigenthümer zurück (im Jobeljahr). Der in Knechtschaft eines Anderen stehende Israelite wurde nach sechs Dienstjahren wieder frei. Die Urbarial-Gerichte (in Ungarn) haben nicht über die Commessation (und zwar binnen einer gesetzten Frist auf Begehren eines der Betheiligten, in der Folge über einverständliches Ansuchen beider Theile), sondern auch über die aus der rechtlichen Verschiedenheit der Allodial-, Curat- und Urbarial-Gründe zu entscheiden, so dass durch ihren Anspruch der gesammte Besitzstand, insofern er einer Regulirung oder der Feststellung bedurfte, auf eine rechtliche Grundlage gestellt wird (1855).

den decumatischen Feldern (Germaniens). Reichthum [1]) ist unter den Arabern äusserst precär, und die raschesten Veränderungen der Glücksumstände (in Folge von plötzlichen Ueberfällen und kühnen Räubereien) ereignen sich täglich (Burckhardt). Es lässt sich behaupten, dass Reichthum allein einem Beduinen unter seinem Stamme kein Ansehen (weniger als Gastfreiheit dem Armen) verschafft, weder Einfluss noch Macht. Bis zur Zeit Boleslaw III. war den Bauern an ihren Gütern ein Eigenthumsrecht zugestanden (in Polen). Obwohl die Güter [2]) ihre Herren wechselten, blieben die Bauern (nach Skrzetuski) doch Erbbesitzer und Eigenthümer, als Dziedzicami (Erbbesitzer). Die bei der Vertreibung (1768) nicht zu den Mongol-Tartaren, sondern nach der Mandschurei zurückgezogenen Tartaren begannen dort (nach chinesischer Sitte) den Ackerbau (nach Grosier). Die militärischen Mandarinen [1]) (aus den Mandschu) stehen den gelehrten Mandarinen

---

1) En fait de meubles la possession vaut titre, indem nur der Grundbesitz unter dem Schutz des Gerichtes und der Gemeinde stand (nicht die fahrende Habe). Les Carthaginois, pour rendre les Sardes et les Corses plus dépendans, leur avaient défendu, sous peine de la vie, de planter, de semer et de faire rien de semblable, ils leur envoyaient d'Afrique des vivres (Montesquieu). Die Godor (im Landnamabok) entsprechen (bei Ara Prestr hins Froda) den Saksoknar sannar (Sachibarones oder Sachmänner), als Häradsprieste eines jeden Syssels (auf Island). Ambactmann (unter den Comites) ist (nach Rabanus Maurus) tribunus, qui mille viris praeest (Paua of Thousand bei den Sachsen zur Zeit Carl M.). Jeder Priester (Godi), der einen alten und vollen Godord hat, soll einen Mann zu dem Gerichte (der Provinz) ernennen (nach der isländischen Gragas). According to the tradition (1736), the stones for the erection of the church (of St. Vigeans) had been carried by the Water-Kelpie, the foundation resting on bars of ir on, placed over a lake of great depth (Ailken). Whenever the administration of the sacrament should be attempted, the church would sink into the abyss [Brahma auf dem Naga-Pallast in Cambodia].

2) Die norwegischen Bonder (die zum Theil noch die alten Kronen aus der Zeit der Theilfürsten bewahren) unterscheiden sich in Stuur-Bondi und Sma-Bondi (nach grösserem und kleinerem Besitzthum) neben den Huusmen (Hausleuten). Le chef de la province tient état des terres occupées par les Kirghiz, et les borne entre elles par l'entremise d'officiers du corps dit quartirmeisterkaia-tchast, den Sultanen sind Kommando (Polizei-Abtheilungen) gegeben. Die Abgaben wurden von den potentiores possessores durch den Statthalter der Provinz, von den Curialen durch einen Decurio, von den minores possessores durch den Defensor der Stadt eingetrieben (383 p. d.). Die Honorati (die hohe Staatswürden bekleideten) gingen im Range den Decurionen vor. Ein gewisses Maass von Gütern gehörte zu den Gründen, die (auch ohne Abstammung aus einem Decurionengeschlecht) zur Annahme der Decurionenwürde verpflichteten. Ceux qui avaient inventé des arts, fait la guerre pour le peuple, assemblé des hommes dispersés, ou qui leur avaient donné des terres, obtenaient le royaume pour eux et le transmettaient à leurs enfans. Ils étaient rois, prêtres et juges (Montesquieu) dans les temps héroiques (chez les Grecs). Der Paje bannt Gegenstände, um das Besitzrecht zu verstärken (in Brasilien) und weiht Amulette, die die Hütten gegen Unglück schützen.

1) Das Tribunal der Censoren (in Peking) schickt Aufseher in die

(eingeborenen Chinesen) an Achtung nach (Grosier). Das Eigenthum über eine eigene Sache ist zunächst nur etwas Factisches, etwas Juristisches wird es erst durch den Schutz und die Wirkungen gegen Dritte, welche das positive Recht damit verbindet. Das Eigenthum als Rechtsbegriff ist also immer bürgerlichen Ursprungs. Eine Sache nach quiritarischem Recht die seinige nennen, war daher im alten römischen Recht der richtige Ausdruck für dieses Rechtsverhältniss (Walter). Gewisse Sachen konnten durch blosse Tradition nicht veräussert und in's quiritarische Eigenthum eines Anderen übertragen werden; sondern dazu war eine Mancipation [1]) oder Cession vor Ge-

---

Provinzen, über die Gouverneure zu berichten. Die Häuptlinge der Lolos, die sich (für den Rang der Mandarinen) China unterwarfen (1759), erhielten vom Kaiser die Belehnung ihrer Länder (Grosier). In jedem Dorfe auf Formosa (Tai-ouan) wurde ein mit der Sprache vertrauter Chinese von den Mandarinen eingesetzt (als Dollmetscher), die Natural-Abgaben zu erheben. Nach dem Schiking bestimmte Yü die Grenzen der Aecker (den Berg Nan-schan bebauend). After the wars which drove the Tcin emperors across the great Yautszekiang, vast numbers of the lower classes were attached to the higher, in the capacity of servants or farmers of their lands, who were subjected to no tax to the state, and were consequently not included in the registers. Families of the first rank are represented to have had 40 families attached to them, under the denomination of Teen-ke (foreign cultivators), families of the second rank had 35 and thus in proportion. In 382 p. d. it was estimated that there were 58000 of these dependent families (Thornston). Nach dem Gesetze des Iyeyas (Bookay hiak kadjo) dürfen die Besitzungen der Grossen (in Japan) nicht durch Erbschaft oder Heirath vergrössert werden, sondern nur durch Geschenke des Shiogun. Der König von Corea (an China Tribut zahlend) ist absoluter Herr der Ländereien seiner Unterthanen, die er bei ihrem Tode beerbt (Grosier). Die (tatarischen) Hirtenstämme (deren Landbesitz gemeinsam ist) betrachten den Kaiser von China als Gross-Chan. Nach den Arabern wurden (in China) keine Abgaben von Land erhoben, sondern nur eine (nach der Stellung des Einzelnen verschiedene) Kopfsteuer (851 p. d.). In Zeiten von Misswachs wurde Korn aus den kaiserlichen Magazinen vertheilt (durch Naturallieferungen gefüllt). Kaiser Yong-tching veränderte die Jinting (Kopfsteuer) in Tyting (Abgabe von Land) in China (nach Grosier). Im Gothischen findet sich thiudisko als ἐθνικῶς (s. Grimm). Ut quilibet espicopus homilias aperte transferre studeat in rusticam romanam linguam aut theotiscam, quo tandem cuncti possint intelligere quae dicantur (syn. turon.) 813. A quibus (Nordmannis) originem ducunt, qui theodiscam loquuntur linguam (Hrab. Maur.). Totis volc (kauerich.) oder (im Gegensatz zu den Karlingern) tutisch volk (Pilat.). Teutonica sive theutisca lingua (in gesta Karoli) 884 p. d. Teutonice et romanice (Ekh).

1) Zur Mancipation wurden fünf römische Bürger zugezogen, und ein sechster, der die Wage hielt. Die Kaufsumme wurde durch ein rohes Stück Erz, späterhin durch eine Münze repräsentirt, und dafür nahm der Andere die Sache, welche, wenn sie eine bewegliche war, selbst zur Hand sein musste, gleichsam als gekaufte hin. Später ward noch eine siebente Person (der Antestatus) erwähnt (s. Walter). Bei Cicero ward das quiritarische Eigenthum häufig mancipium genannt (später dominium). Der Mancipation und gerichtlichen Cession zur Seite stand die Erwerbe-Art der Usucapio. Justinian hob den Unterschied (zwischen quiritarischem und natürlichem

nicht nothwendig. Die Tradition allein bewirkte nur ein factisches Innehaben, kein Eigenthum, sondern dieses blieb beim Tradirenden zurück. Andere Sachen hingegen wurden schon völlig durch blosse Tradition alienirt. Die Sachen, die in der Form des Mancipiums veräussert werden konnten, waren folgende: Liegenschaften auf italischem Boden (sowohl Grundstücke [1]), als Häuser), ländliche Grundgerechtigkeiten, Knechte, dann Ochsen, Pferde, Maulthiere, Esel (res mancipi).

Eigenthum) auf, so dass jeder an seine Sachen ein volles echtes Eigenthum haben sollte. Die Aufhebung des Unterschiedes der mancipationsfähigen und nicht fähigen Sachen, insbesondere der italischen und Provinzialgrundstücke lag darin von selbst, und die theoretische alte Ansicht von einem an Letzteren Statt findenden Staatsobereigenthum fiel nun weg. Auch zwischen bürgerlichem und dem quiritarischen Eigenthum war jetzt kein Unterschied mehr. Ferner trat dadurch die Tradition überall an die Stelle der quiritarischen Uebertragungsformen (Walter). Einzelne Rechte des Eigenthums können davon getrennt und einem Anderen so übertragen werden, dass dadurch ein bleibendes unmittelbares Rechtsverhältniss zu einer fremden Sache entsteht. Ein Fall dieser Art ist, wenn einem Grundstück oder Gebäude eine Gerechtigkeit zusteht, kraft welcher ein Anderer auf seinem Grundstück etwas leiden oder unterlassen muss, das er bei unbeschränktem Eigenthum verbieten oder vornehmen könnte. Solche Gerechtigkeiten oder Servituten konnten mannigfaltig sein (s. Walter). Es gab mehrere äusserlich der Pachtung ähnliche Rechtsformen, wobei aber dem Empfänger nicht wie bei der Pachtung nur ein persönliches Recht gegen den Eigenthümer, sondern ein unmittelbares Rechtsverhältniss an der Sache selbst beigelegt wurde (Walter). Bei den Erbzinsgütern, welche später vorzugsweise Vectigaläcker genannt wurden, stellte sich das Recht des Grundpächters fast wie Eigenthum dar.

1) In später Zeit wurden an die Tradition der Sachen, die vollständig nur in einer quiritarischen Form veraussert werden konnten, für den Erwerber Wirkungen geknüpft, die dem quiritarischen Rechte ähnlich waren. Es entstand nun eine Theilung und eine Art von doppeltem Eigenthum, so dass eine Sache zu gleicher Zeit bei dem Einen im quiritarischen, bei dem Anderen im natürlichen Eigenthum sein konnte. Die dem römischen Reich unterworfenen Peregrinen waren freilich römisches Eigenthum zu haben unfähig, doch aber wurde ihnen ein Eigenthumsrecht beigelegt (Walter). Ebenso fand in dem Provinzialboden kein Nexus und Mancipium, ja nach streng juristischer Ansicht nur ein Benutzungsrecht Statt, doch wurde selbst dabei im natürlichen Sinne von Proprietät, Dominium und Vindicationen gesprochen. Nach der Constitution des Caracalla kam das, was im Eigenthumsrecht mit jenem Unterschied der Personen zusammenhing, selten mehr zur Sprache, der Unterschied des italischen und Provinzialbodens dauerte aber fort. Seit Verbindung der Römer mit den Sabinern des Mettius Curtius aus Cures (prisci Quirites) wurden die Römer auch Quiriten (Curis oder Quiris im Sabinischen) oder Speerleute genannt. Aetolia hiess Curetis von den Cureten aus Euboea. After the irruption of Nadir Shah, when every thing was thrown into confusion, when the Viceroys threw of all obedience to the Emperor, and when their deputies, the Nabobs threw of all obedience to them and usurped their power, the Zemindars (with the sunnud or office of collecting the revenue under a grant, prescribing certain stipulated duties) in their turn assumed rights and privileges (claiming an hereditary succession). All the great and many of the middling Zemindars procured for themselves the title of Rajah (of ancient nobility).

Alle übrigen Gegenstände waren des Mancipiums unfähig (Walter). Unter Manssa Mussa († 1331 p. d.) besass Melle [1]) eine doppelte Regierungsform, eine politische (der südlichen Provinz Farana Ssura und der nördlichen Provinz Ssangharsurma) und eine nationale (mit 12 Häuptlingen in jeder der drei Provinzen Kala unter dem Statthalter Wafala-Ferengh, Bennendugu und Ssarbadugu) nach Ausdehnung der Eroberungen (s. Barth).

Die Alten, die durch ihre greise Weisheit regieren, sind in der Gelwingk-Bay die natürlichen Häupter des Dorfes, im Kampfe wird der Tapferste an die Spitze gestellt, und so sind bei Creek und Cherokee die Räthe im Frieden und die Kriegführer getrennt. Ueberträgt sich die oberste Macht auf die (dann bald erbliche) Würde eines Einzelnen, so wird von seiner Klugheit Schutz gegen alle Uebel (ausser den aus körperlicher Uebermacht herrührenden, denen mit roher Kraft geantwortet werden muss) erwartet und ihm bleibt es also überlassen, auch mit der unsichtbaren Welt durch Opfer Verträge abzuschliessen, und die wohlwollende Mitwirkung derselben für Erhaltung des Gesundheitszustandes und günstige Ernte unter seinem Volke zu erlan-

1) Die Massufa, die höhere Einwohnerklasse von Melle, hatte in dem auch von Leuten aus Mima und Tuareg (Molathemin) bewohnten Timbuctu ein eigenes Oberhaupt (zu Ibn Batuta's Zeit). Im Bornu-Reich waren (XVI. Jahrhundert p. d.) die Beamten (El Akaber el aalam oder Erbab e Duleh) oder El Omra unter zwölf Aemtern vertheilt (s. Imam Ahmed). Ali, Sohn Dunama's, brach in Bornu die Macht des hohen Beamten Keghamma, dessen Söhne den Titel Maina (Prinz) und die Tochter den Mairam (Prinzessin) führte, wie die Kinder des Königs selbst († 1505 p. d.). Nach Leo Afr. führte König Danama zuerst Reiterei in Bornu ein (1100 p. d.), indem er die Pferde von der Küste kommen liess (Barth). Les chefs des villages tiennent leur pouvoir de l'almamy (transmettant la charge de frère à frère) en Bondou. Lorsqu'il y a lieu de nommer un nouveau chef, il doit acquitter une sorte d'investiture (Raffenel). Les captifs du roi (en Bambara) ressemblent parfaitement aux leudes ou fidèles des rois français de la première et seconde race, ils commandent les armées et possèdent eux-mêmes des captifs, lesquels en possèdent aussi (Raffenel). Besides the regular governmental taxes and a multitude of heavy fines imposed for trifling offences, Young enumerates (in France) about thirty seignorial rights (1788). Der Seldschukke Iseddin (aus Rum) forderte (als Flüchtling in Konstantinopel) vom Kaiser Schinken (um sein Christenthum zu beweisen) und Amulette quae vulgaris sermo vocat Eucolpia. The government (on the elevation of Muizzuddin Kaikubad) was soon surrendered to the deputy Nizam-ud-din (in Delhi) 1287 (s. Thomas). Les Foulahs du Fouta et du Fouta-Djallon, qui avaient d'abord pour chefs des hommes de guerres, désignés sous le nom de Siratiques, ont confié depuis un siècle, la puissance souveraine à un chef religieux avec le titre d'Almamy (Raffenel) 1846. Bien superieurs à leurs voisins dans l'art de guerre, les Bambaras sont redoutables, et leur appui est sollicité frequemment, tantôt pour décider des querelles particulières de familles, comme dans le Galam et le Kasson, tantôt pour servir d'auxiliaires contres les autres peuples. L'alliance des Bambaras s'obtient par des tributs (Raffenel).

gen. Unter den Kol (Munda oder Ho) ist der Pahan mit den priesterlichen Functionen eines chinesischen Kaisers beauftragt (oder im grossen Ganzen der Rajah von Duesa, der am Marang-Buru oder grossen Jahre die Jahresopfer der Staatsreligion bringt), während ihm gegenüber die richterlichen Functionen von dem Munda versehen, dessen auf das Volk selbst übergegangener Titel auf die Beamtenklasse der Maha-Mandaleçvara von Chalukja und anderer Dekkhan-Reiche zurückführt. Eine ähnliche Zweitheilung findet sich bei den Kru, obwol dort, weil unter weniger friedlichen Verhältnissen, die kriegerischen Functionen des neben dem Bodio stehenden Häuptlings mehr hervortreten. Wie die Klasse der Zaubervögte bei den Kru findet sich in den Kol-Dörfern der Soka und Deora, als Bekämpfer der Najum (Hexen), um durch Besänftigung des Bongo mit den von weisser (oder auch von schwarzer) Magie gebotenen Mitteln das Volk vor Untergang zu bewahren. In Brasilien, wo der Stärkste an die Spitze tritt (und oft der Zweikampf darüber entscheidet), darf dieser keinen menschlichen Gegner fürchten, überlässt aber den Kampf mit luftiger Teufelswelt den darin geübten Paje. Die Guaycuras stellen im Falle eines Krieges den jüngsten Häuptling voran, während die älteren als seine Rathgeber ihn begleiten, der Häuptling der Mundrucus ist in der Schlacht (wie Amenhotep) von seinen Frauen umgeben, die die feindlichen Geschosse auffangen und die abgeschossenen zurückbringen (s. von Martius). Der Tupixabo (Anführer der Tupi) begründet sein Vorrecht auf seine Stärke und seinen Verstand, wogegen bei den Tupinambazas der Häuptling aus der Familie des Verstorbenen erwählt wurde. In Chili prüfte man die Candidaten, indem sie einen schweren Holzblock schleppen mussten. Bei den Guamos hat der Häuptling ärztliche Obliegenheiten zu übernehmen und bei Seuchen seiner Unterthanen mit Blut zu reiben.

Der mit übernatürlichen [1]) Kräften begabt gedachte Herrscher galt entweder als die Gottheit [2]) selbst, um als solche Opfer zu

---

1) Die Fürsten der Bassuto machen Regen (mittelst einer Art Antilope), vertreiben den Hagel (durch eine Knochenpfeife), verzaubern die Wege (durch quer übergelegte Stäbe), feien die Waffen, verzaubern die Feinde. Die Kimak oder Kumuken, die (nach Ibnol Werdi) im Nordosten der Taghasghas wohnen, verehren denjenigen als Gott, der über 80 Jahre alt geworden, ohne krank zu sein (s. Hammer). Der Tuitokelau, als höchster Hauptling auf den Tokelau-Inseln (auf Fakaafo residirend) war zugleich Hoher-Priester (Hales). Der Häuptling auf Vaitupu (auf der Ellice-Gruppe) galt zugleich als Gott. Les Banjars, neben den an der Mündung des Casamanza wohnenden Aiamat, die (bei den Portugiesen) Floups oder (nach den Laptot der Yoloff) Yolas heissen, sont gouvernés par un chef, qui étant à la fois roi et grand-prêtre, a de très grands privilèges (Hecquard).

2) Dem König Tamatoa wurde in Raiatea und dem Ngapuhihäuptling Shongi auf Neuseeland geopfert. Auf den Marquesas wurden Menschengöttern geopfert. In Wadai muss der dem des Sultan ähnliche Name

empfangen, oder als Repräsentation [1]) ihrer aus mythologischer Verknüpfung mit dem Uranfange Himmel und Erde verbindenden Macht.

---

geändert werden. Bei den Ashantie steht Todesstrafe darauf, vom Tode eines alten Königs zu sprechen oder von der Person, die ihm nachfolgen wird. Eschref, der sich in seinen unzugänglichen Pallast im Reschidischen Viertel (zu Tebris) zurückgezogen, hing am Thore eine Kette auf, woran der Bittsteller rasselte (s. Hammer), wie Nurschirwan [und die Glocke in Pegu]. Seit den Sassaniden waren die persischen Könige durch einen Schleier verborgen (Masudi). Der Padishah der Naiman (bis zu den Kirkiz erstreckter Steppenbewohner) sollte über Djinnen und Menschen herrschen (nach Raschiduddin).

1) El jefe de Iraca participaba del caracter relijioso como sucesor designado por Nemterequetaba, civilizador de estas rejiones, el cual llegó à ellas, segun la tradicion universal, por la via de oriente del lado de Pasca, i desapareció en Suamos, que hoi decimos Sogamoso, de cuyo punto hácia los llanos habian construido los habitantes una ancha calzada de la cual se veian todavia restos à fines del siglo XVII (Uricoechea). El Zipa habitaba en Muequeta (Funza), el Zaque en Ramiriqui (posteriormente en Hunsa ó Tunja). Die Miuscas oder Moscas (Menschen) nannten sich Chibchas von ihrer Gottheit Chibchacum (apayó i baculo de los Chibchas). In den Seminarios llamados Cuca wurden die Knaben (der Chibchas) zum Priesterstande (unter Fasten) erzogen (Uricoechea). Al principio del mundo lo luz estaba encerrada en una cosa grande que llaman Chiminigagua ó el creador, lo primero que salió de alli fueron unas aves negras (die Welt erleuchtend). Despues de Chiminigagua los seres mas venerados eran el sol y la luna. Die Welt wurde durch die schönen Bachue oder Fuzachogua bevölkert, die mit einem niño de tres años aus der Laguna von Iguaque hervorkommend, mit ihm (bis zur Mannheit) auf der Ebene lebte und dann in den Wassern des Sees verschwanden (convirtiendose en serpientes). Adoraban à Bachica (dios particular de los Usaques y capitanes y sus familias) como dios bienhechor y à Chibchacum como dios encargado particularmente de la nacion Chibcha y con especialidad de ayudar à los labradores, mercaderes y plateros. Nencatacoa (Fo ó Sorra) era el dios de los pintores de manta y de tejedores, y presidia à los borracheras y à las rastras de moderas que bajaban de los borques (el dios de la torpeza, für den man sich betrank). El Dios Chaquen tenia à su cargo los linderos de las sementeras y los puestos en las provincias y fiestas. Fieberkranke und Gebärende verehrten den Regenbogen (Cuchavira). Bochica liess Chibchacum die Erde tragen, antés sostenida por firmes estantillos de guayacan (Uricoechea). Iraca ó Sagamuxi (el desaparecido) era jefe i sacerdote elejido alternativamente de entre los naturales de los pueblos de Tobaza y Firabitoba, y por los 4 caciques Gameza, Busbanza, Pesca y Toca, que asi lo dejo establecido politicamente Nemterequetaba ó Idacanzas, el instructor de los Chibchas. Al Zaque de Hunsa estuvo sujeto todo el territorio chibcha, cuando para evitar las guerras intestinas nombró el pontifice de Iraca à Hunsahua por jefe superior, à quien sucedieron sus descendientes hasta Thomagata (gran hechicero, teniendo poder para convertir los hombres en animales). No teniendo hijos, le sucedió su hermano Tutasua. Poco á poco fueron perdiendo sus sucesores el dominio en el territorio del norte, hasta verse amenazados bajo el ultimo Zaque Quemunchatocha de ser incorporados en las tierras del Zipa de Bogotá (Uricoechea). Die Chibchas werfen ihre Opfergaben (der Sicherheit wegen) in den See von Guatavita. Die Chibchas suchten ihre Haare noch schwärzer zu färben. El heredero del Zipa era el hijo mayor de la hermana (desempeñando las funciones de usaque de Chia hasta la muerte del Zipa). Tenia muchos

Indem die weltliche Verwaltung anderen Händen [1]) anvertraut wurde, die civile (wie auf Tonga) dem ersten Minister (Tui-Hatakalawa), die militärische dem Kriegsminister (Tui-Kanakabolo), so konnte es selten ausbleiben, dass eine ehrgeizige [2]) Tubofamilie in der Gewalt des

centenares de mujeres (llamadas thiguyes), pero una sola era reconocida como esposa (Uricoechea). Solo el Zipa era llevado en andas oder ein Usaque, dem dies Privileg zugestanden wurde. Ebenso war der Genuss des Wildfleisches reservirt. Goldstreifen dienten bei den Chibchas (nach Acosta) als Geld (nach Baumwollenfäden gemessen zur Werthbestimmung) El único jefe Chibcha que proyectó construir un templo de piedro fué Garanchacha, que usurpó los dominios del Zaque, pretendiendo ser hijo del sol, concebido por una doncella de Gachetá. Esta dió á luz una huaca que se convirtió en criatura humana, la cual fué criada con veneracion hasta que, ya hombre, mató al Zaque de Hunsa y se substituyó en su lugar (Uricoechea). Nemterequetebe (Xue) à Chinzapagua (enviado de Dios) traia un barba larga y la cabellera atada con una cinta.

1) Die von Badusian (Nachkomme des Schmiedes Kjawe) in Ghilan gegründeten Beni Badusian herrschten (zu Rujan und Rustemdar) in Ghilan unter dem Titel Astandar, gleichbedeutend (in der Mundart Taberistan's) mit Scheichol Dschebal (der Alte vom Berge), welchen Namen der Grossmeister der Assassinen (der sich in Alamut mit seinem Nebenbuhler in Rustemdar bis zur Nachfolge Shehrnusch's bekämpfte) von den früheren Herrschern Kuhistans aus der Dynastie Bawend entlehnt hatte (s. Hammer). Der Vladika oder der schwarze Kalogeri (das Kirchen- und Staatsoberhaupt) heisst der heilige Herr (Sveti Vladika), als Erzbischof von Czernagora und den Berdas (Fürst von Montenegro). Chez les Arabes antérieurs à Mahomet, le cheik ou patriarche était le chef religieux de sa tribu, comme il en était le chef civil et militaire (s. Reynier).

2) Nach Ebn Said's Tode (bei Untergang der Ilchane) waren die (im persischen Reich) ausgerufenen Chane (Togahai und Sati) nur Werkzeuge in den Händen ihrer Beschützer (1340). Dann nehmen drei Titulare den Thron in Anspruch (Toghaitimur, Dschihantimur und Suleiman), während der grosse Hassan (als Ilkan, Oberhaupt des Stammes Uirat) und der kleine Hassan (der Tschobane) die eigentlichen Nebenbuhler der Herrschaft sind (Hammer). The Ibâdiyah (adopting the religious tenets of the Khawârij) disallowed the claims of the Baghdâd Khalîfahs, as well in civil as religious matters, and set up one of their own (the Imam of Omam), whom they invested with corresponding powers in both capacities (Badger). Meschnik (Haushofmeister) mochte es (in Russland) mehrere geben, wie am norwegischen Hofe die Hirdmänner, die (nach dem speculum regale) Aufseher und Wächter des Königs und seiner Würde waren. Für die letzten Könige der Toba-Dynastie regierten ihre Feldherren Hao-Chuan und Juiwyn-Chai, die sich (538 p. d.) bekämpften (s. Hyacinth). In Folge der Lehren der Taosse (und Fohisten) hatte Kaiser Toba (aus Lebensüberdruss) abgedankt, wie Toba-Chan (417 p. d.). Die Atabegen herrschten (unter dem zuerst vom Vezier Nisamolmulk angenommenen Titel) als Grosshofmeister der Seldjukiden, deren Sultane die Chalifen aus der Familie Abbas vertraten (wie früher am Hofe der Chalifen in Bagdad der Emirolumera und am Hofe der Chalifen von Kairo der Emiroldschujusch). In Persien herrschten ausser den Atabegen von Jesd noch die von Schiras (als Salghuren) und zu Darabscherd (in Fars) die Dynastie Schebankjare aus der Familie Fasluje neben den grossen Fasluje (als grossen Atabege) in Gross-Luristan und die Familie Chorschid (der kleinen Atabege) in Klein-Luristan (XII. Jahrhundert). Im arabischen Irak herrschten drei Dynastien der Atabege (von

letzteren die Executivgewalt concentrirte. Standen sich die Häuptlinge des Friedens und Krieges gegenüber, so mochten erstere [1]) zum Gegengewicht gegen die letzteren [2]) auch die Frauen herbei-

---

Mossul, Dscherine und Sindschar), während die der Atabege von Damaskus, Haleb, Aserbeidschan und Irbil (im Anfang des XIII. Jahrhunderts) bereits erloschen waren (s. Hammer). Nach Maurer hängen die alten Markvorsteher mit den Bezirkshäuptlingen und Unterkönigen zusammen, und sind wenigstens sehr viele Heradskönige, Fylkiskönige, Gaukönige und andere Unterkönige (reguli, subreguli, skattkonungar, undercyningas u. s. w.) und auch viele Bezirkshäuptlinge (principes, satrapae, eorlas und jarlar) ursprünglich blos aus den vornehmsten Geschlechtern gewählte oder auch erblich gewordene Markvorsteher gewesen. Als Nureddin von Mossul und Haleb (Herr der Atabegen in Irak) in Kairo an die Stelle des Vezier (Emiroldschujisch) als Almelekal-mansur getreten, ersetzte der (als sein Statthalter bestellte) Neffe Salaheddin (nach dem Tode Adhadlidinillah) an die Stelle des Gebetes der (in Verehrung Ali's ismailitischen) Fatimiden (in Egypten) das für die Abassiden. Hassan (Mohamed's Sohn), als Grossmeister der Assassinen, erklärte sich selbst für den Iman (statt Einlader zu demselben) und verkündete die Aufhebung aller Verbote und Glauben im Islam (1103 p. d.). The Zimbos worship no god nor idol, but their king, who is god of the earth and shoots against the sky to make it rain. Ist die Absetzung des durch die Stammhäupter der Poulhs erwählten Almamy (Imam) beschlossen, so wird es ihm durch das Geschrei der Kinder verkündet (Mollien). Als die Würde des Königs (auf Nive oder Savage-Island) bei einer Hungersnoth abgeschafft war, bekamen die Familienhäupter die Regierung (Turner).

1) Die Tsun-i-qua oder alten Leute bilden die Häupter in jedem Dorfe der Papua (auf Neu-Guinea), die beim Krieg den Tapfersten (Mardi) an die Spitze stellen. Die Sago-Wälder werden von Jedem nach Bedürfniss benutzt, reducirt sich aber die Zahl der Bäume, so pflegt ein Eigenthumsrecht darauf gelten gemacht und eine sorgsame Fortpflanzung angewandt zu werden. Die Sioux haben zwei Häuptlinge, Einen für den Frieden und Einen für den Krieg. Jede der sieben Mutterstädte bei den Cherokee, wählte einen König (bei dem nur die Abstammung von mütterlicher Seite in Betracht kam), und unter diesen Königen selbst war wieder Einer der höchste). Suevi quorum non una ut Chattorum Teucterorumve gens (Tacitus). Wenn eine civitas, als solche (somit der Stamm, z. B. der Cherusker) Krieg führt, dann wurden magistratus für die Dauer des Krieges gewählt, im Frieden aber besteht (nach Caesar) keine gemeinsame Obrigkeit, sondern principes regionum et pagorum inter suos jus dicunt atque controversias minuunt, die Vorsteher der einzelnen pagi und regiones, welche zusammen die civitas bilden, walten des Rechts, je in ihrem pagus (s. Dahn).

2) The authority of the Sachem (chief warrior) does not extend to civil affairs, that pre-eminence belonging to another, who possesses it by a kind of hereditary claim (Turnbull). Nach Strabo war es medisch, die Tapfersten zum König zu wählen. Im Frieden war die Häuptlingswürde bei den Germanen unbestimmt (nach Caesar). The office of the Makaga (the bravest and best hunter among the Camma) is to lead in all desperate affairs (du Chaillu). Bei den Bassuto steigt das Ansehen des Sohnes (als Häuptling) in dem Maasse, als das des Vaters sinkt (s. Wangemann). Der assyrische König ist von den Beamten als Kriegsführern umgeben (meist bartlosen Verschnittenen). Neben den weissen Städten (Asyle mit immerwährendem Feuer) hatten die Creek rothe Städte. Die Taini (der Antillen) setzten ihre Kriegsgötzen (Bugi und Aiba) bei Kriegen dem Feuer aus und wuschen sie mit der Saft der Yuca. Die Mutter des un-

ziehen [1]). Die Heiligkeit des der Gottheit gleichgestellten Herrschers liess seinen Tod [2]) als eine gewaltige Katastrophe erscheinen, die das gesammte Land mit allen Geschöpfen darin strengster Trauer unterwarf, wie in Congo, und eine neue Residenz suchen liess für die alte, wie solche auch in Birma beim Fortzuge des Königs nach glückbringendem Boden dem Verfall überlassen sind. Nach der Tradition der Neger von Akra gab es unter dem alten Reiche von Benin keinen Krieg. Diebstahl kannte man nicht, die Ernten waren reicher, es regnete zur rechten Zeit. Zwei Vornehme verliebten sich in Ashante in ein Mädchen, und als es ihrer Entscheidung überlassen wurde, entführte sie Aquamboe, der von ihr verworfen worden war, und flüchtete in den Schutz des Königs von Akra, als Stammherr der Nation der Aquamboer [3]). Sein Sohn wurde von den Akraern in dem

---

sterblichen und unsichtbaren Wesen (Jocahuna oder Gua-maóconon) hiess (auf den Antillen) Atabei (oder Jemao oder Guimaco) oder Guaca (Apito), als ohne Anfang (nach Roman Pane). Jouanni bezeichnet (bei den Inselcaraiben) Seele (Leben) oder Herz. Die Häuptlinge und die Priester (Boitis) standen dem Cultus der Zemes (Chemis oder Cemes) vor (auf den Antillen). Der Steinblock in dem Ring aus Granitsteinen (Cercado de los Indios bei S. Juan de Maguana) trägt die Sculptur einer menschlichen Figur. Wie in Mexico und Guatimala sind auch in Haiti die Höhlen die Geburtsstätten oder Ausgangsorte der Völker. Die in die Wände der Grotte von Dondon eingegrabenen Götzenbilder bezeichnete sie als einen heiligen Ort. Ueber die kleinen Antillen kamen die Aruac und sonst gemischte Horden nach Porto Rico und Haiti, sich auch zwischen den Cibuneys von Cuba und den Bahama-Inseln niederlassend.

1) Durch die Mon-yo-Ceremonie erklärt Einer der Häupter des Stammes eine ältere Frau zur Moyran (Grossmutter), worauf sie nicht länger zu weiblichen Arbeiten gezwungen und nicht entführt werden darf, aber auf die Beschlüsse Einfluss übt, und Kämpfer trennen kann, indem sie ihnen die Spitzen der Speere abreisst (in Australien). Bei den Awashonks herrschte ein Sqaw-Sachem (ein Weiberregiment), ebenso zeitweis bei den Narraganset und Sogkonates. Mit der Wittwe eines Häuptlings erwirbt ein Guanas die Würde (Rengger). In the kingdom of Agonna (on the Gold coast) the custom prevails for a woman to govern (W. Smith) 1745. Der Tupixaba (Häuptling) Cocui (unter den Manao) sollte die entführten Weiber seines Stammes später gemästet und aufgefressen haben (Martius).

2) It is general (on the lake Anengue) for the people to leave their town, if the chief dies under suspicion of having been bewitched (du Chaillu). Die Bakalai verändern die Dörfer fast nach jedem Todesfall. The deceased's hut is always forsaken, and if he was the owner of a village or kraal, that is allowed to decay, such deserted hut or kraal being called idulaka (among the Kaffirs).

3) Als der junge König von Aquamboe zu seinem Volke zurückkehrte, wurde er als beschnitten (Akotja oder Verstümmelter) verachtet und deshalb verlangte er von den Akraern seine Vorhaut zurück. Die Aquamboer verbanden sich mit den Völkern von Agona und Akkron (indem sie ihnen Kästchen mit Gold versprachen) und besiegten die Akraer, von deren Königsfamilie nur die Schwester des Königs mit zwei Kindern und einigen Sklaven entrann (nach Kleinpopoe, wo sie Stammmutter der dortigen Könige wurde), da die Aquamboer den Agonaern und Akkraern Kasten mit Steinen

Fetischdienst unterrichtet und beschnitten. Eben vor dem Tode des Königs von Akra kamen die Portugiesen mit Branntwein, Säbeln, Pulver und Flinten, das Reich von Benin zerfiel und die Vicekönige wurden unabhängig. Der Nachfolger des Königs von Akra machte sich durch seine Tyrannei verhasst.

Nachdem der König der Mundas, als Rajah von Chota Nagpur, die Weihen des Hinduimus durch die Brahmanen erlangt hatte, massten sich seine in die Bezirke als Verwalter gesandten Verwandten, die jetzt in höherer Kaste über dem Volke standen, ein Eigenthumsrecht auf den vorher den Bebauern gehörigen Boden an, und als später bei den daraus folgenden Landstreitigkeiten die (aus der die Kastenunterschiede aufhebenden Secte der Kabirpanth) zum Christenthum Uebergetretenen bei den Missionären (unter englischer Verwaltung) Schutz vor den Beamten fanden, so entstand die Ansicht, dass im Christenthum die gehoffte Zeit der Wiederherstellung alter Rechte gekommen sei, und die Zahl der Bekehrten mehrte sich in den Dörfern der Khol (wie sich in Mexico und Peru nach Ankunft der Europäer Sagen über das alte Recht ihrer Herrschaft anknüpften). Hätte jener Rajah erobernde Kriege geführt, so würde sich aus den Kschatrya ein Lehnsadel herausgebildet haben, von dem der Adelstand seiner Verwandten ebenso zurückgedrängt sein würde, wie der des Mikado in Japan oder die mit dem Tuitonga auf Tongatabu lebenden Edlen von dem Gefolge Finau's. Die vornehmsten Familien stellen dann die Wahlherren [1]), wie am Hofe des Almamy in Foutatoro. Die sieben

---

statt mit Gold gaben. Die Ashantis gründeten nach Besiegung der Intas ihr Reich, der König gehört zur Familie der Annonna (Papagey), die Aquonna (Büffel), Enonna, Intsetwa (Hund) und Tschwidam (Panther), sind die Patriarchenfamilien (der zwölf Stämme) und führen den Vorsitz, die Namen der Familien stammen von den Thieren oder Pflanzen, deren Genuss sie sich versagen. Sai Tutu gründete Comassie. Der König von Akim sprengte sich mit seinen Räthen in die Luft. Quatschi Quosi, Feldherr des Sai Quamina (1785), nachdem er den Ofusu, König der Akimer besiegt, machte sich ein Bild desselben, um davor höhnisch zu tanzen. Als König Odrasie von Banda von den Ashanties besiegt war, liess er einer Frau den Bauch aufschneiden und seinen abgeschlagenen Kopf hineinstecken. Aber durch Verrätherei wurde es entdeckt und sein Schädel an die ashantischen Trommeln befestigt. Sai Quamina durch seine Mutter entsetzt, da er nicht zum Yamfest kam (wegen seiner Geliebten Gyawa) und in den Wald verbannt (1793). Sai Tutu Quamina folgt Sai Apoku 1799. Era costumbre que una vez casado el primer varon del rey, este abdicaba el mando en el y quedaba como un particular (en Rapa nui ó isla de Pascua).

1) Les trois principaux seigneurs, qui doivent nécessairement se trouver à l'élection du Roi de Congo, sont Mani Eleffunda, Mani Batta et le Comte de Sogno (Labat). Ee, Honda, Sakakibarra and Sakai (who elect the successor, if the Kubosama or Shiogoon dies childless) are known as the Si Ten wo (four heavenly Emperors). Bei den Mexicanern musste der König einer der vier Ordensverbindungen (Tlocohecalcatl oder Fürst vom Wurfspeer, Tlacatecatl oder Menschenzerstücker, Ezuahuacatl oder Blut-

Klassen ¹) des Verdienstadels bilden mit der kaiserlichen Familie oder dem goldenen Stamm die Pa-i oder acht Privilegien (von der gewöhn-

vergiesser, Tlillacalqui oder Herr des schwarzen Hauses) oder Ditados angehoren, die den hohen Rath bildeten. Il y a dans chaque royaume (Loango, Kakongo etc.) une famille ou une classe de Princes, car ils sont en grand nombre, et ils ne connaissent pas assez l'ordre de leur généalogie, pour savoir, s'ils ont une origine commune, il suffit d'être prince pour avoir le droit de prétendre à la couronne, et il faut l'être nécessairement pour posséder certains fiefs nobles, qui en relèvent plus immédiatement. The Somo-somo-canoes coming to Mbau, the men (of the rat-god Ng-gurai) have to shout the Tama (the reverential salutation of an inferior to a superior). Les chefs Bassoutos ont généralement auprès de leurs personnes deux conseillers supérieurs aux autres, et qui sont aptes à remplacer le souverain lorsque l'occasion l'exige. On les désigne sous le nom de Monemotse ou maîtres de la ville (maîres du palais). On les appelle aussi les yeux, les oreilles et les bras du chef. L'un est le premier guerrier de la tribu. D'autres personnages importants (banna ba Khothla ou les hommes de la cour) assistent journellement aux délibérations et remplissent les fonctions de jurés (Casalis). Les principaux ministres (du roi de Loango) sont le Ma-ngovo (le ministre des affaires étrangères) et le Ma-npantou, le Ma-kaka (le ministre de la guerre), le m'Fouka (le ministre du commerce ou le Mafouque), le Ma-Kinba (ou le grand-maître des eaux et forêts), le Mani-banza, le Mani-bele etc. (Poyart). Um über die Wahl einer Kaiserin oder eines Nachfolgers zu entscheiden, gossen die Tobaer das Bild aus Gold, um zu sehen, ob es sich rein abforme (Hyacinth). Moteassem (die Kleidung der Türken am Hofe einführend) gestattete den Türken (die bereits Mansur in Statthalterschaften zu Steuerdiensten statt der Araber verwendet hatte) Zutritt in den Staatsrath. Seitdem manche Türken-Familien sich der Oberkämmererstelle erblich bemächtigt hatten, fielen die Chalifen, Opfer ihrer Rache, durch Gift oder Schwert. Gurgjan (grosser Padischah) heisst (Neili), wer aus dem Stamme Tschengis-Chan's ein Mädchen zur Frau nimmt oder wer in seinem eigenen Stamme Shah mit zwei Monarchentöchtern vermählt ist (s. Hammer). In der goldenen Horde (Sirorda oder Tschaghatu wangatu) heissen die Söhne des Herrschers Schahfade, alle Prinzen vom Geblüt Nujan (Noin), die älteren Prinzen Akawin (Oheime oder Neffen), die jüngeren Inan [Inal]. Die Tarchane waren (als Hochpriveligirte) von allen Abgaben frei (s. Hammer). Die Fürsten (Emir oder Beg) hiessen (wenn einem Ulus vorstehend) Taischi (Taisan bei den Taugasen oder Taghasghas) oder Taidschu (der Hiognu). Die Oberhofmeister hiessen Atalik.

1) Ein Mandarin darf nicht in die Familien des Ortes heirathen, wo er als bürgerlicher Beamter fungirt. La diminution du rang se fait d'un degré à chaque génération (dans la famille de l'empereur). A la septième génération, l'aîné de ces branches n'est plus qu'une simple „ceinture jaune", les autres se trouvent purement et simplement jetés dans la classe des citoyens vulgaires (Girard). La première forme (de gouvernement), dont il soit parlé dans l'histoire est le gouvernement monarchique (Goguet). Jean III. créa un livre généalogique (rodoslovnoia kniga) où l'on inscrivit, à côté des anciennes maisons apanagées, les familles des Boyards de Moscou (Dolgorouky). Par l'institution Mestnit chestvo (abolie 1682) on vit les descendants de Rurik et de Guédimine confondus à la cour avec les descendants des anciens serviteurs de la maison de Moscou. Toute distinction ou appellation tendant à rendre une classe quelconque des sujets de l'empire inférieure à une autre classe à raison du culte, de la langue ou de la race, sera à jamais effacée du protocol administratif (nach dem Hatti-Humayoum) 1856. Abderahman (or Almanzor) who founded a kingdom in Spain of the pro-

lichen Gerichtsbarkeit ausgenommen). Die erste Klasse der Einwohner besteht aus den Quitolos [1]), die andere aus den Muzias (Dienern). Ausser

vinces which had been subject to the Khalifs, promoted intermariages between Christians and Mahomedans, but the conquering Turks hold their subject Greeks as captives. On ne connaît des nobles (en Loango) que des princes, et la noblesse ne se communique que par les femmes, ensorte que tous les enfans d'une mère Princesse sont Princes ou Princesses, quoique nés d'un père roturier, comme au contraire les enfans d'un prince, et même ceux du roi, ne sont pas nobles, à moins que leur père n'ait épousé une princesse, ce qui n'arrive presque jamais, parceque les Princesses, ont le privilège d'obliger leurs maris à n'avoir qu'une seule femme, et que les Princes et les Rois aiment mieux pour l'ordinaire n'épouser que les roturières, et voir finir en eux leur noblesse, que de renoncer aux droits de la polygamie (Payart). The Arabic Mustarab (Mozarabe) means a man, who tries to imitate or to become an Arab, in his manners and language, and who (though he may know Arabic) speaks like a foreigner (Gayangos). Many of best and most illustrious among the Arabian tribes left the tents of their fathers and settled in Andalus (according to Al-Makkari). Die reine Geschlechtsfolge (Neseb) ist die arabische Legitimität der Wüste (s. Hammer). The inhabitants of Uruguay are now composed in great part of the Europaean race, negroes, Indians and a mixture of the three. Most of the latter are the Tapes, a tribe civilized by the Jesuits. A few only remain of the fierce and warlike race of the Caruas (1845). The country people bear the common title of Gauchos, but, applied correctly, it means the illbred, uneducated inhabitants of the estancios, who consist of the lowest class of Spanish descendants and of the Mestizos, inclusive of the civilized Indians (Horner). Les Chinois prétendent que le croisement des races donne une progéniture plus saine, un corps plus solide, une vie plus longue, une santé plus robuste et d'autres avantages encore (s. Masudi). Les gens d'une tribu ne se marient pas entre eux (Meynard).

1) Zu den Quitolos (oder Vambires), die (als Adel) den Hof des Muata zusammensetzen, gehören (ersten Ranges) der Muana-Buto (Kronprinz), Calulua (Onkel des Muata), Suana Murapue (Neffe des Muata), die Nine-Amuana (Mutter des Muata), die Nine-Ambaza (Schwester des Muata), der Muanempunda (General), der Muaniancita (Strassenindendant und Richter). Die anderen Quilolos (oder Fumos) zweiten Ranges bewahren die einzelnen Kleidungsstücke des Muata auf, dann der Fumo-Aluvinda (Inspector der Bauten), der Fumo-Anseva (Beaufsichtiger der Fremden), ferner der Caquata (Polizeichef), unter dem der Cata-Mata (Ohrenabschneider) steht. In jeder Strasse findet sich ein Muhine (Richter), der für Alles verantwortlich ist, doch können die Partheien an den Muaniauuto und dann an den Muata selbst appelliren. Der Wille des Muata ist Gesetz, er legt beliebig Tribut auf. Die Cazember stammen von den Messiras (Eingeborenen, die noch isolirt auf der Insel des Mofo leben und nur bei Festlichkeiten am Hofe erscheinen) und den Campocolos (den von Westen eingedrungenen Eroberern) ab. Die Cazember glauben an einen Schöpfer aller Dinge (Pambi), der jedoch ihren Zaubereien sich fügen müsse. Der Muata hält sich für unsterblich (mittelst seiner Zaubereien) und schreibt den Tod seiner Vorgänger nur dem Mangel an Vorsicht zu. Kein Nachfolger (Macana-Buto) ernannt, um nicht durch ihn behext zu werden. Nur der Muata besitzt einige hölzerne Idole, die das Gute und Böse vermitteln sollen. Wenn ein Krieg unternommen werden soll, wird Einer der verstorbenen Muatas angerufen, dem dann auch die Schädel der Erschlagenen dargebracht und die Gefangenen geopfert werden. Die verstorbenen Muatas verkehren mit den lebendigen und wandern bei Nacht umher. Die Messira-

dem politischen, nicht persönlich unfreien [1]) gab es in manchen griechischen Staaten einen leibeigenen, an die Scholle gebundenen Bauernstand, wie die Heloten (in Sparta), die Penesten (in Thessalien), die Mnoiten, Klaroten, Aphamioten (auf Kreta). Im Reiche der Almoraviden war der Emir Almumenin der Oberfeldherr. Seine Statthalter oder Wali waren zugleich die Feldherren der ihnen untergegebenen Heeresabtheilungen, selbst die Kadi oder Richter in den einzelnen Städten waren zugleich Kriegsanführer. Die meisten der am Hofe

---

Sprache ahnelt der Muiza-Sprache, aber am Hofe wird die Campacolo gesprochen. Der Cazembe wird von Osten zum Handel von den Muizas und Impoanes (Mauren von Zanzibar) besucht. Wenn dem Muata eine Frau gefallt, lasst er sie holen und foltern, um zu wissen, mit welchen Männern sie Umgang hatte, die dann getodtet werden.

1) Als Nachkommen der unterjochten Bevölkerung (besonders perrhäbischen und magnetischen Stammes) hiessen die Penesten (in Thessalien) Thessalikten, da sie sich verglichen bei der Eroberung (wahrend die äolischen Bootier auswanderten). Ausser Abgaben von dem bebauten Land hatten sie Kriegsdienste zu leisten, durften aber von ihren Grundherren weder getödtet noch aus dem Lande geschafft werden. Einen ähnlich unterthänigen Bauernstand bildeten in Argos die (leichtbewaffneten) Gymneten, in Sikyon die (keulentragenden) Korynephoren. Die Griechen in Unteritalien hatten die pelasgischen Nachkommen in Leibeigenschaft versetzt. Die leibeigenen Killikyrier bestanden aus Sikelern in Syracus. Von den Byzantinern (megarischen Colonisten) waren die umwohnenden Bithyner in ein abhängiges Verhältniss gebracht, ebenso von den Ansiedlern zu Heraklea am Pontus die Mariandynen, als (Abgaben zahlende) Dorophoren. Die das Land bebauenden Theraponten auf Chios waren für Geld aus den Barbarenlandern gekaufte Sklaven (Schoemann). Einer Phyle und in derselben einer Phratria oder einem Demos (Gau) anzugehören, war überall wesentliches Merkmal und Bedingung des Bürgerthums, und begründete auch da, wo in Beziehung auf Theilnahme an der Staatsverwaltung sehr ungleiche Berechtigung Statt fand, doch wenigstens Theilnahme an anderweitigen Befugnissen privatrechtlicher oder sacraler Art, von welchen die nicht in jenen Abtheilungen begriffenen Landesbewohner ausgeschlossen waren. Diese letzteren waren zum Theil persönlich frei und politisch auch nur insofern unfrei, dass ihnen die Theilnahme an der Regierung des Gesammtstaates, dem sie zugehörten, versagt war, obwohl sie in Vereinigung zu Communen für ihre eigenen Angelegenheiten eine gewisse Selbstständigkeit bewahrten (zu Abgaben und Heeresfolge verpflichtet). In Sparta bildeten sie die Periöken, und in ähnlichem Verhältniss scheinen im argivischen Staate die Bewohner von Tirynth, Mykenä, Orneae u. s. w. gestanden zu haben (Periöken oder Orneaten genannt). Von dem herrschenden Volk der Thessaler abhängig waren die Perrhäber, Magneten, phtiotischen Achäer, Mallier, Oetier, Aenianer, Doloper zu Abgaben und Leistungen verpflichtet, von der Verwaltung des Gesammtstaates aber ausgeschlossen (doch führten sie Kriege für sich und gingen Bündnisse mit Auswärtigen ein). Solon nahm die als Orgeonen (Cultgenossen) neben den im Gegensatz zu diesen Neubürgern als Homogalaktes (Milchbrüder) bezeichneten Genneten in die Phratrien auf (s. Philippi). Seit den Reformen des Klisthenes bestanden die Phratrien nicht mehr als politische, sondern nur noch als kirchliche Corporationen, als Cultgenossenschaften (s. Schoemann). Die Götter, die von den Geschlechtern in Privatkulten verehrt wurden, hiessen *ϑεοὶ πατρῷοι*, ihre Culte sind *ἱερὰ πατρῷα* (von den Ahnen auf die Nachkommen vererbt).

und in den Provinzen angestellten Beamten [1]) waren aus den kriegerischen Stämmen Lamtuna und Gudala (wie die Almoraviden selbst).

---

1) Der König von Benin ist von den drei Staatsbeamten oder (nach Dapper) Grossviadores umgeben. Dann folgt der zweite Stand der Are de Roes oder Strassenkönige, aus denen die Statthalter besetzt werden. A chief of inferior rank salutes his superiors hand, and not his face (in den Fiji). Theudalinde bot ihrem erwählten Gatten (unter den Longobarden) den Mund zum Kuss, statt der Hand. Die Insulaner von Vuna zeigen Ehrerbietung gegen Mbau und erhielten sie von Somo-somo. The Khan of the Krim Tatars (approved by the Othman Sultan) was always the eldest male of the Guerrai family (descended from Gengis Khan). The council was composed of the four eldest persons of four families (Sherin, Baron, Mansur and Sigevut) with the title of Bey (Beg). These was another state, composed of the Mursas or proprietors of land, who considered themselves (as gentlemen or nobles) as a different class from the people. The peasant or country people, who formed the body of the nation, were free. There was another class of the people, who dwelled in cities and towns (who paid no rent for the ground). The courtiers (Kapukhalki) were appointed by the Khan (s. Eton). The peasant, who farmed a piece of land for agriculture or pasture, paid to the owner (Bey or Mursa) 20 % of the produced for rent, or 10 % (if the land was his own) to the bey or mursa, in whose district it lay. The peasant disposed of his property as he pleased (if dying intestate, the law of the koran decided the succession). The eldest sons of the mursas inherited their father's lands (and not the eldest males of the family as was the case with the beys). In matters of general concern the Khan assembled the mursas as well as the four beys. Die sieben ersten Prinzen von Geblüt setzten den grossen Khan ein, und diese Staatsform ist die Vorläuferin der goldenen Bulle Karl IV. (Hammer) in den sieben Churfürsten. Der Herrscher von Cayor hat das Recht über Leben und Eigenthum seiner Unterthanen, die sich Sklaven des Damels nennen, das Königreich ist indess eine Art von Feudalverfassung (Mollien). Die Regierung des Burb-Jalof (mit einem Vorrang über die anderen Könige) ist feudalmässig. Der in die Zweige der Eheli und Ergnna getheilte Stamm der Awar (im Kaukasus) wurde von jeher durch seinen erblichen Fürsten regiert, der allezeit unter dem Namen Awar-Khan bekannt ist. Er wird auch Nar-Khan, Leksi-Khan und nach mongolischer Mundart Hiung-Zag-Khan (grosser Völker-Beherrscher) genannt (Reineggs). Auf den Ariki-Tabu oder heiligen Häuptling (auf Tukopia), der (als Kafeka) im Bezirk Lavenha residirt, folgt der Tafua (im Bezirk Namo), dann Fan-harere (im Bezirk Uto) und weiter Taumako (im Bezirk Fäa). Der Hohepriester (Tauradua) ist dem ersten Häuptling beigeordnet. Katobsa, Häuptling der Bambini (Zweig der Banyai), der Nachfolger des Kaisers von Monomotapa, erkennt (mit Boromo, Nyampungo, Monina, Tira und Susa) die Oberherrschaft des Nyatewe an, der alle Besitzstreitigkeiten zu schlichten hat. Häuptling Suba, Nachbar des Häuptling Mai, lässt aus Furcht vor Neuerungen weder Flinten noch einheimische Händler zu. Die herrschaftlichen Beamten hatten auf den königlichen Villen (ausser anderem Geflügel) zur Zierde (pro dignitatis causa) dienende edlere Thiere (Etlehas) zu halten (Capit. Car. M.). Die von Timur verliehenen Vorrechte der Tarchane oder Freiherren (Freiheit von Abgaben und freier Zutritt) dauerten sieben Jahre (1391 p. d.). Les gwrdas ou boni (da) homines (gwr) étaient les coadjuteurs des deux vieillards ou sénateurs (dans les lois d'Hoël), placés à la droite et à la gauche du roi (de Courson). Sagibarones (dans la loi salique) est traduit par quasi senatores (par Pithou).

Die almoravidischen Prinzen, die nicht zur Regierung gelangten, wurden mit Statthalterschaften bedacht, und der vornehmste derselben (mit dem Titel Naib oder Statthalter) war der in Spanien (Aschbach). Die Bewohner der Mongolei werden in drei Klassen [1]) (Adel, Soldaten und Geistlichkeit) getheilt. Die persönlichen Fürsten und Taizri machen den Adel aus, als die eigentlichen Gutsbesitzer, welche theilweise über die Ländereien der Theilfürstenthümer sowie über die auf diesen Ländereien lebenden Menschen gebieten. Diese sind nichts anderes, als halbfreie Militär-Ansiedler, die verbunden sind, sowohl ländliche Frohn-, als auch Kriegsdienste zu leisten. Die Unfreien oder Sklaven (von Kriegsgefangenen stammend) machen die eigentlichen Gutsbauern ihrer Gebiete aus (s. Hyacinth). Neben den Guten Joloff (dem Adel [2])) unterscheiden sich die Kasten der Tug (Schmiede),

---

1) Dividise a nação (dos Guayacurus) em nobres soldados e escravos (Vasconcellos). Die Creek hatten weisse Städte (als Friedensorte) und rothe. In Sparta hiessen die Vollburger der Gerusia gegenüber und von ihr verschieden Δάμος (δῆμος), obwol die Geronten aus ihnen gewählt sind (s. Loebell). Les Romains avaient trois degrés des citoyens, ingenuus (né de parens libres), gentilis (qui avait familiam et gentem), patricii. Neben den Stuben und Zünften von Grossbasel, in welche auch die Kleinbasler aufgenommen waren, bildeten sich (seit dem XIV. und XV. Jahrhundert) drei Gesellschaften in Kleinbasel, die Gesellschaft zum Rebhause, zum Hären (Fischgarn) und zum Greiffen. Jeder in Kleinbasel ansässige Mann musste sich in eine dieser Gesellschaften aufnehmen lassen (s. v. Maurer). Die Bauerbänke hiessen früher Geburschaften oder Gebuirschaften (in Köln). At Wootair dwelt a cunning artist (of the Tschuktschi), whose skill in sculpturing ivory was the praise throughout the country. One man made whip handles well, another produced the best thongs, and so in all things, chaqu'un à son métier. La population des villes ne saurait être ancienne, parceque les villes eux-mêmes (matériellement parlant, sont toujours jeunes (Gobineau). Dans ces villes incessamment renouvelées la population l'est aussi constamment (en Perse). La cour (du roi ou du gouverneur) est le noyau.

2) In Bambara bilden die Kourbaris (Manassis königlichen Geblüts, als Dorfhäuptlinge), Diavaras (das Herrschergeschlecht von Sego), und Kargoros (ein Zweig der Serrakolet) eine Rathsversammlung, dem König (mit einem geheimen Rath von Kriegsführern) gegenüber. Das Volk besteht aus Schmieden (unter eigener Gerichtsbarkeit), Lederarbeitern und Griots. Die Kasten der Weber und Serrakolets (Handelsleute) sind nicht geschlossen. Bei den Osagen war das Volk getheilt in Krieger, Köche (Ausrufer) und Aerzte. Der Diwan (Taluba) der Logone entspricht dem Nogona von Bornu (Barth). The father-in-law and mother-in-law may not eat their son-in-law's milk. The bride elect cannot eat milk at the lovers kraal, until she is actually married. Neither can a suitor, either before or after marriage, eat it at the bride's kraal. If a lover eat milk at the bride's kraal or the young woman eat it at the suitor's kraal, it is equivalent to breaking of the engagement Those of the same house only eat each other's milk, that is brothers and sisters and cousins (among the Zulus). But the chief's milk can be eaten by any of his people, for he is as it were the father of them all; they are one house, all brethren in him. The milk of other people is termed ikwababa, a crow, that is, carrion (s. Callaway) [wie bei

Oudae (Gerber), Moul (Fischer), Gaewell (Barden). Die Weberkaste ist verachtet. Die Fulah im Senegal zerfallen in die Stände [1]) der Krieger, Marabuten, Landbauer und Fischer (s. Raffenel). Auf den Marianen unterscheiden sich drei Stände, als Adel (Matuas), Halbadel (Atchaot) und Volk (Mangatchang). Die Damara sind in Eanda (Kasten [2])) getheilt, als Ovakueyuba (Sonnenkinder) und Ovakuenombura (Regenkinder) mit besonderen Wappen (von Bäumen oder Sträuchern) und verbotener Speise (rothem Ochsen, Zieh-Ochsen u. s. w.).

Die Guaycurus tödten ihre Feinde, aber aus den unmündigen Kindern wächst [3]) die Klasse der Kriegsgefangenen auf, die durch Mischung entehren würden und (ohne Erlaubniss die nationalen Abzeichen zu tragen) nicht in den Krieg ziehen dürfen. Die Turkmanen unterscheiden den Ik oder ächten (Germani oder γνήσιοι) von den Gulan, zu denen die Tekkele gehören. Der (bei den Abipenen) unter die Höcheris (Adligen) Aufgenommene scheert sich (beim Lernen der Rangsprache) eine Glatze. Bei den Caraiben wurden die Sklaven geschoren. In Darien adelte eine im Kriege erhaltene Verwundung. Bei den Juris werden die Sklaven (aus erwachsenen Kriegsgefangenen)

der kastenartigen Abgeschlossenheit, indem jeder Nachstellungen geheimer Art von dem Anderen fürchtet, nur der Brahmane für Alle kochen kann. In späterer Zeit, wo sich diese Furcht abschleift, erhält sich das Verbot doch, doch als alter, obwohl jetzt nicht mehr verstandener Gebrauch, für diejenigen Fälle, wo es am häufigsten hätte gebrochen werden können, und deshalb auch besonders zur Beachtung kam, nämlich bei Verbindung zweier Familien zur Heirath, so dass es dort nur zur Etiketten-Vorschrift wurde].

1) Out of the wars (of the Indians in the Philippnes) arose three classes of people, the chiefs of the villages, the slaves and the Timavas (enfranchised by the chiefs). The lowest class of hereditary electors, who were destitute of high birth, wealth and education, were not gentlemen (arak), although it was not allowable to call them peasants (pararzt) in Hungary (Patterson). Die Fürsten und Bildungshelden der Tolteken werden als hellfarbig und bebartet geschildert. Von Zarabistra's Söhnen werden die drei Kasten der Priester, Krieger und Bauern abgeleitet. Die Skandinavier leiteten Adel, Bauern und Knechte von Asen Heimdall ab. Die Lasen bei Trapezunt unter dem Dere-Bey (Theilherrn) unabhängig, bis durch Abdallah-Paschah von Trapezunt mit der Hoheit als Sultan. Die Bewohner Segestans theilen sich (nach Khanikof) in Dihgan oder Dorfbewohner und Keianiden oder hoher Adel, als Abkömmlinge der persischen Könige.

2) Jemshid ordnete die vier Stände der Priester (Katuzian oder Athurnan), Krieger (Nisarian oder Arthishtar), der Ackerbauer (Nusudi oder Vastryosh [Nisadr]) und der Handwerker (Ahnukhushi oder Hutukhshan [Krichiten]). Von Isatvastra, Sohn des Zoroaster, und seine durch Nebenfrauen geborenen Brüder Hoare-cithra und Uravatat-naro stammen die drei Stände (Priester, Krieger und Ackerbauer) bei den Persern (nach dem Bundehesh). Die Badhak und Sonoria sind die Kaste Verbrecher in Behar (Nembhard).

3) The people of Nchiengain's village (among the Apono) are all Bambais or Bambas, children of slaves, born in the country.

verachtet und misshandelt, wogegen die Guaycurus die Heranwachsenden als Schutzverwandte aufnehmen. Die Kasten der Anführer, Edlen und Gemeinen unterscheiden sich bei den Maupes durch die Länge des Steincylinders, der am Halse getragen wird (s. Martius). Die Kriegsgefangenen der Tupinambazes wurden an langen Seilen (und mit Beischläferinnen) versehen gemästet, bis fett genug zum Frass.

Die Bambaras, die warägischen Normannen Senegambiens, verwenden ihre Sklaven [1]) als Soldaten, wie einst die Parther, und daraus mag sich, wenn nicht wie bei den Lemigantes directer Aufstand Statt hat, der Stand der Sklaven zu einem vornehmen, wie bei den Janitscharen, oder selbst zu einem fürstlichen, wie in den Mameluken erheben; während sonst die Mischung [2]), wie bei den Gulan der Turkmanen oder den Bastarden Kastenloser im brahmanischen Indien entehrend gilt, bildet sich andererseits manchmal aus den gemischten Klassen die herrschende heraus, wie bei den Toucouleurs, oder erringt sich ein aus ebenbürtigen Kreuzungen [3]) hervorgegangenes Culturvolk

---

1) Seit in Fanta-Djallon eine Verschwörung der (früher zum Kriege verwandten) Sklaven entdeckt wurde, sind ihnen Waffen verboten und dürfen nur die Vertrauten einen Bogen oder Flinte führen (Hecquard). Auf Verhinderung der aus einem Sklavenkriege drohenden Gefahren sind überall in Afrika die Geheimbünde gerichtet.

2) Kumpru-Munda sind diejenigen, die durch Kopfscheeren in die Kaste des Stamms aufgenommen sind (bei den Kol), wogegen die Kangar Ausgestossene sind und erst durch Fasten wieder gereinigt werden. The Jatimala states the number of 42 mixed classes, springing from the intercourse of a man of inferior class with a woman of superior class (nach Colebrooke) in the inverse order of classes. Heirathen zwischen Weissen und farbigen Frauen sind in Brasilien nicht auffällig (nach Koster). Pombal erliess Gesetze zur Begünstigung der Mischheirathen in Brasilien. Kinder niedriger Personen, die in höheren Stand hineingeheirathet, wurden durch Constantin für Bastarde erklärt. Aus der Mischung eines Brahmanen mit einer Vaisjatochter entspringt die Nebenclasse der Ambachtha, die den Beruf der Aerzte betreibt. Ambactus (donné par César) répond exactement au flamand ambacht (Moke).

1) Bei Verfolgung der Inzucht (im weiteren Sinne zur Reinzucht gehörig) kann der Züchter von der Verwandschaftszucht (oder selbst Incestzucht) Gebrauch machen oder sie vermeiden. Die Blutauffrischung wird bewirkt durch Individuen einer anderen Zucht, die aber derselben engsten Gruppe von Thieren angehört, wie die eigene Zucht, mit ihr in Rasse, Schlag und Stamm daher übereinstimmt (s. Settegast). Zur Kreuzung gehört die Paarung der Individuen verschiedenen Blutes. Scare crows which were effectual fifty years ago are no longer respected by the plunderers of the cornfield, and new terrors must from time to time be invented for its protection (1864), the crows of this generation being wiser than their ancestors (Marsh). Die Natur der Wolle des edelsten Merinos, wenn die Thiere in ein südliches Klima versetzt werden, verändert sich in der Richtung, dass die Feinheit des Haares und die Dichtheit der Wolle eine Verminderung erfahren, während die Länge derselben erheblich zunimmt (Settegast). Im Genus Heliconius sind die Schmetterlingsarten H. Melpomene

den dominirenden Rang unter seinen Nachbarn. Die ihre Dynastien den Bürgern der Städte aufdrängenden Nomaden mögen früher mit ihren Heerden gewandert, und wie die Peulhs in Fouta (und die Herrero in ihren alten Sitzen) als Hirten (auch als Grenzposten oder Wächter [1])) gedient haben, ehe sie sich zu einem Eroberungszuge vereinten. Nach Zerstörung des Sourhay-Reiches bildete sich aus den Verheirathungen der Marokkaner mit eingeborenen Frauen die Kaste der Erma oder Ruma heraus (1600 p. d.), während Mulai Ismael's aus Sourhay-Negern gebildeten Truppen (1672) sich mit Frauen Marokkos verheiratheten. Die Stämme der Wandurobo und Elkonono leben in Abhängigkeit von den Wakuafi, die Wamau von den Masai [2]). Fremde

---

und H. Thelxiope (im tropischen Amerika) als gute Species anzusehen, indem sie sich nicht paaren, wenn neben einander vorkommend, aber dennoch zeigt das Auftreten allmähliger Uebergänge von einer Form zur anderen, dass H. Thelxiope nur eine Modification von H. Melpomene bildet (nach Bates). Wäre der Dachshund nur im fossilen Zustande bekannt, so würde man ihn unbedingt als besondere Art anerkennen (nach Vogt). Temperature decreases on the ascenti, but in hilly regions, the law is reversed in cold still weather, the cold ar descending by reason of its greater gravity, into the valleys (Marsh). Die Benutzung der Werthscala zur Prüfung der Zuchtthiere und als Hülfsmittel zur zweckmässigen Paarung derselben ist daran geknüpft, dass das Individuum den Typus auch wirklich vertritt, für den die Scala berechnet ist, und dass es zweitens keinen Fehler an sich trägt, der seine Geeignetheit zur Zucht überhaupt in Frage stellt (Settegast). Durch die Kreuzung von Mauchamp-Böcken in der Mauchamp-Rasse, aus Graux's Bocklamm (1828) mit Merino-Müttern gezüchtet, mit Rambouillet-Merinos entsteht die Gevrolles-Rasse und durch Kreuzung von Gevrolles-Böcken mit Leicester-Mutterschafen die Mauchamp-Leicester-Merino-Rasse.

1) With the view of protecting their property from the (robbing) Ramoossies, the inhabitants of various places deemed it advisable to employ some of them as a preventive police. This led to the institution of the village Ruckwalldar and Jaglahs (guardian or watchman), which, in the course of time, became hereditary (Mackintosh).

2) Die Wakuafi- und Masaistämme (Orloikob oder Loikob: Besitzer des Landes oder Ur-Eingeborene) leiten sich von einem gemeinsamen Vorfahren ab. Der Engai (Himmel oder Gott) setzte in der Urzeit einen Mann (Neiterkob oder Neiterukob) auf den Orldoinio eibor (Weiss- oder Schneeberg), eine Art Halbgott. Die Nachricht von diesem ausserordentlichen Wesen, das den weissen Berg bewohne, kam zu dem Mann Ndschemasi Enauner, der mit seinem Weibe auf dem Berge Sambu (südöstlich von Orldoinio) wohnte. Durch die Fürbitte des Neiterkob ward dessen Weib Sambu schwanger und gebar eine Anzahl von Kindern, die Stammväter der Wakuafi und Masai. Da, wo die Masai und Wakuafi sich auf längere Zeit aufhalten, bauen sie eine grosse Stadt Orlmaniara (im Gegensatz zu Engany oder kleineren Stadt, während eine wichtig werdende Niederlassung Enganassa heisst), in der sie mit Ochsenhäuten oder Gras bedeckte Hütten bauen und die sie mit Gruben umgeben. Die Stadt wird bewacht von den Elmoran (jungen Leuten von 20—25 Jahren) unter dem Orlkibroni oder Häuptling, der (absetzbar) in Verbindung mit dem Orleibon (Arzt, Wahrsager, Zauberer, Regenmacher und Schauer der Eingeweide) die Angelegenheiten der Wasai- und Makuafi-Republiken leitet. Die Kinder (Engera) verweilen bei den Müttern und alten Leuten (die Heerden weidend).

heissen Ilmagnati (Fremde) bei Masai und Wakuafi. Die Hausdienerschaft [1]) lässt sich (bei den Kimbunda) aus den freiwillig zu Dienstleistungen verdingten Mukuendye (die mit ihren Herren nur sitzend reden) anwerben, oder durch Pfändung (als Hafuka) und durch Kauf (als Dongo oder Pika). Nach dem Sturz der parthischen Feudalität ordnete Ardeshyr den Rang des Volkes nach Klassen [2]) oder Deredjat.

Die Knaben (Leiok von 14—20 Jahren) gehen Spielen und Jagden nach. Elmoran (wie die Kambe bei den Wanika) sind die Krieger; die älteren Leute (Ekieko) gehen in den Krieg und jagen Elephanten, als Esabuki, wenn über 40 Jahre. Die Greise (Elkidscharo oder Elkimirische) bleiben zu Hause und geben Rath.

1) Die Sofas genannte Leibwache des Königs von Bambarra wird aus den im Kriege gefangenen Kindern recrutirt (Raffenel). Nostri infimam plebem Paik et pueros servulosque Poikar appellant (Rudbek). Vika war Süd-Norwegen (nach Torfäus), wo die Picten (frauenlose Seeräuber) Pihtar oder Vihtar hiessen (s. Pinkentow). Scoti pars Saxonum, alia Saxonum manus, Picti cognominati (Avent.). Die Romänen (Olahok oder Walachen) verpflichteten sich (zu Blasendorf) durch einen Eid, zur Aufhebung des Fronwesens (Jobagismus) zu wirken (in Siebenbürgen) 1848. Mohammed Loel (in Adamaua) siedelte seine Sklaven in Rumbe (Sklavendörfer) an. Privatleute besitzen mehr als 1000 Sklaven (als in einem neu eroberten Lande) und Hauptsklaven sind wieder Herren von Hunderten von Sklaven (in den Bergen hatten sich noch Heiden erhalten). Arbeitsfähige (der Zigeuner oder Neubauern) sollen nicht als Insassen (inquilini), sondern als Dienstleute leben (in Ungarn) 1783 p. d. The poor Damaras, called Ovatjumba, are treated as inferior beings by the richer sort. Im Ungarischen wird Nador (Palatin) slavisch erklärt (na dworu, auf dem Hofe) [Eimcheming]. As late as 1775 colliers in Scotland were bound to perpetual service in the works to which they belonged (Lecky).

2) Entre les Yncas et le peuple existait un ordre intermédiaire, les Kouracas, qui se recrutaient parmi les chefs de tribus annexées. Aus der Verschiedenheit der Schädel bei den Indianern niederer Klasse (in Peru) mit den in den Guacas (wo die Herrscher begraben wurden) gefundenen Schädeln (s. Martin), wird auf die Letzteren als Aymaras geschlossen. Hamsa (Stifter der Assassinen) und Sid Battal (cid et campador), ein arabischer Held, der bei der Belagerung Constantinopels unter Harun-al-Raschid im Kampf mit den Griechen fiel, gaben den reichsten Stoff zu türkischen Rittergeschichten (Hammer). Significare potest (alp, alf) felicem (id enim Graecis est ὄλβιος) oder adjutorem (ut idem sit qui alias olf, ulf abhelfen juvare) oder heroem. Hoc sensu Turcae omnem natura fortem et robustum (s. Clod.) vocant alp (Wächter). Elb, alb, alep, aloup (en turc), athléte, héros, fort, robuste (Kieffer et Bianchi). Elbab (noyaux), coeurs, génies Hulf (hülf) auxiliator. In nominibus propriis hülf per aphaeresin effertur elf, olf, ulf, per prosthesin wolf et per literarum permutationem culf et chilp (Wächter). Athaulphus (pater juvans), Rudolphus (consilio juvans). Alp (alf) abhelfen (s. Wächter). Im russischen Siege bei Kulikow (1380 p. d.) wurden die Alpen (treue Waffengefährten) Mamai's (in der goldenen Horde) erschlagen (s. Hammer). Die Alpaut (der russischen Chroniken) entsprechen den Alpen (bei Seldschukken und Osmanen) [Albanen, Alfen, als helfende]. There was in each tribe the foumou (ifoumou or father) or aknowledged head of the clan (du Chaillu) in the Rembo-country. Every one is under the protection of some one (needing an elder to speak at the palavers for him). Any free man by bola banda (placing the hands on the head of an elder) can place himself under the protection of the patriarch

Je mächtiger [1]) ein Mambo ist, desto grösser ist die Zahl seiner Mexiras (für das Wegeschliessen oder Funga-Gira), welche er in seinem eigenen Hause aufbewahrt und denen sich Niemand nähern darf, als der dafür bestimmte Ganga, um sie (zur Zeit des Neu- und Vollmondes) einzuölen und zu essen (Mehl, Herz und Leber von Hühnern). Zum Ordeal gilt es auf glühendes Eisen zu treten oder eine Perle aus heissem Wasser zu hohlen.

---

thus chosen and thenceforward becomes one of his people [Recommendatio]. The Abogo clan of the Commi of the Fernan-Vaz supply the hereditary chief of the seacost tribe, on account of their having settled there first. Wann (der Dienstman uff der Fyende Parthy) unseren Herrn oder syne Panier sehe, der sal zur Stunt zu unserem Herren unter syn Panier ziehen und syuen Lip helfen waren (nach dem Rheingauer Landweisthum) 1324. Die Franc oste sans servitude (bei Beaumanoir) waren persönlich freie, jedoch grundhörige Leute. Le Roi de Loango (et de nGoyo) désigne son successeur en le mettant en possession d'un fief qui ne peut être possédé que par celui qui doit succéder à la couronne. Ce fief s'appelle Kaïa, et le Prince à qui le Roi en donne l'investiture, quitte ses autres titres pour s'appeler Ma-Kaia. Du jour où le Ma-Kaia a pris possession de sa Seigneurie, l'entreé de la Capitale lui est interdite, jusqu'á ce que le roi soit mort et enterré (Poyart). The retinue (of the chief) consists of men from all parts of the tribe, the young, the clever and the brave, who come to busa (do court service) for a time, that they may obtain cattle to furnish them with the means of procuring wives, arms or other objects of desire (Holden) unter den Kaffir. Carl der Kahle erlaubt durch das Capitularium von Kiersy (877 p. d.) denen ex fidelibus, die saeculo renuntiare wollten, suos honores einem Sohne oder Verwandten zu überlassen.

1) Die Dörfer der Maraves gehorchen, als Chef, dem Muene-muzi oder Baba, der wieder für ihre Handlungen verantwortlich ist. Um einen neuen Wohnort zu wählen, wird ein Mehlhaufen dorthin gestreut, von dem die Muzimbos essen, wenn sie günstig sind. Stirbt ein Mambo oder Fumo, so werden die entfernten Verwandten davon in Kenntniss gesetzt. Bis zu ihrer Ankunft wird die Leiche in Tücher gehüllt und die durch die Verwesung zersetzten Stoffe werden in untergestellten Töpfen aufgefangen. Erst wenn alle Verwandten beisammen sind, wird die Todeskunde veröffentlicht und das Klagegeschrei (Mariro) und Leichenfest (Gondo) begonnen. Der Leichenzug tödtet jeden Begegnenden, früher wurden Weiber lebendig begraben. Nach Beendigung der Feier (Bona) wird das Haupthaar abgeschabt. Hat das Begräbniss in der Hütte, wo der Todesfall geschah, Statt gefunden, so wird sie mit Dornen bedeckt und bleibt unberührt, bis sie von selbst zerfällt (als Macia). In ihrer Nähe darf nicht die Nothdurft verrichtet werden. Die Rechte eines Vaters (Dumpse) hat der Vater über die Kinder einer gekauften Frau, der Bruder über die Schwestern nach des Vaters Tode, der Oheim über die Geschwisterkinder, falls ihm die Erbschaft (Butaca) dieser Geschwister zukommt, der Dumpse ist für die ganze Familie verantwortlich und wird bei Streitigkeiten allein citirt. Die Dörfer (Muzi) liegen am Rande der Wälder. Die Mumbos geben in ihrem Dorfe (Muzinda) Audienz unter einem Baume (Buaro) oder Stangendache (Issaca). Sobald ein Mambo oder Fumo stirbt, übernimmt einer seiner Vertrauten (als Chipsahiro) die Regierung, aber nur in Bezug auf die innere Polizei. Hatte der Verstorbene Fumos unter sich, so regieren diese unabhängig bis zur Ernennung eines neuen Mambo. Wenn er aber Keine unter sich hatte, bleibt der District ohne Regierung bis zur Thronbesteigung.

Die mit den Malli zusammengenannten Sudrakas (Hudarkae oder Oxydrakrae) oder (Asuraka) Surakas (Arashtraka oder Königlose) stammten (nach Strabo) von Bacchus (Dionysos) oder (nach Chares Mit.) Σοροάδειος, als Suiakai oder (bei Diod.) Σουρακοῦσαι (Weintrinker), wie die Bahikas (im Mahabharata) oder Kathaei (Jarttika oder Madra) von Sangala (s. Cunningham). The name of Kambistholi, which Arrian gives to a people on the Hydraotes or Ravi, is probably derived from the Sanscrit Kapisasthala (Wineland) or Tavern. Blieb dann der Enthaltsamkeit predigenden Religion gegenüber, die bei den höheren Klassen Aufnahme fand, der Name der Weintrinker die Bezeichnung der Sudra-Kasten, so hätten sich in Indien nur die unter den Mandingoes seit dem Islam geltenden Verhältnisse wiederholt. Bei diesen wieder zeigt der Uebermuth der Soninki (aus der Kriegerkaste), den Marabuten gegenüber, ihre Erpressungen von denselben, ihre Verspottung der religiösen Gebräuche, einen afrikanischen Reflex jener Periode, wo es in Asien sich den Brahmanen nöthig machte, die Hülfe eines Parasu-Rama gegen die herrischen Kschatrya herbeizurufen. In den Fouta-Ländern dagegen haben die Marabuten die entschiedene Oberhand, und wussten dort mit Beseitigung der Siratik, der durch den Eroberungszug der Mandingoe eingesetzten Fürsten, überall ihre Almamy auf den Thron zu erheben, denen unter den Mahratta der Peichwa, als brahmanischer Priesterregent entsprechen würde. Als die Ssaeffa-Dynastie in Bornu unter den Schlägen der Fulbe zusammenbrach, sammelte der Faki Mohamed El Kanemi seine Lanzenreiter, die ihnen Einhalt geboten, aber auch den Sultan zur Theilung der Einkünfte mit dem Scheich zwangen, und dessen Sohn Omar beseitigte den letzten der bis dahin fortgeführten Schattenbilder (1846), so dass er (nach dem Kriege mit Wadai) allein in dem auf der Stätte des zerstörten Kuka erbauten Kukaua residirte. — Der Mahadi hatte eine zehnfache Eintheilung aller Almohaden getroffen, indem es 10 bevorzugte Classen sein sollten vor den übrigen Völkern, die den almohadischen Waffen unterworfen waren. Die erste Abtheilung bildeten (in der Rangordnung) die 10 Veziere, die zweite der Rath der Fünfzig, die dritte der Rath der Siebzig, die vierte die Alimen (Gelehrte), die fünfte die Hafizen oder Traditionsberichter, die sechste die Verwandten des Mahadi, die siebente die Einwohner von Herga (Geburtsort des Mahadi), die achte die Einwohner der Stadt Tinmal, die neunte die Einwohner von Chireiba, die zehnte die übrigen almohadischen Kriegsvölker. Abdelmumen liess von diesen Classen-Eintheilnngen [1]) nur die Staatsräthe der Funfzig und Siebzig bestehen.

---

1) Genus humanum ab initio trifariam divisum esse monstravit (Geraldus Cameracensis episcopus), in oratoribus, agricultoribus, pugnatoribus. Nach dem (türkischen) Gesetzbuch (der Edilleby-erbeha) zerfällt der Staatskörper

Die Eintheilung des Heeres war nach der Zehnzahl getroffen. Von dem Adel besass die erste Klasse (aus dem König und den Reichsgrossen) ihr Land erb- und eigenthümlich, als Herrenland, Pallastland (gegen Abgaben verpachtet) und dasjenige Land, das einem Stadtquartier oder einer Gemeinde (der Calpulli mit Macehuales oder an die Scholle gefesselten Mitglieder der Calpulli) überlassen wurde, als unveräusserliches Gesammteigenthum, unter der Verwaltung der Calpulli-Vorsteher, die die dritte Adelsklasse bildeten. Die zweite Adelsklasse (Teutly [1]) oder Tec-Tecutzin) wurde vom Herrscher wegen Ver-

in 1) die Klasse der von Mohammed stammenden Scherifs oder Emirs mit den Gesetzesverständigen oder Fukahha, 2) die der Roussa (Minister und Beamten, als Grossen des Reichs), 3) Ewsath Sukiyeh (Bürger und musulmänische Privatleute, die ohne ein öffentliches Amt von ihrer Arbeit oder Vermögen leben, 4) Hissas (gemeines Volk und Knechte) mit den Zimmys oder nicht-mohamedanischen steuerpflichtigen Unterthanen, die durch ihre Religion von Würden und Aemtern ausgeschlossen sind (s. d'Ohsson). Auf die Ariki (Häuptling) folgten (in Rarolonga) die Ui-matiapo (a class of independent landholders), then the Ui-Rangatira (dependent tenantry), distinguished by privileges from the people or E-au-uniga (in the condition of serfs).

1) Ein in dem chinesischen Bericht der Buddhapriester aus dem V. Jahrhundert p. d. bekannter Titel. Den ersten Rang nach dem König (der Westgothen in Spanien) hatten die Herzöge (Duces), die als Statthalter über eine ganze Provinz im Namen des Königs die Regierungsgeschäfte besorgten, jedoch war diese Würde nicht erblich, und die Ertheilung einer Provinz nicht als Lehen zu betrachten (wie bei den anderen germanischen Völkern), sondern als ein Amt, über das der König ganz verfügen konnte (s. Aschbach). Wer ein Hofamt bekleidete, erhielt den Titel Graf (comes). Den Erbadel der Westgothen bildeten die (von alten Familien stammenden) Gardinge (Gards oder Haus mit Hofgütern) oder Proceres, die als reiche Gutsbesitzer (Gardinge) am Hofe die Grafenwürde annahmen. Die Eintheilung der freien Gothen war militärisch, unter Tiufathen (Millenarii), Hundafathen (Centenarii), Taihunfathen (Decani), als niedere Obrigkeiten in Friedenszeiten. Um über einen Freien Recht zu sprechen, zog der Graf die Tiufathen zu (im Schöffengericht). Ueber dem Stand der gewöhnlichen Freigelassenen und Sklaven standen die königlichen Leibeigenen (Dienstleute oder servi fiscales), die viele Vorrechte hatten und Hofämter bekleiden konnten, auch (nach Kriegsdiensten) zu Würden erhoben werden. Vom König zur Truppenerhebung ausgeschickt, hiessen sie Compulsores exercitus, zur Anschaffung von Proviant Annonarii (von den Grafen unterstützt). Die Sajonen oder Gerichtsboten (unter den königlichen Leibeigenen) waren die Vollstrecker der obrigkeitlichen Befehle. Die Bevölkerung Grusiens bestand aus Freien (Fürsten, hoher und niederer Adel) und aus Unfreien (Leibeigenen). Bis zur Aufhebung durch Russland herrschte in Immerethien die Leibeigenschaft. In Mingrelien herrschte (wie in Grusien und Immerethien) ein Feudalsystem. Keiner der armenischen Adligen oder Fürsten hat ein nur ihm zustehendes Standesvorrecht. Das Haupt der Familie herrscht unumschränkt bei den Tschetschenzen. The political constitution (in Tonga) was that of a monarchical despotism, supported by an hereditary aristocracy. The grades (of the ranks) were, the Hau (families of the blood royal), the Houeiki (chieftain orders), the Muas (gentry), the Matabules (official attendants and companions of the higher classes) and the Tuas (common people) with subdivisions (professional employments being

dienste für Lebenszeit belehnt. Die vierte Adelsklasse oder Pipiltzin (von adligem Blut ohne Güter und Würden) hielt sich im Pallast des Herrschers (zu seinen Diensten) auf (in Mexico). Eroberte Länder zahlten Abgaben, und ihre Fürsten verweilten für einige Monate, als Vasallen, in der Hauptstadt. Steuerpflichtig waren die Tecallec (auf den Gütern des Verdienstadels und diesem tributbar, und so der Krone durch sie), die Mitglieder der Calpulli (die Landbauern), die Kaufleute und Handwerker, die Tlamaïtes oder Mayegus (die auf fremdem Gut und Boden an der Scholle haftenden Arbeiter, die ihren Lehnsherren zinspflichtig und dem König zu Kriegsdiensten verbunden waren) in Mexico. Die Guaycurus zählen [1] (neben den Sklaven) die Stände der freien Krieger und Edle auf (s. Martius). Die Maupes unterscheiden (durch die Länge des am Halse getragenen Steincylinders) Anführer, Edle und Gemeine. Neben den Freien und Freige-

---

strictly hereditary, such as of carpenters, fishermen, undertakers, doctors etc.). Rank was hereditary and descended chiefly through the females (or account of the great licence existing between the sexes). The kingly authority extended over life, liberty and property, but consulting (the coterie of higher chiefs, called) kua matua or old men (s. West). Der parthische König hing von dem hohen Adel seiner Vasallen und dieser von seinem Merzeban ab, neben den Azadehs (Freien) oder Sewars (Rittern). Argos, die Stadt des Inachus (Vaters des Phoroneus), wo (nach den Danaiden) die Pelopiden (seit Atreus, Sohn des Pelops, der auf Eurystheus folgte) herrschten, bildete (nach Austreibung der Achaeer) den ersten Staat der Dorier (mit Königen aus heraclidischem Stamm) im Peloponnes (neben Sparta und Messene), und unterschied in seinen Bewohnern 1) die drei Stämme der Dorier (mit nur echt dorischen Genossen), als Stadtbewohner, 2) die (achäischen) Perioeci (nach den Orneatae), und 3) die leibeigenen Sklaven der Gymnesii. Die Spartaner unter Cleomenes besiegten die Argiver bei Tiryns (der Hegemonie erliegend). Das thessalische Achaia begriff Phthia und Hellas. The Keskuhad are the kings, the Murmu-had the priests, the Saran-had the soldiers, the Marudi-had the farmers among the Santals of the north.

1) Die Houi-Arii unterscheiden sich durch ihre göttliche Abkunft (zur königlichen Familie gehörig) von den Landbesitzern der Bouo-Raatira (mit den Tavanas), während die Manahoune das gemeine Volk der Handwerker, Fischer und Gefolgleute bildeten (auf Hawaii). Auf Viji unterscheiden sich die Häuptlinge, Stadtobersten (als Priester), das Gefolge (Mata-ni-vanua), Vorsteher der Handwerker (und Botleute), Volk und Sklaven. In Brasilien wird das Neugeborene Peitan genannt, das Kind, von den Versuchen zum Gehen, bis zum 8. Jahre Kounoumy-miry (mit Spielpfeilen beschäftigt), dann bis zur Pubertät: Kounoumy (beim Fischen oder Vogelfangen helfend), dann Kounoumy-Quassou, mit einem Palmblatt bedeckt (nicht mit dem Mannerzeug Karaiobes), dann Aua (Männer) und (nach der Verheirathung) Mendar-amo (s. Yves d'Evreux). Als die Franken die Herrschaft von Gallien erlangten, blieb für die römischen Unterthanen die Steuerverfassung und der darauf gegründete Unterschied der Stände unverändert, alles Land aber, das in die Hände fränkischer Eigenthümer kam, wurde steuerfrei (Savigny). Den ersten Stand bildeten die Convivae regis (aus der fränkischen Verfassung herrührend), worin die angesehensten Römer aufgenommen waren. Dann folgten die Possessores (Romanus homo possessor) oder Grundeigenthümer und die Tributarii, Kopfsteuer zahlend.

lassenen (sowie fremden Sklaven) theilte sich (bei den Tartaren der Krimm mit dem Khan aus dem Hause Girei unter Bestätigung des Sultan) der Adel (Mirsa) in den Uradel (der mit dem ganzen Volk in die Krimm eingewandert war) und den Dienstadel (Kapikulis aus den Nachkommen hoher Beamten). Alle Edelleute desselben Namens mit ihren Vasallen bildeten eine Kabile oder Stamm (gemeinsamer Blutrache). Die vom Adel [1]) benutzten Güter (wenn nicht durch Sklaven bebaut, an Vasallen, freie Tartaren oder Freigelassene übergeben) waren entweder Erbgüter oder Lehngüter oder Güter, die mit den von ihnen verwalteten Aemtern verbunden waren. Die Zahl der im Kriege mitzubringenden Vasallen wurde für jeden Adligen im Kriegsrath des Khan festgesetzt. Jede Familie mit ihren Vasallen bildete einen Beirak (Compagnie) mit gleicher Fahnenfarbe unter dem ältesten Edelmann des Stammes. Die Khane gaben früher den meisten Grund und Boden dem Adel (besonders Kapikulis) als Lehen, später überliessen sie die Ländereien gemeinfreien Tartaren (Tschelebis) unter der Bedingung der Bebauung und Dörfergründung (ohne Herrschaft über die Leute, wie in den adligen Vorrechten).

Die Verpflichtung zu persönlichen Diensten ist bei Beschränkung der persönlichen Freiheit, der Entwicklung der Künste und Fähigkeiten ein im republikanischen Gemeinwesen fehlendes Hemmniss. Wenn in Siam der Zimmermann oder Maler jedes Jahr einen Theil seiner Zeit der königlichen [2]) Arbeit widmen muss, gebietet ihm sein

1) Die Gefolgschaft einer adligen Familie bildete einen Aul (im Winter ein Dorf, im Sommer eine kleine Horde). In jeder Horde war ein Oberhaupt des Adels (Bachemirsa) immer der Aelteste des vornehmsten Hauses (bei den nogaiischen Tartaren in Adel, Freie und Freigelassene getheilt). Die Landstriche waren unter die Stämme getheilt und die Grenzen bestimmt, ohne Privateigenthum (s. Haxthausen). Das Volk (in Wales) zerfiel in Stämme (llwyth, tenlu), Geschlechter (cenedl) und Familien oder Haushalte (gwelygordd). Zum Geschlecht (die Blutsverwandten bis in das neunte Glied begreifend) gehört der Häuptling (pencenedl) mit dem Aeltesten (henadur) und den (im Kriege führenden) Rächer (dialwr) [Agid], sowie der Repräsentant (teisbantyle oder hardelwr). Von den Unfreien gehörte der Hörige (taeog oder bilain) entweder einem Breyr (Edelmann) oder dem Könige. Der Caeth (Unfreie der niedrigsten Art) hatte kein Wehrgeld (galanas), sondern nur einen gesetzlichen Werth (wie ein Thier), der sich nach der Schönheit und dem Alter richtete. Die angesiedelten Fremden (aillt oder alltud) traten durch das erhaltene Land in ein festes Verhältniss der Unterthänigkeit (s. Walter). Hendinus (burg.) von Kinds.

2) Wenn irgend ein öffentliches Werk vorzunehmen ist, lässt der König (von Dahomey) seine Caboceers aufbieten und vertheilt die Arbeit unter ihre Leute (Dalzel). Die (für den Hofdienst in Klöstern und Burgen bestimmten oder auf den königlichen Ländereien in verschiedener Eigenschaft dienenden) Udvornici (von dwor oder aula) besassen auch manchmal Ländereien unter der Bedingung der Dienstleistung, als Servitores conditionarii oder curiales und servientes curiae (in Ungarn). Das angebaute Land war von den Incas in drei Theile getheilt, von welchen zwei (die Capaella-

eigener Vortheil, etwaige Vorzüge, die er über seine Handwerksgenossen besitzen sollte, nicht hervortreten zu lassen, weil man sonst ihn, als den geschicktesten, am längsten für das königliche Interesse zurückhalten würde.

Ehe sich die Stammesgliederung bis zur politischen Bedeutung erweitert, bewahrt sie die religiöse Verknüpfung mit den Naturgegenständen, in denen individuelle Neigung ihre Repräsentanten suchte, und der persönliche Schutzgott kann, zumal mit kaiserlicher Weihe, in das politische Palladium eingehen, das, wenn verloren oder, wie der Munni Dunama's, zerrissen, das Bestehen der Existenz gefährdet. — Der politische Verband des Volkes beruht (bei den Rothhäuten [1])) auf

---

mas) dem Bedürfnisse der Tempel (Guacas) und der Incas dienten, der dritte (Guacchallama) dem Gemeinwesen überlassen blieb. Wahrend des Frohndienstes (in Bestellung des Ackers und Aufrichtung der Hütte) wurden die Indianer auf Darien vom Häuptling ernahrt (Herrera). Die Frohndienste bei den Incas durften nicht uber zwei Monate im Jahre dauern. In Whydah durften die eigenen Ländereien nicht bebaut werden, bis die königliche Arbeit vollendet war (in einem dreimal jährlich zu wiederholendem Dienst).

1) Jedes Volk (im Irokesen-Bunde) hatte ein Oberhaupt im Frieden und ein zweites fur den Krieg. Die Wurde der Hauptlinge war in ihren Familien durch Wahl erblich. Spater trat zu den erblichen Häuptlingen der Verdienstadel. Alle Landverkaufe waren in New-England (unter den Wamponoag) von dem Sachem abhängig. Bei den Micmac erhielt der Hauptling Abgaben und die jungen Leute arbeiteten für ihn. Die Apachen und Navajos haben nur im Kriege Häuptlinge, während im Frieden die Armen nur in einem gewissen Verhältniss der Abhangigkeit oder Hörigkeit zu den Reichen stehen. Das Land galt als Eigenthum des Fürsten oder als Gesammteigenthum des Volkes und war (bei den Osagen) unveräusserlich, weil auch den Nachkommen gehörig. Wo das Land Gesammteigenthum war (wie bei den Irokesen) hatte der Einzelne, der ein Stück urbar machte, die Nutzniessung, so lange er es bebaute, oder es trat gemeinsame Bearbeitung und Ausbeutung (wie auch der Jagdbeute) ein. Bei den Huronen wurden auch die Hauser der Einzelnen gemeinsam gebaut. Aus der oberen Welt sank eine kreisende Frau in die dunkle Unterwelt herab, wo unter den erschreckten Ungethumen sich die Schildkröte zum Schutz auf den Wassern unterlegte, bis Erde gebracht war. Im Disput der Zwillinge, drang der böse (Enigonhahetgea) durch die Seite der sterbenden Mutter heraus und war Widersacher seines Bruders (Enigorio) in der Schöpfung, als er aus dem Kopf der Mutter die Sonne (vor der die Ungethüme in den Grund entflohen), aus dem Leib den Mond (mit dem Bild der Beine) bildete, und die aus der Erde gebildeten Menschen (Ea-gwe-howe) durch seinen Athem belebte, während der Böse nur Affen schaffen konnte, oder die Erde durch Berge entstellte und die Jagdthiere einzuschliessen suchte. Im Zweikampf todtete der Gute verrätherisch den Bösen, der das Horn als Todesinstrument auf Fragen mitgetheilt hatte und nun hinabsank, als Herr der Verstorbenen, wahrend der Gute die Menschen nochmals besuchend dann verschwand. Die Menschen am Kanagawe (St. Lorenz), unter denen sich gescheiterte Fremde in Lederkleidung in Befestigungen niedergelassen, aber durch die Ungeheuer gestört waren, bekämpften die sie belästigenden Riesen (Ronnongwetowanea) des Nordens und den Kaiser des Südens, gingen aber durch Krankheit, wilde Thiere und Krieg zu Grunde, ausser einem am Berge Kuskehsawkish (Oswego) geretteten Rest, der (von Tarenyawagon

einer Eintheilung in Banden oder Geschlechtern unter einem Totem, oder dem Thierbilde des als Ahnherrn betrachteten Schutzgeistes des Volkes. In Tschengis-Chan's und Aksah Timur's Geschichte werden die Bäume und Vögel (welche das Wappen [1]) der verschiedenen Stämme), ihre Stängel (Temgha) und ihr Losungswort (Oeran) angegeben (s. Hammer). Wenn eins der zwölf wappengenössigen Geschlechter (der freien Wappensmannen) abging, so war die Aebtissin gehalten, dasselbe durch eins der übrigen 34 Geschlechter [2]) „freier

---

oder Himmelshalter unterrichtet) nach Osten zog, und sich (nach Theilung der Sprachen) in die fünf Familien der Irokesen (mit der 6. der Toscarora, die nach Carolina zog) ansiedelte und die Steinriesen (Otue-yar-hah) vertrieb (während die Schlangen von Donnerkeilen erschlagen wurden), von dem Schlangenmann Atotarho (im Fort Onondaga) Gesetze empfangend (s. Cusic). Nachdem die Keatahkiehroneah' auf die Westseite des Ohioflusses getrieben waren, verwüsteten die Irokesen (unter Thoyenogea) ihr Land (1492) unter der Herrschaft von Atotarho XIII. (s. Cusic) 1825.

1) Totem (Wolf, Bär, Biber, Schildkröte, Reh, Schnepfe, Reiher, Falke), als acht Geschlechter in jedem Irokesen-Volk und die gleichnamigen Geschlechter betrachteten sich als blutsverwandt. Früher durften die ersten vier Geschlechter (durch Bär geführt), nur in die letzten vier (durch Reh geführt) heirathen und umgekehrt. Später musste Mann und Frau wenigstens einem verschiedenen Geschlechte angehören. Die Kinder traten in das Geschlecht der Mutter, und so vererbten sich Würden und Rechte in weiblicher Linie (s. Morgan). Die Oneidas und Mohawk hatten nur Reh, Bär und Schildkröte. Bei Huronen und Cherokee succedirte der Schwestersohn. Die bis zum Orangefluss wohnenden Bechuanas (mit den Makololo als nördlichsten) zerfallen ausser in den Barolong (Eisen) in die Bakuena (Krokodil) mit herrschender Familie Mantatis (wilde Katze), Sighayas (Löwen) und jeder Stamm trägt sein Thier. Die Hirtenzeichen (Lokualo) auf Steinen, als den Beschuanas eigenthümlich, finden sich bis zur Cap-Colonie. Die Mantatis unternahmen Plünderungszüge. Die Bechuanas wurden in den Kriegen mit den Zulus vermindert. Bei den Betchuanas schliessen sich die Armen den Kosi oder Reichen an, als Kinder oder Diener (unter Inkosi). Die Mädchen werden für 10—70 Stück Vieh verkauft. Hanfrauchen bei Batokas und Zulus. Die Bassutos benutzen Kafferkorn (Holcus sorghium) zum Brauen.

2) Aus dem Reich Mexicon (mit der Landschaft des Reiher oder Atzlan und der Landschaft der Götter oder Teuculhuacan) kommen aus sieben Höhlen die sechs Geschlechter der Navatlacas (als Otomeys), von denen (nach längeren Wanderungen) die Suchimilcos (das Volk der Blumenbeete) sich südlich vom See anbauten, die Chalcas (das Volk der Monate) daneben, die Tepanecas (der Brücken) westlich vom See, die Culhua (das krumme Volk) in Tezcuco, die Tlatluicas (das Volk vom Gebirg) in Quahunachua und die Tlascalteken, die (als die Chichimeken sich vor ihnen in den Klüften verkrochen) die bei einem Gelage trunkenen Riesen ausrotteten. Dann, 320 Jahre später, kam aus der siebenten Höhle das Volk der Mexicaner, die (unter ihrem Fürsten Mexij) den Götzen Vitzliputzli verehrten (s. Gottfried) und einen Theil in Mechoacan zurückliessen, ehe sie über Tula nach Chapultepec zogen. Some (of the Camma) dare not taste crocodile, some hippopotamus, some monkey, some boa, some wild pig, believing that if one of a family should eat of such forbidden food, the women of the same family would surely miscarry and give birth to monstrosities in the shape of the animal, which is roondah, or else die of an awful disease

Gottesleute", die im Thal Glarus angesiedelt waren, zu ersetzen (1302 p. d.). Die Australier sind in Familien getheilt, deren jede das Abbild [1]) eines Thieres oder einer Pflanze führt, als Kobong (nach Grey). Wie Il ursprünglich die Familie (im übertragenen Sinne das Land unter dem Ilchan oder Landesfürsten) bedeutet (dem Ulus gegenüber, als Stamm oder Volk), so sind unter Urugh die Verwandten oder das Haus (als Inbegriff der Glieder einer Familie) zu verstehen, wie Aimak (in der Verwandtschaft) das Gebein ausdrückte (s. Hammer). Aul oder Hof (lat. aula, wie Haus und Hof gebraucht) bezeichnet die türkischen Dörfer (wie Otak die Wohnungen oder Zelte der Nomaden). Ein Sammelplatz mehrerer Jurten (das Feuer auf dem Herde bezeichnend) oder Hürden bildet ein Hort (Lager) oder Ordu (mit Ulugh Jurt oder dem grossen Haus des Herrschers). Das Lager des

---

(du Chaillu). Many of the Oraon clans and some of the Moondah in Chota-Nagpore are called after animals and they must not kill or eat what they are named after (Dalton). Thus the Moonda Enidhi and the Oraon Minjrar or Eel-tribe will not kill or eat that fish. The Hawk, Crow, Heron tribes will not kill or eat these birds. The Makalakas biena (reverence) the ewhobo (meerkat), the Mashapatâni the shoko or baboon, others the crocodile etc. (Chapman).

1) Der Totem der Indianer gilt als Zuname. Bei den Nordamerikanern, wie bei den Australiern, bildet die Clanschaft auf der weiblichen Seite ein Ehehinderniss, in Central-Amerika, wie in China auf der männlichen. In Indien ist es ungesetzlich für einen Braminen, ein Weib zu heirathen, dessen Clan-Name (gotra) derselbe, wie sein eigener, ist. Unter den Arrawaks darf der Schwiegersohn das Gesicht der Schwiegermutter nicht sehen (ebenso im Felsengebirge und unter den Caraiben). Unter den Beni Amer (in Afrika) versteckt sich die Frau, wie ihr Mann, vor der Schwiegermutter, unter den Barea versteckt sich die Frau vor ihrem Schwiegervater, bei den Kalmükken darf die Frau den Schwiegervater nicht anreden. In Australien gehören die Namen der Schwiegereltern und des Schwiegersohns unter die persönlichen Namen, die nicht gesprochen werden dürfen. Auf den Fidji dürfen Schwiegereltern und Kinder nicht zusammen sprechen. The badge or name of a village or bande is generally taken from the position as place, or Wiattachecha or Bad, Ohah-hans-hah, situated on a long reach of the river Hamine-chan from the mountain of rocks above Lake Pepin, Wahkpatons (from their being settled where there is a large quantity of foliage), Kah-po-sia from the Indians having gone on a hunting tour (among the Dacota). As for clans there are many, and there are secret badges. All those, that use the same roots for medicines constitute a clan. It is through the great medicine-dance that a man or a woman gets initiated into there clans. Although they all join in one general dance, still the use and properties of the medicine that each clane uses is kept entirely secret from each other. These clans keep up constant feuds, for each clan supposes that other possesse supernatural powers and can cause death. If a person dies it is laid or some other clan. After an Indian has succeeded in killing a supposed murderer, the relatives of the deceased seek to retaliate. If a conjuror cannot heal a sick person, some one of another clan is opposing him (s. Ph. Prescott). In bulgarischen Handschriften hiessen die Türken Schlangen, die Russen Fischottern, die Lithauer Auerochsen, die Bulgaren Stiere, die Serben Wölfe (Schafarik).

Herrschers [1]) hiess Sir Ordu oder goldenes, über die weissen und blauen (Akorda und Kokorda) gebietend. — Die Aufnahme (in die Familie) geschieht, indem der Vater den Namen eines Vorfahren heimlich wiederholt und die Hand auf des Kindes Kopf legt. Die Aufnahme in das Geschlecht (nartha) geschieht durch Scheeren des Kindkopfes und Namengeben. Die Aufnahme in den Stamm geschieht (im fünften Jahre) durch Aufdrücken der Santal [2])-Zeichen auf den Arm. Die Ehe geschieht, indem der Bräutigam einen Boten (Raibari) sendet. Die Entlassung aus dem Stamm geschieht beim Tode (nachdem Ojha zur Entdeckung des Zauberers Oel auf ein Blatt gerieben) durch Verbrennen und Aufbewahren dreier Schädelstücke (in einem Topf). Vereinigung mit den Vorfahren geschieht, indem der nächste Verwandte die bei der Verbrennung bewahrten Schädelstücke in den Fluss setzt

1) Der Haufe, über welchen sich die Herrschaft eines Noion erstreckt, wird ein Uluss genannt (Kalm.) und ist in kleinere (in der Nähe bei einander campirende) Aimak (unter Taisan oder Edlen) getheilt, die in Gesellschaften von 10—12 Gezelten (einen Chatun oder Kessel bildend) zerfallen (nach Pallas). In each Zupa (of the villagers) or Zupania there was a fortress or grad, which, together with the office of governor, soon became the inheritance of a family. Among the Zupans one was distinguished by the prefix of grand (veliki) in Serbia. At Zeta (or the mountain-lake) a Zerbian Zupa developed into a king and Nemania (son of Bachin) was aknowledged Great Zupan of the Serbs (1162 p. d.), father of king Stephen († 1195 p. d.). Le titre de bai (richard) accorde quelquefois la prééminence sur les descendants des Khans et sur les anciens (Aksakal ou barbes blanches) chez les Kirghiz-Kaizak. Bei den Kalmücken und Mongolen wird ein Fürst, der einen abgesonderten Haufen Volks (Ulus) als Aeltester des Stammes regiert, Taidshi genannt, während alle übrigen männlichen Erben den Ehrentitel Nojonn (Herr) führen. Die Mächtigsten erhielten zuweilen von China die Würde eines Khan oder (vom Dalai Lama) den eines Chuntaidshi (Schwanenfürst). Die Regierung des Volks (Ulus) oder der Unterthanen (Albatu) wird dem ältesten Sohn hinterlassen, die Brüder erhalten einige Familien, sind zur Folgeleistung in Krieg und Frieden verpflichtet (Pallas). Ein Taidshi hat über seine Unterthanen (Albatu) unumschränkte Gewalt (zu verschenken oder zu strafen). Der Tribut (Alban) ist willkührlich. (Die lamaische Religion verbietet zu tödten). Die Khane (bei den wolgaischen Kalmükken) übten unter den unabhängigen Taischen oder Fürsten ihrer Horde (Nutuk) geringe Macht. In der Sungarei wurde dem Chuntaidschi nur als Mächtigsten gehorcht. Unter dem durch Viehzucht zerstreuten Volk erhalten die Saissane oder Adligen (mit dem Achcha oder Aufseher) in dem zugetheilten Haufen (Aimak) Ordnung. Die Familienkreise (Chottun) werden von Chottuni Acha, als Aeltesten, regiert. Der Sjuma erhebt (im Namen des Saissan) den Viehzehnten von jeder Feuerstätte für den Fürsten. In Kriegszeiten sind die Kalmükken in Ottok (Fahnen) getheilt. Die Fremden, die bei den Sklaven gefunden wurden, konnten von den Mongolen beraubt werden.

2) An egg is placed or the ground, all the cows of the village are driven near to it, and the animal that first smells the egg is honoured by having its horns rubbed with oil (on the rice-harvest or Johorai-festival) among the Santhal (s. Hunter), dann folgt das Sakrat-Fest (mit Bogen und Pfeil), dann Jatra (Schaukelfest); Baha oder Blumenfest (an dem die Fusse

(bei den Santhal). In allen griechischen Staaten war das Volk in

des Naikki oder Dorfpriesters gewaschen werden); Pota (Umherschwingen am Haken); Erosin (Huhnopfer beim Saen) in jedem Haus; Horior-sim (wenn der Dhan etwas aufgewachsen ist) durch den Naikki, Chhata; als Tanzum den Schirm (nach Ziegenopfer); Iri-gundli, indem der Naikki in die Sal-Laube Milch stellt, für die Armen; Horo (beim Reifen des Reis), indem die Erstfrucht den Porgaua-Bonga (District-Göttern) dargebracht wird. The Indian country is allotted into districts and each section is owned by a separate tribe of Indians. These districts become so many independent states, governed by their own chiefs, one of whom is styled the head chief. The office of civil chief is hereditary, but not always conferred on the eldest son The title of head chief is either hereditary or obtained by the election of the tribe in council assembled. Although the Ojebway nation of Indians is scattered over a vast section of country there is no person among them recognised as king. The office of war chief is not hereditary, but the tribe in council confer this honour on those, who have distinguished themselves by bravery and wisdom. Every chief has his attendant, called mezhenuhwey, who acts as aide-de-champ (Peter Jones). Duces ex virtute sumunt (Tac.) die Germanen. Les chefs béchuanas sont tenus de consulter leurs sujets dans les occasions où l'interêt public requiert l'adoption de mesures importantes. Les assemblées (pitso ou convocation) se tiennent toujours en plein air (Casalis). Bei den Crans werden die Versammlungen durch Trompeten aus einem Flaschenkürbiss zusammenberufen (bei den Miranhas durch Holzpauken) There is first a general chieftain of every country or territory, which hath some demesne and some household provisions yielded into him by all the inhabitants under him, every sept or surname hath a particular chieftain or tanist, which hath likewise his peculiar demesne and duties and these possessions go by succession or election, entirely, without any division, but all the other lands holden by all the inferior inhabitants are partible in course of gavel-kind, wherein there is no difference made between ligitimate sons and bastards (Davies). This tenure was altered (1605) by James I. (Murphy) in Ireland. — The richs man's household may consist 1) of blood relation, 2) of slaves, bought with a money-price, 3) of dependants, who (in years of scarcity or famine) have thrown themselves on him for protection (many of his dependants being permitted to acquire slaves of their own). When threatened (as chieftain of a village) by the hostility of a neighbouring chief, he seeks (himself) the protection of some powerful chief, in return for which he becomes his vassal and without being degraded to the condition of a slave, pays him such homage and service, as the feudal barons of Europe in the middle ages rendered to their liege lord (s. Cruickshank). On the Ashantee conquest, the chiefs of the different tribes remained in possession of what power the conqueror thought fit to leave them, with the style and rank of a captain of the king (governing as lieutenants in the kings name), but proconsuls of the Ashantee race were appointed (as men of trust and confidence) to reside with the fallen chiefs on the gold coast Die Duranis zerfallen in die beiden Abtheilungen Zirak und Panjpah, in deren eine oder andere sich alle Stämme vertheilen. So weit die Familien einer Horde oder eines Stammes über einen gewissen Landstrich verbreitet wohnen, wird das Gebiet von jedem Einzelnen als Eigenthum der Gesammtheit betrachtet (in Brasilien). Die Grenzen (wenn nicht natürlich markirt) sind durch aufgehängte Körbe oder Lappen bezeichnet und bei der Grenzbestimmung räuchern die Pajes (mit Cigarren), auf der Maraca (Klapperbüchse) trommelnd. Wenn sich mehrere Familien (bei den brasilischen Indianern) vereinigen, ein Stück des Waldes urbar zu machen, so wird das Land als ihr Privateigenthum betrachtet. Bei den Indianern in Nicaragua

Stämme (Phylen [1])) und diese wieder in Unterabtheilungen (Phratrien und Geschlechter) getheilt. Bei einer gleichmässigen Bevölkerung

---

konnte derjenige, der seinen Aufenthalt veränderte, nicht völlig frei uber seinen Grundbesitz disponiren, sondern musste ihn dem Nächsten der zuruckbleibenden Verwandten uberlassen (Gomara). Eine Anzahl von Zelten (Ghedau) bilden ein Dorf (Tuman), die Einwohner aber einen Khail oder Genossenschaft bei den Belütschen (die auf Capus oder Raubzügen die Nachbarländer durchstreifen). Les Kirghiz traduisent le mot horde par jouz (cent ou centurie).

1) Von den vier Phylen zu Sikyon zeigen sich Hylleis, Dymanes, Pamphyli als dorische, Aigialeis aus den früheren Bewohnern des Landes (die der Tyrann Klistheues durch Herabsetzung der anderen zu heben suchte). Zu den dorischen Phylen in Argos kam eine vierte (Hyrnethia), als achaische. In Böotien war die Phyle Eteokleis nach dem alten König (der Minyer) genannt (neben der Phyle Kaphisias des einheimischen Flusses). Neben den Bauerstämmen Boreis und Oinopes (Pflüger und Winzer) in Kyzikus fanden sich vier der jonischen Einwanderer (Geleontes, Hopletes, Argadeis, Aigikoreis). Wie in Elis, sind die acht Phylen der Korinther topische (ebenso die der Malier in Thessalien). Zu Ephesus wurden fünf Phylen gestiftet, als die Ansiedler sich durch herbeigerufene Teier und Karinäer verstärkt hatten. Inschriften von Teos bezeugen eine Volksabtheilung nach Burgen (πύργοις). Symmorie und Geschlecht (γένος) sind gleichbedeutend (nach Schoemann). Solon ersetzte den Maassstab der Geburt durch den der Begüterung und darauf begründeter Beiträge zu den öffentlichen Lasten. Die atheniensische Bevölkerung schied sich in Eupatriden (Ritter), Geomoren (Ackerbauer) und Demiurgen (Handwerker). In Athen war der Adel Timokratie. Die athenischen Staatsbürger zerfielen in φυλαί (tribus), φρατρίαι (curiae), γένη (gentes), Trittyen und Naucrarien. Die (durch die πρόξενοι oder πάροχοι gesicherten) Fremden wurden (in Athen) vom Polemarch gerichtet. Die als Schutzverwandte zugelassenen Metoeken standen unter dem Schutze eines Patron (προστάτης), während anderen Fremden Ausübung bürgerlicher Rechte gestattet war (ἰσοτελεῖς) und die Bürger der in Verträgen stehenden Staaten die Isopolitia besassen (mit privatrechtlicher Gleichstellung). Grössere Rechtsfähigkeit als die Sklaven (von denen nur die im Staatseigenthum Stehenden Vermögen haben konnten) besassen die Leibeigenen (περίοικοι). Der freigelassene Sklave wurde Metoek. Die Familie wurde nicht nur durch die Ehe, sondern auch durch Adoption gegründet. In Sparta hatte ursprünglich eine gleiche Vertheilung des Grundbesitzes statt (κλῆροι). Die Zahlungsunfähigkeit konnte (im Schuldrecht) Verlust der Freiheit und Verfallen in Knechtschaft nach sich ziehen (bei den Griechen). Der Verbrecher kann Blutschuld durch Knechtschaft bei dem Berechtigten tilgen und durch das Exil (oder Asyl im Tempel) sich der Verfolgung entziehen (bis zum Bussgeld und religiöser Reinigung). Die Sklaven, die in der Schlacht bei den Arginusen gefochten, wurden in die Bürgerschaft (Athens), wiewohl mit beschränktem Recht, als Platäer, aufgenommen (s. Schoemann). Als Freigelassene gingen die Sklaven (Athens) in das Verhältniss der Schutzverwandten über, indem der frühere Herr ihr Patron blieb und auf gewisse Leistungen Anspruch zu machen hatte. Durch die Vortheile des Handels wurden viele Fremden (auch Lyder, Phrygier, Syrer und Phönizier) nach Attika gezogen, als Schutzverwandte (freie Nichtbürger) oder Metöken, die kein Grundeigenthum erwerben durften und sich unter den Bürgern einen Prostates oder Patron wählen mussten, ausser denen, die sich um den Staat verdient gemacht hatten und als Isoteleis Grundeigenthum erwerben konnten (aber ohne Theilnahme an den Rechten des activen Staatsbürgerthums). Von

(ob ursprünglich oder verschmolzen) sind die Standesunterschiede durch alle Stämme vertheilt, wogegen bei einer durch Eroberungen gemischten die verschiedenen Stämme auch politisch ungleich berechtigt sind (Schoemann).

Bei den Hindu ist es dem Schwiegervater verboten, die Schwiegertochter zu sehen, so dass, wenn in demselben Hause lebend, der Schwiegervater immer eine solche Stellung einzunehmen hat, dass er beim Sprechen die Schwiegertochter nicht sieht. Bei den frühzeitig geschlossenen Ehen der Hindu ist der Vater beim Verheirathen des jungen Sohnes häufig noch selbst in reizbaren Jahren, so dass das Hindu-Sprüchwort, dass so wenig wie Butter und Feuer, ein Mann und eine Frau zusammenzubringen wären, volle Geltung hat, und also bei dichtem Zusammenleben in dem engen Hause sich besondere Vorsichtsmaassregeln nöthig zeigen. Die so vielfach wiederkehrende Sitte, dass Schwiegereltern und Schwiederkinder sich nicht sehen dürfen, kommt auch in Ashantie vor. Anfangs konnte nur die aus fremden Stamm geschlossene Ehe einen privaten Character tragen, da die Frauen innerhalb des Standes als Gemeingut galten, auf das Jeder gleiche Ansprüche hatte. Die als neues Mitglied in die Familie eingeführte Frau, musste aber ihren Schwiegereltern unbekannt fingirt werden, weil sie sonst in die Gewalt des Vaters übergegangen, und nicht in der des Sohnes verblieben sein würde, während dieser wieder seine Schwiegereltern zu vermeiden hatte, denen er als Räuber ihrer Tochter gelten musste, wenn auch die Gewaltthat durch Compensation ausgeglichen sein sollte.

---

den Altbürgern wurden die (den Phylen und Demen, zuweilen auch den Phratrien, nicht aber den Geschlechtern einverleibten) Neubürger (δημοποίητοι) unterschieden, durch Aufnahme von Fremden, Einbürgerung von Metöken, oder auch von verdienstvollen Sklaven (wie früher von den Bewohnern des verbündeten Platäa). Seit dem Gesetz des Aristides war der Zutritt zu den Staatsämtern allen Classen der Altbürger eröffnet. Der Name γεννῆται blieb den altattischen Geschlechtern eigen. The head of a family possesses the unquestionable right to dispose of his descendants and collateral relations (to sell, pawn or give away), but there are instances, where from his incompetence or extravagance it has been found necessary by combination of the members to the family to place another upon the family stool (he being the depositary and protector of the family interests, buth with unlimited control over the slaves) on the Gold coast. The term of free people is applied to such as never have served a master out of their own family. Marriages (effected by the payment of a small sum in the name of dowry to the bride's family (are a far more respectable species of connection (the freedom of the wife and her children not being sacrificed), than the purchase of a wife, but by the relations lending money (in security of the wife and then of her children), the paw-bond is soon converted into a distinct sale.

Viertes Kapitel.

Das Verhältniss der Geschlechter zu einander fällt in der Mehrzahl der Fälle zu Gunsten des Mannes als des stärkeren Geschlechtes aus, und häufiger als die Polyandrie zeigt sich die Polygamie geübt, die zugleich Beobachtung verständiger Gesundheitsvorschriften erlaubt, in Nichtberührung der Frau während der Reinigung oder der Dauer der Säugezeit. Vorwiegend findet sich dann der Gebrauch, alle Verwandtschaftsgrade bei der Heirath zu vermeiden, und oft sind künstliche Vorschriften über die Kreuzungen zur Geltung gekommen, während die endogene Ehe (im Gegensatz zu jener exogenen) sich nur unter exceptionellen Bedingungen erhielt. Die Schliessungsweisen der Ehe führen sich im Grunde überall auf die auch bei den Römern gebräuchlichen zurück, coëmtio, usus, confarreatio und raptus, welche letztere zugleich den Anlass zu den Vermeidungsgebräuchen zwischen Schwiegereltern und Schwiegerkindern geben kann, die andererseits auch dort eintreten, wo bei der frühen Verheirathung der Kinder der noch jugendliche Vater für die in enger Hütte mitwohnende Schwiegertochter ein passenderer Liebhaber scheint, als der kaum dem Knabenalter entwachsene Sohn. Bei den Nairs hat sich schon in der That eine solche Verheirathung des Schwiegervaters mit der zugeführten Tochter verwirklicht (und bei Russen). Auf die Bestimmung über die Ehe kann entweder die Gemeinde Einfluss haben, wie in Sparta, oder ein öffentliches Aufgebot auf Babylons Markte, wenn nicht der Tyrann Dahomeys das Monopol über sämmtliche Frauen im Lande an sich reisst, und davon nur seinen Heerführern nach ihren Verdiensten abgiebt. In Australien usurpiren die älteren Männer, als die kräftigeren, die jungen und frischen Mädchen in der Beutetheilung, während sich die Jünglinge mit den alten Damen begnügen müssen, die ihnen zugeschoben werden. In den an Frauen-Hegemonie gewöhnten Ländern findet sich dann umgekehrt eine ähnliche Despotie über die Männer geübt. — Wie unter den nordamerikanischen Indianern, darf in Australien kein Mann eine Frau seines Familien-Namens heirathen[1]). Leute desselben Familien-Namens (wie Ballaroke, Tdondarup, Ngotok, Nagarnok, Nogonyuk, Mongalung, Narrangar) finden sich auf Entfernungen durch den australischen Continent zerstreut und heirathen sich nicht. — Nur die Mitglieder entgegengesetzter[2]) Totems können unter einander

1) Rajpoots never intermarry with their own kin, the prohibition extending to the remotest degree (Tod). Glieder derselben Bruderschaft dürfen bei den Tscherkessen nicht heirathen (nach Bell), auch nicht die Leibeigenen Fursten und Hunde wissen von keiner Verwandtschaft (als kalmukkisches Sprüchwort), indem der Furst nach Belieben Blutsverwandte heirathet, wogegen es dem gemeinen Mann ein Grauel sein wurde, eine nahe Anverwandte zu ehelichen (nach Bergmann). Die Frau verbirgt sich vor dem Schwiegervater (s. Pallas). Leute, deren Eltern oder Grosseltern Geschwister waren, durfen (bei den Tungusen) nicht heirathen (Georgi). In Athen wog die Verwandtschaft weiblicher Linie vor (bis zu Cecrops), wie bei den Etruskern Die Lycier nannten sich nach ihren Müttern (s. Herodot) und die Locrier (nach Polybius). In Hudson-Bay werden die Kinder nach der Mutter genannt (s. Carver), the offsprings being indebted to the mother for their corporeal and apparent part (to the father for their souls, the invisible part of their essence). Auf Tonga vererbte der Adel auf weiblicher Seite (nach Mariner). In Australien hiessen die Kinder nach der Mutter (s. Eyre). Orestes wurde freigesprochen, weil Blutsverwandtschaft nur mit dem Vater verbindet. Les marriages entre personnes portant le même surnom sont illegals (en Chine), le marriage entre proches parents par alliance prohibé. Some clans of the Somali with not marry one of the same or even of a consanguineous family (Burton). Each tribe is divided into clans (in western Africa); the children in most of the tribes belong to the clan of the mother and these cannot by any possible laws marry among themselves (du Chaillu). The Garrows are divided into maharis and a man may not marry a girl of his own mahari (s. Dalton). The Warali tribes are divided into sections and no man may marry a woman belonging to his own section (in India). The same rule prevails in the thums of the Magars (s. Lubbock). The Munnieopoories and neighbouring tribes are (according to M'Culloch) divided into four families (Koomrul, Looang, Angom and Ningthaja). A member of any of these families may marry a member of any other, but the intermarriage of members of the same family is strictly prohibited (M'Lennan). The relationship existing between persons of the same crest (the whale, purpoise, eagle, coon, wolf, frog) is nearer than that between members of the same tribe (among the Tsimsheean-Indians in British-Columbia), which is seen in this that members of the same tribe may marry, but those of the same crest are not allowed to do so (s. Lubbock). The old people say the mortality among the Kenaiyers has arisen from the neglect of the ancient usage (s. Richardson), nicht innerhalb der Verwandtschaft zu heirathen. The families in Guiana (Siwidi, Karuafudi, Onisidi etc.) descend in the female line (s. Brett). Amongst the Tinné-Indians (of Northwest Amerika) a Chitsangh cannot marry a Chitsangh (Hordisty). If a male Chit-sangh marry a Nah-tsingh woman, the children are Nah-tsingh, and if a male Nah-tsingh marry a Chit-sangh woman, the children are Chit-sangh.

2) Zu einer Ehe werden (nach dem Li-ki Tangki) zwei Familien von verschiedenen Familien-Namen (Sing) erfordert (Plath) in China. Wirkliche oder Adoptiv-Geschwisterkinder ehelichen sich nicht (bei den Eskimo), doch mag ein Mann zwei Schwestern oder eine Frau und deren Tochter zugleich

heirathen. Das Kind erhält den Totem der Mutter. Ebenso wird der Name, welchen das Kind sogleich nach der Geburt erhält, aus der Reihe der Vorfahren der Mutter hergenommen. Erst später erhält das Kind einen zweiten Namen von der väterlichen Seite, der ihm unter festlichen Gebräuchen beigelegt wird, die Kinder armer Leute, welche die Festlichkeiten nicht bestreiten können, müssen sich mit dem mütterlichen Namen ihr ganzes Leben begnügen (s. Dall) bei den Thlinket. Die Samojeden nehmen nie Frauen aus dem eigenen, sondern nur aus einem fremden[1]), nicht verwandten Stamme

---

heirathen (s. Cranz). Die Indianer heirathen oft alle Schwestern eines Hauses (nach Carver). Bei den Indianern durfen sich nie zwei aus derselben Secte heirathen (Paul von Würtemberg). Nach Oldendorp heirathen die Caraiben nicht in nahen Verwandschaftsgraden. In Canada war Heirath in den ersten drei Graden der Blutsverwandtschaft nicht gestattet (nach Theodot). Les princesses (der königlichen Familie des Fama aus dem Geschlecht Massassis der Kourbaris in Kaaita) ne s'allient jamais avec les Massassis, elles se marient avec des chefs étrangers ou des tributaires. Le roi et les Massassis épousent des princesses étrangères, des femmes libres et même des captives (Raffenel). People of the same clan cannot marry with each other (in western Equatorial Africa). The least consanguinity is considered an abomination, nevertheless, the nephew has not the slightest objection to take his uncle's wives, and as among the Bakalai, the son to take his father's wives, except his own mother (du Chaillu). The Abyssinian, who wishes to be adopted, as the son of a superior, takes his hand, sucking one of his fingers (according to Parkyn). Among the Romans adoption was effected by the symbol of a mock birth (wie bei Hercules). In Circassia giebt die adoptirende Mutter die Brust (s. Lubbock). Die geringe Zahl der Frauen hat bei den Maypures Anlass zur Vielmännerei gegeben. Die Derbeten wahlen ihre Frauen unter den Torgoten (bei den Kalmükken) und umgekehrt (nach Bergmann). Der Ostjake darf keine Frau gleichen Namens heirathen (nach Pallas). Die Jakuten müssen ausserhalb der Verwandtschaft heirathen (nach Middendorf). Die Indianer in Peru gehen niemals Ehen mit Verwandten bis zum vierten Grade ein, sondern such sich stets mit fremden Familien zu verbinden (s. Weyland).

1) Die Nogaier heirathen gerne Mädchen aus entfernten Dörfern. Es gilt für ehrbarer, die Braut bis zum Hochzeitstage nicht gekannt zu haben (s. Haxthausen). Der Preis wird immer in Kühen (zugleich Vermögen bezeichnend) bedungen. Die Form des Anhaltens (bei der Brautbewerbung der Esthen) ist: „Eine junge Kuh sei weggekommen, die zu suchen der Brautbewerber komme" (Krause). In der Moldau wird eine junge Hündin gesucht (Kantemir). Das gegen Nedj ziehende Heer der Beduinen Ajman wurde von einer Hadee-yah (ein Mädchen zu Kameel) geführt (s. Palgrave). Bei den Kreuzheirathen der Erniung und Tem oder Taaman im König George-Land folgten die Kinder der Mutter. Die Klassen der Mamiungo und Yungari (bei Augusta) gaben die Eintheilung in Monealon und Torndirrup. Der Stamm auf der Halbinsel Coburg theilte sich in Mandrogillies (als Adel mit Furst), Manburghes und Mandrowiles. Der Stamm Cammeraygat, unter den Stämmen bei Port-Jakson herrschend, erhob Tribut für das Vorrecht, die Zähne der Knaben auszuschlagen. Der Beamma oder Vater stand als Aeltester der Familie vor. In Moretonbay fanden sich erbliche Oberhäupter. Die Aeltesten (als dritte Klasse) bilden einen zum Schweigen verpflichteten Geheimbund (in Australien). Der Druschba, der

(Castrén). Nach Tomäus gestatten die Lappen keine Ehen unter Blutsverwandten. Die fünf Klassen der Todas (Pecky, Pekkan, Kuttan, Kennae, Tody) können (nach Metz) nicht zwischenheirathen, so dass sie ihre Eigenthümlichkeiten [1]) nicht verlieren. Bei den Arabern haben die Vettern das nächste Anrecht auf eine Heirath [2]) mit ihren Basen

---

(bei den Slaven) die Anwerbung thut, fordert die Braut (Njewista oder die Ungewisse) von den Gasten, und zieht ihr die Strumpfe aus. Bei den Morlaken entkleidet der Kuum die Braut (oder lost den Gürtel) und horcht an der Thür auf den glucklichen Erfolg der ersten Umarmungen (Anton).

1) The Khatrees marry strictly within their own sect and division of sect. The Mahomedans (allowing cousins to marry) do not observe the marriage restrictions of the Hindoos. Among Rajpoot (as the Ranghur) a Hindoo gave his daughter to a Mahomedan of the same gote (or original division), though not a Hindoo. Braut und Brautigam konnen verschiedenen Stammes, müssen aber desselben Standes sein (Bodenstedt). Blutsheirathen waren bei den Tupinambajes und Heirathen in der Zunft bei den Yameos verboten. Die Aht heirathen nie Frauen aus fremden Stammen (nach Sproat). Unter den Yerkalas (in Süd-Indien) mögen die ersten beiden Tochter von dem mütterlichen Oheim für seine Söhne in Anspruch genommen werden (Shortt). Die Doingnak (Stamm der Chukmas) trennten sich (1782), als the chief passed an order that the Doingnak should intermarry with the tribe in general (s. Lewin). Auf New-Zealand ward selten in einen anderen Stamm geheirathet (nach Yate). The Mantchu Tartars forbid marriages between those, whose family name are different (according to M'Lennan). In Guam brothers and sisters used to intermarry (s. Lubbock). Unter den Thlinkiten war der Cavalier meist der Bruder der Frau (s. Veniaminoff). The Koochs and the Hos are forbidden to marry excepting within the tribe. The latter however are not truly endogamous, for they are divided into keelis or clans and may not take to wife a girl of their own keeli. Thus they are in fact exogamous (s. Lubbock). The Kalangs of Java are endogamous and when a man asks a girl in marriage he must prove his descent from their peculiar stock (according to Raffles). Wenn der Indier die Schwester der verstorbenen Frau heirathet il n'y a pas d'injuste marâtre. Othman Bugoman (Fürst von Baghirmi) soll (ebenso, wie sein Vater) seine Tochter (oder seine Schwester) geheirathet haben. Les alliances entre frères et soeurs étaient permises parmi les grands (Berthollet) unter Guanches. Die Hauptfrau des Cazembe muss aus den Campocolo stammen und war (zu Monteiro's Zeit) seine Cousine. Die Concubinen bedienen die vier Gattinnen (Muari, Intemena, Casaleuca, Fuama). Um keine canaanitische Frau zu heirathen, ehelichte Jacob seine Cousinen Leah und Rachel. Lycurg erlaubte Ehen zwischen Geschwistern derselben Mutter, Solon desselben Vaters. Patruus neptem ducit (nach Lerius) in Brasilien (XVI. Jahrhundert). Am Orinoko kann der Mann die Tochter seiner Schwester heirathen, nicht aber das Mädchen den Onkel väterlicher Seits (nach Gili). Der Weibermann von Mankopane (in Süd-Afrika) nimmt alle Weibsmanieren und -ausdrücke an, Weiberarbeit thuend (Endemann).

2) Bei den Mongolen gilt das Verheirathen mit einer Frau aus männlicher Verwandtschaft für Blutschande, nicht dagegen von weiblicher Verwandtschaft, so dass oft verschiedene Schwestern geheirathet werden (s. Hyakinth). Die M'Pongos heirathen nur Frauen aus der eigenen Kaste (Hecquard). Am Gross-Bassam ist geschlechtliche Vermischung mit der Frau bis zur Entwöhnung des Kindes verboten (Hecquard) ebenso in Sierra Leone (nach Matthews). In Baghirmi kommt bei den Fürsten Heirath mit der Tochter oder Schwester vor. Fast jede verheirathete Frau (in Sierra

und betrachten eine Bewerbung um dieselben als ein ihnen zugefügtes Unrecht. Zur Zeit der eintretenden Entwicklung [1]) werden die Mäd-

---

Leone) hat (nach Matthews) ihren Yangih Kamih oder Cicisbeo (Reich). The Obongos intermarry among themselves, sisters with brothers, to keep the families together (s. du Chaillu). The king (in Guinea) once every year assembles all the young Men and Maidens and they are joined in wedlock (Wheeler). Auf Makin (den Pitts-Inseln) waren die Frauen vom Könige und den Vornehmen usurpirt, wahrend das Volk ehelos blieb (Wilkes). In den Areois wurden die Kinder getodtet, weil durch Vermischung Höherer und Niederer geboren. Rex unus est (auf Hebrides insulae). Nulla illi datur femina propria, verum alitur e publico (Solin). Die spanischen Indianer wurden regelmässig verheirathet, um die Steuerpflichtigen zu vermehren (s. Gage), wie in Sparta der Staat die Ehen regelte. Durch den Karar (Vertrag) wird die Milchbruderverwandtschaft bei den Adighe geschlossen. In Tscherkessien wird die Braut entführt und das Brautgeld als Strafe des Raubes bezahlt. Nach Galen haben sich die Frauen beim Säugen des Coitus zu enthalten. In der Menstruation soll der Coitus vermieden werden (nach Lusitanus) und in der Schwangerschaft (s. Reich). Die schlechte Privaterziehung leistet dem relativ zu frühem Hervorbrechen und der übermässigen Gewalt wollüstiger Triebe Vorschub (nach Bauer). Durch das Liebeln, als Gegenstand der Unterhaltung, verirren sich die Leidenschaften (nach Fries). Durch vernachlassigte Ueberwachung durch die Eltern in der kritischen Periode der Pubertäts-Zeit wird der Grund zu Ausartungen des Geschlechtstriebes und zu einer Reihe oft der folgeschwersten Erkrankungen gelegt (Reich). So lange bei Menschen Hoden und Eierstöcke noch nicht völlig entwickelt sind und noch nicht absondern (also vor der Pubertät), fehlt der ausgebildete Geschlechtstrieb, wenn nicht unnatürlich früh entwickelt (Funke). Die (Polygamie erlaubenden) Gesetze (unter Valentinian) wurden (seit Theodosius) aufgehoben. Nur den Edlen waren mehrere Frauen erlaubt bei den Germanen (Tacitus). Am Amazonas tödtet die Mutter Eins der Zwillinge, und wird nach dem Wochenbette von dem Manne vor der Hütte mit Ruthen blutig gepeitscht, damit ihre schlechte Aufführung den anderen zur Warnung diene (Lohmann). Bei den Pschawen wird die Schwangere nebst ihrem Manne als unrein von Festen ausgeschlossen (nach Eristow). Infanticide (of female children) was prevalent among the Slaves-Indians (s. Hooper).

1) The Kaffirs have no name for virgin in their language and when a girl arrives at the state of puberty, the fact is announced by a public festival, and which is tantamount to a declaration, that the girl in question is now fit for the use of man (Maclean). Bei den Saliras sind nur die Buhlerinnen bekleidet, um durch das Unbekannte zu reizen (s. Lohmann). Wie auf Santa Christina ist die Vorhaut auf Nukahiwa mit einer Schnur zusammengebunden (Krusenstern). Das Zusammenbinden der Vorhaut über der Eichel geschieht (in Brasilien) um Insecten abzuhalten (nach Eschwege). Die Botocuden tragen den Penis (nach Maximilian von Wied) in einem Futteral (Guicann), wie die Camacan-Indianer. Hat die Mutter (in Neu-England) über die Tugend ihrer Tochter einige Besorgnisse, steckt sie beide Füsse derselben in einen grossen Strumpf (s. Schöpf). Quelque temps avant le mariage, il faut détruire par incision l'adhérence contraire à la nature (Cailliaud) in Sennaar, nach jeder Geburt hergestellt (nach Werne). In Nubien verfertigt die zum Aufschneiden der Jungfrau berufene Frau ein Thonmodell vom Penis des Bräutigams, der dann für Herstellung der genügenden Oeffnung in der Wunde gelassen wird (Werne). Die Watschandie (in Australien) feiern (bei Beginn der warmen Jahreszeit) das Begattungsfest. Bei den Machanares-Indianern werden keine Jungfrauen gefunden

chen (bei den Coroados) in einem aus Baumrinde geformten Behälter (casca) abgesondert (s. Burmeister). Bei den Kyoungtha (in Chittagong) darf erst sieben Tage nach der Vermählung das Beilager [1])

(nach Feldner), quia mater inde a tenera aetate filiae maxima cum cura omnem vaginae constrictionem amovere studet (s. Reich). Bei den Macusis (wo das Mädchen bei der ersten Menstruation Nachts von der Mutter mit Ruthen gepeitscht wird, ohne schreien zu dürfen) muss sich der Mann (während der Schwangerschaft der Frau) des Bades enthalten, sowie des Kratzens am Kopf und Körper, ausser mit dem Blatt einer Cucurit-Palme (nach Schomburgk). In the Casa das Tintas or painting house, where the unmarried girls go to be greased by the sorcerers, they learn various indecorous lessons (in Cabinda). After the wife has been purchased (in the Casa das Tintas), she must remain faithful (Valdez). Die männlichen Unverheiratheten schlafen im Doomcooreea in den Oraon-Dörfern (in einigen Dörfern auch die Mädchen). Bei den Kol, wo die jungen Mädchen und Knaben einige Jahre wild durch einander zu spielen pflegen, sucht man die Mädchen möglichst früh zu verheirathen, oft schon vor der Geschlechtsreife [woraus dann wieder die Verschiebung der Vollziehung der Ehe bei anderen Völkern folgt]. Bei den Schua oder Schiwa (in Baghirmi) findet sich (nach Barth) die Infibulation der Mädchen. Au Tonquin tous les mandarins civils et militaires sont eunuques (d'aprés Dampierre). Le premier eunuque de l'impératrice, femme de Justinian II., la menaça de ce châtiment dont on punit les enfants dans les écoles (Montesquieu). The bridegroom (in Asia Minor) leads by the hand a lad of 10 or 12, called the mock-bridegroom (Lennep).

1) In Sparta durften sich die Neuvermählten in der ersten Zeit nur heimlich sehen (nach Xenophon). Die erste Nacht ging der Mann in das Haus seiner Neuvermählten und sog an ihrer Brust (bei den Mouki nördlich von Corea). Le droit de marquette consiste en un demi-marc d'argent, que les maris en Ecosse (suivant l'ordonnance du roi Milcolumbo), payaient au seigneur pour se racheter du droit de coucher la première nuit des noces avec la nouvelle mariée (s. Bouteric). Nos anciens se sont aperçus, que lorsque les femmes ont leurs ordinaires, elles font mourir toutes les choses sur lesquelles elles marchent (hörte Gumilla am Orinoco, wo die Menstruirenden abgeschlossen werden). Los pueblos de indios (en Nueva Mejico) se disminuian considerablemente, a causa del abuso, que hay entre las indias, pues no quieren parir arriba de cuatro hijos y consiguen su intento per medio de los brebajes (Pino). Caton prêta sa femme à Hortensius, indem es in Rom (nach Plutarch) erlaubt war (Montesquieu). Le quatrième Concile de Carthage ordonne aux nouveaux mariés de vivre dans la continence la première nuit de leurs noces (Thiers). Der Gebrauch der Mongolen ist, dass der Ehemann der Prinzen-Amme seinem Weibe (während der Säugezeit) nicht nahen dürfe (Reschideddin). Im Ramayana wird die Ehe als die Ceremonie der Godana (von den Kühen) bezeichnet. Die Indianer befriedigen, soweit es mit grössten Aufopferungen möglich ist, die Gelüste ihrer schwangeren Frauen (s. Heckewelder). Die Wittwen der Chippeway tragen ein Kleiderbündel mit sich, bis ihn Einer der Verwandten entfernt (Alckenney). Bei den Banyai dient der Bräutigam den Eltern der Braut (in Ost-Afrika). Der (mit den Zähnen abgebissene) Nabelstrang wird (bei den Warrau) mit Pflanzenfasern (Fiber einer Bromelia-Art) unterbunden (nach Schomburgk). Die Frau wird durch Kauf erworben (in Brasilien) oder durch die Arbeit im Hause des Schwiegervaters oder (bei den Tecunas und Marauhas) durch Raub. Bei den Nadowessiern dient der Bräutigam dem künftigen Schwiegervater ein Jahr als Knecht. Bei den Delawaren und Irokesen heiratheten die Jünglinge mit 16, die Mädchen mit 14 Jah-

abgehalten werden (Lewin). Bei den Arabern flieht die Neuvermählte Abends in das mütterliche Zelt zurück (für ein Jahr). Die Fulbe haben grosse Verehrung für ihre Mütter[1]), wenn sie dem freien Stamme angehören (Barth). Bei den Dacota, Assineboin, Omaka durften Schwiegereltern[2]) und -kinder sich nicht sehen, die sich auch

---

ren (Loskiel). Die Muscagulgen verheirathen sich (durch Austausch von Ranken-Rohren) nur auf ein Jahr, wenn die Ehe erneuert wird (Bartram).

1) The Balonda swear by their mothers, the Bechuanas by their fathers. The queen (of the Juiteva on the river Sofala) is commonly selected from among those of his children, who are the offspring of his own daughters or sisters; with these near relations he has exclusively the privilege of cohabiting, the laws of the country forbidding his subjects from intermarrying with their sisters or daughters under penalty of death (Sutherland). La noblesse se transmet par les femmes (dans la partie mandingue du Yacine). Der erste Vetter hat bei den Arabern das ausschliessliche Recht auf die Hand seiner Muhme (s. Burckhardt). Der Wittwer heirathet seine Schwägerin. Bei den egyptischen Arabern sind Heirathen zwischen Geschwisterkindern häufig. Die Schwestern des Königs von Ashantie können jeden zum Ehemann wählen, und der Vater huldigt dem neugeborenen Sohne wegen seines königlichen Blutes (Bowdich). Die Schwangere besitzt eine Art Heiligkeit in Guinea (nach Monrad). Bei den Fantih wird die Schwangere unter Kothwürfen in's Meer getrieben und dann durch eine Fetischfrau geheiligt. In Dahomey nennt Jeder seine Frau Mutter, nur der König kann sie Frau nennen. The women cultivate the ground and sell the surplus products (among the Bakalai). The women in all this country seem to have a good deal of privilege in this way (du Chaillu). Les Peuls ont dû former des alliances avec les femmes du pays où ils se sont établis. Or, comme dans les anciens États torodos, yoloffs et mandingues ce sont les femmes et non les hommes qui transmettent la noblesse du sang, il a dû nécessairement résulter de ces alliances, après une suite d'années, une génération nouvelle (les Toucouleurs), tout puissante dans l'opinion et dans les institutions du pays (s. Raffenel). Des Sultans Mutter (Kun-Banga) steht (in Baghirmi) in Ansehen, wie die Magira in Bornu und die Mona in Wadai grosse Macht ausüben. Die meisten Fehden der Indianer an der Nordküste Californiens entstehen der Frauen wegen (Hubbard), ebenso in Australien. Dans le nord du Kaarta il existe un village occupé par des femmes de très-petite taille, vivant maritalement avec des chiens plus gros que de boeufs (Raffenel). Ein Mädchen wird nicht eher verheirathet, als bis es eine Waffenthat ausgeführt hat, bei den Eimak (ein Zweig der Tadschik mit persischer Sprache), mit denen die Hazzareh (mongolischer Herkunft mit einer Turk-Sprache) Ehen eingehen. Unter dem Namen des Reiches von Osrhoene oder Orrhoene bestand die Stadt Orfa (Kalirrhoe oder Edessa) oder Ur mit ihrer Umgebung seit 146 a. d., als ein selbstständiges Gemeinwesen, später unter einem als Abgar bezeichneten Lehnsmann des römisch-morgenländischen Reichs und im ersten Kreuzzuge des Königreichs von Jerusalem. Nach Franklin kam es unter den canadischen Reisenden vor, dass zwei Männer eine Frau auf gemeinsame Kosten unterhielten. In Yucatan haben die Geistlichen (nach Stephens) Genossinnen (compagneras) als Stiefschwestern (hermanas politicas) oder (in Peru) sobrinas.

2) So lange die junge Frau (in Georgien) noch kein Kind geboren hat, darf sie mit ihrem Vater nicht sprechen (Reich). The father-in-law must not call the son-in-law by name, neither must the mother-in-law, and the son-in-law must not call his father-in-law or his mother-in-law by name. There are also others, in the line of relationship, who cannot call each other by

bei den Mandan mieden. Wäre man, nachdem man mehrere Formen der gesellschaftlichen Organisation versucht hatte (wie z. B. die Herrschaft der Frauen über die Männer oder Gleichheit [1]) zwischen beiden

name (among the Dacotah). The forbidden name being called, the offender was punished by having all of his or her clothes cut of their backs and thrown away (Prescott). Ist der Heirathsantrag eines Poulh angenommen, so muss er es vermeiden, seine Braut oder seine Schwiegermutter zu sehen (s. Mollien). Among the Omahaws neither the father-in-law nor mother-in-law will hold any direct communication with their son-in-law (James). Nach Baegert darf (in Californien) der Schwiegersohn die Schwiegermutter nicht anblicken. Nach Dubois darf in Hindostan die Frau nicht zu ihrer Schwiegermutter reden. In China muss der Schwiegervater vermeiden, seine Schwiegertochter zu sehen (Duhalde). In Australien darf ein Mann den Namen seines Schwiegervaters, Schwiegersohns oder seiner Schwiegermutter nicht aussprechen (nach Eyre). Bei den Kirgisen mussen sich Schwiegerkinder und -eltern vermeiden (ebenso bei den Abiponen). Bei den Panuco-Indianern durften die Schwiegereltern im ersten Jahre nach der Hochzeit mit dem jungen Ehepaar nicht sprechen (s. Uhde). Ausser der Sonne beteten die Panuco-Indianer Flöhe und Mosquitos an, um von ihnen bei Nacht nicht gestochen zu werden (s. Uhde). C'est un usage parmi les Earées et les autres Insulaires d'un rang distingué, de ne jamais se marier avec les Towtows ou dans des classes inférieures à la leur. Ce préjugé est une des causes, qui produisent les sociétes appelées Earéoées (à Tahiti). Dans ces sociétés les frères et les soeurs peuvent se conjoindre. A banker or merchant of high degree could not marry with a rich traderman's daughter of lower caste, without forfeiture of caste-privilege, or in regard to the children of such a union, if made, escape the necessity of establishing them as a new caste, which must seek similarly situated individuals for settlement of life. An infinite number of castes have sprung up, and are being created by such mésalliances India. Bei den Juris gilt die erste Frau als Oberfrau, und ihre Hängematte ist der des Mannes am nächsten aufgehängt. Die weiblichen Kriegsgefangenen werden als Kebsweiber gebraucht. Jede Frau, die Kinder geboren, erhält eine besondere Feuerstelle. Bei den Cumaneren umtanzte man Braut und Bräutigam, die sich (nach Abschneiden des Haars) die Hand gaben. Bei den Chavantes fand ein Wettkampf Statt, und musste der Bräutigam einen schweren Holzblock am weitesten tragen. Als Brautpreis wurden (bei den Abiponen) Glascorallen, Pferde, Kleid, Speere und Hausgeräth gezahlt. Bei den Mauhes heirathet der älteste Bruder die Wittwe. Die Frauen der Aimores können bei Abwesenheit des Gatten zu einem Manne, der grosse Jagdbeute gemacht hat, entweichen, werden aber beim Ergreifen mit Schlägen und Brandwunden auf Schenkel und Armen gestraft (s. Martius). Der Bräutigam bringt die Braut für die drei ersten Tage in das Haus eines Freundes, Gevatter genannt (bei den Tscherkessen).

1) Plato hatte (nach dem Vorgange des Pythagoras) das weibliche Geschlecht für ebenso wissenschaftlich bildungsfähig erkannt, wie das männliche (Wiegand). Ohne Uebergang in die Manus (durch Confarreation, Coemtion, Usus) blieb die Frau (trotz der Ehe) im Verband ihrer Familie und der Gewalt ihres Vaters. Hatte der Mann die Manus nicht, so überliess er nach der Verstossung (der Ehebrecherin) die Züchtigung dem Vater oder den Cognaten allein (in Rom). Schon früh entstand wie bei den Knechten der Gebrauch, dass ein Vater seinem Sohne ein Peculium liess. Dieses blieb zwar juristisch immer noch Vermögen des Vaters, aber der Sohn erhielt davon doch regelmässig die freie Verwaltung (nur verschenken durfte er nichts ohne Erlaubniss des Vaters). In der Kaiserzeit wurde den Söhnen

Geschlechtern oder irgend einen anderen Modus der zwischen ihnen getheilten Gewalt), alsdann nach dem Zeugniss der Erfahrung zu der Entscheidung gekommen, die beste Einrichtung und die sicherste für das Glück und Wohlbefinden beider Geschlechter sei die, nach welcher die Frauen gänzlich unter der Herrschaft der Männer stehen, keinen Theil an irgend einer öffentlichen Angelegenheit haben, und jede für sich noch gesetzlich zum Gehorsam gegen den Mann verpflichtet ist, mit dem sie ihr Geschick vereint hat, so könnte man die allgemeine Annahme dieser Einrichtung für den Beweis ansehen, dass sie zu der Zeit, wo man sie einführte, wirklich die beste gewesen sei (Mill). Die afrikanische Ethnologie enthält eine Auflösung auf alle diese Fragen.

Ausser der Ehe durch Kauf [1]) wird eine Frau, die in ihrer

---

gestattet, über das im Kriegsdienst erworbene Peculium zu testiren. Mit ihren Männern nicht befriedigt, ergeben sich die Frauen bei den Coroados den Negern (nach Eschwege), die von den Frauen (in Brasilien) vorgezogen werden, während der Indianer sie verachtet (s. Rugendas). Le nombre des femmes (chez les nègres du Gabon) emporte sur celui des hommes d'une manière notable (Braouezec). In Darien wurden die Frauen mit den Männern begraben. Uxor sequitur maritum (in Polen). Die Waffen sind Privateigenthum des Mannes, der Schmuck der Frau (in Brasilien). In the mode of marriage called Ambel-anak (on Sumatra) the baruk baik nia (the good and bad) of the husband is invested in the wife's family, paying the bañgun fine (if he murders or robs) or receiving it, if he is murdered (s. Marsden). Bei den Reddies (in Süd-Indien) heirathet die Frau einen Knaben und lebt mit seinem mütterlichen Oheim oder Vater (s. Shortt). Das Mundium (ἕδνα) wurde bei den Griechen spater durch die Mitgift ersetzt, die der Vater seiner Tochter (und dadurch dem Gatten) übertrug. Bei den Germanen überreichte der Gatte am Morgen nach der Hochzeit seiner Frau die Morgengabe. Among the Todas, when a man marries a girl, she becomes the wife of all his brothers as they successively reach manhood, and they also became the husband of all her sisters as they become old enough to marry. Wenn die Weibsleute (in Peru) lange Zeit von ihren Männern keine Schläge bekommen haben, meinen sie, er liebe sie nicht (nach Bayer) [Russland]. Wünscht ein Brasilianer ungestört mit seiner Concubine zu leben, so lässt er seine Frau eine Zeitlang von der Behörde in's Kloster bringen (Burmeister) [Japan]. Die Frauen, für welche das Uassa (Kalym) bezahlt ist, werden in Tscherkessien als Sklaven gehalten (Nogmow). Beim Grabesitzen musste die Frau der Tscherkessen das Grab des Mannes vierzig Tage lang täglich besuchen (Nogmow). Die Indianerinnen (in Paraguay) erachten es als einen Beweis der Liebe ihres Mannes, wenn sie zu Zeiten tüchtig geprügelt werden (Baucke).

1) Die durch Djudjur geschlossene Ehe ist ein Kauf der Frau, bei der Heirath durch Semando werden gegenseitige Geschenke gegeben und bei der durch Ambil-anak tritt der Mann in ein Abhängigkeitsverhältniss. A woman has husbands and sisters-in-law, but no brothers-in-law, a man (on the contrary) has wives and brothers-in-law, but no sisters-in-law (in Hawai). Cousins are called brothers and sisters (according to Morgan). The idea of marriage does not enter into the Hawaiian system of relationship. Uncleship, auntship, cousinship are ignored, and there are only grandparents, parents, brothers and sisters, children and grandchildren (s. Lubbock). Die Makua Mana begreifen den Vater, Vaters Bruder, Vaters Schwager, Mutters

Familie bleibt, durch Vorschuss (Verschuldung) erworben, und dieser muss beim Tode der Frau oder bei Scheidung zurückbezahlt werden, wenn nicht eine andere Frau substituirt wird. Beim Tode geht die Frau auf die Erben über. Durch neue Darlehen gelangt die Frau in die Sklaverei des Mannes mit ihren Kindern, die ursprünglich ihr Eigenthum waren. Der Dienst der Leibeigenen, die bis zur Rückzahlung einer Schuld verpfändet sind, werden nicht angeschlagen. Bei Vernachlässigung kann sich die Frau trennen, ohne Rückgabe der Morgengabe, sonst muss sie Alles zurückgeben und die Kinder loskaufen (an der Goldküste). Das Haupt der Familie kann seine Blutsverwandten zur Bezahlung verkaufen oder verpfänden. Die Familie haftet solidarisch für Verbrechen. Bei den Mundrucus steht der Bräutigam die erste Nacht Wache (mit Waffen). Das jus primae noctis [1])

Bruder, Mutters Schwager, Grossvaters Neffe, die Makua Waheena die Mutter, Mutters Schwester, Mutters Schwägerin, Vaters Schwester, Vaters Schwägerin, die Kapuna die Grosseltern u. s. w. In Fusang reinigte der Bräutigam einen Platz vor dem Hause des Vaters der Braut und begoss ihn täglich mit Wasser (nach Hoei-chin), wie noch jetzt in Kamtschatka. In Canada trägt der Bräutigam die ihm vermählte Braut (nach Carver) und so in Abyssinien (s. Bruce). In Sumatra formerly three distinct kinds of marriage prevailed, the Jugur, in which the man purchased the woman, the Ambel-anak, in which the woman purchased the man and the Semando, in which they joined on terms of equality (s. Lubbock). In the Deega marriage (on Ceylon) the woman went to her husband's hut, in the Beena marriage the man transferred himself to that of the woman. Except an actual sale of the female takes place, the children are considered as belonging not to their father's family, but (with some trifling observances due to him) entirely subject to the authority and disposal of the head of the mother's relations (on the gold coast). Marriages, effected by the payment of a small sum in the name of dowry to the bride's family, are become a far more respectable species of connection. If misfortunes overtake the wife's relations, they apply to the husband, who may agree to advance a small sum for their necessities and add it to the amount of his wife's dowry (to be returned to the husband or his relations at the death of his wife or her separation from him). New sums are advanced upon the security of his own children, begotten of his wife (their relation), till the pawnbond of the wife and children is converted into a distinct sale (Cruikshank). When a male or female are about to be married, they call a smith (on the Casamanza) to sharpen their teeth (Valdez). Nach Opfer für die Xines (Localgötter) weiht der Jambacoz oder Priester einen Armring (Manilla). In the Xina (sacred place) a shell is placed on the top of a stick (for libation and sacrifice of goat). On an attack of sickness (caused by the Hiran or evil spirit) the Jambacoz conjures up the souls of the departed. Bei den Britanniern heisst die in Vieh erhaltene Mitgift (als Faderfium) argyvreu. Triplex est pudor puellae (leg. W.) und sie erhielt dafür das Amobyr, das Cowyll und das Agwedi. Die Frau war unter das Urth (mundium bei Germanen) des Mannes gestellt (bei den Briten). In Singhboom vollzieht sich die Heirath zuweilen durch Raub des Mädchens (s. Dalton).

1) Shorkot (leader of the white Huns) claimed the husband's privilege on every marriage (in Harapa). Bei den Culinos hat der Häuptling das jus primae noctis (nach Spix). Nach der ToraTschengisch-Chan's geht die

stand (bei den Passes) dem Paje zu, bei den Caraiben dem Caziken. Die Brautwerber wurden von den Verwandten mit Geschenken zum Vater geschickt, der durch Annahme einer Cigarre beistimmt (in Brasilien). Schwiegersohn und Schwiegervater wenden beim Sprechen das Gesicht ab. Die Mitgift bildete den Schmuck der Braut. Bei den Guaycurus wird den Frauen bis zum 30. Jahre ein Trank eingegeben, um Abortus zu erzeugen. Die Guanas begraben weibliche Geburten. In Cumana wird die Braut zwei Jahre lang eingeschlossen gehalten, ohne ihr Haar schneiden zu dürfen. In Ossetien kauft der Vater seinem 6—8jährigen Sohne [1]) eine Frau von 14—16 Jahren und lebt

dem Padischah gefallende Frau, von ihrem Gatten geschieden, in den Harem des Chan (nach Mirchond). Jedes Neujahr wurden dem Chan die Mädchen zur Auswahl vorgeführt. Los Caciques de Nore (de los Armas en Cauca) hacian prissioneras las mujeres de pueblos enemigos y vivian con ellas como con sus esposas. Los hijos que de ellas tenian eran su manjar delicioso. Otros caciques hacian que los prissioneros viviesen con sus mujeres ó parientas para que produjesen pasto a su insaciable hambre (Uricoechea). Bei der Brahma-Ehe wird die in ein einziges Gewand gekleidete Tochter vom Vater dem Vedagelehrten übergeben, bei der Deva-Ehe die reichgeschmückte dem opfernden Priester. Bei der Rischi- oder Arscha-Ehe kauft der Bräutigam durch Kühe, bei der Asura-Ehe durch Schenkung von Gut. Die vom Vater gesegnete Ehe ist (nach Yajnavalkya) die Prajapatya-Ehe, die durch gegenseitige Neigung geschlossene die Gandharva-Ehe. Der Raub der Braut bildet die Rakshasa-Ehe, die Ehe in Folge von Berauschung ist die Paisacha-Ehe. The bride cannot henceforth call upon her own mother, except as she is specially allowed to do so by her adopted parents (among the Turks in Asia Minor). She is not to uncover her face in the presence of her father-in-law, she cannot speak to him above a whisper and only in reply to a question (Lennep). Le roi de Moscou (Moskau) ou (bei den Arabern) Maschaca distribue toutes ses villes à ses guerriers pour leur servir d'apanages, et dans le besoin il leur fournit les chevaux, les selles, les brides, les armes et tout ce qu'il leur faut. Quiconque devient père, soit d'une fille ou d'un fils, reçoit une pension du roi. Lorsque ce fils a atteint l'âge de puberté, on le marie, le roi se fait donner par le père du jeune homme la dot convenue, et la remet au père de la future. Les mariages se font au gré du roi, et non à la volonté des parents ou des enfants. Le roi fournit à toutes leurs dépenses (s. d'Ohsson). By the custom Witen-ki-ya or to be ashamed of (as the Dakota man is of some of his wife's relations, especially the females, and a woman of her husband's relations, especially the males) they are not permitted to mention the names of these connexions, nor to look them in the face, or communicate directly with them (Riggs). Ta-tu niu-çe jeu çai pu si hao sfse. Meist ein Mädchen hat Begabung, nicht ist's gute Sache (grosse Anlagen eines Mädcheus sind kein gutes Zeichen, weil ihr Körper bald der geistigen Thätigkeit erliegt) sagt (nach dem Ju-kiao-li) ein chinesisches Sprüchwort (s. Schott).

1) Indem oft sechsjährige Knaben mit Mädchen von 18 und mehr Jahren verheirathet werden (um die Zahl der Leibeigenen zu vermehren), sieht man (in Russland) junge Weiber, die ihre Männer auf dem Arm tragen (s. Wichelhausen). In der Blutsverwandtschaft zu heirathen wird unter den Freinegern Surinams für ein Greuel gehalten (Riemer). En Panuco compran los hombres los mugeres por un arco y dos Flechas y una Red, no hablan los suegros con los iernos, el primer año que se casan, no duermen con las mugeres; despues de paridas en dos años, porque no se tornen à

mit der Schwiegertochter, erzeugt vielleicht auch mit ihr einen Sohn, dem dann jener nominelle Vater wieder nach erlangtem sechstem Jahre eine Frau kauft, um mit ihr zu leben u. s. w. (Haxthausen). Wenn ein Sohn oder eine Tochter sich verheirathet, dürfen sie ein ganzes Jahr lang oder bis ein Kind geboren ist, sich nicht vor den Eltern sehen lassen. Der Mann besucht seine junge Frau noch lange heimlich [1]) und ist zeitlebens nie gegenwärtig, wenn seine Frau von

empreñar, antes de haber criado los hijos, aunque maman doce Años, à esta causa tienen muchas mugeres (Gomara). Before the house of the head chief of the Klah-oh-quahts there is a large stone, which a man must lift and carry, in the presence of the people, before he may cooo the chief's daughter (s. Sproat) in Vancouver-island. No guardan mas parentesco de con madre, hija y hermana, y esto por temor, ca tenian por cierto, que quien las tomaba, moria mala muerte (Gomara) en la isla Española. No casan con su madres ni con su hija, ni con su hermana, en lo demas poco parentesco guardan aunque algunos se hallaron casados con sus proprias hermanas (en Mejico). Eine kinderlose Wittwe (in Ossetien) kann wieder heirathen, sonst (wenn sie nicht einem Bruder ihres Mannes zugehört) kann sie beliebig mit Mannern leben, und die Kinder treten in die Rechte der Familie des früheren Mannes ein, von dem sie gekauft waren. Mulier post viri exequias sui igne cremati decollata subsequitur (bei den Slaven) zur Zeit Boleslaus I. (Ditmar). Plusieurs jeunes hommes au lieu de se' marier tiennent et ont souvent des filles à pot et à feu, qu'ils appellent non femmes Aténonha, par ce que la cérémonie du mariage n'en a point esté faicte, ains Asqua, c'est à dire compagne ou plustost concubine (Theodot) bei den Huronen. Bei den Culturvölkern wurde aus dem wirklichen Kauf bei der Eheschliessung später ein Scheinkauf (der Muntschatz als Scheinpreis). Der vom Bràutigam gegebene Ring entspricht dem Ringe, den bei Griechen und Römern zuweilen der Käufer als Zeichen ernstlichen Vertragswillens (arrha) dem anderen Contrahenten gab (Hofmann). Buying (wohpa) is the honorable way of taking a wife among the Dakotas (s. Riggs).

1) Los Maçatecas no se acuestan juntos la noche, que los casan, ni consuman matrimonio en aquellos veinte dias (Gomara). Da die Männer den Frauen (unter den Freinegern Surinams) vielerlei Vorrechte zugestanden haben, so würde thätliches Vergreifen an die Frau für den Mann gefährlich sein, wegen Verschwörung der übrigen Frauen (s. Riemer). Die Mädchen der Tscherkessen werden mit 7 Jahren an der Taille in Safian eingenäht, und der Bräutigam öffnet die Schnur mit einem Dolch (Nogmow). Bei den Goajiros wird das Mädchen zur Ehe von dem Bruder der Mutter verkauft (Ernst). Die Foulah (unter Ibrahima) kämpften unter einer Amazone (n'ayant conservé, qu'un sein). Ayutha verbot den Jueitchi in ihrer Familie zu heirathen (Plath). Eine Frau zu nehmen, die desselben Stammes und Namens ist, gilt für Blutschande (bei den Osseten). Die Ostjäken heirathen nie ein Weib aus der väterlichen Verwandtschaft, aber Stiefmutter, -tochter, -schwester u. s. w. (s. Müller). Die Freineger in Surinam sondern ihre menstruirenden Frauen im Kay-Hause ab. Das Traumbild Meth ist bei den Letten fur ein Mädchen das Anzeichen des Eintretens in den Frauenstand. Aehnliches deutet das Traumbild Peitsche an (s. Steudner). Bei Siamesen heisst die Traumerscheinung des Mädchens (beim Eintritt der Pubertät) Vithon. The cousins-german or members of the same fraternity (tleush or seeds) are not only themselves interdicted from intermarrying, but their serfs too must wed with the serfs of another fraternity, and where many fraternities enter into one general bond, this law, in regard to marriage, must be observed by all (Bell) in Circassia. Mixcohua-Camaxtli,

Fremden besucht wird, hört auch nicht gern von Frau oder Kind reden. Erst nach der ersten Niederkunft giebt der (kalmükische) Vater seiner Tochter die volle Mitgabe und nimmt ihr die als Mädchen getragene Mütze ab, den Schleier anlegend (s. Pallas). Söhne und Töchter der Fürsten werden gleich nach der Geburt einem Edelmann zur Erziehung übergeben, und der Vater sieht den Knaben nicht eher wieder, bis er die Waffen zu führen fähig ist, die Mädchen nicht eher, bis nach der Heirath. Der Pflegevater wird aus der Beute bezahlt. Die eigenthümliche Weise der tscherkessischen Vornehmen, mit ihren Weibern fremd zu thun, abgesondert von ihnen zu leben und die Kinder bei Fremden erziehen zu lassen, erinnert an die Gemeinschaft der Gargarenser, mit den Amazonen durch den Fluss Mermodas oder Mermodalis (den Bach Mermedik) von den Gelen oder Galgai (Legen oder Lesgen) getrennt.

Bei den Kol [1]) wird das Recht auf den Boden erworben durch Urbarmachung desselben, und Alle daran Theil habenden beanspruchen deshalb auch ein Eigenthum an denselben. Stirbt der Vater, so theilen die Söhne, stirbt Einer der Brüder, so machen die Uebrigen Anspruch auf seinen Besitz, den sie mit ihm erworben haben und der also ihnen (nicht der aus einem fremden Stamme in den eigenen eingepflanzten Wittwe) gehört. Die zurückgebliebenen Kinder gehen dann

---

der auf Nauhyotzin in Teotihuacan folgte (767 p. d.) eroberte das Reich Huitznahuac unter der Fürstin Chimalman. Elle combattait toute nue à la tête d'une troupe d'amazones [Frauenland bei den Chinesen]. Die Würde des Teuctli wurde an Totepeuh (839 p. d.) verliehen. Die Insel Californien war von schwarzen Frauen (ohne Männer) bevölkert (1510 p. d.). Los Amazones wurden zwischen Tomales-Bay und Cap Mendocino (1829) gesetzt (s. Cronise). In their bodily appearance, dress, diet and tempers the modern Greeks (living on the fruits of the same soil and under the same climate) differ but little of the ancient Greeks (Hobhouse). Both the form and the face of the women are very inferior to those of the men.

1) In der Ahnenverehrung gehen die Kol bis auf fünf (zuweilen bis zehn) Vorfahren (haram-horo oder alte Menschen) zurück, und deren Namen werden beim Darbringen von Opfergaben genannt. In Unglücksfällen glauben sie sich von diesen verlassen und suchen sie zu versöhnen. Der Enkel erhält häufig den Namen des Grossvaters. Nach den Traditionen der Kol wurden die Assur, von denen sich noch Steinfundamente der Burgen finden, durch die Gottheit vernichtet. In Australien nennt sich der Vater nach dem Sohne (nach Eyre) und ebenso bei den Kutchin (in Amerika), sowie auf Sumatra (nach Marsden). Bei den Caraiben auf Haiti war die Würde des Caziken nach der Erstgeburt für die Söhne, von welcher Frau immer, erblich. Beim Mangel männlicher Nachkommen folgten die Kinder der Schwester, dann die Brüder (Charlevoix). When a Caboeroe dies, he is succeeded in his office by his son, who is likewise heir to all his armour (on the gold coast), but the rest of his worldly substance descend to the children of the Caboeroe's sister or nearest She-Relation (W. Smith) 1745. Unter den Caziken auf Domingo erbt die beweglichen Güter derjenige, der das Begräbniss feierlichst abhält.

zu gleichen Theilen mit denen des erbenden Onkels, der die Wittwe während ihres Lebens zu erhalten hat. In Ganah, in Walata und bei den Mandingoes ging die Herrschaft an den Bruder oder Muttersbruder über [1]) (Cooley). Die Erbschaft [2]) wird (bei den Jolof) in

1) Nach Makrizi erbte (bei den Bedja) der Schwestersohn, wie in Gross-Bassam (nach Hecquard) und früher in Nubien. Bei den Jolofs in Cayor erben die Brüder, dann die Söhne, in Wallo das alteste Kind der ältesten Schwester (s. Waitz) Bei den Serern folgt der Muttersbruder, dann der Schwestersohn (Faidherbe). In Bondu erbt der Bruder des Königs. Bei den Koloschen erbt zunächst der Schwestersohn, dann der jüngere Bruder des Verstorbenen (Holmberg). Die Wurde des verstorbenen Tamol ging in Morilo auf den Bruder und dann auf die Frau des Todten über (Mertens), auf den Karolinen. Auf den König (magalahi oder alten Mann) folgte sein Bruder und dann Vetter oder Neffe (auf den Mariannen). The inhabitants of Gomera made their sister's sons their heirs (Major). Die Leiche eines insolvent Verstorbenen darf (an Cap-coast) nicht begraben werden. Vasu (nephew or nieçe) becomes a title of office in the case of the male, who in some localities has the extraordinary privilege of appropriating whatever he chooses belonging to his uncle or those under his uncle's power (Williams) in Fiji. According to the Code of Gentoo Laws all the sons shall receive equal shares (s. Halhed). Heredan los Sobrinos, hijos de Hermanas quando no tienen hijos, diciendo que aquellos son mas ciertos parientes mios (Gomara) en la isla Española. Den Schwesterkindern war der Oheim, als ihr Vater, auf das engste verbunden bei den Germanen (nach Tacitus). La dignité du Tunka (roi) se transmet en ligne collatérale (Hecquard) bei den Serrakolet. Dem Juiteve in Sofala folgte sein Bruder (Knyfe). In Nubien folgte der Schwestersohn (nach Abu Solah). Bei den Kenaiern erben die Schwesterkinder (s. Richardson) und bei den Battas (nach Marsden). In Sudan folgte (nach Ibn Batuta) der Schwesterssohn (1324). The succession (on the gold coast) passes from the possessor (of the „stool") to his brother, or (failing a brother) to his nephew. Die Konige (Fama) von Kaarta (im Bruder erbend) sind aus dem Stamm Kourbari (und gewöhnlich dem Geschlecht Massassis in demselben) gewählt. Die Herrschaft Powhatan's kam erst an seinen Bruder, dann an seine Schwester und deren Kinder. The Zipas heir was the eldest son his sister (in Bogota). The Indians painted themselves with achote (bixia). Permission was necessary to have the nose and ears pierced, so as to wear ornaments, except by the Xeques and Usaques, who had this right, when they took possession of their office. Parrots having learnt a few words, were sacrified. Selon la coutume de Numidie, Delsace, frère de Géla, succéda au royaume, non pas Massinissa, son fils. Et encore aujourd'hui chez les Arabes de Barbarie, où chaque village a un chef, on choisit, selon cette ancienne coutume, l'oncle, ou quelqu'un parent, pour succéder (s. Montesquieu). Die Succession des Schwestersohns in Naning wurde durch den Islam beschränkt. Bei den Lampong gehen die Würden auf den ältesten Bruder, dann (nach den Brüdern) auf den altesten Sohn über. Buddho (über den der Devo Samiddhisumano den Rajayatana-Baum als Schirm hielt) beruhigte (in der Luft erscheinend) den zwischen den Naga-Königen auf Lanka Mahodaro (als mütterlichem Oheim) und Chulodaro (als Neffen) wegen des Kleinodiensitzes ausgebrochenen Krieg, und auch der zu Hülfe gezogene Maniakkhiko (der mutterliche Oheim Mahodaro's) trat dem Frieden bei.

2) In Grönland findet sich kein Erbrecht, indem bei dem Tode Jeder das ihm Zusagende aus dem Eigenthum entnimmt, ohne Rücksicht auf die Wittwe und Kinder. Seit Solon war es in Athen erlaubt, ein Testament

8 Theile (7 für die Kinder, 1 für die Frau) getheilt, bei Kinderlosigkeit in 4 (3 für die Seitenverwandten, 1 für die Frau). Beim Tode einer Mutter macht man 2 Theile (1 für die Kinder oder Seitenverwandten und 1 für den Gatten). Eine unverheirathete Tochter [1]) behält Recht auf das Erbe (bei den Guaycurus). Bei den Tartaren

---

zu machen, aber nur bei Kinderlosigkeit. In Tahiti disponirte der Sterbende vor Zeugen über sein Eigenthum. Nach einem Todesfall wird zwei Jahre im Schmutz getrauert, und dann feiern die Camma ein lärmendes Fest (Bola ivoga), an dessen Schluss die Hutte niedergerissen wird. Das Recht der Erstgeburt wurde durch kirchlichen Einfluss unter Ludwig dem Frommen (817 p. d.) festgesetzt. Die zu einer Erbschaft gehörigen Klagen standen eigentlich als directae actiones nur demjenigen zu, welcher wirklich heres war, aber als fictitiae oder utiles actiones wurden sie auch dem bonorum possessor und dem Fidei-Commissar gegeben, indem sie durch Fiction als Erben angesehen wurden. Hinsichtlich der Wirkung war die fictitia actio der directa actio ganz gleich, und es war nur das der römischen Rechtsbildung eigenthümliche Festhalten an hergebrachten Formeln, weshalb man sich dieser Form bediente, um dem Fidei-Commissar und dem bonorum possessor die Klagen des heres zu geben. Schon im Justinianischen Rechte ist von den fictitiae actiones keine Rede mehr, da der frühere ordo judiciorum, nach welchem die Entscheidung eines Prozesses einem judex durch eine formula überwiesen wurde, in welcher die Fiction ausgedrückt sein musste, seit Diocletian's Zeiten verschwunden war. Dagegen ist im Justinianischen Recht natürlich der Sache nach geblieben, was durch jene fictitiae actiones erreicht werden sollte, dass nämlich ein früher beschränkteres Rechtsinstitut auch auf andere Fälle erweitert würde. Wie diese Erweiterungen aus Rücksicht auf das practische Verhältniss (utilitas) getroffen waren, so wurden die auf solche Fiction gegründeten Klagen auch utiles actiones genannt (Weiske). Am Grand-Bassam erbt der Schwesterssohn des verstorbenen Häuptlings, und nicht der Sohn (Hecquard). Bei der Gründung eines neuen Dorfes wird ein Verbrecher oder gekaufter Gefangener (berauscht) an einem Pfahl gemartert und dann durch den künftigen Obersten enthauptet. Aus den Eingeweiden des geöffneten Bauches weissagen die Fetizeros und dann kocht man dieselben (nebst der Leber) mit einem Huhn, einer Ziege und einem heiligen Fisch zu einem Gericht, woran jeder Theil nehmen muss. Beim Jahresfest in Grand-Bassam müssen die zum Opfer bestimmten Ochsen (denen man Mumoc und Palmwein in die Augen wirft) erst weinen, ehe man sie tödtet (Hecquard). Die Majorunas tödten die Altersschwachen, die bei den Tupis gegessen werden (s. Martius). Les habitants (de Caltalounia) sont très-braves, c'est au point qu'ils regardent comme honteux de mourir naturellement, et qu'ils tiennent à honneur d'être tués (Abou-Soleiman Daoud).

1) Kein salisches Land durfte in directer Linie in die Hand von Frauen kommen, damit dem Sohn die Nachfolge gesichert sei. Wenn die Tanten erbten, hatte die Schwester der Mutter den Vorzug vor der des Vaters. La famille succédait au préjudice du petit-fils, elle n'était donc exclue que par le fils (s. Montesquieu). La loi Voconienne fixait une certaine somme qui devait être donnée aux femmes qu'elle privait de la succession. Justinian schaffte jeden Unterschied von männlicher oder weiblicher Erbfolge ab. Boves et frenatum equum et scutum cum framea gladioque bot der Germane (bei Tacitus) den Verwandten der Frau, und dieser eine Morgengabe (als theoretrum). Vermischungsproducte mit Malayen bilden sich meist nach den Europäern, besonders bei den Holländern auf Java, wogegen sich in Manila eine eigene Rasse (doch mit vorherrschend europäischem

erbt (nach du Halde) der Jüngste [1]), der im Vaterhause zurückbleibt, während die Aelteren nach einander mit ihren Heerden fortgezogen und selbstständig geworden sind.

Typus) erzeugt hat. Bei Europäern und Chinesen fällt der Typus des Kindes bald europaisch, bald chinesisch aus, wogegen der prävalirende Einfluss des Chinesen (ob Vater oder Mutter) bei seiner Vermischung mit anderen Rassen ganz entschieden ist (Schwarz). *πᾶσ τις πλούσιον ἄνδρα τίει, ἀτίει δὲ πενιχρόν* (Theogn.) *γαμεῖν ἐκ τῶν ὁμοίων* (Diog. L.). If the dead person had been agood fisherman (among the More-ore of Chatham Island, invaded by the Maori 1832 p. d.) his body was lashed in a sitting posture to a raft and set .adrift with a baited line in its hand. If he had been a noted bird-catcher, he was fixed in a stooping position, between two trees, facing the particular hill or other spot which he usually frequented. If he had no particular vocation, he was put, in a sitting posture, into an open hole in the ground with any favourite piece of carved wood stuck up before him (Travers).

1) On trouve une pareille coutume en Bretagne dans le duché de Rohan, où elle a lieu pour les rotures. Utdschigin (Feuerhüter) hiess der jüngste Sohn bei den Mongolen, als erbend. Item, das Inn der herrschaft Pfirdt gebreuchig das under den geschwisterigen und chelicher geburt der jüngst son seines Vathers seligen hofreite oder behausung besitzet. Le droit de Juveigneurie était général dans la Haute-Alsace (Bonvalot). C'était le plus jeune fils, qui héritait de la propriété paternelle dans le pays Grimberghe en Brabant.

Fünftes Kapitel.

Der Stamm bildet für sich die Menschheit und pflegt sich deshalb den Namen der Menschen (des Volkes) beizulegen. Sein Land umschreibt ihm die Welt und jenseits [1]) der Grenzen beginnt ein Utgardloka rechtsloser Fremden. Die in den Kriegen unterworfen, werden (wenn nicht niedergemetzelt, um ihre, wie bei den Caraiben, dadurch verschieden sprechenden Frauen heimzuführen) in das Sklavenjoch [2]) gespannt und bilden in den Kriegen der Genossenschaften [3]) dann

1) Die als schutzlose Leute Rechtlosen konnten, wie die Geächteten (utlagati) bei den Angelsachsen, Wolfshäupter (vearges heafod oder vulfes heafod) oder Wolfshauptträger, in Deutschland Waldflügel und in Westphalen Biesterfreie (vogelfreie Leute) genannt werden (als Wildfänger in der Gewalt des Königs). Den durch Verträgen verbundenen gegenüber (als ἔνσπονδοι) waren alle anderen gesetzlos (ἔκσπονδοι) in Griechenland. The distinction between the two people (represented in derisive mimicry by the conjuror of the Tschuktschi) was marked by the Payairkets (American Esquimaux) being represented to wear a bead as a labret on both sides of the mouth, and the inhabitants of Iworcen (the island of St. Lawrence) but one (Hooper).

2) Os Guaycurus, — die sich (1719 p. d.) mit den Payaguas verbanden, — tem en sus aldeias indios das naciones Guaxis, Guanazes, Guatos, Cayrabas, Bororos, Coroas, Caiapos, Xiquitos e Xamococos (Vasconcellos). Les prisonniers de guerre sont des esclaves (en Congo). Les esclaves du feu ou de la maison sont obligez à servir ceux qui les ont achetez tant que leurs maîtres vivent, et que leurs familles subsistent. Les esclaves appelés Delchisico sont des enfans d'esclaves, portant la marque du maître de leur père (Labot).

3) The society of nobles, called Chipaquo, is united to the powerful one of Tocavs, named Natquo, and from this connexion has acquired the ascendancy it enjoys in Natukvitch (1845). It was a similar alliance with the Tocav-society of Rubleh, that formerly gave the Abbats the same degree of influence in Shapsook (Longworth). Every individual (including serfs) is comprised in some fraternity or other, for at his birth he is held to belong to that in which his father is a member (Bell) in Circassia.

den grossen Haufen der Truppen, besonders als Vorhut [1]), um auf die gefährlichsten Punkte gestellt zu werden, wie die Tataren in den Kriegen der Mongolen, obwohl bei solcher Gewöhnung an das Waffenhandwerk leicht auch Sklavenaufstände ausbrechen mögen, wie es die Jazygen (Sarmatae Limigantes) erfuhren und (1785) die Mandingoes (nach Matthews). Die unumschränkten [2]) Herrscher verfügen über alle ihre Unterthanen (auch ohne durch Gesetzesübertretung [3]) ein Recht erlangt zu haben) als ihr Eigenthum, und zeichnen [4]) selbst mit ihrer Eigenthumsmarke die verschiedenen Gewerke, wie es vom Könige Siams [5]) geschieht. In diesem Lande ebenso, wie an der Goldküste, sind in minutiös genauer Weise die Rechte der Pfandsklaven definirt, und aus insolventen Schuldnern [6]) vermehrt sich überall (besonders in Zeiten der Theuerung [7])) der Sklavenstand, der dann einen naheliegenden Anlass zu Kastengliederungen [8]) giebt, wie sie sich (als Bild der indischen) in den Eroberungsstaaten Senegambiens wiederholen.

---

1) Die Avaren sandten zuerst die unterworfenen Slawen in's Gefecht (nach Menander). Auf Chios empörten sich die Sklaven unter Drimakos.

2) Les princes et princesses (en Congo) ont le droit de vendre quiconque n'est pas prince comme eux. En leur parlant on leur donne le titre de Moene, lorsqu'on parle d'eux on les désigne par le titre de foumou (Deyrandpré).

3) Die Sklaven Chinas rührten zunächst von verurtheilten Verbrechern her, später verkauften sich Aermere an Reichere, aber mit der Bedingung erlaubter Loskaufung, wenn im Stande zu zahlen, bis die tartarische Eroberung den Sklavenstand dauernd machte.

4) *ἐν τοῖς σώμασι καταστίζοντες αὐτὴν σιδήρῳ πεπυραμένῳ πρὸς ἀνεξάλειπτον διαμονήν* (Philo) bei römischen Waffenschmieden und Soldaten.

5) Der Thai oder Freien (wie auch die als Sklaven geborenen Fantih genannt werden). The natives (of Benin) are all freed-men, though treated as slaves by their king (W. Smith).

6) Von den Sklaven (der Kimbunda) sind die Fuka oder Hafuka Pfänder (bis zur Auslösung), die Dongo Kriegsgefangene, die sich durch die Flucht (Vatira) befreien können oder durch die Shimbika, indem sie im Hause eines anderen Herren ein Thier tödten, und sich für den Schaden als Sklaven anbieten (s. Magyar). A Soolima contracting a debt which he is unable to pay, becomes the slave of his creditor (Laing). Wenn ein Slave oder Ssaklab (nestorianische Christen) mit einem Fremden handelt und dieser zahlungsunfähig wird, so verkauft man ihn selbst mit Weib, Kinder und Haus (nach Ebn Hamid). Wenn der die Sklaven eines Anderen verletzende Slave den Schaden aus Armuth nicht ersetzen kann, wird er in die Sklaverei verkauft.

7) Famine (in Rajputana) is the great cause of loss of liberty. There (as among Franks) freedom is derived through the mother. The offspring of a Golee (female slave) or dasi must be a slave (gola or das). The das or slave may hold a fief in Rajosthan, but he never can rise above the condition, in which this defect of birth has placed him.

8) Die (kriegsgefangenen) Sklaven der Mundrucus und Mauhes dürfen sich nicht, wie ihre Herren, tättowiren (s. Martius). Heirathet ein Adliger (in Ossethien) in den zweiten Stand (der Freien), so verfallen die Kinder dem dritten Stand (der Sklaven). The slaves (taken in war or purchased from another tribe) are considered an inferior race, with the ordinary class

Der Vorfahr der Foulh [1]) (in Foulhadou oder Foulhadougou) bildete für seinen Rathgeber (der ihn zum König gemacht) die Kaste der Diavandous als Beamte (oder Vertraute) und für seine Brüder die der Torodos (Schreiber), Bailos (Schmiede), Tiapatos (Jäger), Koliabes (Krieger), Tioubalus (Fischer). In Kasten wurden in Kaarta unterschieden (unter den Freien) die Noumous (Schneider), Gacanguis oder Garankis (Lederarbeiter), Dialis oder Griot. Die Hirten, Ackerbauer und die (besonders aus Sklaven bestehenden) Weber sind nicht in Kasten vereinigt. Der von den Bambaras [1]) (besonders von den

---

of whom it is thought derogatory for the daughters of the land to marry (on the gold coast). They pass under the general name of Donko (slave or fool) with scars in the face and person, distinctive of their native tribes (Cruikshank).

1) Von zwei Brüdern unter den Foulh zog der ältere Hamed bei einer Hungersnoth fort, um Nahrung zu holen, blieb aber in dem ersten Dorfe zum Ackerbau, und wurde deshalb bei späterer Rückkehr durch den jüngeren Bruder Samba der Heerden beraubt, aber auch von dem König des Landes, wo er sich früher aufgehalten, seines dortigen Besitzthums, und musste sich nun (als Vorfahr der Laober) mit dem Verfertigen von Töpfen und Holzgefassen erhalten (s. Raffenel). Von einem Vogel geführt, gelangte der (von Denia stammende) Foulha Satighy-Koli aus Foulhadougon (zwischen Bambuk und Fouta-Djallon) mit seinem Heer nach Fouta-Damgha, von wo er die über die Torodos herrschenden Mauren (Termess) unter dem Lam-Termess (König der Mauren) über den Fluss trieb und ein Reich stiftete, das die Yoloff besiegte (nach Süden getrieben). Sein Nachfolger Soulindiaye verspottete die im Lande angesiedelten Marabuten und ihm folgte sein Bruder Bou-Moussa, vor dem sein Neffe Samba zu dem Tunka von Ouaonde floh und nach langen Wanderungen mit einem durch El-Kbrir (für welchen König er die Rinder des Biram-Gourour, Königs der schwarzen Peulh, erbeutet hatte) gewährten Heere von Mauren zurückkehrte, um Bou-Moussa (dem er den unbesiegbar machenden Talisman Koli's, in ein Antilopenhorn eingeschlossen, in Hundegestalt entführte) zu stürzen und sich als König von Fouta zu proclamiren. Nachdem er die maurischen Hülfstruppen durch Verrath erwürgt hatte, wies er die Bekehrung eines von Ghioliba kommenden Marabuten zurück, wurde aber durch dessen übernatürliche Gewalt mit seinem ganzen Heere vernichtet, und der dazu beitragende Bettler (der Marabut Sileiman-Ibal) bemächtigte sich der Herrschaft als Emir-el-Moumenyn (Almamy). Sein Nachfolger Abdou (vom Damel von Cayor besiegt) fiel gegen die Bambaras und dann wurde ein neuer Almamy aus den Torodos erwählt. Der Araber Houba kam mit einer Armee von Mekka nach Toro, wo er die Torodos bekehrte und durch Zwischenheirathen die helle Mischlingsrasse der Foulh bildete, die sich über Afrika verbreitete und Staaten stiftete.

1) Die Armeen der Bambaras (mit den Freien, als Reiterei) sind besonders aus Gefangenen zusammengesetzt, in den Abtheilungen der Sofas (aus den Kindern der Kriegsgefangenen) als Leibwache, dem linken Flügel (Nouman-boulou) des Ngolo (aus Woulonssous oder Freigelassenen), dem rechten Flügel (Kinin-boulou), des Diamanto (aus Wouloussous oder Freigelassenen und Sanndion oder Sklaven), den Veteranen oder Ton-koro-boulou (Corps der alten Sklaven) mit dem Tomba. Die Diavora, die (in die Stämme der Sagones und Daboras getheilt) die aus Sego flüchtigen Bamanaos in Erwerbung der Herrschaft Kaartas unterstützten, wurden (bei Vertreibung

Kourbaris) verachtete Handel wird von den Sarracolen betrieben (als den Kaufleuten Kaartas). In Kaarta erlangt der Verurtheilte das Asylrecht, wenn es ihm gelingt, einen Prinzen zu bespucken (Raffenel). In Fouta-toro stellt sich ein Sklave unter den Schutz eines Herren [1]),

der übrigen Stämme der Soninkie in die nördlichen Provinzen versetzt. Im Königreich Kaarta bilden den edelsten Stamm (des Adels) die Kourbaris, mit dem königlichen Geschlecht (für die Wahl des Fama), der Massassis, getheilt in die Familien der Danibas, Manas, Mon-Sirres (des Königs), Siras, Bakars. Dann folgten die Stämme der (Foron oder Freien) als die Diaras (in Sego unabhängig nach Vertreibung der Kourbaris, die ihn als aufständige Sklaven bezeichnen) unter den Kounte mit den Geschlechtern Fissankas, Barlakaos, die Konores (unter den Kalangu) und Dambales. Die Freigelassenen (der Sklaven) hiessen Wouloussou (als Hausklaven). Obwol Heiden, lassen die Bambara (Kaartas) die Marabuten (der Serrakoleten) oder Silas bei Festen fur den König beten, und zu denselben schickten die Diavaras und Kagoros (der Stamm der Soninki unter dem Häuptling von Sego) Gesandtschaft. Als Zeichen ritzen die Bambara drei Linien auf der Backe. Neben den Sanndion (Sklaven durch Kauf oder Kriegsgefangenschaft) finden sich Wouloussous oder im Lande geborene Sklaven). Die Poulh von Massina überzogen die Bambara (von Kaarta) mit Krieg, um den Islam einzuführen. In Anspielung auf ihren langen und mageren Hals werden die Kourbaris als Kandia bezeichnet (Raffenel). Die Länder Galam, Kasson, Bondou, Bambouk, Baure, Balyah, Foulhadou zahlten Tribut den Bambaras (in Kaarta). Die durch die Bambaras aus den Bevölkerungen Senegambiens und Soundans erbeuteten Sklaven werden durch die Soninki (Kaartas) nach der Küste verhandelt. El Hadj Omar eroberte Kaarta.

1) Chez les Volsiniens les affranchis, devenus maîtres des suffrages, firent une loi, qui leur donnait le droit de coucher les premiers avec les filles qui se mariaient à des ingénus (Montesquieu). Auf den Vorschlag über Abschaffung des Sklavenhandels (1845) antwortete der Matiamvo den Portugiesen, dass es besser wäre zu verkaufen, als zu tödten. A Achim tout le monde cherche à se vendre (Montesquieu). Dans le Djebel-Shammar, sans parler des esclaves (noirs) que possède le cheik (d'après Guarmarani), Wallin cite à Tébouk et dans l'El-Djof des tribus entières d'esclaves affranchis, comme il y en avait dejà dans le désert de Syrie du temps de Burckhardt. La population de Kheibar se compose de Mores et d'Abyssins (les descendants des esclaves des Ouled-Suleyman et des Aleidan). Il y a aussi beaucoup de nègres dans le Nedjd proprement dit. L'emir Saoud entretenait un grand nombre d'esclaves noirs. A mesure qu'on s'avance vers le midi du Nedjd et à partir du district Aared, non seulement les esclaves négres sont plus nombreux que dans le nord, mais il existe une population distincte et libre de noirs, et aussi des mulâtres, dont la multiplication est due à la pratique universelle des relations du maitre avec l'esclave, si bien que dans ces provinces les hommes de couleur forment un quart, quelquefois un tiers de la population totale. Il y en a un grand nombre à Ryad qui sont boutiquiers, marchands et même officiers du gouvernement (Palgrave). Dans le Hedjaz les grands-chérifs entretiennent des soldats nègres (s. Avril). Les nègres appelés Takrouris qui viennent dans le Hedjaz pour le pélerinage, y restent en grand nombre et il y en a même qui s'établissent parmi les bédouins (Tamisier). Nach Maltzan zeigen sich in den Städten vielerlei Mischlingsrassen der Araber und Neger, während die Beduinen sich mit keiner Negerin verheirathen. Dans le Téhama la population est devenue presque noire (d'après Botta). Le grand-chérif Yahia était presque noir (s. Avril). The Kathkuri or Katodi (small

indem er ihm das Ohr abschneidet, und Mollien kannte einen durch seine Güte bekannten Vornehmen, der, da man ihm beide Ohren abgeschnitten, in Folge der Entzündung taub geworden, und jetzt seine Pferde vor dem Ohrabschneiden hüten musste. Von der Hingabe in die Grund- oder Schutzhörigkeit eines Heiligen wären die heiligen [1]) Leute (de hilligen Lude) oder sanctuarii (oblati oder hommes saintiers) genannt. Das Leben jedes Kriegsgefangenen [2]) hängt von der Will-

---

and dark with low forehead and curly hair) belief that they are descended from the monkeys and bears, which Adi Narayun (in his tenth incarnation of Rama) took with him for the destruction of Rawun, king of Lanka (worshipping Tsher). The brown-faced monkey is one of the animals, whose flesh the Katodi hesitate to eat, saying, that it has a human soul (Latham). In Ceylon the Covia, Nallua and Palla castes are all slaves, the same is the case with the Puncham and Bundam castes in Mysore and the Carnatic (s. Irving). Chacun a appelé liberté le gouvernement qui était conforme à ses coutumes ou à ses inclinations (Montesquieu). Dans un état (dans une société où il y a des loix), la liberté ne peut consister qu'à pouvoir faire ce que l'on doit vouloir et à n'être point contraint de faire ce que l'on ne doit pas vouloir.

1) Aehnlich den Hierodulen in Asien waren die Kraugalliden von Heraklea dem delphischen Gotte geweiht. Die späteren Schenkungen von Menschen an den delphischen Gott waren nur eine Form der Freilassung, wodurch der Freigelassene nur den Gott zum Patron erhielt (Schoemann). Wie in Siam und Birma finden sich Tempelsklaven an den Pagoden Cambodias. In Verbindung mit der niederen Bürgerschaft verjagten die (leibeigenen) Killikyrier (unterworfene Sikeler) die Geomoren, die Gelon von Agrigent um Hülfe baten, der sich selbst zum Herrn machte. Die neue Leischaft genannte Bauerschaft (neben der äusseren Stadt) wurde (in der neuen Stadt) als Ludgeri-Leischaft (weil dem heiligen Ludger geweiht) bezeichnet (in Münster) im Gegensatz zu Lamberti-Leischaft der Altstadt, worauf (XIII. Jahrhundert) die Servatii-Leischaft hinzukam (s. Maurer).

2) Boleslaus I., sowie die grossen Grundbesitzer, beschenkten viele deutsche Kriegsgefangenen (servi), die von ihren Angehörigen nicht losgekauft worden, mit Ländereien und machten sie zu Ackerbauern, so dass sie ihre Freiheit erlangten und Kmethonen (freie Landeigenthümer) wurden (s. Adler) in Polen. Nach Tacitus Beschreibung waren die Leibeigenen bei den Germanen nicht Haussklaven (wie bei den Römern), sondern Hintersassen. Wenn ein Schuldner weder den gesetzlichen Zins noch die doppelte Capitalsumme zahlen konnte (bei den Franken), so musste er mit seinem Leibe einstehen und Sklave des Gläubigers werden (s. Gfröer). Propterea obnoxationem de capite ingenuitatis meae in te fieri et adfirmare rogavi, ut quidquid de mancipia tua originalia vestra facitis, tam vendendi, commutandi et disciplinam imponendi ita et de me ab hodierno die liberam et firmissimam in omnibus potestatem faciendi habeas (bei Markulf). Wenn Einer das Bussgeld für ein Verbrechen nicht bezahlen konnte, verschrieb er sich dem zum Sklaven, der die Summe für ihn erlegte. Si quis servum alienum in Alamannia redemerit, indem Burgund besonders von Schwaben aus mit Sklaven versehen wurde. Gregor M. sah, wie die Longobarden an Stricken gebundene Römer nach Francia in Sklaverei abführten. In Urkunden von Stiftungen, die dem Kloster Fulda gemacht werden, finden sich Hörige (servi) erwähnt, als Besitzer von Sklaven, die für sie arbeiten müssen. Il y avait (IX. siècle) différentes sortes de caeth (esclaves) chez les Bretons, le caeth acheté, le caeth appelé (gwhawd) ou l'homme libre (ke kymro

kühr seines Ueberwinders ab. Sollte aber der Lesghier den Sklaven mit sich nach Hause führen, so geniesst derselbe sogleich die Rechte des Sklavenstandes, welche nach dem Gesetzbuch (Ismail Koran) darin bestehen, dass er ausserhalb der Grenzen des Kaukasus nicht weiter verkauft, verhandelt, verschenkt, auch nicht getödtet werden kann. Ist der Gefangene unvermögend, sich loszukanfen, so muss er dem Hause zehn Jahre lang dienen, dessen Bestes ihm zu besorgen Pflicht ist (Reineggs). Bei Raubzügen unterwerfen sie sich den Belled genannten Anführern (mit dem Symbol eines Holzbandes oder vermoderten Holzes). Die Einwohner des römischen Reiches waren (neben Knechten) Freigeborene oder Freigelassene. Die Freigeborenen waren (seit Caracalla) auch römische Bürger. Eine Ausnahme bildeten nur die Barbaren oder Gentilen, die auf das römische Gebiet oder in römische Kriegsdienste aufgenommen wurden. Justinian hob die Unterschiede in den Rechtsverhältnissen der Freigelassenen (und ihre Eintheilung in römische Bürger, Latinen und Dediticier) auf. Zuletzt vertilgte er selbst den Unterschied [1]) zwischen Freigeborenen und Frei-

---

condamné à la servitude), et le caeth non acheté et non appelé (hebgwahawd) ou journalier (s. de Courson). Die im Lande geborenen Sklavenkinder hiessen nègres de Tapade (Sauguier). Par laptot on entend un matelot nègre (am Senegal). Die mit einer Sklavin gezeugten Kinder (bei den Ckaratschai) heissen Thuma oder Tschankua. *δοῦλος* von *δοσυλος* (*δασύς*, dicht, *δάσος* Dickicht), als dasas (sanscrit.) Servus a servare. When an occasion occurs, where a family is obliged to have recourse to sell or to pawn one of its members, a general council is held (on the gold coast). Et dum ego in caput advixero, ingenui ordine, tibi servitium vel obsequium impendere debeam et me de vestra potestate vel mondebordo tempore vitae meae potestatem non habeam subtrahendi nisi sub vestra potestate vel defensione diebus vitae meae debeam permanere (Formulae Sirmondicae) bei Franken. Les esclaves (étrangers) ne jouissaient pas des avantages de l'année sabbathique, comme ceux de l'origine juive. Nach Diodor durften (in Aegypten) die Zinsen nicht über die Höhe des Kapitals hinaufgetrieben werden und fand keine Schuldknechtschaft statt. Die Söhne aller Frauen hatten gleiches Erbrecht. Der Mord eines Sklaven wurde (wie der eines Aegypters) mit dem Tode bestraft, ebenso der Meineid. Jede Kriegerfamilie besass 12 Aecker guten Landes steuerfrei (nach Herodot), und von den beiden Abtheilungen der Kaste (den Hermotybiern bei Chemmis und den Kalasiriern bei Theben) stellte jede jährlich 1000 Mann zur Leibwache des Königs Chez les Rhodiens un fils ne pouvait se dispenser de payer les dettes de son père, en renonçant à sa succession (d'après Sextus Empiricus). La loi de Génève exclut des magistratures et même de l'entrée dans le grand conseil les enfans de ceux qui ont vécu ou qui sont morts insolvables, à moins qu'ils n'acquittent les dettes de leur père (s. Montesquieu). Servi aut nascebantur aut fiebant.

1) Das Verhältniss der (auf den Besitzungen der grösseren Gutsherren angesiedelten) Colonen zu ihrem Hofe war dem der Pachter ähnlich, doch waren sie und ihre Nachkommen zum Gute geboren (als originarii) und daran unauflöslich gebunden, während aber auch umgekehrt der Grundherr weder die festgesetzten jährlichen Abgaben erhöhen, noch den Colonen vertreiben, sondern nur mit dem Gute selbst veräussern konnte. Obwohl durch

gelassenen, so dass es fortan im römischen Reich nur Bürger einer Art und Knechte gab (Walter). Die Civität (bisher nur ein Recht

---

diese Abhängigkeit in mancher Hinsicht den Knechten ähnlich, galten die Colonen juristisch als Freie (in Beziehung auf die öffentlichen Abgaben in die Klasse der Kopfsteuerpflichtigen gehörig, indem der Staat diese Abgaben von dem Grundherren erhob, der sie von den Einzelnen beitrieb). Der durch das ganze Reich verbreitete Stand der Colonen wurde beständig durch die Zahl der gefangenen Barbaren, die der Kaiser unter die Grundeigenthümer nach Colonatrecht vertheilte, vermehrt. Neben den Colonen gab es auch Bauern, die Eigenthümer ihrer Höfe waren. Doch wurden diese durch die Grundsteuern und die Begünstigungen der Reichen so gedrückt, dass Viele sich mit Verschreibung ihres Eigenthums in die Clientel eines mächtigen Herrn der Provinz begaben (zum Schutz). Andere verliessen ihre Höfe gänzlich und wurden Colonen auf den Gütern der Reichen (s. Walter). Um den Knecht am Leben zu strafen, musste die Obrigkeit zugezogen werden (unter Hadrian). Bei Veräusserungen entstand die humane Einrichtung, dass die Angehörigen nicht getrennt werden durften. Später wurde selbst bei den Knechten, die auf den Landgütern dienten und mit in die Steuerrollen eingetragen waren, die Trennung vom Gute ganz untersagt (Walter). Ausser den geborenen Knechten, entstanden sie aus Kriegsgefangenen, aus Solchen, die sich beim Census oder bei der Aushebung zu den Legionen nicht stellten. Eine Frau im Contubernium mit einem fremden Knecht wurde Sklavin. Unter Justinian verstarb der zum Tode, zum Bergbau, zu den Thierkämpfen oder Gladiatorspielen verurtheilte Freie als Knecht (ohne das Recht zu testiren). Zu den unfeierlichen Arten der Freilassung (die indess später rechtskräftig wurden) gehörte das Zuziehen zur Tafel (in Rom). Die Lex Aelia Sentia verbot den wegen schwerer Verbrechen zur Bestrafung gekommenen Knechten die Civität gänzlich, indem sie durch die Freilassung nur die Rechte der nach Kriegsrecht unterworfenen Peregrinen erlangen konnte. Doch hob Justinian diese Beschränkung auf. War der Knecht einem Anderen verpfändet, so konnte er, wenn dieses Pfand ein specielles war, ohne Zustimmung des Pfandgläubigers nicht manumittirt werden, wohl aber, wenn der Knecht nur im Allgemeinen mit dem übrigen Vermögen zusammen verpfändet war (im römischen Recht). Städte mit Latinität finden sich (seit Augustus) im narbonensischen Gallien und in Aquitanien, in den Provinzen jenseits der Pyrenäen und (nach Plinius) bei den Euganeern, in den Rhätischen Alpen, auf der Insel Ebusus und in Afrika. Von Nero erhielten sie die Völker in den Alpen am Meer (auch von Vitellius), Vespasian gab sie ganz Hispanien, wo deshalb die bisher schon damit versehenen Städte (von Plinius) als Latini veteres bezeichnet werden. Die römische Civität erhielten Gades und andere hispanische Städte (unter Julius Caesar). Städte römischer Bürger erwähnt Plinius in Hispanien, auf den Inseln Ebusus, Sardinien, Sicilien, Lipara, in Istrien, Illyrien, Macedonien, Afrika. In Gallien hatten die angesehensten Männer aus den Städten des Narbonensischen, sowie des übrigen Galliens schon unter Claudius die Civität (s. Walter). Seit den Kaisern, wo unter den Veteranen auch viele Nichtitaliker waren und wo man eine Colonie nicht selten aus den benachbarten Provinzialen ergänzte, wurde auch in den Colonien die in den Provinzen überhaupt bestehende Kopf- und Grundsteuer eingeführt, also der Boden nicht mehr römisch gemacht. Jedoch erhielten nun einzelne Colonien die Immunität, als besonderes Vorrecht, und es wurde selbst unter dem Namen des italischen Rechts ein künstliches Privilegium erfunden, kraft dessen die Stadt, die es hatte, angesehen wurde wie eine, die in Italien lag. Es erhielten Provinzialen die römische Ritterwürde. Die (französischen) Bürger in der Bretagne werden als Kasker

der Geburt und höchstens ausnahmsweise einzelnen Begünstigten ertheilt) sollte (seit Marc Aurel) principiell auf alle Bewohner des Reiches ausgedehnt sein (Bodek), data cunctis promiscue civitas [1])

(Hunde der Städte) verachtet. Die Einwohner der Provinzen (zur Kaiserzeit) waren entweder römische Bürger oder Latinen oder Peregrinen. Erstere bestanden theils aus den Bürgern der Muncipien und Colonien, theils aus den Provincialen, die einzeln die Civitat erhalten hatten. Sie hatten mit den Italikern die gewohnlichen Burgerrechte gemein, das Connubium, Commercium, den Schutz gegen Leibesstrafen wie formlicher Urtheilsspruch und die Provocation an den Kaiser wider Strafsentenzen der Magistrate. Unter den Kaisern wurden die Peregrinen zum ordentlichen Kriegsdienst, selbst in den Legionen gebraucht (s. Walter). Von Caracalla wurden alle Bewohner des romischen Reichs zu romischen Bürgern gemacht (so dass Alle von Rom hiessen). In Beziehung auf das Recht war der Boden (im Coloniat-Land) meist nur des naturlichen Eigenthums fähig. Es entstand sogar in der Theorie die Ansicht, dass dem Einzelnen daran nur ein Besitz und Benutzungsrecht, das Eigenthum aber dem römischen Volke zustehe, doch wurde dieser Besitz praktisch wie Eigenthum behandelt. Daneben gab es aber in den Provinzen allerdings viele Ländereien, die wirklich Ager publicus waren. Allein im Verlauf der Zeit wurden diese theils wie in Italien von den anstossenden Besitzern usurpirt, theils zu den Militär-Colonien gebraucht, das Meiste aber in kaiserliches Patrimonialgut verwandelt. Nur an den Grenzen blieb das den Feinden abgenommene oder von den Besitzern verlassene Land wahres Staatseigenthum und wurde an die Grenzsoldaten, Veteranen und aufgenommenen Barbaren unter besonderen Bedingungen verliehen, Die Gunser oder Bürger (fideles hospites seu cives de Keozegh) wurden (1328) von der Ruga (Geschenk oder Zins für den König) befreit.

1) Nachdem alle freien Bewohner (Cives, Latini et Peregrini) durch Antoninus Caracalla (217 p. d.) zu römischen Bürgern erhoben waren, wurde der Name Römer von Rom als der gemeinschaftlichen Vaterstadt nach und nach auf alle Unterthanen ubertragen (s. Gaupp). Indess erhielten durch Manumission Freigelassene (in Gallien) oft nicht die römische Civität, sondern (nach Salvian) nur die latinische Freiheit (V. Jahrhundert). An die Stelle der Peregrini konnten durch Freilassung die Dediticii treten (Gajus), doch kamen noch Peregrini vor, wo sich Ausländer einzeln auf römischem Boden niederliessen. Nachdem Justinian alle Unterschiede aufhob, gab es im römischen Reich nur Bürger derselben Art und Sklaven, aber Standesunterschiede wurden durch die Beamten geschaffen (mit den Honorati, die höhere Staatswürden bekleideten). Wer ein Grundstück erwarb, trat (im römischen Reich) in die Reihe der Possessoren und zahlte Grundsteuer, wie die Provincialen ohne Landbesitz Kopfsteuer. In der Classification der städtischen Bewohner wurden bestimmten Gewerben Privilegien ertheilt. Warnkönig erklärt Weichbild (oder Stadtrecht) als Wykbillede oder Bill (Recht) des Wyck (Ort). Das Eigenthümliche des modernen Gemeindebürgerrechts (in der Schweiz) bildet ein von Wohnsitz und Grundbesitz unabhangiges Heimathrecht, das zur Tragung der Armenlasten verpflichtet und einen Anspruch auf Armenunterstützung begründet (Rüttimann). Quirites (cf. Varro) ab eis, qui cum Tatio rege in societatem venerunt. Chez les Bretons, les habitants des villes, ceux qui jouissent du droit de cité sont désignés par le nom collectif de Keris (bourgeoisie) ou Kaeris (s. de le Pelletier). Erst seit dem Siege der Zünfte hörten die Stadtgemeinden auf Markgemeinden zu sein, und die Altbürgerschaften wurden nun selbst wahre Gilden oder Zünfte (s. Maurer). In den meisten märkischen Städten

Romana (Victor). Jede Township [1]) (mit unabhängigem Communalwesen in Indien) enthielt ausser den Grundbesitzern als gewählte

waren die Tuchmacher, Schuster, Bäcker und Schlächter die (durch Gildenmeister vertretenen) Viergewerke (Gähde). Von Künsten wurde eine Art von Nielle (schwarzer Zeichnung auf Silber und Stahl) durch die Mongolen in Russland eingeführt, wo die durch ihre Stahlarbeiten ausgezeichnete Stadt Tula von Taidula (Gemahlin Usbeg's) benannt ist (s. Hammer). Die Tuchmacherei war ursprünglich ein landwirthschaftliches Nebengewerbe und daher befand sich der Tuchhandel in den Händen der Gutsbesitzer (in Dortmund). Der Tuchhandel im Ausschnitt oder der Wandschnitt war den nichtadligen aber erbgesessenen Geschlechtern überlassen (Becker). Von den Nyalas genannten Mandingoe (die als Reisende geehrt werden) kommen die Goungays oder Lederarbeiter (Wats). The Crusaders (of France) brought home from Palestine (with much other knowledge gathered from the wiser Moslems) the art of securing the hillsides, and making them productive by terracing and irrigation (Marsh). Vandaleros (Gomara), Bando eine Parthei zusammengerotteter Menschen, Banderola, Lagerfähnlein (Bandera), Bandero, Partheigänger, Banderigo, Aufrührer, Bandola, Pandore-Instrument (Mandore), Bandurria, Mandoline, Bandolero, Strassenräuber, Bandolina, Strassenräuberin.

1) Die städtischen Bewohner (in der Kaiserzeit) zerfielen in Honorati (die hohe Staatsämter bekleideten) und Decurionen (Municipes) und Grundeigenthümer (possessores), dann Krämer und Kaufleute (negotiatores), Kunstarbeiter und höhere Gewerbe (artifices), sowie Mitglieder dienstpflichtiger Corporationen (collegiati), ausserdem die Tabellionen (zur Abfassung der Urkunden). Die Censoren und andere Magistrate (Aedilen, Praetoren, Duovirn oder Quatuorvirn u. s. w.) wahlten (in den Städten) die Senatoren oder Decurionen auf Lebenszeit. Nach Cujacius bezeichnete Colonus und Inquilinus die freieren Classen der erbunterthanigen Bauern (Operarii) im Gegensatz des Adscriptitius. Die römischen Zünfte der Fährleute, Schiffer, Bergleute, Fabrikarbeiter u. s. w. sind hauptsachlich für den Staatsdienst organisirt und seit Constantin erblich geschlossene Kasten gewesen, aus denen z. B. die Schiffer, Backer, Metzger und andere Handwerker weder heraustreten noch herausheirathen oder in eine andere Zunft übertreten konnten (s. Maurer). Die gegen jährlichen Zins und Dienstleistungen erblich die Fahrgerechtigkeit über den Rhein bei Bonn von dem Erzbischof von Köln erhaltenden Schiffer bildeten in diesem Amt keine erbliche Kaste, da das Erbrecht ein Recht, aber keine Pflicht der Erben war. In Frankreich begünstigte Ludwig VI. († 1137 p. d.) die Städte (besonders auf den Krongütern) zur Schwächung der grossen Vasallen. Im oberen und mittleren Italien säuberten die Städte das Land von den mächtigen Baronen und (zur Zeit Friedrich's I.) ist in Ober-Italien nur die Familie der Markgrafen von Montferrat ihrer Botmässigkeit entgangen. Selbst die freien Odalbauern sanken (nach dem Untergang der Hohenstaufen) zu Hörigen hinab (in Deutschland). Die Einwohner der italischen Städte (unter den Kaisern) waren entweder ordentliche Bürger (municipes) oder Einsassen (incolae). Jenes wurde man durch Geburt, Adoption, Manumission und Aufnahme, dieses durch Niederlassung (Walter). Zu allen Ehrenämtern waren nur Decurionen, keine Plebejer wählbar (in den italischen Städten der Kaiserzeit). Alle munera publica (in der städtischen Verwaltung) wurden unentgeltlich von den Bürgern, die gemeinen Dienste und Handwerkerarbeiten aber von den öffentlichen Knechten der Stadt versehen. Das englische Zeitwort tocub (zu gemeinsamem Zweck sich vereinigen) kommt vom Angelsächsischen cleofan oder clyfian (haerere, adhaerere), wie kliban (Alth.). Die longobardischen Gesetze verbieten Zanas (Zama oder Zunft)

Communal-Autoritäten die Zwölfheit des Localrichtes (Potail), Registrator, Steuereinnehmer, Vertheiler der Wasserleitung, Astrologen, Schmidt, Wagner, Töpfer, Barbier, Goldschmidt, Poeten und Schullehrer. Die Brüder (Achi) bildeten (mit den Ilchanen) eine durch Kleinasien verbreitete Brüderschaft [1]) reicher Kaufleute, die, als Brüder Ritter (Achewat Fatijan), überall Zellen (zur Bewirthung von Fremden) und Klöster (Sawije) hatten (nach Ibn Batuta). Wenn ein Negerdorf an der Verminderung seiner Ernte sieht, dass eine andere Strecke Landes ur-

sive adunationes (Innungen), ut conjurationes vel conspirationes non fiant (Capit. Reg. Fr.) Die Einwohner von Gabberi (in Baghirmi) haben als Waffen nur das Djigadji genannte Handeisen (s. Barth). Das Fleisch traten die Ylin (China tributpflichtig) mit Fussen vor dem Essen, oder sassen es weich, wenn gefroren (263 a d.) Nachdem die giftige Frucht (in Neu-Guinea) in's Wasser geworfen ist, werden die Fische blind, indem die Augen krank sind (ghasi duff), und kommen an's Ufer, um gefangen zu werden. In the reign of Henry II. burghs had so great privileges as that, if a bondsman or servant remained in a burgh as a burgess or member of it a year and a day, he was by that very residence made free, and so it was in Scotland (Brady)

1) In Russland wurden den (fur Handwerke, Handel, Fabriken) eingeladenen Gasten (Deutschen, Englandern, Hollandern, Franzosen) grosse Privilegien bewilligt (XVI. Jahrhundert). Der Almamy von Fouta-Djallon erzwang von den Mandingo den directen Handel mit den Portugiesen in Bisao (Mollien). Die Hottentotten horten von den Souquas (Mountaineers), dass die Namaquas, die bereits Oedasoa (Hauptling der Saldanier oder Cochoqua) besiegt hatten, nach dem Cap kommen wurden, um (unter Vertilgung aller Hottentotten) direct mit den Hollandern zu handeln (1661). Die Namaqua kampften mit Lederschilden, Bogen und Pfeil und Assagai (gegen die Souqua). Daily markets were held in the town of Sabee (with Europaean factories), destroyed by the king of Dahomey. A deterioration was plainly visible unter den Ashira (bei du Chaillu's zweitem Besuch). In Folge des auf dem Rembe zunehmenden Handels waren die Gebräuche der Commi (in der Haartracht) angenommen und die von den kriegerischen Bakalai geheirattheten Frauen waren von diesen fortgefuhrt. Niemand kann in Asauad reisen, ohne von einer wohlbekannten Person aus dem Stamme der Tademekket begleitet zu sein. Die Litthauer hatten den Wege-Gott Kielo-Dewas und Beritis schützte (in Polen und Schlesien) die Reisenden (s. Tkany), wahrend bei den spateren Slawen Radegast selbst auch als Schutzgott des Handels und der Kaufleute verehrt wurde (Hanusch). Dans le pays d'Haodh le commerce se fait au moyen de pagnes noirs (Melahfa), qui viennent du Haoussa (remplaçant la guinée, qui sert de monnaie au Sénégal), valant un gros d'or. La monnaie courante (en usage dans la ville de Oualata) est la pièce de pagnes blancs (fif ou Sor). Die Zychen oder Tscherkessen schätzen alle Waaren nach Bocassinen oder das zum Hemd gebrauchte Leinwand-Zeug (Interiano). Civium hanza pistorum (1315), mercatorum societas quae vulgariter hanse dicitur (in Brakel). Die Mitglieder der Zünfte oder Handwerksgenossen hiessen (in Hadamar) Hanse, indem die Gilde der Weinschenke Weinhanse und die Genossen selbst Weinhänse (unter den Hänsemeistern) genannt wurden (Maurer). Wer Korn kaufen will (auf dem Markt von Kukaua), wo der Landmann Muscheln nicht gern, und Thaler gar nicht nimmt, kauft fur den Thaler Muscheln und mit diesen ein Hemd, um Weizen oder Reis einzutauschen (s. Barth). La pièce est une monnaie idéale (Degrandpré) in Ambriz.

bar [1]) zu machen, so untersucht der Herr des Dorfes nebst den ältesten Oberhäuptern die umliegenden Wälder und bestimmt nach der Grösse des Dorfes den zu unternehmenden Anbau, indem die an der Grenze stehenden Bäume ihrer Rinde entschält werden (Golberry). Der Erz-

---

1) Die Karen wechseln ihre Felder, wie (zu Tacitus' Zeit) die Germanen. Die Slaven werden in den Marken eine Dorfverfassung gehabt haben, wie im Erfurtischen, wo sie unter einem Aldermann standen, nach slavischem Recht lebten und ihre Zahlungen nicht einzeln, sondern gemeinsam aufbrachten (Schannat). Darauf wird es auch zu beziehen sein, wenn zwei wendische Dörfer in Mecklenburg an ein Kloster übergeben werden, mit der Bedingung, dass die Verwaltung der Rechtspflege (jurisdictionis) beibehalten werde jure slavicali prout antiquitus Slavi usi fuerunt (s. Droysen). Ausser den unterthänigen Bauersleuten, die entweder frohnen oder zinsen, giebt es (in Polen) auf königlichen sowol, wie geistlichen und adligen Gütern Sculteten (Erbscholzen) oder Schultheissen (Skrzetuski). Die unterthänigen Bauern (in Polen) theilen sich in Rolniki (Kmietz oder Ganz-Bauern), Polrolniki (Halbbauern) Cwiere rolniki (Viertelbauern) oder Zagrodniki (Ogrodniki oder Gärtner), Chalupniki (Häusler) und Komorniki oder Einlieger (Bandtke) 1800 p. d. Am Rhein und Main heisst jeder freie Gemeindeplatz eine Allmende oder Allgemeinheit (Almeend im Dänischen) der Allemannen (s. Radloff) [Monomoezi oder Dorfbündler]. Das Land jenseits des Oxus hiess (nach Mirchond) früher Dschermania (Germania). Man verstand unter Burs eine Genossenschaft (societas), z. B. eine Genossenschaft von mit einander Freigelassenen (collibertus, conlibertus, encemble, affranchi). So hiess jeder Genosse (socius, consors), insbesondere auch der Mitvasall ein Burs oder Burss, und jeder leutselige Mann (homo socialis) ein geburischer Mann, sodann aber auch eine Zusammenrottung (conventiculum) eine bursa oder societas communis, die gemeinschaftliche Kasse (arca communis) eine Bursa, und diejenigen, die aus einer gemeinschaftlichen Kasse unterhalten wurden, bursarii (boursiers) und die Freiplätze selbst Bursen. Anfangs waren die Bursen (in den Collegien) nur für arme Schüler bestimmt (Maurer). Aus becjaune oder beanus (Gelbschnabel oder Fuchs) bildete sich Pennal. When the wife has given birth to a child, the husband remains in the house and holds it in his arms for a whole month, the wife in the mean time doing all the work (among the Langszi in the department of Weining in Kweichau, close to the border of Yunnan). Among the Miris (on the Upper Assam border) the husband (after birth) confines himself strictly to the house for forty days (Yule). Bei den Goldzähnen (in Zardandan) legte sich der Ehemann für 40 Tage mit dem Säugling zu Bett (nach Polo). Als Loki der Sif ihr wallendes Haupthaar abgesengt, müssen ihr die Zwerge einen goldenen Fald oder Faldr (hochgewundener Aufsatz von weissen blinkenden Tüchern) machen, der wie angewachsen am Kopfe sitzt (s. Weinhold). Das Gutalag verbietet die Goldborten (gullbaud) als Stirnbänder. Wenn sie (auf Island) als Bräute angekleidet sind, haben sie gleichsam eine Krone von verguldenem Silber, welche bis unter die weissen Bänder um den Kopf gehet, nächst über das Angesicht, anstatt des seidenen Schnupftuches (Horrebows). Als beizende Haarsalbe dient das Mark (Kiarni) in Norwegen (s. Weinhold). Die Fischerdörfer finden sich oft (in Urkunden des XIV. Jahrhunderts) wendische Dörfer genannt, weil die in der Mark zurückbleibenden Wenden sich besonders in den Fischerdörfern zusammenzogen (in der Mark Brandenburg). Gleichnamige Dörfer werden (vom Zusammenwohnen der eingewanderten Deutschen neben den Wenden in besonderen Dörfern) als windisch und deutsch unterschieden.

bischof Bonifacius von Mainz versetzte (VII. Jahrhundert p. d.) eine slavische Colonie [1]) in den Buchauwald bei Fulda, um diesen Wald auszuroden (gegen Bekehrung), von Papst Zacharias mit Zins belegt (s. Riedel). Bei der Gründung der Neustadt Salzwedel wurde bestimmt, dass die Slawen [2]) die sich dahin begeben würden, mit den Deutschen

1) The actual descendants of the men who formed the villages are called Bhuinhurs among the Oraons (with the Pahan, as village priest). They are a privileged class, who hold their lands at low fixed rates or rent-free, but they are bound to do service to the chief or his representative. The head of the Bhuinhurs is called Moondah and is generally the representative of the old Moondah chief of the village (s. Dalton). The princes of Japan in becoming Inkiyo (by abdication) resign the semblance and the name, but not the reality of power (s. Mitford). Nach 1170 ward im Schweriner Lande befohlen: wer einen Slaven an unbesuchter Stelle (per avia) träfe und der Slave könne sich nicht genügend ausweisen, den solle er sogleich an dem nachsten Baum aufhängen (s. Droysen) Wenn in einer Urkunde, die Gründung eines „slavischen Dorfes" betreffend, erwähnt wird, dass diese Slaven nach wie vor das Landding (communia civilia placita quae vulgo dicuntur landding) zu besuchen haben, so folgt daraus, dass sie nicht unter patrimonialer Justiz eines Guts- oder Hofherrn, nicht unter Hofrecht standen. Auch die bäuerlichen Besitzer „nach slavischem Recht" sind keineswegs der Willkür Preis gegeben, nur wenn der Slave seine Pacht nicht zahlt, soll er von der Hufe gewiesen und dieselbe einem anderen gegeben werden können; er hatte wenigstens ein lassitisches Recht an der Hufe, die er bestellte. Auch in den Städten wurde ihnen Ansiedlung zu gleichem Recht mit den Deutschen vergönnt (Droysen). Diejenigen Slaven, welche in eigener Wirthschaft sitzen blieben, wurden mit ihren Diensten und Zinsen, der Grund- und Kopfsteuer, die sie dem Landesherrn, der Biskopenitza, die sie dem Bischof schuldeten, wol meist zu Lehen ausgegeben (Droysen). Die Abgabe des Versengeldes (Versenpennige) wurde vom Erzbischof von Magdeburg von seinen wendischen Dienstmannen (zum Zeichen ihrer Eigenbehörigkeit) erhoben (Riedel). Die geistlichen Abgaben unfreier Wenden waren auf einen bestimmten Zins gesetzt (s. Rudloff), während andere die Zehnten der Freien bezahlten. Dem Kloster Broda werden seine Besitzungen (im Lande Stargard) cum mancipiis geschenkt (1170 p. d.). Unter bischöflich-brandenburgischer Hoheit findet sich (1226 p. d.) der Slave Heinrich (Henricus Slavus magister) als Verwalter des Schulzenamtes im Dorfe Gople. Slavi nobiles Henricus, Prizzlavus, Pribbizlais et Andreas Fratres finden einen Schenkungsbrief von Havelberg (1208 p. d.), als Zeugen. Die Hochzeitkrone der Braut hatte die Form der Thurmkrone der Cybele (bei den Juden). Die Krone wurde beim Bräutigam nach dem Kriege mit Vespasian, für die Braut nach der letzten Belagerung Jerusalems abgeschafft. Erst seit Anfang des XVII. Jahrhunderts kamen Juden nach Schleswig-Holstein und im 30jährigen Krieg nach Dänemark. Nach Olaus Magnus wurde die Braut bei Schweden und Gothen gekrönt. Im XVI. Jahrhundert trug die Braut in Schlesien und in Nürnberg eine Krone aus Goldblech (nach von Spalart). Die allein die Insel Matityne oder Matinino (Martinique) bewohnenden Frauen wurden (zu Columbus Zeit) zuweilen von Caryben besucht (nach Martyr). Kazwini and Bakui placed the isle of Women to the South of China. They became enceintes by the Wind or by eating a particular fruit or (according to Magaillans) by looking at their own faces in a well (Yule). The island Engano of Sumatra is called Ocoloro (by Pigafetta).

2) Slawischen Bewohnern Diesdorfscher Klosterdörfer wurde (bei Ver-

unter demselben Stadtrichter stehen sollten (Riedel). In Stendal wohnten die Slaven (von Deutschen getrennt) in der Slavorum platea

ehrung von heidnischen Gebräuchen) mit Vertreibung gedroht (XII. Jahrhundert). Die Markgrafen stehen dem Bischof im Lande Pritzwalk eine Abgabe „von allen verliehenen und unverliehenen slawischen oder deutschen Gütern" zu (1267 p. d.). Die edlen Slawen, wie die Herren von Vrisach, blieben im Besitz grosser Lehngüter und gehörten zu den vornehmsten Vasallen und Räthen der Markgrafen, deren Hof sie häufig besuchten (Riedel). Nach Empörung Jazko's vertrieb Albrecht die Slaven aus den eroberten Städten und Flecken, um sie Deutschen zu verleihen (Helmold). Die Bewohner der Dörfer Potgorizi und Bolizi (XII. Jahrhundert)', wie Crucitthe und Woleuwr (XIII. Jahrhundert) zahlten dem Kloster Hillersleben die (wendische) Abgabe Wsop. Das Dorf Mose war (XII. Jahrhundert) ganz von Slawen bewohnt. Die Diesdorfschen Klosterdörfer Bergmoor, Abbendorf, Dahrendorf, Ellenberg, Wadekath, Boddenstädt waren von Wenden bewohnt (1161 p. d.), und (1208) finden sich in der Nähe von Arendsee die wendischen Dörfer Burgstede, Noyden, Baudessin und Szissow. Morungen war bis zur Verwüstung (XII. Jahrhundert) ein wendisches Dorf. In Urkunden von den Jahren 1279, 1291, 1337 und 1350 werden die Dörfer Zinau und Jevenitz bei Gardelegen, Schelldorf bei Tangermünde und Rüstendorf bei Diesdorf wendische Dörfer genannt. Im Landbuche (1375) heisst es: „Calbu bei Tangermünde habe keine Hufen, sondern werde von Wenden bewohnt, welche sich von der Fischerei ernahrten" (Riedel). Bellicosis Slavis pariter ac Saxonibus custodiendum commiserat (Albrecht der Bär) die (an Pribislaw vererbte) Feste Brandenborg. Das Belehntsein mit einer landesherrlichen Hebung des Pachtes, des Zinses u. s. w. macht zum Gutsherrn über die Hufen, auf denen jene Hebung ruht (Droysen). Nach dem Vertrage von 1280 p. d. bleibt die Erhebung der Bede nur da dem Schulzen, wo der Landesherr überhaupt unverlehnte Hebungen hat (in den Marken). Unter Ludwig dem Bayer wurde die höhere und niedere Gerichtsbarkeit (bisher vom Lehnsschulzen des Landesherrn wegen geübt) über die Dorfschaften weggegeben. So viele Freijahre die Ankömmlinge hatten, so viele Pflöcke keilte man in eine dazu im (polnischen) Dorfe aufgestellte Säule, Wola (Willen oder Freiheit) genannt. Alle Jahre wurde ein Pflock herausgeschlagen und nach der letzten Herausschlagung mussten die Bauern entweder zinsen oder frohnen (Bandtke) [steinerne Rolandssäule fur immer]. The peasants of Japan are ruled by three classes of officials, the Nanushi or mayor, the Kumigashira or chiefs of companies and the Hiyakushodai or farmer's representatives (Mitford). Omnem enim terram Brizanorum Stoderanorum multarumque gentium habitantium juxta Havelam et Albim misit sub jugum et infrenavit rebellos eorum, deficientibus sensim Slavis (Helmold). Nur hier und da hielt sich ein wendisches Fischerdorf (Kitz), eine Gruppe wendischer Ackerdörfer, aus den meisten wurde die alte Bevölkerung fortgeschoben, um neuen Ansiedlern Platz zu machen. Die Wenden (in den Marken und Nachbarlandern) zogen sich in die Wälder zurück und trieben dort Waldbau (cultura silvestris), Viehzucht, Fischerei und Jagd; wer nicht verzog, mochte auf den Ritterhufen taglöhnen, unter dem Einfluss deutscher Herrschaft vergass sich bald die väterliche Sitte und Sprache (Droysen). Keine Innung in den Städten nahm einen Wenden auf (es gab besondere Wendenschlechter). Inhabitatores illius villae sunt amoti (1275), als Wenden, entfernt oder nach „Landkauf" exproprirt, juxta commune forum et pretium quod vulgariter landkoop dicitur (s. Droysen). Theils Holländer oder Vläminger, theils Sachsen zogen in die Marken (s. Droysen). Gemeinsam ist ihnen die persönliche Freiheit der Bewohner (freie Bauerngemeinden bildend mit vollem Erb- und Eigenthumsrecht).

oder (seit 1567 p. d.) Wendenstrasse (neben der Judaeorum platea). Jeder Stamm (Tlako) ist (bei den in Shapuch, Abesech und Ubuch zerfallenden) Abasen in Familien (Tlako-cyk) und dieser in Höfe [1]) oder Vaterschaften (Jun-eh oder Haus) getheilt. Je 100 Höfe (Juneh-is) bilden eine Republik (unter Aeltesten) und alle gemeinsam eine Föderation, zu deren Berathungen jeder Juneh-is oder alle an demselben Fluss gelegenen (bei der Eintheilung des Landes nach Flüssen) zwei Abgeordnete (Aelteste oder Thamata) schickten (Lapinski). In jedem Familien-Hofe (Juneh) wohnen, ausser den Eltern, ihre sämmtlichen verheiratheten Söhne, sowie alle unverheiratheten Söhne und Töchter nebst den Sklaven, die mit zum Hofe gezählt werden. Wenn in einer (süd-slavischen) Hauskommunion ein Mann stirbt und Kinder hinter-

1) Alle Mitglieder der koniglichen Familie (in Hamd-Allahi) wohnen in einem Hofraum beisammen, von runder Form mit der Wohnung des Schecho (Sseko oder Scheich) in der Mitte (s Barth). The head of a family must be regarded more in the light of the depository and protector of the family interests than of an irresponsible master with unlimited control over his slaves, for there is a wide distinction between a blood relation and a slave, although, where the interests of the family require it, the right to sell them both is undisputed, but (the successful resistance by combination of the members of a family against its natural head being the exception) every African on the Gold Coast is born liable to the condition of a slave, only those who have become the heads and representatives of their different families have immunity from his condition (Cruikshand). There are instanees of native families delivering themselves over to bondage. — When they desire marriage in Kurudwipa (according to the Vibasha) or (according to the Dirghagama Sutra) Uttara (to the north of Mount Sume), if after the selection the degree of relationship is to close, the tree (Kinh-kung) does not bend down, and so they separate (according to Jin-chau). Landau erklärt jede Art der Gewanneneintheilung für den Slaven zugehörig. In Deutschland und Dänemark lasst sich (nach Hansen) die Grenzeneintheilung auf den genossenschaftlichen Besitz der Flur zurückführen. Czech, Führer der Böhmen (aus dem Chorvatenlande) heisst (bei Dalemil) Lech oder (edler) Mann. Lech (Liach oder Pole) ist (nach Palacky) identisch mit lecha (Ackerbeet). Die Vladyken sind die Hausältesten, die Lechen (später Pani) die Gutsherren, die Kmeten die fürstlichen Räthe (in Böhmen). Im Gegensatz zu Vladyka (minus nobilis) wird Slechtic durch magnifice nobilis erklärt (im Böhmischen). Trut erschlug den Drachen bei Trutrow (Trautenau). Die alten Ueberlieferungen uberbieten sich in Lobeserhebungen derjenigen, die in der lieben Familieneinheit ein ruhiges Leben geführt (Hube) bei den Slawen. Die Umzaumung eines Mandingo-Haushaltes (mit den Frauen-Hütten) heisst Sirk oder Surk [Siratik]. Jede grosse Familie mit ihren Verwandten bildet wiederum einen kleinen Stammeszweig (Towayef) bei den Aeneze. According to the custom Waish (of the Eusofzyes) each independent division of the Khauzoozyes retains the lands assigned to it at the original distribution, but the subdivisions interchange their lands (s. Elphinstone). The government of the Bamanwato, like most of the Bechuana-tribes, is patriarchal and absolute (the kings or chiefs are called Kosi). There is a perfect chain of responsibility running throughout the tribes (of Kaffirs), the pakati or counsellors being answerable to their inkose and the inkose to the Umkumkani (s. Fleming).

lässt, so erben sie unbedingt nur sein besonderes Vermögen. Sein Antheil am Hausvermögen ist kein Gegenstand der Erbfolge. Die Hauskommunion [1]), deren Mitglieder auch seine Kinder und seine Wittwe sind, ist der selbstverständliche Erbe (Utiesenovič). Das System der gemeinsamen [2]) Felder (Gun-tjan oder Zsin Tan) wurde

---

1) Les tribus se subdivisent en familles plus ou moins considérables. Chez les Cafres, les Bassoutos et les Mantatis, ces familles forment une infinité de petits villages (motsis), placés sous des hommes influents, qui représentent la communauté et en sont les maîtres jusqu'à un certain point. Les Batlapis, les Barolongs, les Baharoutsis, les Bapéris, s'étant fixés dans des contrées où les eaux sont rares ont des Motsis de très-grande étendue (Casalis). Les Bassoutos donnent aux princes qui les gouvernent le titre de Moréna ou celui qui veille à la sûreté et au bien public (les Khosis ou Inkhosi des Cafres et des Béchuanas au delà du Fal). On observe chez ces peuples un respect presque superstitieux pour leurs souverains. Nachdem sich im Thale Schwiz freie Leute beim Flecken Schwiz (seit dem X. Jahrhundert) angesiedelt, erhielt jeder neuer Ansiedler bei seiner Niederlassung sein eigenes Haus und seinen eigenen Hof mit dem zugehörigen Lande als Sondereigen. Alles übrige Land blieb aber in Gemeinschaft und bildete demnach die gemeine Mark oder die Landsallmende. Da jedoch das von den freien Landleuten in Besitz genommene Gemeinland nicht allenthalben abgemarkt worden war, so konnte König Heinrich II. einen Theil der noch nicht abgemarkten Waldungen und Wildnisse dem Kloster Einsiedeln verliehen und aus der gemeinen Mark ausscheiden. Bei den entstehenden Grenzstreitigkeiten traten die Bürger von Schwiz (cives de villa Suites) als selbstständige Parthei (an der Seite der Grafen von Lenzburg) vor dem Gericht des Königs (1114 p. d.) auf. An der Spitze der Markgenossenschaft, als freier Thalmarkgemeinde (universitas vallis de Switz) standen ursprünglich zwei Ammänner (ministri) und später vier (neben den Dorfzweien und Dorfvieren). Der mit der vogteilichen Gerichtsbarkeit beauftragte Ammann war Stellvertreter des Vogts für das ganze Thal, als Thalrichter (vallis judex) oder Landamann (s. L. von Maurer). Als die Seshahts am Nitinaht-Sund ein grosses Zurückgehen des Wassers bei der Ebbe bemerkten, fürchtete Wispohahp eine ähnliche Reaction der Fluth und baute sich ein grosses Canoe durch einen langen Strick befestigt, so dass er sich nach dem Ablaufen der Wasser (die die übrigen Bewohner weggeschwemmt hatten, ausser dem nach dem Gipfel Quossakt rudernden Toquaht) auf der Stelle seiner früheren Wohnung fand und ein neues Haus baute. Als später ein Klah-oh-quaht-Canoe mit drei Indianern anlandete, wurden sie gastlich empfangen. One of the Klah-oh-quahts making a present of his medicine, Wispohahp proposed to make him chief of their household. This was finally agreed to and the Klah-oh-quaht took a Toquaht wife (which tribe had returned from Quossakt) and this is the origin of the present tribe of the Seshahts. The Klah-oh-quaht, who thus became chief was the great-grandfather of Hy yu pennel, the present chief of the Seshahts (Sproat) 1860. Bei der zunehmenden Verminderung im Geschlecht der rothen Peulen (in Futa Djallon) wurde es nöthig, ihre Rechte auf die von den rothen Peulen mit Neger-Sklavinnen gezeugten Kinder zu übertragen, und so können die älteren Kinder, deren Mütter Sklavinnen sind, Häuptlinge von Dörfern werden (Mollien). Für die Versammlungen der Aeltesten wurde Island in Quartiere getheilt, mit besonderen Thing, die am Lagberg zusammenkamen. Bei den fortdauernden Streitigkeiten wurde ein Obergericht (in Fintardom) eingeführt, zu dem jedes Viertel neun Richter schickte.

2) Das ganze der Bebauung unterzogene Land wird nach seiner natür-

(350 a. d.) verändert, indem der Minister Schan-Jan (unter den Zin) Jedermann freistellte, auf sein Gebiet so viel und nach Belieben zu occupiren und unabhängig von früheren Vermessungen mit Grenzsteinen

---

lichen Lage und Beschaffenheit in Felder (gewöhnlich nach den Himmelsgegenden) getheilt, und jedes Feld (Wang) in soviel Theile, als Genossen (in Nord-Schleswig). Diese Theile, Loose (Lodder) oder Schiften (Skiften) genannt, wurden unter die Gemeingenossen verloost, das andere war Almenning oder Gemeingut (s. Kier). Im Zusammentreten der drei Bunde in Vazerol (1471) wurde ein gemeinsamer Bundestag beschlossen. Jede Gemeine besass ihr eigenes Recht und ihren Amtmann, mehrere Gemeinden zusammen ihre Landammannen und niedere und hohe Gerichtsbarkeit (als Hochgericht). Mehrere Hochgerichte bildeten einen Bund, und drei Bünde bildeten den Freistaat in Rhatien. Das Volk wählte überall seine Obrigkeit. Als die sieben Orte der Eidgenossenschaft den Rest der östreichischen Erblande im Aargau erobert (1418), behielten Bern, Zürich und Luzern jede Stadt, was sie mit eigenen Waffen gewonnen und das gemeinsam Gewonnene ungetheilt (ohne das schon reichlich bedachte Bern). Da Uri nichts verlangte (weil das Land nicht ihnen gehöre) beschlossen Zürich, Luzern, Schwyz, Unterwalden und Glarus einen Landvogt auf zwei Jahre in diese gemeinsamen Vogteien zu entsenden und durch Gesandte aller theilhabenden Stadte alljährlich die Verwaltung und Berechnung der Einkünfte zu untersuchen (s. Zschokke). Als die Schlösser zerstört waren (1308), verbanden sich in Uri und Unterwalden Freiherrn, Meyer, Edelknechte, die übrigen Freien und das ganze Volk, ebenso in Schwyz Freie und Pflichtige zur gemeinschaftlichen Beschützung der geretteten Freiheit. Die Edeln schlossen sich an die Dienstpflichtigen und Leibeigenen an und die drei Lande verpflichteten sich gegenseitig durch Boten zum Eide (s. v. Knonau). In den Gesetzen Manu's setzt der König über jedes Dorf, dann über je 10 und 20 Dorfschaften (Grama) Beamte (Pati), so dass die Ortschaften zusammen einen Kreis bilden. Fünf oder zehn solcher Kreise bilden einen Bezirk, der 100 Gemeinden enthält, über welchen wieder ein höherer Beamter vom Köuig ernannt werden soll. Diese Bezirke bilden dann grössere Gebiete von 1000 Ortschaften, welche von einem Obervorsteher verwaltet werden. Nach Megasthenes wurden (in Palibothra) die Marktpreise beaufsichtigt. Das Zendavesta nennt Herrn (Pati) von Bezirken, von (ummauerten) Städten und von Dörfern. Für Verletzungen sind Sühnen zu zahlen. Die vertheilten Erbgüter (Thals) sind nach den Namen der älteren Mahratta-Familien genannt. Ländereien ausgestorbener Familien (Kula) heissen Gatkul (Gata oder verschollen). Au der Spitze jedes Dorfes steht der Patel, als Ortsobrigkeit. Die theilweisen Besitzer eines Thals (gegen Abgabe an den Oberherrn oder Patel) heissen Mirasdar. The occupation of the Etas (outcasts in Japan) is to slay beasts, work leather, attend upon criminals etc. (s. Mitford). Yahia Bay (sheikh of the Koords near Toorkhal) holds a communion of head of the police or gendarmerie of the Paschalik and receives pay for it, but his gendarmes rob whenever they can do so with the hope of not being found out (Lennep). La constitution sociale des tribus Trarza, Brakna, Douaïch etc. est la féodalité. Le vasselage, le servage et l'esclavage s'y trouvent à tous les degrés. Il y a aussi la caste des affranchis (Ahratin), clients de leurs anciens maîtres (s. Faidherbe). Tous les villages Malinkés vivent en république et sont indépendants les uns des autres, chaque village a un chef, dont le pouvoir se transmet par voie d'hérédité (Pascal). Neben dem Rughus-Land (that pays rent to the owner or his representative) die Dörfer der Kol unterscheiden Bheketta, Munghus, Bhuinhurree, Bhootketta and the land allotted to the Mahto, Pahan, Bhundari (s. Dalton).

zu umgeben (Sacharoff). Bogduichan Jun-tyen befahl (1724 p. d.), gemeinsame Felder nach dem Vorbilde des Alterthums anzulegen, aber durch Zjan-lun (1736) kamen Land und Leute wieder unter das Ressort von Militär-Colonien und mussten ebenso wie andere Ländereien Abgaben zahlen.

Der ursprüngliche Rechtsbesitz der Eingeborenen [1]) wurde von den Zugewanderten anerkannt, weshalb sich die Rajahfürsten von den verachteten Bhil mit ihrem Landbesitz belehnen liessen. Nach Staunton liess der spanische Hof den Resten der Guantschen in Guimao eine jährliche Geldsumme auszahlen. Unter den türkischen Lehnsleuten [2]) (als Soldaten) erhielten die Siameten ihre Privilegien vom

1) The Qua people were the original holders of the Kalabar country, and the present inhabitants of Duketown, Oldtown and Creek-town are descendants of the Egbo-Shary or Ibibio tribe up the cross river. The Kalabar authorities pay a yearly tribute to the Qua people for permission to reside in their territory (Hutchinson). Quaqua (on the ivory coast) signifies a tooth (W. Smith) 1745. The Todas (as the oldest occupants in the Neilgherry Hills) receive from the Badagas and Kotas a tribute (called goodoo) paid in kind, but they admit the rights of the (poor and despised) Curumbars inhabiting the unhealthy slopes of the plateau) to an older title. On the occasions of the great Toda festivals and at the Badaga seasons of seedtime and harvest, the Curumbars (emerging from their retreats) receive from both (who dread them, believing them to be possessed of magical arts, by means of which they would avenge themselves, if their rights were refused) an aknowledgment of their claims by the payment of a certain amount of produce (Elliot). The Deggauns and Swantis (the old occupants of the land) are (besides Indians and Afghans) the majority of the Eusofzyes (with fair complexions, grey eyes and red beards).

2) Der Normanne Bethencourt wurde von Heinrich III. von Spanien als erster Lehnsträger der Canarien anerkannt. Die Normannen hatten 1365 Handelsniederlassungen an der Mündung des Senegal und der Westküste Afrikas. Im Jahre 520 erschienen zuerst Dänen in Aquitanien, 570 zuerst an der Nordküste Aquitaniens. Im Jahre 732 wagten sie die erste Landung in England, 753 in Irland, 777 kommt das erste Regnum Nortmannorum im Norden der Eider, in Jütland, vor, an Wittekind's Land (der Alborum et Saxorum Rex heisst) grenzend. Im Jahr 780 werden sie als Nordleudi zwischen Friesen und Winidern in den Annales Lobienses erwähnt (viele Nordleute als Bardengauer getauft). Die ungetauften Nordstrani finden sich 782 an der Küste von Gallia Narbonensis im Mittelmeer. Ahmed el Kahf erwähnt an der Südkuste Spaniens der Madschus (Heiden) oder Russi unter den (826 zu Ingolheim getauften und mit Rustringen belehnten) Brüdern Heriold (Harald) und Rorik oder Rurik (mit den Warägern von den Slaven gerufen 862). Die Grikiafahrer oder Jorsalafahrer wurden im Norden geehrt. Nachdem der Norweger Naddod nach Island (Schneeland) verschlagen (863), umsegelt Gardar die Insel, die (nach Floeke's Besuch) Ingulf und Leif besiedelten 874 worauf nach Harald Harfagr's Erfolg 875 und Gorm den Alten viele Auswanderer hinzukamen. Grönland, von Gunbiorn gesehen (877), wurde von Erik Raude besiedelt. The territory of the Cazembe or Balonda nation is divided into fiefs, which the Muata gives and takes according to his own pleasure (Valdez). Habib distribua des fiefs dans les environs de Calicala (sous Osman). Der (arabische) Stamm Mawaly erhielt von dem Gouverneur von Aleppo eine Jahressumme, um die

Sultan, wärend die Timarioten von dem Begler-Bey eingesetzt werden konnten (1793). Die Spahis (Amurat's) erhielten später (statt Grundstücken) Sold (Mikoscha). Die Infanterie bestand aus den Janitscharen (mit den Odschiaken), den Bostandscheien, die (ausser dem Pallast) auch die Lustgärten bewachten, und den Jebedschien (des Zeughauses) mit den Segban (der Bagage) und den Beschli (der Paschas). Die Derwische oder Muriden, die Scheich Schamyl (als Imam und Kadi) in Daghestan formirte, bildeten seine Leibwache [1]), mit Kriegs- und

anderen Dörfer des Paschalık gegen die übrigen Araberstämme zu schutzen (Burckhardt). In Russland gab der Fürst seinen Beamten und Wurdenträgern ein Stück Land po mestu (fur die Stelle oder den Posten, so lange derselbe inne gehalten wurde), so dass Landguter pomestje hiessen (und Gutsbesitzer pomestschik) Ausser dem Kurdi-n-Kassa (von dem mit der Hacke bearbeiteten Land) erhebt der Statthalter von Kano die jahrliche Steuer Kurdi-n-Korofi (von Faıbetöpfen).

1) Les Arouciin (au nord du Tiris) sont des marabouts armés, qui n'attaquent jamais, mais qui se défendent très-bravement (Vincent) [militärische Brahmanen]. Les tribus guerrières (Hassan) des Trarzas kommen aus dem Suden nach dem Tiris. Les Yaya-ben-Othman (Hassan d'origine) appellent leurs tributaires El-Ham (viande) dans l'Adrar (Vincent). Der Taiping-Kaiser erlaubte nur Frauen im Innern des Pallastes (s. Blakiston). Tiyab est le nom qu'on donne aux anciens guerriers, qui se sont faits marabouts (s. Vincent) bei den Mauren des Senegal. Les Tijab sont d'anciens guerriers qui se sont faits Tolba. Jeder Reiche unter den Ephthaliten umgiebt sich mit einem Gefolge Gleichberechtigter, die an Allem ihm gehorigen Theil nehmen, und bei seinem Tode mitbegraben werden (Procop). Les Azadéghans ou hommes libres sont les Pehlewans (Iraniens par excellence). Les Haidouks se formérent dans les montagnes et dans les forêts vertes, sur des points différents du pays (en Serbie). Chaque groupe de combattants avait son chef élu, arambacha (s. Yovanovics). Die Bamum in Mburikum (im Innern von Alt-Kalabar) führen Kriege mit den Tibare oder (nach Anderson) Fulatahs, die (bei den Bayon) als Bari bezeichnet (s. Johnson) über die Dingding als ihre Sklaven herrschen. La troupe des Sofas (les janissaires ou les mameluks des Bambaras) n'est point soldée, mais elle reçoit des terres (Raffenel). Bei der Wahl des Anführers wurde demselben mit gebundenen Händen eine Calabasse mit Korn hingehalten, aus der er rasch eine Handvoll zu greifen hatte, und der König verschloss diese, jährlich ein Korn fortnehmend, indem mit dem letzten eine Erdrosselung und Wahl des Nachfolgers Statt hat. L'armée est composée de Talibés, de Sofas et de Toubourous (les Bambaras, Djwaras, Massassis, Khassonkés, Peuhls et autres, qui se sont soumis, contraints par la force). Dans chacune de ces compagnies on calcule le nombre d'hommes et de chevaux, en comptant un cheval pour deux hommes. De là une première base d'appréciation qui fournit un partage en trois parts proportionnelles aux nombres ainsi trouvés. Alors sur la part des Talibés, Ahmadou prélève un cinquième, sur celle des Toubourous la moitié et le tout sur les Sofas, qui sont ses esclaves personnels. Quant aux Sofas ou esclaves appartenant aux Talibés, ils comptent parmi les Talibés et marchent avec eux en compagnie. Après ce partage, il y a la répartition entre les divers groupes de Talibés, dont se compose l'armée, Toro, Irlabés, Gannar, pour le Fouta, puis les Sonninkés, Khassonkés, Yoloffs, puis les Maures de Sidy Abdallah, l'armée de Nioro, les Fouta Diallonkés de Boubakar Mahmady Diam et de Bobo etc. On opère de même entre les groupes de Toubourous

Civilämtern bekleidet (s. Lapinski). Von den Würdenträgern [1]) des Königs (Banga) in Baghirmi sind nur der Fatscha, der Barma (die Hauptleute und Statthalter der Ortschaften), der Gheletma, der Milna, der Gar-Moienmange (die Verwalter der offenen Weiden und Wälder), der Bang Bu-sso, der Bang Dam, der Elifa Moita, der Elifa-Ba befugt, auf einen Teppich zu sitzen (s. Barth). Da Niemand die Schuhe [2])

---

ci-dessus mentionnés, après quoi dans chaque groupe on fait le partage par case, après avoir généralement prélevé sur le tout un cadeau pour le chef du groupe, qui malgré cela, touche sa part proportionnelle aux nombres d'hommes et de chevaux sortis de sa case. Il en résulte, que le chef qui est resté a Segou touche autant de parts individuelles qu'il a envoyé de captifs et de chevaux, à raison de deux parts par cheval (Mage).

1) Die erste Classe der Edlen (Quilolo) wird (in Lunda) gebildet durch den Muana-Buto (Erbprinz), Calulua (Onkel des Cazembe), Suana Muropue (Neffe des Cazembe), Nine-Amuana (Mutter des Cazembe), Nine-Ambaza (Schwester des Cazembe), Muanempande (Kriegsfeldherr). Die zweite Classe der Quilolo führte den Titel Fumo (zum Balua oder Rath versammelt) und dann folgen die Muizas oder Vasallen. The rank of the Gôshi (in Japan) is inferior to that of the Samurai or men of the military class (s. Mitford). L'Almamy (chef des Poules de Le Coq jusqu'à Matame) est toujours choisi parmi les Tampsirs (Saugnier). Un bâton recourbé en forme de crosse était un signe de la dignité des prêtres, il était simple chez les Vaïdelotes, double chez le Krive, triple chez le Krive-Kriveito. Semblable à la crosse d'évêque et comme emprunté aux chrétiens, il avait un nom tiré du scandinave, buthas chez les Vaidelotes, buthstas chez le Krive, buthstunkys chez le Krive-Kriveito (correspondant aux mots bud, budstab, bud-stikke) chez les Lettons (Lelewel). He, who kills a king always becomes king himself, sagte der Begleiter des birmanischen Königs Ngakhwe zu dem Gurkengärtner, der ihn unwissentlich erschlagen (s. Phayre). La première dignité parmi les Francs est celle de pape (père), le vicaire du Messie. La seconde est celle de Caïssar ou empereur (sultans des sultans), élu pour son mérite. La troisième dignité est celle de Reï da Francs (padishah des padishah), héritant de ces ancêtres. Le quatrième degré est celui de Reï (Abou-Soleiman-Daoud). Douze padishah obéissent à l'empereur (d'Alamania) et chaque padishah commande à trois meliks (s. d'Ohsson) 1317 p. d. Neben den Sklaven theilten sich die Kodjaken in Gemeine und Häuptlinge mit erblicher Würde. Wer seine Tochter verloren hat, bietet den Preis dafür an den Vater eines gestorbenen Sohnes, dass sie im Jenseits verheirathet werden (bei den Inguschen). Remotis antiquis infidelium Slavorum colonis, novos inibi christianae fidei cultores collocavit (Abt Arnold von Ballenstädt) beim Kauf der Burgwerke Kleutsch und Sterne (s. Hoche). Teutonici catholicae fidei cultores substituantur eis (den Wenden), heisst es in Bischof Meinhard's (von Halberstadt) Urkunde des Klosters Distorp. Misit ad eos, qui vim maris patiebantur (s. Helmold) für Colonisten. Erzbischof Friedrich von Bremen übergab Holländern das Hollerland zur Urbarmachung (1106 p. d.).

1) Auf den König (unter den Mandingo's) folgt die Klasse der Priester oder Lehrer des Koran, denen dann die Häuptlinge, und weiter die (aus verschiedenen Völkern zusammengesetzten) Nyimahalahs (als Fino oder Redner, Jellee oder Sänger, Guarange oder Schuster, Noomoo oder Schmied), die (mit Privilegien bedacht) selbst in Kriegszeiten unbelästigt durch das Land reisen und Fremde führen. Weiter folgen die abhängigen Freien und die Sklaven, als (im Lande geborene) Haussklaven und Kriegsgefangene (oder Schuld- und Verbrechersklaven). The Finos are common to Mandingo, Foulah and

der Fürsten der Arma oder Darabou (Djenne, Timbouktou und El-Araouan bewohnend) berühren darf, müssen sie sich dieselben selbst verfertigen (s. Raffenel). A Taffilet (dans le Maroc) les chérifs ont seuls le droit d'exercer l'état de sababty (cordonnier). Der Steutsaioo-Choota (grosse Beliebte) stand an der Spitze der Creek [1]), deren

---

Kooranko (Laing). Die Abasa unterscheiden vier Kasten: Fürsten (Pschi), Richter (Work oder Esden), Freie (Tfokol) unter Thamata (Aeltesten), Sklaven (Pschitli). Die Pschi und Work, der Hinnaherung an Russland verdächtig, wurden von den Landesberathungen ausgeschlossen (Lapinski), und sollten ganz vertrieben werden Die Pschi und Work, wenn sie sich in einen Stamm (mit dessen Rechten und Schutz) aufnehmen lassen, werden Tfokol (Freie). Auf der Steinplatte des Elburs sitzt ein weisshaariger Greis, der dort angeschmiedet wurde, weil er (fruher von Tha wegen seines Verstandes begünstigt) sich mit ihm messen wollte, aber im Kampfe unterlag. Er freut sich beim Herankommen von Menschen, weint aber, wenn die Fragen, ob Fremde ins Land gekommen, ob die Jugend in Schulen gebildet wird, ob die Obstbäume reichlich Früchte tragen, verneint werden (Lapinski). Unter den Almamy (Fouta djallou's) regieren Steuerheber (Lambdo), Marabute (Tamsir), mit Moscheendienern (Fodie), und Wanderpriester (Tierno) in den einzelnen Districten. Früher vom Kaiser, wurde der Curator (seit Justinian) vom Bischof und den Primaten gewählt (Walter) als stadtischer Magistrat. Die Curie ergänzte sich zunächst durch Geburt, indem das Decurionat in dem Mannesstamme erblich gemacht war, ausserdem aber durch Wahl oder durch freiwilligen Eintritt. Um das Vermögen die Curialen möglichst in der Corporation zusammenzuhalten, durften die Grundstücke nicht verkauft werden (da bei den städtischen Geldverlegenheiten die Kirchen einzutreten hatten). Die höchsten Staatsbeamten (der bürgerlichen und militärischen Dignitäten) hatten bis zum Comes hinab das Pradicat Illustres, dann folgte die Klasse der Spectabiles, der Clarissimi, Perfectissimi, Egregii. Am nächsten zum König stand bei den Albaniern (des Caucasus) der Priester, mit ἱερόδουλοι im heiligen Gebiet (nach Strabo). Die Khitan wählten einen Häuptling mit unbeschränkter Macht über ihre acht Horden auf drei Jahre, bis Apaokhi die Gewalt bewahrte. The Barbacini and Serreri (independent of the king of Senegal) had no distinctions of rank among them, but only of riches and personal qualities (at Cadomostos time). En géorgien le mot semo exprime l'idée de hauteur, de supériorité relative (Vivien de St. Martin). In den Argonautica wird der Berg Sim westlich von Van-See gesetzt. Einige der Fürsten oder Tawati (Schwili oder Söhne) führen (in Georgien) den Titel Eristavi oder Volkeroberhaupt (neben dem Adel oder Asnauri). Séri, chef des Foulah (venant de la terre de Faz ou de Sam) en Faucoumba, permit à son frère Seidi de prendre le titre d'alpha ou de chef suprême, à condition, que les alphas seraient toujours élus par les habitants de Faucoumba (s. Lambert).

1) Am Nordwest-Ende jedes viereckigen Marktplatzes findet sich das Schatzhaus, am Südwest-Ende die Pfosten des Chunkey-yard. Der Black drink (aus Cassina oder Meyon-Thee) wird auf dem Markt getrunken und ausgespuckt. Bei dem Erinnerungsfest wird die Kriegsmedicin getrunken (aus Senneca). Die Frauen baden und dürfen nicht berührt werden. Das Jahr beginnt (nach der Ernte) im August. General Oglethorp (die Colonie in Georgien gründend) schloss einen Vertrag mit dem Stamme der Creek in Savannah (1732). The chiefs are often surpassed in opulence by some one of the communalty (among the Timmanees) and the stranger (entering a town) is informed, that Pa such-a-one is headman, but Pa such-another is gentleman past him, that is to say, has more money and consequently

weisse Städte durch Mico, rothe durch Krieger regiert waren. Die Darmanko bewahren eine Ehrerbietung gegen die (verwandten) Brachknaz, denen (unter Amar Abdallah eingewandert) vermöge des Rechts der Erstgeburt der Wald Alfatak zusteht, das Oberhaupt [1]) als Heer-

---

more influence (Laing). Les princes de Bambouk sont beaucoup moins riches, que leurs sujets (Coste), mais ils peuvent faire beaucoup de mal, (gratifiant ceux de leurs sujets, dont ils ont le plus de besoin). Neben den πρυτάνεις, als Ausführern der in der βουλή (Versammlung) gefassten Beschlüsse, standen (auf Rhodus) die ναύαρχοι oder Admiräle. An der Spitze der Mandingo-Städte (mit dem Bentang-Platz für Palaver) stehen Alkaid genannte Häuptlinge (Mungo Park). Die Handwerker Abbeokuta's bilden die Zünfte der Schmiede, Zimmerleute, Weber, Farber und Topfer. Nach Enzelt siedelte Carolus M. edle Harlunger aus dem Elsass und Brissgau in der Mittelmark an, und vermählte seiner Gamahlin Schwester mit dem brandenburgischen König Aribertus (nach Taufe desselben). Auf den Burgschlössern, wovon sich die Burgwälle bei Jüterbog, Luckenwalde, bei Hennickendorf, bei Stangenhagen, im Amt Dahma, im Kloster Zinneschen Amt u. s. w. finden, haben die von Carl M. eingesetzten Burggrafen residirt (Eckhard) 739 nach freiwillger Unterwerfung (782 p. d.) zu jährlicher Zinserhebung von den Wenden (wie in der Nieder-Lausitz unter Ludwig dem Deutschen). Die Ober- und Nieder-Lausitzer haben ihre wendische Sprache noch bis auf den heutigen Tag (1739), darinnen ihnen auch muss gepredigt werden (Eckhard). Nach Eginhardt besiegte Carl M. (789 p. d.) die Wiltzer-Wenden an der Prignitz. Die zum Kloster-Amt Zinna gehörigen Dörfer steckten meistens voll (wendischer) Edelleute, denen der Erzbischof die Dörfer (unter Zinsbarkeit) liess, mit der Bedingung, sich taufen zu lassen (1171 p. d.). Es findet sich, dass Luckenwalde dem Herrn von Richow oder Rochau noch Anno 1282, Scharffen-Brügge 1393 eine Herrschaft und Pechüle und Barnitz dem Herrn von Züdem angehört habe, so die Aebte des Klosters an sich gekauft und die Edelleute um alle ihre Güter gebracht (s. Eckhardt). Wenn Wichmann das Kloster zu Zinna um der übriggebliebenen Wenden wegen angelegt, so Albert Ursus das Kloster Lehnin. Der Sakya-König Singanu dankte ab für seinen Sohn Suddhodana, als derselbe das Alter von 18 Jahren erreicht hatte, und vermählte ihn mit Maya (nach dem Pathomma Sampothiyan).

1) Die serrawallischen Fürsten haben die Uebereinkunft getroffen, dass sie nach einander den Thron von Galam besteigen (s. Goldberry). Als der grosse Kaiser (Friedrich II.) gestorben, wollte es das Elsässer Volk nicht glauben. Die Einen sagten, er harre des Auferstehens unter dem Felsblocke auf dem Ochsenfelde, die Andern meinten, er walte noch insgeheim in der Kaisersburg zu Hagenau (Löher). C'est sur des chaises que la noblesse s'acquiert (Montesquieu). Durch einen Ukas (1773) erklärte Katharina II. die Russen für Europäer. Im Mohicanischen bezeichnet ogh (als nogh oder unser Vater) Vater (nach Edwards), im Lenape (nach Heckewelder) ooch und im Chippeway (nach Schoocraft) nos (als unser Vater). Ag ist Endung des belebten Geschlechts (an des unbelebten) im Chippeway. Ogh, Oghuz, Ogyges, Akka, Ok. Sakia (nach La Hontac) oder sagian (nach Schoocraft) bezeichnet „lieben“ im Chippeway [wie Haki, Sakiya]. In Pommern liess der Deutsche die früher von den Wenden gebrauchten Thore zumauern und neue öffnen (Neumann). Nach Gaston Phebus bediente man sich eines Kuhbildes, um den Thieren auf der Jagd nahe zu kommen (XV. Jahrhundert), oder eines mit Busch bedeckten Wagens. Im Falle eines Streites lassen die Marghi zwei Hähne auf dem Felde von Issege kämpfen (Barth). Unter den Römern werden die Franken ver-

führer und Vater der Familie der Agrichys anerkennend (Goldberry). Anf Ponapi (der Karolinen) hat jeder der 5 Stämme einen Tschipau (König), und dann folgen 6 Häuptlinge, deren stufenweise Rangordnung vorher von dem Tschipau durchgemacht sein muss. Darunter folgen die Vornehmen, von denen nur die Söhne der „edle Frauen" genannte Klasse höher aufsteigen können. Jeder Stamm zerfällt wieder in 3 Stände [1]), den der Arots, als Häuptlinge und Freie und den des

standen, und ihr Land grenzt an das Land der Griechen (Abulfaradsch). Von Augustus bis Tiberius waren die Kaiser Constantinopels Patricier und Vornehme des romischen Heeres oder Franken, aber mit Tiberius (Vezier Justianus III) wurde ein Grieche Regent (Abulfaradsch). Hendeure (hendure), poignée de l'épée, hendé, muni d'une poignée, de l'ancien norois henda, prehendere (apprehendere). La forme du gouvernement (de Monaco) est une monarchie absolue, tempérée par le progrès moderne (s. Barège). Der Frankenbund ist aus der chamavischen Volkerverbindung hervorgegangen (Dederich). Wrag heist (runisch und altslawonisch) der Feind (Bandtke). In ancient times the prices for the three champion wrestlers (in Japan) were a bow, a bowstring and an arrow (Mitford). Bei Ausscheidung der kleineren aus den alten grossen Marken wurde meistens nur das Feld ausgeschieden, und der Wald mit der Weide und Haide in ungetheilter Gemeinschaft gelassen (L. v. Maurer). Bei Organisirung der Provinz Achaja machte Augustus den neu-demokratischen Partheigrundsatz geltend, „dass an allem nicht durch besonderen Akt der Regierung an Gemeinden und Private abgetretenen Grund und Boden in den Provinzen der Staat das Eigenthum, der zeitige Inhaber nur einen geduldeten und jederzeit widerruflichen Erbbesitz habe" (s. Mommsen). Die ungarischen Burgherren waren erbliche Eigenthumer ihres Bezirkes (megye), wahrend die deutschen Gaugrafen nur kaiserliche Verwalter und Richter oder Beamte (s. Czoernig).

1) Im Kriege ficht jeder Stand nur mit dem ebenbürtigen. Alle grösseren Arbeiten (Häuserbau, Kahnbau u. s w.) werden gemeinsam betrieben. Auf Kusaie (Karolinen) wohnen die 12 Häuptlinge oder Iros zusammen im Dorfe Yal der Insel Leka (mit einem religiosen Oberhaupt), während die kleinen Häuptlinge auf ihren Lehngütern zerstreut leben. Das Volk zerfallt in drei Stämme, jeder Stamm mit den drei Kasten der höheren Uros, niederen Uros und Volk, wobei die Kasten der verschiedenen Stämme nur unter sich heirathen, der höchste der 12 Uros heisst Tokerau (Gott). Auf der Ratak oder Ralikkette stehen uber dem Volk, die Häuptlinge (Irus oder Tamon), die (in Clanschaften nach mütterlicher Abstammung getheilt) von dem höchsten Häuptling in Aurh abhängen. Die Häuptlinge der einzelnen Inseln bilden eine Rathsversammlung. Die freiere Gangart der Hauptlinge darf vom Volke nicht nachgeahmt werden. Auf Makin (der Gilbert-Inseln) hatte unter dem (nach der Grosse des Landbesitzes) höheren und niederen Adel das Geschlecht Tiuki den ersten Rang erlangt. Les métis qui suivent les bandes des maures nomades du Sahhra ont de grands rapports avec la race éthiopique notamment pour la couleur de la peau et la nature des cheveux, ils vivent dans la tribu sur un pied de subalternité, sinon d'esclavage et constituent une caste, tout-a-fait en déhors de la véritable famille arabe. Ils ne se marient qu'entre eux et sont séparés des vrais arabes par une ligne de démarcation tranchée (s. Raffenel). Ein Stamm (Arch oder Ndja) ist die patriarchalisch zusammengehaltene, vergrösserte Familie (bei den Arabern in Algerien), sein Haupt heisst Schaych (Greis), die Mitglieder Beni-am (Vetter). Zu Beschlussnahmen werden die Grossen (Kobar) oder Kühnsten und Tapfersten versammelt (s. v. Klöden).

(strenggeschiedenen) Volkes. Der König von Onitscha (am Niger) darf nur am Tage des Erntefestes seinen Pallast [1]) verlassen (Crowther). Die geistliche Macht [2]) unter den Wachhabiten in Nedj gehört der

1) Bei den Sabäern war der König, wie bei den Mosynöken, eingeschlossen. Die Könige der Foula hiessen Satighy (Siratik) vor der Erhebung der Almamy. Lam heisst König (nach der Foulh-Sprache). Il y avait deux sortes de mainmorte, la mainmorte réelle et la mainmorte personnelle, l'une inhérente à la terre, l'autre à la personne (Lacroix). Das Land Lebus oder Lubusch war von dem Volk der Liubuzzi und Lubuschaner (in der Zemja Lubuscha) bewohnt, die zu dem Stamm der Polabanen oder Elb-Slaven gehörten. Bei Vertreibung dieser Heiden und Christen griechischen Ritus wurde, das Bisthum aus Galizien nach Lebus verlegt. γύφτος, γύφτης, γύφτισσα désigne (chey les Grecs) toute personne méprisable et avare (Paspati). Die Hunnen kämpften mit dem Lhasso (nach Amm. Marc.). Mit dem Verlassen der Winterquartiere (qyshla) begannen die Tchinghianes zu wandern. Das Kloster Lilienthal (1230) folgte der Cistercienser-Regel. Iwan Wasiliewitsch II. verlangte von den Moskavern einen Scheffel lebendiger Fliegen (zur Medicin) bei Geldstrafe (Wichelhausen). [Ungeziefer-Tribut in Peru]. Neben dem Riesen Polkau spielen (in den russischen Ammenmährchen) die liliputanischen Püshiki und das Riesengeschlecht der Woloten, wie die Römer bei den Slaven hiessen (Wichelhausen). The collection of property for the purpose of distribution (or destroying it) is the constant aim of many of the Ahts (s. Sproat). [buddhistisch]. In der Provinz Fuiga finden sich bei Tatschikoko (Juwatto) Ruinen des Pallastes Zinmu (mit unterirdischen Kellern), und ebenso in Saifu (Provinz Kskiusen) Reste von Mauern aus Quadersteinen. In Chofu (Provinz Nagati auf Nippon) residirte die Korea erobernde Kaiserin. The Esquimaux mark their arrows by means of incised lines across a longitudinal stemline and, as in Ogham, the corner edge of the shaft is often used in place of a longitudinal stem (in the Nydam moss arrows have been discovered with similar marks). Fox has seen the same kind of scoring upon arrows from the French caves of the Reindeer period, and from North America, British Guiana and Australia, he had obtained weapons bearing owners marks of the same character, consisting of incised lines right and left of a central stem. Wie die Senatoren in dem ersten Jahrhundert der römischen Republik beschäftigten sich auch in Karthago Suffeten und Feldherren mit dem Ackerbau (s. Bötticher). Die Fellani-n-Haussa nennen ihre über die westlichen Districte zerstreuten Landsleute Menennata Haussare, (ich verstehe kein Haussa).

2) Lingua anglica respondit, ne se bigot (ne per deum). Rex (Carolus) et sui illum deridentes et sermonem ejus corrupte referentes illum vocaverunt Bigoth, unde Normanni adhuc Bigothi vocantur (Rollo beim Fussküssen). Die Mode der Schnabelschuhe soll vom Graf Foulkes in Anjou (1089) eingeführt sein, um Fussdefect zu verbergen, und erneuerte sich später. Die Tscherkessen haben durchgängig sehr kleine Füsse, weil sie dieselben in ihren saffianen Socken so eng wie möglich einschliessen (Pallas). Ducs, Rois, Empereurs les Byzantins les confondent tous sous la dénomination uniforme ῥήξ (de Saxonie, Baiouri, Gaule, Germanie, Francie). Vexillum, quod bandum appellant (Paul. Diac). Bandwo, Zeichen (Goth.) Bande (pl. Bände, neuniederländisch, Bande), cohors, turba (truppe), Bande a pandendo. Am Karufa und der Küste Oranje-Nassau heissen die Bergvölker im Innern Sapokoor. Auf der Insel Adie werden die nach zwei Jahren ausgegrabenen Gebeine in einen mit Steinen umgebenen Ort niedergelegt. Die Insel Adie entstand aus einem von der See angetriebenen Baumstamme, auf dem sich immer mehr Erde ansetzte, eine Insel bildend,

Familie des Abd-ul-Wachab an, die weltliche den Nachkommen des Aeneze-Häuptlings Mohamed-ibn-Saoud. Die Inguschen sind unabhängig, nur unter Aeltesten stehend, die zugleich Opferpriester [1]) sind (s. Pallas) 1799.

auf der eine Frau erschien, die mit einem Manne von dem Lande Guineas die Bevölkerung gebar Conquisiti ab Rullo atque electi coloni (Cicero). Viri electissimi civitatis (Quint). The Boksas (of Bignour) only mary among their own tribe (Stewart). Quamvis Suevia sit terra bona, tamen feminae eorum tot pariunt fetus, quod terra non postest eos nec hodie nutrire. Unde fit ut quasi in omnibus Germaniae nationibus sint Suevi (Fabri) 1441 p. d. Nachdem die Sachsen (in Verbindung mit den Franken) die Königsburg Scheidingen (der Theurenheimer oder Thüringer, von den Hermunduren stammend) zerstört, besetzten die Sorben das Zrbiam oder Sworbia (Sorbenland) genannte Land (Sturm). L'origine du village de Beernem (refuges des ours) remonte à l'occupation saxonne (Andries). Julianus (Rheno transmisso) regionem pervasit Francorum, quos Attuarios (Ansivarios) vocant (Amm.). The Protestants (Prot) are called Porod (Leprous) by the Armenians in Turkey. Die Juden von Kheibar (nordöstlich von Medina) bilden einen unabhangigen Staat (nach Niebuhr). Zu den arabischen Stämmen, die sich im Frühling und Sommer den cultivirten Theilen Syriens nähern, im Winter in die Wüste zurükkehren, gehören die Aeneze, zu den das ganze Jahr bei den cultivirten Gegenden verbleibenden, die Stämme Ahl el Schemal und Oral el Kebly (Burckhardt). Die Könige von Kangaga, Pourada und Paqueri stammen von den Söhnen, die der Marabut von Cabou mit den wunderbar aus der Erde hervorgetretenen Frauen der Guelwaren gezeugt hatte (s. Hecquard), und seitdem pflanzt sich die Erbfolge in weiblicher Linie fort. Der (heidnische) Häuptling des Berglandes Bagele (in Adamana) besass das jus primae noctis (Barth). Taiavor (titre de roi en arménien) est employé souvent, (par les Mahometans) pour désigner les rois chrétiens.

1) Die priesterliche Familie (der Nicotani) wurde (wegen ihrer Anmaassungen) ausgerottet (bei den Cherokee). Jeder siebente Sohn wurde als Prophet geboren. Die Algonquin unterscheiden bei den Priestern die Grade des Waubeno, Meda und Jossakeed. Die Marianen unterscheiden Matuas (Adel), Kriegführer mit den Atchaot (Halbadel) und degradirten Matua (wegen Verbrechen), Mongatchang (Volk), den Ackerbau (aber nicht Schifffahrt und Fischfang) treibend. Vermählte sich ein Matua mit dem Volk, wurde seine ganze Familie vernichtet. Der Mangatchang durfte keinen Chamorri (Matua oder Adligen) berühren, oder nähern, sondern musste ihm aus der Ferne zurufen (beim Begegnen sich verbeugend). Jeder Matua, wenn mächtig genug, konnte eine Gemeinde stiften, und an der Spitze stand der König (Magalahi oder alter Mann), dem der Bruder folgte (oder Vetter und Neffe). Zu den Matua gehörten die Priester, als die Makanas (Wunderthäter oder Wahrsager), die Fruchtbarkeit bewirkten, auf der Jagd halfen u. s. w. Die Ulitaos waren (als geschlossener Orden) über alle Inseln vertheilt, unbeschränkt mit den vornehmsten Mädchen lebend. Auf Palau wurde, als Zeichen des Adels, das Knochenarmband vom König ertheilt. Ein gelber Stein wurde auf Palau geehrt und als Geschenk geschickt. Neben dem weltlichen Herrscher stand auf Palaus ein geistlicher (Hockin). Regierte ein Fürst der Chazaren über 40 Jahr, so wurde er, als der nöthigen Lebenskraft mangelnd, getödtet (s. Ibn Fozlan). Der Spartanerkönig Agesilaus war von den Thasiern mit Tempel und Altar zum Gott installirt, und Philipp hatte sich im Kostüm eines dreizehnten Olympiers bei den Festlichkeiten von Aegä gezeigt (s. Geier). Wanderte unter den Albaniern

Im Gegensatz zu der indisch gefärbten Mythologie Polynesiens zeigt sich, wie in Mikronesien, auch in Melanesien die Einfachheit des chinesischen Ahnen-Cultus, und wenn zu den Conceptionen einer Gottheit aufgestiegen wird, erscheint dieselbe blind, alt oder taub, also kein geeignetes Substrat für bunte Dichterbilder. Aus dem Festhalten an der menschlichen Persönlichkeit, ohne Ablösung metaphysischer Ideen, ergiebt sich auch die Vergötterung, die auf mehreren Inseln (von denen der Marquesas-Gruppe) dem menschlichen Repräsentanten zu Theil wurde. Sie hatten (gleich der buddhistischen Geistlichkeit) durch ein reines und heiliges [1]) Leben die Sünden der Welt auf sich zu nehmen und so die segenspendende Harmonie der Natur zu erhalten. Bei den Abt finden sich oft durch einen Vorbereitungscursus der Fasten und Kasteiungen in den Wäldern Geweihte, die den Körper martern und blutig ritzen, um ihren Nebenmenschen zu nützen, denn ihren Bemühungen wird der Erfolg eines reichen Fischfanges, das gedeihliche Wachsthum der Saaten [2]) zugeschrieben. Auch erhalten sie (nach Sproat) reiche Bezahlung durch die Dankbaren. Das lex talionis ist ein durchgängiges und in primitiven Zuständen nahe liegendes, obwohl sich mit künstlicher Gliederung der Gesellschaftsverhältnisse, bald überall Compensationen aushelfend anbieten und dieselben dann oft so geläufige Regel werden, um auch Todtschlag abkaufen zu können (selbst das Haupt englischer Gouverneure, wie man auf Manx [3]) und am Gambia meinte). Indess sträubt sich

---

ein vom heiligen Enthusiasmus Ergriffener einsam in den Wäldern, so wurde er vom Hohenpriester in Ketten gebunden und nach einjähriger Fütterung der Göttin geopfert. Wer gut läuft und gut raubt, wird bei den (ohne Fürsten lebenden) Kusch-hasip Abassi (transmontanischen Abasen) für einen ausserordentlichen Menschen gehalten, dem man gehorcht. Jerry, König von Dan, Dan Noc ist der schnellste Läufer von Geelong, stand auf dem Schild des 1870 gestorbenen Königs Jerry. Bei der Krönung wurde dem mit einem Federbarett geschmückten König der Chichimeken in Tenayocan ein Busch grüner Federn (Tecpilotl) auf dem Rücken befestigt (wie bei den Apachen), worauf von den Edeln die in einem Gehege eingeschlossenen Thiere gejagt wurden.

1) In jedem Dorf der Ellice-Insulaner lebt (in einem auf Pfählen stehenden Hause) abgesondert ein Heiliger, der zum Communiciren mit den Göttern erwählt ist und, wenn nicht genügend, abgesetzt wird (s. Whitmee). Ein alter unsträflicher Mann (Zanin-stag oder reiner Mensch), hat (als unverheiratheter Priester) allein das Recht, die Opfer und Gebete an den heiligen Oertern zu verrichten (Klaproth) bei den Inguschen. Der Kaltokos (Katolikos) der wieder entchristeten Tscherkessen lebt in der Nähe einer alten Kirchenruine.

2) In Camul wurden die Ehefrauen den Fremden während ihres Aufenthaltes überlassen, und als die Eingeborenen (auf Vorstellungen Mangu Khan's) diesen Gebrauch aufgaben, fanden sie, dass ihre Felder nicht länger fruchtbar waren, so dass sie baten, in ihrer früheren Weise fortfahren zu dürfen (nach Marco Polo).

3) When the Lord Deputy told Mc. Guire that he was to send a sherif

das Gebot der Blutrache [1]) lange gegen jede Milderung, und wird instinctiv durch das Sicherheitsgefühl gestützt, das jeder Einzelne in dem Gedanken findet, seines Bluträchers gewiss zu sein, wie er denn aber auch selbst nie Bedenken tragen darf, eine ihm darin zufallende Pflicht gewissenhaft zu erfüllen. So gilt bei Morlachen und Montenegrinern Vernachlässigung der Blutrache für die schwerste Sünde, die nicht zu sühnen ist. Die schreckende Tradition der Blutrache lastet auf dem von Erinnyen verfolgten Mörder, der erst nach priesterlichen Reinigungen wieder in den Kreis der Gesellschaft zurückkehren darf. In Guiana hat sich der auf Blutrache Bedachte von seiner Familie abzusondern, weil er so lange seine Aufgabe noch unerfüllt oder die Grabesceremonien nicht vollzogen sind, unter der Gewalt des unheimlichen Dämon Kanaima [2]) steht. In Japan [3]) tritt der einen Mordplan Verfolgende gleichfalls aus seinen socialen Verhältnissen heraus, und reiht sich temporär (oder für immer) den Ronin bei. Bei den Chatlach (Kalatch oder Khildje) sind Wunden mit Strafgeld zu bezahlen, doch wird bei später etwa erfolgendem Tode Blutrache gefordert. Es kennzeichnet stets einen Fortschritt [4]) in der Geschichte eines Volkes, wenn Vorschläge gemacht werden, die wegen Ermordung geführten Kriege durch Festsetzung einer Strafe beizulegen, wie es durch Hian-phou (Stifter oder Kin) unter den wilden Jutchi geschah. Die Maori erlauben statt des Vergeltungsrechts die Annahme einer Sühne (Utu), wogegen manche Tuareg-Stämme die Annahme irgend

---

into Fermanagh, lately made a county, „he shall be welcome (said the chief), but let me know his Eric (compensation), that if he lose his head I may put it on the country (Logan).

1) Die Blutrache bildet erst allmählig die ethischen Ideen der Sühne oder die mythologischen einer Gespensterbannung aus, zunächst ist sie nur die natürliche Reaction des Angriffs, wie auf drohenden Hieb ein Emporheben des schützenden Armes, auf Schlag, Schlag folgt. Der sich mit dem Erschlagenen als verbunden denkende Freund erwidert die jenem zugefügte Unbill durch gleiche Verletzung aus instinctmässigem Trieb und fühlt nur dann in sich die Ruhe des Gleichgewichts zurückkehren.

2) Der Bluträcher, als in der Macht des Dämon Kanaima, muss sich von seiner Familie sondern (in Guiana), und nachdem er den Mann rücklings erschossen (wahrend Frau und Kinder durch einen in den Mund gestossenen Kopf einer Giftschlange nach Niederwerfen getödtet werden), muss er das Grab mit einem Stock durchstossend das Blut ablecken, weil er sonst (wie wenn der von seinen Verwandten entfernte Gemordete heimlich oder an einem nicht zu erreichenden Platze unter Verwünschungen gestorben ist) in Wahnsinn zu Grunde gehen würde.

3) Wer seinen Feind tödten will, muss am criminalen Gerichtshof (Kets Dan sho) Anzeige machen, von der Zeit, innerhalb welcher er seine Absicht auszuführen denkt, da er sonst als Mörder betrachtet wird (nach den Gesetzen Iyeyas') in Japan.

4) Da Mohamed die Rache zwar erlaubt, aber Barmherzigkeit empfiehlt, rechnet es sich der Nogayer als verdienstliches Werk, wenn er am Feinde (Duschman) keine Rache übt (Schlatter).

einer feda (teffed aut) verweigern und unbedingt Blut [1]) verlangen. Das Verbot des Nichttödtens wird sich bald in jedem staatlichen Gemeinwesen herstellen, als für das Bestehen desselben eine Lebensfrage, aber die den Diebstahl [2]) treffenden Strafen beziehen sich oft nur auf schon geregelte Eigenthumsverhältnisse und mögen für den gegen Aussenstehende geübten nicht zutreffen. Die Gesellschaft wird sich immer mehr oder weniger durch einen Codex traditioneller Vorschriften beherrschen lassen, die ebenso wenig wie die Mode-Dictate verletzt werden dürfen, und sich in ähnlichen Besonderheiten, wie sie nur den einzelnen Fall betreffen, erfüllen mögen. Auf höheren Bildungsphasen treten dann indess überall gleiche oder doch ähnliche Moralgrundsätze hervor, weil sie gleiche Bedürfnisse zu decken haben, oder durch gleiche oder ähnliche hervorgerufen. — Maisdiebstahl wurde in Nicaragua durch Armabhauen [3]) bestraft, der Mörder getödtet, der

1) Der Thlil-Uasa oder Blutpreis (zur Beilegung der Blutrache) wird von den Fürsten und Usilen (unter den Tscherkessen) nicht angenommen (Pallas). Das Gastrecht (Kunak) ist auf gewisse Grundsatze gestellt, und Jeder, der sich unter dem Schutze desselben befindet, ist gegen alle Beleidigungen geschützt.

2) Die Diebereien (bei Gogo) zeigten den Fortschritt der Civilisation, denn unter den heidnischen Stämmen kommt kein Diebstahl vor (s. Barth). Der Diebstahl steht bei den Balantes in hohen Ehren. Durch Talisman (Kandu) sichern sich die Freineger (Surinams) gegen Diebstahl (s. Riemer). Bei Verdächtigen wendet der Obiamann die Kangra-Probe an (ob sich die Zunge mit einer Hühnerfeder ohne deren Einknicken zerstossen lässt). Diebstahl gilt (bei den Thlinket) nicht als Verbrechen, doch kann der Bestohlene bei der Entdeckung sein Gut zurückfordern. Der des Diebstahls Beschuldigte ruft im Dorfe (der Osseten) aus, dass er einen (heiligen) Hund tödten wird, bis sich der Schuldige meldet.

3) Von dem Ausspruch des Byi (Friedensrichter) kann (bei den Karakirgisen) an den Manap appellirt werden (s. Swieceny). Der Richter heisst Tharchon bei den Osseten. Zwistigkeiten werden (auf Einladung des Angekok) bei dem Imnapock (a native dance or singsong) entschieden. All matters connected with the Shinto are confided to the superintendence of the families of Yoshida and Fushimi (Kugés or nobles of the Mikado's court at Kiyoto). The affairs of the Buddhist religion are under the care of the family of Kanjiyi (Mitford). Der geistliche Stand ist der einzige, dessen Vertreter mit einem Titel (Siera oder Herr) angeredet werden (in Island). Ausser diesem giebt es keinen Standesunterschied (Winkler). Wenn der Obiahmann nach der Ursache des Todes fragt (unter den Freinegern Surinams), so macht der von zwei Verwandten auf dem Kopfe getragene Sarg einige Schwankungen (s. Riemer) 1801. Nach dem Aquilischen Gesetz war nur bei culpa für einen Schaden Ersatz zu leisten (im Gegensatz zur germanischen Busse für den Thatbestand). Der Ziehbruderbund (bundu fostbroedrlag) galt für's ganze Leben. Richter sowohl in Civil- als in Criminalsachen war der Graf der Stadt oder des Districts. Ihm helfen die Schöffen (boni homines) das Recht finden. Ebenso wurden Sachkunden (Sapitores) zugezogen. Die Executoren der Criminalurtheile waren die Sajones oder Alguaciles unter den Merino oder Sajor Major (Majorino). Die Grafschaft Castilien war in Vicegrafschaften oder Merindade getheilt (s. Aschbach) XI. Jahrhundert. Die libertas Romana, als Befreiung der

Dieb geschoren als Sklave, und (wenn nicht losgekauft) geopfert. Die Puru-Puruz (die ein langwieriges Jahresfasten beobachten) tragen gegen die Empfindung des Hungers einen Gürtel [1]) aus dem Bast gewisser Lecythideen-Bäume (s. Martius). Die gefangenen Holländer

---

Stifter und Klöster von ihren geistlichen Oberherren und deren Versetzung unter den besonderen directen und unmittelbaren Schutz des Papstes (s. Wilda), ist in ihren Wirkungen nichts anders, als der Gottesfriede oder sogenannte St. Petersfriede (v. Maurer). When a Galla kills a man that is of another nation, it brings much honour upon him, when killing a Galla, it occasions law-suits, which generally terminate in laying on the murderers a fine, to be paid to the relations of the slain person (Isenberg). The chal of the Rajpoot, like the mores of the Romans or costums of modern Italy, is significant alike of mental and external habit. In the moral point of view, it is the path chalked out for him by the sages of antiquity, in the personal it is that, what custom has rendered immutable (Tod).

1) Wohlbeleibtheit gilt als entehrend bei den Tscherkessen (Bodenstedt). Die Gallier mussten das Maass von Herkules scythischem Gürtel einhalten. On assure d'avoir vu chez les Wyandots une ancienne ceinture, qu'ils disent leur être parvenue, dans des temps reculés, d'une puissante nation du sud-ouest. La substance de ce discours était qu'un animal étrange (ressemblant au cheval et à l'homme) était récemment débarqué sur la côte et que cet animal commandait au tonnerre et aux éclairs. Il recommendait en autre aux Indiens de ce tenir en garde (s. Vail). Die Indianer hielten beim Reiten das Pferd für die Hauptperson (den Menschen forttragend). Si le Calumet est accepté, on échange des ceintures, appelées wampum, sur lesquelles sont entrelacés des grains de couleur, en façon à former des figures ou dessins devant rappeler les termes du pacte formé (Vail) en Amérique. Die Frauen in Badakshan tragen weit ausgepuffte Hosen (nach Polo), um in den Hüften weit zu erscheinen, was für Schönheit gilt [Goldküste]. Genghis-Khan stammte durch Buzengir von der Sonne (Petis de la Croix). Manko (Capac) was Mongko (Mookoo), son of Kublai-Chan (s. Ranking), nach dem japanischen Feldzug (1257 p. d.). Die Tolteken kamen von den Geougen an den Tula-Fluss (nach Ranking), während der türkischen Eroberungen (VI. Jahrhundert p. d.). Die Osages trinken nie das verabscheute Feuerwasser (Stanley). In molti luoghi di quella maraviglose fabriche si vede l'arma imperiale sculpita con un aquila di due teste e due corone (in Amida) 1507 p. d. Auf dem Grabe des Kaisers Alexius Comnenus († 1118) stand ein Adler mit zwei Köpfen (nach Oetter). Der Bronzeadler findet sich auf den Münzen der Ortokiden genannten Turkomanen (1218—1224) bis Syrien (s. Hohenlohe-Waldenburg). Die Grenze des Waldes giebt keinen sicheren Maassstab für die Grenze des Ackerbaus (Ruprecht) im Kaukasus. The wampum (in Staten-Island) is made of the clam-shell clipped to a proper rize (of a small oblong parallelopipedon), then drilled and afterwards ground to a smooth round surface and polished (1760) as the Indian money (according to Key). Bei den gegen Norden Wohnenden macht die Entfernung der Sonne das Temperament kalt, die Säfte dick. Ihr Körper wird stark, ihre Farbe weiss, die Haare wachsen lang, doch entbehren sie deshalb des scharfen Verstandes der Chalyber. An der Mittagslinie macht die nahe Sonne die Temperamente hitzig, die Feuchtigkeit verbrannt, die Haut schwarz, die Haare kraus, den Verstand schwach. Die Indier sind vor vielen der braunlichen und schwarzen Menschen bevorzugt (Abulfaradsh). Ein Neger liess sich Grisgris auf seinen kranken Fuss schreiben (s. Mollien). Omnes Calendae, Nonae, Idus atri dies habendi.

mussten zur Unterhaltung der japanischen Reichsräthe allerlei Possen vornehmen, mit gekrümmtem Munde einander anlachen, mit verkehrten Augen und schehlem Gesicht sehen, zwerchfüssig [1]) gehen, die Arme verdrehen u. s. w. Ebenso in Corea (s. Gorkum). Zur Kriegsverkündigung steckten die Juris [2]) einen Spiess an der Grenze auf, die Floridaner werfen Wurfspiesse herüber (wie die Fetialen). Die Krieger [3]) die Mundrucus schneiden (beim Einberufen) Kerben in das

1) The Basutos attribute the calosities on the buttocks of the Tsuene (-ape) to its manner of sitting on the rocks like a man (Arbousset). Im secundären Zustande, in welchem die eigentliche Empfindung nur wie ein verklingender Ton nachhaltig oder in der Erinnerung ideell wieder auftauchend vorhanden ist, schlägt das ästhetische Gefühl zum ästhetischen Urtheil um (Zeising). Nach Bocaccio waren die durch Nicoloro de Recco in die wiederentdeckten Inseln zurückgebrachten Eingeborenen, obwohl sie nackt gingen, civilisirter als manche Spanier (1341 p. d.). Recessit de civitate Majorisarum Galeatia una Joannis Ferne Catalani (1346) nach dem Fluss Rujaura (Ruiauri oder Vedamel) oder (nach Graberg) Rio d'ouro (in Afrika), ohne dass davon Weiteres gehört wurde. Nach Puschkin (bei Avril) jagten die Sibirier das Behemoth (Mammuth) auf einer Insel bei Kovima und der Lena (s. Ranking). Il y a au delà de l'Obi une grosse rivière nommée Kawima, dans laquelle se jette une autre (le Léna), et l'isle (à l'embouchure) est fort considérable par la chasse du Behemot (un animal amphibie), dont les dents sont fort estimées. Poula ssou (Häuptling der Jutchi) bediente sich Stückchen Holz und Ziegelsteine, um zu notiren, was die Leao sagten und thäten, und gewann durch die Verwunderung seiner Landsleute Einfluss über dieselben. Die (zu den Lisu oder zu den Mossos bei Likiangfu) gehörigen Zardandan vergoldeten die Zähne (nach Polo). The great men sometimes set their teeth in gold by casing with a plate of that metal the under row (in Sumatra). The like custom is mentioned at Macassar and (with the substitution of gold for silver) in Timor (s. Yule). The Balondo-girls, themselves in a state of almost nudity, were very much shocked, when they found that the Makololo men wore no back-apron [bei der Superiorität der Frauen fällt ihnen gegenüber die Pflicht der Schaamhaftigkeit auf die Männer]. The men (among the Singphos) tattoo their limbs lightly, and all married females are tattooed on both legs from the ankle to the knee (Hannay) [in Birma die Männer, und so Fiji versus Tonga].

2) Bei Verhandlungen werden die Waffen gleichmässig abgelegt und dann im Tempo wieder aufgenommen (in Brasilien). Zum Schwur fasst man an die Haare. My father is dead, his skins (cloths) are buried with him in the floor of his house, which is burned with him, sagte der Sohn des Ingosi, der (1704) den Holländern die Bucht Natal cedirte, zu Gerbruntzer, der ihn (1705) an den Vertrag erinnert, da dieser nicht länger bindend sei. Zur Kriegserklärung pflanzen die Battas einen Rohrstab und einen Pfahl mit einem aus Holz geschnitzten Menschengesicht an der Strasse auf (Moor). Carragine usos Guttos, testarum Vopiscus (s. Lazius), trium generum hastis (pilis, contis, uncatis hastis). The Maketu (and Taupo) and Tauranga (and Waikato) made their pieces on a stone slab (kept with the fair side uppermost, as long as the good principle remains in ascendance, but reversed so soon as fighting begins) in New-Zealand (Meade).

3) Als Friedenspfeife wird eine grosse Cigarre geraucht. Der Tupinambazes wechselt seinen Namen beim Tödten eines Kriegers. Bei Tödtung nimmt die Familie (in Brasilien) Blutrache, und wenn der Mörder einem fremden Stamme angehört, wendet sie sich zur Hülfe an den Häuptling.

vom Häuptling umhergeschickte Holz. Der Krieg [1]) war (den Römern) nur zur Vertheidigung als äusserstes Mittel des Rechts erlaubt und

Die Verwandten sind dann im Kriege durch schwarze Flecke ausgezeichnet, als Rächer. Nördlich vom Amazonas vermittelt der Hauptling die Entrichtung von Sühnbusse (bei Todtschlag). Die Erbschaft ist gemeinsam (in Brasilien). Die Waffen, wenn nicht auf das Grab gelegt, gehören dem Sohn. Die Hutte fallt dem Sohne zu, der zuerst heirathet.

1) Wie bei Kriegserklarung trugen die Fetialen beim Friedensschluss heilige Kräuter, die auf dem Capitol aus der Erde gerissen, um als auf vaterländischem Boden handelnd zu erscheinen. Durch Gastfreunde betrieben die Römer in der Fremde Geschäfte (s. Walter). Privatum hospitium. Bei den Griechen begriff die Proxenie ausser der gemeinen Sicherheit im Krieg und Frieden, zu Wasser und zu Land, auch das Recht, Liegenschaften zu besitzen. The gardeners of Shoongakuji and Katsura (near Miako) belong to the sect Gayra, who (believing in One God and that all men below the emperor are equal) will not use terms of respect to other men, such as Kudarare or call men by titles, as sama, adhering to old customs (like the Quakers). Nach dem Naturgesetz sind alle Menschen gleich (Ulpian). Wegen des Gastrechts, das der Senat dem Timasitheus (auf Lipara) ertheilt hatte, erhielten dessen Nachkommen noch im ersten punischen Kriege, als die Insel erobert wurde, Freiheit und Immunität. The Ramoosis (worshipping Khundobah) swear by the Bel Bhunder (Cratava Religiosa), the tree sacred to Mahadeva, mixing the leaves with tumeric powder (placed on the ling) and casting a little in their mouth. The Poorundur Ramoossies make their vow to the goddess Bhoanny of Kondunpoor, the Looney (Kallburs) Ramoossies invoke Rama. Jus gentium est, quo gentes humanae utuntur (Ulpian). Den transalpinischen Völkern war es verboten, Reben und Oelbäume zu pflanzen, damit sie in Italien höher im Werthe blieben (eine Beschränkung, die erst von Probus aufgehoben wurde). Wer das von einem freien Manne auf einem Pfosten vor seinem Hause aufgestellte Haupt des Feindes fortnimmt, wird gestraft (nach dem Feudalrecht). Beim Kriegszuge gegen die Russen schwören die Abassen bei einem in einen Baum gestossenen Säbel (Klaproth). In England all the civil laws for the protection of the theows or Saxon slaves, appear to have been preceded by and based upon the canon law (Lecky). Si vous voulez être saint instruisez vos enfans, parce que toutes les bonnes actions qu'ils feront vous seront imputées (selon les livres sacrés des anciens Perses) [China]. Tschingis begründete sein Testament auf den Familienpact seines Vorfahren Tumenai, dem die Unterschriften Kabulchan's (des Urgrossvaters), Bertan Behadir (Grossvaters) und Jimkai (Vaters) beigesetzt waren (s. Hammer). Der schwedische König Ingel legte den ersten Grund zu den uplandischen Gesetzen, indem er Wigher (Spah oder der Kluge) aussandte (VII. Jahrhundert p. d.). Wie die norwegischen Rechtsbücher sind die schwedischen in Balken (Bolkaer) abgetheilt, als Kirkiu Bolkaer (auf das Recht der Kirche bezüglich) und Konung Bolkaer (des Königrechts). The oath was (in Ireland), that the elected captain should preserve inviolate the ancient customs of the people (Spencer) XVI cent. Diejenigen westgothischen Gesetze (Reccared's), die mit Gesetzen im bayrischen Codex wörtlich übereinstimmen, oder eine auffallende Aehnlichkeit haben, sind alle mit der Ueberschrift antiqua versehen (s. Aschbach) † 601 p. d. Wo sich römisches Recht in germanischen Gesetzbüchern findet, kann in den meisten Fällen nachgewiesen werden, dass es aus dem Breviarium (Alaricianum) stamme (s. Aschbach) 506 p. d. Der westgothische König Reccared trat zum Catholicismus über. In der von Irnerius (1120 p. d.) in Bologna gestifteten Rechtsschule, die unter seinen Nachfolgern die Corporationsrechte

hatte das Collegium der Fetialen darüber zu wachen (in dem von den Aequicolern oder Ardeaten entlehnten Fetialrecht). Der Sohn eines getödteten [1]) Vaters muss an(jedem Jahrestage dessen Sandalen tragen, bis zur Rache (bei den Feloop). Es erbt [2]) kein Theil vom anderen,

---

einer Universität erhielt (1158), wurde die bei Eroberung Amalfi's entdeckte Handschrift der Pandecten interpretirt (1136 p. d.). Jasaname, das Gesetzbuch (der Türken) hiess Tundschin (bei den Mongolen). Das Gebot, im Urtheil des Gerichts ausgesprochen, hiess Jarghu, das Gesetzbuch Timur's Tufukat und das Gesetz überhaupt Tora. Wie diese Mongolen dieses Wort [Dhamma] von den Hebräern angenommen, so von den Griechen das Wort Kanun (ein mit einem Plectron geschlagenes Psalterion), das im ganzen Orient (vom Ganges bis Bosporos) Grundgesetz (Kanon) bedeutet (s. Hammer). Das mongolische Denkmal des Sieges über Kjutschluk erwähnt der geflügelten Geister oder Elyen (Elohim).

1) Erschlägt ein Usden (Fürst) einen fremden Bauer, so hat er einen Barant (Schadenersatz) zu entrichten, ohne damit den Bann der Blutrache zu entsühnen (im Kaukasus). La legislation varègue (chez les Slaves) évalue au même taux ou vira (wehr-geld) la tête d'un Mouz ou boyard du premier rang, d'un ogniszczanin indigène (habitants ayant leurs propres feux ou maisons dans les villes) que celle d'un civun ou haut dignitaire du Kniaz, et comme la tête des gridni (compagnons du Kniaz) y est estimée à la moitié de ce prix, il en est de même pour les boyards d'un rang inférieur, les smerdes et les autres habitants tous Slaves ruthènes (Lelewel). The three offences of which the law takes cognisance are murder, theft and adultery. For the first of these offences a sort of lex talionis holds good, the relatives of the slain man being sure, sooner or later, to kill the murderer, unless he manages to compromise with them. Even theft is punished in a similar fashion, the thief being robbed in his turn (in New-Zealand). Le galanas (la compensation) est d'abord divisé en trois parts, la première incombe au meurtrier lui-même, à son père, à sa mère, à ses frères et ses soeurs, les deux autres à la parenté de la main sanglante (llau rud) chez les Bretons (de Courson). Statt der Blutrache kann bei den Osseten Sühnung eintreten, nach Stücken Feld in Werth von Kühen abgeschätzt (ähnlich wie im Vendidad). Für Frauen zahlen die Osseten den Kaufpreis in Kühen. La grandeur du fredum se proportionna à la grandeur de la protection, ainsi le fredum pour la protection du roi fut plus grand que celui accordé pour la protection du comte et des autres juges (Montesquieu). Who inflicts the first wound on an animal, has a right to the spoil (among the Batoka), giving to the hunter, who inflicts the fatal wound, both legs of one side. The system of panyarring (on the gold coast), which (when not carried to abuse) is little different of the embargoes (of Europaean governments), becomes among a people devoid of stringent laws, a flimsy pretext for robbery and oppression (Cruikshank), indem der Bürger einer Stadt für seine Angelegenheit mit dem einer anderen dessen Mitbürger, wenn er sie in seine Gewalt bekommen kann, verantwortlich zu machen sucht. On the gold coast a slave argued for his emancipation on the score of the accidental loss of an eye, in his master's service, from the recoil of a branch of a tree, appealing to a traditionary law, which entitles to this compensation (Cruikshank) Exod. XXI, 26. Die sich aus eigenen Ersparnissen frei kaufenden Sklaven übertrugen es einem Gotte, den Vertrag abzuschliessen, da sie selbst keine bürgerlichen Rechte besassen (Ulrichs) in Griechenland.

2) The dignity of the Sultan (of Tadjurra) and the Vizier is hereditary in the Burhanto and the Dinsarra tribes, alternating always at the death

auch Kinder nicht, es sei gleich ein König oder gemeiner Mohr, Mann oder Weib, sondern des Verstorbenen nächsten Freunde nehmen solches zu sich (Hemmersam) bei Mina (in Guinea) 1639. Von der Composition (aus Wehrgeld, Emenda und Fredum bestehend) wurde das Wehrgeld (Fall- oder Spor-Giäld) und (als Sühne für die Störung der öffentlichen Sicherheit) die Emenda (Busse oder Bote) dem Verletzten und seinen Verwandten als Lösegeld für die Fehde oder Faida

---

of a Sultan, when the Vizier is to succeed him in royalty (s. Isenberg) among the Danakil. The Bamatlabaneng (cannibals of the Basutos) purchase their wives with oxen and at the celebration of the marriage, as is done also among the Matlekas, they slay the brother of the bride, or failing such, her sister (Arbousset). Die Torgoten heirathen aus den Derbent und umgekehrt (Bergmann) bei den Kalmuken. Starb der den Vater beerbende Sohn ohne Kinder (auf Haiti), fiel die Erbschaft an den Sohn des Vatersbruders (nach Oviedo). Motlume (son of the rich chief Meniane) was led by his benevolence to purchase wives for those young men who having no resources of their own, attach themselves to princes, depending for every thing on them, and thus becoming their Batlauka, the service of which is a kind of semi-slavery. This kind of marriage bound the fathers, the mothers and the offspring to the chief (rendered at once rich and very popular with the Basutos) or king (s. Arbousset). Die Battas haben zweierlei Art der Ehe, dem Djudjur und Ambil Anak der Malayen entsprechend, und auf Kauf der Frau oder des Mannes beruhend (s. Gerland). Die Samojeden heirathen in die Blut-Freundschaft, wovon sie nichts wissen (1725). The Galla tribe Moolofallada was governed by the queen Tshame (1840) and the Anko tribe was under female government, when driven from Ankober. Ehe Alexander Makhedoneli aus Norden (Scatschdiloethi) nach Karthli kam, trieb man Schande mit Geschwistern und Rindvieh (Wachtang). Die Optimates (bei den Burgundern) waren (nach Loebell) theils Adlige, theils neue Beamte. Pelagius erected his standard in the valley of Cangas and the mountains of Ausena saw a little army of Goths, whom three centuries had converted into Spaniards, assemble on its heights (the hamlet of Gijon becoming the refuge of Christian Spain). As the kingdoms of Oviedo, Navarre, Leon, Castile, Arragon and Portugal were won back, the principal actors in the conquest claimed the right to govern what they had recovered and the sovereigns were compelled to admit them into a share of power. Gundicarium, Burgundionum regem, Aetius bello subegit pacemque ei reddidit supplicanti, quem non multo post Huni premerunt (s. Cassiodor) 437 p. d. Früher bildeten die Gross- und Kleinlehnsträger den Kern der Glaubenskämpfer (in der Türkei). Bis zum Jahr 1584 waren die Dörfer und Saatfelder im Besitz der Soldaten und Soldatensöhne (Kogabeg). Der Marga, dessen Angehörige (als blutsverwandt) nicht unter einander heirathen, entspricht dem malayischen Suku, der Pamusuk an seiner Spitze dem malayischen Panghulu (s. Willer). Der Eine (der Gnostiker) bezieht das Schriftwort auf den Bythos, der Zweite auf den Monogenes, der Dritte auf den Logos, der Vierte auf einen der übrigen Aeonen (nach Irenäus), der Erfahrenere auf Horus oder auf die Sophia (s. Heinrici). Von den Rechten ihrer Heimath nahmen die holländischen Colonisten in die neuen Wohnsitze das jus Schepedomicum, an dessen Stelle Graf Adolf von Holstein (1438 p. d.) holsteinisches Recht setzte, und das jus Asingicum seu Aesdomicum mit sich (s. Hoche). Häuptlinge, deren Ausspruch wegen Reichthums an Heerden beachtet wird, heissen Bayn-did (grosse Herren) bei den Dinka (Mitterrutzner).

(für die Privatrache) gezahlt. (Die Hörigen und Alle, die zwar persönliche Freiheit besassen, jedoch an dem Staatsbürgerrechte nur durch einen Schutzherren Theil nahmen, der dem Staate Bürgschaft für sie leistete, erhielten nur die Emenda, während ihr Wehrgeld dem Schutzherrn zufiel). Die Emenda stand immer mit dem Fredum (Manhelg oder persönliche Sicherheit) oder (Wedde) Friedensgeld [1]) (Wette oder Wyte) in Verbindung, das dem Richter zufiel für Wiederherstellung der öffentlichen Ordnung. Die angelsächsischen Gesetze unterscheiden bei der Emenda solcher Leute, die im Beneficial- oder Dienstverhältniss stehen, wieder die eigentliche Emenda, die ihnen

1) Luitur enim homicidium certo armentorum pecorumque numero (Tacitus) bei den Germanen. The dependents of some chiefs (of the Timmanees) are compelled to furnish them annually with as much rice as will cover the crown of their heads standing in an erect posture (Laing) [Busse der Westgothen]. Bei den alten Russen galt die Vira oder Währgeld (s. Evers). The weregild was fixed by Salic law at 600 solids for an Antrustion of the king, at 300 for a Roman conviva regis, at 200 for a common Frank, at 100 for a Roman possessor of lands and at 45 for a tributary or cultivator of another's property (s. Hallam). The Frank was judged by the Salic or Ripuary code, the Gaul followed that of Theodosius. The aristocracy of wealth preceded that of birth, a Frank of large estate, was styled a noble (if wasted or despoiled his decendants falling into the mass of the people). The Antrustions of the kings were also noble (connecting their personal distinction and privilege, with their posterity by hereditary benefices). The greater part of the fiscal lands (reserved to the crown) were granted out to favoured subjects (chiefly Antrustiones or provincial governors). Whoever possessed a benefice was bound to serve his sovereign in the field, but of alodial proprietors only the owner of three mansi was called upon for personal service (Hallam). Those who possessed hereditary benefices carved out portions to be held of themselves by a similar tenure (by sub-infeudation). Wenn man einen Freigeborenen auf handhafter That ergreift, so mag der König unter drei Dingen wählen, nämlich entweder ihn mit dem Tode strafen, oder über See verkaufen, oder für sein Wehrgeld freigeben (Leges Wihtraedi). Luitur enim etiam homicidium certo armentorum et pecorum numero (Tacitus). Sola quae de hostibus capta sunt limitaneis ducibus et militibus donavit, ita ut eorum ita essent, si heredes eorum militarent, nec unquam ad privatos pertinerent. Addidit sane his et animalia et servos (Lampridius) zur Zeit Alex. Severus. Gothi se comites adjunxerunt, parvulis foeminisque in plaustra impositis cum supellectile, quantacunque deferri potuit (Procop) beim Zug der Ostgothen nach Italien. Les loix personnelles et ce que l'on appelait freda se réglèrent plus par la coutume que par le texte des loix (Montesquieu). In Rajpootana ber (feud) is more common, but throughout the south-west wer (were or foe) only is used (war or guer). The Rajpoot wergelt (moondkuttie or compensation) is land or a daughter to Wife (Tod). Bei Menu wird der Brahmane das Vierfache des Kriegers, das Achtfache des Kaufmanns und das Sechszehnfache des Sudra geschätzt. Die Lex Alamannica stellte eine dreifache Classenabtheilung der Freien auf, für die das Wehrgeld verschieden war, als Alamanni primi (meliorissimi), mediani, liberi (minores). Die sog. Kaiserchronik begreift unter dem Namen Charlesphaht die Gesetze Karl M. (s. Zöpf), wie pactum legis Alamannorum (lex, quae vulgo dicitur phaath).

selbst zufällt, von der Manbota, die ihr Dienstherr bekommt (s. Sachse). Es ist gesetzlich [1]) unter den Arabern, dass, sobald eine Person mit wirklicher Gefahr von einer anderen bedroht wird, und einen dritten Araber erreichen kann, oder wenn er einen leblosen Gegenstand berührt, den der andere in seinen Händen hat, oder mit welchem ein Theil seines Körpers in Berührung steht, oder wenn er ihn auf die Weise erreichen kann, dass er ihn anspuckt oder einen Stein auf ihn wirft und zugleich ausruft Ana Dahheilak (auch bei dem Schützling), so ist er nicht länger in Gefahr und der dritte genöthigt, ihn zu vertheidigen (Burckhardt). Der Rabat zwingt den zum Gefangenen (Rabiet) gemachten Haramy (Räuber), auf das Privilegium des Dakheil zu verzichten. Der Algonkin-Indianer darf [1]) (nach Tanner) nicht auf der

---

1) Bei Abaka's Thronbesteigung wurde Beobachtung der Jasa Tschengiskhan's und der Jerlighe der Vorfahren festgestellt. The red earth (coveted for mourning) is found in one spot only in the North (near the gorge in the Hayward range). Deputations of not more than two or three individuals were allowed to pass unmolested at all times through every tribe (in Australia), provided they were going for the ruddle (red earth) and did not exceed the number of days, required for such purpose. They were allowed by the tribe, which owned the hallowed earth, to take of it as much as they could carry away (Jessop). In Noorlunga, Augusta, Aroona wurde Markt abgehalten zum Auswechseln von Lehm und Häuten. Die Indianer Nordamerikas konnten unbeschädigt feindliche Stämme durchziehen, auf dem Wege nach dem rothen Pfeifensteinfelsen. Quiguilla in Bunda: quixilles (gewisse Gesetze) im Schaggaischen (s. Adelung). Versammlung der Neger unter dem heiligen Baum Wancey. Als Igor's Gesandte schwuren, dass sie ihren Frieden mit den Byzantinern nicht brechen wollten, setzten sie den Fluch hinzu, dass der Eidbrüchige im ganzen künftigen Leben ein Sklave werden solle. Crimes, offences and misdemeanours of every description are punishable entirely by fine, except in cases of actual murder (Cruickshank) on the gold coast. It was no felony to kill an Irishman (without a special charter, giving him the rights of an Englishman). For this however there was a fine of five marcs, payable to the king, but mostly they killed as for nothing (Prendergast). In den Brehon-laws war Alles durch Eric oder Bussgeld zu sühnen in Irland (Insula sanctorum et doctorum). Das Kirgisische Gericht kennt (s. Radloff) zweierlei Strafgelder, Kun (für Tödtung) und Aip (für Verletzung). Der Onkel (mütterlicher Seits) heisst (im Mande) Be oder Bere (barin oder der Mütterliche), der Onkel väterlicherseits (der nicht beerbt wird) heisst des „Vaters Bruder", die Tante fa do-musu (Vaters Schwester). Der Neffe (als Bruders Sohn) heisst Nyomoraden (des Bruders Kind), der Neffe (als Schwester Sohn) heisst Bereden (Onkels Kind oder kleiner Onkel). Die Kinder der Schwester nennen ihre Vettern Fa be den oder des Vaters Neffen (Steinthal).

1) A turtle a woman must not step over. None of the family must stick an awl or a needle into the turtle, if they do, they are punished at some future time. The same with a coon, a fisher, a bear, a wolf, a fish, in fact, as to almost all kinds of animals, they must not stick an awl or a needle into them. Also with a stick of wood on the fire. No person must chop on it with an axe or knife, or stick an awl into it. If he does, some one will either cut himself or run a stab in his feet for so doing. Neither are they allowed to take a coal from the fire with a knife, or any other sharp instrument. A woman must not ride or bridle a horse (s. Ph. Pres-

blossen Erde sitzen, sondern muss etwas Gras dazwischen legen (nach Tanner). Die Füsse dürfen nicht benetzt und (nach dem Durchwaten eines Flusses) sind die nassen Beine mit Kraut abzutrocknen. (Aus den getheilten Bechern muss beim Auszuge auf der einen, bei der Rückkehr auf der anderen Seite getrunken werden. Die Indianer (auf Hayti) enthielten [1]) sich 20 Tage ihrer Frauen, ehe sie Gold

cott) bei den Dacotah. Although the Fantees have no written law, tradition has handed down to them a general code of regulations (showing little deviation among a variety of tribes). Strictly speaking the jurisdiction of the native authorities of the principal towns (such as Cape Coast, Anamaboe, Accra, Dixcove) does not extend beyond the limits of these towns and their immediate dependents, but owing to the importance, which they have derived from their immediate vicinity to the forts and from the consequent concourse of strangers from the interior towns upon judicial matters, the head men of these towns have gradually acquired an influence, which has induced them to pretend to the right of calling the natives even of distant towns into their courts (by messengers, who carry as their credentials the message canes and swords, with gold handles, of the head men). If the person (summoned) is sufficiently hardy to refuse obedience, recourse is then had to oaths, which exercise a very compulsory attendance to the summons (the messengers adjuring the chief by their masters oath, to compel the person summoned to accompany them). As soon as the adjuration is made, non-compliance with the summons imposes a fixed amount of fine, which depends upon the consequence of the person in whose name he is adjured (s. Cruikshank). Dans chaque village, la population, bien qu'appartenant à une nation commune, diffère essentiellement d'habitudes et d'aptitude spéciale. Les nègres reconnaissent quatre professions, qui s'exercent par des réunions de familles formant des villages. Il s'ensuit que communément on désigne un village par la profession de ses habitants, ainsi l'on dit, village de guerriers, de cultivateurs, de pêcheurs, de marabuts (Raffenel) im Senegal. Das Recht der Gerichtspraxis bestand theils in gelegentlich ertheilten Weisthümern (Records des Echevins), dann in Entscheidungen einzelner Fälle, auf die man sich beim Wiedervorkommen derselben berief, theils in Observanzen, die man bald auch den stylus curiae nannte, ferner in Frankreich in den verschiedenen beim Abhalten von Gerichtstagen publicirten Satzungen, die den Namen Assisiae (Assises) führten (Warnkönig). Adil Gerei Chatoshukin führte mit dem Effendi Issehak Abukow unter dem kabardinischen Volke den Scheriat ein (gesetzliche Bestimmungen über die Todesstrafe). There are three grades (of established forms making covenants of friendship), Mghe, Tho and Do (among the Karens). Seit dem IX. Jahrhundert liessen sich die geistlichen Corporationen durch Avocati bei der weltlichen Gerichtsbarkeit vertreten. Rakowiecky erklärt Kontyna (Tempel in Stettin), als den zur Aufbewahrung der Gesetze (Zakon) dienenden Ort. Les Bambouks regardent les vols, qu'ils peuvent faire (aux blancs), comme un tour d'adresse (Coste).

1) Die Nation Xaguas und die Cayones assen beide carne humana, das ist menschen flaisch (Federmann), ebenso die Cuibas und Cipariotes. Und wiwol dise alle der Nation Ayamanes und Zwergen seind, fande ich doch ettlich darunter, grösserer Dispusition oder lenge und grösse von Leib (Federmann), weil sie sich, durch die Blattern vermindert, mit den Xideharas verheirathet. Die (mit Gothen und Gepiden) in Italien (unter Theoderich) angesiedelten Rugier enthielten sich des Connubium mit anderen (nach Procop). The nation that has retained the largest share of ferocity which once was common among its barbarous ancestors, is that whose vanity is

suchten, und so verbot Columbus den Spaniern à cojer oro, sinque se confesseanen y comulgassen (Oviedo). Die Thraker [1]) verkauften ihre

the most active: France (Chevenix) 1832. Die Tuppin-Inbas essen ihre Lause als Feinde (s. Staden), essen inen vom heubt. Der Erbauer von Mazaka in Kappadocien hiess Mschak (Ackermann). Im Slawischen ist Musch der Mann und Muschik ein Kerl (Ackermann) oder Bauer (Anton). The Nemetae (nemet or temple) were conquered by the Fuir o moir (men of the sea) or Fomorians (s. Poste). Hibernia was divided into three nations, Fir Bolg, Fir Domnan and Fir Galion (according to O'Flaherty). Die Inschriften bezeugen le grand mouvement d'affranchissement des esclaves, par lequel la société antique epuisée cherchait à se renouveler. Sous l'empire surtout les affranchissements étaient devenus la grande affaire dans la vie des petites villes au fond des provinces (Heuzey). The Basutos give to the herds of the Antelope canna an imaginary shepherd, whom they call Unkonagnana (little nose), living in the Malutis (Arbousset). The Marimos (or Bafukings) become cannibals after the devastations of he queen Mantetis (1822). Die Kaffir (Bakoni) und die Bechuanas (Ba-chuana, they are all the same), von Norden kommend, nennen die Buschman (und Hottentotten) Boroang oder den Suden (s. Arbousset). Die Basutos (Motlume's, Urenkels Monahin's) nennen sich Batebang (Nordöstliche). The young Motlume was caught up to heaven, where he saw many different people and nations (wenn in der Beschneidungshütte). De même que les autres montagnes du sud, l'Aurès possède outre les habitants des villages (Dechera), surtout au printemps et pendant les mois d'été une population nombreuse, composée des races nomades du sud et d'autres tribus importantes de la zone des lacs salés du nord (s. Buvry). Outres les Arabes, il existe encore dans l'Aurès une peuplade, qui s'appelle Chauja (Choja) ou Chavia vivant au désert, dans les Zibans, et se trouvant répandue dans toute l'Algérie, mais elle a son noyau sur le Djebel Belesmah (s. Buvry) blauäugig und blondhaarig (mit weisser Haut).

1) An (den Sidonier) Kadmos (von seinem Vater Phoenix zum Aufsuchen der Europa ausgesandt) angeschlossen, kam der Aegypter Proteus (sich der Tyrannei des Busiris zu entziehen) nach Thrake oder (bei Gellius) Sithon, wo König Sithon (nach Hegesippos) über die Odomanter herrschte (s. Boehnecke). Der Umfang des späteren Bisthums Bamberg heisst Slawenland und dessen Inwohner die Moin- oder die Radanz-Winider (889 p. d.). Das ganze Land ist Wald, Slawen wohnen dort (1006) vor Erbauung von Bamberg (s. Lommel). Initio cum fame pressi Vandali e patriis sedibus demigrarunt, relicti sunt nonnulli, quibus obstitit blandiens inertia ne sequi vellent (Procop). Die Hunnen warfen sich auf die Alanen, diese auf die Gothen und diese auf die Sarmaten (Hieronym.). A Slavis Christianorum terras inhabitantibus censum recipiendum esse, si enim sine tributo sederint, ipsam quoque propriam sibi vindicabunt terram, si vero tributum dederint, norunt, dominatorem ipsam habere terram (752 p. d.), antwortete Papst Zacharias an Bonifacius. Die Letten nennen sich selbst Latw-ischi (Latwitis) oder auch Latwj (Latwis), dem die litthauische Bezeichnung Latw-ys (poln. Latwiu) entspricht (Bielenstein). Kursemneks oder Kursemniks heisst nicht nur der kurländische Lette, sondern jeder Bewohner des Gouvernements Kurland (1863). Das ausgestorbene Volk der Kuren scheint mit Liven, Esthen und Finnen zusammengehört zu haben. Kragaleus (Sohn des Dryops), der die Quellbäder des Herakles im dryopischen Lande durch Anschlagen mit seiner Keule eröffnete, wurde (beim Streit über das epeirotische Ambrakia) von Apollo, Artemis und Herakles besucht (nach Antoninus Liberalis). While a French woman deprecates even in the arms of her lovers the chance, which may make her a mother,

Kinder als Sklaven in's Ausland und erlaubten ihren Töchtern (nach Herodot) jede Freiheit mit dem ihnen beliebenden Manne [Tscherkessen]. Die Seeherrschaft ging von Lydiern oder Maeoniern auf Pelasger, dann auf die Thraker [1]) und weiter auf die Rhodier über

---

the English woman gives her whole soul to maternal hopes and cares (Chevenix). No nation is more vain of military success than France (Chevenix). Glory is the sole end of their battles and conscience has no part in their wars. Auf dem von Hirschen [Rennthieren] gezogenen Wagen eines gothischen Königs fuhr Aurelian auf das Capitol. Der gothische König Ostrogotha (aus den Amalern) kämpfte mit Kaiser Philipp Arab. (als Vorgänger Cniva's). Neben Ariarich (der mit Constantin Frieden schliesst) herrscht (über die Gothen) Aorich und dann werden die Vandalen von Geberich besiegt, worauf die Gothen sich in Dacien festsetzen. L'oligarchie de Raguse se divisait en deux partis rivaux, l'un appelé la Sorbonne et l'autre la Salamanque (Chopin). Die Stadt Azotos wurde von Aza oder Ziege, Frau des Flüchtlings (φυγάς) vom erythräischen Meere genannt (Steph. Byz.). Unter dem assyrischen Statthalter Onnes hütete Simmas die königlichen Heerden (nach Ktesias), wo Askalon gegründet wurde (s. Stark). On désigne (à Tzitzikar) sous le nom de Boutkhanes des individus, appartenant aux tribus des Solon, des Dahour, des Orotsch, et autres, qui sont obligés d'aller à la chasse, pour le compte du gouvernment (chinois). Die Trennung zwischen Neustrien und Austrasien wurde unter Dagobert (632 p. d.) ausgesprochen.

1) The relations existing between the Romans and the Thracians (after the conquest of Macedonia) bear a close resemblance to that which has long existed between the English and the Caffres (Robson). Under Augustus the relation of Thrace to the Roman state seems to have become in many respects like that which the native princes of India long bore to the British. Yunan heisst (im Birmanischen) Mancheegee (nach Symes), Südchina (bei Marco Polo) Mangee (s. Davis). Ayarmango erhielt bei Erbauung Cuzco's den Titel Mango-Capac (nach Erasm. Franc.). Partem veri fabula semper habet. Khourmousda tegri est le nom mogol de l'Indra, ou Wang-bo (en tubétain) et (en chinois) Fi-chy (Klaproth). Almansor (unter den Abassiden) förderte die Astronomie (754 p. d.). Chionides lernte Astronomie in Persien (nach Crysococces). Die guelfische Verfassung (Todi's) war ganz und gar volksmässig, denn die Handwerkerzünfte allein regierten durch Ausschüsse des Parlaments (s. Gregorovius) unter Podesta und Volkscapitän. Les Skrueli (têtes-nues) ont pour ancêtres les Scythes, qui (selon Quinte-Curce) n'avaient pour coiffure que leur fronde de combat. Die Chiquitenos umbinden die Glieder der Neugeborenen mit baumwollenen Fäden (s. Bach), wie in der Pampa del Sacramento (nach Skinner) und bei den Caraiben. Die Feinde heissen Aucas (in den Pampa del Sacramento) [Araucaner]. Die Bushman tragen den (ledernen) Hungergürtel (s. Thompson). Marocco is called Mogreb-el-Aska (the far West). Nach Pascal schreitet die Menschheit ununterbrochen in Kenntnissen und Wissenschaft fort (im Sinne des Progressismus). Bei Alfred heisst Polen Sermende. Nach Tacitus wurden Germanen und Sarmaten (aus gegenseitiger Furcht) durch Einöden getrennt. Das beste und Gott wohlgefälligste Leben (πανάριστον καὶ θεοφόρον βίον) war (nach Euagrius) das der in Syrien wild (wie Thiere) Gras abweidenden Menschen. All their feelings are individuals, as all their views are for the present hour (excluded from the political and moral sciences, from being divines, legislators, chiefs of armies and of states, these offices requiring all that women have not, a more comprehensive intellect, a mind which can penetrate into causes and scan general effects, which can draw conclu-

(bei Euseb.). Die Thrakerfürsten betrachteten die Athener als Verwandte (Boehnecke). Die Chinesen nehmen fünf Verhältnisse zwischen den Menschen (U-lün) an, das des Vaters zum Sohne, das des Fürsten zum Unterthan, das des Gatten zur Gattin, das des Aelteren zum Jüngeren, und das zwischen Freunden und Genossen. Die drei Grundverhältnisse (San-kang) unter diesen sind: das zwischen Mann und Frau [1]), zwischen Aeltern und Kindern und zwischen Regierenden und Regierten. Bei den Chiquitenos [2]) (wo die Jesuiten den Dialect von

sions from remote premises, which can look backwards to events and compare the three great dates of time, the past, present and the future). Another motive which must always make it desirable that the sway of women should not extend to classes of mankind, or empires, is that, whether the sentiment of justice be more or less strongly bestowed on them by nature, the liveliness and mobility of all their other sentiments might disturb its even tenor (Chevenix). Bei der wallisischen Colonie am Chupat-Flusse in Patagonien gelten Straussenfedern als Geldwährung.

1) Wer seine Frau und Kinder, die noch in der Hausgemeinschaft mit ihm sind, schlägt, ist straflos, sofern es mit Stab oder Ruthe, und nicht mit Waffen geschah (nach dem jütländischen Gesetz). Nach dem westgothländischen Gesetz wurde der Ehebrecherin der Mantel von der Schulter gerissen, und der hintere Theil des Hemdes (backskiurta) abgeschnitten (s. Weinhold). Dem Mikado sind 12, dem Daimios 8, dem Samurai 2 Concubinen erlaubt. Die Indianer von Puerto Rico tanzten nackt bemalt in den Areytos. Nach Vertreibung der Fläminger rief Pribislav (Sohn des Obotritenfürsten Niclot) die slavischen Familien nach Mecklenburg zurück. Ulteriores Carelii se invicem adhuc Weno salutant. Et regio quam olim Fenni tenuere, nunc a Mosco insessa, fennis Wänäja dicitur (Wexionius) 1650. Senones (Sveones) Svevos solum quod nunc Berlin et Brandenburg tenuisse, Chytr ex Ptol. affirmat (Wexionius) 1650. Rauban Maure considère Ethicus comme un philosophe scythe. Doms, goth., urtheilen (damnare), Richecza (goth), divitiae (Reichthum). At great Siamese festivals one may commonly see an enormous serpent (made of lines of lamps, ingeniously jointed together and borne about by a number of men) representing Rahu chasing the moon (s. Alabaster) [serpiente tragadora]. Argis (Verwandter Belisar's) wurde von der Pfeilwunde durch den Medicus Theoctestus curirt (bei Procop). The ogre Shudendoji (represented in the Nakamura-Dance) was killed (made drunk by wine) by the six heroes (in Japan). Die Ichiko genannten Frauen orakeln durch den abgeschiedenen Geist, der in sie einfährt (Mitford). Als Buddha sich bei den Brahmanen kasteiete, suchte ihn Mara davon abzubringen, indem Opfer von Feuer und Blumen wirksam wären, und sandte, als Buddha (nach neuer Annahme von Nahrung) auf dem Diamantenthron sass, seine Töchter (Raka, Aradi und Tanha) zur Verführung, dann selbst mit seinem Heere anrückend, bis dasselbe durch den Strom des mit den Gaben auf der Erde gegossenen Wassers (aus dem Haar der Erdgöttin) weggeschwemmt wurde. Die Alten (Kartler), die sich den Bart haben wachsen lassen, tragen beim Gehen einen Stock (tajak), die Jüngeren (Kartler) nicht (Schlatter) unter den Nogayern. Cum omnibus sororibus suis stupri consuetudinem fecit (Suet.) Caligula. For a woman to have two husbands is a universal habit (Stewart) in the Marquesas.

2) Bei den Chiquitenos muss das Mädchen den Mann fordern (s. Bach). El cacique Goacanagari tenia ciertas mugeres, conquien el se ayuntaba, segun las viboras lo haçen (Oviedo) in Hayti. En algunas partes destas Indias traian por joyel un hombre sobre otro, en aquel diabolico ó nefando

San Rafael zum allgemeinen machte, wie das Guarani in Paraguay) haben die Frauen eine andere Sprache, als die Männer (s. Bach). Bei der Partheilichkeit der Senatoren wurden die Richterstellen [1])

acto de Sodoma, hechos de oro de relieve (Oviedo), a las mugeres aborrescible (este pecado contra la natura). Anacaona (Wittwe des Caziken Behechio) fué una muger que tuvo algunos actos semejantes á los de Semiramis. Coeunt complexu, adeo circumvolutae sibi ipsae, ut una existumari biceps possit; viperae mas caput inserit in os, quod illa abrodit voluptatis dulcedine (Plinius). Bei Gorlitz wurde eine weibliche Figur gefunden, wie bei (der römischen Colonie) Augst (bei Basel) und bei Ullersdorf (bei Görlitz) eine persische (s. Anton). Die Dinge sind zu nehmen, wie sie sind, und sie sind, wie sie nach ihren Ursachen sein können (Spinoza). Abduction of females was common (in Servia). The Lydians did not deem a woman fit to be married until she had earned a dowry by prostitution. Mulier finis familiae. Die Slawen (Rugier 1106 p. d.) bedienten sich der Leinwand (plat) zum Tausch, statt des Geldes (s. Anton), platit, bezahlen [payer]. The country of women (in southern Japan) is called Atsouma (s. Bretschneider). Als der chinesische General Pan-chao (90 p. d.) bis Samarkand vorgedrungen war, sandte er seinen Unterbefehlshaber Kan-ying bis Tiaochi (an's Westmeer). Kot sé né osvéte, on sé né posvéti (qui ne se venge pas ne se sanctiefie pas), als Sprüchwort der Illyrier (Chopin). Les Illyriens disent landsmanka vera ou passia vera (foi d'Italien, foi de chien), pour exprimer la mauvaise foi des Italiens (Chopin). Bosnien wurde von der Völkerschaft der Bosen oder Besen benannt (Thoemmel). Rama (am Ramafluss) wurde mit Bosnien vereinigt. Der Ban Turtko liess sich (1376 p. d.) als König von Bosnien krönen. Die Colonisten auf den Gütern der Edlen müssen dort verbleiben und dürfen nicht einem neuen Colonisten (osadnik) Besitzthum geben (nach den serbischen Gesetzen Stephan's) 1349 p. d. Der Edelmann eines Dorfes muss den ausserhalb desselben campirenden Kaufleuten jeden nächtlichen Schaden ersetzen, weil er sie nicht aufgenommen hatte.

1) Der mit Ertheilung der Richterstellen zu einem bevorrechteten erhobene Stand der Ritter nahm auch die angesehensten Familien aus den Municipien und Präfecturen in sich auf. Die gemeinschaftlichen Geldunternehmungen stifteten aber unter den meisten Rittern eine so enge Verbindung, dass man diese unter dem Namen der Publicanen in einen eigenen, sehr einflussreichen Stand unterschied. Sie theilten sich in vielerlei, vom Staate als Körperschaften anerkannte Societäten, deren jede einen Magister als ihren Hauptgeschäftsfuhrer in Rom und auswärts einen Stellvertreter desselben nebst anderen Gehülfen hatte. Zur Erleichterung des Geldverkehrs dienten die Argentarier (Walter). Francus enim et Vassus foedus apud Albanos patraverant mutuo moventes exercitium contra Romolum, montana Histriae transeuntes (Aethicus) 300 p. d. Aethicus beschreibt unter absichtlich fingirtem Namen (aenigmate rhetorico) Kämpfe eines römischen Kaisers (Antoninus Caracalla, als Romulus) mit den Albanern oder Gothen (s. Wormstall). Johannes Böhm aus Aub (in Unterfranken) nennt die Schwaben hochgewachsen und blond (XV. Jahrhundert p. d.). In der fränkischen Troja-Sage wurde Priamus an die Stelle des Alexander (Helenam rapuit) oder Paris gesetzt (s. Wormstall). Franci Macedones (bei Fredegar). Während der Kriege des Drusus und Tiberius in Germanien erwuchsen die im Lager vertheilten Burgunder zu einem grossen Volk, von den Grenzbefestigungen oder Burgen benannt (nach Orosius). Nach Amm. (IV. Jahrhundert p. d.) hielten sich die Burgunder römischen Ursprungs. *Βουργουζίωνες, ἔθνος γητικόν* (Agathias) *Γότθοι καὶ Βορανοί καὶ Οὐρούγουνδοι καὶ Κάρποι τὰς κατὰ τὴν Εὐρώπην ἐληΐζοντο πόλεις* (Zosimus). Gothi Burgundios penitus

(durch das Gesetz des Gracchus) auf die Ritter übertragen, als dem allein noch unabhängigen Mittelstand. Bei den Rakamäern, Edessenern und Arabern [1]) trifft nicht nur den Ehebruch der Tod, sondern

---

exscindunt, rursum pro victis armantur Alemanni (Alani), itemque Thervingi, pars alia Gothorum adjuncta manu Thaifalorum, adversum Vandalos Gepidesque concurrunt, Burgundiones Alemannorum agros occupavere, sed sua quoque clade quaesitos. Alemanni terras amisere sed repetunt (Mamert.). Gepidarum rex Fastida Burgundiones paene usque ad internecionem delevit (Jornandes). Nach Kampfen mit Markomannen, Quaden und Sarmaten kam Caracalla mit den Gothen in Streit (Spartianus) und feierte dann die Einnahme Trojas (s. Dio) im ersten Zusammenstoss mit Ostgermanen (s. Wietersheim) 214 p. d. Francus und Vassus ziehen von der Mäotis nach Trennung von den Albanen (Gothen Daciens) ad invia et deserta Germaniae, die Stadt Sichambria gründend (nach Aethicus). Die Franken verheerten bei Mainz (240 p. d.). Die (von Plinius) zu Vandalen gerechneten Burgunder wohnen (bei Ptol.) bis zur Weichsel. Im Wanderer herrscht Gibika nordöstlich vom gothischen Ennerich. Die Longobarden kamen zu den Burgundern. Probus besiegte die Burgunder am Rhein (280 p. d.) mit Lygiern und Vandalen (nach Einfällen der Alemannen). Die in Gallien eingefallenen Burgunder wurden von Maximian besiegt (290 p. d.). Die Burgunder wohnten östlich vom Limes des von Alemanen besetzten Decumatenlandés (s. Derichsweiler) III. Jahrhundert p. d. Valentinian verband sich (370 p. d.) mit den Burgundern gegen die Alemannen. Apud hos generali nomine rex appellatur Hendinos, et ritu veteri potestate deposita removetur, si sub eo fortuna titubaverit belli, vel segetum copiam negaverit terra (ut solent Aegyptii casus ejus modi suis adsignare rectoribus). Nam sacerdos apud Burgundios omnium maximus vocatur Sinistus et est perpetuus, obnoxius discriminibus nullis ut reges (Amm.). In dem Provinzenverzeichniss werden die germanischen Uferstaaten sub Gallieno imperatore a barbaris occupatae (civitates) oder (nach Wormstall) von den Franken. Heruli campestribus olim nudati pugnare solebant, quem morem hodie ajunt Hyberniae incolas observare (Beatus Rhenanus). Imperanto adhuc Suecis Siggone (Nachfolger Ubbo's, Bruders des Sveno, Sohn des Magog), Gothorum rex creatus est Ericus (Wexionius). Unter Erich II. wurden die beiden Reiche der Gothen und Schweden verbunden. Theoderich M. rieth den Bewohnern von Noricum, ihre kleinen Ochsen gegen die grösseren der Alemannen zu vertauschen. Fiebat electio (regis) apud lapidem Morasteen non procul Ubsalia distantem (Wexionius). Careli Fenningia nunc, imo Scanziae, ad ortum regio extrema a Karja (pecudibus), queis terrae genius favet, dicta putatur (Wexionius). Die von Probus gefangenen Vandalen wurden nach Vandelsburg bei Cambridge verpflanzt.

1) Künstler, Dichter und Wechsler werden nicht gefunden im Lande der Araber, der Saracenen, im oberen Libyen, bei den Mauretaniern, im Lande der Numidier, an der Mündung des Okeanos, im äusseren Germanien, im oberen Sarmatien, in Spanien, nördlich vom Pontus, im Gebiet der Alanen, bei den Albaniern, bei den Sasäje und den Berusàje, die jenseits des Dauro sitzen (*καὶ Ὠτηνῇ καὶ Σιαννίᾳ καὶ ἐν Χρυσῇ*, in Scythien, bei den Heliern, Saracenen). *προέστησαν δ' αὐτῆς* (*φιλοσοφίας*) *Αἰγυπτίων τε οἱ προφῆται, καὶ Ἀσσυρίων οἱ Χαλδαῖοι, καὶ οἱ Γαλατῶν οἱ Δρυΐδαι καὶ Σαμαναῖοι Βάκτρων καὶ Κελτῶν οἱ φιλοσοφήσαντες, καὶ Περσῶν οἱ μάγοι, Ινδῶν τε οἱ γυμνοσοφισταὶ ἄλλοι τε φιλόσοφοι βάρβαροι, διττόν δε τούτων τὸ γένος, οἱ μὲν Σαρμᾶνοι αὐτῶν, οἱ δὲ Βραχμᾶνοι καλούμενοι* (Clem.). Ego dico, non secundum providentiam gubernari mundum, quia multa in eo injuste et inordinate geri videmus, sed genesim dico esse quae omnia agit et continet (Faustinianus). Dass man von den Störungen (in Folge der

schon den Verdacht desselben (nach Bardesanes). Hadrian untersagte (nach Spartian) den Indern das mutilare genitalia. Jeder Kaufmann,

---

Sünden der Menschheit) verschont bleiben kann durch ein rechtschaffenes Leben, lehren die Serer (Recogn. Clem.). Die Ursache der Störungen aus den Gestirnen erkennt man per virtutem propheticam. Avitus (Varius Avitus Bassianus) war der grossväterliche Name des Elagabal, der sich als Kaiser den des Antoninus beilegte. Im Dialog rechtfertigt Bardesanes die freie Selbstbestimmung des Menschen gegen Awida (Ἀβειδάς) [Avidja]. Bei den Gelen verrichten die Weiber (die sich ungestraft mit Fremden und Haussklaven vermischen) alle Arbeit, während die Männer sich schmücken, und doch kann nicht für alle Gelinnen Venus im Steinbock oder im Wassermann an einem Unglücksplatz gestanden haben, oder ebenso wenig sich für alle Gelen Venus im Widder gefunden haben, wo tapfere und üppige Männer geboren werden (nach Bardesanes). Bei den Baktrern, die Kaschanen heissen, werden die Weiber (die sich schmücken, auf Pferden reiten und Ehebruch treiben) als Herrinnen angesehen (nach Bardesanes). Porro vero in Susis mulieres schmücken sich und treiben Ehebruch, ohne getadelt zu werden, sed et dominantur in viros (Recognit). Ἐν δὲ Σούσοις· τῆς Βαβυλῶνος herrschen die Frauen im Hause über die Männer (nach Cäsarius). In Hatra (ἐν Ἄτροις) werden Diebe gesteinigt, bei den Kaschanen angespieen, bei den Römern gegeisselt, aber jenseits des Euphrats und im Osten zürnt man nicht über den Schimpf als Dieb und Mörder, wohl aber rächt man den des Mannsschänders. Bei den Britanniern nahmen viele Männer Ein Weib, bei den Parthern nimmt Ein Mann viele Weiber (Bardesanes). Amazones omnes non habent viros, sed sicut animalia semel in anno circa vernale aequinoctium proprios egressae terminos, finitimae gentis viris miscentur (Clem.). Wenn Mercur mit Venus im Hause des Mercur steht, so bringt dies Bildhauer, Maler und Geldwechsler hervor, sind sie aber im Hause der Venus, so verursacht dies Salbenhändler, Tänzer, Sänger und Dichter, wie es im Buche der Astrologen (Chaldäer) steht (Bardesanes). Nach den Chaldäern zerfällt die Erde in sieben Theile oder Klimata und über jeden dieser Theile herrscht je Einer von den sieben Sternen, und in jedem einzelnen dieser Striche waltet die Entscheidung seiner Herrschaft vor, was Nomos genannt wird. Die Serer haben Gesetze, nicht zu tödten, Unzucht zu treiben, keine Götzen anzubeten. Im ganzen Sererlande giebt es kein Götzenbild, keine Hure, keinen Mörder und keinen Gemordeten, wiewohl auch sie zu allen Stunden und allen Tagen geboren werden. Der gewaltthätige Mars zwingt also die Freiheit der Serer nicht, auch wenn sein Bild mitten im Himmel steht, dass ein Mann das Blut seines Nächsten mit einer eisernen Waffe vergiesse, auch zwingt Venus in Conjunction mit Mars keinen serischen Mann, sich mit des Nächsten Frau oder einem anderen Weibe zu vermischen. Reiche aber und Arme, Kranke und Gesunde, Herrscher und Beherrschte giebt es dort, weil dies unter die Gewalt der Lenker (Medabbräne) gesetzt ist (nach Bardesanes). Die Brahmanen (Brachmanen) haben bei den Indern (und Braktriern) ein Gesetz, nicht zu tödten, keine Götzen zu fürchten, kein Lebendes zu tödten (kein Fleisch zu essen), keine Unzucht zu treiben, nicht Berauschendes zu trinken, aber in demselben Himmelsstriche (ἐν τῷ αὐτῷ κλίματι) giebt es Inder, die (nicht zum Geschlecht und zur Lehre der Brahmanen gehörig) den Götzen dienen, Huren und Mörder sind, auch solche, die Menschenfleisch, wie Thierfleisch essen. Von den Persern (die Töchter und Schwestern zum Weibe nehmen) finden sich die sogenannten Μαγουσαῖοι (bei Eusebius) in Medien, Aegypten, Galatien (im Lande der Parthen, in Parthu, in Phrygien). Ex ipsa Persarum gente aliquanti ad peregrina profecti sunt, qui Magusaei appellantur (Recogn.). ἕτερος νόμος Χαλδαίοις τε καὶ Βαβυλω-

der auf seiner Reise von Norden nach Timbuktu in Bu-Djebeha ankommt, muss einen Angesehenen aus dem Stamm der Tademekket zum Beschützer [1]) wählen. Für Beleidigungen gilt (unter den Maori)

νίοις μητρογαμεῖν καὶ ἀδελφοφθορεῖν und finden sich davon unter den Medern, Parthen, Elamiten, Aegyptern, Phrygern, Galatiern (nach Casarius). In ganz Medien wirft man die Menschen, wenn sie sterben, selbst wenn noch Athem in ihnen ist, den Hunden vor, und die Hunde fressen die Todten von ganz Medien. Dennoch lasst sich nicht behaupten, dass alle Medier geboren wurden, wahrend fur sie der Mond mit Mars im Krebs am Tage unter der Erde steht, denn wer so geboren wird, steht geschrieben, den fressen die Hunde. Wenn die Inder sterben, so werden sie mit Feuer verbrannt und ihre Weiber verbrennen sich in grosser Zahl mit ihnen. Es lässt sich aber nicht annehmen, dass fur alle indischen Weiber, die sich selbst verbrennen, in ihrem Horoskop Mars und die Sonne im Löwen bei Nacht unter der Erde stand, unter welcher Bedingung die geboren werden, welche mit Feuer verbrannt werden. Alle Germanen sterben durch Erwürgung, abgerechnet die, welche im Kriege fallen. Es ist aber unmöglich, dass für alle Germanen in ihrem Horoskop der Mond und Hora zwischen Mars und Saturn steht (Bardesanes) [das astrologische Horoskop deutete die Todesweise aus, und die Mongolen wieder richteten umgekehrt die Bestattungsart nach dem Horoskop ein, um die Uebereinstimmung zu erhalten]. Germanorum plurimi laqueo vitam finiunt (Clem.). Es giebt nicht sieben Gesetze in der Welt nach der Art der sieben Sterne, auch nicht 12 nach den Thierkreiszeichen, auch nicht 36 nach der Zahl der Decane, sondern vielerlei (nach Bardesanes). Bei der Eroberung Arabiens schafften die Römer mit anderen Gesetzen auch das der Beschneidung ab (nach Bardesanes) 200 p. d. Die Juden (nach dem Gesetz des Moses) beschneiden in allen Ländern. *Πολὶς ὁ λόγος περὶ Λογγοβάρδων καὶ Νόρων καὶ Γάλλων καὶ Ἑσπερίων.* Die Christen lassen sich durch die Gesetze des Landes nicht von dem Gesetz des Messias abhalten.

1) Nach den Gesetzen der Westgothen wurden die aus der Fremde kommenden Kaufleute nach dem Brauch ihrer Heimath gerichtet. Die Mischna des Jehuda Hakadosch ist zugleich Religions- und Rechtsbuch (220 p. d.). Die Aufzeichnungen der Gaonim (Ausleger) wurden zur Gemara (Lehre) vereinigt (IV. Jahrhundert) in Palästina und (521 p. d.) zu Sura (in Babylon). The Dacotahs (at their sacred feasts) remove all the fire from the lodge and rekindle it from the flint and steel before the food is put on to cook, so as to be sure and not have anything unclean about the feast (Ph. Prescott). The first Indians that lived were Coyotes (wolfs). When one of their number died, the body became full of little animals or spirits. After crawling over the body for a time, they took all manner of shapes, some that of the deer, others the elk, antelope etc. It was discovered however, that great numbers were taking wings, and for a while they sailed about in the air, but eventually they would fly of to the moon. The old Coyotes fearing the earth might become depopulated in this way, ordered that when one died, the body must be burnt. Then the (Bonak-) Indians began to assume the shape of a man. At first they walked on all fours, then they began to have some members of the human frame, one finger, one toe, one eye, one ear. After a time they had 2 fingers, 2 toes, 2 eyes, 2 ears etc. In all their limbs and joints, they were still very imperfect, but progressed from period to period, until they became perfect men and women. In the course of their transition from the Coyote to human beings, they got in the habit of sitting upright, and lost their tails (s. Johnston). They consider the tail quite an ornament, decorating themselves with tails at festive occasions (1854). Bei Hesychius heissen *ἐξελεύθεροι*

das Vergeltungsrecht [1]), wenn nicht Sühne (Utu) genommen wird. Das jus diffidationis, wonach nicht drei Tage vorher erklärte Feindselig-

---

(ἐξελεύθερος im Unterschied von ἀπελεύθερος) οἱ τῶν ἐλευθερουμένων υἱοί. Der aus fremder Gefangenschaft losgekaufte Bürger konnte (bei Unmöglichkeit, das Lösegeld zu zahlen) Sklave seines Befreiers werden (s. Stark) in Athen. Wolf bezeichnet die Rechtsgemeinschaft der völkerrechtlich verbundenen Völker als civitas maxima. Nach dem Völkerrecht haben die zu einer auswärtigen Staatsregierung abgeordneten oder bei ihr accreditirten Vertreter befreundeter Staaten im Lande dieser eine besondere rechtliche Stellung, die vor Allem darin besteht, dass ihnen das Recht der vollkommenen Unverletzlichkeit und der sogenannten Exterritorialität (s. Heffter) zukommt, in Folge welcher sie und ihr Haus weder der Gesetzgebung noch den Gerichten des Landes, in welches sie gesandt sind, unterliegen, in wie weit sie sich nicht selbst denselben durch dazu geeignete Handlungen unterordnen (s. Warnkönig). Das Recht im objectiven Sinne ist der Inbegriff der bei einem Volke geltenden Normen über die erzwingbaren Ansprüche der Menschen, und ein Recht im subjectiven Sinne jeder erzwingbare Anspruch (Warnkönig). Impossibilium nulla obligatio (gegen Naturgesetze). Ejus juris, quod natura omnia animalia docuit (wie die Ehe). Im Gegensatz zu den stärkeren erzwingbaren Rechtspflichten (officia perfecta) sind die moralischen Pflichten officia imperfecta (als sittliche Ideen im Ethos). Das Naturrecht (als aus den den Menschen im Verkehr mit anderen moralisch bindenden Prinzipien abgeleitet) bildet als Vernunftrecht nur ein Rechtsideal, dessen Satzungen erst durch gesetzlich bindende Kraft zum positiven Recht werden. Die Römer nannten die bei allen cultivirten Völkern (populi qui legibus et moribus reguntur) gemeinsam befolgten Rechtsgrundsätze jus naturale oder jus gentium, dessen bleibende Normen sich grösstentheils in dem eigenthümlichen Recht eines jeden Volkes, dem jus cujusque civitatis oder jus civile (mit dem jus civium Romanorum als jus civile κατ' ἐξοχήν) wiederfinden (in national modificirter Weise). Der Culturzustand eines Volkes ist nichts anderes, als die bei demselben Statt findende Entwicklungsstufe des Rechtes und der ergänzenden Gemeinschaft in allen ihren Richtungen, also der Zustand der verschiedenen Verkörperungsformen derselben, die den Organismus der ökonomischen Thätigkeit des Volkes bildende bürgerliche Gemeinschaft, sein Familien- und Staats-, sein, geistiges und religiöses Gemeinleben (Warnkönig).

1) Dérober chez un voisin ou dans sa bourgade serait un acte blâmable, mais celui qui dépouille un étranger est à leurs yeux comme un chasseur qui rencontre une belle proie (chez les Albanais). Bei den Moxos wohnen mehrere Familien (durch Scheidewände getrennt) in einem Hause (nach Carrasco). Verlassen die Kaffern ihr Haus, so errichten sie in der Nähe einen Steinhaufen, als Zeichen ihrer beabsichtigten Rückkehr (s. Fleming). Die Kafir machen Knoten in ihrem Kaross, um sich glücklicher Reise zu versichern. Unter βεβαιώσεως δίκη (in Athen) ist die Evictionsklage zu verstehen, wenn ein Dritter Ansprüche an das Kaufobject erhob, und der Käufer es nicht darauf ankommen lassen wollte, später seinen etwaigen Regress an den Verkäufer zu nehmen, sondern diesen sofort zur Gewährleistung herbeizog (s. Hermann). Whatever difference is there between the spirit which (as Montesquieu observes) discovered in its woods the system of juries and that which in its universities vanquished by superior reason, the usurpation of the Pope? The march of intellect has not varied in this district of Europe, but has continued to follow the direction first impressed upon it, and great and important as the progress of (the german) mind has been, the changes in the character have been null (Chenevix). Less change of character is necessary to con-

keiten als Räubereien [1]) betrachtet werden sollten, wurde auf dem Reichstag zu Worms abgeschafft (XV. Jahrhundert p. d.). Nach

vert the British character into a mind which may suit the northern states than those of Carolina or Georgia and still more the southern hemisphere (Chenevix). D'après le code de Duschan (empereur de Roumélie) les nobles jouissaient des droits féodaux (en Serbie). Les Beys des districts, les Spahis et les Timariotes s'attachent plutôt aux capétans, dont le pouvoir est permanent, qu'au Vizir, dont l'autorité n'est que transitoire (en Bosnie). Les alliances de Probratim (frères), Posestrima (soeurs adoptives), Pootschin (père adoptif), Pomaika (mère d'adoption) font (en Serbie) quelquefois obstacle aux marriages, les enfants de ceux qui les ont formes, se distinguent, comme Prvobrata déti (premiers enfants de frères), Drougobrati déti (seconds enfants de frères ou petits-fils de frères). Un lien moins solemnel (des amis) est celui des Droujines (s Chopin). La confraternité est très repandue (chez les Dalmates), surtout parmi les femmes (Pertuisier). Beyond the earth there is a system (according to the Bodhisatwa-Pitaka Sutra) called the three thousand great thousand worlds (Tsihasra Mahâsahasvôlôkadhâtu). The Pansiyapanas Jatakapota (Book of the 550 births) was translated from the buddhistic legends in the Pali-language into the vernacular tongue, during the reign of Prakrama Bahu IV. king of Ceylon), early in the XIV century p. d. (s. Steele), in Verse gesetzt durch Alagiyavanna Mohottala (1610 p. d.). Buddha wird (von den Brahmanen) Ankhirasa (oder Siddhartha) genannt (s. Alabaster).

1) Nachdem die Slaven der pommerschen Küste, oft durch dänische Flüchtlinge verstärkt, besonders in der Jomsburg das Vikingerthum gelernt, wurde es mit besonderer Meisterschaft geübt (s. Zinzow). Totila heisst (bei Procop) δεσπότης des im Narsesheere dienenden Gepiden Asbad. Such stuff as madmen tongue and brain not (Shakespeare). Llamaban los Indios (de Hayti) Athebeane Nequen la muger hermosa y famosa que viva se enterraba con el marido. Las Naguas son una manta de algodon, que las mugeres se ponian desde la cinta hasta media pierna (ó hasta los tovillas). Las donçellas virgines ninguna cosa se ponian (Oviedo) in Hayti. Stedmann sah auf einer Plantage in Surinam die Negermädchen völlig nackt bedienen, und hörte von der Frau des Hauses, dass es geschehe, um jeden männlichen Umgang sogleich zu entdecken. The four highest grades in the Tabu are the Atuas (the ideal beings worshipped as gods), the Tauas (possessing a hereditary gift of inspiration and the power of causing a god to dwell within them), the Tahunas (priests) and the Uus (assistans in human sacrifices) in the Marquesas-islands (s. Stewart). The hereditary title Hekaiki (civil chief, as distinguished from Toa or military chief) secures to his possessor the few prerogatives of chieftainship, ohne Jurisdiction oder Steuerhebung (more like the influence of a high born and wealthy citizen, repected and popular in the community), die Dienste des Volkes nicht befehlend, sondern bei Festlichkeiten bittend. The whole population is divided into two classes (the common and the Tabu). The common class embraces all of the female sex of every rank and station, and all men engaged in their immediate service as personal attendants. It also includes such of the male sex as engage in the public songs and dances at their places of amusement. Le territoire des Nememcha forme la frontière des territoires de l'est et du nord de l'Aurès, qui occupent la chaîne de montagnes s'étendant jusqu'à Tunis. Ils appartiennent à la race arabe et s'appellent Dehouad (Nobles). Étant presqu'exclusivement pâtres, ils ont peu de goût pour l'agriculture (Buvry). Theoderich's Gothen wurden auf dem öden Lande Italiens angesiedelt larga praediorum collatione, vix scientibus Romanis (Ennod.).

rechter Wahrheit hat Leibeigenschaft ihren Anfang in unrechter Gewalt, die in unrechte Gewohnheit übergegangen ist, und die man nun für Recht [1]) ausgiebt (nach dem Sachsenspiegel). Iberer, Ligurer und Gallier mit Mischgriechen [2]) bildeten (unter Autaritus) den Söldnerauf-

---

1) Il ne peut y avoir de droit, proprement dit, là où il n'y a pas de loi, et il n'y a pas de loi, où il n'y a pas de supérieure (Wheaton). L'ensemble des règles de conduite reconnues par les nations et les souverains, dans leurs relations mutuelles, leur étant imposé par des opinions généralement admises entre eux, est appelé loi par son analogie avec une loi positive. Cette loi n'a d'autre sanction que la crainte de provoquer l'hostilité des autres nations par la violation des maximes qui sont généralement reconnues des nations civilisées (dans le jus gentium). Die keine Verträge (mit den Römern) gemacht hatten, hi hostes quidem non sunt, wurden aber zu Sklaven gemacht, wenn auf eigenem Gebiet gefunden (Dig.). Nach Aristoteles waren die Barbaren geschaffen, den Griechen Sklaven zu sein. Nach Thucydides ist für einen Staat Nichts unrecht, was ihm nützlich ist. Hostis (peregrinus) wurde mildernd für perduellis (Feind) gesagt. Auf das Gewohnheitsrecht (jus moribus constitutum) folgen die Gesetze (eines Gesetzgebers), und dann die Weiterführung derselben im Juristenrecht oder Autoritätenrecht. Die Jurisprudenz (als Theil des angewandt gewordenen Ethos) heisst das Gemein-Ethos. Das Nothrecht (wenn das Recht sich nur im Zustande subjectiver Ueberzeugung findet) verwandelt sich in ein frei anerkanntes Recht, wenn ein Volk (nach dem Wegfall des ursprünglichen Zwanges) die ihm aufgedrungene Rechtsordnung ungezwungen anerkennt und festhält. Quetelet fand das Maximum der Verbrechen gegen die Person in den Monaten, wo die meisten Störungen der Vernunft vorkommen, im Sommer, das Maximum der Verbrechen am Eigenthum dagegen im Winter (in Frankreich). Die Juristen des Mittelalters (selbst noch Andreas Alciat) lehrten: da durch Caracalla's Verordnung alle Insassen des Römerreichs römische Bürger geworden, so folge, dass alle Christen nunmehr das römische Volk darstellten. Alle Ungläubigen seien Nicht-Römer. Nur unter jenen beständen gemeinsame Rechts-Pflichten, gegen Türken und Sarazenen sei der Krieg und was der Krieg nach römischem Recht mit sich führe giltig (Heffter). Le système étranger ou commercial, s'appuyant sur le ghourouch (écu d'argent étranger) finit (avec le temps) par absorber le système national (ayant pour base l'agtché ou osmani) chez les Ottomans (Belin). Omne jus aut necessitas fecit, aut consensus constituit, aut firmavit consuetudo (Modestin). Comitas gentium, Staatsgalanterie (und Menschlichkeit). Commercium juris praebendi repetendique in wahrer gegenseitiger Dikäodosie. Die 1856 Frieden schliessenden Mächte déclarent la Sublime-Porte admise à participer aux avantages du droit public et du concert européens. The Aleutian is bashful if he must buy or sell anything for himself or when praised in the presence of a person, whose opinion has any value for him. But he does not blush, when bathing among strangers, as is the universal custom even among women, nor at appearing without clothing among people (s. Dall) [Japan].

2) The Haiducks or outlawed robbers resembled (in Servia) the Caterans of the scottish highlands (Paton). Of the confederacies (in a dual state, as in Servia, or multiple, as in the clan-system of Scotland and Albania) that of the Druses is the most perfect one (s. Paton) complete beyond anything attained by freemasonny (in its complete organization). The Moslems of Shabatz are accounted Redif or Militia (Paton). Bei der Bearbeitung der Lombarda war das ältere Rechtsbuch die Grundlage (s. Merkel). Erant decurionum duo genera, prius eorum, qui honores gesse-

stand gegen die Carthager. Als der Mandingo [1]) Abba Manka auf seiner Auswanderung die Länder am oberen Gambia verheerte, er-

---

rant, qui, sive origine cives Romani erant, sive non erant, civitate tamen Romana uterentur, alterum eorum, qui honores non gesserant qui pedarii appellantur; ex his alii origine cives Romani erant, alii carebant civitate (s. Zumpt) in Hispania. Die Aedilitat wurde früh ein ungern bekleidetes Amt, und als nach der Verfügung Alex. Sev. die Praetur sofort nach der Quaestur bekleidet werden konnte, verfiel das verhasste Amt alsbald (s. Clason). The Shereefs (descended from the Prophet) are to be considered a dynasty corresponding to the type of Melchizedeck, uniting in themselves the regal and sacerdotal authority, whilst the Marabouteen were a family of priests like (the Magi or) the son's of Aarons. Abd-el-Kader (though not of the family of the Prophet) unites in himself the princely and sacerdotal authority (s. Richardson). The early vanity of France, with all its peculiar features, as described by the earliest authors, is still as easy to be recognised as if no social progress had occurred to disguise it. Exactly as the ancient writers have depicted this people, even so would a modern paint them, buth with the addition of much civilisation and refinement (s. Chenevix). Das griechische Recht dehnte die natürliche Unfähigkeit des Unmündigen über das ganze weibliche Geschlecht aus und Weibern oder Kindern erlaubte das athenische Gesetz kein Rechtsgeschäft, dessen Werth einen Medimnus Gerste überstieg, ohne Vermittlung ihres *κύριος* gültig abzuschliessen (s. K. F. Herrmann). Die *νόϑοι* (Halbbürtigen) bildeten eine besondere Klasse Minderberechtigter zwischen Bürgern und Metöken. Die Aufgabe der curiosi (zu Diocletian's Zeit) war es, das in den verschiedenen Theilen des Reiches Vorgehende dem Herrscher zu überbringen (Salmas.). Les Moshnians ou petits propriétaires (jouissant des mêmes droits que les plus grands boyards) sont presque tous simples paysans (en Valachie). Die Nowars oder Zigeuner heissen (in Aleppo) Korbatt (unter Aga's). Die Türken erlaubten Consular-Gerichtsbarkeit über die bei ihnen angesiedelten Oestreicher, während ihre Unterthanen (wie die Serben) in Oestreich (als Dar el Harb oder Kriegssitz, keinen erlaubten Aufenthalt) unter dortigen Gesetzen standen. *Βάραγγοι καὶ Νέμετζοι (γένος κελτικον)* in byzantinischer Leibwache (Zonaras). Bei Const. P. hiessen die Baiern Nemetzer.

1) Der Mandingo Amari-Sonko drang (mit Marabuten) am Gambia vor und entriss dem König von Salum die Staaten von Barra, Kolar und Badibu (XVII. Jahrhundert p. d.). Die Siratik (in Bambuk) werden von den Dorfhäuptlingen oder Farim eingesetzt, die wieder von der Volksversammlung (des Bentaba) abhängen. Die Beherrscher der Truchmenen sind Mongolen, die sich durch türkisches und persisches Blut veredelt haben (Koch). The tribe (on Frazer's river) propagate a species of wolf-dog, which periodically produce them a crop of long white hair (they are shorn similar to sheep), manufacturing the hair into blankets (1841). Bei einem Aufenthalt in den rauhen Gebirgsländern Peru's verändert sich die Farbe der Neger und verwandelt sich in eine aschgraue Blässe (Thicio Anthropophobo). The Half-caste race seem well fitted, both by their size and comeliness, their vigorous intelligence and the fecundity of the race, to form in days to come no inconsiderable portion of the inhabitants of New-Zealand (s. Meade) 1870. The Half-caste inhabitants (of the Sandwich islands) are a fine race of people, possessing more than their share of Europaean features and disposition. They may be expected to take hereafter a prominent position amongst the natives (s. Bennett) 1840. Die Johannisfeuer (Kriesz) werden von Knaben übersprungen (bei den Croaten). Porque los caciques sean mejor tratados se señalarán para su servicio al que tuviere quarenta personas, dos; al que sesenta tres, al que ciento quatro ó ciento

oberte er (1100 p. d.) das goldreiche Bambuk (unter Bekehrung zum Islam) und theilte das Reich in das dem Aeltesten (als oberstem Siratik) gegebene Bambuk (mit den Gruben Natakon und Semayla), in Satudu und Konkudu (Galberry). Die Bambuk erobernden Portugiesen wurden vertrieben. Nach Dahn wurden die gothischen [1]) An-

---

sesenta seis; los quales deberán servir al cacique, y á él en nada se le empleará, salvo cosas ligeras con el mismo fin de evitar la ociosidad (en la isla de San Juan oder Puerto Rico) 1513 p. d. The term Eusara (Christians or Nazareens) is one of the most opprobrious names, with which the people of Mogador can abuse one another (Richardson). Seleukos (bei Athen.) beschreibt ein Aufhängespiel (bei den Thrakern) [Königswahl]. Die den Soninke unterworfenen Hirten (Pouls aus Kasson) drängten ihre Herren aus Kaarta an den Senegal. Bambuk zerfällt in die Königreiche Bambuk, Satadu, Konkuda und der König von Bambuk hat den Vorrang über die anderen. Die Sprache der Bambukaner ist ein verderbtes Gemisch von Mandingisch, Jolofisch, Fuhlisch und Maurisch (als rohe Bauersprache). Als die Mandingo das Land Bambuk eroberten, flüchtete sich die einheimische Neger-Rasse (der Casso) nach den Senegalufern oberhalb des Cataraktes der Felowfelsen und machte von dort aus Einfälle auf die Bambukaner, die dadurch allmählig so geschwächt wurden, dass sie sich dann vor ihnen jedesmal in die Pässe des Gebirges Tabaura zurückzogen (Golberry). Die Bambukaner sind Mohamedaner (wie die übrigen Mandingo), aber ohne Kenntnisse, da sie die Marabuth (als diese Priester sich gegen die Häuptlinge verschworen) aus dem Lande verbannten und seitdem keine unter sich dulden. [Ueber die einfachen Peulh, als Wandervölker, gewannen die Priester rasch die Obergewalt, während bei den unruhigen Negerstämmen leicht Widerstand und dann völlige Opposition hervorgerufen wird].

1) Die grössten der gothischen Völkerschaften (auch Geten genannt) waren die Gothen, Vandalen, Westgothen und Gepiden (früher als Sauromaten und Melanchlänen bekannt), von weissem Körper, blondem Haar, hohem Wuchs und gleicher (gothischer) Sprache (nach Procop). Franken und Westgothen werden den (romanisirten) Burgundern gegenüber, als Germanen bezeichnet (bei Procop). Die Balthen sind secunda, die Amaler prima nobilitas (bei Jorn.). Plinius rechnet Burgunden und Guttonen zu den Vandalen. Burgunder als ἔθνος γητικὸν (bei Agathias). Burgundiones, Ariani quoque et Gothi (Vita S. Remig.). Die aus der burgundischen Sprache enthaltenen Worte führen auf gothische Wurzeln (s. Derichsweiler). Hendinos entspricht dem gothischen kindins (princeps), sinistus ist das gothische sinista (bei Ulfilas) oder πρεσβύτερος. Dajbog (dai bog oder gieb Gott) ist der Gott des Tages (Daj), mit Chors (Churschid identisch) bei den Slawen (s. Sresnewsky). Nach Sabinin flechten (in Süd-Russland) die alten Frauen (vor der Ernte) dem Wolos einen Bart. Jason oder Chason war den Tscheschen im Sinne von Phöbus bekannt (nach Sresnewsky). Wazerad identificirt Veles mit Pan (imago hircina). Caeterum extincta est hodie memoria ac nomen Vandalorum illorum interiit, qui in patria restiterunt. Scilicet cum pauci essent, vel a conterminis Barbaris exterminatos crediderim, vel sponte ipsis permixtos nomen amisisse (Procop). Von den Sueven wohnten die Semnonen hinter der Elbe usque ad Suevum fluvium (Ptol.) in Brandenburg oder Brenneburg des Brennus (Fürst der Semnonen). Carolus M. zog über die Elbe in das Land der Wilzer Slaven (789 p. d.). Die Slaven unterstützten Pipin gegen seinen Halbbruder Grifo (748 p. d.). Nach dem Tode des vandalischen Königs Rhadegast II. (670 p. d.) begann in Mecklenburg die Herrschaft der dort eingewanderten Slaven (nach Buchholtz). Die slavischen Hufen heissen Unci oder Haken-Hufen (s. Gercken).

kömmlinge über alle drei Drittel der Provinz Aemilia zerstreut, von jedem römischen verfügbaren Fundus wurde ein Drittel einer gothischen Familie zugetheilt, aber diese gothischen Familien, die in der Aemilia oder in Ligurien u. s. w. unter die Römer zerstreut und angesiedelt wurden, gehörten je zu einer gothischen Geschlechter-Gruppe, zu einem Bezirk, so dass unter den Gothen in jeder Provinz die alten Wirkungen der Sippe und des Bezirksverbandes fortbestehen, dass sie sich als ein kleines Ganze fühlen konnten. De Markgrave Albert to Brandenborch sach an de Stidde dar de waysten Stidden waren, dar Volk gewohnet hadden und waren verlopen unde verjaget (so leyt he frommet Volk halen, he wolde de Rorwende [1]) nicht mehr liden in

---

Der schwere Boden wurde vom deutschen Pfluge bearbeitet. Die Stämme der Skalawazen bewohnten Thracien (Mos. Chor). Die von Tiberius gefangenen Slaven fuhrten Zithern (591 p. d.). Fuerunt cum eo in eodem exercitu Franci et Saxones. Frisiones autem navigio per Habola fluvium cum quibusdam Francis ad eum conjunxerunt. Fuerunt etiam Sclavi cum eo, quorum vocabula sunt haec: Suburbi nec non et Abotriti, quorum princeps erat Wizan (Ann. Bert.) beim Feldzug Carl M. (789 p. d.). Fines Saxonum quos Nordo-Suavos vocant cum valida manu intravit. Ibique duces gentis asperae Slavorum in occursum ejus venerunt unanimiter illi auxilium contra Saxones ferre parati (Ann. Mettens.) 748 p. d. Die Czechen (von cziti) waren die Vordersten (nach Dobrowsky). Der Midrasch scheint Personen der römischen Kaisergeschichte unter der alterthümlichen Bezeichnung des Nebukadnezar zu verstecken (s. Sachs). Mit Semira oder Schemiraam (Mutter des Nebukadnezar's) könnte Semiamira (Mutter des Heliogabal) gemeint sein.

1) Die wendischen Dörfer nannte man (XIII. Jahrhundert p. d.) pagos slavicales (s. Hoche). Die Kreuzzüge trugen zur Besiedelung der östlichen Gegenden, die auf ihnen kennen gelernt wurden, bei. Bei Russen und Wlachen hiessen die Edelleute Bojar (Krieger) oder (bei den Bulgaren) Boiladen (Anton). Bei den Krairern hiess der Fürst Wjuda (Vinda) oder (bei den Polen) Wojewode. Die Hunnen nannten die Slaven (als ihr Vordertreffen) Bifulcos (Fredegar). Die Sachsen versprachen Dagobert die Grenze Thüringens gegen die Slaven oder Winider zu schützen, die sich von den Avaren unabhängig gemacht. Der bairische Herzog Garibaldus kriegte mit den Slaven in Noricum (612 p. d.). Amandus aus Brabant ging (633 p. d.) über die Donau in das Land der Slaven (zur Bekehrung). Dagobert kriegte mit Samo (636 p. d.). Der bairische Herzog Thassilo zog gegen die Slaven (595 p. d.). Die den Franken unterworfenen Sorben verbanden sich mit den Winider genannten Sclaven (unter Samo). Nach Laurentius Lydus wurden die Franken ἐξ ἡγεμόνος genannt. Der Teufel (Tschart) heisst (bei den Chrowaten) Vrag (Anton). Für Freiheit hatten die Slaven (wie die Esthen) kein Wort. Die Sklaven hiessen die Nichtwollenden (Niewolnik) oder Gezwungenen (s. Anton), als Gefangene. Den römischen Besitzern (den Possessoren) gegenüber trugen die Neu-Angesiedelten den Namen Faramannen (generationes). Die Burgundaefaronen (bei Fredegar) erscheinen als freie Grundbesitzer (Derichsweiler). Wenn die Rugier, (die nach Helmold unter einem König standen) oder Ranen ganze Völker überwanden, machten sie dieselben dem Tempel zu Rhetra tributbar (Anton). Der Odenwald war das Jagdrevier der (burgundischen) Könige von Worms. Carolus M. assumpsit etiam populum Transalbinum (Sachsen bei Eginhart) et per omnes terras distribuit, unde hodie per Teutoniam

dem Lande, darumme dat se den Kristenloven so vaken schenden, so krech he Holländer unde Seeländer), so dat de olde Mark wart besatt alle mit fromeden Volke (de Afgodde worden verstört) unde dat Volk mengede sik eyn mangk dat andere (Abel). Wenn der Vater gestorben ist, bleiben die Söhne mit ihren Kindern noch in der Nähe der väterlichen Wohnung, die dem ältesten meist zufällt, und bilden mit ihren Familien einen Kau [Gau], dessen Mitglieder durch Blutsverwandtschaft eng mit einander verbunden, sich gegenseitig schützen (Koch). Die neuen Kaue trennen sich nicht von den älteren (in Ossien [1])). Jedes Dorf der Creek hatte ein gemeinschaftlich [2]) ein-

---

Slavicae villae inveniuntur (1235 p. d.), indem die Sachsen über Slaven herrschten. Von der dreiseitigen Violine (Hudak) hiess der Wahrsager (bei den Serben) Hudak oder (bei den Russen) hudar. Bei den Serben (der Oberlausitz) heisst eine Hexe kuslarnicza, ein Zauberer kuslar (kozlin oder zaubern) und der Zauberer (bei den niederlausitzer Serben) Gusslowai (s. Anton). There are several fire-places in the houses (of Vanua-Lava) each belonging to a separate grade, and no man is allowed to cook or eat at the fire of a superior rank. The members are initiated and rise to higher grades by payment. The rank and titles of this society (Supwe) not only hold good in the man's own village, but are recognized in all the surrounding settlements and islands, which happen not to be at war (Meade). The club-house (in the centre of the village is used as dining-hall). Inveniuntur inter eos quidam Romani, qui malint inter barbaros pauperem libertatem quam inter Romanos tributariam servitutem (Orosius). Gens Saxonum fera est, Francorum infidelis, Gepidarum inhumana, Hunnorum impudica (Salvianus).

1) Die Bewohner Nordossiens werden von den übrigen freien Ossen als (abhängige) Olagiren (Walagiren) bezeichnet, während sie sich selbst (freie) Misoren nennen (s. Koch). Ausser den Tagauren und Digoren haben die Ossen (unter Eldar oder Aeltesten, die in Nordossien unter Einfluss der Fürsten zum Theil erblich geworden, einen Mittelstand bilden) keinen Fürsten. Der zur Vollstreckung der Blutrache Verpflichtete verlässt den Familienheerd und vermeidet die Spiele (Jahre lang mit Mordgedanken beschäftigt) in Ossien (s. Koch). La claca est une espèce d'emphytéose, usitée en Valquie. Elle a lieu quand le propriétaire reçoit le clacasse (l'emphytéote) à demeurer sur sa propriété (1817). La propriété se vend avec les paysans, ils sont censés en faire parties intégrantes, instrumenta (en Valaquie) 1644. Von den militärischen Titeln unter Mircéa I. (étant devenus, sous les Phanariotes, purement honorifique et sans fonctions) l'origine de la prétendue noblesse vlaque. Mircéa I. parvient à réunir pour quelque temps des deux principautés (les deux Valaquies) en 1389 p. d. (Boeresco). Dans chaque village se trouve un préposé (parcalabe) élu par les villageois et chargé de percevoir les impôts (en Vallaquie). Der Osse erkennt nur eine Tugend an, die männliche Kraft (Koch). Taboo means the prohibition as regards man, rahui, as regards property and crops (on Easter Island). The symbol of the rahui was a cairn of stones, piled on one another, the upperone frequently white-washed. If a man planted ground, he immediately dotted the place with these cairns (Palmer) [wie bei den Kaffern und die Kandu oder Schildwache der Buschneger in Surinam].

2) Es hat der Einzelne bei den Swanen Nichts zu entscheiden, die Bestimmung aller Mitglieder einer Genossenschaft oder wenigstens eines Dorfes muss befolgt werden (s. Radde). In Shoa und Usambara gehört

gehegtes Feld, das in abgezweigte Stücke für die einzelnen Familien getheilt war, Muschelhörner kündigten den Beginn der Feldarbeit an. Die nördlichen Landungen an der Ostseeküste bildeten dort mit den (von Ptol.) neben Guttonen (am Mentonomon bei Pytheas) genannten Wenden das (bei Plinius) Burgundiones oder aus Scandanan (Vit. Sig.) ausgezogen (und von den aus Scandanan hergeleiteten Longodarben in Burgondaib getroffenen), Burgundiones und Guttones (neben Varini und Carini) begreifende Volk der Vindili (bei Plinius), unter Localisirung des Namens (mit asdingischem Königsgeschlecht) als am askiburgischen Gebirge (bei Ptol.) aufgeführte Vandalen (nach ihrer Vertreibung aus Pannonien durch Marc. Aurel.), während Procop unter die *γοτϑικὰ ἔϑνη* (neben die *Γότδοι*) die *Βάνδιλοι, Οὐισίγοτδοι* und *Γήπαιδες* begreift und die (IV. Jahrhundert) von Ermanrich an der Mäotis besiegten Heruler durch die Dänen aus Scanzia vertrieben waren. In Begleitung der Gepiden waren die Gothen (unter König Berig) in das Land der Vandalen gezogen (bei Jorn.). Das vandalische Herrscherhaus mochte sich mit den früheren Odinssagen (von Aspurgum am Pontus) und dem auf dem Zuge durch Deutschland gegründeten Staate verknüpfen, während die Gothen die Rückwanderung in getische Länder zeigen. Die Geten bildeten (von den Massageten aus) die Vorhut der scythischen Einwanderung, und verbreiteten sich (wie die Scythen als Tschuden) nach Norden (in gothischer Bezeichnung von der Herrschaft in getischen Landen) aus ihren in Thracien (mit Adoptirung dortiger Cultur) und später jenseits der Donau genommenen Sitzen. Das auch in Indien als Sahadwipa (persische benannter Saken) gekannte Skythenland galt dann bald als askanisches Phrygien in trojanischen Sagen, bald als Scanzia oder Scandanan in nordischen. Die Küsten des Pontus Euxinus waren früh von einer (auch Thracien durchdringenden) Culturströmung umflossen, die seit der Ausdehnung des assyrichen Reiches bis zum Küstenlande eine neue Quelle in Kolchis (dem Zielpunkt der auf Entdeckung des goldenen Vliesses Aussteuernden) eröffnete, wo Handelsbeziehungen mit dem gleichzeitig blühenden Egypten (noch zu Herodot's Zeit) Erinnerung daran erhielten, und in Sinope's Tempel des Serapis selbst unter den Ptolemäern. Der Einfluss mochte sich auf nordischen Handelswegen bis Scandinavien erstrecken, wo Tacitus bei

---

alles Eigenthum dem Könige, als der Seele des ganzen Landes. It is a common practice for litigants to appear in the courts with a numerous retinue, as if the justice of the case depended upon the greatest numerical force, which could be mustered (on the gold coast) [Orgotorix]. An accused person is often called upon to clear himself by ordeals of different descriptions (Cruikshank). Le souverain de Serir a le droit de réduire ses sujets à l'esclavage im Kaukasus oder Cabokh, wo der goldene Thron der Sassassiden vergraben wurde.

den Sueven auf ausgebildete Staatsverhältnisse hinweist, und rückgreifend dominirten die von dort in geschlossener Kriegsmacht ausziehenden Ritterkörper über die in den slavischen Ebenen zerstreuten Dörfer (oder die dazwischen schweifenden Sarmaten), als Sueven bis Gallien vordringend. Früher dagegen hatte Gallien, wie später für die Normannen, einen zweiten Ausgangspunkt für jene nach Osten sich ergiessenden Schaaren geboten, die die Geten (die in getischen Ländern nach ihren westlich verbreiteten Eroberern genannten Eingeborenen) unterwarfen und auf römische Sklavenmärkte brachten. Unter Boerebistes bildete sich aus dem geknechteten und aus dem dominirenden Elemente ein neuer selbstständiger Staatenkern, der unter Decebalus die Höhe seiner Macht, aber auch seinen Fall erreichte. Die von Mark-Aurel (172 p. d.) aus Pannonien vertriebenen Vandalen wurden nach Dacien gedrängt, wo sie den Gothen unter Geberich (377 p. d.) erlagen, unter den Nachfolgern des Ostrogotha, mit dem durch neue Auffrischung aus heimathlichem Norden das Königsgeschlecht der Amaler den Thron bestieg. Die schon im alten Thracien (der Geten) und seit Zamolxis den Scythen unter den Wandervölkern erscheinenden Propheten, scheinen nach der durch griechisch-bactrische Könige vermittelten Brücke von Indien nach Europa und bald nach Aussendung der auf Asoka's Concil erwählten Missionäre, vielfache Verstärkungen erhalten zu haben, in Lehren nach Art des Dicäarchus, meistens jedoch mit einer wahrscheinlich mit (sabäischen) Secte Mesopotamiens local modificirten Cultusform mithraischer Ceremonien (Maitreya's), aufgetreten zu sein, alte Baaldienste im Tode und Auferstehung Balder's wiederholend, und apollinische Namen in Königstiteln (Cunobelinos, Decebalus u. s. w.) bewahrend, wie in abgelegenen Ortschaften die Slaven bis in neuerer Zeit in den (dann zum Gegensatz des Schwarzen Czernebog) Bel oder Belbog (Bhagavata's). — Bei den ansässigen Völkern, wie Caesar die Gallier, Tacitus die Germanen beschreibt, waren die Würden (wie bei den Kru die Kasten) nach Generationen gleichsam sich erneuernd, in Uebereinstimmung mit dem, was sonst unter derartig einfachen Verhältnissen bei halbwilden Stämmen gefunden wird. Die gerade königliche Familie wurde mit besonderer Hochachtung betrachtet und ihr Ursprung noch leicht mit den Göttern verknüpft, aber ein Bestand von 2—3 Generationen genügt überall, ihr in den Augen des Volkes eine solche Weihe bereits zu ertheilen (so dass Cherusker und Heruler Sprösslinge derselben in weiter Ferne suchten). Trat aus irgend welchen Verhältnissen eine andere an ihre Stelle, so gewann sie bald gleiche Verehrung, und statt directer Erfolge mochte bei dem Einfluss des Gemeinwesens auf den Palaver-Versammlungen eine Wahl den fähigsten ihrer Mitglieder bevorzugen. Die Proceres oder Primates wurden von den (durch

Reichthum oder Tapferkeit) einflussreichen Männern (den Principes [1]) gebildet (aus denen sich bei Heereszügen ein in seiner Persönlichkeit Vertrauen erweckender Dux an die Spitze stellte), sowie aus den Nobiles, als Verwandten des königlichen Geschlechts (den japanesischen Koungi), aber es konnte nur selten gelingen, diese auf eigenem Verdienst (des Character oder des Vermögens) beruhenden Würden für längere Zeit hindurch in derselben Familie zu bewahren, und bei den entfernten Zweigen des Königsstammes mochte auch ein regelmässig geordnetes Zurücktreten in die Masse des Volkes Statt finden (wie in Loango und Siam). Diese Verhältnisse änderten sich, als mit den Vandalen und Marcomannen (oder deren suevischen Vorläufern) die gothischen Eroberungen begannen, indem einmal die längere Dauer des Kriegszustandes einen festeren Zusammenschluss der Kriegsmacht verlangte, andererseit aber auch der Löwenantheil, den das unmittelbare Gefolge bei Vertheilung der reichen Eroberungen erwarb, einen so weiten und bedeutsamen Unterschied in den Besitzverhältnissen zwischen Adel und Volk begründete, dass (selbst wenn, wie zu häufig, ein verschwendender Sohn dem erwerbenden Vater folgte) eine Nivellirung noch nicht in einer oder einigen Generationen möglich war, also Zeit blieb, das augenblicklich factische Bestehen legislativ zu fixiren, und dann auch andere Barrieren der Ehren und Vorrechte zwischen beiden Ständen zu ziehen, welche es zugleich den schon Besitzenden erleichterte, ihr Eigenthum zu bewahren oder neues hinzu zu erwerben. — Der nördlich von Griechenland gelegene Erdtheil fiel unter die Bezeichnung Thracien, wozu Hecataeus auch Macedonien rechnete, bis sich das Land östlich um den Hebrus localisirte. Indessen wurde der Name der Thracier [2]) noch in unbestimmter Aus-

1) Vers le XV. siècle les Mirdites résolurent de se donner des chefs, qu'ils nommèrent Prinks (princes), Imocim (anciens) et Ipati (Primates). Le premier qu'ils élurent était un descendant de la famille des Lechs (Alexandre), nommé Zacharie (Chopin). Une Phara représente le développement d'une famille autour de laquelle sont venues se grouper les branches collatérales (chez les Albanais). Les assiégants s'abritent contre le feu de l'ennemi à la faveur d'épaulements qu'ils nomment Taboria [wie die Hussiten]. Die Könige der Mirditen stammen aus der Familie der Lech (Alexander) [Polen, Longobarden]. Das Kméti genannte Gericht verhandelt über Beilegung der Blutrache in Montenegro.

2) Der thracische Sänger Thamyris gehörte zu den Odrysern, über die Orpheus als König herrschte (am Artiscus). Die höchste Ehre lag bei den Odrysern in der Tafelgemeinschaft mit dem König (nach Xenophon). Nach Abzug des Darius dehnte Teres (nach Kriegen mit den Thyni) die Herrschaft der Odryser über das südliche Thracien aus, und sein Nachfolger Sitalces (Onkel des Seuthes) unterstützte (mit seiner Reiterei) die Athener. Cotys (König der Odryser) kämpfte mit den Triballern († 353 a. d.). Der celtische Stamm der Scordisci (in Unter-Pannonien) wurde (mit den Boiern) von den Daciern unterworfen (Strabo). Die Aeduer wandten sich um Hülfe an die Römer gegen die Einfälle der (von einem Senat regierten) Allobro-

dehnung verwandt, und traf in den illyrischen Autariaten mit celtischen Scordiskern zusammen, die (bei Florus) wieder als Thracier auftraten. Specifisch lag später seine Bedeutung in den einst von Orpheus beherrschten Odrysae, der Heimath des Sängers Thamyris und somit jener vorgeschichtlichen Cultur, als (nach Strabo) die Seher zugleich Musiker waren. Bei ihnen lag die höchste Ehre (nach Strabo) in der Tafelgemeinschaft mit dem König, wie bei den die (bessische) Priesterschaft der Druiden (Drysae oder Druis) anerkennenden Galliern in den convivae regis, und die (nach Strabo) wegen ihrer Einfälle (nach Eroberung Vienna's) gefürchteten Allobroger oder Ἀλλόβριγες (der Briga oder Bria) wurden von den durch Pelasger vertriebenen Thraciern hergeleitet (im Anschluss an die auf Thracien zurückführenden Sagen hibernischer und bretonischer Celten). Nachdem das dem Dionys oder Bacchus heilige Gebiet von Crassus den Odrysern übergeben war (29 a. d.), erregte der bessische Priester Vologaesus den thracischen Aufstand (14 a. d.) gegen den von Rom abhängigen Fürsten Rhascuporis und unter dem getischen König Boerebistes kam der auf Egypten (wie das dodonäische Orakel bei Herodot) zurückgeführte

ger oder Ἀλλόβριγες (in Dörfern wohnend und die Vornehmsten in Vienna). Die Phrygier waren thracische Brigier (nach Strabo). Hecataeus rechnet Macedonien zu Thracien, worunter die Griechen das Europa nördlich von Griechenland verstanden. Brigh ist Berg im Albanesischen (Briga im Celtischen) [Bria]. Plinius setzt Colchinium oder Dulcigno (zur Zeit Jason's durch die Colchier gegründet) in das Gebiet der Scyrtari (Schkipetaren oder Albanesen). Neben Albanopolis oder Elbassan (der Albanesen) setzt Ptol. die Skertonen (Schkipetaren) an die macedonische Grenze. Bei Sitalkes' Expedition gegen Perdiccas versammelten sich die barbarischen Stämme bei Doberus (Dibra), um in Macedonien einzufallen. Magius Patavinus, en déclarant l'origine asiatique (des Albanais), les nomme enfants du Caucase (Chopin). Bei Anna Comn. erscheinen die Albanesen als Scythen. Dans les vallées des Mirdites ou Mardaïtes (dont Oross ou Oroches est la capitale) habitent les Latzi ou Lazi (tribu mingrélienne), les Sumagori et les Grekhi ou Grisks (s. Chopin) de la souche guègue. Nach Duplessis stammten die Epiroten oder Albanesen durch die Italer aus Colchis. Die japidischen Albanesen (in Japuria) werden von den Jazygen (Jassi's) abgeleitet. Die Chamiden (in Thesprotien) sind blond. Bajazet (craignant la résistance des Scythes, nommés Taxari) fit massacrer leur chefs et transporta une partie à Thermè ou Thessalonique et sur l'Axius (s. Chopin). Chardin trouva une peuplade, nommée Toxide, dans la Mingrélie (les Ghéortcha au sud du Musaché ou Moschica regio rappelant les Géorgiens). Detali Bratosi (ancêtre des Castrati) venait d'une contrée slave (Kutschi). Poursuivi par les Turcs, Ketschi (chef de la tribu des Hotti et Triepschi) s'etait réfugié dans la contrée slave Pipeti (von wo seine Söhne wegen Tödtung verbannt wurden). Vologaesus (bessischer Priester des Bacchus) leitete den thracischen Aufstand gegen den von Rom abhängigen Fürsten Rhascuporis (14 a. d.). Das dem Bacchus heilige Gebiet (der Bessi) wurde von Crassus den Odrysern übergeben (29 a. d.). Les Albanais sont descendus des Colches (vers le temps de l'expédition de Jason dans la Colchide, une tribu sortie de ce pays fondant Colchinium ou Dulcigno sur les côtes de l'Illyrie macédonienne).

Einfluss des Priesters Dicenäus zur Geltung (im Anschluss an die den Namen des Zamolxis tragenden Propheten, die, gleich den Druiden, und den samischen Geten Unsterblichkeit mit Seelenwanderung lehrten). In den Odrysae zeigt sich das der scythisch-getischen Wandervölker, das schon früh, wie später die Gothen (und vor diesen die das thracische Thule gründenden Celten auf ihrer Rückwanderung) den Hämus überschritten, und so (obwol selbst seiner Lebensweise nach ein Barbarenstamm) durch ihre (häufig die Nomaden aus einem ferneren Cultursitz begleitenden) Priester in hellenischer Vorgeschichte Civilisationskeime pflanzten. Ihre in der Donau-Ebene (in den später von Geten eingenommenen Sitzen) verbleibenden Verwandten drangen dann (auf späteren Wegen der Vandalen und Alanen) bis Gallien und selbst bis Hispanien vor, dorthin den ihnen, wie nachher den Germanen (und zum Theil schon den Scythen) eigenthümlichen Character einer hellen Hirtenrasse tragend, die in Mischung mit den Eingeborenen und unter scandinavischen Zuströmungen von der Küste neue Nationalitäten bildete. Wenn (bei Strabo) die mit dem nördlichen Synonymen verknüpften Veneter des Adriatic sich an paphlagonische Heneter anschliessen, so würde bei deren Beziehung mit Antenor die Verbreitung auf die alten Ausdehnungen assyrischen Handels (durch die Filiale in Troja) verweisen. In den armorikanischen Staaten (zu denen die Veneter gerechnet wurden) fand Infiltrirung aus den übrigen Seeküsten der Nordsee Statt, wie später in der Normandie und der dort durch Mischung gebildete Volkscharacter könnte bei bretagnischer Isolirung zu dem darin vorwaltenden Typus Ursprung geben, vielfach verschieden von dem durch Caesar als celtischen beschriebenen (abgesehen von wallisischen Einwanderungen zur Fixirung celtischer Sprache, die deshalb auch in den ebensowohl germanisch erklärbaren Inschriften und Namen Gallien's gesucht wird). Die Nationalitäten des alten Europa, der Heerdenzucht ergeben, wie die in Cisalpinien eingewanderten Gallier, die (bei Polybius) in offenen Dörfern leben, können in den gegenwärtigen keine directe Deckung finden, doch war in den von den Römern (nach Analogie der Griechen) als Celten aufgefassten Bewohnern Galliens schon eine neue Eigenart hervorgetreten, die sich von den erobernd bis zum Pontus schweifenden Galliern wesentlich unterschied und durch Einfluss der aboriginischen Grundlage (wie sie noch bei den Franzosen durchdringt) den blonden Character verwischte. Die den ebenen Theil Frankreichs zwischen Garonne und Seine bewohnenden Gallier wurden so von den Römern nach Analogie der ihnen bekannten Eroberer im Norden Italiens bezeichnet, während der angeblich von ihnen selbst verwandte Name der Celten wahrscheinlich nur neben den allein wirklich gebrauchten Stammesappellationen zur bequemen Generalisation diente, durch Einfluss der in Massilia seit

500 Jahren siedelnden Griechen, die unter ihm den unerforschten Theil Nord-Europas zusammengefasst hatten. Der holländische Einfluss über die Cap-Colonie (Hottentotten) zeigt, wie weit sich der griechische über Gallien erstreckt haben mag (und die Franzosen in Canada die Vermehrungsfähigkeit). Bei Steph. Byz. findet sich auch eine (wie andere gebildete) Verbindung in der Bezeichnung *Κελτογαλατια*. Immerhin konnte die von massiven Leibern und heller Blondheit redende Beschreibung der Gallier zunächst nur auf die mit ihren Heerden eingezogenen Herren Bezug haben, nicht auf die Gesammtmasse der noch heute die Grundlage der Bevölkerung bildenden Eingeborenen. — Wie mehrfach ein Zusammenhang[1]) zwischen epirischen Albanen und kaukasischen Albanen oder Alanen vermuthet, und auch philologisch in Anknüpfung der in beiden Bergländern geredeten Sprachen gesucht ist, so mag sich in ältester Zeit eine Brücke zwischen den Achaiern im Lande der Tscherkessen und den (wie später die Albanen aus den hellenischen Stammsitzen in Epirus) über Griechenland verbreiteten Achaiern herstellen lassen, wodurch dorthin die am pontischen Meere auslaufenden Spitzen babylonisch-assyrischer Cultur übertragen waren, ehe die aus asiatischen Steppen zwischengeschobenen Scythen den Zusammenhang zerrissen hatten. In den Kosaken zeigten sich zu verschiedenen Zeitläuften die in östlichen Bergfesten als Tscherkessen erscheinenden Stämme am Dnepr, und dort begann dann die mit der scythischen verbundene Bewegung der Geten, die durch ihren Einfluss auf Thracien für eine dorthin gehörige Nation erklärt wurden. Die weite Ausdehnung der slavischen Ebenen, die (gleich dem Meere) nicht trennend, sondern einigend wirkt, führte dann aus den Ostseeküsten die in der Felsenheimath scandinavischer Halbinsel zusammengeschlossenen Eroberer herüber, die weiter das getische Element mit dem gothischen verschmolzen, während zugleich die sporadisch zerstreuten Landeskinder unter sarmatischen Herren mit dem slavischen, unter ugrischen mit dem finnischen Character bekleidet wurden. An der Nordsee aus jütischen Seefahrten, und besonders an normandischer Bretagne aus

1) Der von Asien aus grösstentheils durch Phönicier und Karer vermittelte, aber auch durch Lyder und andere kleinasiatische Stämme übergeleitete, von den seefahrenden Ioniern frühzeitig selbstständig an den Ostküsten des Mittelmeers angeeignete Einfluss der mächtigen babylonisch-assyrischen Cultur, auf der mit dieser bereits in Contact getretenen ägyptischen lässt sich mehr und mehr in der Verpflanzung von Thieren, von wichtigen Culturpflanzen, von technischen Fertigkeiten (Metallarbeit, Glasfabrication, Weberei mit Färberei, Bau der Lastschiffe, Edelsteinschneiden etc.), von einer Fülle in ihrer Bedeutung unverstandener, rein ornamentistisch gefasster Formen, endlich von Maassen und Gewichten nachweisen, ebensosehr tritt aber, wie in der Schichtung der rhodischen Gräber, so in der ersten Prägung des wahren Geldes, in der Erfindung des runden Erzgusses, in dem Kunstgesetz der Formen der beherrschende griechische Geist besonders seit dem VII. Jahrhundert a. d. hervor (Stark).

der Wechselwirkung mit englicher Inselwelt, organisirten sich auf Frankreichs celtischer Grundlage. Die Sachsen und Normannen anticipirenden Gallier, die auf ihren Kriegszügen nach Italien [1]), Morea und Kleinasien dieselben Stellen berührten, die in den Kreuzzügen, sowie vor und nach denselben, vom Ruhme einstiger Odinssöhne reden sollten. Auch Deutschlands Länder wurden von ihnen durchzogen und auf diesem Boden trafen die sarmatisch-jazygischen Ausläufer mit den von Norden her verwüstenden Askomannen und den civilisirenden Siegern der apenninischen Halbinsel zusammen, woraus sich ein selbstständiger Kern des Germanenthums in den rechten Rhein-Gegenden zusammenschloss, und von dort aus seine Suprematie über die Wendensitze im Osten verbreitete, um auf ihnen den für die Neuzeit geltenden Schwerpunkt zu gewinnen.

---

1) Das Po-Land hiess Gallia (cisalpina später) und seine Bewohner Galli (bei den Römern). Die Umbrer stammten von den Veteres Galli (nach Bocchus). Die unter Tarquinius in Italien einfallenden Gallier adoptirten den Namen der Isumbrer oder (nach Strabo) Σύμβροι. Auf die Cenomanen (unter Elitovius) folgten die Boier und Lingonen und dann der Einfall der Senonen. Nach Polybius lebten die (italischen) Gallier (Ackerbau und Krieg treibend) in offenen Dörfern, ihren Reichthum in Heerden und Gold (zum Schmuck) findend. Nach Eroberung Roms streiften die Gallier bis Campanien. Die Boier riefen von jenseits der Alpen die (Gaesati genannten) Miethstruppen unter den Königen Concolitan und Aneroest (und Britomar) zu Hülfe, die (nach dem Siege über Aemilius Papus) von Regulus besiegt wurden. William findet Celtisches in den Apenninen (pen oder Spitze), sowie die Flussnamen Duria, Tura, Athesis, Medoacus, Aesis, Tinia, Ausar u. s. w. Dans les lois de Manou, les Khasas (de Khasa-Giri ou Kachgar) sont mentionnés avec les Daradas (Vivien de St. Martin). Koh-Khasa (en person) de l'adjectu Koh (hoch), et Kof (en pehlvi) ou Koh-Kof (Kaukase). Les Ases de l'Hyrcanie appartenaient à la grande race des peuples daciques (deutch ou Teutons) d'Askhan (des Parthes). Perke (la Thrace ou Arie) est un terme médo-dacique, qui se rattache au berg des Teutons (Vivien de St. Martin). Dardanos, frère de Jasion (fils du Jupiter), fond une seconde colonie pélasgique sur les bords asiatiques de l'Hellespont (la premiere étant celle de Teuker) dans le Troade, occupée (selon Hellanicus) par les Aziotes. Die Tscherkessen sind eine Art von Ritter, die ein vollkommenes Feudalsystem unter sich und gegen ihre Unterthanen beobachten (wie es die deutschen Ritter vormals in Preussen und Liefland eingefuhrt). Ihre Untertbanen (durch Krieg unterjochte Sklaven) haben die Sprache ihrer Herren angenommen (s. Pallas). Das Volk der Keschek oder Tscherkessen (neben dem der Manen, in deren Burg Musleimeh eine arabische Besatzung legte) bekannte sich zur Religion der Magier (nach Masudi). Die Keschek (Aksch) erstreckten sich bis Trapezunt.

Sechstes Kapitel.

Die Zauberei, oder in ihrem höheren Ausdrucke, die Magie, bezeichnet das zuerst aufdämmernde Bewusstsein von einem gegenseitig bedingten Zusammenhang des Naturganzen, in das der Mensch, der sich als Theil des Ganzen fühlt, im Stande zu sein glaubt, eingreifen zu können, um die entsprechende Ausgleichung wechselwirkender Beziehungen für seine Wünsche oder Bedürfnisse modificirend zu reguliren. So lange die Religion den gesammten Gesichtskreis der Civilisation erfüllt, enthält das vage Umhertappen der magischen Operationen die ersten Experimente, die später im klaren Lichte der Wissenschaft zu den Erfolgen der exacten Naturkenntniss führen. Die Magik ist die Physik der Naturvölker. Sie beruht auf der beginnenden Induction, die nur dadurch resultatlos bleibt, weil sie in unvollkommenen Analogienschlüssen immer sogleich das Post hoc zum Propter hoc erhebt, und noch nicht die innere Concentration besitzt, um ihre Ideenreihen auf der ganzen Breite des Erfahrungsmaterials abschwingen zu lassen. Erst wenn diese Ruhe geduldiger Sammlung erreicht wird, wenn es einem Keppler, einem Newton oder Berzelius möglich ist, die ihn beschäftigenden Gedanken Jahre lang vor dem arbeitenden Geiste lebendig zu erhalten, erst dann verwandelt sich die Astrologie in Astronomie, die Alchemie in Chemie. Die rohen Gaukeleien der Schamanen und Fetiçeros verlieren leicht ihren Boden in gebildeten Gesellschaftsverhältnissen. Aber wenn chaldäischer Geheimdienst seine Ceremonien mit den Sternumläufen verknüpft, wenn Sabäer und Magier auf die Sprache uralter Schriften fussen, so können sie selbst ihren Credit bewahren, nachdem priesterliche Kastenwissenschaft schon in festen Regeln dem practischen Leben nützliche Kenntnisse gesammelt und Theorien über Arzneikunde oder Brückenbau niedergelegt hat. Erst nachdem in dem früher einheitlichen Zusammenhange allmälig eine bestimmte Scheidung zwischen Religion und Wissenschaft aufzutreten beginnt, werden die sich nicht der herrschenden Hierarchie fügenden Theile der Magie als schwarze Teufeleien verfolgt und proscribirt, während manche Gebiete der weissen Magie zugelassen und selbst gefördert werden mögen, so lange die Wissenschaft nichts besseres an die Stelle zu setzen weiss. Besteht keine fest organisirte Hierarchie, die bestimmte Zweige des Wissens für sich monopolisirt hat, so wird die magische Zauberkunst alle diejenigen umfassen, die nach dem jedesmaligen Culturzustande des Volkes überhaupt reifen konnten. Der Arzt ist ebensowol ein Zauberer, wie der Schmidt, der Töpfer, wie der Architect, der Wettermacher, Hexenfinder und, wie sich von selbst versteht, der Hexenmeister selbst. Der letztere ist der gefährliche Character in der Rotte und verlangt deshalb auch schon in solchen Gesellschaftsverbänden, wo noch keine Priesterschaft die Polizei über ihn ausübt, seinen Widerpart im Gegenhexenmeister, mit dem er sich wechselseitig im Zaum hält. Die Maximen der Kranksheitsheilungen reduciren sich nun rasch zu einer gleichmässigen Schablone, die von allen Schulen des Arzneigottes in derselben Weise geübt wird, die Eisenarbeiter bilden eine Zunft, in der die Lehrlinge durch Einnehmen kräftiger Medicin geschickt gemacht werden müssen; der Wettermacher, der dem Lande den fruchtbaren Regen schafft, kann sich manchen fetten Opferbraten verdienen, muss aber auf der Hut sein, nicht seine etwaige Unfähigkeit mit dem Leben zu zahlen; der Baumeister ist nicht nur mit den Windungen des Erddrachen vertraut, sondern kennt auch die Gunst und Ungunst benachbarter Gegenstände, um den aufzuführenden Gebäuden Luft und Wind in ihren richtigen Einflüssen zukommen zu lassen. Der wieder in's Schwarze[1])

---

1) Sie glauben (welches erschrockenlich ist zu sagen und zu hören) an den leidigen Satan, welchen sie Maguschy nennen (in Bansa Loango) und geben Ihme einen Nammen wie einem König und Obersten, nemlich Manna Magüschy. Gleichwol hat man sich höchlich zu verwundern, dass sie ein so strenges Recht halten wider die Zauberer, die nicht Manna genannt werden, dass sie dieselbigen Zauberer alle tödten. Aber der Manna Magüschy ist vom König gefreyet (Samuel Brun) 1611. Hülfe gegen die Zauberer (Takati) bei den Xosa gewahren die Zauberdoctoren (Tsanusi). Die Irokesen verbrannten Hexen, die bei nächtlichen Zusammenkünften in Thiere, Holzstöcke, Steine verwandelt, Böses thaten. Die Seher heissen Agottsinachen. In Patagonien werden beim Tode eines Häuptlings die Zauberer getödtet (wie von den Scythen). In afrikanischen Hexen wird die Zauberkraft in einem Stück der Aorta aus dem Körper von dem Priester gezeigt (Wilson), in Siam von den Behexten. Zum Redwater Ordeal (nkazza am Gabun) dient eine Mimosa. Bei wiederholt falschen Prophezeiungen wurden die Regen- und Windmacher der Buschmänner ausgestossen oder verbrannt, nachdem man ihnen vorher den Kopf zerschmettert hatte, damit sie nach dem Tode nicht Schaden anrichten könnten. St. Augustin stellt der Theurgie die Goetie gegenüber. Gegen die gefährlichen Obeah-Ceremonien schutzt der Mylah-Tanz. „Die wirkliche Zauberei ist die Liebe in dem All und der Streit“ bemerkt Plotin, in der Weltansicht des Empe-

verkehrte Character des Hexenmeisters ist das Product einer zweiten Umwälzung, indem ursprünglich der Hexenmeister die bösen Zauber in den Hexen bekämpfte und bemeisterte (als weisser Schamane dem schwarzen gegenüber, oder als Kenner der Mylah-Ceremonien den Obeahmann unschädlich machend), aber später hob die orthodoxe Priesterklasse die Zauberfreiheit ganz und gar auf, um sie zu ihrem ausschliesslichen Monopol machen zu lassen. Auf der untersten Klasse des Naturvolkes sind Zauberer und Priester identisch, oder vielmehr der erste Versuch des Wilden, sich aus dem Sklavenjoche des Staunens und Wunderns (worin ihn die geheimnissvollen Eindrücke seiner Umgebung geschlagen haben) loszumachen, tritt unter denjenigen Formen hervor, die in fortgeschrittenen Civilisationszuständen als Zauberwerk gebrandmarkt werden würden, die aber auf seinem Standpunkt als Privilegium der das Wissen monopolisirenden Priester gelten. Wenn dann aber das Volk entweder durch die Apostel einer fremden Religion oder durch Propheten, die aus seiner eigenen Mitte aufstehen, mit einem anderen Anschauungskreis bekannt wird und diesen adop-

---

dokles die Quelle suchend, aus welcher die gesammte Zauberei ausfliesse (s. Gladisch). Jamblichos bezeichnet die Zauberei als die Wissenschaft, die den Bestandtheilen des Alles eingepflanzte Liebe (vermöge deren sie von einander angezogen werden und sich mit einander vereinigen), mittelst der Kunst in Wirksamkeit zu setzen. Die den Gliedern des Alles einwohnende Liebe und Anziehung ist (nach Synesios) die Handhabe für den Zauberer, welcher dadurch selbst über die Dämonen Macht erlangt, indem er weiss, wie dieser Stein oder diese Pflanze eine Verwandtschaft mit diesem oder jenem Dämon habe und eine Herrschaft über ihn ausübe (s. Nikephoros). Die Zauberer der Battas entdecken durch das Zerschneiden einer Lemone, welcher der bösen Geister in den vier Bergen der Urheber war und wie er zu versöhnen sei (Marsden). The common doctor of the Ahts is called Ooshtuk-yu (the worker), and the sorcerer Kau-koutsmah-hah (the influencer of the souls). To Quawteaht (the beneficent spirit) the natives pray alone, but against the evil powers they apply to the sorcerers (Sproat). Keine Krankheit kommt von Gott, als der gut ist und jedermann alles Gute thut, sondern ist vom Teufel, der alles Unglück stiftet und anrichtet, und sich in alle Spiel und Künste menget, scheusst aus Pestilenz, Franzosen-Fieber u. s. w. (Luther). Besonders durch Pater Ullrich (der sich eine abgesonderte Wohnung eingerichtet hatte) stand (1783) die Benedictiner-Abtei zu Elchingen in dem Ruf, die grössten Teufelsbanner im ganzen Schwaben zu besitzen. Der Prälat sorgte dafür, dass immer Einer zur Nachfolge in dieser Kunst unterrichtet ward und wer den grössten Zulauf in der Beichte hatte, wurde dafür auserseben (1000 Thlr. jährlich einbringend). Mit Hülfe der Ojhas oder Exorcisten wissen die Vorsteher die Hexen (durch Fragen und Schlägen) zum Geständniss zu bringen (bei den Dhimal und Bodo) und nachdem sie sie gezwungen haben, den Zauber zu lösen, verbannen sie sie jenseits eines Flusses (Hodgson). Bei den Irokesen heissen die Zauberer Agottsinachen (Seher), bei den Kanadiern Pillotoas. Bei den Mandans heissen die Zauberer Numank-Choppenih, die von einem bösen Geist Besessenen Ochkih-Häddä. Die Zauberer der Ottowas heissen Panan, der Sioux Wechasbawakon, der Schwarzfüsse Nah lose, der Tuscaroras Yunnukwat haw, der Delawaren Sajot katta.

tirt, dann fallen die der Bekehrung widerstrebenden Priester des antiquirten Glaubens in die Kategorie der Zauberer, dann verwandeln sich lichtglänzende Devas in die bösen Divs der Finsterniss, dann heisst Teufel, was früher Gott genannt wurde. Man unterscheidet dabei zunächst zwischen einer weissen und einer schwarzen Magie, d. h. die Priester des orthodoxen und von der Staatsgewalt gestützten Glaubens bezeichnen die von ihnen adoptirten Zauber-Operationen als weisse, da sie dem Himmelreich ihre Götter entnommen und von diesen sanctionirt seien, sie klagen dagegen die Heiden oder ketzerischen Secten an, sich in ihren Hexereien der Hülfe feindlicher Mächte zu bedienen, die sie zum Schaden der Menschheit aus dem Dunkel der Unterwelt heraufzubeschwören verständen. Die weisse Magie, oder doch der eine oder andere Zweig derselben, pflegt sich noch lange in sonst schon weit fortgeschrittenen Civilisationsphasen zu erhalten, bis dann mit dem Licht der Wissenschaft der volle Tag des deutlichen Erkennens hereinbricht, wodurch alle in unklarer Mystik wühlenden Magier, ob sie schwarze oder weisse zu sein meinen, in den Abgrund des Aberglaubens zurück gescheucht werden. Dem zum Denken erwachenden Menschen konnten Zweifel aufsteigen, in wiefern ihm der Gebrauch der von Thieren instinctmässig verzehrten Naturgegenstände zustehe, und nachdem er in der Ordnung seiner gesellschaftlichen Verhältnisse die Idee einer gegenseitigen Uebereinkunft gefasst hatte, mochte er zur Darbringung vicariirender Opfer geführt werden, damit ihm der Verbrauch der zum Leben unerlässlichsten Nahrungsmittel erlaubt sei, obwohl zunächst, nur aus dem Pflanzenreich, indem sich mit der That des Thiertödtens noch lange hinaus Vorstellungen verknüpften, die schwere Sühnen erforderten. Die Grönländer schreiben jedem Dinge in der Natur einen Innua oder Besitzer zu, und Solche, die nach Verzehren gewisser Speisen erkranken, sind von den Nerrim Innuet (den Inhabern der Speisen) gereizt worden, gegen die Enthaltungsmaassregeln davon zu essen, wie nach semitischen Erzählungen die Verführung zum Genusse der verbotenen Frucht den Fall herbeiführte. Auf den Fiji, wo die allgemeine Fortdauer oder die bleibende Existenz sämmtlicher Naturgegenstände anerkannt wird, ist die Erde gleichsam (wie in den persischen Mythen) ein grosser Garten von den Göttern in Bolotu gepflegt, und diesen gehören sämmtliche Productionen desselben, da sie von ihnen geniessen und sie ihren Abbilden nach bei sich aufnehmen. So geht durch ganz Polynesien die Anerkennung des Tabu, der an sich auf Alles ausgedehnt sein würde, aber später dahin regulirt ist, dass sich für jedes Individuum sein Atua oder Gott in einer bestimmten Pflanze oder Thier manifestirt und durch die Concentration in diesem sich aus den anderen Erzeugnissen zurückziehend, die Verzehrung dieser, im Austausch des davon empfangenen Opferantheils, erlaubt, aber das Essen des durch seine Gegenwart heiligen [1]), und also verbotenen Naturgegenstandes noch immer mit harten Strafen belegen würde. Wer einen Tabu bricht, wird als Kikino (Schuft) durch Tod und Krankheit bestraft (Langsdorff). Tabu bedeutet (nach Mariner) einem Gotte geweiht (Fuccaeggi) oder verboten, als heilig. Berührt Jemand einen vornehmen Häuptling, so darf er mit seinen Händen nicht essen, bis er durch die Ceremonie moe moe (indem die Sohlen eines Häuptlings erst mit der flachen, dann mit der umgekehrten Hand berührt und gewaschen oder mit Pisangblättern abgerieben werden) vom Tabu befreit ist. Wird von einem Häuptling schon berührte [2]) Speise gegessen, so muss dessen Fuss (in der Ceremonie fota) gegen den Unterleib gepresst werden, damit sie keinen Schaden thun. Der Tuitonga auf Tonga liess bei Abwesenheit eine geweihte Schüssel zurück, damit sie statt seiner Füsse berührt werden konnte. Alles nicht Tabuirte ist Grofuah oder frei. Auf Nukahiva waren die Personen der Häuptlinge und Priester mit ihrem Eigenthum tabu, jeder Kopf, das Morai und Menschenfleisch für die Frauen, der für das Kind gepflanzte Brotbaum, der Stelzenläufer vor dem Festtage, das Feuer des Mannes für die Frau, das bratende Schwein, unreife Brotfrüchte, die Cocosnussöl bereitende Frau. Der Bestohlene legt Tabu [3]) auf die Besitzungen des muth-

---

1) Wie berek im Hebräischen neben segnen auch fluchen heisst, so ist vaihts im Gothischen geweiht oder verflucht, je nachdem gute oder böse Gottheiten in's Auge gefasst werden (wie bei sacrum).

2) Da Jeder, der den Muata berührt, sterben würde (durch sein Zaubermittel), so haben die Cazember ein Mittel dagegen erfunden, indem derjenige, der den Muata oder nur seine Kleidung berührt hat, vor dem Muata niederknieet, und dieser dann die Hand ausstreckt, die jener mehrmals mit der seinigen berührt, indem er abwechselnd seinen Handrücken gegen den Handrücken des Muata legt, dann mit dem Daumen und Zeigefinger knipst, nun die Hohlhand gegen die Hohlhand des Muata bringt und dann wieder mit Daumen und Zeigefinger knipst (nach Gamitto). Die Cazember bereiten ihr Essen heimlich, ohne dass es Jemand sieht [Brahmanen]. Eine der vier Hauptweiber des Muata muss eine Campocóla sein, deren ältester Sohn den Thron erbt. Niemand darf aus dem Gefässe des Muata trinken (bei dessen Trinken Alle die Augen abwenden).

3) Tabuhirte Früchte und Blumen werden durch ein Stück Tapa in Gestalt einer Eidechse oder eines Seehundes bezeichnet. Die Aufhebung des bei befürchteten Mangel auferlegten Tabu geschieht durch die Ceremonie Fuccalahi. Fremder Tod legt (bei den Gronländern) Enthaltung von gewissen Speisen und Arbeiten auf. Wöchnerinnen dürfen nicht unter freiem Himmel und nur vom Fange ihres Mannes essen. Nach den Kamschadalen ist es Sünde, in heissen Quellen zu baden (wo die Geister Kamuli kochen) oder ausserhalb der Wohnung den Schnee mit einem Messer von den Schuhen zu schaben (wodurch Stürme entstehen). Manaia (auf Neuseeland) verfluchte die Verwandten seiner (im Kochen nicht aufmerksamen) Frau Kuiwai beim Feste der Aufhebung eines Tabu. Wenn die Krankheitsmacher auf der Neuhebriden-Insel Tanna Kehricht oder andere Abfälle

maasslichen Diebes (seines Schweins), indem er den Schweinen und Bäumen desselben einen Namen giebt, wodurch der Geist eines Verstorbenen einfährt und ihn zum Verlassen der Wohnung zwingen wird. Die begeisterten Schweine (natcta) dürfen nicht geschlachtet werden. Alle Dinge (die Menschen ausgenommen) waren (auf den polynesischen Inseln) in noa (gemeine), worauf das Tabu [1]) zu übertragen war und

---

eines Mannes verbrannten, liess der Patient Muscheltrompeten blasen, zum Zeichen für die Zauberer, dass sie mit ihrer Qualerei inne halten und die Geschenke erwarten sollten (Tylor) Im Hexenprocess des XVII. Jahrhunderts hatte die Zauberin den Handschuh des Lord Henry vergraben, dass mit seinem Verfaulen die Leber hinschwande (Brand). Die Flamen dialis durfte keinen Knoten am Kleide tragen und die Abschnitzel seiner Nägel und Haare wurden gesammelt, um unter einem glücklichen Baum vergraben zu werden (Aulus Gellius). Nach Pico von Mirandola gab es keine Kraft weder im Himmel noch auf Erden, welche der Magie nicht gehorche.

1) Schweinefleisch, Schildkröte, Bananen, Kokos waren Tabu, als nur für den König oder zum Opfer bestimmt. Auf die Felder von Convolvulus Batata (Kumera) wurde vor der Reife Tabu gelegt und auf die von Ava (Piper methysticum). Der Brodfruchtbaum war in der ganzen Ernte Tabu (wie Oelbaum in Athen). Der Tabu war verschieden, nach dem Rang, von dem er ausging. Auch beim Weggehen über den Kopf kam man unter den Einfluss des Tabu (wie bei Berührung). Alles auf den Kopf eines Vornehmen Bezügliche war Tabu (als Tapatapa). In Hinterindien darf der Niedere nie an Kopfeslänge dem Höheren gleich sein. Das auf Producte eines Districts gelegte Tabu wurde durch die Ceremonie Fukkalahi (Vergrösserung) aufgehoben. Symbole des Tabu waren durch weisse Fähnchen oder (auf Neuseeland) durch groteske Figuren bezeichnet. Nach der Ceremonie Moe-moe (die Füsse eines Höheren beruhrend) kann der Tabuirte die Hände wieder zum Essen gebrauchen. Bruch des Tabu wurde mit dem Tode, sonst von den Göttern mit Krankheit gestraft. Die Ceremonie Fuccalahi macht grofooah (frei von Tabu). Die Köpfe der Ershlagenen wurden (nach Herausnahme von Gehirn, Auge und Zunge) am Feuer getrocknet. Zu Pfeifen ist Tabu, da der im Thier incorporirte Geist sich so manifestirte (in Tonga). Die Amme war auf Neuseeland Tabu und durfte nicht mit eigenen Händen essen. Die Könige (in Tahiti: Arii rahai, in Tonga: Tuitonga, in Barotonga: Ariki, in Markesas: Hekaiki) wurden durch Niederwerfen (Moemoe) gegrüsst und neben ihnen stand der Adel in Tahiti: Arii, in Tonga: Egi, in Barotonga: Mataiopa, in Hawaii: Alii, in Mangaia: Kaitapene. Der niedere Adel (Matabule in Tonga) war Grundbesitzer, als Rangatira in Rarotonga oder Bue Raatira in Tahiti. Die tabulosen Gemeinen waren in Hawaii Landbauer und Fischer (Makaainana) auf der Sandwich-Inselgruppe und in Rarotonga Gutsbauern (Unga). Die tabulosen Gemeinen zerfielen auf Tahiti in Manahune (Pächter) und Teuteu (Diener) und auf den Freundschaftsinseln zerfielen sie (in Tonga) in Mua (Handwerker) und Tua (Bauern). Die Sklaven (Titi in Tahiti) konnten freigelassen werden, als Taurekareka (Kriegsgefangene) oder Kuki (auf Neuseeland). Bei jeder Thronbesteigung (kurz vor dem 20. Jahre) wurden dem rothen Gürtel (Maroura) ein neues Stück zugefügt (indem der Vater das Amt niederlegte) auf Tahiti. Die Secte der Areoi war von Oro gestiftet auf Tahiti (Kinder wurden getödtet, Alte lebendig begraben). Die von dem Könige aus allen Ständen in das Gefolge aufgenommenen Krieger hiessen Aito auf Tahiti. Die Würde des den Göttern gleich verehrten Tamafainga erlosch mit dem Tode des letzteren

moa (heilige), woran als Eigenthum die Götter das Tabu haftet, getheilt. Die jungen Dayaks enthalten [1]) sich des Rehfleisches, um nicht schüchtern zu werden (St. John). Die Krieger Südamerikas lieben das Fleisch der Tiger, Hirsche und Eber, weil Muth und Schnelligkeit gebend (Dobrizhoffer). Der Tod ist (bei den Arabern) durch den nächsten Verwandten (als tair) zu rächen [2]) (goel bei den Juden).

(1830) durch Einführung des Christenthums. Statt der Stammeshäupter (Ariki) zogen in Neuseeland die erwählten Rangatira-paraparao in den Krieg. In Nukahiwa galt der Fürst des Stammes Teii, der über das Thal Taiohae herrschte, als nomineller König aller Stämme der Insel (der Toa hatte die Kriegsführung). In den Marquesaś standen die Stämme unter erblichen Königen (Hekaiki).

1) Indem die Neger (an der Westküste Süd-Guinea's) Mokisso's (Gelübde) übernehmen, so verpflichten sie sich dadurch zugleich zur Enthaltung von einer bestimmten Speise, oder dass sie eine gewisse Farbe nicht tragen, einen bestimmten Weg nicht gehen wollen u. dgl. m. Die Könige sind so oft fast ganz auf ihr Haus beschränkt. No Bodo or Dhimal will touch flesh, which has not been offered to the gods, and this offering a priest must make (Hodgson). Als Mani mit ihrem Manne von Matschi Manitu's Früchten gegessen, waren sie dem Tode verfallen und wurden nun von Kitschi Manitu verheirathet, damit das Menschengeschlecht nicht aussterbe. Les peuples d'origine scythe, ainsi que la plupart des peuples de souche jafétique, avaient l'habitude de faire des consécrations (par des sacrifices à telle divinité). Quelquefois la dévotion ne consistait qu'à mettre sous la protection spéciale de telle divinité les individus, possédant les qualités agréables à cette divinité. Les Bénis (Pleistoi ou Plehtai) des Dako-Gétes, étaient dévoués, au soleil (Garde-le-Bénis ou Bénédiction) ou Gebeleizis (Ge-blêhtis). Quelquefois la consécration était aussi faite avec l'intention de livrer comme esclave à la divinité un individu qu'elle haïssait, et alors la dévotion, au lieu d'être, pour le consacré, une bénédiction, était une malédiction. Les Veû-Vares (Unique hommes) des Scythes étaient consacrés à la déesse Artimpasa qui les haïssait. Comme la malédiction, ou la consécration à une divinité malveillante à la victime, ne différait de la bénédiction ou de la consécration à une divinité bienveillante à cette victime que par l'intention ou le but de la consécration, le mot de dévoué ou de sacré (vaihts) prit aussi la signification de maudit (vaihts goth. ou wicht all.). Dans la langue hébraique le verbe bérék (benir) avait aussi la signification de maudire, et dans les jurements populaires, le mot sacré est synonyme de maudit (s. Bergmann). The Indians of Trinidad or Santa Margaritta (near California) placed branches of trees on an eminence, to remember their ancestors in feasts (s. Taraval). They had not to eat certain fish or fruits, nor the fattest part of the game, which would hurt them by old age (and was therefore left for the old ones). The Oraons have a veneration for salt, and they are absolutely prohibited from partaking of plain rice, cooked by others, provided they are left to salt it themselves. The salt removes the Taboo and makes fas, what is otherwise nefas (s. Dalton). The Moondah Enidhi or the Oraon Minjrar (the Eel-tribe) will not kill or eat the Eel; the Hawk, Crow, Heron tribes will not kill or eat those birds (Dalton).

2) Le tribunal de composition (Kmeti) est composé de 24 membres (douze par la famille de l'offensé, les douze autres par la famille du meurtrier). Toutes les vengences, qui ont été la conséquence du premier meurtre ne changent point le caractère du procès, mais elles entrent en ligne de compte, lorsqu'on vient à débattre la compensation (s. Pouqueville). La

Die in Kachien Dörfer besitzenden Osseten ziehen nach einer langen

---

mort d'un homme ou une tête équivaut à dix blessures et se rachète en conséquence au prix de 1200 francs. La tête d'un prêtre, comme celle d'un chef de commune est taxée à sept fois cette somme (in Montenegro). La res judicata n'existant pas plus en Albanie que les différents degrés des instances, les procès sont interminables (Chopin). Les Albanais appellent schkop (baton) le décret d'installation (du pacha de Scodra) Tant que durent les hostilités, le meurtre, le vol et les violences ne donnent lieu à aucune poursuite en dédommagement (chez les Albanais). Quand on ouvre les négociations de paix, les femmes sont ordinairement chargées du message. In scandinavischer Dichtersprache heissen die Frauen die Friedenweberinnen. On being questioned regarding the adat against adultery, theft aud other crimes, their reply was unanimous and ready: that crimes of this kind were unknown to them, and that consequently no punishment was fixed [in Athen gegen Parricidium], either by law or custom, that if a man did wrong, the head of the village chid him for it, the reproach of which was always sufficient punishment for a man of Tengger (Raffles). In order to facilitate judicial proceedings the Siamese have adopted the plan of graduating the rank of every subject (females as well as males). The first king only is excepted (standing above the necessity of being brought into this scale). The plan is to take a lot of land, Reinah (Nah), a plat 20 Siamese fathoms square, to express the degrees of scale. The lowest degree for adults is 5 Nah or lots and 100000 Nah is the highest (of the second king). Sons of the king (before appointment) are rated 15000 N., after appointment to office 40000 N., half-brothers of the king in office 50000 N., Nephews of the king not in office 11000 N. Cousins of the king 1000 (more distant 800—599 N.), the highest female officer in the palace 10000 N., the second in rank 600 N., the Prime Minister for the South 10000 N., for the North 10000 N., the Lord Mayor of Bangkok 10000, Minister of foreign affairs 10000 N., for agriculture 10000 N., Major General of the Army 10000 N., Chief Justices 10000 N. etc. The Prime Minister for the South Division, though his rank on the scale be the same as that of the Prime Minister of the North and the same as many others out of the royal family, yet he is commonly regarded as having far more official honor, than they (Bradley). The table (of legal valuation according to ages) is designed to be guide in imposing fines in case of murder, manslaughter or destruction of the lives of persons through sheer carelenness.

Males from	1— 3 months	6 Ticals,	females		4 Ticals.		
-	-	4— 6	-	8	- -	6	-
-	-	7— 9	-	10	- -	8	-
-	-	10—11	-	12	- -	10	-
-	-	1— 2 years		16	- -	12	-
-	-	3— 4	-	20	- -	16	-
-	-	5— 6	-	24	- -	20	-
-	-	7— 8	-	32	- -	28	-
-	-	9—15	-	44	- -	32	(9—10 years)
-	-	16—20	-	48	- -	36	(11—15 -)
-	-	21—25	-	52	- -	40	(16—20 -)
-	-	26—40	-	56	- -	48	(21—30 -)
-	-	41—50	-	48	- -	44	(31—35 -)
-	-	51—55	-	46	- -	40	(36—40 -)
-	-	56—60	-	32	- -	36	(41—45 -)
-	-	61—65	-	24	- -	32	(46—50 -)
-	-	66—70	-	16	- -	28	(51—55 -)

Dürre [1]) des Morgens vor Sonnenaufgang aus, um den ersten bedeutungsvollen Gegenstand, der ihnen entgegentritt, göttliche Ehre zu erweisen (Koch). Wenn Regen mangelt (in China) werden erst in der nördlichen Vorstadt Gelübde und Opfer den Geistern der fünf Hauptberge und der fünf Hügel dargebracht, ebenso den vier Meeren und vier Flüssen, an einem durch's Loos bestimmten Tage. Bleibt der Regen [2]) noch sieben Tage aus, so bringt man den Geistern des Ackerlandes und der Saaten Gelübde und Opfer. Hilft das noch nicht, so wendet man sich nach weiter sieben Tagen an die Ahnen des Kaisers. Ist Alles vergeblich, so geht es wieder von vorne an (Plath). Der Himmel [3]) zeugt Gras und Wasser, das Vieh, eine Gabe

---

Males from	71—75	years	12 Ticals	females	24	(56—60 years)
- -	76—80	-	10	- -	16	(61—65 -)
- -	81—85	-	8	- -	12	(66—70 -)
- -	86—90	-	6	- -	10	(71—75 -)
- -	91—100	-	4	- -	8	(76—80 -)
					6	(81—85 -)
					4	(86—90 -)
					3	(91—100 -)

If one eye or one ear be destroyed, there shall be a deduction of one sixteenth from the valuation, if one hand or one feet be lost or permanently disabled, ¼ shall be deducted, if both eyes or both hand, be lost ²/₃. If both feet be lost ¹/₂. If diseased so that in all probability it will require only a short time to cure him, ¹/₈, if a long time ¹/₅. If diseased and disabled beyond all hope of cure ¹/₂, if crazy, epileptic or idiotic ¹/₃. Bond servants of every class have a right to redeem themselves. Servants made such by capture in war, and all such as have been sold Khatkha (without any lien upon the seller) are redeemable at the prices fixed upon their persons by the legal valuation.

1) Dodola (de la particule do, qui marque tendance, et du mot slave Dolia, qui signifie chance, destin) wird (in Serbien) bei Dürre ausgekleidet. Rain seems to have been commonly associated as it still is in the Church of England, with the intervention of the Deity, but wind and hail were invariably identified with the Devil (s. Lecky). Aus dem Stamme der (den Blitz mit Fluchen beschwörenden) Uirangkut waren die meisten Kamen (Schamanen) der Mogholen (s. Hammer).

2) If the thunderbolt strikes and kills one (of the Bechuanas) no one complains, all united in saying, that the Lord is delighted (s. Arbousset).

3) Ausser dem über den Wolken thronenden Gott (Nallah), der donnert, um die Bösen zu schrecken, und Fruchtbarkeit gewährt, verehren die Bambara die Gottheit Bouri (im Geheimdienst). Gebete werden an den Himmel und die Seelen der Vorfahren gerichtet (unter Opfern). Der Donner (kelm allah oder Gottesstimme bei den Arabern) heisst Sankalma (Stimme des Regens) bei den Bambaras (Raffenel). Fueron aquellos embajadores y llegaron á donde estában los Españoles y ofrecieronles tortillas suciadas con sangre humana (de los sacrificios). Montezuma lo mandó hacer porque tenia que aquellos eran dioses que venian del cielo et los negros pensaron que eran dioses negros (Sahagun). In Cholula hielten sich die Bewohner in ihren Hausern (unbewaffnet), als die (mit den Tlascalensern einrückenden) Spanier (Verrath fürchtend) über sie herfielen. Die von Montezuma abgeschickten Zauberer trafen auf dem Wege einen trunkenen Bauern, dem sie

des Himmels, wird von uns geweidet und zur Nahrung gebraucht, warum sollten wir einem Anderen dagegen geben, antworteten (nach dem Si-ioui-vouin-tzian-lou) die Kirghizen den Tribut fordernden Chinesen. Nach Critias waren die Götter non natura [1]), sed arte ac lege (οὐ φύσει, ἀλλὰ τέχνῃ καὶ νόμοις). Die Angekok haben (nach Kare) einen besonderen Jargon, in dem sie unter sich reden, und (nach Steffenson) ist es der entstellte Dialect [2]) des Landes mit einigen cabbalistischen Ausdrücken. Die aus Samothrake berühmte Verehrung des grosse Götter (θεοί μεγάλοι) genannten Brüderpaars wiederholt sich in den Penaten Laviniums, und ihre Allmacht, dem weiten Begriffe von Himmel und Erde gemäss, galt nicht nur für Rettung in Meeresgefahr (wie bei den Dioskuren [3]), sondern auch für der Men-

(als er Unglück weissagte) zur Suhne einen Sitzaltar bauten (als Gott Tezcatlipoca).

1) Democritus homines dicit res coelestes ut tonitrua, fulgura, solis lunaeque defectus timuisse, quia deos eorum auctores censerent (nach Sext. Emp.). Spinoza setzt die Furcht als Ursprung der Religion. A gratitudine deorum opinionem! prodiit Prodicus, qui res naturales, quae prodessent vitae humanae, cultas et pro diis habitas esse contendit (s. Neuhaeuser). Epicurus apud omnes gentes anticipationem quandam deorum esse contendit, effectam eam magnis quibusdam imaginibus specie humana praeditis, ab ipsis diis ad homines affluentibus et per somnum maxime transitione perceptis (nach Cicero). Nach Aristoteles wurde die göttliche Natur nach dem menschlichen Geist gebildet. μύειν (μυστήριον) proprie obligare et devincire, μύειν (claudere) von der sanscrit Wurzel mû (cum ligandi et obstringendi significatione). Verschieden von den (öffentlich und im Einklange mit den Vedas anbetenden) Dhakshinachari (Nachfolgern der rechten Hand) verehren die Vami oder Vamachari (die Anbeter linker Hand) nicht nur die Shakti des Siva in allen ihren abschreckenden Gestalten, sondern auch ihre feindlichen Umgebungen, die Yogini, Dakini und Sankini (indem zugleich die Secte der Kaula oder Kulina zum Geheimhalten des Glaubens verpflichtet ist). Entrados en el Templo, vomitaban, metiendose un palillo por el guaguero, para mostrar al Idolo, que no les quedaba cosa mala en el estomago (Gomara) los de la Isla Española. Nach Basilius waren die Consecrations-Worte Gegenstand der Geheimtradition (τὰ τῆς ἐπικλήσεως ῥήματα) τὰ μυστικὰ σύμβολα τοῦ δεσποτικοῦ σώματός τε καὶ αἵματος werden (bei Theodoret) αἰνιγματώδως umschrieben. Innocenz I. trägt Bedenken, in einem Privatbrief an einen Bischof Alles auszusprechen (Zezschwitz) dicere non possum Each particular hymn has for its deity the god, to whom the rishi, seeking to obtain any object of desire which he longs for, addresses his prayer (Muir) nach der Nirukta.

2) War auf Tahiti das Gebet des Priesters irgend wie gestört (hai oder gebrochen), so musste es wiederholt werden. Si hallan que no ayunó, ni guardó las ceremonias, que se requieren para tal caso, castigan al Bohiti (en la Isla Española). Nach Kautsa konnten die heiligen Lieder der Veda keine dem Menschen verständliche Bedeutung haben.

3) Die Aktoriden, Kteatos und Eurytos als Männer des Besitzes genannt, Aktors, des Getreidemanns und der „Mühle" Molione aus Einem Ei geborene, gewaltige, aber von Herakles besiegte Sprösslinge epeischen Stammes, sind von dem Vorbild unzertrennlicher Mühlsteine gedichtet, wozu auch das Zwillingspaar ihrer von Schrot und Graupe benannten Frauen stimmt (Gerhard). Anakes durch anatheuische Anakeion oft gleichgesetzt

schen Bedürfniss und für seine innerste Lebenskraft. Sekessa (unter den Bassuten [1]) erzählte Arbousset, dass er sich einst, die Heerden

mit den Tyndariden Μενεσθεύς ἄνακτάς τε καὶ σωτῆρας ὠνόμασε (Dioskuren als Balken). The soma cheers not Indra, unless it be poured out, nor do libations gratify Maghavan, when offered without a priest (nach der Rigveda). Die Bücher des Epicharmus in Megara (470 a. d.), nach denen Zeus nur Luft und die übrigen Götter Naturkräfte waren, sowie die Bücher des Euhemerus von Messene (300 a. d.), nach denen die Götter der Griechen Menschen gewesen, wurden von Ennius (239—169) in's Lateinische übersetzt. Der Wille, soweit das unaufgeklärte Bewusstsein die Vorstellung einer besonderen Kraft damit verbindet, ist lediglich das Bewusstsein des Könnens (K. Fischer). Nach Pausanias waren die Namen, unter denen Eteokles die Charitinnen ursprünglich verehrte, nicht bekannt. Anaxagoras (V. Jahrhundert a. d.) erklärte die Ilias und Odyssee als symbolische Fabeln, um Wahrheiten der Physik oder Moral darzustellen. Wenn Vrita die Wolke ist, lässt sich sein Kampf mit Indra (in den Vedas) daraus erklären (nach dem Commentator Durgâcârya). Le phénomène de la pluie naît du mélange des eaux et de la lumière. En effet, c'est lorsque les eaux sont échauffées par la lumière de l'éclair qui est poussé par le vent et figuré sous le nom d'Indra, que les eaux commencent à couler pour se changer en pluie. Cela étant, on peut dire, par forme de comparaison, qu'il y a une sorte de combat entre l'eau et la lumière qui sont opposées l'une à l'autre. C'est l'image d'un combat, car en fait, il n'y a pas de combat, puisque Indra ne connaît pas d'ennemi (s. Burnouf). Mit τί ὁ Ζεὺς ποιεῖ fragten die Griechen nach dem Wetter. Malus Jupiter ist schlechtes Wetter (bei Horaz). Déjà au cinquième siècle (a. d.) Anaxagore prenait l'Iliade et l'Odyssée pour un ensemble de fables représentant les mystères de la physique ou les verités de la morale. Le combat des dieux, au XX. chant de l'Iliade, était expliqué comme la guerre entre les vices et les vertus, ou bien la lutte des éléments du monde physique. Apollon représente le feu, Neptune l'eau, Mercure la raison, Latone l'oubli. Suivant Métrodore, Agamennon est l'air, Pénélope, tissant sa toile, est la dialectique. L'école stoïcienne, introduisant ses idées philosophiques dans la mythologie, voit déjà tout réalisé dans les fables le panthéisme qu'elle professe (Bréal).

1) Un autre indigène (nommé Koaniané) m'a dit avoir souvent pleuré parce qu'il ne savait pas pourquoi le monde existe, d'où il venait lui-même et ce qui lui arriverait après la mort (s. Casalis). L'homme surgit autrefois d'un lieu marécageux, où croissaient des roseaux (suivant les Bassoutos). Un roseau fiché sur une hutte est le symbol auquel on a recours pour annoncer la naissance d'un enfant [Berosus]. Ein Zweifler, der nicht verstehen konnte, wie Menschen aus Schilfen entstehen sollten, wurde spöttisch Le Père Roseau genannt (s. Casalis). La foudre a-t-elle frappé quelqu'un (des Bassoutos), on se tait, on supprime ses larmes. Le Seigneur a tué (dit-on), il se rejouit, sans doute, gardons-nous de troubler sa joie. Die Bassoutos rufen die Todten (Setoutsela) an (im Rauch als ihrer Erscheinung). Standing alone in the forest, the Ahts pray to the moon for abundance of food and security, but if the powers of evil have to be propitiated, they seek the intervention of the sorcerers (Sproat). Die Bliakejas, Priester der Karabini und Sakko, lehren die Neger die an Tschukka (Gott) zu richtenden Gebete (s. Oldendorp). Einer wählt den Tiger zu seinem Gott (Gado), einer die Schlange, Grashalmen, behangenen Stock u. s. w. (unter den Negern in Surinam). Viyeara berichtet von einem Stamm an dem San Franciscoflusse für einen neuen Gott escolhendo para isso, o que entre elles tinha melhor presença e mais avultada estatura. [Tscherkessen, Aht, Polynesier]. Wohkonda (Retter des Lebens) habe Erbarmen, ich bin arm,

weidend, von Fragen bedrückt fühlte, die ihn (weil er sie nicht lösen konnte) mit Trauer füllten, über die Stütze der Sterne, die Bewegung der Flüsse, die Herkunft der Wolken, das Wachsen des Korns. Nach dem Frieden der Holländer mit den weggelaufenen Sklaven (als bevreedigte Boschneger) theilten sich diese (in Surinam) in den Stamm der Aukaner (mit Häuptlingen unter dem Granmann), der Saramaccaner und der Matuari- oder Bekumusinga-Buschneger (s. Kappler) 1814. Neben der Gottheit (Gran Gado) werden Ampoekoa (Buschgott), Toni [Sai] (Wassergott), und die Dämonen Cromanti [Ashantie], Wintin, Tigri Wintin, Wauwaen u. s. w. verehrt (die Lukuman oder Seher befragend). Neben dem Seidenbaumwollenbaum (vor den Hütten) werden Thonfiguren [1]) von Schlangen, Schildkröten u. s. w. in Hütten des Dorfes verehrt. Vor einer Reise setzt der Neger eine Kanda oder Schildwache (Kuhhorn, Rochenstachel, Termitennest, Papageyenfeder u. s. w.) vor die Thür der Wohnung. Den Jorka (Gespenstern) wird geopfert. Neben Tschacho (als höchsten Gott [2])) verehren die Tscherkessen (Zygben)

---

etc. beten die Osagen (Paul W.). Schoner Gott (Thadahe), grosser Gott (Thaschuha), wir Armen etc. beten die Abasen (Lapinski).

1) Hippocrates verfertigte das Bild des (den Hermes darstellenden Asclepiades mit dem Kraut Althäa an der Hand (Abulfaradsch). Die Persönlichkeit Gottes war ein Lieblingsthema Hebich's, Gottes Mund, Auge, Hand, Nase, Fuss, Bowels etc. betonte er insgemein stark in der Mission Kannanar) 1870. After council with his chiefs, king Damagondai determined to tell the (absent) slves, that he had seen their Mbuiti walk off into the woods, damit du Chaillu diesen Götzen kaufen konnte. Im Abhutabramana (Samaveda) werden Götterbilder (daivata pratima) erwähnt, die lachen, weinen, blinzeln, singen, tanzen u s. w. Wer die Götzen (devala) für Lohn bedient, ist vom Opferfeste ausgeschlossen (nach Kalluka). The wooden representative of the deity Seoseres (consisting of a post, with a stick placed crosswise towards the top, had been planted in the centre of the grave, and the lads and lasses danced around it in a ring (Longworth) in Circassia. Derselbige Berg wird Mons Retonis (der Rethberg) genannt. Und kommt daher das sächsische Word Rede tho, thoreden, zurichten, zuschicken, und Anfang machen (s. Letzner). Bonifacius zerstörte den Götzen Retonem (724 p. d.), den Biel am Bielstein im Harz, den Astaroth (bei Osteroda), den Stuffo, die Fortunam etc. (s. Waldmann). A Tezcatlipoca poniau Antojos, porque siendo la providencia, debia de mirarlo todo (Gomara). Bei den Holsaten wurde Perun als Hamboh (Hammon) oder Swentoboh (Suentoback) mit Widderhörnern verehrt (Jungmann). Hamburg hiess Boch bur (civitas dei) mit vandalischem Namen (s. Crantzius). Witelubbe wurde (von den Slaven) als sommerliche Sonne verehrt (Hanasch). Nach der Vita St. Ottonis hielt Triglaw mit goldener Bedeckung (Cidaris) die Augen und den Mund verborgen pro eo, quod peccata hominum, quasi non videns et tacens dissimularet [blinder Gott Melanesien's]. Das römische Madonnenbild verdrehte die Augen 1871.

2) Ohlas oder Ozwena (das Echo) galt für einen Wald- oder Berggeist, der den Menschenstimmen nachafft (bei den Slaven). Die Priester des Belenus heissen Apollinares mystici und Beleni Druidae (bei Ausonius). Cunobelinos nannte sich nach seinem Gott (König Belenos). Diocletian und Maximinian nahmen die Namen Jovius und Heraclius an. Frediani (Cod. Theod.) *ἐν τῷ φέρειν καὶ διαδύοντες* (qui deos portabant et in-

Schibli (Donner), Tleps (Feuer), Ssosseresch (Wasser und Wind), Sekutcha (Reisegott), Mesitcha (Wälder), Achin (Gott des Hornviehs), Jemisch (Gott der Schafzucht) Pekoasch (Fürstin der Gewässer). Die (menschenfressenden) Maniana in Tokoro (östlich von Futa Djallon) verehren das Feuer [1]) (Mollien). „Die Tuppin-Imbas glauben an ein Ding,

---

duebant). Die Lares praestites waren ein Zwillingspaar in Jünglingsgestalt. Bogdan (voivade de Moldavie) et Alexandre (voivade de Valachie) fixèrent les étoffes et les couleurs des vêtements pour chaque peuple et pour chaque classe. Les Moldaves portèrent la cuciulla d'agneau noir, la braie et la blaude également noires, les Valaques la cuciulla d'agneau blanche, la braie et la blaude blanches. Les autres couleurs étaient le rouge pour la cour, le jaune pour les boyards, le vert pour les Mosnegi et le bleu pour les Mosneni (Ubicini). On trouve dans le territoire du Zadrima (dont Scodra est le chef-lieu) les Pardi (nom donné aux ministres des manichéens ou paterniens), les Koutchi (oiseleurs), les Leporosches (chasseurs de lièvres), les Boukmirs (artophages), les Dardes (nomades), les Colascéniens ou Colentini, et les Doivastes, une horde des brigands Rasciens (Chopin). Neben dem in Thrake heimischen Ares (als Besieger des Ἐνυάλιος) wurde Dionysos (Sabazios) und Artemis (Bendis) verehrt (s. Boehnecke). Verschieden von den übrigen Bürgern verehrten die thracischen Krieger Hermes, als ägyptische Gottheit (nach Herodot). Liethua (bei Litthauern) oder (bei Slaven) Siwa (Krasopani) war (als Praurime) Göttin des heiligen Feuers, von Praurme (jungfräulichen Priesterinnen) unterhalten. Nach Nymphodorus wurde Aphrodite Tanais (Krasopani oder Maeetis) bei den Sauromaten als reines Feuer verehrt (s. Hanusch). Ma était chez les Lydiens la même que Rhée ou la Terre, la même que Cybèle, dont Maia était un des nombreux surnoms (Noël) Multi-mamma, als Maia in Ephesus, wo Maria zur Deipara erklärt wurde (von Maya). Simia Arabice Boram, Africanice Bram (Georgius). Monosyllabum Phra potest etiam accipi pro fera et homine sylvestri. Boreas entführte Orithyia (Tochter des Erechtheus) nach Thrake in das frostige Land der Kikonen. In der spanischen Bearbeitung des Heldenlebens wird Karl M. von den mit dem Mohrenkönig Marsil verbundenen christlichen Spaniern besiegt und Roland von dem Castellaner Bernardo del Carpio in freier Luft erdrückt [wie Antäus]. Les attributs d'Osiris, le roi de l'Amenthi (résidence des âmes, qui attendent leur jugement) sont le diadème (atew ou plume) le pedum (symbolisant les récompenses) et le fouet. Sous le nom de Sothis l'âme d'Isis réside dans l'étoile Sirius ou étoile d'Isis (Beauregard). Anubis mit dem Kopf eines Jackal (oder wilden Hundes) leitet die Seele durch den Raum zu den Feldern von Aaenrou (wenn gerecht gefunden). Seth (der Herrschende) hiess auch Bechon (der Hindernde) oder Typhon (nach Plutarch). Aroëris oder Arouëris war der im Mutterleibe mit Osiris gezeugte Sohn der Isis, den diese zwei Tage nach ihrer eigenen Geburt gebar (nach Plutarch) [Areois]. Considéré comme personnage divin le soleil est nommé Phré (Beauregard) en Egypte. Les Egyptiens avaient leur Bari sacrée renfermant les hieroglyphiques expressions des perfections divines. Nach den Egyptern stammten die Juden von Typhon (nach Plutarch). Die Sculpturen in Pterium stellen (nach Texier) die Einführung des Astarte-Cultus in Phrygien dar. Die Ueberbleibsel in Euyuk gehören (nach Lennep) den Egyptern an (having adopted an Assyrian form of building).

1) Wenn Peruns Feuer [in Kiew] erlosch, wurde der Priester getödtet (s. Anton). Libussa's Jungfrauen haben heiliges Feuer und heiliges Wasser um sich (s. Swoboda). Mihr, Sohn Aramast's, wurde als Symbol des Feuers verehrt (in Armenien), die Sonne (nach Cirbied) als Arek und Anahid am Feste Warthawar (s. Bodenstedt). The wheel, having been set on

das wechst wie ein kürbs (inwendig hohl), stecken ein Stecklin dadurch, schneiden ein löchlin darrin, wie ein mundt, und thun kleine Steinlein darein, das es rasselt, (heissen es Tammaraka). Die Paygi ziehen des jars einmal duchs landt um alle hütten und geben für, wie das ein geyst sey bey inen gewesen, welcher weit her von frembden örtern kommen were, hett inen maacht geben, dass alle die Rasselen sollen sprechen und macht bekommen, wo sie es umb bitten, solle er gewäret sein" (Staden). Es wird eine Ceremonie abgehalten (ohne Weiber und Kinder), wo die Rassel Jedes, der Geschenke giebt, auf Frage des Paygi redet und dann von dem Eigenthümer in einem Hüttchen verehrt wird (um auf Kriegszügen zu helfen) [Meda]. In Jessore besteht der Gegenstand [1]) der Verehrung in einem irdenen Gefässe,

fire (on Midsummer — eve) was rolled down the hill, representing the sun (having a receding course until Yule) and being intended to bear with it all existing or impending evils (in Scotland). Bei den Tataren war es (nach Haython) eine Todsünde, dem weidenden Pferde den Zaum aus dem Munde zu nehmen. Nach Menander verehrten die Turken das Feuer [Chormus der Mongolen]. Im Jakutischen wird der Regenbogen als Pfeil (Kustuk) aufgefasst. Der Donnergott heisst Suga tojon (Beil-Herr). Nach Agricola (1651) ertheilte Rahkoi Finsterniss dem Monde (bei den Tavastländern). Wäinamöinen heisst Osmo (osma oder Vielfass) und usma (Nebel). Die esthnische Insel Osmus saar heisst schweedisch Odinsholm, die durch den Wind geschwängerte [wie bei Hanuman] Jungfrau. Ilmatar fuhr 700 Jahre, neun Mannesalter wandernd umher, ohne die Last ihrer Leibesfrucht los zu werden und schuf die Welt [wie bei den Gnostikern], bis das neugeborne Kind Wainamoinen sich aus Langeweile selbst an das Tageslicht hervorarbeitete. Wie Wainamoinen in der Nacht wurde sein Bruder Ilmarinen am folgenden Tage geboren. Nach dem neuen Kalevala hatte der Wind mit Loviatar (des Todes Tochter) die verderblichen Plagegeister hervorgebracht. Wanna-issa (bei den Esthen) empfiehlt den Helden, den schwach geschaffenen Menschen zu stützen, damit er nicht dem Bosen so leicht unterliege. Das Böse kann nicht vertilgt werden, denn es ist des Guten Maass und Stachel. Pilwit (Pliwnyk) wurde als Geber der Fruchtbarkeit verehrt (bei den Slaven) im feurigen Drachen [Plu]. Zmok (der Wasserdrache) erscheint in Gestalt eines durchnässten (zmokly) Vogels (bei den Slaven). Il primo Dio degli Slavi hiess (nach Ferrario) Znitsch (fuoco sacro). Das aus trockenem Holz durch Reibung erzeugte Feuer galt für lebendig (Chodakowsky).

1) L'objet de l'idolâtrie des Bambaras se nomme Bouri (Bouli) ou Silama et sa chambre particulière est une callebasse ou une cruche cassée (Raffenel). Reisende, die fruher als Boua oder Zauberer betrachtet wurden, schlugen dem König vor (nach ihren Erfahrungen bei verschiedenen Völkern) einen National-Gott (der Mysterien) einzusetzen, und gruben (unter Ceremonien in unbekannter Sprache) unter einem Baum Wurzelstücke hervor, die sie zusammen mit den Haaren eines schwazen Pferdes in einem Lehmtopf kochten. und diesem dann einen weissen und rothen Ochsen, so wie einen rothen Hahn zur Weihe opferten. Les Bouris secondaires (des villages) sont nés du grand Bouri (de la capitale) par l'oeuvre des Esprits ou par les descendants des premiers fondateurs. Ils se nomment Kalangous ou Khonorés [canari] et ils ont droit à une part de butin. La devise du Bouri est Maté donnabé kondo (il n'est pas donné à tous de connaître l'avenir). En voyage on place les Bouris (habitant les vieux pots) dans une corne

welches drei Köpfe der Cobra capella enthält. Lönnrot führt das Wort Jumala auf denselben Stamm mit jumu, jumaus (Donner oder Getöse) zurück. Jumala ist der Aufenthalt des Donners (jum) oder der Himmel (als Gottheit), bei den Finnen, wie Num der Samojeden (Castrén). Nur in der Eigenschaft des Donnergotts wurde Aija als Tiermes verehrt (qui cum tonat est Tiermes) von den Lappen (s. Scheffer). Die Lappen waren früher überzeugt, dass der Donner [1] (Aija) ein

---

de boeuf, une dent d'éléphant ou un sachet de pagne. Leur garde est confiée à une vieille femme. Personne ne peut (sous peine de mort) regarder dans le vase, la corne ou le sachet, qui les renferme. A guerre le Bouri est porté par un Kalangou. Le temple de Bouri ne s'ouvre qu'aux Kalangous, Kourbaris, aux hommes libres et aux chefs de captifs. Zum Orakel wird ein Huhn geopfert. Dans les grands circonstances les Bambaras adorent un enorme vase de terre (canari), qu'ils remplissent de gris-gris de toutes sortes (s. Raffenel). At the mouth of the Qu'appelle River an Indian (1858) set his net and caught a large fish of a kind different to any, with which he was familiar. He immediately pronounced it to be a Manitu and carefully restored it to the water again, at once sacrificed five valuable dogs to appease the danger of the supposed fairy (Hind). Cowley sah in einem Baum einen aus Tabak und Stöcken verfertigten Talisman aufgehängt, wie es dem Häuptling der Objibway am See Manitobah vom Mond geboten war, zu verfertigen und jährlich zu erneuern. Wenn die Cree und Objibways am See Winnipeg sich als demselben Totem (z. B. Bär) angehörig erkennen, betrachten sie sich als Brüder.

1) Nach Hogström vernichtete der Donnergott Aijeke den Zauberer mit dem Regenbogen (ajan joksa). Wie in Jumala hat in Ahtola, Tapiola, Tuonela, Manala, Kalevala, Wäinölä u. s. w. das Affix la (lä) die Bedeutung „Wohnort", so dass Jumala den Aufenthaltsort des Donners (jum) oder den Himmel bezeichnet. Die Aimo (aibmo) der Lappen, wie in Jabmeaimo, Sarakka-aimo, Saivo-aimo (die Heimath des Todes Sarakka's, Saivo's) entsprechen den „Heimen" der Eddalehre (Muspelheim, Niflheim, Jotunheim). Kubai chotun wurde bei den Jakuten verehrt. Bei den Barea und Bazen besteht die Familie im Verhältniss zwischen Onkel und Schwestersohn [Munzinger]. The Berber-Dialects of North-Afrika (pushed back towards the interior by the Arabs) belong to the semitic family, (as also the Haussa and Galla). The Yakuts call themselves Sakha (Müller). Dis et Ditis dictus fuit Pluto, deus inferorum, idemque divitiarum praeses, quia opes e terra effodiuntur et in terras recidunt (Cicero). A Luciano claudus fingitur in accessu, in recessu vero alatus. Fingitur etiam caecus (Forcellinus) Dis, ut apud Graecos *Πλούτων*. Noctes atque dies patet atri janua Ditis. Dis (dives) *πλούσιος*. *Δίς*: bis (Stephanus). Dives a Divo, qui, ut Deus, nihil indigere videtur (Pl.). *Ἅμα* (una cum, adv. temp.) ejusdem stirpis esse cujus *Ἁμὸς* vel *Ἀμὸς* (Unus aliquis), unde *Οὐδαμὸς*, conjicit Buttmannus. Galenus *ἅμμα* vocat nexum qui ex habenis aut fasciarum cruribus implexis efficitur. *Ἀμμὰς* (nutrix) mater Dianae, item Rhea et Ceres, (teste Hesychio). Hippocrat nennt den äthiopischen *ἄμμι* (nomen seminis cujusdam cumino minoris) die königlichen (weil besten). *ἄμμος*: arena. Diodorus memorat *Ἄμμωνα* Libyae regem in Cretam profugum ejusque regno potitum, cujus filius Bacchus oraculum ejus condiderit. *Ἄμμων* war vom Sande (*ἄμμος*) genannt, weil Liber Pater (durch seine Hülfe eine Quelle in der Wüste findend) ihm dort einen Tempel [Sandpagode] errichtete, in Form des rettenden Widders. *Ἁμός* (dorisch) für *ἡμέτερος* (Steph.). Als die Weissagungen des Musaeus ordnend, wurde Onomakritos *διαθέτης χρησμῶν*

lebendes Wesen sei, das sich in der Luft aufhielt und auf die Reden der Menschen achtete, um die Böses Redenden zu strafen. Als Gott vertrieb der Donner mit dem Getöse seiner Geschosse die Zauberer aus dem Himmel (Lindahl und Oehrling). In den finnischen Runen wird die die Heerden des Waldes hütende [1]) Tuulikki (Tapio's freundliche Tochter) angerufen, ihm mit einer aus dem Busch gepflückten Gerte das Wild zuzutreiben, und es an beiden Seiten mit den Händen auf dem Fusssteige zusammenzuhalten, damit es nicht aus einander laufe (s. Castrén). [Die Rothhäute, die fürchten mochten, durch ihre Unkenntniss der heiligen Sprache den Göttern nicht verständlich zu sein, bedienten sich in der magischen Anziehung der Büffeltänze der Pantomime, wie (nach Lucian) der Fürst vom Pontus Euxinus den Kaiser Nero um seinen Tänzer bat, damit er sich der Geberden desselben zum Dollmetschen mit den benachbarten Nationen bediene]. Um den Norden [2]) zu verehren, legen die Tongkinesen schwarze Kleider

---

τῶν Μουσαίου genannt. Unter den Giganten ging Musäos mitten im Gefecht zu Zeus über (Diodor). Musäos (Sohn des Antiphemus und der Selene) stammte (nach Plato) von den Mondgottinnen oder den Musen. Capella versetzt die in der Unterwelt gedachten Manen in die Luft. Der erste König Aegyptens, der Memphis baute, heisst Μήν (bei Herodot) oder (bei Aelian) Μῆνις (Μῆνις). Dem Mendes (in Bocksgestalt) dienten die cruces ansatae als Phalluszeichen (nach Jablonski).

1) Goniglo schützte (bei den Litthauern) die Heerden vor den Wölfen (Narbutt). Indem die slawischen Hirten die Zeugungstheile der Rinder, Böcke u. s. w. auf einem Stein verbrannten, baten sie den Gott Goniglis oder Honidlo (Hennilus), dass, wie der Stein stumm und unbeweglich sei, so Wölfe und reissende Thiere den Heerden nicht schaden möchten (s. Stryzkowski). Die Schafhirten beteten, dass, der Gott mit den Sonnenstrahlen den Wolf nicht herbeilassen möge. Mars, dem (nach Cato) Opfer gebracht werden sollten, damit er über die Rinder wache, wurde zum Kriegsgott [wie Indra], nach seiner Identification mit dem griechischen Ares. Liber (λείβειν oder libare), der über die Zurichtungen der Tafel präsiderte, wurde in Bacchus mit Dionysos zusammengestellt. La Dacie avait son génie protecteur (Genium Dacıorum) et le nom de ce génie s'est conservé (dans la statue sur le sommet du mont Ceclíu en Moldavie) dans la vieille Dokia ou la vieille femme, qu'on appelle Baba Dokia (s. Cogalniceano). Auf der Höhe des scha machua oder (glücklicher Berg) Elbruz thronte (nach den Tscherkessen) Dschin Padischah, zu dem das Volk seine Zuflucht nahm (Neumann). Als der in der Tiefe der Höhle hausende Riese von dem hinabsteigenden Abchasen hörte, dass die Menschen noch redlich auf Erden lebten, klagte er über seine dort fortdauernde Strafe (nach Marigny). Tschoei-koop or (among the Kaffers) u Tixo (God) was originally applied to as doctor or sorcerer of considerable notoriety and skill among the Hottentots or Namaquas, some generations back, in consequence of this having received some injury in his knee. Having been held in high repute for extraordinary powers during life, he continued to be invoked, even after death, as one who could still relieve and protect, and hence in process of time, he became the nearest, in idea, to their first conceptions of God [Appledard].

2) Der Nord-Wind heisst in Franche-Comté „la bise noire", der Südwest „un vent blanc" (Monnier). Die Tataren begrüssten in Libationen den

an, für den Westen weisse. Die Ahts verehren den Vollmond (hooppalh), als Gatten, und die über den Zenith aufsteigende Sonne (nas) im Gebet [1]) (queelqueelha oder klah-quay). Der von den Guarini an-

Süden zu Ehren des Lichtes, den Norden zu Ehren der Todten. The fetiches (grisgris or jujus) must be tried and give proof of their efficiency before they can be implicitly trusted (Wilson). The fetiches are not only regarded as having power to protect or punish men, but they are equally, omnipotent to shield themselves from violence. It is almost impossible for persons who have been brought up under this system ever to divert themselves fully of its influence. A fetiche, if unskilfully used, may be the ruin of the very man, who has procured it for the destruction of some one else. Der das goldene Haar der unterirdischen Schönheit raubende Albanese wird nach Anbinden von Fleisch an seinem Gürtel durch Vögel an die Oberwelt getragen. Die Macht des Schwanritters (der zum König erhoben, auf den Fluthen erscheint) verschwindet in dem Augenblick, wo nach seiner Herkunft gefragt wird. L'hiver les paysans (roumains) remplacent les sandales par de hautes et larges bottes, appelées houzè, mot hongrois, qui a donné son nom aux houzards (hussards). Der als Götze präparirte Menschenkopf (Chancha) des als tapfersten erschlagenen Feindes wird vom Capito (Priester) getragen (bei den Jivaros). E vivis cum excessisset, magnifica pompa elatus, in edito colle Dziewaltoviae propinquo sepultus (Kiernus), posita honori ejus statua lignea (Kojalowicz). Itoga, als Gott der Mongolen (bei Carpini) erinnert an Idogan oder Udagan, wie die Schamaninn genannt wird. Castrén findet in der von Marco Polo angegebenen Verehrung des Natagay oder Natigai eine sanscritischen Nätha oder Nâthaka, wie Itegel, als Schutzpatron der Mongolen. Die Tungusen verehren den Gott Buga. Die Schöpfung ist nicht von Jumala (der allgemeine Name für Gott, besonders für Ukko) sondern von Ilmatar (Tochter der Luft) oder von Wianämoinen hervorgebracht. Türkische Stämme verehren als himmlische Mächte die sieben Kudai. Ausser den Num (der Donner bei den Kagmâshi) verehren die Samojeden den Himmel auch als Jilibeambaertje oder Heerdenbeschützer [wie Helios, das All sehend]. Jom (Tag) im Hebräischen. Juma (bei Tscheremissen) als Gott (Jumola) mit Ableitungsfall (a). Taivas, das sich (für Himmel) in der altaischen Sprachclasse nur im Finnischen und Esthnischen findet (nach Castrén) ist (nach Schott) den indogermanischen Sprachen entlehnt. Nach Tornaeus war ein Mann, Namens Jumi oder Jumo der Stammvater der Lappen und Finnen. Lönnrot führt das Wort Jumala auf denselben Stamm mit jumu, jumaus (Donner, Getöse) zurück. Ex Aruer (*Ἀρούηρις*) postea per contractionem enatum est U-er (*Ὀν*). *Το αἴτιον*, virtus effectrix, vel causalis (s. Jablonski). Arueris nomen fuisse Hori senioris vel Apollinis (Plutarch). Malus Jupiter ist schlechtes Wetter (nach Horaz). *Τί ὁ Ζεὺς ποιεῖ* fragten die Griechen, um sich nach dem Wetter zu erkundigen. Jumalan ilma (Jumala's Luft) meint Wetter (bei den Finnen). Herran's väder (des Herrn Wetter) in Schweden. Tanser num-gassa, es ist Unwetter bei Num (nach den Samojeden). Bei den ugrischen Ostjäken bezeichnet Turm (Torm, Torom) den Gott des Himmels oder Donners (als des Weltalls), wie Tora bei den Tschuwaschen und Tara bei den Esthen (s. Castrén). Dlugoss stellt die slavische Gottheit Jessa (Jasson) oder Jesch mit Jupiter zusammen. Erman findet Beziehung zwischen den Koluschen (Jeschel verehrend) und Ungarn (durch die Ostjäken).

1) In praying for salmon, the Aht rubs the back of his hands (looking upwards), if he wishes for deer, he rubs both eyes, if for geese, he rubs the back of his shoulder, if for bear, he rubs his sides and legs (wearing round his head a piece of red blanket, adorned with feathers), uttering always, in a sing-song way, the accustomed formula. Häuptlinge wohnen

gerufene Gott Tupan (als Ahnherr, der mit seinem Bruder die Einwanderung leitet als Lehrer des Ackerbaues) ist eine Erweiterung des Ausrufes Tupa, mit dem sie früher den Donner [1]) beschworen, wie die

als Gäste Quawteaht's in lieblicher Region, neben den gefallenen Kriegern in einem besonderen Hause (in der Höhe), während Gemeine und Sklaven zu Chayher gehen in die Unterwelt, wo die Decken nur dunn sind, so dass die Aht für die Todten Decken verbrennen (s. Sproat). Als zwei Indianer aus einem unbekannten Lande an die Küste (der Aht) kamen, entflohen die Thiere (Bär, Hirsch, Reh) aus den von ihnen bewohnten Dörfern, und die früher in ihrem Leibe verborgenen Geister der Indianer blieben zurück, von den verlassenen Häusern Besitz nehmend. Die Berir-Halal (der Acyr) folgten der Masalik genannten Religion. La Goubba de Youma-Ait-Azza-Mansor (près d'Agadir) est élevée en l'honneur d'une femme, que l'on vient implorer de loin pour obtenir sa protection contre toutes les calamités qui ont la mer pour origine (Bou-el-Moghdad). Le tombeau du cheikh el Ouahl-Sidi-Mohammed-Ouled-Menni est gardé par un ermite, élève du marabout (Bourrel). Die (ubers Kreuz gebundenen) Hasenfelle (Woilok) werden (bei den altaischen Kalmükken) als heilig betrachtet, wogegen die Hasen den sibirischen Russen als pogany (unrein) gelten (Cotta). The fetishers are chosen (in Dahomey) by a reason of a sort of ecstatic fit, which comes upon them and which causes them at last to full to the ground insensible. One of the older priests awaits the return of the senses and then tells the neophyte, what particular fetish has come to him. He is then taken away to the college or fetish part of the town, where he learns the mysteries of his calling and is instructed for several years in the esoteric language of the priests, a language which none but themselves can understand (s. Wood). Im Haus des Shambeo wird Gott als Tiger verehrt (Oldendorp) in Guinea. Nach Linschotten vermeiden die Neger auf die von ihnen verehrte Erde zu spucken. Apuinii war (in Peru) die Sonne (von den Acllacunas genannten Jungfrauen bedient), Churi Inti der Sohn der Sonne, Imic Vauqui der Bruder der Sonne und Tarigatanga das Eins in Dreien und Drei in Einem. Nur der Inca und Cucipata (Sonnenpriester) durften sich dem Altar der Sonne nähern. Die Conopas hiessen Guasicamayoc (Hausherren). Die Compas genannten Steingötter hatten das Wasser zur Befruchtung der Felder zu besorgen, die Mamateras (cylindrische Steine) mussten den Mais gedeihen machen, die Huancos dem Landmann in seinen Arbeiten helfen. Die Leichen der Malquis wurden geopfert (s. Skinner). Veteres Germanos Lunum quoque deum coluisse et appellare Her (Mon), i. e. dominum Lunum (Gesner audivit). Vetulam, quae credidit, solem esse dominam, vocans eam sanctam dominam (de Gawe).

1) Fulgetra poppysmis adorare consensus gentium est, sagt Plinius wohl nicht ohne Beziehung auf *ὢ πόποι* zu den *πόποι*, womit (nach Plutarch) in der Sprache der Dryoper die Dämone bezeichnet wurden oder sonst die unterirdischen Götterzeichen der Scythen, bei denen Jupiter Papaios genannt wurde, der bithynische Papas (nach Eustathius). Die Römer bekleideten den Blitze schleudernden Summanus mit den Attributen des griechischen Zeus. Die Wagrier (in Ploen) verehrten Podaga (mit einer Spitzmütze, aus der Ochsenhörner hervorgehen) als Beherrscher der Witterung. In Aquapim bezeichnet Jaukkupong zugleich den höchsten Gott und die Witterung, in Akkra Jongmaa den höchsten Gott und den Regen. *Πόποι* dryopum lingua dicuntur *οἱ δαίμονες*, teste Plut. (s. Steph.). Alii Scythas subterranea deorum signa appellasse *πόπους* referunt. *Παπαὶ* Hesychius dicit esse adv. *σχετλιαστικόν*. Papae (quod Plaut et Ter). *Παπαῖος* Juppiter apud Scythas vocatus est. *Πάπας* nomen Jovis apud Bithynos (Eustathius). *ὢ πόποι* Interjection wie *τῷ παπαὶ ποππύζω* (sibilo) labris com-

Feuerländer mit Ara Ira. Alles ist (dem Weeru) begeistert, höher oder tiefer, je nach der eingenommenen Stelle im weiten Raum des beseelenden Mawu oder Allgeistes [1]), der geschaffen hat und besonders

---

pressis acutiorem quendam oris sonum edo. Πόππυσμα (ποππυσμός) sibilus. Hesychio ποππύσματα sunt κολακεύματα: Adulationes, Blanditiones. In Siam wird der Donner durch einen Hammerschlag verursacht. Nach den Mackah wird Donner durch die ausgebreiteten Flügel eines Riesenvogels (der auf einer Bergspitze lebt) hervorgebracht, der Hahness (bei den Chinook), Hanhahness (bei den Quemult), Thlewcloots (bei den Mackah) Too-tate-lum oder Tootootsh (bei den Nootkan) heisst. Der Blitz wird durch einen dem Seepferde oder Hippocampus ähnlichen Fisch erzeugt (Ha-hake-to-ak), dessen hervorgestossene Zunge gegen den messerscharfen Kopf stösst. Wenn durch den Wallfisch aufgejagt, wird er vom Donnervogel ergriffen und unter den Flügeln gehalten. Der Donnervogel ist (nach den Mackah) ein riesiger Indianer, der von Wallfischen lebt, und, wenn hungrig, im Flügelkleide ausfliegt und wenn er einen Wallfisch erblickt, ihn durch das Hervorstossen der Feuerzunge von den Ha-hake-to-ak tödten lässt; ihn zu ergreifen (worauf das Hinabfahren ein Geräusch der Flügel der Donner erzeugt). Beim Kampfe verschiedener Donnervögel in der Luft entsteht ein Gewitter. Zuweilen fährt er in Bäume herab. Rochefort erzählt von den Caraiben, dass sie, wenn schwarze Wolken sich aufthürmten, schreiend in ihre Hütten liefen und weinend mit den Händen ihr Gesicht bedeckten, so lange das Getöse des Donners währe. Im Donner schallen (nach Pindar) göttliche Stimmen (βροντᾶς αἴσιον φθέγμα). Der Blitz wird von den Völkern der Sklavenküste als schneller Vogel gedacht, der den leuchtenden Strahl schleudert (Schlegel). When lightning strikes a kraal, the inhabitants are considered unclean, until a sacrifice has been offered and purification has been performed (among the Kafirs). Any object or person struck is considered as having been directly appropriated to the supreme spirit, and instead of being mourned or lamented over, is made, after the purification, a cause of dancing and rejoicing (Brownlee).

1) Der Raum zwischen Himmel und Erde, oder die Luft (yame xexe) ist (nach dem Weer) diejenige Region, in welcher die dem Menschen feindlich gegenüberstehende Macht oder der böse Geist (Abosa oder Teufel) seinen Sitz hat, über die Gbedsiwo oder Dämone (die Sturmwinde und Wirbel verursachen) herrschend (Steinmann). Der Schmidt in Xlepke (an der Sklavenküste) bringt seinem Hammer, dem Hauptwerkzeuge seines Gewerbes und dem Symbol seiner Nahrung, jährlich ein Opfer. Die Weiber des Zo (die in einem Hause zusammenleben unter der Aufsicht eines Priesters des Blitz- und Donnergottes) reden, so lange sie ihr Gelübde auf sich haben, die Sprache des Zo und der Agbui, eine von der Aunglas-Sprache verschiedene Mundart, nur ihnen unter einander verständlich (Steinmann) [Zo als Priester in Asien]. Apollinem et Liberum patrem unum eundemque deum esse quum multis argumentis asserat, etiam apud Ligyreos ait in Thracia esse adytum Libero consecratum, ex quo redduntur oracula, sed in hoc adyto vaticinaturi plurimo mero sumpto, uti apud Clarium aqua potata effantur oracula (Aristoteles). Item in Thracia eundem haberi solem atque Liberum accipimus, quem illi Sabazium nuncupantes magnifica religione celebrant, ut Alexander scribit, eique deo in colle Zilmisso aedes dedicta est specie rotunda, cujus in medium interpatet tectum (s. Macrobius). Mwetwyi (the Great Spirit of the Shekani and Bakeles) is supposed to dwell in the bowels of the earth. For his temporary sojourn a flat house is erected in the middle of the village, from which strange noises issue (women not approching). Every boy (14—18 years) is iniated into his secrets (during rough treatment for a year in the discipleship). At the time

weit oben im Dsi oder Himmel gedacht wird. Im Mutterhause de la Souterraine (Dep. de la Creuse) ward die Oberin (Mad. Dubourg) beim Gebet und der Communion ein bis mehrere Fuss von der Erde erhoben und mehrere Minuten im ekstatisch[1]) unbewussten Zustand schwe-

---

of matriculation a vow is imposed, such as refraining from a particular article of food or drink and is binding for life.

1) In Wien fand (1861) ekstatisches Schweben eines Mädchens während Predigt und Communion Statt (s Perty). Loyola schwebte Tage lang (mit glänzendem Leib) über dem Boden (s. Calmet). Ehe Alexandra von Fraito durch die heilige Clara von ihrer Besessenheit befreit wurde, flog sie, wie ein Vogel. Die besessene Beata Natona wurde in die Luft und wieder zur Erde geschleudert. Durch Zauberformeln wird (bei Homer) die Wunde des Odysseus geheilt. Epimenides, der durch Beschwörungen heilte, hatte Suhnlieder (καθαρμοί) verfasst und schrieb περὶ χρησμῶν. Bei Pindar finden sich ἐπῳδαί. Um durch Traume die Kunst zu besitzen, Krankheiten zu heilen und dadurch das Leben zu verlängern, setzte Chapewih (der erste Mensch der Hundsrippen) die Bedingung, heimlich eine lebende Ameise unter die Haut der inneren Handflache zu stecken, und in Südamerika wird bei der Jünglingsprobe mit Ameisen gepeinigt. Ist der Kopf (des Grönländers) leicht, so wird der Kranke gesund, ist er schwer, so stirbt er. Um zu erforschen, ob ein Verreister lebendig oder todt ist, heben die Zauberer dem nächsten Anverwandten den Kopf mit einem Stock auf und wollen in einem Gefäss mit Wasser den Abwesenden im Kajak (entweder umgekentert oder aufrecht sitzend) fahren sehen. Als Zaubermittel werden auf Tonga Flüche (Cabe oder Wangi) gesprochen, indem man dem Anderen wünscht, dass er grosse Verbrechen begehen möge, um dann Strafen zu leiden und unglücklich zu werden (s. Mariner). Neben den Angekok kennen die Grönländer Hexen (Illiseetsack). Bei den Irokesen wurden die Hexen verbrannt. Die Luftbilder Schrepfer's in Leipzig (1774) versetzten beim Berühren electrische Schläge. Anna Göldi, die Dienstmagd des Dr. Tschudi von Glarus, wurde hingerichtet, weil das Kind Stecknadeln, Eisen, Draht, Nägel, Häftchen brach. In den Logen (der ägyptischen Maurerei) Cagliostro's (als Grosskophtha) bemühte man sich besonders mit den Engeln und Propheten des alten Testaments in Verkehr zu treten. Das Kind (die Taube) unterredet sich mit dem Engel (oder Affen), den es in der Schüssel mit Wasser sah (s. Bülau). Eckartshausen (1788) behauptete, einen Liquor verfertigen zu können, der in der Hand gerieben eine Person unfehlbar zwingt, nach ihm umzusehen. Im Taigheirm (Katzengeschrei) wurden (in Hochschottland) Katzen zu Tode gemartert, um von den höllischen Mächten Concessionen zu erhalten (XVII. Jahrhundert). Agobard (Erzbischof von Lyon) bekämpfte den Glauben an Teufelsbesitzungen, Wettermacher, Ordalien (IX. Jahrhundert). Salisbury (XII. Jahrhundert) erklärte die Versammlung bei der Nachtfrau oder Herodias, wo Säuglinge den Lamien Preis gegeben wurden, für dämonische Verblendung armer Weiber und einfältiger Männer. In dem 1458 geschriebenen Flagellum haereticorum fascinariorum des Dominikaners Jacquier wurden die Hexen und Hexenmeister zuerst als bestimmt geschlossene Secte dargestellt. Die Bulle Innocenz VIII., Summis desiderantes, gebietet die Verfolgung des häretischen Hexen- und Zauberwesens (1484). Nach dem Tarik Montekheb wurde Lorasp von Daniel in der wahren Religion unterrichtet und zum Abfall vom Magierthum bewogen. Die Geomantie (El Alraml) wurde von Daniel erfunden. Daniel erhielt von Kiresh (Cyrus) die Stadt Damaskus (nach dem Lebtarikh). Im Lande des Asura-Königs Vemachitra (östlich von Sumeru) steht der Pallast des Asura Bala-Rajah im Süden, des Savara-Raja im Westen, des Rahu

bend erhalten (1861). Die Juden hatten die Sitte, in der Schwangerschaft das Kind (wenn es ein Sohn werden sollte) dem Tempel zu weihen, und ein solches wurde dann in demselben aufgezogen (nur für das Säugen bis zum 5. Jahre von der Mutter besucht) damit es nichts, als den Cultus sähe, und ein sündenloser Diener des Herren blieb (als Mouharrer oder geweiht). Als Zacharias das Prophetenthum besass (und ihm im Alter ein von Gott zum ersten Male mit dem Namen Yahya oder Johannes belegter Sohn geboren wurde von seiner Frau Isa) hatte Hanna (die mit Amran vermählte Schwester der Isa) ihr Kind im Mutterleibe dem Herrn geweiht und fühlte Reue, als es ein Mädchen war. Doch erlaubte Gott die Aufnahme im Tempel und es wurde von Zacharias bis zum 12. Jahre unter Verschluss gehalten (oft mit Sommerfrüchten im Winter von Gott beschenkt), dann aber von ihrem gleichzeitig im Tempel aufgezogenen Vetter Joseph (der die Tischlerei gelernt hatte) bedient. Als sie nach der dritten Reinigung sich an einem der Sonne ausgesetzten Orte hinter einem Schirme mit dem von Joseph zur Reinigung gebrachten Wasser wusch, sah sie Gabriel in der Gestalt des Joseph vor sich und warf ihm vor, dass er gekommen, sie nackend zu sehen und sich mit ihr zu vereinigen, wurde aber durch die göttliche Botschaft des Engels beruhigt und durch sein Anblasen geschwängert. Als die Entbindung nahe war, begab sie sich aus der Stadt und wurde unter einem vertrockneten Palmbaum von den Wehen überrascht, wo (nach der Geburt) zur Reinigung eine Quelle hervorströmte und der Baum ihr Datteln zu essen gab (als nach der Entbindung kräftigend). Als sie mit dem Kinde nach dem Tempel zurückkehrte, warfen die Juden ihr Ausschweifungen vor, aber auf ihr Hindeuten [1]) mit dem Finger redete

---

(Asura-Rajah) im Norden (nach den chinesischen Sutras). Als die guten Nagas (zu einer Zeit, wo das Böse unter den Menschen überwog) von den Asuras besiegt waren, sandten sie Yakcha durch die Wolken empor, die Devas um Hülfe zu bitten.

1) Alle Götzen auf der Erde zerbrachen, und als Eblis von den Dämonen von dem wunderbaren Ereigniss benachrichtigt war, begab er sich nach Jerusalem, wurde aber von den Engeln verhindert, seine Macht über Jesus (wie über alle anderen Menschen) auszuüben. Am zehnten Tage nach der Geburt kamen aus Syrien die von einem König Persiens geschickten Astrologen mit Geschenken, da sie (den Büchern Daniel's gemäss) die Begebenheit in den Sternen gelesen und das vaterlos geborene Kind (das zur Himmelfahrt bestimmt sei) ehren wollten. Als Herodes (Statthalter des Augustus) aus Eifersucht das Kind tödten wollte, begab sich Maria mit Joseph nach einem ägyptischen oder syrischen Dorf, wo im Hause des gastlichen Pächters der Diebstahl des Lahmen und Blinden entdeckt und Wasser in Wein verwandelt wurde (beim Hochzeitsfest des Sohnes). Als die Juden bei Herodes dem Jüngeren Jesus (der den Tisch vom Himmel steigen liess) als Zauberer verklagten, wurde er (auf Verrath des Jüngers und Verleugnung Simeon's) ergriffen, verschwand aber bei der Kreuzigung und liess Isoue (Josua) an seiner Statt erscheinen, der 7 Tage am Kreuze hing.

Jesus seine prophetische Sendung bezeugend. Manes [1]) (Presbyter zu Ehwaz) nannte sich selbst Christum und schickte seine Jünger bis Indien und China, die Lehre von zwei Göttern auszustreuen. Von dem Guten besiegt, begab sich der Böse nach Süden, dort eine Welt

---

Dann sandte Gott Jesus vom Himmel, um Maria zu erscheinen und die Apostel auszusenden. Jesus war, als Prophet, der Geist Gottes und Sohn der Maria, ohne Vater geboren (als durch Allmacht geschaffen, wie Adam aus dem Staub), aber Eblis begab sich mit 2 Div in Gestalt dreier Greise aus dem Occideut nach dem Tempel Jerusalems und tauschte die Christen durch die Secten derer, die Gott fur den Vater Jesus halten, die Gott in Jesus niedersteigen und verkorpert sein lassen, oder die meinen, dass Gott sich Maria und Jesus als gleichgestellt (in der Verehrung der Dreieinigkeit) beigesellt habe.

1) Die Heilighaltung des Feuers (wie bei den alten Persern) wurde von Manes nicht erfunden, sondern nur weiter ausgebildet (Abulfaradsch). Die Kirchengesetze legen die Pflicht auf, die bereits consecrirten Partikeln oft zu erneuern, um dem periculum corruptionis zu begegnen (nach Gardellini), wenn auch ungesauertes Brod sich länger hielt, als gesäuertes. Die Hostienbäcker Roms durfen nicht über 14 Tage alte Waare verkaufen. Si panis coeperit corrumpi sed non sit corruptus, conficitur sacramentum, sed conficiens graviter peccat. Les Abyssins ont un carême de 50 jours très rude, et qui les aflaiblit tellement, que de long-temps ils ne peuvent agir, les Turcs ne manquent pas de les attaquer après leur carême (les ennemis des Juifs choisissant le sabbat). Cambyse, assiégeant Peluze, mit au premier rang un grand nombre d'animaux, que les Egyptiens tenaient pour sacrés (Montesquieu), und so sind die brahmanischen Ochsen behandelt worden. Les Nazaréens faisaient voeu au Seigneur de s'abstenir de vin, et de tout ce qui peut enivrer, ou pendant un certain temps, ou pour toute leur vie (s. Calmet). Byzantine architecture (succeeding to the style of the IV century) was subsequently recast by Christians and Moslems into the Gothic and Saracenic (Paton). Nach der sententia communis ist es extra casum necessitatis aut periculum profanationis einem Jeden, welcher nicht die heilige Weihe des Presbyterats oder des Diakonats empfing, sub gravi verboten, diejenigen heiligen Gefässe zu berühren, welche actu das allerheilige Sacrament enthalten, mag die Berührung mit der blossen Hand oder mit einem Tuche geschehen (1869). For the convenience of monasteries and their patrons and as a source of pecuniary emolument to ecclesiastical establishments and sometimes to lay proprietors, great numbers of artificial fishponds were created during the Middle ages (in catholic countries, where the discipline of the church requires a meagres diet at certain seasons). They were generally shallow pools formed by damming up the outlets of marshes, and they were among the most fruitful sources of endemic disease, and of the peculiar malignity of the epidemies which so often ravaged Europe in those centuries (Marsh). En chacune des Cabanes de la Pesche, il y a ordinairement un Prédicateur de poisson (bei den Huronen). Wenzel setzte die Kirche des heiligen Veit an die Stelle des Heidentempels Wit's (nach A. Jungmann). Die Kirche zu St. Veit bildet die Metropolitankirche in Prag. Erst im IV. Jahrhundert p. d. wurden allmählich die religiöskirchlichen Dogmen vorzugsweise Dogmen genannt und von den sittlichhumanen Dogmen, die man allmahlig mit anderen und verschiedenen Namen bezeichnete, abgesetzt (Lange). Die seelsorgliche Belehrung über den usus matrimonii ist als der nervus rerum im Brautexamen zu bezeichnen (in Paderborn) 1869 p. d. Durch ein Decretale des Papst Honorius III. wurde das Studium und der Vortrag römischer Gesetze verboten (s. Kolb).

zu seiner Herrschaft zu schaffen, und als er um den Südpol das dem Bären des Nordpols ähnliche Gestirn machen wollte, stifteten die Engel Frieden, so dass der Gute etwas Licht auf die Materie fallen liess und die Welt des Entstehens und Vergehens (worin der Böse herrscht) anfing. Doch bildete der Gute die Schiffe der Sonne und des Mondes, damit die Seelen zurückkehrten. Die Processionen [1]) (in Peru) sind lustige Maskenzüge, bei denen die trunkenen Indianer (das tollste Zeug treibend) bald als Thiere, bald als wilde Indianer, bald als

---

1) An Sonn- und Festtagen, am häufigsten aber bei grossen Processionen, vereinigen sich die Capoeiras (Mulatten, freie Neger oder Sklaven, die in Brasilien einen Mörderverein bilden), beginnen bei passender Gelegenheit mit Kopffechten, montiren sich dabei, bis sie in eine Art blinder, thierischer Wuth gerathen und durchziehen dann wie Besessene die Strassen, um einen unbezwinglichen Mordtrieb zu befriedigen (s. Tschudi). Den Haupteinwand gegen eine reale Gegenwart Christi im Abendmahl hatte schon Karlstadt, dann Zwingli von der Behauptung hergenommen, dass Christus zur Rechten des Vaters sitze, also nicht zugleich auf Erden in den Elementen des Brodes und Weines sein könne. Luther berief sich dagegen auf die unio personalis, aus ihr und der daraus folgenden Communio naturarum leitete er dann die omnipraesentiam carnis Christi ab, und bewies damit die Möglichkeit einer realen Gegenwart von Christi Leib und Blut im Abendmahl (H. Schmid). Als der Paraclet (in Schönherr) sich zeitweilig seiner Bestimmung als unwürdig erwies, liess Ebel für den heiligen Geist beten. Ebel gab der Gräfin von Kanitz beim Abscheiden Aufträge an den Himmel, besonders an den dort seienden Christus. Auch in Afrika wird eine Cyprea gefunden, welche dort, wie in Indien die Kauris (Cyprea Moneta) als Scheidemünze gebraucht wird. Ausser mit der Multilocation (Marien's dem Fleische nach) muss sich der Freund dieser Auffassung (von ihrer Anwesenheit in der Eucharistie) zur Annahme einer Compenetration des Leibes Christi und des Jungfräulichen (d. h. einer gegenseitigen Durchdringung beider in demselben Raumtheile, unter den heiligen Gestalten nämlich) verstehen (nach Oswald), und hat das um so weniger Schwierigkeit, „als ohnehin für die eucharistische Präsenz unseres Herren nach dem Dogma eine Compenetration der Gliedmaassen seines heiligen Leibes angenommen werden muss.“ (1850). Voylà deux colombes, qui sortent de quelque lieu secret de l'église (de l'abbaye de Lobbes), et volent par dessus l'armée (des Hongrois), et aussitôt tomba du ciel une abondante et violente pluye qui gasta et mollifia les cordes des arcs (954 p. d.). Les moins rapportèrent toute la gloire de leur délivrance à la protection de Saint Ursmer et de Saint Ermin (Lejeune). Wie von verschiedenen Graden der ewigen Verdammniss finden sich in der heiligen Schrift auch Spuren davon, dass es auch verschiedene Stufen der Seligkeit geben wird (Wangemann), indem Paulus vom 3. Himmel redet, Einer über 10, andere über 5 Städte gesetzt werden, Daniel den Lehrern ein besonderes Maass himmlischen Glanzes zuerkennt, Jeder nach seiner Arbeit Lohn empfängt, verschiedene Arten der Herrlichkeit erwähnt werden u. s. w. So wahr die übernatürliche Ordnung über die natürliche hinausgeht, so wahr liegen die dieser Ordnung angehörenden Offenbarungen jenseits der Grenzen des natürlichen Vernunfterkennens. Indem also Günther (der die christlichen Geheimnisse denknothwendig begreifbar machen zu können meint) leugnet, dass die christlichen Offenbarungswahrheiten absolute Geheimnisse sind, leugnet er consequent mit dem Rationalismus die übernatürliche Ordnung des Christenthums (Hagemann). Die Quietisten auf Mount Athos hiessen Ὀμφαλόψυχοι.

Spanier, bald in Phantasiekostüme verkleidet sind, den das Heiligenbild tragenden Geistlichen folgend (s. Tschudi). Als Missionär Beste die Kaffir fragte, wohin die Seele gehe, sagte er ihnen (auf die Antwort, dass sie es nicht wissen), dass ein zweifacher Ort [1]) sei, und auf die Frage, woher er es wisse, dass es in dem von Gott geredeten Worte stehe, als lautere Wahrheit (1869). Der Jesuit [2]), nachdem er

1) Weil in ihren Bewegungen nicht an Raum und Zeit gebunden, können sich die Engel mit wunderbarer Schnelligkeit bewegen (s. H. Schmid). Mira est angelorum agilitas et velocitas (Hollaz). Saluti nocentem verecundiam praeferentes, dum parentibus in incredulitatis custodia inutilem reverentiam servant, confitentur se quodammodo nescire, quid eligant, sagt Avitus von dem arianischen Gundobad (im Gegensatz zu Chlodowig). Se signer, se prosterner devant les images et les baiser, allumer des cierges en leur honneur, jeûner cent jours par année, tel est le christianisme du peuple (en la Roumanie). Vitold wurde bei der Taufe durch die Griechen Alexander, bei der durch die Lateiner Conrad genannt. Die Voivoden (zur Zeit Radu Negru's) hiessen Domni. Die Schaffellmütze (caciola) der Rumänen gleicht dem phrygischen cucullus. Die mit den Kara-Kalpaken (an russischer Grenze) zum Christenthum bekehrten Horden heissen Brodniki (s. Bodenstedt). Das montenegrinische Costüm soll von dem spanischen Anzug herrühren, womit Karl V. einen Häuptling aus der Familie der Bogdanovitch beschenkte. Die Hirten (Koschen oder Nomaden) führen auf zweirädrigen Araba die Nomadenhütte (Kosch oder Otüi) oder Kibitke mit sich (Schlatter). Claudius verbannte die auf Veranlassung des Chrestus Unruhen erregenden Juden aus Rom (nach Sueton). Der St. Paul eingeräumte Vorrang (auf der rechten Seite) wird in Rom erklärt, weil Petrus bei sich zu Hause sei und deshalb den Ehrenplatz abträte (s. Coquerel). Bei schlechtem Wetter sass der Prätor in der Concha der (von Cato erfundenen) Portiken oder Basiliken, die von den Christen benutzt wurden und die Form der Kirchen bedingten. Leo M. erlangte von Valentin III. ein Edict, das den Bischof von Rom zum Oberhaupt aller occidentalischen Bischöfe erklärte. Der christliche Firmicus, 14, legt der Sonne eine ergötzliche Rede an die Bekenner sämmtlicher auf sie gedeuteter Mythen in den Mund: „Einige ersäufen mich im Nil, andere entmannen und beweinen mich, andere durchstossen meine zerfetzten Glieder mit sieben Speeren, wieder andere kochen mich im Topf u. s. w.“ „Betrauert den Liber,“ heisst es, betrauert die Proserpina! Betrauert den Atys! Betrauert den Osiris!“ wohl, nur dass es ohne Abbruch meiner Würde geschehe! Ihr sollt mich nicht durch alle Gräber schleifen. Zum Tageslicht hat mich Gott geschaffen, und das ist mir genug (s. Burckhardt). Die Spanier nennen die Deutschen, nach dem fränkischen Gegensatz, Alemanes, allein die deutschen Truppen, die sich seit 1810 zu Zeiten nach der Halbinsel verirrten, nannten sie unwillkührlich wieder los Hermanos, die Brüder (s. Höfken). Die Mistel diente als Gegengift und gegen Unfruchtbarkeit.

2) In den Obras de los Jesuitas (bei den Chiquitenos) erscheinen noch Nachts los santos padres (s. Bach) 1843. La St Trinité est représentée par trois personnages barbus (Eva schaffend) auf einem Sarcophag aus der Zeit des Theodosius (s. Martigny). Das Lesen eines Buches über die Dreieinigkeit machte die Gertrud (Tochter der Markgräfin Helene) wahnsinnig bis an ihr Lebensende (Sturm). Pietate secundus (Carolus) obtinuit die Niedermetzelung der Saracenen in Luceria, ut ea hominum faece, qua plurimi inficiebantur, regnum purgaret (Gianettasius) 1301 p. d. Die christlich-heidnische Geistlichkeit der Dschiur in Abasien ist durch die mohamedanische mit dem Koran (vom grossen Tha selbst geschrieben) zurückgedrängt.

von der Kanzel herab, dem Volke seine Sünden vorgehalten, rief plötzlich: „Jetzt kommt der Teufel, um euch Alle zu holen.“ Und nun wurden fast alle Lichter ausgelöscht und die Kirche zugeschlossen, und auf einem Gerüst fuhr Satanas umher, als ein grosser, schwarzer Kerl mit feurigen Augen, Nase und Mund, mit Hörnern, Schweif und Hufen, und ein hinter ihm versteckter Indianer erhob ein fruchtbares Gebrüll. Die Versammlung (der Chiquitenos) gerieth in Verzweiflung (s. Bach). Nach Tabari schickte Gott [1]) Gabriel, um den Mond mit

---

Im (mohamedanischen) Futa Djallon werden Kleider und Häuser (aus dem früheren Christenthum) mit Kreuzen geschmückt (Mollien). Wie unter Justinian wurden die Abchasen (die Meritcha als Gott der Wälder verehren) bei der Eroberung der georgischen Königin Thamar zum Christenthum bekehrt. Die Herrscherwürde blieb erblich im Hause des Fürsten Scherwaschidse (aus dem Geschlecht der Eristaff), der (aus Liebe zu einer Abchaserin) das Land von georgischer Herrschaft befreite. Die Abchasen nennen sich Abene (nach Eichwald). Les nègres Yolofs du Senegal sont ou Chrétiens ou Mahométans ou plutôt ni l'un ni l'autre (s. Saugnier). One of the (christianised) natives (in New-Zealand), whom the governor was upbraiding with having sold his land three a four times over to different parties, justified himself by quoting the passage: „After thou hadst sold it, was it not thine own?“ Another', to whom the impropriety of his having three wives was pointed out, replied: „Oh, never mind, all the same as Salomo“ (Fox). The pious German teacher was constantly lamenting, to the hour of his death, that his labours among his own people were wholly without fruit, and that the colony of Amasia, instead of spreading godliness by their blameless lives, were pointed at by the natives as instances of the legitimate and dangerous consequences of Evangelical teaching (s. Lennep). Einige der ältesten Kirchen (wie St. Ambrosius-Kirche in Mailand und St. Emmeran's-Kirche in Regensburg) sind mit einem Atrium versehen, einem Hofe der Katechemenen, dessen Schwelle sie, so lange im Sanctuarium communicirt wurde, nicht überschreiten durften. Der Vorhang des Catapetazma trennt das Heiligthum (zur Weihe der Hostie) von der Gemeinde in der Kirche ab. In den Ceremonien des Matutinum tenebrarum werden die Kerzen der Kirche nach einander ausgelöscht und die letzte in der Höhle an der Epistelseite des Altars verborgen (nach Beendigung des Benedictus).

1) Der Stift war das erste Ding, das Gott schuf, und er liess den Stift Alles schreiben, was er schaffen wollte. In der Dämmerung nimmt ein Engel von der Finsterniss und lässt davon zwischen seinen Fingern ausfliessen, dann treibt er die Finsterniss mit seinen Flügeln vor sich her, bis zum Westen, worauf das Zwielicht im Osten erscheint. Erstreckt sich die Finsterniss von Westen bis Osten, so tritt das letzte Gericht ein. Nachdem Sonne und Mond drei Tage und Nächte am Thron Gottes zurückgehalten sind, gehen sie zum letzten Mal glanzlos im Westen auf, ehe das Reuethor geschlossen wird, und dann erhalten sie ihren Glanz zurück, bis zum Tage des letzten Gerichts (s. Tabari). Der Spiegel Gabriel's, in dem Mohamed den letzten Tag als Punkt sah, repräsentirte den Freitag (nach Tabari). Die Bläue des Himmels ist der Wiederschein des Smaragd-Berges Kaf. Zur Zeit des Propheten Hud flohen drei Aditen zu den von Festungen bewachten Städten der Djaboulqua und Djaboulsa (wo es unter den Männern keine Frauen giebt) mit den Völkern Tharis und Thaquil (die an Gog und Magog grenzen) kämpfend. Sie gehören nicht zu den Kindern Adams's, wohl aber gehören dazu Gog und Magog (klein mit langen Ohren), die im Osten wohnend, sich bei Sonnenaufgang unter die Erde begeben. Moses

seinen Flügeln zu streifen und dessen Licht so zu vermindern. — Das buddhistische System ist mit einer Consequenz des Gedankenganges durchgebildet, die durch kein Hineinragen einer überweltlichen und deshalb unbegreiflichen Offenbarung gestört wird. Sobald die erste der vier Wahrheiten zugegeben ist (die Existenz des Schmerzes, die schwerlich je ein Mensch läugnen wird), folgen die drei übrigen und dann der ganze Himmelsplan bis zum Nirvana, wo erst die Domäne des Begriffslosen beginnt. Die in anderen Mythologien oft so unmotivirten und absurden Gotteinkörperungen, treten im Buddhismus keinen Zoll aus dem natürlichen Cyclus heraus, denn das Herabsteigen des Bodhisatwa vom Tuschita-Himmel, um nach Verlust seiner göttlichen Schöne von der regelrecht verheiratheten Königin in ihrer Hochzeitsnacht empfangen und wiedergeboren zu werden, ist den physischen Vorgängen nach, einer der sich im gewöhnlichen Kreislauf

---

liess einen Ochsen tödten und den gestorbenen Israeliten mit dem Schwanz berühren, bis er wieder auflebte und seinen Mörder angab. Der auf Jesus Gebet mit einer Seele begabte Vogel (den er aus Erde gebildet) ist die bei Nacht fliegende Fledermaus. Der Riese Og (der Fische vom Grunde des Weltmeers in der Sonne röstete) hiess Og ben Onk (Og am Halse), als der von dem Vogel auf Moses Gebot durchlöcherte Berg, den er aufgehoben, ihm auf den Hals fiel. Das Buch des Pectoratus gegen die Azyma (als Element der heiligen Eucharistie in der Antomachie) war eine Suggestio diabolica (nach Hambert). Von dem am Ende der Welt erscheinenden Mahdi lässt Jesus den jüdischen Tyrannen Dscheddal tödten (nach Tabari). Die Djans oder Genien waren von Gott aus dem Feuer maridj geschaffen (nach Tabari). Gabriel und Michael liessen sich durch den bei Gott geschworenen Eid abhalten, den zur Bildung Adam's nöthigen Thon von der Erde zu nehmen, nicht aber Izrael, der Todesengel. Als Hareth (Iblis) den noch leeren Körper Adam's fand, klangen die aus getrocknetem Thon gebildeten Glieder beim Zusammenschlagen hohl, wie Palmstöcke [Holzmenschen der Quiché]. Die Engel erfuhren von Adam die durch Gott gelehrten Namen der Dinge und erkannten ihn deshalb als höherer Weisheit an. Adim (Adam) bezeichnet (im Arabischen) die Oberfläche einer Sache (nach Tabari). Eblis rühmte sich wegen seiner Herkunft besser zu sein, als Adam, aber Tabari meint, Gott (der allein darüber entscheiden könne) würde nicht die Erde zur Schöpfung des letzten gewählt haben, wenn das Feuer besser sei. Ueber den Engel Rouh verweigert Mahomed den Israeliten die Auskunft, da das ihm Bezügliche nur Gott zukommt (nach Tabari). Scheddad (Sohn des Ad) baute das irdische Paradies Irem. Der unter dem Kalifen Moawiya beim Kameelsuchen verirrte Abdallah gelangte dahin, als man es aber nicht wiederfinden konnte, suchte man das Höhlengrab des Scheddad (bei Hadramaut) auf, einbalsamirt durch seinen an Houd gläubigen Sohn Morthed, der nach dem Tode Themud's und Hasem's (den Pharao zu Abraham's Zeit) herrschte. Für die kleinste Sache erklärte Salomo die Seele im menschlichen Körper auf David's Fragen. Cain war der erste Feuer-Verehrer, der dadurch sein Opfer annehmbarer zu machen dachte, wie das des Abel's, das das Feuer, weil es (wie der Teufel sagte) verehrt worden, verzehrte (nach Tabari). Djemsid (den der Teufel überredete, dass er Gott sei) liess 5 Götzenbilder von sich verfertigen, die die Namen der Beamten (Yagouth, Sowa, Yaouq, Wadd und Nasr) erhielten, von denen sie aufgestellt waren.

der Dinge tagtäglich wiederholenden Metamorphosen, unter der Art und Weise wie die Buddhisten das Weltsystem betrachten. Dieser Ausbau sagt allerdings unseren jetzigen Kenntnissen nicht zu (obwol er vielleicht rationeller, und jedenfalls erhabener sein dürfte, als die Krystallglocke unserer Vorväter), und ebenso wenig wird der Nicht-Katholike mit den Klosterheiligen zufrieden sein oder der Naturforscher mit buddhistischer Psychologie, aber für seine eigenen Gläubigen bietet der Buddhismus jedenfalls eine reich ausgestattete Kirche, in der für alle bescheidenen Bedürfnisse des gewöhnlichen Menschenverstandes ausreichend gesorgt scheint. Dass gerade in den buddhistischen Ländern der Aberglauben crass hervortritt, möchte mehr in dem Volksgeist liegen, als an der von diesem in ihrer Wirkungsweise abhängigen Religion, und ob eine andere bessere Erfolge gehabt hatte, bleibt die Frage. „Die Buddhisten machen aus uns Idioten und die Christen zu Schurken," meinte ein Chinese. Uebrigens wird sich der christliche [1]) Aberglaube in den katholischen Ländern des mittleren und südlichen Amerika mit dem buddhistischen unter Tibetern und Mongolen wol ziemlich die Wage halten, und russische oder orientalische Secten dürften gleichfalls ganz hübsche Gegengewichte vertragen. — In Nicaragua waren die Priester [2]) verheirathet, ausser

1) Bitter ist dieses Leben und voll mannigfachen Schmerzes und Leides, klagt (nachdem er Kranke und Alte gesehen) der indische Königssohn Josaphat (Sohn Abenner's) in dem mittelalterlichen Volksbuche Barlaam und Josaphat, das dem heiligen Johannes von Damaskus zugeschrieben wurde (s. Liebrecht). Barlaam erzählt Josaphat die Legende von einem früheren Könige, der zur Begrüssung begegnender Bettler von seinem glänzenden Wagen herabstieg [Vesanta]. Les Indiens ou Banianes sont idolâtres comme les Calmoucs, dont ils épousent les filles (s. Avril). Johannes von Damaskus, vom Khalifen zum πρωτοσύμβουλος eingesetzt, wurde später vom Patriarchen von Jerusalem zum Priester geweiht († 754 p. d.). Ihm wird das Erbauungsbuch βίος Βαρλαάμ καὶ Ἰωσάφατ zugeschrieben. Die falschen Ari-Lehrer, deren Religion in Birma bis zur Zeit Anauratha's galt, liessen ein Buch einwachsen und dann wunderbar auffinden. Tsau Rahan (der birmanische König des Bergvolkes) liess einen Drachen verehren und von den Ari-Lehrern hohle Tempel erbauen. Als Muhammed ben Abu Bakr (Einer der Gläubigen) den Thron von Sonrhay bestieg, sagten die Töchter des Sunni Ali (davon hörend): Askia (er ist nicht er), und so nahm die Dynastie den Namen Askia an (Ahmed Baba), wie die Sakya von dem Ausruf. Der dreifachen Wurzel des Lasters (Lopho, Thoso, Moho) stellt Buddha die vier Tugenden (Phrommawihan) gegenüber, als Meta (Allen gleiches Glück mit sich wünschend), Karuna (Mitleiden), Muthuta (Mitfreude) und Ubekkha (unpartheiisches Gleichgewicht des Geistes).

2) In schweizerischen Cantonen wurde es von dem Priester verlangt, dass er eine Concubine halte, damit die weiblichen Mitglieder der Gemeinde sicher seien (nach Sleidan). With the Christians (overbordered with Church-fasts) the period (of marriage festivals) is limited. It comprises a few weeks between the long fast which precedes Christmas and the one before Easter, during which alone they are allowed to eat meat. All the rest of the winter, they are supposed to be in too sad a mood to have a heart for

den Beichte Hörenden (Gomara). Die falschen Ari-Lehrer [1]), die ein in einen Baum eingewachsenes Buch wunderbar finden liessen und

marrying or giving in marriage (s. Lennep) in Asia Minor. La montagne de Tapa (chez les Bidanessis) est devenue un lieu saint (rendant fécondes les femmes stériles), indem der ihm geweihte Gatte seinen Namen annimmt (Hecquard). Die Priester und Priesterinnen recrutiren sich aus den Sarracoles (zugleich die Reisenden gegen Ueberfalle schützend). Das (gekreuzigte) St. Gehülfenkind (bei Saalfeld) stellt eine Prinzessin dar, der zur gewünschten Entstellung ein Bart gewachsen (1686 p. d.). L'immaculée conception erschien (im Bilde der Jungfrau) dem Mädchen zu Sourdes (in den Pyrennäen) 1858. Motlume (the philosophic king of the Basutos) often said: „Oh the vanity of every thing! Every thing passes swiftly and I also, I pass away, but it is to go to rejoin my ancestors" (s. Arbousset). Loué soit, disent-ils (les Espagnoles-Creoles de Perou), au commencement d'un sermon, aux grâces et le soir en allumant de la chandelle dans la maison, loué soit le Très-Saint Sacrement de l'Autel et la Vierge Marie Nôtre-Dame conçue sans tache ni péché originel depuis le premier instant de son être naturel (desde el primero instante de su ser natural), on ajoûte aux Litanies absque labe concepta (Frezier) 1714. Pomeraniae incolae ita bardi et efferati erant, ut servatis maribus faemellas multiplicatius sibi natas pium, frugale et necessarium duxerint post partum enecare (Meiller).

1) When the sons and daughters of the king or of nobles, ministers, rich persons or others were about to be married the bride was always sent to the Ari-teachers on the night before, this was called presentation of the virgin flower (Phayre), wie in Cambodia. Many of the Buddhists figures in Lower Bengal have flat or irregular noses and thick lips (corresponding with the Sanscrit accounts of the aborigines), which are the most marked features in the physiognomy of the Santals of Beerbhoom as constrasted with the Brahman of the plains (Hunter). Der Ascete Gautama, Sohn des Königs (von Patała) Karnika (Vater des Bharadhvaja) wurde des Mordes einer vor seiner Höhle getödteten Buhldirne beschuldigt, auf den Pfahl gelegt, liess aber (durch die Wolkenansammlung des Rishi Schwarzfarbe oder Goldfarbe in seinen Schmerzen erfrischt) zwei Tropfen mit Blut gemischten Sperma's in zwei Blätter des Zuckerrohrs (ikshu) fallen, wo durch die Wärme der Sonne und die Feuchtigkeit des Mondes die Jünglinge Ikshvaku und Suryavamca entstanden (nach dem Gyelrap), von denen Suryavamca Geistlicher, Ikshvaku König wurde (s. Schlagintweit). Die verbannten Söhne des Königs Virudhaka (mit den Nachkommen des Ikshvaku) siedelten (als Sakya) bei der Einsiedelei Kapila's. Putat (Ruhkopfius) praeter arrectarium stipitem et ejus antennam, cui manus infigerentur, fuisse in medio stipitis palum acutum, cui per anum immisso suspendendus insideret, ne defunctus cito prolaberetur, sed ibidem putresceret. Bédaga (roi du pays Baranasi), curieux d'entendre le récit de faits intéressants, après avoir fait mourir tous les nobles de son royaume, au nombre de 80000, parcequ'il n'en trouva aucun parmi eux capable de charmer ses oreilles royales, eut enfin le bonheur de rencontrer dans ses états un jeune homme assez savant et habile pour satisfaire son avide passion de récits amusans. Cet ingénieux narrateur réussit à plaire non seulement à Bédaga, mais aux Birmans, qui puisent à cette source leur science légale (Rénier). Gandamas (dans l'histoire de Kalidasa) fait la figure d'un philosophe, qui en savait et en dit plus long, qu'il n'aurait dû pour la sureté au roi jaloux lui eût été lara, si les courtisans à force de raconter des fables ingénieuses au tyran, n'eussent calmé son courroux, et donné au pauvre philosophe le temps de prouver qu'il n'etait pas digne de mort. But bedeutet Mond bei den Inguschen (Klaproth). Tous les privilèges, l'affranchissement de la renaissance,

durch Wiederholung einer Gebetsformel Mord für gesühnt erklärten, wurde durch Anaurahta (durch den Arahan Dhammadathi bekehrt) in den Laienstand versetzt. — Das Denken der Naturvölker manifestirt sich oft in einem zwecklosen Beschäftigungsdrang, den wir Spiel oder oft kindische Spielerei nennen würden, und wie ein aufgeweckter Junge seine Bücher, die Schulwände und was sonst in seinem Bereich liegt, in Augenblicken unfreiwilliger Musse beschmiert oder verunreinigt, so zerfetzt der Wilde, in Ermangelung anderer Gegenstände, seinen eigenen Körper durch Einschnitte oder Tättowiren, und leiden besonders solche weniger empfindliche Anhängsel, wie Ohrläppchen, Vorhaut, Nasenknorpel u. s. w. Bobadillo hörte von den Natchez, dass Gott ihren Ahnen mitgetheilt, der noch weiche Kopf der Kinder sei mit Hölzern platt zu drücken, da dies ein edles Ansehen gäbe und besser zum Tragen sei. Irgend ein Grübler, der sich über den weichen Kindskopf beim Zuschnüren einer Geburt gewundert, konnte leicht eine solche Offenbarung haben, und verband es dann bei diesem einfachen Volke mit dem practischen Vortheil des Tragens auf dem Kopf, während die Spitzköpfler wahrscheinlich umgekehrt aus Stolz nichts tragen wollten, und deshalb den Kopf der Kinder entstellten. In solchem Spiel liegt tiefer Sinn, nicht für die Spieler, denen es eben nur Spiel ist, aber für uns Zuschauer, die aus solch spielendem Jugendalter zur Mannheit erwachsen sind, wo wir Spieler das Spiel erkennen. Mitunter haben die gebräuchlichen Körperentstellungen einen practischen Zweck, indem bei Mangel der Kleidung die Haut[1])

---

la délivrance parfaite, la Bodhi sont donnés (dans les textes thibetains) comme résultant non seulement de la découverte et de la possession des quatre vérités, mais encore, mais surtout, mais spécialement de l'évolution duodécimale de ces mêmes vérités (Feer). Für das ἐφήμερον σπέρμα (Tagesgeschlecht der Menschen), wäre es (nach Silen) am besten, nicht geboren zu sein, sonst aber möglichst rasch zu sterben. Mit dem ersten Gedanken an Amita sprosst in seinem Paradies eine Blume auf, die mit der weiteren Hinneigung zu- oder abnimmt (s. Schott). Als Buddha sich mit dem Schwert die Haare abschnitt, betete er, dass die Haare egal bleiben möchten (nach der Pathomma Sompothiyan) and they curled in right-handed spirals (s. Alabaster). In der Meinung, dass man von einem kranken Sthavira keine vollkommene Unterweisung erhalten könne, verliessen die Bhikshu von Vaisali den kranken Dhitika (nach Taranatha) [Juiteve].

1) Se peinturant le corps (les habitants), leures trouées, les trous garnys de pierres verdes proprement polies et agencées (Gonneville) dans les Indes occidentalles (1504). Die erste Landung fand an der Mündung des Flusses San Francisco do Sul Statt unter den Carijos (d'Aveyzac). Am zweiten Ostertag werden (in Polen und Schlesien) Mädchen (die die Frühmette verschlafen) von Burschen mit Wasser begossen und mit Birkenruthen geschlagen, oft auch gewaltsam aus dem Bett gerissen und in wassergefüllte Krippen gesetzt (s. Hanusch). Aucunes fois il faut que tous ceux qui sont au festin soient à plusieurs pas l'un de l'autre sans s'entre-toucher. Autres fois quand les festinez sortent, l'adieu et remerciement qu'ils doivent faire, est une laide grimace au Maistre du festin ou au malade, à l'intention

zum Herstellen von Taschen verwandt wird, und z. B. die durchbohrten Ohrläppchen zum Tragen von Cigarren dienen. Das Abschneiden des letzten Gliedes am kleinen Finger bei australischen Frauen wird aus bequemerem Halten der Fischerleine gerechtfertigt. — Der Bassuto hängt dem Kinde, als Amulett [1]), eine Habichtskralle an, um

---

duquel le festin aura esté faict A d'autres il ne leur permis de lascher du vient 24 heures, dans lequel temps, s'ils faisaient au contraire, ils se persuaderaient qu'ils mourraient, tant ils sont superstitieux à leurs songes, quoy qu'ils mangent de l'Andataroni, c'est à dire fouasse ou galette, qui sont chose fort venteuses (Theodat) bei den Huronen. Am Weihnachtsabend bringt jeder Serbe ein abgehauenes Eichenbäumchen, das mit Dank von der Hausfrau in's Feuer gelegt wird, unter Zuwerfen von Nüssen und Stroh (Paton) [als Jul-log, indem es an diesem festlichen Abend auf ein gutes Feuer ankam, und bei Herstellung desselben durch anderes Material der zur Gewohnheit gewordene Baum als geschmücktes Symbol fortverblieb]. Die Itucalis (die sich bei jeder Feindestödtung den Rücken der Nase ritzen und eine Palmhülse hineinstecken, so dass Auswüchse entstehen) kochen den dem Feinde abgeschnittenen Kopf und trocknen die vom Hinterkopf und Gesicht abgezogene Haut im Rauch, als Larve (mit Stroh) ausgestopft (bei den Tänzen verhöhnt) in der Pampa del Sacramento (s. Skinner). Die Zolas (Diolas) oder Biafaras feilen die Schneidezähne, um damit im Kampfe das Gesicht zu zerreissen (Raffenel) [künstliche Hauer auf den Marquesas, und in der Sage von den indischen Rakshasas, um die den Menschen versagte Waffe des Affen wieder herzustellen]. The members of the association or fraternity (in a house covered with mats) wash and paint themselves (among the Ahts).

1) Les Engakas ou savants remplissent les fonctions des prêtres (devins ou médecins). Ceux qui se mêlent de prédire l'avenir ou d'entretenir des rapports directs avec le monde des esprits se distinguent de leurs confrères par le titre de Nogés du verbe noga ou deviner surnaturellement (identique avec le radical noga ou serpent). Le devin particulier du souverain des Bassoutos proposa de faire cause commune (à Casalis). Der Prophet Omlagne, der (1851) den Caffern Schutz gegen die englischen Kugeln und den Schiffbruch (des Birkenhead) vorhersagte (das Tödten der Ochsen und Ablegen der Talismane verlangend) galt den Bassoutos für eine zweite Verkörperung ihres alten Hauptlings Motloumi. Pendant la guerre (1851) Manchoupa (femme jusqu'alors ignorée) fait savoir au chef, qu'elle a été ravie en extase et qu'un être, qu'elle ne désigne que par les mots „Il“ „lui“ l'a chargé de dire à la tribu, qu'on doit se tenir sur la défensive, wodurch der in einen Hinterhalt gezogene Feind auch besiegt wurde und die für die Ernte versprochene Ruhe eintrat (s. Casalis). Die Kimbanda in Bihé schützen durch das Impembe-Zeichen gegen die Kilulu (bösen Geister). Les Arabes Cadamissé (près de Latikié) se composent des talismans d'une vertu merveilleuse, dont le premier avantage est de les rendre invulnérables. Ils les portent attachés sur la poitrine, liés sur les bras ou insérés entre cuir et chair [Birma], dans la partie grasse du bras (Mayeux). La secte des Yazidi (fondée par le Cheik Yazid et restaurée par le Cheik Hadi) place un foyer, toujours en flamme, de l'habitation du diable. Pour recevoir les inspirations du diable le Kotchouk (le vicaire du Mir ou Prince, qui doit être un descendant du Cheik Yazid) s'étend par la terre tout de son long, se couvrant. Im XVIII. Jahrhundert wurde durch eine Offenbarung des Teufels die blaue Farbe in den Kleidern verboten und die weisse eingeführt. Hemden des Oberpriesters werden für Leichentücher gewünscht. Da der Teufel in Schlangengestalt erschien, hielt sich der Yezidi in einem

mit Geschwindigkeit jeder Gefahr zu entkommen, und ein Stück des zerbrochenen Topfes, damit kein grösseres Unglück folge, die Haut des Frosches, um entschlüpfen zu können, die Haare eines Ochsen ohne Hörner, um, wie ein solcher, nur schwer fassbar zu sein. Barka, Häuptling von Makhana (am Senegal) liess ein Kind im Mörser zerstossen, um daraus ein Amulett [1]) zu bereiten (s. Mage) [Jagos]. Unter den Lichtgöttern genannten Königen (den Nachfolgern Buddhacri's in Tibet) entschwanden die Väter am Himmel gleich Regenbogen, so oft ihre Söhne [2]) hinlänglich stark geworden, die Regierung zu führen

---

um ihn gezogenen Zirkel für festgebannt. Die Araber Baramke oder Barmeciden kamen nach Bagdad aus Indien, wo sie den Götzen Bairamk verehrt hatten. Die Pilger feiern das Fest Dahie auf Arafat, wo Abraham opfert. Die Araber berechnen die Zukunft aus dem Zaïrdja. In der Fatel-fal genannten Weissagung blickt die Zauberin in einen auf die Erde gelegten Spiegel und begeistert sich dadurch. In der kleinen Trauer tragen die Beduinen schwarze, in der grossen blaue Kleider (und bemalen sich blau). Ari (Löwe) im Hebräischen. Atanse á la frente Idolos chiquitos, quando quieren pelear (Gomara) en la isla Española.

1) Pascal croyait avoir une amulette et de peur qu'on ne la lui dérobât, il en avait cousu la formule dans la doublure de son pourpoint (s. Burggraeve). Tenian por reliquia una Cabaza de la cual decian haver salido de la Mar con todos sus peces (en la isla Española). The lower two of the four lions (forming the body of the divinity at Pterium) have the tails of fishes (Lennep). Der doppelköpfige Adler findet sich (in Pterium) auf der Seite der Königin (bei Lennep) In Euyuk trägt der doppelköpfige Adler auf seinem Kopf zwei Menschenfüsse. (Ueber dem doppelköpfigen Adler bei Yazili-Kaya steht eine Frau). Dans les comptoirs du bas de la côte, des scapulaires, des images de saints enfermées dans du plomb et différents objects sont vendus comme de préservatifs contre tous les dangers et les maléfices. Les Peulhs appellent cela de bolisso (bolisso-porto) ou gris-gris des blancs (s. Hecquard). Van los Religiosos con unas como Sobrepellices de Algodon blanco, y muchas chias, colgando de los hombros hasta los talones con ciertas bolsas por borlas, en que llevan Navajas de Açabache, puntas de Metl, Papeles, carbon molido y ciertas yervas, los legos Vanderillas con el Idolo que mas precian, y Taleguillas con polvos y punçones (Gomara) en Nicaragua. Die Huronen schrieben dem Horn auf dem Haupt der Schlange Onniont wunderbare Kräfte zu (1648). Die Arkansas und Quapas waren aus dem Wasser heraufgekommen (Nuttall).

2) So dankten die Könige Tahiti's bei Geburt eines Sohnes ab, und (nach Einführung des Buddhismus in Japan) die Mikado. Im XI. Jahrhundert ging bei den Mandingos (in Ganah und Walatah) die Regierung an den Bruder oder Muttersbruder über (Cooley). Die das Amtssymbol der Dorfhäuptlinge in Adamaua bildende Trommel heisst Ganga (Barth). Les Massassis (als königliches Geschlecht in Kaarta) et les forgerons sont affranchis de la peine de mort (ausser im Falle des Ehebruchs mit einer Frau aus den Massassis bei den letzteren). Les Bambaras attribuent de grandes calamités à la promiscuité des castes. Il résulterait de ces relations un monstre, qui causerait la ruine du pays (Raffenel). Le chef des noumous (forgerons) couronne les rois. Das Heiligthum Sythas (neben dem Apollotempel in Neu-Sicyon) wurde von Pythokles neu geweiht, nachdem es im Brande seine Reliquien (die Lanze Meleager's und die Marsyasflöten) verloren. Gideon stellte ein Ephod (Bild) auf. Werden Sklaven der Bambukaner in den Gruben verschüttet, so dürfen sie nicht gerettet werden,

(nach Schlagintweit). Als der dem Juiteva benachbarte Sedanda in Aussatz fiel, tödtete er sich selbst, der Juiteva dagegen weigerte (bei Verlust eines Zahns) den Selbstmord und schaffte für seine Nachfolger [1]) das Gesetz der Tödtung wegen körperlicher Verstümmelung ab (Santos).

---

um den Teufel nicht zu erzürnen, der das Gold im Inneren der Erde bearbeitet und dieser Sklaven bedarf, doch opfert die Familie eine schwarze Kuh, damit ihr Anverwandter eine gute Stellung in seinem Hofstaate erhält (Galberry). Les rois (de Bambouk) portent une corde autour de la tête et un anneau de fer au cou, marques ignominieuses partout ailleurs, et que ces peuples regardent comme le signe du pouvoir qu'a le prince de faire des captifs (Coste). There are instances of parents throwing their tender offspring to the hungry lion, who stood roaring before their cavern, refusing to depart till some peace-offering be made to him (Kicherer) bei den Bushmann). Nomi-no-Shikune (under the Emperor Suinin) substituted earthen images for the living men who formerly used to be buried with the coffin of the Mikado (Mitfort) 24 a. d. Kopfe will unser Pripegala, solche Opfer müssen ihm gebracht werden, riefen die slavischen Priester (1108 p. d.) bei Cinne. Nach Staden steckten die Tupin-Imbae die Feindesköpfe auf Pfählen um ihre Hütten auf. In einem Hause herrscht stets Frieden und Eintracht, wenn beim Bau im Fundament ein Hund vergraben wurde (Frischbier) in Litthauen. Der von den Kalmüken aus den Heerden (um am Altar geopfert zu werden) ausgewählte Himmelshammel (Tengri Tockho) muss weiss sein mit gelbem Kopf (nach Pallas). Den Fischerdörfern (Fouta's) steht eine (zauberkundige) Guieultabe vor, die Tribut empfängt. Die Fähren des Niger hängen in Baghirmi vom Flusscapitän ab. Die Zigeuner Daciens, die Gott als Glod Ello bezeichnen, zerfallen in fürstliche oder Domenesk (als Rudar oder Zimmerleute, Ursare oder Bärenführer, Lajaschen oder Schmiede) und Bojeresk oder bojarische (s. Sulzer).

1) At the accession of the sovereign on the river Sofala the title of Juiteva is assumed (placing him on a par with the Deity), the Kaffers aknowledging no other gods, than their monarch (addressing prayers to him). Sabbacon zog aus Aegypten nach Aethiopien zurück, als ihm der Gott im Traum die Ermordung der Priester befohlen hatte, und dies als ein Zeichen der Abdankung galt. Als der Cazembe die Portugiesen (unter Monteiro) empfing, war er durch einen Bindfaden mit dem äussersten der in zwei Reihen vor ihm (mit dem Rücken gegen ihn) stehenden Horngötzen (vor denen Weihrauch verbrannt wurde) verbunden. Die Frauen des Cazembe waren in Nhandas gekleidet, a kind of interwoven cloth made of the bark of trees. Der Juiteve darf nicht angeblickt werden und gewährt Audienz hinter einem Vorhang (nach dos Santos). Bei seinem Tode versammeln sich die Grossen zum Zerbrechen des Bogens. Die Hütte des Diebes, der das gestohlene Eigenthum wieder herausgeben muss, wird völlig ausgeräumt (bei den Lenape). Auf Hispaniola wurde der Dieb gespiesst (Berghaus). Nach dem spielenden Pfeilkampf zweier Partheien bei dem saturnalischen Jahresfest am Zimboe, redet der Priester orakelnd mit der Stimme des zuletzt verstorbenen Juiteve in Sofala (nach Santos) [Jagas]. Dem obersten Haupt der japanischen Secte Ikko oder Ikkois wird königliche Ehre erwiesen (Caron). Depuis que le gouvernement du Fouta est devenu théocratique, c'est parmi les Torodos qu'on choisit les Almamys (Raffenel). Il est d'usage au Kaarta, que le nouveau roi choisisse sa capitale, Kemmou (1796), dann Elemane, dann (1844) Koghe (Raffenel). Schwere Verbrechen wurden in Peru auch an Familie und Nachkommen gestraft und in Tlascala wurden die Verwandten eines Verräthers bis in das siebente Glied zum

Die Hexenriecher bei den Bechuanen müssen (ausser den geschenkten Ochsen) den Ort des für sie bestimmten Schmuckes ausfinden (nach den ungleichen Keulenschlägen ihres Vertrauten in der Versammlung, die die verschiedenen Aufzählungen im Chor begleitet) und dann den Mann, der es verwahrt (durch den Trank in der Hütte erkannt). Dann wird der Stamm, und in einem Stamm die Familie, genannt. Auch durch Anrichten eines Ochsenmahls wird der Schuldige am Verschlucken erkannt, oder der am meisten Verbrannte (durch Einblasen von brennendem Fett) unter den in einer Hütte eingeschlossenen Verdächtigen. Einer der Zauberer [1]) (bei den Bassutos) schlug

---

Tode verurtheilt. Der serbische Kral Stephan Duschan, der sich nach seinen Eroberungen zum Kaiser (von Rumelien) erklärte, liess (statt bisheriger Abhängigkeit von der Kirche Byzanz's) einen eigenen Patriarchen erwählen (die Bekehrung zur lateinischen Kirche verbietend). Gleichwie die Geistlichen durch ganz Arabien den Sachemir gehorsam, also thun sie in Pegu ihren Abedale, einen Priester, dessen Anhang Abedali (Jogies oder Marabuten) heisst, auch in Malabar, als Einsiedler (nach Le Blanc). Le huitième jour du mois Chorremruz les rois (des anciens Perses) quittaient leur faste pour manger avec les laboureurs.

1) Die Issiutok (or evil men) werden als Zauberer (Hexen) getödtet. La considération du chamane dépend (chez les Koloches) du nombre de ses esprits familiers, qui (lorsqu'il sait adroitement user de leur influence) contribuent essentiellement à son bien-être. Pendant les jours designés pour l'opération du chamane, les parents du chamane, qui l'assistent en tout, n'osent prendre aucune nourriture. Au soir le chamane recouvert le visage d'un masque et commence à courir autour du feu, allumé au milieu de la cabane. Il courbe son corps, suivant la mesure du tambourin, jusqu'à ce qu'enfin ses yeux, constamment dirigés vers la chemin éependant sa course, soient entièrement convulsés dans leur orbit. A la révélation de chaque esprit, le chamane change de masque, en mettant le masque correspendant aux génie avec lequel il est momentanément en contact spirituel. Alors toutes ses paroles sont des inspirations de l'esprit. Les Thaotschou sont les Tschouktschis pasteurs des rennes, les Ankaleku les Tschouktschis marins, les Kavraremkit les Tchouktschis marchands. In Amerika wird ein Spiel mit Stöcken gespielt, wie in Asien das Schach. Les Koloches croient à l'immortalité de l'âme et à la métempsychose, mais ce dernier point de doctrine ne s'applique pas aux animaux. Il se rapporte uniquement à l'espèce humaine et spécialement aux parents du sexe fémine. La défense de manger le chair de la baleine émane (chez les Koloches) directement des chamanes. Le chamanisme est plus souvent héréditaire (chez les Koloches), mais il est nécessaire (pour devenir chaman) d'avoir le pouvoir de se concilier les esprits et de se mettre en contact et en relation unie. Quiconque veut s'y préparer se rend pour quelque temps dans un forêt ou sur une montagne à l'abri du voisinage des hommes. Il s'y arrête 3—4 semaines se nourrissant d'une racine, jusqu'à ce que les esprits, qui s'approchent, lui envoient une vipère de rivière, dans la langue de laquelle on suppose cachée toute la force et toute la puissance mystérieuse du chamane. Tout individu, non initié, qui découvrait ce secret, fut pour cela même exposé à une mort prochaine. Aucun Koloche n'oserait pas tuer une de ces vipères. Après plusieurs autres cérémonies, le nouveau chamane retourne très affamé et tout amaigri auprès de se famille où l'on met aussitôt à l'épreuve son pouvoir et sa science magique. The rival parties of St. Columba and king

den französischen Missionären vor, gemeinsam zu agiren. Das Hexenwesen wird durch die Bassutos auf eine Königin zurückgeführt, die zu Orgien die Thiere des Waldes versammelte und durch eine Zaubergerte einschläferte, während die andere zum Erwecken ihrer Tochter gegeben, aber aus Furcht nicht gebraucht wurde, so dass man am anderen Morgen in allen Hütten die Schuldigen fehlen fand (als der König nachsehen liess). Ein Bechuana, dem man eine Fettgeschwulst ausgeschnitten, zeigte das Fett, das man ihm unter die Haut practicirt hatte (s. Casalis). Das Ausspüren der Krankheitshexen [1]) heisst Pona oganga (bei den Commi) und Oyambi (bei den Otando). Zeigt sich der Trinker des Mboundou (bei den Otando) unschuldig (durch Ausbrechen), so hat der Hexenfinder selbst zu trinken. Um den Zugang der Krankheit aus anderen Dörfern zu hindern, werden (von den Otando) Stöcke mit verbindenden Schlingpflanzen aufgestellt, um die Linien zu bezeichnen, die nicht überschritten werden dürfen [Karen].

Dermod had recourse to carnal weapons as well as to spiritual. The curse of St. Ruadan did not take effect against Tara until after St. Columba's prayers, and the weapons of the party, which he instigated, had triumphed over king Dermod at the battle of Cuildreme (Leslie). The mukekewininee or medical practioner (mus-ke-ke, a dose) is a physician, the meda wininee (meda or mystery) a priest (among the Ottowa). The Jessukawin (art of prophecy) is practised by solitary individual (prophets starting up) von Jeesuka (to mutter or peep). The Wabeno denotes a kind of midnight orgies (as modification of the meda), protracted till morning dawn (wabun or morning light).

1) In ihrem Alter durch Zauberei ausgezeichnete Frauen (unter den Freinegern Surinams) werden Grang-Mama (Grossmutter) genannt (s. Riemer). A mas del Comocois ó sacerdote del tigre habia otros sacerdotes llamados Tiarauqueis (los de la vista perspicaz) bei den Moxos. Nach Ahmed Baba tödtete Za Alajaman (aus Yemen) in der Stadt Kukia (wovon Uk die Zauberer gegen Moses gerufen) den als Fisch erscheinenden Dämon und wurde zum König von Sonrhay erwählt (s. Ralfs). Der Ganga-m-Zambi ist der Priester (Ganga) der Gottheit (Zambi) in Congo (Degrandpré) mit langer Nase (neben den Kissy oder kleinen Hausgötzen). Das Trinken des Schwurtrankes heisst noua-m Kissy (avaler le fétiche). Hat sich der Tayataf-Krieger (an der Südwestküste von Nordamerika) Haare vom Kopfwirbel seines Gegners verschafft, so spricht er im Feuer Beschwörungen, wodurch er zu Grunde geht. Alle die südlichen Nationen tragen ihr Haar auf der Mitte des Kopfes abgeschnitten, aus Furcht vor Bezauberung (Garcia). Die Illiseeth (der Grönländer) citiren die Seelen ihrer Feinde im Finstern vor sich und verwunden sie mit einem Pfeil. Ausser der Gan (Fliege) schickt der Lappe den Zauberball (Tyre) aus (für Krankheiten). Bei den Zauberern (Kaha) werden Speichel oder Excremente des Feindes vergraben (auf Nukahiva). In Tonga werden Flüche (Cabe) in einer Reihe gesprochen (als Wangi) Krankheit sendend. Vor wessen Hause die trabenden Träger durch Einfluss des Todten im Dorf still halten, den beschuldigen die Surinam-Buschneger der Giftmischerei (Wisi). In gleicher Weise communicirt der Todte (wie das Apollobild in Syrien) mit seinen Trägern in der afrikanischen Heimath der Neger, in vielen Theilen Asiens und früher in Europa.

Im Lindheimschen Hexenprocess [1]) bekannten die Frauen nach der Tortur, dass sie eine Kinderleiche ausgegraben und zu Hexenbrei ver-

---

1) Als Fredegunde's Sohn starb, wurde der Präfect Mummolus nebst einigen Weibern von Paris im Hexenprozess gefoltert. Den Besessenen in Neu-England mit Statthalter Phips (XVII. Jahrhundert) erschien ein schwarzgelbes Teufelchen (nach Mather). In den Wildnisson von Jowa bei den noch ganz barbarischen Indianern ist das Tischrücken gewöhnlich. Sargent fand sie im Wigwam oder Blockhaus um den plumpen Tisch sitzen, der Antworten durch Klopfen gab; auch hatten sie sprechende und schreibende Media (s. Perty). Nach Rössinger (in Genf) spricht Christus oder Gott selbst aus seinem Medium, Demoiselle D. (mit dem mystischen Namen Libna). Als die Mitglieder der exegetischen Gesellschaft in Stockholm (1787—1788) sich einbildeten, dass die Wunder des Sonambulismus dem materiellen Menschen nicht angehören könnten und nur reine Intelligenzen aus den Hellsehenden sprächen, ging diese Vorstellung alsbald auf letztere über und sie identificirten sich nach Art der Besessenen mit den vermeintlichen Geistern (der Verstorbenen). Der vitalisirte Stift (beim Psychographiren) schreibt nur in der Hand des Medium. La vertu d'un grisgris n'est jamais mise en questions par les nègres crédules. Si celui qui possède un grisgris contre les armes blanches est blessé par un coup de couteau, sa croyance générale aux talismans n'est pas ébranlée, il dit seulement: „Grisgris pas bon", et il court chez le Marabout en acheter un autre (Pichard). Als ein Neger in Bathurst, die Kraft seines Talismans gegen Waffen zu beweisen, sich zu seiner Verwundung den Bauch aufschnitt, empfahl er nach seiner Genesung dem Marabout, alle Gebete noch einmal genau zu wiederholen, da er eins vergessen haben müsste, weil sonst das Messer nicht eingedrungen wäre. Die oft auf den Bildern (der Mysterien und Vasen) gefundenen grossen Augen (bei den Griechen) beziehen sich auf die Abwehr des bösen Blickzaubers (Pyl). Den Asen stehen (wie Vanen und Alfen) auch die Thursen (Riesen) gegenüber. Pythagoras nennt den Mercur ταμίαν τῶν ψυχῶν. Nach Philo hiess die Hexe von Endor: Sedekla (Tochter der Debicundianite). Der Zauberer der Mennomonis liess durch einen Orkan die Eisdecken des Flusses brechen, auf die die Pelze in Böten zu transportiren waren. Hornung bringt (1862) A. v. Humboldt's Manifestationen aus der sechsten Erkenntnissstufe des jenseitigen Lebens, indem Humboldt, der abgelehnt hatte, während des Lebens auf Hornung's Fragen über das Tischrücken einzugehen, nach dem Tode befragt wird. Ausser Leopold v. Buch erscheint auch der Geist Bompland's in der Sitzung. Das Vorhandensein der Mediumskraft (mediumnity) ist mehr das Resultat einer physischen, als einer mentalen oder moralischen Organisation. Ruggles schrieb (nach Edmonds) Französisch, Deutsch, Lateinisch, Griechisch, Armenisch. Mason erhielt durch die Camera obscura Porträts, so das eines Verstorbenen, den er nie gesehen. Werden Namen von Verstorbenen auf verschlossene Billets geschrieben, so erscheinen sie wie tättowirt auf dem Arm des Mediums Colchester. Beim Aufstehen verschwinden die Stigmata. Es seiend in der Natur praedictiones et divinationes, das ist Weissagungen zukünftiger Dinge, zum Guten und Bösen, aber was es sei, kann niemand wissen noch sagen (Frank). Die Negerinnen (in Goree) begleiten ihre zur See gehenden Männer an den Strand und heben von den Fusstapfen Sand in einem Tuch geschlagen in ihrem Bette auf (s. La Barthe). Nach Tatian verkehrte Demokrit mit dem Magier Osthanes (zur Zeit des Artaxerxes). Nach Diogenes war Xanthus ein Lydier. λογια des Zoroaster. Nach Herodot vertilgten die Magier Ameisen, Schlangen und Ungeziefer. Sextus Empiricus beschuldigt die Germanen der ἀῤῥενομιξία. Nach Strabo stellten

kocht hatten, und obwol der Mann Einer derselben das Kind unverletzt im geöffneten Grabe fand, wurde sie verbrannt, weil (nach dem Inquisitor Geiss) dies nur teuflische Verblendung sei und das Geständniss der Processirten mehr gelten müsse, als der Augenschein. Theophilus (zur Zeit Justinian's) macht durch einen Juden einen Pakt mit dem Teufel (weil er vom Bischof abgesetzt). Bei den im Mondschein nackt ausgeführten Maskentänzen [1]) der Aleuter waren die Frauen

die Germanen die rohen Celten vor, ehe sie von den Römern cultivirt wurden. Nach Livius waren die Skordisker (aus Gallien) gleicher Sprache und Sitten mit den Bastarnern Nach Tacitus waren die Bastarner Germanen. C'est à Bayeux que les Normands ont conservé le plus long-temps leur idiome primitif (s. Pluquet). Il y a de bons et de mauvais sorciers; les premiers guérissent, lèvent les sorts, font retrouver les choses perdues, signalent les voleurs et découvrent les trésors; les seconds donnent des maladies, font mourir le bétail, gâtent les récoltes, envoient des rats etc. (Pluquet). Les Hans sont des esprits, qui habitent certaines maisons, en déplacent les meubles tourmentent les habitans et font toutes les nuits un horrible tapage.

1) Estos cantares les quedan en la memoria, en lugar de libros de recuerdo, y por esta forma recitan las genealogias de sus caciques y reges á señores que han derido y los obras que hicieron, y los malos ó buenos temporales que hon passado ó tienen, ó otras cosas que ellos quieren que à chicos ó grandes se comuniquen ó sean muy sabidas é fixamente esculpidas en la memoria. Y para este efecto continuan estos areytos (en la Isla Española). Algunas veces junto con el canto mezclan un atambor que es hecho en un madero redondo, hueco, concavado (Oviedo). Der (altfranzösische) Romane Viane ist nur ein organisches Fragment eines grossen Geschlechtsgedichtes, das von Generation zu Generation fortschreitet (Uhland). Beim Tanz Manais rasseln die Chiquitenos mit einem Kürbiss. As a further charm to exorcise the portant (of the poisonous smoke of the volcanic depression at Sarusawa in Yamato) the dance called Sambaso, which is still performed as a prelude to theatrical exhibitions by an actor dressed up as a venerable old man, emblematic of long life and felicity, was danced on a plat of turf in front of the temple Kofakuji (Mitford). The plague (in Rome) was cured by the help of Etrurian dancers, whence the origin of the Roman drama (Liebrecht). Regarding the illness as the work of witches or wizards the Indians in the Colorado-valley dance (to propitiate) the dance of deprecation (Taylor). The devil-dancer is worshipped as a present deity by the Shanars of Tinnevelly (s. Caldwell). The conjurors (in the devil-dancing) of the tribes on the Lukiang are called Mumos. In Betreff der Mythen und ihrer ungeheuerlichen Schöpfungen bemerkt Socrates (im Phädrus), dass er für Aeusserungen geistreicher Erklärungen keine Zeit habe, indem er noch nicht dem delphischen Verlangen, sich selbst zu kennen, Genüge gethan, und es für den Menschen lächerlich scheine, sich mit Sachen zu befassen, die ihm nichts angingen [Confucius und Erde]. „Also überall Räthsel und Geheimnisse, die uns treiben, der zukünftigen Dinge in Geduld zu harren, bis sie vor unseren Augen erfüllt werden," bemerkt Wangemann (1862) bei der Erörterung, den Ort des Hades zu bestimmen, den Zustand der Abgeschiedenen, den Grad ihres Bewusstseins, ihr mögliches Wiedererscheinen auf Erden u. s. w., worüber die Schriftzeugnisse sich beständig widersprächen. „Es wird bei der Auferstehung der Todten also zugehen: Der Herr Jesus wird plötzlich und unerwartet in jener sichtbaren Gestalt, in der er gen Himmel auffuhr, in den Wolken

von denen der Männer, und umgekehrt, ausgeschlossen (s. Dall). Der dann im Rausche [1]) der Datura aborea (Floripondium) von dem nächsten Verwandten gesehene Zauberer (Mohan der Agorero) muss in einer Hängematte in freier Luft neben die des Kranken gehängt, dessen Kur übernehmen (in den Pampa del Sacramento). Nach der Consecration des Krystalles lässt der Geist dem hineinblickenden [2])

---

erscheinen" (auf dem Thron sitzend). Wer den heiligen Bezirk des lykäischen Zeus (ohne Bildsäule) betrat, musste noch in demselben Jahr sterben. Die Pfeile der Ashongo glitten von du Chaillu's Körper (obwol verwundet) ab, und Magonga hatte gehört, dass er sich in einen Leopard verwandelt und von den Bäumen auf die Feinde gesprungen, sowie als Gorilla oder Elephant. Wenn die Truppen bei der Revue auf Befehl des Soolima Generals Yarreedee (seine Grisgris schüttelnd) auf ihn feuerten, ging keine Flinte los (the priming always burning in the pan), bis sie in die Luft schossen (Laing), the soldiers having some slight-of-hand method of stopping and opening the touchhole at pleasure. Hemmersam, wie ihr verstorbener Mann und durch den Tod weiss geworden, nimmt die Mohrin (bei Mina in Guinea). In Wogoor tanzen die Frauen nackt hinter einem Schirm beim Segee-Fest (Elliot).

1) In Thracien berauscht man sich am Feuer mit dem Rauch verbrannter Kräuter (Eusebius). In the end every one of them was drunk, which had been on board our ship all the time that ive had been there, and that was strange to them, for they could not tell how to take it. The canoes and folks all went on shore, but some of them came again and brought strings of beads (wampums) unter den Mohawks von Albany (Hudson) 1609. Der dem Neugeborenen (bei den Bambara) bestimmte Name wird ihm durch den Griot in's Ohr geschrieen (Raffenel). Mudao o nome todas as vezes que lhes morre parente ou escravo (os Guaycurus). Am dritten Tage nach der Geburt erscheinen am Bette die Fatiten genannten Feen (in Dreizahl), das Geschenk zu besprechen (bei den Albanesen). Den bösen Geistern der Joulo-Gadze opferten die Lappen um Weihnachten (Leems). Das Gespenst Udboer (Epparis) heult, bis das Kind einen Namen erhalten hat. Ein bei schönem Wetter geborenes Kind wird glücklich sein (in Kamtschatka), während ein im Regen geborenes überall Sturm verursacht. Señor Salçedo, lévantate y perdónanosque caymos contigo é iremos nuestro camino, sagten in Puerto Rico (Boriquen oder Sanct Johan) die Indianer des Caziken Urayaon (der Provinz Yaguëca), als sie (um zu versuchen ob die Spanier als Sonnenkinder unsterblich seien) ihn beim Flussübergang ertränkt hatten (s. Oviedo). Der Cazike Agueybana verband sich (zum Verbrennen der Ansiedlung San Cristobal) mit dem Caziken Guarionex auf Puerto Rico. Die Cariben der benachbarten Inseln machten Einfälle in Puerto Rico (nach Oviedo) mit vergifteten Pfeilen. Als du Chaillu verschiedene Male (für geologische Untersuchung) den Granitblock bei dem Dorfe Mokenga besucht (mit dem Ishogo), verbreitete sich das erschreckende Gerücht, dass derselbe durch den Ogvizi (Geist) bewegt sei (und an einer anderen Stelle läge) und erhielt sich trotz des Protestes und der Aufforderung genauer Untersuchung.

2) Nach Meyer wird aus dem Erdspiegel geweissagt. Wollte Cahagnet Gesichter hervorrufen, so heftete er seine Augen auf einen spiegelnden Gegenstand und richtete dann „an die Unbekannten" Fragen. Beaumont spricht von einer Person in Irland, die durch Anschauung eines Schulterbeins von einem Hammel dem Herrn desselben das Schicksal seiner Familie vorhersagt. Nach Rubruquis legte der Mongolenchan drei Schulterbeine vom Widder in's Feuer. Ein spanischer Nekromant schrieb (nach Paracelsus)

Kinde die Vision sehen (nach Barth). Das Geräusch eines knisternden Holzbrandes wurde bald als ein Gelächter des Hephästos oder

---

Charactere an der inneren Seite einer Glocke und sah Gestalten, wenn diese läutete. Iqui, iqui (mein Geist, mein Geist) rief der Indianer, dem Baucke (in Paraguay) einen Spiegel vorhielt. Wasser ist (nach Ashira) durchsichtig, weil die glänzenden Nagel der Prinzessin Arondo-jenu, die sich (als ihr Gatte Atungulu Shimba ihren Bruder Reninga gegessen) ertränkte (du Chaillu). Nach Varro kam die Divination aus dem Spiegel, wozu besonders Kinder gebraucht wurden (aus Persien). Andronikus Comnenus erforschte (nach Niketas) die Zukunft aus dem Wasser (Joseph aus silbernem Becher). Beim Deasilgehen der Hochschotten umkreist der Seher oder die Seherin dreimal den, dessen Schicksal divinirt werden soll, um das Fernsehen anzuregen. Der Seherknabe in Kairo sah (im Tintenfleck der Hand) Nelson verkehrt wie im Spiegel (Schubert). Die Knaben in Kairo sehen zuerst immer einen kehrenden Besen. There was a saying abroad, that a man named Nga-tsa-kan (corn-sieve) would destroy the country, and a gust of wind carrying away the cornsieve of a woman, the people on hearing her cry, thought Nga-tsa-kan was come and separated into three hostile divisions (in Prome). Während du Chaillu's Aufenthalt orakelt die Mbuiri-Frau über die Eviva oder Pestilenz (bei Ausbruch der Pocken). The Singpho (a man in the Kakhyen language) propitiate the Nats (the Mboo Nat or Spirit above, the Gha Nat or Spirit below and the Spirit of the houses) by sacrifices (Hannay). The diviner of the Singphos helds a piece of Nûl grass (containing several joints) over the flame, until by the heat, one of the joints burst with a sharp report, the fracture on each side of which was thrown out a number of minute hair-like fibres was carefully examined (Hannay). The Shans designate themselves of the race of Tai or Tai Loung (Hannay). When Yunnan came under the dominion of the Tartar dynasty of China, Moonkong or Moong Khao Loung (Mogauny of Burmah) was the seat of a powerful Shan kingdom (Hannay). The Burmese call the Siamese „Shanghyee“, head of the Shans or eldest branch (Hannay). The name of Laos or Lawa is given to the Shans generally of their Northern Chinese neighbours (Hannay). Die Gottesstimme (Boze Sedleschko) weissagte den Serben (s. Anton). Mardonios hatte den Hegesistratos, einen Weissager aus dem eleischen Sehergeschlecht der Telliaden, in seinem Heere. L'usage de la cuiller est très recent en Gascogne. Die Frauen hiessen Haden in der Gascogne (s. Moncaut). Manto (Tochter des Tiresias), die bei Zerstörung Thebens nach Delphi gesandt wurde, hiess (nach Diodor) Sibylla (wegen ihrer Orakel). Bei Pisistratos war der akarnanische Seher Amphilytos, bei Thermopylae Megistias, der sein Geschlecht von Melampus herleitete. Die mit den Persern verbundenen Griechen bei Platäa hatten den leukadischen Seher Hippomachos bei sich. Bei Pyrrhos fand sich der Seher Theodotos. Den ambrakischen Seher Silenos (bei Kyros) wollte Xenophon (für Gründung einer Colonie am Pontus) heranziehen. Der Jamide Thrasybulos kündete den Mantineern Sieg gegen Agis und die Lakedämonier unter Podares. Vor der Schlacht opferte auf der Seite der Spartaner Hekas, ein Nachkomme des Hekas, der mit den Kindern des Aristodemos nach Sparta gekommen war. Das Opfer der Messenier besorgte Theokles, Sohn des Eumantis, eines eleischen Jamiden, welchen Kresphontes mit nach Messine gebracht. Tisamenos war nicht der erste Jamide in Sparta, sondern schon zu König Theopomp's Zeit war Demonakos, Sohn des Jamos, Lochage gewesen (s. Echermann). Anaxilos lud die unter (dem Jamiden) Mantiklos geflohenen Messenier nach Rhegium (gegen Zankle) ein. Mit dem Korinther Archias zog ein Jamide aus Stymphalos nach Syracus. Apollonius sah in Ephesus Kaiser Domitian in Rom ermordet. Ein Hirnkranker sah (nach Augustin) das Leichenbegängniss seiner Frau.

der Hestia aufgefasst [1]) bald als ihre Drohungen (s. Aristotel.). Wenn der in eine neue Hütte (in Russland) gesetzte Hahn Nachts nicht kräht, findet sich der böse Geist [2]) noch darin (Woycicki) und muss durch

---

Als Graf Caylus beim Trictac auf einem der Würfel einen Blutstropfen und neben sich einen Capuziner sah, erkannte er den Tod seines Bruders.

1) Die Mantik aus Schulterknochen ist (nach Wrede) bei den Arabern im Gebrauch (sowie bei den Tscherkessen). Der Saduk (in Soolima) prophezeit aus Figuren in den Sand gezeichnet. Am Fest Letnice werden an manchen Orten Galiziens die rothgefärbten Eierschalen in den Fluss geworfen, wobei die Ansicht gilt, dass, wenn diese Eierschalen in das Land der Rachmanen gelangen, diese dann erst ihr Fest feiern (Hanusch). Die meisten Geisterschriften scheinen (nach Guldenstubbe) mit Bleistift geschrieben zu sein. Edmonds, der vom Sehen verstorbener Freunde berichtet, kam auch mit Calhoun, Baco und Swedenborg in Verbindung. The Tchiko (the spirit Medium of the West) profess to give tidings of the dead or those, who have gone to distant countries (Mitford) in Japan. Die Frau eines Handwerkers in Frankfurt sah vor dem Tode eines Verwandten dessen Bild (s. Moritz). Nach dem Abschied von Frederiken sieht Göthe sich selbst entgegenkommen. Der 1809 verstorbene Hofrath Schulze zu Arnsberg hinterliess (nach Voraussicht) eine Handzeichnung der 1816 erbauten Kirche unter Erweiterung der Stadt. Stellt sich (in second sight) bei den Trauungen eine Person ohne Kopf dar, so stirbt sie zuerst, steht noch eine zweite Manns- oder Frauensperson neben den Brautleuten, so bedeutet es zweite Ehe. Als Kind hatte eine Professorin einen Sarg gesehen, in der Nacht, wo ihr Vater im fernen Weimar starb (nach Perty). Ein Pferd des Pastors Hansen zu Lindholm scheut vor der Stelle, wo bald der Sarg der Pastorin gezimmert ward. Mamady-Kandia (König der Bambaras) entnahm sein Orakel einer Prophetenfrau. Wenn Campbell Jemandes Schicksal ergründen wollte, sah er ihn längere Zeit an, worauf sein Gesicht sich bald wie mit einer Wolke bedeckte, bald einen Glanz annahm. Beim Kaninchenschiessen auf der Insel Mount Stromboli (14. Mai 1686) sah Capitän Barnaby seinen Nachbar Bootty in die Flammen des Vulkan hinabsteigen. Als die Wittwe auf Diffamation klagte, wurde sie abgewiesen. Gonsalvo hatte durch einen Marabut die Ankunft des Captän Jobson in Afrika erfahren (1621). Richardson's Ankunft in der Stadt Tintalus (1853) war durch eine kurz vorher gestorbene Negerin, die als Prophetin galt, dem Häuptling vorher verkündet worden. Die Wahrsager der Chaldäer (*Χαλδαίων οἱ λόγιοι*) warnten Alexander vor dem Einzug in Babylon). Nach Burke prophezeite (aus der Tinte) der koptische Knabe des Magiers Magraubin in Alexandrien dem Midshipman Croker, dass er mit Gold auf der Achsel gegen Indianer fallen und unter einem Baum auf einem Hügel bestattet werden würde, wie es sich (nach seiner Ernennung zum Fregatten-Capitän) auf Tongatabu erfüllte (s. Bülau). Lady Eleonor Campbell sah in dem Rauchwerk des Magiers ihren Bruder im Kampf mit ihrem geschiedenen Gatten Viscount Primrose (nach Burke). Nach Choisy wurde der Gräfin von Soissons (Nichte Mazarin's) durch ein Mädchen im Wasserglase der Tod ihres Gemahls vorher gesagt. Nach St. Simon erfuhr der Herzog von Orleans aus einem Wasserglase, dass er Regent werden würde. Nach Rimual ward ein Dieb von einer keuschen Person in einem Spiegel oder Gefäss mit Weihwasser gesehen.

2) Die Otando zeigten den Apono, dass der Geist (Ognizi) wie andere Menschen ässe und tränke (als du Chaillu). Du Chaillu's Füsse (als in Stiefeln) galten für Elephantenfüsse [Pferdefüsse des Teufels im Kothurn]. A child (among the Ahts) having seen (in a dream) his deceased parent (and waking with a scream), the nearest relative scores (with a knife) the ghost-seers arms and legs till the blood comes, which is received into a

Weihungen ausgetrieben werden, vor dem Beziehen. Zieht man den

dish, and sprinkled on his face and on the part of the house where the spirit seemed to be (articles belonging to the dreamer are thrown into the fire) [Odysseus]. Bose Menschen spuken nach dem Tode als Amagwira (bei den Aquapim). Jeder Neger halt als Feier den Wochentag seiner Geburt. Wer die Speiseverbote gehalten, gelangt (in Guinea) nach dem Tode in das gluckselige Land des Innern (Bosmanque), wer nicht, wird im Wasser ersäuft. The Puck-wudj In-in-ee-sug or Fairies, afraid of the supernatural strenght of Kwasind (who helped Manabozho to clear away the obstructions in the streams (killed him, by hitting on the only vulnerable part of his body) the crown of his head, where all his strenght was concentrated) with the seed vessel of the white pine (Schoolcraft). When the child fell ill O-no-wut-a-qut-o's companion (looking through a hole in the sky) ordered them, to rend up the sacrifice of a white dog (according to the Ottowa). According to the Algonquin the Delaware Indian Eroneniera (on his way to visit the master of life or the Great Spirit) had to climb a steep mountain, smooth as glass [Polen]. According to the Ottowa to boy Joscoda (with his companions) travelled to the East (towards Waubunong) to reach the sun. Wewaquonidjig (those who had hats on) or Europaeans (in Amerika). Herodot erwähnt den Fluss Karpis und die Insel Karpathos. *Καρπάτης ὄρος* bei Ptolem. Les Karpi sont les Khrbati ou Khrovati (habitans des sommets ou Khrbeti). Der Wichtelmann in Hessen ist so alt, wie der Westerwald und hat doch noch nicht Eierschalen kochen sehen, ebenso wenig wie der irische (der 1500 Jahre auf der Welt ist) oder der schottische (der mit 7 Jahr zur Amme kam und dann 4 Jahre lebte) oder der bretagnische (der das Ei vor der weissen Henne und die Eichel vor der Eiche gesehen), glich Merlin der Wilde (bei Gottfried von Monmouth), um den Wechselbalg zum Gestandniss seines Alters zu bringen. Als das Nörglein (auf dem Nördersberg) die Eierschalen auf dem Heerde als Hühnlein gewahrte, lief es davon, und dass der Nörgl in Kammerveit (der Kammerveit neunmal Wiese und neunmal Wald weiss), und der Nörgl in Tarnell (der den Böhmerwald neunmal jung und neunmal alt weiss). Der dänische Wechselbalg hat dreimal jungen Wald auf Tisö gesehen, aber nie ein mit Haut und Haaren gefülltes Schwein. Als Ajax vor seinem Zweikampfe mit Hektor die Achaer beten heisst, meint er zuerst, sie sollten es leise thun, damit die Troer ihnen im Wettgebete nichts abgewönnen. Das gewöhnliche Emporheben der Hände im Gebet (bei Homer) steigert sich im Augenblicke der höchsten Noth bis zum Emporziehen und Ausraufen der Haare, wie (ähnlich der Geberde beim Gebete) der seinen Sohn anflehende Priamos thut. Wie Agamemnon (bei trügerischer Siegesverheissung) und Menelaos (beim Zerbrechen des Schwertes) schilt auch Asios (beim zurückgeschlagenen Lagersturm) den Zeus. Les Tchouktsches n'ont pas de nom générique. Dans les contrées de l'ouest, ils s'appellent Tchekto ou Tchaitchou. Ils se divisent en Tchoukts sédentaires en Tchouktches habitans des côtes et en nomades ou Tschouktschs pasteurs. Les premiers, en partie descendants des Eskimos d'Amérique, sont pour la plupart dans la dépendance des derniers. Les esprits (des Koloches) se divisent en génies supérieurs (des héros tués dans la guerre, habitant le ciel et se montrant dans les aurores boréales), de la terre (de l'homme décédé naturellement, apparant aux chamanes sous la forme d'animaux terrestres), de la mer (des animaux aquatiques, apparant ainsi). Outre ses esprits, chaque Koloche a son Yek, qui l'entoure sans cesse, comme un génie tutélaire, mais s'il devient mauvais ou impur, son Yek l'abandonne. Tous ces esprits aiment l'extrême propreté et ne peuvent être conjurés qu'au bruit d'un tambourin ou d'un instrument, qui représente un oiseau au bois creux et rempli de petits cailloux. Dans le déluge universel, les hommes se sauverènt sur un grand bâtiment,

weiblichen Wald-Dämon [1]) Ssalmasti eines der langen Haare aus, so ist er unterthänig (bei den Charatschai).

Bei den Kol [2]) verehren die zu demselben Dorf Gehörigen eine

---

qui brisa (sur un rocher) en deux moitiés et causa les diversités de langues. Les Koloches représentent l'une moitié, et la reste des peuples représente l'autre.

1) Das Edelmädchen Dziewitza (Dewana) streift (als Diana) um Mittag in den Tannenwäldern umher (bei den Slawen). Babiagora (mons Babae oder Bamberg) galt (im Tatragebirge) für einen von Hexen und Gespenstern besuchten Blocksberg. Swatowit heisst Enkel Baba's (s. Hanusch). Die gegen Inca Viracocha empörten Indianer unterwarfen sich, als ihre Strohdächer durch einen glühenden Schleuderstein (des Kaisers) angezündet wurden, und sie ihn vom Himmel gefallen glaubten (Erasm. Fr.). In dem Kloster vón del Rio werden die nächst sterbenden Mönche im Chor ohne Köpfe gesehen (Kampf). Als König Georg von England starb, sah ein Hannoveraner eine Leichenprocession aus dem kurfürstlichen Schlosse kommen. Bei Nacht einen Schatten sehend, wurde Prof. Lysius auf das Nachdrücklichste innerlich imprimirt. Umbra matris tuae (obwol die Mutter nach den letzten Briefen gesund gewesen). Schauroth's Tochter sah (25. Januar 1753) den Brand des Schlosses Baireuth am nächsten Tage (s. Bayreuther). Bei dem Knaben in Trebur meldeten sich die Sterbenden kurz vor dem Tode und erweckten ihn, wenn er schlief (s. Kieser). Die Geheimräthin (in Leipzig), an deren Stelle der gastgebende Professor ein Gerippe gesehen, starb in den Wehen nach dem Fortfahren. Wenn der Sturmwind in Kreise wirbelt und trocknen Staub in die Höhe hebt, hält der böse Geist (Zlyduch) seinen Tanz (in Polen). Man schliesst dann in der Hütte alle Oeffnungen (Woycicki). Als ein Knecht ein glänzend bezaubertes Messer in den Wirbelwind warf, stand plötzlich Bies in demüthiger Stelle vor ihm, krumm und zitternd (nach seinen Befehlen fragend). Cacodaemones hominibus illudere spectris sacrae docent literae (Holl.). The Kalishas (priests of Wak) go about (among the Gallas) carrying a whip and a bell with them, like the public fools of Zekarotsh in Tigre (Isenberg).

2) Früher wohnten im Lande der Munda-Kol die Assur (oder Eisenarbeiter), von denen noch die Reste der Burgen (mit viereckigen Ziegeln) erhalten sind (an Stellen, wo früher viel Gold in Ringen und Schmuck) gefunden wird, und Gräber (unter Steinen) erhalten sind. Eins der Schlösser liegt zehn Stunden südlich von Ranchi am Tajna-Fluss beim Dorfe Sartkeulidi. Die Fundamente des Jaggernauth-Tempel bei Ranchi wurden von den Assur (mit übernatürlichen Kräften) gebaut (vor der Zeit der Hindu), sowie der Tempel Dhobi-Mat in Doisa. Die in der Provinz Bassia unter den Munda-Kol lebenden Eisenarbeiter galten für Nachkommen der Assur. Da die Assur soviel Eisen arbeiteten (Tag und Nacht), so dass das ganze Land stank, und aus Zorn der Gott (Sing-Bonga) seinen Sohn Mnian (einzig) sira (eingeboren) Hon schickte, sie zu vernichten. Die Assur assen und tranken Eisen, und hielten sich gleich Sing-Bonga und Marang-Bonga oder grosser (böser) Bonga, den Tiefengöttern und Berggöttern und grossen Göttern. Durch das stete Eisenfertigen der Assuren und Devta, bitten alle Wesen (gross und klein und das Menschenkind oder Manao-hom), die zu Sing-Bonga schrieen, dessen goldener Sitz glühte, im Himmel (und die Erde zitterte). Zu den 12 Brüdern Assur und 13 Brüdern Deota schickt Sing-Bonga zwei Vögel, dass sie, wenn bei Tage, nicht bei Nacht schmelzen möchten. Sie drohen aber, dass sie Sing-Bonga, wenn sie ihn fassten, zurichten würden, wie das Böcklein beim Opfer. Die mit rother Erde und schwarzer Kohle beworfenen Vögel wurden gesprenkelt, dem Hinchua wurde mit der Zange der Schnabel krumm gebogen, dem Kerketta wurde auf den Kopf geschlagen. Dann schickt Sing-Bonga die Lerche (die Kindersängerin)

Bonga und je 5—22 Dörfer bilden zusammen einen Kilih, gemeinsam (meist nach einem Thier) benannt, wobei die zu demselben Kilih Gehörigen nicht unter einander heirathen dürfen. Findet Auswanderung nach neuem Lande Statt und macht sich bei weiterer Urbarmachung Gründung weiterer Dörfer aus den ursprünglichen nöthig, so blieben Alle diese in demselben Kilih (und also Verwandtschaft) verbunden. Jedes Dorf zerfällt in zwei Geschlechter, das des Munda-Dorfes (oder Häuptlings, der die Versammlungen beruft und an der Spitze steht) und das des Pahan-Dorfes, aus dessen Familien der Pahan oder Priester gewählt wird, der in dem bei Ausrodung der Wälder stehen gebliebenen Hain (Sarna) die Opfer (bei Ernte, wenn sich ein Tiger zeigt u. s. w.) bringt (auf dem Opferstein zum Abhauen des Huhnkopfes). Ueber den Dörfern eines Kilih steht ein Rajah und die politische Einrichtung des Mantik wurde später eingeführt. Als Zauberärzte besitzt das Dorf den Deonra (in dessen Hause sich ein Pflock findet, auf dem in Krankheitsfällen den teuflischen Geistern geopfert

---

und den Raben (den Haushalter) an die Assur, dass sie entweder nur bei Tage oder nur bei Nacht blasen sollten. Die erzürnten Assur werfen die Lerche mit rother Erde, den Raben mit schwarzer Kohle. Zum dritten Mal schickt Sing-Bonga den Geier, sie zu warnen, aber ihm ziehen die Assur das Ohr aus und drücken ihn am Hals, so dass er schwillt. Erzürnt lässt sich Sing-Bonga von seiner Frau das Schwert geben und kommt in Menschengestalt herab, auf die Erde, wo er den aussätzigen Knecht der Lutkum buria und Lutkum haram (des alten Ehepaars) trifft, ihm die kranke Haut auszieht und eine neue an, so dass er zu seinen Eltern zurückkehren kann (weil nicht mehr aussätzig). Dann kehrte Sing-Bonga in den Himmel zurück, und schickte seinen Sohn, den er mit der abgezogenen Haut des Aussätzigen bedeckte. Dieser kam zu einer Quelle, die vertrocknete, aber nach einem Streit mit den Schöpfenden wieder hervorquoll. In's Dorf kommend bittet er um Arbeit bei den Munda, wird aber zurückgewiesen, und ebenso bei den Assur, bis er zu den armen Leuten Lutkum kommt und dort um Essen bittend weint. Diese lassen ihn das Haus bewachen (während ihrer Abwesenheit zum Kohlenmachen). Mit den Knaben der Assur Ball spielend zerwirft er mit Eiern ihre Eisenkugeln und zerschlägt mit Stöcken aus Brod ihre Eisenstöcke. Die Knaben verklagen ihn, dass er die Hühner und das Korn nicht bewahrt, aber es findet sich in Fülle, so dass dieser Kasra-Kora (Aussatz-Knabe) Toro-Kora (der wunderbare Knabe) im Dorfe bekannt wird. Die Assur finden sich plötzlich in der Unmöglichkeit, Eisen zu machen, und befragen die Soka (Wahrsager), die ein Menschenopfer anzeigen. Da sich kein Mensch findet, bietet sich der aussätzige Knabe an, und wird in die Esse geworfen, kommt aber dann gesund und mit Gold behangen wieder hervor. Als die goldgierigen Assur fragen, woher die Reichthümer seien, rieth er ihnen, eine grosse Esse zu bauen und hineinzuspringen. Als die Frauen sie schreien hören, erwiedert er ihnen, dass sie sich stritten. Als er dann zum Himmel zurückkehren will, halten ihn die Wittwen fest, weil sie jetzt Nichts zu essen hätten und ihn behalten müssten. Er wirft einige in die Tiefe, einige auf die Berge, einige in's Wasser, wo sie sich dann in Dämonen verwandeln. Eine der Frauen, die schwanger war, gebar einen Sohn, der in das Wasser gesetzt wurde und nun Stammvater der Europäer wurde (nach Mittheilungen des Herrn Missionär Jellinghaus).

wird) und den Soka, der durch ein Sieb (eine Reiswanne sehend) auf gestellte Fragen Antwort giebt. Bei einem Todesfalle werden 6 weit von einander entfernt lebende Soka um die Ursache gefragt, und bezeichnen sie einstimmig denselben Namen der Hexe, so wird dieselbe getödtet. Um die Art der Krankheit zu erkunden, streut man Asche um die Leiche, und in derselben drückt sich dann der Fuss desjenigen Thieres (Huhn, Hund u. s. w.) ab, in dessen Gestalt der Teufel den Tod verursacht hat. Neben jedem Dorfe findet sich ein Kirchhof, in welchem die Mundas die Asche des verbrannten Todten unter einem flachen Deckstein (auf anderen ruhend) niedersetzen (während die Uraon die Asche des Verbrannten in den Fluss werfen). Für berühmte Leute, deren Andenken bewahrt werden soll, werden auf dem Felde rohe Steine (Nisan) aufgerichtet. Abgeschiedene Seelen gehen um als Mua (mit der Stimme Ersticktor redend) ehe sie zum guten oder bösen Platz gezogen. Narok oder Hölle findet sich im Süden. Die dämonischen Gottheiten werden in Ikkur-bonga (Götter der Tiefe) und in Burru-Bonga (Götter der Berge) getheilt, unter Singh-Bonga, dem höchsten Gott der Sonne (Singh), von der alles Gute kommt. Am Ende der Tage werden sieben Sonnen die Welt verbrennen. Als Singh-Bonga aus Lehm den Menschen in ganz kleiner Gestalt (als Knaben) gebildet, kam ein Pferd, und warf ihn durch einen Hufschlag um, dass er zerbrach. Gott schuf deshalb den Hund zur Bewachung, und so konnte der belebte Mensch zu seiner passenden Grösse auswachsen. Als die Menschen schlechter wurden und sich nicht waschen wollten, sandte Gott den heftigen (Sengel oder feurig) Regen (daa oder Wasser) in die Fluth (Sengel-daa) und alle Menschen gingen zu Grunde, ausser einem Paar, das sich in eine Höhle unter die Wurzel des (schwarz gebliebenen) Ebenholzbaumes (Keont) flüchtete (bei den Mondas). Nach den Uraon diente die Höhle des Krebses bei Serasita als Zufluchtsort für ein gerettetes Geschwisterpaar (Bruder und Schwester). Gott beauftragte dann die Schlange Luur oder Luur-Bing (Bing oder Schlange), sich am Himmel auszudehnen und das Wasser zurückzuhalten (wie jetzt bei Ende jeder Regenzeit geschieht), und in dem Regenbogen zeigt sich die Seele der Schlange, während ihr Körper dann auf der Erde todt bleibt. Auch Nag wird gebraucht für Schlange. Die neuen Menschen wurden dann von Gott zusammenberufen, gesammt mit den Thieren, und zuerst von Allen erschien auf dem Platz der Kula oder Tiger, der seitdem das Recht hat, die Menschen zu fressen. Die Brüder des Menschenstamms trennten sich später und wanderten in ihre verschiedenen Localitäten, wo die (anderssprechenden) Uraon später ankamen als die Mundas (gleichsprachig mit den Ho), die die Speisen der Uraos essen, aber diese nicht die der Mundas. Von sich selbst redend nennen sich die

Munda (das Häuptling-Volk von Munda oder Häuptling) Horo, die Menschen, während andere Leute im Allgemeinen Manoa heissen. Die Tigermenschen heissen Kula-Horo. Eines Tages wurde aus dem Stamm der Munda ein wunderschöner Knabe (von einem Brahmanen, als Vater) gefunden, und als man ihn zum König erhoben (in Deusa), wurde aus seiner Abstammung die Nagbansi-Dynastie der Rajah von Chota Nagpur begründet. Im Mond sieht man das Bild eines Affen (Hanuman). Die Ho [1]) und die Palka-Munda (Stock-Munda) haben ihre alte Stammeseintheilung unverändert bewahrt (besonders in Kolhan bei Ranchi), wogegen die Eigenthumsverhältnisse der Mundas vielfach durch Einmischung der Hindu-Regierung in Chota Nagpur verändert sind und ihre Dorfverfassung modificirt.

Der Crih-Indianer Mähsette-Kinnah (in Fort Union) war als Zauberer [2]) (für Voraussagungen und Wunderkräfte) berühmt (auch bei

1) Die Muselmänner heissen Turku-horo, die Hindu Kero-horo bei den Kol (horo oder Menschen). In Sonapur gehen Orissa- und Ghond-Sprache in einander über. Der Orang-Buru bewohnt den Marang-buru. Die Hausgötter (orabonga) sind die Vorfahren (ora oder Haus). Nila (aus Mahishmati) führt dem Kuru ein Heer tapferer Bewohner aus Daxinapatha zu (in Mahabharata). Im Geschlecht der Haihaja (von Jadu stammend) herrscht Arjuna Kartavirja, Nachkomme des Mahishmat (der von Ravana erschlagen wurde) in Mahishmati an der Narmada. Wilson leitet die Haihaja oder Haja von den Hoiei-hu oder Hia. Die Santal (aus dem grossen Berg geboren) lebten in Hihiri Pipiri (Schmetterlingland), und wanderten (mit zunehmender Bevölkerung) nach Chae Champa, dann nach Silda, dann nach Sikar (am Damuda), dann nach Nagpur und nördlich nach Sir (s. Hunter). Der Hausgott (orabonga) wird (bei den Santhal) vor Fremden (selbst unter Verwandten) verborgen. Da-Bonga sind Dämonen der Flüsse, Daddi-Bonga, Dämonen der Brunnen, Pakri-Bonga, Dämonen der Teiche, Buru-Bonga, Dämonen der Berge, Bir-Bonga, Damonen der Wälder. Die Abgi (die Menschen fressend) und Pargana-Bonga sind die Schutzgeister verlassener Dörfer (umherschweifend). Chando, der Sonnengott, ist als Sim-Bonga Hühner essend. Abe-Bonga oder der Stammesgott (der sieben Stämme) wird am Jahresfest verehrt. Marang-Buru (der grosse Berg) ist der Nationalgott der Santals, und sein Bruder Manika (Bruder der Jaher-era, als seiner Gattin) ist der Erste Mensch.

2) Die Schamanen der Buraten wurden durch fliegende Tische zur Entdeckung das Diebstahls geleitet. If a person is seized with derangement, the Madagese immidiately send for an Ombiasse, who is to fetch Understanding from the sepulchre (Amounouque) of the patient's forefather's. To this place he repairs by night, opens the monument or tomb and placing his cap over the aperture, invokes the soul, demanding understanding for the helpless son. The aperture is instantly closed and the conjurer returns to the maniac, placing the cap on his head (Capland). They are governed by the shadow of a man, who stands upright before the sun, to observe the critical minute for the execution of the rite. On these occasions they measure by feet and the precise signal for the circumcision (on Madagascar), is; when the shadow is nine feet long (Capland). Unter unglücklichen Constellationen (im März und April, dem achten Tage oder der letzten Woche jedes Monats, sowie Mittwoch und Freitag jeder Woche) geborene Kinder (in Madagascar) werden auf Mittheilung der Ombiasse getödtet.

den dortigen Europäern). Er liess sich in ein aus Stangen, Fellen und Decken gemachtes Zelt fest verschliessen, nachdem man ihm dann die Arme und Hände festgebunden, und ihn gänzlich eingewickelt an einen Pfahl gefesselt hatte. Nach einer Weile hörte man in der Hütte die Trommel und die Klapper, das ganze Zelt fing an zu zittern und wanken [Neger], man vernahm Stimmen von Bären, Bisanten und anderen Thieren (da nach den Indianern der böse Geist herabgekommen). Oeffnete man nachher das Zelt, so fand man den Beschwörer befestigt und gebunden, wie zuvor, und er sagte aus, was er von den befragten Geistern erfahren hatte (Neuwied) [Davenport]. Klopfen der Indianer am Felsengebirge [Machi der Pehuenches]. Der Gott Yoskahan oder (in Canada) Ataouacan, Sohn der bösen Ataensiq) ist (nach den Huronen) ewig, weil er im Alter stets als Jüngling wieder aufsteht. Die Geister, Oki (der Huronen [1])) oder (in

---

Der Ombiasse (in Madagascar) behängt den Sklaven mit Wurzeln, denen er den Namen von Dämonen giebt, und lässt ihn dann eine aus ihren Abrusperlen verfertigte Brühe trinken, die Dämonen anrufend, dass sie (im Falle des Weglaufens) sich erinnern sollten, dass der Sklave von ihrem Theil genossen, und dass sie, in seinem Mageu sich erhebend, ihn durch schwächende Krankheit zur Entfernung unfähig machen sollten. Die Gesetze in Madagascar sind die Massindili (der Prinzen), die Massinpoh (der Privaten) und Massintani (des Landes). Im bewusstlosen Zustand ist der Mensch seelenlos (wilyamarraba) in Australien (wie Andere in ψυχοπαννυχία verbleiben bis zum jüngsten Gericht). Brekszta (Göttin der Finsterniss und Träume) stand Budintoja (die wachende) gegenüber (bei den Litthauern). Dreams are regarded as the explanations of the movements of the vagrant souls (by the Ahts). The natives often imagine, that a bad spirit, which loves to vex and torment, takes the place of the truant soul during its absence. Wen der zaubrische Halbschlaf Drzymota (Drzymka) befällt, der sieht und hört Alles (Woycicki) in der Ukraine. Le prêtre (in Congo) s'enferme de sa hutte de paille, il la fait trembler, fait sortir de la fumée entre les joncs et retourne à la multitude (Degrandpré), wenn befragt. In Tlascala wurden die Lügner hingerichtet. There is a custom among the chiefs (of the Pilbbellas in Millbank Sound) of biting pieces from the arms of their tribe. This is performed (by the chiefs who, working themselves into nearly a state of madness, declare they are possessed by a spirit, when, in their fit of frenzy, they seize an Indian by the arms, from which they take a mouthful of flesh. These people have a superstitious dread of wooden masks, the chiefs do not like them to be shown to the Indians on any account (1841). When a chief dies his body is disembowelled, after which he is set in state for one or two days, his body is then washed, a clean shirt put upon his person, his face painted with vermilion and his head covered with white down. The small articles of his property are then placed beside him in the box, as also a mask, and several other pieces of carved work. The sorcerers, having absented themselves from the encampment for a time to fast in the forest, will suddenly appear, naked and almost fleshless, with lacerated bodies and foam on their lips, uttering cries and sounding rattles and drums (the head covered with frightful masks), tearing asunder a dead human being or a living dog (the natives cowering in their houses in silence) among the Ahts.

1) Die Seelen gehen auf dem Atiskein andahatey (Seelenweg), von

Canada) Manitu (Piratois) beleben alle Naturgegenstände. Wenn die Agdleritut sich an den Kopf der Arnakuagsak hängen (als Seelen heimlich geborener und getödteter Kinder), hält sie aus Zorn die Jagdthiere (nach den Grönländern [1])) zurück (s. Rink).

Hunden auf den Gagnenon andahatey (Hundeweg) geführt, in das Jenseits ein, wo für Fortsetzung des Lebens Gerathe mitgegeben werden, car ils croyent, que les âmes de ces chaudières haches, cousteaux et tout ce qu'ils leur dedient, particulièrement à la grande feste des Morts, s'en vont en l'autre vie servir les âmes des deffunts (Theodat). Ceux qui habitent vers Miskou et le port Royale, croyent en un certain esprit, qu'ils appellent Cudouagni et disent qu'il parle souvent à eux et leur dict le temps qu'il doit faire. Ils disent que quand il se courrouce contre-eux, il leur jette de la terre aux yeux. Ils croyent aussi quand ils trespassent, qu'ils sont és Estoilles (Theodat). Nach den Souriquois steckte Gott Pfeile in die Erde, woraus die Menschen hervorgingen. Nach Heckewelder nannten die Lenni-Lenape die Klapperschlange Grossvater und würden sie unter keiner Bedingung getödtet haben. Mr. James states, that the Menominees translate the manitou of the Chippeways by ahwahtoke, which means emphatically a snake (s. Squier). Nach Bossu glaubten die Arkansas an die Existenz eines grossen Geistes, den sie unter der Gestalt einer Schlange verehrten. Ehieh ascher ehieh nennt sich Gott dem Moses (bei Abdulfarasch), der Ewige, der nie aufhört. Nach der chinesisch-jüdischen Inschrift (1511 p. d.) kam der Ahnherr Adam von Indien und die israelitische Religion, deren heilige Schriften mysteriös von der ewigen Vernunft reden, wurden von Abraham (Vorgänger des Moses) gegründet (mit den Han nach China gelangend). Die Einwohner von Komare (in Baghirmi), die nur einen Leibgurt tragen, verehren einen Fels als Gottheit (Barth). Rubruquis sah Pferdehäute um die Gräber der Cumanen, Carpin um die der Tartaren aufgesteckt (wie bei den Scythen). Ein blinder Greis liess sich von seinen Söhnen bei den Stämmen der Abt umherführen, ihr Lob zu singen und Geschenke zu erhalten. Der grosse Bär heisst der Elephant bei den Pulen Futa Djallons. Alexander wird zu den mit Fellen behängten Orakelbäumen (Muthu und Emausae) der Sonne und des Mondes geführt (nach Pseudo-Callisthenes). The drye tree (of Mambre at Hebron) or (according to Schiltberger) Kurru Therek hathe ben there sithe the beginnynge of the world (Maundeville). Chardin describes a tree hung with amulets, rags and tapers in a garden of Shiraz (Yule). The sacred trees of Shansi bear inscriptions (according to Williamson). Bei dem Mbuiti-Haus (mit Götzen) in den Dörfern der Ishogo und Ashango findet sich ein Ficus-Baum, unter dem Götzen vergraben werden.

1) Die Piyortut (durch eine Leiche unrein) müssen sich eine Zeitlang verbergen. Der Kivigtok (in die Einsamkeit fliehend) kennt die Sprache der Thiere. Angiak (ein bei heimlicher Geburt gestorbenes Kind) stürzt die Böte der Kajakmänner um. Angerdlartugsiak sind Männer, die (weil als Knaben an böse Gerüche gewohnt und verbreitet), wenn beim Kajakfahren verunglückt, zu den Ihrigen zurückkehren können und dort nach Bewusstlosigkeit belebt werden. Die Kajarissat erregen Stürme. Ausser den Inugpait wohnt in Akilinek ein einäugiges Riesengeschlecht. Die Tornit fahren im Nebel auf die See. Die Inuarudligkat beschenken die Menschen mit Zielwaffen. Die Erkingdlit (mit dem Unterkörper eines Hundes) stammen von Menschen und Hunden ab. Das Wunderthier Amarok (Wolf der Eskimo) zieht dem Menschen die Seele aus dem Leibe (in Grönland). Ausser Amuletten oder Arnuat (geweihten Gegenständen) dient Tupilek (ein durch Kunst geschaffenes Thier) zur Hexerei (Kusuinek). Die Anga-kunek (Weisheit der Angkut oder Priester) wird von Tornasuk erlangt. Von den Ge-

Beim Schlaf des ersten Menschen zog der Gott aus seinem Körper sieben Frauen, von denen die sieben Stämme Madagascar's [1]) stammen,

beten (der Grönländer) drückt das Serranek einen Wunsch oder eine Bitte aus, das Kernainek ruft ein bestimmtes Wesen zu Hülfe (Rink). Piarkusiak (ein Kind, das allen seinen Launen folgen darf) wird von keinem bösen Zauber berührt. Buttengri, der Winters im Eise sass und dasselbe durch seine Körperwärme verdampfte, sollte (nach dem mongolischen Volk) auf einem Schimmel oft in den Himmel reiten, wurde aber im Auftrage des Dschingiskhans, der in seinen aufgeblasenen Reden die Betrügerei erkannt hatte, getödtet (s. Raschiduddin). Der Geist des Mädchens Victoria (1861) erzeugte Regen und Blitze (nach Debray). In den Sitzungen in dem Schlosse und Thale von Hyères leerten die Geister unter dem Tisch Gläser mit Grog. Desirée Godu sekretirte aus einem autour des reins aufgetriebenen Organ Gold, Silber und Saamenkörner, die nach der „Stimme" einen unschätzbaren Werth haben (1861). Bei dem spukhaften Poltern im Hause Joller's in Niederdorf (Kanton Unterwalden) hörte man auch die Uhren aufziehen. Mrs. Artemisia Coffinberry (als im Leiblichen lebend) manifestirt sich (nach dem Herald of Progress) an fernen Orten. Ein französischer Advocat betastete in seiner Stube eine Leiche und traf beim Hinaustreten die Träger der Leiche seines Bruders, der vom Pferde gestürzt (1857). Am 22. September 1857 wurde von einer rasch verschwinden Hand der Name Godefroy's, der in Nordamerika verstorben, einem Freunde in Frankreich aufgeschrieben. Die Frau des in Indien fallenden Capitäns (Nacht 14.—15. November 1858) träumte davon in England (nach Owen). Die Nonne Patrocinia (in Madrid) sagt den Todesfall voraus. Der Traum der Tochter der Opernsängerin de la Grange liess sie (1860) in Newyork die Eisenbahn statt des (untergehenden) Dampfschiffes wählen. At Nai Thombothombo, the northern point of Mbua Bay (in Fiji) the spirits of the departed embark for the abode of Ndengei. The little gods or fairies assemble (in Fiji) in troops on the mountains, singing. Men who have not slain an enemy are sentenced (in Mbulu) to beat a heap of filth, with her club, which they used so badly in life (according to the Fijians). Women that are not tattooed are scraped up and made into bread for the gods. The Fijis on cutting their hair, hide what is cut of in the thatch of their own houses (not to be used by sorcerers). Baskets of earth are hung on a branch or a pole in the yam gardens to attract the notice of the birds and make them chirp, as the yam-sets are supposed to hasten to sprout at their call (in Fiji). The people of Ono (in Fiji) belonged originally to the locality where a high tower for astronomical purposes had been built, but broke asunder. Die Besichtigung der Eingeweide (ἡπατοσκοπία) zum Weissagen hatte (nach Aeschylus) Prometheus gelehrt.

1) The Oli (in Madagascar) is made of small pieces of wood, neatly joined tegether, in the form of a half moon, with the horns downward and between the points are two alligator teeth. It is fancifully adorned with beads of different colours and a sash is fastened to it at the back, for the purpose of tying it round the person, who makes use of it (Capland). Nach dem Tode geht die Seele (in Madagaskar) zu Unghorray (der höchste Gott) oder Zanhare (der obere Gott), aber Menschen sind schon auf Erden durch Unglück bestraft oder durch Wohlergehen belohnt. Nach den Madagesen wurde Abraham in das (in der Sonne befindliche) Paradies gesetzt, mit dem Verbote weder von den Fruchtbäumen, noch den Flüssen (aus Milch, Wein, Honig, Oel) zu geniessen (da er keiner Speise bedurfte). Als er durch den Teufel verführt, Nahrung zu sich genommen und in Folge dessen das Paradies verunreinigt hatte, wurde er wegen dieser Unverschämtheit und Schmutzigkeit ausgestossen. Aus dem Geschwür seiner

die Rhoandrier aus dem Gehirn, die Anacandrier vom Hals, die Ontzatzi von der Schulter, die Voadziri aus der rechten Seite, die Loha-

Wade brach (nach 6 Monaten) das Mädchen Rokouna hervor, mit der er Kinder zeugte, die wegen ihrer Laster (ausser Noah) durch die Alles (ausser den vier Bergen Zabalicaf im Norden, Zabalicature im Suden, Zabaliraf im Westen und Zabalibazane im Osten) bedeckende Fluth vertilgt wurden, worauf Noah von Jerusalem nach Mecca ging. Die Zafe Ibrahim in St. Mary enthalten sich Sonnabends der Arbeit. Die Mohamedaner haben in Madagascar die Enthaltung von Schweinefleisch eingeführt. Die Eingeborenen Madagascar's zerfallen in die Weissen der Provinzen von Matatane (als Magier oder Ombiasse, die arabisch lesen, sowie Necromantie lehren) und Anossi (die Zafe Rahimini, als von Imina, Mohamed's Mutter stammend), in die Abkömmlinge Abraham's oder Zafe Ibrahim genannten Weissen (in St. Mary, Foule Point und Antongil) und in die Schwarzen. Ramini, Sohn des Rahimini (Vater der Imina und Grossvater Mohamed's) ging nach Mecca und erhielt (obwohl als Neuerer angefeindet) von Mohamed die Erlaubniss, nur selbst getödtetes Vieh zu essen, sich dann nach Mangalore (als Ampansacabe) zurückziehend. Sein Sohn Rahadzi schiffte sich ein (wegen und in Folge der Verrätherei seines Bruders) und zog von Comoro nach Madagascar, wo auf dem Grabe Ramini Larizon's (des letzten Ampansacabe) seine Söhne getödtet wurden. In inneren Fehden der Zafe Rahimini vernichteten die Zafe Casimambou die übrigen bis auf den Rest der Ontampassemaca (Leute der Sandwüste Meccas). Die Anossi bewohnenden Zafe Rahemini zerfallen in die Rhoandrier (die Edeln, aus denen die Könige oder Ampansacabe gewählt werden), die Anacandrier (Mischlinge) und die Ontzatzi (illegitime Mischlinge). Die von Abraham hergeleiteten Weissen in Foule Point entstanden aus Mischung mit den Piraten. Von den vier Klassen der schwarzen Eingeborenen (auf Madagascar) leiten die Voadziri (neben den Lohavohitz, Ontzoa und Ondeves) ihren Ursprung auf die alten Könige zurück. Sie haben das Privilegium, das Vieh ihrer Unterthanen schlachten zu dürfen (sich das beste Stück aussuchend), wenn sie früher kommen, als ein Rhoandrier oder Anacandrier. Die Lohavohitz sind vornehmer als die Ontzoa (und die Ondeves oder Sklaven), dürfen aber nicht ihr eigenes Vieh schlachten, sondern müssen dafür einen Rhoandrier rufen. Die Madagesen, die sich beschneiden, verehren Unghorray (den höchsten Gott) und rufen die Geister durch ihre Oli (Teraphim) an. Dans le dogme religieux des Koloches, Ehl est considéré comme le créateur de l'univers et de tous les êtres vivans. Il créa tout ce qui existe, la terre, l'homme, et les végétaux, et fixa à leurs places le soleil et la lune et les étoiles. Il tira le feu d'une île solitaire au milieu de l'ocean et l'eau fraîche d'une fontaine voisine du cap Ommanno's. Sa résidence est située vers l'orient, non loin des sources du fleuve Naehss, où il est inaccessible. Le vent de l'est seul atteste sa présence. Il aime les hommes et néanmoins, il fait souvent dans son courroux descendre sur eux le malheur et les maladies cruelles. La morale est renferméedeus la phrase: „Vivons et agissons comme Ehl vécut et agit.“ Kanouk est un personnage mysterieux sans commencement ni fin, plus puissant qu'Ehl, mais qui n'a point eu de part directe à la création. Les divinités subalternes ou esprits (Yek) sont invoqués par les chamanes (ikhths). Chaque chamane a des esprits particuliers. Les Koloches se divisent en deux races principales, celle du corbeau et celle du loup, généalogie mythique, qui ne désigne que l'origine de deux familles primitives dont les chefs se nommaient Yechel, Yehl ou Ehl et Kanouk. Ces noms servirent par la suite à désigner le corbeau et le loup, lorsque les descendants de ce chefs se donnerènt eux-mêmes des noms d'animaux pour distinguer les races et que tout en restant reunis, ils habi-

vohitz aus der Hüfte, die Ontzoa aus der Wade, die Ondeves aus der Fusssohle (s. Capland). Von Utposhadha (mit Bocha, Kalyana, Varakalyana die fünf alten Könige, als Nachfolger Mahasammata's, bildend) wurden die fünf Chakravartin geboren, Madhatar aus einer Drüsengeschwulst [1]) des Kopfes, Charu des rechten Schenkels, Upacharu des

---

taient cependant des cabanes séparées et distinctes les uns des autres. Une augmentation de population les fit affluer vers d'autres demeures auxquelles on transmit les anciens noms charactéristiques des races. Wäinämoine (Kave-Ukko oder der Herr des Nordens) arbeitet sich aus seinem langen Gefängniss selbst an's Licht und begiebt sich, als 30jähriges Kind, zur Schmiede. Aus den zerbrochenen Eiern des Adlers, der auf dem aus dem Meere emporgehobenen Kniee Wäinämoinen's genistet, werden Himmel und Erde geschaffen (durch den schiefäugigen Lappen, der vor der Welterschaffung vorhanden, in's Meer gestürzt). Alles grosse und ausserordentliche, das nicht mit gewöhnlicher physischer Kraft zu Wege gebracht werden kann, wird im finnischen Liede durch das Alles besiegende Wort ausgeführt (Castrén). Die in der Sonnen-Halle des Himmels thronende Wanna issa erschuf Wannemiune (den ältesten der Helden) mit grauem Haar und Bart (in der Weisheit des Alters) in Kalleve (Kaljove) oder Felsgebiet (bei den Esthen). Aus seiner Mutter (Kave) hervortretend, schmiedet Wiänämoinen sich ein Pferd. Odin hiess Gautr (kluger Mann) und Miotudr (Schöpfer). Nach Tengström beherrscht Wäinämoinen durch seinen Gesang und seine Kantele die todte und lebende Natur [Orpheus]. Auf der Reise zu Hel singt Odin in Wala's Grabhügel die Beschwörung der Todten, bis Wala aufstand und zu singen anfing. 'Nach Agricola schaffte Ilmarinen (Diminutiv von ilmari, als ilma oder Luft) gutes Wetter und schaffte Reisende weiter. Louhi hat (ausser der Kälte) auch den Hund und den Wolf hervorgebracht (nach den Finnen).

1) Die Entstehung des Menschen aus Geschwüren ist auf der Halbinsel Malacca und in den Antillen bekannt. Ai-va-bai and Mo-ra-mu were (according to the Gaikhos) the first man and woman created (Mason). Quawteahts made the earth and also all the animals (having the Indians in their bodies), but had not given them fire, which burned only in the dwelling of the cuttle-fish (Telhoop), who could live both on land and in the sea (according to the Aths). The fire (discovered by the beasts), was stolen by the deer (Mouch), who carried it away in the joint of his hind leg (Sproat). Aus dem in den See geworfenen Herzen Copil's (Sohnes der Schwester des Vitzliputzli) wuchs ein Tunal-Baum, um den die Mexicaner (als sie einen Adler darauf sitzen fanden) eine Stadt bauten (Franciscus). Lekat stellt zwischen Menschen und Vieh l'homme des bois (Kimpaze). Des tribus d'Aminas (peuple de la Guinéa) donnent le nom de Bourri-bourri au dieu-créateur. Der Coyote mit dem Adler bildete Menschen, als ein Erdbeben die Berge des Golden Gate geöffnet. Kunito kodachi no Mikoto created Japan (s. Mitford). The Pambi created the Mambo (Muata-Cazembe) to command the people and therefore he can only die from negligence in the work of the sorceries. Der Fluss Lualao wird heilig gehalten (in Lunda). Die an einem Strick aus der Erde heraufgestiegenen Ahts landeten in Canoes (durch einen Sturm zerstreut) an Küstentheilen von Vancouver-Island. Die verschiedenen Geschöpfe flohen und liessen die in ihren Leibern enthaltenen Indianer zurück. The mighty bird Tootooch (the flap of whose wings makes the thunder or Tootah, his tongue being the forked lightning) is the survivor of four great birds (living once in the land of the Howchuklisahts), destroyed by Quawteaht (entering into a great whale). Als die ersten Ahts in den Alberni-Canal einfuhren, sahen sie

linken Schenkels, Charumant des rechten Fusses, Upacharumant des linken Fusses (nach dem Gyelrap). Von den im Himmel [1]) lebenden Waraus folgte Okonorote einem abgeschossenen Pfeil, der durch ein Loch gefallen war, und verfertigte, die Erde sehend, eine Strickleiter, auf der der ganze Stamm herabstieg, bis ein Dicker in der Oeffnung stecken blieb, und so Rückkehr unmöglich wurde, worauf Gott (um ihnen Wasser zu geben) den Essequibo schuf. In Litthauen wurden mit dem Todten Klauen und Krallen begraben [2]), um den steilen Fels-

(durch den hinter ihnen schliessenden Felsen gefangen) ein prächtiges Haus von Frauen bewohnt, die die eintretenden Indianer mit festlichen Mahlen empfingen, dann aber tödteten. Als der Entfliehende (den der Felsen durchgelassen) mit dem übrigen Stamm zurückkehrte, war das Haus verschwunden. Als Kunkur Musa (der über Sonrhay herrschende König von Melle) über Walata nach Mecca pilgerte, blieben die von dem Tuat genannten Fussschmerz Befallenen in Tuat (als Tuater) zurück (nach Ahmed Baba), wie es die Tataren beim Auszug über die noch glühenden Essen (der Kunkurat) erzählen.

1) Beim Erdbeben kommt der im Himmel wohnende Schöpfergott auf die Erde, um aus dem von den Menschen gemachten Lärm ihre Menge abzunehmen (s. Skinner). The tumulus Mahu (in the Akaa-country) shows the mountain fallen on Hu, who had killed his brother Ma by burying him alive. Der Ort der Guten hiess (bei den Slawen) Raj (Paradies), der der Bösen ·Peklo oder Hölle (s. Anton). Der Tempel (Ham oder Berg) hiess Chram oder Kram (bei den Slaven). Der Priester (Schrez) brachte Opfer. Ceux de Formose croient une espèce d'enfer, mais c'est pour punir ceux qui ont manqué d'aller nuds en certaines saisons, qui ont mis des vêtements de toile et non pas de soie, qui ont été chercher des huîtres, qui ont agi sans consulter le chant des oiseaux, aussi ne regardent-ils point comme péché d'ivrognerie et le dérèglement avec les femmes, ils croient même que les débauches de leurs enfans sont agréables à leurs dieux (Montesquieu). Die Seele kommt nach dem Tode des Leibes durch ein vorläufiges Gericht in einen nicht genau bestimmbaren Zwischenzustand (Hades oder Scheol), entweder in Seligkeit oder Unseligkeit verharrend (Hollenberg) 1869. Wann der jüngste Tag (τὸ τέλος) erscheint, ist für die Geister, die sich noch in der Entwicklung und im Streit befinden, unbestimmbar und soll es sein (Martensen) 1856. Die ψυχοπαννυχία oder Seelenschlaf dauerte vom Augenblick des Todes bis zum jüngsten Tage. Ex inferno nulla redemptio.

2) Während die Guten am mitternächtlichen Ende der Milchstrasse fröhlich wohnen, werden die Bösen in dem unterweltlichen Raum Pragaras gemartert (s. Narbutt). Die Slaven (in Ungarn) betrachten den Berg Sitno als Eingang in die Unterwelt (s. Hanusch). The purity of type is protected among the Mundurucus by stringent laws against close intermarriages. The tribe is divided into certain orders and classes more or less closely allied, and marriage is forbidden, not only between members of the same family, but between those of the same order (s. Agassiz). Nach den Indianern sind die Dörfer der Unterwelt (oder die langen Hütten der Vorfahren) grösser, als die der Oberwelt (s. Schoolcraft). Der zweite Tod in der Unterwelt macht für immer dem Leben der Indianer ein Ende. Als Rairu, der Diener des Ersten Wesens (Caro Sacaibu), durch ein Armadill (Tatu) unter die Erde gezogen dort Menschen fand, wurde aus der Baumwolle des gepflanzten Baumes ein Strick gewebt, um sie heraufzuziehen und durch das Tättowiren in bestimmte Kasten zu theilen (nach Coutinho) bei den Mundurucus. Die Krieger in Plato's Staat träumten, dass sie früher unter

berg Anafielas zu erklimmen (s. Hanusch). Den sündigen Reichen schindet zuerst der Drache Wizanas, der unter dem Berge haust und dann wird er von bösen Winden fortgetragen. Die, ohne religiöse Anlage, nur dem Ahnencultus ergebenen Melanesier stellen Schädel ihrer Verwandten (die bestellende Frau den ihrer Mutter) auf das Feld [1]) und rufen ihn an, Sonne und Regen zu reguliren. Die fremden Zuwanderungen offenen Salomons-Insulaner haben ihren Gott Yono (des Ackerbaus) blind und taub geschaffen. Auch in Australien manifestirt sich solche Gleichgültigkeit den Missionären gegenüber. Plenty bobberry, flour picaniny, meint der nach Anhören einer erbaulichen Predigt von der Kleinheit des Futters nicht Erbaute. Als ein Karen Reis anpflanzte, kam Grossmutter Bie-Yau mit ihrem Gatten als Schlange, sich um den Garben-Haufen zu winden. Als der Bauer die männliche Schlange tödtete, entfloh die weibliche und fluchte ihm, dass seine drei Scheunen nur 3 Monate aushalten sollten. Seitdem verehrt man Bie-Yau und hängt in ihrem Häuschen auf dem Felde zwei Fäden auf, um die das Feld Betretenden zu binden. Beim Dreschen wird Bie-Yau [2]) gebeten sich zu schütteln, dass der Haufe bergehoch aufsteige (s. Mason). Enga-Baba [3]), die Mutter des Reis, verursacht die Fruchtbarkeit.

---

der Erde gewesen, von wo sie ihre Mutter heraufgeschickt. Die Bewohner von Nanomea fürchteten, dass beim Lehrer der Missionäre, deren Gott stärker sei, die andere Hälfte der (nicht bekehrten) Insulaner sterben würde (Whitmee).

1) Hiawatha ringt mit Mondemim und begräbt ihn auf dem Aehrenfeld. Aux approches de l'été, les paysans valaques plantent devant leurs chaumières une longue perche, surmontée de branches d'arbres et de foin, qu'ils appellent „armindenu", les colons militaires consacrant l'ouverture de la saison des combats en élevant à leurs portes ce qu'ils nommaient arma dei ou Martis (Gérando). The Pellians of the Churmurs (soil slaves) are employed in cultivating fields, in cleaning and watering the cocoanut trees and picking the nuts (in Cochin), but in some places must use no knife, as these trees rank too high in the social scale, to submit to the indignity of being cut by a Churmur (Day) [Tabu-Einrichtung zum Besten der Cultivation]. When the second race of Brahmans had obtained possession (of Cochin) and been instructed how to propitiate the snakes, they came to the conclusion, that agricultural pursuits were necessary, in order to procure agricultural productions to sustain life. They accordingly addressed their patron (Parasu Rama), stating that although the land was fertile, they were ignorant of the means of cultivating it, on which he gave full instructions on the best method of proceeding, the work being divided into four parts.

2) Silesii Sabothum tanquam omnium frugum datorem venerabantur (Hanka). Pilumnus (vom Zerstossen des Getreides in der Pila mit dem Pilum) ist Gott der Bäcker (nach Servius). In der Oberlausitz feierte man das Erntefest Rischcza (s. Anton). Nach Pennant feierten die Hochschotten das Beltein-Fest im Mai.

3) Slota Baba fährt auf einem Mörser durch die pontischen Steppen und die Moldauer verehren Baba-Dokia auf dem Gipfel des Ceclin-Berges. Am Fusse der (weil mit Vögeln bevölkert) Vogelfels (Vater der Vögel) genannten Gebirgswand feiern die Bewohner von Kenga Mataia (in Ba-

Als sie einst auswandern wollte, bat sie die Mahua Frucht zu bleiben, weil die Menschen sonst verhungern müssten (nach Jellinghaus) bei den Kol. Die Begräbnisse der Inguschen oder Lamur sind gemauerte Gewölbe über der Erde, gegen Osten mit einer kleinen Oeffnung [1]), durch die der Todte eingesteckt wird, worauf man sie mit Steinen zulegt und die Frauen ihre Haarflechten daran heften. Die Lösung der Leichname [2]) (Schi-kai) ist derjenige Zustand, in welchem die Ge-

---

ghirmi) ein Sommerfest. In Pferdeverkleidung wird der Mörser oder Karru, auf dem zwei geschmückte Frauen stehen (nach Schneiden und Kochen der gereiften Frucht) umtanzt bei dem Tempel, über dessen Kopfspitze ein Gefäss schwebt (s. Barth).

1) In Armenia proper the oldest grave-stones are cut into the shape of a crouching ram, with the inscription upon the side of his body (Lennep). Les Koloches de la tribu du corbeau se nomment Kiksates, ceux de la tribu du loup se nomment Teitkouiates, toutes deux se nomment reciproquement, et tout bas Kounetkanaghas (qui ne sont pas les nôtres ou étrangers) et publiquement Akhsanes (beau-père ou beau-frère). Les membres d'une même tribu se nomment Akhounes (compatriotes) ou Akhgakaus (amis). Les deux races des Koloches se divisent en tribus, portant le nom d'un animal. Les Koloches du loup (les Koloches-Kanouk) en 6 tribus principales, ceux du corbeau (Koloches-Ehl) en 6 tribus. Chaque tribu se subdivise encore en peuplades et en familles designées sous differents noms, qui correspondent aux villages. Les Atnaiens divisent l'année en 15 mois. Dans chaque village des Kouskokoigmutes (une tribu des Eskimos sur la fleuve Kouskokoim dans l'Amérique russe) se trouve un Kajim, un édifice public, qui sert non seulement aux hommes de lieu de réunion, pour tenir conseil, mais aussi de local de réception pour les hôtes étrangers, de salle de bain et même de chambre à coucher. Les vieillards, les enfans, les femmes et le chaman demeurent seuls dans les habitations proprement dites. De grand matin, les femmes préparent la nourriture et le chamane, revêtu de ses habits sacerdotaux, se rend au son du tambourin magique au Kajim pour y officier. Lorsque chez une vierge (des Koloches) paraissent les symptomes de la puberté, elle est (comme impure) enfermée dans au hangar et pour empêcher que ses regards ne souillent le ciel, on la coiffe d'un chapeau à larges bordes. Les Koloches nomment la fête, qu'ils célèbrent en l'honneur de leurs parents morts, l'élevation du defunt, parcequ'à cette occasion on lui élève un monument. On ne saurait dénier aux Koloches le courage porté jusqu'à la témerité, mais ils ne font cependant preuve de ces qualités qu'à propos de dangers de mediocre importance, notamment dans les attaques subites, et presque toujours dans la perspective d'une récompense immortelle et l'espoir de devenir une divinité de premier ordre, nommée Yek (Pauly). Les querelles privées entre familles se terminent (chez les Koloches) d'ordinaire par un duel. Ainsi, que leurs frères de race, les Atnaiens, et que les autres peuplades américaines, les Kenaiens ou Thnainas se divisent d'après leur origine en deux races principales, qui se subdivisent ellesmêmes en tribus designées sous différentes dénominations. Un Kenaien de race de corbeau est considéré comme parent par les Galtsanes ou Koltchanes, les Atnaiens et même par les Ougalentses et les Koloches, de la même race principale, lors même qu'il n'en parle point la langue. Les Koloches (chniagas) se nomment eux-mêmes Tlinkites (hommes).

2) Der Stamm Roamaynas grabt (in der Pampa del Sacramento) die verweste Leiche aus, um das Skelett in einem thönernen Sarge (mit Hieroglyphen beschrieben) zu beerdigen (Skinner). Mit dem Juiteva (am Sofala)

stalt des Verstorbenen unsichtbar wird und dieser selbst zum Range eines Unsterblichen gelangt. In manchen Fällen verliert der Leib nur das Gewicht aber behält das Aussehen eines Lebenden. Bei der Lösung der Schwerter (Kien-Kai) bleibt in dem Sarge an der Stelle des Leichnams ein Schwert (auch Messer, Stäbe, Tücher, Schuhe) zurück, das erst bei Gelegenheit von Ausgrabungen später gefunden wird (Pfizmayer) im Tao-Glauben. Die Zolas oder Biafaras fragen den Todten, warum er sie, obwol es ihm gut gegangen, verlassen und erklären dann Krieg dem ungerechten Gotte, der es so gewollt hat, indem sie sich in der Aufregung gegenseitig tödten, und die Leichen[1]) mit ihren Waffen auf Baumzweigen ausstrecken (Raffenel). Die Foulah (Fouta's) wagen nicht den Kaiman zu tödten, um nicht ihre Verwandten[2])

---

tödten sich seine Frauen, da der Volksansicht diesem irdischen Leben ein anderes, das noch höheren Rang gewährt, folgen wird (s. dos Santos). Morena wirft den gefallenen Helden (Wlaslaw) zur Nacht hinunter, aber im Schrei entfliegt der Geist (Dusa) zu den Bäumen. Die Preussen gaben den Todten Aufträge mit (nach Stryjkowski). Die Höllengeister wurden weggescheucht (Gei, gei, begeite Pokolle). Jely, pili Duscye, nu wen, nu wen giebt Hartknoch als Entlassungsformel der Seelen beim Todtenmahl. Der Leichnam des in Gurma gestorbenen Ssonni Ali wurde in Honig präservirt, um nach Ga-rho gebracht zu werden (Barth).

1) An der Nordwestküste Amerikas werden Decken mit den Todten verbrannt, um sie ihnen nachzuschicken (Sproat) [Chinesen]. Die Leiche eines angesehenen Beduinen wird, wenn es die Jahreszeit gestattet, oft 3—4 Tagereisen aus der Steppe auf einen Berg gebracht. Auf einem Berge begraben zu werden, ist oft der letzte Wille eines Scheich (Wetzstein).

2) Die Zauberer der Irokesen verwandeln sich in Thiere (Baumgarten), die der Brasilier in Tiger, die Ivunce genannten der Abiponen Nachts in Vögel (Pfeile auf ihre Feinde herabschiessend). Die Zauberer (Texoxes) der Maya konnten Thiergestalten annehmen. In Chiapa und Nicaragua verwandelten sich die Zauberer und Zauberinnen in Thiere (und so bei den Buschman). Die Wedun (Zauberer der Wotjäken) können Menschen in wilde Thiere verwandeln. Go (boeuf) vient de la racine gam, ga, qui veut dire „aller, marcher", et il désigne proprement un être ou un objet doué de mouvement. So wurden in den Vedas die Wolken (gâvas, celles qui marchent) zu den durch Indra befreiten Kühen, wenn durch die Sonne erhellt (s. Bréal). Aus dem doppelten Sinne von parvata (qui marque la plénitude, le gonflement) spaltet Indra (in den Vedas) den Berg, wenn er Ahi (die Schlange) von der Wolke schleudert (s. Bréal). Bei dem Feldzug der Franzosen (unter Ribet) gegen die Poulhs, liessen diese einen Stier hervorbrechen, vor dem die Neger-Truppen flohen, da sein Tödten Unglück gebracht hätte. Am Hofe des Almamy wird die Katze (aus den Traditionen der Foulh) geehrt (s. Raffenel). Von dem geflügelten Drachen (Zmei) der Wälder unterscheidet der Rumäne die Hausschlange (serpi de casa) als wohlwollenden Besucher. Die Guaycurus stammen vom Habicht (in Brasilien). Die Diagniten hatten (nach Charlevoix) einen Tempel der Sonne. Die Kuene und Lefitué genannten Krokodile (nach den Basutos) ziehen den erblickten Menschen im Schatten hinab (s. Arbousset). If the Bechuanas or Caffres speak of the ancient families, to which they respectively belong they use the word Seboko or glory (s. Arbousset) [als Slaven]. Wenn eine fortgewanderte Seele zurückgebracht ist, der Zauberer (bei den Ahts) throws

zu reizen (Raffenel) und opfern ihm Jungfrauen. Die Zugänge der Hütte des Verstorbenen werden (in der Pampa del Sacramento) mit Koth beschmiert, um die Seele durch den Gestank zu vertreiben (s. Skinner). Die Seelen [1]) der Caziken gehen in Affen (die deshalb gegrüsst werden) oder Tiger über. Gitchi Gauzini, Häuptling der Indianer am Lake-Superior, kam nach dem Tode zurück [2]) und verkündete, dass nur einzelne Lieblingsstücke dem Verstorbenen mitgegeben werden sollten, da seine Seele im Geisterland der Abgeschiedenen mit den von ihm geschleppten Dingen, die auf dem Grabe zerbrochen gewesen, überladen gewesen sei. Am Bonny giessen die

---

it into the sick man's head, for the soul dwells in the heart (lebuxi) and also in the head (Weht or brain), brought back on a small piece of stick (Sproat).

1) Beim Todtenfest (der Thlinket) wird der in die den Totem repräsentirende Kleidung gehüllte Verwandte des Verstorbenen von der Versammlung mit einem den Ton des Thieres nachahmenden Schrei empfangen (s. Dall). Sie haben (in Loanga) kleine Häusslein stehen (Maggasethi oder Teufelshäusslein), dahin der Satan kommt, so oft sie es begehren (Brun) 1617. Small houses, containing shells, sculls, images etc. are always placed near the different entrances of the towns, supposed to be the residence of the Greegrees, who take care of them (among the Timmanees). Every house has its protecting spirits (Laing). Julianus wirft dem Augustin vor, zu der Ansicht hinzuneigèn, dass die Seelen ebenso fortgepflanzt werden, wie der Körper, obwohl dieser Irrthum schon von Tertullian und Manes verdammt sei. Umlauf ist die Erste der Veränderungen und der erste Umlauf ist die Kreisbewegung und diese nun hängt von dem ersten Bewegenden ab (s. Schwegler) *ἐξ ἀνάγκης ἄρα ἐστὶν ὄν καὶ ᾗ ἀνάγκῃ καλῶς, καὶ οὕτως ἀρχή.* When a man dies, his soul (similar to a little fly) enters an animal corresponding in its character, according to the Kuzul-Bash (of Turkey), leading a nomadic life (in certain parts of the country) under various names (of Koord, Turkmen, Yuruk etc.) and speaking several distinct languages (Lennep), with lekkes or praying places (their worship consisting of dances). The religious groves or Kodosh are still objects of a veneration for more real, than the mosques (Longworth) 1840. Ground where a body is buried becomes sacred or Greegree (Laing) unter den Solimas.

2) Wellona (Welli-dewa oder determinalis dea) oder Giltine (Vielon) wurde bei dem lettischen Todtenmahl (Dewa deenas) gebeten, den Seelen die Erlaubniss zum Erscheinen zu geben (s. Narbutt). Pogwid war (bei den Polen) die Luftgottheit (Dlugoz). Northamerican Indians of the Algonquin districts, when little children died, would bury them by the wayside, that their souls might pass into mothers passing by and so be born again (Tylor). Hanc animam vobis pro meliore damus (Ovid). Die von der *Δεισιδαιμονεία* Geschreckten (zu Plutarch's Zeit) opferten unter Martern eine schwarze Henne, um den Zorn der Götter darauf herabzurufen und zu sühnen, worauf die Asche und das Opfergeräth rückwärts in's Meer oder in den Fluss geworfen wurde, wenn nicht an Kreuzwege gestellt, wo der darauf Tretende durch Substitution mit den Sünden belastet, dem Grimm der Unterirdischen und Himmlischen verfiel. Purgamentum in trivio calcare. Bei der deutschen Sargprobe bewegt sich die Leiche, wenn vom Schuldigen berührt. Von einem grauen Schatten begleitet, sah Tanndorff seinen eigenen Tod vorher (Willkomm). Die erste Person in der Schaar (bei dem Gesicht des „Todten-Volkes") ist die zunächst Sterbende (in Graubündten).

Neger durch einen Trichter Blut in den Mund der unter der Schwelle begrabenen Leiche und (nach Pausanias) wurde der Heros [1] (Xanthippus oder Phokas) in Daulis durch ein tägliches Opfer verehrt, wobei man das Fleisch des geschlachteten Thieres durch eine Röhre in das Grab schob. Nachdem die Zychen oder Tscherkessen den (beschenkten) Todten [2] in einem Holzstamm begraben (und der Erdberg darüber aufgeschüttet), wird drei Tage lang das aufgezäumte Pferd von einem Knecht dahin geführt, ihn zur Mahlzeit einzuladen (Interiano).

Aus der Furcht leitet ein alter Spruch die Götterschöpfung ab, und überall graut den Naturvölkern vor der „Götter Neide“, ihrem φθόνος [3]), den es zu besänftigen oder, wenn es erheischt wird, selbst

---

1) Den Heroen wurden die Opfer oder ἐναγίσματα (statt ἱερὰ beim θύειν) nicht auf dem βωμὸς (der Götter im ναός), sondern auf einer ἐσχάρα dargebracht, und damit das Blut zu dem Verstorbenen käme, liess man es in eine Grube (βόθρος) laufen. Die Sthieng stellen eine Wasserschaale auf das Grab und lassen täglich ein Paar Körner Reis aussäen. Die Schädel der Vorfahren werden (bei den Otando) in dem Alumbi-Haus verwahrt, wo nur der Eigenthümer eintreten darf, um sich zu bemalen [Karwar]. Nach Hooper erreichen die Tschuktchen ein hohes Alter, bis sie dann von ihren eigenen Verwandten beseitigt werden. Barbaries, in qua vetuli parentes a filiis mactantur et senes jam laboris inutiles ad montem urgentur (Knauzius) bei Slawen. Bei der Trauer schreibt der Angekok (bei den Eskimo vom Smithsound) die besonderen Arten der Büssungen vor. The bereaved husband may be required to abstain from the seal- or walrus-hunt for the year, or denied the luxury of some article of food, as the rabbit or a favorite part of the walruss, or to throw back his ressack and forced to go with uncovered head (s. Kane). Die bei Peteravik gestorbene Schwester Kalutunah's wurde ausgestreckt aufgerichtet, nicht sitzend begraben. Die Eskimo (für Häuptlingsschaft) erproben ihre Stärke durch Ringen, Steinetragen u. s. w. Mädchen werden entführt.

2) Der gestorbene Kourbari (in Kaarta), für dessen Einwicklung jedes weibliche Verwandtenglied ein Tuch liefert, erhält das Versprechen einer täglichen Portion Couscous und wird gebeten, deshalb sich den Ernten und Heerden günstig zu beweisen. Beim Vorübergehen werden die Gräber begrüsst (Raffenel). Die Seelen wurden von den richtenden Gottheiten (Sudice) den unterirdischen übergeben (Stredowsky). Pekelnjk oder Poklus (mit seiner Gemahlin Niola) hiess (bei den Bulgaren und Böhmen) Merot oder Nerot mit Radamasz (der vor den Tassanen schützte) zur Seite. Gezibaba oder Jagababa (Jaksa) ist Morena oder Todesgöttin. Besides the graves were in some cases casts also in lime or gypsum of the upper part of head, which had been worn on a head where the hair had been confined, with a part of which the impression and some hairs remained inside (Mitchell) in Australia. The cyclopean cenotaphs (in Circassia) are built by the giants for the pigmies (a nation of light horsemen, mounted on hares). All other ruins are Gennyvis (Genoese) nach der Volksansicht (Longworth). Au lieu d'enterrer leurs morts, ils les revêtent de leurs habits et de leurs armes, les enferment dans des boîtes et les exposent sur les arbres. Si le mort vient a siffler (péter), ils croient que son repos sera à jamais respecté par le démon (s. Wachusht) in Abchasien.

3) φθόνος γὰρ ἔξω θείου χοροῦ ἵσταται nach Plato, der den alten Vor-

durch Menschenopfer zu sühnen gilt. Tieferer Empfindung fähige Gemüther mussten dann bald darauf sinnen, wie eine Erlösung aus diesem Zustande steter Angst und Qual zu erlangen sei; wenn sie in sich gekehrt [1]) dahin wanderten, die Wunder der umgebenden Welt auf sich wirken liessen, dann mochte in ihrem düster bedrückten Herzen ein Hoffnungsfunke aufglimmen für Hülfe und Rettung, dann ertheilt bei den Arowaken die Wasserfrau (Orehu) die zauberische Rattelcalabasse gegen die Anfechtungen der Dämone (Yauhahu), die ihre Schmerzenspfeile (Yauhahu simeira [2])) gleich finnischen Bösewichtern abzuschiessen [3]) pflegten, dann erlangen sie sich, um den zu den Todesschatten ziehenden Faden des ersten Menschen abzuschneiden, die Talismane der Medicinsäcke in den Meda-Ceremonien [4]), dann gruppiren sich um heilige Palladien in Höhlen der (afrikanischen [5])) Fetischwälder eleusinische oder mithraische Mysterien, dann blickt man auch sehnsuchtsvoll der Verkündigung einer neuen Religion des Lichts [6]) entgegen, die in ihrem mächtigeren Gotte der Barmherzigkeit einen Schutz verspricht gegen alle Teufel und Dämonen, die sie, als das Licht scheuende Götter (im Gegensatz zu Hvitakristi), mit Kreuzeszeichen [7])

---

stellungen vom Neide der Gottheit die Lehre von ihrer Gerechtigkeit gegenüberstellt.

1) Als Njall auf Island von der Ausbreitung des Christenthums durch Olaf hörte, erwartete er die Einführung des neuen Glaubens, und ging oft einsam umher, vor sich hinmurmelnd (nach der Njalla-Saga), wie es von samojedischen Schamanen und (bei Arbousset) von den Kaffirn erzählt wird. Haward kommt in den Sinn, dass er in fremden Landen hatte sagen hören, dass dort ein anderer Glaube verkündet werde, als in den Nordlanden, ein besserer und schönerer.

2) Schmerz heisst Yauhahu simeira oder Pfeil der Yauhahu (Dämonen) bei den Arowak, mit der Maracca oder Rattel-Calabasche der Peije zaubernd. Die Orehu oder Wasserfrau hat (obwol bei der Erscheinung aus dem Wasser schreckend) den Indianern aus Zuneigung den Gegenzauber (zum Schutz gegen die Yauhahu) verliehen (s. Brett). One of the Obia dances (of the Negroes) is commonly called the Water-mama dance, from Orehu, the patroness of the Indians (in Guiana).

3) Geschoss ist die Krankheit, bei der sich die Knochensplitter aussondern (Frischbier) in Preussen [Hexenschuss der Finnen].

4) „Gott hat uns diesen Midé-Orden gegeben, freuen wir uns, ihm anzugehören,“ wurde bei den Ceremonien gesungen (s. Kohl). Der Name Kitschimanito (des grossen, guten Geistes) wurde häufig genannt, nicht aber der des Matschimanito (des bösen Geistes).

5) Sind (unter den Susus) die Eingeweihten zu ihren Familien zurückgekehrt, so pflanzen sie den weiss behangten Baum des Semo vor ihrer Thür, als Schutzgottheit. Die Eingeweihten in den Mysterien des Dionysos trugen Hirschkalbfelle zum Zeichen der Wiedergeburt.

6) Es scheint mir, dass euer Gott sich in dem Lichte freut, dass unsere Götter scheuen, bemerkt Kodran (in Island), als er dem Gottesdienste seines zum Christenthum bekehrten Sohnes Thorwald beigewohnt hat (K. Maurer).

7) Der von Gest als Skraf-Finnr (Zauberschwätzer oder durch eitle Worte Zaubernder) gescholtene Priester Josteinn besiegt Odin, der die Bekehrten zu Opfern verleiten will, durch das Zeichen des Kreuzes (s. Maurer).

und Weihwasser [1]) zu Boden schmettern wird. Dadurch werden dann so viele unbegreifliche Kräfte in Wirksamkeit gesetzt, dass auch der Stärkste sich von ihnen abhängig [2]) fühlt, und während vorher die Normannen gleich adriatischen Celten nur der eigenen Stärke[3]) vertrauten, darf es dann der Isländer Thornsteinn nicht einmal wagen, im Dunkeln [4]) allein auf den Abtritt zu gehen. Thorkell [5]) (der an den

1) Kodran auf Island liess sich taufen, als der Stein, in dem er seinen Dienstgeist (Armadr) verehrte, auf das Singen des Bischofs Friedrich zersprang (nach der Kristni Saga). Als der Bischof den Stein mit geweihtem Wasser begossen hatte, klagte der dem Kodran im Traum erscheinende Geist, dass siedendes Wasser in seine Herberge durchgesickert und seine Kinder verbrannt hätte (nach der Thorvalds Saga), dass er in die Wildniss fortwandern müsste, so dass Gut und Heerden nicht länger von ihm gehütet werden würden (Maurer).

2) In Folge der von dem entsetzten Patriarchen Niphon über die Valachei ausgeschütteten Verwünschungen brach eine Hungersnoth aus (1508 p. d.). Sagard erzählt, wie er in der Hütte eines Huronen dem Mädchen, das sein Marienbild gestohlen, mit Strafe und baldigem Tode gedroht, sie auch am nächsten Morgen in heftiger Krankheit gefunden, so dass sie sich zum Sterben nach ihrer Heimath bringen lassen wollte, bis er sie tröstete, et alors elle me demanda derechef si elle n'en mourrait point, et après que je l'en eus asseurée, elle resta entièrement guérie.

3) Thorwald, der weder an Götzen noch Teufeln glaubend, weil er Riesen und Schwarzmänner (Blamenn) auf seinen Fahrten begegnet ist, traut (nach der Olafs-Saga) nur auf eigene Kraft und Stärke (a matt mim ok megin). Als König Hakon von den Bauern zum Opfern gezwungen über das dem Odin geweihten Horn vor dem Trinken das Kreuzeszeichen machte, erklärte Sigurd Jarl, der König thue so, wie alle, die auf ihre eigene Kraft und Stärke vertrauen (er trua a matt sinn ok megin) und ihren Becher dem Thor weihen, das Hammerzeichen darüber machend (K. Maurer). Thorolf liess sich in Diensten Königs Aethelstan's mit dem Kreuze bezeichnen (wie es oft auch von Kaufleuten geschah), so dass er Gemeinschaft mit den Christen, aber auch mit den Heiden hatte, und es mit dem Glauben nach Belieben hielt (Egills Saga). Odd und seine Genossen erklären in dem Münster Aquitaniens, dass sie von keinem anderen Glauben etwas wissen, als an ihre Macht und Stärke (nach der Oervar-Odds-Saga), weder an Thor noch an Odin glaubend. Oerly und sein Geschlecht setzten ihren Glauben auf den (heiligen) Kolumba (Kolumkilla oder Kolumbilla) in Island.

4) Die spukenden Gespenster verschwanden erst, als durch sein Geschrei von der dringenden Noth in Kenntniss gesetzt, König Olaf die Kirchen glocken anziehen liess.

5) Der Schwedenkönig Eirik, der sich Odin weiht, besiegt seinen Thor anrufenden Sohn Styrbjörn (nach der Knytlinga Saga). Methodius bekehrte (nach Balbinus) den bulgarischen König Bogar durch ein Bild des jüngsten Gerichts. Amr ben Loheij, Oberhaupt der Azditen (die sich in Mekka niedergelassen), hob die Religion Abraham's auf und führte den Götzendienst ein (Wüstenfeld). Neben dem apostolischen Brauch, die Genossen der christlichen Gemeinde, als Glieder am Leibe des Herrn (und frei von Schuld) Heilige (ἅγιοι) zu nennen, trat bald die Neigung hervor durch lebendigen Glauben und musterhaften Wandel, sowie durch standhaftes Bekenntniss im Leben und Sterben jene Bezeichnung (ἅγιοι, θεοφιλέστατοι μακάριοι) um so mehr beizulegen, weil das Gedächtniss ihres Martyriums erhalten werden sollte (s. Grüneisen). Die Gemeinde von Smyrna feierte (nach Euseb.) das Geburtsfest des Bischof Polycarp an dem Orte, wo seine

glaubte, der die Sonne erschaffen) wollte (auf Island) den Glauben an den von Bischof Friedrich für denselben (unter Zusätzen) erklärten Gott annehmen (obwol er sich nicht mit Wasser abwaschen lassen wollte), wenn darin ein Zeichen geschähe, dass die Bösewichter der Berserker beseitigt würden, worauf der Bischof nach Weihen der Feuer, sie durch Keulen (da Eisen sie nicht angriffe) todt schlagen liess (nach der Vatnsdala Saga) [Steinwaffen]. Die zauberkundigen Berserker (nach der Thorvalds Saga) treten das Feuer aus, fielen aber über die vom Bischof gelegten Holzbrände und verbrannten sich. Nach Gunnlaugr ging dann der Bischof unbeschädigt durch das Feuer (K. Maurer). Die einheimischen Götter [1]) Schwedens protestirten gegen die Einführung des fremden Christengottes durch Ansgar, wollten aber, wenn die Zahl der Götter vermehrt werden sollte, Ericum quondam regem in ihr Collegium aufnehmen (Rimbert). Bonum est, hujus dei gratiam habere, der sich schon vielfach (besonders auf der Reise nach Dorsted) hülfreich bewiesen, wenn die eigenen Götter sich ungünstig beweisen sollten, rieth ein Alter auf der Versammlung in Birka, als die Loose zu Gunsten des Christenthums entschieden. Nach Einführung des Christenthums wurde es in Grönland [2]) Brauch, dass man die

---

Gebeine niedergelegt wären. Athenagoras erzählt von christlichen Männern und Frauen, die im ehelosen Stande alterten, um in nähere Verbindung mit Gott zu treten und durch das Einsiedlerleben liess sich Wunderkraft erlangen. Die die höchste Seligkeit im Anschauen Gottes (conspectus, complexus, osculum dei) Geniessenden und am Gericht Christi (lateri assistere, cum redierit judicaturus) Theilnehmenden wurden zu Patroni et intercessores (mediatores).

1) Als die früheren Götter, seit sie dem Volksglauben (in Olaf's Zeit) zu Teufeln geworden waren, gesunken, mussten sie mit den ursprünglich ihnen feindlich gegenüberstehenden Riesen und Unholden, an deren Existenz geglaubt wurde, in eine Klasse zusammengeworfen werden (K. Maurer). Die von Paternes gestifteten Paulicier (in Bosnien) riefen (gegen die römische Inquisition) die Hülfe der Türken an und König Thomas II., der sich weigerte, den Islam anzunehmen, wurde (1461 p. d.) von Mahomet II. getödtet. Die bei Samosata (in Syrien) gestiftete Secte der Paulicianer (VII. Jahrhundert p. d.) verbreitete sich nach Thracien und dann (in Folge der Kreuzzüge) nach Südfrankreich, von wo die versprengten Waldenser (als Patarener oder Bogumilen) nach Dalmatien und Bosnien flüchteten. Die Kranken, die die Hülfe des heiligen Blutes (im Dom zu Schwerin) in Anspruch nahmen, mussten sich wägen lassen, um nach der Schwere ihrer Sünden zu opfern, und eine andere Sündenwage wurde (1383 p. d.) zu Wilsnack in der Prignitz errichtet, worauf sich Heinrich der Dicke und Heinrich von Stargard wegen ihrer blutigen Hostien bekämpften (1452 p. d.). Heremitae ex Scotia navigantes hatten auf Thile (Island) und umliegenden Inseln gewohnt, vor den Normannen (nach Dicuilus) 825 p. d.

2) Auf einer von Grönland aus unternommenen Entdeckungsfahrt zieht Thorhallr Veidhimadr durch sein Lied an Thor für die in Nahrung beschränkten Christen einen Wallfisch an. Als (nach der Fostbrädhra Saga) Thordis zu Löngunes sich Nachts im Schlafe übel geberdete, wollte sie Bödhvarr (der Erscheinungen im Traum wegen) nicht gestört haben, und beim Erwachen erzählte sie (nach schwerem Athemholen), dass sie Nachts

Leute auf dem Hofe, wo sie starben, in ungeweihter Erde begrub, wobei man dem Todten einen Pfahl auf die Brust setzte, und später, wenn Geistliche dazu kamen, den Pfahl herauszog, Gebete dazu sprechend. Nach der Grönledinga wurde die Leiche des Vorarbeiters Gardr auf dem Hofe des (Thorsteinn Eriksson beherbergenden) Thorsteinn Svartr, weil all das Umgehen der nach ihm Sterbenden veranlassend, verbrannt. Finn schlug die Götzen in dem wegen seines schönen Schnitzwerkes nicht zerstörten Tempel seines Vaters Sveinn im Throndheimischen herab und spaltete dem Thor [1]) das Haupt

mit dem Geist gefahren (vidha hefi ek göndum rennt i nott) und vorher nicht gewusste Dinge erfahren. Der Zauberritt (gandreidh) wurde als ein Herumfahren der Seele in fremder Gestalt mit Hinterlassung des Leibes aufgefasst (s. K. Maurer), dem Götterritt (godhreidh) gegenüber. As soon as the soul left the body, it made its way to the western coast (to the hill Haumu), the spirit of a person who had lived in the interior took with it a small bundle of the branches of the palm tree, as a token of the place of its abode, if of one, who lived on the coast, the spirit carried a kind of grass growing on the seaside (Williams) in New-Sealand. It was a time of rejoicing among the angels of heaven when the tidings were there announced, that another of the tribes of this lower world was being added to that vast company, which is made up of all people and nations, and tongues and language (W. Williams), als Rangi, der erste Neuseeländer getauft wurde. Der Sohn Gudbrand's beschrieb Olaf seinen Gott, als nach Thor gebildet mit einem Hammer in der Hand und im Innern hohl, täglich Brod und Schlachtfleisch verzehrend (auf dem Ding zerschlagen, kommen Mäuse und Schlangen hervor), als die Norweger sich über den gehörnten (cornu gestantem) Bischof (mit Etwas wie ein krummes Widderhorn auf dem Stecken) wunderten. Thrand lehrt seinen Pflegesohn eine Besprechungsformel als Credo eines der Apostel (Lärisveina) auf den Faröer. Die Isländer erkannten das Walten der Asen, als das Schiff des Missionär Stefnir durch Sturm zertrümmert wurde (Maurer). Die Innerthrönder hielten im Herbst ein Opfer, den Winter zu begrüssen (fagna tha vetri), ein Opfer um Mittwinter, und ein Opfer am Sommersanfang, den Sommer zu begrüssen (tha fagna their sumari) 1021 p. d. (s. Maurer). Als Olaf Haraldssohn den Bauern vorwirft, für Frieden und guten Verlauf des Winters (til fridar ok vetrarfars godhs) das Mittwintersopfer (midhsvetrarblot) gehalten zu haben, erklärt es Oelver für Weihnachtsgelage (joladrykkjur) mit Weihnachtsgastereien (jolaveitzlur) in Märi. Knut verbot alles Heidenthum (hädhenscipe), Götzen (deofolgyld oder idola) zu verehren (als Heidengötter, Sonne und Mond, Feuer oder Flüsse, Quellen, Steine, Waldbäume), Hexenkunst zu lieben, Mordwerk zu thun oder mit Opfern (on blote) und mit Fackeln (on fyrhte) Blendwerk zu treiben (s. Maurer). Da nie ein Schwedenkönig Jacob geheissen, gaben die Schweden dem so getauften Sohn Olaf's den Königsnamen Aunundr. In der Iriri oder Roni genannten Ceremonie ertheilten die Priester (der Maori) dem Kinde den Namen, unter Wassersprengen.

1) Der Dichter Hallfred wurde beschuldigt, auch nach der Bekehrung (durch Olaf) ein Bild des Thor aus Zahn geschnitzt in seinem Beutel zu tragen, wie Ingimundr hunngamli (nach der Vatnsdäla Saga) ein Silberbild Freyr's. Der Isländer Bolli weigert sich, die weichliche und abgeschmackte Religion der Christen anzunehmen (thviat mer list sidhr theirra veykligr ok mjök eydhillgr). Der Dichter Hallfred (an Olaf's Hofe) hält seine Drapa (Lieder) für poetischer, als die Lehren des Christenthums. Der römische

(nachdem er ihn geprügelt und im Wasser geschleift hatte) [Perkun]. Als durch Ulfljot's Gesetzgebung (930 p. d.) ein isländischer Gesammtstaat begründet und durch Einführung einer geordneten Bezirksverfassung (960) die neue Republik befestigt wurde, gestand man nur den Haupttempeln (hofudhhof) staatliche Bedeutung zu, bestimmend, dass jeder der anerkannten Herrschaften (godhordh) ein eigener Haupttempel entsprechen sollte. Der Godhi [1]) (Hofghodi) hatte das

---

Priester in Turanga zeigte den Neuseeländern, dass das Marienbild seiner Capelle aus Liebe zu ihnen Thränen vergösse. But one of the congregation had detected him pouring water into the head of the image (s. W. Williams). Als die Bestimmungen uber Einführung des Christenthums in Island festgesetzt werden sollten, lag der Gesetzsprecher Thorgeir zwei Tage in seinem Hause, unter einer über sich ausgebreiteten Decke. Als Olaf durch die Verrätherei Sigvaldr's (Jarls der Jomsburger) im Kampfe mit Dänen und Schweden gefallen, wollten es die Norweger nicht glauben, sondern meinten, dass er noch im Wendlande sei oder im Südreich (Fagrsk). Zu Erzbischof Adalbert († 1072 p. d.) kamen Islani, Gronlani et Orchadum legati (Ad Br.), um Missionare bittend. In Fylki (Vingulmörk) zwang Olaf Haraldssohn die Fylkiskonige (Bragningar und Tignarmenn), sich als seine Lehnsleute zu bekennen. The Runanga was a quiet assembly of the tribe, and the avowed course of proceeding was to settle disputes by peaceable arbitration, and in case of offences to levy a fine according to prescribed rule (in Neuseeland). Nachdem Hongi in der Inselbucht durch einen Besuch in England Flinten erworben, vernichtete er die Stämme am Themse-Fluss (1820). Die Räuberbrüder Gautothorir und Afrafasti, von Olaf Haraldsson zur Bekehrung aufgefordert, erwiedern, keinen anderen Glauben zu haben, als nur auf Stärke und Siegesglück zu vertrauen (truum afli vorn ok sigrsäli) und ebenso traut der Rauber Arnljot nur auf seine Macht und Kraft (a matt sinn ok megin) statt anderen Glaubens. Jarl Hakon will Siegmund's Glauben an eigene Kraft und Stärke (ek trui a matt minn ok megin) oder (nach der Olafs Saga) auf Glück und Siegesheil (enn ek treystumst hamingju minni ok sirgsäli) nicht gelten lassen (Fareyinga Saga) und verweist auf seine Lieblingsgöttin Thorgerdhr Hordhabrudhr oder Holgabrudhr (s. K. Maurer). Da kommt dem Thorstein (Uxafotr) in den Sinn, dass der gross sein müsse, der Himmel und Erde geschaffen (s. Maurer), und sich dem Christenthum zuwendend, wird er durch ein Wunder der Gefahr entrissen (wie es vielfach in buddhistischen Legenden spielt). Unde to Mekelenborch der obytriten affgot de heyt Ridegast, da hadde vor der borst einen schilt, dariu stod ein swarte Buffelenkop unde hadde in der hant eyne strydexse unde upp dem Kopp eynen vogel (Botho). Als Härek von der Himmelfahrt Christi erzählen hört, meint er, dass es so sein möge, dass er aber nichts davon verstehe (nach der Olafs Saga).

1) In dem Tempel des Goden Thergrimr (mit Thor in der Mitte der Götter) brannte geweihtes Feuer (vigdhan eld), das nicht erlöschen durfte, auf der Erhöhung mit dem Schwurring (nach der Kjalnesinga Saga). Die Nägel in den Hochsitzpfeilern des in Island neu gebauten Tempels Thorolfr's hiessen (nach der Eyrbyggja Saga) Götternägel (reginnaglar). Burd Snäfellsass (Sohn des Riesenkönigs Dumbr) wurde (in die Höhle eingegangen) als der anzurufende Gott (heitgudh) und ein kräftiger Schutzgeist (bjargvättr) angesehen (s. Maurer). The Limi of Genewah (tattooing like the blacks at Sofalah) wore clothing made of the plant worzi capable of resisting fire (according to Ibn Batuta). Von den den König von Mali umgebenden Sängern oder Jola (Jellinkie) war Einer mit Federputz und Holzkopf in Vogelform maskirt (zu Ibn Batuta's Zeit). Ibn Batuta wohnte in Sijilmesah bei

Ding zu halten und die Gerichte zu besetzen (neben den priesterlichen Functionen). Die Bezirksregierung (heradhsstjorn) nahm an der Landesregierung (landsstjorn) Theil (s. Maurer). Auch norwegischen Häuptlingen wird ein vordhveita hof, ein radha fyrir blotum, ein halda upp blotum zugeschrieben. Der heilige Olaf [1]), dessen Verehrung

---

dem Bruder eines Kaufmanns, den er in Kanchanfu in China kennen gelernt. Nach Fernandez de Enciso (1518) fanden sich in der Bucht von Benin die mit Libyen und Meroe handelnden Schwarzen. Am Tempel zu Baldrshagi war eine Friedensstätte (gridhastadr), wo Nichts beschädigt werden durfte (nach der Fridhthjofs Saga). Als Thorhaddr in die Stödvarfjödhr (Islands) kam, legte er eine Heiligkeit auf den ganzen Busen, dass dort Nichts getödtet werden durfte, ausser dem eigenen Hausvieh. Thorolf's Heiligenberg (Helgafell) durfte Niemand ungewaschen anschauen und um Nothdurft zu verrichten (alfrek ganga), musste die Kothklippe (Dritsker) benutzt werden, worüber indess ein Kampf entstand, so dass das vergossene Blut den Boden entheiligte. Beim Beginn des Kampfes wurde ein Speer über die Feinde geschleudert, um sie Odin (und dem Tode) zu weihen. Wenn man die Waffen in der Wunde stecken liess, hiess es heimlicher Todtschlag (launvig), nicht aber Mord (mordh) bei den Skandinaviern. Das ist Vikingersitte, sich durch Raub und Gewalt Gut zu erwerben, das aber ist Diebessitte, es hinterher zu verleugnen. An den Fischplätzen musste Einigkeit bewahrt werden, damit die Fischerei glücklich sei (nach der Laxdàla-Saga). If a quarrel happen on the coast, where herring is caught and blood be drown, then the herring go away (Martin) in Schottland. Die an kleinen Dingen mit einander Opfernden hiessen Suthnautar (Sudgenossen). Gelübde wurden auf (König Heidhrekr's) Sühneber abgelegt (beim Braga-Becher). Die Schweden opferten die Könige Domaldi und Olafr Tretelgja für gutes Jahr, König On seine Söhne zur Lebensverlängerung. Saxo führt die Menschenopfer auf Frey zurück. Für das Nasengeld (nefgildi) hatte Odhin das Land gegen Unfrieden zu schützen und für gutes Jahr (til ars) zu opfern (als König in Schweden). Frey's Bild wurde auf einem Wagen umhergeführt, um für gutes Wetter zu sorgen, und Athanarich's Götterbild ἐφ' ἁρμαμάξης (wie Nerthus). Zur Jahresbesserung (til arbotar) wurde der Freyja ein Eber geschenkt (Hervarar Saga). Der Seekönig Framar aus Gestrekaland verehrte einen Arhaugr (Fruchtbarkeitshügel) für gutes Jahr (s. Maurer).

1) Als Olaf Haraldssohn hörte, dass zu Wintersanfang (im Throndheimischen) bei den Gastmählern und Trinkgelagen Minne dem Thor geweiht werde, und dem Odhinn, der Freya und den Asen zur Besserung des Jahrgangs (til arbotar), entschuldigt Oelver, dass die Bauern keine Gastmähler (veizlur) gehalten, ausser ihren Gilden (gildi) und den umgehenden Trinkgelagen (hvirfingsdrykkjur) oder einigen Freundesschmäusen (vinabodh). Bonifacius beklagt sich bei Papst Zacharias über den Gallier Adelbert, der (nach seiner Behauptung) durch eine Erscheinung des Erzengels Michael mit Heiligthümern versehen, für sich Bethäuser errichtet. Als der zum Christenthum geneigte Indianer (in Fond du lac) in seinem Traume auf dem Wege zum Paradies nur Spuren von Weissen sah, aber keinen indianischen Mocassin, wurde er im Heidenthum befestigt (Kohl). St. Martin verlangt von Olaf im Traum, dass die Trinkgelage und Gilden (samdrykkjur edhr gildi) für ihn (statt Thor, Odin und Asen) gehalten werden. Akaipikia had prayed (according to the directions of the missionaries), but did not know, whether God heard him. If he would „whakao mai ki a au“ (if he would make a sound, such as a man makes, when called by another at a distance), I should know, that he heard me (Williams) on New-Zea-

sich nach Befreiung der Norweger von den Dänen unter Magnus rasch verbreitete, trägt den rothen Bart Thor's und statt des Hammers seine Streitaxt. Wachen und Fasten wurden gehalten, um die Dinge, die man wünsche, zu erfahren, da es aber nichts hülfe, so käme man zu ihm, meint der schwedische Wahrsager [1]), als von dem Christen

land. Thordis erfuhr durch ihre Zauberei (af trollskap sinnm) den Aufenthalt Thormod's, der auf den aus dem Heidenthum (fyrnska) übrigen Stuhl Thor's gesetzt wurde. Olaf's Gluck (gipt oder hamingja) kommt auch allen seinen Dienstleuten zu Gut (weshalb Thorwald darauf vertraut). Auf der Fahrt nach Vinland (mit selbstgesaeten Weizenfeldern und Weinstöcken, sowie den zum Hausbau dienlichen Maser-Bäumen) trifft Leif ein Schiffswrack, dessen Mannschaft er rettet und nach Grönland bringt. Um in Norwegen dem Christenthum zu entgehen (996 p. d), bringen die Isländer dem Freyr Gelübde, wenn sie guten Fahrwind nach Schweden, dem Thor und Odhinn, wenn nach Island erhalten sollten. Bei Hechlingen (Decanats Dittenheim) wurden der Göttin Hecka Hunde geopfert (Fischer). In Kempten wurde die Göttin Cisia (Cisa) verehrt. Nach dem Abfall vom Christenthum betete Brodir heidnische Wichte an (blotadhi nu heidhnar vättir) 1014. Hjalti (in Island) wurde wegen Gotteslasterung (godga), weil er Freyja einen Hund genannt, geächtet In der Gefahr, wo der Isländer Gest von seinem eigenen Vater Bardhr Snäfellsass, der als Halbgott angerufen wurde, im Stich gelassen wurdte, wandte er sich dem Christenthum (Olaf's) zu (wurde aber durch die Traumerscheinung seines Vaters getödtet). Als Olaf Haraldsson mit dem Gebetbuch nach Odin schlägt, der ihm mit einem breiten Hut erscheint, fährt der Geist in die Erde. Nach dem Anonym. Rosk. wurde Olaf auf der Flucht aus England in Bremen durch den Bischof Unwan getauft. Nach dem bremischen Missionär Dankbrand in Island war die unzählige Menge der Engel von Gott in neun Heerschaaren getheilt, die bösen Geister zu lähmen, Krankheit abzuhalten, Lob zu preisen u. s. w. Hall wünschte sich den Erzengel Michael (der alles besser misst, was ihm gefällt) zum Schutzengel (fylgjuengill). As for me, I only believe in Jupiter, hörten St. Croix und Brophy von einem Griechen in Bulgarien, und von einem anderen: With us, it is only the lower classes, who believe in that nonsense, every educated Hellene is an atheist, for our religion has one grand avantage, it leads to atheism sooner, than any other (1869).

1) Obgleich ein Heide, liess Harald Harfagr die Zauberer tödten. Dem heidnischen Ospakr galten die von seinem Genossen Brodhir verehrten Götter für Unholde. Bischof Friedrich's Bekehrung würde leichter Erfolg haben, wenn er Wunder thue, meint Thorkell. Deus vester nihil posse manifestatur, et quod magis est, nec de deorum genere esse probatur (Greg. Tur.) als Erwiederung gegen das Christenthum. Beim Streit zwischen Heiden und Christen bemerkt Kodran (in Island), dass Jeder von beiden Theilen gegen den anderen dieselben Beschuldigungen vorbringe, und es sich nur um die Entscheidung handle, auf welcher Seite die Wahrheit liege (s. Maurer). Ein dreihäuptiger Thurs wird (Skirnism.), sowie ein sechshäuptiger Jötuinn (Vafthrudhnism.), und ebenso eine neunhäuptige Riesin (Hymiskv.) genannt, ausserdem zwei- und dreihäuptige Riesen (s. Maurer). Auf Gangler's Frage antwortet Har, dass Ymir nicht als Gott gelte, weil böse mit seiner Nachkommenschaft. Ketill lehnt die Verehrung Odhin's ab, da er ohne solchen lange gelebt, und Bödhvarr Bjarki droht, den umherschleichenden Odhin, wenn ihn Jemand zeigte, gleich einem Giftthier zu zerquetschen [Beduinen]. Durch Verletzung eines Festtages fürchtet sich Ljotr den Zorn des Engels zuzuziehen, dem er gefeiert wurde (Vallaljots Saga). Der Schwede Glamr hielt das christliche Fasten für zwecklosen

Hakon Palsson befragt, und so der Australier über den Missionär (nach Neumayr). Aleps, letzter Krive-Kriveito [1]) der Preussen, liess sich von den Deutschrittern taufen (1264 p. d.), weil er sich in seinem Alter von der Machtlosigkeit seiner Götter überzeugt. Das in Klawatschicök befindliche Marienbild [2]) soll dreimal aus dem Walde an

---

Aberglauben. An der arctischen Küste Norwegens wurden magische Künste getrieben, um zu wissen, quid a singulis in toto orbe geratur. Tunc etiam potenti murmure verborum grandia cete maris in litora trahunt, et alia multa, quae de maleficiis in scriptura leguntur, omnia illis ex usu facilia sunt (Ad. Br.). Raudhulfr weissagte aus Himmelsgestirnen, Sonne, Mond und Träumen. Aus den von Buslä gebrauchten Anrufungen (zur Beschwörung) erhielt sich die Buslubän genannte (den Christen verboten). Episcopum suum habent pro rege, ad illius nutum respicit omnis populus, quicquid ex deo, ex scripturis, ex consuetudine aliarum gentium ille constituit, hoc pro lege habent (Ad. Br.) in Island. Bischof Gitzur erlangte grosses Ansehen (in Island), Jedermann wollte so sitzen und stehen, wie er gebot, jung und alt, reich und arm, Weiber und Männer, und es konnte gesagt werden, dass er zugleich König und Bischof war, über das Land, so langte er lebte (Hungurvaka). Wer nicht das Bier, das dem Christ zu Gefallen und der heiligen Maria für Jahr und für Frieden (til ars oc til fridhar) geweiht wird, bis zur Allerheiligenmesse spätestens bereitet, büsst dem Bischof (nach dem Recht von Guley), oder (nach dem Throndheimer Recht) dem Erzbischof, wenn nicht das Bier für die Feier des Johannisfestes fertig gehalten wird (wenigstens vor Weihnachten). Zum Seelenbier (salo ol) und Erbmahl (til arfis), ist der Priester einzuladen, dass er die Speise und Bier weihe (vigi) in Norwegen. Die (christlichen) Dänen legten ihren Priestern intemperiem temporum, corruptiones aëris, quascumque molestias corporum zur Last (wie früher den Königen) 1080.

1) Nach dem Tode des Krive-Kriveito Gintovt (1414 p. d.) wurde Samogitien zum Christenthum bekehrt. Der höchste Schöpfergott Bog oder Boh (Urquell des Lichtes und Blitzes) wurde bei den slawischen Stämmen verschieden benannt (Barthold). Bischof Berno setzte die Verehrung des heiligen Gotthard an die Stelle des Götzen Goderac im Lande der Kissiner (Bolle). In der Tempelstadt Riedegost wurde als höchster Gott Zuarasici verehrt (nach Thietmar). Als der christliche Missionär von der Weltschöpfung sprach, warf ihm ein Alter der Samogitier Lügen vor, weil er zu jung sei, solches wissen zu können, denn während seines, doch längeren, Lebens sei es nicht geschehen. Istas insulas (Orcades) primitus Peti et Pape inhabitabant. Horum alteri scilicet Peti parvo superantes Pigmeos statura in structuris urbium vespere et mane mira operantes meridie vero cunctis viribus prorsus destituti in subterraneis domunculis pre timore latuerunt (vor den Norwegern). Affricani fuerunt Judaismo adherentes (Pape) [Fomorier]. Südlich und rückwärts von Vinland hit godha lag das von Iren besuchte Albania oder Hvritramannaland, wo der Irländer Ari zum Häuptling eingesetzt war (nach dem Landnama). Gefangene Skrälinger erzählten von einem jenseits liegenden Lande, wo weissgekleidete Leute laut schreiend Tücher an Stangen gebunden trügen. Ubi populus ibi obolus. Das stark aus Balken gezimmerte Haus des Herzogs (in Julin) heisst Stupa (bei Sefried). Ἀχιλλέα πρῶτος λόγον ἠρώτησε (Diog. Laert). Parmenides (rogatiuncula Achille usus est:). Bei dem 1700 in Wittenberg angeklagten Mädchen rieth die Rostocker Facultät, etwaige Hexenmale mit Stecknadeln zu probiren.

2) Die Madonna del Papa verdrehte die Augen im Jahre 1871 zu Rom. Es ist auch auf dem Concilio zu Basel die Meinung von der unbefleckten

seinen Ort geflogen sein, wo es Radulwade mit Kirche und Kloster umgab, wirkt aber kein Wunder mehr, seit das Kloster reich genug, die Fürsten geiziger und die Unterthanen ärmer geworden sind (Sulzer). Der König steht (bei den Slawen) in geringerem Ansehen, im Vergleiche zum Priester des Swante-Vit, da dieser (die Orakelsprüche der Gottheit erforschend) von dem Winke der Loose abhängt, König und Volk aber von dem Willen des Priester [1]) (nach Helmold). Die

---

Empfängniss Mariae festgesetzet worden, darüber hernach die Franciscaner und Dominicaner einander so erschrecklich in die Haare gerathen und öffentlich vor Katzer gescholten haben, da jene gar sagten, die Maria wäre vom heiligen Geist empfangen (Arnold). Die Nephes-Ogli genannten Frauen in der Türkei wollen vom heiligen Geist geschwängert sein, um (bei Besuch der Moscheen) wahrsagende Kinder zu gebaren (s. Bayle). Nach landsittlichem Gebrauch und Gerechtigkeit (landsittlicher Wittwengerechtigkeit) pflegte (in Mecklenburg) der neue Prediger sich durch Verehelichung mit der Wittwe oder Tochter seines Vorgängers in die Pfarre hineinzuheirathen (Bolle). Beinah ein volles halbes Jahr tragt es aus, dass die Walachen theils ohne, theils mit Fischen, niemals aber mit einiger Milch oder Eierspeise sich des Fleischessens enthalten müssen (Sulzer). The religion (of the Bulgarians) absolutely prohibits labour during 183 days of the year and during the other 182 weakens its professors by fasts (St. Croix). Every wise and powerful government has treated with deserved disregard the complaint, that the „Spoose of Christ" was in bondage. Boniface, himself an Englishman, papal beyond all his contemporaries, laments, that no church is in greater bondage, than the English, a noble testimony to the nationality of the institution, the common sense of the people and the vigour of the State (Kemble).

1) Der Prinz von Ssugur beherrscht alle benachbarten Häuptlinge und scheint eine Art Priesterfürst zu sein (Barth). Der Heeresrath (Woisskowyi Krug) der Cosaken berieth vor der Woiskowaja Isba (Kriegshütte). Vor Begründung des Grossherzogthums kampften die Litthauer unter Vadim genannten Fuhrern. Die brasilischen Häuptlinge (Caziken oder Principaes) heissen Tobixabas (nach Daniel). Adnan (Enkel des Adi, vom Stamm Gorhon) war (von Ismael stammend), Ahnherr der Mostariba genannten Araber (300 a. d.). Ibrahima von Madina suchte seine Feinde (wie die in Musardu) durch Kaufleute auszuspioniren (Anderson), wie die Könige Mexicos. Tous les Roumains étaient égaux, parce qu'ils étaient tous soldats, divisés en soldats actifs ou masnavi, masnegi, masnada, masnadieri, mesnades, miles ou gentilhommes et en soldats retraités, terriens ou masterrani, masneni, d'où les mosnégi, mosneni et terani d'aujourd'hui, c'est-a-dire tenanciers militaires de l'état. La terre appartenait à l'état, l'état seul en avait la domnia, la masia absolue. Elle était divisée en deux parts, celle des terani ou mosneni, et celle de l'état proprement dite, ou de la commune. Les mosnegi seuls avaient droit aux biens communaux. Ils n'en étaient pas propriétaires, mais possesseurs. A la mort du titulaire, la famille n'héritait pas, les biens retournaient à l'État (s. Vaillant) in den Gesetzen Radu Negru's nach seinem Vertrage mit Michel, Ban von Craiova). Als Folge des 30jährigen Krieges entstanden die grossen Hofwirthschatten (in Mecklenburg), welche wieder eine stärkere Bedrückung des Bauernstandes mit sich führten (s. E. Boll). Von Herzog Gustav Adolf wurden die Bauern für Leibeigene erklärt (1654). Die linke Seite wird bei den Moldauern (nach türkischer Weise) für vornehmer, als die rechte, gehalten (Sulzer). Als bei einer Rangstreitigkeit zwischen türkischen Kriegs- und

Ranen (Rugianer) ehren den Oberpriester höher, als den König. Thorkell mani (der Gesetzsprecher) liess sich in den Sonnenschein hinaustragen und befahl sich in die Hände des Gottes, der die Sonne [1])

Civilbeamten die Frage über den Vorzug rechter und linker Hand entstand, entschied der Sultan dahin, dass künftig die linke Hand bei den Kriegsstaaten und die rechte bei den Civilbeamten die Ehrenhand sein sollte. (In der Moldau hat der Metropolit auf der linken, der Schwertträger auf der rechten Seite des Fürsten seinen Platz). Weil der Kazike nichts von ihm Begehrtes abschlagen darf, ist derselbe oft schlechter gekleidet, als der gemeine Indianer (Baucke) in Paraguay [Tscherkessen]. Bei den Slawen durfte Haus und Habe dessen niedergebrannt werden, der einem Fremden Aufnahme verweigert (nach Helmold). Wenn ein Indianer recht absonderlich und ausschweifend lebt, sich schwermüthig zeigt und von bösen Träumen geplagt wird, so fängt man an zu fürchten, dass er ein Windingo werden möchte (s. Kohl), wie ein Wolf lebend (gleich dem früheren Volk der Windingo oder menschenfressenden Riesen). Alles geht in der Gemeinde auf bei den Kunama (s. Munzinger) nördlich von Abyssien zwischen Mareb und Takasé. Zu den Masil gehören (in der Walachei) die Nachkommen der dienstlosen Bojaren (Niamur oder Geschlechter) mit den der abgesetzten Bojaren, zu den Breseln alle übrigen Tribut zahlenden Einwohner, die keine Bauern sind (s. Sulzer). Gédimin, devenu le maître de la Ruthénie, l'organisa suivant les principes de la féodalité. Die Schapsich (in der grossen Abarda) haben keine Fürsten, sondern derjenige, dessen Familie am stärksten ist und wer sich als grössten Räuber zeigt, wird als Vorgesetzter anerkannt (Pallas). Mahmud II. unterwarf die Thalherrn (Derebei), die Nachkommen aus der Feudalherrschaft der Seldschuken, um die Caravanen nach Trebisond zu sichern.

1) Harald Harfagr will keinen von Menschen verehrten Göttern opfern, sondern nur dem Schöpfer der Sonne und Erde. Als die Söhne Hjalti's zum Ding gingen, waren sie so wohl angethan, dass die Leute meinten, die Asen seien gekommen (Landnama). Nach Heilung des Lahmen wurde Barnabas in Lystra für Jupiter und Paulus, als Wortführer, für Mercur gehalten. Manche der isländischen Heiden wollten nur in warmen Quellen Taufe empfangen und Bardhr digri nur am abgelegenen Orte, um nicht belacht zu werden. Si pestis et famis imminet Thory dolo lybatur, si bellum, Wodani, si nuptiae celebrandae sunt, Ficconi (Ad. Br.). Hrolf und seine Kämpfer verehrten keine Götter, da sie an ihre Macht und Stärke glaubten (trudhu a matt sin ok megin). Radhey und Vebogi glaubten an sich (a sik thau trudhu). Hallr godlaus (in Island) wollte nicht opfern, als an eigene Kraft glaubend. Finnbogi glaubte an sich selber (in Antwort der Frage des griechischen Kaisers). Nach dem Glauben befragt, meint Eindridhi, gar keinen zu haben. Als Hrafnkel hört, dass das dem Frey geschenkte Pferd (Freyfaxi) getödtet sei, hielt er es für eine Abgeschmacktheit (ek hygg that hegoma), an Götter zu glauben und Framarr verzweifelt an Odhin, der ihm gegen den gottlosen Ketill nicht hilft (s. K. Maurer). Odi profanum vulgus et arceo. Als Thorstein betend vor dem verehrten Stein im Opferhaus niederfiel, verkündete ihm derselbe in Versen seinen nahen Tod (Holmuerja Saga). Thorstein Raudhnefr opferte einem Wasserfall, Thorir betete zum Hain (lundinn), Eyvind zu dem Kampfsteine (Gunnsteinar). Die Normänner tadelten die mores muliebres der christlichen Missionäre (Vit. S. Sigfr.). Qui uxorem habuit, nomine Hermam, tyrannicae pravitatis alumnam, quae hanc consultissimam et in aeternum valituram catholicae fidei assertionem, videlicet, Mariam virginem sine virili semine concepisse et peperisse, et post partum virginem permansisse, credidit temerandam, impossibile Deo esse et naturae pertinaciter affirmans (legenda de S. Marty-

geschaffen. Thorstein ruft den Schöpfer der Sonne an, als den Mächtigsten. Von Thornkillus wurde (nach Saxo) der universitatis deus angerufen, Finnr Sveinsson frägt nach dem Schöpfer. Hirten, welche mit Hülfe einer geweihten Hostie ihr Geschäft versehen, finden nicht eher Ruhe, als bis ihr gotteslästerliches Hottieg (Hütezeug), der Klingerstock oder die Feitsche [1]) verbrannt ist (s. Frischbier) in Dönhoff-

---

ribus in Ebbekestorp). Weil zum Christenthum übergegangen hiess Ketill der Närrische (hinn fiflski) Ehe Thorkell Krafla die Taufe empfängt, lässt er sie versuchsweise an einem alten Mann vornehmen. Raudhr will seine Freundschaft mit Thor nicht brechen, so lange er ihm Treue hält (Maurer). Der letzte Kampf der Asen findet auf dem Uskaptr oder Oskopnir (umgeschaffen) genannten Orte Statt. The Goondees (confederacies of the Beerdooraunees) resemble the Sodalitia of the Saxon time (Elphinstone). Aus den Sklaven des Sultan (in Wadai) haben sich durch langjähriges Zusammenleben und gemeinsame Beschäftigung verahnlichte Genossenschaften der Bandala, Abidie, Beggarin (neben den eigentlichen Stämmen der Torom, Dengea, Bolgu, Minye, Kasa, Ngama, Banala) gebildet (s. Nachtigal). Die Mitglieder des Midé-Orden betrachten sich alle als Verwandte und nennen sich in der Versammlung Onkel, Tante u. s. w. Okolnir ist der Biersaal des Riesen (Brimir). Der Biersaal (Brimissaal) war der des Königs Priamus (nach Snorri) neben Sindri (dem Saal der Geschlechter des Sindri) und Gimli. Brimo, als Beiname der Hecate (Demeter und Cybele). Der Grönländer Eirikr Hinn Raudhi betete einen Baren an, Harekr (im Throndheimischen) ein Rind. Die Kuh Sibilja, in die König Eystinn seinen Glauben setzte (atrunadh), war verzaubert (blotin). Der norwegische König Ögvaldr führte eine angebetete Kuh mit sich, ihre Milch zu trinken. Wenige sehen nun weiter hinaus, als bis Odin wird dem Wolfe begegnen, spricht (Hyndluljodh) die Seherin, die später noch Machtigere kommen sieht (ohne sie zu nennen).

1) An der Kirche von Notre-Dame de la haine (zu Treguier) wurde heimlich Nachts um das Verderben eines Feindes gebetet (nach Souvestre). In Wales betete man in der Kirche auf blossen Knieen (1812), um seinen Feind zu verfluchen (s. Evans). Wird Krankheit in Bosnien durch einen christlichen Dämon verursacht, so rufen auch die Mahomedaner einen Franciscaner zum Exorcisiren. Bei Epidemien lassen die Dayak Zauberer kommen zum Hexen (hirek). Das Urok (Beschreien) in Uebelkeit oder Schwindel (s. Mrongovius) kann durch den bösen Blick erzeugt werden. The malignant spirit of Awaramada Yakko injures women (of the Veddas), lying in wait for them in the forest. The Veddas invoke Gal-Yakko (spirit of the rock), Wedde-Yakko (spirit of the chase), Oopane-Yakko as the shade of their great-grandmother. They also propitiate (foreign) Maha-Yakkhini (an evil personnage), offering garlands of flowers. In their charms, they invoke (except the sun- and moon-god) Pasé-Buddho (like the Singhalese). The aversion to beef and fowles is an hereditary prejudice of the Veddahs. On account of the small pox (which happened after the death of Mayu Pilquiya and his people and almost entirely destroyed the Chechehets) Cangapol ordered all the wizards [in Schweden die Könige bei Unfruchtbarkeit, indem erst später die im Kaiser von China vereinigte Macht, des Weltlichen und Geistlichen in Bogota und Tonga, wie auf Japan, getrennt wurde] to be killed, to see, if by these means, the distemper would cease (Falkner). Als unter den Trägern, die von den Bakalai gekommen, die Pocken ausbrachen (bis dahin unbekannt unter den Ashira), wurde du Chaillu angeklagt, die Eviva (das sich Verbreitende) oder Pestilenz (Opunga oder schlechter Wind) eingeführt zu haben. La ville de Bukarest, déjà en ruine à la suite de l'incendie de 1847, offrait à l'oeil le spectacle le

stadt. Wenn ein Weib seinem Kinde ein oder zwei Finger abbeisst, langen Lebens wegen, büsse sie mit drei Marken (heisst es im Christenrecht [1]) von Vikin). In Australien wurden den Mädchen die zwei

plus désolant, le choléra faisait des ravages épouvantables dans la population, les sauterelles dévastaient les campagnes, lugubres présages qui semblaient annoncer la fin de ce gouvernement [Tolteken]. Le prince Bibesco lui-même y reconnut le doigt de la providence (Ganesco). My-yalhi is the Aht word for the personification of sickness (Sproat). In Krankheit wandert die Seele nach der Unterwelt Chayher's und muss (ehe sie dort eine Wohnung betritt) von der nachgesandten Seele eines Zauberers (Kaukoutsmah-hah) zurückgeholt werden. Die von Ogotai (nach Carpin) bekämpften Kergis ritzten sich bei Trauer das Gesicht (wie die Tscherkessen). Die Foaula (Todtenklage) ist mit Selbstverletzung verbunden auf Tonga. Die Macica (Magenkrampf) gilt (in Masuren) als lebendiges Wesen im Körper, als Käfer oder nach Art der Quappenleber geformte Wurmmasse (Töppen). La raison du plus fort est toujours la meilleure (La Fontaine). Der Heilige Kedreli vertrieb alles giftige Gewürm und Schlangen (ausser den Krokodilen des Nils) aus Egypten (s. Mikoscha). Bei den Lappen wird das zum Opfer für die Seelen (des Juulheers) bestimmte Thier mit einem schwarzen Faden am rechten Ohr gekennzeichnet. The Kanaima-animals (Kanaima-tiger or man-tiger etc.) are possessed by the spirits of men, who have devoted themselves to deeds of blood and cannabalism. Als die zum Christenthum bekehrte Grossmutter Herdis' auf der Begräbnissstelle einer Vala oder Völva (Hexe oder weise Frau) betete, fühlte sich diese durch heisse Tropfen verbrannt (nach der Laxdala Saga), wie der Unhold (su hin illa vetr) durch Olaf's Gebete (nach der Olafs Saga).

1) Nach dem Recht der Hochlande soll Niemand an Finnen glauben, oder an Zauberer oder an Hexerei (vit) oder an Opfergegenstände oder Wurzel (rot) oder das, was zu heidnischer Sitte gehört, oder sich davon Besserung suchen. Jedes Weib, das mit Zaubermitteln (lif) umgeht und vorgiebt, den Leuten helfen (böta) zu können, ist bussfällig (ebenso Frauen, die einen Mann reiten oder dessen Dienstleute). Beschäftigung mit Liederzauber oder Hexerei (med galldra eda fiölkyngi) wird mit Verweisung belegt, Verhexung (for dö doskap) mit dem Waldgang, Aberglauben (hindr vitni) mit Verweisung (im isländischen Kirchenrecht). Man darf sich nicht mit Steinen zu thun machen, oder sie dazu bezaubern (magna), um sie an Menschen und Vieh anzubinden (1123). Nach dem Christenthum von Vikin ist es eine busslose That, Finnfahrten zu machen (at gerar finfarar). Wird einem Weibe Unholdschaft (trylzka) nachgewiesen, und sie kann nicht beweisen, dass sie unholdmässig (trylsk) ist, so hat sie als Unhold (troll) die Gegend zu verlassen. An Beschwörungen und Opferdienst (a boluan edha a blot skapp) darf nicht geglaubt werden. Wenn Hexenwerk gefunden wird in den Betten oder Polstern der Leute, Haar oder Krötenfüsse (fraudha fötr), Menschennägel oder sonstige Dinge zur Zauberei, kann man es drei Weibern Schuld geben zu gleichem Recht, bei welchen Wahrscheinlichkeit vorliegt, um sich durch das Eisen zu reinigen (s. K. Maurer). Egill meint (König Haraldr Hardhradhi gegenüber), dass Tapferkeit und Hochherzigkeit wohl mehr werth sei, als der sogenannte heilige Glaube. Als Thermod den Fasttag bricht, meint er auf die Bemerkung des Kochs (dass es, wenn auch dem Könige, doch nicht Christ verborgen bleiben könne), dass es zwischen ihm und Christ dereinst grössere Differenzen geben werde, als einen halben Speckknödel. Olaf frägt Dankword, was der Häuptling der Christen verbrochen, dass er so am Kreuze gepeinigt worden. Bischof Isleifr heilte Besessene und segnete (blessadi) Bier, worin Schwindelhaber (skiadak) war, so dass es gut blieb zum Trinken (s. Maurer). Bischof Gudmund trägt

letzten Glieder am kleinen Finger der linken Hand mit einem Faden abgebunden (auch bei Hottentotten). Zum Eidschwur lassen es die Slawen (nach Helmold) selten kommen, da schwören bei ihnen fast soviel war, als sich verschwören [1]), nämlich den rächenden Zorn der Götter auf sich herabrufen. Die Cumanen schwören dem Kaiser von Byzanz auf einem todten [2]) Hunde. Die Riesin Stachia bewacht alte

---

einer sterbenden Frau Grüsse auf an Maria, den Erzengel Michael, Johannes den Täufer, die Apostel Peter und Paul, den heiligen Olaf und den heiligen Ambrosius (Sturlunga-Saga). Thordr band Björn's Kopf an seinen Steigbügelriemen und liess ihn am Sattel hängen. Thorgeirr's Kopf wurde beim Ausruhen zur Unterhaltung aus dem Sack genommen und auf eine Erhöhung gesetzt, um verlacht zu werden. Als Bischof Gudmund bei den über einem Kranken gesprochenen Gebeten (zu Hof im Vatnsdalr) einzuschlafen scheint und sich leicht anfuhlt, war er mit einem Weihwedel und von Lichtglanz umgeben einem zu Skalavik von einer Unholdin angegriffenen Manne zu Hulfe gekommen. Mais ce n'était que mon corps qui dormait, mon esprit était libre et veillait, bemerkt der Indianer (s. Kohl). Es reizte die Leute sehr zum Kirchenbau, dass es das Versprechen der Geistlichen war, dass der Priester eben so viel Leute nach dem Himmelreiche mitbringen durfe, wie in der von ihnen gebauten Kirche stehen könnten (nach der Eyrbyggja Saga). Thormodhr Kolbrunarskald (der Hofdichter Olaf's) bittet seinen Dienstherrn, ihn mit sich in das Paradies zu nehmen (s. Maurer).

1) Die Cabe oder Fluche (auf Tonga) dienen zum Schaden, der Tanivo (Zauber), einen Dieb zu entdecken. Als Jarl Sigurd den Kopf des getödteten Melbrigdhi tönn (Zahn), eines schottischen Jarl, an den Steigbügelriemen gebunden, stiess er mit dem fleischigen Theile des Beines an einen vorstehenden Zahn und starb an der Geschwulst (nach Snorri). In einem der Hügel zu Oegdhvaldsnes war König Oegvaldr, im anderen seine von ihm angebetete und für Milch mitgeführte Kuh, die Kampfesglück gab, begraben (wie Olaf fand). In dem seit dem vom Himmel gefallenen Kreuz (1350 p. d.) in Bismark (in der Altmark) eröffneten Wallfahrtsort zur Himmelskönigin wurde von den Kirchendienern die verwünschte Laus gezeigt. Legatura ist eine Art Bezauberung, durch welche der Bräutigam verhindert wurde, mit der Braut das eheliche Werk vorzunehmen (in der Walachei), wogegen die Dislegatura die Befreiung dieser ehelichen Bezauberung durch stärkere magische Mittel sein soll (s. Sulzer). Wladislav's Heer (von Markgraf Konrad II. besiegt) sollte (bei Uebergang der Oder) durch ein prophetisches Weib ermuthigt werden, das Wasser in einem Siebe vorantrug (1209 d. d.). Als Olaf (der schon vor der Bekehrung keinen Scurdhgodh oder Götzen verehrte) an den russischen Hof Waldemar's kam, erkannten die Weissager aus seinen glänzenden Schutzgeistern (fylgior), dass Glücksgeister (hamingior) in das Land gekommen.

2) Die Inguschen fürchten die Drohung, dass auf den Gräbern der Familie ein Hund geopfert werde (Klaproth). Die Leber ist das Organ der Ahnungen und Träume (nach Plato), und auch nach dem Tode sollen Spuren weissagender Bilder in der Leber zurückbleiben, so dass sie zur Opferschau diente. Wer die Gabe guten Windes (als erblichen Vorzug des Geschlechts) besass (in Norwegen), hiess Byrsäll (s. Maurer). Die Disir oder Göttinnen (als attasfylgjur oder Geschlechtsgeister neben Landvattir oder Landgeistern) erschlagen Thidrandi (dessen Vater den als Spamadhr oder Weissager gehaltenen Ochsen schlachten will), als der Glaubenswechsel auf Island nahte. Gauta tyr (Odin) sandte zur Aufnahme unter die Bönd (Bindenden oder Götter) die Valkyrien beim Schlachttode Hakon's, der (da er die christlichen Gebräuche zu verletzen gezwungen), wie die Heidenleute

Gebäude und Schätze (in der Walachei [1])), die bösen Drakul wohnen im Wasser, die Zoimarizele sind am Gründonnerstag die Häuser durchwandernde Feen, die schlafende Weiber mit Trägheit strafen, der (fliegende) Zburatorull quält als Incubus (männlich oder weiblich) die Eheleute, die Striga (Hexen) ersticken Kinder in der Wiege (s. Sulzer). Die Miasa Noptie (Mitternacht) ist ein Gespenst, das von Sonnenuntergang bis gegen Mitternacht an den Scheidewegen in Gestalt verschiedener Thiere umherwandelt und dann verschwindet. Den von den (durch Opfer zu sühnenden) Staffii (Gespenster abgelegener Orte) Verfolgten (in Rumänien [2])) klebt der Pope ein beschriebenes Papier unter

---

(in einer Steintruhe im Hügel) begraben sein wollte. Die Thrönder verehrten (zu Olaf's Zeit) von den Götzen besonders den Freyr (nach Oddr). Während die Erikssöhne das Christenthum einzuführen suchten, verehrten einige der Norweger Götzenbilder, andere Wälder und Gewässer (nach den Saga). Auf die inständige Bitte des Magister Generalis der Dominikaner P. Vincenz Jandel hat der heilige Vater Pius IX. allen Betern des Rosenkranzes für die Dauer des Concils in jeder Woche einen vollkommenen Ablass bewilligt, sobald sie an jedem Tage der Woche fünf Decaden dieses Gebetes andächtig beten, an einem beliebigen Tage derselben Woche reumüthig die heiligen Sacramente der Busse und des Altars empfangen und in einer Kirche oder in einer öffentlichen Kapelle die vorgeschriebenen Ablassgebete verrichtet haben. Zur Gewinnung dieses Ablasses, der fürbittweise auch den Verstorbenen zugewandt werden kann, wird also das dreimalige Fasten innerhalb einer Woche und der zweimalige Besuch der Kirchen nicht erfordert (1870).

1) Nach Kantemir ist (bei den Walachen) Trikolitsh ein durch Zauberkunst in einen Wolf (oder sonst reissendes Thier) verwandelter Mensch (Wrkulasch frisst den Mond bei Ecclipsen). Urbitellen sind (in der Walachei) zwei Jungfrauen, die (bei der Geburt zugegen) dem Kinde Geistes- und Leibesgaben verleihen. Die Frumoosele oder Frumoschiele (Schönen) genannten Luftnymphen verfolgen Jünglinge mit ihrer Liebe und rächen sich an den sie Verachtenden durch Gicht oder Schlagfluss. Durch die Bezauberung Farmek ziehen Frauen Geliebte an sich oder machen sie rasend. Durch die Deskynteh genannte Zauberei werden Krankheiten geheilt (Sulzer). Arbores enim quasdam colunt et fluminum lapsus et colles et saltus (Agathias) die Alemanni. Das Bier ist ein anderer Mann (aul annar madhr) im Aussprechen unbedachter Reden. The cave-paintings (mainly among the Korunna- and Val Bushman) usually represent hunting scenes, but sometimes engagements between themselves and the Boers (Fleming). Das zehnmonatliche Jahr verlor seine Anwendung durch die Kalender-Reform der Decemvirn (Mommsen). Die Monate standen in der Hut (tutela) der 12 Götter. Unter dem Lelegerkönig Eurotas wurde der Abfluss des Eurotas-Flusses erweitert, und dadurch der See des lacedämonischen Landes trocken gelegt. Der Begriff des Windes entsteht (nach Hegel) aus der logischen Negation des Seins durch das Nichts. The chief (in the Pa at Whakawhitira) could make thunder and would produce it that evening (s. Williams). Solche Salmoneus sind in Africa zahlreich.

2) Lorsque un Roumain est menacé de quelque malheur, son étoile se voile (se intuneca), et elle tombe dans l'espace au moment, où il expire (Ubicini). Im Böhmischen heisst Wlichevec oder Wilchwec Zauberer (Tkany). Wacerad führt auf Charodegi (Magi), Cirnoknisnini (Necromantici), Nauazaci (Aruspices), Ptakoprauci (Augures), Hadaci (Sortilegi). Als Zauberer

die Haare. Die Strigoi lechzen nach Menschenblut. Die Macht der Feen oder Babe (alte Frauen) wächst mit Sonnenuntergang. Die Balauri, deren Kinnbacken (beim Oeffnen des Mundes) Himmel und Erde berühren, werden von Fat-Frumori (schönen Kindern) genannten Heldengeistern bekämpft. Bei den eigi einhamir (nicht eingestaltig) genannten Menschen wird die angenommene Gestalt, wie die eigene, als hamr bezeichnet, man gebraucht für jenen Gestaltenwechsel den Ausdruck at skipta hömum oder at hamaz, für das Herumfahren in fremder Gestalt [1]) den Ausdruck hamför hamfarir, für die mit derselben

---

Kublai's werden (in Kralodworsky rukopis) genannt hviezdare (Sternkundige), Hadace (Seher), Kuzelniki (Schwarzkünstler). Huslar oder Zauberer (Gusla oder Hexerei) leitet sich von husle oder Zither (s. Hanusch). In Wymar sind die Angesehenen von Frauen umgeben, die ihren Ruhm singen (s. Anderson). The followers of the Almamy (of Bondou) are either Goulas (singing people) or Bilos (blacksmiths). Bojon (Enkel des Weles) besang die Thaten der Swatoslawen (nach dem Zuge Igor's). Entre este gentio saõ os musicos mui estimados e por onde quer que vaõ, saõ tem agaralhados e muitas atravessarem ja o sertaõ por entre seus contrarios, sem lhe fazerem mal (Soares de Souza) in Brasilien.

1) Odin wechselte Ansehen und Leib (hann skipti litum ok likium), wie er wollte (als Wurm, Falke, Adler). Odin wechselte die Gestalt (skipti hömum), den Körper wie schlafend oder todt zurücklassend. Frigg hat ihr Feder- oder Falkenkleid (fjadhrhamr oder valshamr), von Loki zu erborgen (so dass er, wie in allen Verwandlungen, nur am Auge kenntlich bleibt) die Valkyrjen haben Schwanhemden oder Krähenhemden (Alptarhamir oder Krakuhamir), durch Umwerfen von Wolfshemden (Ulfahamir) werden Menschen zu Wölfen, wie durch den Wolfsgürtel (des Wehrwolfs). Olaf brach alle Götzen, Thorr, den Gott der Engländer, Odhinn, den Gott der Sachsen, Skjöldr, den Gott in Schonen, Freyr, den Gott der Schweden, und Gudhormr, den Gott der Danen, sowie Felsen, als Opferstätten, Wälder, Wasser u. s. w. (nach der Saga). Thorhall wählt Thor als seinen Freund, Hrafnkel liebt den Frey (dem er das Pferd Freyfaxi schenkt). In der Edda gilt Sigurd Fafnisbani als Freys vinr (Frey's Freund). Thor reisst dem von einem Riesen stammenden Starkaddr die überzähligen Paare seiner acht Hände aus. Der Tröll oder Thuss Brunnmigi (Brunnenpisser) wird von König Hjörleif verwundet (in den Sagas). Magrius, a Graecis practicari nonam aliam unctionem sacram, quam faciunt liniendo cadavera sacerdotum oleo sacro, antequam illa sepeliant hancque esse caeremoniam antiquissimam probat auctoritate S. Dionysii Areopagitae (Clericatus). Die Neger Kaukau's warfen die Speisereste ihres (mohammedanischen) Königs in den Fluss (El Bekri). Christus Dominus son solum traxit originem, tanquam homo ex Regia Stirpe David, sed etiam ex sacerdotali Stirpe Aaron, ut scribunt omnes S. S. Patres (Clericatus). Sororum filiis idem apud avunculum, qui ad patrem, quidam sanctiorem arctioremque hunc nexum sanguinis arbitrantur (Tacit.) bei den Germanen. Im Norden sollten die Kinder vorzugsweise ihrem Mutterbruder nachschlagen (Holmverja Saga), wie bei Ulf (s. Maurer). Die Namaqua binden (nach Vaillant) beim Passiren eines Flusses die Vorhaut mit Sehnen zusammen, damit das Wasser nicht in ihren Körper eindringt. Im Wasser ertrinkt, wer dem Winde entrudert (Fafnism.). The cleansing of the whole body would be chok gunah (a great sin) in Bulgaria (except on being married). The greatest sin, which can be committed by an orthodox Christian of Bulgaria is to break a fast day by eating forbidden food, any act of theft being nothing in comparison

erlangte übernatürliche Stärke den Ausdruck hamremmi, die Person, welcher jene Eigenschaft zusteht, heisst eigi hamr, oder je nachdem sie dieselbe zu Fahrten oder zur Verstärkung ihrer Kraft benutzt, hambleypa oder hamrammr (entweder durch Umwerfen äusserlicher Gewänder oder indem die Seele den eigenen Körper verlässt, um in einen anderen einzufahren oder in selbstgeschaffener Gestalt einherzuwandeln), auch in Folge der Willensrichtung (s. Maurer). Bei dem gestorbenen Tscherkessen stand eine Jungfrau mit einem Pfeil, woran ein seidenes Tuch befestigt war, zum Fliegenwedeln. Die Papari (die Todten [1]) begrabend) trugen vollen Bart (Neumann). Bei den

---

with it (St. Croix). Nach Ansicht Einiger ab incubo cacodaemone ex dicta Margarita (Lindemana) genitum fuisse (Lutherum), Bzovinus addens, quod praedicti Patris sui cognomen erat Lotter (Clericatus). In ejus caputio daemonem insidentem fuisse a Maximiliano Caesare testantur scriptores (ejus funus magna corvorum turba comitata est ac etiam ingens daemoniorum numerus, relictis energumenorum corporibus, ut nonnulli ex ipsis nefandis spiritibus glorianter confessi sunt, reversi in eadem energumenorum corpora, completo Lutheri funere). As the witch is on good terms with the clergy, respected and feared by the people, and stands in no danger of persecution, she has no need to make a secret of a profession, which she can exercise openly (St. Croix) in Bulgaria. Alle weisen Frauen (völur) sind von Vidhalfrs, alle Zauberer (vitkar) von Vilmeidhr, alle Hexenkünstler (seidhberendr) von Svarthöfdhi, alle Riesen von Ymir gekommen (in der Edda).

1) Der Sumpf, worin Menschenopfer versenkt wurden, heisst Blotkelda (Opfersumpf) am Tempel (nach der Kjalneringa Saga). Im Tempel zu Stofstadir wurden neben Thor andere Götter (Odhinn, Freyr, Njördr) verehrt, im Upsalatempel Odhin, Thor, Freyr, im Tempel zu Baldrshagi unter den vielen Götzen am Meisten Baldr, in Hakon Jarl's und Gudbrand's Tempel Thor (auf seinem Wagen) neben Thorgerdhr Hörgabrudhr und Irpa, in isländischen Tempeln (nach der Droplaugarsona Saga) Frigg und Freyja neben Thor (s. Maurer). Die mit Fett abgeriebenen Götzenbilder wurden im Tempel gewärmt und wieder abgetrocknet. The Bulgarian describes heaven as a comfortable place, where one feeds on sugured cakes. Die Ausdrücke fjölkyngi, fjölkunatta, dann fjölkunnr, fjölkunnigr (vielkundig), ferner margkunnigr, margfrodhr (manchwissend), auch überhaupt frädhi, frodhr deuten euphemistisch auf das verborgene Wissen der Zauberleute, der Ausdruck gjörningar (Machereien) bezeichnet, wie fordädha (Missethäterin) das böse Thun (in Töfr oder Zauber). Galdr bezeichnet den durch Lied verrichteten Zauber (der goldrokonur oder goldramenn). Wer den Seidhr genannten Zauber trieb, hiess Seidhmadhr oder Seidhkona (s. K. Maurer), mit dem Seidhstafr (Zauberstab). Auf Rath des klugen Thorleifr übernachtet König Halfdan in einem Schweinestall fur einen Zukunft verkündenden Traum, König Gormr schläft in einem neuen Hause (Maurer). Fulla weiss die Heimlichkeiten der Frigg, die alle Schicksale (orlög) kennt. Asa-Odhinn und die Diar führten in den Nordlanden die (zauberischen) Künste (ithrottir) ein Das dänische Todtenpferd (Helhesten) ist dreibeinig (s. Thiele). Leute, die nicht einhama sind, werden sehr kraftlos, sobald der Berserkersgang (berserksgangr) von ihnen weicht [Ganga]. Die König Harald Harfagr begleitenden Berserker hiessen Ulfedhnar oder Wolfsgewandige. Durch Essen des Fleischs oder Trinken des Bluts bestimmter Thiere wird übernatürlicher Zuwachs von Kräften (wie eines Löwen bei

Kamschadalen wird die Schamanin (Numiusha oder Kittimigangy) durch Einfahren des Billukai in ihren Körper [1]) (während eines Donnerwetters) zum Prophezeien befähigt. Wenn der Schamane [2]) (in der Tracht Arkalan mit Blechgötzen) die Götter oder verstorbenen Schamanen anruft, antworteten die Zuhörer im Chor dem Sänger. Beim Citiren der Buni (oder bösen Geister) springt er unter Schreien über Feuer. Bei den Bojaie (in Surinam), den Ahapaye (bei den Quaroniern), den (durch ihre Urväter unterrichteten) Keebet (bei den Abiponen) wird die Zauberei dadurch erworben, dass man sich auf einen in

---

Haddingus, eines Bären bei Hottr) erlangt (s. K. Maurer). Als es auf dem Hofe des Bauern Thoroddr umgeht, kommt das Gespenst Thorir's zum Erbbier, seine erdigen Kleider schuttelnd, wahrend der ertrunkene Thorodd und seine Genossen ihre nassen am Feuer trocknen. Wunder geht mit rechten Dingen, Zauber mit unrechten zu, jenes ist geheuer, dieses ungeheuer (Grimm). Wenn der grosse Tha (Gott) sich um Niemand kümmert, meint beim Religionsfest der halbchristliche Abasa, werden Alle zum neuen Gott, Allah und Mohamed, übergehen (Lapinski). Dem Tha-shuba oder grossen Gott (in Abasien) ist eine ganze Familie untergeordnete Gottheiten (Tha zyku) beigegeben (Lapinski). Die Tscherkessaten unter den Dugoren (die die Knochen des geopferten Vieh im Tempel niederlegen) haben heilige Haine, worin jede Familie ihren eigenen Platz hat für Hütten unter Bäumen oder Büschen, jährlich ein Laubhuttenfest feiernd (Pallas). Die Osseten theilen sich in Kom (Districte) und Kou (Dörfer). Die Tschetschenzen unterstützten (XVIII. Jahrhundert p. d.) den Propheten Scheich-Mansur. Der Prophet Kasi Mollah († 1832) predigte den Aufstand in Daghestan. Die Tschetschenzen opferten dem Gott Dâle. Die Inguschen opfern an den Wapile genannten Stellen alter Kirchen.

1) Ein mit Krämpfen behaftetes Kind (bei den Tungusen) wird von den Schamanen adoptirt (als Hudildon) und nach dem zweiten Jahre geweiht (als Jukedjeren). Wenn zur Weihe eines Bojen (Zauberer) der böse Geist Maboja eingeladen wird (bei den Karaiben), fährt er mit der Heftigkeit des Donners und Blitzes durch das Dach der Hütte und lässt das Zähnefletschen und Schmatzen hören, womit er die Opfer verzehrt. Die Zauberer der Moxen haben die Probe zu bestehen, dass sie von einem Tiger verwundet und seinen Klauen entgangen sind (als dem Tiger beliebt, der sie vor den sichtbaren geschützt). Die Zauberer (in Brasilien) erhalten von einem fernen Geist die Fahigkeit mit dem Tammaraka oder Zauberflasche zu reden und ihn zu befähigen, das Gewünschte zu geben. Von den Dalekarliern heisst es (in der Sverris Saga), dass sie nicht wussten, ob, was man König nenne, ein Thier sei oder ein Mensch.

2) Die samojedischen Zauberer lassen sich durch einen Strick, den zwei Männer anziehen, den Kopf hinabschnellen. Dem Zauberer der Algonquins kam der Teufel im Wirbelwind in die Hütte. Leute, die von Natur zur Epilepsie, Fallsucht, Veitstanz geneigt sind, werden (in Brasilien) zum Voraus für Inspirirte und von Geistern Besessene gehalten Wenn für göttliche Antworten (Echeiri) die Piaje der Karaiben sich durch Stampfen und Murmeln vor dem Opfertisch (Matutu) in Extase versetzen, so kommt der Schutzgeist unter Poltern in die Hütte. Den Tibarauqui (helle Augen habend) oder Priestern der Moxen wurde bei der Weihe ein scharfer Saft in die Augen gespritzt. Bharatha (König in Sanscr.) ist bâri (im Persischen) und barn (edel) im Irländischen. Der tatarische Riese Depeghöz muss von den Oghuziern mit Menschenfleisch genährt werden.

einen See hinausragenden Weidenstumpf setzt (mehrere Tage fastend). Nach langem Fasten und Schreien sieht der Mönnitarris seinen Schutzgeist oder Medicine (Choppenih), meistens als Thier. Wenn der Besitzer einer geweihten Tabakspfeife eine zweite erlangt [1]) hat, wählt er sich, als Adoptiv-Vater einen Schüler, der sich durch Tanzen einübt. In Guayana beschwört der Häuptling den Regen, durch Murmeln und Händebewegen. Im Sturm [2]) läuft bei den Payaguas das Familienhaupt aus der vom Umwerfen bedrohten Hütte mit Feuerbrand dagegen (Azara). Nach den Trommeln durch seine Lehrjünger zusammengebunden singt der Angekok (der Grönländer), seufzend und schäumend, um seinen Torngarsuk (Schutzgeist) zu rufen [3]), mit dem er

---

1) Um ein Angekok zu werden, muss der Grönländer in der Einöde den Torngarsuk um Zusendung eines Torngak (Familiär-Geistes) anrufen. Beim Kommen desselben erschrickt der Lehrling und bleibt drei Tage todt. Beim Aufleben erhält er den Torngak, der ihn durch Himmel und Hölle begleitet (Cranz) [Congo]. In einem finsteren Hause trommelnd, wird der Angekok von einem weissen Bär zur See geschleppt und von einem Wallross gefressen, um als Poglik (Wahrsager) ausgespieeu zu werden [höherer Grad, in brahmanischer Wiedergeburt) und durch Revival. The bee-hunter sallied forth with a small box containing honey and a little vermillion (in New-England), following the bees (attracted by the honey) marking themselves with the vermillion (on the bee-line) [Australien].

2) Die Aleuten schlagen und schreien im Feuer gegen den Wind zur Beschwichtigung (Sarytschew). Beim Wettermachen (Sadda-Barinae) legen die Kalmyken das im Thiermagen gefundene Steinchen (Saadan Tscholon) in's Wasser. Die Lappen verkaufen Knotenstöcke für Wind (geöffnet). In dem Gedicht der Sonnensöhne (Peiven parneh) erzeugt die entführte Riesentochter Sturm durch Lösung der Knotentriaden (bei der Verfolgung). Die Guaicurus in der Provinz Otuquis wurden in den Kriegen mit den Tobas (im Gran Chaco) geschwächt (s. Kriegk). Die Mandingo in Musardu schrieben dem Kropf eine von dem Wasser in der trockenen Jahreszeit angenommenen Eigenschaft zu (Anderson). Dorf heisst Dayak in der Sprache der Semang (Inak oder älterer Bruder).

3) Wenn die Kittimangangy der Kamschadalen die Geister (Kamuli) ruft, klappert sie mit den Zähnen und lacht dann in den Visionen. Bei den derbetischen Kalmukken schrie und arbeitete die (mit Sewenholz beräucherte) Schamanin (mit Glocken in der Hand) vor dem Götzen, bis sie schwitzend zwei Geister sah, Dai Chattun (Meerfrau) und Okin Tengery (Himmelsjungfer). Durch Schlagen der Zaubertrommel (Kannas) fällt der Noaaide der Lappen wie todt. Der Schamane der Buräten bewegt nach Weglegung seines Stabes (Horbu) eine Lärchenbaumruthe während des Geisterrufens. Die Schamanen der Ostjäken klirren mit Säbeln im Rauch des Huttenfeuers. Wie die unteren Geister heissen die Zauberer (bei den Irokesen) Agotkon, bei den Algonquinern (und Motognaten) Manitu. In Californien heissen die Zauberer (wie die oberen Götter) Tuparan oder Niparaya. Die Priester des Quetzalcoatl trugen den Namen des Gottes. Die Luperci dienten dem Lupercus. Die Butios bildeten unter dem Namen Piaces einen Orden, der unter vielen Entsagungen in der Einsamkeit lebte (auf den Antillen). Villac Umu, der Oberste der Priester (Cushipatas) hiess Huacapvillac (der mit der Gottheit redende) in Peru. Der oberste Opferpriester Huitzilopochtli's trug stets (als Topiltzin) den Namen des Gottes, dem ein Opfer gebracht wurde. Oseu vinho principal e de uma

sich vor dem Eingang [Buräte] in zwei Stimmen bespricht, und dann mit ihm an einem Riemen in das Reich der Seelen hinuuffährt, um in der Conferenz der Angekut Poglik (dicken Weisen) Auskunft über die Kranken zu erhalten (bei der Rückkehr trommelnd). Stirbt dem Zigeuner ein Kind, so hat es der grosse Gott [1]) (o baro dewel) ge-

raiz a que chamam aipim (Soares de Souza) in Brasilien. Para bedeutet (in Kechua) Regen, (in Tupi) Meer, (in Guarani) Gewässer (s. W. Schulz) [Pulu]. Wilde Ochsen, die auch Auerochsen und (im Polnischen) Tur heissen, sind allein in den masurischen Wäldern bei Wyskitki zu finden (Cromers). Seinen sub-borealen asiatisch-europäischen Wohnorten gemass steht das Elen zwischen dem Rennthier einerseits und dem Edelhirsch nebst dem Reh andererseits (von Brandt). Peperit equa pullum, cujus totum dextrum anterius crus omnino simile erat cruri dromedarii, cum ungula valde lata, rotunda ac fissa, et genu tam crasso quam dromedarii genu (s. Diemerbroek) 1626. Primores pedes facie vestigii humani tradunt fuisse (Solinus) von Caesar's Pferd. Schweine werden zuweilen mit ungespaltenem Huf geboren (nach Beckmann). Bei Meerschweinchen werden (nach Brown-Sequard) die Wirkungen von Operationen vererbt. Nach Olshausen mag der Kopf die Gestalt, welche er bei der Geburt nach der Lage acquirirt hat, unter Umständen zeitlebens bewahren. οὐδὲν γὰρ γίνεσθαι ἀπὸ τύχης φασὶν, ἀλλὰ πάντων εἶναί τι αἴτιον ὡρισμένον (Arist.). En Mandingue koung veut dire tête et koungo désert (der Kong-Berge). Les Francs out tracé la charte de l'hémisphère occidental et ils l'appellent Babmondou (mappemonde) nach Abou-Soleiman Daoud (s. d'Ohsson) 1317 [bis zum Thränenthor Bab-el-Mandeb]. Iwan begründete sein Recht auf Preussen auf die Abkommenschaft von Prusus, Bruder des Kaisers Augustus. Brantwein heisst Usquebaugh (Lebenswasser) oder Wasser (uisge) des Lebens (beatha) im Irischen (s. Knobelsdorff). Im bayrischen Landgebot (bei Panzer) wird es als sträflicher Aberglauben gerügt, am Ostertag oder Weihnacht kein Fleisch zu essen, wider das Fieber oder zu anderer Wirkung.

1) Bei einem Sturm wünscht der Steuermann Hallsteinn von dem Priester den wahren Namen Gottes zu erfahren, wird aber von diesem, der ihn nur als Jesus kennt, für seine Erkundigungen an einen anderen verwiesen (nach der Sturlunga Saga). Gott heisst (auf Madagascar) Andriamanitra (Andriana oder König) oder Zanahary (s. Kessler). Der erste Mensch, als Androgynos mit zwei Gesichtern (δύο πρόσωπα) geschaffen, wurde von Gott durchgesägt, so dass zwei Rücken entstanden für Mann und Weib (nach Resch Lakisch). Die Indier Baku's (wo der Gott Dschuala oder Mahadschuala im Feuer erscheint) gehörten ihrer Secte nach den die Erde verehrenden Sandasi und den das Feuer verehrenden Bairagi an (s. Koch) 1844. Nach dem Ta-Heo-Classiker wird dem Schüler zunächst gelehrt, dass er, wenn sich zur Untersuchung eines Gegenstandes wendend, solche Kenntniss von den Eigenschaften desselben, wie er sie schon besitzt, benutzen und von ihr neu hinzukommende Belehrung ableiten muss, und dann zum vollen Begreifen zu gelangen suchen muss, bis er sich durch fortdauernde Anwendung seiner Fähigkeiten zugleich verständig und belehrt findet (s. Hiller). Nach Otto IV. von Brandenburg (1278) würde das Lösegeld eines Markgrafen gewesen sein, ihn auf dem Pferde mit aufgerichteter Lanze durch Gold zu umschütten (Torquatus) [Westgothen]. Die Aminas bitten Gott, ihre Schulden zu bezahlen (s. Oldendorp). Unter den Satnamis in Ost-Nagpur stand ein Guru als Prophet auf, der mit Verwerfung der Götzen den Schöpfer Himmels und der Erde lehrte. Neben Herovit (als Kriegsgott) und Barovit (als Friedensgott) wurde (in Wolgast) Popaga (Gott der Freude) und Zisa (Göttin der Erde) verehrt (Heller). Nach Aeschylos verwandelte Prome-

fressen (Liebich). Der Tod [1]) eines Alten wird freudig mit Tänzen gefeiert, während der in der Blüthe der Jahre Sterbende betrauert wird von den Marghi (Barth) [Thracier]. Jokull wünscht von Thorstein (in der Vatsndala Saga), seinen Namen, wenn er einen Sohn bekäme, darauf

---

theus durch Cultur-Mittel Thiermenschen in Menschen. Um reines Feuer zum Opfer zu erhalten, stiehlt Prometheus aus der Werkstatt des Hephästos (der ihn wegen der langen Freundschaft nur ungern anschmiedet) auf Lemnos. Kadmos empfing von den Atlantiden auf Samothrake die Kabiren-Weihe. Die Phryger haben, als Abkömmlinge, ihre heiligen Gebräuche von den Thrakern. Die, welche die alte Musik pflegen, werden Thraker genannt, wie Orfeus, Musäos, Thamyris, auch Eumolpos (s. Strabo). Von Kadmos und seinen Phöniziern in Böotien unterrichtet, theilte Melampus (Bruder des Bias) den Hellenen (in Messene) den Namen des Dionysos, sein Opferfest und die Phallosprocessionen mit (Herodot). Apollo (mit seiner Schwester Artemis) im Hyperboreerlande (oder auf Delos) geboren, tödtete den Pythodrachen bei Delphi, wo die Kureten das Orakel stifteten. Nach Thessalien wurde die Lichtreligion von Lykien gebracht. Hermes Kadmos (Erfinder der phönicischen und peloponnesischen Schrift) wurde von den Tyrsenern Camillus und Cadmilus genannt. Aryake Sadinon (bei Ptolemäus) ist Salai. Nach Aristoteles nahm Plato von demjenigen, in dem das Vor und Nach (πρότερον καὶ ὕστερον) stattfindet, keine Ideen an. Il y avait des rapports entre les Lutiques-Véletèbes, demeurant autour de Pena et de Rughen, et la race lettone, car les prêtres lithuaniens, prussiens et luticiens s'appellent également Krives (Lelewel). Litthauen hiess Aukstete (Hochland) und Samogitien (Zomaitas) Niederland. Wan, bleich, fionach, alt, gwann, schwach. Der Priesterkandidat wird (bei den Kalmüken) gefragt, ob er nicht gelbrothes Haar habe, da Schigemuni die Aufnahme gelb- oder rothhaariger Leute unter die Priester verboten (Klaproth). Nach den ketzerischen Castraten des Caucasus wandelt Peter III. geschlechtslos. Nach angelsächsischer Homilie (bei Ettmüller) ist am Sonntage Morgens und Abends Fleisch zu essen, weil der Sonntag so heilig ist, dass der Mann der Excommunication werth ist, der an diesem Tage aus Eigenwillen fasten sollte. Dios le pague.

1) Os (Indios) dos Ilheos e Espirito Santo mettiam o defunto de cocaras, em posiçaõ analoga, à dos fetos no ven're (Varnhagen). Der eingesenkte oder verschlossene Sarg wird mit Wein oder Branntwein begossen (in der Walachei) und dann folgt ein Leichenmahl (s. Sulzer). Dentro de sus casas entierran despues de muertos a sus difuntos (Cieça) in Peru (neben den gemeinsamen Guaca). Ohne Wirkungsfähigkeit (ohne Kräfte) wäre ein Körper für alle anderen, somit auch für die materiellen Sinnesorgane, nicht vorhanden (Mousson). Die Verwandtschaft innerhalb des dritten gleichen Grades oder der beiden ersten Grade (die Parentel des Vaters und des Grossvaters) bildet (in Island) einen fest abgeschlossenen inneren Kreis, an welchen sich entferntere Blutsfreunde erst in zweiter Linie anschliessen (Maurer). Les paysans se divisaient en libres (sèbres) et lioudini, rabi, otroczi (colons, serfs, esclaves). Il y avait encore des mercenaires (toutchaks). La terre (bachtina) appartenait aux libres citoyens, la terre seigneuriale fut appelée la pronia ou méropchina (néropchina), la propriété religieuse métohie (s. Yovanovics) XII. siècle (en Serbie). Der Indianer aussert bei bedeutenden Wunden und Quetschungen fast keinen Schmerz und bringt sich am Fasttage freiwillig Verletzungen bei (nach Rengger). Guarani in den Missionen (Paraguay's) liessen sich absichtlich Peitschenhiebe geben, weil sie sich träge zur Arbeit fühlten und ihr Geblüt in Bewegung setzen wollten.

übergehen [1]) zu lassen (in dem Glauben, dass derjenige, dessen Namen auf einen Anderen übertragen wird, an dessen Glück Theil nähme). Als die Einführung des Christenthums in Island bevorstand, bat der Erdriese (jardhbui), obwohl er an den besseren Glauben nicht Theil haben könnte, dass Thorsteinn Uxafotr seinen Namen doch in die Taufe bringen möchte, wenn er einen Sohn haben sollte (und ebenso der Riese Armann von Hallvadhr). Die guten Geister (adjok) finden sich bei Gott [2]) (Den-did), während die bösen (djyok) auf der Erde

---

1) Era opinion general en todos estos Indios Yungas, y aun en los serranos desde reyno del Peru, que las animas de los difuntos no morian, sino que para siempre bivian (Cieça). Nach Denis lebten die Seelen der Brasilianer jenseits der hohen Berge fort. Der Prophet Caraiba lehrte les cherryppy couares, c'est à dire, les âmes estre immortelles. Bei dem Gedächtnissfest der königlichen Vorfahren in Dahomey oder dem Fest des Tischdeckens werden die Graber mit (menschlichem) Blut gewaschen. In the evening of Dusz Nitza (the All Souls day) the women go from house to house with lighted candles, in order „that the souls of the head may have good appetites and be well fed on the place, where they are." Bei den Gelagen in Valhöll sitzt Odhin selbst mit zu Tisch, geniesst aber nur Wein und giebt das ihm vorgesetzte Fleisch seinen Wolfen. Nach der Eyrbyggza-Saga hielt man für sicher, dass die Leute bei Ran gut aufgenommen seien, wenn zur See Ertrunkene ihr Erbmahl besuchten. Der Isländer Sneglu-Halli sieht Hummer und Dorsch für den Schmaus bei Ran aufgetragen (s. Maurer). Der Esthe legt in den Sarg neben den Todten eine Kopfbürste, ein Stück Seife, eine Münze und ein Fläschchen Branntwein (Kruse).

2) Da Gott (Den-did) gut ist, kümmern sich die Denka um ihn nicht, fürchten aber desto mehr den Teufel (Kaufmann). Die Bari haben eine Idee von dem Schöpfer, den sie Mun (Gott) nennen, aber sie sind ganz gleichgültig dagegen. Entsteht ein Unglück, so haben die Dämone Schuld, wogegen die Punök (Zauberarzte) gerufen werden (s. Kaufmann). Den Regenmachern, die (obwol sie Ochsen gewonnen) den Brand der Sonne nicht hindern können, wird der Bauch aufgeschnitten, in dem sie den Regen zurückhalten. Die Forier weissagen durch den Dharb el-raml (l'art de frapper le sable) aus den Figuren im Sande. Les Arabes déposent pendant la nuit une épaule de mouton sur un toit, par l'influence des étoiles l'os prend des marques ou taches qui prédisent l'avenir (dans la science des omoplates). On va consulter à un jour fixé dans l'année le cheykh (Abou-Bekr) ou Vieu de la Montagne (de Marrah). En ce jour solennel, consacré à la divination, il annonce ce qui doit survenir pendant l'année, la sécheresse ou la pluie, la guerre ou le calme, la sérénité ou le malheur, la maladie ou la santé. Tous les Foriens ont une. foi entière et parfaite en ses prédictions (El-Tounsy). La sorcellerie et la magie sont en quelque façon leur domaine (des Foullan ou Fellâtas), quoique répandus un peu partout (en Darfour), ils habitent principalement une grande plaine trèsfertile dans la partie ouest du Darfour, non loin des monts Marrah d'un côté et de l'autre d'un grand cours d'eau appelé Baré. Dans l'intérieur du Darfour il y a des villages tout peuplés de ces hommes, qui par leur addresse et leur esprit d'intrigue, parviennent aux premiers emplois (s. Jomard). Le sultan des Foullan réside à Dâr-Mella. Als Hautfarbe unterscheidet man (in Wadai) Abiad (weiss) der Europäer, Araber, einiger Berber. Ahmur (roth) der Araber der Küste und Wüste. Asmar (hellbraun) vieler in Wadai geborener, aus unvermischten Stämmen hervorgegangener

weilen und Krankheiten verursachen, so dass der Zauberer oder Tyet gerufen werden muss, der sich in seinem Zauberkrug (Holz einsteckend und Wasser hineingiessend) mit dem Teufel unterredet und Opfer verordnet (bei den Denka). Als die Sonne [1]) von Gott (Den-did) er-

---

Araber (unter Raschid, Dzaalena, Chozam, Heimat, Daggana, Schiggerat, Tordzem, Beni-Hassan, Mahamid, besonders Hamida, Beni Holba, Zebada, Assala, Uelad Hamed, Kawalma). Asfar (gelb) eingeborener Araber, vieler Tibbu Goraan, auch Karanga, und mancher Maba, sowie oft der Tündzür. Achdar (grün) eingeborener Araber, Salamat, Missirie, Zabalat, Mahadi, Zanatit, Madzanin, Korobat, vieler Mimi, der Meisten der Morarit, vieler Tibbu Goraan, mancher Zoghawa, Gimir, meisten Tama und Sungor, meisten Maba und Verwandte. Azrek (grauschwarz) der Kadzanga Ertana, Kaschemere, Masmadze, Kuka, vieler Darmut, vieler Dadzo, vieler Wadawi oder Maba, vieler Mimi, vieler Mararit, vieler Tama, Sungor, Gimir, meisten Zoghawa, mancher Tibbu Goraan, mancher Araber Salamat. Assued (schwarz) der Mubi, Durring, meisten Darmut und Hadad, meisten Dadzo, Abu-Telfan und anderer Heidenstämme (Nachtigal). Sultan Mohammed-Arous avait défendu que son nom fût prononcé par qui que ce fût, soit en sa présence, soit au dehors (El-Tounsy) in Waday. Der Sultan von Darfur ist stets von Maugueh oder Sängern (Hofnarren) begleitet. Les grands emplois ont un nom tiré des parties du corps du prince (en Dar-For). Le col du sultan doit être étranglé immediatement, s'il survit au sultan tué à la guerre (Jomard). Der ausgespuckte Speichel des Sultan von Darfur wird durch dafür bestellte Diener verwischt. Beim Husten huschen Alle und schnalzen beim Niesen des Sultan. Stolpert derselbe mit dem Pferd, so werfen sich Alle zur Erde (El-Tounsy). The chief of Codagu (Coorg) shares in common with the gods the homage of the people (Connor) 1834.

1) Von der Sonne glauben die Kyec, sie kehre Nachts heimlich wieder zurück an den Platz, wo sie aufgeht, denn vor Zeiten habe es ein Mann gesehen und erzählt (Kaufmann). Auf die Frage des Kyec-Häuptlings (der viele Kinder, Tod seiner Feinde, und steten Sieg wünschte), ob das ihm umgehängte Bildniss der unbefleckten Mutter Gottes mit ihm reden werde, antwortete der Missionär, dass es ihm in allen Nöthen helfen würde (Knoblecher). Es ist moralisch unmöglich, dass eine Seele grosse Fortschritte in der Vollkommenheit mache, wenn sie nicht eine zärtliche und ganz besondere Andacht zu der Mutter Gottes hat (s. Gaume). Die Dänen (christiani, sed nihilominus idolis ritu gentili servientes) meinten Christum quidem esse deum, sed alios eo fore majores deos, quippe qui potiora mortalibus signa et prodigia per se ostenderent, bis Poppo durch das Eisen bewies, simulacra daemonia esse et non deos (Widukind). Alla biller (Gott weiss es) bei den Nogayern. Vaillant sah in der walachischen Capelle Radu Negru's das Paradies durch Petrus, als Schlüsselmann neben der Versammlung der Kirchenväter und den zwölf Aposteln vor der Dreieinigkeit (den Vater mit dem heiligen Geist als Taube auf dem Kopf und den Sohn daneben) dargestellt (1844). Bischof Berno von Schwerin setzte bei Ausrottung des wendischen Waldcultus an die Stelle des Götzen Genedrach die Verehrung des Bischofs St. Gotthard (Arnold Lub.). Il y a une quarantaine d'années, l'époque du Kau (fassl kau ou calamité de Kau) était encore une date par laquelle on déterminait, dans la conversation, l'âge de certains évènements et l'âge des personnes, von dem hässlichen Neger, der (Ende des XVIII. Jahrhunderts) plötzlich in den Strassen Kairos erschien und durch den Ruf Kau die Begegnenden tödtete (Perron) 1845. In Darfur lässt man den Verdächtigen das Wasser der Kyly-Pflanze trinken (besonders der Sultan seine Beamten) [Siam]. Die eisernen Axtklingen

schaffen war, ging sie auf und unter, zurückkehrend, ebenso der Mond, der Mensch aber geht in die Erde und kehrt nicht wieder (Kaufmann) nach dem Liede der Denka [Hottentotten]. Als Einige böse wurden, liess Gott [1]) die mit ihm im Himmel lebenden Menschen

---

dienen (neben den gewebten Grasmatten) als Vertreter des Geldes, ehe sie zur Verwendung kamen (Klemm). Eiriks (erster Bischof von Grönland) fuhr aus nach Vinland (1121 p. d.). The farmers in Manzerabad invariably tack on the word Gouda (Mr.) to their names (Elliot). Da die Knochen, welche die Sinnesorgane enthalten, beim Indianer stärker ausgebildet sind, als beim Europaer, wodurch das Gesicht einen grösseren Umfang erhält und der Gesichtswinkel verkleinert wird, da ferner diese grössere Ausbildung zum Theil auf Kosten der Hirnhohle statt findet, die in ihrer vorderen Hälfte kleiner erscheint, dagegen sich mehr nach hinten erstreckt, wie wenn die Knochen des Hinterhaupts den Gesichtsknochen gewichen wären, so ergiebt sich, dass der Schadel des Indianers (in Paraguay) in seinem Bau sich in etwas demjenigen einiger Gattungen von Affen, besonders, wenn diese noch jung sind, nahert (Rengger). Les Djenakherah (en Ouaday) représentent les Abydyeh ou esclaves cantonnés dans certains pays du Darfour par le sultan (El-Tounsy).

1) Thimmachah is the god of forests (in Coorg) and the Kudiyas (a race of jungle-tody drawers) are his priests (Elliot). Il a roulé sur toute la terre, et il a fait la mesure des fleuves, des lacs, des mers et des montagnes, Menaboshu, als er mit der Messschnur die Erde in Ordnung brachte (s. Kohl). Gemächer, in denen der Blitz (Illapa), als Diener der Sonne, eingeschlagen hatte, wurden bei den Peruanern vermauert. Von den Frauen des Serail begleitet streut der Sultan von Darfur die ersten Körner aus beim Eröffnungsfest des Ackerbaus (El-Tounsy) [Siam, China]. Zu fässt findet man zuweilen (in Pommern) eine zugehorige Form: sie fiessen an (Schmidt). Bei der Aust- oder Erntekost (wenn der letzte Roggen gemäht wird) wird (in Wollin) der Erntetanz aufgeführt. Unter Rufen von „Jaulklappe“ werfen sich (am Abend vor Weihnachten) Vermummte Geschenke in's Haus (auf Usedom). Nach Gadebusch lag Vineta auf Usedom (Jumne) und Julin auf Wollin. Tous les habitants de Teudelty (Hauptstadt von Darfur) restent et doivent rester invariablement dans la partie de la ville, où ils se sont établis, c'est-à-dire, ceux du quartier ouarrédai, dans le ouarrédai, et ceux du quartier ouarrébaya dans le ouarrébaya, et cela de père en fils (El-Tounsy). Beim Aufschlagen des Lagers wird die Form der Hauptstadt wiederholt. Derhalben soll ein jeglicher in seinem Standt, Beruff oder Handwerk dareyn ju Gott gesetzt, wol zufriden sein und treulich darinnen fortfahren (s. Jost Amman). C'est dans le même quartier que vivent ceux qui pratiquent la même industrie (en Belgique) XV. Jahrhundert (s. de Vigne). Die Hindu-Secte der Manawas (am Saraswati) entwarf die nach ihrem Ahn (Mana) genannten Gesetze Manu's. Chaque roi dans la circonscription de son fief, quoique sans la jurisdiction d'un gouverneur, est un vassal du sultan ouadayen (Perron). Die Shir und Bari (patriarchalisch lebend) hatten früher eine monarchische Verfassung unter einem Regenten aus den Vorfahren des Häuptlings und Regenmachers Nigila (Kaufmann). Both sexes fight in battle and both are killed indiscriminately (on the Kingsmill Islands). The inhuman practice (of inflicting blows) appears rather to strenghten the (australian) wife's attachment, than weaken it, and the very wounds are shewn as marks of honour (Barrington). Die Männer der Bari tragen an einem Schulter-Riemen ein kleines Sesselchen mit sich herum [Dahomey]. Un homme ne peut pas épouser sa cousine (chez les Fertyt idolâtres). Si un homme est tué par un autre, le meur-

an einem Strick auf die Erde hinab, von wo die Guten zu Tanz und Bier an dem Strick zum Himmel zurückklettern konnten, bis der Vogel Atoingueric den Strick abbiss (nach den Kyek). Nachdem die Mutter den von den beiden Etuas [1]) kugelrund geschaffenen Menschen

---

trier paie une amende ou droit du sang, dont le roi partage le prix avec les parents du mort (in Darfour). Die Kourbadj (Eisenstäbchen) tragenden Greisinnen (Habbobah) weihen durch Wassersprengen den neuen Sultan Darfurs, während er sich mit ihnen allein befindet im Bewahrungsplatz der Nacâryeh oder Timbals (mit der Mansurah oder Siegreichen) [China]. Die Sultane der Provinz Tundjur in Darfur tragen den schwarzen Turban als Zeichen der Trauer über den Verlust ihrer früheren Herrschaft in diesem Lande (El-Tounsy).

1) Tous les Indiens ne donnent pas le même nom à leur idole (dans le Quioccosan), mais les uns l'appellent Okee, d'autres Quioccos ou Kiwasa (en Virginie). Si no acontecia ahorcar al Negro, nunca moria. The old men, the Australians pay obedience to, they call Be-anna or father (Barrington). Wurden Menschen (in der Spukerei auf dem Münchhofe bei Grätz) von grossen Steinen oder eisernen Geräthschaften getroffen, so empfanden sie, trotz bedeutender Wurfgeschwindigkeit, nur einen leisen Aufschlag, und die Gegenstände fielen senkrecht, nicht abprallend zu Boden (nach Görres). Der Dämon von Tedworth goss Nachtgeschirre in die Betten (s. Daumer). Bei dem Schlachtgesicht in Upland (1658 p. d.) sah man eine hohe Gestalt in breitem Hut [Odin] und langem Rock, den Kampf überwachen. Wer (in Kordofan) zum Vezier ernannt wird, entkleidet sich des Gewandes seiner Männlichkeit und legt, wenn er genesen, das Organ, dessen er sich beraubt, dem Herrscher vor, dadurch besagend, dass, wie er sich derjenigen Theile, die der Urgrund der fleischlichen Begierden sind, beraubt habe, er so hinfort ohne Selbstsucht sich den Geschäften der Unterthanen und den Hofdiensten des Königs widmen würde (Zain-el-Abidin). Der Jüngling kann nicht heirathen, ehe er nicht einen Gegner besiegt, und sich die getrockneten Testikel desselben als Trophäe an den Hals gehängt (Rosen) [Abyssinien]. Reiche Stadtbewohner (in Darfur) siedeln die Schwarzen zum Behuf der Fortpflanzung auf ihren Gütern an, um jedes Jahr die geeigneten Kinder an den Sklavenhändler zu verkaufen, wie man Schaafe und Rinder verkauft (Zain-el-Abidin), und so liessen sich die Maori unter den Mare-ori auf den Chatham-Inseln beissen, um sie an Ort und Stelle zu verzehren, unter entsprechender Nachzüchtung. Funj heisst Bürger. Once in his reign the king of Sennaar is obliged with his own hand to plow and sow a piece of land, from which operation he is called Baadi or (peasant) countryman (Bruce). There is a tradition at Chendi (under Sittina, sister of Weled Ageeb), that the woman Hendaqué (Candace) once governed all the country. An der Stelle, wo das Blut eines Gemordeten geflossen, entsteht (in Darfur) ein böser Geist grauenerregender Form, den man als Zakoko zum Beschützen des Hauses in demselben ansiedelt (auf Kauf von den Zauberern) und in seiner Flasche mit Milch ernährt, gewünschten Falles aber durch Lärm vertreiben kann (nach Zain-el-Abidin). Dass man in Häusern, in denen ein Mensch getödtet worden, seltsame Töne und Bewegungen vernimmt, dass man dort allerlei Thiergestalten erblickt, Kettengerassel, Löwengebrüll u. s. w. hört, ist alte Tradition. In Aegypten hiessen diese bösen Geister Ifrit, im Garb dagegen Ruhanije (geistige Wesen). Athenodorus hörte Kettengerassel im Spukhause Athens (nach Plinius). Im Schwitzbade zu Chäronea, wo Damon seinen Tod gefunden, wurden (nach Plutarch) Gespenster (εἴδωλα) gesehen und Seufzer gehört, so dass man die Thüren zumauerte. „Aber noch bis auf den

gereckt hatte, erhielt er den Namen Eothe (vollendet) und zeugt mit seiner Mutter in Tahiti (Forster). Auf den Tenimber-Inseln wird eine Schaale unter den Schädel der mit Esswaaren umhängten Leiche gestellt und die Umhüllung des Sarges beim Zerfall erneuert (Kolff) und auf den Arru-Inseln[1]) die abtröpfelnde Jauche von den Leidtragenden getrunken. Im ganzen Drawey (bei Uelzen) werden überall zwei Bäume sehr hoch und werth gehalten, der Kronen- und der Kreuzbaum (nach Hildebrand). Etliche geben die Stäte für einen Geist vom männlichen Geschlecht aus, andere machen eine Frau daraus. Darinnen kommen sie überein, dass es ein Genius sei, der sich an der Stäte dieses Kreuz- (oder vielmehr Hahnen-[2]) Baumes auf-

heutigen Tag glauben die Nachbarn jenes Ortes Gesichter (ὄψεις) zu sehen und schreckliche Stimmen zu horen" (s. Daumer). Die (als Hausgeister Milch liebenden) Kobolde gelten (nach Grimm) für Seelen der vor Zeiten im Hause Ermordeten. Die von der insula, quam mare Oceanum cingit, cui vocabulum est Scandania ausgewanderten Burgunder müssen jussione imperatoris Tiberii burgos (am Rhein) custodire (Vit. Sigism. Reg.). Die Longobarden (Burgundaib besetzend) waren ausgewandert ab insula quae dicitur Scandanan (Edict. Reg Laugob.). Gothorum exercitus wanderten (nach Jornandes) cum familiis. Unter König Berig wanderten die Gothen (nach Jornandes) in die Sitze der Rugier und Vandalen. Die Burgunder kamen aus Scandanan (Vit. Sig.). Die Longobarden (aus Scandanan) besetzten Burgondaib (Ed. Reg. Long.), die Vandalen bekämpfend. Plinius rechnet Burgundiones und Guttones (mit Varini und Carini) zu den Vindili. Die Vandalen (mit asdingischem Königsgeschlecht) wohnen (nach Ptol.) am askiburgischen Gebirge. Tacitus setzt Gothones jenseits der Lygier, Ptol. die Guttones (am Mentonomon bei Pytheas) neben die Weneder. Servitio liberavit (M. Aurel.) Pannonia nach Vernichtung der Marcomannen und Vandalen (172 p. d.). Naulobatus (Führer der Heruler) wird (unter Gallien) zum Consulat erhoben (Georg Synes.).

1) The Arafuras (in the Arru island) preserve the house from evil spirits (Swangi) by figures of snakes, lizards, crocodiles and human forms on a post (and an image, rudely formed of wood). The Arafuras (of the Arru islands) wash their (curled) hair with ash or lime water, which imparts to it a lightish colour (Kolff), wie die Papuas auf Neu-Guinea. Auf Lette entfärben sich die Eingeborenen das Haar (wie auf Baba). Lime is generally used for this purpose. Orang Kaya (Reicher) oder Orang Tua (Alter) sind die Bezeichnungen der Häuptlinge in den Molukken (Earle). The first title of nobility (in Sennaar) is that of slave (s. Bruce). L'enfant, qu'il ait mariage ou non, et réputé comme fils du frère de sa mère (chez les Bicharieh), wenn der Mann abbricht. Bei dem Streit der beiden Ababdier wurde für ein Duell entschieden, bei dem sie sich in entsprechender Entfernung mit Karbatschen auf den entblössten Oberkörper hieben (Bellefonds). An den Felsen des Wadi Beda sah Bellefonds Figuren von Cameelen und Reitern (mit arabischen Inschriften).

2) Der Hahn war (nach Lucian) dem Mercur heilig. Les idolâtres du Soudan adorent des fragments ou blocs de pierre, ils construisent des demeures ou sortes de chapelles à ces divinités, et leur présentent, pour offrandes, des lances et des Kourbadj ou tiges en fer, comme celles des Habbobah du Darfour (El-Tounsy). Les Amalécites etaient une race mixte née de l'union d'hommes avec de grandes ogresses. Les anciens Arabes de l'antique tribu des Djourhoumides étaient le produit de l'union d'anges

halte, daher auch kein Wende mit garstigen Füssen über diesen Platz gehen darf (1672). Ist der Kreuzbaum umgefallen, so setzen die Männer einen neuen und (nach Einschlagen von Treppenstufen) einen Hahn darauf (an Mariä-Himmelfahrt). Der Kronenbaum wurde jährlich (am Johannistage) von den Frauen erneuert (Keyssler). Die Paharis zwischen Umballa und der tibetischen Grenze kleiden bei Festen das Sesselgestell ihres Deota [1]) mit Yakschwänzen und einer

femelles et d'hommes (avec Bilkis, roi de Saba). Les Yagog et Magog furent les résultats de la cohabitation des filles des hommes avec certains animaux (selon le livre du Fikh el-loghah). Felati bedeutet (in Chartum) einen liederlichen, herumschweifenden Menschen, wie es die Tokruri aus dem Innern von Afrika im Allgemeinen sind (Werne). Die Adows an der Elfenbeinküste wurden Quaqua genannt. Die Goldzierrathen (im Haar) heissen (auf der Elfenbeinküste) Manillas (s. Marchais). Der König von Darfur wird bei der Thronbesteigung mit Goldstaub bestreut (nach Zain-el-Abid). Verschieden vom Sudan heissen Bornu und Waday in Murzuk (Zeilah) Belad-el-Abyd (Land der Sklaven). Peragratisque multis Slavorum provinciis pervenerunt ad eos, qui dicuntur Rani sive Rugiani (Helmold) der Mönche von Corvey. Die die Slaven (an der Donau) bedräugenden Wälschen (bei Nestor) sind Longobarden oder Italiener (s. Roessler). Djete vox apud Illyrios (wo Dako ein Alter heisst) usitata adolescentem notat (Katanesich). Die Macedowlachen nennen sich Rum (ausser den Armeng zwischen Thessalien und Epirus). Trajanus quippe primus aut solus etiam vires Romanas trans Istrum propagavit, domitis in provinciam Dacorum pileatisque Sacisque nationibus Decibalo rege ac Sardonio (s. Aurel. Victor). Die Walachen (die sich als Rumunen bezeichnen, wie Neugriechen und Bulgaren als Romäer) sind Nachkommen der aus dem trajanischen Dacien in das aurelianische verpflanzten Nachkommen Roms, durch die das griechische Reich betreffenden Völkerwanderungen in ihrem Zusammenhang getrennt und über den Raum des östlichen und mittleren Theils der Hämushalbinsel zerstreut. Von den zwei Hauptästen war die Heimat des nördlichen lange Zeit Bulgarien, die Ansiedlungen Siebenbürgens, Walachiens und Ungarns aussendend, während der südliche die alten Sitze in Macedonien und Thessalien begehrte (s. Roessler). In den Beginn des Unabhängigkampfes der von den Bulgaren unterstützten Walachen sind die ersten Gründungen walachischer Wohnsitze im Norden der Donau zu setzen (nach Roessler) und als (XIII. Jahrhundert p. d.) die Macht der rumanischen Türken vor den Mongolen erlag, musste sich die Zahl der walachischen Hirten fort und fort mehren (vom Hämus aus). Während sich im Norden der Donau erst seit dem XIII. Jahrhundert Walachen treffen, kommen sie im Süden der Donau seit dem VI. Jahrhundert vor (Roessler). Die Wilden in den Bergen Wadai's verehren meistens die Sonne, Einige aber auch gewisse Weiber, auf deren Leibe sich ein Mal findet, als Urgrund des Daseins (nach Zain-el-Abidin). In den Ruinen der zerstörten Stadt (zwischen Darfur und Wadai) fand Zain-el-Abidin in den Marmor-Sarcophagen Sonnenbilder auf den Goldmünzen und beschriebenen Kupfertafeln neben Steinfiguren und Säulen. La statue (de Couca), qui est assise (dans la montagne de l'Elba) a devant elle, une pierre placée horizontalement comme une table et le sable que l'on pose dessus est immédiatement balayé par un souffle puissant, car cette statue respire. Lorsque l'année doit être favorable aux Bicharieh et surtout aux Mahamet Gourabieh sa respiration est fraiche, au contraire elle devient chaude (Linant de Bellefonds) [Prometheus auf dem Elburs].

1) Neben den Mantoai oder Göttern verehren die Virginier als Gottheit Kivvasa (Megiserus). On appelle Khirryt des génies ou lutins redoutables

Kopfpyramide (aus Metallmasken) auf, indem die verschiedenen Theile bis dahin von den einzelnen Landbauern bewahrt werden (von Puroridje bedient). Die Neuseeländer fürchten, dass ihre Himmelsranke[1])

---

qui, selon les musulmans, affrontent les brûlantes ardeurs du soleil du midi, se tiennent alors sur les routes, sur tous les chemins, pour noire aux voyageurs, les tourmenter, les faire mourir (El-Tounsy). Die (den Litham) tragenden Toubou oder Toubou-Turkman (von Marmar) belästigten die Caravane von Waday bis zum Gebiet der Toubou-Rechade (El-Tounsy). Die Sklaven aus Dar-Fertit bildeten das Corps der Abydyeh im Heere des Sultan von Waday. Ils ne visent pas droit sur celui qu'ils veulent atteindre, mais ils dirigent leur tir obliquement en l'air, de manière à ce que la flèche lancée est obligée de décrire une parabole (El-Tounsy). Auf dem Wege zum Himmel wird die Seele (der Manjacicas) von dem kahlköpfigen Gotte Tatusco gereinigt (Charlevoix) Wesley exhorts to defend perfection (in the doctrine of sanctification) The Papists say: „This cannot be attained till we have been in purgatory", the dissenters say: „It will be attained as soon as the soul and body part." The old Methodists say: „It may be attained before we die, a moment after it is too late." Nach den Mbocobis wurde das beim Weltbrand die Baume des Waldes erklimmende Menschenpaar im Gesicht versengt und in Affen verwandelt (d'Orbigny). A Mourzouk passent les Touareg, les Touaty, voyageurs et commerçants de Touât qui est leur centre de résidence ainsi que les caravanes des pélerins tounbouktiens, qui de Mourzouk se dirigent sur Audjalah, puis sur Syouah et de là sur la province de Gyzeh et au Caire (El-Tounsy). Die tibetischen Tataren ziehen im Winter bis Lahore von Lamas begleitet. Die Mokane (oder Hirten) der Moldau wandern nicht nur in die Dobrudscha, sondern bis nach Macedonien und Griechenland. Der nach dem dort begrabenen Scheich genannte Gebl Mussa (neben Gebl Mandara) heisst Brame (Werne). Sexburga, wishing to give her sister Etheldreda (the Saxon princess) a more honorable burial, and finding in the marshes of Ely no stone worthy to construct a coffin, sent to Grantchester, where a well worked Sarcophagus and lid (by miracle) had been found (nach Bede) und auch Sebbi (König der Ost-Angeln) wurde in ein römisches Grab gelegt (s. Thurnam), wie beim Sarcophag des Valerius Amandinus ein zweites Begräbniss Statt gefunden zu haben scheint (Lewis). After a thorough examination of the physical effects (of prayer-meetings) at Newcastle, Wesley concluded, that they were demoniacal (a diabolical interference with the work of the holy spirit). It was Satan „tearing" the awakened as they were coming to Christ (1743), but (1781) he appears to have modified his opinion, he still believed they were praeternatural, but supposed they were sometimes from good, at others from evil powers. „Satan (he says) mimicked this part of the work of God, in order to discredit the whole, and yet is not well to give up this part any more, than to give up the whole." The marvels under the ministrations of Berridge, at Everston, he believed were „at first wholly from God," „such effects (he adds) are partly so at this day" (Stevens) 1859. Wiederholen sich in einem Hause Todesfälle, so verfertigt der tibetische Lama eine Lehmfigur, die mit den Gedärmen der geopferten Ziege umwickelt und (nachdem die Dämonen hineingelockt sind) mit dem geschnitzten Zauberdolch erstochen wird (nach Dr. Prochow). La sainteté des Marabouts (combattant pour mériter le Djenneh ou jardin éternel) se transmet par héritage (El-Tounsy).

1) Am Alt-Calabar wurden die auf die Erde gesetzten Menschen anfangs täglich durch die Essensglocke zu Abassi im Himmel gerufen. With the Coorgs it is the custom, to keep images of men and women in Coorg

von den dahin reisenden Missionären abgeschnitten werden möchte (s. Williams). Als die friessländischen Fischer [1]) den Menschenfressern

costume chased in silver plates in the Keimatta (small square building near the house) in remembrance of their ancestors, whose departed spirits are there annually worshipped (Richter). The leathering of the Kettle-Drum ist eine in Darfur beobachtete Ceremonie (Browne). Die Frauen tragen aus Kharaz (Glasperlen) gefertigte Schnüre unter den Kleidern auf dem Leib, um durch das Geklingel zur Wohllust zu reizen (El-Tounsy). If the annual sacrifice to the presiding deity of the Bane (parcel of grass or forest-ground) be not made, the Kadevaru (the tending God or the God watching over the cattle) will withdraw his favour, and sickness and death among the cattle will ensue (in Coorg). With the rest of the Coorg tribe, the native priests or Amma-Côdaga (Mother-Coorgs or Coorgs belonging to Mother Caveri) celebrate the great Kaveri or Huttari festivals, but as priests performing piya in their own houses (Richter). As sacrifice to the departed ancestors (of the family) a fowl is killed upon a stone devoted to the Karanas) heads of families, whether living or dead) in the jungle land belonging to the family estate (in Koorg). Kola is the name of a sacrifice connected with demoniacal dancing, and Barani, of a sacrifice to the dead without the dances. These temples consecrated to the worship of the dead are called Keimada (Richter). „The sacrifice of Kuttadamma is under a tree in the forest.“ There is a remote part of the pagan country, from which slaves are brought (to Darfur), which the Arabes distinguish by the term Gnum-Gnum, eating the flesh of the prissoners of war (Browne). There is a custom in Fûr of spreading the carpets on which the several deceased Sultans used to sit, before the new prince, and from the one he prefers, it is judged his character will be analogous to that of its former possessor (Browne). Der König von Djuku oder Kororafa (Haussa) eroberte das von Bornu besetzte Kano (Barth). The people of Dageou, a country on the west (not far from Bergoo) conquered the country of Fur (coming from the vicinity of Tunis) and retained it, till they were exhausted by mutual contentions, upon which the present race of kings (Moors driven from the north by the Arabs) succeeded. The Dageou had a custom of lighting a fire on the inauguration of their king, which was carefully kept burning till his death (Browne) [Feueranbeter in Wadai] 1798.

1) Den an den Ob geflüchteten Ostjäken lehrte ihr Schamane die ihm offenbarte Kunst des Fischens. Die Insul Rustene ist 70 Meil gegen West zu, von dem äussersten Vorgebirg in Norwegen, so man der Welt Hindern nennt, gelegen (Megiserus), wohin der auf dem Felsen Santi schiffbrüchige Petrus Quirinus gerettet wurde (1431). Am meisten sind die tättowirten Zierrathen auf den Hinteren verschwendet, der bei beiden Geschlechtern mit einer dunkelschwarzen Farbe überzogen und oberhalb derselben bis an die kurzen Rippen hinauf mit Bogen gezeichnet ist. Auf diese Bogen sind Männer und Weiber stolz und zeigen sie mit Vergnügen (in Tahiti). Das Gesicht wird durchgehends ungezeichnet gelassen (Forster). Les Ouadayennes ont presque constamment le cure-dent à la main. Zain-el-Abidin fand in Wadai in der Bibliothek des Kadi einen in Kahiriner Schrift geschriebenen Buchari Scherif des Abu Abdallah Mohammed ben Ismaël el Dschofi von Samarkand (s. Rosen). Um nicht dick zu werden, beschränken sich die Mädchen in Waday auf den Genuss des Haryreh und schnüren die Taille (während im Westen der Cuscus zum Fettmachen dient). Chez les Nowatees (de l'île de Vancouver) la tête prend une figure conique, au moyen d'une courroie de peau de daim, doublée d'écorce de cèdre (Joly). The Dayaks of Borneo (s. Tylor) marked their disgust at the innovation by levying a fine on any of their own people, who should be caught chopping

in Drogio zeigten, wie sie mit dem Netz fischen konnten, wurden sie verschont (Antonius Zero) [Doracho]. Aus Verehrung des Rindviehs tragen bei den Dinkastämmen die Männer meist den Namen eines Ochsen, die Frauen den einer Kuh (Kaufmann). Todesfall einer (nie geschlachteten) Kuh wird betrauert und beweint. An den (mit Kuhmist bestrichenen) Wänden der Hütte ist neben einem Ochsenkopf eine Schlange (zum Schrecken) gemalt. Der Kuhurin dient zum Waschen. Kommt eine Python-Schlange in das Lager der Dinka, so wird ihr ein Ochse geschlachtet und die Bari [1]) setzen ihr Milch vor.

in the Europaean fashion. Die Djellab (von Darfur) rechnen durch Sandzeichnen. Barth giebt den Titel Bochari bei Gelehrten in Sokoto und Gando [aus Bochara]. Der König von Darfur nennt sich den Chakan beider Meere (nach Zain-el-Abidin). Die aus dem Dar-Fertyt nach Darfur gebrachten Sklaven furchten an die Djellab oder Araber (Weissen) verkauft zu werden, die ihr Fleisch essen, ihr Blut zur Rothfärbung und ihr Hirn zur Seifenbereitung verwenden (El-Tounsy). Die (mit den Bohr kämpfenden) Elliab haben ihre Stirn (wie die Kek) mit künstlichen Runzeln geziert (Werne). Die Tschierr haben mit den Lienn gleiche Sprache und Stammeszeichen an der Stirn. •The Cam-mer-ray-car-rah-dy (priest) performed the operation of producing a bone in the tooth drawing ceremony (Barrington) of the Cam-mer-ray-tribe (in Australia). Die Hexenprocesse waren gegen einen gefährlichen und darum strafbaren Missbrauch magischer Kräfte gerichtet (Daumer). Evil spirits not only suggest evil thoughts to man, but sometimes inflict physical calamities, as in the days of Christ (according to Wesley). The king of the Funj ascends the throne under an admission, that he may be lawfully put to death by his own subjects (Bruce) by the Sid el Coom. The Fingo witch (according to Backhouse) swallowed tabacco first to produce nausea, and then a quantity of Indian corn, and by the help of the rope round her waist, she was able to control her stomach as only to produce a few grains at a time (in sucking the patient). In the North of Ireland the wizards still extract elf-bolts (stone arrowhend), from the bodies of bewitched cattle (Tylor) 1865. Während die Aebtissin eines Tages mit der Gräfin von Horn sprach, kniff es sie so stark in die Hüfte, dass sie laut aufschrie (bei dem Unfug im Kloster Wertet). Man fand die Stelle ganz blau (s. Daumer). Justification (of the Methodists) is the pardon of sin, whereby the relation of the sinner to the Divine law is changed, and he is recognized, through the Atonement, as no longer guilty but just, and has „peace with god through Jesus Christ." Regeneration is a work wrought by the Holy spirit in the believing soul, whereby it passes from death into life and receiving the „spirit of adoption" enters into communion with God. Sanctification is the purification of the believer (subsequently to regeneration). It is usually gradual, it may be instantaneous, as like justification, it is received by faith (Stevens)

1) Die Bari meinen von der schwarzen Viperschlange oder Yukanye (Grossmutter) zu stammen und setzen ihr Milch vor (s. Kaufmann) [Abyssinien]. Le pays de Djénakhérah situé au midi du Ouaday (Dar Saleyh) est peuplé de tribus idolâtres. Die Tapferen in Waday sind mit der durch Schröpfen gebildeten Ohrenbeule (Dauma) ausgezeichnet (El-Tounsy). Unter Belled-Sudan (mit Chartum als Hauptstadt) werden die Länder Sennaar und Fazokl, die Djesirah und Kordofan begriffen. Im Maghreb versteht man unter Sudan die Länder Afnu's, und im Westen unter Egypten das Land am arabischen Golf (mit Sennaar und Abyssinien) bis Timbuctu und Dar Melle. Nach Nubien ist Triera (jenseits der Wüste) das erste Dorf

Lakono, König (Matta) der Bari (die Kupfer und Zeuge von den Berri bezogen), trug die Hörnermütze (Takie betal Gorn) oder Moluk in Bellet-Sudan. Dass der Stier, als Erzeuger und Erhalter der Heerden, Achtung [1]) geniesse, folgert Werne, weil von Bari an allenthalben

der Fungi oder Garri am Nil (Krump) 1700. Ce n'est guère que depuis un demi-siècle, que les Ouadayens ont commencé à se policer. Avant cette époque, ils restaient confinés et enfermés dans leurs frontières, à la manière des Chinois (El-Tounsy). Der Sultan Saleh begünstigte zuerst den Handel. Der Fussschmerz der Chunckuraten (an der Grenze des Atguh wohnend) rührte von dem Einherschreiten über Kohlen her. Der Herrscher von Norwegen (Hakon Jarl) heisst (bei Einarr skalaglam) der Elbe des Waldlandes, der die Dänen unterstützte, als vom Süden der Kriegsfürst (Otto) kam mit der Schaar der Friesen, Franken und Wenden. Carl M. schickte den Weisheit feil haltenden Schotten Dungal, der mit Clemens in Gallien landete, als Lehrer nach Pavia (s. Walafried Strabo). Zu dem alten Weisskunig kam der von den Turcken vertriebene Fürst aus dem Land Panto (Nicolaus Uglak von Siebenbürgen und Ban von Croatien). Der junge Weisskunig bekämpfte den Grünkonig (Corvinus von Ungarn), neben dem Swartzekunig (Ferdinand von Spanien). Nach Gegenzug der Veindt und nach Ordnung eines Volks und nach Gelegenheit derselben Gegend, werd ich machen ain Wagenpurg (Treitzsaurwein) der Weisskunig. Las islas de Galicia, que algunos creen ser las verdaderas Casiterides, llevaron el nombre de Cycas ó Cies (Murguia). Faxildre von Faidhe oder Prophet (celtisch). Obschon von so unzähligen Völkern, welche die Erde bedecken, ein jegliches seine verschiedene und eigene Gemüthsart hat, so scheint es doch, dass gewisse Hauptzüge, wodurch sie von den übrigen unterschieden werden, unveränderlich sind (Friedrich der Grosse). Die positive Seite der Socratischen Methode (neben der negativen der Ironie) ist die Mäeutik (Hebammenkunst) der Gedanken. Nach Jafar finden sich neben Mohamedanern (und Christen) Feueranbeter in Wadai. Bei den Bari kennt man meistens gleich den Besitzer von Viehheerden an seiner Statur, denn dieser, mehr bei der Milch aufgewachsen, ist viel schlanker und höherer Statur, als die Aermeren (Kaufmann).

1) Celui qui possède une brébis ou une chèvre, ayant du lait, est cité et envié de tous comme un être heureux (à Catroûn) en Fezzan (El-Tounsy). Missertje ist Ehrentitel der Brahmanen in Indien. Etliche schreiben, der König (der Samojeden) hab die Nasen und Ohren von Bley überzogen (1613). Gloire de tous les rois arabes et non arabes, findet sich (nach El-Tounsy) unter den Titeln des Sultan von Darfur (s. Perron) [Arier und Anarier]. Der vom Sultan von Darfur mit einem Erlaubnissschein zu einer Ghazouah (für Sklavenjagd in Dar-Fertit) Versehene setzt sich vor dem Pallast (Facher) auf einen Teppich, eine Salatyeh (Lanze) vor sich, damit die zum Theilnehmen Willigen sich um ihn sammeln (El-Tounsy), als deren Sultan er jenseits der Grenzen handelt. En général, chacune des montagnes (au sud d'El-Obeid) a son Kodjour, qu'ils appellent aussi Tobib (médecin), c'est le grand prêtre, le prophète vénéré, que tout le monde va consulter (Cuny). Chez les idolâtres du Soudan, le mariage ne s'accepte que du degré au-delà du cousin (El-Tounsy). When the women sit on the ground, though they are for the most part entirely naked, it appears to have been a point of decorum to adopt all possible concealment, which modesty would suggest (in Vandiemensland), some men holding the extremity of the prepuce with the left hand (Barrington). Wee-re (bad) Bood-jer-re (good) in Australia (Barrington). Bissweilen leyhen die Eltern ihre Töchter hinweg, auch umbsonst, auff ein Monat, oder so lange die

die Ringe an den Handgelenken mit kleinen Eisenhörnchen verziert sind und die Eingeborenen, wenn man einem solchen Ringe seine Aufmerksamkeit schenkt, auch sogleich das Gebrüll der Stiere nachahmen. Koli von der königlichen Familie der Delianke [1]) (unter den

Handelsleute dableiben (1568) in Island. De même que les Djoama, il arrive souvent que les filles des Maramri et des Farabmé (fraction des Habbabin) ne es marient qu'après „qu'elles ont donné des aides à leurs oncles" (anat Khalhum), c'est-à-dire fait un ou plusieurs enfants (Cuny). Bei El-Obeid wird, wenn einer unfruchtbaren Frau Verstossung droht, von ihrem Stamme das Nefir abgehalten. In Australien (nach Eyre), in Sumatra (s. Marsden), in Amerika, in den Nilländern wird der Vater nach dem Kinde genannt, während der Araber den Vatersnamen dem seinen zufügt (wie der Russe). In Anthropology, as in all sciences rêquiring observation, it is the average, which ought to be admitted as evidence (Pouchet). Parmi les mollusques, l'huître est susceptible de recevoir une certaine éducation, puisque dans les parcs on lui apprend à garder son eau de manière à arriver vivant et fraiche jusque sur les tables (Quatrefages). Ein Fischer von Island sieht im Schiff den Bischof von Bremen (der denselben Tag gestorben) nach dem Heckelberg fahren, wo die verdammten Seelen gepeinigt werden (Blefkenius). „Ach mein Elend, mein grosses Elend kommt von meinem fürchterlichen Hunger" klagte die Frau des Pastor Oberlin bei ihrer Erscheinung nach dem Tode (s. Daumer) [Preta].

1) Les Délianké, quoique n'étant plus une famille régnante, existent encore. Il y en a à Guédé (capitale du Toro), et ils forment la population d'un certain nombre de villages dans le Damgha (Faidherbe). Les hommes des tribus dominantes du Fouta (comme les Bossciabe, Lao, Irlabé etc.) se donnent le nom de Torodo comme titre de noblesse (que les pêcheurs ne portent pas), confondus sous le nom de Toucouleur avec les autres Fouta par les Ouolofs. Abd-ul-Kader († 1770 p. d.) organisirte die Theocratie Foutas (in der Bekehrung zum Islam). Die Koldagi unter den (negerartigen) Nobah in den Bergen Kordofans reden einen dem Berberi ähnlichen Dialect. Idris-Imam (bei Hartmann) unterscheidet in Darfur die Qangara (Sujukh und Soldaten) und das Volk (Nas-el-belid (als schwarz) neben hellen Arabern. Die Kababish auf den Oasen El-Qab (westlich vom Nil) wohnen (ausser in libyschen Oasen) in Kordofan bis zur Nordostgrenze von Fur (als Schafhirten). Die Djemmaa der Fulbe haben an den Grenzen der Musgu ein Reich gestiftet. Der Amtmann des von Schua bewohnten Wasa (zum Gebiet von Logone gehörig) war ein Fulbe (zu Barth's Zeit). Die mit den Mbangeru oder Ovambangeru gleichsprachigen Herero oder Ovaherero trieben (von Nordosten einwandernd) die Berg-Damaras (Haukoin) in die Berge (H. Hahn). Von den 21 Stämmen der Galla besetzten (1537) sieben Bali und Dawaro, besetzten sieben bis zum Land der Gongas-Gafat, besetzten sieben den Süden von Shoa. Die westlichen Galla (in der Halbinsel Gojam und Damot) heissen Boren Galla (unter dem König Lubo). Die östlichen Galla hiessen Bertuma-Galla (unter dem König Mooty). Die Galla verwüsteten Abyssinien (unter König Claudius). Die Galla werden durch Serza Denghel (1573) aus Enarea vertrieben. Die Galla, durch Socinios besiegt (1608), erobern dann in Adel, und besiegen die Dankali. Den Galla ist Yasus zinsbar. Autrefois le nom de Takrour était appliqué à une seule des populations du Soudan (von Sennâr bis Dar-Mellah), c'est-à-dire, aux Bârnaouy ou Barâouneh (habitants de Barnau). Aujourd'hui sous le nom de Takrour (Takâryr, plur.) on comprend lés populations de plusieurs états, ce sont toutes celles, que nourrit l'étendue du pays, qui se prolonge depuis la limite orientale du Ouadây ou Dar-Seleyh

Foul) begründete (in Mischung mit den Mandingo) den Staat Fouta, und (nach Besiegung des Djoloff-Königs von Oualalde auf der Insel Morfil) schloss Frieden mit dem Brak von Wala (seinem Schwiegervater), als Siratik (Siratif) oder Saltigue (1500 p. d.) herrschend, bis (unter seinen Nachkommen) der Vorgänger des (zum Islam bekehrten) Boubakar Fatimata von den Marabut getödtet wurde und die dann auf den Delianke folgende Dynastie den Titel des Almamy annahm. Nach der ägyptischen Eroberung Sofi's wurde Mek Nimmur von Shendy durch den abyssinischen König zum Schutz der Grenze [1]) angesiedelt

---

jusqu'à la limite occidentale du Barnau, ce qui embrasse le Ouadây, le Baguirmeh, le Katakou et le Mandarah (s. El-Tounsy) 1803 (Perron) 1845. Jadis le nom de Takrour était appliqué aux seuls habitants de Barnau, aujourd'hui il est appliqué à tous les habitants du Barnau proprement dit, du Mandarah, du Katakau, du Baguirmeh et du Ouaday (1851).

1) Der Schech von Galabat (mit Tagruri, Araber, Fungi) ist Tagruri aus Darfur (s. Heuglin) 1857. Der District Wochni ist von abyssinischen Christen (der Ambara-Sprache), das südwestliche Mördibba aber auch von Tagruri bewohnt. El-Tounsy zählt Sennaar, Kordofan, Dar-el-four, Ouadaday, Baguirmeh, Barnau, Adiguiz, Afnau, Dar-Tounbouktou, Dar-Mella (der Fellata), als die Länder des Soudan auf. El-Tounsy findet türkische Worte in der Sprache der Forier. Zaky (Dan Fodio) begann die Reinigung des Islam (in Sudan) mit Eroberung Mellas, Hauptstadt des Königreichs Foullan (El-Tounsy). The people of Bego or Dageou are now subject to the crown of Fûr, but are a distinct tribe, which formerly ruled the country (Browne). Islam began to prevail under king Solyman. The women (of some idolatrous nations, dependent on Bergoo) light a fire, in which they heat the heads of the spears (of the combatants) and exchange them for such as are cooled in the combat (Browne). Die Deramiquah oder (nach Chwolsohn) Assyrier stammten (in Mausil) von den Persern (nach Abulfaradsch). Die Kurden bei Diabekr heissen Xoromeki (nach Shaba). *Γαρμαμαῖοι* in Assyrien (bei Ptol.), als Garmaqoye (der Syrer). Kurmand (bei Klaproth), als Kurdenmänner (Kurmandi) [Sarmaten, als Serer von Samarkand]. Pour une dent brisée, pour un coup sur le nez, pour la mutilation d'une main, pour les blessures de la tête etc., le coupable, au Darfour est condamné à une amende, dont une partie, fixée par la loi, est au profit de l'individu offensé et blessé ou mutilé (El-Tounsy). Menunet (1797) erwähnt die grosse Zahl von Buckligen und Entstellten in Hamburg. Ausser in Konstantinopel findet man selten Verkrüppelte im Orient (s. Koch) The cairns (in Coorg) are called Pandu-pare (dwellings of the Pandus). The monumental stones or Kollekallu (with human figures and Linga) are claimed by the Canarese Gaudas, in whose countries they are chiefly found, as relics of their ancestors (Richter). The stone slab (with a picture in relief of a Coorg warrior) near the Kannana house (in Mercara) was erected in remembrance of the military chief Kannana Doddeya, who fell in an engagement with the forces of Hyder Ali (1767). Every house (in Coorg) has to offer an annual sacrifice to the divinity, called Gulika (an invisible constellation or star, belonging both to the order of planets and to that of the zodiacal stars as son of Shani (or Saturn). The astrologer only knows the Gulika and its power (over the sick). A stone is placed at the feet of some tree, possessed of a milky juice (for sacrifice). In cases of frequent deaths in a family, a second Gulika (Mrityu-Gulika or Death-Gulika) is worshipped (G. Richter). Should any human being unawares set foot upon the hallowed

(s. Baker). Nach Besiegung des Fellan Danbadunbi und nach Kriegen mit Melle tödtete Hady Mohamed Askia (1512 p. d.) den Allain Almatni Tindar (in Zaru), dessen Sohn Kulli (mit dem Rest des Heeres) nach Futa floh, und den dort herrschenden Sultan der Jolof[1])

spot of the Natas (spots on which cobra capellas have finished their course of terrestrial life) incurable disease of the skin will break out upon his person (rotting away by degrees) To prevent such disasters, the Nata place is marked by a little stone enclosure (Richter) in Coorg.

1) Les Ouolof peuplent le Cayor, le Oualo et le Djolof. Les Serer peuplent les États de Baol, Sin, Saloum, Djéguem, plus ou moins tributaires du Cayor. Les langues sérer et ouolof, avec des mots en généralement différents, ont absolument le même génie, les mêmes principes et la même grammaire (Faidherbe). Die Begrundung der Dynastie Ssaefua und des Konigreichs Kanem erfolgte (900 p d.) von Borgu aus (s. Barth). Die Chronik von Bornu leitet die Dynastie von Ssaef ab, Sohn des Dhu-Yasam, der als letzter Konig der Himyariten (Ssaef Dhu-Yasan) die Aethiopier mit Hülfe von Chosru vertrieben Nach Leo Afr. stammten die Konige Bornu's von dem libyschen Stamm der Bardoa (als Wüsten-Berber) Nach Ebn Batuta verschleiert sich der König Bornu's (wie die Molathemim). Sselma war der erste der schwarzen (statt rothen) Konige in Bornu. Die Teda heissen (bei den Tuareg) Berauni (Bornuer) Die Mutter des Bornu-Konigs Dunama ben Hume stammte von den Teda, und das Bundniss mit ihnen bildete (nach Barth) der von Dunama Sselsmami zerbrochene Talisman. Mit Hülfe der Teda wurde von den Bulala das Gaoga-Reich in Kanem gegründet. Edris Alaoma (in Bornu) unterwarf die Sso oder Sseu. Die Bulala (unter einem aus Kanem geflüchteten Prinzen) erobern Kanem und treiben die Kanori-Dynastie in die Sümpfe nach Westen (unter die Sso), wo Ali Dunamami eine neue Hauptstadt (Birni) Ghasr-Eggomo gründete, und Edriss eroberte Kanem zurück. Ein Stamm der Fundy (in Tokul oder Kegelhütten wohnend) herrscht im Lande Taklah oder Takala (Tekelih), wo die Teklawin die herrschenden Eroberer, die Nobah die Unterworfenen sind. Ayuma herrscht in Bornu 1000 p. d., Hume nimmt den Islam an 1086, Dunama Dibbalami zerreisst den Talisman 1221, Daud von Bulala besiegt 1387, Kanem von Bulala erobert (unter Omar) 1396, Ali Dunamami 1472, Edriss Katarkamabi 1505, Edriss Alaorna 1572, Ali ben El Hady Omar 1645. Nachdem die in Ghanata herrschenden Ssussu von Mari Djatah (König von Melle) unterworfen waren (1235 p. d.), beginnt die commercielle Bedeutung des (1043 p. d. gegründeten) Djinni. Das Reich Gana, von Wakajamaga (nach Ahmed Baba) gestiftet, wurde (nach Ibn Chaldun) durch die im Osten wohnenden Susu zerstört, und diese von den Melliern (unter dem Konig Barmandana zum Islam bekehrt) unterworfen (unter Mari Gata, Vater des Mansa Wali). Nach dem Tode des Al-Famigar-Bachi (Kaisers von Monomotapa) herrschten seine vier Söhne (Abgara, Adala, Cercut und Gulman) umschichtig, dann Cercut allein. Sein Oheim Nahi folgt (im Krieg mit dem König von Dafila), Al-Fondi, (Enkel Al-Famigar's) folgt 1523, getauft (1560) als Sebastian (apostasirt). Portugiesen nach Goldbergwerken eingeladen (zum Schutz). Sofala (zwischen den Flüssen Cuama und Magnico oder Spirito Santo) von Monomotapa abhängig (bis 1507). Der Araber Juseb empört sich gegen Monomotapa (ruft Hülfe der Portugiesen), das Fort der Portugiesen wird (von Mengo Musaph) angegriffen. Sein Sohn Soliman folgt. Nach Ehrmann gehörten die Nimiemayer zu den Shaggaern. Maravi war Hauptstadt der Bororoer (unter den Kaffern). Die Buschmänner zogen von den Schneebergen (in Cadembo) in das Land zwischen Namaquas und Kaffern. Die Sonaquas waren aus Hottentotten

stürzte, worauf die eine Hälfte des getheilten Jolof-Landes von Kulli Salti Tindar, die andere von Dumal (dem grössten Kaiden des bisherigen Jolof-Sultan) beherrscht wurde (nach Ahmed Baba). Der Titel des Budamel vererbte auf seine Nachfolger.

---

und Kaffern gemischt (nach Vaillant). Die Hottentotten zerfielen in Amaquas, Namaquas und Ganaquas. Die Hottentotten denken sich einen Gott Gounja, als gütiges Wesen, der sich um nichts kümmert, weit hinter dem Mond, und den Mond als Untergottheit, die um gutes Wetter gebeten wird (G. Schmidt). The hair (of then atives at Marooro), which grows long, was neatly plaited and made to hang in slender taels (Browne), resembling the people of Madagascar, whose heads are covered with neither wool nor hair, but something between the two (W. F. W. Owen). Wenn der Leichenzug des Königs von Quiteve auf dem Wege nach der Begräbnisshöhle auf dem Berge Magomo durch ein Dorf zieht, werden alle Begegnenden getödtet (s. Feraõ). Von den Nachkommen des Monopotapa gründete Xangamere das Königreich Chiujamira (südlich von Sofala). Fica, last king of Quiteve, rerided at Ussomes († 1803 p. d.). The Marenda divides Xigangoe from Quiteve (Feraõ). The Sossoros are imagined to live with lions, tigers and other ferocious animals, and partake with them of the bodies which they kill (among the Hollontontes). If the spirit, called Sossera, does not vanish, the Hollontontes have recourse to the Inhamacango, to whose hut the patient is carried to have it expelled, after which he is again secretly conveyed to the wood (Farewell). The bodies of the fetiche-men are ever buried, but their bones are scraped and preserved as Gregories (Owen) on the Congo. Von Piri, wo sich der König von Lovango (Mani-Lovango) nach Besiegung seiner Nachbarn niederliess, haben die Einwohner der Landschaft Lavangiri den Namen Muvirer (Mutsi Piri oder Volk von Piri) oder Muvirissen (Dapper).

Siebentes Kapitel.

Mit jeder Handfertigkeit oder Kunst verknüpft sich für den Nichteingeweihten eine Art des Wunderbaren, und der in dem Nützlichen Hervorragende erlangte leicht, gleich den Zimmerleuten [1]) Taaroa's, eine priesterliche Achtung, wie Tarquin, um die Brücke des Janiculus zu unterhalten, die Pontifices einsetzte (als Gephyräer), und überall bei den bereits zur Metallarbeit [2]) vorgeschrittenen Stämmen der Schmidt eine exceptionelle Stellung [3]) bewahrt, bald als Eidesschmieder (wie im Kaukasus) geehrt, bald als in Hyänen schreckender Budha gefürchtet [4]). Ebenso werden in der Volksmeinung andere Stände

1) Die Priester Tangaloa's (auf Tonga) sind Zimmerleute. Die Sonne (Singi) wurde von Singbonga an den Himmel gesetzt (bei den Kol). Singa heisst Sonne (auf Viti). Das Hauptwerkzeug der Ghond ist ihre Axt (Tangi).

2) Der Scythe Lydus erfand (nach Plinius) die Erzverfertigung. Durchan (Schmidt) war Ehrentitel eines hohen Staatsbeamten bei den altaischen Völkern. Seppä (Schmidt) meint Künstler (bei den Finnen). Im Mogolischen ist Tarchan (Schmied) gleichbedeutend mit Freiherr (s. Hammer). Die Darmut (ähnlicher Sprache mit den Zoghawa und Durring) werden in Wadai als Abkömmlinge von Schmieden angesehen und dem entsprechend verachtet (Nachtigal). Die vom Süden vertriebenen Djour schmieden Eisen für die Dinka, unter denen sie sich niedergelassen haben (Petherick). Die Heiden südlich von Wadai zeichnen sich durch Metallarbeiten aus (nach El-Tounsy). Die Fischer und Schmiede heissen (bei den Bari) Tomunek und sind von den Kuhbesitzern verachtet (Kaufmann).

3) Die eine Kaste bildenden Schmiede in Doreh (auf Neu-Guinea) geben dem Lehrling ein Zaubermittel (Obat) ein, da er sonst kein guter Schmidt werden kann; der Schmidt (in Yoruba) verehrt seinen Hammer. Wie Dädalus bei den Griechen, war Wiland (bei den Germanen) mit Zauberkräften begabt. Der Schmidt (Seppo) Ilmarien hämmert (wie den Sampo) das Himmelsgewölbe (als Viswakarma oder Himmels-Architect). Die Schmiede stehen (im deutschen Volksglauben) im Rufe als Zauberkundige (Wuttke). Bei den Abchasen versieht der Schmidt priesterliche Functionen. Die Kabiren waren zwerghaft gebildet, als hephästische Schmiedegesellen. If male or female are about to be married, the Felups and Bonhuns call in the smith, who prepares and sharpens their teeth (Naldez).

4) In the Fedh Fiadha (the Lorica or Hymn of St. Patrick) there was a prayer for protection against women, smiths and druids. Die Schmiede,

leicht verdächtig [1]), die Ofensetzer (in Russland), die Baumeister, die (in Senegambien verachteten) Weber, die an mehreren Stellen ihr, Teufelswerk bekundendes, Rad drehenden Müller [2]), dessen complicirte Maschinerie auf Vorstellung einer bewegenden Seele führte, die durch Menschenopfer erlangt sei. In alle Beschäftigungen des Lebens griff priesterlicher [3]), Einfluss, in staatliche (als Curatores cloacarum) ebenso gut wie in private [4]), im Frieden die Sicherheit bewachend, durch

---

die sich nur unter einander verheirathen, gelten bei Soninkie und Peulhs für Zauberer (Hecquard). Der Schmidt (der Bambara) wollte nicht sein Wasser vom Gefäss der Neger berührt haben, da sie als Marabuten das Wasser heiligten und so den davon Trinkenden gleichfalls zum Marabuten machten, dieser aber dann von Gott (weil er aus Unkenntniss nicht auch die anderen Gebräuche der Marabuten beobachtet) gestraft werden würde (Raffenel).

1) Nachdem ein Kanoe gebaut ist (auf Fiji), werfen die Bewohner unter lautem Geschrei Steine gegen das Haus, um den Gott der Zimmerleute auszutreiben, der während der Arbeit dort seinen Sitz genommen. Der Kikimora (in Russland) ist ein Gespenst, das mit den Zimmerleuten in's Haus kommt und vom Ofen mit Ziegeln wirft. Von dem Baugeist glauben die Zimmerleute und Maurer, dass er sich bei grossen Bauten durch Hämmern, Sägen, Pochen in der Nacht oft hören und als ein kleines, graues Männchen sehen lasse. In die Mauern einer Festung musste früher ein lebendiges Kind eingemauert werden, denn ein todtes konnte nicht Stärke geben (Fischer). Die den Pilzenschnittern (um mit Hülfe des Teufels den zehnten Theil des Getreides zu gewinnen) zugeschriebenen Gänge werden oft von Hasen gemacht, die das Getreide zur Bahn abbeissen.

2) Die Müller haben (in Russland) Umgang mit den Wassernixen, die oft ihr Haar kämmen (wie Loreley). Aehnlich der Wundermühle des Sampo (von Ilmarinen für die Pohjola-Wirthin gefertigt) konnte König Frodi mit seiner Handmühle Gratti Alles beliebig mahlen. Strabo erwähnt eine Wassermühle beim Pallast des Mithridates. In Rom wurden Mühlen zur Zeit des Augustus eingeführt. In der Nähe von Nehawend liegt eine Quelle, die dem, der ihrer zur Bewässerung bedarf, auf sein Verlangen hervortrat, und wenn genug, verschwindet, wie es der sufische Scheik im Landstriche von Rai sah (s. Kazwini).

3) Der Sacerdos civitatis leitete (nach Tacitus) bei Angelegenheiten des Staates, wie der Hausvater bei Angelegenheiten des Hauses, die Auspicien des Losens (s. Dahn) bei den Germanen. Im Gegensatz zu Man (Mensch) hiess (bei den Germanen) der Freie Wer (vir), als Degenkind oder Schwertmagen (s. Phillips). Während jede Sippe ihren besonderen Hausgottesdienst hatte, so versammelten sich auch die näher mit einander verwandten Sippen zu gemeinsamem Gottesdienst. Dort war es der Aelteste, das Haupt der einzelnen Sippe (freoborges heofod), der als Priester die Opfer verrichtete, hier aber das Haupt der älteren Sitte, der Häuptling oder (bei den Friesen) Hauding (Phillips). Die Marabuten zerfallen (in Bondu) in die Imame (um den Almamy), Tamsir oder Richter, Taliba oder Lehrer.

4) Der Abasa zieht bei allen Angelegenheiten die Traumdeuter zu Rathe. Die Kinder sind (nach Lapinski) sehr lernbegierig und befähigt. The Astrologer is termed the Butt or Jossy of the village (Makintosh) in the Deccan. The village Bhutt (a Brahmun priest) attends (at the marriage). Die Vani sapientes übten die Seid (sieden) genannte Bezauberung durch Feuer. Die „klugen Männer“ in der Oberlausitz ermitteln gestohlene Gegenstände. Die Erfindung der Kinderklapper wird dem Pythagoräer

Ausspürung der Diebe, oder den individuellen Sorgen in Traumesdeutungen und Vorhersagungen entgegenkommend, im Kriege als Fetialen sowohl den siegesgewissen Auszug [1]) leitend, als nach Abschluss der Verträge die Heimkehr unter Schluss des Janus-Tempel. Die gewonnenen Vorrechte führten unter Zutritt der Erblichkeit [2]) dann leicht zum Abschluss einer Kaste, die sich von der Volksmasse aussonderte.

Archytas zugeschrieben. Die Rattel ist durchgehends Zauberinstrument in Afrika und Amerika (wie das Sistrum).

1) Der Zauberer Mankana leitete die Kaffir zum Angriff auf Graham Town. Der Kaffir-Krieg (1850) wurde durch den Zauberer Umlangeni aufgeregt. Der Prophet Umhlakaza verkundete (1856) das Erscheinen von zwei Sonnen und uberredete die Kaffir, alle ihre Rinder zu todten (und mit dem Fleisch Feste zu feiern), um den Krieg zu beginnen Der Prophet der Dacier rottete die Reben aus Nach Gaume ist die Luft voll Teufel, die Sturme und Wasserhosen verursachen (durch Weihwasser zu vertreiben) 1859.

2) Die erblichen Geschafte der durch Abgaben von Lebensmitteln unterhaltenen Priester im Innern von Ostaustralien bestehen darin, die Nasenwand zu durchbohren, den Frauen das Fingerglied abzuschneiden, Narben auf der Haut zu erzeugen. Die Korragi prophezeien und geben Rath, nachdem sie Nachts an einem der Kegelgräber geschlafen, und (um fortan gegen Gespenster gesichert zu sein) durch den hervorkommenden Geist ihre zur Reinigung herausgenommenen Eingeweide wieder eingesetzt erhalten haben (s Collins), wie Zoroaster bei den Prüfungen im Gespräch mit Vohu-mano. Sollte ein Arenanos (in California) einen Todtschlag begangen haben, so wird er fur 14 Tage von dem Stamm nach einem einsamen Platz zum Fasten verbannt, und später von Medicin-Männern feierlich zurückgefuhrt, nachdem er durch Uebergiessen mit Wasser vom Blut gereinigt ist (Taylor). Die Würde eines Priesters (Khojah) ist in der Familie erblich und wird nur, wenn solche ausstirbt, auf andere übertragen (bei den Dushik-Kurden). Von den Alten und aus grauer Vergangenheit ist den Nachkommen im Gewande des Mythus überliefert worden, die Sterne seien Gottheiten und das Göttliche umfasse die ganze Natur. Das Uebrige ist mythische Zuthat zur Ueberredung der Menge, zum Behuf der Gesetzgebungen und um der Zutraglichkeit willen. Nämlich dies, dass die Götter menschenahnlich seien und den ubrigen Geschöpfen gleichen und anderes dergleichen mehr. Scheidet man nun das Letztere aus, und hält sich nur an das Erstere, an die Ansicht, dass die ersten Substanzen Gotter seien, so wird man wol diese Lehre für göttliche Offenbarung halten müssen. Und da jede Kunst und Philosophie vermuthlicherweise mehr als einmal, so weit es möglich war, entdeckt, und dann wieder verloren worden ist, so möchten jene Ansichten wohl Trümmer einer uralten untergegangenen Weisheit sein, die sich bis auf die Gegenwart gerettet haben (Aristoteles). Es war nicht unendliche Zeit hindurch die Nacht oder das Chaos, sondern es existirte immer dasselbe, entweder in der Form des Kreislaufes oder anderswie, vorausgesetzt, dass die Aktualität früher ist, als das Vermögen (*εἴπερ πρότερον ἐνέργεια δυνάμεως*). Der erste Himmel (*ὁ πρῶτος οὐρανός*) muss ewig sein. Hütte und Eigenthum des Paje darf im Kriege nicht verletzt werden (in Bràsilien). Les génies sont les gardiens des bestiaux, c'est pour celà qu'on laisse paître ceux-ci sans bergers (im Marrah-Gebirge Darfurs). Die Hand des Diebes haftet mit dem Messer an dem Hals des berührten Thieres, bis der Eigenthümer hinzukommt (s. El-Tounsy). Leerstehende Hütten werden durch die Damzog genannten Dämonen bewacht, die sich von Besitzern solcher Damzog kaufen lassen. Ein aus einer Schaalenfrucht verfertigtes Gefäss (Cara) wird an dem Aufbewahrungsort

Von dem an die Spitze gestellten Haupt, dem königlichen oder priesterlichen Herrscher, erwartete man Hülfe gegen greifbare sowohl, wie gegen unsichtbare Mächte. Ihm lag die Pflicht auf, dem Gemeinwesen durch seinen Schutz einen geordneten Zustand zu sichern, und auch die Elementarmächte günstig zu stimmen, dass gute Jahreszeit [1]) folge. Ein solches unter politischer Umgebung in der Autorität begründetes Ansehen liess sich in einfacheren Gesellschaftsverhältnissen auch durch die dem moralisch Reinen oder Tugendhaften gezollte Achtung gewinnen, sei es dem Scheinheiligen äusserer [2]) Werke, oder dem, nach Buddha's Vorbild, über die Welt durch sein sittliches Wollen [3]) Segnungen ausschüttenden Heiligen. Wie gegen andere

---

aufgehängt, mit der Anzeige, dass Einer der Damzog nach einem Hause eingeladen würde, wo es ihm gut gehen solle, und wenn der Verkäufer aus dem Geräusch entnimmt, dass ein Damzog in die Milch hineingesprungen ist, schliesst er die Oeffnung und übergiebt das Gefäss dem Käufer, der es in seinem Hause aufhängt, unter der Hut einer Sklavin, die es täglich zu waschen und mit frischer Milch zu füllen hat. Das Eigenthum ist dann gegen Diebe sicher, da diesen der Hals gebrochen würde. Wünscht Jemand den Dämon loszuwerden, so ladet er zu einem Gastmahl seine bewaffneten Freunde ein, die unter dem Geschrei von Damzog ab aiyeh (wo ist der Damzog) ihre Flinten zusammen abfeuern, und so den Damzog verscheuchen. [Auch den milchliebenden Hauskobolden hängt die Doppelfärbung des Schädlichen und Nützlichen an, und die Vertreibungsweise der Dämonen durch Lärm ist von Calabar bis Fidji bekannt, oft mit vorangehender Anlockung].

1) Hakon war mächtig, und begann den Opferdienst mit mehr Eifer zu betreiben, als früher, da besserte sich der Jahrgang rasch, Korn kam wieder und Häring, die Erde grünte mit Blumen (Fagrsk.). In their own right of godship, the Atuas (in the Marquesas) control the elements, impart fruitfulness to the productions of the earth or smite them with blasting and sterility, and excercise the prerogatives of the deity in scattering disease and wielding the shafts of death (Stewart).

2) By various ceremonies, such as abstaining from ordinary food, washing himself unusually well, and walking in lonely places at night, a clever practitioner (having dreamt of places, where will be great quantities of berries or fish) will manage to persuade his tribe, that he is doing a great work, that he is inducing the berries to grow and the fish to come to be caught (levying a species of tax) among the Ahts (Sproat). The (aged) Atua at the island of Tahuata (in the Marquesan groupe) had lived (1797) from an early life at Hanateiteina (in a house surrounded by an enclosure). In the house is an altar, and from the beams within and upon the trees around it are human carcasses suspended with their heads downward and scalped. No one enters the permises, but his servant (except when human sacrifices are offered), frequently seated on an elevated scaffold (to call for sacrifices). He is invoked (by offerings) in all parts of the island (Crook).

3) Der Kaltakos (unbescholtener Sitten) wohnt (in Abchasien) neben einer alten Steinkirche, das Fleisch nach den Fasten segnend (Güldenstädt). Die zu den Kisten gehörigen Inguschen (mit den Zani-Stag oder heiligen Männern, als Priester) verehren Dailié als höchstes Wesen neben dem Götzen Galjerd (Bodenstedt). Chunsach ist Hauptstadt der Awaren unter den Lesghiern in Daghestan. Die Watsch (heilig) genannten Heiligen, wie

Schädlichkeit [1]), und besonders die die Gesundheit bedrohenden Krankheiten suchte man schliesslich bei den Priestern auch Hülfe gegen

---

Elias (Ilja), Georg (Kerki) und Nikolaus (Nikolai) werden in ihren Höhlen von Wallfahrern besucht (in Ossien) Bei dem (von dem verschwundenen Volksstamm der Narden herstammenden) heiligen Hain von Lamadon findet sich die Höhle des Propheten Elias (As-Ilja-Leget) in Ossetien. Der Vorfahr der dort fungirenden Priester wurde durch einen Adler gebracht (s. Haxthausen). Lauft das Bier in dem Kelche über, so bedeutet es Friede und reiche Ernte, wenn unbewegt Krieg und Hungersnoth [Kambodia, Pommern] Um Gestohlenes fur einen Ossen wieder zu erlangen, droht der Kurismezok (weise Mann), dass die von ihm unter dem Arm getragene Katze die Seele des Diebes peinigen soll (s. Haxthausen). The Dervish (at Tocat) prided himself upon the title of Dely (crazy), which he had acquired by long years of silly nonsense (Lennep).

1) Les Rhatiens attribuent aux sorciers (ama-sahhar) le pouvoir de préserver des balles, du fer, des maladies, de la dent des bêtes fauves (Duveyrier). In der Iriri oder Rohi genannten Ceremonie erhielt das Kind auf Neuseeland beim Abwaschen im Fluss den Namen (Thomson). In Sarae verbirgt sich die Frau vor ihrem Tochtermann. Bei den Beni Amer verbirgt sich die Frau, wie auch der Mann, vor der Schwiegermutter (s. Munzinger). Auf den Maldiven bewahren die Frauen in der Familie Rechte über den Mann (nach Picard). Die auf dem Berge wohnenden Hauptleute stehen alle unter dem Gebiete des Lacenta, der den sudlichen Theil Dariens beherrscht (Wafer) 1681. Die Pawawers oder Beschwörer der Darier ahmen (hinter aufgehangten Tuchern) Thierstimmen nach und gerathen dann in Schweiss zu prophezeien. Les hommes vont nus (en Bertat), la peau de chèvre ou de mouton, qu'ils attachent au bas des reins, paraît avoir uniquement pour but de garantir leur épiderme du contact de la terre ou des rochers, sur lesquels ils s'asseyent (s. Cailliaud). Die Indianer (von Darien) legen nur eine kleine Capsel von Gold oder Silber an (zum wenigsten ein Stück vom Plantain-Blatt), beides in Kegelgestalt oder Deckel zum Lichtauslöschen. Dahinter zwängen sie das zusammen gedrückte Mannsglied, als unter seiner Decke und binden diese dicht davor an die Haut, als einen Gürtel über die Lenden. Die Geilen aber lassen sie frei hangen (s. Wafer) 1681. Während die Aristokratie bei den Tigré-Völkern auf einem Schutzverhältniss beruht, ist sie bei den Beni Amer feudal (Munzinger). Von der füheren Herrschaft der (von den Abassiden hergeleiteten) Belou (in Balou) heisst Belaui (Herr) noch jeder grausame oder harte Mann (s. Munzinger) [Bilu]. Les Touaregs repoussent, comme immondes, les poissons, les oiseaux et leurs oeufs (Duveyrier). Quand les esclaves nègres ont mangé du poisson, il leur est interdit, par un temps plus ou moins long, de boire dans les vases servant à l'usage commun. Bei den Germanen war (nach Tacitus) die Verbindung mit dem Neffen enger, als die mit dem Sohn. Bei dem Tode des Vaters geht seine Gewalt über die Kinder auf den ältesten Bruder über (bei Barea und Kunama). The Argobbas call the supreme being Gaeto, the Gallas Goite or Wak, the Somal Aybah (Burton). Die mit dem Tättowiren (Melgotiren) beauftragten Frauen heissen (auf den Pelew) Tackelbis artail oder weibliche Künstler (Wilson). Die Darmut sind ein verachteter Stamm, wie die Schmiede, in Wadai (Nachtigal). Après les nobles, les forgerons (inat) sont les principaux personnages de la tribu (Duveyrier) chez les Touaregs. In Nagysman betitelt sich Alles Beg (Freiherr) und nennt sich nach dem Geschäft, wie Nalbend-Beg (Baron Hufschmied), Tersi-Beg (Baron Schneider), Kawaf-Beg (Baron Schuster) u. s. w. (Koch). Die von christlichen oder mohamedanischen Priestern geschriebenen Hedjab (Talismane) werden von Barea und Bazen

den Tod selbst, für den freilich nirgends ein Kraut gewachsen ist, trotz tauistischer Unsterblichkeitstränke oder Expeditionen zum Aufsuchen floridanischer Jugendquelle. Ebensowenig hat es aber auch je den Priestern an Aushülfen gefehlt, drängenden Bedürfnissen ein Heilmittel zu finden, und so wurde dem vor dem Tode Grauenden der Lebensfaden in den Mysterien abgeschnitten, und nach der Wiedergeburt neu angeknüpft, jetzt assecurirt durch Gefahren oder (wenn in diesen erliegend) doch direct in den Himmel zu leiten. Vor allem hatte der Priester eine totale Regeneration durchzugehen, oft aus dem Magen der Thiere, wie der Jonas an nordwestlicher Küste Amerikas, oder wenigstens (bei den Moxos[1]))

---

in Hautriemen eingenäht am Arm getragen. Bei der Besitznahme der Chatham-Insel bekriegten sich (1840) die Stämme Nati-motungo und Natitomma (auf Warrekauri). Die Netze der Chatham-Insulaner endigten (nach Vancouver) in einen Beutel oder Börse (1791). Die Eingeborenen zeigten nach der Sonne, vermuthend, dass die Weissen von dort gekommen (beim Landen). Die von Turi und seinem Sohn (die von Hawaiki eingewandert) aus Neuseeland vertriebenen Kohi-Kohi flohen als Keri-waka-papa (bare sides) nach den Chatham-Inseln (Taylor). Die Chatham-Insulaner wurden von den Maori als Parakiwara bezeichnet. Mitchell saw the herring fishermen, in a day of idleness, cutting circles with their knives in the face of the rock at Fetheland Head, Shetland, without the operators being able to assign any reason for their work, except that others had done it before them. The unconverted natives in the island of Lette (in the Molluccan Archipelago) pay reverence to an image in human shape, rudely carved from a thick piece of wood. This image is placed in a sitting posture upon a square heap of stone, raised under a large tree in the centre of the village. In the event of a death, a marriage or any remarkable event, a large hog or a buffalo, which has been kept sacred and fattened for the purpose, is slaughtered before this image (Kolff). The Somals keep holy with feast and bonfires the Dubshid (lighting of fire) or New-Year's day (corresponding with the Nayruz of Yemen). The Somal retain a tradition that the Furs (ancient Guebres) once ruled the land (Burton) [Fars in Darfur].

1) Nach den Moxos war nur derjenige der Stellen eines Priesters würdig, der den Klauen eines Tigers entgangen war (d'Orbigny) [wie in Australien und Grönland]. Men going into the mountains to seek their medicine (choosing a guardian spirit, on attaining manhood), have associated with wolves, and after a time, body and soul, have changed into the likeness of these heast (among the Ahts). The animal (wolf or eagle), supernaturally revealed as the medicine, is supposed throughout life, to be connected with him (among the Ahts) and finally to receive into this body the native after his departure from the earth (Sproat). Wer (am Rio Plata) ein Arzt oder Priester sein will, muss nach dem Fasten mit verschiedenen Thieren, besonders Tigern, gekämpft haben und von ihnen gebissen sein, um die Merkmale der Klauen aufzuzeigen (Coreal). Die Zauberer der Moxos müssen den Klauen eines Tigers, der sie verwundet, entgangen sein, und werden dann als Männer seltener Tugend geehrt, weil als Liebling des unsichtbaren Tigers von diesem gegen den sichtbaren geschützt (Matha). Nach Waschen der Augen mit beizendem Saft heissen sie Tiharaugui (helle Augen). Der Piaye legt sich mit dem von ihm unterrichteten Schüler in zwei Hängematten der Hütte, wo eine dritte für den Dämon Maboya herabführte, dem beim Herabfahren der Proselyte anvertraut wird (Breton). The

mit Tigern, wenn nicht (wie in Australien) mit Grabgespenstern zu kämpfen, während die Brahmanen den in Kshatrya zu verwandelnden Rajputen die Geburt aus ihrer goldenen Kuh möglichst erleichterten, um diese dann versilbern zu können. Die dämonisch gewonnene Macht der Priester konnte dann dazu dienen, durch schreckbare Erscheinungen[1]) die Ordnung im Staatswesen (oder in der Kinderstube innerhalb der Familie) zu erhalten und bei gegebenen Conjunctionen der politischen Verhältnisse die Regierung selbst in den Geheimbünden[2]) zu concen-

doctor (amongst the Nubians) is always the oldest man, who, they say, has acquired through his life the utmost experience and consequently has become the most learned physician (Churi). The predictions of the Tawuli (of the Somals) or native seers (who, by inspecting the fat and bones of slaughtered cattle do medicine, predicting rains, battles and diseases of animals) are delivered in a rude rhyme, often put for importance into the mouth of some deceased seer (Burton). Pour se mettre en communication avec ceux qui leurs sont chers (en expéditions lointaines) les femmes (des Touaregs) vont se coucher sur les anciennes tombes, où elles évoquent l'âme de celui qui les renseignera. A leur appel Idebni, un esprit, se présente sous la forme d'un homme. Si l'évocatrice a su plaire à l'esprit, Idebni lui raconte tout ce qui s'est passé dans l'expédition, dans le cas contraire il l'étrangle (s. Duveyrier). Augilae manes tantum deos putant, per eos dejurant, eos ut oracula consulunt, precatique quae volunt, ubi tumulis incubuere, pro responsis ferunt somnia (Pomponius Mela).

1) Wenn der wilde Schrei des Bubu in den Wäldern gehört wird, reissen die Männer die Knaben nach abgelegenen Plätzen mit sich fort, um sie unter Tanzen oder Scheingefechten (sowie zuweilen mit Ausschlagen eines Zahnes) zu weihen, worauf (bis zur Verheirathung) keinem Weib nahe gekommen werden darf (nach Watson). Die Verbote, Fische, Eier, Emu, die feinere Art des Opossum und Kanguruh zu essen, hören für die Jünglinge (in Australien) auf, je mehr sie erwachsen. Der Poltergeist (Mumbo Jumbo) kann befehlen, was er will (am Gambia). Niemand darf mit bedecktem Haupte vor ihm erscheinen. Die Weiber laufen bei seinem Brüllen davon, da er sie oft auspeitschen lässt (Moore). „Ein Oberster (der Tuppin-Inbas) kratzte die Kind mit einem scharpffen fischzan in die bein (durch die Hütten gehend), damit man ihnen bei Unart mit seinem Kommen drohe“ (Staden), The Kongcorong (a man, covered from head to foot with small boughs of trees) gave notice to the young women and girls, that he would pay them a visit after sunset, cautioning the ladies to be very circumspect (or he would inflict the usual punishment of flogging), all he said being repeated by the girls (making him presents) in a sort of song (Gray) in Kayeye (am Gambia). The dress of Mumbo Jumbo (composed of the bark of a tree) hung outside the walls of Madina (capital of Woolli). In Mokaba (of the Aponos) the Ocuya (a man supporting a large framework resembling a giant and whimsically dressed, walking on stilts, appears in a white mask with thick open lips (du Chaillu) in merry-making.

2) The whole of the Old Cabar country is governed (under the Duke, as Eyamba) by the Egbo laws (in the Egbo Assembly) with the degrees of Abungo, Aboko, Makaira, Bakimboko and (as the step, bought with the highest price) Yampoi (the only class of Egbo men, allowed to sit in council). Nimmt Jemand die Hülfe des Eyamba in Anspruch, muss beim Hören der Egbo-Trommel Jeder in der Wohnung bleiben, bis ihr zweites Rühren das Ende des Gerichts anzeigt, und dem Verurtheilten wird dann Nachricht (dass er bis zur Compensation nicht sein Haus verlasse, das sonst über

triren. Die fünf Völkerschaften von Fulbas-Susus oder Susos bilden (zwischen Sierra Leone und Cap Monte) eine verbündete Republik unter der Purrah genannten Einrichtung, indem jede Völkerschaft einen Bezirkspurrah hat, der unter dem obersten Purrah steht, der sich beim Kriege auf neutralem Gebiet versammelt und Einhalt gebietet (zur Vollziehung von Urtheilen Plünderung unternehmend). Um in den Bund eines Bezirkpurrahs aufgenommen zu werden (unter Weihen [1])

---

ihm niedergerissen wird) zugesandt durch den Egbo-man, in disguise, consisting of a black netwoik close to the skin from head to foot, a hat with a long feather, horns projectisg from his forehead a large whip in his right hand, with a bell fastened to the lower part of his back and several smaller ones round his ankles (followed by subordinate, personnages, fantastically dressed). In Geheimbünden Futa-toro's und den Mauren zaubern die Almussey. Hat eine Frau, deren Mann einem der Vereine (bei den Blackfeet) angehört, Umgang mit einem Anderen gehabt, so versammeln sich die Mitglieder zum Rauchen in einem Zelte, und dringen Nachts auf das Schlaflager der Frau, um sie herauszuholen und von Jedem nach Belieben behandeln zu lassen (Maximilian von Wied). The instrument, called min-okey-ak (made of a stone or other hord substance, fastened to the end of a long string) was supposed to be thrown from an unseen hand, and the person struck by it sickened and died (among the Ahts).

1) The Klooh-quahn-nah (among the Aht) is a secret institution, the children not being acquainted with it, until formally initiated (Sproat). The main object of the ribbon orders (in Irland) was to prevent any landlord, under any circumstance whatever, from depriving a tenant of his land (Trench). Die Siebner der Ismaeliten (deren Herrschaft sich durch die Fatemiten in Afrika, durch das Reich der Assassinen in Asien erhob) waren gestiftet durch Obeidollah, von Ismael (dem siebenten Imam) abstammend (s. Hammer). Als unter dem Abassiden Mamun der Freigeist Babek (Gütergemeinschaft predigend) das Reich verheert hatte (bis hingerichtet), beschloss Abdallah (durch seinen Grossvater im persischen Magierthum unterrichtet), durch eine geheime Verbindung die Herrschermacht zu sturzen, und unter den Kriegen seines Anhängers Karmath, flüchtete (aus dem Gefängniss) Obeidollah Mehdi nach Aegypten, die Dynastie der Fatemiten stiftend (909 p. d.), aus der die Drusen hervorgingen. Hassan Sabbah aus Rei, der (als Nebenbuhler des Vezier Nisamolmulk) vom Hofe des Seldschukiden-Sultan Meleksha (Sohn Alp Arslan's) vertrieben war, wurde (unter Chalif Mostanssar in Kairo) als Dai (Missionär) in den Geheimbund der Fatemiden (zum Sturz der Abbassiden in Bagdad) aufgenommen und bemächtigte sich (im Einverständniss mit den Einwohnern) des Schlosses Alamut (trotz der Vertreibungsversuche der Seldschukiden), wo er (als Scheich al Dschebal) einen Geheimbund eigener Herrschaft gründete, den Dai (Missionären) und Refek (Gesellen) die Fedavie (Haschin oder Assassinen) oder Geweihten (Aufopfernde) und die Lasik zufügend (1090 p. d.). Riswan, Fürst von Haleb (im Kriege mit den Kreuzfahrern und dem Fürsten von Damaskus), räumte den Assassinen Burgen ein. Der Seldschukiden-Sultan Sandschar (Nachstellungen fürchtend) schloss einen Vergleich mit den Ismailiten (Assassinen). Die auch in Deutschland übliche Vermummung mit einem Hirsch- oder anderem Thierkopf heisst Turka in der Walachei (s. Sulzer). Der verlarvte Stumme im Kolloschärentanz der Walachen pflegt die Frauen zu schlagen und zu schrecken (den Schnabel des als Maske dienenden Strohkopfes durch einen Tritt auf einer verborgenen Schnur ziehend und klappernd). La société secrète (chez les peuples

im heiligen Walde), muss man 30 Jahre alt sein und 50, um Mitglied des grossen Purrah zu werden. Die Aeltesten jedes Bezirkspurrahs liefern die Mitglieder des Oberpurrahs (Golberry). Der Paje [1]) (in Brasilien) muss sich schon von Jugend an durch Einsamkeit, Jahre langes Fasten, Stillschweigen und Abstinenz einüben. Erscheint er dann geschwärzt, vielleicht gar mit Narben, die den Kampf mit einer Onze bezeugen, unter seinem Volk, so unterzieht er sich einem obscönen Tanz bis zur Erschöpfung. Dadurch und durch den Saft von Taback und anderen scharfen Pflanzen, den er sich in die Augen giesst, wird er gefeit, mit Schlangen und Gift umzugehen, sowie zur ärztlichen Praxis (in einem abgesonderten Gemach oder Hütte bei Nacht die Kriegsthaten des Stammes zu erzählen). Die Tupis fürchten die weiblichen Zauberer als Maraca-ymbara (Schwägerinnen der Zauberklapper. Der Alfai (Regenmacher [2])) der Bazen (der auch von

---

des bords du Rio-Nunez) a un chef qui est magistrat et que l'on nomme le Simo. Il dicte les lois, elles sont mises à exécution par ses ordres. Cet homme se tient dans les bois et reste toujours inconnu à ceux qui sont étrangers à ses mystéres. Il a pour acolytes des jeunes gens, qui ne sont qu'en parties initiés dans ses secrets (Caillié).

1) Als Propheten oder Verwünscher heissen die Zauberer (Paje oder Aerzte) Curayba (oder Flucher). Der Unhold erscheint ihnen unter der Gestalt eines schädlichen Thieres, als Frosch, Kröte, Mosquito, Schlange, Onze (um die Zukunft zu verkünden) Der Manao lässt, wo möglich, das Feuer auf seinem Heerde nicht ausgehen und sammelt die von Ameisen aus den Miconia-Strauchern zusammengetragene Filzmasse als Zünder. Wie die Muras nehmen die Manaos gegenseitige Zuchtigung mit Peitschen (zur Schmerzertragung) vor (auch die Frauen). Wie die Mauhes setzen die Mundrucus ihre Töchter, wenn sie Jungfrauen werden, dem Rauch im Giebel der Hütte aus (unter Fasten). Wenn die Arendiovann (Wahrsager) in ihrer Hütte fasteten, durfte Niemand, als der das Holz tragende Diener zu ihnen kommen, und dieser hatte sich durch Fasten dazu vorzubereiten (Brebeuf). Die Piajes der Curaiben müssen nach Einflössen des Tabakssaftes drei Jahre fasten (Baumgarten). Der Paje wird durch seine Collegen zum Einsiedler erhöht auf den Goldbergen am Yupura, wo er (durch Bellen des Mondes von Sonnenfinsterniss benachrichtigt) als Vogel unter den Völkern umherfliegt (in Brasilien). Misslingt dem Paje die Heilung, so wird er verstümmelt (in Chili mit seinem Eigenthum verbrannt) und er sucht deshalb einen Feind anzuklagen, der vom Häuptling zum Tode verurtheilt wird. Chez les Touareg Azdjer les Alhinen (génies) occupent la montagne Quaçar-el-Djenoun ou Idinen (Duveyrier).

2) Die Priester (Regenmacher), die gestohlenes Gut ausfindig machen, verlassen nicht ihr Haus bei den Nuba (Munzinger), wie bei Barea und Bazen. Der Scheich der Qadejat in Kordofan wird durch den Fakih gewechselt, wenn das Volk mit ihm unzufrieden ist (s. Munzinger). Die Musabat (in Kordofan) leiten sich von Darfur her. Die Herrschaft der Kundjara (in Kordofan) wurde durch die Türken beendet (1820). The Eesa own nominal allegiance to a Ugaz or chief (Roblay or Prince Rainy) residing in the Hadagali hills. Each kraal has its Oddai (shaikh or head man), assisted by the Wail or Akill (the Peetzo council of Southern Africa), as elders obeyed on account of their age (Burton). Omar und Ben Yahia Bou-Kendaa brachten von den (Statuen für Regen anrufenden) Amelikiten (in

den nördlichen Kunama consultirt wird) lebt nahe bei Tembadere auf einem Berge allein mit seiner Familie. Das Volk bringt ihm Abgaben, Kleidungsstücke und Früchte, und bebaut ihm ein eigenes grosses Feld. Er ist eine Art König, dessen Amt nach dem Erbrecht auf den Bruder- oder Schwesterssohn übergeht. Er soll Regen herabbeschwören und die Heuschrecken vertreiben. Erfüllt sich aber die Erwartung nicht und entsteht grosse Dürre im Lande, so wird der Alfai zu Tode gesteinigt, wobei seine nächsten Verwandten den ersten Stein werfen müssen (Munzinger). Den Fakys zu Damer stehen (nach den Bishareen) Regen und Wolken zu Gebote, wie es Selim-el-Assouany (bei Makrizi) vom Reich Aloa [1]) (Meroës) erzählt (mit Souba als

---

Syrien) Habal nach Mekka. A la montagne de Kilgon les habitants n'avaient qu'un cri pour invoquer leur grand (prophète) Abdul-Kader, à qui ils attribuent le pouvoir de faire tomber ou cesser les pluies, le baobab est aussi en plusieurs lieux l'object d'un culte (Cailliaud). Da das Amt des Shum (der Erstgeborene des Erstgeborenen) eine patriarchalische Heiligkeit besitzt, wird es als fluchwürdig angesehen, seinem Gericht zu trotzen (Munzinger) bei den Marea. Als Abkömmling Mariu's ist der Shmagilli ein Weld Shum (Sohn des Shum). Die (mohamedanischen) Bidel haben aus dem (früheren) Christenthum die Anrufung Egziabeher's (statt Allah's) um Regen behalten (Egzio maherenna, o Christos, Gott, erbarme dich unser, o Christos). Die Scheich (in Scheich-Dörfern oder Az Scheich) sind meist tributfrei (bei den Beni-Amer). Auch die benachbarten Christen lassen sich von ihnen Talismane schreiben (s. Munzinger).

1) Nach Selim-el-Assouany gehörten die Bewohner der Insel Aloa dreierlei Religionen an, indem die Einen Allah als Gott (Sonne, Mond und Sterne als Fursprecher) anerkennen, Andere nur die Sonne und das Feuer anbeteten, während die Uebrigen einen Baum, ein Thier, oder was sie sonst wollten, für heilig hielten (s. Ritter). The wizard (in Australia) possesses the power of conveying himself under ground to his object (s. Lang). Die Eingeborenen von Swanriver wollen die Yamfrucht nach stattgehabter Fluth erlangt haben (s. Backhouse). Les Hurons appellent les os des morts Atisken (âme). L'une (des deux âmes) se sépare du corps à la mort et demeure neansmoins dans le cimetière jusques à la feste des morts, après laquelle, ou elle se change en tourterelle, ou elle s'en va droit au village des âmes. L'autre est comme attachée au corps et informe (pour ainsi dire) le cadavre et demeure en la fosse des morts après la feste et n'en sort jamais, si ce n'est que quelqu'un l'enfante derechef (Brebeuf), apportant pour preuve de cette metempsychose, la parfaite ressemblance qu'ont quelques-uns avec quelques personnes defuntes (1636). Eine Jungfrau trägt den Mavira den Kriegsschwanz (Mexira) voran (den Weg fegend, dass Niemand folgen kann). Die dem Leichenzug Begegnenden werden von den Maviras getödtet (die Frauen lebendig begrabend). Zwischen dem Zambeze und Aruangoa ist der Mucanda (Mambo oder Chevas) der mächtigste. Wenn (bei den Chevas) Eine der Frauen im Leichenzuge niest, wird sie nicht begraben, weil vom Geist verworfen. Die Länder der Muizas gehörten den Muembas oder Moluanes (nach Gamitto), die sie, unter dem Häuptling Chiti-Muculo (grosser Baum) vertrieben (1833). Die Muizas (die die Vorderzähne feilen) glauben an ein höchstes Wesen (Pâmbi) und die Seelenwanderung. Die nomadisirenden Muembas oder Auembas, die (von Jagd und Raub lebend) Einfälle machten (1826), drangen bis zur Bergkette Muxinga vor (von WNW. kommend). Der persische Sänger Schahkuli

Hauptstadt). Die in den Grotten wohnenden Jungfrauen (Harymaguadas) brachten (auf Gran Canaria) Libationen von Milch (nach Viera). In der Grotte von Asteheyta wurde das heilige Schwein Aranfaybo als Vermittler der Gottheit [1]) geehrt (auf Gran Canaria).

---

rettete durch das Spielen der Scheschte vor Murad dem Gefangenen Bagdadi das Leben. Wir sind von einer Kenntniss aller Agentien der Natur und ihrer verschiedenen Wirkungsweise noch so weit entfernt, dass es unphilosophisch sein würde, die Existenz der Phänomene nur deshalb zu läugnen, weil sie auf dem gegenwärtigen Standpunkt der Wissenshhaft unerklärbar erscheinen (Laplace). Der Saame, Geister zu glauben, liegt in Allen (Lessing). Les Oqui ou Manitous (unter Algommequin und Montagnards) sont les médecins pour guérir les malades (nach Champlain), von den (Besitzenden) Dämonen (Oki oder Ondaki) genannt, wie (nach Sagard) zuweilen auch die Europäer. Die Unterthanen Quiteve's (über die Mocaronga herrschend) behaupten, Affen wären in früherer Zeit Männer und Weiber gewesen, und nennen sie alte Leute (dos Sanctos). The Parraitye-orn (sea weed man), cures diseases by chewing a small piece of a red-coloured species of sea-weed, which the patient is told to conceal about him, the diseases evaporating with the moisture (in Australia). The Wiwiri-malde (Krankheitsmann von amalde) charms away Wiwiri (sickness). By Mindawoita wirkandi (rubbing the navel) the Wararas (doctors) can remove pain (in Australia). Narrendi (groan or sing), to soothe pain when ill or children when crying (in Australia). The Warrara sucks (nuinpendi) the sick person to get the paiiya (vermin) in Australia (s. Teichelmann). Le Dar-Abodyma est le pays des Témourkeh (en Darfor). Nach Oviedo zogen die Caziken Hispaniola's den Tabaksrauch durch eine gabelförmige Röhre in beide Nasenlöcher. Les Pilotova parlent au diable visiblement (Champlain) in Canada.

1) Gott (Achaman) wurde auf Teneriffe angerufen als Achguayaxiraxi (der Erhalter der Welt), Achahurahan (der Grosse), Achicanac (der Erhabene), Achguarergenan (der Alles Stützende), Atguaychafunataman (der Himmel und Erde erhält), Acoran oder Alcorac genannt. Die früher Libyer und Getulen genannten Numidier oder Mauren hiessen später Berber. Cetera loca usque ad Mauritaniam Numidae tenent, proxume Hispaniam Mauri sunt, super Numidiam Getulos accipimus (Sallust). La race de Berber se compose de Gétules noirs et Gétules blancs ou Mazikes, Libyens, Mèdes ou Persans, Kouschytes, Amalécites, Cananéens et Vandales (d'Aveyzac). Des Berbes on rencontre les Kabayles (Kabyleh ou tribu) depuis le désert de Barkah jusqu'au delà de la Mulvia, les Schellouhs depuis Maroc jusqu'au midi en s'avançant vers le Sahara, les Touareks derrières des oases. Die Berber nennen ihre Sprache Aguel amazig (edle Sprache) oder Aoual en temazirgh (Sprache der Freien). Nach Bergeron ähnelte die Sprache der Guanches der der Mauren der Barbarei. Amon heisst Wasser in Berberisch [Gott der Wüste]. Während die Sprache auf Teneriffe (nach Glas) Aehnlichkeit mit dem Peruanischen und anderen Sprachen Amerikas zeigt, gleicht die der übrigen Inseln dem Berberischen. Nobody did steal in Npopo with the eyes of the mbuite (an idol with copper nose and eyes) upon him (du Chaillu). At the worship of Njambai (the mystery of the women to be protected against the men), du Chaillu saw in the house naked women sitting before a bundle of greegres and adoring them (asked to pay a fine). Quengeza would not touch beef, because one of their women had once born a calf instead a child, for another family the crocodile was roondah, because once a crocodile was born. The name Aniambie stands for God. The word Aniemba signifies „possessed by a witch" (du Chaillu).

Durch die Mysterien wurde dem Eingeweihten Hoffnung auf ein glückliches Loos[1]) im Hades zu Theil (nach Isokrates). Nach den

---

„After death all is done" is a proverb of the negroes (du Chaillu). During the season appointed for mourning the deceased is remembered and feared, but when once his memory grows dim, the negro speaks slightly of him (du Chaillu). The ouganga (wise man) puts power in the charms (monda). Besides the idols (handed down from generations) there are private idols, possessed and worshipped by individuals (du Chaillu). In the rainy region, in which du Chaillu travelled, there are, instead of rainmakers, ougangas, who pretend to the power to stop the rain. If the doctor has declared a man to be a witch, there is no appeal but that of the mboundou. The Mpongwe and Sheekai speak of apes, who build a house, sleeping on the roof (Bowditch). A negro, possessed by Obambou, who takes his seat in the bowels, goes about in a wild way, sees visions and prophecies (du Chaillu). Der Trompetenvogel weissagt den Peulh von Fouta-Djalon und fliegt schreiend gegen ein von feindlichen Armeen bedrohtes Dorf. Der Ehebrecher wird (wenn arm) mit dem Tode bestraft, die Frau erhält 200 Schläge mit einem Tau und wenn der Mann sich scheidet, erbt er die Mitgift. Die Sumbas genannten Cannibalen zogen mit ihrem Könige Dumha nach Sierra Leone (XVI. Jahrhundert p. d.). Senegambien, als Hippodromus Aethiopiae (bei Ptolem.). Aus Umtu (Mensch) wird (bei den Bechuanas) Abantu (die Menschen) gebildet. Ohne Hexerei müsste jeder Mensch (nach den Beschuanas) ein unbegränztes Alter erreichen (nach Chapman). Der Batkatlahäuptling Massellili bat bei einem Gewitter den Missionär Edwards um Entschuldigung, dass bei den von ihm für sein Volk verarbeiteten Blitzen einige dessen Kühe erschlagen hatten. Das Psalmensingen heisst (bei den Makololo) bokolella (Brüllen, wie ein Bulle). Die irdenen Gefässe (Merissa) dienen den Makololo für Bier. Sollte der Morimo oder Gott (das Krokodil oder der Löwe der Gewässer) getödtet werden, so wird (nach den Bayeye) der Ngami vertrocknen. Die zum Versammlungsort dienende Bühne in den Dörfern (am Cap Mesurado) heisst Kalde. L'été, si le ciel est clair, tournez le dos à la pleine lune en vous couchant, et couvrez-vous bien la figure pour éviter les coups de lune (bokuelat el Kamar), räth Cheggueun bei der Wüstenreise von Algier nach dem Sudan (s. Daumas). Als das mächtigste Reich der Betschuanen ist das der Matabele von Moselikatze gegründet. Sebitoane (vom Basutostamm) der (unter den Betchuana) das Reich der Makololo gründete, wurde von den Matabele und Griqua nach Linyanti getrieben (wo die Baroze sich zum Adel erhoben). Das Reich der Ramangwato wurde (unter den Betschuanen) von Sekomi und Setschelli gestiftet. Der Sohn des Matebe (unter dem die Makoba oder Bayeye das mächtigste Reich der Betschuanen bildeten) wurde von Sebitoane getödtet. Chapman sah in Damara das Fell eines Steinbocks nur mit Hülfe eines scharfen Steins abziehen und Schlagadern werden mit Hülfe eines scharfen Kiesels geöffnet. Die Boers schützen sich in viereckigen Steinmauern gegen die Eingeborenen. Wenn auf den Samballoes-Inseln eine Tochter verheirathet wird, sollte (nach Christian) der Vater zuerst bei ihr liegen, oder wenn dieser zu alt, der älteste Sohn (Davis) 1702.

1) Plato unterscheidet *ἐν βορβόρῳ κεῖσθαι* und *μετὰ θεῶν οἰκεῖν*. *Θησαυρός* saepe aediculam significat, in qua conservantur donaria deo dedicata (Stephanus.) Der Apoll. *μιν* posuit pro *αὐτούς*. *Μίνως ὁ πρότερος* (nach Inschrift bei Boekh), *ὁ δεύτερος* (bei Diod). Der thessalische König Opheltes zog nach Böotien (Plutarch). Peripollos war thessal. Seher (nach Plutarch). Bréal erklärt die Entstehung der Mythen aus dem Einfluss der Sprache (die jedem Gegenstande einen Geschlechtsartikel beifügt und jeden Vorgang als ein handelndes Wesen auffasst) auf die Gedanken. On peut comparer

Quojas besitzt der Teufel Leute, die aus Tiefsinnigkeit [1]) oder Verzweiflung sich von der Gesellschaft anderer in die Wälder entfernen

---

le language à un verre, que traversent nos conceptions, mais en s'y colorant de ses nuances. Aus Gewohnheit beachtet man nicht, wie sich der Gedanke durch die Schattirung der Sprache färbt Mit dem Bild der Ceres Cidaria auf dem Haupt streicht die Priesterin die Einzuweihenden mit Ruthen (bei Pausanias). Besides the many grooves set apart in each Nad for some object of worship, but chiefly for Agappa-devarus, there are some exstensive forests, called Devara-kadu, whith are untrodden by human foot and superstitiously reserved for the abodes or hunting grounds of deified ancestors. These forests are in the Iggudappa-devara-kadu in Padinalknad, the Chomamale in Katiednad and the Iruli-bane in Kugingherinad (Richter) in Coorg. Zur Aufnahme in die Mysterien der agyptischen Maurerei wurden die 36 Damen (zu Paris) von Frau von Cagliostro (um 11 Uhr Nachts am 7. August 1785) in der geheimen Wissenschaft der Magie unterrichtet, worauf der unsterbliche Cagliostro nackt aus der Kuppel des Tempels (mit einer Schlange in der Hand) niedersank, und die Töchter der Erde sich der unheiligen Gewande entledigen liess, um nackt die Wahrheit zu hören, dass das Vergnugen die hochste Gottheit sei. Die erschreckenliche Stimme des bösen Geistes wird (am Cap Monte) im Walde gehort, wohin Niemand kommen darf, als der Konig Thaba Flamore und seine Rathe (Brun) 1614. Nationes sacris quibusdam per lavacrum initiantur, Isidis alicujus aut Mithrae. Ipsos etiam de suis lavationibus efferunt, caeterum villas, domos, templa totasque urbes aspergine circumlatae aquae expiant passim. Certe ludis Apollinaribus et Pelusiis tinguntur, idque se in regenerationem et impunitatem perjuriorum suorum agere praesumunt (Tertullian). The metamorphosis is supposed sometimes to take place in a varying and alternating the series in the same individual, according to his culpableness, till he has atoned for all his offences and in his proper character merited a residence in the elysium of the good (among the Osage and Kansas nations). The misery attendant on bad conduct is always greater than the pleasure afforded by the transaction (Hunter). Three men, chosen from the elders, guard (among the Papagos in California) the sacred ok (concealed, exacept during the festivities). Die Erdlaveersissoke (Eingeweideausnehmerin) schlitzt dem zum Zeichen Geritzten den Leib auf und zieht die Eingeweide heraus. In the mysteries of the convent for women every woman has to be instructed (in Bokkarah). The mysteries consist in the main of a peculiar kind of circumcision and of certain other pratices necessary for health (the houses fenced in). It is death to any men to be caught within the precincts (Anderson). Die unter Numa ausgebrochene Pest wurde durch Einrichtung der salischen Tänze beseitigt. One of the chief amusements (in Ziggah Porrah Zue, capital of the Wymar country) was a jack upon stilts, a fellow fantastically dressed, wearing a false face, and mounted upon stilts (Anderson.) Beim Reifen der Saaten ward von den Mädchen des Dorfes die Drogaika (als Schwester und Beherrscherin) aufgeputzt in der Walachei. Die Slaven krönen die Newastu (Weingartenbraut) bei der Weinlese, neben dem Ernte- oder Schnittkönig (Mladenetz) und dem Junggesell oder Skrinkikral (Dornkönig). Bei Dürre wird ein Mädchen mit Blättern (in der Walachei) als Papaluga ausgekleidet (Sulzer).

1) Istikprara ertheilte den an der Koubba Sidi Mohamed's schlafenden Wüstenreisenden im Traume Auskunft (s. Daumas) sowie den auf den Gräbern der Vorfahren schlafenden Nasamonen. Der Erste der in Ratara (Rhetra) verehrten Götter (bei polabischen Ratarer) hies (nach Dithmar) Luarasici (lwa-racic oder Löwen Fürst). Czernobog ward als liegender Löwe gebildet. Nach Saxo Gr. (und der Knytlinga-Saga) wurden auf Rügen

und lehrt ihnen dort schädliche Wurzeln und Kräuter oder Ceremonien. Nachdem der einzige (oder erste) Mensch (Nu-mohk-muck-a-nah) aus der Ferne das Dorf der Mandan (beim Ausbreiten der Weideblätter) besucht und

---

Turupit, Puruvit, Pizamarr (Tjarnaglofi oder Cernoglaw), Rinvit oder Ranvit verehrt (Schafarik). Bei den Wagriern wurden die Götter Podoga und Prowe verehrt (nach Helmold) die Esthen verehrten Torapita (nach Heinr. Lett.). Weil das (armenische) Kloster Johannes des Täufers die Erlaubniss besitzt, Glocken zu haben, heisst es (bei den Turken) Tschanglykilissa oder Glockenkirche (Koch) [St. Salvador]. Le meurtre involontaire (khatha) est puni par la dia, qui pour les gens de l'or (des villes) est de mille dinars, pour les gens d'argent (du Tell) douze mille derhem, et pour les gens à chameaux (du Sahara) cent chameaux. Mais quand il est prouvé, que le meurtrier a frappé pour sa défense, la dia n'est point due. Le meurtre avec préméditation est puni par le talion (Daumas). On mesure la place dans sa longueur et dans sa profondeur avec un instrument nommé kias-ed-dem, la mesure du sang, sur lequel sont marqués des degrés très-rapprochés les uns des autres (en Timimoun). Die Koholanen (Schwarzen) Haussa's, sind von den Foullan unterworfen. Plura proelia contra Chunos Samonis regimine Winidi gesserunt (Fredegár). Die Thracier weihten Helicon den Musen, wie Pieris, Leibethrum und Pimpleia (nach Strabo). Eumolpus führte die Thracier nach Attica und Tereus nach Daulis in Phocis. Die Macedonier besetzten das Land der Pieren oder Thracier. Herodot rechnet die Géten zu den Thraciern. Die Geten (gleichsprachig) géhörten zu den Thraciern, wie die Mysier (nach Strabo). Die mythisch vorgeschichtlichen Thracier (Pieria's) waren (verschieden von den späteren) Griechen (nach K. O. Müller) oder (nach Robson) Pelasgier. Der Grenzdistrict von Boeotia und Phocis (mit Parnassus und Helicon) hies Thrace. (s. Mure.) Thracien (Perke oder Asia) hies früher Sithon (nach Gellius). Der thracische König Eumolpus unterstützte die Eleusinier gegen Erechtheus, der durch das Opfer seiner Töchter siegte. Der Thracier Tereus (in Daulis) heirathete Procne, Tochter des attischen Königs Pandion. Après avoir longtemps porté le nom de duc, le chef des Romanati (les patres des Romains réunis sous le nom de Bassiani) l'avait changé en celui de Brenn (Ben ou bano) ou Ban, et le pays qu'il gouvernait avait pris de là le nom de Banat ou marquisat (Vaillant). Augustus unternahm den Feldzug, als er hörte, permixtos Sarmatas et Quados vicinitate et similitudine morum armaturaeque concordes Pannonias Moesiarumque alteram cuneis incursare dispersis (Livius). Nach Ben-Aby Zerrâa war Tiloutane der Erste der Verschleierten, der sich der Sahara bemächtigte (nachdem die Senahdja zur Zeit der andalusischen Eroberung 712—89 p. d. zum Islam bekehrt waren) und in den Sudan vordrang († 844 p. d.). Tanin, Sohn des die Verschleierten vereinigenden Yaltan († 909 p. d.) wurde durch die Senahdji ermordet, und dann wurde der Verschleierte Aboie Abdallah ben Had Faoute zum Haupt aller Senahdja gewählt, dessen Sohn Abulkassem die Reiche des Sudan unterwarf. Nach seinem Tode zerstreuten sich die Tuareg, und die in die Grenzen des Sudan geflüchteten wurden durch Mischungen zu Negern (s. Daumas). Gallienus räumte (261 p. d.) dem marcomannischen König Attalus einen Theil Pannonien's ein (nach Palaczki). Der zum Christenthum bekehrte König der Markomannen (Fritigil) reiste nach Mailand (397 p. d.). Der Hunnenkönig Roas unterwarf die Marcomannen. Czech kam aus Chrovatien nach Böhmen (1717 p. d.). Die Awaren drangen über Böhmen gegen die Franken vor (563 p. d.). Die Slaven wählten Samo zum König (627 p. d.). Amm. Marc vergleicht die Gesichtsbildung des Steinbildes von Pontus mit der hunnischen.

die Fluth (aus der er gerettet) erzählt hat, übergiebt er in der Medicinhütte (wo die Medicin niedergelegt ist) seine Pfeife dem ältesten Medicinmann und entfernt sich (nach 3 Tagen). Nach dem Bison-Tanz um das grosse Canoe (neben dem die Graubärte sitzen) erscheint der böse Geist (aus der Ferne). O-kee-hee-de mit einer Kugel an seinem Stabe, wird aber (Alles vor sich herscheuchend) durch den Tabaksrauch der magischen Pfeife gebannt. Nachdem er machtlos von den Frauen fortgetrieben ist, werden die zu weihenden Jünglinge [1]) (die gefastet haben) durch die mit Messern an der Schulter oder Brust befestigten Ledertaue an die Balken der Medicinhütte aufgezogen und werden dort gedreht, bis besinnungslos. Dann herabgelasssen, wenn sie sich erholt, haut der Medicinmann den kleinen Finger der linken Hand (für den grossen Geist) ab. Darauf folgt das letzte Rennen, bis die Candidaten besinnungslos niederfallen, aber noch so lange fortgeschleppt werden, bis alle Stricke aus der Haut herausgerissen sind. Als die Yauhahu beständig den Menschen nachstellten und selbst ihre Speisen verunreinigten, wanderte sinnend (mit dem Arowah) Arawanili oder Orowama am Ufer, als die Meerfrau Orehu hervorsteigend, ihm einen Zweigspross zum Pflanzen gab (aus dem die Calebasse hervorwuchs), und dann einen weissen Stamm zum Hineinlegen, die Mysterien des Semecihi lehrend, wodurch die Menschen nicht sterben, [2]) sondern

---

1) Bei den Dacotah muss der Candidat mit einem durch die Haut gezogenen Strick an eine Saule befestigt, den Tag uber dem Lauf der Sonne folgend im drehen. Im Traume der Knaben erkannte sich ihre Lebens-Medicin. Nonnulli verterum hanc somnia interpretandi facultatem artibus annumerant disciplina comparatis, quas Ithrottir vocavere (Ericus). The Neophyte is taken (by the Piai-men) to a solitary hut, and there compelled to fast for several days before his spirit is fit to 'leave his body and receive the commands of the Yauhahu (in Guyana). An infusion of boiled tobacco throws the recipient into a state of fainting, during which his spirit is supposed to leave his body and receive a commission from the Yauhahu. Indeed, he undergoes a civil death, he is proclaimed as dead, and his corpse is exposed to public view. He recovers very slowly from the prostration and (when leaving his hut) is worn almost to a skeleton. As a mark of office, he is solemnly represented with the marakka (sacred rattle). Die mit einer Maraca tanzenden Wahrsager der Caraiben blasen durch ein Rohr den Rauch angezündeten Petunkrauts auf die Anwesenden, um ihnen den Geist der Kraft zur Ueberwindung der Feinde zu verleihen (nach Lery).

2) Nach den Wyandot überkommt der Gute (der seine Grossmutter in den Mond wirft) seinen bosen Bruder, der die Mutter (aus deren Körper Pflanzen aufsprossen) bei der Geburt getödtet, durch die auf seinen Rennweg gestreuten Rehbockhörner, worauf derselbe fortwandert, die Sterbenden nach sich ziehend (nach Oriwahento). Das Schaukelspiel der Walachen wird als zu den Osterfeierlichkeiten gehörig, auch von Erwachsenen betrieben. Kunik leitet den Namen Russen von der schwedischen Königsfamilie der Rotsi. Der gute Geist wohnt in der Holle, seine Beleidiger dort zu empfangen, der böse im Himmel, die dort anlangenden Guten anch noch ferner zu verführen (nach den Mandan), und um sie zu sühnen, das Ablaufen der Fluth (Mee-nee-ro-ka-ha-sha) zu erneuern, durch den Büffel-

nach Oben gehen (s. Brett). Die nicht von der Secte des Belli im Belli-dong (Lob des Belli) unterrichteten Knaben heissen Quolga oder Unwissende (bei den Quojas). Die Soggonos (Vorsteher des Belli[1]) mit

---

tanz (Bel-Cohck-na-pic) Jagd zu gewinnen, und die Jünglinge zu weihen, werden die Jahresceremonien abgehalten (Catlin). Die Mitglieder im Orden der Grossen Medicin (Mide-wiwin) heissen Mide (bei den Odjibbewä) unter dem Kitschi-midé, neben dem Stein (für den bösen Geist unten, oder dem Matschimanito, während der Kitschimanito oder gute Geist oben weilt). Zur Einweihung eines Kindes tanzten die Midé gegen einander, und auf welchen sie ihren Medicinsack (als Talismane einschliessendes Fell) oder Pindjigonan zustreckten, der sank, wie todt, nieder (unter Geklapper der Rattelu). Dann wurden sie durch Anblasen mit den Medicinsäcken wieder belebt und ein Tanz um das Kind aufgeführt. Darauf ward der mit einem Tuch bedeckte Stein umtanzt, und die beim zweiten oder dritten Mal Vorbeikommenden zeigen (beim Hinaufblicken) Zuckungen, bis sie aus dem Munde eine Muschel von sich geben (das dem Menschen ausgetriebene Böse oder Kranke) und sie auf das Tuch legen. Nachdem rauchend getanzt war (unter Trommeln), wurden dem Säugling von den Priestern Amulette geschenkt. Die libyschen Nomaden brannten ihre Kinder an den Schläfen (nach Herodot), wie die Neger. Julius Maternus zog von Garama nach Agisymba (oder Oasis Air.).

1) Wenn eine Frau der Quoja sich durch den Schwur auf das Belli paaro nicht vom Ehebruch reiniget, so wird sie (mit Getöse und Lärm der Begleitenden) vom Belli-mo (der Brüderschaft des Belli) in den Wald geführt, um den Dämonen (Jannanin) übergeben zu werden. Die Frauen der Adyrmachiden trugen Kupferringe an den Beinen (nach Herodot.) Dogo Falma, dem beide Ohren abgeschnitten wurden, weil er eine von des Königs (von Dogo oder Hondo) Weibern beschlafen, droht, als er wieder in Gunst aufgenommen war, es auf den Strassen und Wäldern den Jannanin und Belli (Geistern und Teufeln) allen zu klagen, wenn nicht andere desselben Verbrechens Schuldige in gleicher Weise bestraft würden (an der Westküste Afrikas) [Midas]. Die Bewohner der Elfenbeinküste haben (zum Unterschied der Inländer, um nicht verklagbar zu werden) die Figur eines Dolches oder Kreuzes den Backen eingeschnitten (1748). Den von Tribut befreiten Christen der Berberei wurde (zur Römer Zeit) ein Kreuz auf die Backen gezeichnet. Im Jahre 1366 legten die Diepper Kaufleute eine Factorei zu Gross-Sestros an, unweit welcher die Schwarzen eine so grosse Stadt bauten, dass die Normänner selbige Gross-Paris nannten. Die Nachkommen der, als sie Engländer und Holländer (1604) aus dem Fort in das Innere vertrieben, dort verheiratheten Portugiesen, handeln (an der Pfefferküste) bis in die Königreiche Gago und Benin (1748). Tsabih tuh Yarris, Tabih yetthamen, (Yarris kommt und Tobih wird versinken), sagen die Bewohner der Lord-North-Insel beim Erdbeben, und Yarris tihtrits (Yarris redet) beim Donner (Holden). Auf dem Platze einer mit einem Vertrage (dessen Andenken bewahrt werden soll) schliessenden Berathung (Miaad) wird oft (bei den Tuareg) ein Steinhaufen errichtet (s. Duveyrier). Der Fels am Wege heisst (in der Königinhofer Handschrift) Lieblingsitz der Götter (skala bohom zmilena). Die im Muradgebiet umherziehenden Jesiden vom Stamme Sübki, zeigen den (zigeunerischen) Kurden Habitus. The Bushmen of the Mountains say that there is a kaang or chief in the sky, called Kue-Akeng-teng or the master of all things (Arbousset). The Blessbock (antilope pygarga) is held sacred. The Bushmen worship the caddesworm (an insect of the caterpillar tribe) or Ngo (s. Arbousset), auf der Jagd beobachtend, wohin er seinen aus dem Bau hervorgestreckten Kopf dreht. Mongalinto (the master of things) is the conscience (among the Bechuanas).

den Belli-mo) unterrichten in den Tänzen (und machen die Schnitte von Hals bis Schulter, als kennzeichnende Narben). In der Gesellschaft Nessogge (in der Landschaft Goulla) versammeln sich (bei den Quojas) die Mädchen, als Töchter des Sandi (Sandi Simodisino) unter der Lehrerin Sog Willi oder Goulla (das älteste Weib des Ordens), die sie nach Scheeren und Baden im Flusse beschneidet und nackt in den Tänzen unterrichtet (bis die Töchter zu ihren Eltern zurückkehren). — Die Naturvölker glauben sich zwar stets von dämonischen Agentien umgeben, aber das Sehen und Hören derselben, wie es in civilisirten Spukgeschichten [1]) spielt, ist bei jenen mehr auf die durch geistige

---

1) An apparition (the Australians say) advances slowly with its hand in a line with its face and seizes the person it intends to visit by the throat (Bassington). Food is offered to the deceased and when they find that he does not partake of it, the mouth is filled with eatables, siri and arrack, until it runs down the body and spreads over the floor (among the Arafaras on the Arru-islands) A portion of the moisture that has exsuded (from the body on the bier), is mixed with arrack and drunk by the guests (the dishes being afterwards much prized). Lighted segars, arrack, rice, fruit eta are again stuffed into its mouth and the bystanders striking up a song, demand, whether the sight of all his friends and fellow villagers will not induce the deceased to awaken (after the body is brought out of the house). At the last ceremony (Sudah Buang, after a tree, usually the Pavetta Indica, being planted) none but women entirely naked, are present (s. Kolff). Caillaud wurde in Syout zurückgehalten, dass er sich nicht der Quelle nähere. The Esquimaux, observed by Capt. Parry, had a superstitious idea, that any weight pressing upon the corpse, would give paiin to the deceased. Such a belief would naturally give rise in a more favoured country, to vaulted tumuli (s. Lubbock). In the church of the Jesuit College at Rome lies buried St. Aloysius Gonzaga, on whose festival it is customary especially for the college students to write letters to him, which are placed on his gaily decorated and illuminated altar and afterwards burned unopened. The miraculous answering of these letters is vouched for in on English book of 1870. To the same year belongs an English tract commemorating a late miraculous cure. An Italian lady afflicted with tumour and incipient cancer of the breast was exhorted by a Jesuit priest to recommend herself to the Blessed John Berchmans, a pious Jesuit novice from Belgium, who died in 1621 and was beatified in 1865. Her adviser procured for her three small packets of dust gathered from the coffin of this saintly innocent, a little cross made of the boards of the room the blessed youth occupied, as well as some portion of the wadding in which his venerable head was wrapped (Tylor). Die Krankheit kommt (in Australien) von Budyah und beim Ausnehmen von Honig ward etwas für Buddai (der die Ueberschwemmung verursachte) zurückgelassen (Lang). Hallbiörn auf dem Grabhügel Thorleif's schlafend, erhielt von ihm die Gabe der Dichtkunst. Der Hexerei beschuldigt, wurden die Az Tokel, die in Hubub leben, von ihrer Heimath Bedjuk vertrieben. Alte Frauen (Gatata) prophezeien (bei den Bediu). Von einigen Frauen glaubt man, dass sie dann und wann im Himmel Visiten abstatten (Munzinger). Von den Jammerfesten bei Einsinken des Landes (auf Celebes) wurden die Wohnsitze der auf den Bergen ubriggebliebenen Bewohner Sangi (Soemangi oder Wehklagen) genannt (nach Riedel). Turramullum, der Dämonenfürst, erscheint den Australiern, die im Donner Bacame's Stimme hören, als Schlange bei den Versammlungen (Ridley). Der Welde Ginni (Teufelssohn), eine Art

Gymnastik vorbereitete Constitution ihrer Seher und Zauberer beschränkt. Die im Zimmerleben angehäufte Electricität ist für solche, den magnetischen ähnliche, Wirkungen zu beachten, wenn in Folge sympathischer Stimmung, die nach Aussen geworfene Hallucination ein Sehen simulirt, das (nach der optischen Einrichtung des Auges) Lichtbrechung voraussetzt. Das Denken liegt, wie alle anderen an Organe gebundenen Processe, im Körper der Anlage nach vorgebildet, aber es wird ernährt durch die Aufnahmen der Sinneswerkzeuge und selbstständig gestaltet durch den Entwickelungsgang des Individuums. — Die vielhäuptige [1]) Schaar der Riesen (Hymisko) erhält sich in den indisch gefärbten Götzenbildern baltischer Slaven, während im Norden mit Einführung (buddhistish erklärten) Odin-Dienstes, die Ymir-Söhne in den Gegensatz böser Dämone (in Har's Antworten) verwiesen worden, und die Erinnerung an Brimir [2]) oder (nach Snorri) König Priamus erhält sich in den Traditionen germanischer Stämme, als sie (nach dem Auszuge von den Küsten der Ostsee) aus thracischen Ländern mit trojanischen Herkunftssagen zurückkehrten. Tur's obotritisch-dacischer Büffelkopf verwandelte sich in Thorr's Widder, als im Norden die Seltenheit eingeführter Rinder den Kühen noch brahmanische Heiligkeit (bei den sie aufziehenden Königen) beilegte, und im Gegensatz zu der elementaren Volksgestaltung die menschliche Wiedergeburt mit Audumbla verknüpft wurde, wie die parsischen Mythen mit dem Urstier. Die höheren Klassen der Dämone, die (bei den Bullamern) Ay-mie und (bei den Timmaniern) Ma-mull genannt werden, halten sich in den entlegensten Gegenden der Waldungen auf. Ihre Wohnplätze sind besonders daran kenntlich, dass sich daselbst eine Menge Erdhaufen vorhanden finden, welche die Termiten aufbauen. Ueberhaupt wählen die Geister gerne solche Oerter zum Aufenthalt, die beim Erblicken ein gewisses Staunen und Verwunderung erregen, wie alte Bäume, hohe Felsen u. s. w. Die Ay-minee-hay-lay (bei den Bullamern) und Ay-mull-rabang (bei den Timmaniern) genannten Geister herrschen über das Wasser und halten sich an den sogenannten Teufelfelsen und Flüssen auf, wo ihnen Opfer

krampfhaften Zustandes, der mit Beschwörung, Tanz und Gesang vertrieben wird, findet sich bei den Sarae, wie bei den Bogos (Munzinger). Klaufuis (in den Swarfdaela Saga) führt, (in Hinterhalte gefallen) Carl Rufus gegen die Feinde (seinen Kopf in der Hand haltend). Longo interjecto tempore eidem Carolo et Norvegis apud eum diversantibus instantis eorum caedis speciem repraesentasse, equo griseo per aerem vectus, rhedamque trahens ex qua suum quisque caput propendere agnovit (Ericus).

1) Ein Abzeichen riesenmässiger Natur pflegt zumal eine Mehrzahl von Gliedmassen zu sein (K. Maurer).

2) Neben Okolner oder Brimir Saal wird der Saal des Sindri-Geschlechts genannt.

gebracht werden. Schleppen[1]) die Termiten etwas von dem Opferfleisch fort, so bringen sie es den Geistern. Für die anderen Klassen der (sich in Bezirken und den Einfassungen der Städte aufhaltenden) Geister, die Pommull (bei den Bullamern) und Griffi (bei den Timmaniern) heissen, werden (im Walde, am Pfade nach dem Landungsplatze zu, oder dicht bei der Stadt) kleine Häuserchen oder Hüttchen gebaut. Jeder Afrikaner steht unter dem Schutze eines solchen Geistes, und bringt ihm vor dem Essen eine Libation oder (in Krankheitsfällen) Opfer. In die Hütten werden kleine Termitenhaufen versetzt (Winter-

1) Die Bewohner von Aloa wurden (nach Selim el Assouany) von den Genien oder Damonen beim Besaen ihrer Felder unterstützt [Darfur und Wadai]. Die Slaven und Anten, die von jeher in demokratischer Verfassung leben, erkennen den Urheber des Blitzes für den einzigen Gott des Himmels (nach Procop) 562 p. d. Die Slaven lebten am Ufer der Flusse oder an schwerzugänglichen Seen und Sumpfen (nach Mauritius) † 602 p. d. Die Bohmen verehrten Swarch (Gott des Lichtes) und Perkun (Gott des Donners und Blitzes). Il y avait un dieu, un fils, une mère et le soleil, (in Canada), néantmoins que Dieu estoit par dessus tous, mais que le fils estoit bon et le soleil, à cause du bien qu'ils recevoient, mais la mère ne valloit rien et les mangeoit, et que le pèie n'estoit pas trop bon (hörte Champlain) 1603. Father Bruijas had received at his mission a miraculous statue of Nôtredame de Faye from the shrine of Dinan, which so awakened zeal and fervour of Agnié that the town was completely changed (Shea) among the Irokese. An der Körnerkuste erfuhr Snoek, die Religion bestande in Gehorsam gegen den Konig und seinen Statthalter, ohne sich sonst den Kopf zu zerbrechen. Die Aiamah (am Casamanza) heissen (bei den Portugiesen) Floup und (bei den Laptot Yoloff) Yolas. Verdächtige müssen das Fetischwasser trinken bei den Banjor, deren König zugleich Hoherpriester ist (für Ernten verantwortlich). Die Balantes, (bei denen jede Familie in befestigten Thürmen lebt) schicken der Zauberei Verdächtige zu den Sonninki am Brassu, um das Ordalwasser zu trinken. Der Diebstahl steht bei den Balantes in hohen Ehren. Die Frau muss beim Manne bleiben, so lange das geschenkte Kleid dauert (das desshalb auch sorgsam gehalten werden kann), darf sich aber trennen, wenn sie es ihren Verwandten zerrissen zeigt. Die Balanten setzen den Verstorbenen sitzend in eine Grube, mit einem Palmwienzapfen in der einen, einem Fliegenwedel in der anderen Hand, und schlachten sein Vieh. Die von den Floup stammenden Jiguchen treiben Piraterie. Aprés que dieu eut fait toutes choses, il print quantité de flesches et les meit en terre, d'où il sortit hommes et femmes, erzahlte der Sagamo (der Montagnés, Eschtechemin und Algoumquin) an Champlain, der erwiederte, dass Gott Adam aus Lehm und Eva aus seiner Rippe gebildet, que c'estoit la verité (1603). Die Darier suchten die Begleiter Scharf's durch Maiskörner (die in einen Korb geworfen wurden) zu zählen (auf Plantanen-Blättern), konnten die Zahl aber nicht aussprechen, und schickten desshalb eine abgeschnittene Haarlocke (s. Wafer) 1681. Abdelquivir, Hamet und Mahamet, Söhne des seine Abstammung auf Mahomet zurückführenden Hascen, als Scheriff, wurden wegen Verzückungen vom Volk als Heilige verehrt und wegen ihrer Gelehrsamkeit auf Lehrstühlen eingesetzt. Motlume (king of the Basutos) withdrew entirely from his wives, when he was of a certain age, in concordance with the religious usages of the wisesst of their chiefs (s. Arbousset). Die Könige und Priester (an der Elfenbeinküste) werden als Zauberer geehrt und gefürchtet (von den Quojas), besonders der von Saku, der das Meer mit gefüllten Ziegenhörnern beschwört (1748).

bottom). Ausser dem höchsten Wesen (Kanow) verehren die Quoja[1]) die Geister der Todten, als Jannak oder Jannanin (Beschützer) in den Wäldern angerufen. Die Sovah Munusin erzeugen durch Blutaussaugen Krankheit, die Pelli können durch ihre Bezauberungen verhindern, dass der Reis aufschiestt und recht zur Reife kommt. Hexen ziehen Löwen und Tiger mit Menschenfleisch (nach dessen Genuss sie keine andere Nahrung zu sich nehmen wollen) auf und schicken

1) Wie in Quoja begräbt man an der Pfefferküste alle Leute da, wo sie geboren sind (Barbot). Vor dem Säen des Reises wird dem aus Stöcken zusammengestellten Fetisch die Sandi-Lete (Bundeshenne) geopfert. Der König Peter (von Lestro), welcher ein sehr alter Graukopf war, berechnete, alle Einwohner (des Fleckens) kämen von ihm her, was nicht unwahrscheinlich wer (nach Snoek) 1702. Nach Simeon Logothetes hatten die Russen (Varäger Scandinaviens) gleichen Ursprung mit den Franken. Die Vogulen oder (nach Schlözer) Ugrier nennen sich Mansi. Vaillant erklärt Moldau aus moles Davorum (als Rückzugsort) in Bucovina von den Covini (Königswagen) oder Bastarner. Die Dava (scl. civitas) genannte Stadt erhielt diese Bezeichnung von den Römern zur Unterscheidung von anderen (s. Vaillant). Trajanum (troıan) lag am Pruth (im Vallum Trajani). Auf der Milchstrasse zieht Trajan mit seinen Sklaven (nach den Valachen). Trajanopolis ward Haupstadt der Provinz Rhodope. *Τραϊανόπολις* in Mysien (an phrygischer Grenze) war von dem Stamme der Thraemenothyritae besetzt. Der Avus Ataulphus, dessen Heldenthum Wadulph (Bruder Ermanrichs) nachahmt, war ihr Grossvater oder (s. Hror) Athal (s. Dahn). Cronstadt (in Siebenbürgen), als Cromstadt [krom von corona]. *Κελτογαλατια* (bei Steph. Byz). Pecinaci oder Petschenegen (Peucini). Die (bei Ankunft der Ungarn) das Banat Temeswars bewohnenden Cumanen (unter Glad) hatten die Sprache der römischen Colonisten angenommen (Vaillant). Die Cazaren unterwarfen sich (unter Menu-Morus) bei Clusium und ebenso Siebenbürgen (den Verheerungen der Piceni und Cumanen ausgesetzt). In Lappa posuit orientalem metam regni Brytanniae (nach den leges Edovardi Confessoris) Arthurus. Der dänische König Chochilaich, von dem zuerst eine westliche Heerfahrt bis Gallien (bei Greg. Tur.) berichtet wird (Anfang des VI. Jahrhd. p. d.) ward mit König Hugleikr oder Hygelac (im Beowulfsliede) indentificirt. Nachdem unter Maurocordatos († 1730) die romänische Sprache am Hofe durch das Griechische ersetzt wurde, erhielten die Bojaren (Ciocoï oder hündische) den Namen Coc-onu (*κόκκος ὄνου*) die Eselssprossen (Maulthiere), weil weder Griechen noch Römer (s. Vaillant) [Cockney]. Bei Empörung der Walachen auf dem Hämus (unter Asan und Peter) wurden Einfälle in Gross-Walachien (Thessalia montana) gemacht (1186). Von den Mongolen bedrängt, baten die Kumanen der Moldau (unter Kuthen) König Bela um Aufnahme in Ungarn (1239 p. d.) Die von den Römern (Rumunyos am Hämus) getrennten Walachen liessen sich zuerst am severinischen Thurm nieder und siedelten dann bis Siebenbürgen (nach Gretschan). Die thracischen Walachen reden dieselbe Sprache mit den dacischen (s. Sulzer). Blaci (Pindum montem incolunt) quibus eadem cum Dacis lingua (Chalcondilas). Der Ungarfürst Almus (alma oder Apfel) hiess so, weil der Geist Gottes in ihm war (nach Bela) [wunderbare Empfängniss durch einen Apfel im Osten]. Nach Petrus Bang war der Erzpriester Adam der erste Landesbischof in Scandinavien, wo das Christenthum schon vor der Sündfluth blühte (s. Maurer). Auf dem von Raben umflogenen Felde (Podolien's) wuchs am Grabe ein Eichbaum, auf dem eine weisse Taube sitzt (Woycicki).

sie Nachts aus (bei den Maravern).[1]) Die Murois versammeln sich Nachts unsichtbar zum Tanz und Leichenschmaus auf den Kirchhöfen, wo sie aber von den Gangas, die ihre Augen mit Zaubermitteln (Mancuaras) eingerieben haben, gesehen werden. Die Erstlinge aller Producte müssen den Muzimbos geopfert werden. Auf dem Begräbnissplatz darf kein Baum gefällt und kein Thier getödtet werden, da sich in Allem ein Muzimo (Seele eines Verstorbenen) befindet. Der Schöpfer kommt vom Himmel[2]) (in Tasmanien), als Baiamai im Osten lebend

1) Die Arungos (Hausgötter) der Maraver sind Inhamezarumba-Schlangen, für deren Sicherheit sie oft ihr Leben opfern. Chissumpe (das geistliche Oberhaupt), als unsterblich und unsichtbar, (von allen Tribut empfangend), als Orakel befragt, wird personificirt durch den Fumo-a-Chissumpe (Vertrauten des Chissumpe), dessen Würde erblich ist. In der Ansiedlung (Muzinda) des Chissumpe giebt es Weiber, die als die seinigen betrachtet werden, nach dem allgemeinen Glauben aber keine Kinder bekommen können. Eines Vergehens überführt, werden sie mit dem Manne verbrannt. Um die Ernte gegen Diebe zu schützen, werden Amulete (meist Ziegen- oder Antilopenhörner) aufgestellt in den Feldern, deren Berührung eine Krankheit geben würde, die nur der Besitzer des Amulets heilen könnte. Wenn ein Maraver eine lange Reise unternehmen will, muss er sich eine Mangona kaufen, die gewöhnlich in einem kleinen rothgefärbten Horne besteht, das mit Wurzeln und Kräutern angefüllt ist und mit Ricinusöl beschmiert. Zugleich werden von dem Ganga bestimmte Vorschriften mitgegeben, durch deren Uebertretung das Amulet seine Kraft verliert. Das Haupt der Maraver (Unde) residirt in Muzinda. Kein Mambo oder Fumo zieht in den Krieg ohne seine Mixira, den Schwanz von einem Nbumbo (Antilope gorgon, deren Klauen in den asiatischen Besitzungen der Portugiesen grosse Heilkräfte zugeschrieben werden), in dessen oberen Theil kleine Hörner von Antilopen, Ziegen, angefüllt mit Kohlen, Knochen, Schlangenwirbeln, Federn, Krallen und Vögelschnäbel befestigt sind, alles wohl eingeölt und angestrichen. Hierdurch werden sie unverwundbar und unsichtbar. Dieser Kriegsschwanz wird von einer Jungfrau vorangetragen und wenn man an einen Kreuzweg (Pambanno) kommt, werden die Wege, die man liegen lässt, damit gefegt.

2) Umudu vom Himmel kommend, schuf den Murray-Fluss. Sonne und Mond lebten früher auf der Erde, von den Sternen als Hunde begleitet. Pundyil besuchte (auf Erden wandernd) die Höhlen (mit Malereien) und schuf das Känguruh. Die weiblichen Geister Turong schützen das Wasser, die weiblichen Geister Potkuruk schützen das Land, die weiblichen Geister Tambora schützen die Höhlen. Die gütigen Geister Balumbal erfreuen sich des Honigs auf den Bergen. Die Schlange Nurile schwebt in der Luft. Am Schwanfluss ist Guyot (Kayan Guyot, der gegen den bösen Koppa schützt) das gute, Manjut das böse Princip. Koru, als allgemeine göttliche Kraft (in Mysterien verwandt) mit weiblicher Hälfte, als böses Princip. Adi, der erste Mensch, wurde beim Fischen ertränkt (Hammond Rock). Menschen kamen aus den Wolken, (auf Bäume als Kinderseelen zurückkehrend). Die Eidechse, als Ibirri (der Männer) oder Waka (der Frauen), schied die Geschlechter. Die Australier nennen sich Yungar-Menschen. Die Aeltesten als dritte Klasse bilden einen mysteriösen Geheimbund, und Stillschweigen muss beobachtet werden, wenn die Jünglinge die Weihen der ersten Klasse empfangen, oder von dieser in die zweite übergehen, besonders aber beim Eintritt in die dritte. Beim Durchbohren des Nasenknorpels wird von den Priestern die Ceremonie Gnah-noong gefeiert, bei der Abnahme des kleinen

auf einer Insel Burambin's Vater (nach dem Wellington-Stamm), dem beim Jahresfest getanzt wird. Nach der Fluth erhielt man vom Swanriver die Yam. Wenn ein Kind auf die Welt kommt, so fährt (bei den Susuer) die Seele der Person, die zuletzt gestorben ist, in dessen Körper ein. Um zu entdecken, wer in den Todten zurückgekehrt sei, lehnen sie ein cylinderförmiges Stück Eisen an die Wand und fragen, ob es die und die Person sei. Fällt das Eisen [1]) um, so halten sie das für eine Verneinung, bleibt es stehen, so ist die Antwort bejahend (s. Chisterbottom). Der Karraje schläft am Grabe (zur Reinigung der Engelwürde) und die drei Beschwörer (Korakul) erhalten

---

Fingers (bei den Frauen) die Ceremonie Mulgum. Die Zauberärzte (Wammorugu) führen den Jahrestanz (Corrobboree) auf, den Bösen durch Feuer zu vertreiben. Mit Fremden wird die Brüderschaft Kotaiga geschlossen. Die Köpfe der Todtenträger werden in Bewegung gesetzt. Die Vielfachheit der gespentischen Erscheinungen zeigt sich in Bunyop (verändert Gestalt in den Waldern), Arlak (erdrosselt im Dunkeln), Kupir (raubt aus Höhlen), Waugul, fasst Frauen im Wasser, Warwi Kinder (Urundu im Murray zieht Frauen hinab); Parkalidni, unsichtbarer Gefährte; Manjut, schleicht gebeugt; Karkanya, schreit bei Nacht (als Habicht); Koppa, säuselt in den Wipfeln; Kuinyo, Skelett mit dickem Bauch, naht beim Ausgehen des Feuers (Fett saugend); Budyah schickt Kranckheiten. Koin (Tippakal oder Porrang), der zuweilen mit dem Feuerstocke den Zauberern erscheint, wird bei den Ceremonien zugezogen, aber seine Frauen (Tippakalleur und Bimpoin) sind böse. Bucki ist den Todten feindlich. Die Zauberer müssen gegen die gespenstischen Dämone schützen, nachdem sie selbst gefeit sind. Les idolâtres du Soudan adoraient le soleil, la lune, les démons, et le père, en mourant, léguait à son fils le plus aimé ses génies protecteurs, sous forme de morceaux de bois façonné et de cailloux merveilleux appelés Kerikeri, bis der König Timbuctu's, vom Westen (von Bahar-en-Nil oder Niger) her, den eine Kuh vor sich hintreibenden Foullani (Beni-you-you) kommen sah, der mit einer Negerin (oder Koholane) vermählt, durch seine Nachkommen Haussa unterwarf und (unter Bellou) zum Islam bekehrte (Daumas). Je vornehmer der Mann (unter den Quaqua der Elfenbeinküste ist), desto mehr Ringe trägt er (1748). Jede Stadt oder Dorf (bei Sierra Leone) hat ein öffentliches Gebäude, wohin die Töchter gesandt werden, um von einer Alten aus der vornehmsten Familie singen und tanzen mit anderen Uebungen zu lernen (Barbot).

1) Nach dem Volksaberglauben der Russen darf Eisen nicht geschenkt, sondern muss verkauft werden (Bulgarin). Les forgerons et les chasseurs forment les deux classes les plus inférieures du peuple (El-Tounsy) in Waday, (ebenso in Dar-Four, wo die Scherif sich aus jedem Laden eines Schmidts ihren Antheil geben lassen oder nehmen können, seit Einer derselben, als es ihm versagt wurde, mit seinen eingeriebenen Handen unbeschädigt das glühende Eisen aus dem Feuer nahm [Ordeal]). At king George's Sound the Blacks assembled once a year to hold a fair (s. Backhouse), the weapons (in the manufacture of which different tribes excell) forming the articles of exchange, as well as the redochre. Um die rothe Erde in der Hayward-range zu holen wird, auch feindlichen Stämmen friedlicher Durchzug in bestimmter Anzahl und Tagen gewährt. L'exigence du gouvernant va jusqu'à ne permettre à personne, d'avoir le même nom que lui (en Wuaday). Lorsqu'un nouveau souverain revêt l'autorité suprême et que, par exemple, il se nomme Sâleh, tous les individus, qui portent ce nom, doivent le changer

die Zauberkräfte (Murrokum) in die Hüfte eingefügt, so dass sie die Quarz-Amulette (Murramai) vertheilen (imini oder heilig) und gegen die Baylyas (Hexen) schützen können, die als Steine eingehen (bei Krankheit), und durch magnetisirte Schnur ausgezogen werden. Mit der Witarna reinigen sie dann (mit geheimen Ceremonien) zeitweis die mit Dämonen allzugefüllte Luft, (wie am Orinoco mit der Rassel geschieht, dem Sistrum der Isis, das die Buddhisten in das mit der Hand schwirrende Gebetrad verwandelt haben) und jährlich führen sie (als Wammorugu) den Corrobboree auf (durch Feuer das Böse verjagend). Die Mulgarradoch (am König George Sund) machen Gewitter oder zertheilen (durch schweres Athmen und Singen), in der Kalbyn-Ceremonie. Die Warvara saugt dem Kranken die Würmer (paitya) aus und besänftigen durch Mindawarta (Reiben des Nabel's). Die Parraitye heilen durch gekautes Seegras, (das am Körper trocknet). Der Wipiri-malde bespricht die Krankheit. Entlaufene Thiere (wie Känguruh) werden fesgebetet[1]) durch Kulkutur (Verfluchungen). Die

sur-le-champ (s. El-Tounsy). In Waday ist aller Goldschmuck (wie jedes Beste) fur den Konig reservirt, die Vornehmen durfen nur silbernen, die mittlere Klasse kupfernen Schmuck tragen, und die armen meist eisernen (s. El-Tounsy). Koin (Teppakal oder Porrong) erscheint bei den Ceremonien (mit einem Feuerstock) und wird nur von den Zauberen gesehen, die er ermuntert, ohne Furcht heranzutreten (in Australien) Seine Frauen (Tippakalleun oder Bimpoin) sind gefurchtet. Sidi Abd el Kader, dont le tombeau est à Bagdad, est le protecteur de tous ceux qui sont dans la peine. Les voleurs mêmes l'invoquent (Daumas). Quelques-uns (des habitants des Ksours) se rasent un seul côté de la tête chaque mois Les Libyens des bords du lac Tritonis (nach Herodot) laissent croître leurs cheveux sur le côté droit de la tête et rasent le côté gauche tour à tour (s. Daumas). Ehe Konig Casimirus das Kloster Leubus an der Oder stiftete, meint Curalus, dass auf dem Platze der heidnische Abgott Mars (Chalkios) gestanden (Lucae). Casimir berief Benedictiner aus Frankreich (1055 p. d.), Boleslaus Cistercienser von Pforta (1175 p. d.). Die Crainer hatten den höchsten Gott Jupiter und den Kriegsgott Mars mit den Römern gemein (nach Valvasor). Der skandinavische Tyr (Mars) wurde von den Slaven als Tur verehrt (Hanusch). I Sarmati Transalbiani adoravano pure Marte come il massimo degli Dei sotto il nome pero di Serovito o Svanto-Vito (Appendini). I Russi e Polachi conoscevano Marte col nome di Turo. Deo suo Serovito, qui lingua latina Mars dicitur (Vita S. Ott.). In Sitten, Gebräuchen und Sprachen der Polaken finden sich viele Spuren des Littauischen und alle Kennzeichen der östlichen Sprachen (Schafarik).

1) Die Vestalinnen beteten in Rom entlaufene Sklaven fest. The Wellington Tribe (in Australia) believe in the existence of a deity called Baiamai, who lives in an island beyond the great sea to the East. His food is fish, which come up to him from the water when he calls to them. Some of the natives consider him the maker of all things, while other attribute the creation of the world to his son Burambin. They say of him, that Baiamai spoke and Burambin came into existence [Narayana und Brama]. The natives used to assemble once a year, in the month of February, to dance and sing a song in honour of Baiamai. This song was brought there from a distance by strange natives who went about teaching it. They who refused to join in

Wehrhaftmachung bei der Pubertät schliesst einen Cyclus von Ceremonien (in Australien) ein, der meist mit der Beschneidung verknüpft ist. Als Schimpfwort gilt Mudno, (Unbeschnittenen). Der Marudo ist Candidat der Beschneidung, Pappa ein Beschnittener. Doch finden sich Stämme auf der Ostküste, die die von Yura (aus dem Norden) eingeführte Beschneidung noch nicht kennen, und nur durch Schmieren und Tättowiren (mit Durchbohrung des Septum naris) für die Ceremonie vorbereitet werden (den Mädchen wird das vordere Glied des kleinen Fingers abgelöst). Die Einweihung umfasst fünf Grade,[1]) eine Prüfung

---

the ceremony were supposed to incur the displeasure of the god. In the tribe on Hunter's River, there was a native famous for the composition of these hymns, which (according to Threlkeld) were passed from tribe to tribe, to a great distance, till many of the words became at last unintelligible to those, who sang them (s. Latham) [astrologischer Cyclus in Indochina und Mexico]. The Murray tribes extracting the entrails and filling the place with green leaves, upon examination of the caul fat, the evil work of a sorcerer was known by the appearance of a sear (according to Eyre). The rainbow is called kainge from their supposing it to he caused by the Supreme Being making water (Kainyam-in) in Australia (Meyer). The Melape (devil or sorcerer) is supposed to appear under various forms, of a man with horns, of a bird etc (in Australia). The Nokunna (being of black colour) steals upon the Australians in the night and kills them. The Tinniinyaranna or Orion (son of the star Parnakkoyerli) is considered (by the natives of Adelaide) as a group of youths, who hunt kangaroos, emus and other game on the great celestial plain (womma), while the mangkamangkarranna dig roots etc. which are around them (s. Teichelmann). The star Parna indicates autumn. The natives of Adelaide believe the milky-way a woldliparri (large river), und in den dunklen Flecken der Seen wohnt Yura. Alles geschieht nach Gesetzen, aber nicht Alles nach physiologischen und physikalischen (Perty). The sorcerers of the land of Tolcoon (neighbours of the Murray-tribe in the N. N. E., where there was an abundance of gum trees, opossums and freshwater) set the bush on fire (the flames driving the natives before it) and Corna (progenitor of the Murray-tribe) was saved by the Murray (bursting from a cleft in the ground), forbidden (on the arrival at the sea) to ascend the trees of the interior (s. Bonwick). The Nangugun or songs (first sung and danced by the tribe of the poet, who composed them) are then acquired by more distant tribes throughout the country, until by a change of dialect, the very words are scarcely understood, by those, who of originally composed them (in Australia). Backhouse met on kangaroo Ground (in the Cambewarra mountains) three tribes, some men going to the Cow pastures to learn a new song, that had been invented by some of their country people there.

1) Beim ersten Grade hören die Knaben (geblendet) die Witarna, werden im Gesicht geschwärzt und bleiben ein Jahr Warrara. Beim zweiten Grade wird das Haar im Netz aufgebunden und die Beschneidung vorgenommen mit besonderer Kleidung (glockenähnlicher hellschwarze Mobbiringe), als Partnapa. Sie können dann heirathen, bedürfen aber noch zur vollen Weihe der dritten Ceremonie, wo sie (als Wilyalkange) das Blut ihrer Pathen trinken. Geisselungen finden am Fest Statt, Tänze des Hundes oder des Canguruh folgen. The dead (in Queensland) are eaten by the surviveos (the bones being put into a basket, to mourn over). Die Oberfläche des Körpers ist mit Feuerbränden gesengt, bis die weisse cutis vera überall erscheint, und dann am bemalen des Rückens, wird die Haut

der Standhaftigkeit und Lehren der Tänze (für Jagd auf Emu, Känguruh u. s. w.) gewöhnlich auch Zahnausschlagen (Peitschen, Fasten u. s. w.). Wer alle Stufen zurückgelegt hat heisst Wilyoru (Voll-Mann). Die Amaqira okumbulula (Doctoren, die das Zaubergut ausfindig machen) deuten im Tanze unter Schwingen der Izikali (Assegai) den Platz an, wo das Zaubergut (das Kranke gemacht hat), auszugraben sei (bei den Kaffern [1])). Die Amaqira ezihlanga (Doctoren der Fresser) ziehen

abgezogen, um den Korper zu zerstuckeln (s. Lang). Der Zauberer tragt dann die Haut beim Corrobory-Tanz umher, und befragt sie (im Krankheitsfall) über den Schuldigen, vor demselben seine beiden Speere niederstossend Der Nachgebliebene der auf einem Holzhaufen verbrannten Frau (mit Umhersitzen der Kranken, weil the dead woman would come in the night and take the devil out of them) beschmierte sich mit der in einem Kanguruhsack gesammelten Asche das Gesicht (auf Vandiemensland). They do not believe a person completely dead, till the sun goes down (s. Backhouse). Die durch das Gerausch des Witerna die Luft von bösen Damonen reinigenden Zauberer, ertheilen dem unter die Manner getretenen Jüngling seinen Talisman, der nie von den Frauen und Kindern (als Nichtgeweihte) gesehen werden darf und am Gürtel getragen wird (als Kauwemuko). The Marralye (a man belonging to the Kukata tribe in the North-west) assumes the shape and action of a bird, pouncing upon the individual (he has a spite against) at night and stabbing him imperceptibly, to die in a short time after (bei den Parnkalla). The Murramai (balls containing pieces of quartz, agate and carnelian, wrapped in cord of opossum fur) are used as charms against sickness (sent hundreds of miles for the purpose), carried in a small net (suspended from the girdles of opossum), not to be seen by women (s. Backhouse). The two spirits (married to female ones) Abambou (or Ocoucou) and Mbuirri are not represented by idols, but have houses built for their occupation, when tired of wandering, food offered to them and are feared and implored to do no harm. At night they sometimes walk into the village and let their voices be heard In sickness and other grave occasions they are always implored (Du Chaillu). A little boy, who declared himself to be a witch, was hacked to pieces by the negroes (Du Chaillu). The Bakalai never marry of the same family (Du Chaillu) Ilogo, a spirit living in the moon (Ogouayli) was consulted at full moon about the kings sickness, the song of a nervous woman indicated the medicine (Du Chaillu). The ogana (idol) kept by the Ashira in the house guards against tieves. The Sapadi (clown footed people) are supposed to live in the interior of Africa. Among the sea tribes, the Apingi have great repute as wizards and Apingi-land is the land of Aniemba, where anyone may learn to become a powerful sorcerer, the Apingi-fetiches are therefore highly valued (Du Chaillu). According to the Tasmanian man (created by a benevolent spirit, coming down from heaven) had no knee joints and a tail (being miserable), till another being (also from heaven) had compassion, cutting of the tail and softening his knees by rubbing them with grease (s. Backhouse).

1) Palo oder (nach Le Vaillant) Farao war Unterregent bei Tgareka, Enkel Gonde's, des Sohnes Togub's (Lichtenstein) bei den Koossa, vor mehr als 70 Jahren herrschte über mehrere Kraal der Kaffern ein gemeinsames Oberhaupt, von denen der letzte König Pharao hiess (Damberger) 1781. Die aus vier Buschbockfellen zusammengesetzten Mützen der Kafferfrauen, sowie eine Pelzmutze der Grenadiere, werden nur beim Hochzeitstanz getragen (Dohne). The dwelling and convents of the Ascetics ar carefully isolated from the abodes of the impure and unholy people (every

die fressenden Würmer aus den Kranken mit Kuhmist-Kugeln heraus. Die Amaqira amayeza (Doctoren der Medicin) gebrauchen Arzneien gegen die von dem Einziehen des im Wasser lebenden Gespenstes Ihili verursachten Krankheiten. Die Amaqira occuvinca (Doctoren

---

contact with the common herd communicating contamination and involving laborious lavations), even their own fields must be cultivated the harvest reaped and the bread prepared by themselves or younger monks, unter den Falachas, die wieder als Ganzes, um ihr von Abraham stammendes Blut rein zu halten, fremde Verheirathungen, sowie den Besuch unglaubiger Häuser vermeiden [Brahmanen], und (die Verunreinigung zu umgehen) den Sterbenden aus der Hutte bringen (wie am Ganges). The self-immolating ascetic, when conciousness returned, felt deeply afflicted at this escape from premature death, lamenting in his restoration to earth, an imaginary unfitness for heaven (Stern) [wie die Pilger am Himalaya]. Jeder Abyssinier trägt ein blaues Seidenband (Matteb) um den Hals. Die spukenden Seelen heissen Amaqwira (Hexen) bei den Kaffern (Döhne). Wer einen Menschen getödtet, ist unrein (bei den Kaffern), bis er sich durch Braten bitteren Fleisches, Schwarzfärben und Waschen gereinigt hat (Lichtenstein). Das Jahr heisst (in Tupi) Acaju, da die Epochen im Lebensgange des Acaju-Baumes (Anacardium occidentale) zur Bestimmung der Monate dienen, und der Indianer legt jahrlich eine Frucht zurück, um sein Lebensalter (Acaju aruig oder die gehöhlte Acaju-Frucht) festzustellen. Wie die Manes rösten die Pauixanas (am Uraricoera) die Leichen der Häuptlinge, als Mumie. Indianer am Rio Branco wahren die gereinigten Gebeine ihres Häuptlings (nach Verfaulen des Leichnams), in eine Urne (mit dem Schädel oben) gelegt. In der Höhle von Ataruipe fand Humboldt in Palmblatt-Körbe verpackte Skelette der Atures. Leichencultus bei Puelches, Moluches und Tehuelhet in Patagonien fand Falkner. Der Häuptling der Uabixana (um Tacutu) trägt als Auszeichnung das Uatapu (Kleinod aus Stein oder Muschel). Der Paje (der Uabixana) bläst den Kranken mit Rauch des Tabak (Schuma oder Schama) an, und bestreicht ihn mit Tabakssaft. Bei Festen kreist die fusslange Cigarre in künstlich geschnittener Holzgabel. Bei den Stämmen der Guayana wird die Abstammung des Kindes von der Mutter hergeleitet. Ist diese eine Macusi, der Vater aber ein Wapisiana u. s. w., so sind die Kinder doch Macusi. Die Grossältern geben den Namen. Die Uaupes gebrauchen gemeinsame Hütten als Gemeindehäuser (Malloca), wo die Leichen (in Hängematten zusammengeschnürt) begraben werden. Ipsa utilitas justi prope mater et aequi (Horaz). The natives from the north, feared as adepts in the art of enchanting (murrondi), use the water in the river, into which they put human blood and other things, by means of which it becomes injurious and fatal to those that drink it (Teichelmann). Unförmliche Kinder oder Missgeburten werden (bei den Manaos in Rio Negro) lebendig begraben, und (wie bei den Zigeunern) bewegt sich die Familie oder die Bewohner der Hutte heulend so lange im Kreise um die Grube, bis das Neugeborene gänzlich von der Erde bedeckt ist, die Einer nach dem Anderen darauf wirft. Um zur Heirath vorbereitet zu werden, müssen die Knaben der Mauhes die Bisse der grossen Ameise (Tocanguira oder Cryptocerus atratus) ertragen (mit den Armen in baumwollene Aermel eingesperrt). On the death of a person, the friends of the deceased must be punished (in Australien). Ausser geschnitzten Verzierungen und Werkzeugen (mit zerbrochenen Muscheln), sah Collins Figuren von Fischen, Waffen, Zweigen u. s. w. an Felsen (in Australien). Die Australierin Booroong wurde krank, weil zwei sie hassende Weiber auf ihren Weg Wasser gemacht hatten.

des Verstopfens) müssen den der Zauberei beschuldigten Menschen zumachen, damit er nicht mehr zaubere, indem sie ihn waschen, so dass sein Herz nicht mehr an das Zaubern denkt. Die Amaqira enkomo (Vieh-Doctoren) heilen das Vieh und machen die Soldaten durch Räuchern fest vor dem Kriege. Die Izanuse riechen den Zauberer heraus (s. Döhne). Im Anfang des Wintermonds sendet der Sackoo (König [1]) vom Vorgebirge Lahou), der als Fetissier (Teufelsbanner) gefürchtet wird, ein Schifflein nach Atzin, Sama und Klein-Kommani (am Goldstrande) mit etlichen Schwarzen, die allda zugerichtete Sachen an Kräutern, Steinen, Hörnern, darinnen ihre Zauberkunst bestehet, in den See werfen, dabei Zauberworte gebrauchend, damit der See

1) A notion is entertained that one of the islands in the river (of Sierra Leone) would sink under water, if the king of the neighbouring shore were to set his foot upon it (1795). Par suite de leurs prétentions rèciproques les quatre groupes d'habitants (d'Ouargla) ne sont jamais d'accord (Duveyrier). Like the Genii and Efrets, the Bouda invariably selects those possessed of youth and talent, beauty and wit, on whom to work his evil deeds. Those most profound in magic skill, are the Jews, the inhabitants of Damot, some God jamees and the workers in iron and brass, a trade almost exclusively monopolized by the despised Falashas. A variety of charms have been invented to counteract the Bouda's power, but the most potent and expensive are the amulets, written by pious Debterahs and worn around the neck (Stern). As the stiffness of their inflexible tails prevents the Alabiru from sitting flat on the ground, every man carries a sharp pointed stick, with which he drills a hole in the earth to receive his tail while sitting (in Yoruba). Jarl Sigurd weigerte sich, die Religion seiner Vorfahren (für das Christenthum) zu verlassen, da er nicht weiser sei, als sie. Cum pater et filius eadem esse persona paene intelligantur (im römischen Recht). Christ proceeding from the father, the Abyssinian style the eternal birth, Christ, born of the Virgin the temporal birth and Christ anointed by the Holy Ghost the third birth (s. Stern). Beim Yamsfeste schieben die Fidors dem König von Benin statt des Gefässes mit einer gepflanzten Yamswurzel eine schon im vollen Wachsthum befindliche unter (1805). Die Agazi haben sich erst in letzter Zeit zu dem Kameel (dem für die Christen unreinen Thier) bequemt (Munzinger). Das Schwein fehlt als unrein auf den agyptischen Stelen. Der Slave hiess sclavus saltans (bei Deutschen), wie die Afrikaner. Die sechsfingrigen Riesen zerstören Städte (in Yoruba). Der Mond heisst Abusum im Fanti. Der König von Forkado oder Auwerre war (1644) ein Mulatte (Don Antonio de Mingo). Les Nègres (du Sénégal) ne veulent point qu'on tue certains lézards, qui couvent dans leurs cases, parce, disent-ils, que c'est l'âme de leurs père ou mère, qui vient faire le Folgar (rejouissance) avec eux (Le Maire). Almost every married woman has, according to the custom (on the Sierra Leone river) her Yangee-camee or cicisbeo, whom she first solicits (Matthews) 1788. Um sich ihrer Gelübde zu erinnern (deren Bruch den Tod verursachen würde) tragen die Neger vom Gambia Manelios oder eiserne Handknöchelringe (1732). Obwohl im Hordengemengsel mit verschiedenen Dialecten zeigen die Içannas (Indianer am Içanna) eine gewisse Uebereinstimmung in ihrer nationalen Erscheinung (durch Abzeichen) in Sitten und Gebräuchen. The Vey bury their dead for a year under their kitchen before they bury them solemnly out of town (Koelle).

von harten Sturmwinden und hohlen Wellen möchte befreit bleiben. Sobald dieses Schiff wieder an Korbi Lahou kommt, dann fahren die Kaufleute mit ihren Tüchern nach dem Goldstrand zu, solche zu verhandeln (Dapper). Der König von Dahomey [1]) isst nie öffentlich, (und es wäre selbst strafbar, wenn man ihn einen Menschen so ähnlich vermuthete, Nahrung und Schlaf zu bedürfen), dagegen zeigt er sich tanzend (Norris). Die Beniner sehen ihren König für einen Halbgott an, der (ohne Essen und Trinken lebend) zwar sterben müsse, aber nach Verlauf einiger Zeit wieder auf der Erde erscheint (Palisot-Beauvais) 1801. Gewisse Familien in Sendschera müssen ihre erstgeborenen Söhne als Opfer einliefern, da es in einer Zeit (als Sommer und Winter im Durcheinander waren und deshalb die Früchte nicht

---

1) Niemand ausser dem Themigam (Premierminister) ist frei, der König (von Dahomey) kann ihn weder verkaufen noch köpfen, sondern nur verweisen, aber seine Kinder geniessen keine Vorrechte (Labarthe) 1786. Some nations (of Sierra Leone) raise the skin in such a manner as to make it appear like embossed work, other (of a yellow complexion) perform the tattowing (or soccala) by puncture, with a liquid, leaving a mark (Matthews). Rore predigte, von Johannes dem Täufer und Eli beauftragt seine Religion auf den Hebriden (s. Buchanan). Whenever Atzee Johannes (the shadow king or, according to Abyssinian annals, the legitimate successor to the throne and lineal descendant of Salomon by the Queen of Sheba's son) visits king Theodoros, the latter is said to stand before him, as an acknowledgement of his title to a crown, which he could not defend (Stern). Etliche (in Quoja) pflegen durch eine Nähnadel von Blei oder Kupfer ein Spinnwebe zu ziehen, sie fliegend zu machen. Diese lassen sie dann nach demselben, den sie zu bezaubern gedenken, zufliegen (Dapper) [Finnen]. The courthouse (for palaver) is called burree. in the towns on the Sierra Leone river (Matthews). The (Abyssinian) woman in possession of the Bouda (from Damot) was conjured in the name of the blessed Trinity, the twelve Apostles and the three hundred and eighteen Bishops at the Council of Nicaea (demanding to eat filth and dirt). She laid hold of a stone, which three strong men could scarcely lift, and raising it aloft in the air, whirled it round her head and then fell senselles to the ground [Fiji]. In half an hour she recovered, but was quite unconscious of what had transpired (Stern). Der neu zu wählende König von Sierra Leone wird gebunden auf das Schloss geführt und dort geprügelt, ehe ihn der Reichsrath belehnt. Die Regenmacher oder Abanisi bemoula (Herunterlasser des Regens), die von den Heerschaaren der Luft (in ihrer Krankheit) geträumt haben, sehen im Traume das Stück Vieh, ohne dessen Besitz sie in ihrer Macht gebunden sind (bei den Kaffern). Nach den Vey rieb Gott Erde zwischen den Fingern, einen Bemalama (Sohn des Menschen) zu bilden, und schuf der von dem Engel Dshibadi trocken gefundenen Form Finger und Glieder mit Flügeln, worauf Bemalama im Himmel lebte, von wo er (nachdem der böse Fbulisa in seinen beim Schlafen offenen Mund gespieen [Burâten und Kol] und so den Keim zu allen Krankheiten gelegt) auf die Erde gesandt wurde, als seine zur Gefährtin geschaffene Frau, ihn verführt, die von Gott verbotene Frucht zu essen (Koelle). Die Kosumnes-Indianer tanzen in skeletartiger Bemalung (weiss auf schwarz) Nachts um Feuer (Mofras). Creen en un solo Dios, a quien llaman Mozimo o Guiguimo (las gentes de Sofala), castigando al hechizero (Marmol).

reifen wollten) von den Wahrsagern[1]) gerathen wurde, um den Grund der umgehauenen Eisensäule mit Menschenblut zu benetzen (s. Krapf) [Chicbhas]. Wenn die Indianer Cumana's mit den Cariben Krieg führen, geisseln die im Dorf Zurückgebliebenen zwei Knaben[2]), die es

1) Neben Priester (Luba) und Zauberärzte (Kalidscha) finden sich bei den Galla die geheiligten Wato auf dem Berge Dalatscha am Hawaschflusse lebend. Unter Wak (Gott oder Himmel) finden sich die Untergottheiten Oglie (männlich) und Atetie (weiblich). The posts, which supported the Whare-kura (Tempel in New-Zealand) were carved to represent the chief ancestors. Um Gestohlenes ausfindig zu machen, macht der Lebaschin seinen Diener durch einen Trunk rasend, worauf er (an einem Seil geleitet) auf Handen und Füssen kriecht, das Haus des Schuldigen herauszuschmecken (s. Krapf). Als Kirillos (in Gondar) Abuna war, sollen Rriester von Susa gekommen sein, mit einem Ledersack, den sie vom Abuna mit Luft anfüllen liessen, damit sie in ihrem Lande Priester ordiniren könnten (Krapf). Ein Zauberer ist der Wunderthater der Hölle, der höllische Wunder verrichtet, wie ein glaubiger Wunderthäter die Wunder des Himmels offenbart (erklart Krapf dem Wanika-Hauptling). Wenn einer der von Gott fur gerechte Regierung erwahlten Fursten tyrannisirt, tödten ihn die Sendsch (nach Masudi) Wenn die Suahili von Mombas nach Dschagga reisen, stellen sie einen Mganga (Zauberer) an die Spitze der Karavane, als Kilimato (zweiaugig), um von den vorne oder hinten angreifenden Feinden gesehen zu werden (Krapf) [Janus]. Der mährische Herzog Rastislav herrschte auf Theben oder Deven (nach der altslavischen Göttin Dewina genannt). Als tückischer Berggeist spielt (bei den Ladinern) der Orco (Schneller). Als der zur Durchwanderung Afrika's von Osten nach Westen entschlossene Priester Mahomed Nur als Besucher nach Kaffa kam, verkündete ihm Gott: Iekaffi, es ist nun genug (s. Krapf). Nach Dilbo wohnten Zwerge (Doko) südlich von Kaffa und Susa (Krapf), zu Jer betend. Die zwerghaften Wabilikimo wohnen im Innern von den Wanika. In Suahili heisst Bretter schlagen (ku piga bau), wenn der von einem Kranken befragte Arzt Figuren auf ein Brett (Ubau) schneidet, um Ursache und Heilmrttel zu sagen (Krapf). Los Entablillados (nacion poco distante de los Mojos del Quito) lo mismo es nacer la criatura que ponerle la cabeza en presa entre dos tablas (Gumilla). Taraki ascended to heaven by a spider's thread (Taylor) on New-Zealand [Tezcatlipoca].

2) Die Knaben wurden (bei den Chibchas) unter harten Entbehrungen in den Cuca genannten Seminarien erzogen. The Lehta or Lahta (of the Karennee) do not permit an indiscriminate mixture of the sexes, the youth of both being domiciled separately, and they said that the unmarried youth of both sexes, when passing each other, averted their gaze, so that they might not see each other's face (O'Riley). Im Lande der Slaven am westlichen Ocean, deren (zu den Avaren geschickte) Gesandte zu Mauritius kamen (Harfen statt Waffen tragend), kannte man kein Eisen (591 p. d.). Die Schweden auf Runoe bilden eine Innung (als Seehundsjager), in die der Knabe erst nach einem Probeschuss zugelassen wird. Bei dem Wettrennen um die polnische Königswahl, bewaffnete Leschek sein Pferd (indem er es mit Eisen beschlug) für den mit Nägeln bestreuten Weg. Die von Ansgar für den Kaiser aus Scandinavien zurückgebrachten Tafeln waren cum literis regia manu more ipsorum deformatis (Rembertus). Die Kölmer (zu denen auch die ursprünglich Preussich-Freien gezählt werden) haben ihre Namen von der kulmischen Handfeste (1232 p. d.). Prophthasia (Dushak) oder (nach Isid. von Charax) Phra (Phrada) war die Hauptstadt von Drangiana. Auf den königlichen Besitzungen wurden (unter Kasimir)

standhaft ertragen müssen, weil de su valor y tolerancia depende, que los guerreros peleen con valentia y consigan victoria (Caulin). Der wegen Diebstahl befragte Beschwörer [1]) (unter den Manganja) wird durch die in der Hand gedrehten Stricke seines Zaubersackes nach

---

als Steuern (in Polen) gezahlt die Sshypka (in Getreide), die Strassewoje (zum Unterhalt der Wachen), die Kuhsteuer (Korownaja), Poledrus (in Füllen), Porcus (in Ebern), Urna mellis (Naturallieferung in Honig), Columbatio (in Tauben). Die königliche Steuer hiess (bei den baltischen Slaven) Wojewoditza, die geistliche Biskupitza. Die Horden der Kalmücken in den Steppen der Wolga unterscheiden sich als Derböden, Torguden, Erkeden, Baganzocher und Choschuden (s Zwick). Die Slaven unter Porinus emporten sich gegen die (fränkischen) Fremden, die sich während Samo's Herrschaft unter ihnen niedergelassen und von Cotzilis geführt wurden. Die Gallier kamen (ducibus avibus) nach Pannonien (Justinus). Serban II. astreignit les Moldovallaques (à l'exception de quelques familles, ne portant que des noms de baptême ou des surnoms) à prendre des noms de famille (au milieu du XVII. siècle). Var (Stadt im Ungarischen) bedeutete früher (wie im Finnischen) Burg (s. Thunmann). Ταβα hiess auf Lydisch ein Berg oder Fels, Διβα (thracisch) Stadt (nach Hesych.), wie Dava (in Dacien) [Bassuto und Fundj] Nach Riedel war Berlin ein slavischer Name, Kolln ein deutscher. Wlach bedeutet in der dalmatisch-slavischen Sprache einen in den Bergen sich aufhaltenden Hirten (s. Lucius), Blakacz einen Herumschweifer (auf Polnisch). Die böhmischen Jünglinge der Burg Wyschegradgegenüber lauernd, überwinden die Jungfrauen (nach Derwin) nicht in Schlachten, aber in der Unterhaltung

1) After burial the Hollontontes have recourse to the professors of magonas (motindinende, chependo, chicale) to discover the evil spirit (Farewell). The magonas or horns of the buffalo (filled with amber oil mixed with herbs) makes invulnerable and proof against disease. The Niamwali is a ceremony which boys and girls must pass through on arriving at maturity (among the Manganja and Ajawa). Genuenses, cum a Mauris progenitoribus accepissent olim morem, ut infantibus recens natis tempora comprimerentur, nunc absque ullo compressu Thersiteo et capite et animo nascuntur (Scaliger). Einzig der Mensch kann unter allen Thieren bequem sitzen, denn er erhielt fleischigte und grosse Hinterbacken (Spigel). Aemilianus erklärt das Rulpsen aus der aufrechten Stellung des Menschen. Der Affe spricht, aber disputirt nicht (nach Alb. M.). The lady's principal amusement appeared to be in keeping it (the pelele or piece of ivory) in constant motion with the lip of her tongue (auf den Bazaruta-Inseln) statt zu sprechen (Owen) [Wasser im Mund]. Familia (δουλεία, οἰκία) ab Osco famel (servus). Filius videtur esse a φίλιος, foederatus, quod a φίλος amicus, vel a φῦλον, genus (Forcellini). Nordöstlich von Mani-Kesock (östlich von Mayumba) lebten (nach Battel) die zwerghaften Matimbas. Die zwerghaften Bakke-Bakke oder Minos lebten in den Elephantenwäldern Congo's (nach Barbot). Die Akoa sind (nach den Mpongwe) zwerghaft, wie die Nchigo (s. Reade). Around their loins is fastened the vertebrae of a snake, strung together on a line, formed from the fibre of the palm-tree (Owen) auf Fernando Po (Frauen mit Blättern bekleidet). Pombe heisst das Buschland des Inneren (in Angola). Die Kabugl oder schwarzen Caraiben (von Amerikanern und Negern) haben ihre Halbeltern (die rothen Karaiben) fast ganz ausgerottet (Girtanner). Zofor oder Zofaal war der arabische Name für Sofala. Auf dem Oelberge (an der Stelle der Himmelfahrt) wird zum „Wahrzeichen ein weisser Marmor gesehen, darinnen die Fusstapfen eines rechten Fusses“ (Kriecher) 1585. Die Culdees (Mönche in Schottland und

dem Aufenthaltsort des Schuldigen hingezogen (s Rowley). Als die mit Romanen oder Usen nach Ungarn gekommenen Chasaren (deren christliche Bekehrung durch Cyrillus mit jüdischen, moslemischen und heidnischen Lehren gemischt blieb) den Franciskanern und Dominikanern bekannt wurden, diente ihr Name [1]) zur Bezeichnung von Ketzer.

Irland) waren von (celtisch) Cuil (Hohle) genannt, (als Culdeach oder Einsiedler) Those who died from old age or from any ordinary diseases, dying of God's (Pombi's) sickness, were buried (among the Manganja), but the accursed, meeting with violent deaths (by the Mfiti or evil spirits) were hung up in the branches of a tree (for fear the ground should he accursed, famine and distress following). Le bas de la figure est large (en Conchinchine) et cela est frappant surtout chez les femmes, qui passent pour d'autant plus belles que ce caractère est plus prononcé (Jouan) [Japan]. Maui (making a fish-hook of the jaw-bone of his grandfather Muri Rangawhenua) killed Tunarua, the great taniwa or monster, living in the water.

1) Neque hercule ab transitu Poenorum ullo waren die Penninae benannt (s. Livius), sed a summo vertice. Das Alfadur und Odin als Herrscher von Asgard verehrende Volk nannte sich Godthiod (das gottliche Volk) oder Gothen. Die Esthen lebten unter Aeltesten oder Wannemad (Willigerod). Der Name des Landes Khirman (Gewurm) oder Kherman wird von Khirman, Sohn des Faloudshi (Sohn des Japhet) hergeleitet (s. Wahl). A religious chief (in the Haussa) is lama, in the Foulah: lahamdi (lambdo), in Madagascar: lahan or raban (Schön) Bei Mela folgen auf die Sarmaten im nordostlichen Europa zunächst Scythici populi, fere omnes et in unum Belcae adpellati (und deren Ufer gegenuber liegt Thule). Die Frauen der Kutriguren (mit Bulgaren verbundet) zogen in den Krieg (nach Prokop). Die Furstin Akkaga ward (576 p. d.) von dem utigurischen Fürsten Anagâus abhangig. Die Konigswittwe Boa herrschte über die Saviren (528 p. d.) Die Sarmaten (Roxolanen und Jazygen), die die Scythen verfolgten, wurden von den Alanen (Aorsen und Siraken) aus den Gegenden zwischen Don und Dnepr verdrangt (Thunmann). Die Berserker kämpften unter dem Schutze Odin (Odr oder der Wüthende). Die (slavisch) Kotowka genannte Pflanze hiess bei den adriatischen Wenden (nach Plinius) Cotones (Bulgarin). Ulixem Caledoniae appulsum manifestat ara Graecis litteris scripta (Solinus). Jbi (in Lusitania) oppidum Olisipo Ulixi conditum (Claud). Nomen Bremae (onus) indiderunt der an der Weser gegründeten Stadt (Lechus und Czechus) und zogen dann weiter (s. Guagn). *Καὶ ἐν Ἰβηρίᾳ Ὀδύσσεια πόλις δείκνυται καὶ Ἀθηνᾶς ἱερόν* (Strabo). Et Ulixem quidam opinantur (in hunc Oceanum) adiisse Germaniae terras Asciburgiumque (Tacitus). Tumulos quosdam Graecis litteris inscriptos in confinio Germaniae Raetiaeque adhuc exstare. Lemuzi usque ad mediam sylvam, qua Bohemia limitatur (973 p. d.). Lemovices in Limoges. Limovii neben Rugii (b. Tacit.), Kura, Koth im Finnischen (nach Ahrens). Tolosa (Hauptstadt der Tectosagen) wurde von dem flüchtigen Trojaner Tolossus (nach Scheletet) oder Lemosin (nach Roderich) gegründet. In Oceano vero occidentali est insula quae dicitur Britannia, ubi olim gens Saxonum veniens ab antiqua Saxonia cum principe suo nomine Ansehis (Anschis) modo habitare videtur (An. Rav.). Die Koloschen nannten sich Sitcha-Chan oder Bewohner (Menschen) von Sitcha. Die Eskimo am Kuskoquim nennen sich Kuskoquim-Müt (Müt oder Mensch). Die Esthen nennen sich Ma-mees oder Maa-Rahwa (Besitzer des Landes oder Menschen). Bulgarin leitet Slaven von Tschelowek (Mensch). Die Brille heisst (bei Zigeunern) Starkjakkjakri (star oder vier) oder vieraugig [starkaki, vierhändig]. Die Bulgaren (in

Die Gudauer begleiteten die Leiche, Messer schwingend, um die Pocolli (fliegenden Geister) zu verscheuchen [1]). In Samogitien wurden

---

der Bulgarey) handelten mit den Wessen (Wiss oder Wess) und Jugren. Nach Plutarch wurden Asiaten von Rhadamantys, Europäer von Aiakos gerichtet. (Minos richtete die Dorer aus Kreta).

1) Die zauberkräftigen Stöcke der Waidelotten waren aus Haselholz über Ameisenhaufen geschnitzt. Samo liess in dem zur Verehrung angelegten Eichwald auch Schlangen ernähren. Die Litthauer verehrten besonders Bäume, deren Zweige ineinander gewachsen waren (nach Prätorius). Habitarunt dii quoque silvas. Böhmen heisst Lallero temm (das stumme Land), Hessen Tschowachanengero temm (das Hexenland) bei den (deutschen) Zigeunern. Nach Kojalorvicz wurde das litthauische Romowe (922 p. d.) von den Italienern erbaut. The tents of the Toorkmans of Oorganj (khiva) are called Kara-ooee (black house) (those of the Khirgiz ak-ooee or white house). Anno domini 503 gentilibus Prutenis sive Ulmigavis rex quidam Bruteno dictus imperavit (s. Guagn.). Anno divinae incarnationis 273 Vedeauto princeps Prussiae (qui Bruteno fratri voluntarie sceptra deponenti successit) duodecim filios procreavit. Als ein Anhänger der Deutschen wird am meisten der livische Häuptling oder König Caupo (Koblie) genannt (Kohl) [Coepmann, als Hottentott am Kap]. Die Husaren (Hussarze), die Lanzen führen (beritten) sind bemittelte Edelleute in Polen (Friese). On the front of the heat the ladies (of Toorkistan) place a smal horn, stiffened by many folds of calico or other material (s. Shaw). Quelques témoignages directs des papyrus, les noms propres, les monnaies grecques, les sarcophages à double inscription, attestent la fusion des deux peuples (hellène et égyptien) sous les Lagides (s. Lumbroso). Nach Valerius kamen die Vasken aus Ober-Navarra nach Aquitanien (VI. Jahrhundert p. d.) Foemineus sexus in pagis more gentis Cyganorum (vel Cyreneorum) vagabundae vestiuntur, vestitumque quibusdam globulis plumbi, cupreis et electuariis exornant, indusia quoque circa collum praecipue annulis, intertexturisque variis ornant (in Guerenlandia ducatus mit Bialykamien arx). Prussia hiess früher Ulmigavia (nach Aeneas Sylvius). Die Burty (der Ruthenen) weissagten für Protrimp aus Wachs im Wasser. Der südliche Theil Bosnien's hiess Rama [mit Raja]. Lobale (südlich von Kiboke) wird von Mwanangana oder Häuptlingen und Ssonau oder Fürstinnen regiert. Am Altar des Hephaistos hatte (nach den Eleern) Oinomaos dem Zeus Areios geopfert (in Olympia). Apud eos (Jaxamatas) easdem artes feminae (quas) viri exercent, adeo ut ne militia quidem vacent (s. Mela). Die Muras (oder Mauhes) schnupfen nicht nur das Parica, sondern berauschen sich auch mit demselben in Klystierform (Martius) [Mexico]. Die Polacken wählten denjenigen, der am raschesten mit blossen Füssen laufen konnte, als den Tapfersten und Verschmitztesten zum König (s. Moeller). Eodem anno (1568) Birula cum suis peditibus (qui vulgo Kazacy dicuntur), id est qui hostem furtive et inopinate adoriri solent, Italice Corsari, Germanice Freibuteri dicuntur, qui in mari latrocinantur, sed Ruthenis hujusmodi Kozacy dicuntur, qui vias hostium circumsident et furtive inopinateque, interdum decem Kozacy praedicti ad centum Moschos ex insidiis irruunt (Guagninus). Gentes Lucomoriae hoc modo commercia cum Griistenziis el Sperpono Wtzijis habere dicuntur, cum jam futuram mortem sibi imminere sentiunt, tunc merces suas certis in locis deponunt, quas Grustintzi et Sperpono Wtzi suis mercibus interim aequivalentibus eodem loco relictis auferunt. Illi autem reviviscentes illas merces, (si placuerint) accipiunt (Guagn). Dicuntur in montibus vicinis huic idolo (Zolota Baba) sonitus boatusque quidam audiri, qui perpetuo sonitum in modum clangoris tubarum edunt (Guagn.) in Obdoriae regione (ad ostia Obii flivii). Selon le Rouzet-Essefâ, Keyoumer

Schlangen [1]) (als Givoijtos) in Häusern gefüttert und dem Ziemiennik zum Opfer ein Kalb, Schwein oder Huhn todtgeprügelt (Guagn.). Bruteno wurde als Borskeito, Wiedewut oder (nach Stella) Bluterus (Bienenkönig), als Szwaybrato verehrt (bei den Preussen [2])). Curcho

était le même, qu'un certain Amer (Ymir), fils de Japhet comme Gyl-é-Shah ou roi du marécage.

1) Die als Wirbel der Schlange geltenden Popo-Perlen sind (in Dahomey) ein Product der Schlange. The good genius of every man does not permit fire (with which food is cooked) to depart from the earth (in Yoruba). The god Aganju (the kings palace) was worshipped in the place Oju-aganju (in front of the palace in Oyo). Auf der terra Australis wurden (nach Fernandez de Quir) die Muscheln oder Perlmutter zu Werkzeugen und Schmuck verarbeitet The secret of success in all ornament is the production of a broad general effect by the repetition of a few simple elements, variety should rather be sought in the arrangement of the several portions of a design, than in the multiplicity of varied forms (Jones). Die Hohle von Valeron bildete (nach Viera) den convento de la Harimaguadas que eran unas virgenes vestales (auf Canaria). Bei den Kosaken werben die Madchen um die Junglinge (1780). In den Dorfern Podolien's und der Ukraine haben die Bauern das Vorrecht, an Festtagen ein Fraulein des Gutsherrn in das Gebusch entfuhren zu durfen wenn sie 24 Stunden unentdeckt bleiben, wahrend sie sonst geköpft werden (Moeller). Rittmann unterscheidet als die vier Pest-Perioden die dem Nomadenthum eigenthümliche (durch Uebertragung der Thierkrankheiten, wie Blattern, Rotz u. s. w.), die des beginnenden Ackerbaues (als noch Schmarotzer und vergiftetes Mischgetreide mit cultivirt wurden (das Antoniusfeuer), die des (in Stadten zusammengedrängten) Bürgerthums (mit typhoser Pest) und die des multiplen modernen Verkehr's (mit der Cholera-Pest). Sous Iwan III. l'attachement au judaisme se manifesta avec tant de puissance, que se souverain fut obligé de souffrir que le métropolitain de Moscou lui-même fût un Juif (le métropolitain Zossime) Les premiers hommes d'état étaient des Moscovites juifs (Duchinski). In the phrase bara baloti (the twelve professions) is comprised all that is essential to village life (in Mysore). The Gauda is the headman of the community (s. Bowring). The owl is considered the bird into which the spirit of a witch (aje) transmigrates, when it wishes to do evil (in Yoruba). Die Musae wurden (im altlateinischen Sprachidiom) Casmenae (dann Camenae und Carmenae) genannt (s. Krause). Die Pleiaden heissen (bei Imbu) Uggondo oder weisse Saamen (umhergestreut). Wie die Haoussa haben die Yorubenser das Wort Woli fur Prophet angenommen (s. Crowther). Bei den Va-Ngindo hat der Akitara Streitende zu versöhnen. Pro uno quoque rege mille camelos (forderten die Tobbaa). Ita nempe comparata erat redemtio regum in paganismo (s. Schultens). Ubi societas ibi jus est. La hache en jaspe verdâtre faisait partie de l'armure des guerriers (s. Berthelot) auf Canaria. Some Chinese came with seeds and plants (nach dem Cap) 1652 (s. Sutherland). The iron ring Saffa is worn on the wrist by hunters (in Yoruba) and the chain Safin or Saba (s. Crowther). Moiro Atschinto ist Haupstadt der (dem Cazembe tributären) Muiza. Seppa (Schmied) heisst im finnischen jeder Handwerker (als Meister). Bei den Halbwilden ist der Fremde, der nicht begrüsst wird, auch nicht befreundet (s. Fallati). Abstracta werden im Delaware durch Endung in wagan (heit oder keit) gebildet [Gottheit]. Iwoffa, one in pawn (insolvent debtor) in Yoruba (s. Crowther). A child, one of whose parents is a slave and the other free, is called Onidikan.

2) Bei Krankheiten kamen (in Preussen) die Verwandten dem Tode durch Erdrückung oder Verbrennung zuvor. Bei der Pest unter den

war von den Masuren eingeführt. Die peruanischen[1]) Privatgottheiten der Conopa wurden aus Thon, Stein, Kupfer oder edlen Metallen verfertigt und stellten Menschen, Thiere, Früchte u. s. w. vor. Zuweilen waren es nur Steine oder Pflanzen von eigenthümlichen abnormen

---

Fischern am kurischen Haff suchte der Bauer Michel aus Tapiau die Göttin Diedeweytte zu versöhnen (1571). Trimpus war der heidnischen Letten Bacchus oder Saufgott (nach Stender). Cum primum in terram exivissent, postquam cibum ceperant, reliqua omnia edulia in mare immergi jussit dux Vahraz (Rasmussen). Während der Menstruation musste sich die Frau (bei den Finnen) in eine Hütte von dem Manne absondern (Merkel). Die Preussen bestimmten Widewut zum Bojateras (Weisel). Heroicis lemporibus carne non vescebantur elixa (Servius). Der samländische Gesandte in Balga wunderte sich, die Ordensbrüder Kräuter essen zu sehen. Victui herba (Tacitus) den Finnen. Le nom des Slaves se trouve dans le mot Sal (Schalau), signifiant marais (Duchinski). Longobardi (vulgari Lotaris ac Lituanis sermone) Ilgabarzdaii nuncupati. Der Cultus des Zeus Dolichinus verbreitete sich besonders in der Zeit der Antonine durch das römische Reich (bis England und Algerien), seine Heimstätte ist die Stadt Doliche oder Dolichere in Kommagene. Auf dem Schild ist Vaidewut wie ein Mensch mit Bärenkopf (nach Henneberg). Die Edelleute (der Preussen) heissen Supane (nach Hartknoch). Die Skythen gaben ihren Kindern, die in Olbia zu Aemtern odnr Würden gelangten, griechische Namen, während auch umgekehrt griechische Vater ihren Kindern barbarische Namen beilegten. Die megalithischen Gräber werden (ausser dem Bou Djouhala oder Götzendiener-Vater der Roumi) den zwerghaften Beni-Sfao zugeschrieben, die wegen ihrer Sünden von Gott mit einem Staubregen bedeckt wurden (Boysson). Geist heisst anquel im Joloff [angelos der Tuareg]. Les phenomènes psychologiques du magnétisme révèlent une nature morale noble, essentiellement bonne (Guillain). In 1623 a portion of Viborg called Agrepäa was ceded by the Swedes to the Russians and it is believed that, when this was done, the ancerstors of the Auramoiset or Agramoiset emigrated into their present seats (Latham) in Ingria. Der letzte Sänger (wanna laulumees), der mit seiner Harfe umherwanderte, starb im Jahre 1813 in Esthland. Auf den heiligen Berg Rambin mit dem Opfesteine des Perkun durfte man nur geschmückt hinaufgehen (nach Prätorius). Nach Nigellus bedeutet (in Ludwig) Hluto ausgezeichnet und Wigch den Gott Mars oder Krieger (s. Gley). Nach Zinkeisen waren die (an der Selenga von den Hiungnu stammenden) Hoei-he, die den Thu-ki-chi (Besieger der Thu-kiu) folgten, das Stammvolk, aus dem die Oghusen, Seldschuken und Osmanen entsprossten. In dem verworrenen Insellabyrinth (Scarbnica Woyskawa oder Kriegsschatzkammer), wo die Kosaken ihre Fahrzeuge (Cholna) bauten, wurden die verfolgenden Türken vernichtet (s. Moeller). Die (die Ukraine und Podolien plündernden) Tataren in der Ebene Budziak halten sich beständig an den Grenzen und in den Wüsteneien auf (1680). Neben Jumal verehrten die Esthen den bösen Kurrat. Beim Gewitter knieeten die den Perkun Verehrenden (unter den Preussen) zur Anbetung nieder (nach Christian) [Abbeokuta]. Der Kriwaito (Mund Gottes) [Eveer] wurde befragt. Michael verbot den Preussen den Ritus pavoris (das Jammergeheul an den Gräbern). Nach Besiegung der Gallier wurde Gracchus von den Polen zum König gewählt (nach Miersua). Wie Prätorius hörte, verehrten die Litthauer die Bäume nur insoweit, dass sie ihnen kein Leid anthaten und Opfer hinlegten für den von Gott bestellten Engel.

1) Ing-ka heisst Vater (in Choctaw). Als Gordas, König der Utiguren, sich zum Christenthum bekehrte, verkaufte er die Götzen aus Silber und

Formen. Sie wurden in den Wohnungen aufgestellt und vererbten sich oder wurden als Schutzgötter den Verstorbenen an einer Schnur umgelegt (s. Tschudi). Der Bhakten in Krischna's Mathen exorcisirt vor [ägyptischen] Kanoben. Verehelichte Personen müssen sich in Loango[1]) vom Schmied (über dem Feuer) reinigen lassen, wenn sie

---

Bernstein. When arguing with the Indians (of New-England) about their Fire-God: can it say they be, but this fire must be a God or divine power, that out of a stone will thus arise in a spark (Roger Williams). Der Zigeuner (1793) erklarte den Passus der christlichen Glaubensformel: „der empfangen ist von dem heiligen Geist" in seiner Sprache unubersetzbar. Er, seinem Wesen nach unbegriffen, ward von den Heiden gebunden und geknupft, an seinen Fussen angeheftet und aufgepfahlt (Ephrem), die Lanze duldend und die Nagel an Handen und Fussen. Die Bulgaren galten (551 p d.) als ein Strafgericht fur die Sunden der Christen (bei Jornandes) [ununterbrochene Verbindung mit dem Norden]. Holm (1696) translates the words Gracious God by Sweet Manitto, but the word vinckan (sweet) is one, which the Delaware apply only to extables, so that the sense is that of: O sweed tasted Manitto (s Duponceau). „In seinem Briefe an Tynibech (Erstgeborenen des grossmachtigen Fursten Usbeck) ruhmt der Papst den Geist der Milde gegen Christen und Nicht-Christen, einem mongolischen Fursten also zum Verdienst machend, was einem christlichen (Kaiser Friedrich II) zum Verbrechen gemacht war" (Meinert). In Saba, wo der Mittagschatten rechts fallt, herrschten (unter einer Konigin) die Frauen über die Manner (nach Marignola). Auf dem Berge Gybeit hatte sich der Prophet Elias verborgen gehalten. „Man sagt, der Apostel Thomas habe auf seinen Wanderungen immer etwas Wein bei sich getragen (wie auch ich durch zwei Jahre that) und habe durch Trauben aus dem Paradiese, die Engel gebracht, die Reben bei Mirapolis gepflanzt" (Marignola) [Dionys in Indien]. Der Fusang-Baum (Hibiscus Rosa) ist dem Mu-kin ahnlich (s. Bretschneider) mit Bluthen, die den Maulbeeren gleichen (mit Broussonetia papyrifera verwechselt). Der Verdächtige (in Ashantee) hat den Fuss gegen ein Wassergefass (mit einer Aggry-Phole darin) zu stellen, worauf ihm Tod geflucht wird, wenn schuldig. Am Fluss Caramora (wo die Seidenarbeiter in ihren Häusern umherschiffen) liegen goldreiche Städte (nach Marignola). Auf den Steinbrucken der (klosterreichen) Stadt Campsay (in Mantschi), wo die Seele der Verstorbenen in Thieren gefuttert (und die Jungfrau Mutter verehrt) wird, stehen die Bildnisse der Landesfürsten (nach Marignola), an einem See (nach Polo) gelegen, als Cassai (Quinsay) oder Casaya. Unter Armalek ward (bei Marignola) die Haupstadt der Meder, Mediter oder des medischen Kaiserthums (Chanat's) Dschagatai (von Usbeck und Chatay unterschieden) verstanden (s. Meinert). Nous demandons le dernier mot des choses, et c'est à peine, s'il nous est permis d'en balbutier le premier, nous voulons savoir le pourquoi, et tout au plus nous arrivons à entrevoir le comment (Contejean). Von der Gattung gewisser Wesen, einen Character anzugeben, dazu wird erfordert, dass sie mit andern uns bekannten unter einen Begriff gefasst, das aber, wodurch sie sich von einander unterscheiden, als Eigenthümlichkeit (proprietas) zum Unterscheidungsgrunde angegeben und gebraucht wird (Kant). Nach Seubart haben die Pflanzen-Genera, wie gewöhnlich angenommen, sehr verschiedenen Werth, indem die unter je Einem Genus begriffenen Arten bald einen grösseren, bald einen geringeren Grad von gegenseitig verwandschaftlicher Beziehung zeigen (1870). Die richtige Würdigung von Zeit und Maass ist die Grundbedingung jener geordneten Geognosie (s. Vogelsang).

1) Die (durch den Zaire von Congo getrennten) Anziker (am Loango kämpfend) assen ihre eigenen Sklaven (nach Lopez), und Manche bemühten

sich auf ein Bett gesetzt hatten, was durch den Beischlaf anderer Eheleute verunreinigt war (s. Dapper). Als der König Zong am Zontori-Fluss (in den Cong-Bergen Cape Mounts) mit seinem Volk in

---

sich aus ihrem eigenem Fleisch wohlschmeckende Gerichte für ihre Herren anfertigen zu lassen. Nutriebat (Anna Ningo) in aula sua sexaginta aut plures juvenes robustissimos, muliebri veste amictos, ac muliebria illis indens nomina, utebatur vellut pellicibus et concubinis, cum ipsa et nomen et habitum virilem adsumsisset (Vossius). Die Einwohner (der Insel Nova Semla) beten Sonne, Mond und den Nordstern an. Die Jawas genannten Priesterärzte (in Florida) saugten die Krankheiten aus. „In dem grossen Meer zwischen dem 80. Grad und Nova Zemla haben wir wenig oder kein Eis gesehen (Gerhard), so oft wir aber dem Lande zugefahren, haben wir Eis und Kälte getroffen“ (1596). Die bei Luffowicoa (an der Sula) gefundenen Anker beweisen (nach Moeller), dass früher die Ebene vom Dniepr nach Moskau mit Meer bedeckt war, weshalb die Ortschaften auf Erhöhungen gebaut sind. Das Nigerdelta heisst auf Bello's Karte Alagara oder das Land, wo die Vögel (Papageyen) sprechen. Die Plantanen bezeichnen die Nähe Zegzeg's (s. Clapperton). Budu to be open, from buda, to open (Schön) in Haussa. Rex David (qui et presbyter Johannes) bekämpfte die heidnischen Preussen (Albericus). There are many saving clubs among the Egbas, the members meet to deposit their contributions (Esu) at certain fixed interval of time (in Yoruba). Der Aioler (besonders der gebildeten Thraker, Minyer) Hauptgott hatte den Namen *πατὴρ Οὐρανὸς* (Rathgeber). Der chalkidische Gott empfing den Beinamen *Ἥφαιστος* und *Ἀμφιγυήεις*. Den zu Soldaten der Minyer gewordenen Phlegyern (als Theil des äolischen Volkstammes) gesellten sich später Leute aus unterschiedenen Ländern bei (s. Rathgeber), *τοὺς τὰ πολεμικὰ ἀρίστους Ἑλλήνων συλλέξας* (Paus.). Hephaistos war durch jüngere Aioler, die vom Festlande Klein-Asiens nach Lemnos zogen (bisheriger Wohnsitz der Sintier) und dort Hephaistia erbauten, zum Gott der Künstler erhoben (Rathgeber). Albertus buwede die stad to Righe myt den borgheren van Bremen ende mit den pelegrimen (Rynersberch). Equos adeo parvos habent, ut vix credibile sit ad tantos labores eos posse sufficere (in Samogitia). Terram non ferro sed ligno procindunt (Guagn). Currus leves absque ullo ferri ministerio conficiunt. Le démon Lazerour accourt dés qu'un homme tombe sous les coups d'un assassin ou d'un furieux, et se repaît du sang de la victime (in Algérie). L'accoucheuse prend le nez à plusieurs reprises entre ses doigts et lui donne la forme aquiline (Villot) bei den Arabern Algiers. Nach den Sagen des Samlands sprengte ein Dragoner in die Leibwache des Schlangenkönigs auf der Haide hinein und hieb ihm den Kopf ab, um dem alten Fritz die güldene Krone zu bringen, starb aber dann am Schlangenbiss (Reusch). The tree Ologunsese is dedicated to the god of hunting (in Yoruba). Les Lehs conduits par Wiat (Wiatko diminutif) abandonnèrent les côtes de la Vistule (II. et VI. siècles), et c'est la grande majorité de ces Lehs, appelés Wiatitchans, qui furent obligés de fuir devant les Tourans Moscovites. Ils se refugièrènt en Moesie, où les Tourans Boulgares les atteignirent et les soumirent (VI—X. siècle). Les Lehs conduits par Radyme quittèrent les bords de la Vistule vers la moitié du VIII. siècle. Ils occupèrent les bassins du fleuve Soja, partie du gouvernment de Smolensk et de Mohylev (Duchinski). Die Kurden in Ardilan heissen Kizzilbash von ihrem blond-rothen Haar (und blauen Augen). Die Susmannia werden von den Persern und Hindostan hergeleitet (bei Behistan) mit Emblemen des Phallusdienstes, die auch als Saulen an persischen Brücken stehen (nach Hausknecht). Bei den Bakhtiari hat sich die Sage von Lohrasp's Unter-

den Tori-Wald floh, wurde er zum Schutz vor seinen Feinden zu einem Sicherheitsplatz unter dem Wasser[1]) geführt, aus dessen Grunde die Vey mitunter die Gesänge der Zontori vernehmen (Koelle). Der

---

gang erhalten. Der Vormundschaftskauf oder Mundkauf war für die Eheschliessung wesentlich. so dass es bei den Alamannen und Baiern dem Vormund frei stand, die Ehen, bei denen kein Mundkauf Statt gefunden hatte, nach Belieben wieder aufzulosen und eine Busse zu fordern. (Friedberg). Infra Circassos (Circass) et Kanovienses nullae habitationes Christianorum sunt (Guagn). Rutheni (in Kiew) cum Tataris Praecopensibus belligerant.

1) In Haussa kommen die Ertrunkenen zu Dodo, der unter dem Wasser des See's lebt. The Yorubans have a superstitious dread of touching the nest of the bird Ogurodo (Crowther) Sariki, König (in Haussa) [Siratik]. Die Musquito (Sandfliegen) heissen (in Yoruba) Yamyam (s. Crowther) [Arinzen]. Der Ara genannte Vogel wird in Yoruba nicht getodtet (s. Crowther). O baro dewel an o polopenn (der grosse Gott im Himmel) ist das höchste Wesen der Zigeuner (Liebich). The Ghond women have the legs as far as they are suffered to be seen tattoved in a variety of fantastic patterns, done in indigo or gunpowder blue (by the Pardhans). It is done when the girl becomes marrigeable (s. Forsyth). The rat Okete is remarkable for eating palmnuts and is therefore dedicated to Ifa (the god of palmnuts) in Yoruba (s. Crowther) Fumigation, made of the bark of the tree Erun, drives away evil spirits and sickness (in Yoruba). According to the Isubu there is a something spread on high as a piece of cloth is extended or as a spider stretches its web, and the Dibobe (sky or firmament) covers the whole arc of heaven (Burton). An einigen Stellen (des Talmud) wird als eine römische Würde der mit einer Weinrebe Versehene erwähnt (als der Centurio, der mit dem Stabe einer Weinrebe die Soldaten strafte). Pontan betrachtet Vitis als den Stab, der auch anderen militairischen Graden als Ehrenzeichen angehörte. Dem (nach Ausrottung der Makkabäer) geblendeten Baba ben Buta liess Herocles eine Krone aus Centipeden aufsetzen. Als die ganze Welt versorgend und befriedigend ist (im Talmud) Serapis identisch mit Joseph. To enter the secret compact of Disua in the woods (of the Isubus), the stone is cut and a small piece swallowed by each person (s. Burton). To statute Dibombe (checking manslaughter) originated in a dream (amongst the Isubus). Motu a Nggangga und Aerzte unterscheiden sich für jede Krankheit (bei den Isubus). The Ngambi (or great Idol of the country) resides wherever the Ngambi-man (fetisheer) locates it with his spells (according to the Isubu). The water god Jiengu or Njengu (venerated by the free men of Isubu) walks with feet reversed (the toes being behind). Nyambe (of heaven) is the great worker in the earth amongst men (according to the Isubus). The Isubu or Bimbia people sometimes offer food and drink to the Bidimo (the dead friends and relatives) or apparition (Ekomba ya Bidimo or Country of the dead being opposed to Ekombo ya Bawenya or Land of the living). The Opa tree (mahagony) is supposed to become luminous at night (in Yoruba), used for drums. El idolo Ubamari (de los Tepehuanes) era una piedra (la cabeza humana, el resto como una columna). Ofrecianle flechos, ollas de barro, huesos, flores y frutas (Fonte). Mulu (the breath of the Mouth) is opposed to We, breath of the stomach (by the Isubu). Wei i mafatea (dead) or the lifes breath is broken. Men and women (among the Isubu) are accused (by the Dikanggo or Diviner) of possessing Ilemba or an evil spirit (as Motu wa Ilemba or man of Ilemba). Rathgeber führt die äolischen Gottheiten (mit den Musen) auf den äolischen Thraker Orpheus zurück.

König von Monomotapa sendet alle Jahre an seine Vasallenfürsten Gesandte, ihnen neues Feuer[1]) zu geben, mit dem Befehl, alle anderen

---

Die im Reiche des Benomotapa geehrten Frauen hatten den Ackerbau zu uberwachen (nach De Barros). Der Kultus des Kurk oder Curche (von Kur mit priapischer Bedeutung) wurde (1249) in Preussen zur Erntezeit verboten (s. Pierson).

1) In des Königs' Feldlager ward ein hölzernes Haus aufgerichtet und darinnen ein allezeit brennendes Feuer gehalten (in Monomotapa) 1688 [Damara]. Den im Streit Fallenden ward das mannliche Glied abgeschnitten (Dapper) [Abyssinien]. Die Abgabe eines Pfennigs fur Töpfe und eines Pfennigs fur Zunder hatte (auf den Hebriden) aufgehort (zu Buchanan's Zeit), weil alle armen Leute ihren eigenen Topf und Zunder hatten (1790). Les peuples du royaume de Gualata adorent le feu (de la Croix) 1688. Die Völker in Monomotapa nennen ihren fürnehmsten Gott Maziri, den Schöpfer oder Atuno. Sie beweisen auch einer Magd mit Namen Peru grosse Ehre, und haben Klöster, darinnen sie ihre Töchter einsperren lassen. Das Holzbild Kikokoo (im Dorfe Kinga) bewahrt die Todten im Grabe vor den Zauberern (Doojes) in Lovango (1688). Die Amazonen im Reiche Monomotapa braunten die linke Brust ab (nach Dapper). Les Indiens de les Baie de Hudson regardent ukkewma (le premier chef) comme l'auteur de tous les biens dont ils jouissent, et Wittikka comme l'anteur de toute sorte de maux (Ellis). Die von dem König (der Ammakoosina) als Ehrenzeichen ertheilten Armenringe dürfen nie abgelegt werden (Lichtenstein) [Pelew]. Ein jeder Namaker hat allezeit ein kleines Stuhlchen von Holz und Stricken am Arm hängen (Dapper) [Nil]. No man dare venture on the island of king Philipp (in Sierra Leone) for fear of Camassano (the devil-idol) 1604. Das Recht hat die Aufgabe, im Organismus des menschlichen Lebens, alle Verhältnisse der Wechselbedingtheit unter allen Lebens- und Güterkreisen für die Ermöglichung aller vernüftigen Zwecke zu ordnen (Ahrens). A Quarah il y a la division de tourtalou (côté gauche) et celle de tourlatou (côté droit). Humma oder Summa lässt regnen und wehen, nach den Hottentotten, die zu viel Regen durch harnen von eine Grube und aufsteigenden Gestank enden machen, Sturm durch Emporhalten eines schmierigen Felles an einer Stange (Dapper). Das Gedächtniss der Kaffern ist sehr stark, sofern es in Erinnerung sinnlicher Gegenstände besteht, wogegen es mit der Zeitrechnung sehr dürftig aussieht (Lichtenstein). Hat der Engango Mokisie den Teufel aus dem Besessenen ausgetrieben, so legt er ihm am Arm einen Ring an, sich des übernommenen Gelübdes zu erinnern (1688). Mani-Pongo (der König von Pongo) residirte (am Gabunfluss) im Schloss Goliparta (Dapper). Die Mokisie von Asia Votta ist ein allerlei Unrath enthaltender Sack, oft 10 – 12 Pfd. schwer, der in Loango auf allen Reisen getragen wird (obwohl sie darunter der schweren Last wegen oft krumm gehen, meinen sie doch, dass derselbe ihre sonstige Bürde nicht schwerer, sondern leichter mache). Beim Befragen (wegen Diebstahl, Tod u. s. w.) lässt der Gonga durch umherrütteln einige der Sachen herausfallen und theilt (nach der Bewusstlosigkeit) mit, was er von Busibatta vernommen hat (Dapper). Wenn (im Königreich Lovango oder Bramerland) der gemeine Mann auf den Gassen einem Edelmann begegnet, so fallen sie auf die Knie und klopfen in die Hände (Dapper). Dizen algunos Portugneses que semejan aquellos edificios de Zimbove (wo der Kaiser von Monomotapa Frauen hielt unter der Hut des Zimbacayo) otros que, estan en la alta Etiopia en las tierras de Habexa (Marmol). A piece of wood, having four sides, was brought off by the chief (at the Gaboon) who by certain notches on each side, was enabled to deliver the list (of the four different assortments of goods, to be given for the bullocks) correctly (Boteler) 1826.

Feuer auszulöschen (s. Dapper). In der Gabe der Vorschau[1]) (wafeln) schauen die Pommern Feuersbrünste und strandende Schiffe im voraus wafeln, und so ein Wafeln soll es sein, wenn sie versunkene Städte wie Wineta (am Meeresgrunde) sehen (Duller). Die Araucaner werden

---

Jemand durch die Moquisien bezaubern), dass er toll oder lahm und blind wird, heisst Takka (in Loango) 1688

1) Hufeland's Somnambule sah sich im Zustande des Hellsehens gleich von Anfang in einen schönen Garten versetzt. Scheintodt Gewesene sagten dasselbe von sich aus, ebenso Verzuckte (s. Schubert). Der Garnisonküster Poplun (in Danzig) war wahrend seines Scheintodes im Geiste in so unbeschreiblich schöne Gegenden versetzt gewesen und hatte so liebliche Gesichter gesehen, anch war ihm dort so unendlich wohl gewesen, dass er am allerliebsten dort für immer geblieben ware (s. Splittgerber). Im Lettischen bedeutet Sseewa oder (bei den Pintainen) Siwa die Frau oder Hausmutter (s. Thunmann). Les Hurons consultent particulièrement les femmes (Charlevoix) vor dem Kriege. Jods bedeutet ein Wald- oder Feldteufel bei den Letten (Dewns, Gott). According to Rawlinson there was a childisch and grotesk character in the (Shahnameh of) Persian poetry (wie in tartarischen Sagen Sibiriens). Als der selige Baron Knorr von Rosenroth (zu Sulzbach) seiner Tochter erschien, trug er das Haupt verbunden, indem er, als er auf einem gefahrvoll schmalen Stege über die tiefe Kluft der grossen Wasser (vom rothen Meer) gehen musste, zwar glücklich hinuberkam als kleines Kind, aber von dem Sturm am Haupt gefasst und beschädigt wurde. „Dies Gesicht war sehr lehrreich" (Schubert). Die Grönländer verunglücken leicht auf dem Seelenweg. Die Priester der Wenden waren Miki (Lehrer) genannt (nach Thunmann) Die Kalmuken schreiben Schneestürme den Wettermachern der Kirgisen zu. Die Slaven schnitten dem griechischen Heerführer Asswad Riemen aus der Rückenhaut [Normannen] Keöze süzegi heisst (bei den Kirgisen) das Befragen des Schulterblatt's (Vambery). Das Wahrsagen mit Steinen im Harn heisst Ijik-zjip (bei den Kirgisen). Das pontische Meer heisst Fanar gara dengiz (das böse schwarze Meer) bei den Griechen (nach Cameron) Der verwilderte Blick der Formosaner erinnert an Wahnsinnige, indem sie die Augen immer weit aufgerissen halten, so dass das Weisse mehr zum Vorschein kommt (nach Bechtinger). Nach Baxter begreift die Wiedergeburt mehr in sich, als die Bekehrung, und bedeutet eine ganz neue Creatur, da es heisset: „Das Alte ist vergangen, siehe es ist Alles Alles neu geworden" (Reitz). Widewut versammelte die Eingeborenen bei Rickaito oder Romowe (Wutzke). Templum (auf der Insel Misdredan) et quod ei adjectum est caementerium, nemini creaturae foemineae fas erat ingredi, a quo et sibi cavere animalia, aves et id genus reliqua humanae rationis expertia poterant, nec profecto est, quae audeat ingredi, vel possit et si tentet, templum hoc aut caementerium sequioris sexus creatura (I. Johnstone) nach dem Kongs-Skugg-Sio. Jene frommen Seelen, die in ganz besonderer Lebhaftigkeit und Innigkeit ihres Gemüths, vorzüglich oft in die Tiefe eines religiösen Entzückens hingerissen, waren auf der anderen Seite auch gerade am meisten den Qualen der heftigsten sinnlichen Versuchungen ausgesetzt, oder auf jenes Entzücken folgte eine bis zur tiefsten Ohnmacht gehende Dürre und Verlassung von allem geistigen Gefühl (Schubert). Im Reiche des Kaam in Cambalek sind die höchsten Fürsten, die Alanen heissen, Christen (1339). Mit Hülfe der Alanen, von Elam (Seth's Enkel) stammend, eroberten die Tataren unter Cingwis-Kaan, (der 72 Fürsten in Sold nahm) die Welt (Marignola). Unter Schunti war Fodim Jovens der vornehmste der alanischen Minister (s. Meinert). The Chinese historians of the Mongol

durch die Schiffe Tempulagg nach dem im Westen [1]) des Meeres befindlichen Paradiese geführt (Stevenson). Die Chippewy fahren in einem steinernen Canoe hinüber (Mackenzie). Gemeiniglich schwören sie in Lovango bei dem König [2]), mit dem Worte Fyga Manilovanga. Aber der höchste Schwur geschieht mit dem Trinken von der Bondeswurzel, welcher Trank vom Konda eingegeben wird (Dapper) [Siam].

---

dynasty call this people (the Alans of the Caucasus) Asu (Yule). Nach Raschiduddin finden sich (unter den Keraiten) Christen von Alan (für Syrien, Klein-Asien und Russland). Die Horde der Erkeden (Freien) ist torgutischer Abkunft.

1) Wenn sich die Seelen der Otomaken nach Westen begeben, wo sie ohne Arbeit und Beschwerden leben werden, begegnet ihnen der Vogel Tighitighi, der die nicht Wehrhaften beim Angaffen auffrist (Gilii) [Polynesien]. Am Tage ihrer Erscheinung sehen wir die Tannen-Walder, die Kräuter-Haiden, die Bienen Schwärme, die Härings Bänke, die Büffel Heerden, die Menschen Nationen (Agassiz). Der emancipirte Sohn, als aus dem Sklavenband der Familie herausgetreten, hatte kein Theil am Erbe (in Rom). Aus Luoguo's Nabel und aus seinem Schenkel, worin er einen Einschnitt machte, entsprang der erste Mensch (de la Borde) bei den Caraiben. Die Völker von Guinale beten (wie die Kasanger) ein Bündlein Stöcke (China genannt) als Abgott an (s. Dapper) Les idolâtres de Casamança (sous le roi Jaxem) font une procession en honneur de son dieu (China), où leur pontife (Aracam) porte un voile de soye bleue, où est peint un faisseau de menu bois avec quantité d'ossemens de morts. Dès que la procession est finie, ils mettent leur idole dans le tronc creux d'un arbre (de la Croix). Die Männer (in Kalbarien) haben den Kopf ihres Männlichen Gemächts mit einem Bast verbunden, auch wohl in einer langen Kalabasse stecken (Dapper). Der in Wirbeln wohnende Vogel Jungo nimmt die in den Böten Umkommenden zu sich herunter, ihnen Medicin zu lernen (in Sofala). Wer auf die Eier des Vogel Jawo tritt, ist zu reinigen (an der Westküste). Das gelbliche Volk der Mathola, im Norden der Kaffer, windet das schlichte Haar in Zöpfen um den Kopf (1801). Wenn bei den Mazikongern ein Ehemann oder eine Ehefrau stirbt, so wird die Schuld allezeit auf den Längstlebenden gelegt (Dapper). Der paterfamilias hat das jus vitae ac necis, und kann den Sohn als Sklaven verkaufen oder noxae geben.

2) Der König von Lovango heisst Mokisie, weil er regnen lassen kann, sich in ein Thier verwandeln u. s. w. (1688). Wenn Jemand mit einer Jungfrau zu thun gehabt, muss er am Hofe des Königs „weisen, wie sie mit einander das Werk verrichtet haben“, weil sonst der Regen im ganzen Lande zurückgehalten werden würde (s. Dapper). „Kein Schwartzer, der des Nachts seine Frau beschlafen, ist so kuhn, dass er die Mokisie Mirni anrühre, so heilig wird sie gehalten.“ Hat in Lovango Jemand auf einem Bett gesessen, das durch Beischlaf verunreinigt war, so muss er sich vom Schmied durch die Ceremonie Vempa Momba reinigen lassen (Dapper). Die Einwohner von Biafra zaubern Regen, Blitz und Donner, ihre eigenen Kinder opfernd (Dapper). Der König von Kasson konnte, wenn er sich bewegte, soviel Wind machen, als wenn es gestürmt hätte (nach Block). Man findet (in Angola) viel Wahrsager und Zauberer, welche gekleidet gehen, wie die Weiber, und Chibados genannt werden (Dapper). Melinde und (nach Avicenna) Mondel waren Ausfuhrorte der Moes. Lorsque les pères et mères sont devenus si vieux, qu'ils ne peuvent plus subsister de leur propre labeur, ils éxigent de leurs enfants, qu'ils les étranglent (Ellis) in der Hudson's Bay (wie auf Fiji). The Caffers of Bano on the Lovango dance themselves frantic to get the knowledge of things lost. Zanahga,

Gespräche über das künftige[1]) Leben, suchen die Mandingo abzukürzen durch die Bemerkung, dass (Mo omo inta allo) kein Mensch etwas davon wisse. Wenn ein Mensch in Folge eines Unglücks oder durch eigene Schuld früher stirbt[2]), als es Gott bestimmt hat, so muss der Geist so lange umgehen, bis die für ihn bestimmte Lebenszeit abgelaufen ist (Zingerle) nach dem Volksglauben im Vintsgau. Die

Guenziga, Terga, Lempta e Berdoa popoli, sono questi tutti da Latini chiamati Numidi (Liv. Sanuto) 1588

1) Auf dem Berge Zindanbabae oder der Holle des Vaters (mit Adam's Fusstapfen) hörte man die Wasser rauschen, die aus der Quelle im Paradiese herabsturzen, ein vom östlichen Ocean umschanzter Ort jenseits des kolumbinischen Indiens, der (nach Johann Scotus) bis an den Mondkreis reicht (Marignola) 1350 p. d. Am Fusse des Berges wohnen die (von den scheusslichen Söhnen Kain's verschiedenen) Mönche in der von Enoch gestifteten Religion (Kinder lehrend und freiwillige Almosen erhaltend) in Ceylon.

2) The Bijagoz (worshipping Balola) believe, that if they die voluntarily at a distance from home, their spirit flies to their native place, where it continues in the enjoyment of life (Valdez). Sickness (on the mouth of the Cassamanza and St. Domingo) is caused by the evil spirit Hiran. Les ordres souterrains du Kadjour (dessen mit einer Hutte uberdecktes Grab von den Handen seiner Tochter gerieben wurde, um Antworten zu erhalten bei den Rol) sont immédiatement exécutés (Poncet). The Rango-pango (musca sarcophaga) is considered as an aitua (omen of death), for being a meat fly, it scents diseased persons (in New-Zealand). Los Caribes llaman al Dios Quiyumocon (mestro Padre Grande). Los Betoyes decian que el sol era Dios (en su lengua al Sol y à Dios llaman Theos). Los Salivas dicen que el Puru hizo todo lo bueno, que Puru vive en el Cielo, que el hijo de Puru mato aquella serpiente que destruia las gentes (Gumilla). Los Indios Achaguas llaman Tanasimi, los Betoyes y Iwaras Memelu, los Guajivas Duati, los Guaraunos Jebo el Demonio (servido por los Mojan, Piache, Alabuqui etc.) Als die Caraiben von den Hollandern Feuergewehre erhielten, zogen sich die mit ihnen kampfenden Otomaken zuruck (Gumilla) 1735. Die Männer kommen von den Weibern (Teftasani aus Nisa). Nisa (der arabische Plural) heisst die Weiber (s. Hammer). Der americanische Sago-Baum giebt victum et amictum. Auri sacra fames. Alle Formumanderungen (der Pflanzen) entspringen aus inneren Ursachen (nach Nägeli). Kerner stellte Kultur-Versuche an, um durch den Einfluss von Boden und Klima constante Formumanderungen zu veranlassen, aber das Resultat war stets ein negatives (s. Grisebach). Purrunaminori, der die Menschen erschuf, zeugte mit der Jungfrau Tapanimarru seinen Sohn Sisiri (nach den Maipuriern). Bei den Ottomachiern heisst Gott Givi-uranga (der in der Hohe wohnt). Die Jarusis unterscheiden Andeconome (Gott des Himmels), Dabuconome (der Erde), Inaiconome (der Wälder), Ciriconome (der Wiesen), Viconome (der Flüsse). Nach den Tamanachiern erschuf Amalivaca (mit seinem Bruder Vocci) die Welt (s. Gilii). Der Teufel (Jolochiamo) erschien in Traumen. Nach den Oronoken zog die Seele (Nande) jenseits des Meeres. Japituari, der die Juca-Pflanze hütet, stieg auf einer aus Pflanzen gemachten Kette (Japituari uanucutpe oder Japituari's Leiter) in den Himmel (nach den Tamanachiern). Die Mapurier halten die Sterne für Menschen, die fruher auf der Erde lebten. Nach Opfern für die Xines legen sich vor dem Jambacoz (Priester) Braut und Bräutigam einen Armring an, für guten Erfolg (s. Valdez) bei Felup und Banhun. Upon the Pego (consisting of a small present of cattle) or the mark of recognition of territorial right (universally customary among Bechuana tribes, when a

in einer zum Scheintod[1]) führenden Krankheit von Reinga zurückkehrende Alte von Rotorua (auf Neuseeland) war dem Vogel über den Fluss entkommen, hatte aber die von den verstorbenen Vorfahren angebotene Speise (die sie als Schmutz erkannte) nicht genossen, und konnte so in ihrem Körper wieder eingehen (Taylor). Ueber der Asche der in einer Metall-Vase verbrannten Leiche eines Vornehmen (Gyalpo

---

foreign people obtain permission to reside in the country of another) being given, the territorial chief entrusts the headman of the foreigners with the case of allotting to his men that portion of the country, which is fit for the cultivation of Kafir corn. The Cabindas have two kinds of Mani-panchas or householdgods, the one kind with features of the Egyptien type, the second with Hottentot characteristics especially the great development of the Musculi glutei (s. Reade). Jeder Fürst (in Tscherkessien) hält streng auf die Pferde-Rasse, die seit Jahrhunderten schon in seiner Familie durch Tugenden sich ausgezeichnet. und brennt ihr angenommenes Zeichen den Fohlen von einer Rasse auf die Hüfte (s. Koch).

1) Les Maori rapportent, que les ancêtres de Mawi n'avaient point des femmes, et que la mort n'existait pas dans le monde, ce n'est que lorsque la première femme fut créée, que les hommes ont commencé à mourir (Pompallier). Als Gilii einem Tamanachier mit der Hölle drohte, meinte derselbe, dass er hinkommen und sich recht durchwärmen würde. Bramidos, als unterirdische Getöse in Quito. Les habitans de l'île de Fer respectèrent la prédiction du devin Yoñe, qui leur avait annoncé l'arrivée des hommes envoyés par Eraoranhan (d'après Galindo). The Acoo (fire-worshippers in Sierra Leone) dance the Kick-araboo (dance of death) until the duppy (ghost of the deceased) appears, and whoever first sees the wraith is the first in the company to die (Hewett) The Eboes (near the delta of the Niger) eat (nyam) men (Hewett). Besides the snake (at Dix-Cove), they have another fetish in the form of a negro in a sitting posture or rather more like squatting (with lizards and snakes on the head), consulted, when they commence any capital undertaking or any thing very unusual (Carnes). Im Baskischen heisst Atzea (atzean, zurück oder hinter) der Fremde. The chief of Waitotara was considered to be profoundly wise in the stars, knowing all their names and powers. His people therefore became the chief worshippers of the heavenly bodies (each star having its Karakia, when it was in the ascendant), so also was it with the moon, which the chief of another place was supposed to be best acquainted with, (having a Karakia, when the new moon appeared). In one place the Hurihanga tau (new year) was celebrated with a Karakia. In another the most sacred day of the year was the day of hair-cutting (Taylor) in New-Zealand. The Moko or Tattoo was the general ornament (in New-Zealand), the papatea (plain face) a reproach. Marks (Lokualo) are made by striking the stone on another till curved lines cercles, avals and zigzag figures are impressed on its surface, exhibiting the appearance of a white stripe like a confused coil of a rope (Moffat). Die Flecken am Mond rühren her von einem Häuptlinge Neuseelands, der in dunkler Nacht (bei Abwesenheit seiner Frau) Wasser zu holen ging, und da er dem nicht scheinenden Monde fluchte, von demselben herabkommend mit seiner Calabasse fortgeführt wurde (s. Taylor). Dès qu'un enfant était venu au monde, on appelait (dans l'île de Canaria) une des femmes de la classe de Maguadas (bautiz adoras ó Hary maguadas) pour laver la tête du nouveau-né (Berthelot). Les Guaynes (nobles) exerçaient une grande influencel, jouissant des privilèges dans l'île de Lancerotte). Le reste du peuple était esclave (Berthelot).

oder Kahlon) wird (nachdem ein Bild des Verstorbenen ausgeknetet) eine Pyramide oder Tschorten für die Todten-Urne oder Pourgam (mit Getreide, Perlen, Metallstücken, Betschriften, Sandelholz u. s. w.) errichtet (in Ladak[1]). Auf den Marquesas versammeln

Les Indiens (de la Virginie) élèvent de autels partout, où il leur arrive quelque chose de remarquable (1707) Ils disent que le petit oiseau Pawcorance est l'âme d'un de leurs princes.

1) Le corps du grand Lama, revêtu de ses habits ordinaires, est renfermé dans un cercueil (pour-gam) avec les genoux élevés jusqu'au menton et liés aussi étroitement que possible dans la position d'une personne assise. Auprès du corps sont placés l'assiette et la tasse du défunt, son rouleau de prières et tous ses ustensiles religieux, ainsi que les chapelets, mineraux et métaux qui symbolisent habituellement la royauté. On y joint des images de Sakya-Thoubba, de Djamaya, de Tchanrazik el celle du Lama même. Le cercueil est ensuite déposé dans une pyramide (tchorten), devant laquelle on place de la nourriture et de l'eau, ainsi qu'une lumière (de Rosny). Den Rumanen wird in das Grab ein Stock mitgegeben (zum Ueberschreiten des Jordan), ein Tuch zur Bekleidung und ein Para für den heiligen Petrus (Kanitz). The conjuror seemeth by praiers and invocations of God's powerful name, to compel the divell to say or doe, what he commandeth him. The witch dealeth rather by a friendly and voluntarie conference or agreement, between him and her and the divell or familiar, to have his or her turn served, in lieu or stead of blood or other gift offered unto him, especially of his or her soule. And both these differ from inchanters or sorcerers because the former two have personal conference with the divell, and the other meddles but with medicines and ceremonial forms of words, called charmes, without apparition (Minshew). L'empereur Naka-Mikado, désespéré de la mauvaise récolte du riz, voulut marcher nu-pieds sur la terre, afin de fléchir la colère du ciel (de Rosny) 1732. Iva Fiko-no Mikoto oder Zin-mou war Sohn einer königlichen Princessin auf den Lou-tschou. Genus divinationis captoptromanticum, quo augures in splendenti cuspide, velut in crystallo vel ungue, futura inspiciebant (s. Delrio). The black (bad) witch can hurt, but not help, the white (good or blessing) witch can help, but not hurt, the gray witch can both help and hurt (Brand). Die weissen Hexen wurden (nach Baxter) für gestohlene Dinge befragt und zeigten das Gesicht des Diebes im Spiegel. Prometheus was the first that wisht well to the sneezer, when the man, which he had made of clay, fell into a fit of sternutation upon the approach of that celestial fine, which he stole from the sun (Ross). Humboldt stellte das Gesetz des Parallelismus der horizontalen Zonen und der verticalen Regionen der Pflanzen-Verbreitung auf. Dem schamaitischen Zemienik (zeems oder Gesinde) entspricht (nach Stender) der lettische Semneeks (semme oder Erde), als Feld- und Flurengott (Bauer). Simrock erklärt Chimmeken oder (nach Wolf) Hausgeist (Nachbar) als verkleinernde Entstellung von Joachim. Die Mangbier auf Mindora waren (nach Carreri) geschwänzt, die Kelong auf Formosa (nach Helwig). Der allererste Kaiser (aus Siam auf Zeilon) soll unten am Wirbelbein ein Gewächs gehabt haben, so dass der Titel geschwänzt blieb (nach Wolf). Barchewitz sah auf Banda eine geschwänzte Sklavin aus Ceram, Hesse in Formosa, Tappe Schwanzmenschen auf Sumatra, auf Borneo (nach Harvey). Die Schwanzmenschen heissen Kuirukli bei den Truchmenen (nach Falk). Nach Zuchelli gebaren zwei von Affen geschwängerte Negerinnen zwei Affen, von denen der eine eine Zeitlang im Kloster lebte und sehr menschenähnlich schien. Köping sah zu Pelicatte einen herangewachsenen Bastard, (bald nach der Geburt fähig zu klettern) von einem Orang-Utang und einer Frau (s. Gatterer). Die Affen verfolgen Frauen.

sich die Seelen der Gestorbenen auf dem Gipfel eines hohen Berges, um (wenn sie reich und nicht boshaft waren) durch das geöffnete Meer in das glückliche Land[1]) zu sinken, das die Göttin Upti beherrscht. . „Die zu dem Dienst (der Götter) gelangen wollen, fangen

1) Neben Veiu Pacha oder (die Welt im Erdeumittelpunkt) Cupaypa Huaein (Wohnung des Cupay oder Teufel), unterschieden die Peruaner die obere Welt (Hanam Pacha) und die niedere Welt (Hurin Pacha). Les amis (du défunt) font le serment en mettant les mains sur un signe sacré (Bolly Guove) et promettent de ne porter point d'habit de couleur, de ne manger point de riz, de ne boire point, du liqueur, qu'on tienne dans un vaisseau ou dans un pot, de ne coucher avec leurs femmes etc. (chez les Quoja) während der Trauerzeit. Nach Dapper hatte man in Atzin und am Quaquastrand die Gewohnheit, dass jedes Dorf 2 — 3 Huren (Abrakrees) hielt. Les femmes pour s'empêcher de parler ou de boire prennent le matin une gorgeé d'eau et la gardent dans la bouche jusqu'à midi, quoiqu'elles ne laissent pas de travailler aux affaires du mènage (chez les Buramos ou Papais) 1688. Etant données séparement les urines d'un homme qui, pendant trois jours, aura suivi une alimentation uniforme et se sera trouvé dans des conditions extérieures sensiblement identiques, il sera possible par l'analyse seule, de savoir à. chacun desquels correspond d'une maniere relative, l'état ou de repos ou d'activité cérébrale (s'accompagnant de la production plus abondante d'urée de phosphates et de sulfates alcalines) ou d'activite musculaire s'accompagnant d'urée, d'acide urique, et de chlorure de sodium (Byasson). Die Neger an der Goldküste schlagen ihr Wasser stossweise ab, gleichwie die Schweine (nach Dapper). Au XV. siècle, Aloa était encore puissante et si chrètienne, que les sectateurs de Mahomet ne pouvaient sêjourner que dans ses faubourgs (Tremeaux). Doolu Bukara erfand die Schrift der Vey, und nach Zerstörung der Schulen in Dshondu (durch die Guras), wurde Bandakoro gebaut. Ihre Muttersprache achten sie wenig (in Arder) und reden meist das Akomische, dass für eine edlere Sprache gehalten wird (Dapper). Die alte Sippe und Mayschaft, welche ein Recht des Kusses, der Trauer, des Namensgebens, der Eidhülfe, Blutrache und Erbschaft begrundete, hütete streng den hergebrachten Brauch (Grimm). Este Bene Motapa a poco tiempo que era gentil y adorava el fuego, guardando algunos dias de los meses como los antiguos Egiptios (Marmol). En el reyno de Butua señorea un principe vasallo del Bena Motapa, llamado Butron. Die Neger von Benin nennen Gott Orisa und die Weissen Oviorisa oder Gottes Kinder (Dapper). In order to encourage the African slave trade, the French (1784) granted a bounty of 40 shillings per ton upon every vessel employed, and of 8 Lst. upon every slave imported (Matthews). Die Quoja opfern dem Abgott Billi und den abgeschiedenen Geistern der Jannanen (neben der Gottheit oder Kanuo). La famille des princes de Carous a étably une loy, par laquelle il est défendu de manger du boeuf ni des poissom à écaille (de la Croix). Orestes bringt die engere Verwandtschaft des Kindes zum Vater (als zur Mutter) zur Anerkennung. Um am Grab des (von den Jagosjagos bekämpften) Königs von Guinale seine Frauen und Diener zu tödten, wird ihnen (nach stückweisen Abhauen der Finger und Zehen) das Gebein in einem Mörser gebrochen und zerstampft (Dapper). Das Königreich Semen (terra Giudei) lag zwischen Abyssinien, Benin und Kongo (nach Dapper), als Land der Juden. Die Macrobier bewohnten die Insel Meroe mit den Aethiopiern von Napata (s. Tremeaux). Der Nominal-Werth hiess (vom Senegal bis Cape Mount) Barre, bis Palmas Stücke (pieces), bis Whydah Ackeys, bis Benin Pawns, bis Gaboon Coppers (Matthews) 1788.

noch ehe ihnen der Bart wächst an, die Gebräuche dieses Ampts zu erlernen, um sich an den Umgang mit den Göttern[1]) zu gewöhnen. Der vornehmste Mapono fassete ihn in die Arme, stellet ihn hin, den Mond anzusehen, wenn er voll ist, butzet ihm die Finger und gebietet, dass er die Nägel wachsen lasse. Von dergleichen Uebungen und Verzückungen kehrt der elende Mensch so abgemattet und entkräftet zurück, dass er viele Tage hindurch sich kaum genug erlaben und erholen kann. Ueberdies beobachten sie sehr strenge Fasten und ewige Enthaltung von gewissen Früchten und Thieren" (die Manacicas). Bei der Holzbrücke des Stromes an der Scheide des Paradieses hält (nach den Manacicas) der bleiche und finstere Gott Tatusiso Wacht, der von dem die Seele in einem Kanoe übersetzenden Mapono[1])

---

1) Verschieden von den Yriticus (den in den Waldern Sterbenden) und den Posibacas (den im Haus Sterbenden) kommen die Asineenes oder Ertrinkenden in den von den Isituucas (den Gottern des Wassers) versehenen Himmel (bei den Manacicas). Die neben den Isituus oder Herren des Wasssrs verehrten Gotter oder Tinimaacas, die bei Festen mit Geräusch zu den Mapono oder Priestern (die durch die Luft zur Göttin Quipoci auffliegen, in ihrem Schooss zu rasten), werden unterschieden (als blutig furchtbarer Gestalt) in Omequeturiqui oder Uragozoriso (der Vater), Urasana (der Sohn) und Urapo (der Geist), während der mit hellglänzendem Angesicht erscheinende Teufel, als Frau des Vaters und Mutter des Sohnes gilt (bei den Manacicas). Die Sonne wird als hellglänzender Mann beschrieben (s. Cavallero). At Kaitaia lights were observed hovering over the graves of serveral recently interred corpses (R. Taylor). The Maori imagine, that all diseases are caused by the lizard Kakariki (nautilus elegans) crawling down their throat, when they are asleep (s. Taylor). The Peruvian triad (Tangatanga) was represented by three statues, called respectively Apuinti, Churiinti, Intihuaoque, (Lord and Father Sun, Son Sun and Air or Spirit, Brother Sun). Ycona, Bocab and Echuac were the names of the three persons of which the trinity (in Yucatan) was composed (s. Squier). Tres personas con una corazan y una voluntad stellte (nach Schevarria) die dreiköpfige Gottheit mit einem Körper (in Neu-Granada) dar. The man in the moon is represented leaning upon a fork, on which he carries a bush of thorn, because it was for pycchynde stake on a sunday that he is reported to have been thus confined (s. Ritson) 1790. Die die Bulgaren besuchenden Russen rasirten theils ihren Bart, theils liessen sie ihn wachsen und flochten ihn, wie Pferdemähnen. The Irish or Welch during eclipses run about beating kettles and pans, thinking their clamour and vexations available to the assistance of the higher orbes (Osborne). L'abus du patronage n'a pu s'introduire en Egypte qu'aprés Constantin (Reynier), le résultat de son système d'honneurs hiérarchiques, des priviléges accordés à chaque grade des immunités qui leur furent attribuées. Die als Büsser nach Paris kommenden Zigeuner (1427) trugen Ohrringe (s. Pasquier). L'outen metallique était un fil reployé sur lui-même (Chabas). Telle a été la forme primitive de l'aes rude des anciens Egyptiens. Most houses of the westend of London have the horseshoe on the threshold (to hinder the power of witches that enter into the house) 1849.

1) Der von Pater Lucas unter den Manacicas bekehrte Mapono (Priester) wurde von den erzürnten Teufeln „angefallen und mit unzählbaren Streichen so wacker abgebläut, dass er am ganzen Leibe zerschlagen und verwundet,

(Priester) verlangt, dieselben vorher, von ihrem Schmutz zu reinigen (s. Cavallero). Oberlin (Pfarrer von Steinthal) unterschied als höchste der Mansionen das neue Jerusalem, darunter den Berg Zion, dann das Paradies oder Leben, dann das Meer, dann den Tod oder Tempelvorhof, dann das Thal Kideon oder die Hölle und als siebente das Thal Hinnon oder den Feuerofen (als Aufenthaltsörter der Seelen). Die abgeschiedenen Seelen, welche der Zug nach Unten[1]) in dem unseligen qualvollen Schweben zwischen Hölle und Tod hält, haben

---

elend genug aussah" (in Köln versahen die Heiligen dies Amt an Ungläubigen). Die Völker am Amazonenstrom tragen die Götter in einem Futteral, oder lassen sie beiseits stehen, bis sie ihrer nöthig haben, wie sie im Kriege einen Götzen auf das Vordertheil des Canoe stellen (Acuña). Dem Mond gaben die Chiquitos den Titul einer Mutter (nach Hieronymus de Heran). Bei Finsternissen schiessen sie unter Geschrei Pfeile ab, um ihn gegen den blutig beissenden Hund zu schützen Die Hottentotten (die den Teufel Tuequa fürchten neben dem nicht verehrten Gott Gounja) tragen (um vor Zaubereien gesichert zu sein) ein gebranntes Hölzchen (Soje) am Halse (Bövingh) 1714. Statt der Musik singen die (tanzenden) Hottentotten das gewöhnliche Hot tott tott und dieses ohne Aufhören, woher sie auch den Namen sollen bekommen haben (Bövingh) 1714. The New-Zealand natives think, that the inhabitants of Reinga (Hades) feed on human excrements and drink urine (Taylor), weshalb dem für einen Geist gehaltenen Jackson Urin angeboten wurde [als Preta]. Beim Anzug der Missionäre fragte klagend der in das Heiligthum (der Quiriquicas) kommende Teufel (Cozariso): „wo er wol hinziehen würde, wann er auch aus diesem Tempel fortmüsste? wo er wol einen Ort antreffen würde, um von selbem nicht wieder verjagt zu werden?" (Cavallero). Beim Tode des Praeses Victor (Sohn des Jactatus) fiel die weltliche Macht an seinen Sohn, den einzig noch lebenden mannstämmigen Erben Bischof Tello von Cur (s. Juvalt), so dass weltliche und geistliche Macht in Rhätien vereinigt war. Die Vidioarii (Vidivarii) oder Withen (Viden) führen auf (den Alanen-König) Widewut oder Waidewut (der Waideloten). Nach Hatantsich war die Sprache der Geten (oder Dacier) die slavische. Die Scandinavier bezeichnen das litauische Gebiet östlich von der Weichsel als Gotaland. Die Besitzer der Huben (Huber und ihre Nachkommen, die Hofjünger) hatten nur Nutzniessungsrecht, so lange sie die Lehenzinsen und Tagwen leisteten (Pupikofer). Die Tocipinambus lassen sich die Steinäxte von den (mit rückwärts gekehrten Füssen gehenden) Matayus verfertigen, Nachbarn der zwerghaften Guavazis (im Süden des Marañon). Wherever the remains of the Moa are found, there is generally a small heap of round quartz pebbles, which were swallowed for digestion (Taylor). Die Traditionen in Neu-Seeland sprechen von dem menschenfressenden Riesenvogel Powakai.

1) Wie schon in der ungleich niedern Region des Traumes bei den verschiedenartigsten Menschen die Bedeutung der Traumbilder fast ganz dieselbe ist, so ist auch in der Sprache der Propheten jene Gleichartigkeit bemerkt worden, vermöge welcher bei den verschiedensten Propheten unter denselben Bildern immer das Nämliche verstanden wird (s. von Schubert). Nach Reschideddin war es der Gebrauch der Mongolen, ihre Botschaften in künstlich gereimter Prosa und gewählten Ausdrücken zu schicken (s. Hammer). Der Arzt oder Krankheitsaussauger (Iriabos der Chiquitos) befragt den Kranken, ob er etwa das Chibcha-Getränk umgestossen und ausgeschüttet, oder seinem Hunde ein Stück Fleisch von einer Schildkröte, Hirsch oder anderem Thier vorgeworfen. Befindet er ihn eines dergleichen

am menschlichen Leben und Treiben ein grosses Interesse (als Neuigkeitskrämer), auch das château de la roche (bei Belfort) bewohnend. Gott gab einer Henne und Hahn zwei Greegree sie den Menschen zu bringen, damit die Frau beim Tode nur dreimal, der Mann viermal schliefe, und dann wieder erwache.[1]) Den Mond treffend, dessen Frau gestorben war, gaben ihm die Hühner für Reis, den sie assen, die (unter das Kopfkissen der Frau zu legende) Medicin zur Wiedererweckung nach drei Tagen, erhielten aber auf ihr Verlangen die

---

Lasters schuldig, saget er, dass die Seele des Thiers die ihr zugefügte Unbild zu rachen nun ihm in den Leib gefahren sei (denselben zu peinigen). Daher kommt es, dass sie, den Schmerz zu veringern, den schmerzhaften Theil aussaugen oder mit dem Streitkolben etliche harte Streiche um den Kranken herum thun, die Seele des Thiers zu erschrecken und in die Flucht zu jagen (nach de Arca). Dziwica (Gottin des Wildes) zieht durch die Walder (nach Lotze) in der Wendischen Lausitz. Hobrscy muzojo (Riesenmanner) in der Lausitz. Nach Nyendaal findet in Benin eine theilweise Excision der Klitoris Statt. Cowwewonck (the soule) is derived from cowwene (to sleep) because it works and operates when the body sleeps. Michachunk is the soule in a higher notion, which is of affinity, with a word signifying a looking glass (R. William). Eine fanatische Gesellschaft in den dreissiger Jahren des XVIII. Jahrhunderts rief die süssen religiösen Entzückungen auf eine Art magnetischer Weise durch fortgesetztes Kneipen und Reiben des eigenen Leibes hervor, und jene Entzückten wurden für Wiedergeborene gehalten (nach Stilling) Nach den Gesetzen Erma's, Wittwe des Warmo (Widewut's Sohn), hatten die Sventones genannten Priester die Braut zu untersuchen, um etwaigen Verdacht ihrer Jungfernschaft zu hindern. Die Egypter verehrten ihre Könige ὡς πρὸς ἀλήθειαν ὄντας θεούς (nach Diod Sic.) als θείας φύσεως. Idolum quod semel in anno collectis frugibus consueverunt confingere et pro Deo colere cui nomen Kurche imposuerunt (Jacob.) die Preussen. Von den Frauen (Tygni) des Zipa war eine legitim. Dem Zipa (bei den Chibchas) folgte nicht der Sohn, sondern der Sohn der Schwester. Atribuian tres cabezas (à Bochica) die Chibchas, die Sonne verehrend. Die Ur-Einwohner von Anna-Bon, die zu den Portugiesen gehörten, leben jetzt in einem einfachen Zustande der Natur und wissen von der ganzen Welt Nichts (Landers) 1830. In Wowau frägt das Mädchen bei der Verheirathung ihre Grossmutter um Erlaubniss, die allein das Recht hat, sie wegzugeben (Landers).

1) Der den (fastenden) Zauberer (Arendiouanu) Bedienende musste selbst fasten (nach Brebeuf) in Nouvelle-France, wo Manche für langes Leben fasteten (Lejeune). To expel the zar (a malady exclusively confined to unmarried women with the peculiar feature, that during the violence of the paroxysm it prompts the patient to imitate the growl of the leopard), a conjurer (as in the Buda complaint) was formerly considered indispensable, but by dint of perseverance, the medical faculty (of Abyssinia) have at lenght made the discovery, that a sound application of the whip is quite as potent an antidote against this evil, as the necromancer's spell (Stern). Bewusstlos niederfallende Mädchen oder Frauen (in Juda oder Whydah) werden zu den Priestern in den Tempel gebracht, um drei Monate lang ihren Körper mit Palmöl zu schmieren (s. Labarthe). Für den Tribut belehnten die Fundj den Vornehmsten der Belou und dann der Nebtab mit dem dreispitzigen Sammethut als Zeichen der Fürstenwürde (s. Munzinger). Die sabäischen Bewohner von Aloa wurden (wie alle Nubier) jakobitische Christen (nach Selim). Il existe dans chaque tribu des individus appelés

Medicin nicht zurück, da der Mond sie gekauft zu haben behauptete. Als Gott es hörte, verurtheilte er die Hühner von den Menschen gegessen zu werden, und die Hühner schreien desshalb jeden Morgen, wenn der Mond zu Bette geht, dass sie ihre Greegree zurück haben wollen (nach Goturu's Manuscript) bei den Vey (s. Koelle). An der Spitze jeder Familie bei den Grebos oder Krus[1]) steht ein Patriarch, in dessen Hände jedes männliche Mitglied einen Theil seines Vermögens niederlegt, damit daraus Straf-, Verlobungsgelder und Anderes für die Seinigen, für die er verantwortlich ist, bestritten werde. Bei der Rückkehr von Reisen auf europäischen Schiffen ward der niedergelegte Gewinn vertheilt. Nach Höhe der beigetragenen Summe geniesst Jeder Achtung. Mit jeder Reise werden mehr Frauen gekauft. Das Volk theilt sich in drei Klassen, der Alten unter dem Patriarchen und Oberpriester (Bodio), denen der Vorsteher der Männer oder Krieger zur Seite steht, und dann die Anführer im Kriege, mit der Klasse der Jünglinge. Das Haus des Oberpriesters ist ein Asyl. Dem Senat (der Alten) oder Gnekbade unter dem Bodio (Hohenpriester) und Worabanh (Anführer im Kriege), folgt der Kriegsadel oder Sedibo (als

---

Joyas, qui s'ihabillent en femmes, habitent avec elles, participent à leurs travaux, et ont des droits sur toutes, à la condition de se prêter eux-mêmes au plus infames débauches (Mofras), in Florida (nach Ens) oder Central-Amerika (nach Oviedo) und die Cudinas bei den Guaycurus. Many (of the Australians) had very prominent jaws, and there was one man (We-rahng by name), who, but for he gift of speech, might very well have passed for an orang-utang. He was remarkably hairy, his arms appeared of an uncommon lenght, in his gait he was not perfectly upright and in his whole manner seemed to have more of the brute and less of the human species about him, than any of his countryman Der Draco volans ist (nach den Chinesen) von einer Schildkröte geboren (s. Ath. Kircher). Faida, inimicicia (longobardisch), lithingi, quaedam nobilis prosapia (lithingj) voluntarje. Die Arecunas mästeten ihre Gefangenen zum Frass. In dem brasilianischen Grenzort Marabitauas nannten die Indianer sich selbst Barrés, aber sie mögen Abkömmlinge der alten Maravitamas sein, die wahrscheinlich, gleich den Barrés selbst, eine Abtheilung der Manaos bilden (Spruce). Der Tuxaua am Bache Ata pana-pishi (oder Jabaana) durfte (nach Natterner) allein zwei Weiber haben, wahrend die Horde in Monogamie lebte. Mit der Herbeiführung (Reducçâo) der Arecuna (1693) wurden diese Menschenfresser katechisirt. Das gesteigerte Kraftgefühl beruht auf einer localen Steigerung der Ernährung und des Stoffwechsels, es entspricht also einer wirklich gesteigerten Leistungsfahigkeit der Muskeln und ihrer Nerven (Ranke). The Pholeys breed cattle and are very dexterous in managing them, so that the Mundingoes leave theirs to their care (1730). Die Mundingoes erklarten die Mondfinsterniss because a cat had put her paw between (1732). Die Biafaren in Bulama wurden von den Bissagoes unterworfen (nach Brue). Die Colonisten (Beaver's) kauften die Insel Bulama von den beiden Bejugah-Königen in Canabac, sowie von den Papell und Biafaren (1793).

1) Grund und Boden sind Gemeingut, werden aber zu erblicher Nutzniessung übergeben an der Körnerküste (der Cardamomen oder Paradies-Körner). Auf falsche Anklagen fällt die Strafe des Verbrechens. Die Guten werden mit den Vorfahren im Himmel vereinigt. In Sestre stirbt

Männer), durch Kühe eingekauft, unter dem Ibadio und Tibawah. Die Jünglinge sind die Kedibo (als Knappen). Die Deyabo[1]) oder Aerzte legen in ernsten Fällen als Bürgschaft bei der Familie des Kranken das ihm bei der Weihe abgeschorene Haar nieder, ohne das er keinen Erfolg haben könnte. Nach der Medicin werden die Geister consultirt. Der Bodio (mit Eisenring am Knöchel) ist für gutes Wetter und Handelschiffe verantwortlich (bei dauerndem Missgeschick abgesetzt). Jeder trägt seinen Stuhl zum Palaver, wo der Sprecher mit Stab in der Mitte steht und die Berathung gemeinsam. Wenn der Todte das Dorf nicht verlassen will, indem der Sarg auf den Trägern zu schaukeln beginnt, so nähert sich das Haupt der Familie, und verspricht klagend, dass auch im Grab für ihn gesorgt werden soll. Stossen die Träger an ein Haus, so wohnt darin die zaubernde Ursache des Todes. In der Hütte auf dem Grabe ward ein Wasserkrug, Matte, Spiegel u. s. w. niedergelegt. Die Frauen versammeln sich Morgens und Abends zum beweinen (für einen Monat). Wer in Nowgorod (in den Quartieren von Starosten verwaltet) einmal (durch Wahl) Possadnik oder Stepennyi Possadnik (Beamter und Priester) gewesen war, hiess lebelang Starchji (Possadnik). Die Bojaren oder Kämpfer (Boi oder Kampf) bildeten den Rath[2]) des Fürsten. Das Volk zerfiel in Männer (Mushi) oder

---

die Hausfrau mit dem Manne. Die Kru opfern Kriegsgefangene dem Fetischbaum (Report). Der Grossteufel der Höhlen heisst Sulfin (Etwas). Vor Eintritt in die Geisterstadt (Kwiga Oran) verweilt die Seele im Zwischenzustand (Menu oder Menuke).

1) Der Kandidat der Deyabo muss zwei Jahre seinen Lehrer begleiten, ungewaschen und unrasirt, bis er dann geschoren wird, und einen unter Töpfen verborgenen Huhnerkopf als Probe der Geschicklichkeit auffinden muss. Mit der Affentasche, als Diplom ist er zur Verfertigung von Fetischen berechtigt. Gemeinsames Werk (Strassenreinigung, Brückenbau) durch alle Stadtbewohner. Gott hiess Nyiswa oder Geyi (Macher). Der Sohn Gottes heisst Greh bei den Grebos (Sankombum bei dem Amina-Volk). Die Kru bauen Reis und Cassave. Die Feldarbeit ist Sache der Weiber, wahrend die Männer Häuser bauen, Schifffahrt und Handel treibend. Bei den Kru gehören Heerden zum Reichthum, wahrend sonst (ausser bei den Fulahs) das Vieh vernachlässigt wird. Nach Wilson besteht die Sprache der Grebo grösstentheils aus einsilbigen Worten. Die Krus bauen viereckige Hauser auf Pfählen und scheiden die Zimmer durch Bambuswände mit europäischen Möbeln (aber ein Holzklotz, als Kissen). Die Kru (geübte Schiffer) verdingen sich auf europäische Handelsschiffe. Nur die zuerst geheirathete Frau isst mit dem Manne. Für eine Frau werden 3 Kuhe und 1 Schaaf bezahlt (als Kind durch Perlenschnur gekennzeichnet). Wenn die Frau entläuft muss die Familie den doppelten Preis zahlen. Diebe tauchen die Hand in siedendes Palmöl. If the corpse answers in the affirmative to any of the questions (about witchcraft), it is signified by forcibly impelling the bearers several paces forward, by a power which they say they are unable to resist, if on the contrary, it is signified by a rolling motion (s. Matthews) on the Sierra Leone river (1788).

2) Die (durch den Samting oder Reichstag) beschränkten Konunge (Konr oder Edle) herschten über die Jarle, denen die Herse untergeben waren im freien Volk der Bönde (mit Tröll oder Sklaven) bei den Nor-

freie Leute und Ljudi oder (abhängige) Leute (neben den Raby oder Knechten). Aus den gefangenen Stammesgenossen bildete sich der Stand der Ssmerden (Gemeine oder schwarze Leute). Ognitschtschanin (Heerdbesitzer oder Rauchfangbesitzer) hiess jeder Bürger oder Meschtschanin (s. Bulgarin). Der slavische Shupan [1]) erhielt bei

---

mannen. Die Wäringen oder Waräger heissen Foederati von wara (pactum)]Vara oder Kreis bei den Iraniern]. Die politischen Einrichtungen und die burgerlichen Gesetze sind die kräftigsten Mittel der Erziehung, der Bildung und Missbildung der Völker (Roder). Mohamed belehnte Hamza ben el-Noman mit einem Stück Land zu Wadli-Cora, so lang als er mit seinem Pferde rennen, und so breit, als er mit seiner Schleuder werfen könne (Wüstenfeld). The king, the priests and the soldiers were the only landholders in Egypt (under Ptolemy Neus Dionysus), while the herdsmen, husbandmen and handcraftsmen were thought of lower caste (Sharpe). Panini's Vorfahren waren im Lande Gandhara einheimisch, dessen Bewohner im Heere des Darius und des Xerxes gegen Griechenland folgten, wo Inder in der Schlacht bei Plataea kampften (s. Westergaard). Das Wehrgeld (Pogolowschtschina) wurde bei den Slaven den Verwandten des Ermordeten (das wilde Wehrgeld vom Gau) bezahlt und nach der Prawda Russkaja fiel ein Theil an den Fürsten (s. Bulgarin). Segun indagaciones del P. Espinosa, algunos años antes de pensarse en conquistar las Canarias benachrichtigten die Hirten (auf Nivaria) den Mencey (Acaymo) von dem Funde des Muttergottesbildes (Diaz Nuñez). Uri-taata (Hunde-Mensch) bedeutet Affe (auf Tahiti). Fanum daemonis Virginis (der Göttin Dewy oder Jungfrau (in Chersonnesus). Die Sunniten unterscheiden als Secten (Mezheb) die Hanifei, Schafei, Maleki und Hambali. De sanguine ejus processisse deos unter den Slaven von Bog (nach Helmold). Au commencement il n'y avait ni terre ni ciel, mais seulement l'abime sans fond de Ginnungagap. Aus dem unermesslichen Raume (Chagossun Agier im Mongolischen) entstand durch kreisende Bewegung Alles, was da ist und sein wird, die Welt der Körper und geistigen Wesen, der belebten und unbelebten, (s. Zwick) mit Buddha oder Burchan an der Spitze der geistigen Wesen. The fire called Tin-Egin (fire of necessity) is used as an antidote against the Plagne or Murrain in cattle (in the island of Lewis). Die Hölle (hyannaba im Mandingoe) heisst (im Seracolet) guianap [Gehenne und im Scandinavien]. Die Lukomorjes (im hohen Norden) handelten mit den Slaven, wenn sie aus dem Winterschlaf erwachten. Das Ungeheuer Tschudo-judo kam von den Finnen zu den Slaven. Tschur gilt bei den Slaven als magisches Wort gegen Dämone (s. Bulgarin), wie den Mogolen.

1) Der neue Jaga (von Cassange), der nach Beseitigung des alten gewählt war, wurde von den Adeligen gleich einem Verbrecher aus seiner Wohnung hervorgeholt (Valdez). Nach der Putzkellersecte im Lande Bart (1660) sollte nach dem jüngsten Tage der Teufel mit seinen Gläubigen wieder in den Himmel kommen, um dort so lange als Christus zu regieren (s. Kanzow). König Nidung liess durch Wiland den vergessenen Siegerstein holen, indem die Könige damals Steine (mit der Kraft, Sieg zu geben) bei sich trugen. Auf Lewis werden die Browny befragt, indem neben den in eine Haut gehüllten Propheten eine gespiesste Katze gebraten wird. Indem Witäs (Held, Recke) von Wiking abstammt, bedeutet Witäshestwo also Wikingsfahrt (s. Bulgarin) Gezählt wurde die Sippe gewöhnlich nach Gliedern oder Gelenken, vom Haupt durch Hals, Schulter und Arm, Ellenbogen, Hand, erstes, zweites und drittes Glied des Mittelfingers bis zum Nagel in sieben Gliedern, doch findet sich aussergesetzlich auch das neunte und elfte Glied (Deecke). An die Stelle des Geheges, wo der Bauer (auf

Antritt seiner Würde einen Backenstreich (s. Bulgarin). Der Vatter[1]) in hungersnot mag er den sun verkaufen und sunst nit. Die mueter mag den sun nit verkaufen, sie leid hunger oder nicht (Geisler von Kaisersperg) XV. Jahrhundert. — Wie immer der Mensch geschaffen sein mochte, ob gut oder böse, zum Bewusstsein gelangt er stets in

den Faröer) will, dass eine Heerde Schafe gehen und weiden soll, setzet er einige junge Lammer hin, welche also ein ganzes Jahr gehutet werden, dass sie nicht weiter kommen konneu, als auf diesem zur Weide auserschenen Platz. Wenn diese Lammer nun dergestalt an diesen Ort gewohnt sind, so bleiben sie allezeit da und gewohnen ihre Jungen, so sie zeugen, dass sie an eben diesem Orte bleiben, so lange noch ein Stuck von selbiger Heerde ubrig ist (s. Debes). Die Lehre von dem allgemeinen Einfluss des Bodens und der Klimate auf intellectuelle Anlagen und die Gesittung der Menschheit blieb der alexandrinischen Schule des Ammonius Sakkas eigenthümlich, besonders dem Longinus (s Steinwald). Wahrend der Miocen-Epoche war Gronland, Spitzbergen und das polare Amerika von Waldern bedeckt, deren Baume denen jetzt in Oestreich, Amerika und Asien existirenden gleichen. Tous les cafés americains sont les descendants d'un pied unique et cependant tout épicier ou tout amateur distingue parfaitement leurs diverses provenances (Quatrefages) Les caractères doivent être pesés et non comptés (Jussieu) Buffon erklart das Genie durch eine Anlage zur Geduld (l'aptitude a la patience). „Die freie Entwickelung von innen heraus“ stellt Diesterweg als Princip der modernen Schule auf, „Erregung der menschlichen Anlagen und deren naturgemass harmonische Entwickelung“ (s. Kellner) Kupe (of Hawaiki) discovered New-Zealand or Aotea toa. „Mit einem Dorn stechen die Taiahumanen ihren Tochtern an der Stirn gepunkelte Schlangelein, uber die Lippen eine Leiter und auf beiden Wangen ein Radlein mit abwartigen Streifen (mit Kohlenstaub eingestreut). Dies macht ihnen ein greuliches Ansehen“ (Steffel) [Khyen] Dass die Sunde, (sundar) deren Wesen Sonderung zunachst des Menschen von Gott ist, auch die bewirkende Ursache der Sonderung von Seele und Leib sei, ist speciell christliche Lehre (K. Hoffmann) [Avixa]. Auf den Munzen von Acanthus (bei Chalcidice) tödtete ein Löwe einen Stier. Cateia (Tartheia) ut quidam putant, aliquando Tartessus (Mela) mit einem Vogel des Hercules (Mel-Karth). Erdmann leitet Saracenen (Ssaraka oder Rauber) von Ssirak (Verbannter). Die goldene Schildkröte, von einem Pfeil des Manguschi-Burchan in der Tiefe des Meeres angeheftet, tragt das Weltgebäude.

1) Der römische Hausvater empfing morgens auf dem Hochsitz (solium) seine Untergebenen. Sobald ein Familienglied heirathete und eine besondere Wirthschaft anfing, wurde es von der Gewalt des Pan's oder Bann's befreit, wesshalb ein Bräutigam ein Freier (Freund) heisst (s. Bulgarin). Bei den alten Italienern bezeichnete Bannos einen Konig (Span und urtheilende Wahrsager bei den Normannen). Udel heisst ein bestimmter Theil (Loos) oder Antheil, als Theilfurstenthum (s. Bulgarin). Tunginus qui post comitem est, als Tiune des Tuun oder umzäunten Bezirks. El Cocorocó gobierna (las familias de la raza Bubi) con consejo de los esprimentados y ancianos (Usera y Alarcon). L'affranchissement materneel (istilad) s'opère aux premières couches d'une esclave dont l'enfant a été reconnu et légitimé par le patron. Pendant la vie du maître, la condition de cette esclave (umm'y veled ou mère de l'enfant) est comme celle de l'affranchie par testament (nach den Gesetzen des Islam). Die Kirgisen oder Feld (Kir)- Wanderer (gis) zahlen bis auf sieben Ahnen (s. Vambéry). Bei den nördlichen Germanen hiess der Knecht (Cholop im Slavischen) Kloben (gleba). Manittowock (they are gods), sagten (nach Williams) die

einer Verfassung, die aus der wissentlich oder unwissentlich verkehrten Erziehung den Fluch der Erbsünde simuliren mochte. Unrichtige Lehren, oder Missverständniss der richtig gegebenen, tränken, mit falschen Principien, und Uebermaass elterlicher Zärtlichkeit bereitet in dem durch Küssen und Kitzeln, Herzen und Tändeln erregten Sinnenreiz die Erschütterung der Constition vor, die, wie Kant bemerkt, auf besonders harte Proben gestellt wird von 15—20 Jahren[1]), von der Pubertät bis zum Selbstständigwerden. Unter den Naturvölkern wächst der Säugling sich selbst überlassen auf, aber gesünder und kräftiger, als sein civilisirter Altersgenosse, Knaben und Mädchen spielen nackt durcheinander, und wenn hier und da Ausschweifungen vorkommen, so würde dies in Lallemand's Augen weniger schädlich scheinen, als gewaltsame Zurückdrängung natürlicher Triebe. Sobald sich jedoch die Pubertätsperiode deutlich bemerkbar macht, wird die aufwachsende Jugend getrennt, und in dieser anderswo zu sentimentalen Empfindeleien führenden Periode einem harten Cursus von Entbehrungen unterworfen, mit deren Beendigung der Eintritt in den Ehestand die gesetzliche Vereinigung der Geschlechter gewährt, wie sie die Natur dem Menschen nicht unter den Grenzen einer Brunstzeit vorgeschrieben hat, sondern nach vernünftiger Regelung.

In den einfachen Gesellschaftsverhätnissen, wo, wie bei den Kru, sich die Stände nach den Altersklassen gliedern, bildet das Schlagen des Knappen zum Ritter die Ceremonie der Jünglingsweihe bei der

Indianer von den sie durch Pflügen und Lesen überraschenden Engländern. The natives of New-England have a tradition that to the Southwest (Sowwaniu) the gods chiefly dwell (R. Williams). From Kautantowwut (to whose house all souls go) came the corn beanes (1643). Unas naciones (en la provincia de Cumaná) tienen al Sapo por Dios ó Señor de las aguas, y por eso son tan compasivos con ellos, que rezelan mucho el matarlos, aun cuando son mandados, y se ha esperimentado tenerlos con cautela debajo de una olla y azatorlos con varillas, cuando hai escazez y falta de lluvias (Caulin). Der Sultan von Constantinopel (Rum) wird als Religionschef oder Chalif betrachtet. Der Chan von Chiwa hat den Rang eines Mundschenk, der Emir von Bochara den eines Reis (Religionsaufsehers), der Chan von Chokand den eines Stallknechts (s. Vambery). Nullum nomen univoce de Deo et creaturis praedicatur (St. Thomas). Cuando los Palenques salen a alguna cazeria de venados, conejos ó otros animales monteses, se previenen de unos coquitos, en que llevan las esencias de ciertas raizes y yerbas, á quien llaman Parikchayepue, con lo cual se pintan el rostro al entrar en el monte, por la vana confianza que tienen, en que asi han de ser venturosos en la caza, y lo misino hacen para tener fortuna en la pesca, llevando ciertos pullones negros, que cria un escarabajo, y otros muchos huesillos, que se cuelgan para cojer de aquellos pezes ó animalejos reptiles que buscan (s. Caulin). Sollte ein nicht essbares Thier getödtet werden, so wird es Krankheit verursachen (in Cumana). Slavi cum morte omnia finire putant (Ditmar). Die Mosquitos machen sich durch sonderbare Bemalung dem Teufel unkenntlich (s. Lévy).

1) Womit füllt der Jüngling diesen Zeitraum einer abgenöthigten und unnatürlichen Enthaltsamkeit aus? Kaum anders als mit Lastern! (Kant).

Pubertät, und der mit Anlegung der Toga unter die Männer Aufzunehmende muss vorher in Ablegung der Standhaftigkeitsprobe unter den Prüfungen sich dieser Ehre würdig bewiesen haben. Das harte Leben, dem die Knaben zu solcher Zeit unterworfen werden, dient zugleich dazu, die geschlechtlichen Reizungen, die bei ihrem allmählichen Erwachen leicht durch frühzeitige Reizung auf schwächende Irrwege geleitet werden und in civilisirter Weichlichkeit manch' edle Natur zu Grunde gerichtet haben, zu bändigen und niederzuhalten, bis sie durch diese Zügelung gekräftigt, mit Eintritt in den Ehestand (der jene Vorbereitungszeit beschliesst) in volle Thätigkeit gesetzt werden mögen. Der Knabe muss zugleich (während jener Regenerationsperiode der Pubertäts-Entwickelung) vom Jünglinge zum Manne umgeboren werden, und unter dem Vergessen kindischen Wesens und der Spiele der Kindheit eine neue Natur anziehen für den jetzt an den Familienbegründer herantretenden Ernst des Lebens.

Bei den Wyandots erscheint der Geist des durch die Schlauheit des Guten mit einem Büffelhorn erschlagenen Bruders (den die Mutter[1]) mehr liebte) in der folgenden Nacht, sprechend: „Ich gehe nach dem Nordwesten (dem Todtenlande) und komme nie wieder, und alle, die mir folgen, werden in demselben Zustande sein. Sie werden nie wiederkehren und der Tod wird sie für immer festhalten." Dieses Band[2]) (den Zug des Ersten Menschen zu sich hin) zu durchschneiden, den Menschen von dem Niedergang in dunkle Unterwelt zu retten und für ein hohes Leben in der Weihe zu verklären, bedarf es nun der wunderthätigen Mysterien, die von der lichten oder guten Seite geschenkt werden, aber dennoch gegenüber der realen Wirklichkeit des Irdischen als gaukelndes Blendwerk erscheinen, wie Buddha selbst in Vishnu's Avaturen die Lüge predigt, während er dann in seiner wahren Wesenheit gefasst, der Maya des vergänglich Körperlichen gegenüber, die Nichtigkeit des Nirvana ins eigentlich Wirkliche verwandelt. — Nach den Leni Lenape hatte der Grosse Geist den Bruder des ersten Menschen Nanabuscho getödtet, und würde von diesem, der sich gegen ihn empörte, fast überwunden sein, wenn er ihm nicht die Metai (Zaubermedicin) zur Versöhnung geschenkt (s. Andree). Nach den Mandan tödtet Numank-Machana (der erste Mensch) den durch die Verführung

---

1) Das Weibliche neigt sich dem irdisch Körperlichen zu, also der dunklen oder bösen Seite, der auch Torngarnsuks Grossmutter oder Frau Grossmutter Ata-entsik (im Lande der Vorzeiten oder Ekenuaune) angehören, sowie Maui's Urahnin. Den Tod brachte das Weib in die Welt (bei den Grönländern) sagend: „Lass diese sterben, damit die Nachfolger Platz haben" (Cranz), als das fruchtbar gebärende Princip.

2) Seit Nurunduri (der erste Mensch und Gott) sein Kind zuerst an einer Schnur zu sich herabholte, werden durch diese Schnur noch fortwährend die Todten zu Nurunduri hinübergeführt (in Australien).

seines bösen Gegners (Ochkih-Haddah) von der Jungfrau geborenen Sohn (Catlin). „Was für ein Wort Gott Inkosi enkulu (oder der grosse Herr) oder Umfo omkulu (der grosse Mann) den Menschen zurückgelassen [1]), als er von ihnen geschieden?“ fragt der alte Umpakati der Kaffer, als Döhne das Gespräch auf göttliche Dinge lenkte, indem „er nur diesen einzigen dunklen Begriff von seinen Eltern geerbt hatte.“ Von den Söhnen (Nahinekgane und Tuballischine) der Urfrau Istanaletsche war der jüngere der Sohn des Blitzes, und er erlegte mit seinen Pfeilen die Schlange [2]), die seiner Mutter nachstellte und sie zu verschlingen gedroht, wenn sie ihr nicht diesen Sohn zum Frass gäbe. Als Tuballaschine seinen Bruder Nahinekgane angegriffen, steigt dieser mit seiner Mutter zum Himmel hinauf, obwohl der Kampf zwischen den Brüdern fortdauert (nach den Apaches). Ihre (unverständlichen [3])) Lieder lernen die Kusas von den Mathimba (Tambuckis),

---

[1]) Dem Baldr, als er zum Jammer der ganzen Natur in die Unterwelt hinab muss, wird ein geheimnissvolles Wort (der Auferstehung) ins Ohr geraunt, und der Ring Draupnir, das Symbol der Unsterblichkeit und des Lebens, wird von ihm zum Trost an Odin zurückgeschickt, und Baldr selbst, heisst es, werde einst „am Ende der Welt wiederkehren“ oder wieder auferstehen. Osiris, Adonis, Proserpina u. s. w. erhielten alle in der Unterwelt die Verheissung, dass sie wiederkehren und wenigstens nicht immer dem Reiche des Todes verbleiben sollen. Dies an den Tod des ersten Menschensohnes geknüpfte geheimnissvolle Wort der Wiederauferstehung veranlasste bei den Heiden die Mysterienform (wie bei Osiris und Ceres-Proserpina), in welcher der Tod und die Wiederkehr scenisch gefeiert wurden. Als Bild der Auferstehung galt das Samenkorn (auch Paulus gebraucht es) und ausserdem das Geheimniss der Zeugung in der Ehe (Lüken). Statt des getödteten Abel schenkte Gott Seth der trauernden Eva.

[2]) Die Schlange (wie bei den Caraiben, Aegyptern u. s. w.) bietet in ihrem Häutungsprocess ein Symbol des Fortlebens, sonst der Hase, die Eidechse, auch die Hühner, wesshalb die Mädchenweihe bei den Quoja mit dem Sandi-Late oder Hühnerbunde begann. Auf gleichem Boden sind desshalb bei den Vey die Hühner die, sonst von anderen Thieren repräsentirten, Träger jener durch Missverständniss annullirten Unsterblichkeitsbotschaft, die sich bei Hottentotten, Kaffern, Grönländern u. s. w. wieder findet.

[3]) Les chants dans lesquels l'histoire (des Indiens de la Californie) se conserve, sont rédigés dans une langue dont les chefs et les sorciers seul ont l'intelligence et qui n'a pas le moindre rapport avec le dialecte en usage dans le reste de la tribu. La signification de leurs jeux et de certaines danses n'est également connue que d'un petit nombre d'adeptes (Mofras). Amongst the Mandingoes there is a cant-language entirely unknown to the women, being only spoken by the men, seldom used by them in any other discurse than counterfying the bugbear, called Mumbo Yumbo, which is what keeps the women in awe (F. Moore). It is dressed in a long coat made of the bark of trees, with a tuft of fine straw on the top of it (This thing the people swear by). Der Eintretende (über 16 Jahr) muss schwören, das Geheimniss keinem Weibe zu verrathen, und der König von Jagra, der es seiner Frau mittheilte, wurde (1723 p. d.) vom Mumbo Yumbo (Jumbo Moosa) getödtet. Le perè Boscana rapporte qu'un cacique (en Californie) trouvant ses Indiens trop nombreux pour le territoire qu'il occupait, partagea sa tribu en deux parties. Il réserva le commandement

die sie selbst erst lernten von Vögeln mit Menschenköpfen, die sie Nachts in ihrem Lande belauschten (Lichtenstein) 1806. Nachdem der Bruder den Himmel, die Schwester die Erde in der Dunkelheit gebildet, brachte jener dieser das Licht, um ihr beizuwohnen, und nach allerlei Steinen (besonders den zum Feueranschlagen benutzten) wurde das Wesen Oiot geboren, das viele Geschöpfe zeugte (in Californien[1])). Die ihn vergiftenden Nachkommen sahen bei der Leichenbestattung einen Schatten in der Luft schweben, der auf Fragen, ob er Oiot sei, dies verneinte, als der mächtige Schöpfer Chinigchinig von Oben, der aus Lehm den jetzigern Menschen (in den Indianern)

de l'une, et confia l'autre à se fille, en lui ordonnant d'aller chercher des terres plus à l'est. Avant de se séparer la tribu nouvelle composa une langue entièrement distincte de celle de la tribu dont jusqu'alors elle avait fait partie (Duflot de Mofras). Should two tribes at war after the message (of the ruler of a neighbouring state, to whom they have applied as mediator) prove refractory (continuing to destroy each other and to depopulate the country) the purrah (in the Sherbro country) is ordered out, and the grand fundamental article of the purrah law is, that no blood shall be shed while it is in force, so that the late contending parties follow their several occupations without fear (Matthews) 1788. Some had their faces and others their breasts marked with white balls or lines, given to them by the fetiche (mounted on stilts) as a cure or safeguard against some desease (in the fetiche dance) at Cape Lopez (Boteler). L'enlèvement par les esprits ou Jannanes (faisant entendre un grand bruit, à peu près comme celui que font les marionettes) se pratique ainsi: Les Soggonoe ont certaines gens à gage qui viennent sur le soir dans le village, de divers endroits et se rendent tous en même temps avec des cris effroyables dans la place où l'on tient les criminels, qu'ils enlèvent et emportent dans les bois sans qu'on en entende jamais parler. Pendant cette exécution il est défendu aux femmes sous peine d'enlèvement de mettre la tête à la fenêtre (1688). Le Roy même, qui est le chef de la societé de Belli, fait profession d'être soumis à ces ordres (s. de la Croix). Auf eben die Weise wird auch Jemand uber unterschiedliche andere Verbrechen bei den Belli beschworen, wann er des Kònigs Gebot übertràten, als da ist, dass Niemand einem andern sol Bluht lassen, dass Keiner des Andern Leibeigene mag wegführen und verbergen u. dergl. m. (Dapper). Einer eines natürlichen Todes Gestorbener heisst (am Orinoko) Amitamine, während sonst die Seele mit demselben Wort, wie der Teufel bezeichnet wird (Gilii). Als gefrässiger Vogel heisst der Teufel Tighitighi (am Orinoko). Gliederreissen wird durch Maravi's Pfeile veranlasst (Gilii). Die Stämme Vaca mucurie und Varacca paccili bezeichnen sich als Kinder und Geschwister der Palme Murrica und des Bären (Gilii). Die Ottomacher leiten sich von einer zum Orinoko herbeigeflogenen Frau, die ohne Mann schwanger geworden.

1) Il est dit dans un des chants (des Indiens de la Californie), „que de même que la lune meurt et revient à la vie, de même ils renaîtront après la mort" (Duflot de Mofras). Erek vidh fòrli von dem byzantinischen Kaiser über die Lage des Paradieses (Odainsakr) unterrichtet, gelangt bis in die Vorhalle, wo er seinen Schutzengel (vardhhaldsengil) trifft. Nachdem die Seelen eine Zeitlang im Nordschein getanzt und Ball gespielt, kommen sie in die stillen Wohnungen, und die dortige Art der Nahrung und Beschäftigung ist nicht möglich zu wissen (nach den Grönländern). Nach Ben-nil-long waren die Eingeborenen Australiens aus den Wolken

formte und auch die von Oiot stammenden so veränderte (Mofras). Der ovale Tempel Chinigchinigs's bildete ein Asyl. In Loango kann Niemand sterben,[1]) er werde denn durch die Moquisien umgebracht (1688). Wird Jemand von einem Tiger todt gebissen, so ist dieser ein Dokkien (Zauberer), wenn von einem Baum erschlagen, so ist derselbe verzaubert. Die Ardrer können (da die Leichen verfaulen) nicht an ein anderes Leben glauben, ausser für die im Kriege Gefallenen, deren Leiber (wie sie aus Erfahrung wissen) keine zwei Tage in den Gräbern liegen (s. Dapper). In Lovango (wo Gott Sambian Pongo heisst) „wähnen die von des Königs Geschlecht, dass die Seele, wenn Jemand von ihnen zum sterben kommt, unter ihrem Geschlecht wieder geboren werde.“ Andere Seelen nehmen mit dem Tode ein Ende oder dienen bei den Hausgöttern, sich unter der Erde versammelnd (s. Dapper). Maui erbat sich von Mauika alle seine brennenden Finger nach einander, die er jedesmal im Wasser erlöschte, für Feuer[2]), wurde aber zuletzt durch den vom grossen Zehen

---

gekommen, und würden beim Tode dorthin zurückkehren, in der Gestalt kleiner Kinder, die erst auf den Spitzen der Bäume verweilen, ihre Lieblingsspeise, kleine Fische essend. Die schiffbrüchigen Europäer in Port Stephens wurden von den Australiern für verstorbene Verwandte gehalten und zu ihren Gräbern geführt (Collins). Aus den (nach Diodor) von Orpheus gebrachten Mysterien wurden Tröstungen geschöpft (nach Isokrates). Die Eingeweihten lebten (nach Sophocles) mit den Göttern, wogegen die Ungesühnten im Schlamm der Unterwelt liegen (nach Plato). Nach Diodor brachte Orpheus die Mysterien.

1) The natives of Sofala think that man was born to be immortal (according to Juliao). The woman Ponga (consulted as an oracle) is possessed with the spirit of some departed chief (Boteler). La chasse de la mort ist (nach Mofras) ein nächtlicher Tanz der Mokelemnes (östlich von St. Francisco), wobei eine phantastische Figur mit schwarzen Federn sich mit Bogen und Pfeil den im Kreise aufgestellten Indianern naht, und gegen Einen derselben einen abgeschwächten Pfeil abschiesst, worauf jener, wie todt, hinfällt, bis er von dem Zauberer zum Feuer gebracht, um die Wunde zu saugen und ihn wieder zu beleben. Man dies and is no more seen, but the moon dies, and plunging into the living water (Tane Mahuta's fountain), springs forth again into life (Taylor). Had not the Piwaka-waka (-bird) laughed, Maui would had drank of the living stream, and man would never haver died, jetzt aber schloss sich der Rachen der Nacht (Hine-nuc-te-po), als er hineingekrochen. Auf dem Wege nach dem Reiche Tharonhiaougan's und (in einer andern Hütte) Ataenticic's (der nordamerikanischen Indianer) kommen bewillkommnende Seelen dem Abgeschiedenen entgegen, wenn an den Ort gelangt, où le tambour et le son de la tortue marquent la cadence des morts avec un charme propre à enlever les coeurs (s. Lafiteau).

2) Wänaimöinen fand das Feuer im Hecht. The smith (curing faintness of the Spirits in Kilmartin) is famous for his pedegree, for it has been observed of a long time, that there has been but one only child born in the family, and that always a son, and when he arrived to man's estate, the father died presently after (s. Martin). Pour être prêtre ou médicin parmi les Indiens de Rio de la Plata, il faut avoir jeûné long-temps et souvent, il faut avoir combattu plusieurs fois contre les bêtes sauvages,

angefachten Brand verfolgt, so dass er zum Himmel floh, bis der grosse Regen das Feuer auslöschte, dessen Rest in die Feuer gebenden Bäume entfloh (Taylor). Die Kimbo-Bombas (bei den Tänzen[1]) des Bomba) trugen Klappern in den Händen (in Loango). Bei den

---

principalement contre les tygres, et en avoir éte mordu ou égratigné tout ou moins (Coreal). Les sorciers (en Californie) prétendent être issus du cayote (mangeant de la chair humaine). Die Paje der Tupis kehren aus dem Walde mit Narben aus dem Kampf mit Unzen zuruck (als geweiht). Hamr proprie exuvias significat vel formas animalium, imprimis avium, quas Odini et sociorum exemplo assumere magi credebantur (Ericus) Der aus Tete entlaufene Sklave gab sich unter den Nungwi, als von dem Geist der Propheten Chibisa, der in den Löwen (Pondora oder Prophet) gefahren war, besesssen aus und herrschte neben dem Häuptling Kapuchi in Mikaronko (s. Rowley).

1) Beim Mannertanz am Cape Lopez erscheint der Waldfetisch auf Stelzen. Auf der Insel Bommo (in Zaire) redet der Teufel aus dem drei Tage Vermummten. Neben dem Uroczysko (heiligen Hain), dessen Spuren sich überall neben altslavischen Dörfern antreffen, fand sich der Horodyschtsche oder befestigte Umzaunung, als Zufluchts-Ort (s. Mickiewicz). Le mystère du Belli-Paaro (chez les Quojas) est une incorporation dans l'assemblée des Esprits, qui donne droit d'entrer dans leurs bocages (de la Croix) 1688 Auf den romischen Grabsteinen wird als Verhangniss beklagt, dass den Hingerafften sein Ursprung (origo) der Erde zuruckgebe. Jedes Haus in Quoja hatte seinen heiligen Busch, wohin Speisen gesetzt und Klagen vorgebracht wurden. Lorsque les initiés rentrent dans leur famille, ils plantent devant leur porte un arbre, ou simplement un piquet, au bout duquel ils suspendent un petit morceau d'étoffe (blanche). Ils donnent à cet arbre ou pieu (présent du chef) le nom de Simo, le morceau de bois devient leur divinité tutélaire, ils lui portent un grand respect, mêlé de crainte, au point, que pour empêcher quelqu'un d'entrer dans un lieu, il suffit d'y planter le Simo. Ils jurent aussi par lui, ils croient, que celui qui ferait un faux serment s'attirerait la vengeance de ce démon mysterieux, leur superstition est telle, qu'ils appréhendent de mentir dans la crainte d'avoir recours à son ministère. S'il leur est dû ou s'il leur a été pris quelque chose qu'ils ne peuvent recouvrer, ils adressent pieusement des prières a ce morceau de bois, lui jettent en forme de sacrifice, soit du riz, soit du mel, soit du vin palme, et tirent un coup de fusil à son pied (Caillié). Les chez (sur le Rio Nunez) prend divers déguisemens, tantôt il revêt la figure d'un pélican, tantôt il est enveloppé de peaux de bêtes, et quelquefois encore il ne se montre que couvert de la tête aux pieds de feuilles d'arbre qui le font paraître informe. A plusieurs époques de l'année on admet de nouveaux initiés. Les familles des différéns villages qui désirent que leurs enfans fassent partie de cette société, réunissent les garçons de 12—14 ans, et avertissent le Simo (qui se rend déguisé au lieu indiqué pour circoncire les enfans). Après la cérémonie, le Simo se retire dans les bois, emmenant tous ceux qui ont subi la circoncision. De ce moment ils n'ont plus aucune communication avec leurs familles. On leur fournit en abondance leurs vivres, ils sont logés dans de petites cahutes faites avec de bronches d'arbre et n'out pour tout vêtement que quelques feuilles de palmier. Im Walde angetroffen werden sie (wenn nicht das Passwort kennend) mit Ruthenhieben forgejagt (besonders die Frauen). Alle 7—8 Tage bringt der Simo die von den Eltern losgekauften (bei einem Fest) zurück, die Anderen bleiben bei ihm im Walde, kehren (wenn erwachsen) zur Erntezeit (als Haushelfer) zu ihren Eltern zurück, aber nachher wieder in den Wald

festlichen Tänzen (Yaugin) der Tarahumanen (ohne Zulassung der Frauen) finden sich auch allezeit zwei vermummte[1]) Alte ein, mit grauen Bärten, einen grossen Höcker auf dem Rücken und einen Plumpsack in der Hand, die um die Tänzer herumspringen und etwas dazu brummen, wenn sie ihnen einen Streich versetzen (Steffel). Neben der Beschneidung[2]) haben die Quoja noch eine andere Gewohnheit, welche sie Belli-Paaro nennen, und sagen, dass es ein Tod, eine Wiedergeburt und Einverleibung in die Versammlung der Geister

---

(Caillié). Les Jfoghas constituent une tribu très-importante, non par leur valeur militaire, car les marabouts ne portent les armes, que pour leur défense personnelle, mais par leur caractère religieux, qui les rend arbitres de toutes les contestations, par leur aptitude au commerce, par leur dispersion, qui les met en contact avec les différentes confédérations, sauf celle des Aouélimmides des environs de Timbouctou, qui reconnaissent les Bakkay pour leurs marabouts (Duveyrier). Each village (of the Manganja) had its head-man, over certain districts was a superior chief, and over all the land was the Rundo, and over the Rundo was supposed a spirit, named Bona, who made his abode on the top of the mountain Choro. A woman taken from the hill was devoted to the service of Bona (living apart). When consulted by the Rundo, she retired to the secrecy of her hut, heard from the interior the case requiring counsel, and next morning pronounced the will of Bona, appearing in dreams (s. Rowley).

1) Am Fest Kolàda (Calendae) wurden im Klein- und Weissrussland Masken getragen. Temporibus certis, machinae quaedam ex ligno ad formam ovi facta, sacra et mystica, quam foeminas aspicere haud licitum, (insculpta ac) figuris diversis ornata et ultimam perforata partem ad longam (plerumque e crinibus humanis textam) inserendam chordam cui nomen „Mooyumkarr" extra castra in gyrum versata stridore magno e percusso aere facto, libertatem coeundi juventuti esse tum concessam omnibus indicat (Eyre in Australien). Ist das Wesen der echten himmlischen Mystik das auf freie Hingabe an Gott, als die höchste Liebe und auf die Liebe zu allem Göttlichen und mit Gott Verbundenem sich gründende, heiligende Leben und Verkehr der (gottvermählten) Seele mit Gott, so besteht die dämonische Mystik in dem aus Hass gegen Gott und aus der freien Hingabe an den Widersacher alles Göttlichen und Guten, an den Entheiliger und Verderber hervorgehenden Leben und Verkehren mit demselben (K. Hoffmann). Δαγὼν ἐκαλεῖτο, (Josephus) der Gott der Παλαιστῖνοι. Die Szekler in Siebenbürgen stammen von den (während Abwesenheit der Ungarn in Mähren) durch die Bulgaren fortgeführten Gefangenen (unter Simeon). The natives (in the Laekeradeevh Archipelago) live in low houses, to enter which one must stoop (Wood).

2) From the time of their circumcision to the time of the rains, the boys (on the Zambia) are allowed to commit what outrages they please, without being called to account for it (1732). Funditus usque ad urethram a parte infera penis (Eyre) bei der australischen Beschneidung. In Süd-Arabien wird die Haut bis zum Nabel abgerissen. The commencement of the sowing season is the time for the performance (of circumcision). From that period until the harvest has been gathered, the Abakweta inhabit a hut by themselves, built in a secluded spot (among the Kafirs). At the Utyalwa-feast they enter the class of Amodada (anointed with imbola or red ochre) and are lectured by the old men on their new duties (Dugmore). Après la circoncision les garçons prennent le pantalon (toubé), vont à la guerre et sont aptes à se marier (Hecquard) unter den Peulhs. Während

oder Seelen sei (getödtet, gebraten und ganz verändert, dem alten Leben und Wesen absterbend und einen neuen Verstand und Wissenschaft bekommend). Die Soggone (alten Eingeweihten) lehren den Killing-Tanz und Belli-dong oder Belli-Lobgesang (Dapper). Die (den Cuburicena am Cabuny benachbarten) Paravilhana[1]) ertheilen den Knaben bei der Beschneidung Namen (nach einem Thier oder Gewächs). Nach Leerung der Schaale mit dem bittern Prüfungstrank Caapi [Cawi, Awa], wirft sie der Knabe heftig an die Erde und flieht in den Wald, wo er sich einen Monat einsam aufhält (nur verstohlen Nachts zur väterlichen Hütte kommend). Auch die Mädchen haben durch Fasten und Schläge eine Prüfung zu bestehen. Bei der Ceremonie des Zahnausschlagens erhielten die Knaben von den auf Vieren um sie laufenden Carrahdis die Macht über Hunde, mit den guten und nützlichen Eigenschaften solcher (in Australien). Für die Macht über Känguruh wurde eine aus Gras verfertigte Figur dieses Thieres vor ihnen niedergelegt, und, um die künftige Jagd des Känguruh, als Beschäftigung, zu symbolisiren, sprangen die mit Buschschwänzen versehenen Carrahdis in den Bewegungen der Känguruh um sie herum. Durch die Boo-roo-moo-rong genannte Ceremonie wurden die (über die Körper hingestreckter Männer geführten) Knaben, zum Kampfe[2])

---

der Heilung ist Rauchen und Essen, was beliebt, erlaubt. Mädchen werden bald nach der Geburt beschnitten, aber Ungläubige, die von Peulh geheirathet werden, vor der Hochzeit.

1) Die Paravilhana begraben die Leichen in Todtenurnen (mit Deckel) in der Hütte und giessen Getränke auf das Grab (bei Festen) Als das gute Wesen (Mauri) sich nach der Fluth aus dem Harz eines Baumes ein Weib bildete, stellte ihm das böse Wesen (Saraua oder Umauari) Widersacher entgegen in reissenden und giftigen Thieren, den Matuzu (mit verkehrten Fussen), den Riesen Curiquan, den Zwerge Goajazi, den Schwanz-Menschen (Guariba-Tapuuja). Auch menschliche Gestalten, die so mager, wie Gerippe einhergehen, furchten die Paravilhana, als Typiti (die aus biegsamem Rohr geflochtenen Cylinder zum Pressen der zerriebenen Mandioca-Wurzel) [Pretas]. „So lange wir gesund sind, wollen wir lustig spielen und singen, wenn krank, können wir nicht lustig spielen und singen“ giebt Sampayo als Lied der Paravilhana [Aegypten]. Der Komet heisst Wa-taima (Gespenst der Sterne) bei den Arecuna. Zur Pubertäts-Zeit werden (in Bambouk) die Knaben und Mädchen von dem Dorfältesten beschnitten. Après cette ceremonie, les circoncis ont le droit d'aller chercher à manger par-tout ailleurs que chez eux, pendant l'espace de quarante jours, durant lesquels ils sont errants dans la campagne, sans qu'il leur soit permis d'avoir aucune communication avec les filles, qui sont errantes de leur côté. Pour parvenir à empêcher cette communication, quelque noirs reputés sorciers, qu'on nomine Mamayambaux, se frottent le corps de terre glaise, s'enveloppent de branches d'arbres el courent, an fouet à la main, sur les jeunes filles et sur les jeunes garçons (Corte). Nach Beschneidung der Quinqueh wird (bei den Kaffern) die Heilung in die Lange gezogen, weil sich keine Kruste bilden darf (Liechtenstein).

2) Die als mit Taabin (Sohn des Makholoque) zusammenbeschnittenen Junglinge erhielten als Regiment (Mapati) den Namen Ma-ungua oder

geschickt gemacht (mit vorgängigen Ceremonien, zu denen Collins nicht zugelassen wurden). Wie bei der Beschneidung[1]) der Knaben wird bei den Mädchen zur Zeit der Pubertät der Gebrauch des Ntonzane von den Kaffern beobachtet, indem sie mehrere Tage in einer besonderen Hütte abgeschlossen bleiben (Holden). Bei der Beschneidung[2]) der Knaben und Mädchen (in Tomboura) ist das Gebot zugefügt, kein

---

Tiger (bei Baines Anwesenheit). Das Fasten der Knaben (und Mädchen) im dunkeln Haus (in Nord-Carolina) dauerte 6 — 8 Wochen. Die Knaben der Cariben wurden durch Geisselhiebe geprüft. Die vornehmen Knaben der Mexicaner (von 10 Jahr) wurden durch Priester im Tempel (ascetisch) erzogen (Mädchen im Kloster bis zur Vermählung). Die Kinder der Peruaner (bis 25 Jahren) wurden vom Vater erzogen, der für sie dem Staat verantwortlich blieb. Abhärtung gegen Kälte und Ermüdung wurde besonders erstrebt. Im 16. Jahre fand die Ohrdurchbohrung der Incas bei Wehrhaftmachung (nach Fasten, Wettlauf, Kämpfen, Prüfungen) Statt. Bei den Camacan tragen die Junglinge einen Holzblock (eines Barrigudo-Ast), um ihre Kraft zu zeigen (Martius). Previous to the period of puberty (the boy experiencing a pollutio nocturna) all their good and evil deeds (during childhood) were laid to the charge of their parents, but after this, they are themselves responsible for their own actions (Quanoon-el-Islam). Bei den Mundrucus tanzt der Jüngling mit Ameisen in hohlem Bambus an den Armen (zur Männerweih). Maquarri-Tanz der Waraus mit Peitschen aus Seidengras oder Rohr. Die Cauixana (Mura und Maraicha) geisseln aus Heroismus Knaben der Mauhe durch Bisse der grossen Ameise (Tocanguira oder Cryptocerus atratus) gequält (in baumwollenen Aermeln). The young men of the Dacota or Sioux tribes must be able to bear torture without flinching before they can be allowed to serve (as warriors). One trial consists in dragging a buffalo's head round the camp by a cord thrust through the muscles at the hips (Hooper).

1) Die Beschneidung ist erst vor 100 Jahren, als sie in den Zuurbergen wohnten, unter ihnen aufgekommen, und nur bis zu den Tambucki gedrungen, indem die Amaponda und die Stämme bis Natal sie nicht haben (Döhne) 1843. Die Beschneidung der Knaben wird von dem Zauberpriester in einem eingerammten Pfahlwerk (wie der Chotla für Berathungen) vollzogen, denen Chapman sich nicht nähern durfte. Die Mädchen unterziehen sich (mit 14 Jahren) einer ähnlichen Operation. Sie zogen phantastisch aufgeputzt, mit Dornpeitschen umher, die Jünglinge zu geisseln, die nur nach der Ertragung als Männer zugelassen wurden. Yura (monstrous snake) is believed to be the author of circumcision', who first taught it to the ancestors (of the tribes at Adelaide) and punishes the neglect of it. The dark spots in the Milky way (Wodlipari or large river) are thought to be large ponds in the Wodlipari and the residence of the monstre Yura (s. Teichelmann). The Turlo (person who performs circumcision) pretends to be unwilling to perform the ceremony, endeavours to escape, but is caught by the pursuers, carried to where the circumcision shall take place, is then laid upon the ground and rubbed over with dust (a Adelaide). After some time he is taken by the ears and raised to a sitting position, loud shouts being made to recover him from his state of enchantment (s. Teichelmann). Die Paravilhana benennen (bei der Beschneidung) nach Thieren oder Pflanzen die Knaben, die (nach Trinken des bittern Prüfungstrankes Coapi) in den Wald fliehen. Jünglinge in Guyana werden mit dem Schnabel des Tucan blutig geritzt.

2) The Wiyalkinye (youth, who has gone through the ceremony of circumcision and tattooing) must for some months keep out of the sight of

Wasser zu berühren, sondern getränkt zu werden, nur Abends zu essen, sowie Ruthenschläge zur Erduldung des Schmerzes (Raffenel). Mit Eintritt der Pubertät wird das Mädchen (bei den Macusis) von den übrigen Bewohnern der Hütte, als unrein, abgesondert und bringt den Tag in der Kugelspitze der rauchigen Hütte zu, die Nacht an einem von ihr entzündeten Feuer (sonst würden üble Geschwüre ausbrechen). Nach 7 Tagen Fasten darf es im dunklen Winkel den Brei sich bereiten, und später wird es durch den Paje (Piai) durch murmelndes Anblasen entzaubert (unter Zerbrechen der gebrauchten Gegenstände). Nach der Rückkehr aus dem ersten Bade muss es sich während der Nacht auf einen Stuhl oder Stein stellen, wo es von der Mutter mit dünnen Ruthen gegeisselt[1]) wird, ohne eine Schmerzensklage ausstossen zu dürfen, welche die Schlafenden in der Hütte aufwecken könnte (da das für das künftige Wohl bedenklich wäre). Bei der zweiten Periode der Menstruation wiederholt sich diese Geisselung. Dann gilt das Mädchen für rein und wird von dem Bräutigam heimgeführt (s. Martius). Der Paje (bei den Macusis) wird in der Jugend bei einem alten Meister angelehrt. An der Goldküste findet sich in jedem Dorfe eine Burnamon genannte Hütte, in die sich alle Weiber und Mädchen zur Zeit ihrer Reinigung[2]) begeben (Loyer). Beim Jahresfest in Florida durchlaufen (nach dem Tanze) die Frauen wild die Wälder, wo sie von dem Jaonas genannten Alten blutig geritzt werden, und dann nach dreitägigem Fasten zurückkehren (s. Thevet).

---

women and children, speaking in a low tone of voice, till released by the old men (among the Parnkalla). Wilya, soul or spirit (s. Schürmann). The great lizard Yura (in Wodli Purri or the milky way) introduced circumcision (with giving the secret name) in Australia. The tattoo marks are called Manka in South-Australia (Barrington). Die Australier haben einen besonderen Namen bis zum 7. Kind. Anything that must not be seen, said or touched is imini (sacred, forbidden), as the ceremonies of bleeding, circumcising, tattooing etc. (in regard to children and women) among the Parnkalla (Schürmann). The small lizard, called ibirri or (by the women) wara has separated the sexes (according to the Parnkalla), cause of jokes, whenever seen (s. Schürmann). The bird kullari pecks the people's head. When it rains or a kangaroo or other animal escapes, the natives employ a long string of imprecations (Kulkutu), which they believe to be infallibly efficacious. To the tribe of Cam-mer-eay be longed the privilege of exacting a tooth from the natives of other tribes inhabiting the seacost (Collins).

1) In dem Bachus-Tempel zu Alea (in Arcadien) wurden an jährlichen Festtagen die Mädchen mit Ruthen gestrichen (die Knaben zu Sparta vor dem Altar der orthischen Diana). Jussae sua terga puellae pellibus exectis percutienda dabant (Ovid) bei den Lupercalien.

2) Bei der ersten Reinigung werden die Mädchen (in Brasilien) auf den platten Kieselstein, der zur Töpferei dient, gestellt (um die Erde nicht mit den Füssen zu berühren) und ihnen die Haut über dem Rücken mit einem Acuti-Zahn geritzt, worauf man sie in eine Hängematte legt (Thevet). „Am Ende des Monats Ashur ist es (bei den Bedui) den Knaben erlaubt, jedes

Die Mandingo in Sierra-Leone führen die mannbaren[1]) Mädchen aufgeputzt als heiratsfähig umher. Die Frauen zu beschneiden (in der Landschaft Kalbarien) binden sie Ameisen[2]) an einen Stock und stecken sie in ihre Schaam, auch wiederholen sie es zuweilen mit den Ameisen damit der geile Kitzel um so besser möchte ausgebissen werden. Hiermit bringen sie 2 — 3 Monden zu, ja so lange, bis um die Schaam herum ein Rand wächst, ungefähr einen Finger lang und dann werden sie zum Beischlafen geschickt gehalten (Dapper). Bei Eintritt der Pubertät haben die (auf kärgliche Kost beschränkten und im oberen

---

Mädchen, das sie antreffen, unbarmherzig durchzupeitschen, was gar nicht sentimental ausgeführt wird" (Munzinger) [Dijon, Peru]. Bei den Panos (am Maranõn) wurden die Mädchen beschnitten (s. Veigl). Bei den Quoja verrichtet die Soghwilly die Beschneidung, indem sie den Kitzel der Wollust aus der Schaam zieht und die Wunde mit Kräutern heilet.

1) Bei den Veis wird für Knaben und für Mädchen (zur Pubertätszeit) eine Ceremonie (die Beschneidung) verrichtet, auf deren Mittheilung der Tod steht. Bei den Mandingoes fand die Beschneidung der Mädchen im 12. Jahre, der Knaben im 14. Jahre Statt, und so bei den Bambarras, (Bambuk, Bagnun, Carangues, Balantes, Biafasses, Akus u. s. w.). Während der 40 Tage nach der Beschneidung treibt der Mumbo Yumbo Knaben und Mädchen auseinander (bei den Mandingo). Das Kind folgt dem Stande der Mutter bei den Mandingo und in Akra. In Sierra Leone werden die Kinder von der Mutter genannt, an der Goldküste nach ihren Wochentagen, bis sie sich einen Ehrennamen erwerben. In Bambarra beschreit der Griot das Kind dreimal zur Namensgebung. Die Vei stellen in Kriegszeiten Grenzwachen aus. A woman dressed in a grotesque and frighful manner, was otherwise called a Kitch-witch (H. Ellis).

2) Zur Beschneidung der Mädchen im Königreich Ulkami (zwischen Ardra und Benin) stecken sie einen Stock, woran Ameisen gebunden, in die Schaam, das Fleisch auszubeissen (Dapper). Sogovilli ou la grand prêtresse des femmes sectaires (qui se font circoncire et s'impriment le caractère apelée Noè-soggo) demeure à Gala, d'où elle se transporte dans le principal village des Quojas pour la célébration de la cérémonie de l'alliance des Poulets ou Sandi-Late (de la Croix). The maiden (of the Macua) bewail their virginity in the woods, one mouth before they marry. Every year during the dry season and on the first appearance of a new moon, the girls of each town (among the Suzees and Mandingoes), who are judged marriageable are collected together, and conducted into the in most recesses of a wood (to have the exterior point of the clitoris cut off). It is during their confinement in the wood, when the body is subdued by pain and the mind softened by the gloomy stillness of every thing around them, that they are taught the religious customs and superstitious of their country (when brought back into the town in the night, they are received by all the women of the village, young and old, quite naked). A probation of one moon succeeds their release from the wood (dancing and singing before the house of the head man) and their they are married (s. Matthews) 1787. Am Korntanz der Minnetares halten nackte Frauen Saamen in der Hand, der nach Sprenkeln der Priester mit der Aussaat (als befruchtend) gemischt wird (s. Long). The ceremony (of making propitiatory offerings of human victims to Venus or Great Star) was performed annually and immediately preceded their horticular operations (among the Pawnees). Das von den Priestern gemästete Opfer wurde an einen Pfahl gebunden in Stücke

Theil der Hütte zurückgehaltenen) Mädchen (der Uaupes) eine Emancipationsprüfung durch schwere Streiche[1]) mit biegsamen Ranken zu bestehen. Sie empfangen von jedem Familiengliede und Freunde mehrere Hiebe über den ganzen nackten Leib, oft bis zu Ohnmacht oder Tod. Diese Execution wird in sechsstündigen Zwischenräumen viermal wiederholt, während sich die Angehörigen dem reichlichen Genuss von Speisen und Getränken überlassen, die zu Prüfende aber nur an dem in die Schüssel getauchten Züchtigungsinstrumente lecken darf. Hat sie die Marter überstanden, so wird sie für mannbar erklärt (s. Martius). In der Sechu-Ceremonie[2]) pariren die Knaben beim Koha-Tanz die Hiebe der Peitsche (aus dem Grewia-Busch) mit Sandalen (in Beantwortung der Fragen). Alle 6 — 7 Jahre bilden sich die Banden der Knaben (unter Prüfungen im Walde) zu Regimentern (mopato), als Kameraden der Molekane, durch die Boguera-Ceremonie. Die Mädchen (der Bechuanas) werden im Walde (unter Prüfungen) durch die Bogale-Ceremonie zu Haushaltungsarbeiten angelernt. Dann nehmen die Knaben am Picho (Parlament des Königs) Theil (als

---

geschnitten, um die Hacken mit dem Blut zu beschmieren (bis abgeschafft durch den Hauptling Petalesharoo).

1) Mit den Prüfungen der Knaben in Ertragung von Peitschenhieben vollenden die Wilden Nordamerikas gleichsam die Erziehung, indem sie damit die Erinnerung an alle üblen Gewohnheiten der Kinderjahre austreiben wollen (s. Martius). Die Uaupes bedecken alle Excremente sorgfaltig mit Erde. Wie bei den Zaporas am Napo und den Simigaes (nach Velasquez) findet sich Polygamie der Hauptlinge bei den Içannas Nach der Geburt hält (bei den Macusis) der Vater in der Hängematte die Wochen neben denen der Frau (ohne Arbeit zu verrichten oder zu baden), nur lauwarmes Wasser trinkend und Brei essend. Da es verboten ist, mit den Nägeln der Hand den Körper oder Kopf zu kratzen, hängt dafür stets ein Stuck aus der Blattrippe der Cucurit-Palme neben dem Lager (weil sonst Tod oder lebenslängliche Kränklichkeit des Säuglings folgen würde). Bei den Habab und zu Mensa wird die Einweihung eines öffentlichen Mädchens zu einem Volksfeste gemacht, wo immer mehrere Kühe geschlachtet, und eine Nacht unter Gesang und Waffentanz zugebracht wird (Munzinger) [Indien]. When the Manes (Cumba) buy a slave, they set before him a China-pyramide (having offered wine and other things), and pray, that if he run away tigres and serpents may devour him. Die Vestalinnen beteten fest. Wenn ein Eingeweihter bei den Quojern einen Acker vor Betreten schützen oder hindern wollte, dass Jemand aus dem Dorfe fortziehe, so schwor er (unter Aufstellung eines Stabes), beim Belli-Paaro. Die Beschneidung der Mädchen (ebenfalls in Circumcision) wird privatim vollzogen, und man kann sie nur errathen, wenn an einem gewöhnlichen Tage Mädchen in rothen Festkleidern auf der Strasse herumschwärmen (s. Klunzinger) in Marokko.

2) Nach der Einweihungsceremonie der Kaffern (bei denen Tschaka die Beschneidung verbot) haben (nach geheimer Vollyiehung) die Knaben drei Monate Freiheit im Singen und Tanzen, worauf sie die Waffen erhalten, und (nach einer Heldenthat) den Kopfring (als Krieger) annehmen (indem das Haar abgeschnitten wird und der Rest in den Isickoko oder Ring eingeflochten). Bei den Bambaras geschieht die Beschneidung der Knaben im

Männer). Bei den Huronen, Irokesen, Algonquinen geschieht es zur Zeit der Mannbarkeit, dass sie sich in einen Wald[1]) begeben, die Knaben unter Aufsicht eines Wahrsagers, die Mädchen unter der einer Matrone, um die Träume (des Piaron oder Manitu) zu beachten (Baumgarten). Nachdem die Karadjees (Eingeweihte[2])) mit Convulsionen das Knochenstück (unter der Krankenbehandlung) hervorgebracht haben, personificiren sie Hunde und Känguruh, um den Knaben Macht darüber zu geben, und schlagen ihnen dann durch ein Holzstück oder einen Stein einen Zahn aus, (nachdem der Rücken blutig geritzt ist), worauf unter dem Korinda-braia- (Gesang) getanzt wird, und der mit dem Opossumfell eingenähte Knabe das Schwert erhält (in Australien). Bei den Moosundi werden den Knaben die Haare ausgerupft und dann der Kopf mit Känguruh-Zähnen und Pfaufedern geschmückt. Bei den Parnkallos hören die Knaben zuerst (geblendet) den Ton der Witarna-Rattel und blinde Donnerstimmen, für 2 Jahr, bis sie im zweiten Grade (durch Beschneidung) mit der Mabirringe-Schürze bekleidet werden (als Partnapas), bei der dritten Stufe (als Wilyalkanye) erhalten sie ihren neuen Namen und Blut zu trinken aus dem Arm der Pathen. Durch Mitnehmen auf den Seehundsfang wird der Knabe[3]) (nach Erlegung des ersten Seehundes) wehrhaft

---

14. Jahre, der Mädchen im 12. Jahre (unter Anfsicht des Mumbo Yumbo). Die Pubertäts-Ceremonie bei Vei wird im Geheimen vorgenommen.

1) Dans chaque village (des Foriens du Marrah) les jeunes gens ont un chef qu'ils appellent ouornân, les jeunes filles ont assi une d'elles pour chef, et l'appellent meirem (El-Tounsy). Bald nach der Geburt werden den männlichen Kindern die Zitzen ausgeschnitten, weil diese einem Manne nicht ziemen und auch das Zeugungsglied (ohne der männlichen Kraft zu schaden) verstümmelt (s. Krapf) in Sendschero. Wenn der Sohn eines Wanika-Häuptlings mannbar wird, so wird ein Wagnaro veranstaltet, indem sich die Jünglinge gleichen Alters in den Wald begeben, und dort nackt verbleiben, bis sie einen Mann erschlagen haben (Krapf).

2) Besteht der heirathslustige Jüngling bei den Chavantes nicht die von ihm verlangte Kraftprobe, darf er nicht in die Ehe treten. The adults (in Australia) have to pass through five stages (of tattooing), ngulta, yellambambatti, tarkanye, mangkawitya, burtosina. The wilyaru (grown up man) has gone through all the iniatiatory ceremonies. Marudo, boy about to be circumcised. Pappa, youth who has undergone the circumcision. The boy greased and painted with red ochre among the eastern tribes (at the same age at which the young men of others undergo circumcision) is called Marnitti (grease) or lad. Mudno, an uncircumcised person, or paruru (as oppobrious term). Wilya Kundarti (beaten with young branches) is the first stage of initiation. Die körperliche Reife, deren Eintritt durch die Anlegung der männlichen Toga bezeichnet wird, hat zur Folge den Genuss vollständiger Handlungsfähigkeit (Marquardt).

3) An der Goldküste läuft der Candidat aus der Reihe der Knaben (die ihn mit Butterbällen bewerfen) in die Reihen der Männer (Römer) im Butterball-Custom. Bei den Hottentotten ward dem Knaben eine Testikel entfernt. Den Mädchen in Australien wird (beim Mannbarwerden) der kleine Finger abgehauen an der linken Hand. Die Knaben (bei den Kaffern)

(bei den Eskimo). Die Tscherkessen weihen den Knaben (bei der Wehrhaftmachung) Gott, indem der Priester die mit Schuat (aus Hirse und Honig) begossenen Thiere opfert und Gasterei folgt (Bell). Bei den Passés erklärt der Häuptling seinen Sohn waffenfähig[1], nachdem er ihm mit einem Speerschnabel die Brust blutig geritzt. Um einen Sohn unter die Krieger aufzunehmen (unter den Caraiben) ritzt der Vater den Sohn (an dessen Körper ein Mansfenis-Vogel todtgeschlagen ist) blutig und lässt ihn in einem Zweigbette fasten (Rochefort). Wer in Cayenne die Würde eines Oberhäuptlings erlangen wollte (1652) musste sechs Wochen lang in seiner Hütte fasten, unter täglichem Peitschen mit den über seiner Hängematte aufgehängten Geisseln und

---

mussen die Wunde (nach der Beschneidung) ohne Borken heilen lassen, (zusammen in einem Haus), und kehren dann zurück, nachdem sie alles Stroh und das Gebäude verbrannt (den Leib mit weisser Thonerde gefärbt). Mit dem Hauptling der Kaffern werden die gleichaltigen Knaben zusammen erzogen. In Senegambien bilden die beschnittenen Knaben die Solimana genannte Gesellschaft (Mungo Park) Der Athener begann mit 16 Jahren die Ephebie, vollendete sie mit 18 (durch ein Haaropfer) und nahm seit dem 20. an den bürgerlichen Rechten Theil. Der Spartaner wurde mit dem 20. Jahre der Erziehung entlassen, als *πρωτείρης* oder *σφαιρεύς*. Mit Vertauschung der toga praetexta fur die toga virilis wurde der Investis ein Vesticeps (s. Wackernagel). Mit 17 Jahren wurden die pueri (bei Servius Tullius) milites. Die Wehrhaftmachung des Sohnes drückte die Entlassung aus der Munt des Vaters aus (bei den Germannen). Le guerrier franc ne quittait jamais le ceinturon (militiae cingulum), marque de sa condition sociale (Pétigny). Scuto frameaque juvenem ornant (Tacit.) die Germanen beim Uebergang von der Familie an den Staat. Bei der Zulassung des Jünglings unter die Männer (auf Neuseeland) beginnt das Tättowiren. In the ceremony of initiation the youths are made Kippers (Kebarrah from kebah, a stone) in Australia.

1) Den aus dem Felde zurückkehrenden Knaben werden (beim Wehrhaftmachen) von alten Weibern die Arme mit Knochenspitzen durchstochen (bei den Guanas). Die erste Prüfung der Knaben (bei den Mexicanern) bestand im Haarraufen, die zweite im Peitschen, die dritte im Stechen mit Raubvögelschnäbeln durch den Häuptling, vor dem dann Proben im Pfeilschiessen abgelegt wurden (s. Ochs). Die Einführung in das eigene Geschlecht (ättleidhing) ist mit einem Gast- und Trinkgelage verbunden (in Norwegen). Der soll zuerst in den Schuh steigen, der Jemanden in das Geschlecht einführt, und dann der selber, der in's Geschlecht eingeführt wird, und dann der, der das Erbe verwilligt hat, und dann der, der die Stammguter verwilligt hat, und dann die Verwandten (s. Maurer). *Ὁ μὴ δαρεὶς ἄνθρωπος οὐ παιδεύεται* (s. Menand.). *μετὰ λύπης γὰρ ἡ μάθησις* (Aristl.). Mit Eintritt des Jünglingsalters wurde das lange Haar (bei den Griechen) zur Ehre des Schutzgottes der Knabenzeit abgelegt (Herrmann). Die natürliche und bürgerliche Ephebie (nach der *μελλέφηβος*) begann mit dem 18. Jahre. Jus autem potestatis, quod in liberos habemus, proprium est civium Romanorum (Justin). Mit der Pubertät (körperlichen Reife) trat der Knabe (durch das Fest der Liberalia) aus dem Knabenstande heraus (die Bulla ablegend) und wurde (mit Annahme der toga virilis) ein vesticeps (statt investis), in den Bürgerstand eingetragen (zwischen 14—16 Jahr), und seit dem 17. Jahr ausgehoben (oder vorher in ein freiwilliges tirocinium tretend). Als die Grenze der gewöhnlichen Jugendbildung gilt das vollen-

und Räuchern mit stinkenden Kräutern bis zu der (durch die in ein Halsband gewickelten Ameisen [1]) vertriebenen) Betäubung unter den

---

dete 17. Jahr, mit welchem das Mannesalter (juventus) und die Verpflichtung zum Kriegsdienste beginnt (Becker). Solennitas togae purae (Tertull.). Sobald ein Sohn 14 Jahr alt war, musste ihn der Vater dem Könige commendiren (gorchymyn) und der Jüngling (als Mann des Königs unter dessen Privilegium) konnte von dem Vater nicht länger gestraft werden (vom Könige beerbt, wenn ohne Leibeserben sterbend). Er hat das Recht eines eingeborenen Boreddig, bis zu des Vaters Tode, und tritt erst dann in seine Rechte ein (s. Walter) in Wales.

1) Wer bei den Gayanen (in Cayenne) die Probe, in einen Ameisenhaufen halben Leibes eingegraben zu sein, besteht, wird zum König erwählt. Chacun des assistans va en cadence mettre le pied sur sa tête, après quoi on le lève et tous se prosternent et jetteut leurs arcs et leurs flèches à ses pieds (Neuville). Die Jünglinge der Inca erwarben durch Prüfungen den Namen Huacha cuyac. Die Candidaten, um Ritter (Tecuitle) zu werden, hielten Waffenwacht in den Tempeln (in Mexico). Quand la saison est venue, tous ceux qui doivent être circoncis, quittent le Mouzi (Delagorgue) chez les Makatisses (Knaben und Mädchen). Les fils de chefs les plus puissants (chez les Bassoutos) doivent, pendant un certain nombre d'années, mener la vie de simples bergers (Casalis) [Viracocha]. Das Jahr der Bassutos wird in zwölf Monate getheilt, die nach den Arbeiten des Feldbaues benannt sind, und jeder Mond wird bei seinem Erscheinen genau einregistrirt, da aber trotz aller Aufmerksamkeit die Monde sich beständig verlangsamen (und was im September zu geschehen hat, erst im October eintritt), so spricht man von einem Monat ohne Namen. Les chefs intelligents rectifient le calendrier au solstice d'été, qu'ils appellent la maison d'été du soleil (Casalis). Les chasseurs s'inoculent à la main droite et aux jambes des spécifiques destinés à leur donner un coup sûr, et la légèreté des gazelles, qu'il s'agit d'atteindre (bei den Bassutos) [Südamerika]. Es fanden sich in Südafrika so wenig Kranke und Schwächliche, weil (wie Casalis bemerkt) nur die Gesunden die Kindheit überleben. Pendant une belle soirée on porte le nourrisson dans la cour, on lui montre la lune du doigt, et si ses yeux se fixent sur l'astre, on en conclut, qu'il peut sans danger faire son apparition au milieu des hommes (bei den Bassutos). The names of chiefs (in New-Zealand) are selected with much thought, from the waka paparanga or genealogical tables of their ancestors (beginning with na te kore i ai, from the nothing the something). The Tupunas and Arikis carefully taught their children the names of their ancestors, and to aid them in this work, each family had a curious carved board, called He waka paparanga rakau. This was made something like a saw, each tooth representing a name, and here and there where a tooth was wanting it implied that the male line had been failed and been continued in that of a female (Taylor). A chief generally receives three names during his life. Los Piaches ó brujos (en Cumana) forman sus escuelas en lo mas retirado de los montes, donde bailan ó oscuras y hacen que invocan al demonio con muchas y horribles mudanzos, flautas y maracas, y con estas ceremonias crian tales creditos de brujos con los demas Indios, que presumen son los señores de la vida y de la muerte, por verse respetados y de todos temidos (Caulin). Wenn der Jager (in Cumana) ein Thier tödtet, giesst er ihm ein paar Tropfen des mitgeführten Getränks in den Mund, damit die Seele die übrigen von dem guten Empfang benachrichtige, damit sie auch kommen. Bisweilen wird ein Alter mit dem Getränk berauscht, bis zum Erbrechen, par aque su alma (que piensan va en el aliento) avise à los animales que alli hai bebida par ellos (Caulin).

festlichen Gelagen der Prüfenden (s. Biet). Der Medicinsack[1]) (Gushkeep-e-tau-gun) bildet den Gegenstand der Verehrung der Medas oder Jossakeed (Wabeno oder Muskiki-wininees), als Medicinmänner. Als der Herr des Lebens im Dorfe Ruphtare die von den Mandan angenommene Okippe-Medicin vertheilte, und die sie zurückweisenden

1) Bei dem Jahrestanz der Sacs fallen die Medicinmänner unter Convulsionen nieder und erbrechen eine weisse Bohne, die im weitern Tanz gegen die Hauptlinge geschleudert wird, die dann unter Zuckungen leblos niederfallen und durch Knaben mit dem Medicinsack wieder erweckt werden (Stanley). Various are the forms of tortures which the Minnetories inflict upon themselves (at the dance of penitence or great medicine dance). The devotees present themselves before the officiating magi, um Streifen Haut oder Stucke Fleisch ausschneiden zu lassen, Stricke unter Hautschnitten durchzuziehen, Pfeile auf Arme oder Beine zu stossen u. s. w. Durch Makatea (Fasten und Prufungen) bereitet sich der Chippeway vor seinen Schutzgeist (Manitu) zu suhnen. Die auf die Erde gekommene Manito gebar Manabozho (Freund des Menschen), Chibiabos (Huter der Todten), Wabasso (als weisses Kaninchen nach Norden fliehend), Chokanipoh (Feuerstein). Nachdem Manabozoh seinen Bruder Chokanipoh (als Ursach des Todes seiner Mutter) getödtet (und die Knochen als Feuersteine zerstreut) erregte er durch Einigkeit mit Chibiabos (zum Besten der Menschen) den Neid der Manito, (die Chibiabo auf dem See ertrankten), aber durch Manabozho (der die Erde von Riesen reinigte und vier Huter stellt) bekampft, Versöhnung im heiligen Zelt feierten (unter erheiterndem Trank und Schütteln der Sacke), worauf Chibiabos durch sie belebt wurde, und durch die Ritzen der Hutte Kohle erhielt, nach dem Todeslande zu gehen. Manabozho führte die Medicamente mit ihren Mysterien ein und übergab die Hut der Gifte und Heilmittel in Wachsthum der Erdenmutter oder Misukumigakwa. Die Tschirokesen wurden von Atta-kul-kulla (der kleine Zimmermann) als Kaiser beherrscht (1793). In India the head of a family twice a month offers a cake to his fathers manes, the same to his grandfather by the fathers side, and great grandfather, but to his fourth, fifth and sixth ancestors in the ascending line, he offers only a few grains of rice and a libation. Two men are related, if one of these ancestors is common to both. They are Sapindas if this ancestor is one who receives a cake and Samanodacas, if he only has the water and rice. No relationship through women is accounted of (Barker). When a young man engages to hold any thing as wohduze (something sacred or forbidden, as the heart etc. of animals), he must not eat of it, until by killing an enemy, the taboo is taken off. It is something abstained from and considered sacred, including the idea of an oath or sacrament or binding of oneself (s. Riggs) among the Dacota. Les Miamies el les Kikapoos avaient une sociéte religieuse, appelée mangeurs d'hommes. Les membres de cette association appartenaient à une seule famille et leur devoir ètait de manger tous les captifs, qui leur étaient présentés (Vail). Von den Amphictyonien verbündeter Städten, wurden Athene Itonia von den Boeotiern, Demeter Panaehaea von Achaeern, Apollo Triocipus von den Doriern der Pentapolis, Poseidon Heliconius von den asiatischen Ioniern verehrt (s. Coulanger). Wie die Gens in Rom (wo z. B. die Fabier am Quirinal opferten), hatten athenische γένη besonderen Gottesdienst, so am Opferplatz der Lycomediden (nach Plutarch) oder dem Altar der Butaden (bei Aeschines). Im Heroenkult wurde Butes von den Butaden, Eumolpus von den Eumolpiden, Cecrops von den Amynandriden, Buselus von den Buseliden verehrt, und so (in Rom)

Arikkara[1]) forttrieb, nannten ihn diese Pahkatsch oder (Prärien-Wolf). Zum Fasten für den Lebenstraum[2]) bereitet sich der Knabe (der Odjibhway) eine Hütte auf einem hohen Baum (nicht auf der Erde, wegen des Matschimanito) im Frühling und verbleibt auf Moos gelagert, soviel Nächte fastend, bis die Qualen des Hungers und Durstes nicht mehr ge-

---

Calpus von den Calpurnier, Clausus von den Claudiern, Julus von den Juliern. Glieder derselben Gens waren zu Athen in verschiedenen Demen eingeschrieben (wie die Brytidae).

1) Die Arikkaras begraben, da Gott verkündete, dass der Mensch von Erde sei und wieder zu Erde werden müsse. Die Mandan feiern das Okippe (Poenitenc-Fest der Arche) im Sommer. Der Vogelkasten der Arikkara enthält die Medicinpfeife (Napakruchte). Das Menschenopfer beim Fest des Gottes Oxipe (Toteuc) wurde von den Goldschmieden Mexico's geschunden, während sich die Qualen bei den Candidaten der Ockibe (der vom Ersten Menschen erhaltenen Medicin der Mandan) für den Gott der Geheimkunst ermässigt haben. Als der Erste Mensch (vom Herrn des Lebens geschaffen) auf der aus dem Wasser emporgestiegenen Erde hinwanderte, traf er die Kröte, die er, weil älter, Grossmutter nannte, und dann den Herrn des Lebens, den er als Sohn bezeichnete, aber dann als Vater, weil im Wettstreit des Gegenübersitzens, zuerst aufstehend, als er nach zehn Jahren das Gebein gebleicht sah, das sich indess, beim Herausziehen des Staabes, wieder belebte (bei den Mandan). De Seyllano usque ad paradisum, ut dicunt incolae ex tradicione patrum, sunt milliaria ytalica quadraginta, ita quod, ut dicitur, auditur sonitus aquarum fontis cadencium de paradiso (Marignola). Les Mosquitoes se peignent le corps et la figure de dessins bizarres en rouges et en noir, pour que le diable ne les reconnaisse pas et ne leur fasse pas de mal (Lévy). Menabozho oder Michabo (der grosse Hase) gründete die Meda-Verehrung (Brinton). Der Medawin genannte Priester gewinnt seine Kenntniss durch Belehrung, der Jossakeed ist begeistert (bei den Algonquin). Wakan-wacipi (the sacred dance) is the name of a secret society among the Dakotas, which purports to be the depository of their sacred mysteries. The medecine-sack is the badge of membership. With the claws or beads contained in this, they pretend to shoot mysteriously and cause death. The high piests spend the night previous in heating stones, in sweating and singing, holding communion with the spirit-world (Riggs). Das sterbliche Element der Seele wird ausgeschossen.

2) Olaf sah im Traum (nach der Olafs-Saga) einen grossen Stein, auf dem emporsteigend er sich in die Luft erhoben glaubte über die Wolken hinaus, und in einem schönen herrlichen Lande strahlende Leute um sich sah (dann sieht er auch die Qualen der Holle und wird in Russland bekehrt) [Indianer]. Dans les solitudes le démon de l'envie, (qu'ils apellent Sovah en Quoja) leur upparaît sous la forme d'une plante ou d'un animal, leur parle et les instruit des herbes dont il faut se servir pour faire du mal aux hommes (1688). On se sert de certaines herbes preservatives contre ce Sovah-belly ou herbes empoisonnées (de la Croix). A l'âge de la puberté on entoure les enfants (en Californie) de sorciers et devins, qui leur font prendre un breuvage énivrant (des Solanées). Quand le jeune homme est parvenu au paroxysme de l'ivresse, les sorciers l'empêchent de s'endormir, entrenant son excitation cérébrale et lui demandant sans relâche, s'il ne voit pas le lion, l'ours, le cerf, l'aigle ou le loup de prairièrs (Duflot de Mofras). Je nach der Hallucination wird ihm dann die Figur des Thieres auf Brust und Armen eingebrannt. Les initiations des Hurons, Iroquois et des nations Algonquines commencent avec l'âge de puberté. Ils se retirent dans les bois, les jeunes gens sous la direction d'un ancien

fühlt werden und die Seele frei wird. Beim Erwachen aus dem Traum, der zum Himmel geführt und die Kenntniss des Lebens enthüllt hat (unter Gewährung der Medicin), darf drei Tage lang kein Blut vergossen werden. Der Belli-Paato ist ein Tod und eine Wiedergeburt (eine Einverleibung in die Versammlung der Geister), indem die im Busch Eingeweihten ganz verändert werden, dem alten Leben und Wesen absterben, und einen neuen Verstand mit neuer Wissenschaft erhalten. Die gewaltsam (weil den Tod fürchtend) nach dem Wald gebrachte Jugend wird von den Aeltern (Soggone) im Killing-Tanz (mit Bewegung aller Glieder) und Lobgesang (Belli-dong) unterwiesen, und lebt dort mehrere Jahre. Die Mütter bitten die Eingeweihten, dass die Veränderung[1]) bei ihren Kindern leicht vor sich gehen möge. Wenn sie aus dem Busch (wo sie in den Rechten des Dorfes und in den Kriegssachen unterwiesen sind), stellen sie sich an, als ob sie erst in die Welt kämen und nicht einmal wüssten, wo ihre Eltern wohnten, oder wie sie heissen, was für Leute sie seien, wie sie sich waschen sollen oder mit Oel beschmieren, was Alles ihnen die Gezeichneten (Soggone) lehren müssen. Zuerst sind sie ganz mit Buschgewächsen und Vogelfedern behangen, aber später werden sie mit Kleidern, Korallen und Leopardzähnen geschmückt und versammeln sich vor der Gemeine zum Belli-Tanz. Nachdem der Wiederlebendiggewordene in seinen Haustand gebracht ist, mag er bei dem Belli-Paaro (dem Göttlichen Rechte oder Gottes Rache) schwören. Bei den Vey steht dem Beri (oder Beri-mo) das Sande (der Frauen unter dem Dämon Nou) gegenüber (s. Koelle). Da der (vom Teuffel bei der Hochzeit fortgeführte)

---

ou d'un devin et les jeunes filles sous la conduite d'une matrone. Ils jeûnent pendant ce temps-là fort sévèrement et tandis que leur jeûne dure, ils se noircissent le visage, le haut des épaules et de la poitrine. Ils observent en partculier très-soigneusement leurs rèves et en font un rapport exact à ceux, qui les dirigent. Ceux ci examinent la conduite de leurs disciples, conferant de ce qui les regarde, pour statuer sur cela ce qu'ils doivent prendre pour leur Oiaron on leur Manitou, d'où doit dépendre le bonheur de leur vie (Lafiteau). En la Gran Canaria tenian una casa de oracion, llamavan allo a Tirma é tenian alli una imagen de palo tan lunga como media lanza, entellada con todos sus miembros de muger, desnuda con sus miembros de fuera, é delante della una cabra de un madero entallada con sus figuras de hembra que queria concibir, i tras della un cabron entallado de otro madero é puerto como que queria subir é engendrar sobre la cabra. Alli deramavan leche é manteca, pareceque en ofrenda o diezmo o primicio (Bernaldez). Nach Tamara wurden die (bei Galindo) Almogarem genannten Tempel (auf Canaria) mit der Milch heiliger Ziegen begossen. Nachdem die Zwillinge getödtet waren (bei den Jagas), wurden mit doppelten Ruthen geschlagen die Gebährerinnen (Cavazzi). Utebantur tragoedi et comici fibulis ad constringendum penem, ne arrigeretur. Hos circellos fuisse vetus Scholiastes Juvenalis indicat (s. Kruse).

1) Der Uebergang von der kleineren zur grösseren Kindheit soll (nach Basedow) unter Feierlichkeiten (Singen, Beten, Besuchen von Erwachsenen,

widerumb kommen, hat er nicht sagen können, wo er gewesen sei, allein gesagt, dass er ohne Verstand bald in diesem, bald in einem andern Wald lange Zeit herumb gezogen sey, biss er den Fytysi widerumb versühnet habe (Samuel Brun) von den Negern beim holländischen Fort Nassau (bei El Mina an der Goldküste) 1624. Nachdem die Knaben geprügelt und sonst gequält waren, wurden sie (indem die Mutter weinend das Grab bereitete) Einer über den Andern in ein Thal geworfen, gleichsam als wenn sie todt wären (in Virginien). Der Werowance oder Wahrsager aber sagte: „dass die Kinder nicht todt wären, sondern dass der Okée oder Teufel denen, so ihm zu Theil werden, das Blut aus der linken Brust so lange aussauge, bis sie wirklich stürben; die fünf Knaben bewachten die andern neun Monate lang in einer Wüsten. Während dieser Zeit dürfen sie mit keinem Menschen umgehen, und aus ihrer Zahl würden die Priester und Wahrsager genommen" (Smit). Die Huscana wement oder Initiations-Ceremonie wird alle 14 — 15 Jahre gefeiert, um die Knaben in die Zahl der grossen Männer oder Cocharuses aufzunehmen (s. Baumgarten). Wiewohl es genugsam bekannt ist, was es sey vom Belli getödtet, auf dem Rohste gebrahten und wieder neu gemacht zu werden, als auch dass die Rache des Belli anders nicht sey, als des Königs Recht, so darf gleichwohl Niemand aus Furcht des Todes sich unterwinden, etwas davon zu gedenken (Dapper). Niemand wird den Geistern übergeben oder in ihre Bewachung gestellt, man habe denn zuvor die Sache wohl untersuchet[1]) (durch das aus Quony-Bast und anderen Zuthaten bereitete Bollimo-Wasser). Sobald die Unberufenen

---

neuer Namengebung in alethinischer Sprache) vorgenommen werden, unter Wegschaffung des alten Geräths, Verbrennen der Ruthen im Kamin, Anlegung neuer Kleider u. s. w.

1) Neben Zambam-Pungo (Gott) werden die Götzen (Ganganjumba) in Thierform gebildet (in Angola). In Unschuldsproben bestreicht bei der Beschwörung Bulungo oder Ganga Arm und Bein mit glühenden Eisen (Dapper). Im Tanz Qnimboara redet der Teufel in Götzensprache. Das Bundu-Gericht der Bullamer erpresst wahre oder falsche Geständnisse von den angeklagten Weibern (Winterbottom). Oberhalb Rabba (auf der Insel Pataschin) findet sich ein Strafhaus für ungehorsame Frauen (Lander). Dem Semo der Susus entspricht der Purrah der Timmanis. Bei den Quoja weiht der Belli Paato mit Belli-Tanz (die Männer) und Nesogge die Frauen (unter Beschneidung) mit Sandy-Tanz (durch den Tod ist Alles vergessen, und ein neuer Unterricht zu ertheilen). Unter den Mpongwe schliessen die Männer den Geheimbund Nda, die Frauen den Njembe genannten (mit Kuhkwi als Popanz). Der Egboe-Orden von Calabar herrschte, wie der Grossfetisch von Bamba. Die zum Njemba gehörigen Frauen sind bemalt (am Gabun). Der beim Nda (der Männer) praesidirende Geist wohnt in den Wäldern. Eine nicht tättowirte Frau fällt in ewige Verdammniss, einem Manne aber, der bei Lebzeiten die Weihe erhielt (einen Andern mit der Keule erschlug) ist die Seeligkeit gesichert (auf den Fiji).

das Brummen des Muansa[1]) oder ausgehöhlten Holzstammes (der immer im Walde zuerst gespielt und dort in einer Hütte aufbewahrt wird) hören, so müssen sie sich verbergen oder Strafe zahlen. Der Muansa bildet (auf dem Moroni oder Rathhaus) den Mittelpunkt des burgerlichen oder religiösen Lebens (bei den Wanika). So oft die Häuptlinge ein neues Gesetz beabsichtigen, lassen sie den Muansa spielen. Nur Eingeborene sind (in Folge reicher Gaben) in das Geheimniss des Muansa eingeweiht (s. Krapf). Die Frauen haben ein Zeichen des Bundes[2]) Nesoggo, der seinen Ursprung in Gale genommen und später auch bei den Quoja und Folgia gebräuchlich wurde. Die von der Soghwilly (Priesterin) im Sandy-Late geweihten

---

1) Der Muansa (der Wanika) ward von den Wadigo erfunden (s Krapf). The Eg-gu-gu man (different from the Loco-baras or poisoner) turns out towards the commencement of the dry season, and his approach to the village is heralded by dismal shrieks and by the roll of tom-toms or drums, beaten by his confederates, he then makes his appearance shrouded in a cloak, his face perfectly invisible, seizing and punishing any persons, especially of the female sex, who may have been guilty of any breach of propriety (Hewett) among the Kossous (or Sherbros) and Timmanees.

2) Nach einigen vorbereitenden Prufungen bei den Ceremonien (der Huscanawe oder Junglingsweihe in Virginien) le principal est la retraite des jeunes hommes dans les bois, où on les renferme plusieurs mois de suite, sans qu'ils y aient aucune société, ni d'autre nourriture que l'infusion, ou la décoction de quelques racines, qui bouleversent le cerveau. En effet, ce breuvage, qu'ils appellent Wisoccan, joint à la sévérité de la discipline, les rends fous à lier et ils continuent dans ce triste état 16 ou 20 jours. On les garde dans un enclos bien fort, débitant à cette occasion, que ces pauvres malheureux boivent tant d'eau du fleuve Lethé, qu'ils en perdent le souvenir de toutes choses, de leurs parens, de leurs amis, de leur bien et même de leur langue. Lors que les médicins trouvent qu'ils out assez bu de ce Wisoccan, ils en diminuent la dose peu à peu, jusqu'à ce qu'ils les aient ramenez à leur premier bon sens, mais avant qu'ils soient tout-à-fait bien rétablis, ils les conduisent à leurs differents villes (n'osant pas dire, qu'ils se souviennent de la moindre chose). Il faut, pour ainsi dire, qu'ils apprennent tout à nouveaux fraix, mais il est sûr, qu'ils ne veulent rien connaître de ce qu'ils ont su autrefois, et que leurs gardiens les accompagnent, jusqu'à ce qu'ils aient tout appris de nouveau. C'est ainsi qu'ils recommencent à vivre après être morts en quelque manière et qu'ils deviennent hommes, en oubliant qu'ils aient été jamais enfans (1694). Les Indiens (de Paumaunkie) prétendent, qu'on n'emploie un remède si violent, que pour délivrer la jeunesse des mauvaises impressions de l'enfance et de tous les préjugez qu'elle contracte, avant que leur raison puisse agir. Ils soutiennent que mis alors en pleine liberté de suivre les loix de la nature ils ne risquent plus d'être les dupes de la coutûme, ou de l'éducation, et qu'ils sont plus en état d'administrer équitablement la justice, sans avoir aucun égard à l'amitie ou au parentage (Baverley). Die Bezirksqurrah bei den Fulhas-Susus sind dem Grosspurrah (der sich auf neutralem Gebiet versammelt) unterworfen (Golberry). Bei den Prüfungen der Candidaten macht man, sie zu schrecken, von allen Elementen Gebrauch und soll sich auch gefesselter Löwen und Leoparden bedienen. Als Zweck des (heimlichen) Eidechsenbundes (unter den preussischen Rittern) wurde ausgesprochen: jedem Mitgliede ihres Bundes in allen nothhaften und ehrlichen

Simoduino oder Sandi Simoduino (Kinder des Sandi) mögen bei Noe-Soggo (ihrem Bunde) schwören. Die Izanuse (Riecher) oder Amaqira abukali (scharfe Doctoren[1])) sehen in der sie mit Kräften begabenden Krankheit die todten Inkosi mit ihren Schildern zu sich kommen (bei den Kaffern). Die Quoja legten Kleidungsstücke, Nägel, Haare des Verstorbenen an einer Stange befestigt (mit gekautem Mammoni oder geschraptem Bonduholz) auf die Köpfe zweier Männer und fragten dann (ob dem Todten die Bolli oder Arznei ein Sovach oder Gift gewesen), mit einem Beil an die Stange schlagend, um durch Kniebeugung der Stockträger eine Bejahung, durch Hauptschütteln eine Verneinung zu erhalten (nachdem die Allwissenheit des Geistes durch die Aufgabe, etwas Gestohlenes zu finden, geprüft war). Wenn es geschieht, dass der Geist stumm ist und kein Zeichen giebt, so wird gefragt, ob einige Sovahmo (Giftzauberer) seine Sinne so entstellt und betäubt haben, dass es nicht möglich ist, sich zu äussern und die Sovahmo zu offenbaren. Lässt der Geist eine Bejahung erkennen, so wird er vorläufig begraben, ohne weiteres Fragen. Nach einiger Zeit aber wendet man sich an einen Jakehmo oder Wahrsager (ein herumziehendes Volk, die mit Horntöpfchen und Trommeln lärmen und tanzen), um den Sovahmo auszufinden, und dem von den Jakehmo bezeichneten Schuldigen wird Kqony applicirt.“ Eine derartige Todtenbefragung findet sich in Afrika häufig, und auch in Amerika.

Der Egboe-Orden[2]) oder Efik (Tiger) ist in 11 Grade abgetheilt, von denen die drei obersten Nyampa, Obpoko oder der Messing-Grad und Kakunde für Sklaven nicht käuflich sind; andere Grade bilden oder bildeten der Abungo, Makaira, Bambim boko u. s. w. Der ge-

---

Sachen ohne Falschheit, Verrath und Arglist mit Leib und Gut gegen Jedermann, mit Ausnahme der Landesherrschaft und der nächsten Blutsverwandten, treu und ehrlich beizustehen (vom Hochmeister Conrad vom Jungingen bestätigt) 1398 p. d.

1) Die Zauberer der californischen Indianer saugen den Kranken Holzstücke und Stacheln aus (Mofras). Le souverain pontife du royaume Mandinga (Mandimança) ou (selon Marmal) Mani-Inga est un fameux magicien, qui avait appris au roi de Bena à invoquer les démons et à s'en servir pour tourmenter ses ennemis (de la Croix). Le Roy de Bena commande à sept royaumes quoy qu'il soit vassal du Conche, empereur de tous les Sousos. Bena ist die Hauptstadt des von Souses bewohnten Landes (nach Dapper). Der König hält gemeiniglich eine (der König der Schlangen genannte) Schlange in seinen Armen und streichelt sie mit den Händen als ein junges Kind (1671) [von Sus in Marocco, wie algeriesche Schlangenbeschwörer]. S'ils tombent malades, les Tschinouks font venir le devin ou sorcier afin qu'il pratique sur eux l'Atamanoua ou médicine (s. de Mofras). Les malades inspirent une telle crainte à ceux qui les soignent, à cause de la faculté qu'on leur suppose de pouvoir jeter des sorts, qu'on ne se refuse à satisfaire à aucun de leurs désirs.

2) Ausland, Nr. 38, 1869.

wöhnliche Weg ist, dass Eingeweihte sich in die höheren Stufen nach einander einkaufen; das dadurch erlöste Geld wird unter die Nyampa oder Yampai vertheilt, die den inneren Bund bilden; dem König selbst kommt die Präsidentschaft zu, unter dem Titel Eyamba. Jede der verschiedenen Stufen hat ihren Egboetag, an welchem ihr Idem oder ihre gespenstische Repräsentation eine absolute Herrschaft ausübt, wie sie die Römer dem Dictator in kritischen Zeiten übertrugen, und auch Glieder anderer Stufen des Egboe-Ordens, wenn er ihnen begegnen sollte, mit seinen Strafen nicht verschont. Das Land findet sich gleichsam in einem permanenten Belagerungszustand, der durch die Ueberzahl der Sklaven und Frauen nöthig wird, indem die traditionellen Gebräuche des alten Herkommens durch die regelmässig einander folgenden Egboetage und der damit verbundenen Proclamirung des Kriegsgesetzes beständig ausser Kraft gesetzt und suspendirt werden. Sobald ein Egboetag verkündet ist, fliehen Sklaven, Weiber und Kinder nach allen Richtungen, da der Emissär des Idem mit seiner schweren Peitsche bewaffnet umgeht und durchaus nicht scrupulös in ihrer Anwendung ist. Eine gelbe Flagge auf dem Haus des Königs verkündet den Tag der Brass-Egboe oder des Messing-Grades, wo selbst von den Freien sich nur sehr wenige ausser dem Haus zeigen dürfen. So oft bei dem Egboe-Orden eine Klage anhängig gemacht ist und der Missethäter bestraft werden soll, wird durch geheime Ceremonien der im fernen Buschlande wohnende Idem citirt, der dann mit einer phantastischen Kleidung aus Matten und Zweigen von Kopf bis zu den Füssen bedeckt und mit einem schwarzen Visir vor dem Gesicht erscheint. Im Kameroon werden die Glieder des Ordens selbst durch ein in einen künstlichen Knoten geschürztes Laubwerk vereinigt, so dass sie sich als eine zusammenhängende Masse bewegen. Ein jeder, Mann, Frau oder Kind, hat das Recht die Hülfe des Egboe gegen seinen Herrn oder seinen Nachbarn anzurufen, und dazu bedarf es nur dass er ein Mitglied des Ordens auf der Brust berührt oder an die grosse Egboe-Trommel schlägt. Der Beanspruchte muss alsogleich einen Convent zusammenberufen wo die Klage untersucht, und, wenn gerecht, befriedigt wird. Erweist sie sich dagegen als unbegründet, so wird der Kläger bestraft; hat das Gericht ein Verdammungsurtheil gefällt, so läuft der Beauftragte mit seiner schweren Peitsche in der Hand und von einem lärmenden Gefolge von Egboebrüdern umgeben, direct nach dem Haus des Verurtheilten, aus dem sich niemand rühren darf, bis die Strafe vollzogen und gewöhnlich das ganze Haus zusammengerissen ist, so dass alle Einwohner mehr oder weniger Schaden nehmen. Während dieser Zeit, sowie überhaupt während der ganzen Dauer einer Egboesitzung, würde es für jeden nicht dabei Betheiligten der Tod sein wenn er sich auf der Strasse blicken liesse, und erst wenn die Egboe-Trommel den Schluss des Gerichts verkündet, können die Geschäfte des gewöhnlichen Lebens wieder begonnen werden. Mitglieder des Ordens sollen, wenn verurtheilt, das Recht haben im Rausch zu sterben. Leute die auf Reisen zu gehen gezwungen sind, stellen meistens ihr Eigenthum unter den Schutz des Messing-Egboe, und ein gelbes Stück Zeug, dass über der Thür angebracht ist, genügt das Haus gegen jede Beschädigung zu schützen; der in den Messing-Grad Einzuweihende wird am ganzen Körper mit einem gelben Pulver eingerieben. Am Kameroon ist ein Bündel grüner Blätter, der an einen Pfahl gebunden wird, das Zeichen dass das Eigenthum unter dem Schutz des Egboe steht.

Seine Entstehung soll der Orden der freien Egboes auf den Messen genommen haben, die auf einem grossen Oelmarkte des Innern (halbwegs zwischen dem Kalabar und dem Kameroon) abgehalten wurden. Da dort vielfache Unordnungen einrissen, der europäische Handel aber zur Aufrechterhaltung des Credits eine genaue Einhaltung der übernommenen Verpflichtungen forderte, so bildete sich dieses Institut als eine Art Hansa unter den angesehensten Kaufleuten zu gegenseitiger Wahrung ihrer Interessen und gewann später die politische Bedeutung einer Vehme, indem es die ganze Polizei des Kalabar und Kameroon in seinen Bereich zog. Die Könige suchen sich stets die Grossmeisterschaft in diesem Orden zu sichern, da ohne dieselbe ihr Ansehen zu einem Schatten herabsinkt. Europäische Capitäne haben es mehrfach vortheilhaft gefunden sich in die niederen Grade einweihen zu lassen, um ihre Schulden leichter eintreiben zu können. Ein Mitglied des Egboe hat das Recht den Sklaven seines Schuldners, wo immer er ihn finde, als sein Eigenthum zu beanspruchen, indem er eine gelbe Schleife an das Kleid oder Tuch desselben befestigt. Der Charakter eines Egboe wird selbst im Innern noch geachtet und gefürchtet, und gibt eine Unverletzlichkeit, wie sie für ausgedehntere Handelsspeculationen in Afrika durchaus nothwendig ist. Als Vorbereitung für ihre Aufnahme unter die freien Egboes werden am Kameroon die aufwachsenden Knaben für längere Zeit zu den Makoko, einem Buschvolk des Innern, geschickt, bei denen sie nackend in den Wäldern leben und nur zeitweise, mit grünen Blättere behangen, hervorstürzen um ein Bad im Flusse zu nehmen. Keine Frau, und vor allem keine Sklavin, darf sich bei schwerer Strafe dem Walde nähern, in dem sie sich aufhalten. Um einen Besuch, vorzüglich einen europäischen, besonders zu ehren, pflegt man am Kameroon die Egboe-Ziege vorzuführen, deren Anblick dem Volke sonst nur selten gestattet wird.

Beilage

aus dem siamesischen Gesetzbuch.

SIAMESE LAWS & CUSTOMS ON SLAVERY,

TRANSLATED FROM THE SIAMESE CODE OF LAWS.[1])

Concerning bondage for debt and captivity, both male & female, according to the sacred Bali P'ră t'ămăsàt.

There are 7 Classes of persons, whom it is proper to employ as bond-servants.

1st. Persons for whom money or other property has been paid for their relief.

2nd. The Children of persons in bondage for debt, born in the house of their parent's bondage.

3rd. Persons who have been transfered to their Children as pawn-servants.

4th. Persons who have been given to others as pawn-servants.

5th. Persons who have been obtained by redeeming them from prison, or from the penalty of capital offences, which they themselves have committed.

6th. Persons, who under the pressure of famine, have given themselves as bond-servants in consideration of being fed and clothed.

7th. Person who have been taken captive in war.

There are 6 Classes of persons, whom it is not suitable to treat as bond-servants: viz;

1st. Persons who having obtained favour, have been liberated from bondage.

2nd. Debtors whom their Creditors have allowed to enter the Priesthood.

3rd. Servants whom their Masters have dedicated to the Bramins.

4th. Priests must not hold one another in bondage.

5th. Persons who are very pious, and have come to abide in the families of their neighbours, must not by them be brought into bondage.

6th. Persons who are living on the premises, or lot, or farm of an other, shall not on that account be employed as bond-servants by him.

In the P'ŏŏt'ă Săkărât 1359 (corresponding with A. D. 815) P'ră-Bàt Sŏmdèt P'ră Chow Rama Tip-Bawdin, being seated on his throne Bŏŏtsăbŏk-Măhá P'rei-Ch'ŏn Prăsăt, facing to the east, reflected on the contents of

[1]) Entnommen dem von dem Missionär Herrn Dr. Bradley herausgegebenen Bangkok-Calender für das Jahr 1861, (corresponding to the Siamese civil era 1222-3, and nearly so to the Chinese cycle era 4498, being the 58th year of the 75th Chinese cycle of 60. The Chinese new near commences on the tenth of February; the Siamese new year, the twelft of March; the Mohamendan new year 1278, on the Ninth of July.)

the sacred book P'răt'ămăstâ, and then gave utterance of his meditations to his prostrated Court saying:—

There are according to the Book P'răt'ămăsât 7 Classes of persons whom it is proper to treat as bond servants. [which he then ennumerated as above].

There are, according to the same authority, 3 Classes of redeemed persons: viz —

1st. Such as have been bought as Pawns, with remaining claims upon the seller.

2nd. Such as have been bought absolutely, without any lien upon the seller.

3rd. Such as have been bought not with the view to employ as servants.

Persons of the 1st Class, are those to whom the seller stands as their surety, so that if they run-away, or are in any wise lost, the money for which they were sold as Pawns, can be claimed from him.

Persons of the 2nd Class, are such as have been bought at a price full equal to that of their persons, [a price attached by law to every person according to his age] but without any security from the seller, so that if they run away, or are otherwise lost, no claims can be laid upon him for damages.

Persons of the 3rd Clas, are such as have been redeemed, with an agreement to pay their redeemer the monthly interest accruing on their debt, and therefore not to be employed by him as servants.

CHAPTER I.

On Pawning Persons and Property.

Example 1st. A husband, or father or mother, or master has a right to place the name of his wife, child or bond-servant in a paper by which the wife, child, or servant shall be transfered to the Pawnee to serve him in lieu of the interest of the money due him. And this may be done either with or without the knowledge or consent of the person thus transfered; because the parties allowed to do it, are the superiors of the others, and have lawful authority over the other parties therein specified. Such papers of transfer are valid in the estimation the Law.

2nd. A wife, or son, or daughter has no right to place the name of his father, or mother, or husband in a paper of transfer as above, because a wife, son, or daughter is not superior to the other party herein specified; and consequently such a paper of transfer is not accounted valid by the Law.

3rd. A person suffering from pecuniary embarrassment, delivers over his younger brother, or younger sister, his child, or nephew, or niece, or other blood relative who in law is accounted his inferior, to stand as a Pawn, and to serve in lieu of the lawful interest for money borrowed, or for a debt exceeding the sum of 2 or 300000 cowries [equal to 8 or 12 ticals], the person thus held in bondage shall not be treated with cruelty, or punished severely by the Pawnee. If the servant shall not do well, he may be taken back to the Pawner, and his consideration money, [the sum for which he has been held in bondage], demanted. If the Pawnee of the sum above speeified, shall be accused as a transgressor of the laws of the land of whatever crime, and shall require said servant to be siezed in his stead, and he consequently shall suffer scourging, be confined with fetters, put into stocks, flogged with a twisted rawhide, confined in the sun, or in the rain, or macerated in water, or suffer any other torture in the place of the Master, or in the place of his child, or wife, or other blood relative, the Law declares such conduct to be wrong; and ordains that said Pawnee shall allow to that servant one half of the amount of the money for which he has held him in bondage. And if said Pawnee be found guilty of flogging that servant with a twisted raw-hide, he shall not be allowed to claim any part of that consideration money.

But if the bond-servant be of the class of servants who are sold absolutely, and the Master become a defaulter in the king's business, and said servant be siezed and punished instead of the Master, the law ordains that said Master shall not be accounted an offender for that, because the servant was his own, and not a Pawn held of another man.

4th If any person pawn his wife, or child, or property, and give to the Pawnee the San krŏmăt'ăn, [the paper to secure the Pawnee against damage by the loss of the person, or thing pawned,] and the Pawnee pay the consideration money to the Pawner, confiding in his faithfulness to deliver to him the Pawn, and the Pawner take the money with him: but do not deliver over the Pawn, such conduct the Law pronounces fraudulent. And if on trial a person be found guilty of it, he shall be fined double the amount for which he engaged to give the Pawn, $^3/_4$ of which shall be paid to the Pawnee, and $^1/_4$ to the Government.

5th A person sells another as a Pawn, to serve the Pawnee in lieu of the interest of money, which he himself has borrowed of the latter, or is other wise indebted for. After a time the Pawnee becomes dissatisfied with the arrangement, or with the Pawn, and takes him back to the Pawner, who will not receive him, and will not return the consideration money. The Pawnee then takes the Pawn, and commits him, and his case to the Magistrate. The Magistrate is then to call the Pawner to come and redeem his Pawn, and return to the Pawnee the money for which the Pawn was given. If the Pawner venture to resist this requisition, the Pawn will remain in the hands of the Magistrate, until some person shall come and pay the price for which he hȧd been sold as a Pawn, which the Magistrate will pay over to the Pawnee. That servant then ceases to stand as a Pawn. He is under the entire control and authority of the person who redeemed him, [as a wife and child is under the control of the husband and father]. But in case he shall suffer from any judicial process, or run away, or is in any way lost in the future, the original Pawner who was in default, shall be held responsible for the payment of the sum of money for which he originally sold the man as a Pawn.

6th. If a Pawnee of a man he holds as a Pawn in lieu of the interest of money his due, become displeased with the conduct of the servant, he may chastise him just enough to inspire fear in him, and no more. He is not by any means allowed to punish him so that it shall be the cause of his death. If the servant be an evil person, and cannot be taught to do better, he may be returned to the Pawner. If he be a servant who has no Pawner he may be sold as a Pawn to any one who will purchase him. If the Master punish him to death, he shall be adjudged by the law which grades the penalty according to the instrument with which the punishment has been inflicted, whether with the hand alone, or with wood, or iron.

7th. A person becoming embarrassed in his pecuniary matters, takes his wife, or child, or younger brother, or sister, or any one of his inferior blood relatives, or any one of his bond-servants male or female, and sells him as a Pawn to serve the Pawnee in lieu of the interest of money due the latter. If the amount of the principal be less than 1200,000 cowries [=48 ticals] for a female, and 1400,000 cowries [=56 ticals] for a male, such servants shall be employed with gentleness. If they do wrong, they may be chastised with mildness suitable to the relations they sustain. The Pawnee shall not oppress them, nor put them into stocks, or fetters, or beat, imprison, or cruelly use them unto wounds, sickness, fractures, blindness, or any thing of the kind. If the Pawnee offend in any of these respects, he shall be fined as follows. The sum of the consideration money shall be divided into two [equal] parts, denominated the Bondman's part, and the Freeman's part. The Bondman's part shall be set aside for the Pawnee; and the Freeman's part shall be divided into two equal parts, one of which shall be credited to the servant, the other paid to the government.

8th. A person being embarrassed, sells his own person as a Pawn to another, or sells his wife, or child, or nephew, or niece to serve in lieu of interest of money advanced to him for that consideration, and departs; but does not give the usual Sán kromăt'ăn [security papers] to the Pawnee. The person standing as a Pawn, consents to be employed by the Pawnee. The Pawnee duns the Pawner for the papers, but he puts him off. This dunning is continued 9 or 10 months, or a year, but in vain. In such a case, the Pawn shall come under the entire control and authority of the Pawnee, the same as if he had been purchased from a junk, and not to stand as a Pawn any longer. If he beget children male or female, the same may be demanded for the redemption of the children, as is usual for the children of servant, who are entirely under the control of their masters, because the Pawner has disregarded the rights of the Pawnee.

9th. A person, becoming embarrassed for the want of money, takes his child, wife, brother, sister, nephew, niece, grand-child, great-grand-child, bond-servant, or freeman, and sells him as a Pawn. — The Pawnee, would pay him the consideration money, but the Pawner will not yet take it, and says to the Pawnee that he may take the Pawn first. He does so, and employs him as a bond-servant. The servant breaks the Pawnee's property, or otherwise destroys it. In such a case, the law declares, that as the Pawnee has not yet paid the consideration money to the Pawner, he is faulty for having so readily employed the Pawn as a bond-servant. If the property broken, or spoiled, or lost is worth less than 100000 Cowries (=4 ticals) the Pawner shall not be obliged to pay the damages. But if the worth of the property spoiled, or lost, be more than 100000 cowries, the sum of it shall be divided into 3 equal parts, one of which shall be paid by the servant, and the other two shall be borne by the Pawnee. If he shall have paid the consideration money to the Pawner, and the latter shall have given the security papers to the Pawnee, and the servant shall then break, or spoil, or loose the property of the Pawner, he may be obliged to pay the whole amount of the damages. If the Pawnee employ him to take care of cattle, buffaloes, elephants, horses, or other animals that have life, and the servant do not give his mind to the charge, is careless and negligent concerning the animals, and consequently they are lost:— then the servant shall be obliged to pay the whole amount of the damages. But in case he go in pursuit of the animals, and while taking care of them, he is assaulted by robbers, is beaten, abused, or is hand cuffed, or bound by them, and they then take the animals away, the Law ordains that the servant shall not be obliged to pay any part of the loss. If the animals placed under his care, are more than he can will take care of, and consequently any of them be lost, the amount of the damages shall be divided into 2 equal parts, one of which shall be paid by the servant, and the other borne by the Pawnee. But if in such a case, robbers assail the servant, and plunder the elephants, cattle, horses, or buffaloes at home, or in the commons, or in the fields, in the wilderness, or in the woods, in the day, or in the night, and these facts are clearly substantiated by examination, the law will not oblige the servant to pay any part of the loss, because it was a charge above his ability to perform.

10th. A person is committed to another as a Pawn, to serve in lieu of the interest due on money borrowed, or a debt. If the Pawnee employ him to take care of elephants, horses, cattle, buffaloes, or other animals, and any of them die under his care, the Pawnee shall not oblige the servant to pay the damages.

11th A person sells a brother, or sister, or other person to another as a Pawn. If within the term of three years, the servant shall prove himself to be an evil person, robbing, brick-batting, or murdering his Master, and thus producing disorder and confusion in the land; and after a faithful trial of the case, the servant be found thus guilty, the Pawner shall pay to the Pawnee the full amount for which he stood as a Pawn, because it is supposed he decieved the Pawnee, and sold him as Pawn, when he knew him to be an evil person. But if the servant shall have served the Pawnee 3 years, and he then become guilty of such conduct, the Pawner shall not be obliged to return the consideration money. The loss must be borne alone by the Pawnee.

12th. Whoever having a bond-servant male or female, has sundry items of expense which he would charge to his or her account, and many matters about which he would talk to him or her; but keeps them all to himself, saying nothing about them before or at the time he sells him or her as a Pawn to another person; he shall have no right to come afterwards, and add any thing to the account of said Pawned servant on the old score, or presume to talk to him about them with the view to lay any such claims upon him.

13th. A person takes his bond-servant, or child, and sells her as a Pawn to serve the Pawnee in lieu of the interest on money due him, and gives the usual security; and the Pawnee forces [1]) her to become the wife of any man, whom she does not love, there being eye witnesses to the truth of this. Then the consideration money shall be devided into two equal parts, one of which the Pawnee shall give to the woman, and the other he may keep to himself. [That is, in plain English, the debt for which she is in bondage, shall be reduced one half].

14the. A Pawnee sends his Pawn-servant to become his substitute in the army. He goes and fights as such. The law ordains, that the Pawnee shall afterwards have no right to demand from him, or the Pawner the consideration money; and that he shall be free. But if he enter the army as a the substitute of the Pawnee, and be not called into actual combat against the enemy, and return home safely, his consideration money shall be divided into two equal parts, one of which shall be given to him, and the other retained by the Pawnee. But if he be killed in battle, or die in the army, the Pawnee shall have no right to claim the consideration money from the Pawner; because the Pawnee sent him to the war as his substitute.

15th. A person belonging to the class Tăhán or P'onlăru'an [the two grand divisions of Siamese subjects], becomes embarrassed for want of money, and consequently falls into a state of bond-service for debt to a person having a name in the land. A war arises. The person having jurisdiction over this class of subjects, calls him into the army. He dies, or suffers injury in any way by exposure in battle. In such cases the Pawnee shall have no right to claim the consideration money from the

---

[1]) Quand un homme pauvre et denué de tout, ayant reçu d'une autre personne du riz ou du paddy, de l'or ou de l'argent, de marchandises ou valeurs quelconques, vient ensuite à mettre en gage, pour garantir de cette dette, ses enfants, sa femme ou ses serviteurs, si le créancier déloyal donnent libre cours à ses passions brutales, cherche à abuser de la personne de ses otages, la loi ordonne, que les personnes mises en gage soient rendues sans condition à leurs familles (Janneau) livre de Krâm pultep (des lois cambodgiennes).

Pawner; because the Sovereign of the land sent the servant to serve the country in the war.

16th. A person falling into poverty, takes his child, or wife, o other relative, or his servant male or female, and sells him as a Pawn to serve the Pawnee in lieu of interest due him on a sum of money or a debt. At lenght the season for ploughing the fields, or reaping the harvest arrives, when the Pawnee becomes thus engaged with his servants. At such a time, neither the person standing as a Pawn, nor the man who sold him up as such, shall have a right to redeem the Pawn, for the law ordains that the season for fishing, and the season for reaping rice, are seasons of exemption, when a Pawnee is not bound to allow his pawn-servants to go from him, on having the prices of their redemption offered to him. But when these seasons shall have passed, then the Pawnee can be obliged to give up his pawn-servant on the presentation of the money for which he stands as a Pawn, be the same much or little. If the Pawn, or the Pawner, shall, during the continuence of the fishing and harvesting season, sue for the redemption of the Pawn, the Law ordains that no Magistrate or Judge of any class, shall have a right to interfere for him.

17th. A person sells his child, or wife, or bond-servant to another as a Pawn, to serve the Pawnee in lieu of interest on money due him; but does not give the usual security papers. The servant absconds. The Pawnee duns the Pawner for the money for which the person was Pawned. The Pawner affirms that he did not sell the person with any reservation of claim, but absolutely. The Pawnee affirms that the person was committed to him only as a Pawn, and that the Pawner had not, as was contemplated, yet given him the security papers. In such a case, if on examination, it be proven that the person was sold as a Pawn, and that the Pawner had failed to give the security papers, the latter shall be required to return the consideration money, but without interest: because he did not give the security papers. If the run-away servant be afterwards found, the Pawnee may then claim the interest from him.

18th. A person takes a freeman, or bond servant male or female, and sells him or her as a Pawn, to serve in lieu of the interest on a debt of whatever amount. And the Pawnee, becoming troubled for the want money, takes that Pawn-servant, and sells him or her as a Pawn to annother person. And when he finds relief from his embarrassment, he goes and redeems that Pawn again. At length he falls into another pecuniary strait, and sells that same person as a Pawn the 2nd time; but for less money than that for which he first took him as a Pawn. At length that servant obtains a husband, has children: or her original Pawner dies, or otherwise fails to redeem the Pawn; the money for which she was last sold as a Pawn falls short of that for which she was originally pawned. Such being the case, she may be redeemed for only half of that original price: because it is proper to have compassion upon one, who has been of so much service.

19th. A person pawns a bond-servant, or freeman, a child, nephew, niece, or grand child, in consideration of a sum of money 2 or 300000 [=8 or 12 ticals] or more cowries at a time of scarcity of food, rice, betle, and ceri-leaf being very dear, and the Pawnee nourishes the servant through the famine. When the famine has past, the Pawner would redeem the Pawn, and brings the money to do so. The law ordains, that in such a case, the Pawner shall pay to the Pawnee the full price which the law attaches to the person of the Pawn, according to his age. If the Pawn be a female, and shall have lived with the Pawnee a long time, and shall have given birth to children, both mother and children shall be under the authority of the Pawnee, because he nourished them during the famine.

[Note-The kind of authority here spoken of is, that if the Pawner would redeem the mother, he must pay the usual custom for the freedom of the children.]

20th. A person male or female, becoming embarrassed, sells him or herself as a Pawn to his creditor, to employ in lieu of the interest of the money; and a son or daugther of father, or mather, or of brother, or uncle, or aunt goes and lives with the Pawn; but the name is not in the security paper. After a time the child becomes large, and would leave [the abode of his parent, or other relative where he or she serves as a Pawn servant]. If the child be from a month to 7 years old, a suitable estimate shall be made of the worth of the milk and rice, which he has consumed; and then that estimate shall be divided into 3 equal parts, $^1/_3$ to be accounted as the price of the milk, and the remaining $^2/_3$ as the price of the food which the child has consnmed, to be paid to the Pawnee of the parent of the child But if the child be above 7 years of age, nothing shall be required for his board, because he is of sufficient age to serve the Pawnee in waiting upon him with rice and water. If the Pawnee has no particular trouble, leading him to wish to obtain money by selling his Pawn-servant as a Pawn, but a person comes and teases him for the privilege of redeeming her, she having served him a long time, and her child having become a youth, no charge shall be made for the board of her child.

21st. A person agrees to sell another person as a Pawn, or to pawn to a man an elephant, horse, cow, buffaloe, cloth or other property, and receives the money for the same; but does not deliver over the Pawn to the Pawnee, and falsely affirms that the person, or beast, or property is lost. Such an one, when he returns the consideration money, may be required to pay damages on the score of deranging the plans of the Pawnee, at the rate of 3000 cowries a month for every 10000 cowries worth of consideration money.

22d. A person becomes embarrassed for the want of money, and takes his child or wife, or brother, or sister, or other relative, or bond-servant male or female, and sells him as a Pawn; or he takes an elephant, horse, or cow, or buffalo, or any other property, and pawns it to another. He is allowed 3 days of grace in which he may deliver over the person, or the property pawned to the Pawnee. If the three days pass, and the Pawn be not given, and the person pawned, shall run away, or the thing pawned be lost, or dead, the Law ordains that the consideration money shall be refunded to the Pawnee in full.

23d. A person having been sold as a Pawn, to serve in lieu of interest due the Pawnee, the latter sends him to peddle goods. If his hand or foot slip from a tree, or he capsize in a boat, become sick, break an arm, or a leg, or put out an eye, and there be a person who comes to his relief; —if when the Pawnee has taken care of him until healed, the Pawn-servant shall then wish to leave the service of the Pawnee, the latter shall not by any means demand any thing for the expense of the healing the servant. And in case the servant has lost an arm in the Pawnee's service, his consideration money shall be reduceed $^1/_3$, be the sum more or less. If both an arm and a leg be sacrificed, or both arms, or both legs broken, or both eyes put out, then shall no part of the redemption money be demanded; he shall go free. If one eye be put out, $^2/_3$ shall be deducted from the sum of money for which he was Pawned. If his father, or mother, or brother, or sister, or grand father, or grand mother come and take him, and nurse and treat him in the house of his father, or mother, or other relative, without giving the Pawnee any care or expense in the matter, and the servant recover, $^2/_3$ shall be deducted from the money for which he was pawned; because the Pawnee had no expense or trouble in curing him. If he remain and be treated at the house of the Pawnee and die, the consideration money shall no part of it be demanded from the Pawner. If the servant shall fall over board in the sea, and be near dying, and one deliver him from death, he may be had from that person who saved him, at a price not less than the full amount of the money for which he had been serving as a Pawn. But if he fall overboard, or be cast away in circumstances where there was not imminent danger that he would have died, and a person come to his aid, and deliver him from trouble, one half of the amount of his redemption money shall be given to the person who assisted him.

24th. Being in a state of poverty, one sells his child, or wife, or sister; or other relative as a Pawn, to serve in lieu of the interest on a sum due his creditor. The Pawned servant has been employed a long time as such. At length he falls sick. In such a case, the Pawnee shall inform the Pawner of the illness of the servant. If he do not notify the Pawner, but takes care of the servant himself irrespective of him, and he die at the home or in the house of the Pawnee, he shall be allowed to demand only $1/3$ of the consideration money from the Pawner. But if he duly inform the Pawner of the sickness of the servant, and the father, or mother, or other ralative of the sick servant, come and assist in taking care of him, and he die, the Pawnee may demand from the Pawner only half of the consideration money. If the Pawner be informed of the sickness, and he do not come and aid in taking care of the sick servant, the Pawnee, having all the care and trouble of it himself, and the servant die, the Pawner shall pay to the Pawnee $2/3$ of the consideration money. If the Pawnee inform the Pawner, and he come and take the whole care of the sick servant, the Pawnee absenting himself, and the servant die, the Pawnee may demand from the Pawner only $1/3$ of the consideration money. If the Pawner be willing to take care of the sick servant, but the Pawnee will not allow him to do so, and the servant die,—in such a case, the Pawnee shall have no right to claim any part of the consideration money. If the case be that of a Pawned person, who does not serve in lieu of the interest due the Pawnee, but has obligated himself to pay the interest in cash, and he fall sick at the house or home of the Pawner, or in the house of his parents, or brothers, or sisters, and he die there, the principal, or consideration money shall be divided into 3 equal parts, one of which shall be accounted as cancelled, and the other 2 parts as the amount due the Pawnee. If the servant abscond and die, the entire principal can be claimed from the Pawner: but no other damages as for trouble, loss of time, service, &c.

25th. A plebeian, falling into pecuniary embarrassment, takes his child, nephew, niece, brother, or sister, or step-child of his wife, or bond-servant male or female, and sells him as a Pawn-servant. At length the servant becomes sick with the small pox. The Pawnee shall give due notice to the Pawner of the fact. And if he come and take care of the sick servant in the house of the Pawnee, the latter taking no care of him, and he die under these circumstances in the house of the Pawnee, and said Pawnee desire to get back the consideration money, he shall not claim it, but bear the loss himself alone; because he neglected, and despised one of the king's men. But if the Pawnee inform the Pawner of the sickness of the servant, and both parties unite in taking care of the sick man in the house of the Pawnee, and the servant die, the sum for which he was pawned, shall be divided into 3 equal parts, two of which shall be allowed to the Pawner, and the other to the Pawnee. If the Pawnee inform the Pawner of the sickness of the servant, and the Pawner is in trouble, or anxiety, or sickness in his family, and does not consequently go to take any part in nursing and treating the sick servant, and only visits him occasionally, and the Pawnee takes the entire care of him until his death, then the redemption price shall be divided into two equal parts, one of which shall be allowed to the Pawner, and the other be paid to the Pawnee. If the Pawnee inform the Pawner, and the latter be not in any particular trouble, that he need absent himself from the sick servant, ant cast him off, not taking any care of him, and the Pawnee take the whole care, and the servant die; in such cases the Law regards the Pawner as having despised and neglected one of the king's servants, and ordains that the consideration money shall be divided into 3 equal parts, one of which shall be allowed to the Pawner, and the other paid to the Pawnee. If the Pawner do not come and assist in taking care of the sick servant, and the servant do not die, but recover, the Pawner shall lose all control and authority over him afterwards, and the Pawnee only shall have that power. And if the Pawner shall wish to redeem the servant unto himself, the Law forbids the Pawnee allowing him to do it.

Again.—If the Pawner take the sick servant, and nurse him at his own house, and if the Pawnee come and assist in the treatment of him, and he die, then the consideration money shall be divided into 3 equal parts, one of which shall be retained by the Pawner, and two paid by him to the Pawnee. If the Pawnee do not unite with the Pawner in taking care of the sick servant, but visit him occasionally, and the servant die, the consideration money shall be divided into 5 equal parts, 4 of which shall be retained by the Pawner, and one paid by him to the Pawnee. If the Pawnee do not visit, nor assist in nursing the servant, but send him medicine, plantains, sugar cane &c, and the Pawner take the whole care of him and he die, then no part of the loss shall be paid to the Pawnee because he neglected the servant, and despised one of the king's servants. But if the Pawner has had the entire care of the sick servant, and he get well, and continue so 3 months, he shall then return him to the Pawnee without charge for expense and trouble of curing him. But he shall have one tenth of the money for which the Pawn was given, put to his credit in consideration of his having taken care, and cured the servant.

26th. A person, becoming embarrassed, sells his child, or nephew, or niece as a Pawn to another, to serve under bonds in lieu of the interest due on a sum of money, and the Pawnee gets into pecuniary embarrassment, and takes that servant with him as a companion, and meeting with robbers or pirates, the servant is stabbed and killed, or a tiger, or alligator, or other animal bites him to death;—in such a case the Law ordains, that said Pawnee shall not claim from the Pawner any part of the money for which the Pawn was given, because the Pawnee took the servant with him. If the evil person stab the Pawn, and the servant come to his aid, and deliver him from death, and lose his own life in the act, the Law ordains that no demands for the consideration money shall be made of the Pawner, because the servant died for the Pawnee. If the servant, in assisting the Pawnee to escape from death, do not lose his own life, but be only wounded, then the price of his redemption shall be divided into 3 equal parts, two of which shall be accounted as cancelled by him, and the other remaining to his debit.

27th. A person sells his child, nephew, niece, or brother, or sister as a Pawn to serve under bonds in lieu of the interest due on a debt, and after a long time, the Pawnee lets the servant go away to labour for hire; or a person comes and hires him from the Pawnee, the latter desiring to obtain money by the labor of the servant, and hence agrees to let him go. And while thus employed, robbers attack, plunder, and kill him. In such a case, the Pawnee shall not claim from the Pawner any part of the consideration money. He shall be allowed to demand only the amount of his wages, be that much or little. But if the Pawnee do not agree to let the servant go and work for wages, and he go on his own responsibility, or his father, or mother, or the Pawner induce him to do so, and the Pawnee is not aware of it, and then robbers attack, stab, and kill him, the money for which he served as a Pawn, may be claimed from the Pawner in full, because the Pawnee did not consent to the servant's working for wages, and did not know it. As to the person who hired him, he shall reckon up the amount of the wages due on the score of the servant's work, and pay it to the parents of the deceased, with which they may do works of merit to escort the spirit of their child to another state of existence. If the person who hires the servant, hire him of himself, and not of the Pawnee, and neither his parents nor the Pawner have knowledge of it, and then the servant be assailed by robbers stabbed, and killed, or a tiger, or alligator, or any other animal bite and kill him, the hirer may be required to pay the whole amount of the money for which he served as a Pawn.

28th. A man pawns his child, or servant to another. After a time that servant absconds from the Pawnee, and returns to the Pawner. The Pawnee pursues him, and makes inquiry of the Pawner for him. He denies that the servant has returned to him. A long time afterwards, the Pawnee finds the servant in the house of the Pawner. In such a case, the Law declares the Pawner to be a dissembler, and guilty of decoying the servant of another from his master, and concealing him, and thus damaging the interest of the Pawnee. If the Pawner live within the city, 3 days shall be allowed him to send the servant back to the Pawnee. If he live in the country, 5 days of grace shall be granted him. And for every day he fails to return him after the days of grace shall have expired, he shall be fined 11000 cowries. And after the lapse of one month, if the servant be not returned, the Pawner shall be fined the whole amount of the consideration money.

29th. A person, falling into straitened circumstances, pawns his wife to serve the Pawnee in lieu of interest due him. Her husband the Pawner, does not visit her, and makes no effort to redeem her, and thus casts her off. A year has elapsed since he pawned her. Such being the case, she is not to be accounted as his wife any more. If another man shall come and redeem her for his wife, it shall be lawful; or if she can find any other lover, or husband, she shall have liberty to do so.

30th. A person becoming poor and embarrassed, sells himself as a Pawn-servant, but cannot obtain any person to become his security. The Pawnee takes his word, and assists him out of his trouble, and receives him as a bond-servant on his own promise. After a time that servant absconds from the Pawnee. In such a case, no claims shall be laid upon brothers, or sisters, or any other relatives of that servant, because their names were not given in the usual security papers.

31st. A person having a Pawn-servant male or female, takes said servant and pawns him to another person, giving him a written promise, that he will in such a year, or such a month, bring money to redeem the Pawn. At the time appointed, the Pawner comes with the consideration money, and lays it down before the Pawnee. The latter declines taking it, saying that he has a tender regard for the servant, and wishes to keep him longer. After a time that servant absconds from the Pawnee. In such a case, the Law directs, that the Pawner assist in seeking the servant, and returning him to the Pawnee. But if after searching for him, he cannot be found, and this be made evident, the Pawnee shall not be allowed to claim any damages from the Pawner.

32nd. A person takes his wife, or child, or bond-servant and sells him as a Pawn to serve the Pawnee. At length that servant commits some great tresspass, steals the property of the Pawnee, and absconds. If the Pawner do not find the servant, and return him to the Pawnee, he shall be required to pay back the whole amount of the consideration money, together with all damages on the score of derangement of business and plans, whether much or little. And if the refugee be found, tried, and proven to be the thief, he shall make restitution to the full amount of the property stolen, and be flogged with a twisted raw-hide, 20 lashes.

33rd. A Pawnee desires to return the Pawn which he holds, and get back the money for which he received him. The Pawner says he is poor and much embarrassad, and cannot raise the money, and entreats that he may become surety for the Pawn, and take him away to sell as a Pawn to another man, with the view to obtam money to pay the demand. The request is granted But before the plan is executed, the Pawn absconds, or dies. In such a case, it is ordained, that the matter shall be settled according to the law concerning bond-servants who abscond or die.

CHAPTER II.

Concerning selling or redeeming Pawn on interest.

Example 1st. A person belonging to either of the classes Tooee or Râtsădawn [names of the two grand divisions of Siamese subjects], sells a person as a pawn, or he borrows money, and pawns a servant to serve the Pawnee in lieu of the interest of the money borrowed; or afterwards agrees to bind himself to pay the monthly interest, and receives back the servant, and employs him on his own premises; or failing to do this, returns the servant to the Pawnee to serve him, in lieu of paying the interest, and that servant afterwards breaks, or otherwise injures or loses the proberty of the Pawnee. In such cases, the servant shall make good the property thus injured or lost, be it much or little. If the property broken or lost, be of more value than the servant can find means to pay, and if the money for which he was given as a Pawn, be not equal to the price which the law attaches to his person according to his age, then he shall be offered in the market for sale as a Pawn, to any one who will advance a sum equal to the price of his person, and that sum shall be paid to the Pawnee whose property was damaged. If the money for which he was originally given as a Pawn, amount to as much as the price of his person, and if the original Pawner have compassion, and love towards the servant, the Law directs that he shall pay half the amount of the damage he did by injuring or losing the property of the Pawnee. If the Pawner do not undertake to redeem the servaut, and if the money for which he was given as a Pawn be as much or more than the price of his person, and if there be no one to redeem him, the Pawnee must bear all the damage alone.

2nd. A person being poor, and in want of money, takes his wife, and pawns her for whatever amount, and then by request makes an agreement with the Pawnee to pay the monthly interest on the consideration money according to custom. At length the husband dies, and only the wife who is the Pawn remains. The law ordains that in such cases, the Pawned servant is to be held responsible for both the principal, and interest entire.

3rd. A number of persons unite in pawning a child, wife, or a bond-servant male or female, but instead of having the Pawn serve the Pawnee, they make an arrangement to pay the monthly interest of the money for which the Pawn was given. The Pawned person absconds. Some of the Pawners are dead. The Law ordains, that those who are still living, shall be held responsible for the payment of the consideration money to the Pawnee. The principal with the interest shall be divided into 4 equal parts — 3 of which shall be paid to the Pawnee, and the other allowed to the Pawner.

4th. A person is sold as Pawn, the writing states that the Pawn was given with security, or without security; or the Pawner did not deliver the Pawn to serve the Pawnee, but kept him, and agreed to pay the monthly interest on the consideration money; or the Pawner delivers over the Pawn to serve in lieu of paying the interest, and then hires, or invites the Pawn to go and serve him, but does not send him back to the Pawnee. The latter duns the Pawner for the servant whom he has kept to himself,

He has obtained no interest, nor any thing for the services of the Pawn. And the Pawner affirms that the servant has absconded, or has died. In cases like this, the Law ordains, that the principal, and the damages, and the wages in full be claimed from the Pawner.

5th. A bond-servant, of a rich man, a lord, or China-man on water or on land, whose business is to trade in Junks, on the Seas, or in Port, by caravans of oxen, or buffaloes, in wheel carriages, or in market places, takes cloth, crape, silk, glass, precious stones, finger rings, etc, and trades with the same. The servant has liberty to go out from his Master by virtue of an agreement he has made with him to pay the monthly interest upon the money, in consideration of which he has become his bond-servant. And his Master has already obtained such interest from him. This servant then absconds, taking with him all that property belonging to others which he had in his possession. In such a case, the owner of the property shall not claim any damages from the Master of that servant, nor shall he claim any thing from the employer of his servant as a remuneration for his loss. Both parties shall bear each his own loss.

6th. A person being embarrassed, takes his relative, brother, or sister, child, nephew, or niece, and sells him as a Pawn; or he sells his own person as a Pawn, giving the usual papers called Sán kromătt'ăn, by which he engages to have the Pawn serve the Pawnee instead of paying the interest on the consideration money. The Pawnee does not employ him, but allows him to come into an agreement to pay the monthly interest on the money, The servant consequently goes out from the Pawnee to another village, or province far away, where he borrows property on interest of a person of the place. The person of whom he has made the loan, is not aware that he is a person under bonds to a Pawnee. After a long time, the owner of the property would get his property back again. The borrower will not return it:—says that he is a servant of another man, or another person lays claim to him, saying that he has been sold to him as a Pawn, under bonds to pay him monthly interest, and that he absconded from him. Now having examined the case, and found these to be facts, and that he had been a long time in these circumstanes, the Law ordains that since the Pawnee carelessly allowed his servant to make an agreement to pay him monthly interest, and to go into a far country as he did, that the servant shall be flogged with a twisted raw-hide 30 strokes, and the worth of the property, which he borrowed, divided into two equal parts, one of which shall be paid by the Pawnee, because he suffered the servant to go from him, and borrow money in a far distant village or province; And the other half of the damage shall be borne by the owner of the property borrowed.

CHAPTER III.

On selling or redeeming persons or things absolutely, without any lien.

Example 1st. A female person is sold as a pledge in consideration of a sum amounting to 1,200,000 cowries, [=12 ticals] or a male person is sold as a Pawn for 1,400,000 cowries [=14 ticals the highest value of men, and women according to law]. If the abscond or die, the Pawnee may claim the demages from the Pawner. If a male or female be sold without security for more than 1,400,000 cowries for the former, and 1,200,000 for the latter, the buyer shall not be accounted an offender if he chastise him or her, occasioning sickness or pain of whatever kind; because the consideration money exceeds the sum under whieh the royal law gradnates the punishment of servants, and is of that amount which gives the buyer full authority over his servant.

[Note. The full authority here spoken of, is like that which a father is allowed to have over his children. They are his own, and in no sense another man's. And he has authority to punish them according to his will, limited only by an outrage of justice and mercy. If the greatly outrage these, the law arraigns him as a criminal].

2nd. A person sells a person, a servant, or a child without giving any paper making himself a surety for the person sold, and the servant absconds from his Master, and takes refuge in the Seller. If the Seller allow him to remain there more than two or three days, and do not inform the purchaser, and the latter discover the fact, he may claim 11000 cowries damages to the whole amount of the whole amount of the price which the law atteches to the person of the servant according to his age

3rd. Persons belonging to either of the classes T'ooee or Ratsădawn [the two grand divisions of Siameses subject], becoming embarrassed in pecuniary matters, sell one another to one of their own class without giving any security. Before a month has elapsed, the person sold runs away. In such a case, the Law ordains that the Seller shall refund to the Buyer the full amount of the price he paid for the man. But if one mouth shall have elapsed before the man abscond, the loss shall be borne alone by the Buyer. Furthermore, if the person thus bought, shall within a month after he was bought, be found to have the leprosy, or epilepsy, or is disabled by sickness in any way, the law ordains, that when a full month shall have been completed, the servant may be returned to the Seller, and the purchase money claimed from him. But if after one mouth, the servant be found diseased, the damage shall fall upon the Buyer, and no demands be made of the Seller. The law allows one month of grace, after which the person sold becomes "khat khà" [sold absolutely] without any person to claim damages from the seller], But if after that, is shall be made evident that said servant was another man's, and not the seller's at the time of the sale, then the buyer may demand the purchase money.

4th. A person sells his child to another person without giving him any security for the life or good behaviour of the child, and without reserving to himself any lien upon the child, and then steals away the child from the buyer! the Law ordains that he shall be adjuged and fined as a robber; because he sold the child a 'k'at k'ȁ' [absolutely], and then stole him away, thus damaging the interest of the buyer.

5th. A person belonging to the class T'ŏŏĭ or Râtsădawn, takes a female child, niece, or sister, and sells her as a Pawn, and afterwards the Pawnee of that servant, sells her as a 'k'at k'a'. After a long time that female has one or two children by him who redeemed her by an absolute purchase. The Law ordains that the father, or mother, or the person who first sold the person as a Pawn, whoever he may be, get the amount of the consideration money, and return it to the first Pawnee. Then Kóón Sŏŏp'awădee [the Officer in charge of such affairs] shall call the person, child, or niece from him who redeemed her absolutely, and return her to the original Pawner, and then said Officer shall require him who sold her as a 'katk'ȁ', to pay to him who bought her, the money he received for her sale. This he shall pay, because he, having received the person merely as a Pawn, sold her without any lien, which was wrong.

CHAPTER IV.

On dishonesty and ill treatment between Pawner Pawnee & Pawn.

Example 1st. A person who has borrowed money and has not paid it, or has rednemed a person and not yet paid the consideration money, [and he affirms that he has]; if on examination it be proved, that he has not paid the money, the Law declares the act to be fraud, and that the person guilty of it, shall pay damages double the amount out of which he would cheat is creditor. But if it be proved, that the defendant had indeed paid the sum sued for, he may claim from the plaintiff the amount of money he endeavored to get unjustly from him.

2nd. A person sues for money or other property borrowed, or he sells a person as a Pawn, and afterwards pays over to the Pawnee the money for which the Pawn was sold, but the Pawnee does not return to him the Sán Krŏmăt'ăn [the security paper],-or the borrower of money or property returns the property borrowed, and does not get a certificate of the act:—the Creditor [in either of these supposed cases] returns and attaches a servant of the borrower or Pawner, and presses him into his service, or thrusts him into prison, or beats him. In such cases, having investigated the matter, and proved it to be a fact, that the Pawner did indeed redeem his Pawn, or that the debtor did indeed pay his debt, and that the Sán Krŏmăt'ăn was not returned; the Law ordains that a fine shall be imposed on the criminal to the amount of the sum he desired to obtain unjustly from the other party. And for illegal flogging or imprisonment, he shall be fined according to the laws concerning such offences. But if, after due trial, it be proved that the Pawn was not redeemed, or that the debt was not paid, a fine shall be laid on the offender double the amount of the original obligation.

3rd. The first, intermediate, or last wife sells herself as a Pawn to one of the other wives, with the usual certificates and securities; and if the busines has been done without any trouble of litigation, whatever the amount of the sonsideration money and the interest may be, only the principal shall be demanded in such cases, because the wives are all united to one husband.

4th. A person of the class Tŏŏĭ or Rátsădawn, having but little property, would redeem a person who is the bond-servant of another, and being unable to raise at once all the requisity money, pays only a part of it, with the understanding that he take the servant with him, and pay the remainder at some future time. The servant absconds and returns to his old Master. In such a case the old Master shall return that part of the redemption money which he received, to him who paid it; or if the servant having returned to his old Master, die in his hands, or abscond from him, then he shall return what hat been paid for his redemption, because the business between the two parties was unfinished. But if the servant abscond and die in another place, the damages on either side shall be borne by each one of the parties coucerned. In such cases no claims shall be laid for damages by any party in the affair.

5th. A servant is under bonds to his Pawnee for a small sum of money, and the Pawnee has employed him a long time. He at lenght becomes poor, and pawns that servant to another person, and obtains more money for him, than the sum for which he was sold to him. After a time, the servant becomes discontented with his new Master, and would redeem himself. In such a case, he shall be required to pay to his new Pawnee only the amount of the money which the former Pawnee paid for him. And the new Pawnee may claim the balauce of what he paid for the servant from the old one. But if, in case the servant shall have been redeemed at a great price, and his redeemer pawn him for less money than he gave for him, and the servant is not pleased to live with his new Pawnee, and would redeem himself, he shall pay to the former Pawnee for his redemption, the price which the said Pawnee gave for him, and the former Pawnee shall then pay over to the latter one, the price which the latter paid him for the servant; and then each of the Pawnees shall return his Sánkromăt'ăn to the servant.

6th. A person sues fort the return of the money he paid for a Pawn-servant, and the Magistrate presses the servant hard for it, and no one comes to redeem him. The servant remains in the hands of the Magistrate a long time, more than 3 months. Then a person comes to deliver him from the hands of the Magistrate. In such cases, the Law ordains that the same rules shall be observed as in redeeming persons from a [Chinese] Junk [that is the person who redeems, shall have an exclusive right to the person redeemed; and no other person shall have any right to set up any claim upon the person redeemed]. And if that redeemed person shall have children, they shall belong to the redeemer. If any one shall afterwards set up a claim to said person, affirming that he is his debtor, he shall not obtain his purpose, because the person was redeemed fom under a Magistrate's hand.

7th. A person is redeemed as a pawn, to serve the Pawnee in lieu of paying the interest on the consideration money, — the Pawnee may become angry with him, and beat him; but shall not wound him severely, breaking bones, lacerating skin, flesh, or the like. If he fracture bones, break the flesh or skin severely, the money for which he was sold as a Pawn, shall be divided into 3 equal parts, 2 of which shall be paid to the Pawn-servant, and one retained by the Pawnee [as the amount of his remaining claim upon the servant]. If the wounds be unto death, the Pawnee shall suffer death as the penalty of his crime.

8th. In case a person has been Pawned in 2 or 3 different places [to 2 or 3 diffenent persons] by the same person, and the matter come before a Magistrate, the Law ordains that the Magistrate shall prosecute for the consideration money, in the order in which the servant was pawned from time to time.

CHAPTER V.

Concerning fugitive servants.

In the Pŏŏt'ă Săkărat, Bŏŏdist Era 1387 [corresponding with A. D. 843] the year of the hog — the 3rd. month — the 3d day of the waxing moon, on Sunday, there was a royal edict of king Sómde P'ră-Chòw Rama-t'ĭ-Bawdin the king of Siam, requiring other laws on servitude to be made, and promulgated among all his subjects; [which are the following].

In case a subject of the country, a bond-servant, or freeman, whoever he be, flee from his Master or Lord and the latter meet him any where, it shall not be lawful for him to lay hands on the fugitive, and compel him to follow his will in any case. The Law directs that the Master or Lord, for the time being commit the fugitive to the care of the person with whom he is found, certifying the claims he has upon him. If the person with whom he is found, has no knowledge of the previous relations of the fugitive, then shall information be given to a Magistrate of that place, whose prerogative it is to attend to the case, aud he shall summon the fugitive before him, and take his statement of the case in writing Again: In case the fugitive had ran away from his Master or his Lord a long time before, and the latter meet him in any house or place whatever, he may lay claim to him there, and commit him for the time being, to the custody of the man of the place. And if the latter will not take the responsibility, the claimant himself may hold him in custody in that place, while information shall be conveyed to an officer of 50 or a 100 men, committing the prisoner to his care, whose duty is shall be to bring him before the proper Magistrate of the place, who will take the testimony of the prisoner in writing, and then write to the Lord of the king's subjects, to whom he belongs, calling him to attend to he case, according to the laws of the kingdom. If the fugitive be found in the market, it will be proper to have him commited to the custody of the Lord of the Market: and then for the claimant to present his case, according to the certificates he holds, to the proper Magistrate of the place, who will call the parties before him, according to the laws of the kingdom. If the fugitive be found in the high-way, and no one can be obtained to take a temporary charge of him, he may be taken to a Magistrate, and then the Judge of the district [Nai-yŏŏkrăbăt] shall take testimony of the prisoner by close examination, noting down all the particulars; and if he affirm that he belong to this, or that, or another person whoever he be, that person shall be summoned to appear before the Judge for trial with him who arrested the fugitive claiming him as his own. In the meantime, the fugitive may be confined firmly in fetters, waiting for the appearance of the person to whom he has affirmed he belongs. Having waited 3 days [after the cause has been brought before the Judge] summons shall be served for the coming of the Master or Lord to whom the fugitive affirms he belongs. If having waited for him 7 days, and he do not come, the Judge shall commit him to the safe keeping of the claimant; and then whenever he [the said Master or Lord to whom the prisoner affirms he belongs] shall appear for the trial, the prisoner shall be brought forward, and tried according to the laws of the kingdom. If the person abscond, and come to his Master or Lord of his own accord, he shall be taken before the Magistrate of the place, who shall examine and cross examine him, and write down his testimony. And if he shall testify that he certainly belongs to him, the Law ordains, that a Messenger be sent to inform the other party, and to summon him to appear for trial. As for the prisoner, while these steps are being taken, the Magistrate shall keep him in close confinement; and if after the lapse of 7 days, the other party do not come to lay claim to him, the Magistrate shall commit him to the charge of him to whom he has fled. And whenever the other party shall arrive, he shall be brought forth to trial.

[This time is by law limited to 8 days, counting from the 7 before mentioned. And if after waiting this amount of time, the other party do not appear for trial, the prisoner becomes his to whom he has fled.]

Example 1st. A person has held a bond servant male or female, serving himself of him a long time. At lenght the servant absconds, and dwells in a place, village, city, country, or house of another. His Master pursues and finds him there. The Master would take the servant back with him. But the owner of the place, house, or lord of the village or city will not allow him to do so. In such a case the Law ordains that the fugitive shall fall under the responsibility of him who refused to deliver him up [That is, he shall be held responsible for the payment of the debt for which the servant was held as a Pawn.]

2nd. A man has bond-servant male or female, whom he has employed as such a long period. In process of time, he absconds from his Master. A person meets him in the way, and converses with him. Then the servant flees from this person, and the latter was not aware that said servant had fled from his Master The Master pursues and finds the servant under these circumstances. Now in such a case, no cause of complaint whatever, shall be laid to the charge of the man whom the servant met in the way, because he was a traveler in the road in common with the servant. But if said traveler was aware, that the servant had fled from his Master, and if he be a relative of the servant, the Law will regard him as a robber. And why? Because he is a relative of the fugitive servant.

3rd. A subject of the Government has business which leads him to a place at a great distance. Not yet having reached his destination, he stops for a time at a zayat, or temple, at a village, or house. A bond-servant of another man flees from his Master, and comes and stops at the same place. The Master in pursuit of him, arrives at the place, and finds this traveler in company with his servant. In such a case, he shall not take occasion to charge said traveler with the crime of stealing his servant, because it is a public house, or place for resting for all way-faring men of the country.

4th. A sister, child, niece, or grand-child falls into pecuniary embarrassment. The elder brother of the father or mother, or the elder sister of the father or mother, or the younger brother of the father or mother, or the younger sister of the father or mother, or her mother's father or mother, advances money for her relief. And then if a man shall come and purchase her for a wife, and praise her, and thus be the means of her getting a husband, and the consequence be, that she give birth to children, sons or daughters of whatever number, those children shall not be accounted as bond-servants if so be no money has been paid to redeem them from a creditor; but only the expense of their board. If they are not pleased to remain, they may have their choice and depart. If they shall have taken aught of the money of their mother's redeemer on interest, or other property of him to whatever amount, only the principal of the money or worth of the property can be demanded. No interest shall by any means be claimed.

5th. A bond-servant of whomsoever, suffers by another person setting up a claim that he bèlongs to him. The person who professes to have bought him last, shall refer the case to him of whom he bought him. By thus doing he will clear himself of suspicion of guilt in the matter. But if he do not thus refer the case, and if said servant shall have been obtained for less money than the full price of his person, and if at the time he was bought, there were no witnesses of the transaction, he shall be accounted an accomplice with thieves. But should he unsuccessfully seek to refer the case to the person who sold the servant to him, and should there be witnesses of his redeeming or buying the servant, and should it be proved that he paid the full price of the person of the servant, he shall be clear from the charge of manstealing. He shall suffer only the loss of the servant who shall be restored to his original Pawnee.

6th. A bond-servant of another absconds. A person in the way by which he flees finds him; or the fugitive enters a place and takes refuge with the Householder. The latter does not know whether he be a bondman or freemann: nor whose relative he is. Such being the case, he shall inquire of the servant as to his where-abouts. If the Pawnee of the servant be a neighbor, of the same village, or city, with said Householder, the latter shall send for him to come and redeem his servant so that he be restored to him. Then if said Pawnee do not come and take him, and the servant shall after this abscond and die, the Law ordains that no damages shall be claimed from that Householder. But if the servant shall say to the Householder, that his Master lives in another village or city, then he who has the servant in custody, shall give due information to the Master, or to some proper Magistrate in that village or city, of the fact that said fugitive is with him. If the Householder be acquainted with the Pawnee of said servant, and do not send to inform him, or some proper Magistrate, that he has him in his possession, and said Householder shall keep the servant at his place one or two months, and he then abscond or die, said Householder shall pay the redemption price of the servant.

7th. A bond-servant, or a wife absconds from his Pawnee, or from her husband, and passes over, or crosses the boundaries of one or more Counties or Provinces. A person takes him in, and employs him in his business. Said person shall inform the Magistrate of the place in writing, of the circumstances; and when thus informed, the Magistrate shall question the fugitive, and note down the result in writing. If the Pawnee or husband of the fugitive, shall pursue and find him or her in the custody of any one, he may be required to pay a certain fee to the person who has had him in safe keeping, according to the law. If the fugitive be a male servant, and has crossed over one County or Province, the custom for catching him shall be 6 Ticals. If the fugitive be a female, the custom shall be 4 Ticals. If the fugitive shall have crossed over 2, 3, 4, or 5 Counties, the fee shall be for each male, 12 Ticals, and for each female, 8 Ticals. Having paid the lawful fee to the fugitive-catcher, the fugitive may be tacken back to the Pawnee or husband. But if the fugitive shall have lived in the place where he is caught a long time, and begotten children male or female, and the Master would take the children with him, the Householder or Magistrate of the place, shall make a due estimate of the expense of nourishing them up to that time, because he who bore the expense of it, must have had a deal of care of them. If a person be not an Officer of Government, or a man of a good deal of distinction, and he take a stray servant under his care and protection, and do not duly inform the Magistrate of the place, said person shall be adjudged a man-stealer. But if he duly inform the Magistrate of the matter, he shall not be treated as an offender, because he lodged the lawful information with the Magistrate.

8th. A bond-servant of another absconds with fetters upon him. When he is found, he is without his fetters, and affirms that another preson took them off, and then brought, and delivered him up to his Master. The Law declares, that it is not proper that such a fugitive-catcher be rewarded, if it be indecd true that he took off the fetters. But if he deliver the servant to his Master with his fetters upon him, the Master shall suitably reward him, according to the distance which he had to travel, to bring the servant back.

9th. Whoever, being a bond-servant, flees from his Master, taking with him some of his Master's property; and the master pursue and find him, and bring him back, the Law ordains that said servant shall make full restitution for that property. The worth of it, together with thc legal interest accruing thereon, shall be estimated according to the laws & regulations of the land touching such matters. If the master pursue & find the fugitive servant, and should he desire to take him back with him, but another person become his surety, and then the servant abscond from him, the Master may claim a full restition of the stolen property from said surety.

Again—If the Master pursue the fugitive servant, and find that he has died, he may demand, only the money for which he has held him as a Pawn.

10th. A bond-servant or debtor flees from his Master or Creditor to any place whatsoever, and the Master in order to secure the arrest of the fugitive, is obliged to pay a reward. In such cases the amount of that reward shall be put to the debit of the fugitive.

11th. A person persuades a bond-servant of another man, to go and trade in another County or Province; or he has any kind of business with the servant, and the latter then absconds. He who thus became interested in said servant, shall at once pay to his Pawnee half of his redemption price. As to the other half, before claiming it, he shall be allowed one month of grace in which to seek the fugitive. And then, if he do not find him, he shall pay the remainder of the price. And should the missing servant afterwards be found, he shall belong to him who last paid his redemption price.

12th. A person becomes surety for the servant of another, and he afterwards falsely affirms, that the servant has fled. After a time his Pawnee finds him, and brings him before a Magistrate, and has him examined, and it is proved that his surety pawned him to another man, and concealed the matter. Such being the case, the surety shall be fined double the amount of that servant's debt, half of which shall go to government, and the other half to the Pawnee. As for the servant, he shall be goaded in his sides with the ends of a stiff-raw-hide 10 times, and then delivered over to his Master.

[Note. This is a cruel mode of punishment, which does not now exist. It was abolished early in the reign of the father of the present king.]

13th A Pawn-servant is employed by his Pawnee to watch his house. The child, or nephew, or grand child of the Pawnee invites a stranger into the house, and consequently articles of property are missing. The Law ordains, that he who conducted the stranger into the house, shall he held responsible for all the damages.

14th. A bond-servant enters a complaint against his Master, that he his holding him unlawfully, or he affirms that he has paid him the money for which he was pawned to him. In such a case, when it shall be substantiated, that he is indeed his Pawn-servant, and that he has not yet paid his consideration money, he shall be goaded 10 times in his sides with a dried raw-hide, and then be sent back to his Pawnee. Let no one look at and follow his example.

15th. A person holds bond-servants, male and female, and has employed them a long time as such. At length a famine of rice arises, and their Master cannot find rice and fish for their substenance, and he therefore sends them away to seek their own living as best they can. They go and take refuge under another man. He takes care of them, and gives them sustenance, while the famine continues. And when the Master of those servants saw them thus situated, he did not give their benefactor to understand that he had any claims upon them. Hence when the famine shall have ended, he shall by no means lay claim to them any more. And why is it thus ordained? Because their Master did not, at the time of the famine, assert any claims upon them.

16th. The whole land is visited with a famine. A person has many bond-servants, and has not the means of nourishing them. Consequently he leaves them to shift for themselves, and they, having no time to devise any other mode of seeking a living, go and take refuge under another man, who feeds them. When rice has become cheap again, and the famine is over, the Pawnee would recall them to his service. The Law ordains that he shall pay the price of each person [the price affixed by law, according to age], to him who nourished the servants in the time of the famine, because he fed and saved them from death by starvation.

17th. A subject of the kingdom has a bond-servant, male or female, and the Pawnee has employed him a long time. When a famine arises, the servant not being able to find a subsistance with his Master, takes refuge in another person. This person does not enquire concerning his relatives, or his whereabouts, but takes and feeds him, and does not inform his Pawnee. At length the famine passes away, and the Pawnee finds his servant, and would have him return to his employ. The Law directs that in such a case, the price of his person shall be devided into two equal parts, one of which shall be paid to the person who nourished him during the famine and the other part to be retained by the Pawnee.

[Note. In such cases, if the man who fed the servant, would retain him, he must pay to the Pawnee half of the sum for which the servant was originally held as a Pawn. If both parties are equally strenuous to have the servant, the question must be decided by the choice of the servant.]

18th. A bond-servants absconds from his Master, to what place soever. A man finds him, and informs the Master, that he would like to redeem the servant. At length the same man brings the intelligence that he has fled from him. The Law ordains that in such cases, said person shall be accounted as having formed a strategem to cheat the Master out of that servant, and that he be required to return said servant to his Master; and that in the event of failing to do so, he shall be required to pay to the Master the full price of the servant's consideration money.

19th. A bond-servant still in the employ of his Pawnee, falls sick, or is disabled by wounds or sores, and is laid up many months or years, and his Master during all the time, gets no service from him. In such a case, the Master shall have no right to charge to the debit of the servant, anything for the loss of time by sickness. He may only demand the original sum for which he was pawned.

20th. A person given as a Pawn, to serve the Pawnee in lieu of the interest on the consideration money, begets children in the house of his bondage. Those children shall be under the authority of the Pawnee, [but only in the sense of his having a claim upon them]. If they are not pleased to live with him, the prices of their freedom shall be estimated according to their youth or maturity, and the same shall be paid to the Pawnee. But if the consideration money of their parent be under 600,000 cowries [=24 Ticals], whatever be the number of the children, they shall not be accounted bond-servants. But as the Pawnee of their parent has nourished them, the expense of their milk and rice which he has given them, shall be estimated from birth to seven years of age. If they be more than 7 years old, the Law directs that not expense of board be charged to their account, because children from seven years old and upwards, are able to feed themselves, and be of good service to the Pawnee.

21st. Whoever out of regard to his religion, shall kindly allow his bond-servant to enter the Bŏŏdhist priesthood, either as a Priest, or Nane, or a Nun, he shall have no right, after he comes out of the priesthood, to claim him as his bond-servant. If any creditor consent that his debtor enter the priesthood, he shall not afterward lay claim to any debts, previously contracted by said debtor.

22nd. A bond-servant has been beguiled away from his Master, and kept in the house of another person. His Master pursues, and finds him, and would take him back. The person who gave him quarters, promises to return him, in the course of the day or night. But he does not fulfill his promise. He retains him, so that the business of his Master is damaged by it. In such a case, if the servant be a male, the fine shall be for each day he is detained, 300 cowries [about 2 cts.]; if a female, 150 cowries. If the person detain the servant a month or two, he shall be fined the amount of the price of his redemption, ohne half of which sum shall be paid to the Master [the other half to the Government].

23rd. Bond-servants of the same grade, but not blood relatives, take one another away, or aid one another to hide from their Masters. A person informs the Master, who goes in search of his lost servant. The servant who aided him to escape, dissembles about it, and will not disclose what he knows. At length the Masters finds his servant, and by examination proves, that such a servant of another man, did indeed aid in his concealment. Let both of them be goaded in their sides with a dry raw-hide, more or less according to their age.

24th. A master has a bond-servant, whom he has not said that he wishes to dispose of. A man comes, and expresses a desire to redeem him After this, said servant absconds. The Law declares, that he who proposed to redeem in such a case, is a accomplice with a company of evil doers, and judges that the servant absconded because of his agency, and directs that he shall be held responsible for the damages, to the amount of the money for which the servant was held as a Pawn. In case the missing servant be found, and brought back, and he testify that said person did conceal him, and did indeed aid him in making his escape,—let that person be accounted equal in crime to a robber, and let him be fined according to the law touching stealing bond-servants.

25th. A man of wealth, a house-holder, a subject under whatever Lord, has many bond-servants, and sends them to trade by land or water, North or South, and they abscond to what place soever, and are there brought into trouble by civil prosecution, and fall into the hands of a Magistrate, at such a distance from home, as will admit of quick and easy intercourse between the two places, and the Master is not aware of the trouble into which they have fallen, and another person volunteers, and delivers them out of their trouble, by paying all the cost of the prosecution. After a long time the Pawnee or Master of those servants would have them return to him. In such cases, the man who assisted the servants out of their trouble, may demand property of their Master, to the full amount of all his expenses in the matter; and let the Master prepare a thank-offering of parched corn. flowers, &c to present to him who thus befriended his servants, and then let said benefactor send the servants back to their Master. If they shall have damaged or lost any of the property of their benefactor, the Master shall pay all such damages

26th. A bond-servant is sent by his Master, on business for the latter; and he falls into the hands of the enemy. In process of time, he is released from his captivity, and returns. The Law ordains in such cases, that the Master shall have no more authority over said sarvant, and that he shall be free.

CHAPTER VI.

Buying & selling Pawn-Servants called into the army,—Servants, cursing Masters—Right of redemption,—Property of deceased Servants. Servants Accusing Masters.

In the Bŏŏdhist Era 1557, [corresponding to A. D. 1013] the 6th Month, the waxing Moon, on Sunday, His Majesty Bŏrŏmă-Bawp'ĭt, being seated on the throne P'ei Ch'ŏn Măhá Prăsât, gave command to four of his chief Ministers, to form [the following] Appendix to the Laws on Servitude.

1st. In the holy book P'răt'ămăsât, there is an old statute, which ordains that if a person purchase an elephant, horse, buffalo, silver, or gold, or redeem a person, or purchase cloth, a boat, rice, fish, betel, or any other kind of property, and if, before the price has been paid, the seller fall into the army, [is called out to serve in the army], near by or far away, and the buyer be not called into the army, the seller, may claim from the buyer, the full price of the person or the article thus purchased. But if the buyer fall into the army, and the seller do not, the Law ordains, that the seller shall not claim from the buyer, any part of the goods which he sold to him. If it be property taken on interest, having a surety, let the practice be as heretofore laid down. If he who borrowed the property, has a grade of honor equal to a hóóa pă [denoting an honor of medium hight], and upwards. and he fall into the army, then let the case be well investigated. Should it be found, that he has chattels, servants, or free persons, remaining with his father, mother, brother, sister, nephew, or grand-child, such relatives who have in their keeping his property, shall pay the worth of the property borrowed. Let them not try to cheat the creditor out of his due. If he, [of that grade of honor], who fell into the army, escape from it, and return with his life, and have chattels, bond-servants, or freemen, let him pay all claims upon him [for former indebtedness].

2nd. A city falls into the hands of the enemy. The citizens and public servants are routed, and flee into different provinces. A prince afterwards comes for ward, and rules in the city, and with his army subdues the enemy. Soldiers in the army of the Prince, capture the old inhabitants of the city, who had fled, or those who had been bond-servants, and bring them back to the city. Such captors shall have no right to hold in bondage such captives, or to claim the prices of their persons.

3rd. A bond-servant flees from his Master, into another province, and is taken captive by the enemy, and afterwards returns. He belongs still to the same Master, and should be returned to him. But if the servant did not flee from his Master, but had laid himself under bonds to pay the interest of the money for which he was Pawned, and thus leaves the Pawnee, and is taken captive by the enemy; such being the case, the amount of his consideration money shall be divided into 3 parts, one of which only, the Pawnee may claim from the Pawner. Thus will he show due kindness to the latter, for both Pawner and Pawnee are involved in the evil of war, the fruit of sin, producing confusion, and anarchy in the dominions of the king. Therefore it is suitable that the Pawnee in such cases, bear $^2/_3$ of the loss.

4th. A bond-servant, redeemed from another person, is not pleased with his Pawnee, and consequently obtains money, and pays the price of his redemption. The Pawnee had failed to do his duty in omitting to state to the proper Officer, the sum of money for which he redeemed him, and he now takes advantage of that failure, amd demands more money of the servant than was recorded in the original paper of sale. In such cases, the matter shall be thoroughly investigated, and if it be found, that there was such an intention to defraud, the amount of the intended fraud shall be doubled, and that sum deducted from that servant's redemption price. It is thus ordained, to the intent that all the people may be deterred from opression.

5th. A bond-servant is offended with his Pawnee from whatever cause, and lodges a complaint against him; and the Pawnee is consequently summoned to appear before court. The Law ordains, that such a plaintiff, shall first pay the price of his redemption, and forbids that a bond-servant shall enter a complaint against his Master, over the money due the Master. But if the Master shall have commited some capital offence, his bond-servant shall have a right to lodge complaind of the same against him, before paying him the money for which he holds him as a Pawn.

6th. A Pawn-servant is not pleased to abide with his Master, and obtains the amount of his consideration money, and offers it to him, with the view to redeem himself thereby. But the Master will not take it [will not allow the servant to free himself from him]. The Law ordains, that such refusal on the part of the Master is unjust, and directs that if the servant present his redemption money to his Master 3 times, and be refused, said Master shall pay damages one tenth of the amount of the redemption money: because he has been the cause of trouble to a subject of the kingdom. On the other hand, if the servant do not present the pawn-money to his Master, and go and lodge a complaint against him, and the Master appear before court, he may claim damages of said servant to the amount of one tenth of the Pawn-money.

7th. Persons who are bond-servants of the same grade and rank, get into a quarrel with one another, and use abusive language towards the Master of one or the other party. But the Master does not hear it with his own ears, and the injured servant tells him of it. In such cases, it shall not be lawful for said Master to make any complaint of it against that servant. And such reports from servants, shall not be accounted worthy of any hearing, and not suitable to institute any inquiry about them. But in case the Master did not himself hear the abusive language, but saw the abuse acted out before him, it will be proper for him to enter a complaint of the same, and suitable that a trial of the case be had.

8th. Whoever, being a bond-servant, male or female, and his Master having compassion upon him, employs him with mildness and tenderness, and consequently the servant obtains a variety of raiment, and other personal property and effects. At length the servant dies. In such cases, the apparel and other personal property of said servant, shall become the property of his Master. Why is it thus ordained? Because the servant was a bond servant in the house of his bondage for debt, at the time of his death, and obtained his property in the house of his Master.

9th. Whoever being a bond-servant to another person, has in his possession personal property, which he obtained before he came into bondage to this person, dies in those circumstances. In such cases, the Master shall by no means lay claim to that property, because it was not obtained in the house of his Master. That property shall be transfered to the wife of the deceased servant, or to other of his relatives, but if said servant have no wife, nor children, nor father, nor mother, nor any other blood relative at the time of his death, the property he leaves, shall be given to his Master according to the righteous book P'ră T'ămăsăt.

10th. A bond-servant betrays his Master, declaring that he has stolen property, or committed robbery of whatever kind, or that he has concealed the king's silver or gold, to appropriate it to himself, or that he is a rebel working treason of whatever kind. And after examination of the charges, they are not sustained by evidence. The Law directs in such cases, that the servant shall be punished by being made to sit upon a k'ăyăn, [a crotch made with three poles lashed together, and set in the ground] and have a basket screen to hide his face, and then and there to cry aloud, saying, "Let no one imitate the example of a wretch who has falsely accused his master." After this, let him be goaded with the ends of a stiff raw hide, and let his upper lip be cut off, and his person sold to the king's service [in which case the price is determined by the age of the person sold.] But if the Master of said servant, shall indeed be found guilty of evil conduct towards him, or if the other charges preferred against him by the servant be true, the Law directs that said servant, shall be liberated from his bondage.

CHAPTER VII.

Children of Bond-servants, Divorcing vives who had been bond-servants.

[The date of this chapter corresponds with A. D. 727, which was 92 years before the 1 st. Chapter of these laws were made. But it would seem, that there must be a mistake in the copy of the printed laws from which it is translated. The internal evidence is in favor of believing the following laws to have been made by the same king, who made those which go before them.]

In the Böödhist Era 1267, the year of the hog, the 10th. month, and the 1 st. day of the waning moon, the king ascended his trone on the North side of his palace, facing to the West, when P'ră-krăsĕm Ràch'ă-söŏp'awădee prostrated himself at the feet of His Majesty, saying, the people complain, that having become embarrassed for the want of money, they have taken their younger sisters, their grand children, and nieces and pawned them for money borrowed, or other debts; and the sons and nephews, and grand children of their Pawnees, take them for wives, and have children by them, or do not have children, as the case may be, and afterwards forsake, and put away their wives, and demand from them the full price of their redemption money. The servant of my Lord the king, begs a word from my Lord in regard to this matter, for he knows not what to do in such cases.

Whereupon the king spake to P'ră kră-sĕm Ràch'ă-söŏp'awădee, commanding, that from this time forward [the following laws shall obtain.]

Example 1st. A bond-servant with a bond-servant cohabit together, and beget children, male and female in the house of their Pawnee, or in the house of the elder or younger brother of the Pawnee. Those children shall be under the authority of the Pawnee of their mother [that is, he shall have a right to hold them as belonging to him in a sense restricted by law]. If their mother shall have been redeemed, or assisted in her pecuniary embarrassment at a price below that fixed by law upon her person, then the Pawnee of said mother shall not have a right to claim any price for the liberation of her children. He shall only be allowed to claim the expense which he has been at, in having those children nourished by their mother. But if their mother shall have been asisted, or redeemed at the full price of her person, then her children, shall pay for their liberation, the full price attached to their persons by law, according to their respective ages. If their father be a freeman, the prices of their persons shall be divided into 3 equal parts, one of which shall be given to the father, and the remaining two shall be paid to the Pawnee of the mother. If their mother shall have followed her free husband to his home, and shall have given birth to children by him there, male or female, the prices attached by law to the persons of those children, shall be divided into two equal parts, and one of them shall be given to their father, and the other to the Pawnee of their mother.

Again.—A free female cohabits with a male bond-servant, and has children by him. Those children shall be at the disposal of their mother. But if the Pawnee of said male servant, shall have used his influence, and obtained consent, and thus made a match between him and a free woman, and they beget children, the price attached to the persons of those children, shall be divided into three equal parts, and one of them shall be given to the Pawnee of their father. [This being done, the children go free.]

2nd. Male and female bond-servants cohabit together. One of them absconds, and the other does not. In such cases the Pawnee of the fugitive, shall not claim from the servant remaining, the damages resulting from the one who absconded. But if the one remaining, shall have prepared a written security for the safe continuance of the fugitive, and shall have given it to the Pawnee out of respect to him, then said Pawnee may claim from the remaining servant the full amount of the redemption price of him who has absconded.

3rd. A person redeems another person, and she becomes his Pawn-servant. She had children born unto him before she came intn this state of bondage, and those children live with their mother in the house of her bondage. They are under 7 years old. The Pawnee sends the mother on his business, and keeps the children at home. In the mean time one of them is lost. The Pawnee did not lay it to heart at the first, and consequently did not hasten to look up the child as he should have done. In such a case, if the child be found to have lost its life, or be not returned alive to its mother, the damages shall be calculated according to the age of the child; and that sum shall be paid to its mother. But if the age of the child be full seven years or upward, the Pawnee of the mother shall not be held responsible for the damages.

4th. A freeman and bond-woman love each other, and cohabit together, and the woman becomes pregnant by the man. In such cases, the husband shall take special care of the wife 3 months from the time of her accouchement. And if she die within that time, the money for which she was held in bondage, shall be divided into 3 equal parts, and one of them shall be deducted from the price of her redemption, and the other two paid to the Pawnee by her husband. If her husband do not take care of her during those 3 months, and she die within that time, he shall be required to pay to the Pawnee the full amount of the consideration money.

And if he take care of her during the 3 months, and the woman do not suffer any damage, and she be not pleased to remain in the service of her Pawnee, — then, in redeeming her from him, the price attached to the person of her child by law according to its age, shall be divided into two equal parts, the one shall be accounted free, the other under bonds; [hence that part only under bonds remains to be redeemed with money, and the other part goes out free without charge]. If said husband, the freemann, do not take care of his wife, the bond-woman, during 3 months from her confinement, no division of the price of the child's person into bond and free, shall be made: but the whole of it shall be demanded from the the parents.

5th. A woman, who has been redeemed for 24 ticals or more, takes a man for husband, who is a fellow bond-servant; or a man who has been redeemed for 28 ticals or more, takes a woman for his wife who is a fellow servant in bonds. The Law ordains in such case, that if the husband and wife beget children of what nnmber soever in the house of their Pawnee, or in the house of the relatives of the Pawnee, those children shall be at the disposal of the Pawnee. But if their parents do not live within the domains of the Pawnee, and they beget children out of those domains, the legal prices of the persons of each of the children shall be divided into 5 parts, and one of those parts shall be given to their parents [which is tantamount to a deduction of one fifth from the price of their person]. The reason of this is, that the parents sought and obtained a place themselves for the birth of their childrun. But if Pawnee seek & find, outside of his own domain, a place for a lying-in asylum for the mother, the Law directs, that no deduction shall be made in estimating the prices for which the children may be redeemed.

6th. A Pawnee, or a brother, or son, or nephew, or father of the Pawnee takes to wife, a woman in bondage to him as a Pawn, and has a child one or more by her. The mother of that child shall be accounted free on account of the child which she has had by her Pawnee. And if it shall so happen, that the mother and father do not wish to continue their connection as husband and wife any longer, and consequently they become divorced, it is ordained that the money for which she was held in bondage, shall not be required of her, and that the children shall be reckoned as free persons, under the authority of their father.

7th. A female bond-servant of one party, loves a man-servant of another party, and has children by him of whatever number. The Law directs, that those children shall be under the authority of the mothers Pawnee; which may be likened to a cow, being allowed to go about at large, and consequently brings forth offspring; however many in number, they all belong to the owner of the cow.

8th. A female bond-servant is taken by her Pawnee for a wife, and gives birth to a child by him, and dies as a consequence. In such cases, no claim shall be made upon the Pawner of the woman, and the case shall be accounted the same as the death of a free wife. Do not say this is peculiar to mankind, for even P'ra: Indra [the Creator in the Brahminical system] could not resist death.

9th. Whoever has a female bond-servant, and takes her for a wife, and afterwards becomes displeased with her, and will not live with her as a wife any longer, it is ordained that the sum of her consideratton money shall be reduced one half, which her Pawnee may claim. But if the woman be the chief party not pleased with the union, and wish to be released from it, she shall pay to her Pawnee [the husband] the fall sum of the original debt: because she has withdrawn her heart from him.

10th. A free-man becomes pleased with a bond-woman, the bond-servant of another person, and cohabits with her, and does not redeem her from her Pawnee but takes her to his home, nourishes her as his wife, and does not take her back, to her Master. He has a child by her, or does not, as the case may be, and thus damages the business of her Pawnee. In such cases, it is enacted, that that man shall be accounted a bold transgressor, one who does not fear the royal Law of the land, He shall be fined according to the laws on criminal offences, and shall pay also damages to the Pawnee of the woman, for the injury done his business, But if the woman shall have a child by said transgressor, there shall no claims be laid for damages on the score of the Pawnee's business. The child shall belong to the Master, and be at his disposal, because it was born while the mother was in bondage to him.

11th. A bond-servant entices the bond-servant of another person to leave his Master, and become his companion or wife. The Master of the servant enticed was not aware that the enticement was in progress: but the Master of the enticer was knowing to it. He alleges that the enticement took place wholly independent of his influence. In such cases, let no heed be given to such testimony: because the offenders on both sides are both alike bond-servants. The Master of the servant who was enticed may claim only the person of his servant without any damages. If the Master of the servant enticed, go himself and find his servant thus led away, he shall first inform the Master of the endicer of the facts in the case, and then he may require the enticer to return his servant unto him. If the enticer do not return to him the servant whom he has led away, his Master shall be fined a sum equal to one half the amount for which his own servant is held in bondage: because he was privy to the crime of his servant.

12th. A bond-servant entices a bond-servant of another to commit the fraud of selling each other in any place soever. Their Master are not aware of the fraud. Such offenders shall be goaded with a dry raw-hide according to the amount of the fine imposed on them [3 times for every 4 ticals,] and then the servant sold shall be sent back to his own Master. If the old Master do not goad the servant thus [or prefers not to do it] he may commute the penalty by paying half the price of the person of his servant. And the person who bought the servant from his fellow bond-servant shall bear the loss alone of what he paid for the servant; because he was not suitable considerate.

14th. A person daringly says, I am strong, and have many acomplices; or he alone is concerned in the act of forcibly seizing a female servant by his own might, and she cry out and resist the violence, and there are persons who know and see and hear it. It proceeds to the crime of rape, or it does not extend to that degree. Having investigated the case, and proved the man guilty of any violence thus done to the woman, he shall be fined according to the royal standard or rates of imposing fines. If the woman shall have been wounded in the affair, the man shall be fined according to the laws on wounds criminally inflicted. And the persons who accompanied the offender in his deed of violence, shall be fined each half the amount of the ring-leader's fine. If several men commit rape upon the same woman, each of them shall be condemned to be goaded 30 times with a dry raw-hide, and then fined each according to his rank, because they have entered into a resistance of laws which guard and protect the welfare of the kingdom.

15th. A female servant unlawfally cohabits with a male servant of another person. The Master of the woman is aware of it, or he is not aware of it, as the case may be. Said Master and the man servant fight together, cut and stab one another, and one of the party is killed in the affray. The Law ordains, that the murderer be killed following the victim of his violence. If the king be disposed to remit the penalty of death, he shall be fined according to the royal standart for fining. If the man killed, be a bond-servant. and the murderer a man of rank less than 400 lots of land [a lot being 20 fathoms square, the Siamese mode of graduating rank among themselves], the fine shall be double that which is fixed for other crimes in persons of such inferior rank of whatever grade under 400 lots. From this fine his Master shall deduct a sum equal to his consideration money. All over and above that, be the sum what it may, shall be appropriated to the procuring of grass for the royal elephants. As to the adulteress, she shall be made to publish her own shame [prăchan], after the fashion of a woman without a husband, who cohabits with two men. She shall by no means have the penalty commuted. It is peremptorily forbidden. She shall be goaded with a hard raw-hide 30 times, and returned to her Master.

(Volker des ostlichens Asien; Bd. III S. 176 und Bd IV S. 196.)

Im birmanischen Dammathat (Theil VII) heisst es von den Pfandsklaven: Es giebt vier Gattungen von Schuldsklaven, die aus ursprunglicher Schuld Versklavten, die in Folge gewachsener Zinsen Versklavten, die in Folge beider Ursachen Versklavten, die als Sicherheit fur Schulden Versklavten. Die erste Klasse wird frei durch Zahlung der Summe ohne weitere Zinsen, it is like the Cuckoo depositing her egg, there is no new shoot (nach Richardson). Im zweiten Falle sind die Zinsen bis zu der Hohe der letzten Auszahlung aufzunehmen, ohne dass sie weiter steigen. Die erbschaftlichen Bestimmungen uber Sklaven finden sich in Buch X.

In den romischen Provinzen hatten die von den Publicani und Negotiatores ausgeubten Bedruckungen bei dem geltenden Schuldrecht die unausbleibliche Folge, dass der Schuldner, nachdem er alle seine Habe geopfert, Weib und Kind und zuletzt sich selbst als Sklaven verkaufen liess (Marquardt); *ἐξελεύθερον μὲν εἶπον τὸν διὰ χρέος ὑπὸ τῷ δανειστῇ γενόμενον δούλον δίκην.* La classe des Khehŭm (serviteurs) comprend exclusivement les individus endettés et qui ont donné leur personne en gage à leur créancier. Le débiteur devient dans ce cas un véritable eslave pour dettes, qui peut se rattacher quand bon lui semble en payant à son maitre la somme pour laquelle il est entré en son service et que le maître peut vendre à qui que ce soit en échange du capital de cette même dette (Janneau) in Kambodja. Nach Savigny erscheint jedes einzelne Rechtsverhaltniss als eine Beziehung zwischen Person und Person, durch eine Rechtsregel bestimmt. „Diese Bestimmung durch eine Rechtsregel besteht aber darin, dass dem individuellen Willen ein Gebiet angewiesen ist, in welchem er unabhangig von jedem fremden Willen zu herrschen hat.“ Die weite Verbreitung der Knecht- oder Eigenschaft ist bei den Germanen (nach Gaupp) vom Kriegsrecht der Eroberung abzuleiten, obwol (bei Tacitus) die Freiheit auch freiwillig auf das Spiel gesetzt wird.

Inhalt.

FSC
www.fsc.org
MIX
Papier | Fördert
gute Waldnutzung
FSC® C083411

Kolibri 360 GmbH
Ferdinand-Jühlke-Straße 7
99095 Erfurt, Deutschland
produktsicherheit@kolibri360.de